W9-BQV-445

SCHATZKAMMER DEUTSCHLAND

Ein Wegweiser
zu allen Kostbarkeiten

SCHATZKAMMER DEUTSCHLAND

Ein Wegweiser
zu allen Kostbarkeiten

Verlag DAS BESTE · Stuttgart · Zürich · Wien

Dieses Buch entstand in Zusammenarbeit
mit dem ADAC VERLAG GmbH, München,
und dem ADAC e.V., München

Des weiteren dankt der Verlag DAS BESTE GmbH
besonders folgenden Mitarbeitern:

Dr. Georg S. Graf Adelmann	Marianne Kloss
Dr. Magnus Backes	Dr. Karl Kosel
Dr. Anna Bahmann	Hermann Lenz
Dr. Helmut Börsch-Supan	Dr. Clara Menck
Dr. Richard Carstensen	Dr. Heinrich Mersmann
Dr. Bodo Cichy	Dr. Jürgen Michler
Dr. Gerald Deckart	Dr. Barbara Mundt
Dr. Ernst Eichhorn	Dr. Heinrich Niester
Hans-Ulrich Engel	Dr. Gerhard Peters
Dr. Helmut Engel	Annemarie Potthoff
Werner Erbe	Hannes Ruebel
Josef v. Golitschek	Dr. Manfred Sack
Ruth Gräfin Hardenberg	Horst Schankliss
Prof. Dr. Gerd Heinrich	Dr. Roderich Schmidt
Dr. Kurt Honolka	Fritz Ludwig Schneider
Paulgerd Jesberg	Dr. Elfriede Schulze-Battmann
Dr. Günther Kapfhammer	Eugen Skasa-Weiß
Dr. Hiltgart L. Keller	Dr. Wolfgang E. Stopfel
Dr. Gottfried Kiesow	Lydia Tilgner
Richard Kirn	Dr. Renate Vorpahl
Dr. Martin Klewitz	Dr. Eva-Maria Wagner
Dr. Barbara Klie	Hortense Wenner

Sechste, bearbeitete Auflage 1976
© 1970 by Verlag DAS BESTE GmbH, Stuttgart
Alle Rechte im In- und Ausland vorbehalten   Printed in Germany
Karten Seite 553–611 © by Mairs Geographischer Verlag, Stuttgart
ISBN 3 87070 093 9

ZUM GELEIT

Für Freizeit und Urlaub schenkt uns das Auto die besten Möglichkeiten, unser Leben reicher und schöner zu gestalten. Mit ihm spüren wir die verborgenen Schätze unseres Landes auf und lernen sie besser kennen. Denn nicht alle großen Kunstdenkmäler liegen wie der Kölner Dom gleich am Bahnhof – wir möchten ja auch die kleinen Barockkirchen entdecken, die irgendwo hoch und einsam am Hang liegen, oder tief im Wald versteckte Burgruinen.

Bei der Schatzsuche ist dieses Buch eine großartige Hilfe. Mit ihm findet man das Gesuchte ebenso wie das Unerwartete, man lernt die berühmten Werke der Vergangenheit besser verstehen und freut sich an der Entdeckung des Unbekannten. Und je mehr Menschen sich an der Schatzkammer, die Deutschland wahrhaftig ist, erfreuen, je mehr werden sich für den Schutz und die Erhaltung des Überkommenen einsetzen. Eins greift ins andere: Dieses Buch führt den Benutzer zu den Sehenswürdigkeiten, wer sie aufsucht, kehrt bereichert heim, seine Freude über das Erlebte steckt andere an, bis das Interesse und die Anteilnahme der vielen es den Zuständigen leichter machen, das Nötige zur Erhaltung unserer Schatzkammer Deutschland zu tun.

FRANZ STADLER
PRÄSIDENT DES ADAC

Inhalt

MUSEEN UND SAMMLUNGEN

VERZEICHNIS DER FACHAUSDRÜCKE

KLEINE STILKUNDE

KUNSTSCHÄTZE
SPIEGEL IHRER ZEIT

Die Schöpfungen des Menschen, die aus den
langen Jahrtausenden von der Steinzeit bis zur Gegenwart
auf uns kamen, künden vom Leben, Denken und Gestalten
jener Tage, in denen sie entstanden

Eine Reise durch deutsche Lande ist immer auch eine Reise durch die Vergangenheit. Keine Stadt, kein Dorf und kaum ein unbebautes Stück Feld oder Wald, die ohne sichtbares Zeugnis für eine vergangene Zeit und ihre Menschen wären. Kein Ort, an dem man sich durch überkommenes Erbe nicht aufgefordert fühlte, den Blick rückwärts zu lenken und zu fragen, weshalb dieses alles, was sich bis in unsere Tage gerettet hat, so geworden ist, wie es uns vor Augen tritt. Die Steingeräte und -waffen des Höhlenmenschen, die Tongefäße des ersten Bauern, das mächtige Hügelgrab eines Edlen der Eisenzeit, die Ruinen römischer Städte, die in stolzen Türmen aufgipfelnden Kirchen oder die ummauerten Städte und Burgen des Mittelalters, die reichen Bürgerhäuser und Herrensitze der Renaissance, die festlich prunkenden Schlösser des Barock und endlich auch die Schöpfungen unserer eigenen Zeit – sie alle fordern diese Fragen heraus. Und genauso tun es die in Museen und Bibliotheken aufbewahrten Schätze, tun es selbst jene bescheidenen Dinge, die nichts weiter sollten, als das alltägliche Dasein ihrer Besitzer zu verschönen oder zu erleichtern.

Nichts, was uns die Alten hinterlassen, entbehrt eines Sinnes. Davon zu sprechen und den Weg zum Verständnis dieser Hinterlassenschaft zu zeigen ist Aufgabe dieses Buches. An den Werken der Baukunst, Malerei, Plastik und Kleinkunst soll gezeigt werden, wie der Mensch in jeder Epoche durch das Werk seiner Hände und seines Geistes sich selbst und damit seine Zeit dargestellt hat.

Die Vor- und Frühzeit

Von den Anfängen bis zum 5. Jahrh. n. Chr.

Viele primitive Kulturen vergingen,
ehe die Römer an der Zeitenwende ihre
Kultur und Kunst in unser Land brachten

Jahrhunderttausende reicht in Europa die Geschichte des Menschen zurück. Die Anfänge seines Geschlechts verlieren sich irgendwo im Diluvium, jenem Erdzeitalter, in dem die mehrfach anwachsenden und wieder abschmelzenden Gletscher Nordeuropas und der Alpen weiten Teilen unseres Kontinents langsam ihre heutige Gestalt gaben. Wie alle primitiven Wesen, aber vom Tier durch aufrechten Gang, Sprache, Erinnerungsvermögen und die zur Gestaltung taugende Hand wesentlich verschieden, lebte der Mensch dieser Zeiten als ein Parasit der Natur. Er nahm, was sich ihm darbot, stellte dem Wild nach und suchte auf seinen Beutezügen vor Witterung und Raubtier in Höhlen Schutz. Holz und vor allem Stein waren das Material, aus dem er seine ersten Waffen und Werkzeuge schuf. Der Stein, den er zunächst nur zu einer groben, handgerechten Keilform zurechtschlug (Faustkeil) und der bis zur Einführung der Metalle (Bronze und Eisen) der vorherrschende Werkstoff seiner Gerätschaften blieb, trug dem ersten Zeitalter der Menschheitsgeschichte den Namen *Steinzeit* ein.

Der Faustkeil, ein keilförmig zugeschlagener Stein von handlicher Größe, war Universalgerät und erste Waffe des frühen Menschen. Verfeinern der Abschlagtechnik und Retuschieren von Kanten und Spitzen gaben ihm in der späten Altsteinzeit manchmal ein fast elegantes Aussehen.

DIE ALTSTEINZEIT BIS UM 10 000 V. CHR.

Während der Altsteinzeit (Paläolithikum) lebt der Mensch zwar durchweg das nomadisierende Dasein des primitiven, in seinen Höhlenunterschlupfen nur vorübergehend hausenden Jägers und Sammlers. Vor etwa 50 000 Jahren aber tritt eine merkbare Wandlung ein: Der urtümliche Neandertaler wird durch Rassen ersetzt, die in Körperbau und -haltung auf den heutigen Menschen hinweisen (Crô-Magnon) und als erste Vertreter des Homo sapiens nicht nur wesentlich feinere, formenreichere Steingeräte schaffen, sondern auch solche aus Horn und Knochen – und die erste Kunst. Die Höhlenmalereien in Spanien (Altamira) und Frankreich (Lascaux) sind allbekannt, und auch in Deutschland sind, etwa mit den kleinen, aus Mammutelfenbein geschnitzten Tierfigürchen vom Vogelherd (Lonetal, Schwäbische Alb), Werke dieser erstaunlich reifen, sehr realistischen Kunst überkommen.

Altsteinzeitliche Höhlenmalereien und Felszeichnungen sind aus Deutschland bisher nicht bekannt. Um so kostbarer sind die seltenen Funde von plastischem Bildwerk: Die einst wohl als Amulette dienenden kleinen Wildtierfiguren, aus Mammutelfenbein geschnitzt (Vogelherdhöhle im Lonetal der Schwäbischen Alb), sind schöne Beispiele naturnaher Kunst.

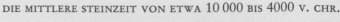

DIE MITTLERE STEINZEIT VON ETWA 10 000 BIS 4000 V. CHR.

Seit etwa 10 000 vor Beginn unserer Zeitrechnung bringt eine Wärmeperiode die Nordland- und Alpengletscher allmählich zum Schmelzen und läßt langsam Lebensbedingungen ähnlich den heutigen entstehen. Die an die Kälte und baumlose Steppe gewöhnte Tierwelt um Mammut, Rentier und Nashorn weicht einer anderen Fauna mit Ur und Wisent. In den von Schmelzwässern der Gletscher gespeisten Flüssen und Seen entwickelt sich reiches Fischleben. Die ersten Wälder wachsen.

In dieser veränderten Umwelt findet der Mensch zu anderen Lebensformen. Er ist Jäger wie bisher, Pfeil und Harpune werden seine Waffen und Jagdgeräte. Ehedem in Holz geschäftete, oft nur fingernagelgroße Feuersteine (Mikrolithen) sind das Kennzeichen dieser Zeit, in der die alten Höhlenzuflüchte kaum mehr begangen werden und das immer noch nicht ortsgebundene Leben in rasch errichteten Reisighütten oder leicht transportablen Zelten aus Stangen und Tierhäuten seinen Ort gefunden haben mag. Kunst allerdings ist aus den Jahrtausenden des Mesolithikums nicht bekannt.

DIE JUNGSTEINZEIT VON ETWA 4000 BIS UM 2000 V. CHR.

Mit dem Übergang zur Jungsteinzeit treten entscheidende Wandlungen in der Lebensweise der schon während der ausgehenden Mittelsteinzeit wesentlich angewachsenen Bevölkerung ein. Aus sich selbst und angeregt von den schon weiter entwickelten südosteuropäischen und mittelmeerischen Frühkulturen kommt der Mensch zu Ackerbau und Viehzucht. Beides zwingt ihn zur Seßhaftigkeit, zum ortsfesten Wohnen in lehmverstrichenen Flechtwerkhütten – später auch Holzhäusern – und zur Vorratswirtschaft. Hirse und Gerste, später dann Weizen und endlich Roggen werden angebaut, Pferd, Rind, Schaf und Schwein gezüchtet. Für Gerätschaften und Waffen bleibt der Stein neben Knochen und Horn vorherrschendes Material, doch werden die scharf schneidenden Beile, die Hacken und ersten Pflugscharen nun regelmäßig spiegelglatt geschliffen und für die Schäftung oft säuberlich durchbohrt. Für das Aufbewahren von Vorräten und fürs Kochen aber kommt das erste irdene Geschirr (Keramik) in Gebrauch, das die vordem verwendeten ausgehöhlten Kürbisse und Behältnisse aus Holz, geflochtenen Weidenruten oder zusammengenähten Tierhäuten ersetzte und einstweilen noch von Hand geformt und verziert wurde. Spinnen und Weben werden erfunden. Hemden und Gewänder, Netze und Matten werden hergestellt.

Einzelne schließen sich nun mit ihren Häusern zusammen, denn der Übergang zur Lebensform des Bauern und Viehzüchters wies die Menschen wesentlich stärker auf gegenseitige Hilfeleistung und Rücksichtnahme an und ebenso auf das Zusammenwirken volkreicherer Siedlungsgemeinschaften. Dieses Gemeinschaftsleben mußte sich, um funktionsfähig zu sein, an bestimmte erste Formen einer gesellschaftlichen Gliederung gewöhnen, und der

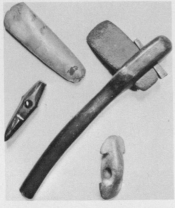

Die Menschen der Jungsteinzeit gaben ihren aus Stein geschaffenen Beilen, Äxten oder Hämmern geometrisch klare Formen und glattgeschliffene, manchmal kunstvoll facettierte Oberflächen. Als Werkstoff stand Eruptivgestein seiner Härte wegen in besonderer Gunst.

Verkehr mit den Nachbarn auch im Umland ließ relativ rasch eine oft über weite Strecken gültige Gleichartigkeit in Form und Zier der Gerätschaften und keramischen Erzeugnisse und auch in der Art der Bestattungssitten entstehen. Derlei weiträumige Gemeinsamkeiten – also erste kulturelle Zusammenhänge – sind in dieser schriftlosen Zeit noch nicht mit bestimmten Volksnamen in Verbindung zu setzen. Man nennt und unterscheidet sie nach Form und Zier der ihnen eigentümlichen Keramik (Band-, Schnur-, Tiefstich-, Glockenbecherkeramik) oder nach besonders ergiebigen Fundorten (Walternienburg, Rössen u. a.).

Die Toten, deren Körper oft mit angewinkelten Armen und Beinen ins Grab gelegt wurden (Hockergräber), fanden verschiedenartig ausgestaltete Ruheplätze, von denen die eigenartigsten die sogenannten Riesensteingräber (Megalithbauten) Norddeutschlands sind. Wie in anderen Teilen des westlichen und nördlichen Europas wurden bei ihnen riesige Findlingsblöcke zu Kammern gefügt, die, heute meist frei liegend, ehedem unter Erdhügeln verborgen waren. Oft zur Sippengrablege bestimmt, konnten sie, wie etwa der „Visbeker Bräutigam" (Oldenburg), bis zu hundert und mehr Meter lang werden.

Neben den vor allem fürs spätere Neolithikum zahlreich nachgewiesenen dörflichen Siedlungen, die mit ihren jetzt regelmäßig langrechteckigen Holzhäusern besonders in Süddeutschland gerne den Rand von Seen (Boden- und Federsee) zum Standort wählten (Pfahlbauten), entstanden im westlichen Deutschland erste umwallte Fliehburgen (bei Urmitz am Rhein, bei Mayen in der Eifel, auf dem Goldberg bei Nördlingen). Sie beweisen den organisatorischen Zusammenschluß größerer Volksgemeinschaften in dieser Zeit.

DIE BRONZEZEIT VON ETWA 2000 BIS UM 800 V. CHR.

Der Bernsteinhandel, der Verbindungen zwischen den deutschen Meeresküsten und dem Mittelmeerraum schuf, mag für das Eindringen der ersten Metalle, des Kupfers und dann der durch Beimischung von Zinn aus ihm gewonnenen Bronze, ins jungsteinzeitliche Deutschland mit verantwortlich gewesen sein. Die geschmeidige Bronze, die sich hämmern, biegen und gravieren ließ und in flüssigem Zustand zum Ausgießen von Formen und damit zur relativ einfachen Herstellung von Gerätschaften, Waffen oder Schmuck taugte, verdrängte seit etwa 2000 den Stein sehr rasch. Ihre Eigenschaften haben eine Vielzahl der bisher Stein und Bein anvertrauten Gebrauchs- und Schmuckgegenstände, wie Sicheln, Gewandnadeln, Armreifen, Halsringe, zu neuen Formen gebracht und sie zum Ort vielfältig variierter, vor allem kreis- und spiralförmiger Ziermotive gemacht. Insbesondere aber hatte die Bronze zur Herstellung von neuen Waffen zu dienen, von Dolch und Schwert. Aus dem Südosten vermittelt, wurden diese zum Ausgang einer mit der Einführung des Metalls eintretenden, kräftigen sozialen Differenzierung. Erwerb und Besitz des kostbaren Metalls blieben eine Sache der Reichen und Mächtigen, die ihren Vorrang durch die allem

Die handgeformten Tongefäße, die der seßhaft gewordene, bäuerlich orientierte Mensch der Jungsteinzeit sich als Koch- und Eßgeschirre oder zur Vorratshaltung schuf, wurden wie unser bei Stargard in Pommern gefundenes Beispiel mit eingestochenen, eingepreßten oder geritzten Ziermotiven zu wahren Prachtvasen gestaltet

Die Riesensteingräber (Dolmen und Ganggräber) im Norden Deutschlands, aus riesigen Findlingsblöcken aufgetürmt, sind staunenswerte Kollektivleistungen jungsteinzeitlicher Dorf- und Stammesgemeinschaften

Die Ornamentik der Bronzezeit hat sich je nach Gegend verschieden entwickelt. Im Norden sind die aus Kreis und Spirale kommenden Formen vorherrschend. Die Bodenwandung dieses bronzenen Hängegefäßes (Mainz, Römisch-Germanisches Zentralmuseum) zeigt umlaufende Bänder aus S-Formen und um den kleinen Standfuß ein schlangenkopfartig endendes Wellenband.

Vorherigen weit überlegenen Waffen nur noch vergrößerten. Nicht zufällig weisen die mit Beigaben ausgestatteten Gräber (bis um 1200 Körperbestattungen unter Erdhügeln = Hügelgräberbronzezeit; dann Leichenbrand in Urnen = Urnenfelderzeit) ein viel stärkeres Auseinandergehen von Arm und Reich auf. Hier scheinen die Anfänge eines Adelsstandes zu liegen, der in den fürstlichen Herren der nachfolgenden Eisenzeit einen stolzen Gipfel erreichte.

DIE EISENZEIT VON ETWA 800 V. CHR. BIS ZUR ZEITENWENDE

Schon an der Wende zum ersten vorchristlichen Jahrtausend taucht in Gräbern der späten Bronzezeit gelegentlich Eisen auf. In der Härte der weichen Bronze weit überlegen, aber viel weniger bildsam und deshalb mit Vorrang zur Herstellung von Waffen und Schneidgerät eingesetzt, ist es zum namengebenden Kennzeichen der seit etwa 800 voll erblühenden, reich differenzierten eisenzeitlichen Kultur geworden. Diese hatte ihren Schwerpunkt im Süden Deutschlands und in den Alpenländern mit ihren ergiebigen Erzvorkommen und wird nach ihren wichtigsten Fundorten bis um 500 *Hallstatt*-(Salzkammergut), dann nach einer schweizerischen Fundstelle *La-Tène-Zeit* benannt. Die hallstättische Periode bringt eine ungeheure Fülle von goldenen und bronzenen Schmuckerzeugnissen hervor und eine reichverzierte, oft bunt bemalte Keramik. Ihr besonderes Gepräge aber erfährt sie durch die Noblen, die jetzt aus einem bis in den Mittelmeerraum und weit nach Westeuropa reichenden Fernhandel gewaltigen Reichtum ziehen, oft zu mächtigen Fürsten werden und jene burgartigen Sitze bewohnen, von denen die Heuneburg an der oberen Donau der bekannteste ist. Hier entstand im 6. Jahrhundert v. Chr. eine weitläufige Hofhaltung, die mit Wall und Graben und einem nach dem Muster kolonialgriechischer Stadtbefestigungen in Süditalien errichteten, bastionenbesetzten Mauerring aus Lehmziegeln umwehrt wurde. Andere befestigte Anlagen (Gickelsburg im Taunus, Heiligenberg bei Heidelberg, Asperg bei Stuttgart u. a.) begnügten sich mit Erdwällen, Palisadenzäunen und Holz-Erde-Mauern und sind zum Teil auch nur Fliehburgen gewesen.

Die Hallstatt-Fürsten stiegen bewaffnet, mit ihrem goldprunkenden Schmuck angetan und oft begleitet von Pferd und Wagen in die hölzernen Kammern ihrer mit riesigen Erdhügeln überschütteten Gräber (Fürstengräber), heute noch weithin sichtbare Kennzeichen ihrer Macht und Zeit.

Im 5. Jahrhundert v. Chr. klingt diese Hochblüte aus. Unter dem Druck germanischer Völker aus dem Norden brechen große Teile der uns durch antike Schriftüberlieferung als *Kelten* bekannten Träger der späten Hallstattkultur nach Süden auf, wo sie Rom plünderten und bis in den Vorderen Orient vordrangen.

Die zurückbleibenden Bevölkerungsteile aber errichten sogenannte *oppida*, wehrhafte Fluchtburgen (Finsterlohr ob der Tauber, Manching bei Ingolstadt, Amöneburg zwischen Marburg und Kassel u. a.) von teilweise riesigen

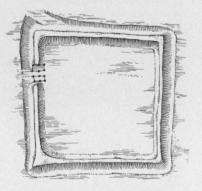

In der späten La-Tène-Zeit entstanden in Süddeutschland eine Reihe von durchschnittlich 80 × 80 Meter großen, burgartigen Viereckschanzen wie die hier abgebildete. Vermutlich handelte es sich um Kultstätten mit tiefen Opferschächten und hölzernen Tempeln im Innern.

Ausmaßen. In der Spätzeit bekommen diese die Gesellschaft von regelmäßig viereckigen Erdwallanlagen, den Riesen- oder Viereckschanzen, die indes nach Größe und Lage gewiß keine Burgen, sondern heilige Bezirke waren.

Charakteristisch für die La-Tène-Zeit ist aber vor allem die Zier auf Schmuckgegenständen und Metallgefäßen. Unter dem Einfluß römischer, griechischer und östlich-skythischer Kunst tauchen plötzlich Menschenmasken, Tierfiguren und Palmetten in ihr auf und werden die geometrischen Muster der Hallstatt-Zeit durch ein schwingendes, blasenartig gerundetes Ornamentwerk abgelöst (Fischblasenzier). Die Keramik verliert ihren Oberflächendekor, wird spiegelglatt, gleicht sich mehr und mehr römischen Vorbildern an und ist nun, typisch für die Zeit, in ihren besseren Stücken durchweg auf der Töpferscheibe hergestellt.

Besonders charakteristisch für die späte Eisen- oder La-Tène-Zeit ist die Zier auf Gebrauchs- und Schmuckgegenständen. Glotzäugige Tier- und Menschenmasken verbinden sich mit tropfenförmigen Gebilden, sogen. Fischblasen, zu einem Dekor, in dem die kurvige Linie vorherrscht.

DIE RÖMERZEIT VON DER ZEITENWENDE BIS ZUM 5. JAHRHUNDERT N. CHR.

Als die Römer im Jahre 15 v. Chr. zur Sicherung der Nordgrenze ihres Reiches gegen die zahlreichen Übergriffe germanischer Stämme über die Alpen und vom römisch besetzten Gallien (Frankreich) aus bald auch an und über den Rhein nach Osten vordrangen, traten die südlichen und westlichen Teile Deutschlands in den Bannkreis einer politischen Großmacht und ihrer hohen Kultur. Für drei, in den Rheinlanden sogar vier Jahrhunderte wurden diese vorwiegend noch von den Kelten besiedelten Landschaften Ort einer fremden Kunst, die mit einer hochentwickelten Steinbauweise, plastischem Bildwerk, Wand- und Mosaikmalerei, reliefverzierter Keramik (Sigillata), Glasgefäßen und vielem anderen eine unvergleichliche Überlegenheit besaß.

Zeugnisse für den Quader-, Bogen-, Säulen- und Gewölbebau der Römer haben sich vor allem in Trier, das im 4. Jahrhundert zeitweise Residenz der weströmischen Kaiser war, erhalten, etwa mit der mächtigen Stadttoranlage der Porta Nigra oder der kaiserlichen Basilika. In den römischen Okkupationsgebieten, die sich im 2. Jahrhundert n. Chr. mit dem gigantischen, vom Rhein unterhalb Kölns bis zur Donau nahe Regensburg quer durch Südwestdeutschland verlaufenden, mit Palisadenzaun oder Steinmauer und Wachttürmen bewehrten und durch große rückwärtige, stark befestigte Militärgarnisonen (Kastelle, wie die Saalburg im Taunus) gesicherten Schutzwall des *Limes* gegen die freien Gebiete Germaniens abschlossen, sind allenthalben im Boden Ruinenzeugnisse der römischen Baukunst überkommen. Weitläufige Badeanlagen (Thermen), vielräumige Repräsentations- und Wohnbauten, ländliche Gutshöfe (villae) und anderes mehr zeugen u. a. mit ihren Fußbodenheizungen (Hypocausten) von der hohen Wohnkultur und mit ihrem gemalten Wandschmuck oder den Fußbodenmosaiken (z. B. Dionysusmosaik im Dombunker zu Köln) von dem verfeinerten Geschmack und der Kunstfertigkeit römischer Zeit. Unzählige Grabmäler künden mit plastischem Bild-

Das neben der Porta Nigra besterhaltene römische Bauwerk in Trier ist die Basilika. Der nach dem zweiten Weltkrieg renovierte Saalbau mit seiner apsidengeschlossenen Schmalseite war im 4. Jh. Ort kaiserlicher Audienzen und der Rechtsprechung.

15

Der römische Sinn für den Wert des einzelnen Menschen drückt sich in den Grabmälern aus. Wie bei dem Denkmal für C. Albinius Asper und seine Frau (4. Jh.; Trier, Provinzialmuseum) werden die Verstorbenen oft porträtähnlich plastisch dargestellt.

Unsere Vorstellungen vom Aussehen Karls d. Gr. müssen sich auf schriftliche Zeugnisse stützen, da wir kaum Bildnisse besitzen (vgl. S. 44). Das Reiterstandbild, vermutlich zu Lebzeiten des Kaisers entstanden (das Pferd wurde im 16. Jh. wiederhergestellt), scheint mit der oft erwähnten kräftigen Nase recht naturgetreu zu sein.

werk und schriftlicher Nachricht von den Menschen, ihrem Denken und Ergehen. Zum erstenmal treten Personen und Einzelschicksale auf deutschem Boden aus der bisher schriftlosen Anonymität des Daseins heraus. Wir stehen am Anfang der geschichtlichen Zeit.

Nachdem die römische Kultur in den vergleichsweise friedlichen Zeiten des 2. Jahrhunderts sich über das besetzte Land verbreiten konnte, bahnt sich im 3. Jahrhundert der Untergang der Römerherrschaft an. Um 260 durchbrechen die Alemannen, ein germanischer Stammesverband, den Limes auf breiter Front und nehmen große Teile der römischen Provinzen Süddeutschlands in Besitz. Fast gleichzeitig bereitet der Stammesbund der Franken den Römergrenzen an Mittel- und Niederrhein das gleiche Geschick. Die gewaltige, das Schicksal Europas bis in unsere Zeit bestimmende Wanderung der germanischen Völker nimmt ihren Beginn. 402 ziehen die letzten Römertruppen für immer vom Rhein ab, aber das kulturelle Erbe, das die Römer hinterlassen, wird die Folgezeit entscheidend mitbestimmen.

Das frühe Mittelalter
Von der Völkerwanderung zur Karolingerzeit

Über den Trümmern der römischen Welt bilden sich vom 5. bis 10. Jahrhundert die Grundlagen der abendländischen Kultur

Im 5. Jahrhundert war das weströmische Reich in den Stürmen der germanischen Völkerwanderung zusammengebrochen. Europa trat in eine neue Epoche, in das *Mittelalter* ein, und seine künftigen Geschicke nahmen ihren Ausgang in jenem Reich, das sich die Franken zu beiden Seiten des Rheines schufen. Die Könige aus merowingischem, dann aus karolingischem Geschlecht erkämpften ihm durch Unterwerfung benachbarter germanischer Stammesherrschaften (Burgunder, Thüringer, Alemannen, Bayern, Langobarden, Sachsen) ein Gebiet fast von der Größe des weströmischen Imperiums, und in den Tagen Karls des Großen (768–814) reichte seine Macht vom Atlantik bis hin zur Elbe, von der Nordsee bis nach Mittelitalien und Nordspanien. Doch schon unter Karls Enkeln wurde das Reich zerrissen, und aus den nie wieder vereinten Teilreichen haben sich die das Mittelalter bestimmenden Mächte gebildet: Deutschland und Frankreich.

Daß die Teilung nicht auch Ausgang einer kulturellen Zersplitterung wurde, ist mit ein Verdienst der römischen Spätantike. Diese nämlich hatte den Bezwingern Roms ein geistig-kulturelles Erbe hinterlassen, an dem die vergleichsweise kulturlosen neuen Herren nicht vorbeigehen konnten. Überall dort, wo die Germanen mit der antiken Welt in Berührung traten, setzte sofort eine intensive Auseinandersetzung mit diesem Erbe ein. Der wichtigste Vorgang in diesem Prozeß war die Bekehrung der Germanen zur Religion der Spätantike, zum *Christentum*. Sie vollzog sich ohne Zwang, wäre aber gewiß unmöglich gewesen, wenn die christliche Lehre sich nicht in vielen Teilen dem germanischen Denken anverwandelt hätte. Denn ihre wesentlichen Leitsätze, die Nächstenliebe um ihrer selbst willen, die Duldung erlittener Schmach, die Vergebung der Schuld des anderen, die bedingungslose Hingabe an das Gebot Gottes, das Streben nach der Erlösung aus dieser Welt, mußten für Menschen unverständlich sein, für die bisher kämpferische Selbstbehauptung, ruhmbringende Schwertestat, Mannesmut und Ahnenstolz oberste Anliegen waren.

Wenn die Germanen dennoch Christen wurden, dann hat das unter vielen Gründen nicht zuletzt den, daß die neue Religion wirksame Hilfe im Kampf gegen die dämonischen Kräfte versprach, von deren Willkür man alles böse Geschehen in der Natur und im Leben bestimmt glaubte. Bezeichnend, daß Christus von der abendländischen Bildkunst bis weit in die romanische Zeit nur selten als der den Kreuzestod erduldende Erlöser oder in seiner Passion gezeigt wird, häufig aber als Wundertäter oder strahlender Herrscher. Man sah in ihm den sieghaft über das Teufelsgewürm triumphierenden Speerträger, als der er um 700 auf dem fränkischen Grabstein von Niederdollendorf bei Bonn erscheint, oder den Heerkönig von wunderbarer Geburt, als den ihn um 830 das *Heliand*-Gedicht schildert.

Die Rückseite eines bei Niederdollendorf gefundenen fränkischen Grabsteins (Ende 7. Jh.; Bonn, Rhein. Landesmuseum) zeigt Christus in der Glorie und mit strahlenumflortem Haupt als Speerträger, der siegreich über dem niedergestreckten Teufelswurm steht

Wie Christus sind seine Gefolgsleute, die Jünger und die Glaubensstreiter der Kirche, die Heiligen, zunächst als Helfer in dieser Welt begriffen worden. Aus der Überzeugung, der Besitz eines noch so bescheidenen Teils von ihren irdischen Überbleibseln könnte in besonders nachhaltiger Weise Hilfe und Schutz gewähren, erfuhr der auch für die Kunst so wichtige Reliquien- und Heiligenkult seit dem 7. Jahrhundert in den vorwiegend germanischen Gebieten ungeheueren Auftrieb. Auch die Sitte, Kirchenbauten und Altäre dem Namen eines oder mehrerer dieser Heiligen zu widmen, hat solche eher mensch- als gottbezogenen Vorstellungen gefördert.

DIE KUNST BIS ZU KARL DEM GROSSEN

Auf deutschem Boden ist aus dem 5./6. bis 8. Jahrhundert wenig an Kunst überkommen. Die bäuerlich orientierten Ostfranken, Alemannen, Bayern oder Sachsen hatten beachtliche Leistungen nur in der Goldschmiedekunst und im Holzbau aufzuzeigen; das gemalte oder plastisch gearbeitete Bildwerk und der Steinbau, die eigentlichen Domänen der antiken Kunst, blieben praktisch unbekannt.

Von den Holzbauten der Germanen ist nichts erhalten, doch hat sich die Tradition des Holzbaus im Fachwerkbau zählebig durch alle folgenden Jahrhunderte behauptet.

Das in Taschenform gearbeitete Reliquiar aus Enger in Westfalen (Ende 7. Jh.; Berlin, Kunstgewerbemuseum) ist wahrscheinlich ein alemannisches Werk. Die Gold- und Silberblechauflagen der Außenflächen sind mit Edelsteinen, antiken Gemmen, Perlen, Glasstücken, Zellenschmelz und Tiergestalten geschmückt.

Die germanischen Edlen liebten kostbare Geschmeide und ließen selbst Gewandschließen zu wahren Prachtstücken ausarbeiten. So die Fibel, die der hochadelige Alemanne Uffila in Wittislingen mit ins Grab nahm (um 700; Bayerisches Nationalmuseum, München). Zwei abstrahierte Adlerköpfe, an den gekrümmten Schnäbeln erkennbar, sind in den reichen Schmuck eingeordnet.

Zeichen des sich durchsetzenden Christentums sind Goldblattkreuze, die sich in germanischen Gräbern des 7. Jh. vereinzelt fanden. Das Kreuz von Sontheim a. d. Brenz (um 680; Württ. Landesmuseum, Stuttgart) ist das reichste Stück seiner Art.

Doch die Zukunft gehörte dem Steinbau. Als Bischof Nicetius (gest. 566) die im 5. Jahrhundert verwüstete spätrömische Doppelkirche zu Trier (Reste im heutigen Dom erhalten) wieder herrichten wollte, sah er sich noch auf die Hilfe oberitalienischer Bauleute angewiesen. Seit dem 8. Jahrhundert aber begann sich der Stein im Kirchenbau langsam durchzusetzen, wobei an die Stelle der römischen Meisterschaft freilich eine linkische Unbeholfenheit trat, die sich darstellt in dem grobschlächtigen Bruchsteingemäuer der frühesten, nur in ausgegrabenen Resten erhaltenen Steinkirchen mit ihren kunstlos-einfachen langrechteckigen Sälen von geringem Ausmaß und mit einem ostwärts angegliederten, kleineren Altarraum.

Von anderer Art sind die Überbleibsel der Metall- und Zierkunst. Sie stammen fast alle aus Gräbern des 6. bis 8. Jahrhunderts, der Zeit, in der es üblich wurde, die Toten in siedlungsnahen Gräberfeldern Reih um Reih zu bestatten (Reihengräberfriedhöfe). Nach altem Brauch gab man den Verstorbenen außer der Wegzehrung für den Gang ins Totenreich auch Dinge mit, die ihnen im Leben wertvoll waren: den Frauen ihren Schmuck und den freien Männern ihre unvererbbar eigenen Waffen. Gegenstände aus Eisen, Bronze, Silber und Gold, so Gewandschließen (Fibeln), Zierscheiben, Gürtelschnallen, Beschläge von Lederzeug, Hiebwaffen und Lanzenspitzen, bilden das häufigste Inventar. Sie sind in den verschiedensten Metall- und Ziertechniken (Ritzung, Tauschierung, Kerbschnitt, Treibarbeit, bunter Glasfluß in engmaschigen Metallzellen, aufgesetzte Halbedelsteine) gearbeitet und offenbaren allemal einen fast barbarischen Hang zum vielteilig-komplizierten, flächenfüllenden Liniendekor und zur kräftigen Buntfarbigkeit. Und immer wieder finden sich Tiere dargestellt, meist zur beinahe abstrakten Formelhaftigkeit verwandelt oder zerstückt und bis zur Unkenntlichkeit dem Naturbild entrückt in das Ornamentwerk eingeflochten. Mit diesen Tierbildern (Tierstil) mag sich die uralte magische Vorstellung verknüpft haben, man könne feindlich gesinnte Dämonen von sich abhalten, wenn man ihnen ihr Bild vorhalte, oder auf die gleiche Weise gutgesinnte Geister an sich binden (Amulett).

Unter dem Einfluß des Christentums, das die Mitnahme irdischer Güter ins Jenseits als sinnlos verpönte, ebbte der Beigabenbrauch im 8. Jahrhundert aus, nachdem christlich motivierte Totengaben, die sogenannten Goldblattkreuze, das Eindringen der neuen Religion angekündigt hatten. Fortan herrschte die mitgiftlose Bestattung in der heilversprechenden Nähe der Kirche und des Altars.

DIE KAROLINGISCHE KUNST

Der erstaunliche Aufstieg der Künste zwischen der Mitte des 8. und der des 9. Jahrhunderts ist überwiegend das Verdienst Karls des Großen. Mit der gleichen Konsequenz, mit der er dem Frankenreich zur größten Machtfülle verhalf, nahm er sich der Förderung der Kunst an – nach dem Vorbild der römischen Antike. An seinem Hofe, an dem er die bedeutendsten Köpfe aus dem ganzen Reich als Ratgeber versammelte, entstand das Wort: „Zurück zu den alten Zeiten und Sitten gewandt, gebiert sich dem Erdkreis erneuert das goldene Rom".

In der Baukunst gewann der Steinbau seinen Rang zurück, und der Wille zum monumentalen Bauwerk kehrte wieder. Wenn die karolingische Baukunst dennoch nicht zur bloßen Wiederholung der römisch-antiken, sondern zur Grundlage einer abendländischen Bauweise wurde, dann vor allem, weil sich im Westen Europas seit dem Untergang des Römerreiches von der Antike völlig verschiedene Verhältnisse herausgebildet hatten. Ihre Auswirkungen auf die Architektur zeigen sich am deutlichsten im Profanbau. Dieser hatte den Baumeistern der ganz auf die Städte als die Zentren von Kultur und Verwaltung sich stützenden Antike zahllose hervorragende Aufgaben gestellt, die bei der stadtfremden, bäuerlich ausgerichteten Lebensform, die nun in Europa vorherrschte, entfielen. Nur die *Pfalzen* (lat. palatium = Palast) der Könige wurden zum Ort einer bemerkenswerten weltlichen Bautätigkeit in Stein. Zum größten Teil sind sie untergegangen und wie die von Ingelheim am Rhein oder Aachen nur durch ausgegrabene Reste in groben Umrissen bekannt. Einst waren sie stützpunktartige Residenzen der Herrscher, die ohne eine echte Hauptstadt bis weit ins hohe Mittelalter hinein gezwungen waren, im Umherreisen zu regieren. Die größeren Pfalzen boten sich als vielseitige Anlagen dar, mit Säulengängen und -höfen, Absteigequartieren, Kapellen und einer königlichen Halle, in der die Herrscher ihre Amtsgeschäfte erledigten. Eine Vorstellung vom Aussehen solcher Baulichkeiten vermittelt die reizvolle, später nur wenig veränderte Torhalle von Kloster Lorsch (Hessen; Ende 8. Jahrhundert).

Weit größeres Gewicht besaß die sakrale Baukunst. Hier strebten die Bischofs- und Klosterkirchen monumentales Maß und reiche Gliederung an. Dabei folgte man vorwiegend dem Bauschema der altchristlichen *Basilika*, die einen langgestreckten Kirchenraum mit längsgereihten Säulenarkaden in ein größeres Mittel- oder Hauptschiff und zwei niedrigere und schmalere Seitenschiffe teilte und unter einer hölzernen Flachdecke oder einem offenen Dachstuhl auf den ostwärts abschließenden halbrunden Altarraum (Apsis) zu laufen ließ. Der Kaiser wählte für die noch erhaltene Hauskapelle seiner Aachener Pfalz (um 800) die Gestalt des überkuppelten byzantinischen Zentralbaues. Er berief Odo von Metz, also einen Franken, als Baumeister, der nach dem Muster San Vitale in Ravenna, der Hofkirche Theoderichs des Großen, bei der Kapelle die oströmisch-byzantinische Bauweise anwandte und so den Kaisergedanken: Erbe römischer Kaiser und Stellvertreter Gottes, widerspiegelte. Ansonsten aber blieb die Basilika zentrales Thema, an dem sich nun allerlei neue, vom römischen Vorbild abweichende Baugedanken entwickelten.

Anreize dazu boten vor allem der mächtig aufblühende Reliquien- und Heiligenkult und der damit zusammenhängende Brauch, die Kirche statt nur einem zwei oder mehreren Patronen zu weihen und zu deren Ehren eine entsprechende Anzahl von Altären zu errichten. Um diese

Die um 780 errichtete Pfalz Karls d. Gr. in Ingelheim ist verloren, konnte aber rekonstruiert werden. Vorne die dreischiffige Königshalle für die Versammlungen der Großen des Reiches. Rechts eine dreischiffige Querschiffbasilika, Versammlungsort des Reichsklerus. Die Anlage bedeckte rund 13 000 Quadratmeter.

Die Stiftskirche St. Georg, ab Ende des 9. Jh. für eine kleine Mönchsgemeinde auf der Bodenseeinsel Reichenau errichtet und im 10. Jh. mit Wandmalereien ausgestattet, ist eines der seltenen erhaltenen Beispiele des karolingischen Sakralbaus. Sie vertritt in schlichter Form den Bautypus der Basilika.

Die Fassade der Klosterkirche Corvey birgt große Teile eines karolingischen Westwerks (873 bis 885). Der Mittelteil, ursprünglich nur bis zur Höhe des kleinen Giebels mit der Figurennische reichend, wurde von schlanken Türmen flankiert, deren Gemäuer bis zu den romanischen Schallarkaden noch steht. Zwischen ihnen ragte etwas zurückgesetzt ein mächtiger Turmklotz auf (heute verloren).

unterzubringen, schloß man hier und da nicht nur die Ostseite mit einem Altarraum, sondern, wie bei der karolingischen Klosterkirche in Fulda (791–819), auch die Westseite (Doppelchorkirchen). Daneben entstanden jetzt die ersten *Hallenkrypten*, unter dem Chor liegende, überwölbte Andachts- oder Grufträume (Fulda), wurde der Chor durch das Einschieben eines Raumgevierts zwischen Querschiff und Apsis zum *Langchor* gewandelt (Klosterkirche von Corvey, 9. Jahrhundert) und entwickelten sich, wichtig vor allem, die *Türme* zu einem wesentlichen Element des Außenbaus.

Solche Türme standen indes nicht wie bei frühchristlichen Kirchen frei neben dem Gotteshaus (Campanile), sondern waren fester Bestandteil seiner Architektur. Einstweilen noch selten über dem Schnittpunkt von Haupt- und Querschiff, der Vierung, errichtet, wurden sie zur stolzen Bekrönung des *Westwerks* gemacht, einer Art Vorkirche von burghaftem Charakter, die dem Herrscher und seinem Gefolge zur Teilnahme am Gottesdienst diente.

Von der karolingischen *Malerei* ist wenig erhalten. Die figuralen Wandbilder in den Kirchen, von denen Schriftzeugnisse uns wenigstens die Themen berichten (Altes u. Neues Testament), sind fast alle verloren. Nur kleinformatige Malereien und Zeichnungen in liturgischen Büchern, sog. *Miniaturen* (lat. minium = rotes Mennige), sind uns überkommen. In den Klöstern, den Pflegestätten von Kunst und Wissenschaft, unter der Hand lese- und schreibkundiger Mönche entstanden, zeigen sie sich als Initialen, vergrößerte, reich verzierte Anfangsbuchstaben oder meist ganzseitige Bilddarstellungen religiösen Inhalts.

Noch spärlicher ist die Hinterlassenschaft der *plastischen Bildnerei*. Sie hat in karolingischer Zeit keine große Rolle gespielt und sich wohl nur in kleinem Maßstab bewährt, vor allem in der Schnitzerei von kultischem Gerät und figürlich geschmückten Buchdeckeln aus einem damals kostbaren Material, dem Elfenbein.

Am Anfang der deutschen Romanik steht der stolze Bau von St. Michaelis in Hildesheim (seit 1010). Mit der Verdoppelung der Chöre und des Querschiffes und der Monumentalisierung des Außenbaues durch Türme steht er in karolingischer Tradition, aber die schlichte Herbheit der gemauerten Massen und zierlose Kargheit der Formen sprechen eine neue, die romanische Sprache.

Die Zeit der Romanik
Vom 10. bis zum 13. Jahrhundert

Die mittelalterliche Kunst gewinnt ihren ersten Höhepunkt

Der verheißungsvolle Aufschwung der Kunst seit Karl dem Großen versiegte bald nach der Teilung des Frankenreiches (843). Mit dem späteren 9. Jahrhundert trat das Abendland in eine dunkle und allem Kunstschaffen abträgliche Zeit ein. Fortwährende Thronhändel und die Eifersüchtelei der Volksstämme ließen Staatsmacht und inneren Zusammenhalt so gründlich zerfallen, daß äußere Feinde fast nach Belieben ins Land eindringen konnten. Zunächst die *Wikinger* (Normannen), die seit etwa 850 mit ihren schnellen Ruderbooten raubend und sengend über Flüsse und Ströme bis tief ins Festland vordrangen, im frühen 10. Jahrhundert dann die *Magyaren* (Ungarn), deren berittene Schwärme beutegierig über weite Teile Süd- und Ostdeutschlands herfielen. Erst als die Normannen 911 in der nach ihnen benannten Normandie seßhaft und Christen geworden und die Ungarn 955 bei Augsburg vernichtend geschlagen waren, kehrten Ruhe und Ordnung langsam wieder ein und damit die Voraussetzungen zur Normalisierung des Lebens und zu einem Neubeginn der Kunst.

Manches, was der Folgezeit äußerlich oder innerlich das Gepräge gab, hat seinen Ursprung schon in diesen dunklen hundert Jahren. So weckten die brandschatzenden Überfälle den vordem kaum vorhandenen Willen, Haus, Hof und Herrensitz aus widerstandsfähigem Stein zu schaffen und sie mit Mauern wehrhaft zu umringen. Hier liegen die Anfänge des mittelalterlichen Burgenbaues. Daß man den berittenen Ungarn nur mit einer eigenen schwerbewaffneten Reiterei begegnen konnte, hat zum Entstehen des Ritterstandes beigetragen, der mit seinen hohen Idealen Leben und Denken im Mittelalter wesentlich mitbestimmt. Vor allem aber erfuhr das Christentum seine Wandlung zu einer echten Volksreligion. Es drang nun auch ins einfache Volk ein, das sich in den unheilvollen Zeiten oft genug allein auf die Hilfe Gottes und den moralischen Beistand der Kirche verwiesen sah. Daraus aber gewannen Priesterschaft und Mönche so viel Einfluß, Ansehen und politisches Gewicht, daß die Kirche jetzt zu einem Ordnungsfaktor ersten Ranges wurde. Gemeinsam mit der wieder erstarkten Königsmacht trug sie bei zu der Erholung aus dem vorangegangenen Zerfall von Gesittung und Kultur, die nach der Mitte des 10. Jahrhunderts spürbar einsetzte. Die Herrschaft in Ostfranken (Deutschland) war 919 auf Heinrich den Vogler, Herzog der Sachsen, und damit auf ein Geschlecht übergegangen, das wir auch Ottonen nennen und das dem Mittelalter mit Otto I. dem Großen (936–973) eine der bedeutendsten Herrschergestalten schenkte. Er griff den nun auf Deutschland und Italien eingeengten Imperiumsgedanken Karls d. Gr. wieder auf und wurde, 962 zum Kaiser gekrönt, zum Begründer des „Heiligen Römischen Reiches Deutscher Nation".

DIE BAUKUNST

Die Führung in der Kunst lag während romanischer Zeit eindeutig bei der Baukunst, die ihre vornehmste Aufgabe ebenso unstreitig im Kirchenbau sah. Auf der Grundlage des karolingischen Erbes wurden an ihm alle die entscheidenden Merkmale jener Bauweise aus- und fortgebildet, die dem architektonischen Schaffen zwischen dem späteren 10. und dem frühen 13. Jahrhundert in ganz Europa ein nach Form und Entwicklung sehr einheitliches Gepräge gab. Wir nennen sie *romanisch*, weil die römisch-antike

Wo weltliche und kirchliche Größen der Romanik auf ihren reichen Bauten riesige Dimensionen gaben, zielten die Cluniazenser unter dem Geleit des Klosters Hirsau auf schlichte Formen und Räume. Die Ruine der 1112 begonnenen Klosterkirche im thüringischen Paulinzella läßt mit den strengen Wänden, Säulen und Bögen etwas von der Herbheit solcher Mönchsbauten ahnen.

Baukunst über die Vermittlung durch die karolingische zu ihrem eigentlichen Ursprung wurde. Ansonsten aber hat die Romanik mit der Antike nur sehr äußerlich zu tun. Mit Rundbogen, Säule, Gewölbe und Quaderbauwerk wandte sie zwar Formen und Techniken an, die schon die Römer kannten, und mit der Basilika ließ sie einen antiken Bautypus zu ihrem zentralen Thema werden. Die Art und Weise jedoch, in der dies alles nun zusammengeordnet und gestaltet wurde, zeigt den Willen, jetzt aus eigener Kraft zu einer Kunstweise zu finden, die dem Geist und Schönheitsempfinden der eigenen Zeit entsprach.

Hunderte von Kirchengebäuden wurden seit Beginn des 11. Jahrhunderts zum Zeugnis einer wahren Bauleidenschaft, die in Deutschland mit den gewaltigen Kaiserdomen am Rhein (Speyer, Worms, Mainz) ihre Krönung fand. Das Wesentliche und Gemeinsame an ihnen ist, daß sie sich bei aller individuellen Besonderheit von Anbeginn an unter den gleichen Formwillen stellen. Das Ideal dieses Formwillens aber war der basilikal gestaffelte, in stolzen Türmen aufgipfelnde, standfest ruhende und burghafte Bau. Seine Raumteile, das dreischiffige Langhaus mit den Arkaden über Säulen oder Pfeilern, das Querschiff und der Chor, sind kreuzförmig um die Vierung angeordnet. Ein Bau auch, der seinen Einzelteilen so viel Eigenwert läßt, daß jedes von ihnen, ein Turm oder auch nur eines seiner Geschosse, sich aus dem Ganzen lösen ließe, ohne daß Blut flösse.

Sonderbildungen, wie etwa die aus karolingischer Tradition kommende Doppelchörigkeit der rheinischen Kaiserdome oder die kleeblattförmige Chorbildung an kölnischen Kirchen wie St. Aposteln, zielten immer nur auf den Baukörper, nicht aber auf die Gesamtkonzeption des Raumgefüges oder die Grundhaltung der Bauten. Auch rührten sie nicht an die fast drückend ernste, dann hoheitsvoll-majestätische Feierlichkeit, die den romanischen Kirchenräumen eigen ist und die aus der machtvollen Sprache des Steins wie aus der Wucht und Schwere der architektonischen Bildungen kommt.

Freilich hat sich der romanische Baustil im Laufe seiner zwei Jahrhunderte sehr gewandelt, von frühen über reife zu späten Lösungen gefunden. Aber auch dieser Prozeß vollzog sich wiederum und wie die Entwicklung aller kommenden Stile nach einer überall gültigen inneren Gesetzmäßigkeit. Einfache, klare, abstrakte, unbelebte Formen stehen am Anfang und werden über maßvoll bereicherte Zwischenstufen hinübergeführt zu den reichteilig-komplizierten, dynamisch bewegten und naturnahen Bildungen der Spätzeit. So wandelten sich zum Beispiel die anfangs glattflächig aus der Wand geschnittenen Bogen von Arkaden, Fenstern oder Portalen zu immer reicher mit Treppungen, Wulsten und Kehlungen besetzten Gebilden, wurden die zuerst ganz schmucklos-glatten Steinwände am Außenbau mit vorgelegten Steinbändern (Lisenen), Gesimsen, Rundbogenfriesen belebt und mit kleinen ausgehöhlten Bogengängen (Zwerggalerie) oft mehrschichtig gemacht; oder entwickelte sich die kubische Gestalt des Würfelkapitells auf das mit Palmetten und Ranken verzierte Säulenhaupt der Spätzeit hin.

Die aller Baukunst eigene Entwicklung von einfachen Anfangsformen zum Formenreichtum der Spätzeiten wird an diesen drei romanischen Säulenkapitellen deutlich. Dem schlichten Würfelkapitell (um 1020) folgt das Doppelscheibenkapitell (um 1120) und endlich das ganz von Palmetten überwucherte Säulenhaupt der Blüte- und Spätzeit (um 1140).

Neben dem sakralen Bauschaffen blieb das profane fast bedeutungslos. Nicht nur hat es, was an ihm Kunst ist, vom Kirchenbau übernommen, sondern es fehlten ihm vergleichbar große Aufgaben. Sieht man von den Baulichkeiten der Klöster einmal ab, so war der Profanbau auf die königlichen Pfalzen (Gelnhausen, Wimpfen) verwiesen und auf die Burgen des ritterlichen Adels, die nun immer zahlreicher entstanden, zur Verteidigung ideale Anhöhen zum Standort wählten und zu manchmal beachtlichen Anlagen wurden, mit Gräben, Mauerring, Herrenhaus (Palas), Wohn- und Nutzgebäuden und einem trutzig ragenden Turm (Bergfried) als letzter Zuflucht. Die Städte aber, Stützpunkte des seit dem 11. Jahrhundert sich wieder belebenden Fernhandels, hatten einstweilen noch keine lohnenden Aufträge zu vergeben.

DIE MALEREI

Von der romanischen Malerei ist wenig auf uns gekommen. Sie war, wie die karolingische, Buch- und Wandmalerei, hat aber im 12. Jahrhundert die Gesellschaft der Glasmalerei und dann auch die des Tafelbildes bekommen, dem die Zukunft gehörte. In der Buchmalerei herrscht die kleinen Tafelbildern ähnelnde ganzseitige Miniatur vor. Der Themenkreis, den sich die Maler wählten, engte sich ein. Die weltlichen Bildvorwürfe verschwanden ganz, und auch die Darstellungen aus dem Alten Testament wie auch die der Passion Christi traten gegenüber der vorausgegangenen Zeit erheblich zurück. Dafür stellte sich im Buch wie auf der Kirchenwand das überirdische Wunder in den Mittelpunkt, so wie es sich im Tun des Gottessohnes offenbart hatte.

Aus allen diesen Bildern wird das Natürliche ausgetrieben, die Landschaft und das reale Menschenbild ausgemerzt. An ihre Statt treten ins Übermenschliche gesteigerte, gewaltig und heilig wirkende Gestalten und eine deren Übernatur unterstreichende unwirklich-erfundene Farbigkeit. Es ist eine Bildwelt und -auffassung, an der abzulesen ist, daß das Heilige als etwas Fernes, Ehrfurcht und Scheu Gebietendes begriffen und das Christentum noch nicht als die Religion der göttlichen Liebe verstanden wurde.

Am eindrucksvollsten zeigt sich alles dies in der frühen Romanik und dort vielleicht in den großartigen Buchillustrationen, die in den Klöstern der Bodenseeinsel Reichenau um 1000 und kurz danach geschaffen wurden. Später, seit etwa der Mitte des 12. Jahrhunderts, verliert sich der hier Bild gewordene Einbruch des Göttlichen in die Menschenwelt, werden die Bilder und ihre Gestalten erdnäher, verständlicher und aus der Formelhaftigkeit befreit. Ein Zeichen dafür, daß nun der eher weltoffene, dem Menschlichen zugewandte Geist des Rittertums sich durchzusetzen begann gegen das weltverneinende Mönchstum, das die Kunst bisher fast allein ausgerichtet und getragen hatte. Ihm vor allem ist es zu danken, daß um und nach 1200 gelegentlich sogar der körperlich schöne Mensch bildwürdig wurde, wie bei dem Ersten Menschenpaar auf der Holzdecke von St. Michaelis in Hildesheim.

„Ein starker Engel hob einen großen Stein auf, als einen Mühlenstein, und warf ihn ins Meer." Dieses Detail aus dem apokalyptischen Geschehen hat ein Reichenauer Mönch um 1010 in einer Miniatur der sogen. Apokalypse des Bamberger Domschatzes großartig ins Bild gesetzt. Um das zentrale Motiv zu unterstreichen, ist die rechte Hand mit dem Mühlstein übernatürlich vergrößert.

Die schlichte, große Form, nicht
Naturnachbildung, war das Mittel,
besonders der frühen romanischen
Bildnerei, die Hoheit des Göttlichen darzustellen. Der Christus
des Gerokreuzes (um 970; Köln,
Dom) fordert, trotz der Leidens-
züge des Gekreuzigten, nicht zum
Mitleiden, sondern zur Ehrfurcht
vor der Majestät des Erlösers auf.

Im Laufe der Romanik setzt sich
die ritterliche Idee vom vollkommenen Körper und Geist gegen
das weltverneinende Priestertum
durch. Das vorbildhafte Menschenbild in der Plastik ist die Folge;
oft ein idealisiertes Porträt, wie
bei dem Bildnis Heinrichs des
Löwen (um 1250; Grabmal im
Braunschweiger Dom).

DIE PLASTIK

Stein, Holz, Bronze und Gold waren die Werkstoffe der
romanischen Plastik, ihre vordringliche Aufgabe die heiligen Gestalten, ihr Ort vor allem der Kirchenbau und
Altar.

Die frühe Romanik gab ihren Kirchen plastischen
Schmuck mit reliefierten Bronzetüren an den Portalen, von
denen sich eine für St. Michaelis in Hildesheim um 1015
gegossene erhalten hat. Die Altäre schmückten an ihrer der
Gemeinde zugekehrten Stirnseite vergoldete Bronzetafeln
(Antependium), die mit heiligen Gestalten in Relief und
dem Glanz des edlen Metalls die besondere Würde dieses
Orts unterstrichen. Gold im Verein mit Edelsteinen gab
auch den sitzenden Madonnen und Heiligenfiguren auf
den Altären oder den jetzt entstehenden ersten lebensgroßen Figuren des Gekreuzigten den Hauch des Über-
irdischen (Gerokreuz, Köln). Mit ihren maskenhaft strengen Gesichtern und feierlichen Gebärden vertreten diese
frühen Plastiken wie ihre gemalten Partner eine ferne
Welt, die in die Knie zwingt und dem Menschen seine
Nichtigkeit vor dem Göttlichen bewußt macht.

Die Kirchen selbst wurden erst gegen das 12. Jahrhundert, als sich ihre vordem schlichten Formen zu bereichern
begannen, zum Ort einer Bauplastik. Sie siedelte sich vor
allem auf den Bogenfeldern (Tympanon) über den Portalen an und gab hier meist christusbezogene Bildmotive
in Relief. Daneben erhielten auch Kapitelle, Bogenläufe,
Portalwandungen plastischen Schmuck, der sich zumindest
in Deutschland meist im Ornamentalen hielt oder fabel-
gestaltige Tierwesen in Szene setzte, mit denen das Teuf-
lische, Dämonische in dieser Welt gemeint war. An die
Kirche gebunden, verlor es seine Macht.

Zur Entwicklung einer menschgestaltigen Plastik am
Bau bedurfte es in Deutschland der Anregung vor allem
aus Frankreich, das bereits um die Mitte des 12. Jahrhunderts lebensgroße menschliche Figuren an die Kirchenportale gestellt hatte. In ihrer schon gotisch veränderten
Form wurden sie zum Ausgang für die späteren und zugleich reifsten Leistungen der Bildhauerei an Kirchen der
deutschen Romanik. Beispiele sind der königliche Reiter
im Dom zu Bamberg (um 1230) und die Stifterfiguren im
Naumburger Dom (nach 1249). Der erste von idealer
Schönheit und Haltung, die zweiten porträtähnlich, aber
von edler Würde, verkörpern sie den diesseitsfreudigen
ritterlichen Geist, der, wie in der Malerei, auch in der Plastik nun Oberhand gewonnen hat über die Weltferne des
Anfangs.

Die Zeit der Gotik
Vom 13. bis zum frühen 16. Jahrhundert

Der Wille zu Gott läßt Kathedralen zum Himmel stürmen; Bürgerstolz und Kaufmannssinn gewinnen der Kunst die Erde und den Menschen wieder

Die Kunstweise, die in Deutschland seit etwa 1220 die Romanik abzulösen begann, um dann durch drei Jahrhunderte zu herrschen, heißt die *gotische*. Mit den Goten hat sie freilich nur in übertragenem Sinne zu tun. Sie waren im 5. Jahrhundert in Oberitalien und Nordspanien seßhaft geworden und mittlerweile im romanischen Volkstum aufgegangen. Aber die Erinnerung an sie als die Totengräber der römischen Antike blieb lebendig, und die Italiener der Renaissance, denen seit dem 15. Jahrhundert die Antike zum großen Vorbild wurde, haben die Baukunst, die zuvor aus Frankreich und Deutschland zu ihnen gekommen war, daneben als eine ,Pfuscherei' empfunden, „die nur ein Barbarenvolk nach Italien" hat bringen können. Und als der Inbegriff alles Barbarischen galten die Goten. So ist der Begriff des „stile gotico" entstanden.

Neben der Baukunst der Antike mußte die gotische als die Ausgeburt eines fremden Geistes erscheinen. Ihre wesentlichen Merkmale sind ja die: sie entkörperlicht ihre Werke, entmaterialisiert die Wände zu durchlässigen Glasflächen, läßt den Stein gleichsam gewichtslos über himmelstürmende Blickbahnen aufsteigen, als wolle er die Erde flüchten, wo die Renaissance wieder den fest auf dem Boden stehenden, körperhaft in sich ruhenden, von den ablesbaren Gesetzen des Lastens und Tragens beherrschten Bau will. Die gotische Kunst, nicht nur die Architektur, ist einem Geist entsprungen, der nicht die Erde, sondern den Himmel sucht.

Die vertiefte Gläubigkeit machte die Sehnsucht nach Gott frei, die sich in der Kunst der Gotik ein Gleichnis schaffen sollte. Daß diese sich aber nicht in eine völlige Jenseitsflucht verlor, wie sie die Mystiker forderten, ist den Handwerkern und Kaufleuten zu danken. Gott zugewandt, aber von erdgebundenem Sinn, kehrten sie das weltflüchtige Denken der Erde zu und traten, mächtig und reich geworden, seit dem 14. Jahrhundert immer mehr als Förderer der Kunst neben die Geistlichkeit und den Adel.

Mit dem Chorbau des Kölner Doms (1248–1322) wurde das in Frankreich vorgezeichnete Ideal gotischer Sakralbaukunst am konsequentesten verfolgt. Die schließenden Wände sind zwischen dem Gerüst der tragenden Pfeiler in Glasflächen aufgelöst. Buntes Glas läßt das Tageslicht verwandelt in den Raum dringen, die Architektur reißt Auge und Sinn nach oben, dem Jenseits entgegen.

DIE BAUKUNST

Die gotische Bauweise und ihre größte Leistung, die Kathedrale, sind Frankreich zu danken. Um die Mitte des 12. Jahrhunderts wurden dort zum erstenmal die drei

Die Gotik zeigt Eigenheiten ihrer Konstruktion ganz offen – ähnlich wie die Architektur unserer Tage. Zugleich aber zwingen Formen und Schmuck den Blick nach oben. Der steile Wald der Strebepfeiler am Kölner Domchor mit den lanzenartigen Fialen ist dafür ein schönes Beispiel.

„Zeigefinger Gottes" hat man die fontänengleich aufschießenden Türme genannt, mit denen Dom- und Stadtpfarrkirchen der deutschen Gotik sich ein eigenes Gesicht gaben. Wie beim Münster zu Freiburg (Turm um 1300) wurden solche Türme oft zu filigranartigen Gespinsten aus feingliedrigem Maßwerk aufgelöst – Meisterwerke der Steinmetzkunst.

Grundelemente der gotischen Konstruktionsweise in ein System gebracht: *Spitzbogen, Rippengewölbe* und *Strebewerk*. Einzeln nur technisches Hilfswerk, machten sie, zusammengenommen, die Bauwerke leichter, luftiger, höher als die romanischen. Die raumschließende Wand konnte immer mehr getilgt und durch verglaste Fensteröffnungen ersetzt werden, da Gewicht und Seitenschub der mit dünnen Steinschalen geschlossenen Gewölbe von den tragenden Rippen nicht auf die ganze Wand verteilt, sondern auf die Punkte gesammelt wurden, unter die innen lasttragende Pfeilerstützen traten und gegen die von außen frei über die Seitenschiffdächer schwingende Bogen des Strebewerkes als Widerlager des Schubs anliefen. Dermaßen nur noch auf ein Gerüst von schmalen Mauerstreifen angewiesen, konnten die gotischen Kirchen nach früheren Versuchen, wie sie etwa die Elisabethkirche zu Marburg für Deutschland nach 1235 vertritt, schließlich zu solch feingliedrigen, glashausartig wirkenden Gebilden werden wie der 1248 begonnene, 1322 geweihte Chor des Kölner Domes. Zu Gebilden aber auch, die außen wie innen nicht nur ihrer gewaltigen Höhe, sondern auch der von Strebe- und Wandpfeilern, Spitzbogen und Türmen vorgezeichneten vertikalen Blickbahnen wegen Auge und Sinn nach oben führen.

Freilich hat sich diese tiefvergeistigte „Hochgotik", die die Kirchen durch die Bevölkerung der Portale mit den plastischen Bildern der Heiligen und der himmlischen Heerscharen und deren Erscheinen in den buntfarbig leuchtenden Glasfenstern oder auf den bemalten vielteiligen Altaraufsätzen zu Sinnbildern des Himmels werden ließ, nicht lange gehalten. Schon im 14. Jahrhundert trat eine merkliche Vereinfachung und die Abkehr von der unbeschreiblichen Pracht der Kathedralgotik französischen Ursprungs ein. Mangel an Geld und die oft nur in langen Jahrzehnten erreichbare Verwirklichung solcher Vorhaben, die zur Schlichtheit mahnenden Bettelorden und vor allem der realistische Sinn der häufig bürgerlichen Auftraggeber auch der Kirchenbaukunst haben dazu beigetragen. An ehrgeizigen Vorhaben mangelte es nicht. Das 1377 begonnene Ulmer Münster, eine der vielen jetzt entstehenden Stadtpfarrkirchen, sollte bewußt mit den Bischofsdomen in Konkurrenz treten und sie gar an Größe übertreffen.

Aber der Höhenflug wich nun zusehends einer mehr diesseitigen Haltung, die sich mit der *Hallenkirche* des 15. Jahrhunderts Ausdruck verschafft. In ihr steigt der Kirchenraum nicht in einem hochragenden Mittelschiff über die Seitenschiffe empor, sondern alle Schiffe sind zu gleicher Höhe gebracht (Frauenkirche in München). Die Räume fließen ineinander, und die in dieser Spätzeit vielrippig gewordenen Stern- und Netzgewölbe geben der Decke eine schließende Festigkeit (Heiligkreuzmünster, Schwäbisch Gmünd). Die deutsche Gotik hat nach ihrer Sonderung vom internationalen französischen Kathedralstil nationalen Charakter angenommen, vielerlei lokale Ausprägungen erfahren, ihre eigenartigste sicher in der *Backsteingotik* Norddeutschlands. In diesen steinlosen Gegenden hatte der gebrannte Ziegel, ein viel unbildsameres

Material, den Vorrang. Dadurch sind die Kirchen in den Hansestädten zu einer gar nicht zeitgemäßen Herbheit gezwungen worden, ohne daß ihnen eine eigene Großartigkeit mangelt. Sie hat ihren Höhepunkt in der Marienkirche zu Danzig (begonnen um 1400) gefunden.

Wie die Romanik ist auch die Gotik bei der Entwicklung ihrer Formen von frühen über reife und zu späte Bildungen, vom Einfachen zum Reichen, vom Unbelebten zum Bewegten gekommen. So wurden etwa aus den schlichten Kreuzrippengewölben des Anfangs die komplizierten Gebilde der späteren Netz- oder Sterngewölbe mit ihren gradlinig oder kurvig verflochtenen Rippenteppichen. Oder es wandelte sich das Maßwerk in den Spitzbogen der Fenster, die anfänglich die einfache Form des Kreises oder des Dreipasses in strenger Gruppierung zeigten, auf rotierende, verflochtene Fischblasenmuster hin.

Auch wenn die Gotik, selbst in der Spätzeit, ihr Schwergewicht im Kirchenbau sah, mußte dieser sich mit dem Wiedererstarken der Städte seit dem 14. Jahrhundert die Partnerschaft eines anspruchsvolleren Profanbaus gefallen lassen. Die Wohnhäuser des Stadtadels (Patrizier), die Gemeinschaftsgebäude von Handwerkerzünften, die Rathäuser und Stadttore öffneten ihm ein weites Feld. Auch der Bau von Burgen, die sich jetzt gelegentlich schon zu Schlössern wandelten, bot lohnende Aufgaben. Doch das profane Bauschaffen blieb abhängig von der Formenwelt des Sakralbaues. Erst die Renaissance wird hier Änderung schaffen.

In den norddeutschen Tiefebenen war Stein ein rares Material. Deshalb wurde der viel weniger bildsame Backstein verwendet. Dennoch haben die gotischen Baumeister es verstanden, ihn für Bauwerke mit reicher Gliederung und ornamentaler Wirkung einzusetzen, wie hier am Stargarder Tor in Neubrandenburg (Außentor, Anfang 15. Jh.).

DIE PLASTIK

Das plastische Schaffen gotischer Zeit findet mit dem Figurenschmuck an Kirchen, Altären, Chorgestühlen, Grabmälern ein reiches Betätigungsfeld. Stein und Holz sind vorwiegend das Material, das sich meist mit einer farbigen Bemalung (Fassung) verbindet, um durch Farbe und Form zu wirken. Obwohl aber die Themen ganz überwiegend die alten religiösen bleiben und erst in der Spätzeit weltliche Motive vereinzelt bildwürdig werden, zielt ihre Entwicklung doch deutlich auf die Befreiung aus der Bindung durch das Sakrale hin. Diese wird erst die Renaissance ganz erreichen. Was die Gotik auf ihrem durch fast drei Jahrhunderte dauernden Weg dazu beigetragen hat, ist, genau wie in der Malerei, die Zurückgewinnung der sichtbaren Wirklichkeit.

Der Weg dorthin setzte in Deutschland um 1230 ein mit den noch ganz aus dem weltoffenen Geist des Rittertums lebenden Gestalten etwa des Bamberger Reiters oder der klugen und törichten Jungfrauen am Westportal des Straßburger Münsters (um 1280). Keine wirklichen, sondern ideale, von Regungen des Gefühls freie Menschenbilder. Unter dem Einfluß mystischen, nach dem Jenseits strebenden Denkens bemächtigten sich dann seit etwa 1300 nacherlebbare Regungen und Gefühle der Figuren. Die unter faltenreichen Gewändern verborgenen Körper längen sich und scheinen in kurvigen Schwingungen der Erdenschwere entfliehen zu wollen. Daneben stehen Dar

Zur Jenseitssehnsucht deutscher Mystiker gehörte der Gedanke, man könne durch das Nacherleben der Leiden Christi oder der Gottesmutter zu einer Vereinigung mit dem Göttlichen gelangen. Daraus sind Bildwerke entstanden, die durch übersteigerten Gefühlsausdruck an das Erbarmen appellierten. Hier die Beweinung aus der Sammlung Roettgen (um 1300; Bonn).

Die idealisierte Madonna der Hochgotik weicht im 15. Jh. einer erdnahen und verbürgerlichten Schwester. Auch das Jesuskind gebärdet sich, wie bei der Dangolsheimer Maria (um 1470; Berlin, Deutsches Museum), als ein kaum zu bändigendes, recht irdisches Wesen. Der Realismus des Bürgers wirkt auf die Kunst ein.

Die köstlichen Miniaturen der Mannessischen Liederhandschrift (nach 1300) zeigen in liebenswürdig-heiterer Darstellung das weltoffene Dasein des mittelalterlichen Rittertums. Beliebtes Thema ist der Minnedienst, das Werben des ritterlichen Sängers um die verehrte Frau.

stellungen wie etwa die Gruppe der Maria mit dem tot im Schoß liegenden Christus (Pietà) oder der in grausamer Verrenkung an ein gabelförmiges Kreuz geheftete Heiland (Köln, St. Maria im Kapitol), die über das Mitleiden der Andächtigen die Sehnsucht nach Erlösung von eigenem Leid vertiefen sollen.

Und wenn die Zeit seit 1400 zunächst, wie in den Schönen Madonnen, das Schöne als das dem Heiligen Gemäße wiederfindet, so war nun doch das Eindringen auch des Tatsächlichen nicht mehr zu verhindern. Der Baumeister wagt, sich zu porträtieren. Maria muß sich manchmal das pralle, stupsnäsige Gesicht einer Irdischen gefallen lassen. Das Christuskind auf ihrem Arm wird ab und an zu einem recht irdisch sich gebärdenden Säugling. Selbst das Häßliche, Nurmenschliche findet über die deftig-derben Gestalten etwa der Häscher in Ölbergszenen Eingang in die Kunst, die sich, Zeichen der Entdeckung des Eigenwertes der Persönlichkeit, seit dem 15. Jahrhundert immer mehr aus der Anonymität löst und ihre Werke mit dem Namen der Künstler verbindet.

DIE MALEREI

Zu Wand- und Buchmalerei gesellen sich in gotischer Zeit bald die von der Romanik weniger gepflegte *Glasmalerei* und das auf Holz gemalte *Tafelbild*. Die Malerei in Glas, bei der schmale Bleiruten bunt leuchtende Glasstücke zusammenhalten und zugleich das grobe Liniengerüst für die Formen der Darstellung abgeben, während die kleineren Details mit Schwarzlot auf das Glas selbst aufgetragen werden, fand ein weites Feld: die riesigen Fenster, die in den gotischen Bauten an die Stelle der gemauerten Wandflächen traten. Das Tafelbild dagegen hatte seinen Ort zunächst als *Antependium* vor der Stirnseite des Altars, wurde dann seit etwa 1250 an dessen rückwärtiger Oberkante aufgestellt und so zum *Retabel,* aus dem sich im Verlauf der Gotik schließlich die vielteiligen Flügelaltäre entwickelten. Weitaus die meisten der gotischen Tafelbilder in unseren Museen sind solche Retabel oder Teile von ihnen gewesen.

Blickt man allein auf die figürliche Gestaltung in all dieser Malerei, so entdeckt man, daß sie sich genau wie die Plastik entwickelt. In der Manessischen Liederhandschrift, die sich im frühen 14. Jahrhundert der Darstellung der Minnesänger und anderer Themen aus dem Ritterdasein annahm und ein frühes Beispiel nicht religiös motivierter Malerei ist, tauchen die gleichen grazilen, überlängten Gestalten mit den unter faltenreichen Gewändern verborgenen Körpern auf, wie sie für die Plastik der Zeit charakteristisch sind.

Die Beispiele ließen sich vermehren, doch ist die Form nicht die große Aufgabe der Malerei in gotischer Zeit gewesen. Sie mußte all das wieder zurückgewinnen, was die voraufgegangene Zeit aus dem gemalten Bild vertrieben hatte: die Wirklichkeit der sichtbaren Natur.

Byzantinische Anregungen lassen schon im 13. Jahrhundert Stücke von „Landschaft" etwa in die Buchmalerei eindringen, treppenartige Felsen, die den Gestalten einen sichtbaren Raum geben, wo vordem nur ein unkörperlicher Allraum war. Solche Formeln für die Natur finden sich noch im Grabower Altar des Meisters Bertram von Minden (1379, Hamburger Kunsthalle), wo sie sich mit Bäumen, Gras und Blumen von freilich ähnlich kürzelhafter Art zu einer schon eher glaubwürdigen Naturkulisse um kräftig körperhafte Gestalten verbinden. Diese aber handeln auf der erfundenen Landschaftsbühne immer noch vor einem goldglänzenden, unwirklichen Hintergrund. Erst unter dem zunehmenden Einfluß der italienischen Malerei, die mit der *Zentralperspektive* das Mittel zur Darstellung des Raumes, wie ihn das Auge wirklich sieht, gewann, und dem der niederländischen, die im Umkreis der Brüder van Eyck mit der *Luftperspektive* die Möglichkeiten zur realistischen Wiedergabe von nah und fern entdeckte, kehrte dann im 15. Jahrhundert mit Werken wie der Malerei der Konrad Witz, Hans Multscher, Michael Pacher langsam der Wille zum Malen „wie die Natur" auch in Deutschland ein. Das Malen „nach der Natur", nach dem sichtbaren Menschen und der wirklichen Landschaft aber wurde erst von den Großen an der Wende zum 16. Jahrhundert, etwa von Dürer und Holbein, zum Gegenstand der Malerei gemacht.

Nur langsam dringt die Natur während gotischer Zeit wieder in die vordem aller Natürlichkeit entfremdete Bildwelt ein. Zunächst sind es, wie beim Grabower Altar des Meisters Bertram von Minden (1379; Hamburg, Kunsthalle), symbolhaft erfundene Formeln für Natur, wie Treppenfelsen, Blumen und Bäume.

Die Renaissance

Das 16. Jahrhundert

Die Künste werden aus ihrem nahezu ausschließlichen Dienst am Sakralen befreit. Mensch und Welt treten in neue Rechte

Mit dem 15. Jahrhundert, das in Deutschland Spätgotik, in Italien aber schon Renaissance heißt, tritt Europa in einen neuen Abschnitt seiner Geschichte: die *Neuzeit*. Das Mittelalter und seine beiden Kunstepochen, Romanik und Gotik, waren vor die Aufgabe gestellt, Gott und das Jenseits für den Menschen zu gewinnen. Mit der Renaissance ändert sich die Zielsetzung: jetzt gilt es, den Menschen und seine Welt zu entdecken.

Den entscheidenden Anstoß zu dieser Wandlung gab das *Bürgertum*. Wo die Träger der Kultur des Mittelalters, Geistlichkeit und ritterlicher Adel, zuerst nach geistigen Idealen strebten, da lebte der handwerkende und handeltreibende Städter auf dem Boden realer Tatsachen. Ihm waren meßbare Tugenden, Fleiß, Können, Sparsamkeit, wichtiger, bedeutete die Leistung des einzelnen im Dienste der Gemeinschaft mehr.

Die Giebelfront des Gewand-
hauses in Braunschweig (1591)
zeigt die in das schmückende Beiwerk verliebte deutsche Renaissance. Anders als in Italien dienen
Säulen und Simse nicht zuerst der
Bautechnik, sondern sind viel-
mehr zierende Rahmung der
Fensteröffnungen. Der reich geschmückte Giebel bewahrt dazu
noch die alte Form des Treppengiebels.

Schon in der Spätgotik tritt der reich und mächtig gewordene Bürger als Auftraggeber und Förderer der Kunst
in den Vordergrund. Sein Sinn ist auf den einzelnen Menschen gerichtet. Der Künstler, der ja selber ein Bürger ist,
beginnt sich selbst zu porträtieren und sein Werk mit dem
eigenen Namen zu signieren. Die tägliche Bewährung in
der irdischen Welt aber weckt das Verlangen, nun auch die
Geheimnisse von Leben und Natur zu entziffern. Die Ent-
deckungsfahrten der Portugiesen und Spanier öffnen den
Blick auf andere Kontinente. Kopernikus entdeckt die
Sonne als den Mittelpunkt unseres Planetensystems und
läßt das auf die Erde als Mitte ausgerichtete Weltbild des
Mittelalters aus den Fugen geraten. Die forschenden Wissenschaften in unserem heutigen Sinn nehmen ihren Beginn. Dies alles machte Gott zwar nicht vergessen, aber der
Mensch will ihm nun nicht mehr als Teil einer anonymen
Masse, sondern als einzelner gegenübertreten. Mit der
Reformation lehnt er sich nicht gegen ihn, sondern gegen
den Anspruch der Kirche auf, allein den Weg zu ihm bestimmen zu können.

DIE BAUKUNST

Die „Renaissance" ist künstlerisch vor allem eine Leistung
Italiens. Hier war die römische Antike schon im 15. Jahrhundert als eine dem eigenen, diesseitsbejahenden Geist
verwandte Zeit wiederentdeckt und ihre Kunst zum an-
regenden Vorbild genommen worden. Von dort drangen
seit dem späteren 15. Jahrhundert in das bis zur Mitte des
16. Jahrhunderts noch gotischen Gestaltungsprinzipien
anhängende Deutschland vor allem die der Antike abge-
schauten dekorativen Formen (Dreiecksgiebel, Säule und
Pilaster, Palmetten, Figurenmedaillons, Putten, Grotesken) ein. Sie verbinden sich, wie an der Turmkrone der
Heilbronner Kilianskirche (ab 1513), mit gotisch empfundenen Konstruktionen, und nur langsam setzt sich auch der
Wille der Renaissance zum waagrecht lagernden, aus sims-
getrennten Geschossen aufgebauten, schwer und erdfest
stehenden und symmetrisch gegliederten Baukörper durch.
Ihn erreichen vor allem die Schlösser des Adels, die nun,
nachdem die im 15. Jahrhundert erfundene Artillerie die
Burg wertlos gemacht hatte, an deren Stelle traten und
sich zu weitläufigen Wohn- und Repräsentationsbauten
entwickelten. Das Heidelberger Schloß sei mit dem Ott-
heinrichsbau und dem Friedrichsbau als Beispiel genannt.

Die große Zahl der Bürger- und Rathäuser aus dieser
Zeit hängt jedoch mit Treppengiebeln, Türmen, Erkern
und der oft asymmetrischen Anlage vorwiegend der her-
kömmlichen Bauauffassung an und bekleidet sich lediglich
nach außen hin mit Renaissanceformen. Jedenfalls wird
nur selten eine so italienisch wirkende Klarheit in Aufbau
und Gliederung erreicht, wie sie Elias Holl mit dem Rathaus und dem Zeughaus zu Augsburg am Anfang des 17.
Jahrhunderts zeigte. Der Kirchenbau, der jetzt deutlich in
seiner Bedeutung zurücktritt und zum erstenmal Kunst-
formen nicht an den Profanbau vergibt, sondern sie von

Das 1602–1607 von Elias Holl
errichtete Zeughaus in Augsburg
steht mit seiner klar überschau-
baren Fassadengliederung dem
Empfinden der antik orientierten
italienischen Baukunst dieser Zeit
nahe. Die kräftig verkröpften
Gesimse, aufgesprengten Dreiecksgiebel und die Verwendung
ovaler Fensterformen weisen
jedoch schon auf den kommenden
Barock hin.

diesem entlehnt, hat nur wenige hervorragende Beispiele aufzuweisen. Die Freudenstädter Stadtkirche des Heinrich Schickhardt (1608), ein herber, dem zierfeindlichen Sinn des Protestantismus gemäßer Bau, und die nach dem Beispiel von Il Gesù in Rom errichtete Michaelskirche zu München (um 1590) mit ihrem von seitlichen Kapellen begleiteten, tonnenüberwölbten Schiff gehören dazu.

DIE PLASTIK

Das plastische Schaffen in Deutschland blieb bis um 1530 dem gotischen Formensinn verhaftet, wennschon sich ein Hang zum Realismus deutlich machte. Die Bildfeindlichkeit des Protestantismus und die Wirren im Gefolge der Reformation haben dazu beigetragen, daß es wenig große Aufgaben gab und der Kult, den die großen Italiener im Umkreis des Michelangelo zu dieser Zeit mit der Schönheit des menschlichen Körpers trieben, hier keinen Widerhall fand. Die oft kleinformatigen Arbeiten der Vischer, Conrad Meit oder Adam Krafft, die zu Anfang des Jahrhunderts Ansätze zu dem aus aller Zweckbindung befreiten Menschenbild zeigten, blieben ohne Nachfolge.

Die Bildhauer der deutschen Spätgotik verharren bis weit ins 16. Jh. in der Tradition. Züge der Renaissance werden nur zaghaft spürbar, am ehesten noch in dem deutlichen Hang zur Individualisierung und Verweltlichung des Menschenbildes, wie in Adam Kraffts Relief für die Nürnberger Stadtwaage (Germ. Nationalmuseum, Nürnberg).

DIE MALEREI

Die Malerei des 16. Jahrhunderts hat das Schicksal der plastischen Bildnerei dieser Zeit geteilt. Ihre großen Leistungen liegen in den ersten drei Jahrzehnten und verbinden sich mit den Namen Dürer und Holbein, Cranach und Altdorfer. Die letzteren jedoch haben sich nur selten so weit dem Geist der Renaissance verbunden wie die beiden ersten. Von ihnen fand Dürer mit seinen als Reiseerinnerungen entstandenen aquarellierten Landschaften und Ortsbildern zur Malerei nach der sichtbaren Natur, die ihm und vor allem Holbein zur Lehrmeisterin auch in den Porträts ihrer Zeitgenossen wurde. In diesen, die den Leistungen der großen Italiener, der Raffael, Leonardo, Tizian oder Michelangelo, ebenbürtig sind, hat sich das freie, selbstbewußte und selbstsichere Menschentum der Renaissance eine großartige Selbstdarstellung geschaffen.

Die Maler der deutschen Spätgotik und Renaissance, voran Dürer und Holbein, haben die Natur häufig zum Vorwurf genommen und sich nicht mit naturnahen Erfindungen begnügt. Auch das Unschöne wurde ihnen bildwürdig, selten aber in so ergreifender Weise wie in Dürers Kohleporträt seiner Mutter (1514, Berlin, Kupferstichkabinett).

Die Zeit des Barock

Das 17. und das 18. Jahrhundert

Im Zusammenwirken aller Künste werden Gotteshaus und Schloß zum triumphalen Zeugnis der wiedererstarkten Kirche und des absolutistischen Fürstentums

Die Fassaden der deutschen Barockkirchen sind oft eindrucksvolle Schaustücke, die auf die Pracht des Innenraumes vorbereiten. Gerne wurde, wie in Ottobeuren (vor 1766), ein kurvig vorschwingender Mittelteil mit dem Eingang von zwei seitlichen Glockentürmen flankiert.

Das Zeitalter des Barock wurzelt geistig im 16. Jahrhundert. Die schöne, von humanistischem Denken getragene Daseinsfreude und Selbstsicherheit des Menschen der Hochrenaissance begann mit der *Reformation* innerer Unruhe und Zerrissenheit zu weichen. Die katholische Kirche sah ihre Alleinherrschaft bedroht und die Gläubigkeit selbst in den eigenen Reihen von weltbejahendem Denken angegriffen. Dem Zerfall zu steuern, leitete sie unter Einsatz aller Mittel des Geistes und der Macht die *Gegenreformation* ein, mit ihren gerade für Deutschland so verheerenden, im Dreißigjährigen Krieg (1618–1648) schrecklich sich vollendenden Folgen.

Obwohl große Teile Nordeuropas für immer an den Protestantismus verlorengingen, gewann die römische Kirche für sich aus diesem mit flammendem Eifer betriebenen Kampf einen enormen Zuwachs an innerer Festigkeit und politischem Gewicht. Beiden, der vertieften Religiosität und der zurückgewonnenen Macht in Glaubensdingen, Ausdruck zu geben, wurde die Aufgabe der Kirchenbaukunst des Barock. Im Schatten des Glaubenskampfes wuchs auch die zweite Feudalmacht, das Fürstentum, aus seiner Beengung durch das Bürgertum heraus und kam zu einer kaum je zuvor erreichten Gewaltfülle, die im *Absolutismus* des 17. und 18. Jahrhunderts gipfelte. Dieser entsprang dem wiederentdeckten Gottesgnadentum der Herrscher, das deren Handeln als von Gott verordnet erscheinen ließ. Eingedenk solcher Gnade artete der Absolutismus schließlich zu jener maßlosen Selbstüberschätzung, ja Vergottung des herrscherlichen Ich aus, mit der Ludwig XIV. (1643–1715), der französische Sonnenkönig, all den kleinen und großen Potentaten seiner Zeit zum nachahmenswerten Vorbild wurde. Alles, was er tat, seine gottähnliche Herrlichkeit ins rechte Licht zu rücken und glaubwürdig zu machen, das feierlich-theatralische Zeremoniell des höfischen Lebens, die prunkenden Aufzüge der Hofgesellschaft und dergleichen, hat allenthalben in Europa ehrgeizige Nachfolge gefunden. Und den Rahmen zu diesem höfischen Gepränge hatten Schlösser zu schaffen, in denen sich Malerei, Plastik und Architektur zu Schöpfungen von gewaltiger Größe, unbeschreiblichem Glanz und prahlender Pracht zusammentaten.

DIE BAUKUNST

Der Dreißigjährige Krieg lähmte weit über sein Ende hinaus alles Bauschaffen in Deutschland. Erst nach der Mitte des 17. Jahrhunderts, als die barocke Bauweise von Italien bereits zu ihren reifen Formen gebracht und auch in Frankreich länger schon heimisch geworden war, brach in dem verwüsteten Land eine wahre Bauleidenschaft aus. An ihr beteiligten sich Fürsten und Kirche an erster Stelle, doch ergriff sie auch die Bürger und das Landvolk und ließ den Barock zu einer echten Volkskunst werden.

Bis um 1700 blieb das Bauen vorwiegend Sache von Ausländern, da der Krieg die Tradition im Lande hatte abreißen lassen. Dann traten zunehmend Deutsche auf den Plan, von denen die Familie Dientzenhofer, Balthasar Neumann, Johann Michael Fischer und die Brüder Zimmermann als die wichtigsten für viele andere genannt seien.

Der Kirchenbau des Barock hat seine reichsten und reifsten Leistungen in den katholisch verbliebenen Landschaften Süddeutschlands gewonnen. Oberstes Anliegen der Baumeister war, den zwischen Eingang und Chor ausgespannten Kirchenraum zu einer unruhig belebten, wogenden Phantasie aus einer Vielzahl sich durchdringender und ineinander verfließender Raumteile zu machen, die mit ihren geschwungenen Wänden, gebrochenen Gesimsen und ovalen Kuppeln dem Auge immer neue Blickerlebnisse aufzwingen. Um so mehr, als über diese komplizierte Architektur von Malerei, Plastik und Stukkatur ein wahrer Rausch an Farben und Formen ausgeschüttet wird, mit goldglänzend aufschäumenden Kapitellen, marmorprunkenden Säulen und Pilastern, zuckenden Rocaillen, Blumengehängen, mit dem Getümmel der Putten, den verzückt sich verrenkenden Gestalten der Heiligen an Altären und Kanzeln und den volkreichen heiligen Scharen der Deckengemälde, welche mit ihren kühnen Architekturkulissen und Himmelsblicken die schließenden Gewölbe optisch ins Unendliche verströmen lassen.

Solche jubelnde, überwältigende, theatralische Pracht hat überall in den katholischen Kirchen Eingang gefunden als das Mittel, dem Gläubigen über das verzaubernde Sinnenerlebnis die Begegnung mit dem Heiligen bewußt und möglich zu machen. Einige hervorragende Beispiele sind die Wallfahrtskirchen Vierzehnheiligen, Steinhausen und „in der Wies" und die Klosterkirchen zu Ottobeuren, Weltenburg und Zwiefalten.

Einem ganz ähnlichen, eben dem barocken Bedürfnis nach Prunk und Pracht gehorchen die *Schloßbauten.* Der Wille, sie durch gewaltige Dimensionen zu Gleichnissen der fürstlichen Macht werden zu lassen, und die in gleicher Richtung wirkende Notwendigkeit, dem Heer der Höflinge Platz zu geben, ließen sie immer öfter außerhalb der beengenden Stadtgrenzen entstehen (Nymphenburg bei München, Ludwigsburg bei Stuttgart, Residenzschloß bei Würzburg). Nach dem allgewaltigen Vorbild des Schlosses von Versailles unterwarfen sie sich hier weite Teile des Umlandes, das mit den Parks zu einer Kunstlandschaft verwandelt wurde. In ihren zahllosen Sälen, Zimmern und

Formenreichtum und Figurenfülle der barocken Kirchenausstattung gipfeln im überschäumenden Schmuck der Altäre und Kanzeln. Ein schönes Beispiel ist die Kanzel der Abteikirche in Zwiefalten, ein Gemeinschaftswerk von Joh. Mich. Feuchtmayer und Joh. Jos. Christian.

Die beschwingte, spielerische Eleganz, deren die deutsche Rokokoarchitektur fähig ist, hat in dem 1716–1718 von Matth. Pöppelmann errichteten und von Balth. Permoser mit plastischem Schmuck versehenen Wallpavillon des Dresdener Zwingers schönsten Ausdruck gefunden. Der ganze Bau ist ein wogendes Fest aus Zierformen, Menschengestalten, Tiermasken und Vasen.

Mit der kleinen, buntglasierten Porzellanplastik hat sich das Rokoko eine Spielart der Bildnerei gewonnen, die dem leichtfertig eleganten Leben der höfischen Gesellschaft, seinen Frivolitäten und seiner Sinnenfreude zum Gleichnis wurde. Wie beim „Handkuß" von J. J. Kändler (um 1746) wurden die Liebesspiele in die Idylle des Schäferlebens gerückt.

Gepränge in Farben und Formen und Überwindung der Realität durch optische Illusion sind Anliegen der barocken Wand- und Deckenmalerei. Wie beim Deckenfresko des Cosmas Damian Asam im Saal des Schlosses Alteglofsheim (1730; Verherrlichung Apollos) läßt eine überirdische Scheinwelt den Raum in endlose Fernen verströmen.

Korridoren entfaltete sich auf Wänden und Decken mit den Werken der Malerei und Plastik ein augenbetörendes Gepränge, das sich von anfänglich pathetischer Feierlichkeit auf die verspielte Leichtigkeit des *Rokoko* hin entwickelte und dem höfischen Leben einen angemessenen Rahmen gab.

Zu den schönsten Leistungen der Schloßarchitektur zählen die Treppenhäuser (Würzburger Residenz, Pommersfelden, Brühl), die die Geschosse verbinden und mit ihren gegenläufigen Stiegen den Aufzug der galaprunkenden Hofgesellschaft im Schein der Lüster zu einem Augenfest werden ließen.

DIE PLASTIK

Die deutsche Barockplastik steht überwiegend im Dienste von Kirchen- und Schloßbau. Nur selten gewinnt sie so viel Eigenständigkeit wie in dem Reiterstandbild des Großen Kurfürsten von Andreas Schlüter (1703; Berlin, Charlottenburger Schloß) oder manchen Brunnen dieser Zeit. Ihre Schöpfer, die Egid Quirin Asam, Feuchtmayr, Permoser, Ignaz Günther u. a., die oft zugleich Stukkateure waren und den bildsamen Gips auch zum Werkstoff großfiguriger Plastik machten, variieren allenthalben ein Thema: die in barocker Bewegung sich entfaltende, heiter diesseitige oder in religiöser Verzückung sich auslebende Gestalt.

Die höfische Gesellschaft, die in der Gartenplastik Rahmen und Vorbild gefunden hatte (Veitshöchheim, Bruchsal, Würzburg), gewann sich im Rokoko, der Endphase des Barock, mit der *Porzellanplastik* ein rasch beliebt werdendes Mittel, Sinnenfreude und heiteren Lebensgenuß in kleinen, buntglasierten Gruppen einzufangen.

DIE MALEREI

Auch die Malerei erfüllte sich in Deutschland zur Barockzeit vor allem im Rahmen des Gesamtkunstwerks von Kirche und Schloß. An der großartigen Entwicklung des Tafelbildes, das sich im übrigen Europa mit Namen wie van Dyck, Rembrandt, Rubens oder Velásquez und im Rokoko mit denen von Watteau oder Boucher verbindet, hatte sie nur lernend teil. Ihre schönste Frucht war das *Deckenfresko,* das, von den Italienern übernommen und seit Anfang des 18. Jahrhunderts oft neben diesen von Deutschen geschaffen, mit den raumsprengenden Himmelsvisionen auf Kirchengewölben oder den bombastischen Apotheosen der Herrscher in den Prunksälen der Schlösser (Kaisersaal, Würzburg) Triumphe feiert. Die Kunst der Franz Joseph Spiegler (Zwiefalten), Martin Knoller (Neresheim), Johann Michael Rottmayr (Pommersfelden) und vieler anderer gipfelt in den Arbeiten des Cosmas Damian Asam (Weingarten, Weltenburg). Dem großen Giovanni Battista Tiepolo (Würzburger Residenz) ebenbürtig, hat er die anfängliche Schwere und Dichte der Farben in den zarten, heiteren Duft der Rokokomalerei hinübergeführt.

Der Historismus
Spätes 18. und das 19. Jahrhundert

Die Künste verlieren ihren verbindenden Inhalt und werden zur Wiederholung vergangener Stilepochen gezwungen

Mit der auf ganz Europa sich auswirkenden Französischen Revolution (1789) schüttelte das Bürgertum nicht nur das knechtende Joch absolutistischer Willkür ab, sondern auch die Einengung der freien geistigen Entscheidung durch die Bindung an feststehende theologische Glaubenslehren. Die früher schon einsetzende und die politische Revolution geistig bedingende *Aufklärung* hob, gestützt auf die Erkenntnisse der Naturwissenschaften, das Recht der Vernunft, nach den ihr eigenen Gesetzen zu denken, und den gesunden Menschenverstand als den Richtweiser des Lebens auf den Thron. Die Religion wurde zur Privatsache erklärt und damit dem Christentum die auch im Barock noch gültige Bedeutung als geistige Mitte des Menschen genommen.

Für die Kunst war dies von schicksalhafter Bedeutung. Aus der Religion floß ihr keine antreibende Kraft mehr zu. Das Bürgertum aber besaß noch nicht die Stärke, aus sich heraus eine Idee zu schaffen, die dem Leben einen so umfassenden Inhalt gab, daß sie, wie einst das Christentum, zum Ausgang einer als Gleichnis für das ganze Dasein einstehenden Kunst hätte werden können. Der Glaube an den beständigen Fortschritt des Menschengeschlechts auf ein goldenes Zeitalter hin taugte nicht als solche Idee. Er hat zwar in dem ungeheuren, weltverändernden Aufschwung von Wissenschaft, Wirtschaft und Technik eine gewisse Bestätigung gefunden, aber das bis heute gestörte Verhältnis zur Überwelt als unwichtig ausgeschlossen. So wurde die Kunst zu einem Mittel, Teilwerte, etwa das Bildungsideal eines bestimmten Zeitabschnitts, darzustellen. Sie tat es unter Berufung auf die Formen vergangener Kunstepochen, in denen man mit historischer Einsicht geistig Verwandtes erkannte.

Das Münchener Rathaus (1867 begonnen) ist ein Spätling der neugotischen Bauweise. Der ganze Formenvorrat des historischen Stils mit Maßwerkbrüstungen, durchbrochenen Staffelgiebeln, spitztürmigen Erkern, Zinnenkranz und hochragendem Turm verbindet sich hier zu theatralischem Reichtum.

DIE BAUKUNST

Am Anfang der historisierenden Baukunst des 19. Jahrhunderts stand der Wille zum Anschluß an die Antike. Diese war mit der Entdeckung der 79 n. Chr. unter den Lavamassen eines Vesuvausbruchs versunkenen römischen Stadt Pompeji im Jahre 1748 ins Blickfeld der gebildeten Welt getreten und galt in Frankreich nach der Revolution

Die Säulenarchitektur des griechischen Tempels mit ihrem figural geschmückten flachen Dreieckgiebel diente der klassizistischen Baukunst als Mittel pathetischer Ausdruckskraft an vielerlei Gebäuden. Am Stadttheater in Aachen (1822/25) von J. P. Cremer betont sie die Eingangsfront, die mit ihren Pylonen an Torbauten altägyptischer Tempel erinnert.

Am reifsten zeigt sich die Plastik des Klassizismus dort, wo sie die Realität des Individuums im Porträt nachzuschaffen hat. Wie bei der Schillerbüste von Joh. Heinr. Dannecker (1794; Württ. Staatsgalerie, Stuttgart) wird die faßbare Wirklichkeit mit einer Idealhaltung verbunden.

in Erinnerung an den strengen Bürgersinn der Römer als der Ausdruck von Vernunft und Tugend. Die Nachahmung römischer Bauformen zur Zeit Napoleons (Empire) führte zu einem Höhepunkt des Klassizismus. Unter dem Geleit der Kunstwissenschaft wandte man sich aber bald der griechischen Baukunst als dem Ursprung der römischen zu. Die flachgiebelige Säulenfront des griechischen Tempels wurde zur Zierde an zahllosen Bauwerken, die mit sakralen Inhalten überhaupt nichts zu tun hatten, sondern Museen (Altes Museum, Berlin), Theater (Schauspielhaus, Berlin), Ruhmeshallen (Walhalla bei Regensburg), Justizbauten und sogar Börsen sein konnten. Im Zeichen des nur am Äußerlichen hängenden Willens, „antik" zu sein, ging die Achtung vor der alten Bedeutung der kopierten Formen verloren. Später griff das Verlangen nach der durch die italienische Renaissance bereicherten antiken Form Platz. Sie wurde in gleicher Weise zur Verbrämung aller Arten von Bauten eingesetzt, ohne daß sie als blutleere Entlehnung die Entwicklung zu einem eigenen zeitgerechten Stil einleiten konnte.

Die von England ausgehende Bewegung der *Romantik* führte gleichzeitig zur Wiederentdeckung des Mittelalters als der Quelle des eigenen Volkstums. Mit wahrer Begeisterung wurde vor allem die Gotik zum Vorbild genommen für neue Kirchen, aber auch an weltlichen Gebäuden (Rathaus München) eingesetzt. Die großen Dome, die das Mittelalter unvollendet gelassen, wurden mit wissenschaftlicher Akribie nach alten Plänen zu Ende gebracht (Köln, Ulm). Und auch die Romanik feierte ab und zu eine Auferstehung.

DIE PLASTIK

Das plastische Schaffen sank im 19. Jahrhundert fast zur Bedeutungslosigkeit herab. Nur selten jedenfalls und vor allem in den an das Individuelle gebundenen Porträts entstand Überzeugendes, wie etwa die Schillerbüste von Dannecker (Staatsgalerie, Stuttgart) oder das Berliner Denkmal für Friedrich II. den Großen von Chr. Rauch. Zuletzt aber dünnte auch diese Gattung in eine nichtssagende, pure Nachschilderung des Sichtbaren aus.

DIE MALEREI

Mehr als Baukunst und Plastik hat sich die Malerei Freiheit vom bloßen Epigonentum bewahrt. Zwar hat auch sie dem Vergangenen gehuldigt und beim Fehlen einer antiken Hinterlassenschaft anfangs ihr Vorbild bei den Italienern der Renaissance, vor allem in Raffael, gefunden. Aber als die einzige, in der Gestalt des Tafelbildes aus allen Zweckzusammenhängen lösbare und zur Illusion der gesamten sichtbaren Realität befähigte Kunst war sie diejenige, die dem Individualismus des 19. Jahrhunderts und seinem Denken und Fühlen Ausdruck zu geben verstand.

Landschaft, Porträt und Historienbild stellten die wesentlichen Aufgaben. Die Schilderung der Landschaft wurde vor allem ein Mittel, dem mit der Romantik aufkommenden schwärmerischen Naturgefühl Darstellung zu geben, so wie es seinen schönsten Niederschlag gefunden hat in den Werken des Caspar David Friedrich. Romantischem Geiste entsprungen sind auch die poetischen Malereien der Moritz v. Schwind, Ludwig Richter und Carl Spitzweg, die mit Märchen und Hinterhofidyllen die „gute alte Zeit" des *Biedermeier* einfangen. Romantisch ist schließlich die Historienmalerei als die Erinnerung an die individuellen Leistungen und großen Geschehnisse in der Vergangenheit. Alfred Rethel und Adolf Menzel sind die bedeutendsten Vertreter dieser im 19. Jahrhundert meistgepflegten Bildgattung. Alle diese Malerei war Atelierkunst, erfunden, erdichtet und zuletzt nur beim Porträt an der sichtbaren Wirklichkeit kontrolliert. Erst in der zweiten Jahrhunderthälfte tritt mit dem *Realismus* und seiner Spätform, dem Impressionismus, das Wirkliche voll in das Recht eines eigenwertigen, direkt am Gegenstand abgelesenen Bildthemas ein.

Die Malerei deutscher Romantiker erfüllt sich nicht nur in Spitzwegscher Idylle oder Schwindscher Märchenpoesie. Bei C. D. Friedrich etwa („Die gescheiterte ›Hoffnung‹", Kunsthalle Hamburg) wird die göttlich durchwaltete, weite, von Vergänglichkeit beherrschte Natur zum Symbol für menschliche Einsamkeit.

Die Gegenwart
Spätes 19. und das 20. Jahrhundert

Die Kunst befreit sich aus den Fesseln der Tradition und wird zur „Kunst um der Kunst willen"

Die geistige und politische Revolution im 18. Jahrhundert hatte den Menschen des 19. in eine recht fragwürdige Freiheit entlassen. Die Naturwissenschaften spielten ihm mit der Bewältigung der Naturkräfte Dampf und Elektrizität im Verein mit der maschinenbauenden Technik Mittel zu einem ungeahnten industriellen Aufschwung in die Hand. Er nutzte sie, aber in einseitigem Gewinnstreben ließen die Besitzenden große Teile des Volkes, die Arbeiterschaft, zu einem ausgebeuteten Proletariat werden. Ein soziales Problem, das durch die Erfolge der medizinischen Revolution, die auf dem Wege über die Hygiene zu einer größeren Lebenserwartung und zu einem raschen Anwachsen der Bevölkerungszahlen führte, nur noch vergrößert wurde. Die andere Folge der zunehmenden Vergötzung des Geldes aber war eine innere Verarmung, die gerade in den gehobenen Kreisen der Geldaristokratie mehr und mehr einen anerzogenen Bildungsdünkel wachsen ließ. Ihm, das heißt, dem „guten Geschmack" zu gefallen wurde zum Schicksal der Kunst im späteren 19. Jahrhundert. Wollten sie nicht brotlos wer-

Neben Corinth und Liebermann
war es vor allem Slevogt, der die
dem Impressionismus anhaftende
Fähigkeit zur reportagehaften Un-
mittelbarkeit des Bildvortrags aus-
nutzte. Seine in den Jahren
1902–03 entstandenen d'Andrade-
Bilder, die den berühmten
Sänger als Don Giovanni zeigen,
gehören mit ihrem pastosen,
leidenschaftlich hingepeitschten
Farbauftrag zum Besten.

Der Expressionismus ist vielleicht
der wichtigste Beitrag, den
deutsche Künstler zur modernen
Malerei geleistet haben. Durch
bewußte Übersteigerung der Farben oder der Formen haben Maler
wie Nolde, Heckel (hier ein
Selbstbildnis Erich Heckels) oder
Mueller versucht, über die Provo-
kation des Betrachters Gefühls-
werten zum Ausdruck zu helfen.

den, sahen sich die Künstler, insbesondere die Maler, gezwungen, diesem Geschmack zu frönen, für den alles rich-
tig, gut und schön war, was die durch Amt und Würde in
ihrer Unfehlbarkeit ausgewiesenen Akademien der bildenden Künste dafür ausgaben: die eingefahrenen Themen und Formen der blutlosen Stilnachbeterei oder, in der
Malerei, erhebende, belehrende, sentimentale Stoffe.
Künstler aber, die sich gegen derlei stellten, verloren Auftrag und Publikum, mußten sich zum schweren Brot der
„Kunst um der Kunst willen" bekennen. Die das wagten,
waren allemal die, die uns heute als die wirklich Großen
der jüngeren Kunstgeschichte erscheinen.

DIE MALEREI

Noch vor der Baukunst hat die Malerei im späteren 19.
Jahrhundert zu eigenwertigem Ausdruck zurückgefunden.
Die Führung lag bei Frankreich, dessen Maler seit etwa
1850 in einer fast hektischen Schöpferfreude immer neue
Möglichkeiten in Malweise und Gestaltung entdeckten.
Aus dem *Realismus,* der die vor der Natur entstandene
formgetreue Abschilderung des Sichtbaren gewann und
markante deutsche Vertreter im späten Menzel oder in
Wilhelm Leibl fand, entstand der *Impressionismus.* Er
will nicht mehr das Sichtbare, wie es ist, sondern wie es
scheint, nicht mehr den bleibenden Zustand, sondern den
Eindruck des flüchtigen Augenblicks. Er gewinnt diesen
mit rasch eilendem, reine Farben auf die Malfläche tup-
fendem Pinsel. Die Formen wachsen erst im Auge zusammen. Dieser Malweise sind in Deutschland vor allem
Liebermann, Corinth und Slevogt gefolgt.

Weniger Zuspruch fand der einseitig vom Verstand geprägte *Kubismus,* den Picasso und Braque 1909 als ein
Mittel kreierten, das Abbild durch ein erfundenes Gebilde
aus den elementaren Grundformen des Körperlichen zu
ersetzen. Die Deutschen neigten eher der gefühlsbelade-
nen Kunst van Goghs zu und haben, von ihm und Gauguin ausgehend, den *Expressionismus* gefunden. Bei den
Malern der Künstlervereinigung „Die Brücke" (1905),
Schmidt-Rottluff, Heckel und Kirchner und ihren einzel-
gängerischen Weggenossen Nolde, Hofer, Beckmann u. a.,
ist er mit starken Farben und einfachen, wie urtümlich
wirkenden Formen zu einer aufrüttelnden Kunst geworden. Eigene, mehr zur Farbkultur der französischen Fau-
ves (um Matisse gescharte Gruppe nachimpressionistischer
Maler) neigende Wege gingen Franz Marc und August
Macke, und der unerschöpflich erfindungsreiche Paul Klee
steht dem Surrealismus so nahe wie dem rein Abstrakten.

Die Zukunft indessen gehörte der zuerst von Kandinsky
um 1915 gezeigten gegenstandslosen Malerei, die alle
Wirklichkeit leugnet, abstrakt ist und nur im Zusammenwirken von naturloser Form und der vom Gegenstand
abgelösten Farben seelische Zustände, Regungen oder rein
ästhetische Empfindungen darstellen oder auslösen will.
Diese Nurkunst herrscht noch heute, ist aber, weil sie
völlig subjektiv und unkontrollierbar bleibt, oft zum
Tummelplatz auch Unberufener geworden.

DIE PLASTIK

Als eine dem Körper verbundene Kunst ist die Plastik dem Gegenständlichen länger nachgegangen als die Malerei. Nachdem das Schaffen der Lehmbruck, Scharff, Barlach u. a. das Menschenbild zu neuer naturnaher oder archaisch vereinfachter Schönheit gebracht hat, ist allerdings auch sie mehr zum Experimentierfeld formaler Versuche geworden. Die reine Form, die Wirkungen ihrer Verschränkung und Durchdringung, ihres Verhältnisses zum Umraum und oft auch nur die ihrer Materialität sind heute die vordringlichsten Probleme.

Die von Walter Gropius und Adolf Meyer 1911–1918 in Alfeld a. d. Leine errichtete Fagus-Schuhleistenfabrik ist ein richtungweisendes Frühwerk moderner Architektur. Die Außenwand ist hier zum erstenmal bei einem Fabrikbau aus ihrer tragenden Funktion entlassen und zwischen schmalen Strebpfeilern in Glas aufgelöst.

DIE BAUKUNST

Am langsamsten hat sich die Baukunst aus den Fesseln des Historismus befreit. Obwohl den Architekten die Sinnlosigkeit der Stilwiederholung bewußt war, man den Klassizismus einen „Lügenstil" nannte, Gottfried Semper nach einer neuen Idee verlangte, der man architektonischen Ausdruck verleihen könnte, trat erst in den letzten Jahren des 19. Jahrhunderts mit dem *Jugendstil* eine erste Reaktion gegen das Herkömmliche ein. Da sie jedoch nur vom Ornament ausging und mit wasserpflanzenartigen Bildungen neues Leben in Bau und Raum bringen wollte, konnte ihr keine durchgreifende Wirkung beschieden sein. Änderung zu schaffen, bedurfte es eines gründlichen Umdenkens und des Einsatzes neuer Materialien. Diese waren mit *Eisen* und *Beton* gegeben, die schon seit 1850 als Baustoffe an Gewächshäusern, Ausstellungsgebäuden, Brücken oder Bahnhofshallen versuchsweise benutzt wurden, Bauwerken von reiner Zweckhaftigkeit. Sie waren die Domäne vor allem des Ingenieurs, der, anders als der Architekt der Vergangenheit, zuerst auf die Zweckform sinnt und sie nicht durch künstlerische Verbrämung, sondern durch Klarheit der Gliederung zu einer eigenen Schönheit bringt. Diese funktionelle Schönheit sich zum Maßstab zu machen und sie mit den in Eisen und Beton angelegten konstruktiven Möglichkeiten zu verwirklichen war die bis in unsere Zeit reichende Aufgabe der Architekten.

Nach Ansätzen schon um 1910 (Peter Behrens, Walter Loos) machte das *Bauhaus* in Weimar und später in Dessau unter Walter Gropius seit 1920 mit dem Bauschaffen von reiner Zweckhaftigkeit für den Wohnbau wie für die Fabrik Ernst. Die schlichte kubische Form unter flachem Dach, entwickelt aus einem tragenden Skelett von Eisenbeton, das die Umwandlung der entlasteten raumschließenden Wände zu großen Glasflächen erlaubte, begann sich durchzusetzen. Vom Nationalsozialismus als entartet verworfen, in den anderen europäischen Ländern und in Amerika aber fortentwickelt, technisch und formal bereichert, fand sie nach dem zweiten Weltkrieg als die unserer Zeit gemäße Bauweise auch in Deutschland wieder Eingang.

Der sogenannte Einsteinturm, ein astrophysisches Institut bei Potsdam (1920–1921 von Erich Mendelsohn), ist eines der seltenen Beispiele expressionistischer Baukunst in Deutschland. Einer figuralen Plastik gleich, verdeutlicht er die ungeheuren Möglichkeiten, die insbesondere der Eisenbeton für die formale Durchgestaltung eines Baukörpers bietet.

Ortsregister und Gemeindereform

Die Gemeindereform in Deutschland bringt viele Veränderungen und Neuerungen mit sich. Durch Ein-gemeindungen wurden und werden auch weiterhin bisher eigenständige Ortschaften unter neuen Namen oder dem Namen eines der eingemeindeten Orte zu größeren Einheiten zusammengefaßt. Im folgenden haben wir eine Liste der Ortsnamen derjenigen Gemeinden zusammengestellt, die in unserem Buch erwähnt und von der Gemeindereform betroffen sind. In alphabetischer Reihenfolge finden Sie die neuen Ortsnamen verzeichnet, dahinter als Siehe-Vermerk die früheren Ortsbezeichnungen.

A

Aachen *siehe auch* Kornelimünster

Aalen-Wasseralfingen *siehe* Aalen, *siehe auch* Unterkochen, Wasseralfingen

Abtsgemünd *siehe* Hohenstadt

Aerzen *siehe* Schwöbber

Aichwald *siehe* Aichschieß

Aising *siehe* Hl. Blut am Wasen

Albstadt *siehe* Burgfelden

Aldenhoven *siehe* Siersdorf

Allendorf *siehe* Battenfeld

Altdorf *siehe auch* Grünsberg

Altenmarkt *siehe* Baumburg

Altenstadt *(Reg.-Bez. Darmstadt)* *siehe auch* Lindheim

Altensteig *siehe auch* Berneck

Altheim b. Riedlingen *siehe auch* Heiligkreuztal

Altleiningen *siehe* Höningen

Ammerbuch *siehe* Altingen

Amöneburg *siehe auch* Mardorf, Roßdorf

Anger *siehe auch* Höglwörth

Ankum *siehe* Westerholte

Arnsberg *siehe auch* Herdringen, Oelinghausen, Rumbeck

Arolsen *siehe auch* Helsen, Mengeringhausen, Neu-Berich

Aschau im Chiemgau *siehe* Niederaschau

Ascheberg *siehe* Itlingen

Aurich *siehe auch* Middels

B

Bad Berleburg *siehe* Berleburg

Bad Breisig *siehe auch* Oberbreisig

Baddeckenstedt *siehe* Ölber

Bad Driburg *siehe* Dringenberg, Neuenheerse

Bad Friedrichshall *siehe auch* Duttenberg, Heuchlingen

Bad Gleisweiler *siehe* Gleisweiler

Bad Herrenalb *siehe* Herrenalb

Bad Homburg *siehe auch* Saalburg

Bad Mergentheim *siehe auch* Hachtel, Stuppach

Bad Neuenahr-Ahrweiler *siehe* Ahrweiler

Bad Rappenau *siehe* Ehrstädt, Heinsheim

Bad Sassendorf *siehe* Lohne, Weslarn

Bad Schussenried *siehe auch* Steinhausen

Bad Soden-Salmünster *siehe* Salmünster

Bad Waldsee *siehe auch* Gaisbeuren, Haisterkirch

Bad Windsheim *siehe auch* Wiebelsheim

Baiersbronn *siehe* Klosterreichenbach

Bakum *siehe* Daren

Balve *siehe auch* Wocklum

Barntrup *siehe auch* Sonneborn

Barrelsby *siehe* Hemmelmark

Barsinghausen *siehe auch* Hohenbostel

Basdahl *siehe* Oese

Bausendorf-Kröv *siehe* Springiersbach

Bedburg *siehe auch* Kaster

Beerfelden *siehe auch* Gammelsbach**

Berge *siehe* Börstel, Hekese

Bergheim (Reg.-Bez. Köln) *siehe auch* Pfaffendorf, Quadrath

Bergisch Gladbach *siehe* Bensberg

Bernbeuren *siehe* Auerberg *(Kr. Schongau)*

Betheln *siehe* Haus Escherde

Bevensen *siehe* Medingen

Bietigheim-Bissingen *siehe* Bietigheim

Billigheim-Ingenheim *siehe* Billigheim *(Rheinhessen-Pfalz)*

Bischoffen *siehe* Niederweidbach

Bispingen *siehe* Wilsede

Bissendorf *siehe* Nemden

Blieskastel *siehe auch* Böckweiler, Niederwürzbach

Blumberg *siehe* Hondingen

Bocholt *siehe auch* Gemen

Bodenfelde *siehe* Nienover

Bodenwerder *siehe auch* Kemnade

Bodman-Ludwigshafen *siehe* Bodman

Böblingen *siehe* Dagersheim

Bölzingen *siehe* Oberschaffhausen

Bonn *siehe auch* Bad Godesberg, Beuel-Vilich

Bopfingen *siehe auch* Baldern

Borchen *siehe* Etteln

Borgentreich *siehe auch* Großeneder

Borgholzhausen *siehe* Holtfeld

Borken *siehe* Kleinenglis *(Reg.-Bez. Kassel)*

Boxberg *siehe* Oberschüpf, Unterschüpf, Wölchingen

Brackenheim *siehe auch* Neipperg, Stockheim

Brakel *siehe auch* Gehrden, Hinnenburg, Rheder

Bramsche *siehe auch* Malgarten, Ueffeln

Brandau *siehe* Neunkirchen *(Reg.-Bez. Darmstadt)*

Braunsbach *siehe* Steinkirchen *(Reg.-Bez. Stuttgart)*

Braunstein *siehe* Nordeck

Brechen *siehe* Niederbrechen

Breisach *siehe auch* Burkheim, Niederrotweil

Bretzfeld *siehe* Waldbach

Breuberg *siehe* Neustadt i. Odenwald

Bruchsal *siehe auch* Heidelsheim, Helmsheim, Obergrombach, Untergrombach

Bruckmühl *siehe* Weihenlinden

Buchen *siehe auch* Bödigheim

Bückeburg *siehe auch* Baum

Bühl *siehe auch* Vimbuch

Büren *siehe auch* Brenken, Wewelsburg

Burghaun *siehe* Rothenkirchen

Burgoberbach *siehe* Sommersdorf

Burkhardroth *siehe* Frauenroth

Butzbach *siehe auch* Niederweisel, Ostheim

C

Calw-Hirsau *siehe* Calw, Hirsau, Kentheim

Coppenbrügge *siehe* Bisperode

Creglingen *siehe auch* Frauental, Standorf, Waldmannshofen

Cuxhaven *siehe* Altenbruch, Lüdingworth

D

Dahlem *siehe* Baasem, Kronenburg

Dassel *siehe auch* Hunnesrück

Dautphetal *siehe* Dautphe

Dettendorf *siehe* Berbling

Diemelsee *siehe* Adorf

Diemelstadt *siehe* Rhoden

Dörentrupp *siehe* Wendlinghausen

Dorfen *siehe* Schwindkirchen

Dormagen *siehe* Nievenheim, Zons

Dorsten *siehe* Lembeck

Drensteinfurt *siehe auch* Rinkerode

Drochtersen *siehe* Assel

Dülmen *siehe auch* Karthaus

Düsseldorf *siehe auch* Angermund, Monheim *(Reg.-Bez. Düsseldorf)*

E

Eberbach *siehe* Brombach *(Reg.-Bez. Karlsruhe)*

Ebern *siehe auch* Eyrichshof

Ebsdorfergrund *siehe* Ebsdorf

Edertal *siehe* Bergheim *(Reg.-Bez. Kassel)*

Efringen-Kirchen *siehe* Blansingen

Ehingen *siehe auch* Oberdischingen

Ehrenberg *siehe* Reulbach

Eichstätt *siehe auch* Rebdorf

Einbeck *siehe auch* Rotenkirchen

Eiselfing *siehe* Kircheiselfing

Eitorf *siehe* Eitorf-Merten

Elbtal *siehe* Dorchheim

Elfershausen *siehe* Trimberg

Ellwangen *siehe auch* Pfahlheim, Schrezheim

Eltmann *siehe* Limbach

Elze *siehe* Wittenburg, Wülfinghausen

Emden *siehe auch* Petkum

Emmendingen *siehe auch* Tennenbach

Emmerich *siehe auch* Elten

Emmerthal *siehe* Hämelschenburg

Emstal *siehe* Merxhausen, Riede

Engelsberg *siehe* Habsberg

Engelskirchen *siehe* Ehreshoven

Engen *siehe auch* Hohenhewen

Enkenbach-Alsenborn *siehe* Enkenbach

Erdweg *siehe* Petersberg b. Eisenhofen

Erfingenkirchen *siehe* Blansingen

Erfstadt *siehe* Gymnich, Lechenich

Erkerode *siehe* Lucklum

Erkrath *siehe* Neandertal

Erling-Andechs *siehe* Andechs

Eschwege *siehe auch* Albungen

Essen *siehe auch* Kettwig

Euskirchen *siehe auch* Frauenberg, Kleinbüllersheim

F

Fahrdorf *siehe* Haddelby

Feilnbach *siehe* Lippertskirchen

Feldatal *siehe* Meiches, Stumpertenrod

Felsberg *siehe* Gensungen, Neuenbrunslar

Fischbachau *siehe auch* Birkenstein

Fischbachtal *siehe* Lichtenberg

Flörsheim-Dalsheim *siehe* Flörsheim, Dalsheim

Freinsteinau *siehe* Niedermoos

Friedberg *(Reg.-Bez. Darmstadt)*
    siehe auch Ockstadt

Friedeburg *siehe* Reepsholt

Friedrichsdorf *siehe* Burgholzhausen

Frielendorf *siehe* Spies-Kappel

Friesoythe *siehe* Altenoythe

Fritzlar *siehe* Ungedanken, Züschen

Fuldatal *siehe* Wilhelmshausen

G

Gaggenau *siehe auch* Rotenfels

Gaienhofen *siehe* Horn *(Reg.-Bez. Freiburg i. Br.)*

Gambach *siehe auch* Münzenberg

Gammelsdorf *siehe* Gelbersdorf

Geisheim *siehe* Johannisberg

Geldern *siehe auch* Kapellen

Gelnhausen *siehe auch* Meerholz

Georgsmarienhütte *siehe* Kloster Oesede

Gerabronn *siehe* Amlishagen, Morstein

Geroldscheid-Dickschied *siehe* Dickschied

Gersheim *siehe* Medelsheim, Reinheim

Geseke *siehe auch* Eringerfeld

Gessertshausen *siehe* Oberschönenfeld

Gleichen *siehe* Reinhausen

Goch *siehe auch* Asperden, Gaesdonk

Göppingen *siehe auch* Faurndau

Goldkronach *siehe* Nemmersdorf

Gorxheimertal *siehe* Unterflockenbach

Grevenbroich *siehe* Neukirchen-Hülchrath

Griesingen *siehe* Rißtissen

Griesstätt *siehe auch* Altenhohenau

Grömitz *siehe* Cismar

Großheide *siehe* Arle

Grünsfeld *siehe auch* Grünsfeldhausen, Zimmern

Gudensberg *siehe auch* Maden

Gummersbach *siehe auch* Lieberhausen

Gundelsheim *siehe auch* Böttingen

Gutenzell-Hürbel *siehe* Gutenzell, Reinstetten

H

Habichtswald *siehe* Dörnberg

Hachenburg *siehe auch* Altstadt

Hadamar *siehe auch* Niederzeuzheim

Hagen *siehe auch* Hohenlimburg

Haigerloch *siehe auch* Owingen

Halle/Westf. *siehe* Tatenhausen

Hamm *siehe auch* Rhynern

Hammersbach *siehe* Marköbel

Hamminkeln *siehe* Marienthal

Hanau *siehe auch* Steinheim am Main

Hankensbüttel *siehe* Isenhagen

Haren *siehe* Dankern

Harmsdorf *siehe* Güldenstein

Harsewinkel *siehe* Marienfeld

Harthausen *(Oberbayern)* *siehe* Möschenfeld

Hasbach am Remiginsberg *siehe* Remiginsberg

Haselünne *siehe auch* Bückelte

Hau *siehe* Moyland

Hauneck *siehe* Unterhaun

Haunetal *siehe* Neukirchen *(Kr. Hersfeld-Rotenburg)*, Oberstoppel, Odensachsen

Hechingen *siehe auch* Stetten

Heidenrod *siehe* Dickschied

Heilbronn *siehe auch* Kirchhausen

Heinsberg *siehe auch* Dremmen

Helfendorf *siehe* Kleinhelfendorf

Hellenthal *siehe* Reifferscheid

Hennef *siehe auch* Bödingen

Heppenheim *siehe auch* Hirschhorn

Herbstein *siehe auch* Stockhausen

Herleshausen *siehe auch* Markershausen, Nesselröden, Willershausen

Hessisch-Lichtenau *siehe auch* Hausen *(Kr. Witzenhausen)*, Reichenbach

Hessisch Oldendorf *siehe auch* Fischbeck

Heuchelheim-Klingen *siehe* Heuchelheim *(Reg.-Bez. Darmstadt)*

Hilchenbad *siehe* Grund

Hildesheim *siehe auch* Marienrode

Hindelang *siehe* Bad Oberdorf

Hochdorf *(Reg.-Bez. Tübingen) siehe* Unteressendorf

Hochstetten-Dhaun *siehe* Dhaun

Hörstel *siehe* Riesenbeck

Hofbieber *siehe* Kleinsassen

Hohberg *siehe* Niederschopfheim

Hohenhameln *siehe auch* Equord

Hohenroda *siehe* Ausbach, Mansbach

Hohenstein *siehe auch* Breithardt

Holle *siehe* Henneckenrode, Söder

Homburg *(Saarland) siehe auch* Schwarzenacker, Wörschweiler

Horgau *siehe* Bieselbach b. Augsburg

Horn-Bad Meinberg *siehe* Horn *(Reg.-Bez. Detmold)*

Horstmar *siehe auch* Alst

Hürtgenwald *siehe* Vossenack-Simonskall

Hüttlingen *siehe* Niederalfingen

I

Ibbenbüren *siehe* Gravenhorst

Idar-Oberstein *siehe auch* Hammerstein

Ingolstadt *siehe auch* Feldkirchen

Inzigkofen *siehe auch* Engelswies

Iserlohn *siehe auch* Hennen

Isny *siehe auch* Rohrdorf *(Kr. Ravensburg)*

Isselburg *siehe* Anholt

J

Jülich *siehe auch* Barmen

K

Kaiserslautern *siehe auch* Hohenecken

Kalkar *siehe auch* Grieth, Hanselaer, Wissel

Kall *siehe* Steinfeld

Kalletal *siehe* Varenholz

Kammeltal *siehe* Wettenhausen

Karlshafen *siehe auch* Helmarshausen

Kaufungen *siehe* Oberkaufungen

Kefenrod *siehe* Hitzkirchen

Kerpen *siehe auch* Horrem

Kirchhain *siehe auch* Langenstein *(Reg.-Bez. Kassel)*, Stausebach

Kirchhundem *siehe* Oberhundem

Kißlegg *siehe auch* Rötsee

Kleenheim *siehe* Niederkleen

Kleve *siehe auch* Donsbrüggen, Griethausen, Kellen

Kneitlingen *siehe* Ampleben

Knüllwald *siehe* Remsfeld

Kobern-Gondorf *siehe* Kobern

Koblenz *siehe auch* Kapellen-Stolzenfels

Köln *siehe auch* Lövenich-Weiden

Königsbach-Stein *siehe* Königsbach, Stein b. Pforzheim

Königswinter *siehe auch* Heisterbach, Oberpleis

Kösching *siehe* Bettbrunn

Kraichtal *siehe* Gochsheim

Kreiensen *siehe* Greene

Kreßbronn *siehe* Gießen a. d. Argen

Kreuzau *siehe* Drove

Kronbach *siehe* Illerbeuren

Krümmhorn *siehe* Eilsum, Groothusen, Loquard, Pilsum

Külsheim *siehe auch* Hundheim

Künzelsau *siehe auch* Amrichshausen, Kocherstetten

L

Lahntal *siehe* Caldern

Lampertheim *siehe* Hofheim/Ried

Landau in der Pfalz *siehe auch* Nußdorf, Wollmesheim

Langenburg *siehe auch* Unterregenbach

Langerwehe *siehe auch* Wenau

Laubach *siehe auch* Münster *(Kr. Gießen)*

Lauchheim *siehe* Röttingen

Lauda-Königshofen *siehe* Gerlachsheim

Laufenburg *siehe* Hochsal

Lauterbach *(Reg.-Bez. Darmstadt)*
siehe auch Frischborn

Lauterstein *siehe* Nenningen, Weißenstein

Leer *siehe auch* Loga

Leibertingen *siehe* Bronnen, Kreenheinstetten

Leine *siehe* Gronau

Leinfelden-Echterdingen *siehe* Leinfelden

Leingarten *siehe* Großgartach

Lemgo *siehe auch* Brake *(Reg.-Bez. Detmold)*

Lennestadt *siehe* Bilstein

Lenningen *siehe* Oberlenningen

Leutkirch *siehe auch* Unterzeil, Urlau

Lichtenau *siehe* Kleinenberg

Lichtenfels *(Reg.-Bez. Kassel) siehe* Dalwigksthal

Limburg a. d. Lahn *siehe auch* Dietkirchen

Lindlar *siehe auch* Hohkeppel

Lingen *siehe auch* Schepsdorf-Lohne

Lippetal *siehe* Lippborg, Hovestadt

Lippstadt *siehe auch* Benninghausen, Cappel, Overhagen

Lobbach *siehe* Lobenfeld

Lohmar *siehe* Wahlscheid

Lollar *siehe* Ruttershausen-Kirchberg

Losheim *siehe* Münchweiler

Ludwigsau *siehe* Ersrode

Lüchow *siehe* Satemin

Lützelbach *siehe* Lützel-Wiebelsbach

Lusshard *siehe* Kirrlach

M

Maintal *siehe* Hochstadt

Marburg *siehe auch* Schröck, Wehrda, Wehrshausen

Marienheide *siehe auch* Gimborn

Markgröningen *siehe auch* Unterriexingen

Marsberg *siehe* Obermarsberg

Marxzell *siehe* Frauenalb

Maselheim *siehe* Heggbach

Mechernich *siehe* Eicks, Kallmuth, Kommern, Vussem

Meerbusch *siehe* Büderich-Ginderich

Meinhardt *siehe* Grebendorf, Schwebda

Meißner *siehe* Germerode

Melle *siehe auch* Oldendorf, St. Annen

Merzig *siehe auch* Hilbringen

Meschede *siehe auch* Eversberg

Michelfeld *(Reg.-Bez. Stuttgart) siehe* Gnadental

Michelstadt *siehe auch* Steinbach, Würzberg

Minden *siehe auch* Haddenhausen

Mönchengladbach *siehe auch* Rheydt

Mössingen *siehe* Belsen

Monschau *siehe auch* Höfen, Kalterherberg

Moringen *siehe* Fredelsloh

Morschen *siehe* Altmorschen, Neumorschen

Mosbach *siehe auch* Lohrbach, Neckarelz

Mühlacker *siehe* Lienzingen

Müllheim *siehe* Hügelheim

Münden *siehe* Bursfelde

Münnerstadt *siehe auch* Bildhausen

Münster *siehe auch* Hiltrup, Hülshoff, Wolbeck

Münzenberg *siehe auch* Trais-Münzenberg

Mulfingen *siehe* Ailringen, Bartenstein, Buchenbach, Hollenbach

N

Naumburg *siehe auch* Heimarshausen

Neckargemünd *siehe* Dilsberg

Neckargerach *siehe* Guttenbach

Netphen *siehe* Obernetphen

Nettersheim *siehe* Pesch

Neuburg a. d. Donau *siehe auch* Grünau

Neu-Eichenberg *siehe* Eichenberg

Neukirchen *(Kr. Ziegenhain, Reg.-Bez. Kassel)*
siehe auch Rückershausen

Neulingen *siehe* Göbrichen

Neustadt a. Rübenberge *siehe auch* Mandelsloh, Mariensee

Neustadt *(Schleswig-Holstein) siehe auch* Hasselburg

Neustadt a. d. Weinstraße *siehe auch* Haardt, Hambach

Neuwied *siehe* Altwied, Engers, Rommersdorf

Nidda *siehe auch* Bad Salzhausen, Geiß-Nidda

Niddatal *siehe* Ilbenstadt**

Nidderau *siehe* Heldenbergen

Niedernhall *siehe auch* Hermersberg

Niederstotzingen *siehe* Oberstotzingen, Stetten ob Lontal

Niefern-Öschelbronn *siehe* Niefern

Nieheim *siehe* Merlsheim

Nierstein *siehe* Schwabsburg

Niestetal *siehe* Heiligenrode

Nörvenich *siehe auch* Binsfeld, Frauwüllesheim

Nonnweiler *siehe* Braunshausen-Mariahütte, Otzenhausen

Nordendorf *siehe* Holzen

Nordenham-Blexen *siehe auch* Esensham

Northeim *siehe auch* Imbshausen, Wiebrechtshausen

Nümbrecht *siehe* Marienberghausen

Nürnberg *siehe auch* Katzwang

O

Oberalting-Seefeld *siehe auch* Unering

Oberaudorf *siehe* Reisach b. Rosenheim

Oberaula *siehe* Hausen *(Kr. Ziegenhain)*

Oberbiberg *siehe* Kreuzpullach

Oberderdingen *siehe* Flehingen

Obergröningen *siehe* Untergröningen

Obrigheim *siehe* Hochhausen

Ochsenfurt *siehe auch* Tückelhausen

Ochtrup *siehe* Langenhorst, Welbergen

Odenthal *siehe* Altenberg

Öhningen *siehe auch* Schienen

Oelde *siehe* Stromberg *(Reg.-Bez. Münster)*

Oestrich-Winkel *siehe* Mittelheim, Oestrich, Winkel

Östringen *siehe* Odenheim

Offenbach-Hundheim *siehe* Offenbach a. Glan

Olsberg *siehe* Bruchhausen

Ortenberg *siehe auch* Lißberg, Usenborn

Ostrach *siehe* Habstal

Ottrau *siehe auch* Immichenhain

Otzberg *siehe* Hering

P

Paderborn *siehe auch* Neuenbeken, Schloß Neuhaus

Papenburg *siehe* Aschendorf

Pelm *siehe auch* Lissingen

Perl *siehe auch* Nennig

Philippsburg *siehe auch* Waghäusel

Pohlheim *siehe* Grüningen

Preußisch Oldendorf *siehe* Holzhausen

Prien *siehe auch* Urschalling

Püttlingen *siehe* Köllerbach

Pulheim *siehe* Brauweiler

R

Radolfzell *siehe auch* Möggingen

Ravensburg *siehe auch* Weissenau

Rees *siehe auch* Millingen

Rehburg-Loccum *siehe* Loccum

Reichenbach-Steegen *siehe* Reichenbach *(Rheinhessen-Pfalz)*

Reinhardshagen *siehe* Vaake

Reiskirchen *siehe* Saasen

Rheinfelden *siehe* Beuggen

Rheinmünster *siehe* Schwarzach

Riedlingen *siehe auch* Daugendorf, Grüningen, Neufra, Zell, Zwiefaltendorf

Ringgau *siehe* Lüderbach, Netra

Rinteln *siehe auch* Möllenbeck

Rosbach v. d. Höhe *siehe* Ober-Rosbach

Rosenberg *siehe* Hohenberg

Rosendahl *siehe* Darfeld

Rosengarten *siehe* Ehestorf, Klecken

Rottenburg a. Neckar *siehe auch* Oberndorf, Wurmlingen

S

Saarbrücken *siehe auch* Bischmisheim

Sachsenheim *siehe* Groß-Sachsenheim, Hohenhaslach

Sachsenkam *siehe* Reutberg

Sachsenwald *siehe* Friedrichsruh

Sande *siehe* Gödens

St. Goarshausen *siehe auch* Wellmich

St. Wendel *siehe auch* Niederkirchen

Sassenberg *siehe* Füchtorf

Satteldorf *siehe* Mariä-Kappel

Saulheim *siehe* Obersaulheim

Scheer *siehe auch* Ennetach

Schieder-Schwalenberg *siehe* Schieder

Schlitz *siehe auch* Fraurombach

Schlüchtern *siehe auch* Vollmerz

Schmallenberg *siehe* Berghausen

Schmitten *siehe* Obereifenberg

Schöppenstedt *siehe auch* Sambleben, Schliestedt

Schortens *siehe auch* Sillenstede

Schrecksbach *siehe* Holzburg, Röllshausen

Schwäbisch Gmünd *siehe auch* Straßdorf

Schwäbisch Hall *siehe auch* Comburg

Schwalmstadt *siehe* Rommershausen, Treysa, Ziegenhain

Schwangau *siehe* Hohenschwangau

Schwarzach a. M. *siehe* Münsterschwarzach

Schwülper *siehe* Groß-Schwülper

Seeheim *siehe* Oberbeerbach

Seesen *siehe* Mechtshausen

Seevetal *siehe* Hittfeld, Ramelsloh

Selm *siehe* Cappenberg

Senden *siehe* Bösensell

Sigmaringen *siehe auch* Laiz, Tiergarten

Sinsheim *siehe auch* Weiler

Soderstorf *siehe* Raven

Söhlde *siehe* Steinbrück

Soest *siehe auch* Ostönnen

Sontheim *siehe* Brenz

Sontra *siehe* Mitterode

Soutra *siehe* Wichmannshausen

Springe *siehe* Eldagsen

Stadecken-Elsheim *siehe* Elsheim

Stadland *siehe* Rodenkirchen

Stadt Allendorf *siehe* Schweinsberg

Stangheck *siehe* Rundhof

Staufenberg *siehe auch* Treis a. d. Lumda

Steinfurt *siehe* Burgsteinfurt, Borghorst

Steingaden *siehe auch* Ilgen, Wies

Steinheim *siehe* Vinsebeck

Stetten-Rommelshausen *siehe* Stetten im Remstal

Straubing *siehe auch* Frauenbründl, Sossau

Streithausen *siehe* Marienstatt

Stühlingen *siehe* Lausheim

Südbrookmerland *siehe* Engerhafe, Victorbur

Süderwöhrden *siehe* Wöhrden

Sulz *siehe auch* Glatt, Kirchberg

Sylt-Ost *siehe* Archsum, Keitum

T

Tauberbischofsheim *siehe auch* Distelhausen, Dittigheim

Taunusstein *siehe* Orlen

Thalheim *siehe* Groß-Thalheim

Thumby *siehe* Grünholz

Travenberg *siehe* Nütschau

Treis-Karden *siehe* Karden, Treis

Trendelburg *siehe auch* Deisel, Gottsbüren

Trier *siehe auch* Pfalzel

Tübingen *siehe auch* Bebenhausen, Unterjesingen

Tuntenhausen *siehe auch* Ostermünchen

U

Ueberherrn *siehe* Berus

Üxheim *siehe* Niederehe

Uhldingen-Mühlhofen *siehe* Birnau, Unteruhldingen

Unlingen *siehe* Bussen

Unterscheidheim *siehe* Zipplingen, Zöbingen

Unterwögen *siehe* Streichen b. Schleching

Urach *siehe auch* Seeburg

Usingen *siehe* Kransberg

V

Velbert *siehe auch* Neviges

Velen *siehe auch* Ramsdorf

Veringenstadt *siehe auch* Veringendorf

Vettweis *siehe* Müddersheim

Vienenburg *siehe* Wöltingerode

Villingen-Schwenningen *siehe* Villingen, Schwenningen

Vilshofen *siehe* Hausbach

Vöhl *siehe* Oberorke

Vreden *siehe auch* Zwillbrock

W

Wachtberg *siehe* Berkum, Gudenau

Wadern *siehe* Dagstuhl

Wadersloh *siehe* Liesborn

Wahlsburg *siehe* Lippoldsberg

Waiblingen *siehe auch* Neustadt (*Reg.-Bez. Stuttgart*)

SCHATZKAMMER DEUTSCHLAND

Kein Wort gegen Umgehungsstraßen – niemand wird an ihrer Wichtigkeit zweifeln. Sie haben *einen* Nachteil: Vom Auto aus sieht man fast nur noch die nicht immer reizvollen Vororte und Industrieviertel einer Stadt. Die Schätze unseres Landes liegen aber selten an Umgehungsstraßen, selten auch an Autobahnen. Wenn man sie finden will, muß man die großen Heerstraßen verlassen. Und da unsere Autos ja nicht nur rein praktischen Zwecken, sondern ebenso dem Vergnügen und der Erweiterung unseres Gesichtskreises dienen sollten, ist das vorliegende Buch ein idealer Wegweiser zu lohnenden Zielen in ganz Deutschland. Dieses Land ist eine üppige Schatzkammer, und das Buch ist ihr Spiegel. Nicht nur romantische Städtchen, auch Großstädte und Dörfer bergen Kostbarkeiten jeder Art, wenn man sie nur zu finden weiß. Das Buch bietet vielerlei Möglichkeiten: Will man einen bestimmten Ort besuchen, schlägt man das große Alphabet auf und unterrichtet sich an Wort und Bild über die Sehenswürdigkeiten. Wer wissen will, was in einer bestimmten Gegend an Schätzen zu finden ist, schlägt die Karte auf und sieht die beschriebenen Orte schwarz hervorgehoben und erkennt an Hand der Symbole sofort, was den eigenen Interessen entspricht. Mancher möchte vielleicht auf den Spuren eines großen Deutschen wandeln – im Register findet er Auskunft über Erinnerungsstätten. Dort sind auch Spezialmuseen verzeichnet. Dort kann man feststellen, wo die Werke eines bestimmten Baumeisters zu finden sind.

Der Bundesrepublik, die dem Autofahrer immer offensteht, ist natürlich der größte Raum gewidmet, aber da viele Bundesbürger heute in die DDR fahren, ist diese mit ihren Schätzen nicht zu kurz gekommen. Schließlich wird man sehen, daß es durchaus, wenn auch komplizierte Möglichkeiten gibt, in die Gebiete jenseits der Oder und Neiße zu reisen.

Wer nur ein wenig Zeit übrig hat, kann mit diesem Führer im Auto fast jede Fahrt zu einem Erlebnis eigener Art machen – man muß ja nur zeitweilig die große Straße verlassen.

Aachen *Reg.-Bez. Köln* 583 ■ 10

Derselbe Hügel mit dem flachen Südhang, der die Pfalz Karls des Großen trägt (das heutige Rathaus), war schon das Zentrum der Römersiedlung. Aquae Granni: der Name spielt auf die Quellen an, die zu den heißesten von Mitteleuropa gehören. Mit Karl dem Großen beginnt der geschichtliche Ruhm der Stadt. In sieben Jahrhunderten werden dreißig deutsche Könige hier gekrönt, und durch das ganze Mittelalter ist Aachen, dank seinem Marienstift, seinen Reliquien Ziel der berühmten Heiltumsfahrten. In der Wirtschaft ist es stark durch seine Tuchweberei. Wachsende Mauerringe des 12. und 13. Jh. wurden mit starken Toren bewehrt (Marschier- und Ponttor erhalten). Die Bürgerbauten des 18. Jh. stellten Köln und Düsseldorf in den Schatten. Wenige überdauerten den zweiten Weltkrieg. Aber der erhaltene Dom wurde zum Kernpunkt des Wiederaufbaus der Stadt.

COUVEN-MUSEUM Aachener und Lütticher Möbel aus den Jahrzehnten vom Rokoko bis Klassizismus. Das heutige Quartier des Museums, Haus Monheim am Hühnermarkt, wurde 1786 als Wohnhaus erbaut.

DOM Wann der Bau der Pfalzkapelle begonnen wurde, ist unbekannt. Überliefert ist jedoch, daß 798 der Rohbau stand: das Oktogon (Achteck), das von einem Umgang, sechzehneckig, umfangen wird. Als Erbe Roms schuf Karl der Große dieses Grundwerk des deutschen Kirchenbaus. Deutlich wird das in der Baugestalt, welche byzantinischen Kaiserkirchen nachgebildet ist; deutlich auch in den Spolien, den antiken Säulen, deren einige aus Rom und Ravenna kamen. Das Hauptmotiv des hohen, schlanken Zentralbaus liegt in dem Gegenüber von Königsloge und Altar. Als Baumeister gilt Odo von Metz; beteiligt war vermutlich Einhard, Karls d. Gr. späterer Biograph. Gotische Baumeister ersetzten die schlichte karolingische Apsis durch die mächtige Chorhalle mit den fünfundzwanzig Meter hohen, nur durch schmale Pfeiler getrennten Glasfenstern (modern ersetzt). Außer dem Westturm, mit Brücke zur Kuppel, fügten sie den Kranz der Kapellen an, die von außen den Kernbau fast rundum verdecken. In barocker Zeit trat noch der Neubau der Ungarnkapelle hinzu; außerdem wurde damals die Kuppel erneuert und erhöht. Die schlanke Westfront, in der sich Elemente aus drei Bauphasen vereinen (karolingische Tür und Türsturz, gotische Fenster, barockes Portal), blickt auf den offenen Vorhof, das Atrium. An seiner Südwestseite die Johanniskapelle (Taufkapelle), in schlichter Rechteckform mit barockem Dach. – Im Innern ist der Thron Karls d. Gr., Ende 8. Jh., sind die prachtvollen Bronzegitter der Oberkirche, auch einige Türflügelpaare aus karolingischer Zeit noch erhalten; von den Säulen, die Napoleon nach Paris entführte, kehrten nicht alle zurück. Der große Radleuchter, Symbol des Himmlischen Jerusalem, war eine Stiftung Friedrich Barbarossas. Im Chor: An den Bündelpfeilern der Skulpturenzyklus, die baldachinbekrönten Sandsteinfiguren der Mutter Gottes, der zwölf Apostel und Karls d. Gr., 15. Jh. Karlsschrein; Altartafel und Evangelienkanzel Heinrichs II.; Kuppelmosaiken und Marmorverkleidung aus dem späten 19. Jh.

ELISENBRUNNEN (1825–27) Säulenpavillon und Wandelgänge der von Joh. Peter Cremer entworfenen und von Karl Friedrich Schinkel stark überarbeiteten Anlage wurden, nach der Zerstörung im Krieg, in den alten Formen wiederhergestellt.

RATHAUS Immer noch bewahrt der Bau Teile vom Mauerwerk der karolingischen Pfalz, teilweise bis zu achtzehn Meter Höhe. Im 14. Jh. von der Bürgerschaft erworben und zum Rathaus umgestaltet, erhielt er eine gotische Fassade mit Figurenschmuck. Diese inspirierte die Restauratoren des 19. Jh., als sie die Um- und Einbauten des Barock beseitigten. Damals wurde auch der mächtige zweischiffige Saal,

DER KAISERDOM ZU AACHEN

Bevor die Römer sich hier aufhielten, verehrten die Kelten in den heißen Quellen ihren Wasser- und Heilgott Grannus. Karl der Große macht den Ort zum Zentrum seines Reiches, zu einem Zentrum der europäischen Christenheit. Der Kernbau, die achteckige karolingische Pfalzkapelle, deren Name in die französische Benennung der Stadt, Aix-la-Chapelle, eingegangen ist, hat mehrere Vorgänger: eine Reliquienkapelle Pippins d. J., Vater Karls des Großen, eine christliche Kirche des 5. Jh. und den Tempel einer römischen Badegottheit im 1. nachchristlichen Jahrhundert. (Unten links)

Die PALA D'ORO, die goldgetriebene Vorsatztafel am Hauptaltar des Doms, zeigt zehn Stationen aus der Leidensgeschichte Christi; hier, im Ausschnitt: die schlafenden Jünger am Ölberg. Kurz nach der Jahrtausendwende hat Heinrich II., der letzte Herrscher aus dem sächsischen Kaiserhaus, das Werk in Auftrag gegeben. (Links oben)

Im Jahr seiner Kaiserkrönung, 1014, stiftete vermutlich Heinrich II. dem Dom den vergoldeten AMBO (Evangelienkanzel), dessen Elfenbeintafeln – alexandrinische Schnitzarbeiten des 6. Jh. – die heidnische Götterwelt in den Chorraum des Christendomes einbringen. (Links)

Das LOTHARKREUZ, in einer Kölner Werkstatt um 1000 geschaffen, wurde den Königen bei der Krönung vorangetragen. Seine Schauseite beherrscht die antike Bildnis-Kamee des Kaisers Augustus, während die Gegenseite in schlichter Gravur den Gekreuzigten zeigt. Benannt ist es nach einem nicht benutzten Siegelstempel des Karolingers Lothar II. am Kreuzbalken. (Unten)

die Stätte der einstigen Reichstage und Krönungsmähler, wieder festlich hergerichtet. Alfred Rethel malte (1840–51) die Wandbilder nach Motiven aus dem Leben Kaiser Karls, sie sind zum Teil erhalten.
ST. JOHANN BAPTIST Die mächtige Kuppelkirche der einstigen Zisterzienserinnenabtei in Aachen-Burtscheid, aus dem zweiten Drittel des 18. Jh., zeigt die für Joh. Jos. Couven typische Kombination von Backsteinwänden und Gliederungen aus Haustein. Der Außenbau erhalten, die Innenausstattung ging verloren. Bedeutender Kirchenschatz.
ST. NIKOLAUS Die gotische Minoritenkirche, 1327 geweiht, blieb im wesentlichen erhalten, drei barocke Altäre, im Hochaltar Kreuzigungsbild des Rubens-Schülers Abraham von Diepenbeeck.
SCHATZKAMMER DES DOMS Die berühmte Sammlung mittelalterlicher sakraler Kunst erreicht man über den Kreuzgang des Marienstifts, wo eine Reihe schwarzer Marmorsäulchen mit Arkaden aus romanischer Zeit noch erhalten ist. Aus der Fülle der Kostbarkeiten, die hier verwahrt werden und teilweise noch immer im Gottesdienst, wie vor tausend Jahren, dienen, seien nur genannt das karolingische Elfenbeindiptychon, das Schatzkammerevangeliar, das Lotharkreuz, der Marienschrein und das Dreiturmreliquiar, die kostbaren Stoffe und Gewänder.
SUERMONDT-MUSEUM Benannt nach dem Aachener Bürger Barthold Suermondt, der 1882 dem Museumsverein seine Sammlung von hundert Gemälden stiftete. Reiche Bestände an niederrheinischen

AACHEN:
AUF DEN SPUREN KARLS DES GROSSEN

DER LEUCHTTURM EUROPAS

„Er wurde von allen Völkern der große Kaiser genannt – ganz Europa ließ er mit allen Gütern angefüllt zurück." Wenige Jahrzehnte nach seinem Tode (814) war der Frankenkönig Karl, der in Rom zum Kaiser Gekrönte, schon zur mythischen Gestalt geworden; zur „wundervollen Statue mit dem goldenen Haupt", zum Helden von Sagen und Legenden. Als historische Figur fesselt er durch die Gegensätze seines Wesens. Der hünenhafte Mann, fast zwei Meter groß, war ein starker Schwimmer, Reiter, Jäger, ein starker Esser, der die Fastenzeit nicht einhielt – so wenig wie die Sittenregeln seiner Zeit, die er mit der Zahl seiner Ehen, es waren fünf, brüskierte. Zugleich war er der erste Intellektuelle seines Reiches, der „David" unter den Dichtern und Gelehrten des Hofes, Schöpfer einer Kultur, welche römische und byzantinische, merowingische und angelsächsische Traditionen vereinte. Norm und Einheit waren sein Ziel, in Münzen, Maßen und Gewichten, in der Verwaltung wie auch in der Schrift, die er durch die „karolingische Minuskel" reformierte. Ein Vierteljahrhundert lang hatte Karl von Pfalz zu Pfalz reisend regiert, ehe er 794 Aachen zu seiner festen Residenz machte, mit dem Dom als Gleichnis des neuen Gottesstaates.

SILBERNE BILDNISMÜNZE, *in Koblenz geprägt nach 804. Porträts Karls des Großen im modernen Sinn gibt es nicht. Wo immer man ihn darstellte, in Münzen oder Mosaiken, war das Ziel die herrscherliche Idealgestalt, nicht die persönliche Erscheinung. Gleichwohl stimmt das Münzbild mit dem runden Kopf, der starken Nase, der betonten Mundpartie überein mit der Beschreibung, die Karls Biograph Einhard hinterließ. (Berlin, Münzkabinett der Staatl. Museen)*

Der TALISMAN KARLS DES GROSSEN *aus Gold, Edelsteinen und Perlen wurde nach der Überlieferung im Grab des Kaisers gefunden. 1804 wurde er der Kaiserin Josephine geschenkt; 1919 übergab ihn Kaiserin Eugenie der Kathedrale von Reims.*

Der THRON KARLS DES GROSSEN *steht auf der Empore des Doms, dem Chor gegenüber: ein schlichter Steinsessel aus hellen antiken Marmorplatten. In seinem Innern barg er Reliquien. Die Architektur des Domes selber dient als Baldachin. Mit der Besteigung der sechs Stufen endete das Krönungszeremoniell.*

OLIFANT *Das sog. Jagdhorn Karls des*
Großen, aus der Spitze eines Elefan-
tenstoßzahns geschnitten. Olifanten
waren elfenbeinerne, häufig mit Jagd-
und Kampfszenen verzierte Signal-
hörner, die wahrscheinlich auf byzan-
tinische Vorbilder zurückgingen. (Be-
rühmt ist das der Rolandssage.) Mit
Zepter, Säbel, Jagdmesser, Becher
gehört dieser Olifant, der vermutlich
um das Jahr 1000 in Oberitalien ge-
schaffen wurde, zu den mancherlei
Stücken, welche die Legende dem
Besitz des Kaisers zuschreibt. (Dom-
schatz)

BÜSTENRELIQUIAR KARLS DES GROSSEN
Karl IV. stiftete es 1349 anläßlich
seiner Krönung. Die Büste nahm die
Hirnschale Karls auf. Beim Einzug
in die Krönungsstadt wurde sie den
Herrschern entgegengetragen; sie be-
stätigte „Caroli praesentia" – die
Anwesenheit des großen Vorgängers.
(Domschatz)

Der KARLSSCHREIN *ist heute wieder*
im Chor des Domes. 1215 nahm er
die Gebeine des heiliggesprochenen
Reichsgründers auf. Auf den Dach-
schrägen Legendenszenen aus dem
Leben des Kaisers, unter den Bögen
acht thronende Herrscher, die Nach-
folger Karls. Die Anregung zu dem
Werk gab Kaiser Friedrich I. (unten)

Der PROSPERPINA-SARKOPHAG, *eine*
römische Bildhauerarbeit des 2. Jh.
aus carrarischem Marmor, wurde von
Karl aus Italien nach Deutschland
mitgebracht. Er soll – bis zu Karls
umstrittener Heiligsprechung im
Jahre 1165 – seine erste Ruhestätte
gewesen sein. Heute steht er in der
Michaelskapelle des Domes. (oben)

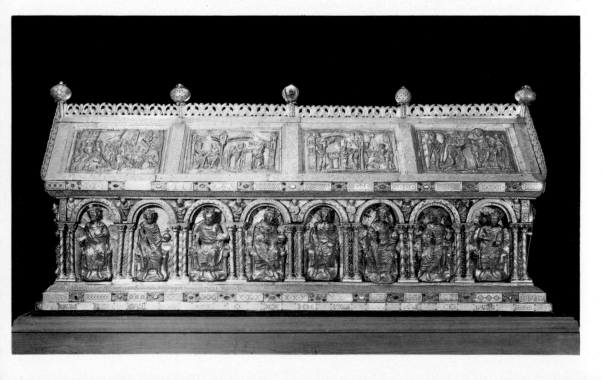

RÖMISCHE MÜNZE

Das As, ein römisches Pfund in Form von Erz oder eines rohen Bronzebrockens, war etwa seit dem 6. Jh. v. Chr. die Grundeinheit des römischen Wertsystems. Im 3./2. Jh. v. Chr. prägte man in Mittelitalien Münzen mit Bildern aus der Götterwelt auf der Vorderseite; hier: Janus, der Doppelköpfige, Gott der Tore und Straßen; auf der Rückseite ein Schiffsheck als Symbol für den Verkehr zu Wasser.
Limesmuseum Aalen

Bildern des 15. und 16. Jh., holländischen und flämischen des 17. Jh. Unter den neueren: Carl Schuch, Corinth, Liebermann, Beckmann. Bedeutende Sammlung mittelalterlicher Holzskulpturen. Ferner Möbel, Kunstgewerbe.

Aalen   *Reg.-Bez. Stuttgart*   601 □ 3
LIMESMUSEUM Es wurde über dem Grundriß eines römischen Kastells errichtet, das das größte Hilfstruppenlager des ganzen Limes zwischen Rhein und Donau beherbergte. Funde, Karten und Modelle geben einen Überblick über Organisation und Taktik der römischen Grenzheere.
RATHAUS Fachwerkbau von 1668. Am Türmchen das Wahrzeichen der Stadt, der „Spion von Aalen". Im 1. Stock das Schubartmuseum mit Erinnerungen an den Dichter, der hier seine Jugend verbrachte.

Abenberg   *Mittelfranken*   595 □ 5
BURG Eine der ältesten fränkischen Burgen (13. Jh.) erhebt sich auf der Westspitze eines Höhenzuges über dem Städtchen. 1872 von einem Kunsthistoriker gekauft und in neugotischem Stil restauriert.
KLOSTER MARIENBERG, gegen Ende des 15. Jh. für Augustinerinnen gegründet, zeigt eine Fülle von Renaissance- und Barockformen.

Abensberg   *Niederbayern*   603 ■ 1
Die EHEM. KARMELITENKIRCHE, eine dreischiffige gotische Basilika, erhielt Anfang des 18. Jh. eine barocke Innenausstattung mit Schnitzfiguren einheimischer Künstler. Im Kreuzgang das Aventinus-Museum zum Andenken an Joh. Turmayr, genannt Aventinus, den Vater der bayerischen Geschichtsschreibung.

Adelberg   *Reg.-Bez. Stuttgart*   601 ■ 9
EHEM. KLOSTER Ein Brand vernichtete die älteste Anlage aus dem 12. Jh. Von den Neubauten des 16. Jh. steht noch die spätgotische Ulrichskapelle. Wertvoller Altar mit einem Gemälde von Barth. Zeitblom und Figuren von Daniel Mauch (um 1511). Vor der Kapelle spätgotische Ölberggruppe.

Adelebsen   *Reg.-Bez. Hildesheim*   578 ■ 3
BURG Von der ursprünglichen Burganlage, als festes Haus 1295 erwähnt, ist nichts mehr vorhanden.

Doch überragt ein Wohnturm mit neun Geschossen, aus dem 14. Jh., noch heute wuchtig den Schloßbezirk. Eine Vielfalt von Bauwerken verschiedenster Epochen umfaßt die Burg. An den Turm gebaut das barocke Rentamt. Der Treppenturm des Mosthauses (um 1600) führt durch ein Renaissanceportal zum Rittersaal. Das eigentliche Schloß, ein Barockbau von 1740, wurde um 1900 stark verändert. Die Vorburg zeigt hübsche Fachwerkbauten.

Adelsheim   *Reg.-Bez. Karlsruhe*   594 ■ 8
JAKOBSKIRCHE, 1489 erbaut, heute Totenkapelle. Im südlichen Kapellenanbau die Grabdenkmäler der Ortsherren (14.–18. Jh.). Eindrucksvoll zwei lebensgroße Steinfiguren: am Betpult kniend der Stifter der Kapelle; rechts daneben, aufrecht stehend, ein Ritter (beide Ende 15. Jh.). Den Bildhauer kennt man als den „Meister von Adelsheim".

Adorf   *Reg.-Bez. Kassel*   577 ■ 4
PFARRKIRCHE Das Äußere der romanischen Basilika (2. Hälfte 12. Jh.) zeichnet sich durch eindrucksvolle kubische Schlichtheit aus, das Innere durch seine kräftige Gliederung.

Ahaus   *Reg.-Bez. Münster*   568 □ 7
Die Bischöfe von Münster erwarben 1406 Burg und Herrschaft und machten Ahaus zum Ausgangspunkt großer Jagden. 1815 wurde die Stadt preußisch. 1863, nach einem zerstörerischen Brand, der aber das Schloß verschonte, völliger Neuaufbau.
SCHLOSS 1689–95 von dem Kapuziner Ambrosius von Oelde im Stil des flämischen Barock erbaut. Das hufeisenförmige Hauptschloß erhebt sich wuchtig auf einer hochgemauerten Insel, deren vier Ecken durch Pavillons betont werden. Nach dem Siebenjährigen Krieg stellte 1766–67 Joh. Conr. Schlaun das Schloß wieder her; von ihm der Schmuckgiebel der Rückfront.

Ahlen   *Reg.-Bez. Münster*   576 □ 2
BARTHOLOMÄUSKIRCHE Spätgotische Hallenkirche. Im Inneren ein schönes Sakramentshaus von 1512.

Ahorn   *Oberfranken*   587 □ 5
Das SCHLOSS erhielt im 16. Jh. sein heutiges Gepräge. Die ehemalige, von Gräben umgebene Burg des Geschlechtes von Ahorn aus dem 11. Jh. hat zwei Hauptgebäude, die den sonst ummauerten Hof eingrenzen. Zwei starke Rundtürme flankieren die Front des Südgebäudes. Schmuckvolles Portal und Schneckenspindel des Treppenturms.

Ahrensburg   *Schleswig-Holstein*   562 □ 2
SCHLOSS Ein weißer, kompakter Renaissancebau (um 1595), der durch geschwungene Giebel und vier Ecktürmchen fast graziös wirkt. Ausstattung aus dem späten Rokoko (Treppenhaus, Speisezimmer) und dem mittleren 19. Jh. (Festsaal); dazwischen Porzellan-, Uhren- und Gemäldesammlungen.
SCHLOSSKIRCHE Ihr zur Seite die „Gottesbuden", niedere langgezogene Häuser, 1594–96 für die Armen gebaut. Die ebenfalls damals entstandene Kirche zeigt in den kleinen Deckenquadraten noch gotische Formen. Von 1716 die pompös barocke Ausstattung, so auch der Taufengel, der vor dem Altar schwebt.

Ahrweiler   *Reg.-Bez. Koblenz*   584 □ 9
Drei erhaltene Tortürme schützten im Mittelalter die Zugänge zur Stadt. Zehn Häuser nur blieben nach dem Brand von 1689, darunter der Weiße

Turm, ein mittelalterlicher Wohnturm mit barocker Haube, der das Ahrgau-Museum beherbergt.

KALVARIENBERG Vom Ahrtor führt ein Kreuzweg (1732) in 14 Stationen zu der 1664–78 in gotischen Formen erbauten Kirche. Aus dem Fels gehauen ein Hl. Grab (1625–27).

KATH. PFARRKIRCHE ST. LAURENTIUS Die dreischiffige Hallenkirche, die älteste links des Rheines (1269 begonnen), wirkt durch die blockartige Bauweise trotz gotischer Formen noch romanisch. Alte, inzwischen erneuerte Bemalung ziert das Innere.

Aicha vorm Wald *Niederbayern* 604 □ 3
Die KIRCHE ST. PETER UND PAUL, unter Verwendung mittelalterlicher Teile zu Beginn des 18. Jh. gebaut, hat im Innern reiche Bandwerkstukkaturen und illusionistische Gewölbefresken.

Aichach *Oberbayern* 602 □ 4
EHEM. BURG WITTELSBACH Nahe diesem reizvollen Ort aus dem frühen 12. Jh. stand auf einem Höhenzug die Burg Wittelsbach, an die heute ein Gedenkstein erinnert. Sie gab dem bayerischen Herrschergeschlecht seinen Namen.

Aichschieß *Reg.-Bez. Stuttgart* 601 ▪ 9
SCHURWALDKIRCHLEIN (1454), sehenswert wegen seiner Wandmalereien: im Schiff ein Zyklus im „Nagolder Stil", um 1320, im Chor Malereien aus dem 15. Jh.

Aigen am Inn *Niederbayern* 604 □ 4
WALLFAHRTSKIRCHE MARIÄ HIMMELFAHRT ZU ST. LEONHARD Der vor 1000 gegründete Ort erhielt im 13. Jh. eine Kapelle für das hier an Land gebrachte Gnadenbild des hl. Leonhard, des bayerischen „Bauernherrgotts". Noch aus dieser Zeit der südliche Satteldachturm der um 1600 erbauten Kirche sowie das südliche Seitenschiff. Fresken im Chorschluß und Altäre 17. Jh. Bemerkenswerte Sammlung eiserner Votivgaben.

Ailringen *Reg.-Bez. Stuttgart* 594 ▪ 6
KATH. PFARRKIRCHE, inmitten eines umwehrten Friedhofs hoch über dem Dorf im Jagsttal. Gotisch, innen barokisiert. Schöne spätgotische Holzskulpturen.

Ainau *Oberbayern* 603 ▪ 9
ST. ULRICH An der Südseite der um 1230 gebauten Kirche ein schönes romanisches Portal.

Albersdorf *Schleswig-Holstein* 555 □ 8
STEINZEITGRÄBER Auf dem Brutkamp trägt ein von Findlingen gesäumter Hügel die Grabkammer. Das Großsteingrab im Papenbusch ist jünger. Von den vier Riesenbetten (längliche Grabhügel) mißt eines 160 m.

Albungen *Reg.-Bez. Kassel* 578 □ 5
Den hübschen Ort überragt jenseits der Werra die spätgotische Burg FÜRSTENSTEIN, mit Wohnturm und Kapelle. Über dem nahen romantischen Höllental Reste der einstigen Burg BILSTEIN, Stammsitz der 1301 ausgestorbenen Grafen von Bilstein.

Aldersbach *Niederbayern* 604 ▪ 4
EHEM. KLOSTERKIRCHE MARIÄ HIMMELFAHRT Von der prunkvoll ausgestatteten, jedoch architektonisch schlichten, wohlausgewogenen Kirche stammen nur die Turmfundamente aus dem späten Mittelalter;

der Chor mit Strebepfeilern und Kapellenkranz wurde 1617 errichtet, das Langhaus, der Turm mit barocker Haube sowie die an den Chor angefügte Sakramentskapelle sind 18. Jh. Über dem schön gegliederten, figurengeschmückten Portal steht in einer Nische die Figur der Immaculata. Die meisterhaften Stuckarbeiten im Innern von Egid Quirin Asam betonen die Gewölbestruktur. Die wunderbar farbenfrohen Fresken an der Langhausdecke, den Wänden und im Chor – Evangelisten, Kirchenväter, Mariä Verkündigung, Geburt, Passion, Auferstehung und Himmelfahrt Christi – malte Cos. Dam. Asam. Ein bedeutsames Werk des Barock ist (wie das Chorgestühl von 1762, die Türen, das vergoldete Tabernakel, die reliefgeschmückte Kanzel) auch der mächtige Hochaltar von 1723–25 mit den gedrehten Säulen und den bewegten, funkelnden Darstellungen. Ein Kreuzgang führt von der Kirche in die guterhaltenen Klostergebäude. Von den reich dekorierten Räumen sind besonders die Bibliothek, der Saal im nördlichen Abteiflügel, der Fürsten- oder Salomosaal und die Kapelle am Torhaus einen Blick wert.

Aldingen *Reg.-Bez. Stuttgart* 601 □ 9
EV. PFARRKIRCHE Spätgotisch, mit reichem Südportal, originell bemalter Westempore und schönen Grabmälern aus dem 15. und 16. Jh.

Alfeld *Reg.-Bez. Hildesheim* 578 □ 12
ALTE LATEINSCHULE (Museum) Das frei stehende, besonders schöne Fachwerkhaus (1610) zeigt an allen vier Fronten reiche, farbige Schnitzereien.

FAGUS-WERK KARL BENSCHEIDT Wenige Fabrikgebäude wurden so bekannt wie dieses. 1911–18 von Walter Gropius und Adolf Meyer gebaut, schmucklos, den Erfordernissen des Schuhleisten- und Stanzmesserwerks angepaßt. Ungewöhnlich dadurch auch,

LATEINSCHULE, ALFELD
Die geschnitzten Szenen schildern, was die Söhne der Stadt einst lernen mußten. Da finden sich alttestamentarische Gestalten und römische Feldherren, Musen und Evangelisten, Darstellungen der Künste und der Tugenden – ein farbiges verschlüsseltes Bilderbuch des Wissens.

KLOSTERKIRCHE ALPIRSBACH

Stärker noch als der Ort selbst, umgeben von dunkel bewaldeten Schwarzwaldhöhen, läßt das Innere der ehemaligen Klosterkirche den Geist der Weltabkehr und religiösen Versenkung jener Zeit spüren, als sich die Mönche des Klosters den cluniazensischen Reformideen anschlossen.

daß dank der Stahlskelettkonstruktion die Fenster ohne Eckpfeiler zusammenstoßen.
RATHAUS Hochgiebelig im Renaissancestil 1586 aufgestockt, pittoreske Haube auf dem Treppenturm.
ST.-NIKOLAI-KIRCHE Himmelstrebend die zwei Turmhelme von 1486, gedrungen der die spätgotische Hallenkirche beschließende Unterbau.

Alken *Reg.-Bez. Koblenz*   584 □ 6
BURG THURANDT, um 1200 erbaut, liegt mit zwei Bergfrieden über der kleinen Stadt. Ihr gegenüber die Ruine der Wallfahrtskirche Bleidenberg.

Allerheiligen *Reg.-Bez. Freiburg i. Br.*   600 □ 8
EHEM. KLOSTER Im Tal des Nordweserbaches stehen nahe den Lienbachfällen die Ruinen einer Klosterkirche aus dem 13. Jh. Noch heute lassen sie die kraftvolle Architektur dieses ersten Denkmals der Gotik in Mittelbaden erkennen. Chor und Querschiff-Flügel mit straffen Pfeiler- und Bogenspannungen zeigen noch romanische Nachklänge. Die Apsis und das nördliche Langhaus mit dem spitzbogigen Fenstermaßwerk gehören bereits der Hochgotik an.

Almersbach *Reg.-Bez. Koblenz*   584 ■ 2
EV. PFARRKIRCHE Über dem Wiedtal liegt die romanische Pfeilerbasilika. Die dekorative Ausmalung

stammt aus der Erbauungszeit, figürlich Dargestelltes aus dem 13. bis 15. Jh.

Alpirsbach *Reg.-Bez. Karlsruhe*   600 □ 7
EHEM. KLOSTER 1095 gegründet. Die romanische Kirche gehört zu den wenigen unversehrt erhaltenen der Hirsauer Schule: eine dreischiffige, flachgedeckte Basilika, klar und geschlossen im Aufbau. Ein massiver Turm betont das Burgartige. Über dem Hauptportal ein Relief mit Christus als Weltenrichter. Die Türen tragen bronzene Löwenköpfe. Das hohe Mittelschiff bestimmt die feierliche Wirkung des Innenraumes. An den Basen und Kapitellen der wuchtigen Säulen eigenartige Skulpturen. Romanisch sind noch die Altartische, die Ausmalung der Chornischen und – eine große Seltenheit – die Sitzbank vom alten Chorgestühl. Der Flügelaltar (um 1520) im nördlichen Querschiff wird Syrlin d. J. zugeschrieben. Unter den Grabsteinen fällt der des Abtes Alexius (1523) auf: ein Gerippe mit Abtstab und Wappen. Im spätgotischen Kreuzgang mit schönen Gewölben und Maßwerkfenstern finden jährlich vielbesuchte Kammerkonzerte statt.

Alsfeld *Reg.-Bez. Darmstadt*   586 □ 9
Von einem Hang jenseits der Schwalm-Niederung, um den Turm der Walpurgiskirche herumgeschachtelt, grüßt eine der schönsten Fachwerkstädte. Die von dem berühmten Marktplatz ausgehenden Gassen sind sehenswert, besonders die Fulder-Gasse, mit dem schönen Durchblick auf Walpurgiskirchturm und Rathaus; an ihrem unteren Ende ragt der Leonhardsturm empor, der letzte Turm der alten Stadtbefestigung (1386). In der Hersfelder Straße steht eines der ältesten erhaltenen Fachwerkhäuser Deutschlands (Nr. 10–12, Mitte 14. Jh.).
ALTENBURG Bereits aus prähistorischer Zeit sind Befestigungen an der Stelle nachweisbar, wo (Mitte 18. Jh.) Schloß und Schloßkirche in reizvoller Höhenlage angelegt wurden.
Die DREIFALTIGKEITSKIRCHE war einst Klosterkirche (14./15. Jh.) der Augustinereremiten. Reste des Klosters befinden sich an der Südseite, zwischen Kirche und Stadtmauer.
MARKTPLATZ Neben dem Rathaus erhebt sich das steinerne WEINHAUS (1538), das zwischen neuromanischen Fenstern (1840) noch etwas von der alten glanzvollen Zierarchitektur erkennen läßt. Am gegenüberliegenden Eckhaus (Deutsche Bank) mit überkreuzten Streben springt prachtvoll ein Erker vor. Beachtenswert in der nach Westen abgehenden Rittergasse sind das NEURATH-HAUS (1688) mit schönem Fachwerk und das MINNIGERODE-HAUS (1687), ein Steinbau mit reizvollem Erkerportal und einer Spindeltreppe im Innern. Das STUMPFHAUS an der Westseite (1609) trägt reiche Schnitzereien, wie das Bildnis seines Bauherrn an der Ecke zur Mainzer Gasse. Daneben das HOCHZEITSHAUS (1564–71), ein wirkungsvoller Renaissance-Steinbau mit zwei Giebeln zu beiden Straßenseiten und mit Eckerker.
MUSEUM Kirchliche Kunstgegenstände, stadt- und heimatgeschichtliche Sammlungen beherbergt das im Hochzeitshaus untergebrachte Museum des Geschichts- und Altertumsvereins.
RATHAUS Die paarweise Anordnung der Erker mit ihren Spitzhelmen ist charakteristisch für den bedeutenden Fachwerkbau. Der Ratssaal mit seiner reichen Ausmalung (1577), die Gerichtsstube mit der Intarsienprunktür (1604) spiegeln Stolz und Reichtum damaligen Bürgertums wider.

WALPURGISKIRCHE Die malerische Baugruppe aus verschiedenen Stilepochen wirkt auch im Inneren eindrucksvoll durch den Kontrast des dunklen, niedrigen Schiffes mit dem hellen, hohen Chor. Pfeiler und Fenster zwischen den Schiffen rühren noch von einer frühgotischen Anlage her. Chor und Turm (mit schöner Maßwerkbrüstung und Haube aus der 1. Hälfte des 16. Jh.) entstanden um 1400. Vom Inventar der Kirche sind beachtenswert der romanische Taufstein, eine spätgotische Triumphkreuzgruppe und die barocke Intarsienkanzel. Im Langhaus befinden sich noch Reste spätgotischer Wandmalereien.

Alst *Reg.-Bez. Münster* 568 □ 6
HERRENHAUS, 1624 im Stil der niederländischen Renaissance erbaut: horizontale Streifen aus roten Ziegeln und weißem Werkstein verzieren die Außenwände.

Altdorf *Mittelfranken* 596 □ 8
ist eine der ältesten Siedlungen des Gebietes und war wahrscheinlich einst fränkischer Königshof.
EV. STADTPFARRKIRCHE Nur der kreuzrippengewölbte Chor und Teile des barock-massiven Turms mit Oktogon und Kuppelhaube stammen aus spätgotischer Zeit. Langhaus von 1755.
UNIVERSITÄT Berühmt wurde der Ort durch seine Universität, an der Leibniz seinen zweiten, den juristischen Doktorhut erwarb und von der Wallenstein wegen schlechten Betragens verwiesen wurde. Sie bestand von 1623–1809, das Gebäude wurde um 1575 erbaut. Vier schmucklose, aber architektonisch wirkungsvolle Trakte umgeben einen Binnenhof mit Bronzebrunnen der Zeit. Der dreigeschossige Hauptbau hat offene Arkaden.

Alteglofsheim *Oberpfalz* 603 □ 2
SCHLOSS An den Gebäuden mit den vielen Unregelmäßigkeiten lassen sich die verschiedensten Baustile erkennen. Spätmittelalterlich nur der hohe Bergfried und der dreigeschossige innere Südflügel; die Ecktürme am Ostgiebel wurden Anfang des 17. Jh. hinzugefügt. Ein weiterer Südflügel entstand 1680; gleichzeitig wurde der nördliche Flügel mit der vordrängenden Halle und dem doppelläufigen Prunktreppenhaus erbaut.

UNIVERSITÄT IN ALTDORF
An der seinerzeit berühmten Universität erwarb Leibniz seinen zweiten, den juristischen Doktorhut, und Wallenstein mußte sie wegen schlechten Betragens verlassen. – Der schöne Bronzebrunnen im Binnenhof ist die Arbeit eines Nürnberger Rotgießers aus dem 16. Jh.

Altena *Reg.-Bez. Arnsberg* 576 ▪ 5
BURG Sie ist eine Anlage des 13. Jh. Im Jahre 1772 wurde sie an die Stadt Altena verkauft und diente als Waisen- und Armenhaus, später dann auch als Gefängnis. Fritz Thomé erwarb den inzwischen renovierungsbedürftigen Bau 1906 für den märkischen Burgverein. Zwischen 1909 und 1915 wurde die Burg wiederaufgebaut. Heute dient sie als Jugendherberge.
HEIMATMUSEUM In 18 Räumen der wiederhergestellten Burg befinden sich vorgeschichtliche, volkskundliche, kulturgeschichtliche und andere Abteilungen, die einen Überblick über Natur, Kunst und Kultur des märkischen Landes und seiner Bewohner geben. Ebenfalls Bestandteil ist eine umfangreiche Waffensammlung, der viele Stücke des ausgegliederten Schmiedemuseums eingefügt wurden, darunter Gerätschaften und Gebrauchsgegenstände aus Zinn, Bronze, Kupfer, Messing und Schmiedeeisen.

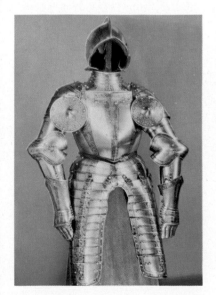

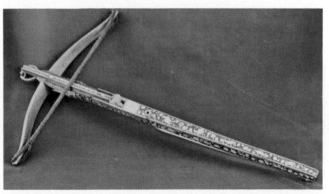

PRUNKHARNISCH *von 1556, in Braunschweig hergestellt, und* ARMBRUST, *um 1520, aus der Sammlung mittelalterlicher Waffen. Die Räume der wiederhergestellten Burg geben den ausgestellten Kunstwerken – Gemälde, Skulpturen –, den kunstvollen Gebrauchsgegenständen – Möbel, Glas, Keramik, Hausgeräte – und den Funden aus Vor- und Frühgeschichte einen wirkungsvollen Rahmen.* Heimatmuseum Altena

Altenahr *Reg.-Bez. Koblenz* 584 □ 9
BURG ARE Auf einem zackigen Felsen hoch über dem Ort steht die Ruine der 1714 gesprengten Burg aus dem 12. bis 13. Jh.
KATH. PFARRKIRCHE Die schön gelegene romanische Pfeilerbasilika (um 1200) erhielt 1322 einen gotischen Chor.

Altenberg *Reg.-Bez. Köln* 584 □ 11
ALTENBERGER DOM Im Tal der Dhünn, im Bergischen Land, erstand Mitte des 19. Jh. eine der größten gotischen Kostbarkeiten auf deutschem Boden wieder, der Altenberger Dom. 1133 schenkten die Grafen Adolf I. und Eberhard von Berg ihre „alte Burg" burgundischen Zisterziensern als Material für einen Klosterbau. Die 27 Jahre später geweihte Kirche muß 1255 dem heutigen Bau weichen. Im Mittelalter wird die Abtei Ziel einer großen Wallfahrt, der Altenberger Gottestracht. Kaiser Maximilian war im Kloster dreimal zu Gast. 1803, nach der Säkularisation, aufgehoben, kam es in Privatbesitz, wurde Fabrik, brannte aus. Die Ruine wird Steinbruch; der spätere König Friedrich Wilhelm IV. läßt den Dom 1835–46 restaurieren, und seither dient er evangelischen und katholischen Andachten. Der Dom ist typisch für die Bauweise der Zisterzienser: eine dreischiffige Basilika mit einem Querschiff, ohne Turm, schmucklos, Wirkung allein aus Form und Maß beziehend. Um den Chor ein Kranz von Kapellen, einzeln gedeckt mit Walmdächern wie beim nahen Kölner Dom. Die Chorfenster, um 1270, zeigen, entgegen der Ordensvorschrift: „Machet Fenster ohne Kreuz und Farbe", in Grisailletechnik, Grau in Grau, einen Glasgemäldezyklus. In den Kapellenfenstern setzen sich zierlich die Ranken von Kapitellen und Schlußsteinen fort. Ihr größter Teil ist noch aus der Entstehungszeit erhalten. – Das Innere birgt die Begräbnisstätten der Herzöge und Grafen von Berg und von Äbten des Klosters. Wertvollster Besitz: eine Verkündigungsgruppe aus dem 14. Jh., die früher am Westportal stand, später aber ins Innere geholt wurde, da der weiche Stein zu schnell verwitterte.

DER BERGISCHE DOM IN ALTENBERG
Strebepfeiler und Maßwerkfenster in rhythmischem Wechsel lösen die Wandflächen auf; ein riesiges Maßwerkfenster, 18 Meter hoch und 8 Meter breit, das Meister Rainoldus, der „König aller Steinmetzen", um 1400 gestaltete, nimmt fast die ganze Westfassade ein. Die Farben der Gläser, prächtiger als alle übrigen, geben einen vollen Akkord in Gold, Rot und Blau.

Altenbruch *Reg.-Bez. Stade* 561 □ 1
NIKOLAIKIRCHE Weit übers Land schauen die beiden eng zusammengebauten Türme. Im 12. Jh. entstand aus Findlingen der Bau, den die Gotik erneuerte und durch Backsteinmauern ergänzte. Neben dem Turmpaar ein hölzerner Glockenturm (17. Jh.) mit kegelförmiger Haube. Aus dem 18. Jh. der große Chor und die Fenster. Die prächtige, meist barocke Innenausstattung und die vielen Bauernwappen geben Kunde von Wohlstand und Stolz im ältesten Kirchspiel und Landtagsplatz des freien Landes Hadeln.

Altenerding *Oberbayern* 603 □ 6
MARIÄ VERKÜNDIGUNG Die 1724 neuerbaute Kirche mit feiner Pilastergliederung innen und außen hat eine reiche Rokokoinnenausstattung. Die geschnitzte Kanzel ist als Schiff gestaltet.

Altenhof *Schleswig-Holstein* 555 ■ 3
Das gelb und grau gestrichene HERRENHAUS, im Kern beinah 250 Jahre alt, mehrfach umgebaut, ist zu besichtigen: klassizistischer Saal und ein mit Gobelins ausgekleideter Gartensaal. Nicht nur wertvolle Möbel und Bilder sind zu sehen, man erfährt auch manches von der Landesgeschichte.

Altenhohenau *Oberbayern* 610 □ 2
Die KIRCHE ST. PETER UND PAUL enthält zahlreiche Kostbarkeiten aus Barock- und Rokokozeit, vor allem einen der schönsten Hochaltäre von Ignaz Günther mit zwei Seitenaltären von ihm und ausgezeichnete Fresken in Chor und Langhaus. Auch der Entwurf zu dem silbergetriebenen Tabernakelrelief des Hochaltars geht auf ihn zurück. Zu den noch mittelalterlichen Ausstattungsstücken gehören das um 1425 entstandene Gnadenkind am südlichen Altar, und an der Nordwand der Kruzifixus an einem Astkreuz aus der zweiten Hälfte des 14. Jh.

Altenkrempe *Schleswig-Holstein* 556 ■ 6
KIRCHE Die romanische Backsteinbasilika (12. bis 13. Jh.) mit wuchtigem Westturm ist eine der schönsten Dorfkirchen Ostholsteins. Vom Rot der Mauern hebt sich der weiße Rundbogenfries ab. Im Innern ein einfaches Bronzetaufbecken auf gotländischem Sandsteinsockel (13. Jh.). Barock sind Altar und Kanzel. In der Nähe des Ortes liegt idyllisch unter Eichen ein guterhaltenes HÜNENGRAB, 10 m lang.

Altenoythe *Verw.-Bez. Oldenburg* 560 □ 4
KIRCHE ST. VITUS Harmonisch fügt sich das nach dem Krieg erneuerte Kirchlein in die Umgebung. Das Findlingsmauerwerk des Turmes und des westlichen Langhauses entstammt dem 12. Jh. Schöne Gewölbemalereien (15. Jh.).

Altenstadt *Reg.-Bez. Darmstadt* 585 □ 5
Das Dorf mit Fachwerkhäusern und gotischem Wehrkirchturm steht über einem bis um 250 n. Chr. benutzten römischen Limeskastell.
KLOSTER ENGELTHAL Von 1268–1803 lebten hier Zisterzienserinnen nach den strengen Ordensregeln, die auch die einfachen Bauten geprägt haben. Im Kern gehört die einschiffige Kirche (1962 erneuert) noch zur Gründungszeit. Reiche Barockausstattung: illusionistisches Deckenbild, Altäre, Kanzel, Orgel. Grabplatte des Stifters Konrad v. Büches († 1294). Die barocken Klausur- und Torgebäude zeigen hübsche Einzelheiten.

DER GROSSE GOTT VON ALTENSTADT

Den fast schmucklosen Innenraum von St. Michael beherrscht ein farbig gefaßter romanischer Holzkruzifixus von hehren Ausmaßen: 3,21 Meter hoch und 3,20 Meter breit. Er entstand um 1200, der Künstler ist uns nicht bekannt.

Altenstadt bei Schongau *Oberbayern* 609 ▪ 3
ST. MICHAEL Wie eine Herrscherin über das Land steht unweit der Romantischen Straße auf einem Hügel, umgeben von einer Wehrmauer, die monumentale Gewölbebasilika St. Michael, eine der bedeutendsten romanischen Kirchen Oberbayerns. Wuchtig die mit stumpfem Walmdach gedeckten viereckigen Türme über den drei halbrunden Apsiden, in die die drei Schiffe enden; sparsam der Schmuck an diesem wehrhaften Bau (frühes 13. Jh.) aus sorgfältig bearbeitetem Tuffquaderstein. Bogenfriese zieren Langhaus- und Apsidenabschluß; auch die Türme, deren schwere Mauern durch Arkaden unterbrochen werden. Über dem Rundbogenportal roh gehauen ein Drachen, der einen Menschen ausspeit, neben ihm ein mit einem Schwert Bewaffneter, wohl der hl. Michael. Im Innern herrschen Einfachheit und klare Gliederung: Pfeiler – vier mit Blattwerkkapitellen verzierte Halbrundsäulen – nehmen die Arkadenbögen auf. Der Taufstein (grauer Sandstein mit von Bändern umrankten Reliefdarstellungen) ist original romanisch, die Fresken im Altarraum, an Nord- und Südseite sind gotisch (frühes 14. Jh.), das Fresko im südlichen Seitenschiff aus dem frühen 15. Jh.

Altensteig *Reg.-Bez. Karlsruhe* 600 ▪ 7
Die altertümlichen Giebelhäuser, in Terrassen vom Nagoldufer hinansteigend, fügen sich mit Kirche (18. Jh.) und Bergschloß (15. Jh.) zu einem reizvollen Kleinstadtbild.

Altheim b. Riedlingen *Reg.-Bez. Tübingen* 608 □ 11
Im Innern der spätgotischen KATH. KIRCHE begegnet uns heiteres Rokoko: vor allem die Fresken Franz Jos. Spieglers und die Stukkaturen Jos. Anton Feuchtmayers.

Altingen *Reg.-Bez. Tübingen* 600 ▪ 4
KATH. PFARRKIRCHE Der romanische Bau inmitten des Friedhofs hat einen gotischen Chorturm mit reicher Ausmalung aus dem 15. Jh.

Altmorschen *Reg.-Bez. Kassel* 586 □ 12
EHEM. ZISTERZIENSERINNENKLOSTER HEYDAU Seine Gründung datiert von 1235; nach der Reformation wurde es Jagdschloß der hessischen Landgrafen. Der eindrucksvolle frühgotische Baukomplex wird durch den weiten Wirtschaftshof der späteren Anlage (17. Jh.) gegen den Ort abgeschirmt; südwärts folgen barocke Parkanlagen mit reizender Orangerie (18. Jh.). Gotisch sind die Kirche mit ehem. Nonnenempore, der idyllische Kreuzgang, das Refektorium. Der Engelsaal über dem Refektorium, mit prachtvollem Kamin und Holzgewölbe, stammt vom Umbau zum Schloß (1619), ebenso das reizvolle schmiedeeiserne Fenstergitterwerk.

Altmühldorf *Oberbayern* 604 □ 7
ST. LORENZ Die Kirche in rohem Backstein, 1518 vollendet, enthält eine Kreuzigung Christi, um 1400 wohl von einem Salzburger Meister gemalt, dazu eine Predella mit der Beweinung Christi von 1511.

Altötting *Oberbayern* 611 □ 12
ist in zweifacher Hinsicht das Herz Bayerns: In der Gnadenkapelle ruhen unter dem Steinpflaster, eingemauert oder beigesetzt in kostbaren silbernen Urnen, in Nischen aus schwarzem Marmor die Herzen vieler Wittelsbacher Kurfürsten und Könige; und es ist das religiöse Herz des Landes, der älteste und berühmteste Wallfahrtsort; zu ihm pilgerten selbst Kaiserin Maria Theresia und Marie Louise vor ihrer Reise zur Hochzeit mit Napoleon. Noch immer zählt man jährlich 300 000 Pilger. Die Geschichte der Gegend reicht bis in die Römerzeit. Nach 537 saß hier wahrscheinlich der Bayernherzog Otto, sicher aber hatte um 748 Herzog Tassilo Pfalz hier. Karlmann, Karls d. Gr. Urenkel, Stifter des Neubaus St. Philipp und Jakob, wurde 880 in Altötting königlich bestattet. An ihn erinnern noch

STIFTSKIRCHE ALTÖTTING

In dem romanisch-spätgotischen Kreuzgang mit skulpturenreichen Grabmälern aus vier Jahrhunderten erhielt sich ein Feld mit spätgotischen Gewölbegemälden, um 1500 entstanden – musizierende Engel.

GOLDENES RÖSSL IN DER ALTÖTTINGER SCHATZKAMMER

Diese graziöse, um 1400 angefertigte Arbeit französischer Gotik aus Gold, Silber und Elfenbein, mit Perlen, Rubinen und Saphiren besetzt, war eine Neujahrsgabe Isabellas von Bayern an ihren Gemahl König Karl VI. von Frankreich, der hier mit einem Ritter als Betender vor Maria in der Rosenlaube dargestellt ist. Der Muttergottes zu Füßen Katharina und Johannes als Kinder. Unten wartet ein Knappe mit dem Pferd des Königs.

eine Tafel im Chor seiner Kirche und seine Ende des 18. Jh. am Chorgestühl in Holz geschnitzte Lebensgeschichte. 1130 hielt Herzog Heinrich der Stolze hier prächtigen Hoftag, und der Wittelsbacher Herzog Ludwig I., der Kelheimer, baute im 13. Jh. die Handelsniederlassung am Inn zum Markt aus. Heute noch spürt man in Altötting den Hauch der geistigen Welt des Mittelalters.

HL. KAPELLE Keimzelle der Stadt, noch immer Mittelpunkt: die Gnadenkapelle auf dem weiten Kapellplatz. Ihr ältester Teil, das mit achteckigem Spitzhelm überdachte Oktogon, soll schon um 600 erbaut sein; vielleicht zunächst ein Heidentempel, in dem die sieben Planetengottheiten verehrt wurden – die sieben vorgebauten Nischen mit niedrigem Dach lassen diese Vermutung zu –, wurde es dann Taufkapelle der Agilolfingerherzöge. Durch das spätromanische Portal betritt man von dem 1494 erbauten, mit Bildern bäuerlicher Frömmigkeit geschmückten Langhaus aus die mit schwarzem Marmor verkleidete, silberglanzhelle Gnadenkapelle. In einem Tabernakel von 1645 die als Gnadenbild verehrte „Schwarze Madonna", eine im Laufe der Zeit von Kerzenruß geschwärzte Holzschnitzarbeit aus dem frühen 14. Jh., im Prunkornat des 17. Jh. Rechts und links wunderschöne lebensgroße Figuren aus massivem Silber: der zehnjährige Kronprinz

Maximilian, ein Meisterwerk des Rokoko (1737), und der hl. Konrad von Parzham, 1931 entstanden. Hinter dem Altar Darstellung der Wurzel Jesse und Dreifaltigkeitsgruppe (um 1730) in Silber. Im Langhaus der hl. Rupert, eine spätgotische Holzschnitzarbeit.

STIFTSKIRCHE ST. PHILIPP UND JAKOB Von der spätromanischen Basilika Ludwigs I. des Kelheimers blieben nach dem Neubau um 1500 die Untergeschosse der beiden Türme, denen später überschlanke Achteckhelme aufgesetzt wurden, die Vorhalle mit der Westempore und die südliche Mauer. Es ist eher ein wuchtiger als ein in gotischem Sinne durchdachter Bau. Seinen Abschluß bildet der sechseckige Chor mit dem klassizistischen Hochaltar. Die Schatzkammer, ein spätgotischer Anbau in der Nordostecke, enthält neben wertvollen Weihegaben das „Goldene Rößl". Zum Innenhof hin angebaut die Sebastianskapelle mit schönem Altarrelief von 1690. Am östlichen Kreuzgang die langgestreckte Sakristei und eine Doppelkapelle, im Untergeschoß das frühere Beinhaus, oben die Siebenschmerzenkapelle mit schönen spätgotischen Gemälden. Dann folgt die schlanke gotische Tillykapelle mit einem Barockaltar, der den Feldherrn des Dreißigjährigen Krieges, Graf von Tilly, im Gebet zeigt, und die seit 1642 benutzte Familiengruft derer von Tilly.

Altomünster *Oberbayern* 602 □ 4
BIRGITTINENKLOSTER, das einzige in Deutschland. Der Ort gruppiert sich um das auf sanfter Anhöhe gelegene einstige Benediktinerdoppelkloster, das der iroschottische Einsiedler Alto mit Hilfe des Frankenkönigs Pippin um 750 gründete. Die Kirche, als letztes Werk des Münchener Joh. Mich. Fischer 1763 bis 1773 entstanden, erscheint trotz der Verwendung mittelalterlicher Teile wie aus einem Guß. Das Erdkräftige, nicht die spielerische Eleganz wird betont, deutlich ist der Übergang vom bayerischen Spätbarock zum Klassizismus. Eine Treppe führt vor das von einer barocken Haube mit Laterne gekrönte Westportal. Stufen führen auch in den Laienraum, ein Oktogon; der abgetrennte Nonnenchor liegt über dem folgenden Raum.

Altshausen *Reg.-Bez. Tübingen* 608 ■ 10
EHEM. DEUTSCHORDENSSCHLOSS Seit dem 13. Jh. eine Kommende des Ordens. Im 18. Jh. beauftragte er seinen Baumeister Joh. Kasp. Bagnato mit einem Neubau, der Teile der mittelalterlichen Burg einbeziehen sollte. Aber er vollendete nur das Torhaus, sehr repräsentativ mit geschweiftem Giebel und anmutigem Uhrtürmchen, den Marstall, die Reitschule und den Neuen Bau mit dem eleganten Treppenhaus.
KATH. PFARRKIRCHE Die spätgotische ehem. Schloßkirche wurde im 18. Jh. renoviert; nur der Turm ist noch alt. Im Kirchenschatz ein kostbarer romanischer Reliquienschrein (13. Jh.). In der Gruftkapelle die Grabmäler der Komture.

Altstadt *Reg.-Bez. Koblenz* 584 ■ 3
EV. PFARRKIRCHE Die dreischiffige, flachgedeckte romanische Pfeilerbasilika (12.–13. Jh.) gilt unter Westerwalder Dorfkirchen als die schönste.

Alt Wallmoden *Verw.-Bez. Braunschweig* 579 □ 10
EV. KIRCHE Der beschieferte Turm und die Vorhalle wurden 1851 der schlichten Kirche angefügt. Drinnen flankieren zweigeschossige, reichbemalte Emporen den üppig frühbarocken Kanzelaltar.

HERRENHAUS Am schönsten der älteste Flügel (1579) mit reichem Schnitzwerk und ein Ostflügel von 1628.

Altwied *Reg.-Bez. Koblenz* 584 ▪ 6
Auf einem von der Wied umflossenen Bergrücken liegt malerisch die RUINE der schon 1129 erwähnten Burg mit Bergfried (12. Jh.) und größeren Resten mittelalterlicher Gebäude- und Mauerteile.

Alzey *Rheinhessen-Pfalz* 593 □ 9
Von den BÜRGERLICHEN BAUTEN sind das Rathaus 1586 mit seinem Treppenturm, das ehemalige Spital (Umbau von 1748) und schöne Fachwerk- und Massivbauten des 16. bis 18. Jh. am Roßmarkt, in der Schloßgasse und in der Spießgasse hervorzuheben.
BURG Die mittelalterliche Wasserburg der Pfalzgrafen bei Rhein blieb trotz moderner Bauten eine in sich geschlossene Anlage.
Die EV. PFARRKIRCHE, aus dem 15. Jh., 1689 zerstört, wurde besonders im Langhaus durch Umbauten stark verändert; der Chor von 1450 blieb gut erhalten. In der Eingangshalle des Turmes eine Grablegung von 1430.
Im STÄDTISCHEN MUSEUM befinden sich vor allem interessante römische Funde.

Amberg *Oberpfalz* 596 ▪ 6
Die von der Vils in ein älteres Gebiet der Karolingerzeit und ein jüngeres aus dem 11. Jh. geteilte Stadt ist neben Regensburg die kulturhistorisch bedeutsamste der Oberpfalz, im Mittelalter ein Zentrum des Erzbergbaus und des Handels. Jahrhunderte haben ihre Züge geprägt, doch das Barocke und das Rokokohaft-Spielerische halten sich verborgen inmitten von Bürgerhäusern aus Gotik oder Renaissance. Der trutzig wehrhafte Charakter dominiert – schließlich galt Amberg, das im Dreißigjährigen Krieg allen Stürmen standhielt, bis ins 18. Jh. als uneinnehmbare Festung –, und doch ist allenthalben ein ausgeprägter künstlerischer Formwille spürbar.
DEUTSCHE SCHULKIRCHE Ende des 17. Jh. von Wolfg. Dientzenhofer errichtet, 1738 erweitert. Im Innern wird Rokoko lebendig: in Goldrocaillen und Ranken, Fresken, der muschelförmigen Orgelempore, den schönen Gittern und prächtigen Altären.
EHEM. REGIERUNGSKANZLEI Die Front ist durch die Fenster klar gegliedert, belebt durch die Zeichnungen des Mauerwerks und geschmückt durch einen prachtvollen Renaissanceerker mit hohem Giebel. Ein Pendant dazu der Erker an der Hofseite. Pfalzgraf Friedrich II. ließ den Bau Mitte des 16. Jh. errichten.
Von dem EHEM. SCHLOSS, einst Residenz der Pfalzgrafen, steht nur noch der Südtrakt (um 1602).
EHEM. ZEUGHAUS Aus der Frühzeit des Baus (spätes 15. Jh.) stammt der wuchtige Treppenturm, den Südflügel (1604) zieren schwungvolle Volutengiebel.
KLÖSTERL nennt man das ehem. Pfalzgrafenschlößchen (wohl das älteste in Amberg) vielleicht wegen dem malerischen Chörlein, das sich wie ein Erker aus der Front des gotischen Hauses mit hohem Treppengiebel vorschiebt und zur Hauskapelle gehört.
Das RATHAUS ist eines der schönsten Deutschlands. Im Inneren der feierliche Große Rathaussaal mit rautenförmig kassettierter Holzdecke. Im Neuen Rathaus, einem Anbau von 1572, der Kleine Rathaussaal im Renaissancestil mit ebenfalls kassettierter Holzdecke.

ST. GEORG Das wehrhaft-massig wirkende Äußere der Kirche aus dem 14. Jh. zeigt zwar die Struktur einer gotischen Basilika, läßt aber die Pracht des Innern nicht ahnen. Bandwerk, Stuck nach Wessobrunner Art in mancherlei Formen, sogar als Relieffiguren – die zwölf Apostel – über den Arkadenbögen im Hochschiff, Rocaillen und Fresken überdecken hier die ursprüngliche Architektur. Geschnitztes Chorgestühl, eine reiche Kanzel, ein sehr schöner Rokoko-Orgelprospekt, ein üppiger Hochaltar und mehrere Seitenaltäre schaffen ein einheitliches Gesamtbild im Stil der Zeit zwischen 1675 und 1723.
ST. MARTIN Die Pfarrkirche am Markt, aus dem 15. Jh., erscheint bis auf das Turmobergeschoß und die Kuppelhaube (18. Jh.) wie aus einem Guß: einem mächtigen Langhaus erwächst im Westen ein mächtiger Turm. Neben den Sandsteinquadern geben gotische Maßwerkfenster mit Fischblasenmotiven dem Bau das Gesicht. Eine gotische Verkündigungsgruppe schmückt die Nordwand; an der Südwand die Rotmarmorplatte von 1501 mit dem Relief des Martin Merz, des berühmtesten Büchsen- und Kanonenmeisters seiner Zeit. Das Innere ist rein spätgotisch geblieben. Aus hohen schlanken Säulen wachsen, das Gewölbe entfaltend, die Rippen. Die umlaufende Empore, einst wohl Platz ausgezeichneter Bürger, ist eine Besonderheit dieser Kirche. Die wertvollsten Ausstattungsstücke: Muttergottesstatue (1480) in einer der Kapellen, bronzenes Taufbecken

RATHAUS IN AMBERG
Es ist eines der schönsten Deutschlands. Der reichgegliederte Giebel der Westfassade mit Haubentürmchen, gotischen Maßwerkfenstern und zwei Figuren gehören zum ältesten, im 14. Jh. erbauten Teil; die sich am Treppenturm fortsetzende Maßwerkbrüstung und die offenen Arkaden unten entstammen dem 16. Jh.

(1417) und vor allem das Hochgrab des Pfalzgrafen Rupert Pipan (um 1400) hinter dem Hochaltar, mit hervorragenden Reliefs.

Die STADTBEFESTIGUNG, an der vom 12. bis zum 17. Jh. gebaut wurde, ist beinahe vollständig erhalten. Vier Tore mit Doppelmauern und Wehrgängen bestimmen den Charakter der einst „festesten Fürstenstadt": das burgartige Nabburger Tor mit zwei schweren Rundtürmen, das hohe gotische Vilstor, das breite Wingershofertor aus Rustikaquadern und das Ziegeltor, ein Renaissancebau (Unterteil 15. Jh., obere Teile etwa 1580). Wo die Mauer nördlich des Nabburger Tores den Fluß überquert, spiegeln sich ihre Bögen im Wasser – im Volksmund „Stadtbrille" geheißen.

WALLFAHRTSKIRCHE MARIA-HILF An Stelle der Burg der Ammenberger auf dem Amberg baute wahrscheinlich Dientzenhofer diese Wandpfeilerkirche mit Emporen. Eine Treppe führt zum Hauptportal. Die Innenausstattung gehört zu den besten jener Zeit: farbenfrohe Fresken von Cos. Dam. Asam, schwungvoller Stuck italienischer Prägung, Figuren auf Konsolen und schöne Putten, dazu, kostbar in Silber gefaßt, auf dem prächtigen Hochaltar von 1703 das Gnadenbild.

Amelungsborn   *Reg.-Bez. Hildesheim*   578 ■ 12
Das EHEM. KLOSTER, eine der ältesten Zisterzienserniederlassungen Deutschlands, liegt isoliert auf einer Hochfläche. Das romanische Langhaus der Kirche stammt noch aus der Gründungszeit (12. Jh.). Chor, Torhaus, Priorei und anderes sind gotischer Herkunft. Von hier aus wurden die Tochterklöster Riddagshausen bei Braunschweig und Doberan in Mecklenburg gegründet.

Amlishagen   *Reg.-Bez. Stuttgart*   594 □ 5
SCHLOSS Auf schmalem Ufersporn über der Brettach steht neben alten Burgruinen (13. Jh.) ein noch bewohnter Renaissancebau, das Alte Schloß. Die zum Teil erhaltenen Kasematten sind spätgotisch.

KLOSTERKIRCHE AMELUNGSBORN

Dämmeriges Dunkel umfängt den Eintretenden im romanischen Langhaus, an der Vierung trifft sich eine Fülle hellen Lichts aus Chor und Querschiff. Von dem einstigen Reichtum an Glasmalereien sind im südöstlichen Fenster der Chorostwand geringe Reste mit einer Darstellung der Wurzel Jesse wieder eingesetzt worden – auf unserem Ausschnitt David und Jakob.

Amöneburg   *Reg.-Bez. Kassel*   585 ■ 2
Die Silhouette des über dem Ohm-Becken gelegenen Basaltkegels ist imposant, nicht weniger eindrucksvoll die Aussicht von der Promenade an der Stadtmauer. Die Lage bestimmte Amöneburgs Geschichte; es war schon keltische Festung. Der hl. Bonifatius begann 721 hier seine Missionstätigkeit in Hessen.

Die seit 1154 bezeugte BURG des Mainzer Erzbischofs und die von ihm Anfang des 13. Jh. gegründete Stadt wurden (neben Fritzlar) wichtigster Stützpunkt der Mainzer gegen die hessischen Landgrafen, blieben es auch trotz neuer strategischer Gegenpositionen, wie z. B. Marburg. Sichtbare Folgen dieses Ringens sind bis heute die Unterschiede in Konfession und Tracht der Umgebung. Im Dreißig- und im Siebenjährigen Krieg war Amöneburg heiß umkämpft; dabei wurde die mainzische Burg zur Ruine.

Amorbach   *Unterfranken*   594 □ 9
Neben einem Kloster entstand, umgeben von sanften Odenwaldhöhen, die Stadt, die sich bis heute viel Mittelalterliches bewahrt hat: außer einer Anzahl Fachwerkhäuser einige größere Gebäude wie der turmartige Templerhof, das Stadthaus am Marktplatz, die frühere Mainzische Kanzlei, ein verschieferter Fachwerkbau auf massivem Sockel, die ehem. Amtskellerei (Heimatmuseum) und das mit einem Firsttürmchen gekrönte Rathaus – alle aus dem 15. Jh.

ABTEIKIRCHE Die großartige, Mitte des 18. Jh. erbaute spätbarocke Kirche, durch schwungvolle Anmut ausgezeichnet, geht auf eine karolingische Basilika zurück, deren Umfassungsmauern für den Neubau verwertet wurden; der Grundriß blieb erhalten. Die sechsgeschossigen, etwas gedrungenen, obgleich hohen Viereektürme künden in der regelmäßigen Zier der Rundbogenfriese und der Viererreihe der Klangarkaden noch von romanischer Baukunst. Mit den aufgesetzten Hauben harmoniert die vorgebaute barocke Front aus Buntsandstein, die mit Volutengiebel und Skulpturen verziert ist. Eine repräsentative doppelflügelige Freitreppe führt zu der Rampe hinauf, die den gesamten Bau trägt. Im Innern beeindruckten Höhe und Weite des Raumes, die durch Arkaden, Pilasterpaare und eine überkuppelte Vierung sinnvoll gebrochen werden. Fresken an allen Decken verstärken die dekorative Wirkung des von sechs hellroten Marmorsäulen beherrschten Hochaltars und der kleineren, beschwingten Rokokoaltäre. – Von den KLOSTERGEBÄUDEN ist der klassizistische Flügel am interessantesten: er enthält vollendet gestaltete Räume – den schön stukkierten Grünen Saal und die in reicher Vielfalt ausgestattete Bibliothek.

Sehenswert ist auch die alte KLOSTERMÜHLE mit dem steilen Treppengiebel, ein Bau von 1448.

ST. GANGOLF Besonderer Schmuck der dreischiffigen, hellen, breiten Hallenkirche, um 1751 spätbarock gebaut, sind die Fresken und der marmorne Hochaltar.

EHEM. KLOSTERKIRCHE AUF DEM GOTTHARDSBERG An Stelle der von Kaiser Friedrich Barbarossa 1168 zerstörten Burg entstand ein Nonnenkloster, dessen als Ruine erhaltene Kirche, nach dem hl. Gotthard genannt, schöne Pfeilerarkaden aus dem 12. Jh. zeigt.

Amorsbrunn   *Unterfranken*   594 □ 9
Neben der romanisch-gotischen Wallfahrtskapelle über der Quelle die Freikanzel (1576), die Marien-

säule (1720) und das frühere Heilbad, von 1565, gespeist von dem wundertätigen Wasser, ein Idyll ländlicher Frömmigkeit.

Ampleben *Verw.-Bez. Braunschweig* 571 □ 6
KIRCHE Ein Werk der Romanik; der Turm ist älter als das Langhaus und der fensterreiche Chor (beide 13. Jh.). Hinter dem Altar mittelalterliche Wandmalerei. Das Volksbuch von Till Eulenspiegel erzählt 1515, hier sei er getauft worden.

Amrichshausen *Reg.-Bez. Stuttgart* 594 □ 6
KATH. PFARRKIRCHE Typischer Saalbau der nachklingenden Gotik mit seltsamen Maßwerkverzierungen. Kostbarer Bronzekruzifixus aus dem 12. Jh.

Amtzell *Reg.-Bez. Tübingen* 608 ■ 6
KATH. KIRCHE Dreischiffige gotische Basilika mit romanischem Turm, innen zum Teil barockisiert. Romanischer Taufstein, wappenverziertes Epitaph (16. Jh.), figurenreiche Tongruppe (Marientod) aus dem 15. Jh.

Andechs *Oberbayern* 609 □ 2
BENEDIKTINERKLOSTER UND WALLFAHRTSKIRCHE Die Kirche mit dem von einer Zwiebelkuppel gekrönten Turm steht auf dem 720 Meter hohen heiligen Berg Bayerns über dem östlichen Ufer des Ammersees. Rundherum liegt das Geviert der Klostergebäude mit einigen hübsch stuckierten Räumen (Fürstenzimmer, Bibliothek), dann die ehem. Apotheke (St.-Hedwigs-Museum), der Gasthof, der Laden, die Landwirtschaftsbetriebe und die Brauerei. 1248 starb das Geschlecht derer von Diessen-Andechs aus. Kurz zuvor hatte man ihre Burg auf dem Berg Andechs geschleift. Drei geweihte Hostien (das „Sakrament des hl. Gregor"), die der

ABTEIKIRCHE AMORBACH

Ein kunstvolles Eisengitter trennt in ganzer Breite die Schiffe vom Chor. Eine üppige Kanzel, kostbares Chorgestühl und eine Orgel von hoher Klangqualität über einer zauberhaften Rocaille-Balustrade ergänzen die prachtvolle Ausstattung.

WALLFAHRTSKIRCHE ANDECHS

In einer Loge nahe dem Chorbogen Herzog Albrecht III., der Stifter der Benediktinerabtei; vielleicht bittet er um Gnade für die Sünden seiner Väter: zwei Andechser waren wahrscheinlich 1208 an der Ermordung König Philipps von Schwaben beteiligt, und sei es nur als Mitwisser. Die Figur war vermutlich früher gotisch, jetzt ist sie barock geformt.

TUGENDROSE AUS DER SCHATZKAMMER IN ANDECHS

Die goldene Rose, Symbol des Frühlings, der Schönheit und des Duftes, arbeitete wohl einer der in Rom tätigen Florentiner Goldschmiede um die Mitte des 15. Jh. Eine solche Rose trug der Papst nach altem Brauch in der Prozession am 3. Sonntag vor Ostern, dem Rosensonntag, anschließend überreichte er sie hervorragenden Fürsten. So erhielt Herzog Albrecht III. diese, die er später dem Kloster schenkte.

hl. Rasso im 10. Jh. mit anderen Reliquien aus dem Hl. Lande mitgebracht haben soll und denen seit dem 12. Jh. die Wallfahrt galt, gingen verloren. Sie wurden 1388 wundersam wiedergefunden: der Anlaß zum Bau der jetzigen Kirche zu Beginn des 15. Jh. Der spätgotische Innenraum wird dann 1755 im Geiste des Rokoko umgestaltet. Langhaus und Chor erhalten Wölbungen, die Joh. Bapt. Zimmermann mit leuchtenden Gemälden ausstattet; die verbreiterten Fenster füllen den Raum mit Licht. Neben den Reliquien, alle in der zugänglichen Heiligen Kapelle, gilt die Verehrung dem Gnadenbild des unteren Hochaltars, der von Goldstrahlen umgebenen Muttergottes (um 1500) und der segnend die Arme ausbreitenden Immaculata (um 1608) des oberen Altars.

Am eindrucksvollsten jedoch ist die räumliche Gesamtkonzeption, die Farbeffekte, nicht zuletzt die Bewegtheit aller Linien und Formen, die heftige Gebärdensprache der Putten und der übrigen Figuren.

Andernach *Reg.-Bez. Koblenz* 584 ■ 7
BURG Der ausgedehnte Baukomplex, seit 1689 Ruine, war einst der südliche Eckpfeiler im Machtbereich der Kölner Erzbischöfe.
LEYENSCHER HOF Um 1620 erbauter Adelshof mit prächtigem Säulengiebel in Formen der Spätrenaissance; heute Heimatmuseum.
PFARRKIRCHE UNSERER LIEBEN FRAU Viertürmige dreischiffige Basilika (um 1200), eines der bedeutendsten Werke rheinischer Romanik. Zunächst lenkt

die Westfassade, eine der edelsten in Deutschland, die Blicke auf sich, doch nicht minder beeindruckt die Chorseite mit ihrer Zwerggalerie. Unter den Portalen hervorragend das Südportal: im Bogenfeld tragen zwei Engel das Lamm Gottes. Im Langhaus mit seiner wiederhergestellten romanischen Bemalung fällt das Ebenmaß der Gliederung ins Auge.
RATHAUS Auf gewölbten Hallen (15. Jh.) ruhen Obergeschosse (18. Jh.) mit stattlicher Front. Im Hof ein gotisches Judenbad (vor 1349).
STADTBEFESTIGUNG Außer einem Mauerstück bei der Burg erhielten sich die Ruine des Koblenzer Tors, das doppelte Rheintor mit romanischen Männerfiguren (Bäckergesellen) am inneren Tor und der eindrucksvolle Runde Turm (1448–52), den acht kleine Giebel krönen.

Anger *Oberbayern* 611 ■ 1
Das „schönste Dorf Bayerns" ist sehr malerisch um einen weiten Dorfanger mit der weithin leuchtenden Marienstatue auf einer Höhe gelegen.
ST. MARIÄ HIMMELFAHRT Einer der wenigen, interessanten spätgotischen Zentralbauten. Hochaltar mit geschnitztem Vesperbild (17. Jh.), ein spätgotischer Altarflügel (um 1510) und zwei barocke Figuren (17. Jh.) am Triumphbogen.

RÖMISCHES GLAS
Fünf Nekropolen umgaben einst das von Drusus um 12 n. Chr. angelegte Castell Antunnacum, das spätere Andernach. In den Gräbern fand man Gläser aus spätrömischer Zeit, die wahrscheinlich in Köln, einem Zentrum römischer Glasmacherkunst, hergestellt worden sind. Heimatmuseum Andernach

ST. ALBERTUS MAGNUS, ANDERNACH
Die 1954 erbaute Kirche steht auf den Fundamenten eines Augustinerinnenklosters von 1129. Die Eisentüren im Turmportal und am Südeingang gestaltete der zeitgenössische Bildhauer Ewald Mataré.

Angermund *Reg.-Bez. Düsseldorf* 575 □ 4
BURG Die sogenannte Kellnerei: hier lebten über 450
Jahre bis 1801 die Kellermeister des bergischen
Amtes. Von der staufischen Anlage des 13. Jh. sind
noch äußere Mauern da.
SCHLOSS HELTORF Klassizistischer Herrensitz; birgt
im Gartensaal einen riesigen Wandbilderzyklus aus
dem Leben Barbarossas.

Anhausen *Reg.-Bez. Stuttgart* 601 □ 1
KLOSTERRUINE Nur noch ein frei stehendes, hochragendes Mauerstück, Rest des Kirchenchores mit
fünf gotischen Grabsteinen, zeigt an, daß einst auf
dieser öden Hochfläche Mönche lebten.

Anholt *Reg.-Bez. Münster* 575 □ 1
WASSERBURG Sitz der Fürsten Salm-Salm an der
holländischen Grenze, inmitten von Parkanlagen.
Der runde Wehrturm ist der älteste Teil des mittelalterlichen Baues. Prächtige Vorburg, deren Flügel den repräsentativen Eindruck erhöhen. Museum:
Gemälde, Porzellan, Tapisserien.

Anröchte *Reg.-Bez. Arnsberg* 577 ■ 9
Hier wird seit dem Mittelalter der grünliche Sand-
stein gebrochen, der in den Soester Kirchen am
schönsten in Erscheinung tritt.
DORFKIRCHE, 12. Jh., Typ westfälische Hallenkirche.
Ein mächtiger Turm beherrscht drei kurze Schiffe
unter einem Satteldach. Langhaus und Chor in
Bruchstein.

Ansbach *Mittelfranken* 595 □ 7
Die monumentalen Akzente der einstigen Mark-
grafenresidenzstadt (seit 1456) – die Spitztürme von
St. Gumbert und der Johanniskirche, die giebelhohe,
weiträumige Kanzlei und der massige Neue Bau
(beide sind Renaissancebauten), dazu die breit-
gelagerten Residenzkolosse – sind kaum deutlicher
zu erfassen als durch einen Fensterblick aus dem
obersten Stockwerk der Residenz. Den städtebaulichen Charakter bestimmt die Mischung von höfischer und bürgerlicher Atmosphäre; Baumeister
des Hofes schufen die Fassaden zu manchem Bürgerhaus. Hinter dem barocken Gesicht der Stadt
verbirgt sich Mittelalterliches (z. B. der malerische
Innenhof der ehem. Stiftskurie am Unteren Markt),
kommt aber auch zum Vorschein: die noch immer
gekrümmte, winkelige Uzstraße oder das kastenförmige Stadthaus (1532) mit hohem Satteldach.
16. und 18. Jh. bauten an dem heute noch leben-
digen Gesamtbild, das viel Besonderes bietet (ans-
bachische Zwerchhäuser, planvoll angelegte Straßen
und Plätze, wie etwa die Maximilianstraße, die
Promenade, der Karlsplatz – zumeist stimmungsvolles 18. Jh.). Dazu passend das 1750 umgebaute
Herrieder Tor, das sich anmutig den Häuserfronten
einfügt.
Die EHEM. STIFTSKIRCHE ST. GUMBERT enthält Elemente aus mehreren Jahrhunderten (11.–18. Jh.).
Das eigenwilligste Charakteristikum Ansbachs: unten
wuchtiger, oben durch Fenster und Balustraden auf-
gelockerter Mittelturm, 1594–97 errichtet, flankiert von zwei kleineren Türmchen. Das saalartige,
protestantisch schlichte Langhaus entstand 1736 bis
1738. Der Chor (1501–23) mit Maßwerkfenstern
und Netzrippengewölbe wurde 1817 abgemauert
und diente als Versammlungsraum der Schwanen-
ordensritter. Er enthält neben Grabsteinen und Totenschilden einen spätgotischen Altar der Dürerzeit
und das sogenannte Kelterbild aus der Dürerschule.

GEKACHELTER SAAL IN DER RESIDENZ,
ANSBACH

*2800 Fliesen der Ansbacher Fayencemanufaktur, die
im 18. Jh. ihre Blütezeit erlebte, schmücken die
Wände des Speisesaals. Fayencen dieser Zeit und
zierliche Rokoko-Porzellanfiguren bewahrt auch das
Kreis- und Stadtmuseum.*

SPIEGELKABINETT DER RESIDENZ

*Die Ausgestaltung der Wohnräume lag vorwiegend
in den Händen ausgezeichneter italienischer und
Münchner Maler, Stukkateure und Bildhauer. Joh.
Kasp. Wezlar, ein Künstler aus dem Umkreis der
Cuvilliés, schuf die rankenden, geschnitzten, gold-
überzogenen Vertäfelungen, die in der Umrahmung
des großen Deckenfreskos ihre Fortsetzung finden.*

LUDWIGSKIRCHE Klassizistischer Tempel von 1834 bis 1840, gibt dem barocken Karlsplatz einen fremden Akzent.

PRINZENSCHLÖSSCHEN Anmutiger, kleiner Bau von Gabriel Gabrieli (1699–1701, nach 1708 endgültig vollendet).

RATHAUS Obgleich 1622/23 errichtet, wirkt der stattliche Bau, bei dem horizontale Linien das Bestimmende sind, noch mittelalterlich.

RESIDENZ Prächtig, repräsentativ, von heiterer Eleganz der von Gabrieli gestaltete Teil. 21 Fensterachsen betonen die Vertikale der Fassade, eine Dachbalustrade die Horizontale, deren aufgesetzte Plastiken eine lebendige Silhouette schaffen. Fast nüchtern die übrige Anlage, die an zwei Fronten noch durch Gräben begrenzt wird: sie umgaben das einstige Wasserschloß. Locker, ganz italienisch der wunderschöne Arkadeninnenhof Gabrielis. Die Innenausstattung steht der von Würzburg kaum nach: schwungvoller Stuck, ein ausgezeichnetes Deckenfresko in dem großen Saal, erlesener Geschmack in den Wohnräumen der Markgrafen (prunkvolles Spiegelkabinett, Gobelinzimmer, gekachelter Speisesaal und Marmorkabinett). Von der Residenz getrennt der Hofgarten, teils im englischen, teils im französischen Stil, mit einer doppelten Lindenallee als Längsachse. Die Querachse, mit Beeten und Brunnen, läuft auf eine Orangerie zu. In einer Laubnische das Denkmal des Findlings Kaspar Hauser, der hier 1833 umkam.

ST. JOHANNIS In der 1660 erbauten markgräflichen Gruft unter dem Chor der spätgotischen Kirche (15. Jh.) mit den ungleichen Turmpaaren stehen 25 Särge, die meisten aus Zinn und vergoldet.

SYNAGOGE Leopold Retti erbaute sie 1744–46. Schöne, wohlausgewogene barocke Innenausstattung.

Apelern *Reg.-Bez. Hannover* 570 ■ 8
EV. KIRCHE Der Innenraum ist zweischiffig, wiederverwendete romanische Säulen stehen, ein gotisches Gewölbe tragend, in der Mitte. Wandmalereien des 14. Jh. Am Feldsteinturm eine frühbarocke Begräbnisstätte.

Archsum auf Sylt *Schleswig-Holstein* 554 □ 7/12
Hart am Deich liegt gut erhalten in einem Hügel ein GANGGRAB der Jungsteinzeit.

Ardeck bei Holzheim *Reg.-Bez. Koblenz* 584 □ 4
BURGRUINE Umfassungsmauern mit Ecktürmen an der Eingangsseite und ein schlanker Rundturm sind alles, was von der 1395 erbauten Burg blieb.

Arenfels *Reg.-Bez. Koblenz* 584 ■ 8
Das zum Rhein hufeisenförmig offene SCHLOSS, 1849–55 neugotisch umgebaut, geht auf die Burg von 1259 und den Schloßbau des 17. Jh. zurück. Im Inneren eine gute Sammlung von Gemälden, Möbeln, Waffen.

Arensburg *Reg.-Bez. Hannover* 569 □ 4
SCHLOSS Das Fachwerksgeschoß hebt sich frei aus den Wäldern. Um 1300 bauten die Grafen v. Schaumburg die Burg, sie blieb ebenso wie die Romantik des Burghofes durch die Jahrhunderte erhalten. Palas und Treppenturm aus dem 16. Jh.

Arle *Reg.-Bez. Aurich* 560 ■ 1
PFARRKIRCHE, 12. Jh., einzig erhaltener, reiner Tuffsteinbau Ostfrieslands aus dem Mittelalter. Sakramentshaus (15. Jh.) aus Kalkstein, spätgotischer Schnitzaltar (Ende 15. Jh.), neuzeitlich verändert.

Armsheim *Rheinhessen-Pfalz* 592 □ 3
EV. KIRCHE 1431 Bau der Wallfahrtskirche zur Verehrung des Hl. Blutes. In der schönen dreischiffigen Halle mit hohem Chor eine Kanzel mit Evangelistensymbolen von etwa 1500.

Arnoldsweiler *Reg.-Bez. Köln* 583 ■ 1
SCHLOSS RATH Ein barockes Tor gibt den Weg frei zu Vorburg und Herrenhaus (um 1620): ein grabenumzogener Vierflügelbau, von Ecktürmen flankiert, offene Laubengänge um den Hof. Barocker Park mit sechsseitigem Pavillon von 1793.

Arnsberg *Nordrhein-Westfalen* 577 □ 9
Die auf einem von der Ruhr umflossenen Ausläufer des Arnsberger Waldes gelegene Bezirkshauptstadt, einst Sitz der Grafen von Werl, 1368–1815 kurkölnisch, birgt in ihrem Kern reizvolle alte Straßenbilder. Fachwerk wechselt mit klassizistischen Fassaden, die das Baubüro Karl Friedr. Schinkels verraten (Kasino, Landgericht, Gerichtsgefängnis).
Auf dem ALTEN MARKT: das Rathaus mit seinem hochgezogenen Dach (1710) gegenüber der repräsentative Landsberger Hof (Sauerlandmuseum) mit Ehrenhof und alter Hauskapelle; dazwischen der spätbarocke Marktbrunnen: ein Obelisk mit wasserspeienden Masken.
Durch das HIRSCHBERGER TOR kam man einst zu dem (jetzt lange abgebrochenen) Jagdschloß Hirschberg von 1753. Nach Plänen Joh. Conr. Schlauns mit reichem Tierschmuck von Joh. Chr. Manskirch. Seit 1826 im Abteibezirk.
PROPSTEIKIRCHE Von der ehem. Abtei Wedinghausen (1803 aufgehoben) ist nur noch die Kirche da, ein gotischer Hallenbau mit erneuertem Turm. Reiche barocke Ausstattung: interessante Epitaphe von Grafen und Drosten (15.–17. Jh.).

Arnsburg *Reg.-Bez. Darmstadt* 585 ■ 4
EHEM. ZISTERZIENSERKLOSTER Ende 12. Jh. gegründet. Bau der Klosterkirche und der Klausur im 13., der Konventsgebäude im 18. Jh. Nach der Säkularisation (1803) Verfall der mittelalterlichen Teile. Erhalten blieb der Ostflügel (Sprechraum, Dormitorium und frühgotischer Kapitelsaal). An der Südseite der Klausur die barocken Gebäude mit stuckiertem Festsaal im Küchenbau. Reizendes Gartenhaus im Abteigarten (1751). Die Klosterkirche ist eine Pfeilerbasilika mit Querhaus und Rechteckchor, in strenger Spätromanik.

Arnstein *Unterfranken* 594 ■ 1
ST. NIKOLAUS Etwas unterhalb vom hoch über der Stadt gelegenen Schloß die Stadtkirche von 1617, in die eine ehem. gotische Kapelle verbaut ist.
Bedeutender ist die WALLFAHRTSKIRCHE MARIA SONDHEIM südlich des Ortes, wohl von den Huttens gestiftet (Ritterkapelle). Spätgotik, etwa 1450, mit einer Besonderheit im Innern: eine hohe Dreierarkade teilt das flachgedeckte Schiff in zwei Hälften. Bemerkenswerte, um 1470 geschnitzte Pietà mit Seitenfiguren (um 1520); zahlreiche Grabsteine, z. B. derer v. Hutten.

Arnstein *Reg.-Bez. Koblenz* 584 □ 5
EHEM. PRÄMONSTRATENSERABTEI Eine romanische Pfeilerbasilika (1208 geweiht) mit erneuerter weiß-gelber Außenbemalung. Bei der Erweiterung des Chors (1359) mußte man Strebepfeiler vom Felsgrund hochführen. Neben der Westapsis führt der Weg durch die romanische Vorhalle in das erst im 14.

Jh. gewölbte Schiff. – Im Klosterbau noch das romanische Refektorium. – Am Fuß des Berges die Ruine der romanischen MARGARETHENKIRCHE aus dem 11. Jh.

Arolsen *Reg.-Bez. Kassel* 577 ☐ 4
1711, nach Erhebung der Grafen von Waldeck in den Reichsfürstenstand, wurde durch Jul. Ludw. Rothweil nach dem Vorbild von Versailles die Anlage von Schloß und Stadt großartig geplant, doch zum Teil erst 1811 verwirklicht.
KIRCHE 1735–87, Entwurf von Rothweil. Drei Marmorfiguren des Arolsers Chr. Dan. Rauch: Glaube, Liebe, Hoffnung (1842–52) im Innenraum. Weitere Werke Rauchs im Städtischen Museum.
SCHLOSS Der um den Ehrenhof ausgreifenden Schloßanlage sollte ein Paradeplatz gegenüber liegen, nur die Hälfte (Marstall und Regierungshaus) wurde ausgeführt. Der Mittelrisalit enthält die drei Repräsentationsräume: Treppenhaus, Steinerner Saal und der doppelt hohe Weiße Saal. Von dem Stukkateur Andrea Gallasini der großartige Gartensaal und einige Decken im Obergeschoß. Das Treppenhaus 1722 mit Deckengemälden von Carlo L. Castelli vollendet. Im Park führt eine prachtvolle Lindenallee zum Tiergarten.

Asbach bei Griesbach *Niederbayern* 604 ■ 4
Die EHEM. BENEDIKTINERKLOSTERKIRCHE ST. MATTHÄUS, auf dem Boden früherer Kirchen nach Plänen von François Cuvilliés d. J. 1771–80 gebaut, ist ein Werk des Frühklassizismus, die Innendekoration jedoch – die Gewölbefresken, eine schwungvolle Kanzel, das von Putten umkreiste Tabernakel, die Hochaltarfiguren – ist schönstes Spätrokoko. Die größte Kostbarkeit sind die spätbarocken Altargemälde mit eigentümlichen Lichtwirkungen. Die ältesten Teile der zweigeschossigen KLOSTERGEBÄUDE, um den östlichen Hof, entstanden 1680, die übrigen etwas später. Sehenswert das Grafenzimmer und der Speisesaal.

Aschach *Unterfranken* 586 ☐ 5
Das SCHLOSS, ehemals fürstbischöflich würzburgisch, im 16. Jh. neu erbaut, beherbergt heute eine reiche Sammlung von Gemälden und Kunstgewerbe.

Aschaffenburg *Unterfranken* 593 ☐ 2
Burg und Ort, wohl schon in fränkischer Zeit vorhanden, kamen Ende des 10. Jh. in den Besitz der Mainzer Erzbischöfe. Die Entwicklung zur Stadt hat früh begonnen. Im 14. Jh. werden die Agatha- und die Fischervorstadt in die Stadtumwehrung einbezogen. Die Mainzer Bischöfe haben oft auf der Johannisburg, später auf dem Schloß residiert.
AGATHA-PFARRKIRCHE Am Südwestturm ein romanisches Portal mit ungedeuteten Reliefs.
Die EHEM. BEGUINENKIRCHE, eine malerische Ruine in den Schöntalanlagen vor der Stadtmauer.
POMPEJANUM 1840–48 ließ Ludwig I. von Bayern nach Plänen von Friedr. v. Gärtner ein pompejanisches Haus in einer schönen Parkanlage über dem Main nachbilden.
SCHLOSS Von der mittelalterlichen Johannisburg ist der Bergfried im Nordtrakt der heutigen, zwischen 1605 und 1614 errichteten Schloßanlage erhalten. Das Schloß ist einer der wenigen großartigen Renaissancebauten Deutschlands. Stilmerkmal im Detail ist das Beschlagwerkornament. Im zweiten Weltkrieg zerstört, sind die historischen Räume z. T. wieder mit altem Inventar hergerichtet. Bedeutend

SCHLOSS ASCHAFFENBURG
Es war das erste reine Wohnschloß Frankens, eine symmetrische burgartige Anlage mit vier mächtigen quadratischen Außen- und zierlichen achteckigen Ecktürmen im Innenhof. Der Festungsbaumeister Georg Riedinger errichtete es mit den geldlichen Mitteln, 900 000 Gulden, die der Landesherr unter anderem aus dem konfiszierten Vermögen der in den Hexenprozessen Verurteilten gewann.

sind die Gemäldegalerie (Ruisdael, van Dyck, Rubens, Cranach, Grien), eine Sammlung von Kirchengerät sowie Korkmodelle römischer Bauten. In der Kapelle Altar und Kanzel von Hans Juncker (17. Jh.).
SCHÖNBUSCH Auf der anderen Seite des Mains wurde 1776 ein Park im englischen Stil mit klassizistischen Schlößchen und Pavillons von Em. Jos. d'Herigoyen und Friedr. Ludw. v. Sckell angelegt.
STIFTSKIRCHE ST. PETER UND ALEXANDER Das Stift wurde vor 885 von Königin Luitgard, der Gemahlin Ludwigs d. J., gegründet. Im 12. und 13. Jh. errichtete man nach Bränden einen Kirchenneubau, der sich im wesentlichen erhalten hat: dreischiffig mit Querhaus. Ein Bild von Grünewald, die Predella mit dem toten Christus, wird drinnen bewahrt. Kanzel (1602) von H. Juncker, im Langhaus romanisches Kruzifix noch in den ursprünglichen Farben. Die berühmten Kapitelle der Empore vielleicht aus einer staufischen Burg. – Die Freitreppe von 1722 mit der Kreuzigungsgruppe, der Altan vor den Stiftsgebäuden mit Pilgerkanzel, der Giebel der Maria-Schnee-Kapelle (neugotisch verblendet) und der gotische Südturm geben ein ungewöhnlich schönes Platzbild.
Die STIFTSGEBÄUDE lagern sich auf der Nordseite der Kirche um den Kreuzgang (13. Jh.) und beherbergen das Museum der Stadt mit reichen Sammlungen: Vorgeschichte, Kunst (Riemenschneider) und Kultur der Landschaft.

Aschendorf *Reg.-Bez. Osnabrück* 560 ☐ 6
KIRCHE ST. AMANDUS Die Backsteinkirche (1498) enthält unter spätgotischem Gewölbe zahlreiche Barockskulpturen (Hochaltar).

Asel *Reg.-Bez. Aurich* 560 □ 3
KIRCHE ST. DIONYSIUS Ende des 12. Jh. Schwer und gedrungen wirkt der Granitquaderbau – eine der ersten Kirchen Ostfrieslands.

Asperden *Reg.-Bez. Düsseldorf* 575 ■ 10
ABTEI GRÄFENTHAL Von der 1803 aufgehobenen Zisterzienserinnenabtei blieben (außer Wassergräben) der Nordflügel des Kreuzgangs mit Kapitelhaus (15. Jh.), der 1771 umgebaute Ostflügel, Taubenturm und Tor (18. Jh.). Die Gruft des Stifters Graf Otto II. v. Geldern (gest. 1271) deckt eine Platte mit sechs liegenden Löwen, die eine zweite Platte heben; sie trug einst das Abbild des Stifters.

Asperg *Reg.-Bez. Stuttgart* 600 □ 2
FESTUNG HOHENASPERG Im 5. Jh. berichtet ein römischer Geograph von einer Feste auf dem frei aus der Ebene aufsteigenden Bergkegel. Funde bezeugen seine prähistorische Besiedlung. Der heutige wehrhafte Komplex, von Herzog Ulrich 1535 aufgeführt, war bis 1883 Staatsgefängnis, z. B. für Jud Süß, den Finanzmann Herzog Karl Alexanders, und den Dichter Chr. Fr. Dan. Schubart.

Assel *Reg.-Bez. Stade* 562 ■ 11
Die KIRCHE ST. MAURITIUS enthält Reste einer Feldsteinkirche (12. Jh.). Um 1500 weitere Ausbauten. Ein neuer Westturm 1845. Prachtvoller Passionsaltar (1510–20), frühgotischer Taufstein (13. Jh.).

Asten bei Tittmoning *Oberbayern* 611 ■ 11
hat eine der schönsten Dorfkirchen des Landes, die – im 15. Jh. erbaut – gotisch durchgeformt ist, bis auf den barocken Turmaufsatz und den Zwiebelhelm.

Attel am Inn *Oberbayern* 610 □ 2
Die EHEM. BENEDIKTINERKLOSTERKIRCHE ST. MICHAEL, ein schlichter Bau mit kräftigen Wandpfeilern, ist 1713–15 entstanden. Wertvolle Ausstattungsstücke: ein kostbares Rokokotabernakel, ein romanischer Kruzifixus (13. Jh.) und ein um 1762 entstandenes Schnitzwerk von Ignaz Günther, die berühmte Immaculata, jetzt im Pfarrhof zu besichtigen.

Attendorn *Reg.-Bez. Arnsberg* 576 □ 5
KIRCHE ST. JOHANNES Spätromanisch sind die unteren Turmgeschosse, aus dem 14. Jh. Langhaus, Querschiff, Chor, obere Turmteile; barocker Turmhelm.
SCHNELLENBERG Die Höhenburg wurde in ihrer heutigen streng symmetrischen Form um 1680 angelegt. Die Schloßkapelle mit kostbarer Vertäfelung und dem Hochaltar aus Alabaster und Marmor gehört ganz der Renaissance an.

Au am Inn *Oberbayern* 611 □ 10
EHEM. AUGUSTINERCHORHERRENSTIFT Zwei Benediktinermönche gründeten hier im 8. Jh. ein Klösterlein. Die jetzige Kirche ist aus dem frühen 18. Jh., nur die Untergeschosse der zwei Türme sind romanisch. Im Innern bescheidene Stukkatur und Freskomalerei, strenge Altäre. In den Kapellen vorzügliche, zum Teil eigentümliche Grabmäler aus dem 15. bis 18. Jh. Die Klostergebäude umschließen drei Binnenhöfe. Sehenswert der stuckierte ausgemalte Bibliothekssaal.

Aub *Unterfranken* 594 □ 4
In der mehrfach umgebauten, ursprünglich frühgotischen KIRCHE, mit großem runden Maßwerkfen-

ster und ornamentalen Kapitellen, ein Werk Tilman Riemenschneiders: eine dreifigurige Kreuzigungsgruppe (um 1525).
SCHLOSS An der Stelle der im Bauernkrieg zerstörten Burg steht heute ein um 1600 erbautes Schloß, mit schönem dreistufigem Renaissancegiebel; dazu ein Rundturm aus dem 16. Jh.

Auerbach bei Eschenbach *Oberpfalz* 596 □ 9
Die breite Marktstraße des plan- und regelmäßig angelegten ummauerten Städtchens wird durch das Rathaus (1552) halbiert.
ST. JOHANN BAPTIST Gegen Osten die schlichte, teils gotische, teils barocke Kirche mit einem reizvollen, elegant umrahmten Hochaltar von 1785.

Auerberg *Kr. Schongau* *Oberbayern* 609 ■ 6
Ein RINGWALL, wohl keltischen Ursprungs, umgibt zwei etwa 1000 Meter hohe Berge.
ST. GEORG auf dem Kirchberg: eindeutig romanisch der Satteldachturm, gotisch der Chor; im Innern eine um 1515 geschnitzte spätgotische Madonna und die kleine um 1400 entstandene Georgsfigur.

Aufhausen bei Regensburg *Oberpfalz* 603 □ 2
STIFTSKIRCHE MARIA SCHNEE Hinter schlichten Außenfronten verbirgt sich der für Joh. Mich. Fischer bezeichnende Bau von 1736–51, eine als Achteck mit zum Teil zweigeschossigen Nischen angelegte Rotunde. Im Hauptraum eine Rundgalerie, darüber eine große Flachkuppel. Wohlausgewogen zierliche Stukkaturen, schon mit Rokokoformen, spannungsvoll die Wandbildthemen. Der Altar in der linken Kapelle vor dem Chorbogen ist ein Meisterwerk der deutschen Frührenaissance. Ausgezeichnet die Muttergottes (1510) des Augsburger Malers Jörg Breu d. Ä.

Augsburg *Schwaben* 602 □ 5
Glänzend wird Augsburg, eine der ältesten deutschen Städte, schon von Tacitus genannt; anderthalb Jahrtausende später sagte man, Fremde beträten die Freie Reichsstadt „wie ein Paradies“. Als Augusta Vindelicorum von den Römern zur Verteidigung der Straße nach Italien gegründet, wurde sie bald Provinzhauptstadt, später befestigter Bischofssitz und war um 1500 einer der mächtigsten und reichsten Handelsmittelpunkte, nördlich der Alpen der erste Ort, an dem Gedanken und Formen der Renaissance Fuß faßten. Die Maximilianstraße gibt trotz Zerstörungen ein Bild von Selbstbewußtsein und Weltoffenheit der großen Handelsherren, der Fugger und Welser. Die Kaiser Karl V. und Maximilian I. waren hier zu Besuch, die Protestanten trugen ihr „Augsburger Bekenntnis“ vor, 1555 wurde ein Religionsfriede geschlossen. Nach dem Dreißigjährigen Krieg konnte die Stadt ihre alte Vormachtstellung nicht halten, aber die „Augsburger Parität“, nach der seit 1648 Angehörige beider Konfessionen zusammenlebten, und eine kluge Ratspolitik förderten Kunst und Handwerk so sehr, daß man vom Rokoko manchmal als vom „Augsburger Geschmack“ sprach.
BRUNNEN Drei Fontänen zwischen Schaezlerpalais und Rathaus, alle um 1600 erbaut, zeugen von Augsburger Mäzenatentum und einer Grundlage seines Wohlstands, dem Wasserreichtum. Vielbewunderte technische und architektonische Leistungen waren damals die Wassertürme am Roten Tor.
DOM ST. MARIA Zu den Schätzen gehört der älteste Glasfensterzyklus der Welt, fünf Propheten in ro-

manisch-strenger Haltung. Ein ebenfalls romanischer
Bischofssitz, auf Löwen ruhend, ein Bronzeepitaph
des Bischofs Wolfgang von Rot, 1300, mit ergreifend vom Tode gezeichneten Zügen, sind unter
reichem älteren Besitz besonders zu nennen, von
den Tafelbildern die des äiteren Holbein, besonders
die ganz häuslich-bürgerlich dargestellte Geburt
Mariä.

FUGGEREI Als freundliche Stadt in der Stadt wird
die erste Sozialsiedlung der Welt, die Fuggerei, seit
1525 zum bleibenden Preis von DM 1,72 pro Jahr
und Wohnung an Alte vermietet. Die Fuggersche
Stiftung hat alle Entwertungen überlebt. In einem
der Häuschen hat der Maurer Franz Mozart, der
Großvater des Wolfgang Amadeus, gelebt.

GEDENKSTÄTTEN Im heutigen Mozarthaus wurde
Leopold Mozart geboren, der erste Musiker in der
Familie. Sein berühmter Sohn besuchte von den
Augsburger Verwandten am liebsten sein „Bäsle".
Von einem Maler Anton Mozart besitzt die Stadt
verschiedene Bilder. Das Holbein-Haus am Vorde-
ren Lech war Wohnhaus von Hans Holbein d. Ä.
und Geburtshaus des Jüngeren. Das Haus Auf dem
Rain 7, in dem 1898 der Dichter Bertolt Brecht ge-
boren wurde, ist durch eine Tafel gekennzeichnet.

MAXIMILIANMUSEUM Was an Plastiken, Goldschmiedearbeiten, Zunfttafeln zu sehen ist, macht begreif-
lich, warum die Stadt in alle Welt exportierte und
man Rokokoeinrichtungen als „Augsburger Geschmack" bezeichnete.

PATRIZIERHÄUSER Von den zu Anfang des 16. Jh.
gebauten Häusern an der Maximilianstraße unterscheidet sich das des damals reichsten Mannes der
Stadt oder sogar der Welt, Jakob Fugger, durch
die Größe, nicht durch äußeren Aufwand. Die
Front war bemalt, ähnlich wie heute noch das Ka-
thanhaus. Als die Bauformen reicher werden, folgen auch die zurückhaltenderen Welser diesem Zug,
der im 18. Jh. zu Schaezler- und Gignouxpalais

ZEUGHAUS

*Bedeutungsvoller Blickfang an der lodernden, lei-
denschaftlichen Front ist die Bronzegruppe von
Hans Reichle über dem Portal: St. Michael, der
Satanbezwinger, flankiert von Putten, die Symbole des Krieges tragen.*

FUGGEREI

*Sie wirkt still und zeitlos. Alles in ihr, der Platz
mit dem Brunnen wie die Häuser, ist klein, aber
nichts bedrückt und beengt. Die heutigen Bewohner empfinden es in der Regel als Tradition und
nicht als Freiheitsbeschränkung, wenn sie sich
abends nach 10 Uhr die nachts verschlossenen Tore
gegen eine kleine Gebühr öffnen lassen.*

ALBRECHT DÜRER:
JAKOB FUGGER DER REICHE

*Kaiser Karl V. mußte sich von seinem
Bankier sagen lassen, alle Welt wisse, daß
er ohne den Augsburger Jakob Fugger
nie Kaiser geworden wäre. Albrecht Dürer hat diesen Mann ohne alle Schmei-
chelei gemalt, als starken Willensmen-
schen und scharfen Rechner.
Bayer. Staatsgemäldesammlg., Augsburg*

führt und zu dem Kleinen Goldenen Saal des früheren Jesuitenkollegs.

PERLACH Die Harmonie des Rathauses und des Perlachturmes gibt dem Ludwigsplatz, dem Zentrum von Augsburg, seinen Charakter. Er ist dem Architekten Elias Holl zu danken, der (1614–16) vor dem Rathausneubau den alten Wachtturm umbaute. Ein RATHAUS wie das der Augsburger (1615–20) konnte damals keine andere Stadt in Auftrag geben; acht Stockwerke ist die Fassade zum Ludwigsplatz hin hoch: ruhige Würde bei klarer Gliederung. Elias Holls Lösung zeigt wieder die Augsburger Abneigung gegen alle Äußerlichkeit. Verschwenderische Pracht entfaltete sich nur im Inneren (Goldener Saal und vier Fürstenzimmer, die im letzten Weltkrieg ausbrannten).

Das RÖMISCHE MUSEUM war ehemals eine der wenigen zweischiffigen Dominikanerkirchen; sie hat aus der Renaissance vier vergoldete Gedenktafeln für deutsche Kaiser und aus dem Rokoko schönsten Stuck der Brüder Feuchtmayer. Unter den Funden aus der Vorgeschichte bis zur Völkerwanderung ragen bei den römischen Bronzen ein lebensgroßer Pferdekopf und eine zierliche Venus hervor.

ST. ANNA Eine der ältesten, seit 1525 evangelischen Kirchen, ein Zentrum der Glaubenskämpfe; sie enthält die Grabkapelle der katholisch gebliebenen Fugger. Ihre italienisierende Ausstattung ist unge-

AUGUSTUSBRUNNEN MIT DEM RATHAUS

Den Giebel über der fast quadratischen Front des Rathauses schmückt der Pinienzapfen oder Pyr. Dieses Fruchtbarkeitssymbol und Feldzeichen der Römer gaben gelehrte Humanisten nach Funden der Göttin Kybele der Stadt als Wahrzeichen. (Oben)

ROMANISCHER TÜRKLOPFER

Die Bronzetüren am Dom entstammen dem mittleren 11. Jh., die Ornamentik an der berühmten Tür des südlichen Langhauses, vor allem die flachen Reliefs in den mit Leisten umrahmten 35 Feldern und die Kopfmasken an den Kreuzungen dieser Rahmen, geht wahrscheinlich auf spätantike Vorbilder zurück. (Links oben)

ST. ULRICH UND ROTES TOR

Von den noch erhaltenen Türmen und Toren der alten Stadtbefestigung zeigt das Rote Tor die Meisterhand von Elias Holl, ebenso die Wassertürme nahebei; von dort aus wurden um 1600 fast 50 000 Bürger mit Wasser versorgt. Viele Fremde besuchten damals die Pumpen und sonstigen Anlagen und bewunderten die für einen Zweckbau sehr eleganten, oft zweiläufigen Wendeltreppen, deren Modelle im Maximilianmuseum zu sehen sind. (Links)

wöhnlich und überraschend bei dem von außen eher unscheinbaren Kirchlein. Idyllisch ihr Kreuzgang um das überwachsene Lutherhöfle, einen Friedhof, dessen Grabplatten im Kreuzgang, ähnlich wie am Dom, beinahe eine Stadtgeschichte bilden.

ST. ULRICH UND AFRA An zwei Stellen kann man in Augsburg in einem katholischen Gottesdienst die Lieder vom protestantischen hören und umgekehrt, denn in St. Ulrich und Afra leben wie in der Kreuzkirche die Bekenntnisse Wand an Wand. Von den beiden Heiligen, über deren Gräbern die imposante dreischiffige, schlanke Basilika steht, war St. Afra eine frühchristliche Märtyrerin, St. Ulrich der Bischof des 10. Jh., der Augsburg vor den Ungarn rettete. Die Kapelle in der Krypta, mit dem Sarkophag des streitbaren Herrn, ist mit Rokokoschnörkeln und Spiegeln verziert. Sonst ist die Kirche ziemlich schmucklos, charakteristisch für Ulmer Plastiken sind der Kreuzaltar von Hans Reichle und eine Muttergottes, die Gregor Erhart zugeschrieben wird.

STAATSGALERIE im Schaezlerpalais. In Augsburg brauchte man nie ein Museum zu bauen, es gab genug historische Rahmenstücke. Das glänzendste ist das Schaezlerpalais mit einem reich dekorierten, zartfarbigen Festsaal. Es enthält, zusammen mit dem früheren Katharinenkloster, Gemäldesammlungen. Ein Glanzpunkt der älteren deutschen Bilder ist Dürers Porträt des Jakob Fugger. Unter den spätgotischen Tafeln fällt ein Zyklus auf, den eine Gruppe von Nonnen bei verschiedenen Malern bestellte: sieben römische Basiliken. Hans Holbein d. Ä. hat dabei in eine blutige Szene eine abgewandte weibliche Figur gesetzt, die man gern als Symbol seiner humanen Haltung zu den Grausamkeiten seiner Zeit deutet. Unter den Werken des 17. Jh. erinnern die von Joh. Heinr. Schönfeld daran, daß dieser beste deutsche Maler seiner Zeit die zweite Hälfte seines Lebens in Augsburg verbrachte.

ZEUGHAUS und STADTMETZG Unmittelbar nach einer Italienreise baute Elias Holl, damals schon „Stadtwerkmeister", das Zeughaus. Es gilt als erster deutscher Renaissancebau, trägt aber in seiner stark bewegten Fassade und dem gesprengten Giebel schon Barockzüge. Die im gleichen Geist empfundene Michaelgruppe (1606) ist von Hans Reichle. Viel beruhigter ist Holls Stadtmetzg; sie wirkt durch ihre Proportionen.

Auhausen bei Nördlingen *Schwaben* 602 ■ 11
Der kleine Ort in der Wörnitzebene wurde durch das im 12. Jh. gegründete ehem. BENEDIKTINERKLOSTER wichtig. Erhalten sind noch die Neue Abtei von 1521, das romanische Torhaus und die Klosterkirche St. Maria. Ein mächtiger Bau, jetzt mit übergreifendem Dach, ursprünglich romanisch wie das eindrucksvolle Turmpaar und die wuchtige, durch Seitenkapellen erweiterte Vorhalle, spätgotisch der lichte Chor. Im Langhaus eine tief gezogene Flachdecke, über der zeitweise ein Kornspeicher war. Schmuckstücke des sonst sehr strengen Innenraums sind der prunkvolle Marienaltar des Dürerschülers Hans Schäufelein von 1513 und das Sakramentshäuschen mit zahlreichen Reliefs. Renaissancegrabplatte des Hartmann zu Lobdeburg.

Aulendorf *Reg.-Bez. Tübingen* 608 ■ 11
SCHLOSS Vom Tal aus gewahrt man den alten Teil, burgartig mit Giebel und Treppenturm. Ein niederer Flügel mit klassizistischer Balkonfassade und elegantem Treppenhaus.

Aura bei Hammelburg *Unterfranken* 594 □ 1
EHEM. BENEDIKTINERKLOSTERKIRCHE ST. LAURENTIUS Östlich vom Ort liegt der Torso der Kirche aus dem 12. Jh. Ende des 17. Jh. wurde sie im Westen um das Querschiff, im Osten um den halben Chor und die Apsiden verkürzt.

Aurich *Niedersachsen* 560 ■ 3
LAMBERTIKIRCHE, 1835, abseits stehender Turm von 1660–62; innen prachtvoll ausgestattet mit einem flandrischen Schnitzaltar vom Anfang des 16. Jh. Die NEUE KANZLEI, von zwei Türmen flankiert, wurde 1731 als Marstall und Regierungsgebäude errichtet.

Ausbach *Reg.-Bez. Kassel* 586 ■ 1
DORFKIRCHE Für ihre reizvolle Ausstattung mit Emporen und Tonnengewölbe nahm die Kirche (1730) als Vorbild die ehem. Schmalkaldener Schloßkapelle. Farbenfrohe Ausmalung: ein Wolkenhimmel mit musizierenden Engeln.

Autenried bei Günzburg *Schwaben* 602 □ 8
Das stattliche SCHLOSS mit repräsentativer Fassade und aufwendigem Treppenhaus, 1708 neu erbaut, ist heute Ikonenmuseum der Universität München.

B

Baasem *Reg.-Bez. Köln* 583 ■ 5
KATH. PFARRKIRCHE Turm, unten romanisch, spätgotisch oben, ragt über das hübsch im Blankenheimer Tal gelegene Dorf. Um 1500 Anbau der zweischiffigen Halle. Von schlanken Pfeilern schwingen sich 195 5farbig erneuerte Netz- und Sterngewölbe empor.

Babenhausen *Reg.-Bez. Darmstadt* 593 ■ 2
Der an alten Fernstraßen günstig gelegene Ort erhielt 1295 Stadtrecht. Mauern und Türme des 15. Jh. umschließen die hübsche Altstadt.
EV. PFARRKIRCHE In der gotischen Basilika von 1472 steht einer der besten spätgotischen Schnitzaltäre Südhessens.
Das SCHLOSS, im 13. Jh. als Wasserburg erbaut, wurde 1458 Residenz der Grafen v. Hanau-Lichtenberg. Am Bild der Befestigungen, Gebäude und Innenräume des frühen 13. und des 15./16. Jh. blieben Spätgotik und Renaissance vorherrschend.

Babenhausen *Schwaben* 609 □ 10
Im ALTEN SCHLOSS, dem Rechbergbau, ist das einzige Fuggermuseum untergebracht; in der Gruft der nahen Kirche wurde Anton Fugger, unter dem das Augsburger Kaufmannsgeschlecht seine höchste Blüte erreichte, 1560 beigesetzt.

Bacharach *Rheinhessen-Pfalz* 592 □ 1
Noch umgeben Mauern mit Toren und Türmen die oft besungene Stadt. Unter den vielen Fachwerkhäusern fallen vor allem das Alte Haus (1568) am Markt und die Posthalterei auf.
BURGRUINE STAHLECK An der bestbefestigten Stelle am Rhein erhob sich die schon 1135 erwähnte Burg, einst Sitz der rheinischen Pfalzgrafen.
ST.-PETERS-KIRCHE Die geländebedingte Kürze scheint die dreischiffige Basilika (13. Jh.) in die Höhe zu

WERNER-KAPELLE, BACHARACH

Ein Knabe namens Werner, der 1287 am Tage seiner Erstkommunion in Oberwesel einem Mord zum Opfer fiel, wurde in dieser Gegend zum Volksheiligen. Die Leiche sei entgegen der Strömung in Bacharach angespült worden, so sagt die Legende. Über seinen Gebeinen wurde eine Kapelle aus leuchtendrotem Sandstein errichtet, deren gotisches Maßwerkfiligran die Hand der Kölner Dombaumeister verrät.

zwingen. Trotz reicher Gliederung wirkt der wehrhafte Westturm wuchtig.
WERNER-KAPELLE Auf dem Hang über der Peterskirche erhebt sich die Ruine der 1293 begonnenen, nie vollendeten Grabkapelle eines Knaben Werner.

Backnang *Reg.-Bez. Stuttgart* 601 ▪ 10
EV. STADTKIRCHE Auf dem Schloßberg erhebt sich die ehem. Stiftskirche, ein schlichter Saalbau des 17. Jh. mit romanischen Türmen und späterem Chor.
RATHAUS (17. Jh.) Stattlicher Fachwerkbau über steinernem Untergeschoß. Schöne Konsolmasken.
ST.-MICHAELS-KIRCHE Von ihr stehen noch der frühgotische Chor mit seinen feinen Kapitellen und der Turm aus dem 17. Jh.

Bad Aibling *Oberbayern* 610 ▪ 2
Etwa an der Stelle des schon 804 bezeugten Königshofes steht über dem Marienplatz die Pfarrkirche St. Maria. Gotisches ist in den barocken Bau mit seinem maßvollen Schmuckwerk einbezogen. Die Stadt zeigt Einflüsse südlich wirkender Inntalarchitektur. Der Maler bayerischen Lebens, Wilhelm Leibl, hat hier von 1882–92 gelebt und gearbeitet.

Bad Bergzabern *Rheinhessen-Pfalz* 599 □ 2
GASTHOF ZUM ENGEL, um 1600 erbaut, ist der schönste Renaissancebau der Pfalz.
Das SCHLOSS der Herzöge von Zweibrücken bildete die Nordostecke der Stadtbefestigung. Der heutige Südflügel, mit mächtigen Rundtürmen, wurde 1627 aufgeführt. Die den Hof umschließenden Flügel sind aus dem 16. Jh. Das Portalgebälk wird von ungefügen Atlanten getragen. Die große Inschrifttafel im Hof stammt von 1725.

Bad Berneck *Oberfranken* 596 □ 11
Anmutiges Städtchen im Tal der Ölschnitz am Fichtelgebirge, mit mehreren Ruinen auf einer Anhohe: die Feste Berneck aus dem 13. Jh. mit wuchtigem Bergfried, die Reste der 1480 errichteten Burg- oder Marienkapelle und die ehem. Burg Hohenberneck.

Bad Bertrich *Reg.-Bez. Koblenz* 592 □ 10
Der Trierer Kurfürst Clemens Wenzeslaus ließ 1785–88 die glaubersalzhaltige Heilquelle neu fassen und an sein Schlößchen das barocke KURHAUS bauen.

Bad Boll *Reg.-Bez. Stuttgart* 601 ▪ 7
Im 16. Jh. erhielt das „Wunderbad", dessen Schwefelquellen lange bekannt waren, neuen Zulauf, als Schickhardt das 1826 erneuerte Badhaus baute. Im 19. Jh. machte der Theologe Joh. Chr. Blumhardt den Ort zu einer Art Erweckungs- und Heilungszentrum.
Die EHEM. STIFTSKIRCHE ist der Sage nach eine Gründung der hl. Berta aus dem 8. Jh.

Bad Breisig *Reg.-Bez. Koblenz* 584 ▪ 8
KATH. PFARRKIRCHE in Niederbreisig. In dem barocken Saalbau (1718) fallen gotische Formen und die vollständige Ausstattung von 1730 auf.
BURG RHEINECK Mittelalterlich ist nur ein Teil der Ringmauer und der quadratische Bergfried. Die Burg selbst ist ein romantischer Neubau von 1832.

Bad Buchau a. Federsee
Reg.-Bez. Tübingen 608 ▪ 11
Der Federsee ist wegen seiner vorgeschichtlichen Funde ebenso berühmt wie wegen seiner seltenen Tiere und Pflanzen. Beiden Bereichen gilt das Museum, dessen älteste Objekte etwa 20 000 Jahre alt sind.
Die PFARRKIRCHE entstand 1733 für einen Konvent hochadeliger Chorfrauen in französischem Klassizismus. Der Straßburger Michel d'Ixnard gab seinem Bau weltlich-festliches Gepräge. In dem sehr hellen Raum kommt Farbigkeit nur von den Deckengemälden. Als großartiges Fragment aus der alten Stiftskirche blieb eine Gruppe der Marienklage (um 1430) erhalten.
KLOSTERGEBÄUDE Um zwei Höfe gruppieren sich umfangreiche Komplexe des 18. Jh., im äußeren Bild wie in Räumen und Treppenhaus von guten Proportionen und mit anmutigem Dekor geschmückt.

Bad Dürkheim *Rheinhessen-Pfalz* 593 □ 8
Einen keltischen Ringwall, die Heidenmauer, findet man auf dem Kästenberg. Am Ostrand des Berges liegt der Kriemhildenstuhl, ein römischer Steinbruch mit Felszeichnungen.
Die EHEM. SCHLOSSKIRCHE entstand in der ersten Hälfte des 14. Jh. In der Grabkapelle verdient das Epitaph (um 1610) für Graf Emich XI. von Leiningen-Dachsburg Beachtung.

Bad Ems *Reg.-Bez. Koblenz* 584 ▪ 5
Das alte Heilbad liegt im engen Lahntal zu Füßen des Taunus und des Westerwaldes. An seine Blütezeit im 19. Jh. erinnern die klassizistische Hauptstraße und das Kursaalgebäude von 1840. Auf der Kurpromenade fand das Gespräch zwischen König Wilhelm von Preußen und dem französischen Botschafter Graf Benedetti statt, das zur „Emser Depesche" und damit zum Krieg von 1870/71 führte.

MARIENKLAGE, BAD BUCHAU

Um 1430 schuf ein unbekannter schwäbischer Meister diese bemalte Holzplastik, eine ergreifende Klage der Mutter und der anderen Marien um den Tod des Gekreuzigten.

PFARRKIRCHE An Stelle einer älteren Kirche errichtete man im 12. Jh. eine Basilika, die besonders außen ihren ursprünglichen Charakter bewahrt hat. Die VIER TÜRME, das älteste erhaltene Kurhaus, 1696 angefangen, erst 1810 vollendet, ist ein mächtiger Würfel mit vier turmartigen Eckbauten.

Baden-Baden *Reg.-Bez. Karlsruhe* 600 □ 9
Das Weltbad im Tal der Oos war schon zur Römerzeit wegen der heißen Quellen berühmt. Aquae (Wasserheilquellen) hieß der Ort, dessen weiträumige Thermen man zum Teil freigelegt hat. 213 besuchte Kaiser Caracalla die Bäder. Ein halbes Jahrhundert später wird die Siedlung von den Alemannen vernichtet. Erst im Mittelalter beginnt Baden-Baden wieder eine Rolle zu spielen, beginnt sein Aufstieg zur Kurstadt. Seine Glanzzeit erlebte es im 19. Jh., als es zur „sommerlichen Hauptstadt Europas", zum Treffpunkt in- und ausländischer Souveräne wurde.
ALTES SCHLOSS HOHENBADEN In 400 m Höhe liegen im Wald die Ruinen der im 12. Jh. von Markgraf Hermann II. gegründeten Burg: der Hermannsbau mit dem Bergfried (12. Jh.), der Bernhardsbau (1400) und der spätgotische Jakobsbau mit Kapelle.
Das JAGDHAUS ST. HUBERTUS wurde 1716–21 am Nordwesthang des Fremerberges über einem Grundriß in der Form des kurpfälzischen Hubertuskreuzes aufgeführt. Seinen Mittelbau krönt eine Jagdskulptur.
NEUES SCHLOSS NIEDERBADEN, von 1479 bis 1689

(Brandschatzung durch die Franzosen) Residenz der badischen Markgrafen, später Sommerresidenz der Großherzöge. In den Sälen des Haupttraktes, einem der ersten Renaissancebauten Deutschlands, ist das Zähringer-Museum mit Kunstsammlungen.
PFARRKIRCHE ST. PETER UND PAUL Dreischiffige spätgotische Hallenkirche mit romanischem Westturm (1245). Im Chorhaupt der monumentale, 1467 datierte Kruzifixus des Nikolaus Gerhard von Leyden. Das filigranhafte Sakramentshaus ist das Werk eines seiner Nachfolger. Im Chor zahlreiche prunkvolle Grabsteine. Im Kontrast dazu: die spätgotischen Grabreliefs eines Bischofs, die ihn doppelt, in Ornat und Rüstung und als Gerippe, darstellen.
ZISTERZIENSERINNENABTEI LICHTENTAL, 1243 gegründet. In der im 18. Jh. umgebauten Kirche sind in einer Grabnische Wandmalereien aus dem 14. Jh. Die Fürstenkapelle enthält hochmittelalterliche Grabmäler der Markgrafen. Bedeutende Kunstsammlung.

Badenweiler *Reg.-Bez. Freiburg i. Br.* 606 ■ 2
BURGRUINE Von der ehem. Stauferburg blickt man weit in die Rheinebene und auf die Vogesen.
RÖMERBAD Inmitten des heutigen Kurparkes haben Grabungen seit 1784 umfangreiche römische Ruinen zutage gefördert, u. a. ein Atrium und vier Baderäume mit Bodenheizung.

Bad Essen *Reg.-Bez. Osnabrück* 569 ■ 7
In der in alter Form erhalten gebliebenen Ortschaft erhebt sich die zweischiffige Kirche mit Langhaus aus dem 14. Jh., Chor und Turm des 15. Jh. Sie birgt Grabsteine und Epitaphe der Familie Bussche-Ippenburg aus dem 16./17. Jh., der Eigentümer von Wasserschloß Hünnefeld (17./18. Jh.).

PRUNKEPITAPH IN DER PFARRKIRCHE BADEN-BADEN

Der Markgraf von Baden, Ludwig Wilhelm I., Feldherr des Kaisers, erhielt seinen Beinamen „Türkenlouis", als er 1683 die Türken von den Toren Wiens vertrieb und sie weit über Ungarn hinaus zurückdrängte. Das barocke Prunkepitaph eines Wessobrunner Künstlers zeigt ihn in voller Paraderüstung inmitten von Allegorien und Emblemen.

Bad Friedrichshall *Reg.-Bez. Stuttgart* 601 □ 11
RATHAUS Gestaffelte kubische Bauelemente aus Sichtbeton mit Naturholzfenstern, 1965–67.
SCHLOSS LEHEN Renaissancebau mit verzierten Giebeln, Erker und Treppenturm (heute Hotel).

Bad Gandersheim *Verw.-Bez. Braunschw.* 578 ■ 2
Das 852 gegründete Reichsstift wurde mehrfach von ottonischen Kaisern besucht. Noch mehr Ruhm brachte die Nonne Hrotsvit (Roswitha), die hier um 970 ihre Dichtungen schrieb. Die Stadt besitzt noch schöne Fachwerkhäuser. Eines der ältesten ist der gotische „Bracken" von 1473 – heute Staatsbank.
EHEM. ABTEI Westlich einer Michaelskapelle (um 1050) steht noch der 1600 erbaute Renaissanceflügel mit zwei Treppentürmen und dem bildnisreichen Kaisersaal von 1734. Vor der Abtei der barocke Elisabeth-Brunnen.
Die GEORGENKIRCHE liegt westlich der Stadt: romanischer Turm, Schiff von 1428–1550, das Innere 1676 mit kräftig-buntem Rankenwerk ausgemalt.
MÜNSTER Wie eine Schildmauer steht die zweitürmige Westfront vor dem Beschauer. In der dreischiffigen Basilika sind noch vorottonische Bauteile zu vermuten, im wesentlichen stammt sie jedoch, ebenso wie die dreischiffige Krypta darunter, aus dem 11. Jh. Die vielen, im 14. und 15. Jh. angefügten gotischen Kapellen verändern wiederum den Gesamteindruck. Interessant daher eine Holzplastik (um 1300), die den Stifter Luidolf mit dem Modell der damaligen Kirche zeigt.
RATHAUS In den imposanten Renaissanceneubau wurde die gotische Moritzkirche mitsamt ihrem Turm einbezogen.

Bad Godesberg *Reg.-Bez. Köln* 584 ■ 9
„Wuodenesberg" (Stätte des Wodankults) wird 722 erstmals erwähnt, doch bezeugen Funde eine frühe römische Besiedlung. Später wird es Wohnsitz Kölner Erzbischöfe, im 18. Jh. berühmter Badeort, 1935 Stadt, 1969 in Bonn eingemeindet.
ALTE KATH. MARTINSKIRCHE in Muffendorf. Romanisches Kirchlein mit ummauertem alten Friedhof.
Die GODESBURG, 1210 von einem Kölner Erzbischof erbaut. Aus jener Zeit sind Mauern, die Sylvesterkapelle, der später erhöhte Bergfried mit vorkragendem Wehrgang. Die Michaelskapelle hat einen romanischen Chor (13. Jh.) und ein reich stuckiertes Langhaus (um 1700). Ringmauern und Türme überstanden die Sprengung 1583. 1961 verband der Architekt Gottfried Böhm einen Hotelbau aus grobem Sichtbeton harmonisch mit dem alten Mauerwerk.
REDOUTE 1790 von dem Kölner Kurfürst Max Franz, Maria Theresias jüngstem Sohn, in Auftrag gegeben. Pilaster gliedern den klassizistischen dreiachsigen Mittelteil, eine Attika schließt ihn ab, der man 1926 Figuren aufsetzte. Im Festsaal, heißt es, habe Beethoven musiziert und 1793 Haydn getroffen.

Bad Gögging *Niederbayern* 603 ■ 12
Auf römischen Mauerresten steht die KIRCHE ST. ANDREAS, ein schlichter Quaderbau mit einem reichen romanischen Portal. Die vielen Figuren und Szenen entziehen sich noch immer einer Deutung.

Bad Hersfeld *Reg.-Bez. Kassel* 586 ■ 12
Bereits um 740 bestand die erste Missionsniederlassung. Um 775 die Stiftung eines Klosters, von Karl

STIFTSKIRCHE, BAD HERSFELD
Die Franzosen brannten 1761 die Kirche nieder, in der die Gebeine des hl. Wigbert und des Mainzer Erzbischofs Lull ruhen. Seitdem ist sie eine der eindrucksvollsten Kirchenruinen und bildet eine großartige Theaterkulisse bei den alljährlichen Hersfelder Festspielen.

d. Gr. privilegiert und mit Schenkungen ausgestattet. Um das Kloster entstand eine Siedlung, die schon 1170 Stadt genannt wird. Im 17. Jh. sprudelt die erste, bald wieder versiegte Heilquelle, 1904 wurde sie erst neu erbohrt. Hessisches Staatsbad 1964.
FACHWERKHÄUSER Die schmuckreichen Fachwerkhäuser (Anfang 17. Jh.) des Zimmermeisters Hans Weber verdienen neben denen am Kirchplatz besondere Beachtung: Klausstraße 34 (sein Wohnhaus), Weinstraße 11 und Hanfsack 7.
Das STÄDTISCHE MUSEUM bewahrt im Klostergebäude an der Stiftskirche Volkskunst, Vorgeschichtliches und Historisches, alte Skulpturen und handwerkliche Geräte.
RATHAUS Stattlicher Renaissancebau (Ende 16. Jh.); der Ratssaal mit Intarsien und einer Stuckdecke.
Die STADTKIRCHE, eine weiträumige Hallenkirche der Gotik (14. Jh.), besticht durch ihre klare, elegante Linienführung. Aus der Erbauungszeit stammen Reste der Glasmalereien in der Sakristei und in der Marienkapelle am Turm.
STIFTSKIRCHE An der bedeutendsten Kirchenruine des deutschen Mittelalters, einer Basilika, sind noch die Reste einer Hallenkrypta im Chor, das durchgehende Querhaus und im Westbau ein Gegenchor zu erkennen. Die mehr als meterbreiten Kapitelle der Arkaden im Mittelschiff sprechen deutlich für die Dimensionen der Kirche. Von den Klausurgebäuden blieb nur der Ostflügel mit der schönen Säulenhalle (12. Jh.) an der Seite des ehem. Kreuzgangs erhalten.
SCHLOSS EICHHOF Die frühere Wasserburg, einst Sommersitz der Äbte von Hersfeld, liegt südlich des Ortes. Der Bergfried und die Außenmauern mit Rundturm sind gotisch.

Bad Homburg *Reg.-Bez. Darmstadt* 585 □ 6
Die Siedlung am Taunus entwickelte sich im Mittelalter zum Hauptort einer kleinen, 1622–1866 von hessischen Landgrafen regierten Herrschaft. Nach 1850 Aufschwung zum Weltbad.

SCHLOSS Reste mittelalterlicher Burganlagen (Weißer Turm, 14. Jh.). Den großen Barockbau (1680 bis 1695) gestaltete Georg Moller um 1845 im Innern klassizistisch. Es enthält u. a. von Andreas Schlüter eine Büste des Prinzen von Homburg.

Bad Honnef am Rhein *Reg.-Bez. Köln* 584 ■ 9
Zwischen Siebengebirge und Rhein, zu Füßen des Drachenfels und angesichts des Rolandsbogens, erstreckt sich Bad Honnef mit Rhöndorf, wo das Konrad-Adenauer-Haus an den ersten deutschen Bundeskanzler erinnert.
Die LÖWENBURG, im 12. Jh. als Feste gegen die kölnischen Burgen Drachenfels und Wolkenburg errichtet, ist nach mehrfachem Besitzerwechsel seit dem 16. Jh. bis auf einige Ruinen verfallen.
KATH. PFARRKIRCHE Vom ersten Bau steht der romanische Westturm, neu angebaut wurde um 1500 die spätgotische Hallenkirche, Erweiterungen um 1912. In einer Wandnische ein Hl. Grab (1514), dessen Darstellungsart, mit modisch gekleideten Figuren, am Mittelrhein verbreitet war.

Bad Ingelfingen *Reg.-Bez. Stuttgart* 594 □ 6
Hier hat eine typische Residenzstadt eines kleinen Fürstentums ihr altertümliches Gesicht bewahrt, mit fast ganz erhaltener Befestigung, mittelalterlichem Schloß, vielen Fachwerkhäusern, malerischer Brücke und einem Barockschloß mit Park.
Die STADTPFARRKIRCHE, innen barockisiert, besitzt noch einen romanischen Turm und einen spätgotischen Chor mit schönen Glasmalereien.

Bad Kissingen *Unterfranken* 586 □ 5
Vom Charakter der Altstadt ist wenig geblieben. Von ehemals 14 Türmen steht nur noch der Feuerturm. Das Rathaus, Mittelpunkt des alten Stadtkerns, wurde 1577 erbaut.
Die FRIEDHOFSKIRCHE ST. BURKARD entstand im wesentlichen in der 1. Hälfte des 18. Jh. nach Plänen von Balthasar Neumann.
KATH. STADTPFARRKIRCHE Nur die Turmuntergeschosse sind gotisch und nachgotisch, das übrige ist einheitlich klassizistisch; Anklänge an das Barock bei den Altären aus Stuckmarmor.

Bad Kreuznach *Reg.-Bez. Koblenz* 592 ■ 2
NAHEBRÜCKE Auf der achtbogigen mittelalterlichen Brücke stehen, gestützt von Tragbalken, Wohnhäuser auf den Pfeilern.
Das KARL-GEIB-MUSEUM enthält einen prachtvollen römischen Mosaikboden des 2. Jh.
EHEM. KARMELITERKIRCHE ST. NIKOLAI Die dunkle, querhauslose gotische Basilika (14. Jh.) ist im 19. Jh. neugotisch ausgestaltet worden. In der Pfarrei befinden sich zwei Kostbarkeiten: ein Kreuzreliquiar (1501) von Hans von Reutlingen sowie ein Hungertuch von 1584.
EV. PAULUSKIRCHE Chor und Querhaus im Osten und die westliche Front (14. Jh.) blieben nach Kriegszerstörung 1689 erhalten. 1768 wurde das verbindende Langhaus im Stil der Zeit neu erbaut.

Bad Krozingen *Reg.-Bez. Freiburg i. Br.* 606 ■ 12
Die GLÖCKLEHOFKAPELLE in Oberkrozingen bewahrt Fragmente von Wandmalerei aus dem 10. Jh. Das SCHLOSS (16. Jh) mit Treppenturm wurde mehrmals umgebaut; schöner Barocksaal; im Park eine reiche Barockkapelle.

Bad Liebenzell *Reg.-Bez. Karlsruhe* 600 ■ 2
BURGRUINE Von der einst großartigen Anlage über dem Nagoldtal stehen noch mächtige romanische Vorwerke, Schildmauer und Bergfried aus Buckelquadern und die Palasmauern. Jugendherberge.

Bad Meinberg *Reg.-Bez. Detmold* 577 □ 2
Die DORFKIRCHE (Mitte 12. Jh.), ein kleiner, einschiffiger Gewölbebau, ist eine der ältesten romanischen Kirchen im Lipper Bergland.

Bad Mergentheim *Reg.-Bez. Stuttgart* 594 ■ 6
Schon vor 5000 Jahren war seine Heilquelle bekannt. Aber auch die bezaubernde Lage von Mörikes „Städtlein im Taubergrund" zieht viele Besucher an. Seine Blütezeit erlebte es als Residenz des Deutschen Ritterordens (1527–1806). Die Regelmäßigkeit der Anlage des Zentrums mit Rathaus (1564) und Brunnen sowie ein Anflug von einstiger höfischer Eleganz im Straßenbild gehen darauf zurück.
Die MARIENKIRCHE wurde im 14. Jh. für ein Dominikanerkloster erbaut und ist später oft umgestaltet worden. Unversehrt erhalten ist nur der hohe gotische Chor. Prachtvolles Bronzeepitaph für einen Deutschmeister, ein Werk Hans Vischers (1539).
SCHLOSS Der tiefe, gemauerte Graben stammt von einer alten Wasserburg. Heute führt die Brücke auf einen mächtigen Renaissancetorturm mit vier Giebeln, Kuppel und Laterne zu. Aufwendig das Portal mit Wappen und vier Säulenpaaren. Links der langgestreckte Archivbau, rechts das hochgiebelige Schloßgebäude mit Bläser- und Zwingerturm.
SCHLOSSKIRCHE Nach Entwürfen von Balth. Neumann und François Cuvilliés. Den hohen Innenraum beleben schöne Fresken und Rokokoaltäre. In der Gruft die Grabmäler der Ordensfürsten.

SCHLOSS, BAD MERGENTHEIM
Die einstige Residenz der Hoch- und Deutschmeister beherbergt ein Heimatmuseum, in dem zahlreiche Stücke auch an Eduard Mörikes Mergentheimer Jahre 1844–1851 erinnern, wie das „Haushaltungsbüchlein" mit den köstlich illustrierten und erläuterten Eintragungen des Dichters und seiner späteren Frau Margarethe Speeth.

STADTKIRCHE Weiträumige, frühgotische Basilika mit schlankem, siebenstöckigem Turm. Innen Wandmalereien aus verschiedenen Epochen. Schönes Marmorgrabmal (17. Jh.). Reicher Kirchenschatz.

Bad Münstereifel *Reg.-Bez. Köln* 583 □ 3
Benediktinermönche gründeten vor mehr als 1000 Jahren das „Monasterium in Eiflia", das Kloster der Eifel. Schon 1298 sprechen Urkunden von einer Stadt. Zeuge für den wirtschaftlichen Aufschwung, dank seiner Tuchwebereien und Mühlen, ist die Wehrmauer mit vier Toren und 18 Türmen aus dem 13./14. Jh., die besterhaltene des Rheinlands. Münstereifel wurde 1967 zum Bad erhoben.
BURG Ende des 13. Jh. auf dem Radberg erbaut, 1689 von Franzosen zerstört; Wehrmauer und Haupttor sind erhalten.
Die GYMNASIALKIRCHE erbauten 1652–70 Jesuiten in barocken und gotischen Formen.
EHEM. STIFTSKIRCHE ST. CHRYSANTHUS UND DARIA Romanisches Bauwerk aus Bruchstein mit zwei schlanken Treppentürmen, die den niedrigeren, mächtigen Mittelturm einrahmen. Ihn flankieren Kreuzflügel, deren westlicher durch einen Torbogen in das schlichte Langhaus, eine dreischiffige Pfeilerbasilika, führt. Das Grabmal Gottfrieds von Bergheim (14. Jh.), gehört zur kostbaren Ausstattung wie die geschnitzte Madonna aus Nußbaum (kölnische Arbeit, frühes 14. Jh.). Eine Krypta unter der Westseite des Chores birgt das Grab der Märtyrer und Kirchenpatrone Chrysanthus und Daria.
Das ROMANISCHE HAUS am Klosterplatz, ehemaliges Kanonikerhaus (1166 erbaut), zählt zu den wenigen erhaltenen Steinhäusern jener Epoche.
WINDECKHAUS Schönstes Fachwerkhaus mit Schnitzereien (1644); das Erkerchen ist 20 Jahre jünger.

Bad Neustadt a. d. Saale *Unterfranken* 586 □ 4
Der jetzige Kurort erhielt schon durch die ehem. fränkische Kaiserpfalz Salz, die erste auf ostfränkischem Boden, seine Bedeutung. Die Befestigungen aus dem 13. und 16. Jh. sind größtenteils erhalten, von den Toren noch das Hohntor (1580).
EHEM. KARMELITENKIRCHE Die ursprünglich betont schlichte Kirche des 14. Jh., ein „arm Gotteshäuslein" (Turm 1611), wurde im 17. und 18. Jh. reich ausgestattet; Rokokokanzel und prächtiger Altar.
Die KATH. KIRCHE ist ein rein klassizistischer Bau, durch Lisenen gegliedert und sparsam verziert. Im Innern zwei Reihen mächtiger korinthischer Säulen.
SCHLOSS Der dreiflüglige Bau von 1767 (heute Kur- und Schloßhotel) im benachbarten Bad Neuhaus ist wegen seiner Stukkaturen sehenswert; die kleine Kapelle entzückt durch ihre Rokokoausstattung.

Bad Oberdorf *Schwaben* 609 □ 8
Die KIRCHE ist reich an spätgotischer Kunst: u. a. ein Palmesel von 1470, eine Madonna von Hans Holbein d. Ä. und vor allem der berühmte Hindelanger Schnitzaltar (1519) von Jörg Lederer.

Bad Orb *Reg.-Bez. Darmstadt* 586 □ 7
Der Reichtum des Städtchens, für den die reizvolle Altstadt mit stattlichen Fachwerkhäusern des 16. bis 18. Jh. zeugt, beruhte auf dem Salzhandel.
KATH. PFARRKIRCHE Die einst in die Burg einbezogene dreischiffige Halle (14./15. Jh.) steigt über die Altstadtdächer empor. Das Innere mit Malereien aus dem 15. Jh. birgt inmitten ihrer reichen Barockausstattung mit der Mitteltafel des Hochaltars (um 1445) ein Kleinod gotischer Kunst. Die

Kreuzigungsgruppe gilt als Hauptwerk des Meisters der Darmstädter Passion. Die Altarflügel sind Kopien der Originale im Berlin Dahlemer Museum.

Bad Pyrmont *Reg.-Bez. Hannover* 578 □ 11
Die Quellen werden bereits seit der Vorzeit genutzt. 1668 ließ Fürst Georg Friedrich v. Waldeck das Kernstück des Kurparks anlegen, die Brunnenstraße und die Hauptallee.
Das SCHLOSS fußt auf alten Burgmauern und ist noch von Wasser umgeben; eine freundliche, 1706 bis 1720 gebaute Residenz.

Bad Reichenhall *Oberbayern* 611 ■ 4
In der schönen Kurstadt an der Saalach am Fuße des Predigtstuhls stand schon zur Zeit Karls d. Gr. eine Saline. Die heutige neuromanische Anlage ließ König Ludwig I. 1836–51 errichten.
EHEM. AUGUSTINERCHORHERRENSTIFT Die 1228 vollendete Münsterkirche, die größte romanische Basilika Oberbayerns, wurde Anfang des 16. Jh. innen spätgotisch umgestaltet. Das strenge und wuchtige Äußere mit dem kräftigen Turm und den ungewöhnlich breiten Seitenschiffen blieb. Schönster Schmuck ist das reichgegliederte und gestufte Hauptportal aus rotem und weißem Adneter Liasmarmor, nach oberitalienischem Vorbild (1. Hälfte des 13. Jh.): liegende Löwen als Sockel der äußeren Säulen mit Knospenkapitellen; ein ausgezeichnetes Tympanon mit der thronenden Muttergottes und zwei Hochreliefs zu seiten des Portals. Die Malereien und der Hochaltar mit einer wertvollen Schnitzgruppe der Marienkrönung (um 1520) kamen im 20. Jh. hinzu. Künstlerisch bedeutsames Chorgestühl von 1520, zwei gotische Tafelgemälde von 1516 und ein Taufstein mit geschnitztem Deckel von 1522 sind die besten Ausstattungsstücke.
KLOSTERGEBÄUDE Das Wesentliche ist der romanische Kreuzgang. An der Wand des Westflügels eine derb gearbeitete Relieffigur, wohl Kaiser Friedrich I. Barbarossa, und ein Relief über Äsops Fabel vom Fuchs, Wolf und Kranich.

MARIENKIRCHE, BAD SEGEBERG
Ornamentale Stuckarbeiten zwischen dem Backstein und den weißgekalkten Wänden schmücken den schönen romanischen Innenraum, der noch aus der Zeit stammt, als der Wendenmissionar Vizelin Ostholstein christianisierte.

ST. NIKOLAUS Die Apsis der Kirche aus dem späten 12. Jh. zeigt noch die von dem abgebrochenen Westturm hierher versetzten Bogenfriese und Tier- und Menschenfiguren. Moritz v. Schwind malte das Apsisfresko und die Medaillons der 14 Kreuzwegstationen (19. Jh.).

SCHLOSS GRUTTENSTEIN, erhöht gelegen, teils Gotik, teils Renaissance, ist mit den wenigen Resten der ehem. Stadtbefestigung verbunden.

Bad Salzhausen *Reg.-Bez. Darmstadt* 585 □ 4
In dem kleinen Solbad findet man noch ein Stück Biedermeier; zwischen alten exotischen Bäumen Walmdächer und Mansarden, eine Trinkhalle in Fachwerk, ein hölzernes Wasserrad; mitten im Walde ein Bahnhof wie aus der Spielzeugschachtel.

Bad Salzuflen *Reg.-Bez. Detmold* 569 □ 5
Neben den modernen Badehäusern, die den Kurpark umgeben, kann sich die Altstadt als Dokument bürgerlicher Wohlhabenheit behaupten. Seit dem 11. Jh. wurde hier Salz gewonnen, 1488 erhielt der Ort Stadtrechte. Um 1450 bauten die Bürger ihr stattliches Rathaus. Zahlreiche Giebelhäuser des 16. und 17. Jh. mit reich geschnitzten Fassaden beleben die winkeligen Straßen, Bürgermeisterhaus am Markt von 1564.

Bad Schussenried *Reg.-Bez. Tübingen* 608 ■ 12
PRÄMONSTRATENSERREICHSABTEI Den Bereich des 1183 gestifteten Klosters schützt noch ein turmgeschmücktes Torhaus, dem wohlproportionierte Konventsgebäude des 16. und 17. Jh. beigegeben sind. Die innen barockisierte Kirche blieb in ihrer Struktur als romanische, querschifflose Pfeilerbasilika bei allen späteren Veränderungen erhalten. Der Bibliothekssaal ist der einzige vollendete Teil aus dem 1748 von Dom. Zimmermann entworfenen Klosterneubau, 1754–61 als ovaler, schwingender Emporenbau auf frei stehenden Doppelsäulen errichtet. Zarte Farben, Leichtigkeit der Schnitzarbeiten an Brüstungen, Möbelwerk und Stukkaturen, über allem das reich figurierte Deckenfresko machen diesen Ort der Wissenschaft zu einem beschwingten Festsaal des Rokoko.

Bad Segeberg *Schleswig-Holstein* 563 □ 11
MARIENKIRCHE Baubeginn im letzten Drittel des 12. Jh. Die dreischiffige Backsteinbasilika, oft verändert, wirkt durch Ergänzungen des 19. Jh. äußerlich neuromanisch. Im Innern blieb ein herrlicher, gewölbter Raum der Romanik. Unter dem Triumphkreuz (um 1500) der gegen 1515 entstandene, besonders reich durchgestaltete Schnitzaltar; barocke Kanzel.

Bad Sooden-Allendorf *Reg.-Bez. Kassel* 578 ■ 5
Geschichte und Blüte der Stadt sind eng mit den Solequellen verknüpft, die schon Tacitus erwähnt und Karl d. Gr. dem Kloster Fulda geschenkt hat. Ein Thüringer Landgraf ließ Anfang des 13. Jh. den Ort zur Stadt ausbauen. Das Solebad wurde erst 1881 gegründet. Allendorf brannte 1637 im Krieg ab, wurde aber rasch wieder aufgebaut. Das vornehmlich durch Fachwerkbauten geprägte Stadtbild ist daher besonders einheitlich. Haus Odenwaldt-Bürger (1639) und Haus Schmidt-Eschstruth (1642–44) gehören zu den prächtigsten. In kleineren Straßen und Gassen reihen sich schlichtere, doch nicht weniger malerische Fachwerkhäuser. Die Dachtraufen neigen sich weit auskragend der

Straße zu. Die Stadtmauern (13. Jh.) sind weitgehend erhalten. In der Südstadt, vor dem ehem. Steintor, liegt der Zimmersbrunnen, der von Wilhelm Müller bedichtete und von Schubert vertonte „Brunnen vor dem Tore". Im Kurpark von Sooden, neben dem Gradierwerk, noch einer der alten ziegelgedeckten Fördertürme.

PFARRKIRCHE Der weithin sichtbare Turmabschluß der Allendorfer Kirche (um 1424) mit seiner Laubengalerie stammt aus dem 18. Jh. Reich geschnitzte Kanzel von 1684.

Bad Tölz *Oberbayern* 610 ■ 9
Die Isar trennt die jüngere Siedlung (14. u. 15. Jh.) von der Altstadt (13. Jh.) mit der malerischen, hügeligen Marktstraße.

DREIFALTIGKEITSKIRCHE Tölzer Künstler besorgten die Schnitzarbeiten im Innern der im 18. Jh. erbauten Kirche links der Isar.

KALVARIENBERG Ein Kapellenweg mit 15 Stationen (zumeist von Tölzer Künstlern ausgestattet) führt zu der einfachen Leonhardskapelle (1718).

MARIÄ HIMMELFAHRT Die 1612 durchgreifend umgestaltete Hallenkirche (15. Jh.) enthält gute Epitaphien des 16. Jh.; am Chorbogen eine Muttergottes von 1618.

WALLFAHRTSKIRCHE MARIA HILF AUF DEM MÜHLFELD 1735–37 errichtet. Stukkaturen und ein Chorfresko von Matth. Günther sind sehenswert.

AUS DEM HEIMATMUSEUM, BAD TÖLZ

An die Zeit, da das Flößen im Isartal noch in Blüte stand, erinnert die Flößerstube vom Ende des 17. Jh. mit einem prachtvoll bemalten bäuerlichen Himmelbett. Die Ornamentik, besonders die minarettähnlichen Türme am Fußende, zeigt den Einfluß des Orients. In dem mit Pfauenfedern bestickten Gürtel bewahrten die Flößer ihr Geld auf.

Bad Waldsee *Reg.-Bez. Tübingen* 608 ■ 12
FRAUENBERGKAPELLE Westlich über der Stadt ein anspruchsloser Bau, in dem Hochaltar und linker Seitenaltar 1624 von Mitgliedern der Familie Zürn gearbeitet wurden, jener hochberühmten Bildhauerdynastie, die zwischen Bodensee und Inn einen temperamentvollen eigenständigen Stil zwischen Spätgotik und Barock entwickelte.

PFARRKIRCHE Die lebhaft geschwungene Rokokofassade (1765–68) ist einem spätgotischen Bau vorgeblendet, der sich im barokisierten Innern noch

BRONZEGRABMAL GEORGS I.
VON WALDBURG, BAD WALDSEE

Der „Eiserne Mann" ist ein Meisterstück spätgo-
tischer Handwerkskunst: Georg I., Truchseß von
Waldburg, in voller Ritterrüstung, von Wappen
und Waffen umgeben; das berühmte schöne Haar
ist sorgfältig auf dem Kissen ausgebreitet.

deutlich zeigt. Prachtvoll das Gedächtnismal für
Truchseß Georg I. von Waldburg, Ende des 15. Jh.
RATHAUS Über mächtigem Sockel ein Doppelgeschoß
großer Fensterreihen; den vierstöckigen Giebel
begleiten Fialentürmchen und Maßwerkbalustraden.
Schöne Holzdecke im Ratssaal.

Bad Wildungen   *Reg.-Bez. Kassel*   585 □ 2
Niederwildungen, 1259 zur Stadt erhoben und 1319
befestigt, wurde 1906 Badeort (ein Brunnen war
schon im 16. Jh. in Betrieb), 1940 mit Altwildun-
gen vereinigt. Fachwerkhäuser an ansteigenden Straßen fügen sich zu einem malerischen Bild, vor allem in der Brunnen- und Lindenstraße. Von der
Stadtbefestigung steht noch der Rote Hahn. Im
heutigen Kurviertel befinden sich Bauten des Historismus (Fürstenhof, 1912) und des Jugendstils
(Zierbrunnen).
SCHLOSS FRIEDRICHSTEIN An Stelle einer mittelalterlichen Burg, von der nur der Rundturm erhalten blieb, errichtete Graf Josias II. 1663 den Hauptflügel des neuen Schlosses, der erst nach dem Bau
der Seitenflügel im 18. Jh. vollendet wurde. Im
Festsaal blieben Stukkaturen von Andrea Gallasini
und ein Deckenbild von Castelli erhalten.
STADTKIRCHE Die dreischiffige Hallenkirche (14. Jh.)
birgt in ihrem Chor den „Wildunger Altar", das
Frühwerk des Malers Konrad von Soest (1403).
An den Seiten des Chores Grabmäler Waldecker
Grafen; imposant das des Grafen Josias II. an der
Nordseite (1674); davor prachtvolles Gitterwerk.

Bad Wimpfen   *Reg.-Bez. Stuttgart*   593 □ 4
Die Stadtsilhouette auf dem Hochufer des Neckar
ist eine der schönsten Deutschlands. Malerisches
Fachwerk des 16. und 17. Jh., meist mit Giebel-

front, bestimmt das Straßenbild. Besonders hübsch
ist der Platz um den Adlerbrunnen (1576).
KAISERPFALZ, um 1200 für die staufischen Kaiser
erbaut (Ruine). Die ausgedehnte Anlage, trotz späterer Einbauten noch gut zu erkennen, beginnt beim
Roten Turm (wohl der älteste Teil), einem massigen, fensterlosen Bollwerk aus Kalksteinquadern,
mit Wohn- und Schlafnischen im Innern. Anschließend die Pfalzkapelle, Palasmauer mit Arkaden-
fenstern und ein romanisches Steinhaus. Die westliche Begrenzung bildet der Blaue Turm, ein romanischer Bergfried aus blaugrauem Kalkstein, mit
auffallender neugotischer Bekrönung.
EV. STADTKIRCHE Unweit des Marktplatzes erhebt
sich ihr markantes Turmpaar mit spitzen Helm-
pyramiden, frühgotischem Chor und spätgotischer
Sakristei. Ein hohes Giebeldach deckt das spätgotische, dreischiffige Langhaus, das innen Wandmalereien des 16. Jh. birgt. Eine Fensterrose schmückt
die Fassade mit Vorhalle und Altan. In einer Seitenkapelle ein Kruzifixus von unheimlicher Reali-
stik (1481). Vor der Kirche eine bewegte Kreuzigungsgruppe von Hans Backoffen (um 1515).
KATH. PFARRKIRCHE aus dem 13. Jh., das Langhaus
barockisiert. Schöne Skulpturen vom alten Hochaltar. Vom Kloster, zu dem sie einst gehörte, steht
noch der Kreuzgang.
STIFTSKIRCHE im Tal. Hier stand – inmitten eines
ehem. Römerlagers – schon eine karolingische, nach
dem Hunnensturm (954) erneuerte Kirche. Von ihr
stammt das massige, romanische Westwerk. Das
Schiff in den straffen Formen der Frühgotik hat
vorzügliche Pfeilerskulpturen. Über dem reichge-

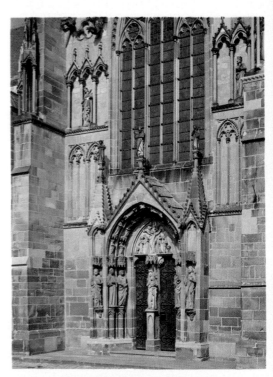

SÜDFASSADE DER STIFTSKIRCHE,
BAD WIMPFEN

An der Schauseite der Kirche entfaltet die von
Straßburg beeinflußte Gotik ihre Schmuckfreude
in großartigen Skulpturen: Der Mittelpfeiler des
Portals trägt eine Muttergottesfigur, im Gewände
stehen Heiligenstatuen, den Giebel über dem
Tympanon krönt eine Figur des Auferstandenen.

schmückten Portal der Südseite hoch aufstrebend ein großes Maßwerkfenster. Von dem mittelalterlichen Kloster ist ein stimmungsvoller Kreuzgang, ungewöhnlich breit, mit prächtigen Maßwerkfenstern erhalten. Die übrigen Konventsbauten stammen zumeist aus dem 18. Jh. Nach dem letzten Krieg haben Mönche der schlesischen Benediktinerabtei Grüßau hier eine neue Heimat gefunden.

NEUES SCHLOSS, BAD WURZACH

Der Glanz kleinfürstlicher Hofhaltung des 18. Jh. spiegelt sich wider in dem gerundeten, dreigeschossigen Treppenhaus, das dem größeren von Bruchsal so sehr gleicht. Doch Balth. Neumann war es wohl nicht, der den Truchsessen von Waldburg ihr fürstliches Schloß erbaute, sondern vielleicht Giov. Gasp. Bagnato.

Bad Windsheim *Mittelfranken* 595 □ 8
Die EV. PFARRKIRCHE, eine spätgotische Hallenkirche auf romanischer Anlage, erhielt im 18. Jh. einen zweiten Turm in durchgegliedertem Barock.
Das schloßartige RATHAUS mit geschweiftem Giebel, hübschen Türmchen und Büstennischen über den Fenstern baute ein Schüler Gabriel de Gabrielis 1713–17.

Bad Wörishofen *Schwaben* 609 ■ 11
In dem nunmehr weitbekannten Wasserkurort lebte und wirkte der geistliche Arzt Sebastian Kneipp (gest. 1897).
Die DOMINIKANERINNENKLOSTERKIRCHE ST. MARIA ist ein um 1720 errichteter Saalbau mit sehr guter Stuckdekoration von Dom. Zimmermann und schönen Einlegearbeiten an den Altären.
ST. JUSTINA UND KATHARINA Der Chor spätgotisch, das Langhaus mit Wessobrunner Stuck um 1700 erbaut.

Bad Wurzach *Reg.-Bez. Tübingen* 608 ■ 2
PFARRKIRCHE Vergoldete klassizistische Stukkaturen sind dem weißen Grund eher eingeclassen als aufgesetzt. Das Deckengemälde, das Andreas

Brugger einheitlich über die 22 Meter lange Decke spannte, läßt noch Barockes nachklingen.
SCHLOSS Im Mittelpunkt des alten Residenzstädtchens flankieren zwei Wachpavillons die Einfahrt zum Ehrenhof, den die 1723 begonnenen Gebäude auf drei Seiten umgeben. Der erhöhte Mittelrisalit des Corps de logis mit bizarr gezackten Fensterüberdachungen birgt das schönste Stiegenhaus Oberschwabens. In der Schloßkapelle das große Sandsteingrabmal des Truchsessen Georg I. von Waldburg (gest. 1467) „mit dem schönen Haar".

Bad Zwischenahn *Verw.-Bez. Oldenburg* 561 □ 8
EV. KIRCHE Der hübsche, gotische Glockenturm (1469) ist hier nicht aus Holz, sondern backsteinern.
Das FREILICHTMUSEUM AMMERLAND besteht schon seit 1910.

Baindt *Reg.-Bez. Tübingen* 608 ■ 10
Die EHEM. KLOSTERKIRCHE gehörte einem Zisterzienserinnenorden, der sich im 13. Jh. am Altdorfer Wald niedergelassen hatte. Schlichte Pfeilerbasilika, im wesentlichen spätromanisch bis frühgotisch. Spätgotisches Netzgewölbe; der Hochaltar und das Deckengemälde im Chor aus dem 18. Jh. Ausdrucksvoller spätgotischer Kruzifixus.

Baldern *Reg.-Bez. Stuttgart* 602 □ 10
SCHLOSS Im 18. Jh. war die mittelalterliche Burg zur barocken Residenz umgebaut worden. Daher stammen das äußere Prunkportal, die Repräsentationsräume und die reizvoll stuckierte Kapelle. Über dem inneren Portal Drachenkämpferrelief von 1436. Turm aus dem 19. Jh. Im Schloßmuseum historische Waffensammlung.

FREILICHTMUSEUM, BAD ZWISCHENAHN

Um den Ammerländer Bauernhof von 1605, in dem alles noch so ist wie einst, wo Würste und Schinken neben der offenen Feuerstelle in der Diele hängen, gruppieren sich mehrere ländliche Gebäude verschiedenen Typs: Speicher, Wagenschuppen und Torfscheune, Dorfschmiede, Töpferei und die Ammerländer Windmühle, die sich noch immer in Bewegung setzen und über Hühnerleitern ersteigen läßt.

Balingen *Reg.-Bez. Tübingen* 607 □ 1
FRIEDHOFSKIRCHE Romanisch, mit Turm aus dem
11. Jh. und jüngerem Fachwerkaufsatz.
STADTKIRCHE (1443–1541) Der Kontrast zwischen
der langen, niedrigen Halle und dem hoch auf-
ragenden Chorturm ist typisch für Aberlin Jörg,
der den Bau mit plante. Schönster Schmuck des
Innenraumes: die spätgotische Steinkanzel mit
Reliefs und durchbrochenem Treppengeländer.
ZOLLERNSCHLÖSSCHEN, mit Fachwerk, 1930 aus alten
Mauerteilen neu errichtet.

ZOLLERNSCHLOSS, BALINGEN

*Charakteristisch für die schwäbischen Stadtburgen
ist der verbindende Gang zum Wehrturm im Obergeschoß. Das Balinger Schlößchen über der Eyach
war einst Sitz der adeligen Obervögte, die im
Land der Grafen von Zollern die Blut- und Zivil-
gerichtsbarkeit ausübten. Der Weg zum Galgen
war nicht weit.*

AUS DEM HEIMATMUSEUM, BALINGEN

*Von den Waagen und Gewichten aller Zeiten und
Länder, die das Waagenmuseum im Vogtsgebäude
des Zollernschlosses ausstellt, ist diese Goldwaage
aus dem 17. Jh. eines der wertvollsten Stücke. Im
Etui besonders schöne Münzgewichte und im Dek-
kel eine französische Inschrift mit Jahreszahl.*
Bizerba-Waagenmuseum

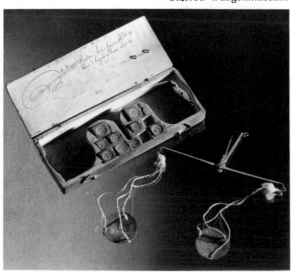

Balve *Reg.-Bez. Arnsberg* 576 □ 4
BLASIUSKIRCHE Vor 1200 wurden Chor und Querschiff erbaut, Langhaus und Turm um 1250. Verwitterte Reliefs an den Portalen zeigen noch romanisch strengen Schmuck. Im Innern lassen Wandmalereien, Christus in der Mandelglorie und die
Nikolauslegende, vergessen, daß der Raum ohne
alle Bauornamentik ist.
BALVER HÖHLE Die größte Kulturhöhle Deutschlands. Die ältesten dort geborgenen Werkzeuge der
Steinzeit liegen vereint mit Funden aus der Bronze-
und Eisenzeit im Vorgeschichtlichen Heimatmuseum.

Bamberg *Oberfranken* 595 ■ 1
Am Allerheiligentag des Jahres 1007 hatte Kaiser Heinrich II. das fehdelustige Castrum Baben-
berg gegen den Widerstand der Bistümer Würzburg
und Eichstätt zum Bistumssitz erhoben. Die junge
Kirchenstadt im Kranz der Jura- und Steigerwald-
höhen war die Morgengabe des Kaisers an
seine junge Gemahlin Kunigunde von Luxemburg.
Diese Morgengabe wurde ein hoher Kaisertraum:
Heinrichs „deutsches Rom", das Herz des Reiches,
die geistige und politische „Hauptstadt des Erdkreises", von der jeder Ruhm ausgehen sollte. Noch
zu Lebzeiten des Kaiserpaares entstanden nach aus-
greifendem Kreuzplan um den Dom die Stifte Michelsberg, St. Stephan, St. Jakob und St. Gangolf.
Heinrichs inbrünstige Schöpfung setzte im Lauf der
Jahrhunderte Kristalle an, die kraftvollsten bis ins
13. Jh., die leuchtendsten im 17. Jh., in dem sich
die Lieblingsstadt der Staufer unter den Fürst-
bischöfen aus dem Hause Schönborn zur Barock-
stadt ausweitet: Auf halber Höhe des Stephans-
bergs liegt das schönste Bürgerhaus des deutschen
Barock, das Böttingerhaus, am nahen Regnitzufer
Böttingers barockes Wasserschloß Concordia, dessen
Architekt Joh. Dientzenhofer war. Um die gehügelte
„Hauptstadt des Erdkreises" mit der Krone des
Doms bildete sich zwischen Bischofspfalz und
Regnitz das Gassengewinkel der nicht immer füg-
samen Bürgerstadt, zwischen den beiden Flußarmen
die Inselstadt mit Markt, Brückenrathaus und dem
Blick auf die Fischerhäuser von Klein-Venedig, um
St. Gangolf die Theuerstadt. Die Gärtner- und
Ackerbürgerstadt, schon am Dom beginnend, reicht
bis in den Hauptmoorswald. Seit über hundert Jahren ist Bamberg Hafenstadt. Die steilste Straße führt
hinaus zu den hoch über Bamberg liegenden Bier-
kellern am Stephansberg; auch am Kaulberg trinkt
man in der alten Bier- und Rauchbierstadt „oben auf
den Kellern". An der Oberen Brücke nahe der Nepo-
mukstatue Goldwitzers Kreuzigungsgruppe von
1715; an der Unteren Brücke Joh. Peter Benkerts gekrönte, mild und riesinnenhaft herniederlächelnde
Kunigunde.
Bizarr und breit aus bronzenem Vollmondrund
lächelt dagegen der Türknopf, der E. T. A. Hoffmann
zu seinem Apfelweib im Märchen vom Goldenen
Topf inspirierte. Der Dichter und Musiker lebte
am Schillerplatz 26 von 1809 bis 1813. Aus dem
Dachstübchen seines „musikalisch-poetischen Labo-
ratoriums" blickte er auf das Theater gegenüber, in
dem er als Kapellmeister tätig war. Dort wurde
Kleists „Käthchen von Heilbronn" uraufgeführt.
Zu Bambergs Sehenswürdigkeiten gehören noch
das Karl-May-Museum, der populäre Zwinger mit
dem Poldi-Bären auf der Altenburg, das hochsom-
merliche Volksfest der Sandkirchweih zwischen Bürgerstadt und Fischerufer Klein-Venedig. – Weder
der Dreißigjährige Krieg noch der zweite Weltkrieg

VEIT STOSS: MARIENALTAR

In keinem anderen Teil Europas gibt es zur Zeit der Gotik so viele Altäre wie in den deutschsprachigen Ländern und den Niederlanden. Die mit Figuren und geschnitzten Reliefs besetzten Flügelaltäre gleichen Schatztruhen, die man an hohen kirchlichen Feiertagen öffnet. Von 1520–23, in der Spätzeit der Gotik und des Bildschnitzers Veit Stoß, entstand dieser Marienaltar.

REITENDER KÖNIG

Ob nun der berühmte Bamberger Reiter Kaiser Heinrich II., seinen Schwager, König Stefan von Ungarn, König Philipp von Schwaben oder einen

der drei Könige aus dem Morgenland darstellt, der nach dem Stern von Bethlehem ausblickt – er verkörpert das Ritterideal der staufischen Zeit. Sein künstlerisches Vorbild ist eine der gotischen Königsfiguren am Dom in Reims.

DOM, NEUE RESIDENZ, ST. MICHAEL UND ALTES RATHAUS

„In Deutschland kann sich an Schönheit der Lage nur Prag mit Bamberg messen", schrieb Georg Friedrich Waagen 1843 in sein Kunstbüchlein, und man weiß inzwischen, daß nur Geldmangel Lothar Franz von Schönborn, den Erbauer der Neuen Residenz, daran hinderte, in der Siebenhügelstadt einen fränkischen Hradschin zu schaffen.

CHORGESTÜHL IM DOM

In vormittelalterlicher Zeit diente den Mönchen eine einfache Bank im Chor als Sitz. Die Spätgotik entfaltet auch am Chorgestühl ihren reichen figürlichen Schmuck. Eines der schönsten Schnitzwerke ist der König David mit der Harfe.

STERNENMANTEL KAISER HEINRICHS II.

Tierkreiszeichen und Kosmossymbole schmücken den Mantel; wer ihn trägt, ist Stellvertreter Gottes und Herrscher der Welt. Als der Papst Ostern 1020 eine

Woche in Bamberg weilte, legte er ihn Kaiser Heinrich II. um. Jetzt bewahrt ihn das Diözesanmuseum im Kapitelhaus neben dem Dom.

FIGUREN DER ADAMSPFORTE

Zu Beginn des 13. Jh. ließen sich Bauhütten aus Frankreich in Bamberg nieder; ihre Bildhauer gaben dem Innenraum und den Portalen des Kaiserdoms reichen Figurenschmuck. Adam und Eva von der Adamspforte sind die frühesten Aktfiguren der deutschen Monumentalplastik.   Diözesanmuseum

brachten die Stadt in nennenswerte Brand- und Trümmernöte. 800 Jahre lang, bis zur Säkularisation 1802/03, wurde Bamberg als unmittelbares Fürstentum regiert. Nach der Eingliederung des Hochstifts und der Stadt in das Königreich Bayern quartierte sich kurze Zeit Napoleon in Bamberg ein. Sein General Berthier stürzte sich aus einem Fenster der Residenz.

ALTE HOFHALTUNG und NEUE RESIDENZ am Domplatz. Die mauergesäumte Freiung vor dem Dom und dem fürstbischöflichen Barockpalast wird als Deutschlands schönster Platz gerühmt: spätgotische, geraniensprühende Fachwerkbauten im Innenhof der Alten Hofhaltung – über Resten einer Pfalz und über romanischen Kapellenteilen; davor das Reiche Tor mit allegorischen Renaissancefiguren; die schwingenden Giebel der Renaissanceratsstube, die heute ein Heimatmuseum beherbergt; der figurenbewegte Rosengarten der Neuen Residenz mit weiter Sicht über die roten Stadtdächer und hinauf zu den Spitztürmen der St.-Michaels-Kirche. Im freskenbunten Kaisersaal des barocken Residenzpalais und im spätgotischen Dominikanerkloster neben den Rauchbierhallen des „Schlenkerla" musizieren die Bamberger Symphoniker.

ALTES RATHAUS In mittelalterlicher Zeit wurde das Alte Rathaus auf einer aufgeschütteten Insel im linken Regnitzarm errichtet. Mit der geistlichen und bürgerlichen Stadt war der eigenwillig plazierte Bau durch Brücken verbunden. Mich. Küchel gab

dem wasserumrauschten Brückengebäude mit der luftigen Turmlaterne zierliches Rokokogepräge, Joh. Anwander malte die Flußfassaden zum Freskobilderbuch aus.

DOM Der am Geburtstag Kaiser Heinrichs II. (6. Mai) im Jahre 1012 geweihte Petersdom brannte zweimal ab; er wurde unter Bambergs Bischof Ekbert v. Andechs-Meranien neu errichtet und 1237 geweiht: vier Türme, eine doppelchörige, dreischiffige Basilika, romanisch in der Anlage und auch in den gotischen Bauteilen dem romanischen Plan verbunden. Die edelste der kunstvollen Pforten ist das romanische Stufenportal des Fürstentors mit herrlichen figürlichen Szenen aus dem Jüngsten Gericht. Im formklaren Innenraum die berühmten Steinbildnisse des Bamberger Reiters (um 1230), Ecclesia und Synagoge, Maria und Elisabeth, unter der Gewölbemitte Tilman Riemenschneiders plastisch-dramatisches Hochgrab Heinrichs und Kunigundes, des kaiserlichen Stifterpaares (1513). Im gotischen Westchor die Tumba des einzigen in Deutschland beigesetzten Papstes, des aus Bamberg erwählten Clemens II. Spätromanische Wandgemälde, der Marienaltar des Veit Stoß im südlichen Querschiff, das Grabmal des Bischofs Friedrich von Hohenlohe. Beherrschend im Chorraum die barocke Kreuzigungsgruppe von Justus Glesker, reiches Chorgestühl aus dem späten 14. Jh. Das Diözesanmuseum mit dem Domschatz im danebenliegenden Kapitelhaus von Balth. Neumann.

Die KARMELITERKIRCHE gehört zu einem ehem. Zisterzienserinnenkloster von 1157, ist aber seit 1694 von L. Dientzenhofer barock umgebaut worden. Nur der Kreuzgang mit strengen Arkadenreihen und seltsamen Kapitellplastiken weist ins 13. Jh.
KLOSTERKIRCHE ST. MICHAEL Dom und Abtei Michelsberg teilten sich in den Mittelalterruhm einer „fränkischen Akropolis". Unter dem Missionsbischof Otto I. wurde das von Kaiser Heinrich gegründete Benediktinerkloster zur fernwirkenden Reichszelle der Wissenschaft und Künste. Otto ließ die 1117 durch Erdbeben zerstörte Klosterkirche als dreischiffige Pfeilerbasilika neu errichten. Sie wurde später zur Grabkirche der Bamberger Bischöfe. Die Barockfassade über der ausladenden Freitreppe stammt wie die wunderschöne Fassade der Jesuiten- und Universitätskirche St. Martin, der Umbau der Karmeliterkirche und der Domplatztrakt der Neuen Residenz von Leonh. Dientzenhofer. Die große Terrassenanlage ist ein Werk seines Bruders Johann – von hier aus reicht der Blick an sonnenhellen Tagen bis zur Rhön, zum Staffelberg und zum Thüringer Wald. Im Innern überraschen feste romanische Arkaden. Die nach 1600 eingezogene Decke zeigt einen ganzen Garten naturgetreu gemalter Pflanzen. Unter dem Chor die Steintumba des hl. Otto, frühe Bildgräber und üppiges Barock an Altar, Kanzel und Gestühl.
An der ST.-MARTIN-KIRCHE haben mehrere Baumeister der Familie Dientzenhofer gewirkt. Die barocke Jesuitenkirche enthält ein Vesperbild von 1340 und ein alabasternes Gnadenbild, die Trösterin der Betrübten.
Die OBERE PFARRKIRCHE am Kaulberg geht wohl ins 13. Jh. zurück. Den Turm und das schlichte Langhaus vergißt man über dem sich auf abfallendem Gelände mächtig aufbäumenden Chor, der mit doppelten Reihen aus großen Spitzbogenfenstern und überreichem gotischen Schmuckwerk weithin die Gegend beherrscht.
ST. GANGOLF In dem hohen Barockbau verbergen sich Mauern einer Vorgängerkirche von 1063.
ST. JAKOB begrüßt mit einer hübschen barocken Fassade, über dem Portal oben in einer Nische steht der Heilige in Überlebensgröße. Der Innenraum, ein strenger, schmuckloser hochromanischer Raum, gemahnt an das Gründungsdatum 1072.

Banz *Oberfranken* 595 □ 1
EHEM. BENEDIKTINERKLOSTER Gegenüber dem Staffelberg und Vierzehnheiligen erhebt sich auf dem Banzer Berg der mächtige Gebäudekomplex, überragt von stämmigen, kuppelgekrönten Türmen. Der im 18. Jh. entstandene großartige Kirchen- und Klosterneubau (beider Tradition reicht bis 1069 zurück) ist vorwiegend das Werk Joh. Leonh. Dientzenhofers: eine großzügige Anlage aus gelbem Eisensandstein von seltener Harmonie der Proportionen und des spätbarocken Stils. Den Besucher empfängt ein niedrig gehaltenes Tor, das mit schwungvollen Rokokoranken, bewegten steinernen Figuren und zierlicher Balustrade geschmückt ist. Rechts und links kurze Gebäudetrakte, die in quadratischen Eckpavillons mit geschwellter Haube auslaufen. Durch den Ehrenhof, den langgestreckte Gebäude flankieren, geht man zu dem Konventsgebäude hinauf, dessen breite Fassade ein sechsgliedriger Mittelrisalit mit Schweifgiebel in der Mitte teilt (von Balth. Neumann vollendet). Von den Räumen sind vor allem die Abtskapelle und der Kaisersaal gut ausgestattet und reich stuckiert.

Eine vorgewölbte, kräftige Fassade zwischen den Türmen kennzeichnet das Hauptportal der Klosterkirche. In den Nischen der einzelnen Geschosse, über dem hervortretenden geknickten Rundbogen der Portalzone und als Balustradenaufsatz am Turmgeschoß kunstvoll in Stein gehauene Figuren mit sprechender Gebärde. Der breite Innenraum, ein längliches Oval, wird von vier Eckpfeilern begrenzt. Beherrscht wird er von der Kraft der Schwingungen und Bewegungen, die von den steigenden und fallenden Kurven der mal höher, mal tiefer liegenden Gewölbe – alle einer Zentralkuppel zugeordnet –, von dem konkaven Schwung der Gesimse, den fließenden Linien der Emporenbalustraden und den wellenartigen Ausbuchtungen der Wände, den überwölbten Nischen ausgehen. Der prächtige Hochaltar hinter dem Chorbogen trennt den weniger breiten und weniger hohen Chor vom Schiff ab: Neben dem reichverzierten Altartisch mit kostbarem Tabernakel und Reliquienschreinen ragen sechs vergoldete Säulen empor, die die geschnitzte Darstellung der Verherrlichung des hl. Benediktus tragen. Von hier aus blickt man in den langgestreckten Chor und auf das Dionysiusbild des Choraltars. Wertvolle Einzelkunstwerke ergänzen den überwältigenden Eindruck.

Bardowick *Reg.-Bez. Lüneburg* 563 □ 8
Die Handelsstadt verschloß sich Heinrich dem Löwen; der Herzog befahl ihre Belagerung und soll sie eingenommen haben, weil ein Bulle auf dem Weg zum Stall den Soldaten eine Furt durch die Ilmenau zeigte. Die Zerstörungen jenes 28. Oktobers 1189 machten die Stadt zum Dorf.
DOM In der fruchtbaren Marschlandschaft ist das mächtige Dach mit zwei Türmen weithin zu sehen. Einzelnes mag, wie die Löwenfigur und die Kapitelle, aus der Zeit vor der Zerstörung stammen, während sonst der Bau ein Werk der Gotik ist. Überaus licht der dreischiffige Innenraum, in dem ein schlank aufragendes Chorgestühl (15. Jh.) das schönste Ausstattungsstück ist.

Barkhausen a. d. Porta *Reg.-Bez. Detmold* 569 ■ 4
Die WITTEKINDSBURG aus sächsisch-fränkischer Zeit erstreckt sich noch als 650 Meter langer Wall auf

SCHLOSS BANZ
Größe und Monumentalität zeugen vom geistigen Rang des Klosters, das Herzog Wilhelm von Bayern 1814 zu seiner Sommerresidenz machte. „Ein großartiges Herrenschloß ... Kloster Banz in Franken!" schrieb Victor von Scheffel, als er sich 1859 mehrere Monate hier aufhielt.

dem Wittekindsberg oberhalb Barkhausens. Im
Osten des Walles die Margaretenklus (um 1200),
eine romanische Kapelle aus Quadern.

Barmen *Reg.-Bez. Köln* 583 ☐ 12
KATH. PFARRKIRCHE Der romanische Turm blieb erhalten, die breite westfälische Backsteinhalle wurde
im 15./16. Jh. angebaut. Den Hochaltar schmückt
ein Antwerpener Passionsaltar (1520).
SCHLOSS KELLENBERG Eine in Jahrhunderten gewachsene, überaus großzügige Wasserburg. Sie
gehörte einst dem im Dreißigjährigen Krieg berühmten Reitergeneral Jan van Werth. Die heute
hufeisenförmige, im 15./16. Jh. als geschlossene
Vierecksanlage erbaute Hauptburg wird überragt
von einem fünfgeschossigen Torturm und von zwei
Rundtürmen flankiert.

Barnstorf *Reg.-Bez. Hannover* 569 ■ 12
EV. KIRCHE Der spätromanische Backsteinbau entstand um 1200. Drinnen überrascht die Ausmalung
aus der Erbauungszeit.

Barntrup *Reg.-Bez. Detmold* 577 ☐ 2
SCHLOSS Der mit vier Türmen geschmückte Bau ist
interessant wegen seiner phantasievollen Bauplastik
an Giebel, Erker, Türrahmungen. Ein Meister der
Weserrenaissance hat ihn im 16. Jh. errichtet.

Barsinghausen *Reg.-Bez. Hannover* 570 ■ 7
EHEM. KLOSTERKIRCHE Das 1193 gegründete Kloster baute sich schon bald seine Kirche im Übergangsstil von der Romanik zur Gotik. Der nie vollendete Bau wurde innen im 19. Jh. umgestaltet.
Im Garten des barocken Damenstiftes ein malerischer Ziehbrunnen.

Bartenstein *Reg.-Bez. Stuttgart* 594 ☐ 5
SCHLOSS Die dreiflügelige Anlage mit Kirche und
Hofgarten ist im 18. Jh. als Mittelpunkt eines nach
barockem Ideal symmetrisch gruppierten Residenzstädtchens entstanden. Schloßmuseum mit militär-
geschichtlichen Sammlungen.

Bassenheim *Reg.-Bez. Koblenz* 584 ■ 6
Der BASSENHEIMER REITER im nördlichen Nebenchor der kath. Pfarrkirche (1899–1900) gehört zu
den schönsten Werken mittelalterlicher Bildhauer-
kunst. Der hl. Martin zu Pferd durchteilt mit dem
Schwert seinen Mantel, um die Hälfte einem Bettler zu geben. Der Meister der Naumburger Stifterfiguren schuf das Werk um 1239.

Bassum *Reg.-Bez. Hannover* 569 ■ 1
STIFTSKIRCHE Der Backsteinbau begrenzt den idyllischen Stiftsbezirk aus Gebäuden des 18. Jh. Vor
allem die Wände des Chores sind aus romanischer
Zeit, ansonsten wurde die Kirche vom Umbau nach
dem Brand von 1327 schon gotisch geprägt. Drinnen fügte man in die backsteinernen Pfeiler Kapitelle und Basen aus Sandstein ein.

Battenberg *Reg.-Bez. Kassel* 585 ☐ 12
KIRCHE In der gedrungenen frühgotischen Hallenkirche wurde 1958 die ursprüngliche Ausmalung
(13. Jh.) der Seitenschiffe freigelegt.
SCHLOSS Schlichtes, barockes Jagdschloß mit Terrassengarten; heute Amtsgericht.
Die KELLERBURG, Stammburg der Battenberger Grafen, überragt die malerisch gelegene Stadt.

BASSENHEIMER REITER
*Das nahezu vollplastische Relief der Martins-
legende, gemeißelt in grauen Sandstein, hat ein
seltsames Schicksal: Als man es im Mainzer Dom
nicht mehr haben wollte, nahm ein Dompropst es
1683 mit nach Bassenheim. Es schmückte die Außenwand der Kirche und verwitterte. 1900 wurde es
unter der Decke der neuen Pfarrkirche eingebaut.
Erst 1935 erkannten Wissenschaftler es als ein Werk
des berühmten Naumburger Meisters.*

Battenfeld *Reg.-Bez. Kassel* 585 ☐ 12
KIRCHE Romanischer Bau mit spätgotischem, schlankem Turm. Romanische Steinplastiken zieren die
Außenseiten des Querschiffs. Zur Ausstattung gehören zwei hölzerne Kruzifixe des 15. Jh.

Baum *Reg.-Bez. Hannover* 569 ☐ 4
LUSTSCHLÖSSCHEN Den hohen kleinen Bau mit
ionischen Säulen ließ Graf Wilhelm v. Schaumburg-Lippe 1760 errichten. Vom einstigen Park zeugen zwei Barockportale (um 1620) am Waldrand,
die man aus Bückeburg 1758 hierherversetzt hatte.

Baumburg *Oberbayern* 611 ■ 10
EHEM. AUGUSTINERCHORHERRENSTIFTSKIRCHE Über
dem Steilufer des Zusammenflusses von Alz und
Traun umringen behagliche gelb-weiße Klostergebäude die bedeutendste barocke Kirche des
Chiemgaues. Von der romanischen Basilika des 11.
Jh. ist das mächtige Turmpaar erhalten. Ihre Zwiebelkuppeln beherrschen die Landschaft nördlich des
Sees. 1754–57 führte Franz Alois Mayr eine Wandpfeilerkirche voller Würde und Zartheit auf. Er
umstellte die Pfeiler ringsum mit rosa marmorier-
ten Pilastern, schmückte die Westwand mit einer
geschwungenen Doppelempore und betonte den
Chor durch Säulen. Der böhmische Hofmaler Felix
Anton Scheffler schuf das glühend farbige Fresko
im Langhaus, das den hl. Augustinus verherrlicht.
Züngelnder Stuck, geschnitzte Ornamentik ist überall von feinster Arbeit.

Bayreuth *Oberfranken* 596 ■ 11
Bayreuth ist als Stadt der Wagner-Festspiele weltbekannt. Aber sie ist über 600 Jahre älter als Richard Wagner. Es gibt noch ein anderes Bayreuth:
das der Kunstbauwerke des Barock und des Rokoko, die verträumte Kleinstadt des deutschen Ro-
manciers und Goethe-Zeitgenossen Jean Paul, der

hier lebte und begraben ist. Die Stadt, nach dem zweiten Weltkrieg durch Ansiedlung neuer Industrien auf 65 000 Einwohner angewachsen, hat sich durch die Jahrhunderte ihr Nebeneinander von bürgerlicher und höfischer Baukultur bewahrt. Die langgestreckte Maximilianstraße mit den drei Brunnen, den schönen Patrizierhäusern und die verwinkelten Gassen um die spätgotische Stadtkirche haben ihren altfränkischen Reiz in unsere Zeit herübergerettet. Dazu zeugen fürstliche Bauten vom einstigen Glanz der Residenz: die beiden Schlösser, die markgräfliche Prachtstraße, die Friedrichstraße, das alte Opernhaus, vor den Toren die Eremitage, eine kokette Einsiedelei mit Prunksälen, Tempeln, Grotten und Parks.

Die EV. PFARRKIRCHE bietet, stattlich in den Maßen und von kraftvoll-gedrungenen Formen, ein schönes Außenbild. In den Türmen (13.–14. Jh.) scheint noch Romanisches nachzuklingen. Die achteckigen Aufsätze mit den geschwungenen Hauben kamen im 16. und 17. Jh. dazu. Vom alten Inventar ist nur noch ein Renaissancealtar erhalten.

Das MARKGRÄFLICHE OPERNHAUS, im Zentrum zwischen Bürgerhäuser eingepfercht, zählt zu den kostbarsten Denkmälern des Theater-Barock. Das Haus wurde 1745–48 als reines Hoftheater von dem französischen Baumeister Joseph Saint-Pierre erbaut. Die reiche Innenausstattung stammt von Giuseppe und Carlo Galli-Bibiena, den führenden Theaterdekorateuren des Spätbarock. In drei Logenrängen saß die Hofgesellschaft, die Parterregalerie war Standplatz der Pagen, das Parterre selber diente dem Ballett. Dieses hölzerne Theaterwunder, bis in die dreißiger Jahre bespielt, ist jetzt Museum. Seit 1948 gastiert hier alljährlich im Mai die Bayerische Staatsoper.

SCHLÖSSER Das Alte Schloß, die einstige Markgrafenresidenz, beherrscht den oberen Teil des Maximilianplatzes. Es brannte mehrmals aus, zuletzt 1945. Der achteckige Schloßturm von 1610, ein Wahrzeichen Bayreuths, hat sich erhalten. Nach einem Brand in der Mitte des 18. Jh. ließ die Markgräfin Wilhelmine den Komplex des Neuen Schlosses prunkvoll ausbauen. Architekt war auch hier Saint-Pierre, der französische Hof das Vorbild. Wilhelmine, Schwester Friedrichs d. Gr., war eine originelle, kunstliebende Frau. In den luxuriös

JAPANISCHES KABINETT DER EREMITAGE, BAYREUTH

Die Innenräume der Eremitage sind durch den ganz persönlichen Geschmack der Fürstin geprägt, zu einem Teil sogar Schöpfungen ihrer Hand. Zur Ausgestaltung des Japanischen Kabinetts schenkte Friedrich der Große seiner Schwester vier ostasiatische Lackreliefs, die sie dazu anregten, den übrigen Wandschmuck selbst anzufertigen.

ausgestatteten Sälen und Kabinetten musizierte sie mit ihrem Bruder oder diskutierte mit Voltaire, den sie „Bruder Voltaire" nannte. Der Italienische Bau des Schlosses leitet schon vom Rokoko in den Klassizismus über. Östlich der einstigen Stadtmauern liegt das Lustschloß Eremitage, eine für die

MARKGRÄFLICHES OPERNHAUS, BAYREUTH

Richard Wagner lockte es nach Bayreuth, als er in einem Lexikon las, man verfüge dort über die größte Bühne Deutschlands. Damals stimmte es: die Bühne ist 34 Meter tief. Wir lassen uns heute bezaubern von dem anmutigen Rokoko und der intimen Atmosphäre des Innern, das eine Schöpfung im Geiste der Markgräfin Wilhelmine ist.

BAYREUTH:
AUF DEN SPUREN RICHARD WAGNERS

DER SCHÖPFER
DER ÄLTESTEN FESTSPIELE DER WELT

„Nirgends anders, nur hier!" – nämlich in dem damals kleinen fränkischen Städtchen Bayreuth – wollte er ein Festspielhaus eigens für seine künftigen Werke bauen. So schrieb Wagner im Mai 1871 von Leipzig aus. Der Schöpfer des romantischen Musikdramas stand damals vor dem Gipfel seines Ruhms. „Der fliegende Holländer", „Tannhäuser" und „Lohengrin" hatten ihn populär, „Tristan und Isolde" zumindest bei Kennern hoch berühmt gemacht. „Rheingold" und „Walküre" hatte der König von Bayern, Wagners Mäzen, gegen den Willen des Autors im Münchner Hoftheater uraufführen lassen. Wagner aber wollte mit dem üblichen Theater seiner Zeit nichts mehr zu tun haben. Er träumte seit langem von einem neuartigen Festspielhaus: In Bayreuth ging sein Traum 1876 in Erfüllung. „Der Ring des Nibelungen" wurde als Zyklus glanzvoll uraufgeführt, 1882 folgte „Parsifal". Das älteste der neuzeitlichen Festivals war begründet. Über viele Krisen wurde es als Privatunternehmen der Familie Wagner von der Witwe Cosima, seinem Sohn Siegfried und dessen Frau Winifred weitergeführt, nach dem zweiten Weltkrieg von seinen Enkeln Wieland und Wolfgang kühn modernisiert. Seither ist der Grüne Hügel nicht nur ein Wallfahrtsort für Wagnerianer, sondern eine stilbildende Stätte des modernen Musiktheaters.

RICHARD WAGNER *Rötelzeichnung von Franz von Lenbach, 1870. Lenbach ist wohl derjenige Künstler, von dem wir die meisten Bilder Wagners und seiner Frau Cosima besitzen. Beide schätzten und verehrten ihn sehr, sein effektvoller Malstil entsprach, ebenso wie der Makarts, ganz ihrem Geschmack. Lenbach blieb der Familie Wagner bis zu seinem Tode freundschaftlich verbunden. (Haus Wahnfried)*

DAS INNERE DES FESTSPIELHAUSES *hat sich in den fast hundert Jahren seit der Erbauung kaum geändert. Das steil ansteigende Auditorium entspricht Wagners Ideen von einem demokratischen Theater. Das altgriechische Amphitheater war sein Vorbild. Die Sicht ist von allen Plätzen vollkommen, die Akustik unübertroffen.*

HAUS WAHNFRIED, *Wagners Wohnsitz in Bayreuth seit 1874. Den Namen übernahm er von einem fränkischen Dörfchen; in einer Inschrift deutete er ihn mit den Worten: „Hier, wo mein Wähnen Frieden fand, ‚Wahnfried‘ sei dieses Haus von mir benannt." 1883 wurde er in dem Garten hinter dem Haus beigesetzt. Alljährlich pilgern Besucher aus allen Ländern zu seinem Grab. Bis heute ist Wahnfried – im zweiten Weltkrieg von Bomben beschädigt – Wohnhaus der Wagner-Nachkommen.*

WIELAND UND WOLFGANG WAGNER, *die Enkel des Dichterkomponisten. Wieland Wagners Inszenierungen seit der Wiedereröffnung der Festspiele (1951) wirkten mit der „entrümpelten" und abstrahierten Bühne zuerst wie ein Schock, setzten sich aber bis zu seinem frühen Tod im Jahr 1966 mit weltweiter Ausstrahlung durch.*

SO SCHWAMMEN DIE RHEINTÖCHTER *bei der ersten Aufführung des „Rheingold" in Bayreuth (1876) mit Hilfe von fahrbaren Gestellen, die Bühnenarbeiter „auf dem Grunde des Rheines" herumschoben.*

MODERNES BAYREUTH *Parsifal-Inszenierung von Wieland Wagner. Der Wagner-Enkel mißachtete kühn alle Regieanweisungen Richard Wagners und ersetzte Dekoration durch virtuose Lichtregie.*

COSIMA WAGNER *Gemälde von Lenbach, 1877. Die Tochter Franz Liszts war vierundzwanzig Jahre jünger und um einen Kopf größer als Richard Wagner. Eine bedeutende, gebildete Frau, die nach seinem Tode die Festspiele neu erstehen ließ. Bis zum ersten Weltkrieg regierte sie auf dem Grünen Hügel wie eine Monarchin. (Haus Wahnfried)*

WAGNERS ARBEITSZIMMER *Man hat Wagner oft vorgeworfen, daß er von einer luxuriösen Umgebung abhängig sei. Meist komponierte er aber in einem kleinen Zimmer, dessen einziger Schmuck ein Bild Cosimas war.*

Bayreuther Sonderform des Rokoko bezeichnende, ebenfalls von der Markgräfin Wilhelmine vollendete Bau-Symphonie: zwei Schlösser, künstliche Teiche, ein römisches Ruinentheater; dazu ein Park, der als der erste Landschaftsgarten englischen Stils auf dem Kontinent gilt.

Bayrischzell *Oberbayern* 610 ▪ 4
Der anmutige kleine Ort am Fuße des Wendelsteins erwuchs aus einer Eremitenzelle. Die heutige Kirche ST. MARGARETH mit spätgotischem Spitzhelmturm entstand Anfang des 18. Jh. Zarte Stukkaturen ergänzen die von der hl. Margaretha und der Klostergründung erzählenden Fresken.

Bebenhausen *Reg.-Bez. Tübingen* 600 □ 4
EHEM. ZISTERZIENSERKLOSTER Als freundliche Überraschung liegt es vor einem, wenn man, von Tübingen kommend, aus dem Wald tritt: eingebettet in eine Talmulde am Rande des Schönbuchs, schon von weitem kenntlich durch den filigranartigen Glockenturm. Mörike hat dieses Idyll in den „Bildern aus Bebenhausen" beschrieben. Das im 12. Jh. gegründete Kloster war mit der Reformation in eine evangelische Schule umgewandelt worden, der um 1650 Joh. Valentin Andreä, der Vater der Rosenkreuzerbewegung, vorstand. Einer ihrer berühmtesten Schüler war der Philosoph Schelling. Die Kirche ist 1188–1227 als strenge, schmucklose Basilika erbaut worden. Der Schmuckfreude späterer Jahrhunderte verdankt sie das Prunkfenster in der östlichen Chorwand (14. Jh.) und den Dachreiter, dessen hochstrebender Pfeilerkranz sich nach oben in durchbrochene Bögen auflöst, die im pyramidenförmigen Maßwerkhelm wieder zusammenfinden (15. Jh.). Noch frühgotisch ist der kraftvoll-gedrungene Kapitelsaal in den Klosterge-

KREUZGANG, BEBENHAUSEN
Der spätgotische Kreuzgang mit den reizvollen, jeweils verschiedenartig gestalteten Maßwerkfenstern bildete den Mittelpunkt des Klosters, dessen Herrenhaus im 19. Jh. in ein Königsschloß verwandelt wurde. Hier fand nach 1918 das letzte württembergische Königspaar einen bleibenden Aufenthalt. Noch immer umzieht die doppelte, mit mehreren Türmen bewehrte Ringmauer des Mittelalters die idyllische Anlage.

bäuden. Im Sommerrefektorium eine vollendet schöne hochgotische Halle mit bemaltem Sterngewölbe über drei schlanken Pfeilern. In Bebenhausen ist heute das umfangreiche Hölderlinarchiv untergebracht.

Bechtheim *Rheinhessen-Pfalz* 593 ▪ 9
Die KATH. KIRCHE aus dem frühen 11. Jh. steht auf einem befestigten Friedhof. Die dreischiffige, querhauslose Pfeilerbasilika wurde im 12. Jh. durch einen Rechteckchor mit gewölbtem Unterraum erweitert. Innen Reste von Wandmalereien.

Bechtolsheim *Rheinhessen-Pfalz* 593 □ 10
Die KATH. KIRCHE ist eine dreischiffige gotische Hallenkirche (1487). Kirchengestühl mit prächtig ornamentierten Wangen (1496). Hochaltar von 1699 mit einer Himmelfahrt Mariens von Matthäus Lohmann. Die Orgel wurde 1752 von der berühmten Orgelbauerfamilie Stumm geschaffen.

Beckum *Reg.-Bez. Münster* 577 □ 10
Die PFARRKIRCHE ST. STEPHANUS, gotische Hallenkirche des 14.–16. Jh., zählt zu ihrer reichen Ausstattung einen achtseitigen Taufstein mit romanischen Skulpturen und einen Reliquienschrein der hl. Prudentia (um 1240), der Holzkern ist mit vergoldetem Kupfer und getriebenem Silber überzogen.

Bedburg *Reg.-Bez. Köln* 583 □ 1
SCHLOSS Nach manchen Zerstörungen überwiegen seit dem späten 16. Jh. Renaissancebauten. Einen Turm der Südseite krönt ein hohes Walmdach, den anderen drei Schweifgiebel. Auch die beiden gotischen Türme der Nordseite tragen Schweifhelme. Einmalig im Rheinischen ist im Binnenhof die Renaissance-Loggia in italienischer Manier aus der Mitte des 16. Jh.: über rundbogigen Säulenarkaden eine breite Frieszone, die dreiteiligen Fenster von Keramik eingefaßt (1922).

Beedenbostel *Reg.-Bez. Lüneburg* 570 □ 3
KIRCHE 30 Figuren zählt die bewegte Kreuzigungsszene des ganz in Gold gehaltenen Altars. Man weiß nicht, wie diese vorzügliche, um 1500 geschnitzte Antwerpener Arbeit in die hübsche Heidekirche aus dem 18. Jh. kam.

Beerfelden *Reg.-Bez. Darmstadt* 593 □ 3
Die einheitlich schlichten Häuser entstanden nach dem Brand von 1810 in klassizistischem Stil. Sehenswert die aneinandergereihten Trogbrunnen der Mümlingsquelle. Als einzigartiges Rechtsdenkmal steht noch der Galgen aus dem 16. Jh.
EV. PFARRKIRCHE Im großen klassizistischen Emporensaal ein spätmittelalterliches Glasfenster.

Beihingen *Reg.-Bez. Tübingen* 601 □ 10
EV. PFARRKIRCHE Der spätgotische Bau mit seinem mächtigen romanischen Turm bietet ein malerisches Bild. Bemerkenswert die Kirchenausmalung: Sie stammt bereits aus der Zeit nach der Reformation. Mittelalterliches SCHLOSS mit reizvollem Innenhof.

Beilngries *Oberpfalz* 603 □ 10
Der kleine Altmühlort erfreut mit schönen Giebelbauten. Reste der turmbewehrten Ringmauer haben sich erhalten. Sehenswert die Marienkapelle in reinstem Rokoko und die Friedhofskirche St. Lucia, ein im 18. Jh. stuckierter, sonst rein gotischer Bau.

Beilstein *Reg.-Bez. Darmstadt* 585 □ 9
BURGRUINE Malerische Mauern und Gebäude der einstigen Nassauer Grafenresidenz. Der Palas mit seinen Ecktürmchen und die rechteckige Kernburg gehören dem 14. Jh. an.
EV. PFARRKIRCHE, 1614 als Schloßkirche errichtet, mit farbiger Ornamentik an Emporen, Gestühl und Kanzel.

Beilstein *Reg.-Bez. Koblenz* 592 □ 11
Die im 14. Jh. am Fuße der Burgruine Beilstein gegründete Stadt ist der besterhaltene Fachwerkort an der Mosel.
Die KATH. PFARRKIRCHE, 1697–1736 als dreischiffige Hallenkirche eines ehem. Karmeliterklosters errichtet, besitzt schönes Barockinventar.

Beilstein *Reg.-Bez. Stuttgart* 601 □ 10
RUINE HOHENBEILSTEIN Wegen ihres ungewöhnlich hohen Bergfrieds auch „Langhans" genannt. Er stammt, wie der Mauerring, noch aus dem 13. Jh.

Bekond *Reg.-Bez. Trier* 591 □ 2
SCHLOSS In dem verputzten Bau mit roten Sandsteingliederungen um 1710 haben einige Räume reiche Stuckdecken. Im Garten stehen noch ein Pavillon und die große Orangerie (1732).

Belm *Reg.-Bez. Osnabrück* 569 □ 8
KIRCHE ST. DIONYSIUS Im einschiffigen Gewölbebau des 13. Jh. steht ein Taufstein aus seiner Erbauungszeit mit Darstellungen der Heilsgeschichte.

Belsen *Reg.-Bez. Tübingen* 600 □ 4
In der EV. KAPELLE des 12. Jh. haben Grabungen einen Vorgängerbau des 11. Jh. ergeben, von dem auch die eigenartigen Skulpturen an der Westfassade stammen dürften. Die Tierköpfe symbolisieren wohl überwundene heidnische Dämonen.

Bendorf *Reg.-Bez. Koblenz* 584 ■ 5
Die MEDARDUSKIRCHE, 1204 als dreischiffige Pfeilerbasilika in den massigen Formen der Hochromanik erbaut, wurde im zweiten Weltkrieg zerstört. Ihr erhaltener Chorraum und Turm sind in den Neubau von 1956 einbezogen. 1230 baute man an die Südwand des Langhauses das Reichardsmünster an; einst selbständige Kapelle, ist es heute Vorhalle und Orgelempore der neugotischen, größeren kath. Pfarrkirche (1864–67).

Bendorf-Sayn 584 ■ 5
EISENHÜTTE Ein Denkmal der Technik ist die ganz aus Gußeisen bestehende, dreischiffige, basilikal mit dorischen Säulen 1830 vollendete Gießhalle.
KATH. PFARRKIRCHE Ehem. Prämonstratenserabteikirche des 12.–13. Jh. Vom Kloster blieben der schöne romanische Brunnen (um 1230) und der westliche Kreuzgang.

Benediktbeuren *Oberbayern* 610 □ 9
Das EHEM. BENEDIKTINERKLOSTER (8. Jh.), nun Kloster und Hochschule der Salesianer, liegt vor der großartigen Benediktenwand. Mönche schufen hier ein kulturelles Zentrum. Die Handschriftensammlung der Carmina Burana (13. Jh.), meist frecher, lebensfreudiger Lieder der fahrenden Scholaren, Vorläufer der heutigen Studenten, zeugt freilich nicht von Klösterlichem. Die jetzige Klosterkirche (1680–83) ist frühes Barock, bedeutsam für die Entwicklung dieses Stils. Hans Georg Asam,

RELIQUIENBÜSTE DER HL. ANASTASIA, BENEDIKTBEUREN
Für die Hirnschale der heiliggesprochenen Märtyrerin Anastasia, deren Reliquien ein Mönch 1054 aus Verona mitbrachte, arbeitete Joh. Mich. Ernst 1726 die silbergetriebene, mit Edelsteinen besetzte Büste. Egid Quirin Asam entwarf die kostbare Goldschmiedearbeit, die nur am Pfingstsonntag und auf einem Tragaltar in der Fronleichnamsprozession öffentlich zu sehen ist.

der Vater, malte die etwas groben Gewölbefresken in der gedrungen wirkenden Wandpfeilerkirche. Das Gemälde des Antoniusaltars in der westlichen Seitenkapelle der Südwand stammt von seinem Sohn Cosmas Damian Asam. Wichtiger als künstlerische Leistung ist die äußerlich schlichte, aber innen meisterhaft gestaltete ovale Anastasiakapelle nördlich des Altarraums. Dieser Kuppelbau mit Marmorpilastern wurde 1751–58 von Joh. Mich. Fischer geschaffen. Duftige Rocaillen rahmen das Deckenfresko ein. Die Seitenaltäre stammen wahrscheinlich aus Ignaz Günthers Werkstatt. Von den vielen reich stuckierten Räumen der Klostergebäude sind besonders die von Joh. Bapt. Zimmermann dekorierten beachtenswert.

Benninghausen *Reg.-Bez. Arnsberg* 577 ■ 10
Die EHEM. ZISTERZIENSERINNENKLOSTERKIRCHE birgt einen kostbaren Kruzifixus aus dem 11. Jh.

Bensberg *Reg.-Bez. Köln* 584 □ 11
NEUES SCHLOSS Die von zwei preußisch strengen Torhäuschen bewachte Kaserne war das Jagdschloß des Kurfürsten Johann Wilhelm (Jan Wellem). Er ließ es 1703–10 von Matteo Alberti auf sanft ansteigendem Gelände erbauen. Heute wirkt das mächtige Schloß düster, doch damals war sein Backstein weiß getüncht, grauer Werkstein setzte an Ecken und Fenstern die Akzente. Das Corps de logis, das Wohnhaus, wird von einer großen achtseitigen Laterne, die sich kleiner auf den Türmen

der Eckbauten wiederfindet, gekrönt. Von der Ausstattung sind noch reich stuckierte Torbogen und Decken im Corps de logis sowie Deckengemälde einer Treppenhauskuppel geblieben.

RATHAUS Gottfr. Böhm hat hier drei Türme der Alten Burg der Grafen v. Berg aus dem 12./13. Jh. in den modernen, um einen Hof gruppierten Betonkomplex mit einbezogen. Verbunden mit dem Treppenturm, gleicht er einer Burganlage.

Bensheim *Reg.-Bez. Darmstadt* *593 Mitte*
Die Stadt, ein Hauptort des mächtigen frühmittelalterlichen Reichsklosters Lorsch, unterstand seit dem 13. Jh. wechselnd der Kurpfalz und Kurmainz. Die ältesten der schönen Fachwerkhäuser stammen aus dem 15. Jh. Ehem. Adelshöfe, kirchliche Bauten und Befestigungen erinnern an die Bedeutung des alten Ortes an der Bergstraße.

BURGRUINE AUERBACH Die wehrtechnisch großartige Feste an der Bergstraße ist ein seltenes Beispiel mittelalterlicher Burgenarchitektur ohne späteren Festungsausbau.

FÜRSTENLAGER AUERBACH Sehr stimmungsvoll ließ ein hessischer Landgraf den Naturpark im Waldtal und auf angrenzenden Höhen mit dorfartig um eine Heilquelle gruppierten Gebäuden anlegen.

KATH. PFARRKIRCHE Die dreischiffige Pseudobasilika ist eine der edelsten Raumschöpfungen des Klassizismus, 1826 von Georg Moller erbaut.

Bentheim *Reg.-Bez. Osnabrück* *568 ■ 8*
SCHLOSS Auf einem Felsrücken erhebt sich die ehem. Residenz der Bentheimer Grafen, die größte Festung Niedersachsens. Sie erreichte im 15. und 16. Jh. ihre weiteste Ausdehnung. Der quadratische Turm entstand in der 2. Hälfte des 15. Jh. Berühmt ist der „Herrgott von Bentheim" (12. Jh.), ein Steinkreuz mit bekleideter Christusfigur.

Berbling *Oberbayern* *610 ■ 2*
PFARRKIRCHE Das kleine Dorf baute sich 1751–56 eine der originellsten Landkirchen des bayerischen Rokoko. Dem bewegten Außenbau, den Gesimse von energischer Modellierung begleiten, entspricht das Innere. Zwei Querovale für Chor und Vorhalle umgrenzen einen länglichen Zentralraum, in den die Außenwände kraftvoll einschwingen. Hier arbeitete der Maler Wilh. Leibl vier Sommer lang an seinen „Drei Frauen in der Kirche".

Berching *Oberpfalz* *603 □ 10*
Das „oberpfälzische Rothenburg" im Tal der Sulz zeigt wie keine andere Stadt der Gegend ein einheitliches spätmittelalterliches Gesicht.

MARIÄ HIMMELFAHRT, ein frühgotischer Bau mit kräftigem Vierkantturm. Innen guter Fresken- und Rocailleschmuck. Gute Bildhauerarbeit ist das Epitaph des Georg Keller (um 1550).

ST. LORENZ Jenseits der Sulz, ursprünglich romanisch. Im Innern gotisches Schnitzwerk (am neugotischen Hochaltar, an den Seitenaltären). Hervorragend die Tafelgemälde (etwa 1515) mit Themen aus der Laurentiuslegende im Stil der Donauschule. Die STADTBEFESTIGUNG, ein Mauergürtel aus Quadern (1,5 Meter dick und 6 Meter hoch), ist vollständig erhalten. In die Stadt kommt man wie im Mittelalter nur durch eines der vier Tore, die sogar noch Eichentüren haben. Neun Befestigungstürme, einer ist der originelle Chinesische Turm, und gedeckte Wehrgänge vervollständigen das Bild.

FASSADENMALEREI IN BERCHTESGADEN
Ungewöhnlich ist das Thema der um 1600 entstandenen Malerei an der Außenfront der jetzigen Kreissparkasse, dem früheren Gasthaus zum Hirschen: inmitten von Schinken, Würsten, Fischen, Enten und Fruchtgehängen parodieren Affen in humoristischen Szenen das Treiben der Menschen – beim Geldwechseln, beim Schachspiel und, an anderer Stelle, beim Tanz und auf der Jagd.

Berchtesgaden *Oberbayern* *611 ■ 4*
ist einer der anmutigsten Orte Deutschlands. Die Umgebung ist einzigartig: über 2000 Meter hohe Gipfel umschließen das an einen Berg gelehnte Städtchen, und der Königssee ist nah. „Herr, wen Du liebhast, den lässest Du fallen in dies Land", läßt Ganghofer, der hier drei Sommer verbrachte, eine seiner Romanfiguren sprechen. Die Häuser mit ihren weit vorgestreckten flachen Giebeln und der Fassadenmalerei strahlen eine bayerisch-gemütliche Atmosphäre aus.

EHEM. AUGUSTINERCHORHERRENSTIFTSKIRCHE Das um 1100 gegründete Stift hat eine wechselvolle Vergangenheit. Die heutige dreischiffige Hallenkirche (16. Jh.) entstammt in ihren ältesten Teilen dem 12. Jh., der frühgotische Chor dem 13. Jh. Klare Gliederungen außen wie innen geben dem Bau etwas Strenges. Das Dekor ist teils romanisch, teils gotisch: romanisches Portal aus rosafarbenen und gelblichgrauen Steinen mit gemeißeltem Blattwerk, Tier- und Menschenmasken; spätgotisch das Sakristeiportal mit alten Türbeschlägen, ein Tafelgemälde von 1474 im Tympanon des Nordportals und die Kapitelle im Chor. Der schon klassizistische Marmorhochaltar in römisch-salzburgischer Art wurde 1663–69 gearbeitet, die Orgeloratorien im Rokokostil Mitte des 18. Jh., das schöne Chorgestühl stammt vorwiegend aus der Mitte des 15. Jh. Von den Grabsteinen ist besonders der für Propst Pienzenauer (etwa 1432) erwähnenswert.

Die FRAUENKIRCHE AM ANGER, die früher zu einem Frauenkloster gehörte, wurde um 1520 erbaut. Im östlichen Kapellenbau eine Holzfigur von etwa 1500: Maria im Ährenfeld.
SCHLOSS Die ehem. Stiftsgebäude kamen schon als Schloß zur Zeit der Säkularisation (Anfang 19. Jh.) an Bayern und gingen 1918 in den Besitz der Königsfamilie über. Kronprinz Rupprecht stattete es mit privaten Kunstschätzen aus; rühmenswert die Ostasiensammlung. Von den im Geviert angelegten, im 18. Jh. schloßartig veränderten Stiftsgebäuden ist der romanische Kreuzgang des ausgehenden 13. Jh. wegen der Architektur und des Skulpturschmuckes interessant. Im Ostflügel ein schönes frühgotisches Dormitorium, im Obergeschoß zwei in frühgotischem und Renaissancestil gestaltete Säle.

Berg am Starnberger See *Oberbayern* 610 □ 10
GEDÄCHTNISKAPELLE Ein Kreuz im Wasser bezeichnet die Stelle, an der König Ludwig II. am 13. 6. 1886 ertrank; gegenüber die neuromanische Gedächtniskapelle (1900).
SCHLOSS In dem 1640 erbauten, dann zu einem Schloß erweiterten schlichten Herrensitz verlebte der König seine letzten Tage.

Bergen b. Neuburg *Schwaben* 602 □ 3
WALLFAHRTSKIRCHE HL. KREUZ 976 gründete· Wiltrudis, Witwe des Bayernherzogs Berthold I., ein Benediktinerinnenkloster und war dessen erste Äbtissin. Unter den Jesuiten wurde 1755–58 die einst romanische Hallenkirche in einen Rokokobau verwandelt, mit graziösen Stukkaturen, schwungvoll farbigen Fresken, guten Altargemälden und feinem Altarschnitzwerk. Sehr sehenswert die noch rein romanische Krypta.

Berghausen *Reg.-Bez. Arnsberg* 577 □ 7
DORFKIRCHE Einfacher, kleinräumiger Grundriß und schwere, massige Mauern des 12. Jh. mit bedeutenden romanischen Wandmalereien, 1210–20.

Bergheim *Reg.-Bez. Kassel* 578 □ 8
KIRCHE Romanisches, zweischiffiges Langhaus mit schlanken Säulen in der Mittelachse. Im gotischen Chor Wandmalereien (um 1460): Jüngstes Gericht, Apostel, Rankenwerk, besterntes Gewölbe. Spätgotischer Flügelaltar etwa derselben Zeit.

Bergheim *Reg.-Bez. Köln* 583 □ 1
Das zweigeschossige AACHENER TOR (14. Jh.), mit spitzbogiger Durchfahrt, bildete den westlichen Eingang in die Stadt. Teile der Stadtmauer und ihre Wehrtürmchen sind noch erhalten.
Die KATH. PFARRKIRCHE ST. REMIGIUS liegt außerhalb der Stadt auf einer Anhöhe über der Erft. Querschiff, Chor mit halbrundem Abschluß und Chortürme (1175 geweiht) datieren aus romanischer Zeit. Das gotische Langhaus, eine dreischiffige Stufenhalle, entstand im 15. Jh. Der Westturm von 1758 wurde 1863–67 um ein weiteres Stockwerk erhöht. Kostbarkeiten des Kirchenraumes: ein Kruzifix Kölner Schule (Ende 15. Jh.), ein Gnadenbild und eine hl. Anna selbdritt (frühes 16. Jh.). Außen vor dem Chor der hl. Sebastian in Bronze, von Gerh. Marcks, 1952.

Berkenthin *Schleswig-Holstein* 563 ■ 11
KIRCHE in Groß-Berkenthin. Vom quadratischen Chor stuft sich der Backsteinbau bis zum kräftigen Turm hinan. Bauzeit war das 13. Jh. Kunstvolles Gewölbe, gotische Ausmalung 1899 erneuert.

Berkum *Reg.-Bez. Köln* 584 □ 9
BURG ODENHAUSEN Über dem Schloßweiher erhebt sich die ganz ummauerte Renaissancehauptburg (1560), ein schönes Portal der Vorburg gewährt Einlaß.

Berleburg *Reg.-Bez. Arnsberg* 585 □ 11
SCHLOSS Eine große, uneinheitliche Dreiflügelanlage mit ältesten Teilen aus dem 16. Jh., baulichen Veränderungen des 18. und frühen 20. Jh. Im Innern noch ein reich stuckierter Musiksaal.

Berlepsch *Reg.-Bez. Kassel* 578 ■ 5
Die Burg überblickt die Waldberge des Werratals. Gotische und Renaissanceteile stehen neben Bauten des 19. Jh. Doch ist trotzdem der Burgcharakter gewahrt. Heute Hotel.

Bermatingen *Reg.-Bez. Tübingen* 608 □ 9
KATH. PFARRKIRCHE von 1422, später barockisiert. Im Chor virtuose Muttergottes von Jörg Zürn (um 1620).

Bernau *Reg.-Bez. Freiburg i. Br.* 606 □ 3
In weitem Hochtal eine typische Streusiedlung mit schönen Schwarzwaldhöfen. Die Heimat des Malers Hans Thoma, sein Geburtshaus steht im Ortsteil Oberlehen. Von ihm zwei Seitenaltarbilder in der barocken kath. Pfarrkirche. Im Rathaus das THOMA-MUSEUM und die Galerie mit Werken zeitgenössischer Künstler.

PORTAL DER LUDWIGSBURG, BERLEBURG
Ein dunkellockiger Engelskopf ist das Hauptmotiv des Portalschmucks. Ihn umgeben Traubengewinde, aufgebrochene Feigen und Blätter, biblische Symbole in einem stilisierten Kreuz: das Portal führt in ein Haus weltferner Frömmigkeit, in dem sich gelehrte Pietisten und Mystiker um den Grafen Casimir zu Sayn-Wittgenstein-Berleburg versammelten. Er war einer der Hauptverfasser der achtbändigen Berleburger Bibel (1726–42). Das malerische, mit reichen Schnitzereien verzierte Fachwerkhaus von 1707 wurde nach seinem Erbauer, dem Grafen Franz Ludwig, benannt: Ludwigsburg.

Berne *Verw.-Bez. Oldenburg* 561 ■ 6
EV. PFARRKIRCHE Turm und Nordwand stammen aus dem 12. Jh., die Hallenkirche (mit drei quergestellten Satteldächern) aus dem 13. Jh.

Berneck *Reg.-Bez. Karlsruhe* 600 ■ 7
Das winzige Städtchen türmt sich steil auf schmaler Bergnase, die Giebelhäuser drängen sich auf der Wehrmauer. Zuoberst noch eine romanische Schildmauer mit zwei Türmen. Das Schloß davor ist aus dem 19. Jh.

Bernkastel-Kues *Reg.-Bez. Trier* 592 □ 10
Man findet hier romantische Winkel (Marktplatz mit Rathaus, 1608, und Michaelsbrunnen, 1606) und reiche Fachwerkbauten. Die Burgruine Landsberg über dem Ort stammt aus dem 13. Jh. Auf dem linken Moselufer liegt Kues mit dem Geburtshaus des großen Philosophen und Theologen Nikolaus von Kues (1401–1464). Er stiftete 1447 das berühmte Hospital.
Die KATH. PFARRKIRCHE ST. MICHAEL (Ende 14. Jh.) ist dreischiffig bei nur geringer Länge und Höhe. An die Nordseite des Chores wurde 1659 die Kneippsche Kapelle mit Kuppellaterne angebaut.
ST.-NIKOLAUS-HOSPITAL Aus der Entstehungszeit ist außer dem Kreuzgang und dem Refektorium mit Wandmalereien die fein proportionierte Kapelle mit einem Mittelpfeiler und Sterngewölben. Von der sehr bedeutenden Ausstattung seien nur das Grab, unter dem das Herz des Kardinals ruht, und das Grab seiner Schwester genannt. Die Bibliothek hat kostbare Sammlungen, der Konventsaal barocke Stuckdekoration und Gemälde. 1748–78 erweitert.

Bersenbrück *Reg.-Bez. Osnabrück* 568 □ 3
EHEM. KLOSTER Die Vincentiuskirche aus dem 13. Jh. wird von einem Turm des 15. Jh. überragt. Ein frühgotischer Kreuzgang und Gebäude von 1700 erinnern an die Zisterzienserinnen, die hier bis 1786 lebten. In einem Flügel das Heimatmuseum.

Bertoldsheim *Schwaben* 602 ■ 3
Gabriel Gabrieli schuf 1718–30 das schöne BAROCKSCHLOSS, eine zweigeschossige hufeisenförmige Anlage mit großer Freitreppe. Viele Wandfresken im Innern stammen aus dem Mittelalter. Gemäldesammlung.

Bertoldshofen *Schwaben* 609 ■ 9
ST. MICHAEL Das Äußere der stattlichen Kirche, die der Basilika Il Santo in Padua nachgebildet ist, bestimmen mehrere reizvoll angeordnete Kuppeln. Der Füssener Joh. Georg Fischer entwarf den interessanten Bau (1727–33), dem lockere Stukkaturen nach Wessobrunner Art und lichtumflutete Fresken eine freundlich-heitere Atmosphäre geben.

Berus *Saarland* 591 □ 5
Von den Befestigungen sind das Burgtor und Haus Scharfeneck zu beachten. Westlich des Ortes steht die in Teilen gotische Kapelle St. Oranna.
PFARRKIRCHE ST. MARTIN Altäre und Figuren schuf der Bildhauer Guldner im 18. Jh. In der gotischen Sakristei ein schöner Marienaltar, um 1625.

Besigheim *Reg.-Bez. Stuttgart* 600 □ 2
BURGTÜRME Wahrzeichen des altertümlichen Städtchens auf schmalem Bergrücken zwischen Neckar und Enz sind die beiden Bergfriede – mit ihren

3–4 Meter starken, von Buckelquadern umkleideten Mauern.
EV. STADTKIRCHE Gotisch, später mehrmals verändert. Innen Wandmalereien des 14. Jh. Der Flügelaltar aus der Werkstatt des Christoph von Urach (um 1520) gehört zu den schönsten Schnitzwerken der späten Gotik.

Bettbrunn *Oberbayern* 603 ■ 10
WALLFAHRTSKIRCHE ST. SALVATOR Ein Hostienwunder 1125 führte zum Bau einer Holzkapelle, die 1330 durch einen Steinbau ersetzt wurde. Chor und Turm stammen noch daher. Die Hostie ging verloren, ihre Wunderkraft übertrug sich auf die um 1300 entstandene Statue des hl. Salvator auf dem Tabernakel. Das Innere des saalartigen Langhauses (1774) klassizistisch. In der Sakristei ein Kruzifix von 1540.

Bettenburg *Unterfranken* 595 □ 11
Die schloßartige Burg entstand um 1570. Bemerkenswert der um 1790 angelegte Park mit romantischen Pavillons und vielen Plastiken.

Betzendorf *Reg.-Bez. Lüneburg* 563 □ 8
Die KIRCHE wurde um 1300 erstmals erwähnt. Ihr runder Wehrturm ist älter. Sehenswert der Flügelaltar (etwa 1455) und der 1368 gegossene Taufkessel aus Bronze.

Betzenstein *Oberfranken* 596 □ 9
Den einzigen Zugang zu der auf steilem Fels gelegenen Burg bildet eine schmale Stiege mit mehr als hundert Stufen. Ihr zu Füßen die kleine Stadt mit dem „wunderbarlichen" tiefen Brunnen in einem Fachwerkhäuschen am Markt.

Beuel-Schwarzrheindorf *Reg.-Bez. Köln* 584 □ 10
Die DOPPELKAPELLE wurde im Jahre 1151 geweiht. Am Äußeren des eindrucksvollen romanischen Baus fällt die rundum laufende Zwerggalerie auf. Im Inneren fesselt vor allem die Bemalung. Nach dem Verputz der Innenwände wurden die Figuren in Ocker vorgezeichnet, dann mit Kalkfarbe rot, gelb und grau ausgemalt. Vier große und 16 kleinere Bilder der Unterkirche zeigen auf stumpfblauem Grund Szenen aus dem Buch Hesekiel und im Chorraum der Oberkirche die Stifter der Kirche zu Füßen des Himmelskönigs.

Beuel-Vilich 584 □ 10
KATH. PFARRKIRCHE Die hl. Adelheid von Vilich war die erste Äbtissin des um 980 gegründeten Stiftes. Ausgrabungen im 20. Jh. enthüllten die Baugeschichte: 980 ottonische Saalkirche, vor 1057 monumentale Kirche zur Aufnahme der Pilgerscharen. Ringkrypta für das Grab der Heiligen, das Adelheidschörchen (frühes 13. Jh.), ihre liegende Figur ist aus späterer Zeit.

Beuggen *Reg.-Bez. Freiburg i. Br.* 606 ■ 5
EHEM. DEUTSCHORDENSSCHLOSS auf einer künstlichen Insel zwischen Berg und Rheinschleife. Mächtige, umwehrte Anlage des 13. Jh. Schöner Rittersaal mit Balkendecke. Treppenhaus mit prunkvollem Atlantenportal. Das Innere der Schloßkirche ist helles, festliches Rokoko.

Beuron *Reg.-Bez. Tübingen* 607 ■ 2
Die BENEDIKTINERABTEI, von einer Flußschleife umfangen, liegt inmitten bizarrer Kalkfelsen im romantischsten Abschnitt des oberen Donautales. Seit

DOPPELKAPELLE,
BEUEL-SCHWARZRHEINDORF

Auf dem Boden einer fränkischen Pfalz mit einem Friedhof ließ sich der Erzbischof von Köln Arnold von Wied Mitte des 12. Jh. eine Haus- und Grabkapelle errichten, die zu den schönsten und bedeutendsten romanischen Bauten des Rheinlandes zählt. Seine Schwester Hedwig, Äbtissin von Essen, vergrößert sie und baut sie zu einer Nonnenklosterkirche um.

dem 19. Jh. entwickelte sie sich zu einer Stätte intensiven geistlich-kulturellen Lebens. Pater Desiderius Lenz begründete die Beuroner Kunstschule, die die Sakralkunst durch frühchristliche, griechische und ägyptische Symbolik neu zu beleben suchte. Ganz in diesem Stil sind die Gnadenkapelle der Klosterkirche (1898–1901) und die etwas donauabwärts gelegene St.-Maurus-Kapelle (1870) ausgemalt. Die für das berühmte Kloster bescheidene Barockkirche (1732–1738) besitzt feine Stukkaturen und Fresken. Der Hochaltar von Josef Anton Feuchtmayer und den Brüdern Dirr (1760) ist leider nur teilweise erhalten.
DONAUBRÜCKE Hübsche, gedeckte Holzbrücke (1803).

Beutelsbach *Reg.-Bez. Stuttgart* 601 ■ 9
KIRCHE Die ehem. Stiftskirche, spätgotisch auf älterem Grund, war die erste Grablege der Grafen von Württemberg.

Bevern *Reg.-Bez. Hildesheim* 578 ■ 11
Das SCHLOSS wurde 1603–12 als Vierflügelanlage um einen quadratischen Binnenhof errichtet. Die Hoffassaden sind im Obergeschoß in Fachwerk erbaut. Die reichen Portale, Erker und Giebel erinnern an die nahe Weserrenaissance in Hameln und Hämelschenburg.

Beyharting *Oberbayern* 610 ■ 2
EHEM. AUGUSTINERCHORHERRENSTIFTSKIRCHE Den saalartigen Innenraum zieren Joh. Bapt. Zimmer-

manns locker gefügte Stukkaturen (um 1730) sowie Deckenfresken in Langhaus und Chor. Ein Renaissanceseitenaltar von 1540, eine um 1770 geschnitzte Mater dolorosa, ein schönes Chorgitter von 1670, wie es nur noch selten erhalten ist, und die spätgotische Relieffigur der Stifterin sind die bedeutendsten Details der Kirche.

Biberach a. d. Riß *Reg.-Bez. Tübingen* 608 ■ 12
Wirtschaftliche Tüchtigkeit und Kunstsinn waren seit jeher kennzeichnend für die Bürger der ehem. Reichsstadt, deren Waren einst auf allen großen Messen gehandelt wurden. Im 18. Jh. wirkten hier bedeutende Künstler, die ihr den Ruf eines „oberschwäbischen Athen" einbrachten. Es gab ein vorbildliches Theater, auf dem Shakespeare zum erstenmal in Wielands Übersetzung gespielt wurde. Gediegene BÜRGERHÄUSER typisch schwäbischer Bauart, meist mit übermassivem Untergeschoß, vorspringendem Fachwerkaufsatz und breitem Giebel, bestimmen das Straßenbild.
HL.-GEIST-SPITAL (16. Jh.) mit imposanter spätgotischer Fassade. Es beherbergt das Braith-Mali-Museum, eine der größten Gemäldesammlungen Baden-Württembergs.
MESNERHAUS Spätgotisch, bis 1553 Friedhofskapelle. Gut erhaltene Wandmalereien um 1440.
Das NEUE RATHAUS ist ein stattlicher Bau von 1503 mit Stufengiebel und aufgesetzten Türmchen.
STADTBEFESTIGUNG Erhalten blieben das ehemalige Hauptbollwerk, der Weiße Turm, das wehrhafte Ulmertor und der Gigelturm (15. Jh.).
Die STADTPFARRKIRCHE, die mit ihrem kraftvollen Turm den Marktplatz beherrscht, zeigt von außen bürgerlich gediegene Spätgotik. Das Innere jedoch, mit den farbenprächtigen Deckengemälden von Joh. Zick und dem üppigen Rocaillestuck, strahlt in barockem Glanz. Vor dem Hochaltar elegantes Rokokogitter.
Mit dem WIELANDMUSEUM ehrt die Stadt ihren größten Sohn, Christ. Mart. Wieland, der (1733 im nahen Oberholzheim geboren) hier Kindheit und Jugend verbrachte und später einige Jahre als Senator wirkte. In der Nähe noch sein Gartenhaus.

Biberbach *Kr. Augsburg-West, Schwaben* 602 ■ 6
WALLFAHRTSKIRCHE HL. KREUZ Das volkstümliche „Herrgöttle von Biberbach", ein weitbekanntes Ziel schwäbischer Wallfahrt, ist der romanische Holzkruzifixus am barocken Hochaltar.

Biburg *Niederbayern* 603 ■ 1
Die ehem. BENEDIKTINERKLOSTERKIRCHE hat bis auf die spätgotische Wölbung im Innern ihr ursprüngliches Gesicht als rein romanischer Quaderbau des 12. Jh. bewahrt. Aufgelockert werden Herbheit und Strenge der kreuzförmigen Basilika durch Rundbogenfriese an den Apsiden und der Westfassade. Das westliche Säulenportal ist mit Figuren und Kachelbändern geschmückt. Die beiden Vierkanttürme mit Pyramidendach sind von einer Zweier-Klangarkade durchlichtet. Dem Innenraum geben die hoch sitzenden Rundbogenfensterchen nur wenig Licht. Von der alten Innenausstattung sind ein sehr schöner Taufstein und eine Grabplatte mit einem Relief der Stifterin Berchta erhalten.

Bichl *Oberbayern* 610 □ 9
Die 1751–53 von Joh. Mich. Fischer erbaute Dorfkirche ST. GEORG erreicht ein Höchstmaß an Vollkommenheit in Proportionen und Schmuck. Der

AUS DEM SPIELKARTENMUSEUM, BIELEFELD

*Eine Karte des Majong-Spiels, unserm Quartett
ähnlich, doch komplizierter. Jeweils vier Karten pas-
sen zusammen. Drachen und Himmelsrichtungen
waren die beliebtesten Serien. Das chinesische Zeichen dieses Klischeedrucks aus dem Ende des 19. Jh.
bedeutet Hsi, Westen. Die dargestellte Frau ist eine
Figur aus einem geschichtlichen Roman des 14. Jh.*

*Spielkarten gab es in China bereits im 7. Jh. „Der
große Fisch", eine Karte im Werte von 100 Münz-
einheiten, ist eine Holzschnittarbeit, um 1850 in
Tientsin entstanden. Am Fischmaul die Bemerkung
„Nachdruck verboten". – Die Karten hielt man meist
nicht fächerförmig, sondern legte sie so aufeinander, daß nur die Randmarke zu sehen war, die
den Wert der Karte bezeichnet.*

*Seit dem 16. Jh. etwa spielt man im Norden Indiens
das Ganjifa, ein Kartenspiel, das dem Schachspiel
ähnelt. Die runden Elfenbeintäfelchen wurden später
durch handgemalte, ebenfalls runde Karten ersetzt.
Seit dem 19. Jh. tragen sie französische Farbzeichen.
Die abgebildete Pique-Karte entstand um 1870 in der
Provinz Sikkim.*

*(Das Museum wurde überraschend dem Deutschen
Spielkartenmuseum in Leinfelden eingegliedert.)*

meisterliche Hochaltar – eine Schnitzgruppe: der
hl. Georg im Drachenkampf – stammt von Joh.
Bapt. Straub.

Bielefeld *Reg.-Bez. Detmold* 569 ☐ 6
Die im 16. Jh. im umliegenden Ravensberger Land
eingeführte Leinenweberei hat den Wohlstand der
Stadt begründet, die aber, an einer Paßstraße über
den Osning gelegen, bereits viel früher Bedeutung
erlangt hatte.
BAUERNHAUSMUSEUM Ein Freilichtmuseum mit
vollständig eingerichtetem Bauernhaus von 1560
nebst Bockwindmühle und Spieker.
Die MARIENKIRCHE (Neustädter Kirche), um 1300,
eine gotische Halle, birgt als kostbaren Schatz das
Grabmal des Ravensberger Grafen Otto III., seiner
Gemahlin und ihres Söhnchens, eine Glanzleistung
der Grabplastik des frühen 14. Jh. Die Mitteltafel
des Marienaltars ist ein besonders schönes Beispiel
des Weichen Stils.
Die NIKOLAIKIRCHE (Altstädter Kirche), eine Hallenkirche des 13. Jh., ist nach der Zerstörung im
zweiten Weltkrieg 1955 würdig wiedererstanden
und zeigt im Chor einen großartigen Antwerpener
Schnitzaltar des frühen 16. Jh.
Von der SPARRENBURG, im 13. Jh. von den Gründern Bielefelds, den Grafen von Ravensberg, erbaut, blieb nur das gotische Eingangstor. Der Berg-

MARIENKIRCHE, BIELEFELD

*Über den Schöpfer der fünfzehn Nischenfiguren
unter kunstvollem Maßwerkfiligran weiß man
nichts und über seine Werkstatt nur so viel, daß
dort wohl auch das Grabmal des Grafen Otto III.
und die Grabmäler in Marburg und Cappenberg
entstanden. Sie sind Meisterwerke deutscher Bildhauerei zu Beginn des 14. Jh.*

fried, Wahrzeichen der Stadt, im 19. Jh. erneuert.
Das SPIELKARTENMUSEUM wurde mit dem Deutschen
Spielkartenmuseum in Leinfelden bei Stuttgart zu-
sammengelegt.
Die STÄDTISCHE KUNSTHALLE zeigt Gemälde, Gra-
phiken und Skulpturen des 20. Jh.

Bieselbach b. Augsburg *Schwaben* 602 ☐ 6
In der kleinen KAPELLE steht der meisterhafte spätgotische Schnitzaltar von Daniel Mauch, entstanden
1510: Darstellung der Hl. Sippe.

Bietigheim a. d. Enz *Reg.-Bez. Stuttgart* 600 ☐ 2
BRUNNEN Vor dem Rathaus der Marktbrunnen mit
Ritterfigur (1549); etwas östlich davon der Fräu-
leinbrunnen mit einem auf der Säule sitzenden
Meerweibchen (1557).

Die FRIEDHOFSKIRCHE, eine gotische Kapelle, auf einer Anhöhe westlich der Stadt gelegen, mit Wandmalereien aus dem 14. Jh.

Bildhausen *Unterfranken* 587 □ 8
Von der Kirche und dem Klostergebäude der EHEM. ZISTERZIENSERABTEI haben sich erhalten: das romanische Rundbogentor mit spätgotischer Marienstatue, das Abteigebäude mit reizvollem Treppenhaus und Räumen im Rokokostil und die Kanzlei mit schöner Giebelfassade.

Billerbeck *Reg.-Bez. Münster* 576 □ 12
Das hübsch in den Baumbergen gelegene Städtchen hat stets im Schutze der Bischöfe von Münster existiert; ihr erster, der hl. Ludgerus, starb hier 809. Die JOHANNISKIRCHE, 1234 begonnen, ist bemerkenswert als Beispiel einer Mischung des rheinischen basilikalen Systems mit dem Hallenbauschema, wie es im Münsterland weithin traditionell war. Im Innern eine große spätgotische Doppelmadonna und ein reichgearbeiteter Taufstein von 1497. Die Nordseite zeigt sich als romanische Portalfront, vor der Südseite steht eine Martersäule des frühen 16. Jh. mit einem Erbärmde-Christus.

Billigheim *Reg.-Bez. Karlsruhe* 594 □ 8
Die KATH. PFARRKIRCHE gehörte zu einem im 16. Jh. aufgelösten Nonnenkloster. Die Apsis mit den kleinen rundbogigen Fenstern ist noch von der Bauzeit um 1200. Im Langhaus wurden in der Spätgotik, als man hellere Räume liebte, unter die romanischen Fenster größere, mit Maßwerk verzierte eingebrochen. Romanischer Opferstock in der Form eines verknoteten Säulenbündels.

Billigheim *Rheinhessen-Pfalz* 599 □ 2
Der Ort hat sein mittelalterliches Stadtbild erhalten. Die EV. PFARRKIRCHE ist gotisch aus verschiedenen Bauperioden. Im Chor Fresken des 14. Jh.

Bilstein *Reg.-Bez. Arnsberg* 576 □ 4
BURG Um 1450 errichtet der Kölner Erzbischof die gegenwärtige Anlage auf den Resten einer älteren Befestigung. Starke Rundtürme sichern den Zugang über eine Brücke zur Burg (Jugendherberge).

Binau *Reg.-Bez. Karlsruhe* 593 □ 4
PFARRKIRCHE Abseits der Neckar-Uferstraße, leicht erhöht gelegen. Im 14. Jh. erbaut, barock erweitert. Im Chor gotische Wandmalereien.
RUINE DAUCHSTEIN Am abschüssigen Uferhang stehen noch Bergfried (14. Jh.) und Schildmauer.

Bindlach *Oberfranken* 596 ■ 11
EV. KIRCHE Wuchtiger Quaderbau (1766–68) mit kräftigem, von einer schönen Haube gekröntem Turm. Sehr gute Stukkaturen und Deckenfresken, ein großer Kanzelaltar mit vorzüglichen Figuren.

Bingen *Rheinhessen-Pfalz* 592 □ 2
Einst ein Kastell der Römer, von der Völkerwanderung mitgenommen, seit dem 10. Jh. ans Erzstift Mainz verliehen, blieben der Stadt weder Zerstörung, Belagerung noch Feuersbrünste erspart. EHEM. STIFTSKIRCHE ST. MARTIN Von einer Kirche des 11. Jh. ist die Krypta erhalten. Chor und Langhaus datieren aus dem 15. Jh., der Barbarabau, das nördliche Seitenschiff aus dem 16. Jh. Zur reichen Ausstattung gehören einige der schönsten Tonfiguren des mittelrheinischen Weichen Stils, die der hl. Barbara und hl. Katharina.

NILPFERD IN BRONZE, BINGEN
Ein römischer Arzt aus dem 1.–4. nachchristlichen Jahrhundert hinterließ in Bingen sein gesamtes Instrumentarium, das man 1925 in der Kronstraße fand. Es besteht aus über 60 Teilen, darunter eine Blutfangschale, ein Schädelbohrer, ein Schröpfkopf und dieser Behälter in Form eines Nilpferdes, in dem er wahrscheinlich Betäubungsmittel aufbewahrte. Die gekrönte Uräusschlange, einst Herrschersymbol ägyptischer Könige, ist das Wahrzeichen der Universität Alexandria.

MÄUSETURM Auf einem Felsen im Rhein erbaute im 13. Jh. der Erzbischof von Mainz einen Zollturm, in dem der Sage nach der grausame Erzbischof Hatto von Mainz durch Mäuse ein schreckliches Ende fand.
Die ROCHUS-KAPELLE über der Stadt, während der Pest 1666 gestiftet, ist berühmt durch Goethes Schilderung des Rochusfestes.

Bingen a. d. Lauchert *Reg.-Bez. Tübingen* 608 □ 10
Die spätgotische KATH. PFARRKIRCHE, in freier, beherrschender Lage auf dem Kirchberg, besitzt einen wertvollen Hochaltar mit ausdrucksvollen Holzfiguren Jörg Syrlins d. J. und Tafelbildern von Barth. Zeitblom.

Binsfeld *Reg.-Bez. Köln* 583 ■ 1
BURG Seit seiner Erbauung 1533 blieb der Hauptflügel mit seinem achteckigen Treppenturm in ursprünglicher Form erhalten. Die Hofseite zeigt in beiden Geschossen wunderschöne Laubengänge, verziert mit Maßwerk aus rotem Sandstein.

Birkenau *Reg.-Bez. Darmstadt* 593 ■ 5
Georg Moller schuf 1818 die ev. Kirche als beispielhaft klassizistische Dorfkirche. Das sehenswerte Rathaus in Fachwerk, eines der ältesten Südhessens, datiert von 1552.
SCHLOSS Die Residenz der Freiherren Wambolt v. Umstadt wurde von Leonh. Stahl 1765–68 im Stile eines kleinen Palais erbaut. Es ist unserer Zeit als einer der seltenen reinen Barockbauten des Odenwald-Adels überliefert.

Birkenfeld *Mittelfranken* 594 ■ 12
Von dem 1275 gegründeten Zisterzienserinnenkloster blieb nur die schlichte, für den Orden typische Kirche erhalten. Im Schiff die Gruftkirche, darüber die Nonnenempore.

Birkenstein *Oberbayern* 610 ▪ 4
Die WALLFAHRTSKAPELLE (1709/10) hat die italienische
Santa Casa von Loreto zum Vorbild. Über der
Grotte mit dem Hl. Grab der farbenfrohe Innen-
raum in quellenden, vergoldeten Rokokoformen.

Birnau
Gem. Oberuhldingen, Reg.-Bez. Tübingen 608 □ 9
WALLFAHRTSKIRCHE ST. MARIEN „Die Birnau"
wurde 1750 nach vierjähriger Bauzeit geweiht. Das
quer vor die Kirche gelagerte Priesterhaus diente
als Sommersitz der Salemer Abtei bis zur Säkularisation und ist seit 1919 Zisterzienserpriorat. Die

ENGELKNABE VOM SEITENALTAR, BIRNAU
*Auf anmutigere Weise hätte man nicht auf die
fließende Redegewandtheit Bernhard von Clairvaux' hinweisen können als durch den berühmten
„Honigschlecker" von Joh. Mich. Feuchtmayer.*

Kirche mit ihrem hohem Turm, in herrlich freier
Lage oberhalb des Bodensees, ist Peter Thumbs
reifstes Werk. Am Eingangsportal die steinerne Immaculata von Jos. Anton Feuchtmayer. Weiter,
lichter Kirchenraum. Links der Josephsaltar mit
Bild von Karl Stauder, rechts sein „Martyrium des
hl. Erasmus". Vor dem Chor der Benediktaltar und
der des hl. Bernhard. Die Altäre Feuchtmayers im
Vorchor, zu seinem Hauptaltar hinweisend, sind
schwereloses, reinstes Rokoko, ebenso seine schöne
Kanzel. Der Hochaltar mit den dramatischen Gestalten der Hl. Sippe wurde 1790 klassizistisch verändert. Hier steht das Gnadenbild aus dem 15. Jh.,
Mittelpunkt der Wallfahrtskirche. Die geschwungene Emporenbalustrade weist von den durch
marmorierte Pilaster gegliederten Wänden zu den
Deckengemälden, die die Muttergottes verherrlichen
und über der Orgelempore in einem Engelkonzert
abschließen. Von besonderer Schönheit sind die acht
erhaltenen farbigen Stationen von Feuchtmayer.

Birstein *Reg.-Bez. Darmstadt* 586 □ 8
SCHLOSS Auf einem Bergrücken über dem Städtchen entstand vom 13.–18. Jh. um drei Gutshöfe
die verwinkelte, höchst malerische Anlage. Vor allem
die Renaissance bestimmte das Äußere. Als einheitlicher Barockbau kam 1768 das neue Schloß hinzu;
in den Innenräumen kostbare Stuckdekorationen
und Malereien.

Birten *Reg.-Bez. Düsseldorf* 575 ▪ 2
Das RÖMISCHE AMPHITHEATER, südlich des römischen Lagers Castra Vetera, ist als eines der wenigen Holz-Erde-Theater aus dem 1. Jh. n. Chr.
erhalten (heute Freilichtbühne).

Bischmisheim *Saarland* 592 □ 8
EV. PFARRKIRCHE Der achteckige Emporenbau wur-
de 1824 nach dem Entwurf des großen preußischen
Architekten Karl Friedr. Schinkel erbaut.

Bisperode *Reg.-Bez. Hannover* 570 □ 7
EV. KIRCHE Außer dem romanischen Turm ein Bau
des 18. Jh. mit prachtvollem Kanzelaltar.
SCHLOSS Ein Wassergraben umzieht die hufeisenförmige, aus der Menge der üblichen Barockbauten
der Zeit herausragende Anlage von 1694/95.

Bitburg *Reg.-Bez. Trier* 591 □ 12
LIEBFRAUEN-PFARRKIRCHE, im 15. Jh. vermutlich an
der Stelle eines römischen Heiligtums errichtet. Nach
einem Brand 1471 wiederhergestellt und bis ins
20. Jh. umgebaut und erweitert. Kunstschätze: Altaraufsatz von 1608 mit Flachrelief der Stadtansicht,
Rittergrabsteine der Familie Cob v. Nüdingen, 16. Jh.

Blankenheim *Reg.-Bez. Köln* 583 ▪ 4
Das Städtchen lehnt sich malerisch an den Burgberg.
Reste der mittelalterlichen Befestigung mit Georgs-
tor und Hirtenturm, die sich der Burganlage anschließen, erinnern an seine streitbaren Herren.
BURG aus dem 15./16. Jh., mit Haupt- und Unterburg, deren Burghaus und Batterieturm erhalten
sind. Von der Hauptburg, im 19. Jh. zum Abbruch
freigegeben und verfallen, wurde der Palas wieder
aufgebaut (Jugendherberge).
KATH. PFARRKIRCHE Gotische Hallenkirche mit
wertvollem geschnitzten Passionsaltar (15. Jh.) und
reichem Kirchenschatz.

Blansingen *Reg.-Bez. Freiburg i. Br.* 606 ▪ 8
Die EV. KIRCHE liegt malerisch in Wiesen außerhalb
des Ortes. Der Westturm entstand 1497. Chorbogen
und Schiff zeigen Wandmalereien des 15. Jh.

Blaubeuren *Reg.-Bez. Tübingen* 601 □ 6
„Der Blautopf ist der große, runde Kessel eines
wundersamen Quells bei einem jähen Felsen gleich
hinter dem Kloster. Dieser Teich ist einwärts wie
ein tiefer Trichter, sein Wasser ist von Farbe ganz
blau, sehr herrlich, mit Worten wohl nicht zu beschreiben." Märchenhaft blau ist er – nicht nur in
Mörikes „Historie von der schönen Lau".
Das EHEM. BENEDIKTINERKLOSTER, in dem jetzt ein
ev.-theologisches Seminar ist, wurde 1100 von
Hirsau aus besiedelt. Dem romanischen Bau folgte
1466 bis 1510 ein neuer. Er ordnet sich um den
Kreuzgang mit Kapitelsaal und Brunnenkapelle.
KLOSTERKIRCHE Zur Vollendung des Kirchenneu-
baus sandte Graf Eberhard im Bart seinem Freund,
dem Abt Heinrich Fabri, den Baumeister Peter von

Koblenz, der 1491–99 an ihm arbeitete. Der Turm ist nur scheinbar ein Vierungsturm, tatsächlich jedoch ein selbständiger Block, der die Kirche der Länge nach teilt: in das Schiff, wo die Laien, und in den Chor, wo die Mönche beteten. Statt eines Querschiffs schieben sich zwei Seitenkapellen dazwischen. Im Südportal stehen unter hohen Baldachinen Maria und Johannes zu seiten des Gekreuzigten, in den Ecken Johannes der Täufer und der heilige Benedikt. Der Chor mit Hochaltar und reichem Gestühl ist ein festlicher Saal, der heute vom Langhaus getrennt ist. Der Hochaltar, ein Wandelaltar mit doppelten Flügeln, dessen Schnitzwerk von Jörg Syrlin d. J. stammt, bleibt die Krönung des Innenraums. Die Figuren sind von Gregor Erhart, einem Ulmer Künstler. Die Gemälde haben Barth. Zeitblom und Bernh. Strigel geschaffen.

Bleialf *Reg.-Bez. Trier* 583 □ 7

KATH. PFARRKIRCHE Einem romanischen Bau (1187), von dem der Unterbau des Westturms blieb, folgte 1496 eine Hallenkirche. Barock sind Glockenstube, Turmhelm (1664), die schöne Kanzel (1660) und der Hochaltar, für dessen Mittelfeld Teile eines spätgotischen Schnitzaltars verwendet wurden. Aus dem 18. Jh. stammen die Stationsbilder aus Tonschiefer auf dem Kirchhof.

ANBETUNG DER KÖNIGE AM HOCHALTAR, BLAUBEUREN

Der Hochaltar füllt, wenn er geöffnet ist, mit seinem mächtigen Unterbau die gesamte Breite des Chores und scheint mit seinem fein verästelten Gespreng das Netz des Gewölbes zu berühren. Er ist einer der ganz großen Altäre der Spätgotik. Die Figuren und Szenen des inneren Schreins, monumental, plastisch und voller Farbigkeit, sind der Höhepunkt der Komposition.

KLOSTERKIRCHE UND KAPITELHAUS, BLAUBEUREN

Die Gebäude stehen unmittelbar an dem berühmten Blautopf, „dem großen, runden Kessel eines wundersamen Quells", an und in dem die „Historie von der schönen Lau" spielt, Kernstück von Mörikes bekanntestem Märchen „Das Stuttgarter Hutzelmännlein" (1853). „Dieser Teich ist einwärts wie ein tiefer Trichter, sein Wasser ist von Farbe ganz blau, sehr herrlich, mit Worten wohl nicht zu beschreiben ... Zuunterst auf dem Grund saß ehemals eine Wasserfrau ..."

Bliedersdorf *Reg.-Bez. Stade* 562 ■ 9
KIRCHE (Mitte 12. Jh.) Auf dem ummauerten Friedhofshügel steht die romanische Feldsteinkirche. Sie hat innen eine bemalte Balkendecke (um 1700).

Blieskastel *Saarland* 592 ☐ 7
Im Mittelalter Sitz der Bliesgaugrafen, erlebte der Ort als Residenz der Grafen v. d. Leyen von 1773 bis zur Französischen Revolution eine kurze Blüte. Unter dem Einfluß französischer Platzanlagen entstanden damals der Paradeplatz mit seiner barocken Bebauung, die Beamtenpalais am Schloßberg und der Herkulesbrunnen. Vom Renaissanceschloß ist nur der Unterbau erhalten. Köstliche Architektur der Zeit um 1650 bietet die ehem. Orangerie. Westlich des Ortes eine vorgeschichtliche Steinsäule, der Gollenstein.
PFARRKIRCHE Einstige Schloß- und Stiftskirche, 1778 von P. Reheis erbaut. Der einschiffige Bau mit Rechteckchor hat Pilastergliederungen; eindrucksvoll die plastische Fassade.
In der WALLFAHRTSKAPELLE (1683) auf dem Hang befindet sich das Vesperbild „Muttergottes mit den Pfeilen" (um 1400).

Blomberg *Reg.-Bez. Detmold* 577 ☐ 2
Die BURG der Edelherren zur Lippe, ein dreiflügeliger Bau, stammt im Kern aus dem 15. Jh., im übrigen aber aus dem späten 16. Jh. Üppiges Fachwerkornament und ein Steinerker von 1569 sind besondere Zierden der Baugruppe, die durch das nahe Amtshaus mit seiner Giebeldekoration (1572) ergänzt wird.
In der PFARRKIRCHE, einst Augustinerklosterkirche aus dem späten 15. Jh., steht eine vorzügliche spätmittelalterliche Großplastik, die Doppeltumba Bernhards VII. zur Lippe und seiner Gemahlin Anna von Schaumburg, ferner eine Reliefdarstellung des 1460 hier geschehenen Hostienwunders.
RATHAUS 1586/87 auf steinernem doppelgeschossigen Untergeschoß erbaut, am auskragenden Fachwerkobergeschoß reich geschnitzt. Weitere Fachwerkbauten (16.–19. Jh.) bestimmen das Bild der Stadt.

Bobingen *Schwaben* 609 ☐ 12
WALLFAHRTSKIRCHE UNSERER LIEBEN FRAU In der auch äußerlich schönen Kirche, 1748–51 erbaut, fesselt duftiger Rocaillestuck, das quellende Kuppelfresko über dem saalartigen Langhaus und ein üppiger Hochaltar den Blick. Bemerkenswert auch die klassizistischen Seitenaltäre und die Rokokokanzel.

Bocholt *Reg.-Bez. Münster* 575 ■ 1
PFARRKIRCHE ST. GEORG (1415) Rundpfeiler mit reich geschmückten Kapitellen stützen das überhöhte Mittelschiff. Kunstschätze aus dem 14.–16. Jh. geben Kunde von der Pracht, mit der in dieser reichen Stadt kirchliche Feste begangen wurden.
Das RATHAUS, einer der schönsten Renaissancebauten, um 1620, aus Ziegel und Haustein. Über einer offenen Bogenhalle erheben sich zwei fein ornamentierte Geschosse.

Bochum *Reg.-Bez. Arnsberg* 576 ■ 9
Wo vor tausend Jahren ein karolingischer Königshof stand, vor hundert Jahren noch eine kleine ländliche Kreisstadt in der ersten Phase der Industrialisierung, breitet sich heute die Großstadt aus und schiebt Riesenblöcke der neuen Ruhr-Universität weit nach Süden gegen das Ruhrtal vor.

PROPSTEIKIRCHE ST. PETER UND PAUL Das Wirkungsvollste an der spätgotischen Hallenkirche (1517) ist der Westturm mit der Doppelreihe spitzbogiger Nischen. Vom Ende des 12. Jh. stammt der romanische Taufstein, der in schwerfälligen Reliefs fünf Szenen aus dem Leben Christi zeigt. Aus der Bauzeit der Kirche die Gruppe der Beweinung Christi.
STÄDTISCHE KUNSTGALERIE Die 1960 gegründete Sammlung hat sich auf die Kunst des 20. Jh. spezialisiert.

AUS DEM BERGBAUMUSEUM, BOCHUM
Aus den Sammlungen zur Geschichte des Bergbaus und seiner Darstellung in der Kunst ist dieses römische Sandsteinrelief aus Linares in Südspanien mit das älteste und interessanteste Stück. Es entstand zwischen 150 und 200 und zeigt Bergleute, Sklaven oder Kriegsgefangene mit Grubenlampe und Kreuzhacke auf dem Weg in die römischen Silber- oder Bleibergwerke.

In das Museum einbezogen ist ein modernes Anschauungsbergwerk mit allen Maschinen, 15 Meter tief und mit einer Streckenlänge von insgesamt 2500 Metern, in das die Besucher einfahren können. Als ein Beispiel für den technischen Fortschritt beim Abbau der Kohle gilt dieser vollmechanische Walzenschrämlader mit Doppelkettenförderer, der an der hier 200 Meter langen Kohlestraße entlangfährt. Ein Mann in 10 Meter Abstand setzt ihn über Funk in Funktion.

Bochum-Stiepel 576 ▪ 8
Die DORFKIRCHE, 1008 von Imma, Herrin des Hofes
Stiepel, gestiftet, ist malerisch gelegen auf einem
Hügel inmitten ihres alten Friedhofs. Um 1200
wurde aus dem romanischen Kirchlein eine kleine
Hallenkirche, mehr breit als tief, deren Wandmale-
reien neuerdings freigelegt worden sind. Die älte-
sten reichen bis in die Mitte des 12. Jh. zurück.

Bockenem *Reg.-Bez. Hildesheim* 578 □ 1
ST.-PANKRATIUS-KIRCHE 1403 Weihe der gotischen
Hallenkirche. Der Turm bekam 1850 seine Haube;
die Stadt wurde damals nach einem Brand einheitlich angelegt.
SUPERINTENDENTUR Geschnitzte Fratzen grinsen an
zwei Ecken von dem stattlichen Fachwerkbau (1584)
herab.

Bockenheim *Rheinhessen-Pfalz* 593 □ 9
Der romanische Kirchturm der EV. KIRCHE in Groß-
Bockenheim ist mit Lisenen, Bogenfriesen und Frat-
zenkonsolen geschmückt. Die EV. KIRCHE in Klein-
Bockenheim ist ein romanischer Bau des 12. und
13. Jh.

Bodenwerder *Reg.-Bez. Hildesheim* 578 □ 11
MÜNCHHAUSENS GARTENHAUS Übermütig sieht es
mit seinem Pyramidendach schon aus, es wurde
auch von einem übermütigen Herrn, Carl Friedrich
Hieronymus v. Münchhausen, 1763 gebaut.
NICOLAIKIRCHE Bodenwerder war ein florierender
Handelsplatz, als die Bürger um 1409 die drei-
schiffige gotische Kirche errichteten. Neue Innen-
ausstattung.
Das jetzige RATHAUS (1605) gehörte den Frei-
herren von Münchhausen, hier wurde 1720 der
Lügenbaron geboren. Es ist auch sein Sterbehaus
(1797) und bewahrt Erinnerungen in einem kleinen
Museum.

Bodman *Reg.-Bez. Freiburg i. Br.* 607 □ 3
Überragt wird der hübsche Ort von der RUINE der
1643 zerstörten Burg aus dem 14. Jh. Fachwerkhäuser des 18. Jh. am See; am Schloß (1760; 1830
und 1907 erweitert) ein öffentlicher Park; karolingische Grundmauern im gotischen Kirchturm.
SCHLOSS FRAUENBERG ist ein ehem. Kloster aus dem
14. und 16. Jh. In der KAPELLE das Gnadenbild aus
dem 15. Jh. und ein Tabernakel von Josef Anton
Feuchtmayer (1760).

Böckweiler *Saarland* 592 □ 7
Die EV. PFARRKIRCHE, ehem. Prioratskirche St. Stephan, deren Vorgängerbau, eine karolingische Anlage, östlich der Kirche noch erkennbar ist, besitzt
im Chorturm des 12. Jh. einen Kleeblattchor und
ein sehr frühes Gurtrippengewölbe.

Bödigheim *Reg.-Bez. Karlsruhe* 594 □ 8
Von der BURG (13. Jh.) gibt es noch den quadratischen Bergfried und den Wohnbau (um 1600) mit
reichem Ziergiebel. Unter dem Burgfelsen erhebt
sich das von überhöhten Eckpavillons flankierte
SCHLOSS (18. Jh.).

Bödingen *Reg.-Bez. Köln* 584 ▪ 11
KATH. KIRCHE Zur Verehrung der Mater dolorosa
war hier schon im 14. Jh. eine Wallfahrtsstätte,
bald betreut von einem Augustinerchorherrenstift.
Dies baute sich im 15. Jh. die gotische Kirche. Ihr
Chor (1490) trägt ein zehneckiges Dach. Zwei Klo-

stergebäude (spätes 17. Jh.) stehen noch, auch das
Sommerrefektorium (1732) mit romanischen Säulen.

Bönnigheim *Reg.-Bez. Stuttgart* 600 □ 2
NEUES SCHLOSS Stattliche Barockanlage. Innen schö-
ner Stuck.
ST.-GEORGS-BRUNNEN mit Reiterfigur (16. Jh.).
STADTKIRCHE Gotische Basilika (14. Jh.). Aus der
Bauzeit zierlicher Lettner, Taufstein, Sakraments-
häuschen und figurenreicher Schnitzaltar.

Börstel *Reg.-Bez. Osnabrück* 568 ▪ 2
KLOSTER In reizvoller Landschaft ließen sich 1250
Zisterzienserinnen nieder. Die vier Joche ihrer spätgotischen Backsteinkirche wurden mit Kreuzrippengewölbe gekrönt. Gotisches Chorgestühl und Barockaltäre blieben erhalten. Seit der Reformation
ist das Haus ein Damenstift.

Bösensell *Reg.-Bez. Münster* 576 □ 12
Die DORFKIRCHE enthält wertvolles spätgotisches
Chorgestühl von 1525, zwölf lebensgroße Apostel-
figuren aus Stein von Gerh. Gröninger und ein
Vesperbild.
HAUS ALVINGHOF, von Joh. Conr. Schlaun um 1750
errichtet, war eines der einfachen Landhäuser, die
der berühmte Barockbaumeister schuf.

Böttingen *Reg.-Bez. Karlsruhe* 593 □ 4
KIRCHE auf dem Michaelsberg, an einer der schönsten Stellen des Neckartales. Romanische Kirche
(erstmals genannt 771), innen ein römischer Votiv-
stein für Jupiter und Juno.

Bogenberg *Niederbayern* 604 ▪ 11
WALLFAHRTSKIRCHE HL. KREUZ UND MARIÄ HIM-
MELFAHRT auf dem steil über der Donau aufragenden Bogenberg. Hier soll das Gnadenbild, wahrscheinlich die steinerne Maria von der südlichen
Chorwand (um 1250 entstanden), angespült worden
sein. Heute verehrt man als Gnadenbild die weniger bedeutende „Muttergottes in der Hoffnung"
vom Hauptaltar, eine Sandsteinplastik (um 1400).
Feine Strebepfeiler tragen ein schönes Netzrippengewölbe. Die Kanzel und die geschnitzten Oratorien
im Chor sind Reste der nun beseitigten Rokokoausstattung. In dem nahen spätgotischen SALVATOR-
KIRCHLEIN beschwingte Rokokofresken, bunte Glasfenster von 1468 im Chor und als Altar eine
Vespergruppe, um 1460.

Boldixum auf Föhr *Schleswig-Holstein* 554 ▪ 12
NIKOLAIKIRCHE Inmitten des Friedhofs ragt der
schwere, spätromanisch-frühgotische Backsteinbau
auf. Nordflügel 1707.

Bonn *Reg.-Bez. Köln* 584 □ 10
Die lange Geschichte der Stadt – an ihrem Anfang
steht ein römisches Kastell, dann das Legionslager
Castra Bonnensia zur Zeit des Kaisers Tiberius –
weist zwei Konstanten auf. Auf den Rhein schauend,
nimmt die Stadt an Rheinhandel und Schiffahrt
doch nicht teil, dagegen bietet sie sich an als Regie-
rungs- und Verwaltungssitz. So schon im Mittelalter, als die Kölner Erzbischöfe Bonn den Vorzug
gaben vor Köln selbst und seinen widerspenstigen
Bürgern; so unter den Kurfürsten aus dem Hause
Wittelsbach, Josef Clemens und Clemens August,
deren machtvolles barockes Bauprogramm freilich
nicht vollendet wurde. Und so wieder 1949, als

Bonn zur provisorischen Hauptstadt der Bundesrepublik wurde. Ein Provisorium mit weitreichenden baulichen Konsequenzen, wie die sich mehrenden Hochhäuser rings um das Bundeshaus beweisen, welche die Palais der reichen Pensionärsstadt des 19. Jh. überragen.

ALTER FRIEDHOF Ursprünglich für „gemeine Einwohner, Passanten und Soldaten" bestimmt, wurde er unter dem preußischen König Friedrich Wilhelm IV. zu dem stimmungsvollen Park umgestaltet, dessen Grabdenkmäler – von Schinkel, Rauch und Stüler – berühmte Namen zeigen: Beethovens Mutter, Schillers Frau Charlotte und sein Sohn Ernst, August Wilhelm von Schlegel und die Brüder Boisserée, Robert und Clara Schumann.

BEETHOVENHALLE Weltruhm hatte ihre Vorgängerin, 1870 eingeweiht, dank ihrer vorzüglichen Akustik: Der Saal war ganz aus Tannenholz gebaut. Die neue Halle (1959) fügt sich als vielgliedriger Komplex mit kühn gewölbtem Hauptsaal der Silhouette des Rheinufers ein, an deren südlichem Ende das Bundeshaus und das Abgeordnetenhochhaus erscheinen.

BEETHOVENHAUS Hier, im bescheidenen Hofgebäude des Bürgerhauses an der Bonngasse, wurde 1770 Beethoven geboren. Der Bau bewahrt die größte Beethovensammlung der Welt und eine Bibliothek von zwanzigtausend Bänden.

JESUITENKIRCHE Historisierende Elemente, dem Romanischen und Gotischen nachempfunden, vereinen sich in dem 1717 geweihten Bau mit barocken Formen und Dekorationen, die vor allem in der Fassade, den hohen, laternenbesetzten Türmen und der farbigen Fassung des Inneren zutage treten.

ANDERNACHER REITER

Diese Fayence, die Pferd und Reiter auf eine merkwürdig abstrahierende Weise darstellt, ist eine Kuriosität, denn man weiß nicht, woher sie kommt. Weder Römer noch die Deutschen des Mittelalters kannten die Technik der Fayence-Herstellung. Als Gießgefäß hatte dieses zerbrechliche Stück wohl nur einen symbolischen Wert. Man fand es in Andernach, und es ist vielleicht als eine Art Amulett einem Bestatteten mitgegeben worden.
Rheinisches Landesmuseum

LUDWIG VAN BEETHOVEN: PARTITURBLATT DER 6. SYMPHONIE, DER PASTORALE

Im Geburtshaus an der Bonngasse, wo der Komponist bis zu seinem zweiundzwanzigsten Jahr gewohnt hat, sind alle seine Manuskripte in Photokopien verwahrt. Dazu die Menge vielfältigster Erinnerungsstücke – vom Spieltisch der im letzten Krieg zerstörten Orgel in der Minoritenkirche bis zu den Brillen, Spazierstöcken und den Hörinstrumenten des im Alter ertaubten Meisters.

INNENHOF DES POPPELDORFER SCHLOSSES

Vor den Forderungen eines großen Hofstaats pflegten die Fürsten des Barock gern in ein Lustschloß zu retirieren – und fanden dort den gleichen Prunk, oft noch gesteigert durch das besondere Raffinement der Intimität. Die Idee des runden Innenhofs gehört dem französischen Baumeister Robert de Cotte.

KURFÜRSTLICHE RESIDENZ Ein Stadtpalast nach italienischem Modell ist hier zu einer offenen Schloßanlage umgestaltet worden, die den freien Blick zum Siebengebirge hin gewann, eine lange Galerie zum Rheinufer aussandte und mit einem westlichen Anbau, dem Buonretiro, Ausschau hielt nach dem Poppelsdorfer Schloß. Erbauer der ersten Anlage war der Graubündener Zuccali, dem dann mit neuer Konzeption Robert de Cotte folgte. 1818 Umwandlung zur Rheinischen Landesuniversität, im Innern bedeutend noch die Schloßkapelle des frühen Klassizismus.

MINORITENKIRCHE Die Orgel, die der junge Beethoven hier gespielt hat, ging im Krieg zugrunde, doch die Kirche selber zeigt sich wieder so, wie sie in einem dreistufigen Bauprozeß – von 1274 bis zum Ende des 14. Jh. – errichtet wurde: klar und streng konstruiert, weitgehend schmucklos, bis auf das schöne Maßwerk der Fenster, besonders an der südlichen Nische des Altarraumes; da war die Kölner Dombauhütte am Werk. Prachtvoll die barocke Kanzel mit dem wuchtigen Schalldeckel.

MÜNSTER Eine große bronzene Figur im Mittelschiff, um 1610, zeigt kniend die hl. Helena, die Mutter Konstantins d. Gr. Sie war, der Legende nach, die Gründerin jener kleinen Stiftskirche zum Gedächtnis der Märtyrer Cassius und Florentius, über deren Resten das Münster sich erhebt: Eine Basilika von drei Schiffen, begonnen zur Zeit des Erzbischofs Anno von Köln um 1060/70, ein Jahrhundert später unter Propst Gerhard Are großzügig erweitert durch Kreuzgang, östliches Turmpaar und vor allem durch die schön gegliederte Ostapsis am nun verlängerten Chor; in mehreren

AUGUST MACKE: SEILTÄNZER

Von den Künstlern des „Blauen Reiter", jener Gruppe, zu der auch Klee und Kandinsky gehörten, ist Macke der heiterste, in der Reinheit und Delikatesse der Farben den Franzosen nahe. Er wurde 1887 in Westfalen geboren, wuchs in Köln und Bonn auf. Das Städtische Kunstmuseum besitzt dreizehn seiner Gemälde.

CHORSTUHLWANGE AUS DEM MÜNSTER

Ein Teufel schreibt sich die Namen der unfrommen Stiftsherren auf; ihm gegenüber verzeichnet ein Engel die Namen der aufmerksamen Beter. Die beiden Figuren, hervorragende Werke rheinischer Plastik des frühen 13. Jh., sind Reste zweier Chorstuhlwangen, die zu dem – ältesten deutschen – steinernen Chorgestühl gehörten, das wahrscheinlich der Laacher Samsonmeister schuf.

Etagen steigt sie auf bis zu der zierlichen Zwerggalerie. Um Querschiff, Vierungsturm und ein neues, nun gewölbtes Langhaus bereichert, war der Bau 1220 vollendet: ein Werk der Spätromanik. Die offenen Strebebögen gehören zu den ältesten im rheinischen Land. An der Krypta ist noch einmal der Wandel abzulesen von den schweren Formen der ersten Bauphase zu der straffen, lichteren Räumlichkeit der Stauferzeit in der jüngeren, östlichen Partie. Die Ausstattung des Münsters, das 1812 das Patrozinium der nahen Martinskirche übernahm, entstammt im wesentlichen dem Barock.

RAMERSDORFER KAPELLE Romanische Formen sind hier so schlank und leicht geworden, daß sie ein schon gotisches Gehäuse bilden: eine zierliche, hochfenstrige Halle von drei Schiffen. Gegen 1250 wurde sie für die Deutschordenskommende zu Ramersdorf am Fuß des Siebengebirges erbaut. 600 Jahre spater bewahrte Joh. Claud. von Lassaulx sie vor dem endgültigen Abbruch und hat sie auf dem Bonner Alten Friedhof wieder errichtet.

RATHAUS Nach Plänen von Michel Leveilly entstand 1737 der liebenswürdige Bau mit der schön vergitterten Freitreppe, der den Marktplatz an der Schmalseite schließt. Heute beherbergt er das „Wölfchen", das eigentlich ein römisches Löwchen aus Sandstein ist und ehemals auf dem Münsterplatz als Pranger aufgestellt war.

RHEINISCHES LANDESMUSEUM Seit seiner Neueröffnung im Dezember 1969 das größte Museum des Rheinlandes. Alt- und Neubau, nun in eins zusammengeschlossen, bieten mit ihren Schätzen einen komplexen Überblick über alle Epochen rheinischer Kultur: von frühgeschichtlichen Zeugnissen über die Matronenaltäre der Römer, die Gemälde von Geertgen tot Sint Jans und Bartel Bruyn bis zu modernsten Metallskulpturen.

Bonn-Poppelsdorf   584 □ 10

KREUZBERGKIRCHE Kreuzwege führen von Poppelsdorf und Endenich her zu dem Wallfahrtskirchlein, das Kurfürst Clemens August 1714 baulich erneuerte und mit allem denkbaren Luxus von Stukkatur und Deckenmalerei ausstatten ließ. Gipfel der barocken Inszenierung: das Erscheinen des Fürsten in seinem Oratorium hinter dem Hochaltar. Clemens August war es auch, der im Rücken des Chores die Heilige Stiege anlegen ließ – nach dem Vorbild der römischen Scala Sancta.

KURFÜRSTLICHES SCHLOSS Das Lustschloß in geringer Entfernung vom Hauptsitz des Fürsten, dazu die verbindende Achse, ausgeformt als Allee oder Wasserstraße: für Bonn verwirklichen die Poppelsdorfer Allee und das Schlößchen Clemensruhe diese barocke Lieblingskonzeption. Von den Baumeistern ist vorzüglich der Franzose Robert de Cotte zu nennen. Beteiligt war auch Balth. Neumann an der Ausstattung (die verlorenging) und der Anlage des Gartens, der sich später in einen Botanischen Garten verwandelt hat, während das Schloß selbst das Botanische Institut der Universität aufnahm.

Bopfingen   *Reg.-Bez. Stuttgart*   602 □ 9

Die kleine ehem. Reichsstadt liegt malerisch am Fuße des Ipfberges, der eine vorgeschichtliche, heute noch in Spuren sichtbare Siedlung trug.

EV. STADTKIRCHE Gotisch, mit teilweise noch romanischem Schiff. Im Chor Grabmal eines Ortsherren (14. Jh.). Sakramentshäuschen von Hans Böblinger d. J. Schöner spätgotischer Flügelaltar mit Gemälden von Friedrich Herlin.

Boppard   *Reg.-Bez. Koblenz*   584 □ 6

Reste eines römischen Kastells, ein Eckturm, halbrunde Zwischentürme und stattliche Mauern fanden für die mittelalterliche Befestigung Verwendung und sind noch erkennbar. Hier residierten im frühen Mittelalter deutsche Könige. Mit der Verpfändung 1306 und der Eroberung 1327 durch Erzbischof Balduin von Trier begann eine neue Epoche. Die BURG, erbaut von Balduin von Trier, zeigt in der Kapellennische im Obergeschoß des Bergfrieds noch Fresken aus dem 14. Jh.

Die EHEM. KARMELITERKIRCHE, schlicht im Äußeren, gewinnt durch ihre kostbare Ausstattung, z. B. das Gestühl im Chor mit lustigen Schnitzereien (um 1460). Dort auch Renaissancewandgräber, hölzerne Totenschilder und gemalte Szenen der Alexiussage auf der Südwand, 1407.

KATH. PFARRKIRCHE ST. SEVERUS Ihre hellen, schön gegliederten Türme kennzeichnen die Stadtsilhouette. Um den Chor über den Fenstern eine Zwerggalerie. Das Innere zeichnet sich durch sein einzigartiges Gewölbe aus: ein sogenanntes Spinnengewölbe, aus dem 13. Jh.

Bordesholm   *Schleswig-Holstein*   555 ■ 4

STIFTSKIRCHE Nur sie blieb von dem Augustinerchorherrenstift, das 1309 mit dem Backsteinbau begann. Wallfahrten zum Grab von Bischof Vizelin brachten Einkünfte; so wurde im 15. Jh. spätgotisch fortgebaut bis zur Reformation. 1666 kam der berühmte Bordesholmer Altar in den Dom zu Schleswig. Der jetzige Hauptaltar entstammt dem Spätbarock (1727); davor im schmalen hohen Chor das Grabmal der Herzogin Anna, eine bedeutende Bronzearbeit von 1514, gotisches Chorgestühl. In der sog. Russenkapelle der Sarkophag von Herzog Karl Friedrich, Vater von Zar Peter III.

Borgentreich   *Reg.-Bez. Detmold*   578 □ 9

Die PFARRKIRCHE besitzt eine berühmte Orgel, die größte erhaltene Springladenorgel (17. Jh.). Ihre Schauseite leuchtet in den anmutigen Formen und zartkühlen Pastellfarben des erwachenden Rokoko.

Borghorst   *Reg.-Bez. Münster*   568 □ 6

Der KIRCHENSCHATZ der 1885 abgebrochenen Kirche St. Nikomedes: das Heinrichskreuz, ein kostbares Reliquienkreuz mit Goldreliefs (11. Jh.), zwei in Silber getriebene spätgotische Reliquienstatuetten und drei romanische Altarleuchten mit Tierornamenten.

Borken   *Reg.-Bez. Münster*   575 □ 2

REMIGIUSKIRCHE Spätgotische Hallenkirche mit romanischem Westturm. Innen ein von Löwen getragener romanischer Taufstein, ein reich verziertes Sakramentshaus, Chorgestühl und Vesperbild aus spätgotischer Zeit.

Borlinghausen   *Reg.-Bez. Detmold*   577 □ 3

Die WASSERBURG auf hochgemauerter Insel, über eine Steinbrücke zugänglich, ist ein zweiflügeliger Renaissancebau aus der Zeit um 1600 mit schönen, holländisch beeinflußten Schweifwerkgiebeln.

Bosau   *Schleswig-Holstein*   556 □ 8

KIRCHE Der niedrige Feldsteinturm mit seiner barocken Haube ist selbst vom andern Ufer des weiten Plöner Sees gut zu sehen. Baubeginn war 1150, als der Bekehrer der Wenden, Vizelin, nach Bosau kam. Doch als man schon sechs Jahre später den Bischofssitz nach Oldenburg verlegte, wurde aus der Basilika eine Dorfkirche. Drinnen ein im 14. Jh. geschnitzter Dreiflügelaltar.

Bottrop   *Reg.-Bez. Münster*   576 □ 9

Die HL.-KREUZ-KIRCHE wurde 1957 aus Sichtziegelmauern mit Stützen aus Stahlbeton auf parabelförmigem Grundriß von Rudolf Schwarz erbaut. Eine der besten Leistungen modernen Kirchenbaus.

Brackenheim   *Reg.-Bez. Stuttgart*   600 □ 2

Altertümliches Stadtbild mit vielen Renaissancehäusern. Hier wurde 1884 Theodor Heuss geboren.

EV. STADTKIRCHE Frühgotisch, mit bemaltem Holzgewölbe. Reiche Kanzel. Großer Kruzifixus.

JOHANNESKIRCHE Außerhalb der Stadt auf dem

Friedhof. Spätromanische Basilika, vielleicht an der Stelle eines vorchristlichen Heiligtums. Außen eingemauerte, derbe Flachreliefs. Im Chor gotische Wand- und Glasmalerei.
SCHLOSS Dreiflügeliger Renaissancebau mit runden Treppentürmen und Holzlauben.

Brake *Reg.-Bez. Detmold* 577 □ 1
SCHLOSS Eine Wasserburg am Flußübergang der Bega wurde um 1300 von den Edelherren zur Lippe errichtet. Um 1600 Neubau des Nordflügels; klassisch gestimmte Fassadenarchitektur mit reichgearbeitetem Hauptportal. Nach 1650 wurden der schlichtere Ostflügel und der einfache Südflügel hinzugefügt.

Brake *Verw.-Bez. Oldenburg* 561 ▪ 6
Das SCHIFFAHRTSMUSEUM im Telegraphen hält die Erinnerung an den Heimathafen der ersten deutschen Flotte (1848) wach.
Der TELEGRAPH diente bis Mitte des 19. Jh. als Zwischenstation der Nachrichtenübermittlung von Bremerhaven nach Bremen, die durch Blinkzeichen erfolgte.

Brakel *Reg.-Bez. Detmold* 578 □ 9
KAPUZINERKIRCHE 1715–18 entstand das Frühwerk des Baumeisters Joh. Conr. Schlaun in gotisierendem Barock.
PFARRKIRCHE ST. MICHAEL Kreuzförmige Gewölbebasilika des 12. Jh. In den breit angelegten Kirchenraum brachten im 14. Jh. der gotische Chor und hohe Maßwerkfenster mehr Licht.

Bramsche *Reg.-Bez. Osnabrück* 569 □ 9
ST.-MARTINS-KIRCHE Bald nach 1200 wurde der romanische Teil, Langhaus und Westturm, erbaut, der Chor um 1500 und das südliche Seitenschiff 1696. Spätgotische Rankenmalerei in Chorgewölbe und Langhaus.

Braubach *Reg.-Bez. Koblenz* 584 □ 5
EHEM. PFARRKIRCHE ST. BARBARA Frühgotisch noch Turm und Chor, 13. Jh., Langhaus aus dem 14. Jh. Die MARKSBURG, die einzige unzerstörte Burg am Rhein, thront 140 Meter über der Stadt. Dreiflügelanlage (12.–14. Jh.) um einen Dreieckhof, dessen Mitte der Bergfried einnimmt, 14. Jh. Außen boten Zwinger, Basteien und Rundtürme (15. und 17. Jh.) ersten Schutz.

Braunfels *Reg.-Bez. Darmstadt* 585 ▪ 8
Malerische Fachwerkhäuser (17./18. Jh.) gruppieren sich um das Schloß, vor dem der Markt wie ein weiter Empfangshof liegt.
SCHLOSS Auf einer Basaltkuppe erhebt sich die stolze, dreiteilige Anlage, in der seit dem 13. Jh. die Grafen und Fürsten von Solms residieren. Die heutige Gestaltung geht auf neugotisch-neuromanische Umbauten (1845 und 1881–85) zurück; Reste des alten Bestandes haben sich jedoch erhalten. Die älteste, im Anschluß an die Burg entstandene Ortsansiedlung wurde im 14. und 15. Jh. in die Befestigung einbezogen. Besonderen Reiz verleihen dem Burgweg vier spätgotische Tore; die drei äußeren waren zugleich Stadttore. Im Schloß befinden sich im ehem. Palas eine Sammlung bedeutender Werke der Plastik und Malerei des 14.–18. Jh., alte Waffen und Mobiliar.

KÜCHE DER MARKSBURG, BRAUBACH
Das Burgleben des Mittelalters wird lebendig in den als Museum hergerichteten Innenräumen der Marksburg, in Kemenate, Rittersaal mit Toilette aus damaliger Zeit, Kapelle, Waffen- und Rüstkammer und in der Burgküche mit Kamin von 1350, mit Kupfergefäßen und Tonkrügen. Eine Seltenheit ist das Burggärtlein mit mittelalterlichen Heil- und Gewürzkräutern und Zierpflanzen.

Braunschweig *Niedersachsen* 571 ▪ 8
Die Stadt wuchs nach 1300 aus verschiedenen Teilen zusammen, die selbständig waren und es als Mitglieder eines für das Gesamtwohl zuständigen Rates auch blieben, mit eigenen Wappen, Rathäusern und Kirchen. Als Förderer repräsentativer Entfaltung hatte Heinrich der Löwe gewirkt, dessen 1173 begonnener Dom anderen romanischen Pfarrkirchen zum Vorbild diente. Diese rege Bautätigkeit war eine Leistung der Bürgerschaft, die in der Folgezeit ihre Unabhängigkeit von den welfischen Stadtherren zu erlangen und zu behaupten vermochte. Im Jahre 1432 verlegten die Herzöge dann auch ihre Residenz nach Wolfenbüttel. Der wirtschaftliche und politische Aufschwung machte Braunschweig zu einem der einflußreichsten Gemeinwesen im Lande; dem Mitglied der Hanse und des Sächsischen Städtebundes gelang es, die teuer erkauften Freiheiten jahrhundertelang zu bewahren. Erst 1671 wurde der alte Streit mit dem Fürstenhaus zugunsten der Welfen entschieden. Braunschweig mußte sich ergeben; aus der selbstbewußten Bürgerschaft wurde im Lauf des nächsten Jahrhunderts eine Residenz, deren höfisch geförderte Kultur das Leben bestimmte und Braunschweig eine kleinstaatliche Intimität verlieh, deren Spuren sich bis heute erhalten haben.
Der ALTSTADTMARKT bietet mit dem spätgotischen Rathaus, dem restaurierten Dreischalenbrunnen von 1408, dem Gewandhaus mit seinem prächtigen Renaissancegiebel (1591), dem einstigen Wohnsitz des Generalpostmeisters Stechinelli (1690) und nicht zuletzt der Martinikirche, deren romanische Türme den Platz überragen, noch ein überzeugendes historisches Ensemble.
BURGPLATZ Zeugnisse der wichtigsten Architekturabschnitte säumen ihn: die romanischem Muster

nachgebildete Front der Burg Dankwarderode, der Dom St. Blasii, das nach einem Entwurf von David Gilly 1802–05 errichtete, durch seinen schlichten Frühklassizismus bemerkenswerte Haus des Verlages Vieweg und große, mit reichen Schnitzereien versehene Fachwerkbauten aus dem 16. Jh. Das Löwenstandbild, im Schwerpunkt des Platzes, erinnert an die Taten des legendären Welfen, des Kolonisators und Städtegründers, der sich im 12. Jh. für kurze Weile zum mächtigsten deutschen Fürsten nächst dem Kaiser erhob.

DOM ST. BLASII Der beherrschende Platz des romanischen Domes ist seiner historischen Bedeutung angemessen. Die zweitürmige westwerkartige Fassade entspricht niedersächsischer Tradition, doch hier gewinnt sie etwas Bollwerkhaftes. 1173 begonnen, war der Bau 1195 im wesentlichen fertig. Zwischen den

DOM ST. BLASII

Herzog Heinrich der Löwe ließ 1173 die Stiftskirche der brunonischen Grafen abreißen und begann einen Dom zu bauen, der sich an Pracht und Größe mit den Werken seines kaiserlichen Rivalen Friedrich Barbarossa messen sollte – er ist die erste vollständig gewölbte Kirche Norddeutschlands. 1195 wurde Herzog Heinrich in seinem Dom beigesetzt.

ALTER RATHAUSMARKT

Der Marktplatz im Herzen der Altstadt zaubert stimmungsvolles Mittelalter hervor und den Glanz alter Städteherrlichkeit. Selbstbewußt behauptet sich Bürgerliches neben Kirchlichem, das spätgotische, übereck gestellte Rathaus mit reichem Maßwerk und Figurenschmuck an den prächtigen doppelgeschossigen Lauben neben der Martinikirche. In der Mitte der zierliche Marienbrunnen.

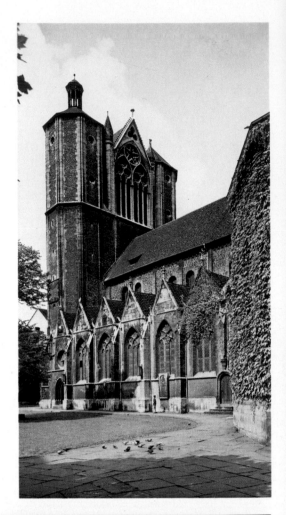

IMERWARD-KRUZIFIX IM DOM

Ein einzigartiges Dokument des Mittelalters ist der hochromanische Holzkruzifixus aus der früheren Stiftskirche der Brunonen. Er wirkt archaisch streng und majestätisch. „Imerward me fecit" (Imerward hat mich gemacht), sagt die Bildschnitzersignatur. Das Motiv des vollgewandeten Christus geht zurück auf das Volto-Santo-Kreuz in Lucca, das byzantinischen Einfluß verrät.

PARZIVALTEPPICH

Drei Bildstreifen erzählen in einzelnen Szenen das Parzivalepos Wolframs von Eschenbach. Breiten Raum nimmt die Erzählung von Parzivals weltgewandtem Freund Gawan ein, wie in dem Versroman, so auch auf dem Wandteppich aus dem 14. Jh. Dieser Ausschnitt zeigt ihn mit einem Krämer vor der Burg und vor dem Wunderbett im Schloß Marveile.

Herzog-Anton-Ulrich-Museum, Braunschweig

GEWANDHAUS

Schon 1303, als der Bau noch aus zwei langgestreckten zweischiffigen Hallen bestand, handelten hier die Gewandschneider mit ihren Tuchen. Knapp 30 Jahre später kommt ein Weinkeller, dann ein Einbecker Bierkeller hinzu. – Jedes Geschoß bildet einen einzigen Lagerraum auf 13 Holzpfeilern. Vom Reichtum der Bürger künden die beiden stolzen Renaissancefassaden an den Giebelseiten, am prachtvollsten die Ostfront von 1590/91, deren viergeschossigen Giebel die Gestalt der Justitia krönt.

unvollendet gebliebenen Achtecktürmen fügt sich das Glockenhaus mit seinem gotischen Maßwerk (1275) als lockere Verbindung ein. Im 14. Jh. entsteht das südliche Seitenschiff, das sich über acht Gewölbejoche erstreckt; die nördliche Seitenschiffhalle, 1474 geweiht, ist mit ihren dekorativen Spindelsäulen und Sterngewölben einer der schönsten spätgotischen Innenräume. Die Fresken aus dem 13. Jh. haben sich vor allem im Südquerschiff und im Chor erhalten; ursprünglich waren die Domwände vollständig ausgemalt. Sparsam ist die heutige Ausstattung, aber um so eindrucksvoller: das riesige Triumphkreuz von 1160, das ein Imerward signierte; der übermannshohe siebenarmige Leuchter, von Heinrich dem Löwen gestiftet; die Grabplatte mit lebensvollen Figuren Heinrichs und Mathildes.

KIRCHEN Der Blasius-Dom hat die norddeutsche Bauentwicklung entscheidend beeinflußt. Die unmittelbar folgenden Pfarrkirchen Braunschweigs aber stellen in ihrer Romanik (später wurden sie zu gotischen Hallenkirchen umgestaltet) geradezu Nachahmungen dar. Das genaueste Abbild bot St. Martin, die früheste und bedeutendste der drei nahezu gleichzeitig errichteten Pfarrkirchen (1180–90).

ST. KATHARINEN am Hagenmarkt schließt sich um 1200 an, ebenso St. Andreas am Wollmarkt. St. Magni, 1031 noch im Dorf Altewiek gestiftet, ersteht beim Neubau 1252 sogleich als dreischiffige Hallenkirche, der Chor wird 1447 vollendet. St. Michael, 1157 geweiht, erhält 1250 seinen Turm mit

LÖWENMONUMENT UND BURG DANKWARDERODE

Der Löwe, das Wappentier der Welfen, ist Braunschweigs Wahrzeichen: den einst vergoldeten Bronzeguß auf hohem Steinsockel ließ Heinrich der Löwe im Jahre 1166 vor der Burg Dankwarderode aufstellen. Die Skulptur ist ein Hauptwerk der romanischen Plastik, erstes frei stehendes Monument des Mittelalters. Der nach Osten gerichtete Blick des Tieres fällt auf die Burg, mit der Herzog Heinrich sich eine Stätte herrscherlicher Repräsentation schuf.

KAISERMANTEL OTTOS IV.

Der Mantel des glücklosen Kaisers, der ein Sohn Heinrich des Löwen war und sich gegen Ende seines Lebens auf sein braunschweigisches Erbland zurückziehen mußte, ist vermutlich Anfang des 13. Jh. in Sizilien angefertigt worden. Ihn ziert ein goldgesticktes Medaillon Christi.
Herzog-Anton-Ulrich-Museum, Braunschweig

Westportal. Der Neubau von St. Petri, der dritten Pfarrkirche der Altstadt, beginnt 1260 (Annenkapelle 1406). Neben der Brüdernkirche des ehem. Franziskanerklosters, deren Chor 1361 geweiht wurde, ist vor allem St. Ägidien zu nennen, die zwischen 1278 und 1300 nach einem Brand erneuerte Kirche des schon von den Brunonen gegründeten Benediktinerklosters (erste Weihe 1115). Die Bauzeit dieser besten Hallenkirche Braunschweigs betrug zwei Jahrhunderte; in freier Raumentwicklung entstand hier auf erhöhtem Platz ein reizvolles Beispiel deutscher Gotik: mit einem Chor, der sich durch Arkadenumgang und Kapellen auszeichnet. Zwei Kirchen vor der Stadt sind noch zu nennen: in Riddagshausen die Zisterzienserklosterkirche aus dem ersten Drittel des 13. Jh. (nach Vollendung der Mittelschiffgewölbe 1275 geweiht) und St. Nikolaus in Melverode, die durch eine frühe Hallenform des dreischiffigen gewölbten Langhauses beachtlich ist (um 1200).

KLASSIZISTISCHE BAUTEN verdankt Braunschweig Peter Joseph Krahe, der mehrere Torhäuser und die wohlproportionierte Villa Salve Hospes (1805) schuf; ihm gelang auch bei der Umwandlung des Festungsringes in Grüngürtel ein Juwel wie der ovale Platz des Löwenwalls. Sein Schüler Karl Theod. Ottmer hat sich mit einer Reihe nobler Bürgerhäuser, mit dem Entwurf für Deutschlands ältesten monumentalen Bahnhof (jetzt Staatsbank) einen Namen gemacht.

MUSEEN Das Herzog-Anton-Ulrich-Museum geht auf ein Kunst- und Naturalienkabinett zurück, in dem seit 1754 die Sammlungen des regierenden Hauses allen zugänglich gemacht wurden. Neben wertvoller Originalgraphik von Dürer bis Picasso sowie Schätzen an Elfenbein, Textilien und altem Kunstgewerbe ist in dem 1887 bezogenen Gebäude jene berühmte, ehemals herzogliche Gemäldegalerie mit niederländischen Meisterwerken untergebracht. Ausgewählte Kostbarkeiten sind im Knappensaal der Burg zugänglich. Das Städtische Museum am Steintorwall beherbergt stadtgeschichtliche Objekte und eine Münzsammlung. Im Konventsgebäude von St. Ägidien und im Chor des ehem. Paulinerklosters

FÜRSTENBERGER PORZELLAN

Herzog Karl I. von Braunschweig gründete 1745 in Fürstenberg eine Porzellanmanufaktur, die zwischen 1770–90 unter dem Einfluß von Sèvres und Wedgwood ihre Blütezeit erlebte. Neben Medaillonbildnissen, Vasen und figürlichen Arbeiten besitzen vor allem die Porzellane mit Stadt- und Landschaftsansichten einen großen Sammlerwert, wie diese goldrandige Tasse mit der Ansicht von Blankenburg von 1820–30. Städt. Museum

befindet sich das durch ständige Wechselausstellungen anregende Braunschweigische Landesmuseum für Geschichte und Volkstum.

Das kleine SCHLOSS RICHMOND an der Straße nach Wolfenbüttel entstand 1768/69; quadratischer Grundriß, jene beiden Ecken, die Vorder- und Rückfront bilden, sind zu vorschwellenden Halbkreisen ausgeweitet; feine Gliederung der Außenwände durch Pilaster. Der Bau von Karl Chr. Fleischer repräsentiert den Beginn des nach Ludwig XVI. benannten Stils.

UNIVERSITÄT Aus dem 1745 gegründeten Collegium Carolinum wurde 1877 eine Technische Hochschule, 1968 die Universität. Der alte, harmonisch ausgewogene Hochschulbau (1876) von Constantin Uhde ist Mittelpunkt einer großzügigen Universitätsplanung. Es entstehen moderne Lehr- und Forschungsstätten – im Geist des Mathematikers Carl Fr. Gauß, der als Braunschweigs größter Sohn gilt.

Braunshausen-Mariahütte *Saarland* 591 □ 3
Selten haben sich frühe Industriebauten so gut erhalten. Im 17. Jh. stand hier ein Hammerwerk, später eine Eisenhütte und -gießerei. Lange Hallen aus dem 18. und frühen 19. Jh. stehen noch. Künstlerische Verwendung fand der Guß im 18. Jh. an der Kapelle und am Brunnen.

Brauweiler *Reg.-Bez. Köln* 583 □ 2
EHEM. ABTEI Weithin beherrscht die Silhouette der hohen romanischen Kirche die Kölner Bucht. Königin Richeza von Polen, Tochter des Gründers Ezzo, ließ 1048 den Bau beginnen; Teile der Krypta sind erhalten; vieles entstand nach knapp hundert Jahren schon neu, so auch die Turmfront mit den zwei Reihen schöner Schallöffnungen und den Seitentürmchen. Querschiff und Chor nach 1200; der achteckige Mittelturm und die ihn flankierenden Türme sind Ergänzungen des 19. Jh. In den nicht sehr langen Kirchraum wurde ein gotisches Gewölbe eingezogen. Romanische Skulpturarbeit an Kapitellen und Steinschranken, an den Portalen und am Altarretabel mit der Madonna zwischen Heiligen. Aus Holz die romanische, sitzende Figur des hl. Nikolaus, einem der Kirchenpatrone. Der Antoniusaltar im südlichen und der Michaelsaltar im nördlichen Seitenschiff sind schon der Renaissance zuzurechnen. Aus dem 18. Jh. Chor- und Beichtstühle, der Orgelprospekt und die Kanzel. Damals wurden die Abteigebäude im Stil des ausgehenden Barock angefügt. Erhalten blieben Kreuzgang und Kapitelsaal (1149); hier konnten kostbare Reste von Gewölbemalereien der Erbauungszeit konserviert werden.

Breisach *Reg.-Bez. Freiburg i. Br.* 606 ■ 12
Der „mons brisiacus", ein Felsen am Rhein, gab dem Breisgau den Namen. Seiner Stellung als wichtigste Festung am Oberrhein, „des Heiligen Römischen Reiches Schlüssel und Ruhekissen", verdankte Breisach immer wieder Aufstieg und Niedergang. MÜNSTER ST. STEPHAN Ein Teil des Schiffes und die Türme sind aus dem 13. Jh.; der später verlängerte Chor erhielt wegen des abschüssigen Geländes eine nach außen offene Unterkirche. Das Innere der Kirche ist kostbar ausgestattet: Kunstvoll skulptiert, trennt der steinerne spätgotische Lettner Chor und Langhaus. Der über elf Meter hohe Hochaltar des Meisters IIL im Chor ist ein berühmtes spätgotisches Schnitzwerk (etwa 1523–25). Der Mittelschrein zeigt die Krönung Mariens in

HOCHALTAR IM MÜNSTER BREISACH

Über Herkunft, Leben und Persönlichkeit des Meisters H. L. wissen wir nichts, kennen nur einige seiner Werke – der Breisacher Altar ist das reifste. Für die Spätgotik ist er überraschend modern: In der Bewegtheit der Figuren des Mittelschreins äußert sich ein fast barockes Lebensgefühl. Scharfe Kanten sollten den Altar abschließen, doch die Breisacher wünschten das übliche gotische Gesprenge, das ihm später aufgesetzt wurde.

einem Strudel phantastischer Figuren und Gewänder. Auf den Flügeln sind Stephanus und Laurentius dargestellt, ebenso die Stadtpatrone Gervasius und Protasius, deren Gebeine sich im Münsterschatz in einem Silberschrein befinden. Martin Schongauers Fresko eines Jüngsten Gerichtes (um 1490) bedeckt drei Wände der Westhalle.
Das RHEINTOR, eines der schönsten Festungstore des 17. Jh., wurde errichtet, als Breisach französisch und das „Tor nach Deutschland" war. Neben anderen Plastiken schmücken Medaillons der römischen Kaiser Valentinian und Probus, der Überlieferung nach die Gründer Breisachs, den Bau.

Breitenburg *Schleswig-Holstein* 562 □ 12
SCHLOSS Im Hof steht ein zierlicher Renaissanceziehbrunnen von 1592, aus gleicher Zeit stammt auch die Kapelle. Nach Zerstörungen unter Wallenstein kamen im 18. und 19. Jh. Neubauten hinzu.

Breithardt *Reg.-Bez. Darmstadt* 585 □ 8
EV. PFARRKIRCHE Am Bau des Gotteshauses wurde in verschiedenen Stilepochen und bis ins Barock hinein gearbeitet. Den Chor (1451) schmücken

Wandmalereien, die neutestamentliche Szenen zum Thema haben.

Bremen 561 □ 5

Bremen war „gleich Rom namhaft unter den Völkern des Nordens", wie Adam von Bremen, der erste bedeutende deutsche Geschichtsschreiber, im 11. Jh. schrieb. Die Entwicklung des alten Fähr- und Umschlagplatzes an der Weser hatte 787 mit der Bistumsgründung begonnen. Knapp hundert Jahre später verlegte Ansgar den Sitz seines Erzbistums von Hamburg hierher; das schloß den Auftrag ein, die Nordlande zu bekehren. Nachdem Kaiser Otto I. der Stadt das große Marktprivileg verliehen und ihre Kaufleute ausdrücklich in seinen Schutz genommen hatte, wurde sie geistlicher und wirtschaftlicher Mittelpunkt des Nordens von Lappland bis Island und weiter nach Westen. Erzbischof Adalbert gründete 1043 den heutigen (dritten) Dom. 1358 wurde die Stadt Mitglied der Hanse. Spätestens seit der Reformation, der sich die Bremer rasch anschlossen, regierten nicht Bischöfe und nicht Fürsten die Stadt, sondern Bürgermeister. Stichworte der weiteren Geschichte sind: Erlangung der Reichsunmittelbarkeit (1646), Beginn des direkten Handels mit dem freien Nordamerika (1783), Status einer freien Hansestadt (1806); als die Weser zu versanden drohte, gründete Bürgermeister Johann Smidt 45 Kilometer nördlich an der Flußmündung Bremerhaven (1827). 1857 wurde der Norddeutsche Lloyd gegründet, 1888 entstand der erste europäische (Zoll-) Freihafen. Bremen ist Bundesland, die Stadt hat knapp 600 000 Einwohner. Trotz sehr starker Zerstörungen im zweiten Weltkrieg sind wichtige Bauten der kaufmännisch-bürgerlichen Glanzzeit der nach Hamburg wichtigsten Hafenstadt der Bundesrepublik erhalten oder erneuert worden, darunter fast alle Kirchen. Beachtenswerte neue Architektur zeigt die Stadthalle mit ihrem an sechs kraftvollen Pfeilern hängenden Dach und Alvar Aaltos elegantes Hochhaus in der Großsiedlung Neue Vahr.

In der BÖTTCHERSTRASSE, zwischen Markt und Weser, ist das um 1588 entstandene Roseliushaus das einzige alte, alle anderen ließ der Kaffeekaufmann Ludwig Roselius abreißen und dafür diese winkelige Museums- und Ladengasse anlegen (1926–31).

GEWERBEHAUS in der Ansgaritorstraße. Ehemals Gildehaus der Gewandschneider (Tuchhändler) und Hochzeitshaus, jetzt Haus der Handwerkskammer, 1619–21 im Renaissancestil entstanden; reiche Giebel.

HAUS DER BÜRGERSCHAFT, das Bremer Parlamentsgebäude, von dem Berliner Architekten Wassili Luckhardt entworfen. Der Versuch einer Anpassungsarchitektur (1965 vollendet) blieb lange umstritten.

KIRCHEN Die Liebfrauenkirche am Markt, die Martinikirche an der Weser, die Stephanikirche in der westlich gelegenen Siedlung stammen im wesentlichen aus dem 13., die Johanniskirche aus dem 14. Jh. Die Liebfrauenkirche, im romanischen Teil 1020 begonnen, und die Martinikirche, der vielleicht originellste Kirchenbau Bremens, erhalten spröden Reiz durch mehrere Quergiebel über ihren Schiffen. Die MUSEEN bieten kleine, aber wichtige Sammlungen: die Böttcherstraße bewahrt das Werk Paula Becker-Modersohns, die Kunsthalle rühmt sich ihres Reichtums an französischer Malerei und Graphiken des 19. und 20. Jh., das Focke-Museum ist dem Sondergebiet der Schiffahrt gewidmet.

RATHAUS Zwischen dem Dom, der auf gefällige Beachtung auch der geistlichen Macht zu pochen scheint, und der Liebfrauenkirche gelegen, beherrscht es eindeutig den Marktplatz. Der gotische Kern des Gebäudes ist 1405 bis 1409 entstanden. Der alte Bau enthält zwei Säle: der untere ist ein karger dreischiffiger Raum, dessen Balkendecke auf 20 Eichenträgern ruht, der obere eine getäfelte, mit Schnitzereien üppig geschmückte Festhalle mit freitragender Decke (1612). An der Marktseite des Saales die prunkvolle Güldenkammer für vertrauliche Sitzungen des Rates. Wandbilder (1532) im Saal schildern Bremens Gründungslegende.

ROLAND Das 1404 errichtete Symbol bürgerlicher Freiheit ist der Ahn aller nieder- und mitteldeutschen Rolande.

SCHNOORVIERTEL

Handwerkermilieu und Fischerquartiere, Künstler-wohnungen, Antiquitätenläden und exquisite Kü-chen findet man in diesem Stück Alt-Bremens, dessen schmalgiebelige Zweistockhäuschen wie mit der Schnur (Schnoor) gezogen dastehen. (Rechts)

GEWERBEHAUS

An der ungleichen Breite der beiden Giebel läßt sich noch erkennen, daß hier einst zwei Häuser getrennt voneinander standen. Seit Anfang des 17. Jh. ver-bindet eine geschlossene Renaissancefassade mit bunten Zierfriesen sie zu dem prachtvollen Amts- und Kosthaus der Gewandschneider. (Links)

DOM UND RATHAUS

Neben dem Dom behauptet sich das breitgelagerte Haus des Rates der Stadt, die erst 1646 Reichsfreiheit erhielt. Kaiser Karl mit Krone, Zepter und Reichs-apfel führt die Reihe der stattlichen Würdenträger an, ihm zur Seite die drei geistlichen Kurfürsten und, rechts vom Portal, die vier weltlichen. An den Schmal-seiten Weise und Propheten, unter ihnen Petrus, der Schutzherr des Doms.

DER ROLAND NEBEN DEM RATHAUS

Mit Blick und Schwert und Schild wendet sich Kai-ser Karls Paladin, der Ritter Roland, trotzig gegen den Dom und symbolisiert den Sieg der Bürger über den Herrschaftsanspruch der Geistlichkeit.

BÖTTCHERSTRASSE

Ehemals wohnten in der winzigen Gasse die Bött-cher, die Tonnenmacher, nun ist hier ein kleines Kulturzentrum entstanden, in dem das Paula-Bek-ker-Modersohn-Haus fast ein Reich für sich ist. Dieses bizarre Backsteingebilde in phantasiereichstem Jugendstil erbaute zwischen 1926–31 der Architekt und Bildhauer Bernhard Hoetger.

Der ST.-PETRI-DOM wurde unter Erzbischof Adal-bert 1043 begonnen. Noch im selben Jahrhundert entstanden die West- sowie die größere Ostkrypta: dreischiffig, kreuzgewölbt, hoch und feierlich. Voll-endet wurde die fast 100 Meter lange, neunjochige Pfeilerbasilika im 19. Jh. Eindrucksvoll sind: das Sandsteinrelief des Abendmahls in der Ostkrypta; das auf vier Löwenreitern ruhende Taufbecken (1220), die Grabplatte für den 1477 gestorbenen Dompropst Johann Rode, die Grabplatte einer Bischofstumba (11. Jh.), die realistischen Reliefs im Chorgestühl von 1400. In dem Bleikeller unter dem Dom, einer der kuriosesten Stätten der Welt, sind Mumien zu betrachten. Da in der Kapelle Blei-platten lagerten, verwesten die ehem. aufgebahrten Leichen nicht, sondern trockneten ein; die älteste ist über 500 Jahre alt.

GERHARD MARCKS:
DIE BREMER STADTMUSIKANTEN

Schon im 12. Jh. erzählte man sich das bekannte Märchen von den vieren, die sich aufmachten nach Bremen. Sie kamen zwar nie dort an, aber ihr Unternehmungsgeist mag dem der Bremer gleichen. 1951 setzte Gerhard Marcks ihnen, sowohl den tierischen als auch den menschlichen Globetrottern, ein Denkmal an der westlichen Seite des Rathauses.

OBERE HALLE DES RATHAUSES

Bevor nach der Ruhe des Winters die Seeleute wieder ausfuhren, hielten Reeder und Schiffer hier an jedem zweiten Februarfreitag unter alten Schiffsmodellen ihre Schaffermahlzeit. An dem seit 1525 traditionellen Zeremoniell hat sich bis heute fast nichts geändert. Ein Heiligtum bremischen Bürgerstolzes nannte der Dichter Rudolf Alexander Schröder diesen üppig geschmückten Saal, in dem Gotik und Renaissance so wundervoll harmonieren.

PAULA BECKER-MODERSOHN:
BLASENDES MÄDCHEN IM BIRKENWALD

Die 1876 in Dresden geborene Künstlerin war Bremen, wo sie 1888 Zeichen- und Malstudien trieb, besonders verbunden. Worpswede, das die Bremer so gern als „ihr" Künstlerdorf bezeichnen und das Paula Beckers Mann Otto Modersohn mit begründete, wurde ihr nach 1898 zum dauernden Aufenthalt. Der Einfluß Pariser Maler, vor allem Gauguins, läßt sie über die norddeutsche Heimatmalerei hinauswachsen – sie bereitete dem Expressionismus in Deutschland den Weg. Die Böttcherstraße beherbergt die umfangreichste Sammlung ihrer Gemälde, ihre Zeichnungen und Graphiken sind größtenteils in der Kunsthalle.

Das SCHNOOR-VIERTEL, ein Stück Alt-Bremen mit Bürgerhäusern aus dem 16.–18. Jh., hat seine trauliche Atmosphäre erhalten.

SCHÜTTING Das einstige Gildehaus der Kaufleute, heute Sitz der Handelskammer, liegt dem Rathaus gegenüber. Man rühmt den „schlanken Wuchs der Hausteinfront mit ihrer stegartig schmalen Fenstergliederung". Johann de Buscheneer aus Antwerpen hat das Haus 1536–38 erbaut. Es erhielt 1594 Mittelgiebel, Dachbalustrade und Fensterbekrönungen, 1899 das Prunkportal mit dem Bremer Wahlspruch „Buten un binnen, wagen un winnen" (draußen und drinnen: wagen und gewinnen). Westfassade: spätgotischer Staffelgiebel, Ostfassade: Giebel in bremischer Frührenaissance von Carsten Husmann.

STADTWAAGE Großer Renaissancebau von Lüder von Bentheim (1587), mit rekonstruierter Fassade.

Brendlorenzen *Unterfranken* 586 □ 4
Die Langhaus- und Querschiffmauern der Pfarrkirche St. Martin stammen noch aus dem 8. Jh. In der Sakristei spätmittelalterliche Wandmalereien. Der Turm der Laurentiuskapelle aus ottonischer Zeit hat schöne Klangarkaden.

Brenken *Reg.-Bez. Detmold* 577 ■ 2
ERPERNBURG (1730) Herrenhaus mit seitlich angebauten Pavillons, in einem davon die Kapelle.
PFARRKIRCHE Kleine dreischiffige gewölbte Pfeilerbasilika vom Anfang des 13. Jh. Innen ein auf vier Löwen ruhendes Taufbecken des 12. Jh. und das große Renaissance-Epitaph derer von Brenken.

Brenz *Reg.-Bez. Stuttgart* 602 □ 8
EHEM. STIFTSKIRCHE Romanische Basilika. Der Eindruck des massig Gedrungenen herrscht überall vor – im Osten stoßen drei halbrunde, mit umlaufendem Bogenfries geschmückte Apsiden eng aufeinander, im Westen erinnert der seltene Turmdreiklang, vielleicht noch karolingisch, an die Aachener Pfalzkapelle; der Bau steht auf römischen Fundamenten. Auffallend der Schmuck an Simsen, Kapitellen und am sechssäuligen Hauptportal: Masken, Chimären, Tiere und allegorische Gestalten, die der Fabulierfreude des 13. Jh. entsprangen.
SCHLOSS Zweigeschossiger Renaissancebau (1670) mit reizvollen Hoflauben.

Bretten *Reg.-Bez. Karlsruhe* 600 ■ 12
EV. STADTKIRCHE In die Nordwand der einschiffigen Kirche (14.–15. Jh.) schiebt sich ein Turm ein, wohl der Bergfried (12. Jh.) der alten Burg. In der sterngewölbten Bachkapelle noch Reste alter Bemalung (um 1510).
KREUZKIRCHE In dem flachgedeckten, volkstümlichbarock ausgestatteten Saalbau (1687) ein derber Bilderfries (1746) mit Aposteln und Propheten an der Empore.
MELANCHTHONHAUS Der Neubau (1897–1903, an Stelle des 1689 zerstörten Geburtshauses) enthält Urkunden, Bilder und Bücher der Reformationszeit.

Brilon *Reg.-Bez. Arnsberg* 577 ■ 6
Dem RATHAUS, mit mittelalterlichem Kern, wurde im 18. Jh. ein entzückendes Barockkleid übergeworfen: Freitreppe, Doppellaube, geschweifter Giebel.
PFARRKIRCHE, spätromanische Hallenkirche; ihr Westturm unten zu einer Halle mit rundem Mittelpfeiler ausgestaltet. Nordportal mit phantasievoller frühgotischer Blattornamentik.

Brodenbach *Reg.-Bez. Koblenz* 584 □ 6
Der Bergfried der auf einer Hunsrückhöhe gelegenen RUINE EHRENBURG besteht aus zwei Türmen mit Verbindungsbau (14. Jh.).

Brombach *Reg.-Bez. Karlsruhe* 593 ■ 4
EV. PFARRKIRCHE Im Chor (13. Jh.), das Langhaus stammt aus dem 15. Jh., ein interessanter Zyklus von gotischen Wandmalereien.

Bromskirchen *Reg.-Bez. Kassel* 585 □ 12
PFARRKIRCHE An den Seitenwänden des Schiffes sind noch die romanischen Arkaden der alten basilikalen Anlage erkennbar. Im übrigen wird der reizvolle Eindruck des Inneren durch den Umbau zur protestantischen Predigtkirche bestimmt, 16. Jh.

Bronnbach *Reg.-Bez. Stuttgart* 594 ■ 9
ZISTERZIENSERKLOSTER Im Taubergrund zwischen Weinbergen und Waldhöhen liegen die weitläufigen Anlagen dieses ganz erhaltenen Klosters. An der spätromanischen Kirche fallen die hohen Seitenschiffe mit entsprechenden Rundbogenarkaden und das spitzbogige Tonnengewölbe des Mittelschiffs auf. Der Raumeindruck wird etwas durch die allerdings prächtige Barockausstattung gemindert: Vier Altäre mit gewundenen Säulen führen kulissenartig auf den Hochaltar (1712) zu. Ein schönes Gitter (Mitte 17. Jh.) schließt den Chorraum ab. Den Chor schmückt außen ein breiter Rundbogenfries. Schön ist der südlich anschließende Kreuzgang, besonders der Ostflügel mit Fensteröffnungen in Kleeblattform, spätromanisch wie der feierliche Kapitelsaal daneben. Auch die Brunnenkapelle und den festlichen Josephssaal (1727) mit barocken Stukkaturen, Wand- und Deckengemälden sollte man nicht versäumen.

Bronnen *Reg.-Bez. Tübingen* 607 ■ 2
Einer Warte gleicht das auf einen Felsen über dem Donautal gebaute, nur über eine Brücke zugängliche Schloß mit Wohnturm und Kapelle.

Bruchhausen *Reg.-Bez. Arnsberg* 577 ■ 6
Die BRUCHHAUSER STEINE liegen im Bereich der ältesten und größten Wallburg Westfalens. Solche in Wäldern oder auf Bergen versteckten, stark befestigten Fliehburgen dienten seit vorgeschichtlicher Zeit bis etwa ins 9. Jh. als Zuflucht in Kriegszeiten.

Bruchsal *Reg.-Bez. Karlsruhe* 600 □ 12
KATH. PFARRKIRCHE ST. PETER Fürstbischöfliche Gruftkirche, mit eleganten Türmen und großer Giebelfassade 1740–46 nach Plänen von Balth. Neumann in Form eines gleichseitigen Kreuzes gebaut. Im lichten Inneren reiches Stuckwerk. Auch den Hochaltar entwarf Neumann; das Altarbild zeigt die Schlüsselübergabe an Petrus. Im Chor die Marmorgräber der Fürstbischöfe.
SCHLOSS Der bedeutende Barockbau (1722–33) konnte nach schweren Kriegszerstörungen größtenteils nur äußerlich wiederhergestellt werden. Im Kammerflügel der bekannte, 1776 stuckierte Musiksaal. Zum Glück blieb vom Treppenhaus Balth. Neumanns, einem der schönsten des deutschen Barock, so viel erhalten, daß sich die Restauration lohnte. Aus dem Dunkel der Grottenhalle schwingt sich die doppelläufige Treppe zum Licht der Kuppel empor. Oben verbindet die Plattform die beiden Festsäle. Die Figuren im Hofgarten (1724 angelegt, 1746 nach Neumanns Plänen verändert) schuf Joh. Joach. Günther.

Brüggen *Reg.-Bez. Hildesheim* 578 □ 12
SCHLOSS Auf dem Grund einer sächsischen Pfalz, einer späteren Burganlage im Leinetal, wurde 1693 Schloß Brüggen von dem Wolfenbütteler Barockbaumeister Joh. Balth. Lauterbach erbaut, eines der prächtigsten Landschlösser Niedersachsens. Der Bau zeigt zwei Vollgeschosse und ein Halbgeschoß unter einem Walmdach. Das schöne Torhaus zum Hof hat einen achteckigen Turm mit offener Laterne.

Brühl *Reg.-Bez. Köln* 583 □ 2
JAGDSCHLOSS FALKENLUST, 1729–40 von Cuvilliés d. Ä. erbaut, liegt am Ende einer langen Allee, die vom Stern der Augustusburger Gartenanlage ausgeht. Der frei stehende Hauptbau, im Stil der Régence errichtet, blickt auf einen Ehrenhof mit niedrigen Seitentrakten und Pavillons. Prächtig ausgestattete Gesellschaftsräume mit Dekorationen in Blau und Weiß oder Silber, darunter viel Delfter Kacheln, klingen an die Farben des Hauses Wittelsbach, dem der Bauherr entstammte, und an die blau-silberne Uniform der Falkenjäger an. Die KAPELLE im Park ist mit ihrer Dekoration aus Muscheln, Glas, Bergkristall und Lava einzigartig.
DAS SCHLOSS AUGUSTUSBURG war als Jagd- und Lustschloß ein Teil der kurfürstlichen Residenz Bonn. Mit dem Bau wurde der berühmte Baumeister Johann Conrad Schlaun aus Münster beauftragt. Seine Dreiflügelanlage mit Ecktürmen und Wassergräben zeigte die edlen und strengen Formen süddeutsch-italienischen Barocks, sie sind heute nur noch an den Stirnseiten des Nord- und Südtraktes erhalten. Von 1728 an verwandelte der

bayerische Hofarchitekt François Cuvilliés d. Ä. die Anlage in einen Residenzbau im Stil der Régence und des Frührokoko. Türme und Gräben verschwanden, die Terrasse vor dem Südflügel und die anschließenden Gärten entstanden. Von 1743 an wurde nach Plänen des Würzburger Architekten Balth. Neumann die Raumfolge geändert und das Treppenhaus in der Eingangshalle gebaut – es ist eines der schönsten des deutschen Barock. Die von Dominique Girard seit 1728 vor dem Südtrakt geschaffenen Gärten im strengen französischen Stil wurden im 19. Jh. von Peter Josef Lenné zu einer englischen Parkanlage umgestaltet, nach 1946 aber nach Plänen von 1750 erneut in eine kunstvolle Parterreanlage zurückverwandelt. Die Bundesregierung benutzt Schloß Brühl für große Empfänge.
Die SCHLOSSKIRCHE ST. MARIA ZU DEN ENGELN, früher Franziskanerklosterkirche, 1493 geweihter einschiffiger Bau aus der Gotik, wurde unter Kurfürst Clemens August 1735 zur Hofkirche umgebaut. Man fügte ihr ein zweistöckiges, über einen Orangerietrakt mit dem Schloß verbundenes Oratorium an, von wo aus der Kurfürst der Messe in der Kirche beiwohnte. Durch ein rundes, mit einem drehbaren Spiegel verschließbares Fenster über dem großartigen Hochaltar von Balth. Neumann konnte seine betende Gestalt den Gläubigen in der Kirche wie eine himmlische Vision erscheinen.

Bubenheim *Rheinhessen-Pfalz* 593 □ 9
In der DORFKIRCHE von 1163, mit Lisenen und Bogenfriesen an Westfassade und Chor, ist eine Ritzzeichnung des Erbauers und eine Bauinschrift.

TREPPENHAUS IM SCHLOSS AUGUSTUSBURG, BRÜHL

Kurfürst Clemens August persönlich, Kölner Erzbischof aus dem bayerischen Hause Wittelsbach, legte in den Ruinen der mittelalterlichen Wasserburg den Grundstein zu seinem Schloß, an dem drei der hervorragendsten Baumeister des 18. Jh. und eine Fülle bedeutender Künstler arbeiteten. Glanzvoller Höhepunkt ist Balthasar Neumanns schwungvolles Treppenhaus mit kräftigen Stukkaturen, den Deckengemälden Carlo Carlones und dem zartgerankten schmiedeeisernen Geländer.

Buchen im Odenwald *Reg.-Bez. Karlsruhe* *594* ☐ *8*
KATH. PFARRKIRCHE ST. OSWALD Die netzgewölbte
Hallenkirche mit überhöhtem Mittelschiff (1503
bis 1507) wurde 1955 durch ein Querhaus mit halbrundem Altarraum nach West umorientiert. Im Giebelfeld des Portals (14. Jh.) ein rohes Kreuzigungsrelief. Historisch bedeutend ist der Grabstein des
Luthergegners Konrad Koch, genannt Wimpina.
RATHAUS Barocker Neubau (1723) mit geschwungenem Giebel und Erdgeschoßlaube. Im Stadtbild fallen noch das turmartige BEGINENHAUS (1489), das
steinerne AMTSHAUS (Bezirksmuseum) mit hübschem Erker (1493) und der spitzbogige TORTURM
(13. Jh.) mit barocker Haube und Laterne (1719)
auf. Auf dem Bildplatz davor die Mariensäule
(1753), ringsum zahlreiche Fachwerkhäuser.

Buchenbach *Reg.-Bez. Stuttgart* *594* ☐ *6*
Vollständig erhalten ist ein turmartiges SCHLOSS aus
dem 14. Jh. mit Fachwerkgeschossen.

Buchenberg *Reg.-Bez. Freiburg i. Br.* *607* ☐ *11*
Die ALTE EV. KIRCHE stammt aus romanischer Zeit,
so auch der Kruzifixus, das „Herrgöttle". Chor und
Wandmalereien spätgotisch; im 18. Jh. wurde der
schlichte Bau aufgestockt.

Büchen *Schleswig-Holstein* *563* ■ *9*
KIRCHE Das Gewölbe des älteren Teiles ist nach
1300 mit Fresken ausgemalt worden. Märtyrer, na-
mentlich Apostel, und ihre Peiniger stehen auf dem
weißen Untergrund, von allerlei Pflanzen umrankt.

Bückeburg *Reg.-Bez. Hannover* *569* ☐ *4*
Der alte Flecken erhielt 1609 Stadtrechte, als
Fürst Ernst v. Schaumburg aus älteren Anlagen
eine höchst ansehnliche, frühbarocke Residenz schuf.
In ihr herrschten, meist maßvoll, die Schaumburg-
Lippeschen Grafen und Fürsten bis 1918.
EV. STADTKIRCHE Schöner Frühbarockbau (1615
vollendet) eines unbekannten Meisters, der gotisie-
rende, barocke und klassizistische Elemente mitein-
ander vereinigt. Man tritt ins Innere der dreischiffigen Hallenkirche durch ein Turmportal mit Für-
stenwappen und Glockengiebel. Innen hinter dem
Altar eine großartige Orgel (1615), nach dem zweiten Weltkrieg neu erbaut. Eine Kostbarkeit das
Taufbecken des Adriaen de Vries mit voll- und
halbplastischem Bronzeschmuck, 1615.
MAUSOLEUM Grabstätte der Bückeburger Fürsten.
Fürst Adolf ließ es ab 1913 errichten.
Das grabenumzogene SCHLOSS zeigt auf der Brücke
zwei Gruppen des Adriaen de Vries (1620). Hell
und weit erscheint einheitlich die Fassade. Die Bauteile entstammen den verschiedensten Zeiten: unter
barockem Schmuckwerk verbirgt sich der alte Bergfried, Renaissancebauten (um 1660) säumen den
Hof. Die Schloßkapelle (vom Anfang des 17. Jh.)
ist bis ins letzte Eckchen ausgemalt.

Bückelte *Reg.-Bez. Osnabrück* *568* ■ *12*
KAPELLE Ein einschiffiger gotischer Bau, dem hl.
Antonius geweiht. Wände und Gewölbe des Chores
mit gotischen Malereien bedeckt.

Bücken *Reg.-Bez. Hannover* *570* ☐ *10*
Die STIFTSKIRCHE, in drei erkennbaren Bauperioden
vom 12. bis zum 14. Jh. entstanden, ist als große
romanische Basilika mit zwei weithin sichtbaren
Türmen von einem um 885 gegründeten Stift übrig-

STADTKIRCHE, BÜCKEBURG

„Sauber, bescheiden, still-vornehm, die richtige
Fürsten- und Kleinbürgerstadt", so beschreibt Lulu
v. Strauß und Torney ihre Vaterstadt. Die wohl-
gegliederte Fassade der Stadtkirche jedoch über-
trifft an Pracht und Schmuckfreude selbst ihr süd-
deutsches Pendant, das Zeughaus in Augsburg.
Die Kirche, in der einst Joh. Gottfr. Herder
predigte, gehört zu den Bauten, mit denen Fürst
Ernst von Schaumburg Anfang des 17. Jh. das Ge-
sicht Bückeburgs als Residenzstadt prägte.

geblieben; später verfiel sie und wurde erst 1863
bis 1868 außen und innen ganz restauriert (und
zeitgemäß ausgemalt). Dominierend blieben dennoch
das über 5 m hohe Triumphkreuz (von etwa 1270)
mit den Figuren Mariä und der Apostel im Querbalken, ferner die massive Kanzel des 13. Jh. Im
Chor ein spätgotischer Schnitzaltar und Glasfenster.

Büderich-Ginderich *Reg.-Bez. Düsseldorf* *575* ■ *4*
KATH. PFARRKIRCHE Gotische Basilika des 14. Jh.
Westturm aus Tuff, im obersten Geschoß durch
spitzbogige Fenster mit Teilungssäulchen geschmückt.
Wertvolle Kunstschätze im Innern: ein hölzernes
Muttergottesbild, zwei Sakramentsschreine und ein
Taufstein, alle aus dem 14. und 15. Jh.

Büdingen *Reg.-Bez. Darmstadt* *585* ☐ *4*
Kirchliche und herrschaftliche Stein- und Fachwerkbauten (15./16. Jh.), ganze Zeilen prachtvoller
Fachwerkhäuser (15.–18. Jh.), Mauern, Türme und
Tore der Spätgotik vereinen sich zum kostbarsten
städtebaulichen Juwel Hessens.
Die EV. STADTKIRCHE wurde um 1460/80 als quadratische Halle mit reich gewölbtem Langchor errichtet. Renaissancegrabmäler.
FRIEDHOFSKIRCHE Die um 1000 gebaute ehem. Pfarrkirche liegt stimmungsvoll außerhalb des Ortes.
RATHÄUSER Am ältesten Bau in der Rathausgasse 2
(1. Hälfte 15. Jh.) tritt noch das kräftige spätgotische Holzgefüge zutage. Nach 1458 wurde ein
neues Gebäude mit Treppengiebel errichtet.

JERUSALEMER TOR, BÜDINGEN

Der Ruhm Büdingens als mittelalterliche Stadt beruht zu einem guten Teil auf seinen großartigen, gestaffelten Mauern aus Buckelquadern, die der kleinen Residenz des 15./16. Jh. Schutz boten. Fast unberührt wirkt die Südseite am Seemenbach, wie eine Burg für sich das Jerusalemer Tor.

SCHLOSS Kern der überaus malerischen Anlage ist eine dreizehneckige staufische Wasserburg mit Buckelquadermauern des späten 12. Jh. Den Gesamteindruck bestimmen Bauten aus dem 15./16. Jh. mit prachtvollen Schmuckformen der Spätgotik und Renaissance. Besonders harmonisch blieb die Einheit von Architektur und Einrichtung der Kapelle von 1495, auf romanischem Untergeschoß, mit ornamentiertem Portal (im Hof). Mehrere Räume tragen Wandmalereien des 16. Jh.: weltliche und biblische Szenen in Scheinarchitektur, die zum Besten dieser Art in der deutschen Renaissance gehören.

Bühl *Reg.-Bez. Karlsruhe* 600 □ 9
PFARRKIRCHE ST. MARIA in Kappelwindeck. Der weithin sichtbare Zwiebelturm der Kirche gehört zu einem Barockbau des 18. Jh. Fassade mit anmutiger Immaculata und Statuen der Kirchenväter. RATHAUS Seine merkwürdige Dachform erklärt sich leicht, wenn der Besucher die Vorhalle betritt: das Rathaus ist in die ehem. Stadtkirche eingebaut. Der vom Vier- ins Achteck übergehende Turm mit der zierlichen Galerie ist späteste Gotik.

Bünde *Reg.-Bez. Detmold* 569 □ 6
Das TABAKMUSEUM zeigt neben der größten Zigarre der Welt (170 cm lang, 18 Pfund schwer), kuriosen und kostbaren Rauchutensilien aus aller Welt eine Bild- und Graphiksammlung zur Geschichte des Rauchens.

Büren *Reg.-Bez. Detmold* 577 ▪ 5
Im Schutze der aus dem 12. Jh. stammenden Burg der Herren v. Büren entstand noch vor 1300 die wehrhafte Stadt, die in der spätromanischen NIKOLAIKIRCHE mit dem stattlichen quadratischen Westturm eine weithin sichtbare Stadtkrone erhielt. Die JESUITENKIRCHE entstand 1754–70 nach Plänen des Bonner Hofbaumeisters Franz Heinr. Roth. Mit der bewegten Barockfassade, den Deckenmalereien des Asamschülers Josef Gregor Winck und

reizvollen Rokokostuckarbeiten gilt der kostbare Bau als eine der schönsten Kirchen in Westfalen, erfüllt von süddeutscher Barockpracht und Sinnenfreude, die dank dem kunstfreudigen Kurfürsten Clemens August hier Einzug gehalten haben. Das JESUITENKOLLEG wurde an Stelle des Bürenschen Schlosses 1717–28 nach Plänen von Joh. Conrad Schlaun und Gottfr. Laur. Pictorius in Form einer dreiflügeligen Schloßanlage errichtet.

Bürgeln *Gem. Obereggenen*
Reg.-Bez. Freiburg i. Br. 606 ▪ 4
SCHLOSS Das ehem. Priorat der Abtei St. Blasien liegt weithin sichtbar am Westhang des Schwarzwaldes. 1760 zum zierlichen Schloß erweitert, 1920 stark verändert; mit schönem Barocksaal und anderen Kunstschätzen. Südlich ist der Turm der im 17. Jh. zerstörten SAUSENBURG zu sehen.

Bürgstadt *Unterfranken* 594 □ 9
Der spätromanischen KIRCHE mit sehr schönen Portalen wurde 1607 das nördliche Schiff hinzugefügt. Die einfache MARTINSKAPELLE (frühes 13. Jh.) hat am Westportal spätgotische Steinarbeiten von 1440. Im Innern: Wandmalereien von 1593; spätgotische Kreuzigungsgruppe auf einem Balken im Chorbogen; Spätrenaissance-Altar. RATHAUS Der blockartige Bau von 1592 mit Sechseckturm und geschweiften Giebeln besteht im Erdgeschoß aus einer zweischiffigen Halle mit Kreuzgewölben.

Bürresheim *Reg.-Bez. Koblenz* 584 ▪ 8
Das SCHLOSS liegt trutzig auf hohem Fels im Wald, das beste Beispiel einer langsam gewachsenen Burg:

KURU-RÄUCHERGEFÄSS, BÜNDE

In dieses chinesische Bronzegefäß – es wurde um 1600 gearbeitet – legte man Sandelholz mit Räucherstäbchen oder andere wohlriechende Hölzer und Kräuter. Sie verbreiteten in Tempeln, Palästen oder auch in Privathäusern einen betäubenden Duft. In Japan wird heute noch beim Teetrinken geräuchert.
Deutsches Tabak- und Zigarrenmuseum, Bünde

vom Bergfried des 12. Jh. bis zum Amtshaus im 17. Jh. Auch die Innenausstattung blieb erhalten.

Büsingen *Reg.-Bez. Freiburg i. Br.* 607 ■ 6
Reihendorf am unberührten Ufer des Hochrheins mit schönen FACHWERKBAUTEN (z. B. Junkernhaus, 16. Jh.), überragt von der wehrhaften ST.-MICHAELS-KAPELLE (mit Mesnerhaus) aus dem 13. Jh.; spätere Änderungen.

Büsum *Schleswig-Holstein* 554 □ 4
Die spätgotische KIRCHE ist im Innern von derburtümlicher Wirkung, die von der Balkendecke, den kräftigen Mittelstützen und reichlicher barocker Schnitzerei bestimmt wird. Taufbecken 13. Jh.

Bunde *Reg.-Bez. Aurich* 560 ■ 6
Die MARTINSKIRCHE (13. Jh.) gehört mit ihren reichgegliederten Ostteilen (um 1270) und dem schlichten Langhaus zu den bedeutendsten spätromanischen Backsteinkirchen Ostfrieslands. Im Innern alte ornamentale Wandmalereien, ein Bronzetaufbecken und Grabsteine. Westturm (1840).

Bunsoh *Schleswig-Holstein* 555 ■ 8
STEINGRAB Drei Decksteine liegen auf der etwa 4 Meter langen Kammer. Einer zeigt Schalen, Hände und Räder; wahrscheinlich in der Bronzezeit eingemeißelt.

Burg an der Wupper *Reg.-Bez. Düsseldorf* 576 □ 7
Hübsche bergische Fachwerkhäuser sind charakteristisch für Burg, das reizvoll an der Mündung des Eschbachs in die Wupper liegt.
Die EV. KIRCHE ist ein schlichter Bruchsteinsaal mit **Tonnengewölbe** (1732–35); dabei der Alte Friedhof von 1744 mit einheitlichen, im voraus gesetzten Grabsteinen.
PFARRKIRCHE ST. MARTIN in Oberburg, einschiffiger flachgedeckter Tuffsteinbau aus der Mitte des 17. Jh., mit Resten einer romanischen Kirche gebaut, darin ein romanischer Taufstein des 12. Jh. aus Granit und schwarze Marmorsäulen des 13. Jh.
SCHLOSS BURG Imposanter Neubau des 19. Jh. auf romanischen Resten, das beliebteste Ausflugsziel des Bergischen Landes.

Burg auf Fehmarn *Schleswig-Holstein* 556 ■ 3
BURGRUINE GLAMBEK Reste der Burg des 13. Jh.
NIKOLAIKIRCHE Langgestreckter gotischer Backsteinbau, im Kern aus dem 13., Ausbauten bis zum 16. Jh.; der 1513 vollendete Turm erhielt erst 1763 die Barockhaube. Das Innere ist hell und breit, Ausmalung meist aus gotischer Zeit, auch die Altäre und das Bronzetaufbecken.
ST.-JÜRGEN-KAPELLE Spätgotisch, wohl 1507 erbaut und damals auch dekorativ ausgemalt. Holzbildwerk der St.-Jürgen-Gruppe (15. Jh.), älter das frühgotische hohe Sakramentshaus aus Eiche.

Burgau *Schwaben* 602 □ 8
Gemütliche alte Markgrafenstadt an der Mindel mit schmucken Giebelhäusern und wuchtigem Torturm von 1610; ursprünglich eine alemannische Siedlung. Das jetzige SCHLOSS, schlicht, hoch, ein kastenförmiger Bau, entstand im späten 17. Jh. (Heimatmuseum).
In der KIRCHE UNSERER LIEBEN FRAU ein von Kaiserin Maria Theresia gestickter Ornat.

Burgfelden *Reg.-Bez. Tübingen* 607 □ 1
Schon die einfachen, klobigen Formen der EV. PFARRKIRCHE mit dem quadratischen Glockenturm

lassen hohes Alter vermuten. Im Inneren ein schöner Zyklus romanischer Wandmalereien aus dem 11. Jh.

Burggen b. Schongau *Oberbayern* 609 ■ 3
Die mehrfach umgebauten Kirchen ST. STEPHAN und ST. ANNA – beider Türme sind noch romanisch – zeigen neben Barock- und Rokokodekorationen im Innern Altarfiguren gleichen Stils.

Burghausen *Oberbayern* 611 □ 12
Das Städtchen sieht noch genauso aus, wie Adalbert Stifter es beschrieben hat: „... als wäre sie aus einem altdeutschen Gemälde herausgeschnitten und hierhergestellt worden". Es besetzt einen sichelförmigen Landstreifen am linken Salzachufer zu Füßen des langgezogenen Burgfelsens und konnte sich, jenseits der Burg noch vom Wöhrsee behindert, nur eine einzige Straße und ein paar winzige Gassen leisten. Dafür besitzt es einen weiträumigen Hauptplatz und die größte Burg Deutschlands.
BURG Der steile Fußpfad von der Stadt mündet direkt an der Hauptburg. In einer Länge von 1100 Metern erstreckt sie sich über sechs, jeweils durch Gräben und Tore getrennte und mit Mauern und Türmen bewehrte Höfe: ein romantischer Ruinenpark, von dem aus sich prächtige Blicke auf Stadt und Fluß, Wöhrsee und Alpenkette bieten. Erhalten blieb der Hof an der Südwestecke, von mächtigen Bauten umstellt. Mehrere Räume sind jetzt Museum. Im Chor (13. Jh.) der inneren Schloßkapelle St. Elisabeth Fresken des frühen 15. und des 16. Jh. Die ursprünglich nur kleine Wehranlage war 1255 an Niederbayern gekommen. Sie diente nicht nur als zweite Hofhaltung der Landshuter Herzöge, sondern lang auch als Verbannungsort für Herzoginnen und Prinzen, um sie vom üppigen Leben in der Residenz fernzuhalten. Anlaß zum Ausbau zu ihrer imposanten Größe war wohl die Türkengefahr um 1500.
PFARRKIRCHE In langer Bauzeit vom 14. Jh. an entstanden. Der Turm beherrscht mit der doppelten Zwiebelhaube das Bild der Uferstadt.
SPITALKIRCHE HL. GEIST Das barock umgestaltete Äußere umschließt im Chor einen der wenigen in Oberbayern heil erhaltenen Sakralräume des frühen 14. Jh.

Burgholzhausen *Reg.-Bez. Darmstadt* 585 □ 6
KIRCHEN Die ev. Kirche, ein ansehnlich ausgestatteter Saalbau, und der kreuzförmige Kuppelbau der kath. Kirche mit zarten Stuckierungen, Malereien und prächtigem Hochaltar sind Barockwerke von 1717.

Burgkirchen am Wald *Oberbayern* 611 □ 12
In der interessanten KIRCHE ST. RUPERTUS von etwa 1470 ein von drei hohen Achteckpfeilern getragenes schönes Netzgewölbe und ein romanischer Taufstein; romanische Türbeschläge am Westportal.

Burgkunstadt *Oberfranken* 595 □ 1
Am hoch liegenden Marktplatz gute Häuser des 17. und 18. Jh.; weiter oberhalb typisch fränkisches Rathaus mit massivem spätgotischen Unterbau und Fachwerkgeschoß. Ein schöner Turm von 1793 schmückt die nicht bedeutende Kirche.

Burglengenfeld *Oberpfalz* 596 □ 5
Die Geschichte des Geburtsortes von Joh. Mich. Fischer, dem Rokokobaumeister, im Naabtal reicht

bis in die Merowingerzeit zurück. Charakteristische Giebelhäuser geben der Stadt das Gesicht, voran das idyllische Altmannsche Schlößchen am Burgberg, ein ehem. Burggut des 16. Jh.
Von der einst stattlichen BURG der Wittelsbacher stehen noch beträchtliche Reste: Teile der romanischen Ringmauer, der Bergfried, der wuchtige Sinzhofer- oder Friedrichsturm von etwa 1100, ein weiterer Turm mit spätgotischem Anbau, das ursprünglich gotische Zeughaus und der Pulverturm aus dem 12. Jh.
Das RATHAUS ist ein schöner, hochgiebeliger Bau (um 1600) mit zwei Achtecktürmchen.
In der rokokohaft umgestalteten Kirche ST. VEIT das Epitaph von Loy Hering für Bernh. v. Hyrnheim (gest. 1541).

Burgschwalbach *Reg.-Bez. Koblenz* 585 □ 8
BURGRUINE Die Reste der 1368–71 von den Grafen v. Katzenelnbogen erbauten Burg sind sehr gut erhalten. Zinnen krönen den hohen runden Bergfried im Fünfeck der Hauptburg.

Burgsinn *Unterfranken* 594 □ 12
Trotz allen An- und Neubauten ist der mittelalterliche Charakter der von einem tiefen, teichartig ausgedehnten Graben umgebenen WASSERBURG erhalten geblieben (Bergfried 11. Jh.). Daneben das Frohnhofer Schlößchen, 1607 als Witwensitz erbaut; in der Nähe ein Spätrenaissanceschloß, 1620.

Burgsteinfurt *Reg.-Bez. Münster* 568 □ 6
Eine Stadt mit reicher Vergangenheit: alte Straßenzüge und das 400jährige Rathaus weisen darauf hin, bes. aber die mächtigste WASSERBURG des Münsterlandes und das aus mittelalterlicher Zeit stammende Schloß der Fürsten zu Bentheim und Steinfurt. Unter- und Oberbau sind in weiter Rundung zusammengefaßt. Kapelle und Rittersaal wurden im 12. Jh. erbaut. Vor der Burg liegt der BAGNO, eine zunächst streng französische, doch bald in einen englischen Landschaftspark umgewandelte Gartenanlage (1765). Der frühklassizistische Konzertpavillon (1774) blieb von den zahlreichen Gartenbauten erhalten.

Burgwindheim *Oberfranken* 595 ■ 10
Die außen schmucklose KATH. KIRCHE besitzt eine reiche Rokoko-Innenausstattung; die drei Seitenaltäre entwarf Balth. Neumann.
SCHLOSS Auf einer Terrasse an der Hauptstraße des Ortes, dem schöne Fachwerkbauten wie das Gasthaus „Zum Löwen" das Gesicht geben, liegt das repräsentative Schloß mit den durchgeformten Eckpavillons. Der schönste Anblick bietet sich von der Gartenterrasse aus.
WALLFAHRTSKIRCHE ZUM HL. BLUT Schönstes Stück der kleinen, liebevoll ausgestatteten Kapelle von 1594 ist der große Säulenhochaltar mit der Darstellung des Abendmahls. In der Nähe der Heiligen-Blut-Brunnen, ein kleiner barocker Pavillon.

Burkheim *Reg.-Bez. Freiburg i. Br.* 606 ■ 12
Bis zur Rheinkorrektur 1840 Fischerort. Langgestreckter Straßenplatz hinter dem Stadttor, noch vollständig mit Häusern aus der Zeit nach dem Dreißigjährigen Krieg und des 18. Jh. bebaut.
PFARRKIRCHE Der hochragende gotische Turm steht im barocken Schiff der Kirche.
RATHAUS (1604), im 18. Jh. aufgestockt. An der Fassade neben den Wappen Habsburg und Schwendi auch die der Zünfte.

RENAISSANCEERKER AM SCHLOSS BURGSTEINFURT
Neben der Romanik hinterließ die Renaissance an dem auf zwei Inseln der Aa gelegenen Schloß ihre Spuren. Wappen, Köpfe, Reliefs, Inschriften und Ornamente schmücken den Erker Johann Beldensnyders aus Münster im malerischen Hof.

SCHLOSS An der Stelle einer Burg baute der Türkenbesieger Lazarus v. Schwendi 1572–74 ein Schloß, das 1672 zerstört wurde. Reiche Steinmetzarbeiten erinnern an einstige Schönheit.

Bursfelde *Reg.-Bez. Hildesheim* 578 ■ 8
Die EHEM. BENEDIKTINERKLOSTERKIRCHE liegt malerisch an einer Weserschleife. 1093 erhielt das Kloster einen Schutzbrief Kaiser Heinrichs IV.; Umbauten unternahm man besonders nach Gründung (1433) der Bursfelder Kongregation, einer weitgreifenden vorreformatorischen Bewegung, eingreifendere im 19. Jh.; 1589 Aufhebung des Klosters. Die dreischiffige Kirche mit basilikalem Langhaus (Ende des 11. Jh.); von ihm durch einen Querraum (anstatt des ehem. Lettners) getrennt der dreischiffige Chor mit Apsiden; er enthält großfigurige Fresken der Spätgotik.

Busenberg *Rheinhessen-Pfalz* 599 □ 1
Bei dem Ort liegt die langgestreckte Burgruine DRACHENFELS (13. Jh.) mit ausgehauenen Räumen und Treppen.

Bussen *Reg.-Bez. Tübingen* 608 □ 11
Der 767 Meter hohe Bergkegel, der Oberschwaben von Norden her beherrscht und einen herrlichen Blick bis zu den Alpen gewährt, trägt seit vorgeschichtlicher Zeit Befestigungen. Aus der frühchristlichen, schon im 9. Jh. bezeugten Kultstätte wurde nach 1521 eine Wallfahrtskirche zur

Schmerzhaften Mutter Maria, die, modern erweitert, bis heute besteht.

Buttenheim *Oberfranken* 595 ■ 2
Die wahrscheinlich von Karl d. Gr. gegründete KIRCHE zeigt eine schöne Rokokoausstattung. In der Turmkapelle bedeutende Grabsteine (von etwa 1500); der der Elisabeth v. Stibar (gest. 1507) ist von Tilman Riemenschneider.

Buttforde *Reg.-Bez. Aurich* 560 □ 2
Die PFARRKIRCHE (Ende 12. Jh.), ein Granitquaderbau mit frei stehendem Glockenturm aus Backstein, ist kostbar ausgestattet: zwei Taufsteine und Grabplatten aus der Erbauungszeit, ein Lettner und ein Schnitzaltar (beide spätes 15. Jh.), drei Holzstatuetten (um 1500), Gemeindegestühl, Orgel und reich verzierte Kanzel aus der zweiten Hälfte des 17. Jh.

Butzbach *Reg.-Bez. Darmstadt* 585 ■ 5
1609–43 Residenz einer Nebenlinie des hessen-darmstädtischen Hauses. Das insgesamt wohlerhaltene Stadtbild bestimmen meist verputzte Fachwerkhäuser, die fast alle aus der Blütezeit vor dem Dreißigjährigen Krieg stammen.
EV. PFARRKIRCHE Der ummauerte Friedhof bildet mit der Michaelskapelle (1433) und alten Häusern eine stimmungsvolle Baugruppe. Der Bau der dreischiffigen Halle (15. Jh.) geht auf ältere Teile zurück. Die Residenzzeit brachte beachtliche Kunstwerke des frühen 17. Jh. in die Kirche mit dem wuchtigen Grabmal des Landgrafen Philipp und seiner Gemahlin.
RATHAUS Das stattliche, jetzt zweigeschossige Fachwerkhaus wurde 1568 errichtet.

Buxheim *Schwaben* 608 □ 2
EHEM. KARTÄUSERKLOSTER Das am besten erhaltene Kartäuserkloster in Deutschland wurde 1420 nach den Ordensregeln angelegt. Von dem weiten Kreuzgang aus betraten die Mönche ihre kleinen Häuser und die Kirche. Er durchschneidet, einem Tunnel ähnlich, die Kirche zwischen Priester- und Brüderchor. Stuck und lichte Fresken sind frühe Arbeiten Joh. Bapt. Zimmermanns von 1711. Hochaltar um 1635. 1508 wurde die St.-Anna-Kapelle geweiht, 1740 durch die Brüder Zimmermann zur Rotunde umgebildet und im reichsten Zierwerk des späten Rokoko ausgestattet.
PFARRKIRCHE Ein Frühwerk von dem Meister der Wies, Dom. Zimmermann, 1725–27 errichtet. Im einfachen Raum heiterer Stuck und eine wunderschöne Madonna des Weichen Stils, um 1420.

Buxtehude *Reg.-Bez. Stade* 562 ■ 2
Auf einem Sandstreifen im Moor wurde der Ort im 13. Jh. als Wasserfestung gegründet. Von der mittelalterlichen Stadtbefestigung blieb nur der trutzige Marschtorzwinger übrig. Der Ort hat zahlreiche stattliche Bürgerhäuser des 16.–18. Jh. und eine schöne Straßenzeile am Westfleth.
Im HEIMATMUSEUM werden ein gotischer Schnitzaltar und viele Zeugen der Stadtgeschichte aufbewahrt; Folterinstrumente und Richtschwerter fehlen nicht.
PETRIKIRCHE Die dreischiffige gotische Gewölbebasilika entstand 1285–96. Das im 19. Jh. erneuerte Gotteshaus zeigt in den Ausmaßen und der Ausstattung – dem Hochaltar von 1710, dem Halepaltar um 1500, dem reich geschnitzten Gestühl

und wertvollen Gemälden –, wie wohlhabend die seit dem 14. Jh. zur Hanse gehörende Stadt vor dem Dreißigjährigen Krieg war.

Haus Byink *Reg.-Bez. Münster* 576 ■ 1
Von der früher mit Gräben und Bastionen gesicherten WASSERBURG steht noch das Torhaus von 1563, ein zweistöckiger Ziegelbau mit dreiviertelrunden Ecktürmen. Dahinter das Bauhaus von 1557, das nach Art münsterländischer Bauernhäuser Wohn- und Wirtschaftsräume vereinigt.

C

Cadolzburg *Mittelfranken* 595 ■ 6
CADOLZBURG Die mächtige Anlage, eine „der großartigsten Dynastenburgen des Mittelalters", seit 1260 Hauptsitz der Hohenzollern, steht auf einem Vorsprung des Dillenbergs und war eng mit dem einst durch Zwingmauern und bastionartige Rondells befestigten Markt Cadolzburg verbunden. Von der Marktstraße aus erreicht man über äußeres Burgtor und Graben die Vorburg. Es folgen das durch einen tiefen Graben geschützte innere Tor mit einem hohen schlanken Turm, ein weiteres Vortor, spätgotisch und mit zwei Erkern, dann das frühgotische Hauptor in der hohen Befestigungsmauer, die hier den unteren Teil des Neuen Baus aus dem 16. Jh. bildet; der Alte Bau des 15. Jh. bewahrt noch den riesigen Rauchfang in der Burgküche, den Ochsenschlot.

Caldern *Reg.-Bez. Kassel* 585 ■ 12
KIRCHE Bekrönung des reizvoll über dem Lahntal aufgestaffelten Ortes ist die spätromanische ehem. Zisterzienserinnen-Abteikirche (13. Jh.). Beachtenswerte Kapitelle, auf dem Altar Kruzifix (14. Jh.).

Calw *Reg.-Bez. Karlsruhe* 600 ■ 3
Im Mittelalter trafen sich hier die Tuchhändler aus ganz Europa. Die Wohlhabenheit jener Zeit spiegelt sich noch im Straßenbild. Besonders stattlich ist das Rau'sche Haus von 1694. Ein erfreulicher Anblick: die vielen zierlich geschmiedeten Wirtshausschilder. Calw ist der Geburtsort Hermann Hesses.
NAGOLDBRÜCKE Mit der gotischen Brückenkapelle St. Nikolaus ein bezauberndes Stimmungsbild.

Camberg *Reg.-Bez. Darmstadt* 585 □ 7
Markt und Gassen der Altstadt auf dem Berge bieten ein ungemein lebendiges Bild mit ihren schmuckreich gefügten Fachwerkhäusern, besonders dem reizvollen Amtshof. Die meisten sind aus dem 16. bis zum frühen 18. Jh.
KATH. PFARRKIRCHE An den älteren Turm wurde 1777 das Schiff und der Chor angebaut. Deckengemälde von Giuseppe Appiani.
KATH. KREUZKAPELLE Auf einem Berg vor der Stadt 1681 erbauter kreuzförmiger Zentralbau.
STADTTORE Neben Resten von Rundtürmen sind zwei Tore Zeugen der Befestigung des 14. Jh.

Cappel *Reg.-Bez. Arnsberg* 577 ■ 10
DAMENSTIFT Den Benediktinerinnen, die 1131 das Kloster gründeten und wahrscheinlich das bedeutende Westwerk bauten, folgten schon um 1140 Prämonstratensernonnen, deren strenge Baudiszi-

plin sich im erhaltenen Restbau gut ablesen läßt. Die Kirche war die erste von vornherein einge wölbte Pfeilerbasilika in Westfalen. Da sie später durch Abbruch der Seitenschiffe und der Neben- apsiden zu einem einschiffigen Raum schrumpfte, besteht heute ein gewisses Mißverhältnis zwischen dem Schiff und der aufwendigen dreischiffigen Vor- halle des Westbaus mit der Nonnenempore.

Cappenberg *Reg.-Bez. Arnsberg* 576 ▪ 1
EHEMALIGE PRÄMONSTRATENSERKIRCHE Zwei Brü- der, jugendliche Ritter, entsagen der Welt, ma- chen ihre Burg zu einem Kloster und stiften ihm ihren Besitz. Als idealisierte Jünglingsgestalten, ge- meinsam ein Kirchenmodell tragend, zeigt sie das Doppelgrabmal in der Klosterkirche (um 1230). Noch andere Kostbarkeiten schmücken den roma- nischen, gotisch eingewölbten Bau: der Cappen- berger Kruzifixus, ein edles Werk des späten 12. Jh., das Kopfreliquiar mit den Zügen Kaiser Friedrich Barbarossas und das Chorgestühl, datiert 1509–20, das mit Ranken und Groteskfiguren hoch getürmt die Vierung füllt; es ist das reichste in Westfalen.
SCHLOSS Der schlichte, nur am Hauptportal wuchtig dekorierte Propsteibau von 1708 steht reizvoll zwischen Intimität und Weite. Im Seitenflügel das Freiherr-vom-Stein-Archiv mit Briefen und Do- kumenten des preußischen Staatsmanns und Re- formators, der hier gestorben ist. Den Mitteltrakt nimmt das Dortmunder Museum für Kunst und Kulturgeschichte ein.

KOPFRELIQUIAR MIT DEM PORTRÄT
FRIEDRICH BARBAROSSAS, CAPPENBERG
Das kupfervergoldete Werk, das nach der Mitte des 12. Jh. in Aachen geschaffen wurde, war ein Geschenk des Kaisers an seinen Taufpaten Otto von Cappenberg, einen der Klostergründer. Urkun- den nennen es ein persönliches Bildnis – das erste in Deutschland –, doch die strenge Stilisierung von Haar, Brauen und Augen (sie waren einst mit Edel- steinen besetzt) gehorcht der Tradition der Herr- scherbilder. Es ergibt sich eine frühe, seltene Syn- these von Symbol und Porträt.

Castell *Unterfranken* 595 ☐ 9
Die Burg Alt-Castell und das Obere Schloß, die Stammburgen des Geschlechts, sind Ruinen. 1687 entstand nördlich des Ortes das frühbarocke neue Schloß, eine dreiflügelige Anlage aus rohem Bruch- stein.
Die SCHLOSSKIRCHE, um 1780 erbaut, ist ein sehr geglückter Bau. Im Innern ausklingendes Rokoko.

Celle *Reg.-Bez. Lüneburg* 570 ☐ 3
Zuerst gab es den Markt Celle (Kille, sächsisch: am Wasser); bald entstand stromaufwärts an der Aller der heutige Ort Celle. 1248 erhielt er Stadtrecht, kurz darauf baute dort Otto der Strenge, ein Ur- enkel Heinrichs des Löwen, eine Burg und zog mit vielen Bürgern um. Von 1378 bis 1705 residierten die Fürsten der Lüneburger Heide in Celle. Ihr Schloß, in seiner jetzigen Gestalt von Georg Wil- helm (1665–1705) bestimmt, ist heute noch bau- geschichtlicher Mittelpunkt der Stadt. Die Bürger verwandten den 1705 verblichenen Ruhm als Her- zogstadt auf ihre Weise; sie holten sich das Ober- appellationsgericht (heute Oberlandesgericht) in ihre Mauern und bauten ein architektonisch interessan- tes Zuchthaus.
ALTSTADT In vielen Parallelstraßen viele Reihen vie- ler gut erhaltener alter Fachwerkhäuser. Sehenswert sind das Barockpalais des Generalpostmeisters Ste- chinelli und das Zuchthausportal an der Trift.
EV. STADTKIRCHE Ursprünglich gotisch, Ende 1600 aber barockisiert; innen sehr breit, mit Stukkaturen und Figuren von Giov. Battista Tornielli reich ge- schmückt. Im Chor zahlreiche schöne Grabplatten und Epitaphe der Fürstlichkeiten (16. und 17. Jh.); in der Gruft darunter ihre prunkvollen Särge. Höchst lohnend ist der Blick vom Turm.
RATHAUS Ein schlichtes, vom bürgerfreundlichen Herzog Wilhelm dem Jüngeren angelegtes, später erweitertes Gebäude aus dem 16. Jh. Nordgiebel in zarter Weserrenaissance; an der Ostseite schöne Erker; Bogenlaubeneingang; Prangersäulen.
Das SCHLOSS liegt erhöht, von den alten Festungs- gräben gerahmt. Der Bau beherbergt das weithin bekannte Stadttheater, fasziniert durch seine bewegt gegliederte Renaissancefassade mit Giebeln, Erkern, Portalen und mächtigen Ecktürmen.
STECHBAHN Die ehem. Turnierstätte ist ein schöner, weitgestreckter mittelalterlicher Platz.

Cham *Oberpfalz* 597 ☐ 7
Das RATHAUS ist ein schöner spätgotischer Bau mit Stufengiebeln und Erkern.
ST. JAKOB Die Kirche stammt vorwiegend aus dem 13. Jh. (Chor 14. Jh., Verlängerung gegen Westen um 1900). Der unten wuchtige Vierkantturm trägt eine blasige Barockhaube. Im Innern ein schönes geschnitztes Tabernakel von etwa 1760.
STADTBEFESTIGUNG Sie ist streckenweise gut erhal- ten. Die ältesten Teile sind aus dem 13. Jh. Zwei Tore stehen noch. Sehr sehenswert das ehem. Burg- tor, jetzt Biertor genannt, mit den vier massiven Rundtürmen.

Chammünster *Oberpfalz* 597 ☐ 7
MARIÄ HIMMELFAHRT Chorteile der münsterarti- gen Kirche stammen aus dem 13. Jh., das basilikale Langhaus aus dem 15. Jh. Bis auf den prunkvollen Hochaltar (zweite Hälfte 18. Jh.) wird auf Schmuck verzichtet: die Architektur wirkt durch sich selbst. Am nördlichen Obergaden Wandmalerei des 13. Jh.; ferner zwei romanische Taufbecken.

Nahe der Friedhofskapelle ST. ANNA, einem schlichten Bau (etwa 1400), ein romanischer KARNER (um 1200).

Christgarten *Schwaben* 602 ▪ 9
Die EHEM. KARTÄUSERKLOSTERKIRCHE ist heute Ruine, nur der schöne gotische Chor blieb erhalten. Sehenswert: der Altarschrein mit spätgotischen Schnitzfiguren, ein großes Kruzifix, eine spätgotische Schnitzarbeit und Mönchsgestühl.

Cismar *Schleswig-Holstein* 556 ▪ 5
In tiefen Wäldern lag hier von etwa 1245 bis 1544 ein Kloster Lübecker Benediktiner, seiner Reliquien wegen viel besucht.

SCHLOSS UND STADT, CELLE
Alle wichtigen Straßen der alten Stadt führen zum Schloß, in dem Sophie Dorothea, die spätere unglückliche Gemahlin des Erbprinzen Georg Ludwig von Hannover, ihre frohe Jugend verbrachte. Als Geschiedene und Verbannte lebte sie nach ihrer Liebesgeschichte mit dem Grafen Philipp von Königsmarck 32 Jahre lang vereinsamt im nahen Ahlden. Ihren Sohn, der später König von England wurde, und ihre Tochter, die Mutter Friedrichs des Großen, sah sie nie wieder.

KIRCHE Nur sie blieb vom alten Kloster erhalten; das Langhaus wurde im 18. Jh. in Wohnungen verwandelt, und allein der hohe Chor (1260) blieb Kultraum. In diesem „Kleinod früher Backsteingotik", wie ein Kenner ihn nannte, steht ein sehenswerter, teilweise farbiger Schnitzaltar von etwa 1315.

Clausthal-Zellerfeld *Reg.-Bez. Hildesheim* 579 □ 10
Eine der „freien Bergstädte" des Oberharzes, die im 16. Jh. durch Silber-, Eisen- und Kupferabbau raschen Aufschwung nahm. Ein Brand schuf 1672 Raum für großzügige Neuplanung. 1775 wurde die heute noch bedeutende Bergakademie eröffnet. Die alten Wohnhäuser (Dietzelhaus, Apotheke und Oberbergamt) sind in holzverschaltem Fachwerk erbaut.
Die EV. PFARRKIRCHE ZUM HL. GEIST wurde 1639, einzigartig in ihrer Konstruktion, aus Fichtenholz, der Turm aus Eiche, in mächtigen Dimensionen errichtet. Das Innere überrascht durch die überquellende Pracht von Kanzel, Altar und Orgel.
Das OBERHARZER BERGWERKS- UND HEIMATMUSEUM ist lebendige Geschichte des Harzer Bergbaus: Zu sehen sind ein Stollen unter Tage, ein Pferdegöpel im Freien, eine Radstube und Schmiede neben Münz- und Mineraliensammlungen.

Cleebronn *Reg.-Bez. Stuttgart* 600 □ 2
ST.-MICHAELS-KIRCHE auf dem Michaelsberg, ein einschiffiger Bau in schweren romanischen Formen, hat eine lettnerartige Altarkapelle.

Cloppenburg *Verw.-Bez. Oldenburg* 569 □ 10
Im MUSEUMSDORF, dem größten Freilichtmuseum Deutschlands, sind über 30 alte, kunsthistorisch wertvolle Bauernhäuser Niedersachsens vereint, die bis ins 17. Jh. datierbar sind.

MUSEUMSDORF, CLOPPENBURG
*Mittelpunkt des 15 ha großen Museumsdorfes, das der Heimatforscher Heinrich Ottenjann 1934 anlegte, ist der Dorfkrug. Von den Bauernhäusern rundum ist der hier abgebildete Quatmannshof von 1805 mit seiner prächtigen Fachwerkfassade und dem vorkragenden Giebel das berühmteste (oben). Eine Windmühle und eine kleine Burg, die kostbare Sammlungen der Volkskunst, des Handwerks und der Vorgeschichte birgt, runden das lebendige Bild ab. Wenn nun noch Kirche, Schule und Schmiede hinzukommen, fehlt fast nichts mehr.
Ein volkskundliches Museum im kleinen ist auch jeder einzelne Raum, wie diese Wohnküche des ostfriesischen Gulfhauses (links unten).*

Clus *Verw.-Bez. Braunschweig* 578 ■ 1
EHEM. BENEDIKTINERKLOSTER Unweit Gandersheim liegt auf bewaldeter Höhe das Klostergut Clus, einst Benediktinerkloster (1596 aufgehoben). Die Klosterkirche, eine dreischiffige Basilika, ist erhalten. Der Westbau zeigt eine tonnengewölbte Vorhalle, einen der alten Türme und die Michaeliskapelle. Im Chor ein schöner Lübecker Altar, 1487, mit reicher, bemalter Schnitzerei: eine Marienkrönung. Das unterhalb von Clus gelegene KLOSTER BRUNSHAUSEN, auf einer Felsnase über der Gande, war ebenfalls eine Benediktinerabtei (um 842 gegründet).

Coburg *Oberfranken* 587 □ 5
Im Tal der Itz liegt zwischen Waldhöhen die einstige Residenzstadt. Sie vermittelt dem Besucher noch etwas von früherem höfischem Glanz. Ihre Blütezeit erlebte sie im 17. und 18. Jh. unter den sächsischen Wettinern, sie war von 1826–1918 neben Gotha Hauptstadt des Herzogtums Sachsen-Coburg und Gotha. Der Linie entstammte der Gemahl der englischen Königin Victoria; sein Denkmal steht auf dem Marktplatz. Der einflußreiche, tatkräftige Herzog Joh. Casimir (gest. 1633) gab dem Stadtbild durch großzügige Renaissancebauten das Gepräge, ihr Stil spiegelt sich wider in zahlreichen repräsentativen Bürgerhäusern, so in der Herrengasse, Judengasse, Hahnmühle am Bürglaß oder in der spätgotischen Hofapotheke am Markt. Eines der frühesten deutschen Fachwerkhäuser ist das

Münzmeisterhaus an der Ketschengasse (Anfang 15. Jh.) Das Mittelalterliche, auf das man in der schönen Stadt – in der sechs Jahre lang Friedrich Rückert lebte (Rückertstraße 2) und 1803/04 Jean Paul (Gymnasiumsgasse 5) – zuweilen stößt, verbirgt sich allerdings ein wenig. Von den Befestigungsanlagen stehen noch Spitalturm, Judenturm, Hirtenturm und Hexenturm.

Die CANTZLEY (heute Stadthaus) um 1600 erbaut, zieht sich an der ganzen Nordseite des geräumigen Marktplatzes entlang. Hübsch geschmückte polygonale Kuppelhelmerker, die Rundstützen aufgesetzt sind, betonen die Ecken an der Marktseite.

CASIMIRIANUM Vom Kirchplatz aus fällt der Blick auf die schmale, nördliche Front des langgestreckten

PRUNKWAGEN

Als 1599 Herzog Joh. Casimir Margarethe von Braunschweig-Lüneburg heiratete, fuhren die Hochzeiter in diesem Wagen, der wohl zur Aussteuer der Prinzessin gehörte, denn er ist eine braunschweigische Arbeit von etwa 1560 und zeigt die Wappen der Brauteltern. Kunstsammlung Veste Coburg

EBENHOLZKABINETTSCHRÄNKCHEN

Intarsienarbeiten aus Elfenbein, auf den Flügeln Kavalier und Soldat mit Sponton, zieren das graziöse Schränkchen. Es wurde Anfang des 17. Jh. in Süddeutschland gearbeitet. Kunstsammlung Veste Coburg

HOHES HAUS DER VESTE, COBURG

Vom 12. Jh. an hinterließ fast jede Stilepoche ihre Spuren an diesem mächtigen Baukomplex, auch das restaurierungssüchtige 19. Jh. Ganz ursprünglich erhalten blieb das ehemalige Zeughaus (um 1450), das spätgotische Hohe Haus, durch das einst einer der Wehrgänge des dreifach aufgetürmten Mauerrings hindurchführte.

Gymnasiums, eines der bedeutendsten Profanbauten der Stadt, nach seinem Bauherrn benannt, 1601
bis 1604 errichtet. Ein starkes Gesims zwischen den
zwei Geschossen betont die Horizontale. Dem mit
Türmen und Voluten verzierten und durch Schmuck-
pilaster gegliederten hohen Giebel entsprechen die
schlichten Zwerchhäuser auf dem Satteldach.
EHRENBURG Name des alten Renaissance-Stadt-
schlosses, 1543 auf dem Boden des Franziskanerklosters erbaut, nach dem Besuch Kaiser Karls V.
1547. Um- und Anbauten veränderten es im Lauf
der Zeit, zuletzt 1816, als es sein englisch-neugoti-
sches Aussehen erhielt. Ganz unverfälscht ist der
zweigeschossige zwerchgiebelbesetzte Teil an der
Steingasse mit reich dekoriertem Portal und Erker. Der mächtige dreiflügelige Bau öffnet sich nach
Norden in den Ehrenhof, vor dem der weiträumige
Schloßplatz liegt: Dort steht die von Ludwig
Schwanthaler geschaffene Bronzestatue Herzog
Ernsts I. Jenseits der Arkaden, bergan steigend, der
Hofgarten. Den inneren Schloßhof, den man durch
zwei Bogenöffnungen erreicht, begrenzen zwei Re-
naissancetrakte mit kräftigen Ecktreppentürmen,
ferner der noch teilweise in seiner ursprünglichen
Gestalt erhaltene Altanbau (1623–29) von Joh.
Bonalino und der breite Barockneubau. Innen findet
man prächtige Räume zumeist reinen Stils, klassizistisch, wie der von korinthischen Säulen getragene
und rotsamten ausgeschlagene Thronsaal, oder
barock, wie der mit schwerem italienischem Stuck
dekorierte Riesensaal, der ebenfalls üppig stuckierte
Weiße Saal und das Gobelinzimmer (in den beiden letzteren jedoch Zutaten aus der Zeit nach
1800). In der Ehrenburg sind das Staatsarchiv und
die Landesbibliothek untergebracht.
RATHAUS Am Marktplatz, dem Cantzley-Gebäude
gegenüber, steht das etwa gleich lange Rathaus, in
der heutigen Ausdehnung 1578–80 entstanden. Die
jetzige vereinheitlichende Form erhielt es um 1750.
Ein eindrucksvolles Quaderportal, der Treppenturm
im Hof, ein doppelgeschossiger sechseckiger
Schmuckerker auf einer Stützsäule – davor Figuren des Patrons der Stadt, des hl. Moriz, und des
Baumeisters – und ein achtseitiger Dachreiter in
der Mitte lockern die strengen architektonischen
Gliederungen des viergeschossigen Blocks etwas auf.
ST. MORIZ Charakteristisch für die Kirche inmitten dichtgedrängter Häuser ist das ungleiche Turmpaar: der eine viereckig, schwer und bis auf die
barocke Haube und die Eckfialen des Dachgeschos-
ses fast schmucklos, der andere hoch aufragend,
aufgelockert im Mauerwerk des aufgesetzten Okto-
gons, mit einer Maßwerkbalustrade und Fialen;
beide Türme stammen aus dem frühen 15. Jh. Mit
dem Bau des dreischiffigen Langhauses, das ein
steiles, tief herabreichendes Satteldach übergreift,
wurde 1520 begonnen, mit dem langen Chor, schmä-
ler und niedriger als das Langhaus, schon Ende des
14. Jh. Im Innern Deckenstukkaturen von 1720.
Schönstes Schmuckstück der Kirche ist das 12 Meter
hohe, mit Figuren und Reliefs überreich geschmückte Alabasterepitaph von 1595–98 am Chor-
ende für Herzog Joh. Friedrich, den Vater Joh.
Casimirs: eine bedeutende Leistung der Renaissancekunst.
VESTE Vom Hofgarten aus durch die Hanganlagen,
vorbei am Naturwissenschaftlichen Museum, dem
umfassendsten Bayerns, mit einer wertvollen Vogel-
sammlung, ersteigt man den Berg, auf dem sich eine
der größten Burganlagen Deutschlands, die „fränkische Krone", ausbreitet. Die ältesten Teile ent-

stammen dem 12./13. Jh. Hohe, hier und da zu
Bastionen erweiterte Mauern umschließen mehrere
Binnenhöfe. Den Osthof umstehen der Fürstenbau,
die Steinerne Kemenate mit schönem Bankettsaal
und den Lutherzimmern (hier wohnte er 1530 während des Reichstages von Augsburg und schrieb den
„Sendbrief vom Dolmetschen") und der neue Gäste-
bau. Spätgotisch ist das Hohe Haus mit seinen
Erkerchen, aus der frühen Renaissance stammt der
meisterliche Ziehbrunnen von 1531. – In den Räumen die großartige und vielseitige Kunstsammlung
mit Prunkwaffen und einer kompletten Rüstkammer,
Gläsern (vom 11. Jh. bis zur Jetztzeit), einem umfangreichen Kupferstichkabinett, mit Wagen und
Schlitten, Kunsthandwerk, fürstlichen Wohnräumen
und vor allem Werken von Lukas Cranach.
DAS ZEUGHAUS in der Herrengasse ließ Herzog
Joh. Casimir 1616 erbauen. Einziger Schmuck die
mit Pilastern und Voluten verzierten Giebel.

Cochem *Reg.-Bez. Koblenz* 584 □ 7
Die BURG des Pfalzgrafen Etzo aus dem 11. Jh.
wurde nach der Beschießung durch die Franzosen
1689 im 19. Jh. neu aufgebaut.

Coesfeld *Reg.-Bez. Münster* 576 □ 11
1197 verleiht der Bischof von Münster dem Ort
Stadtrecht. Von der alten Befestigung, nach 1300,
ist das Walkenbrücker Tor wiederhergestellt, der
Pulverturm noch erhalten.
Von der JAKOBIKIRCHE (1248) überstand das be-
rühmte, reich verzierte viersäulige Portal die
Kriegszerstörungen. Es wurde in den Neubau eingefügt. Erhalten blieb auch der kostbare romanische Taufstein, den vier Löwen stützen.
JESUITENKIRCHE ST. IGNATIUS, 1673–92 von dem
Laienbruder Ant. Hülse in einer Mischung von
Nachgotik und Barock errichtet. Großer Saalbau,
Kreuzrippengewölbe, flache Seitenkapellen. Nach
1945 wurde der Außenbau im alten Stil wiederhergestellt, das Innere modern gestaltet.
LAMBERTIKIRCHE In ihrer Vorgängerkirche predigte
809 kurz vor seinem Tode der hl. Ludger. Das
berühmteste Kunstwerk in der spätgotischen Hallenkirche mit der geschwungenen Turmhaube ist der
noch heute viel verehrte lebensgroße Gabelkruzifixus
(14. Jh.). Sehr schöner barocker Kirchturm.

Comburg *Reg.-Bez. Stuttgart* 601 □ 12
GROSSCOMBURG Bei Schwäbisch Hall liegt auf beherrschender Höhe im Kochertal die Klosterburg,
eine der eindrucksvollsten Deutschlands. Drei romanische Türme des sonst barocken Münsters (1706
bis 1715) überragen das 1079 aus einer Burg her-
vorgegangene Kloster, dessen Oval mächtige, turm-
bewehrte Mauern umgürten. Durch drei Tore – in
dem dritten, einem mit Flankentürmen und Zwerggalerie verzierten romanischen Torbau (Anfang
12. Jh.), befindet sich die Michaelskapelle – gelangt
man in den Klosterbezirk. Rechts die Alte Dekanei (1573) und die barocke Neue Dekanei (1715),
gegenüber ein sechsseitiger romanischer Zentralbau,
dessen Zwerggalerie die Erhardskapelle umgibt.
Über Treppen erreicht man die Terrasse mit dem
Münster, der Stiftskirche St. Nikolaus; im Innern
des langgestreckten Hallenbaus herrscht kühle
Pracht. Neben Barockaltären und einer prunkvollen Kanzel fallen drei romanische Stücke der Ausstattung ins Auge: der vergoldete Altarvorsatz (um
1130), der riesige Kronleuchter (um 1135) und
der Stiftersarkophag (um 1220). Vom Kreuzgang

KRONLEUCHTER IN DER STIFTSKIRCHE, COMBURG

Eine Comburger Werkstatt arbeitete diesen Riesen-reif aus Eisen, vergoldetem Kupfer und Silber, der Abt Hartwig stiftete ihn – er ist ein Erlebnis für sich, größer als ähnliche Stücke in Aachen und Hildesheim und reicher an Details und Symbolge-halt. Über seine Bedeutung belehrt uns die lateini-sche Inschrift in Hexametern: der Ring ist die Mauer des zwölftürmigen Jerusalems, der christli-chen Welt, beschützt von Wächtern in laternen-gleichen Torhäuschen; auf den Medaillons Apostel und Propheten. In den begrenzenden Zierbändern gleicht kein Blatt dem anderen; die Ornamentik des Mittelstreifens ist der Spätantike entlehnt.

ANTEPENDIUM IN DER STIFTSKIRCHE, COMBURG

Christus der Erlöser in der Mandorla bildet den Mittelpunkt, ihm in doppelten Reihen zur Seite die zwölf Apostel, plastisch gesehene Gestalten mit verinnerlichtem Gesichtsausdruck und in verhalte-ner Gebärde. Farbige, mit Edelsteinen besetzte Zellenemailrahmen fassen die vergoldeten Kupfer-tafeln ein. Wahrscheinlich war der Meister des Kronleuchters in späterer Lebenszeit auch der Schöpfer dieses berühmten romanischen Werkes.

KAISERLOGE IN DER EHEMALIGEN ABTEIKIRCHE, CORVEY

Kaiser Karl selbst gab dem Bauen seiner Zeit, die nach ihm benannt ist, die entscheidenden Impulse. Westwerke an romanischen Kirchen gab es zwar schon vorher, aber jetzt erhalten sie ihre Bedeutung als Kultraum, abgetrennt von der Kirche. Hier weist außen ein erkerartiger Vorbau hin auf die Kaiserloge, den „Johannischor", einen quadrati-schen Raum mit weiter Öffnung, von wo aus Heinrich II. und manche andere deutsche Kaiser des Mittelalters dem Gottesdienst beigewohnt haben. Arkadengesäumte Emporen für das Gefolge um-geben den kaiserlichen Sitz. Die Kapitelle sind aus unserer Zeit und fügen sich harmonisch in den zwei-geschossigen romanischen Raum ein.

betritt man die Schenkenkapelle, den früheren Kapi-telsaal, mit vorzüglichen spätgotischen Grabdenk-mälern und romanischem Lesepult aus Stein.

KLEINCOMBURG Am jenseitigen Hang liegt hinter Bäumen die wohlerhaltene Klosterkirche St. Ägi-dius, eine romanische Kreuzbasilika (12. Jh.); im feierlich-düsteren Schiff stämmige Säulen mit Wür-felkapitellen. Die Ausmalung der Apsis aus dem 19. Jh. folgt romanischen Spuren.

Cornberg *Reg.-Bez. Kassel* 586 □ 1
DAS EHEM. BENEDIKTINERINNENKLOSTER ist, obwohl wüst und verfallen, von eindringlicher Wirkung: eine einschiffige Kirche am quadratischen Klosterhof (um 1300), mit Turm im Winkel zwischen Kirchen-front und anschließendem Klostergebäude. Daneben Propstei aus dem 16. Jh.

Corvey *Reg.-Bez. Detmold* 578 ■ 10
Mönche aus der Benediktinerabtei Corbie an der Somme gründeten 816 im Solling die erste Nie-derlassung, siedelten aber schon 822 auf das linke Weserufer über, wo ihr Kloster zu einer der be-

deutendsten Abteien Europas aufstieg: „Wunder Sachsens und des Erdkreises" hieß es in einer alten Quelle. 1803 säkularisiert. Hier wirkten Ansgar, der Apostel des Nordens, und der Historiograph Widukind; hier bewahrte man die Schriften der römischen Klassiker Cicero und Tacitus der Nachwelt. Die KIRCHE, 844 geweiht, war für viele sächsische Kirchenbauten der Karolinger- und Ottonenzeit maßgebend. Von ihr blieb das mächtige Westwerk erhalten, das, 873–85 dem Bau hinzugefügt, mit einem zweigeschossigen Atrium versehen und im 12. Jh. beträchtlich erhöht wurde. Das Untergeschoß birgt eine geradezu „römisch" gestimmte Vorhalle, das Obergeschoß die Kaiserloge. Karolingische Wandmalereien weisen heute noch auf den Rang dieser Stätte hin. Die alte Kirche wurde bald nach der Mitte des 17. Jh. durch einen gotisierenden Barockbau ersetzt.

Das SCHLOSS, die ehem. Abtei, wurde mit der köstlichen Toranlage und den weiten Nebengebäuden im frühen 18. Jh. neu erbaut, ein wohlgegliedertes Beispiel herrschaftlichen Barocks. Seit 1834 ist das Schloß, das während der alljährlichen „Corveyer Festwochen" viele Besucher in seinen Kaisersaal zieht, im Besitz der Herzöge von Ratibor und Fürsten von Corvey; als deren Bibliothekar wirkte hier 1860–74 Hoffmann von Fallersleben, der Verfasser des Deutschlandliedes. Sein Grab liegt vor der Südseite der Kirche.

Crailsheim *Reg.-Bez. Stuttgart* 601 □ 1
HEIMATMUSEUM Sammlung von Fayencen aus der hiesigen Manufaktur (1740–1830).
STADTKIRCHE Gotisch, auf romanischen Fundamenten. Schöner spätgotischer Schnitzaltar, Taufstein und Grabdenkmäler: hervorragend das für Anna Ursula v. Braunschweig, aus Sandstein und Alabaster.

Creglingen *Reg.-Bez. Stuttgart* 594 ■ 4
HERRGOTTSKIRCHE Das Wallfahrtskirchlein wurde 1399 an der Stelle erbaut, wo ein Bauer beim Pflügen eine Hostie gefunden hatte. Ein einziges großes Dach faßt Schiff und Chor der einräumigen Kapelle zusammen, die, malerisch-unregelmäßig gegliedert, mit ihrem vielfältigen Schmuck an Maßwerk und Plastik fast unberührt erhalten ist. Das Innere zeigt sich wie in spätestgotischer Zeit, als um 1500 vier neue Altäre einzogen. Der wichtigste Auftrag, für den Mittelaltar direkt über der Gnadenstätte, ging an Tilman Riemenschneider von Würzburg. Er schuf 1502–05 sein schönstes Holzbildwerk, die Himmelfahrt Mariens im Schrein, auf den Flügeln Szenen ihres Lebens. Schon um 1460 entstanden die beiden Seitenaltäre, um 1510 der Hochaltar: Flügelaltäre mit geschnitzten Schreinen und bemalten Seiten. Zu der Ausstattung gehören Glasscheiben um 1400, Totenschilde, Grabplatten und ein hervorragender lebensgroßer Kruzifixus aus dem frühen 16. Jh.

Creussen *Oberfranken* 596 ■ 10
Die kleine Stadt, mit altem Kern hoch über dem Roten Main, wurde dreimal zerstört. Teile der Stadtbefestigung und Reste der Burg sind noch erhalten. Die schlichte KIRCHE (1700–10), im Stil der Zeit ausgestattet, überragt heute anstelle der Burg das Stadtbild.
Im RATHAUS fallen rundbogige, in die Wand eingefügte Verkaufslauben mit steinernen Auslagetischen auf, gerade groß genug für einen Sitzenden.

MARIENALTAR, CREGLINGEN
Was das beste Werk Tilman Riemenschneiders zu solchem Rang erhebt, ist nicht nur die virtuose Schnitzarbeit, nicht die sichere Disposition, auch nicht das unsäglich malerische Gewebe von Licht und Schatten, das die Durchfensterung des Schreinhintergrundes hervorzaubert – das Große ist das Bild und Gestalt gewordene Einverständnis zwischen den Menschen, jedem einzelnen, und dem Jenseitigen.

D

Daaden *Reg.-Bez. Koblenz* 584 □ 3
Die EV. KIRCHE, eine der besten Barockkirchen im Westerwald, wurde 1722–24 auf kreuzförmigem Grundriß von Jul. Ludw. Rothweil erbaut. Schöner Kanzelaltar.

Dachau *Oberbayern* 610 □ 11
Ludwig Thoma, der bayerische Heimatdichter, lebte von 1893 bis 1897 in dem anmutigen Städtchen an der Amper. – In der Nähe das ehem. Konzentrationslager mit Sühnekapelle.
Die KIRCHE ST. JAKOB, eine dreischiffige, renaissanceartige Halle mit sparsamem Stuck, enthält sehr schöne Holzfiguren von 1625 und eine silbergetriebene Jakobsfigur von 1690.
SCHLOSS Die alte, befestigte Burg wich im 16. Jh. einem vierflügeligen Schloß; heute gibt es nur noch einen Trakt mit einem wohlgestalteten Treppenhaus.

SÜHNEKAPELLE ZUR TODESANGST CHRISTI, DACHAU
Die kegelförmige, turmartige Kapelle in der Nähe des ehemaligen Konzentrationslagers, das nun als Museum eingerichtet ist, erinnert an die Toten, die der Barbarei des Nationalsozialismus zum Opfer fielen. Sie wurde 1960 von Jos. Wiedemann erbaut und gehört zu dem 1964 eingerichteten Sühnekloster Hl. Blut.

Dagersheim *Reg.-Bez. Stuttgart* 600 ■ 3
Spätgotische DORFKIRCHE mit eindrucksvollem alten Wehrturm.

Dagstuhl *Saarland* 591 □ 3
Die BURG, um 1290 erbaut, ist seit 1733 Ruine.
SCHLOSS DAGSTUHL, am Fuß des Berges, wurde 1763 erbaut, mit sehenswerter Kapelle und Gruft.

Dahn *Rheinhessen-Pfalz* 599 □ 1
Nahe dem hübschen Fachwerkort liegen auf einem Höhenrücken drei Burgruinen: Altdahn (um 1100), Grafendahn (13. Jh.) und Tanstein (ab 1328). Auf der anderen Seite des Ortes liegt die gut erhaltene Burgruine Neudahn.

Dalsheim *Rheinhessen-Pfalz* 593 □ 9
Das Dorf hat noch große Teile seiner WEHRMAUER mit sieben Türmen erhalten. Der romanische Turm aus dem 12. Jh. der PFARRKIRCHE, 1780, ist nach Wormser Art durch Nischen, Bögen und Gesimse gegliedert.

Dalwigksthal *Reg.-Bez. Kassel* 577 □ 5
Idyllisch an der Orke gelegen, mit zwei barocken Herrenhäusern, überragt von der Burg Lichtenfels (rekonstruiert, nur geringe Reste aus dem 13. Jh.). Die malerische kleine Kirche enthält gemalte Altarflügel (um 1520).

Damp *Schleswig-Holstein* 555 ■ 2
HERRENHAUS Den Mitteltrakt nimmt die Halle ein, mit großartiger Stuckdecke, prächtigem barocken Orgelprospekt und umlaufender Empore (um 1700). ST.-JOHANNIS-ARMENSTIFT Fachwerkhäuser des 18. Jh. mit Kapelle (Innenausstattung 1912).

Dankern *Reg.-Bez. Osnabrück* 568 ■ 11
WASSERSCHLOSS Durch ein reiches Triumphbogenportal ist die dreiflügelige Schloßanlage zu erreichen. 1680–89 erbaute Peter Pictorius d. Ä. die von einem breiten Wassergraben umzogene emsländische Anlage.

Dannenberg *Reg.-Bez. Lüneburg* 563 □ 5
ST.-JOHANNIS-KIRCHE Bunte Fachwerkhäuser umstehen den kleinen Platz vor der Kirche, mit deren Bau wohl um 1353 begonnen wurde (Turm 19. Jh.). In der gotischen Hallenkirche aus Backstein Rest eines sehr farbigen Schnitzaltars.
WALDEMARSTURM Rundes wuchtiges Wahrzeichen der Stadt, Heimatmuseum und Überbleibsel der Burg. König Waldemar von Dänemark soll hier von 1223 bis 1225 gefangengehalten worden sein.

Daren *Verw.-Bez. Oldenburg* 569 ■ 10
Im HERRENHAUS, 1752–55 neu errichtet, befinden sich wertvolle Jagdgobelins aus der Berliner Manufaktur (um 1730).

Darfeld *Reg.-Bez. Münster* 576 □ 12
SCHLOSS Auf zwei Inseln vom Bildhauer Gerh. Gröninger 1612–18 nach französisch-italienischen Vorbildern errichtet. An den beiden Flügeln mit 13 Doppelarkaden fallen besonders die plastischen Einzelheiten ins Auge: Säulen, Kapitelle und Fenster sind reich gegliedert, jeder Zwischenraum ist mit plastischen Verzierungen versehen.
ANTOINETTENBURG Vom berühmten Barockbaumeister Joh. Conr. Schlaun erbautes zweigeschossiges Gartenhaus.

Darmstadt *Hessen* 593 ■ 12
Die Stadt war seit dem Mittelalter Nebenresidenz der Grafen von Katzenelnbogen und Landgrafen von Hessen, ab 1567 Residenz der Linie Hessen-Darmstadt. Die Zeugnisse einer bedeutenden städtebaulichen und architektonischen Entwicklung sind fast gänzlich durch Luftangriffe vernichtet. Ein Rest des höfischen Darmstadt hat sich in den barocken Gartenanlagen um das Prinz-Georg-Schlößchen erhalten. Mitten im modernen Straßenverkehr ragt auf dem Luisenplatz das 28 Meter hohe Denkmal (1844) für Großherzog Ludwig I. auf, eines der wenigen Säulenmonumente Europas. Das wieder aufgebaute Rathaus von 1588 erinnert daran, daß Darmstadt die Heimat einer reichen Architektur der Spätrenaissance und des Frühbarock gewesen ist. In der EV. KIRCHE mit spätgotischem Chor Fürstengruft des 16./17. Jh., in Größe und Qualität der Ausstattung weithin einzig; sehenswerte Renaissancegrabmäler.

HANS HOLBEIN D. J.: MADONNA DES BÜRGERMEISTERS MEYER

Das Altarbild entstand 1526 in Basel, derzeit ein Mittelpunkt europäischen Kunstschaffens. Bürgermeister Meyer hatte sich mit seiner Frau bereits 1516 von Holbein porträtieren lassen. Nun, in dieser Zeit des religiösen Umbruchs, läßt er sich und die Seinen als Bittende vor der Madonna darstellen, die schützend ihren Mantel um die überzeugten Anhänger des alten Glaubens breitet. Die „Darmstädter Madonna" ist eine der wenigen religiösen Malereien des Künstlers, der sich auch hier' als glänzender Porträtist erweist.

Schloßmuseum, Darmstadt

SCHLOSSHOF

Aus der nüchternen Klarheit des Altschlosses löst sich zierlich-schwungvoll das Glockenspiel – ein Idyll inmitten der Großstadt. Den beiden Flügeln des Neuschlosses, von Remy de la Fosse erbaut, fehlt zwar die feingeschliffene französische Eleganz, aber etwas von den Vorbildern in Paris klingt doch durch.

ORTENBERGER ALTAR

Liebreizende Gestalten in goldenen Gewändern vor leuchtendem Hintergrund, wie ein spätgotisches Hofzeremoniell: die Heilige Sippe um Maria, das Mittelbild des berühmten Flügelaltars aus der Kirche in Ortenberg/Oberhessen. Ein unbekannter Meister schuf es um 1410 wahrscheinlich in einer Mainzer Werkstatt. Auf den Flügeln die Geburt und die Anbetung Christi.

Hessisches Landesmuseum, Darmstadt

RECHENMASCHINE

Die „Verfertigung der Tafeln des kubischen Gehalts des Bauholzes" veranlaßten 1782 den Obristen und späteren Darmstädter Hofbaudirektor Joh. Helfr. v. Müller zur Erfindung dieser Rechenmaschine. Ein zylindrisches Gehäuse aus vergoldetem Messing umschließt eine komplizierte Apparatur, die Zahlen addiert, subtrahiert, multipliziert und dividiert.

Hessisches Landesmuseum, Darmstadt

HESSISCHES LANDESMUSEUM Werke mittelrheinischer Plastik, Malerei, Glasmalerei, altdeutsche Tafelmalerei, Niederländer, Jugendstil-Dokumentation.
HOCHZEITSTURM Unter dem letzten Großherzog Ernst Ludwig wurde Darmstadt zu einem Zentrum für die neue Bewegung des Jugendstils. Der Turm, ein typisches Beispiel, entstand 1907/08 zur Hochzeit des Großherzogs.
JAGDSCHLOSS KRANICHSTEIN 1571–79 als eine der frühesten deutschen Dreiflügelanlagen um einen Ehrenhof errichtet. Jagdmuseum.
Die KATH. LUDWIGSKIRCHE, mit ihrer Kuppel markant im Stadtbild, ist ein Roms Pantheon nachempfundener Hauptbau von Georg Moller.
Das SCHLOSS ist aus einer Wasserburg des 14. Jh. hervorgegangen. Die gegenwärtigen Bauten, im wesentlichen aus Renaissance und Barock, historisch getreu wiederhergestellt. Das Altschloß um drei Binnenhöfe gruppiert, 2. Hälfte 16. Jh., nur der Glockenbau von 1663. Das Neuschloß greift mit zwei hohen Flügeln von 1716–26 um die älteren Bauten.
SCHLOSSMUSEUM Kunstwerke aus großherzoglichem Besitz, darunter Madonnenbild von Hans Holbein.

Darsberg *Reg.-Bez. Darmstadt* 593 ■ 5
Die KAPELLE birgt einen schönen Altar von 1460. Gemalte Doppelflügel schließen sich um einen kleinen Schrein mit der Madonnenfigur.

Dassel *Reg.-Bez. Hildesheim* 578 ■ 12
In der LAURENTIUSKIRCHE von 1447 erhielten sich trotz späterer Umbauten Wandmalereien der Renaissance.

Dattenfeld *Reg.-Bez. Köln* 584 ■ 1
BURGRUINE WINDECK Von den herrlich gelegenen Burgen Alt- und Neuwindeck, die im Mittelalter das Siegtal überragten, sind nur noch Mauerreste und der Bergfried von Burg Neuwindeck erhalten.

Daugendorf *Reg.-Bez. Tübingen* 608 □ 11
Die PFARRKIRCHE aus dem 18. Jh. besitzt schöne Decken- und Altargemälde.

Daun *Reg.-Bez. Trier* 583 □ 5
BURG Von der malerisch gelegenen Stammburg der einst mächtigen Grafen von Daun stehen heute nur noch Teile der Umfassungsmauern. Seit dem 12. Jh. nachweisbar, im 14. Jh. hart umkämpft, wurde sie 1689 von den Franzosen zerstört. An die Herrschaft des Trierer Erzbischofs erinnert die ehem. kurfürstliche Kellerei von 1712 im Burgbereich.

Dausenau *Reg.-Bez. Koblenz* 584 ■ 5
EV. PFARRKIRCHE An ihren romanischen Turm lehnt sich das breite und kurze Langhaus an, ein gotischer Hallenbau des 14. Jh. Der Altar (um 1500) zeigt im geschnitzten Mittelfeld eine Mondsichelmadonna. Beachtenswerte Wandmalereien des 14. Jh. RATHAUS An der Lahnseite führt der Wehrgang der Stadt durch das steinerne Untergeschoß des spätgotischen Fachwerkgebäudes.

Dautphe *Reg.-Bez. Kassel* 585 ■ 12
PFARRKIRCHE Am romanischen Schiff fällt die Fischgrätmusterung auf; der Chorturm ist frühgotisch. Im Innern schöne Intarsienkanzel (1631).

Deggendorf *Niederbayern* 604 ■ 1
hat noch ein schönes Rathaus von 1535 mit Stufengiebel und schwerem Vierkantturm, alte Brunnen und Stadtmauerreste.
HL.-GRAB-KIRCHE Die Kapitelle der Seitenschiffpfeiler sind aus Blattranken, Fratzen und Krabben gebildet. Judenaltar aus der Mitte des 14. Jh.
Die KIRCHE MARIÄ HIMMELFAHRT rettete aus romanischer Zeit noch ein Tympanonrelief hinüber (jetzt an der Wand der WASSERKAPELLE). Großartiger Baldachinaufbau zum barocken Hochaltar.
In der KATHARINENSPITALKIRCHE eine gotische geschnitzte Muttergottes (um 1510), in der schlichten Wallfahrtskirche ZUR SCHMERZHAFTEN MUTTERGOTTES auf dem Feyersberg (1486) ein beachtenswertes Vesperbild (1400).

Deggingen *Reg.-Bez. Stuttgart* 601 ■ 6
PFARRKIRCHE Barock, mit gotischem Turm. Sehr wirkungsvoll die sich gegen den erhellten Hintergrund abhebende Kreuzigungsszene im Hochaltar.
WALLFAHRTSKIRCHE 18. Jh., hochgiebelig, mit Dachreiter, bietet sie in ihrer Abgeschiedenheit über dem Ort ein anmutiges Bild.

Deidesheim *Rheinhessen-Pfalz* 593 □ 8
Aus karolingischer Zeit sind Reste einer Bergfestung, die Heidenlöcher, auf dem Kirchberg erkennbar.
Die KATH. PFARRKIRCHE von 1462, eine dreischiffige Basilika, hat von der alten Ausstattung noch einige Glasfenster und ein wertvolles Relief des hl. Georg; Propheten- und Apostelbüsten vom alten Chorgestühl hängen an den Emporenpfeilern.
Das RATHAUS von 1532 mit seiner Freitreppe ist ein Schmuckstück im hübschen Ortsbild.

Deisel *Reg.-Bez. Kassel* 578 ■ 9
Der Ort ist reich an schönen Fachwerkhäusern mit geschnitzten Portalen.
PFARRKIRCHE Die umfangreichen Wandmalereien (1560) sind in ihrer derben Drastik nicht ohne Reiz.

Delbrück *Reg.-Bez. Detmold* 577 ■ 12
Die PFARRKIRCHE, eine gotische Halle mit romanischem Westturm, beherrscht mit ihrer hohen, leicht gedrehten Spitze die Landschaft weithin.

Denkendorf *Reg.-Bez. Stuttgart* 601 □ 9
EHEM. KLOSTERKIRCHE Man betritt die dreischiffige Pfeilerbasilika (um 1200) durch eine düstere Vorhalle, deren schweres Kreuzgewölbe auf zwei Pfeilern ruht. Im Osten strebt kraftvoll der turmartige Chorteil empor, in dessen hoch gelegenem Untergeschoß die geheimnisvolle Krypta liegt. Der Schacht in der Mitte weist auf den Kult des Hl. Grabes hin, dem sie gewidmet war.

Denzlingen *Reg.-Bez. Freiburg i. Br.* 606 ▪ 1
EV. PFARRKIRCHE ST. MICHAEL Ihr Turmhelm ist eine ländliche Abwandlung des Münsterturms im nahen Freiburg. Über romanischen Untergeschossen ein gotischer Aufbau. Die steinerne Turmgalerie ist aus den Buchstaben des Ave-Maria und der Jahreszahl 1547 gebildet.

Dernbach *Rheinhessen-Pfalz* 592 □ 4
Auf den Bergen drei BURGRUINEN: Neuscharfeneck (13. Jh.) mit Graben und kolossaler Schildmauer (1530), die Ramburg (12. Jh.) und die Meistersel (11. Jh.).
KATH. PFARRKIRCHE, mit schönen Gewölben und Ausmalung, stammt aus dem 13.–15. Jh.

Dertingen *Reg.-Bez. Stuttgart* 594 ▪ 10
DORFKIRCHE Die romanische Kirche (13. Jh.) liegt inmitten des hoch ummauerten Friedhofs. Innen bäuerlich geschnitzte Holzemporen (1575) und ein fränkischer Altarschrein (um 1510).

Desenberg b. Daseburg *Reg.-Bez. Detmold* 578 □ 9
Von der 776 erstmals genannten BURG der Welfenherzöge, die schon 1550 aufgegeben wurde, stehen noch der mächtige Bergfried und Mauerteile.

Detmold *Nordrhein-Westfalen* 577 □ 1
Jahrhundertelang die bedeutungsloseste der lippischen Städte wurde Detmold dann im 15./16. Jh. nach dem Ausbau der Burg zur Wasserburg und stärksten Landesfestung ständiger Regierungssitz der Grafen zur Lippe.

Anfang des 19. Jh. wurden hier die Dichter Chr. Dietr. Grabbe und Ferd. Freiligrath geboren. Sammlungen über beide sind in der Lippischen Landesbibliothek zu sehen, an Grabbe erinnern Gedenktafeln an seinem Geburts-, Bruchstr. 27, und Sterbehaus, Unter der Wehme 7 – nebenan wurde Freiligrath geboren –, sein Grab auf dem Friedhof an der Weinbergstraße und ein Denkmal vor der Bibliothek.

BROT- UND GEBÄCKSCHAU Sammlung von verschiedensten Gebäcken verschiedenster Nationen, original aus den Ursprungsländern.

HERMANNSDENKMAL auf der Grotenburg im Teutoburger Wald, wo 9 n. Chr. Hermann der Cherusker angeblich Varus geschlagen hat. Das 17 Meter hohe Standbild von Ernst v. Bandel wurde 1875 auf einen Ruhmestempel gestellt.

LIPPISCHES LANDESMUSEUM mit landesgeschichtlicher Sammlung: wieder aufgebaute Fachwerkhäuser des 16. Jh.; Vor- und Frühgeschichte, Kunstgewerbe, Waffen und naturkundliche Sammlung.

NEUES PALAIS Barockbau in klassizistischer Manier. Heute Nordwestdeutsche Musikakademie.

SCHLOSS 1549 begann Jörg Unkair aus Tübingen mit dem Bau der vier Flügel mit Treppentürmen um einen Rechteckhof, der mächtige Turm der alten Burg wurde einbezogen. Kostbarer Besitz sind acht große Brüsseler Gobelins des 17. Jh.

Dettelbach *Unterfranken* 594 □ 3
Trapezförmig umgeben die noch fast unversehrt erhaltenen Mauern beide Stadtteile; auch die Türme und zwei Stadttore stehen noch. Ebenfalls spätmittelalterlich ist der viereckige, klobig wirkende Turm der kath. Pfarrkirche, den eine Holzbrücke mit dem schlanken Treppenturm verbindet.
Das spätgotische RATHAUS zeigt an der Schauseite einen chorähnlichen Vorbau und eine schöne Freitreppe.
WALLFAHRTSKIRCHE An den aus spätgotischer Zeit erhaltenen Chor mit den hohen Maßwerkfenstern

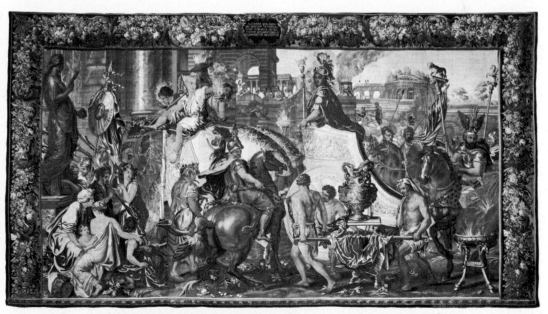

ALEXANDER IN BABYLON, GOBELIN IM SCHLOSS DETMOLD

Die Stadt hat immer noch den Zauber einer kleinen Residenz, wahrhaft fürstlich sind die Räume des Schlosses. Das Wertvollste der hier ausgestellten Sammlungen sind die acht großen Gobelins, die in barocker Pracht die Siege Alexanders d. Gr. schildern. Charles Lebrun, Maler und Schöpfer des Louis-XIV.-Stils, entwarf sie. 1670 wurden sie in einer Brüsseler Teppichwirkerei hergestellt.

PORTAL DER WALLFAHRTSKIRCHE, DETTELBACH

Zur Zeit des Absolutismus versuchten die kleinen und größeren Herren in Franken durch noch glanzvollere Bauten einander auszustechen, und der Fürstbischof nahm es mit dem Kaiser auf. Die Baulust Julius Echters von Mespelbrunn, Fürstbischof von Würzburg, entwickelte gar einen eigenen Stil, den Juliusstil, eine harmonische Verbindung von Spätgotik mit Architekturformen der Renaissance, die den kommenden Barock schon anklingen läßt.

schließen sich Schiff und Seitenschiff mit flacheren Rundbogen an – ein Nachklang der Gotik, den die besonders schöne Renaissancekanzel von Michael Kern aufnimmt.

Deuchelried   *Reg.-Bez. Tübingen*   608 ∎ 4
KATH. PFARRKIRCHE Ein Neubau, den man sich wegen der Deuchelrieder Madonna im Hochaltar, einer fast lebensgroßen Figur (um 1740), anschauen sollte. TURMBURG OFLINGS Der heute eher behaglich wirkende Bau war im Hochmittelalter ein wehrhafter Ritterhorst.

Dhaun   *Reg.-Bez. Koblenz*   592 ∎ 12
Die BURG der Wildgrafen, wohl vom Anfang des 13. Jh., wurde im 18. Jh. zum Schloß umgebaut. Seit 1804 Ruine.

Dickschied   *Reg.-Bez. Darmstadt*   592 □ 1
BURGRUINE GEROLDSTEIN Einsam über dem Wispertal eine Schildmauer mit Achtecktürmen und anderen Resten des 14. Jh. Unterhalb die Ruine Haneck, dazwischen floß einst die Wisper.
EV. PFARRKIRCHE Romanisches Kirchlein mit starkem Chorturm und Einbauten des 18. Jh.

Dieburg   *Reg.-Bez. Darmstadt*   593 ∎ 1
WALLFAHRTSKIRCHE ST. MARIA Von einer dreischiffigen Pfeilerbasilika des 12. Jh. mit Westturm des 13. Jh. ist das Mittelschiff mit Chor des 14. Jh. erhalten. Anfang des 18. Jh. barock umgestaltet und erweitert. Aus dieser Zeit stammen die reiche Aus-

stattung und die ornamentalen Malereien. Eines der schönsten mittelrheinischen Vesperbilder, um 1420, findet sich im Hochaltar von 1749 als Gnadenbild. Wie das ähnliche Bildwerk in der Pfarrkirche aus mit Mörtel überzogenem Leder – eine sehr seltene Technik.

Diepholz   *Reg.-Bez. Hannover*   569 ∎ 10
EV. KIRCHE Klassizistischer Backsteinbau (um 1815). SCHLOSS Im Dreißigjährigen Krieg Opfer eines Brandes – nur der Turm mit seiner barocken Haube blieb –, 1663 als Dreiflügelanlage schlicht wieder aufgebaut.

Dierdorf   *Reg.-Bez. Koblenz*   584 ∎ 4
An die glanzvolle Zeit des Städtchens erinnert noch ein Turm der Stadtbefestigung aus dem 14. Jh. Im neugotischen Mausoleum (1816) des Schloßgartens Grabdenkmäler aus dem 15.–17. Jh.

Diessen   *Oberbayern*   609 □ 2
EHEM. AUGUSTINERCHORHERRENSTIFT ST. MARIÄ Hoch über dem Südwestufer des Ammersees und über dem kleinen Marktort, einer alten Fischersiedlung, thront herrscherlich das Stift. Als der Barock gewaltige Baupläne entwirft, wird aus München Joh. Mich. Fischer berufen. Durch eine ältere Fundamentierung etwas eingeengt, schuf er – hinter einer grandios kurvierten und durch Fenster und Nischen aufgebrochenen Fassade – einen Saal im Wandpfeilertyp. In den flachen Wandnischen bilden die dem Schiff sehr nahen Altäre an den majestätischen weißen Pfeilern eine funkelnde Prozessionsstraße. Zum dreifach über Treppen erhöhten Hochaltar hin erscheinen kulissenhaft vorgezogene Säulen. Nicht allein das Altarbild kann je nach den Festtagen ausgewechselt werden, auch die Figuren sind so gestuft, daß sie dem Zelebranten frontal vor Augen stehen und ihn zugleich von beiden Seiten umgeben. Fischers Mitarbeiter folgten seinen Absichten mit bewunderungswürdiger Einfühlung. Der Stuck von Franz Xaver und Joh. Mich. Feuchtmayer und Joh. Georg Ueblherr brilliert mit saftigem Akanthuslaub und Blütengehängen. Im zarteren Dekor von Chor- und Deckenschmuck kündigt sich das Rokoko an. Die Skulptur ist von hohem Pathos, dabei durchseelt und mit Intensität auf die Altarmitte bezogen. Meisterlich vor allem die vier Kirchenväter von Joachim Dietrich nach Entwürfen von Cuvilliés. An den Seitenaltären arbeiteten Joh. Bapt. Straub und Egid Verhelst d. Ä. Joh. Georg Bergmüller gruppiert in seinen Gewölbefresken weiträumig entfaltete figurale Kompositionen. Als repräsentative barocke Zeitbilder besonders interessant die Heiligen aus der Gründerfamilie der Grafen Andechs und die Klosterlegenden, in perspektivische Scheinarchitektur gerahmt. Über dem Taufstein in der Vorhalle schwebt ein berückend schöner Engel von Ignaz Günther.

Dietkirchen   *Reg.-Bez. Darmstadt*   585 □ 8
KATH. PFARRKIRCHE, ehemals Stiftskirche St. Lubentius und Juliana. Die Anfänge gehen ins 8. Jh. zurück. Die romanische Kirche entstand über den älteren Fundamenten in Abschnitten vom 11. bis zum frühen 13. Jh. und ist doch wie aus einem Guß, eine dreischiffige Emporenbasilika mit gewölbtem Querhaus, das rundbogige Hauptportal hat Türflügel mit romanischem Beschlag, wie er sich auch an der Sakristeitür findet, hier mit einem

prächtigen Löwenkopfklopfer mit den Evangelistensymbolen aus Bronze.

Dietramszell *Oberbayern* 610 ■ 9

EHEM. AUGUSTINERCHORHERRENSTIFTSKIRCHE Die jetzige, außen fast schmucklose Kirche im waldigen Alpenvorland wurde zwischen 1729 und 1741 von einem bisher nicht ermittelten Baumeister errichtet. Das glanzvolle Innere bestimmen die zartgetönten, sprießenden Stukkaturen und die hellfarbigen Fresken – überragende künstlerische Leistungen Joh. Bapt. Zimmermanns. Er ist auch der Schöpfer des Gemäldes im Hochaltar sowie der Gemälde dreier Seitenaltäre. Die übrigen fünf Altäre, zum Teil reich mit Figuren besetzt und ganz vergoldet, stehen allen anderen Details dieser Kirche, einer der schönsten und bedeutendsten Oberbayerns, nur wenig nach. Künstlerische Sicherheit verraten auch die beiden Konsolfiguren am Triumphbogen – ausgezeichnete Bildhauerarbeiten. Die einfachen, im Geviert angelegten Klosterbauten schließen sich an. – An die Stiftskirche angebaut die ebenfalls von Joh. Bapt. Zimmermann stuckierte und ausgemalte Kirche St. Martin.

WALLFAHRTSKIRCHE MARIA IM ELEND Eine hübsche, kleine Zentralkirche (1690) bei Dietramszell mit interessantem Kuppelfresko.

WALLFAHRTSKIRCHE ST. LEONHARD, 1769 im Spätrokokostil erbaut, einsam auf weiter Wiese vor dem Hintergrund des Gebirges gelegen.

Diez *Reg.-Bez. Koblenz* 584 □ 4

Die Stadt zeichnet sich durch ihre herrliche Lage beiderseits der Lahn aus. Eine BRÜCKE (1552) mit

STIFTSKIRCHE, DIETKIRCHEN

Man muß von jenseits der Lahn, von Mühlen her kommen, um eines der großartigsten romanischen Architekturbilder Deutschlands zu schauen. Wie aus dem Kalksteinfelsen herausgewachsen, krönt die Kirche wie eine Gottesburg das Lahntal. Das Innere, mit erneuerter romanischer Fugenbemalung und Gewölbemalerei, schenkt ein vollkommenes Raumerlebnis.

INNERES DER STIFTSKIRCHE, DIETRAMSZELL

Das einzige Überbleibsel des Mittelalters in dieser prachtvollen Barockkirche ist die Ende des 15. Jh. entstandene Holzfigur des sel. Dietram, eines Tegernseer Mönchs, der 1102 in diesem weltabgeschiedenen Waldgebiet eine Kapelle gründete. Wassermangel zwang ihn, den Platz zu verlassen. Zwei Wegstunden weiter westlich, im heutigen Dietramszell, baute er eine neue, dem hl. Martin geweihte Kapelle und ein hölzernes Klösterlein.

barocken Zollhäuschen verbindet beide Teile. Noch finden sich zahlreiche Fachwerkhäuser.

BURG Hoch über dichtgedrängten Häusern ragt der romanische Bergfried mit seinem von vier gotischen Ecktürmchen verzierten Helm auf. Im Wohnbau des 14. Jh. ist heute das interessante Heimatmuseum untergebracht. Um den Hof gruppieren sich schlichte Bauten des 16.–18. Jh.

In der frühgotischen EV. KIRCHE der Prunksarkophag der Fürstin Amalie (gest. 1726).

SCHLOSS ORANIENSTEIN Auf einem Felshang nördlich der Stadt ließen um 1700 zwei nassauische Fürstinnen diesen vornehmen Fünfflügelbau in niederländischem Barock errichten. Prächtige Stuckdecken zieren viele Räume. Stukkaturen umrahmen auch das Deckengemälde (Pfingstwunder von Jan van Dyck) in der Schloßkapelle.

Dillenburg *Reg.-Bez. Darmstadt* 585 ■ 10

Die Siedlung entwickelte sich seit dem 12./13. Jh. im Schutze der Burg zur nassauischen Residenzstadt. Nach großen Stadtbränden ist die Altstadt von Häusern des 18. Jh. geprägt, oft charakteristisch verschiefert.

EV. PFARRKIRCHE Der spätgotische Bau des endenden 15. Jh. wurde nach hundert Jahren zur dreigeschossigen Emporenkirche verändert. Ihr Schmuck sind farbige Ornamentschnitzereien.

SCHLOSS Die romanische und gotische Anlage auf steilem Berg über der Stadt wurde im 16./17. Jh.

zu einer der stärksten westdeutschen Festungen ausgebaut. 1533 kam hier Wilhelm von Nassau-Oranien zur Welt, der Führer des niederländischen Befreiungskampfes. Im Siebenjährigen Krieg zerstört, legen nur noch die den Berg ringsum durchziehenden Kasematten Zeugnis von der einstigen Bedeutung ab.
WILHELMSTURM 1872–75 als Aussichts- und Museumsturm erbaut.

Dillingen *Schwaben* 602 ■ 8

Um eine im 10. Jh. auf einem Bergsporn errichtete Burg entwickelte sich die Stadt, die im 16. Jh. einen großen kulturellen Aufschwung nahm. Die Reihen stattlicher Häuserfassaden geben noch ein unverfälschtes Bild des 16. und 18. Jh.
Die FRANZISKANERINNENKLOSTERKIRCHE MARIÄ HIMMELFAHRT, einen kleinen, fast zentralen Bau mit feinem Stuck- und Freskenschmuck, schuf der Füssener Joh. Gg. Fischer 1736.
DIE HAUSKAPELLE IM KNABENSEMINAR ST. STANISLAUS (1955/56) setzt einen kleinen modernen Akzent.
In der KAPELLE DER TAUBSTUMMENANSTALT eine ausgezeichnete Muttergottes von 1510.
ST. PETER Mittelalterlich ist der Turm des ehem. Kollegiatsstifts, das hohe dreischiffige Langhaus ein Neubau von 1619–28. Kanzel, Chorgestühl und Hochaltargemälde kamen wenig später hinzu, Stuck und Fresken in der 1. Hälfte des 18. Jh.
In der ST.-WOLFGANGS-KAPELLE, einer Totenkapelle von 1536, ein gutes Renaissance-Epitaph von 1539.
SCHLOSS Die Burg aus dem 10. Jh. erhielt im wesentlichen um 1600, dann um 1800 ihren großzügigen schloßähnlichen Charakter. Von den vielen interessanten Details seien erwähnt: die Muttergottes von um 1520 in einer Nische des Westtores (um 1480) und die bemalte Holzdecke (um 1600) im Rittersaal.
STUDIENKIRCHE MARIÄ HIMMELFAHRT Beherrschender Blickpunkt im Stadtbild sind, neben der Kirche, die langen, schön gegliederten Fassaden der Konvents- und Universitätsbauten. Das in vier Flügeln angelegte Jesuitenkolleg (1736–38) enthält den mit geschnitzter Empore und großem Deckengemälde ausgestatteten Bibliothekssaal, die Universität (1688/89) eine in verschwenderischem Prunk ausgestattete Aula, den Goldenen Saal (1761–64). Im Westen schließt sich die außen recht schlichte Studienkirche an (frühes 17. Jh.). Im Innern (Mitte des 18. Jh.) entfaltet sich die farbenfrohe Pracht des Frühbarocks, ergänzt durch Rokokostuck.

Dillingen *Saarland* 591 ■ 5

Die WASSERBURG wird erstmals 1357 erwähnt, Reste sind durch Ausgrabung zugänglich. Umbau zum Schloß im 17. und 18. Jh., im zweiten Weltkrieg schwer beschädigt, heute teilweise restauriert.
In der KIRCHE ST. SAKRAMENT Altar des 16. Jh.; in ST. MAXIMIN figürlicher romanischer Türsturz.

Dilsberg *Reg.-Bez. Karlsruhe* 593 ■ 5

Von der BURG blieben die mächtige Buckelquadermauer, ein achteckiger Treppenturm, Zehntscheuer und Kommandantenhaus, heute Rathaus, erhalten, 13.–16. Jh.
Die KATH. PFARRKIRCHE, 1734–37, birgt einen prächtigen Hochaltar aus Sandstein (Ende 17. Jh.).

Dingelsdorf *Reg.-Bez. Freiburg i. Br.* 608 □ 9

besitzt einige schöne Fachwerkhäuser, die spätgotische, barockisierte PFARRKIRCHE ST. NIKOLAUS und im höher gelegenen Ortsteil Oberdorf die HEILIGKREUZ-

KAPELLE des Deutschritterordens. Ihren Innenraum schmückt ein Deckengemälde von Andrea Appiani.

Dingolfing *Niederbayern* 604 □ 9

ST. JOHANNES Der Ort am Hang zu beiden Seiten der Isar teilt sich in Unter- und Oberstadt. Auf der Bergkuppe die Kirche St. Johannes, eine der schönsten gotischen Kirchen Bayerns, ein im 15. Jh. errichteter dreischiffiger Backsteinbau mit schlankem, maßvoll gegliedertem Turm.
SCHLOSS Die sogenannte Herzogburg ist ein schöner Backsteinbau aus der 2. Hälfte des 15. Jh. mit charakteristischem spätgotischem Stufengiebel.

Dinkelsbühl *Mittelfranken* 602 □ 10

Die tausendjährige Stadt, in der Stauferzeit am Schnittpunkt des Italienweges und der Ostlandstraße, umgürtete sich mit vier starken Stadttoren, die sich nach Crailsheim, Aalen, Nürnberg und München hin öffneten oder schlossen. Das älteste, das Wörnitztor, stammt im Unterteil noch aus dem 13. Jh. Die Merianradierung aus dem 17. Jh. zeigt die mehrfach geknickte Stadtmauer mit den auslugenden Spitztürmen und Basteien, die befestigte Wasserburg der Stadtmühle neben dem Nördlinger Tor so klar wie ein heutiges Luftbild. Das alljährlich Mitte Juli aufgeführte Festspiel, die Kinderzeche, feiert die Errettung der Stadt vor dem brandschatzenden Schwedenobristen Sperreuth, der sich von einer Schar flehender Kinder erweichen ließ. Dem Kinderbittzug verdanken wir den nur wenig verletzten Türmchen- und Mauerkranz sowie die Erhaltung der gotischen Hallenkirche mit dem romanischen Turmportal. Die unverändert trauliche, an Giebeln, Fachwerkschönheit und Winkelgemäuer reiche Zünfte- und Patrizierstadt gehört zu den Kleinodien an deutschen Städten.
Das DEUTSCHE HAUS um 1600 am Markt ist mit seinem dreigeschossigen Giebel und den geschnitzten Ständern eines der schönsten Fachwerkhäuser.
Das DEUTSCHORDENSHAUS, ein barockes Steinpalais von 1761–64, ist eine Überraschung in dieser betulichen Fachwerkbürgerwelt.
Die RATSTRINKSTUBE hat einen hohen Staffelgiebel nebst witzigem Türmchen.
Die STADTPFARRKIRCHE ST. GEORG verdankt ihre klare Einheitlichkeit der für damalige Zeiten kurzen Bauperiode von 1448–92, in der die Halle mit dem umlaufenden Seitenschiff fertig wurde, aber nur der Westturm zu nicht sehr bedeutender Höhe gelangte. Dafür scheint das langgestreckte Langhaus mit seiner aristokratisch-schmalen Höhe und dem dichten Netzgewölbe in unendliche Fernen zu führen. Nur die Kanzel, eine zierliche Steinmetzarbeit, unterbricht die Flucht der himmelstrebenden Pfeiler.

Dinslaken *Reg.-Bez. Düsseldorf* 575 □ 3

KATH. PFARRKIRCHE Der große Hochaltar vom Ende des 15. Jh. ist einer der ältesten flämischen Altäre am Niederrhein. Im Westchor ein wertvoller Holzkruzifixus aus dem 14. Jh.

Dirmstein *Rheinhessen-Pfalz* 593 □ 9

Die Simultankirche wurde 1742 nach Entwurf von Balth. Neumann erbaut. An die Saalkirche für die Katholiken ist im Westen quer eine solche für die Protestanten angefügt.

Dischingen *Reg.-Bez. Stuttgart* 602 □ 9

KATH. KIRCHE Stattlicher Saalbau mit hellem, sehr farbigem Innenraum im Stil des späten Rokoko. Das SCHLOSS TAXIS ist eine spätbarocke Baugruppe.

ST. GEORG, DINKELSBÜHL

*Was die Dientzenhofers und Asams für den Barock
Oberbayerns, sind die Eselers für die deutsche Gotik in Nördlingen, Mainz, Rothenburg und Dinkelsbühl. Nikolaus Eseler von Alzey und sein
gleichnamiger Sohn, die beiden hervorragendsten
der Familie, leiteten nacheinander den Bau von
St. Georg. Ihr Schüler Christoph Horn war einer
der Baumeister des Wiener Stephansdoms.*

Disibodenberg *Rheinhessen-Pfalz*   592 ■ 2
KLOSTERRUINE Die Kirche des 12. Jh. läßt sich nur
im Grundriß ablesen. Es war eine dreischiffige
kreuzförmige Pfeilerbasilika. Von den übrigen Bauten des Klosters, das auf eine Missionszelle um 700
zurückgeht, stehen noch Reste.

Dissen *Reg.-Bez. Osnabrück*   569 □ 7
KIRCHE Reizender Rokokoaltar in figurenreich or-
namentierter und bemalter Fassung.

Distelhausen *Reg.-Bez. Stuttgart*   594 ■ 7
KATH. PFARRKIRCHE 1731–38 unter der Leitung von
Balth. Neumann errichtet. Im Innern des weiträumigen Saales gute Deckenstukkaturen, prächtige Rokokoaltäre und Kanzel (um 1745).
In der gotischen ST.-WOLFGANGS-KAPELLE eine spätgotische Beweinungsgruppe.

Dittigheim *Reg.-Bez. Stuttgart*   594 ■ 6
KATH. PFARRKIRCHE ST. VEIT von Balth. Neumann.
Die Deckenmalereien (1750) schildern die Veits-
legende.

Ditzingen *Reg.-Bez. Stuttgart*   600 □ 3
Da die Grenze zwischen zwei Bistümern früher
mitten durch das Dorf ging, besitzt es zwei gotische
Kirchen: die KONSTANZER KIRCHE und die SPEYRER
KIRCHE auf dem Friedhof.

Dobersdorf *Schleswig-Holstein*   556 □ 9
HERRENHAUS Ein Rokokoportal führt in den wohlproportionierten Backsteinbau von 1772.

RIESENBETTEN Nahe der Straße nach Jasdorf zwei
dieser Gräber aus der Jungsteinzeit.

Dörnberg *Reg.-Bez. Kassel*   578 ■ 8
PFARRKIRCHE Der 1509 an ein romanisches Schiff
angebaute sterngewölbte Chor enthält eine vollständige Ausmalung mit Szenen aus dem Marienleben.

Dörrenbach *Rheinhessen-Pfalz*   599 □ 2
Die spätgotische viertürmige KIRCHE, nach 1500 errichtet, steht auf einem Wehrkirchhof.
Das RATHAUS, Ende des 16. Jh. errichtet, gehört zu
den schönsten Fachwerkbauten in der Pfalz.

Dollnstein *Mittelfranken*   602 ■ 2
In der PFARRKIRCHE, deren älteste Teile aus dem
12. Jh. stammen, sind die gotischen Chorfresken
von 1330 besonders bemerkenswert.

Dommelstadl *Niederbayern*   605 □ 8
HL. DREIFALTIGKEIT Die heilige Zahl Drei bestimmt
die Architektur: drei Apsiden sind um den dreieckigen Innenraum geordnet. Graziöse Stuckkartuschen
und Rocaillen sind der Schmuck (1747–51).

Donaueschingen *Reg.-Bez. Freiburg i. Br.*   607 ■ 10
Hier vereinigen sich Brigach und Breg zusammen
mit der Donauquelle zur Donau. Seit Anfang des

NIBELUNGENLIED, DONAUESCHINGEN
*Die Handschrift C, die Hohenems-Laßbergsche,
eine der vielen Fassungen der Nibelungensage,
stammt aus der Bibliothek des gräflichen Schlosses
in Hohenems. Sie wurde in der 2. Hälfte des
13. Jh. geschrieben. Freiherr von Laßberg, Schwager der Dichterin Annette von Droste-Hülshoff, gab
sie 1820–25 zum erstenmal heraus. Hier der Anfang
des mittelhochdeutschen Textes: Uns ist in alten
maeren wunders vil geseit / von heleden lobebae-
ren von grozer arebeit . . .*
                    Fürstlich Fürstenbergische Sammlungen

18. Jh. ist die Stadt Residenz der Fürsten von Fürstenberg. Die KATH. PFARRKIRCHE erbaute im 18. Jh. der Prager Architekt Max. Kanka. Ihre reiche Ausstattung stammt von einheimischen Meistern. Das SCHLOSS, um 1900 erweitert, liegt in einem ausgedehnten Park. Die Barockgebäude des Hofarchivs und der Hofbibliothek beherbergen große Kostbarkeiten.

Donaustauf *Oberpfalz* 603 □ 2
BURG STAUF Seit dem Schwedensturm von 1634 ist die Burg (12. Jh.) eine interessante Ruine. Malerisch die Reste der Burgkapelle im Torturm, deren Säulen mit Würfelkapitellen und Rundbogengalerien von einem schönen romanischen Bauwerk zeugen.
WALHALLA Vom Donauufer führt eine Treppenterrasse hinauf zu dem Tempel aus leuchtendweißem Marmor, dem griechischen Parthenon nachgebildet. Leo v. Klenze erbaute ihn 1830–42 im Auftrag Ludwigs I., der hier ein bayerisches Nationalheiligtum schaffen wollte. Er widmete es berühmten Deutschen, deren Büsten und Gedenktafeln die weite Halle zieren.

Donauwörth *Schwaben* 602 ■ 4
Blickpunkt der Stadt auf dem linken Wörnitzufer ist – trotz der Zerstörung von 1945 – die breite, leicht ansteigende Reichsstraße, ein Stück der Verbindung Nürnberg – Augsburg. Hier stehen die wichtigsten Bauten: die beiden großen Kirchen, das Rathaus, ein Stilgemisch aus mehreren Jahrhunderten, der gotische Stadtzoll, das Baudrexelhaus, ein origineller Fachwerkbau des 16. Jh., und das stolze Fuggerhaus (1. Hälfte im 16. Jh.) mit den mächtigen Zinnengiebeln; hier waren Gustav Adolf von Schweden und Karl VI. zu Gast. In der Spitalgasse steht das schöne, nun klassizistische Deutschordenshaus, in dem 1696 das Hoch- und Deutschmeisterregiment gegründet wurde. Das wuchtige Riedertor (1428) und das malerische Färbertor, wo noch immer die Fischer ihre Netze zum Trocknen aufhängen, gehören zu der streckenweise gut erhaltenen Stadtbefestigung. Das Hintermaierhaus, ein roter Sandsteinbau (15. Jh.), ist heute Heimatmuseum.
EHEM. BENEDIKTINERKLOSTERKIRCHE HL. KREUZ Die weiträumige barocke Kirche mit schlankem Turm, schön geschwungenen Emporen im Innern und einer hohen, ausgemalten Vierungskuppel zeigt dezenten Stuckschmuck und eine ganz vorzügliche Altarausstattung. Die Kreuzigungsgruppe ist ein kostbares älteres Ausstattungsstück (1519). – Von den sich im Geviert anschließenden Klosterbauten seien der schön stuckierte Kreuzgang und der Festsaal hervorgehoben.
MARIÄ HIMMELFAHRT Das äußere Charakteristikum der spätgotischen Backstein-Hallenkirche (1444 bis 1467) ist der kräftige, durch den stumpfen Dachaufsatz gedrungen wirkende Turm. Im Innern sehr interessante spätgotische Wandmalereien. Wertvollstes Ausstattungsstück ist das um 1500 gearbeitete Sakramentshäuschen von zierlicher, hochstrebender Ornamentik.
ST. JOHANNES Die hübsche kleine Kirche des 15. Jh., jedoch mit barocken Zutaten, enthält über dem inneren Nordportal eine Kreuzigungstafel (um 1480).

Donndorf *Oberfranken* 596 □ 10
SCHLOSS FANTAISIE zeichnet sich durch die schöne Lage hoch über dem Talmühlbach aus. Am Hang liegt der vielfältige Englische Garten, den antikisierende Plastiken beleben. Das Teehaus, ein feiner barocker

Gartensaal, ist in seiner ursprünglichen Gestalt erhalten.

Donnersberg *Rheinhessen-Pfalz* 592 □ 3
Auf dem beherrschenden Berg hat sich ein eindrucksvoller sechseinhalb Kilometer langer keltischer Ringwall (ursprünglich eine ungemörtelte Mauer) erhalten.

Donsbrüggen *Reg.-Bez. Düsseldorf* 575 ■ 11
SCHLOSS GNADENTHAL Das heutige Schloß (Altersheim) mit schönem Park und vorgelagerten Wirtschaftsgebäuden stammt von etwa 1704, teilweise Umgestaltung gegen 1830.

Donzdorf *Reg.-Bez. Stuttgart* 601 ■ 4
KATH.PFARRKIRCHE Turm spätgotisch, Schiff und Chor barock verändert. Von der alten Ausstattung sind noch Grabdenkmäler und eine Altartafel von Barth. Zeitblom erhalten.
NEUES SCHLOSS Regelmäßige Renaissanceanlage mit achteckigen Haubentürmen.
RUINE SCHARFENBERG Die Reste stammen aus dem 16. Jh., obwohl eine Burg im 11. Jh. nachgewiesen ist.

Dorchheim *Reg.-Bez. Darmstadt* 585 □ 9
ALTE KATH. PFARRKIRCHE Aus der zweischiffigen Kirche des 12. Jh. wurde im frühen 16. Jh. ein Emporenraum mit üppigem spätgotischem Schnitzwerk. Im Chor älterer Gemäldezyklus.

Dorfmark *Reg.-Bez. Lüneburg* 570 □ 12
EV. KIRCHE Im Bau von 1708 ein spätgotischer Altar. Das schwere Taufbecken aus Messing (1465) ruht auf vier Figuren.
KAPELLE IM ORTSTEIL WENSE 1672 gebaut, bewahrt sie eine ländliche Barockausstattung und viele Grabmale der Familie v. d. Wense.

Dormitz *Oberfranken* 595 □ 3
Die PFARRKIRCHE, ein einfacher spätgotischer Quaderbau mit zierlicher Vorhalle am südlichen Tor, birgt im barock überarbeiteten Innern einen reichen Schatz spätgotischer Kunstwerke, darunter eine Pietà (um 1360–70) und der „Beter von Dormitz", eine Figur am linken Seitenaltar (um 1500).

Dornstetten *Reg.-Bez. Karlsruhe* 600 ■ 7
Obwohl die Ummauerung zum Teil verbaut ist, läßt sich die burgartige Anlage des Städtchens um das Dreieck von Markt- und Kirchplatz, mit spätgotischer Kirche, Brunnen und hübschen Fachwerkhäusern, noch gut erkennen.

Dornum *Reg.-Bez. Aurich* 560 ■ 1
EV. PFARRKIRCHE 14. Jh. Ihr jüngst restaurierter Innenraum ist besonders reich ausgestattet.
BURGEN Die Nordburg, eine von ursprünglich drei Häuptlingssitzen (Burgen führender Familien), wurde zum vierflügeligen barocken Wasserschloß umgebaut. Von den beiden anderen im 14. Jh. erbauten Burgen stehen nur noch zwei Flügel der ehemaligen Häuptlingsburg der Familie Beninga.

Dortmund *Reg.-Bez. Arnsberg* 576 ■ 5
Zwischen den beiden berühmtesten Kirchen der Stadt, der Reinoldi- und der Marienkirche, führte einst der Hellweg entlang, Karls des Großen Heerstraße vom Niederrhein zur Weser, dessen Namen die heutige Fußgängerstraße noch bewahrt. An ihm

KONRAD VON SOEST: MARIENTOD

Der Meister ist in Dortmund geboren und war hier ansässig. Mit den drei Bildern des Marienaltars, dem letzten uns bekannten Werk, nimmt er um 1420 Abschied von der mittelalterlichen Art zu malen. Konzentration auf größere Gruppen ohne erzählendes Beiwerk und große Farbflächen sind die Kennzeichen dieser neuen, monumentalen Form. Den Farben und dem Spiel der Hände gibt der Künstler eine letzte Zartheit.

CHORFENSTER DER REINOLDIKIRCHE

Daß sie nach der Kriegszerstörung wieder zum schönsten Sakralraum Dortmunds wurde, ist wesentlich den Glasfenstern zu danken, die Hans Gottfried von Stockhausen schuf. Sie folgen dem Konzept des Mittelalters und schließen den Raum fest ab wie mit einer dichtgewebten, schimmernden Tapisserie in gedämpften Farben.

ADLERPULT IN DER REINOLDIKIRCHE

Das wirkungsvolle gotische Werk, ein Messingguß von zwei Meter Höhe, kam aus einer belgischen Werkstatt hierher. Ähnliche aus der gleichen Zeit – um 1450 – finden sich im Aachener Dom, in der Lambertuskirche zu Erkelenz und in der Maxkirche zu Düsseldorf.

war Dortmund eine wichtige Station; doch weisen vorgeschichtliche Funde und ein römischer Goldmünzenschatz, der größte nördlich der Alpen, auf noch frühere Besiedlung. Über das Oval der Stadtmauern – breite Wallstraßen ziehen es nach – wuchs die moderne Industriestadt massig hinaus. Viel altes Kunstgut ist vernichtet oder überwuchert, doch das Erhaltene läßt erkennen, wann Dortmund seine Blüte hatte: in der gotischen Epoche, als es Mitglied der Hanse und freie Reichsstadt war; als ein Künstler von europäischem Format den Altar für die Kirche des Rates, die Marienkirche, malte: Konrad von Soest.

MARIENKIRCHE Einen eleganten Zug bekommt die zierliche romanische Basilika, 12. Jh., innen durch die feinen Säulen und Doppelsäulen, die den Pfeilern vorgestellt sind und Blätterkapitelle tragen; außen durch das aparte Rhombendach des schmalen Turms, dessen Zwilling 1805 verlorenging. Erhalten, wenigstens in Teilen, blieb ihr kostbarster Schmuck, der Marienaltar (um 1420) des Meisters Konrad von Soest, der heute wieder im (gotischen) Chor seinen Platz hat. Bewunderung verdienen aber auch der Berswordt-Altar und die goldene Madonna des 13. Jh., die das steinerne Sakramentshäuschen im Chor bewahrt.

MUSEUM AM OSTWALL Vorzüglich wird die Kunst des 20. Jh., vornehmlich des Expressionismus, dokumentiert.

MUSEUM FÜR KUNST UND KULTURGESCHICHTE Gemälde, Möbel und Kunstgewerbe werden von März bis Oktober im Schloß Cappenberg gezeigt, während die Abteilungen „Stadtgeschichte" und „Vor- und Frühgeschichte" (römischer Münzenschatz mit 444 Goldsolidi) in Dortmund selbst am Westpark zu besichtigen sind.

PETRIKIRCHE Der riesige Schnitzaltar vom Meister Gilles aus Antwerpen, 1521, ist mehr als sieben Meter breit; Hunderte von Figuren drängen sich in vier Reihen, um Passion, Kreuzigung, Marientod darzustellen. Der Turm der im Krieg völlig ausgebrannten, dann wiederhergestellten gotischen Kirche wartet noch auf seine Vollendung.

PROPSTEIKIRCHE Auf ihre Bestimmung als Kirche des Dominikanerklosters, das 1331 gegründet wurde, weist der überlange Chor, der fast die Länge der Schiffe erreicht. Zwei Kreuzgangflügel wurden im Krieg zerstört, doch gerettet wurden das Altarbild Derick Baegerts und das Sakramentshäuschen vom Anfang des 15. Jh.

REINOLDIKIRCHE Als lächelnder Riese steht der hl. Reinoldus, Schutzpatron der Kirche wie der Stadt, am Pfeiler vor dem Chor. Ihm gegenüber, ebenfalls als überlebensgroße Schnitzfigur, Karl der Große, dessen Neffe Reinold war. Zwischen beiden das prachtvolle belgische Adlerpult von 1450. Der Basilikabau (1260–80) zeigt die Tendenz zur Hallenkirche: über den hochstrebenden Arkaden des Hauptschiffes fanden nur noch halbe Radfenster Raum. Den kräftig überhöhten Chor hat erst Meister Roseer angefügt (1420–50), ebenso wie den 100 Meter hohen Westturm – das „Wunder Westfalens" –, der nach seinem Einsturz barock bekrönt wurde.

Dortmund-Aplerbeck 576 ▪ 4
DORFKIRCHE Die kreuzförmige kleine Basilika des frühen 12. Jh., eine der ältesten Kirchen Westfalens, teilt das Motiv der gekuppelten Säulen vor den Pfeilern mit der Marienkirche.

Dortmund-Syburg 576 ▪ 5
HOHENSYBURG Auf beherrschender Höhe über Lenne und Ruhr stehen die Ruinen einer alten sächsischen Volksburg, die Karl der Große einst eroberte.
PETERSKIRCHE Innerhalb des Burgbezirks steht die einschiffige Kirche aus dem 12. Jh. Im Kriege beschädigt, wurde der Bau verändert und vereinfacht wiederhergestellt.

Dorum Reg.-Bez. Stade 561 ▪ 12
EV. PFARRKIRCHE Feldsteinbau, um 1200.

Drachenfels Reg.-Bez. Köln 584 ▪ 9
Die BURG der Kölner Erzbischöfe aus dem 12. Jh. ist in ihrer prächtigen Lage hoch über dem Strom

eine der volkstümlichsten Ruinen des Rheintals. Erhalten sind außer dem Bergfried noch Mauerreste der Hochburg, die Zwingermauer mit Rundturm und Teile der Vorburg. In der Drachenhöhle hat der Sage nach der von Siegfried getötete Drache gehaust.

Drackenstein Reg.-Bez. Stuttgart 601 ▪ 6
KATH. PFARRKIRCHE in Unterdrackenstein. Von Bäumen halb verborgen, liegt sie mit Pfarrhaus und ummauertem Friedhof auf einem ausgehöhlten Felsen. Der barocke Saalbau mit Kuppelhaube und Dachreiter birgt sehenswerte Grabdenkmäler.

Dreieichenhain Reg.-Bez. Darmstadt 593 ▪ 12
BURGRUINE Im 10. Jh. stand im Reichsforst Dreieichenhain der Jagdhof des Königs. Von einer Turmburg des 11. Jh. ist die Südwand eines fünfgeschossigen Turmes erhalten.

Dremmen Reg.-Bez. Köln 583 □ 11
Die PFARRKIRCHE ST. LAMBERTUS ist eine 1835 gebaute klassizistische Backsteinbasilika mit quadratischem Westturm von etwa 1500.

Drensteinfurt Reg.-Bez. Münster 576 ▪ 2
SCHLOSS Durch ein stattliches Backstein-Torhaus mit Haustein-Fensterkreuzen und Muschelverzierungen am Giebel führt der Weg zu dem 1708–10 in Backstein erbauten, vornehmen Herrenhaus.

Dringenberg Reg.-Bez. Detmold 577 □ 3
Die BURG, heute Amtshaus, wurde um 1320 gebaut und gehörte den Bischöfen von Paderborn.
Die gotische PFARRKIRCHE hat schöne Ausstattungsteile, darunter eine bronzene Chorlampe, 1637, von Hans Krako, dem Meister des Liboriusschreins in Paderborn.

Drove Reg.-Bez. Köln 583 ▪ 1
KIRCHE ST. MARTIN In der dreischiffigen Hallenkirche, 15. Jh., befinden sich gute Plastiken des 14.–16. Jh.

Drüggelte Reg.-Bez. Arnsberg 577 □ 9
Unweit der Möhnetalsperre liegt die KAPELLE, ein zwölfeckiger Zentralbau von 10,5 Meter Durchmesser, mit zwölf eng gesetzten Säulen und einer mittleren konzentrischen Anordnung von 2 Säulen und 2 Pfeilern, mit ringförmigem Tonnengewölbe – wohl eine Nachahmung der Grabkapelle von Jerusalem um 1220.

Druisheim Schwaben 602 ▪ 5
In der KIRCHE ST. VEIT bedeutende Gewölbefresken von Matth. Günther und eine gute Anna-selbdritt-Gruppe auf dem nördlichen Seitenaltar von 1759.
KAPELLE ZUR SCHMERZHAFTEN MUTTERGOTTES Matth. Günther malte das Deckenbild in dieser Kapelle, die sich durch feine Stuckarbeiten auszeichnet.

Duderstadt Reg.-Bez. Hildesheim 579 □ 9
Die Stadt zeigt ein geschlossenes Bild von spätmittelalterlicher bis ländlich barocker Bauweise, wobei Fachwerk überwiegt.
EV. PFARRKIRCHE ST. SERVATIUS Dreischiffige Halle mit Netzgewölbe, getragen von einfachen, achtseitigen Pfeilern, 15. Jh. Auffällig ist der kantige Turm in expressionistischem Stil, nach einem Brand 1928 errichtet.
KATH. PROPSTEIKIRCHE ST. CYRIACUS Vom ersten Bau ist nur die heutige Westseite erhalten, 13. Jh. 1394

RATHAUS, DUDERSTADT

Mitte des 13. Jh. erhielt Duderstadt Stadtrechte, und sogleich ging man daran, den Räten ein würdiges Haus zu errichten – im Erdgeschoß das Kaufhaus, oben der heute noch erkennbare Bürgersaal. Es war Verhandlungsstätte und Festhalle, enthielt eine Kapelle und finstere Verliese.

wurde der Neubau der Hallenkirche begonnen, die erst im 16. Jh. vollendet war. Von der barocken Ausstattung blieb die doppelgeschossige Westempore mit der Orgel, um 1733, erhalten. Die steinerne Kanzel stammt noch aus gotischer Zeit.
RATHAUS Dem alten Bau wurde im 15. Jh. eine offene Vorhalle angefügt, die Anfang des 16. Jh. durch eine Laube mit drei Bogenöffnungen und eine Freitreppe mit reichgeschnitzten Pforten erweitert wurde. Schließlich veränderten Fachwerkobergeschosse, asymmetrische Giebel und drei Türmchen das alte Bild vollkommen.
Der WESTERTORTURM, ein Teil der alten Stadtbefestigung, wirkt faszinierend durch seinen schraubenartig verdrehten, hohen, spitzen Helm.

Dülmen *Reg.-Bez. Münster* 576 ▪ 11
KATH. KREUZKAPELLE Wallfahrtskapelle auf dem Kalvarienberg, 1696 erbaut.
KATH. PFARRKIRCHE ST. VICTOR Hallenkirche aus dem 13.–16. Jh. Im Innern romanischer Taufstein, Sakramentshäuschen und ein Triumphkreuz, 15. Jh.
KATH. KIRCHE HL. KREUZ Den 1929 von D. Böhm entworfenen Sandsteinbau schmückt in der Westfassade eine fein gegliederte Fensterrose.
STADTBEFESTIGUNG 1311 wurde Dülmen zur Stadt erhoben und befestigt, neben Resten der Stadtmauer blieben das schlichte Lüdinghauser Tor, 15. Jh., der Lorenken- und der Nonnenturm, 16. Jh., erhalten.

Dünsberg *Reg.-Bez. Darmstadt* 585 ▪ 12
RINGWALLANLAGE Keltisch-germanische Siedlung (LaTène-Zeit) auf dem Gipfel des Dünsberges.

Düren *Reg.-Bez. Köln* 583 ▪ 1
Am Ort des im zweiten Weltkrieg völlig zerstörten alten Düren stand schon ein fränkischer Königshof, im 12. Jh. wurde es Reichsstadt. – Von der einst starken Befestigung sind Mauerteile und fünf Türme, darunter der Dicke Turm aus dem 16. Jh., erhalten.
Die EV. PFARRKIRCHE wurde 1954 als von allen Seiten durch Glaswände beleuchteter Zentralraum auf dem Grundriß des griechischen Kreuzes gebaut. Der mächtige Glockenturm, ebenfalls auf Kreuzgrundriß, steht abseits.
KATH. PFARRKIRCHE ST. ANNA An Stelle der zerstörten gotischen Kirche wurde 1956 aus den Bruchsteinen der alten die neue Pfarrkirche erbaut, die den Reliquienschrein der hl. Anna enthält. Die Reliquienbüste, mit einem Teil ihres Hauptes, ist eine mehrfach überarbeitete Goldemailarbeit des 14. Jh., die in einem spätgotischen Holzschrein steht.

Düren-Rölsdorf 583 ▪ 1
Die PFARRKIRCHE ST. NIKOLAUS von 1929 bewahrt neben der Neuausstattung von 1955 eine Reihe schöner Holzskulpturen des 15.–18. Jh.

Düsseldorf *Nordrhein-Westfalen* 575 □ 4
Sind auch die wertvollsten Baudenkmäler – in Kaiserswerth, Gerresheim und Benrath – durch Eingemeindung erst spät an Düsseldorf gekommen, so läßt sich doch die Stadtgeschichte ablesen an den Bauten des Zentrums: Der hohe Turm der Lambertuskirche erinnert an das Stift, das im Jahr der Stadterhebung (1288) hier gegründet wurde, und wenigstens ein Turm noch steht von dem einstigen Schloß der Grafen und Herzöge von Berg, die jahrhundertelang das Geschick der Stadt bestimmten. Napoleons Herrschaft, so kurz sie währte, hinterließ eine dauernde Spur in Königsallee und Hofgarten, denn der Kaiser war es, der die geschleiften Befestigungen bürgerlicher Nutzung anvertraute.
GOETHE-MUSEUM Mit rund dreißigtausend Objekten aus der Zeit des Dichters – Bilder, Büsten, Handschriften, Bücher, Münzen, Medaillen, Porzellane – die größte Goethesammlung nächst denen von Frankfurt und Weimar.
Das KUNSTMUSEUM beherbergt eine der größten graphischen Sammlungen Deutschlands. Das Hetjens-Museum für Keramik hat neuerdings sein eigenes Domizil im Palais Nesselrode.
MAXKIRCHE Bizarre Ironie, daß sie auf den Namenspatron desjenigen Fürsten (Max Joseph) getauft wurde, der Düsseldorfs Klöster auflöste – auch das Franziskanerkloster, für das diese Rokokokirche 1735 gebaut worden war. Italiener führten 1766 die feinen Stukkaturen aus.
MODERNE BAUTEN Wenn man Düsseldorf die Stadt der schönsten Hochhäuser nennt, so vor allem dem Thyssenhaus (1960) zu Ehren. Ihm antwortet der Turm des Mannesmannhauses. Die Tradition moderner Verwaltungsbauten für den „Schreibtisch des Ruhrgebiets" reicht zurück bis zu dem Wilhelm-Marx-Haus von Wilhelm Kreis (1922) und Peter Behrens' „altem" Mannesmannhaus von 1912.
RATHAUS Mit zwei geschweiften Giebeln, die den achtseitigen Treppenturm zwischen sich nehmen, wendet sich die spätgotische Fassade dem Marktplatz zu. Nur sie blieb erhalten von dem sonst vielfach umgeformten Bau.
SCHLOSS JÄGERHOF Heute rings von der Stadt umgeben, ist der Hofgarten ein Glanzstück vorausblickender Stadtplanung. Und dazu ein Freiluftmuseum der Kulturgeschichte, dank seiner vielen

SCHLOSS BENRATH

Anders als in den Schlössern zu Schwetzingen und Mannheim, die er schon im Bau vorfand, hat Nicolas de Pigage in Benrath ganz nach eigenem Plan wirken können. So wurde das Schlößchen zum vollkommenen Kunstwerk, eine graziöse Einheit vom Grundriß bis zur fertigen Gestalt des Baus und seiner Einbeziehung in den Park.

STICKEREI AUS NIEDERSACHSEN

Fäden von farbiger Seide und weißem Leinen geben den Büsten und Drachenpaaren des Gewebes aus dem 14. Jahrhundert Kontur und Fläche.

Kunstmuseum, Düsseldorf

PAUL KLEE: KAMEL IN RHYTHMISCHER BAUMLANDSCHAFT

Paul Klee, von 1931–33 Professor an der Düsseldorfer Kunstakademie, war ein guter Mathematiker und ein vorzüglicher Musiker – in seinen Bildern findet man seine Neigungen wieder. Rhythmisch einander zugeordnete, geometrische Bildteile machen Sichtbares und Unsichtbares deutlich; seine Leidenschaft für die Farbe entdeckte der ursprüngliche Graphiker bei seinem Aufenthalt in Kairuan 1914. *Kunstmuseum, Düsseldorf*

MEISSNER PORZELLAN

Typisch für die Zeit um 1725 sind die Formen dieses Meißner Porzellans, der plastische Dekor und die symmetrischen C-Schnörkel der goldenen Zierranken. In der Frühzeit der Porzellanherstellung kannte man noch nicht die Scharffeuerfarben. Man half sich mit Verzierungen der Silberschmiede.

Hetjensmuseum, Düsseldorf

JAN WELLEM VOR DEM ALTEN RATHAUS
Kurfürst Johann Wilhelm durfte es riskieren, sich selber bei Lebzeiten schon ein Denkmal zu geben, das Gabriel Grupello arbeitete. Während seiner vierzigjährigen Regierungszeit schuf er ein lebhaftes Residenzleben, gründete eine treffliche Gemäldegalerie und das erste Opernhaus Düsseldorfs.

Denkmäler. Angelegt wurde er im frühen 19. Jh. durch Maximilian v. Weyhe. Aus fürstlicher, spätbarocker Zeit stammt noch das Schlößchen Jägerhof, erbaut von dem Aachener Joh. Jos. Couven. Neben der Kunstsammlung Nordrhein-Westfalen – ihr Kernstück: achtzig Werke von Paul Klee – ist hier eine der schönsten Sammlungen an frühem Meißener Porzellan ausgestellt.

ST. ANDREAS Jesuitenkirchen im Rheinland ahmen gewöhnlich romanische oder gotische Modelle nach; so daß die Düsseldorfer einzig dasteht als Import des römisch-süddeutschen Barock nach dem Norden. Gestiftet wurde sie von Herzog Wolfgang Wilhelm, 1622–29, der auch die Hofkirche in Neuburg an der Donau vollenden ließ. Deren Raumprogramm ist hier aufgenommen und erweitert: von der monumentalen Fassade bis zu dem hoch gewölbten Chor am Ende der Emporenhalle, dem später zwei Flankentürme angefügt wurden und das niedrige überkuppelte Zwölfeck des Mausoleums, „Jan Wellem" liegt hier begraben. Der Innenraum hat die großartige Stuckdekoration behalten, in deren Gold und Weiß die eher knappen Formen der Gewölbe sich vollenden.

ST. LAMBERTUS In hundertjähriger Bauzeit entstand an Stelle einer romanischen Pfarrkirche die rote Backsteinkirche des 1288 gegründeten Kollegiatsstifts, die 1394 vollendet war. Bürger- und Stiftskirche vereinen sich hier: gleich lang sind Schiff und Chor, und in voller Breite, die der des Mittelschiffes gleich ist, umwandern die Seitenschiffe den Chor, seinen Dreieckschluß wiederholend. Hier im Rücken des barocken Hochaltars baut sich das marmorne Wandgrab Herzog Wilhelms des Reichen auf (Ende 16. Jh.). Das spätgotische Sakramentshaus aus Sandstein sei genannt als Beispiel der reichen Ausstattung, an der Künstler aller Epochen bis hin zum Rokoko beteiligt waren.

Düsseldorf-Benrath   · 575 □ 4
SCHLOSS Das schönste Jagdschloß in den Rheinlanden, neben dem größeren Schloß Brühl, versammelt nicht weniger als 84 Räume und Räumchen unter seinem geschwungenen Dach, obwohl es nach außen hin nur anderthalb Geschosse zeigt. Des Rätsels Lösung liegt in dem bezaubernden Grundriß, der selber wie ein Kunstwerk anzuschauen ist, von Nicolas de Pigage (1755). Dem Vestibül, dem runden Gartensaal und den Salons gab Pigage reichlich Raum und Höhe, verteilte dafür aber die Menge kleiner Kabinette nach innen hin – um zwei Lichthöfe – auf vier Geschosse. Der reiche, noch kräftig barocke plastische Schmuck stammt von dem Genter Meister Peter Anton von Verschaffelt.

Düsseldorf-Gerresheim   575 □ 4
EHEM. DAMENSTIFTSKIRCHE So streng der Bau sich von außen gibt, so harmonisch ausgeglichen ist das Innere. Ruhigen Schrittes streben die Pfeilerpaare dem halbrunden Chor zu und scheinen zu verharren unter dem Kuppelgewölbe der Vierung, von der auch die Seitenschiffe sich kaum entfernen wollen; nur um Mauerstärke treten sie über die Seitenschiffe vor. 1236 wurde die Kirche geweiht. Sie gehörte dem Damenstift, das 870 hier gegründet worden war und sich bis 1803 erhielt. Das Kostbarste der Ausstattung: der hölzerne Kruzifixus, eine monumentale Skulptur von mehr als zwei Metern Höhe, die älteste dieser Art im Abendland, die 970 durch Erzbischof Gero von Köln dem Stift zukam.

Düsseldorf-Kaiserswerth   575 □ 4
KAISERPFALZ Selbst als Ruinen, nur teilweise rekonstruiert, sind ihre Reste imposant genug: gewaltige Mauern aus Basaltsäulen, eingefaßt mit Drachenfelstrachyt. Erkennbar noch der Küchenbau und die Hauptburg, der Palas, an dessen Türsturz eine Inschrift auf die Erneuerung der Salierburg durch Friedrich Barbarossa hinweist (um 1184).

STIFTSKIRCHE ST. SUITBERTUS Ein Schrein aus Eichenholz, mit vergoldeten Kupferplatten belegt, mit Goldfiligran und Figurenreihen besetzt, bewahrt noch heute die Gebeine des Kirchenpatrons. Um 700 hat der irische Mönch Suitbertus auf der bewehrten Rheininsel das Benediktinerkloster gegründet. Rund vier Jahrhunderte später wurde die strenge kreuzförmige Basilika geweiht. Erweiterungsbauten des 13. Jh. im „rheinischen Übergangsstil", der sich der Gotik nähert. In Kaiserswerth hat der Bombenkrieg den Denkmalpflegern einmal mehr genützt als geschadet. Er bot die Gelegenheit, die beiden Westtürme von 1870 abzutragen und die Fassade in der ursprünglichen Gestalt zu erneuern.

Duisburg *Reg.-Bez. Düsseldorf*   575 □ 3
Die Stadt erwuchs aus einer Königspfalz, war bis um 1200, als der Rhein sich ein neues Bett suchte, bedeutender Handelsplatz, wird dann an Kleve verpfändet. Der Große Kurfürst stiftete 1655 eine Universität (bis 1818). 1831 gewinnt Duisburg durch seinen Außenhafen Anschluß an den Rhein und wird im 20. Jh. eine industrielle Hochburg.

KATH. KIRCHE in Hamborn. Ursprünglich gehörte die gotische Kirche zur adligen Prämonstratenserabtei, im 12. Jh. gegründet, im 19. aufgehoben. Nach Zerstörungen im zweiten Weltkrieg ist die aus Tuff und Backstein erbaute Hallenkirche neu errichtet. Kloster und erhaltener Teil des romanischen Kreuzgangs sind wieder im Besitz der Prämonstratenser.

MERCATORHALLE Ein Denkmal und der Name der Stadthalle erinnern an Duisburgs größten Sohn, den Begründer der modernen Kartographie, Gerhard Mercator.

WILHELM-LEHMBRUCK-MUSEUM, DUISBURG

Manfred Lehmbruck, der Sohn des Bildhauers, war der Architekt des gläsernen Museums, das die Stadt Duisburg ihrem berühmten Sohn errichten ließ. Neben einer Sammlung seiner Werke enthält es Plastiken von Archipenko, Barlach, Marcks, Zadkine und anderen Meistern des 20. Jahrhunderts.

SALVATORKIRCHE 1415 wurde auf erhöhtem Gelände die dreischiffige Basilika aus Tuffstein erbaut. Ein Epitaph für den 1594 verstorbenen Mercator.

STÄDTISCHES MUSEUM mit Malerei, Graphik und Plastik des 20. Jh. Schön in einem Park gelegen das WILHELM-LEHMBRUCK-MUSEUM mit Werken des berühmten Duisburger Bildhauers.

Durmersheim *Reg.-Bez. Karlsruhe* 600 □ 10
WALLFAHRTSKIRCHE in Bickesheim. Das Gnadenbild in der mittelalterlichen Kirche stammt aus dem 13. Jh. Im Katharinenchor gotische Malerei mit Szenen aus dem Marienleben. In der Gewölbekappe am Eingangsbogen Darstellung des Psalmverses „Die Narren sprechen: Es ist kein Gott."

Duttenberg *Reg.-Bez. Stuttgart* 594 □ 8
Etwas abseits des Dorfes zwischen Neckar und Jagst liegt die HL.-KREUZ-KAPELLE mit einem sehenswerten Zyklus von Wandmalereien aus dem 15. Jh.

Schloß Dyck *Gem. Bedburdyck*
Reg.-Bez. Düsseldorf 575 □ 5
Über ein dreifaches Grabensystem gelangt man durch die innere und äußere Vorburg in das Herrenhaus, 1656–63, der Wasserburg. Der vierflügelige von Ecktürmen begrenzte Bau umschließt einen fast quadratischen Innenhof und liegt in einem herrlichen Park. Die Räume sind mit erlesenem Mobiliar ausgestattet. Außerdem findet sich hier eine sehr interessante Waffensammlung.

E

Eberbach *Reg.-Bez. Darmstadt* 592 □ 2
Am Nordrand des sonnigen Rheingaues liegt in der Waldeinsamkeit die mauerumschlossene Anlage des EHEM. ZISTERZIENSERKLOSTERS, mit ihren Gebäuden und Räumen des 12.–14. Jh. nicht nur Hessens bedeutendstes architektonisches Gesamtkunstwerk,

sondern zudem das Idealbild einer deutschen zisterziensischen Klosteranlage des Mittelalters. 1135 kamen die Zisterzienser aus Clairvaux und richteten sich in Gebäuden von Chorherren ein, die um 1116 den Platz besiedelt hatten. 1803 wurde das Kloster aufgelöst, erst als Gefängnis, dann bis heute als Weinbaudomäne genutzt. Erst seit 1926 konnte restaurierend der jetzige Zustand geschaffen werden. Das älteste Gebäude ist die kraftvoll aufragende Kirche. 1186 wurde ihre feierliche Schlußweihe begangen. An der Südseite bringen neun Kapellen des 14. Jh. durch die steilen Linien hart nebeneinander gestellter Dächer und das Maßwerk feingliedrig unterteilter Fenster gotischen Formenreichtum zur Strenge des 12. Jh. Die Innenausstattung wurde verschleudert; geblieben sind Grabmäler, darunter hervorragende Beispiele der Plastik, die das Menschenbild des 14./16. Jh. wiedergeben. Im größten Bau (meist aus dem 13. Jh.), der Klausur, liegen die Haupträume der Mönche: oben der Schlaf-, im Erdgeschoß der Kapitelsaal, der im 14. Jh. zu einem Einstützenraum mit herrlichem Gewölbe umgebaut wurde. Der Nordflügel enthält den barocken behaglichen Speisesaal. Außerhalb der engsten Mönchsklausur liegt das machtvolle hochmittelalterliche Haus der Laienbrüder, die den Priestermönchen bei der Handarbeit dienten. Die Strenge der Zeit um 1200 dokumentiert sich in einem die ganze Länge einnehmenden Raum im Obergeschoß. Im Hospital wiederum ein wunderbarer Saal, dreischiffig, früher hell und luftig, mit feingearbeiteten Kapitellen – heute als Weinkeller in Dunkel gehüllt.

KLOSTERKIRCHE, EBERBACH

Die dreischiffige Basilika des ehemaligen Zisterzienserklosters macht im Innern das Ideal des mittelalterlichen Mönchstums, seine unerbittliche Strenge, künstlerisch anschaulich. Der Raum ist von überwältigend einheitlicher Wirkung und vermittelt eines der großartigsten Architekturerlebnisse der deutschen Romanik.

Ebern *Unterfranken* 595 □ 12
Eine im Viereck verlaufende, zumeist noch guterhaltene Mauer mit dem nunmehr einzigen Torturm, dem Grautor, umzieht den alten Stadtkern. Mittelpunkt ist der Marktplatz mit zwei schönen Brunnen von 1706 und 1707 und dem reizvollen RATHAUS, das sich in dem massiven Erdgeschoß in vier Rundbogentoren öffnet.
ST. LORENZ ist eine dreischiffige, spätgotische Basilika – der Turm ist älter. Der Innenraum zeigt schönes

Rippengewölbe, eine Maßwerkbrüstung der westlichen Empore, eine aus Stein gehauene Kanzel (1583) und Grabdenkmäler mit guten Reliefs.

Ebersberg *Oberbayern* 610 ▪ 1
EHEM. KLOSTERKIRCHE ST. SEBASTIAN Das in einigen Winkeln noch mittelalterliche Ebersberg ist als Siedlung noch älter als die Klostergründung. Anlaß war die 931 aus Rom gebrachte Hirnschale des hl. Sebastian. Die Kirche trägt die Merkmale aller Stilepochen zwischen 1200 und 1800: spätromanisch der massige Vierkantturm, barock seine welsche Kuppelhaube, spätgotisch das dreischiffige Langhaus, barock die Stukkaturen, klassizistischer Schmuck in der Chor- und Mittelschiffwölbung. In der Sebastianskapelle schöne Stukkaturen in überquellendem Hochbarock und eine silbergetriebene Büste des hl. Sebastian (Ende 15. Jh.).

Ebrach *Oberfranken* 595 ▪ 10
Die EHEM. ZISTERZIENSERABTEI – sie wurde 1803 säkularisiert und dient seit 1851 als Strafanstalt – geht auf eine Schenkung des fränkischen Edelfreien Berno zurück. Auf dem von ihm gestifteten Grund entstand in den Jahren 1200–85 die Klosterkirche, eine ausladende, dreischiffige Basilika mit hohem, rechteckigem Mittelschiff. Sie vereint in ihrem Außenbau bruchlos spätromanische Bauelemente mit früher Gotik. Das Innere wurde 1773–91 von Materno Bossi umgestaltet, dessen Stuckarbeiten, darunter der Hochaltar und zehn Seitenaltäre, jedoch nirgends die gotischen Formen überlagern. Die Fensterrose, der Bernhardus-Altar im nördlichen Seitenflügel, eine Renaissancearbeit aus Alabaster, und das barocke Chorgestühl sind Glanzpunkte der reichen Innenausstattung. Das weitläufige barocke Kloster wurde in den Jahren 1687–1730 erbaut, zunächst unter der Leitung Joh. Leonhard Dientzenhofers und nach dessen Tod von Jos. Greising in Zusammenarbeit mit Balth. Neumann, von dem die schönsten Teile der gewaltigen, fünf Höfe umschließenden Anlage stammen: der schön gegliederte Abteitrakt, der sich zum Garten hin öffnet, und vor allem das Treppenhaus.

Ebsdorf *Reg.-Bez. Kassel* 585 ▪ 2
PFARRKIRCHE Der romanische Turm der einstigen Wehrkirche überragt das Geschachtel des reizvollen Fachwerkdorfes. An der Südseite der mehrfach veränderten Kirche ein vermauertes romanisches Portal. Flachreliefgrabstein (wohl um 1000).

Ebstorf *Reg.-Bez. Lüneburg* 563 □ 7
KLOSTER Änderungen konnten dem Gebäudekomplex aus dem 14. und 15. Jh. nicht viel anhaben: geschlossen im Bild die backsteingotische Kirche und reizvoll die Wohntrakte der ev. Klosterdamen. Die unregelmäßige zweischiffige Anlage der Kirche wählte man geschickt, die Nonnen auf der Steinempore wie auch die Gemeinde konnten den Altar, nicht aber sich gegenseitig sehen. Kanzel und Altar aus der Spätrenaissance, wertvoller die geschnitzte frühgotische Madonna. Vom Kreuzgang geht es in den Remter mit der Ebstorfer Weltkarte, einer Kopie des bedeutenden Kartenwerkes aus dem 13. Jh., dessen Original im Krieg verbrannte.

Eckernförde *Schleswig-Holstein* 555 ▪ 2
KIRCHE in Borby. Spätromanischer Feldsteinbau. Am Taufstein aus gotländischem Kalkstein (13. Jh.) Reliefdarstellungen.

FENSTERROSE DER KLOSTERKIRCHE, EBRACH
Wie ein aufrauschender Akkord in Gold und Braun erklingt die Westseite des Kirchenraumes der ehemaligen Zisterzienserabtei mit dem beschwingten Orgelprospekt aus dem Jahre 1743, der vorgewölbten Empore und dem strahlenden Maßwerk der Fensterrose. Das kostbare Original dieser feinen Steinmetzarbeit wird heute im Bayerischen Nationalmuseum München aufbewahrt.

NICOLAIKIRCHE In der spätgotischen Hallenkirche der schönste Barockaltar (1640) des ganzen Landes. An den Backsteinwänden prächtige Epitaphien aus dem 16. und 17. Jh. Älter die Bronzetaufe (1588).

Effeltrich *Oberfranken* 595 ▪ 3
Die KIRCHENBURG umschließt die im 15. Jh. entstandene Kirche im Viereck. Die kräftigen Mauern mit drei runden Türmen sind erhalten, während vom hölzernen Wehrgang nur noch ein Teilstück zu sehen ist. Über dem Tor Holzfiguren des frühen 16. Jh.

Eggenfelden *Niederbayern* 604 ▪ 7
In der kleinen, von Wäldern umgebenen Stadt am Oberlauf der Rott findet man noch einige romantische Winkel. Das hausartige spätgotische Tor ist ein Rest der Stadtbefestigung. In der rein spätgotischen Kirche ST. NIKOLAUS UND STEPHAN ein weitverzweigtes Netzgewölbe und viele schöne Schnitzwerke von etwa 1500.

Ehestorf *Reg.-Bez. Lüneburg* 562 ▪ 3
FREILICHTMUSEUM AM KIEKEBERG In dem hübschen Gelände sind nicht allein eingerichtete Niedersachsenhäuser zu sehen, da stehen auch Leinen- und Honigspeicher, Torfscheune und manch andere Gebäude, die zu den Höfen der Nordheide gehörten.

Ehingen a. d. Donau *Reg.-Bez. Tübingen* 608 □ 12
Brände haben die mittelalterliche Stadt zum Großteil vernichtet. Die Häuser – teils Fachwerk, teils

verputzt, mit hübschem Fassadenschmuck und Portalen – stammen meist aus dem 17. oder 18. Jh.
KATH. PFARRKIRCHE ST. BLASIUS Der barocke Saalbau ist aus einer gotischen Halle des 15. Jh. entstanden. Von dieser noch die seitlichen Kapellen, deren Altäre wertvolle Holzskulpturen (16. Jh.) tragen.
KONVIKTSKIRCHE HERZ JESU Wahrscheinlich hat Franz Beer die eigenartig angelegte, nobel wirkende kleine Barockkirche mit flacher Kuppel und vier hohen Giebeln geschaffen. Schöne Deckenfresken.

Ehrenstein *Reg.-Bez. Koblenz* 584 ▪ 11
Die PFARRKIRCHE (1477) ist ein spätgotischer Bau mit unregelmäßigem Grundriß. Rheinische Glasmaler schmückten zwei Fenster des Langhauses (um 1510) und die Chorfenster (1470/80) mit hervorragenden Werken.

Ehreshoven *Reg.-Bez. Köln* 584 □ 12
SCHLOSS Geschützt durch eine Vorburg mit Ecktürmen, liegt das im 17. Jh. ausgebaute Herrenhaus in einem mit Statuen geschmückten Garten. Eine Freitreppe führt zum zweigeschossigen Mittelbau mit wappenverziertem Pilasterportal. Schöne barocke Innenräume.

Ehrstädt *Reg.-Bez. Karlsruhe* 593 □ 5
SCHLOSS NEUHAUS, ein Zweiflügelbau, in dessen rechtem Winkel sich ein runder Treppenturm erhebt (1597). Im Garten die Schloßkapelle (1602) mit Grabstein und Prachtepitaph des Erbauers.

Eibelstadt *Unterfranken* 594 ▪ 3
Das Städtchen beherbergt zwei beachtliche Bauwerke: Das RATHAUS, ein spätbarocker Bau mit schlichter Fassade, die nur durch die Arkaden im Erdgeschoß aufgelockert wird, und die KATH. PFARRKIRCHE (13. Jh.), mit einem schönen Renaissancetaufstein aus Kalkstein und Alabaster.

Eichenberg *Reg.-Bez. Kassel* 578 ▪ 5
BURG ARNSTEIN Trotz der weithin sichtbaren barocken Mansarddächer ist die Anlage älter: sie beherrschte schon im 14. Jh. den Übergang vom unteren Werratal zum Eichsfeld. Das Herrenhaus entstand um 1600.

Eichstätt *Mittelfranken* 602 □ 2
Um 1500 blühte hier die Renaissance, vor allem in der Werkstatt Loy Herings, einem Zentrum damaliger Steinmetzkunst. Sein bestes Werk: das Denkmal Willibalds im Dom. – Der Mauerring steht noch zu guten Teilen und umschließt nun eine Stadt, die nach einem verheerenden Brand 1634 von der Wucht und Heiterkeit des Barock nahezu einheitlich geprägt wurde.
Die BENEDIKTINERINNENKLOSTERKIRCHE ST. WALBURG (1626–31) steht auf einer Terrasse, höher als die Klostergebäude, in die sie sich einfügt. Der Turm trägt seit 1746 sein eigenartig geschwungenes Dach mit kugelähnlichem Aufsatz, die gleichzeitig geschaffene Loggia in Höhe des Daches gibt eine zweite heitere Note. Eine reizvolle, offene, auf einem Sockel stehende Portalvorhalle führt ins Innere der hohen, mit zartkrustigem Wessobrunner Stuck verzierten Wandpfeilerkirche, deren Frauenchor mit reichen Holzschnitzereien (1718) geschmückt ist. Hinter dem reichen Hochaltar (1664) die Confessio der hl. Walburg, 11. Jh.
BISCHÖFL. PALAIS 18. Jh. Die Umgebung bestimmte hier den für Gabr. Gabrieli ungewohnt strengen

Stil des Hauptbaus mit einfachem Walmdach und zwei Eckerkern. Das Innere, das eine Sammlung bedeutender Kunstwerke birgt, ist ebenfalls feierlich gemessen: zu den in frühklassizistischem Stil um 1785 stuckierten Räumen führt eine Treppe mit kunstvollem Eichenholzgeländer.
COBENZL-SCHLÖSSCHEN Der anmutige, von Gabrieli errichtete Bau (nach 1730) steht malerisch auf einer Terrasse über dem Altmühltal.

GLASFENSTER IM MORTUARIUM DES DOMS, EICHSTÄTT
Diese Darstellung des Jüngsten Gerichts schuf Hans Holbein d. Ä. um 1500. Das satte, jenseitige Blau des Himmels mit dem Weltenrichter beherrscht die spätgotische Szene, auf der unten rechts ein stilisiertes Höllenfeuer lodert und links sich das goldene Tor zum Paradies öffnet.

DOM 740 gründete Bonifatius ein Benediktinerkloster, sein Verwandter Willibald wird hier erster Bischof und baut den ersten Dom (744–787), von dem jetzt nur noch Mauerwerk da ist. Aber die ersten Türme, 11. Jh., sind auch die heutigen, wohlproportionierten Spitzhelmtürme, schön und klar gegliedert. Sie bilden zusammen mit Langhaus, Querschiff und den beiden Chören eine geformte gotische Einheit, das Vielgestaltige kommt im späten 15. Jh. hinzu. Reich mit zahlreichen Kunstwerken ersten Ranges ausgestattet das Innere: steinerne Muttergottes (um 1297) im Willibaldschor, steinerne Willibaldstumba (1269), gotische Holzbildwerke im neugotischen Hauptaltar, der 9,5 Meter hohe steinerne Pappenheimer Altar (um 1489), das Grabmal des Bischofs von Gemmingen (gest. 1612), der Wolfsteinsche Altar (1519/20), ein Werk der Renaissance, und viele Grabdenkmäler. Ein sehr reizvoller Kreuzgang mit gotischem Maßwerk führt zu dem doppelschiffigen Mortuarium, einem Raum der deutschen Sondergotik voller Kostbarkeiten.

NONNENCHOR DES BENEDIKTINERINNEN-KLOSTERS ST. WALBURG

Die feinen Holzschnitzereien dieses Chores stammen von 1718 und sind auf die Stuckverzierungen an den Gewölben abgestimmt. Kern des Benediktinerinnenklosters St. Walburg mit der gleichnamigen Kirche sind die wunderwirkenden Gebeine der heiligen Walburg, der Schwester des Angelsachsen Willibald, den Bonifatius bereits 741 zum ersten Bischof von Eichstätt weihte.

PAPPENHEIMER ALTAR IM DOM

Christus am Kreuz zwischen den beiden Schächern, dahinter die Stadt Jerusalem, das ist das Thema dieses fast zehn Meter hohen, steinernen, von spätgotischem Rankenwerk schwer überhangenen Altarreliefs. Um die Kreuze drängt sich allerlei Volk, wobei jede Gestalt individuelle Züge trägt – eine lebensvolle, figurenreich erzählende Szene. Domherr Kaspar Marschalk v. Pappenheim stiftete den Altar.

MORTUARIUM DES DOMS

Acht Doppeljoche überwölben im gotischen Mortuarium (Totenhalle) zahlreiche alte Grabsteinplatten. Was meisterliches Können aus dem spröden Material des Steines herausholen kann, zeigt die „schöne Säule" am einen Ende der Pfeilerreihe. Hier hat der Steinmetz den Säulenschaft in ganzer Länge mit schraubenförmigen Ornamenten bedeckt. Reiches Rankenwerk zieht sich in verschnörkelten Windungen aufwärts und befreit den Stein völlig von seiner Schwere.

DOMPROPSTEI Die stuckierten Fassaden des zweiflügeligen Baus (um 1672) mit polygonalen Erkern und großem Walmdach bestimmen zu einem wesentlichen Teil das Gesicht des schönen Leonrodplatzes, wie auch die ehem. DOMDECHANTEI, ein dreigeschossiger Bau von 1765 mit hübschen Erkern und Schweifgiebel.

EHEM. DOMINIKANERKIRCHE (1713–23) Ein Brand ließ von dem alten Bau und der Ausstattung nur wenig zurück: den gotischen Chor und das Rotmarmordenkmal (1430–40) der Stifterin und ihrer Söhne.

FRAUENBERGKAPELLE Wiederum ist Gabrieli Baumeister (um 1739). Das durchbrochene Spiegelgewölbe gibt den Blick frei in eine zweite Kuppel. Reiche Stuck- und Freskendekoration. Steinkanzel von um 1500.

Die EHEM. FÜRSTBISCHÖFL. RESIDENZ grenzt beinahe an den Dom. Die drei Trakte, zu verschiedenen Zeiten und von verschiedenen Baumeistern gebaut, sind zu einer Einheit geformt (größtenteils im 18. Jh.). Würdevoll und repräsentativ ist auch das Innere, das doppelläufige Treppenhaus mit kunstreichem schmiedeeisernem Gitter und zarten Stukkaturen.

JESUITENKIRCHE (Schutzengelkirche, 1661) Ihre mächtige steile Fassade beherrscht den Leonrodplatz. Ein Kuppelhelm mit offener Laterne krönt den Turm.

KAPUZINERKLOSTERKIRCHE HL. KREUZ (1623–25) Aus der vorherigen Schottenkirche des 12. Jh. stammt das interessante romanische Hl. Grab (um 1189), eine genaue Nachbildung der hl. Stätten in Jerusalem.

EHEM. KANZLEI (1728) Ein Domherrenhof und vier Kavaliershöfe – alle von Gabriel Gabrieli erbaut – ergänzen die Anlage um den locker geordneten Platz, einen der schönsten barocken Stils in Deutschland, überragt von der hohen Säule des puttengeschmückten Marienbrunnens (1775–80).

EHEM. KLOSTERKIRCHE NOTRE DAME Ein in den Klosterflügel eingefügter Zentralbau (nach 1719, von Gabrieli) mit bemalter Kuppel und reichem Rokokostuck.

MARIAHILFKAPELLE Die ursprünglich gotische Kapelle stifteten die Eichstätter Tuchmacher, jetzt ist sie hübsch barock verwandelt. Eine steinerne Muttergottes (14. Jh.) blieb von der alten Ausstattung.

OSTENFRIEDHOF Unter den vielen Grabsteinen von 1535 an in der Kapelle (1790) und auf dem Friedhof auch der für Gabrieli, von ihm selbst entworfen.

EHEM. SOMMERRESIDENZ Eckpavillons begrenzen den 100 Meter langen Bau (um 1735, von Gabrieli), dessen Mitte das Corps de logis bildet. In den Räumen Netze von zartem Stuck, im Großen Saal ein ausgezeichnetes Deckenfresko.

WILLIBALDSBURG Sie krönt durch ihre Höhenlage das Stadtbild. 1593 von Konrad v. Gemmingen nach Plänen Elias Holls errichtet. Seit 1806 verfallen.

Eicks *Reg.-Bez. Köln* 583 ■ 3
Das SCHLOSS, früher wasserumwehrt, liegt verborgen im Rothbachtal und ist ein hübscher barocker Landsitz mit Herrenhaus, Vorburg und Flankiertürmen von 1690, Eingangstrakt von 1786.

Eilsum *Reg.-Bez. Aurich* 560 ■ 9
Die PFARRKIRCHE, 1240–50, ist die größte erhalten gebliebene Einraum- und Chorturmkirche Ostfrieslands. Im spätromanischen Chor wurden 1963 Wandmalereien von hoher Qualität freigelegt. Bronzetaufe von 1472.

Eimke *Reg.-Bez. Lüneburg* 571 □ 10
KIRCHE Dem Glockenturm aus Holz schließt sich hier das Kirchenschiff direkt an. Vor den neuen Fenstern des Chors steht der Flügelaltar von etwa 1420, der Zeit, aus der auch die kleine, doch eindringliche Pietà stammen soll. Renaissanceschnitzerei umkleidet die Patronatsloge (um 1600).

Einbeck *Reg.-Bez. Hildesheim* 578 ■ 1
Mehr als hundert wohlerhaltene, teilweise opulent verzierte Fachwerkhäuser im Kreis von Wall und Türmen erzählen vom Wohlstand der alten Bierbrauerstadt. Einbecker Bier, in Bürgerhäusern gebraut, wurde weithin exportiert: im Bereich der Hanse, der die Stadt sich anschloß, aber auch bis nach München; dort wurde über „Ainpock" das Bockbier daraus. Zu den großen Kirchenbauten

RATHAUS, EINBECK

Wie vergnügte Wachtposten sind die drei Türmchen mit ihren bleistiftspitzen Schieferdächern vor dem Rathaus aufgezogen. Für diese aparte Erfindung gibt es in Deutschland nichts Vergleichbares. Das Rathaus – davor der Eulenspiegelbrunnen – wurde 1593 vollendet, vier Jahrzehnte nach zwei großen Bränden um 1550, denen nur die steinernen Bauten, Kirchen und Türme, widerstanden.

treten die Hospitalkapelle St. Spiritus und die St. Bartholomäuskapelle (Anfang 15. Jh.) vor dem Altendorfer Tor, wo Friedrich Sertürner begraben liegt, der Entdecker (1805) des Morphiums.

MARKTKIRCHE ST. JACOBI Eindrucksvoll schließt sie den langgestreckten Marktplatz gegen Westen ab. Eine Überraschung an dem gotischen Bau ist die barocke Westfassade; sie sollte den hohen Turm stützen helfen, dessen Spitze sich aber gleichwohl um anderthalb Meter nach Westen neigt. Finanziert haben die Einbecker den Vorbau (1741) durch den Verkauf von achtzehn Kanonen an die Stadt Celle.

RATHAUS Drei Vorbauten mit spitzen Türmchen, die das glatte Fensterband des Oberstockwerks überschneiden, heben den Steinbau unter den prächtigen Fachwerkhäusern des Platzes hervor.

STIFTSKIRCHE ST. ALEXANDRI Die beträchtlich große Hallenkirche steht am Platz einer älteren Basilika, die dank ihrem Reliquienschatz – Tropfen vom Blute Christi – ein vielbesuchtes Wallfahrtsziel war. Um 1290 begonnen, dauerten die Bauarbeiten bis ins 16. Jh. hinein.

Eining *Niederbayern* 603 ■ 11
RÖMISCHES KASTELL Beträchtliche Mauerreste lassen die Anlage des ehem. römischen Kohortenkastells aus dem 1. Jh., das eine Ausdehnung von 147 mal 125 Meter hatte und zwischen 1879 und 1920 freigelegt wurde, deutlich erkennen: in der Mitte das Praetorium (Kommandantenhaus), ringsherum verschiedene kleinere Räume, in der Südwestecke ein Kastell aus späterer Zeit mit Ecktürmen und Brunnen. – Spuren ehem. Wälle und Wachttürme sind in der Umgebung noch zu finden.

Eisenberg *Schwaben* 609 ■ 7
Die beiden benachbarten Allgäuer Burgen, EISENBERG und HOHENFREIBERG, erstere im 12. Jh., letztere Anfang des 15. Jh. errichtet und beide 1646, als die Schweden heranrückten, zerstört, bieten als

stattliche, von Grün überwucherte Ruinen ein romantisches Bild.

Eiterfeld *Reg.-Bez. Kassel* 586 ■ 1
BURG FÜRSTENECK (Heimvolkshochschule) beherrscht das umliegende Hochland vom einsamen Gipfel: im Kern gotisch, früh der Bergfried, spät der Wohnbau mit Staffelgiebeln. Im 18. Jh. ausgebaut. PFARRKIRCHE Bau und Ausstattung einheitlich barock. Schöner spätgotischer Taufstein (1515).

Eitorf-Merten *Reg.-Bez. Köln* 584 ■ 12
KATH. PFARRKIRCHE Auf beherrschender Höhe über dem Siegtal wurde im späten 12. Jh. die romanische flachgedeckte Basilika als Augustinerinnenkirche erbaut. Von den zwei Türmen der großzügig geplanten Westfassade wurde nur einer vollendet.

Eldagsen *Reg.-Bez. Hannover* 570 □ 6
EV. KIRCHE Der Baubeginn liegt um 1180, der Chor wurde in der Gotik angefügt, und Schiff und Turm sind nach dem Dreißigjährigen Krieg erneuert. Spätgotischer Altar, Sakramentshaus von 1488.

Ellingen *Mittelfranken* 602 ■ 1
war seit 1216 im Besitz des Deutschen Ordens und ist heute noch geprägt vom 17. und 18. Jh., als der Landkomtur und – für kurze Zeit – der Deutschmeister des Ordens hier residierten. Die kleine Stadt grenzt südöstlich an den Schloßkomplex an. Auch in ihr sind die Ordensbaumeister

SCHLOSS, ELLINGEN

Von Ellingen aus regierte der Deutsche Orden die „Ballei" (Provinz) Franken. Im 18. Jh. ließ der Landkomtur hier ein glänzendes Schloß aufführen. Den schönsten Anblick bietet der Südflügel, dessen Fassade durch drei Risalite gegliedert ist. Der mittlere (unser Bild) trägt in einem Giebelfeld das Wappen des Deutschmeisters. Über den Doppelsäulen, die das zum Balkon übergreifende Portal flankieren, stehen auf Voluten die Statuen der Minerva und des Mars.

tätig gewesen: Das Rathaus, mit geschweiftem Rokokogiebel und anmutigem Turm, die Neubaugasse, ein 1749 angelegter barocker Straßenzug, die Rezatbrücke mit den acht Heiligenfiguren und vor allem die Kirchen verdanken ihnen ihre Entstehung. Die kath. Pfarrkirche von 1729–31. Die Mariahilfkapelle im Friedhof, ein ovaler Bau mit reizvoller Schauseite, stammt von Franz Joseph Roth. Etwas außerhalb die Maximilianskapelle und die Spitalkirche St. Elisabeth, beide barock und mit feinem Stuck ausgestattet.
Das SCHLOSS, 1708–74 erbaut, ist eine gewaltige, von ummauerten Gräben umgebene Anlage. Sie wird im Norden und Westen von einfachen Wirtschaftsgebäuden flankiert. Nördlich grenzt die im Innern besonders reich ausgestattete Reitschule an. Im Süden die Brauerei, ein Dreiflügelbau mit zierlichem Dachreiter. Am schönsten ist die Südfassade des Schlosses. Nur die Decke des großen Saales und die Stuckarbeiten von Franz Joseph Roth im herrlichen, drei Geschosse verbindenden Treppenhaus blieben in barocker Ausstattung erhalten; alle übrigen Innenräume wurden von Michel d'Ixnard klassizistisch umgestaltet. Die Schloßkirche, ein schmaler, langgestreckter Bau, schließt den Innenhof nach Norden ab. Den Giebel überragt der an der Nordseite eingefügte Turm, dessen bezaubernde Kuppel fünf frei stehende Statuen beleben. Im Innern läßt die ausgewogene Barockausstattung die gotischen Mauern nicht mehr erkennen. Besondere Kostbarkeiten sind der die Breite des Chors ausfüllende Hochaltar von Franz Xaver Feuchtmayer und die geschnitzten Betstühle.

Ellwangen *Reg.-Bez. Stuttgart* 601 □ 2
Zentrum der Stadt ist der Marktplatz mit der Stiftskirche, den im Halbrund Kastanien und stattliche Bürger- und Stiftsherrenhäuser umstehen, „mit malerischer Freundlichkeit", wie Theodor Heuss schrieb.
Im rechten Winkel zur Stiftskirche und von dieser halb überschnitten, ragt der etwas pompöse Barockgiebel der JESUITENKIRCHE (1724) auf, die innen leer wirkt, nachdem die Umwandlung in eine ev. Kirche ihr die Altäre nahm. Erhalten das illusionistische Deckengemälde. Anschließend das langgestreckte ehem. Jesuitenkolleg (1720–22).
PALAIS ADELMANN Palast von 1688 nach italienischer Art mit Portalmadonna und Michaelstatue.
SCHLOSS Durch Obstbaumwiesen geht der Weg hinan zum Renaissancebau, den sich die Fürstpröpste 1603–08 bauten. Ältere Teile noch in der wehrhaften Vorburg. Das hohe Barocktreppenhaus von 1726 – am schönen, von Arkaden eingefaßten Hof – führt ins Museum (Sammlung barocker Zeichnungen, große Weihnachtskrippe).
SCHÖNENBERG Von weit her erblickt man auf dem Bergrücken über Schloß und Stadt die helle Doppelturmfassade der Wallfahrtskirche. Der Vorarlberger Mich. Thumb lieferte erste Entwürfe, als Jesuiten 1682 mit dem Bau begannen. Den lichten barocken Innenraum bestimmt der Stuck: unten der von 1683, üppig und nicht so locker wie der, der nach dem Brand von 1709 angefügt werden mußte und die Fresken von Melch. Mich. Steidl rahmt. Riesiger Hochaltar aus Stuckmarmor, in der südlichen Chorkapelle eine Pietà von etwa 1425.
DIE STIFTSKIRCHE ST. VEIT ist die größte romanische Gewölbebau Schwabens (1182–1233), eine dreitürmige Basilika mit fünf Apsiden. Die reiche barocke Umgestaltung des in ganz zarten Farben

gehaltenen Innern schont die alten Formen. In romanischen Proportionen entstand jüngst wieder die zehnsäulige, überraschend helle Krypta. Im Norden Stiftsgebäude mit spätgotischem Kreuzgang und Liebfrauenkapelle (1473).

Das EHEM. STIFTSRATHAUS entwarf 1748 Balthasar Neumann.

WOLFGANGSKIRCHE Die einschiffige gotische Kirche (1473–76) mit Netzgewölbe wirkt wie aus einem Guß.

Elsheim *Rheinhessen-Pfalz*   593 □ 10
Außerhalb des Ortes sind sehr seltene Reste einer mittelalterlichen Straßensperre erhalten. Hier soll die hl. Ursula mit ihren Begleiterinnen auf dem Wege nach Köln durchgekommen sein (Elftausend-Mägde-Turm).

Elten *Reg.-Bez. Düsseldorf*   575 □ 11
Die PFARRKIRCHE ST. MARTIN ist eine dreischiffige kreuzrippengewölbte Pseudobasilika aus der Mitte des 15. Jh. mit eingebautem dreistöckigem Westturm mit Schieferhelm. Bedeutender Kirchenschatz: Reliquiare, Kelche, Mantelschließen, Silberstatuette des hl. Michael aus dem 14.–15. Jh.

Das EHEM. STIFT ST. VITUS gründete 960 Gaugraf Wichmann. Die Stiftskirche entstand im Anfang des 12. Jh. als frühromanische Basilika. 1585 weitgehend zerstört, wurde sie 1670–77 unter Verwendung gotischer Bauteile in den Formen des Barock verkleinert wiederaufgebaut. Schwere Kriegsschäden von 1945. Vom Bau des 12. Jh. ist der in fünf verschieden hohen Stockwerken aufgebaute, kraftvoll gegliederte Westturm und neben ihm das schöne romanische Portal zum nördlichen Seitenschiff erhalten. Der Turm birgt zwei gewölbte Kapellenräume.

Von den STIFTSGEBÄUDEN wurde das barocke Wohnhaus der Äbtissinnen wieder aufgebaut.

Eltville *Reg.-Bez. Darmstadt*   593 □ 10
Der große Reiz des alten Weinstädtchens erschließt sich nur vom Rhein her. Wie seit Jahrhunderten bilden Strom und historische Uferbebauung eine glückliche Einheit, schmale Gasseneinblicke lassen die dahinter sich bergenden idyllischen Winkel ahnen.

BURG Die großen Verhältnisse der viereckigen Anlage weisen auf ihre Bedeutung als Residenz der Mainzer Kurfürsten im 14./15. Jh. Aus den eindrucksvollen, teilweise überwachsenen Ruinen ragt der hoheitsvolle Wohnturm.

KATH. PFARRKIRCHE Mit dem Chor begann im 14. Jh. die Stadt den jetzigen Bau. Ein zweischiffiges Langhaus schloß sich an. Krönender Abschluß wurde der Turm, vollendet in der ersten Hälfte des 15. Jh., ein Prunkstück spätgotischer Kunst in Hessen. In der Turmhalle Wandmalereien (um 1400), in köstlicher Frische erhalten. Ein Figurentaufstein, dramatische Darstellungen der Passion wie lyrisch feine Grabplastik machen die Kirche zu einer kleinen Schatzkammer der Spätgotik und Renaissance.

Eltz *Reg.-Bez. Koblenz*   584 □ 7
Die BURG, um 1150 von den Herren von Eltz errichtet, ist bis heute gemeinsamer Sitz verschiedener Zweige der Familie. Die auf hohem Berg gelegene, winklige Anlage – mit den Häusern der Familien: Platt-Eltz aus dem 13. Jh.; Rübenach, mit zierlichem Kapellenerker, 15. Jh.; Rodendorf, mit dem

BURG ELTZ
Wie einem Märchen entstiegen, hebt sich Burg Eltz, Ur- und Inbild einer Burg, mit ihrem Fachwerk über Quadermauern, ihren Türmchen und Erkern aus den Wäldern nördlich der Mosel. Seit 1157 hat sich die Anlage, eine der am besten erhaltenen aus dem Mittelalter, immer in den Händen desselben Geschlechts befunden. Im Laufe der Zeit spaltete es sich in mehrere Linien auf, von denen jede sich auf dem Gelände ein eigenes Turmhaus errichtete. Auf diese Weise erhielt die Burg ihr reizvoll verschachteltes Aussehen.

netzgewölbten Fahnensaal, 15. Jh.; und Kempenich, 16. Jh. – ist das Kleinod deutschen mittelalterlichen Burgenbaues. Auf dem Berg gegenüber errichtete im 14. Jh. Erzbischof Balduin von Trier für eine Belagerung die Burg Trutzeltz.

Emden *Reg.-Bez. Aurich*   560 ■ 8
OSTFRIESISCHES LANDESMUSEUM Sammlungen zur Geschichte und Vorgeschichte Emdens (Moorleichen), niederländische Gemälde aus dem 17. Jh., ostfriesische Münzen.

RATHAUS In vereinfachter, moderner Form wurde das im Kriege zerstörte Wahrzeichen der Stadt nach dem Vorbild des Bauwerks von 1574–76 mit Torbogen, Mittelrisalit und Dachreiter aus Backstein mit Sandsteinverblendung wieder aufgebaut.

REF. GROSSE KIRCHE In der Ruine des gotischen Baus, einst Mutterkirche der Reformierten in Niederdeutschland und den Niederlanden, das stark verwitterte Renaissancegrabmal von Graf Enno II.,

der Emden durch den Ausbau des Hafens und Anknüpfung von Handelsbeziehungen zu England und Schweden zum Aufblühen brachte.

REF. NEUE KIRCHE Der Backsteinbau wurde 1643 bis 1648 errichtet. Vier hohe Giebel mit sparsamen Sandsteinverzierungen werden von einem Dachreiter überragt, der eine Laterne und darüber eine Kaiserkrone als Haube trägt. Die Schäden vom zweiten Weltkrieg sind behoben.

Emkendorf *Schleswig-Holstein* 555 ▪ 4
Backsteinrote Hofgebäude rechts und links und eine Lindenallee, die auf das helle HERRENHAUS zuführt. Einstmals barock, wurde es ab 1794 umgebaut, so daß man vor einem frühklassizistischen Bau steht, der in beispielhafter Zusammenarbeit zwischen Architekt und Bauherren, dem Grafen Reventlow und seiner Frau Julia, entstand. Ein norditalienischer Stukkateur und ein römischer Dekorationsmaler schufen graziös mit pompejanischen und etruskischen Motiven ausgemalte Räume und Säle. In jenen Jahren war Emkendorf ein geistiger Mittelpunkt des Landes, Klopstock und Matthias Claudius, bekannte Theologen, Politiker und Wissenschaftler waren hier zu Gast.

Emmendingen *Reg.-Bez. Freiburg i. Br.* 606 ▢ 1
soll mit seinem Gasthof zum Löwen das Vorbild des in „Hermann und Dorothea" beschriebenen Städtchens gewesen sein. Goethes Schwester Cornelia lebte hier. – Renaissanceschloß mit malerischem Treppenturm.

KACHELOFEN IN BURG ELTZ

Burg Eltz ist angefüllt mit wertvollen Dingen, mit alten Möbeln, Bildern, Teppichen und Waffen, die zum Teil im Türkenkrieg erbeutet wurden. Hier ein Teil eines Keramikofens, der im Fahnensaal des Hauses Rodendorf (15. Jh.) steht. Die leuchtkräftigen Kacheln präsentieren die Evangelisten Matthäus und Markus und die Wappen derer von Eltz.

ANKLEIDEZIMMER IN BURG ELTZ

Eins der Turmhäuser, aus denen Burg Eltz sich zusammensetzt, ist das im 15. Jh. entstandene Haus Rübenach. Die Wände des Ankleidezimmers dort sind über und über mit Fresken bedeckt – stilisierten Blumenranken, zwischen denen vornehme Paare stehen.

ALTES FENSTER, EMDEN

Ein 1576 gestiftetes Glasfenster des alten Emdener Rathauses, das sich heute im Ostfriesischen Landesmuseum befindet, stellt König David als streitbaren Helden vor. Darunter zeigt ein Sockelbild, wie David Gott um Rat fragt. „Dem Heren almechtich om wysheit ancleefft" heißt es in einer dazugehörigen Inschrift. „Op dat ghy Iw Ordel thoe rechte gheeft ..." (An den allmächtigen Herren soll man sich um Weisheit halten ..., auf daß ihr euer Urteil rechtens abgebt).

Emmerich *Reg.-Bez. Düsseldorf* 575 ▪ 12
Die PFARRKIRCHE ST. ADELGUNDIS wurde 1449–1514 erbaut, 1944 stark zerstört und in den alten spätgotischen Formen wieder errichtet. Im schönen Innenraum eine silbervergoldete Turmmonstranz vom Anfang des 16. Jh., aus gleicher spätgotischer Zeit Skulpturen und eine feine Doppelmadonna in einem Marienleuchter von 1963.

EHEM. STIFTSKIRCHE ST. MARTIN Von der Basilika aus der Mitte des 12. Jh. sind noch der Chor und die eindrucksvolle Krypta mit den sechs romanischen Bündelsäulen erhalten. Der Rhein riß im 13. und 14. Jh. zweimal den Westteil weg, also baute man Anfang des 15. Jh. eine spätgotische Backsteinhalle mit vorgesetztem Turm in ungefährdeter nördlicher Richtung. Von der Ausstattung überstanden die schweren Kriegsbeschädigungen das hölzerne Kruzifix von etwa 1170 und im Kirchenschatz ein Kalvarienberg (um 1400) sowie die besonders wertvolle Arche des hl. Willibrord, ein später verändertes Taschenreliquiar des 11. Jh.

Emsbüren *Reg.-Bez. Osnabrück* 568 ▪ 8
Die KIRCHE, eine dreischiffige gotische Halle, besitzt noch ein schönes romanisches Säulenportal.

HÜNENBURG Westlich von Emsbüren, eine jener typischen, unregelmäßig runden Befestigungsanlagen, die König Heinrich I. im 10. Jh. errichten ließ.

Endingen am Kaiserstuhl
Reg.-Bez. Freiburg i. Br. 606 □ 12
Im hübschen Stadtbild das Alte Rathaus aus dem
16. und 18. Jh. Im Rokokostil das Neue Rathaus.
Das Kaufhaus (1617) schmücken Staffelgiebel. Im
Blickpunkt der Hauptstraße steht das König-
schaffhauser Tor, Rest der Stadtbefestigung.
PFARRKIRCHE ST. MARTIN Der wuchtige Turm und
ein romanisches Tympanon über dem Hauptportal
blieben in dem Neubau aus dem 19. Jh. erhalten.
PFARRKIRCHE ST. PETER Die Innenausstattung vom
Portal bis zum Altar ist einheitlich in einem höchst
reizvollen Übergangsstil vom Rokoko zum Zopf
gehalten.

Engelswies *Reg.-Bez. Tübingen* 608 □ 10
Der schöne Turm der KIRCHE (18. Jh.) ist weithin
sichtbar. Aus einer älteren Wallfahrtskapelle haben
sich die Verena-Plastik, frühes 14. Jh., und die Pietà
aus dem 16. Jh. im reichen Kirchenraum erhalten.

Engen *Reg.-Bez. Freiburg i. Br.* 607 ■ 2
Über dem Westeingang der Pfarrkirche St. Maria
ein spätromanisches Tympanon. Im 15. und 18.
Jh. wurde die Basilika umgebaut. Das barockisierte
ehem. Frauenkloster St. Wolfgang dient heute als
Schule und Heimatmuseum. Das Kränkinger
Schlößchen und das Rathaus sind Bauten des 16. Jh.

Enger *Reg.-Bez. Detmold* 569 □ 6
EV. PFARRKIRCHE Der spätromanischen Ostpartie
der ehem. Damenstiftskirche ST. DIONYS (13. Jh.)
mit Rundbogenportalen an den Querschifflflügeln
wurde im 14. Jh. ein dreischiffiges Langhaus vom
Typ der westfälischen Hallenkirchen angefügt.
Außer dem über 6 Meter breiten Schnitzaltar von
Hinrick Stavoer (1525) ist die im 16. Jh. errichtete
Tumba des Sachsenherzogs Widukind (gest. 807)
bemerkenswert, in die eine aus dem Stein gehauene,
ehemals bemalte Figur des Herzogs von etwa 1090
eingelassen ist. Sie gehört zu den bedeutendsten
plastischen Werken der Salierzeit.

Engerhafe *Reg.-Bez. Aurich* 560 ■ 11
PFARRKIRCHE (2. Hälfte 13. Jh.) Die massiven Gewölbe des spätromanischen Backsteinbaues wurden
1775 wegen beträchtlicher Bauschäden durch eine
Holzdecke ersetzt.

Engers *Reg.-Bez. Koblenz* 584 ■ 6
Das im 18. Jh. für den Trierer Kurfürsten Joh.
Phil. v. Walderdorff in drei Flügeln erbaute
SCHLOSS birgt prächtige Räume. Im Festsaal umgeben Rocaille-Stuckdekorationen von Mich. Eytel
ein Deckengemälde mit dem „Triumph der Diana"
von Jan. Zick, 1760.

Enkenbach *Rheinhessen-Pfalz* 592 □ 4
EHEM. KLOSTERKIRCHE Für das 1148 gegründete
Prämonstratenserinnenkloster wurde die Kirche
1220–1272 erbaut. Die kreuzrippengewölbte Basilika hat Querhaus und Rechteckchor. Im Langhaus bringt der Stützenwechsel Bereicherung. Bedeutend ist das Westportal in der Vorhalle mit
reicher Ornamentik. Das Tympanon überziehen
Weinranken mit symbolischen Tieren. Der Westturm stammt von 1707, das südliche Querhaus und
das Chorgewölbe von Instandsetzungen des 19. Jh.

Ennetach *Reg.-Bez. Tübingen* 608 □ 10
KATH. PFARRKIRCHE Spätgotisch (15. Jh.), mit etwas
jüngerem, sehr schön profiliertem Chor von Aber-

lin Jörg (um 1500). Innen barockisiert, aber noch
mit alten Ausstattungsstücken.

Ensdorf *Oberpfalz* 596 ■ 6
EHEM. BENEDIKTINERKLOSTERKIRCHE ST. JAKOB Der
mächtige Zwiebelturm der Kirche ist der Blickpunkt des hübschen Ortes im Tal der Vils. Ein
schönes, mit Statuen geschmücktes Portal führt ins
Innere des um 1700 wahrscheinlich von Wolfg.
Dientzenhofer errichteten Wandpfeilerbaus. Flach-
gehaltene Stuckranken und Kartuschen, Figuren
über Vierungsbögen und im Chor, die Fresken
Cos. Dam. Asams in kleinen Feldern des Langhauses, am Chorgewölbe und in der Vierungskuppel sind der nicht zu üppige Dekor, Stuckmarmor-
altäre und -kanzel, eine Muttergottes aus Holz um
1500 und ein Holzrelief um 1490 die besten Ausstattungsstücke. Die im Geviert angelegten Klostergebäude bewohnen die Don-Bosco-Salesianer.

Epfenhausen *Oberbayern* 609 ■ 1
MARIÄ HIMMELFAHRT Aus gotischer Zeit ist nur der
mit Bogenfriesen verzierte Satteldachturm erhalten,
das Langhaus mit schönem Wessobrunner Stuck von
Franz Schmuzer wurde 1715 erbaut. Bemerkenswert
die Figuren des Hochaltars, der Kanzel und die Ölberggruppe im südlichen Nebenbau.

Eppingen *Reg.-Bez. Stuttgart* 600 □ 1
Das Stadtbild wird von zahlreichen schönen Fachwerkbauten geprägt, darunter die Alte Ratsschänke
(1388), das reichgeschnitzte Baumannsche Haus
(1582) und die Alte Universität (1497) mit dem
Heimatmuseum.
KATH. PFARRKIRCHE Durch das Portal in der Westvorhalle (1435) führt der Weg ins spätgotische Langhaus mit Resten von Wandmalereien. Im Chorturm
gut erhaltene gotische Fresken (um 1300).
Inmitten eines doppelten Ringwalls (1695–97)
südöstlich der Stadt die Reste der OTTILIENKAPELLE:
Westportal und Chor mit Sterngewölbe (1493).

Eppstein *Reg.-Bez. Darmstadt* 593 □ 11
BURGRUINE Auf einem Felsen langgestreckt über
dem ins enge Tal geduckten Städtchen. Vom 12.
bis 16. Jh. Residenz der Herren v. Eppstein. Aus
dem 14. Jh. stammen im wesentlichen die erhaltenen Teile mit rundem Bergfried und ausgedehnten,
turmbewehrten Zwingern.
Die mehrfach veränderte EV. PFARRKIRCHE (15. Jh.)
birgt meisterhafte Grabplastiken der Spätgotik.

Equord *Reg.-Bez. Braunschweig* 570 □ 4
KIRCHE Georg Christoph v. Hammerstein wird
wohl 1687 einen italienischen Baumeister für die
außergewöhnliche barocke Gutskapelle herangezo-
gen haben. Ihr Grundriß ist ein griechisches Kreuz.
Auch drinnen bestimmt die hohe Kuppel über der
Vierung das Bild, Spätrenaissancealtar um 1565.

Erbach i. Odenwald *Reg.-Bez. Darmstadt* 593 □ 3
EV. PFARRKIRCHE Der von elegantem Turm überragte kreuzförmige Emporensaal entstand 1749–50
nach Plänen Friedrich Joach. Stengels und ist in
Anlage und Raumwirkung bestes Beispiel einer
ev. Predigtkirche der Zeit und Gegend.
SCHLOSS Seit dem 12. Jh. Residenz der Grafen Erbach. Der Bergfried einer Wasserburg dieser Zeit
ist in die nachmittelalterliche Gebäudegruppe einbezogen, der Hauptflügel zum Schloßplatz wurde
1736 erbaut, aber erst 1902 barock herausgeputzt.

Waffen- und Kunstsammlungen im neugotischen Rittersaal und anderen Räumen.

Erbach *Reg.-Bez. Tübingen* 601 □ 5
KATH. PFARRKIRCHE 18. Jh. Der freundliche, aufgelockerte Innenraum gefällt durch die Deckenfresken und die bewegte Stuckornamentik.
SCHLOSS Um die Mitte des 16. Jh. für einen Augsburger Patrizier erbaut. Typisches Kaufmannsschloß mit großen Kellergewölben und Vorratsräumen. Von außen stattlich, würfelförmig, mit hohen Giebeln, turmbewehrt und von Mauern und Gräben umgeben.

Erding *Oberbayern* 603 □ 6
bietet noch immer das Bild einer altbayerischen Kleinstadt. Von den Bauten sind besonders hervorzuheben: die ehem. Gerichtsschreiberei (1685) und der Schöne Turm (um 1400), der ein schweres barockes Kuppeldach trägt.
ST. JOHANNES In der dreischiffigen Backsteinhallenkirche des 14./15. Jh. mit überkuppeltem, nebenstehendem Glockenturm schöne spätgotische Holzfiguren.
WALLFAHRTSKIRCHE HL. BLUT Ein Bau des 17. Jh. Phantasiereicher Stuck und graziös gestaltete Empore im Innern.

Eresing *Oberbayern* 609 ■ 1
ST. ULRICH Nur der Chor und das Untergeschoß des Turms zeugen noch von der spätgotischen Kirche, der jetzige Bau entstand unter Leitung von Dom. Zimmermann 1756/57. Reiche Stuck- und Freskendekoration – bemerkenswert das mittlere Fresko: St. Ulrich in der Ungarnschlacht. Schöne Altäre.

Erfelden *Reg.-Bez. Darmstadt* 593 ■ 11
EV. PFARRKIRCHE Die festliche Wirkung des klassizistischen Saales von 1830 geht von einer prachtvollen Rokoko-Orgel des Jahres 1746 aus, die aus der Amorbacher Abteikirche kommt.
SCHWEDENSÄULE Obelisk nahe am Rhein, errichtet 1631 zur Erinnerung an Gustav Adolfs Stromübergang.

Eringerfeld *Reg.-Bez. Arnsberg* 577 ■ 9
WASSERSCHLOSS Die dreiflügelige Anlage des späten 17. Jh. umschließt den rechteckigen Ehrenhof mit einem reichdekorierten Torpavillon. Im Inneren findet sich eine originell gearbeitete hölzerne Treppenanlage und ein Barockkamin von 1656.

Eriskirch *Reg.-Bez. Tübingen* 608 ■ 8
Die WALLFAHRTSKIRCHE, 14. Jh., ist sehenswert wegen ihrer Ausstattung. Im Chor zwei Glasfenster und Wandmalereien zu Themen aus dem Alten Testament, beides 15. Jh. Auch die Wände des Langhauses bedeckt ein Freskenzyklus. Drei gotische Madonnen im Chor (1440; 1460) und an einem Seitenaltar des Schiffes (1360).

Erkelenz *Reg.-Bez. Köln* 575 □ 6
BURG Aus dem 15. Jh. stammt der stattliche, aus Ziegeln erbaute Hauptturm, der sogar die Bombenangriffe von 1945 überstand.
KATH. PFARRKIRCHE Von dem Backsteinbau des 15. Jh. ist nur der Turm erhalten. Alt sind auch einige Ausstattungsstücke, wie das Adlerpult (15. Jh.) und der schmiedeeiserne Marienleuchter (16. Jh.).

RATHAUS Der spätgotische Backsteinbau mit spitzbogiger gewölbter Pfeilerhalle im Erdgeschoß, ursprünglich war sie ringsum geöffnet für den Markt und andere Handelsgeschäfte, und einem Festsaal im Oberstock wurde nach schweren Kriegsschäden wiederhergestellt.

Erlangen *Mittelfranken* 595 ■ 4
Karl IV. verleiht Erlangen Stadtrecht. Die Entwicklung vollzog sich in drei Abschnitten. An den mehrmals zerstörten mittelalterlichen Stadtkern von Alt-Erlang schließt sich die für französische Huge-

MARKGRAFENTHEATER, ERLANGEN
Die Theater der Regenten, meist klein und intim, waren Stätten nicht nur des Kunstgenusses, sondern auch der Repräsentation. In ihnen stellte der Herrscher, der Hof sich selbst dar. Das Markgrafentheater in Erlangen, 1718 entstanden und 1743 neu gestaltet, ist schlichter als das Münchner Residenztheater, doch harmonisch und prangend in fürstlichem Rot und Gold. Der Bühne gegenüber liegt, prunkvoll eingefaßt und betont, die markgräfliche Loge. Die Ränge entsprechen der Rangordnung der Hofgesellschaft.

notten errichtete Neustadt Christian-Erlang als selbständiger Teil an, der dann mit der Altstadt verschmilzt. Diese Neustadt ist in streng rechteckigem Raster als Idealstadt und „Kunstdenkmal" von Joh. Moritz Richter konzipiert. Die durch erhöhte Richthäuser markierten Achsen werden in ihrer nur scheinbaren Gleichförmigkeit durch Anlage weiträumiger Plätze aufgelockert. Nach dem zweiten Weltkrieg wächst – abermals gegen Süden – die Siemensstadt hinzu.
ALTSTÄDTER DREIFALTIGKEITSKIRCHE 1706–26 von Gottfr. v. Gedeler erbaut, Saalkirche mit Kanzelaltar. Ein Wahrzeichen der Stadt ist der wirkungsvoll der Fassade eingefügte Turm mit geschwungener Haube.
EV.-REF. KIRCHE Schlichter Sandsteinbau, 1686 für die Hugenotten errichtet. Dem Äußeren entspricht die Innenausstattung. Eine eingebaute Zwölfeckempore schafft eine reizvolle Rundraumillusion.
MARKGRAFENTHEATER Ältestes bayerisches Barocktheater, 1718 errichtet. 1743 neu dekoriert, stimmungsvoller Rokoko-Innenraum.
NEUSTÄDTER PFARRKIRCHE von 1720 an im Typus der Altstädter Kirche erbaut.
RATHAUS 1728 als Stutternheimsches Palais erbaut.
SCHLOSS 1700 von Antonio della Porta entworfen. Etwas trockener dreigeschossiger Bau mit figurengekrönter Attika. Das Innere wurde 1955–58 für

Verwaltungs- und Repräsentationszwecke umgebaut. Im Gartenparterre der skurrile Hugenottenbrunnen mit allegorischer Huldigung an Markgraf Christian Ernst. Juwel des Gartens ist die Orangerie, 1705 bis 1706 durch Gedeler erbaut. Halbrund geschwungener Bau, in der Mitte ein Saalbau mit prachtvoller Stuckausstattung.

Die UNIVERSITÄT wurde 1743 gegründet. Die letzte Markgräfin Sophie Caroline vererbte 1818 die Residenzbauten der Universität. Durch Errichtung großzügiger Neubauten von Kliniken und Forschungsstätten hat diese mit dem Aufschwung der Stadt ebenbürtig Schritt halten können.

Erlenbach *Rheinhessen-Pfalz* 599 □ 1
Die Reichsburg BERWARTSTEIN war teilweise in den Fels gebaut. Die ältesten Reste stammen aus dem 13. Jh. Teile der Burg sind noch bewohnt.

Erpel *Reg.-Bez. Koblenz* 584 ■ 9
Das Ortsbild mit Resten der rechteckigen Ummauerung ist fast unberührt; von den bei Rheinorten üblichen drei Toren (Ober-, Nieder-, Rheintor) sind noch zwei erhalten. Das gut gegliederte Rathaus von 1780 wurde 1930 restauriert. Dem hl. Severin ist die KIRCHE geweiht, in der sich frühromanische und frühgotische Bauteile mit Umbauten aus späterer Zeit vereinen.

Ersrode *Reg.-Bez. Kassel* 586 □ 12
BURG LUDWIGSECK Gotischer Dreiflügelbau in malerischer Lage, nach Brand im Dreißigjährigen Krieg erneuert. Gemäldesammlung, kostbare Möbel.

Ertingen *Reg.-Bez. Tübingen* 608 ■ 11
MARIENKAPELLE (1754) Eine „ländliche Schönheit" hat man sie genannt: erbaut in den schwingenden Formen des Spätbarock, der Chor überwölbt von einer Kuppel, leuchtend in Gold und Farbe der stuckierte und bemalte Innenraum.

Erwitte *Reg.-Bez. Arnsberg* 577 ■ 9
Der mächtige Westturm der PFARRKIRCHE aus dem 13. Jh. behauptet sich kraftvoll neben den berühmten Turmbauten in Soest und Paderborn. Die um 1170 erbaute Kirche, dem hl. Laurentius geweiht, hat außer dem Ostchor eine zweite Chorapsis in der Turmhalle, deren kranzartiger Gewölbeschlußstein ein besonders schönes Beispiel dekorativer romanischer Bauplastik ist, wie auch die Skulpturen an den Ecksäulen des Chorbogens und außen über den Querschiffportalen.

Escheberg *Reg.-Bez. Kassel* 578 □ 8
SCHLOSS Der spätgotische, barockisierte Fachwerkbau gründet auf Resten einer mittelalterlichen Wasserburg. Schloßkapelle im Zopfstil. Im 19. Jh. versammelten die Schloßherren hier einen Kreis von Romantikern, wie Schwind, Spohr, Marschner und Geibel.

Eschershausen *Reg.-Bez. Hildesheim* 578 □ 12
MARTINSKIRCHE Schlichter Saalbau von 1746. Im Inneren dreiseitig umlaufende Holzemporen.
Das RAABE-GEDENKZIMMER im Geburtshaus Wilhelm Raabes (1831–1910) bewahrt seine Totenmaske und Erinnerungen an seine Jugend auf, daneben Erstausgaben seiner Werke.

Eschwege *Reg.-Bez. Kassel* 578 □ 5
Von der ottonischen Reichsabtei hoch über der Werra ist nur ein geringer Rest erhalten, von der

Stadtbefestigung der hübsche Dünzebacher Turm (1531).
Die für die Eschweger FACHWERKHÄUSER charakteristischen reichen Flachschnitzereien finden sich noch viel, besonders prächtig am Raiffeisenhaus (Stad 44). Das Alte Rathaus stammt von 1660.
HOCHZEITSHAUS Schöner Renaissancebau mit Innenhof; nahebei das Heimatmuseum (Vor dem Berge 16).
KATHARINENKIRCHE (Pfarrkirche der Neustadt) Spätgotische Halle aus dem 15. Jh., im Stil härter, anspruchsvoller, traditionsgebundener als die Marktkirche. Reiche Steinkanzel (1509).
MARKTKIRCHE ST. DIONYS (Pfarrkirche der Altstadt), 1451–1521 erbaut, älterer Westturm. Hallenkirche mit Rundpfeilern, Netz- und Sterngewölben. Prächtige Orgel (1678).
SCHLOSS (Landratsamt) Stattliches zweiflügeliges Renaissanceschloß (16. Jh.) mit Giebeln in den Formen der Weserrenaissance; im Westflügel Rittersaal. Landgraf Moritz stellte davor den wuchtigen Pavillon (frühes 17. Jh.), dessen Laterne eine Kunstuhr mit dem „Dietemann", dem Wahrzeichen Eschweges, enthält. Ein Fachwerktrakt an der Südseite (18. Jh.) ergänzt den Komplex zur Dreiflügelanlage, deren offene Ostseite eine Arkade abschließt.

Eschweiler *Reg.-Bez. Köln* 583 ■ 11
BURG RÖTHGEN Zwei Ecktürme stehen an den beiden Hauptflügeln des Herrenhauses aus dem 15. Jh. Die Bauten der dreiflügeligen Vorburg (15. Jh.) wurden im 17. und 18. Jh. erneuert.
BURG in Nothberg. Gräben trennen Vorburg (18./19. Jh.) und Herrenhaus (1555), von dem Umfassungsmauern und zwei Rundtürme erhalten sind.

Esenshamm *Verw.-Bez. Oldenburg* 561 ■ 9
KIRCHE Von einer Wurt herunter blickt die gotische, ehem. Wehrkirche ins Stadland. Ihr Gestühl (um 1600) mit dem einmaligen Reichtum an Hausmarken bezeugt bäuerlichen Stolz und Wohlhabenheit.

Essen *Reg.-Bez. Düsseldorf* 576 □ 9
Daß gerade diese Stadt, Zentrum der Schwerindustrie und Sitz der Kruppwerke, jahrhundertelang von Frauen regiert wurde – den Äbtissinnen des Damenstifts, das sich bis 1803 erhielt –, ist die erste Überraschung, die Essen dem Fremden bietet. Altfried, später Bischof von Hildesheim, gründete das Stift um 850, er setzte seine Schwester als erste Äbtissin ein; erst im 17. Jh., nach hundertjährigem Prozeß, machte sich das Gemeinwesen von den Herrscherinnen los. Die andere Überraschung ist die Anmut des nahen Ruhrtals, sind die vielen grünen Plätze, Anlagen, Parks (Schloß Borbeck, Schloß Schellenberg) in dieser schnellwüchsigen Stadt, die noch im 19. Jh. kaum umfangreicher als im Mittelalter war; am größten und berühmtesten: der Gruga-Park mit botanischem Garten.
EV. AUFERSTEHUNGSKIRCHE Der dreifach gestufte kreisförmige Bau, eine Stahlkonstruktion (1930), stammt von Otto Bartning. Weitere bedeutende moderne Kirchenbauten schufen in Essen Dominikus Böhm (St. Engelbert am Ruhrschnellweg) und Emil Stefan (St. Bonifatius, 1960).
FRANZISKA-CHRISTINE-STIFT in Essen-Steele. Zwischen zwei lange Wohnflügel aus dunklem Kohlensandstein fügt sich die Kirche mit laternengekröntem Türmchen ein, die 1770 vollendet war. Sie bewahrt

GOLDENE MADONNA IM MÜNSTER

Dieses Werk eines kölnischen Gold-schmieds, um 980 geschaffen, ist die früheste erhaltene vollplastische Maria des Abendlandes. Sie besteht aus einem hölzernen Kern, der mit Goldblech bedeckt wurde. Maria ist hier als „Thron der Weisheit" dargestellt und zugleich – das sagt der Apfel in ihrer Rechten – als die „neue Eva", die der Welt die Erlösung bringt. Ihre großen Augen sprechen von göttlicher Autorität und Kraft.

THEOPHANU-KREUZ AUS DEM MÜNSTERSCHATZ

Unter der Herrschaft der Äbtissin Theophanu, einer Enkelin des Kaisers Otto II. und der Kaiserin Theophanu, der Stifterin von St. Pantaleon in Köln, wurde im 11. Jh. für das Damenstift dieses Reliquienkreuz gefertigt; seine heutige Form erhielt es allerdings im 12. Jh. Es ist reich mit Steinen, Filigran und Schmelzplättchen geschmückt und trägt in der Mitte einen großen Bergkristall.

WESTWERK DES MÜNSTERS

Wer in die Kirche hineinschreitet, findet sich in einem Raum der Gotik, einer Hallenkirche mit dicken Säulen und Kreuzrippengewölbe. Erst dem Blick zurück, nach Westen (unser Bild) bietet sich der ältere Teil des Baues dar, der mit Rundbogen-arkaden und antikisierenden Säulen der spätottoni-schen Epoche zugehört. Er ist dem Dom Karls des Großen nachgebildet. Der siebenarmige Leuchter stammt aus der Zeit um 1000.

WESTWERK DES MÜNSTERS VON AUSSEN

Der quadratische Mittelteil des Westwerks erscheint außen als kräftiger Turm, flankiert von zwei acht-eckigen Treppentürmen mit Pyramidendächern.

KRUZIFIX, ABTEIKIRCHE ESSEN-WERDEN

Dieses Bronzekruzifix, im Jahre 1060 gegossen, zählt zu den schönsten der Welt. Längere Zeit befand es sich im Benediktinerkloster St. Ludgeri zu Helmstedt, doch kehrte es kurz vor der Reformation in die Werdener Mutterkirche zurück.

HALBACHHAMMER, ESSEN

Einst diente er im Bergischen Land zur Bearbeitung von Stahl. Heute gehört der alte Schmiedehammer, den Gustav Krupp von Bohlen und Halbach in einem Fachwerkhaus im Nachtigallental wieder aufbauen ließ, zu den technischen Sehenswürdigkeiten von Essen. Angetrieben wird er durch ein Wasserrad; ein weiteres setzt zwei Blasebälge für die Esse in Tätigkeit. Neben einem kaminartigen Bau für die Schmiedefeuer (rechts) sieht man eine große Nockenscheibe, deren Nocken unter den Hammer (links) greifen und ihn hochwerfen.

SCHATZKELCH, ABTEIKIRCHE ESSEN-WERDEN

„Agitur haec summus pocla triumphus" (In diesem Kelch vollzieht sich der höchste Triumph) sagt eine der Inschriften auf diesem sehr schlicht und sehr edel geformten Gefäß aus vergoldetem Kupfer, dem ältesten Kelch Deutschlands. Er stammt aus dem 8. Jahrhundert und diente dem heiligen Ludgerus, einem Täufling des Bonifatius, als Reise-Missionskelch: Unter dem Schutz Karls des Großen bekehrte Ludger Friesen und Sachsen zum Christentum. Begraben liegt er in eben jener Kirche von Essen-Werden, in der sich auch sein Kelch befindet.

noch die auf Rot und Braun gestimmten Altäre und Beichtstühle aus der Rokokozeit und drei Altarblätter von Jan. Zick, nach 1770. Die Fürstäbtissin aus dem Hause Wittelsbach ließ das „Waisenhaus" fortschrittlich, im Sinne der Aufklärung leiten. Noch heute dient der Bau als Kinderheim.

MÜNSTER Drei Teile bieten sich in großartiger Folge dar: die gotische Johanniskirche an Stelle einer romanischen Taufkapelle, mehr breit als tief, mit drei Schiffen und sterngewölbtem Rechteckchor, 1471. Dann das Atrium mit seinen Säulen und Arkaden, beherrscht vom ottonischen Westwerk des Münsters. Endlich das Münster selbst, heute eine Kathedrale des 1958 gegründeten Ruhrbistums. Den Charakter einer dreischiffigen Hallenkirche erhielt es im 13. bis 14. Jh., doch bedeutende Partien stammen aus früherer Zeit: das Westwerk vor allem mit der doppelten Empore (11. Jh.) und, aus derselben Zeit, die Krypta, die den Sarkophag des Gründers Altfried aufgenommen hat. In beiden kommt der einst hohe Rang des adligen Damenstifts klar zum Ausdruck. Ebenso in der Kreuzsäule (10. Jh., Reliquienkreuz 1959) hinter dem Bischofssitz, in der Goldenen Madonna (um 980) und in dem mächtigen siebenarmigen Leuchter. Im südlichen Sei-

tenschiff ein spätgotisches Hl. Grab. 1960 erhielt die Krypta Glasfenster des Franzosen Alfred Manessier.

MÜNSTERSCHATZ Drei Äbtissinnen aus kaiserlichem Haus, die fast ein Jahrhundert lang das Stift regierten, begründeten den Ruhm des Schatzes, der zu den bedeutendsten Europas zählt. Die vier mit Edelsteinen dicht belegten Vortragekreuze, die Krone der Goldenen Madonna (später geschaffen als das Bildwerk selbst), das goldene Zeremonialschwert und die beiden Reliquiare (eines mit Elfenbeinrelief) sind Hauptwerke der ottonischen Goldschmiedekunst. Aus früherer Zeit, 8. Jh., stammt das fränkische Reliquiar, das wohl schon durch Bischof Altfried an das Stift gelangte, aus späterer – Gotik – die Vielzahl silberner Reliquienbüsten und Turmmonstranzen. Alles kostbar dargeboten in halbdunklen Räumen bei erleuchteten Vitrinen. – Die Altartafeln von Bartel Bruyn (1522–25) heute in der Johanniskirche.

MUSEUM FOLKWANG Die vorzügliche Dokumentation moderner Kunst basiert auf der Sammlung Karl Ernst Osthaus, Hagen, die 1922 nach dem Tode ihres Gründers mit dem Städtischen Museum Essen vereinigt wurde. Mit Caspar David Friedrich, Menzel, Liebermann, Manet und Renoir ist auch das 19. Jh. gut vertreten. Zu den Plastiken des 19. und 20. Jh. (Minne-Brunnen, 1907) treten Bildwerke des deutschen Mittelalters und exotischer Länder.

SCHLOSS in Borbeck. Hier im wasserumgebenen Herrenhaus residierten einst die Äbtissinnen des Stiftes, zumal im 18. Jh., als der alte Bau erweitert und mit Turm- und Giebelzier versehen worden war durch die aufgeklärte Fürstin Franziska Christine. Heute gehören Schloß und Landschaftspark der Stadt Essen.

STIFTSKIRCHE in Stoppenberg. Hoch zu Häupten des nördlichen Industriegebiets – der Zeche Zollverein mit der größten Kokerei Europas – erhebt sich auf einer Hügelspitze die kleine romanische Pfeilerbasilika des 12. Jh. Das freiweltliche Damenstift, dem die Kirche einst gehörte – die Nonnenempore erinnert daran –, ist verschwunden; der neue Klosterbau, von Emil Stefann schön auf das schlichte Kirchlein abgestimmt, gehört dem Karmelitinnenorden. – Der Besucher sollte nicht verschmähen, einen Blick in die St.-Nikolaus-Kirche am Fuß des Hügels zu werfen: neuromanisch, mit der vollen Jugendstilausstattung von 1910.

Essen-Werden 576 □ 8

ABTEIKIRCHE Der Kölner Dom war schon im Bau, als das Langhaus der Werdener Basilika begonnen wurde; aber hier hielt der Baumeister fest an dem älteren Baukonzept. So zeigt sich der letzte einheitliche romanische Großbau des Rheinlandes (1256–75): „ganz reif und edel, frei von den barocken Phantasiesprüngen, denen sonst der rheinische Spätromantizismus gern nachgibt." (Georg Dehio) Das Braun der Bruchsteinmauern läßt ihn herb erscheinen. Um so schöner und großzügiger im Innern die großen Fensterrosetten, die herrliche achtseitige Vierungskuppel. – Gegründet wurde das Benediktinerkloster von dem Friesenmissionar Ludgerus, 794, der später Bischof von Münster wurde. Seine Gebeine ruhen in der (in Deutschland seltenen) Ringkrypta, einem Überrest der frühesten karolingischen Klosterkirche; ihr wurde später eine dreischiffige Außenkrypta angefügt. – Noch einen weiteren Komplex hat die

RENOIR: „LISE MIT DEM SONNENSCHIRM"

Auguste Renoir (1841–1919) malte dieses Bild schon mit 26 Jahren. Es hängt im Folkwang-Museum, das nach dem Kriege einen anmutigen Neubau erhielt: niedrige, pavillonartige Trakte, um einen Gartenhof gruppiert.

MAX ERNST: „DIE DUNKLEN GÖTTER"

Jeder Mensch habe „im Unterbewußtsein einen unerschöpflichen Vorrat an vergrabenen Bildern" schrieb Max Ernst einmal, und später sprach er von Visionen, die ihn heimgesucht hätten. Aus den Tiefen der Seele scheint auch dieses 1957 entstandene Ölgemälde aufgestiegen zu sein.

Folkwang-Museum, Essen

Basilika in sich aufgenommen: das Westwerk ihres Vorgängerbaues aus der Mitte des 10. Jh., das lange abgesondert als Peterskirche gedient hatte; man öffnete es gegen die Kirche und gab ihm das große gotische Westfenster. Sein kurzer patinabedeckter Turm (das Faltdach ist vom 19. Jh.) harmoniert mit dem höheren Vierungsturm. Die großen Altäre im Hauptchor und im Querschiff stammen aus barocker Zeit.

LUZIUSKIRCHE Lange hat die Tochterkirche der Abtei, deren Name auf Beziehungen nach England weist, als Wohnhaus dienen müssen. Mit ihrer Rekonstruktion ist ein schönes Gotteshaus des 11. Jh. wiedergewonnen worden. Eindrucksvoll das schwere Halbrund des Portals unterm breiten Westturm. In den Nischen der Chorwände Reste von Wandmalerei.

Esslingen *Reg.-Bez. Stuttgart* 601 □ 9

Die Stadt hat sich aus einer Mönchszelle entwickelt. 866 erhielt „Ezzelingen" das zweitälteste deutsche Marktprivileg. Hundert Jahre später wurden hier Münzen geprägt, und um 1212 wird der Ort zum ersten Mal Stadt genannt. Karl V. gab der Reichsstadt eine aristokratische Verfassung, die bis 1803 galt. 1845 fuhr Württembergs erste Eisenbahn von Cannstatt nach Esslingen, das gegen Ende des Jahrhunderts das erste deutsche Arbeitsamt errichtete. Das ALTE RATHAUS wurde als städtisches Kauf- und Steuerhaus 1430 erbaut, und vierhundert Jahre lang hat es nur wirtschaftlichen Zwecken gedient. Den Renaissancegiebel zur Marktseite hat Heinrich Schickhardt 1586–89 errichtet. Der Bürgersaal erhält durch die geschnitzten Konsolfiguren des Kaisers

RATHAUSGIEBEL, ESSLINGEN

Während die Rückseite des Alten Rathauses eine Fachwerkfassade aufweist, ist die Front im Renaissancestil gestaltet. Der Betonung senkrechter und waagrechter Linien setzen die Außenkanten des Staffelgiebels den strengen Schwung gebrochener Kanten entgegen. Doppelsäulen flankieren eine prächtige astronomische Kunstuhr (1592).

und der Kurfürsten aus dem 15. Jh. seine repräsentative Würde.

Die BURG ist zwar durch Mauern mit der Stadt verbunden, hat aber nie als Herrensitz gedient; sie war nur der am weitesten vorgeschobene Teil der Stadtbefestigung. Ihr Alter ist ehrwürdig, denn schon 1303 und 1314 wird sie erwähnt.

Die DOMINIKANERKIRCHE ST. PAUL ist die älteste Bettelordenskirche in Deutschland. 1268 wurde sie als Basilika ohne Querschiff vollendet.

FRANZISKANERKIRCHE ST. GEORG (Hintere Kirche) Nur ein Rest des Chors ist erhalten, eine Inschrift erzählt von Franziskanern, die 1237 hierhergekommen sind.

Die FRAUENKIRCHE, eine gotische Hallenkirche, ist nach 1321 aus einer Marienkapelle entstanden. Die Schauseite wird von zwei Portalen geschmückt. Den hohen Turm hat Ulrich von Ensinger nach 1398 begonnen. Der Innenraum entfaltet über schlanken Pfeilern eine schlichte Größe.

Die PLIENSAUBRÜCKE ist neben der zu Regensburg die älteste erhaltene Steinbrücke Deutschlands. Von den drei Brückentürmen steht noch einer, 13. Jh.

STADTKIRCHE Von hier aus hat sich Esslingen ausgebreitet. Das Langhaus ist um 1260 fertig geworden, und der südliche Turm steht seit 1310, der Nordturm ist 70 Jahre jünger. Mit seinen drei flachgedeckten Schiffen macht der Raum die nach innen gewendete Frömmigkeit des Mittelalters sichtbar. Das spätromanische Prachtportal erinnert an Maulbronn. Der Lettner von Lorenz Lechler ist 1486 fertig geworden; das Chorgestühl haben zwei Esslinger Schreiner geschnitzt und 1518 aufgestellt. Der Hochaltar wirkt trotz seiner barocken Formen protestantisch bescheiden.

STADTTORE Die Buckelquadern des Schelztores und sein zierlicher Zinnenkranz lassen die Erinnerung an die wehrhafte Reichsstadt lebendig werden, an die auch das Wolfstor gemahnt. In ihm ist die Kunst der Stauferzeit gegenwärtig, denn schon 1268 wird es als „Oberesslinger Tor" erwähnt. Zwei Stadtlöwen mit stilisierten Mähnen schmücken seine trutzigen Mauern.

Ettal *Oberbayern* 609 □ 4

BENEDIKTINERKLOSTERKIRCHE Kaiser Ludwig der Bayer übergab dem von ihm 1330 gegründeten Ritterstift und Benediktinerkloster eine kleine Marienfigur aus Marmor, die er aus Italien mitgebracht hatte. Das Gnadenbild, eine Schöpfung des 14. Jh., thront jetzt auf dem Hochaltar der Kirche. Der gotische Bau war in hochorigineller Weise als Zwölfeck mit doppelgeschossigem Umgang errichtet, eine Struktur, die auf die Grabeskirche Christi in Jerusalem zurückgeht und zugleich einer großen kaiserlichen Tradition – Münster in Aachen – folgte. Die barocke Umgestaltung, 1710 begonnen und erst gegen Ende des Jahrhunderts beendet, ließ die Außenmauern stehen, schuf über der Mitte eine Kuppel und ersetzte den Chor durch eine Rotunde, ebenfalls mit Umgang. Der Zentralraum ist in seinem lichten, farbensprühenden und von Gold blitzenden Schmuck eine der kostbarsten Schöpfungen des Rokoko. In dem Bau, den Enrico Zuccalli begann und Josef Schmuzer wohl nach seinen Entwürfen vollendete, brillieren Joh. Bapt. Zimmermann und Johann Georg Ueblherr mit geistreichem, asymmetrischem Stuck, Joh. Jak. Zeiller und Martin Knoller mit virtuoser Gewölbemalerei. Nicht weniger bedeutend die Seitenaltäre von Joh. Bapt. Straub. Über dem Eingang innen die liebenswürdige

BENEDIKTINERKLOSTERKIRCHE, ETTAL

An einer uralten Nord-Südstraße, die über den Brenner nach Italien führte, gründete Ludwig der Bayer 1330 im Tal der Ammer ein Ritterstift und ein Benediktinerkloster. Die gotische Klosterkirche wurde – einmalig in Deutschland – als zwölfeckiger Zentralbau errichtet. Diese Struktur geht auf die Grabeskirche Christi in Jerusalem zurück und folgt zugleich einer großen kaiserlichen Tradition (Münster in Aachen). Die vorgesetzte Fassade, ein Chor und die Kuppel stammen aus dem 18. Jh.

Orgelempore von Zimmermann, außen das gotische Tympanon mit dem Stifterbild Kaiser Ludwigs. Mit Wiesen, Hügeln und Bergwelt des Ammertales verbinden sich Kirche und Klostertrakte zu einem wunderschönen Gesamtbild.

Etteln *Reg.-Bez. Detmold* 577 ▪ 3
Auf dem Lechtenberg wurde eine STEINKISTE aus der Jungsteinzeit gefunden, wie sie in Westfalen mehrfach vorkommt: eine rechteckige Grabkammer von etwa 20 mal 3 Meter Größe aus schweren Kalkplatten. Um den Hügel stehen Reste der Einhegung aus aufrecht stehenden Steinplatten.

Ettenheim *Reg.-Bez. Freiburg i. Br.* 606 ☐ 1
wird von der PFARRKIRCHE, einem Rokokobau über hoher Freitreppe, beherrscht. Um die Wende vom 18. zum 19. Jh. spielte das Städtchen eine kurze Rolle in der Geschichte. Es war Exil des Fürstbischofs Rohan, Hauptperson der Halsbandaffäre um Königin Marie Antoinette. Der Herzog von Enghien wurde hier 1804 durch Napoleon entführt und erschossen.

Ettlingen *Reg.-Bez. Karlsruhe* 600 ▪ 10
Nach der Brandschatzung 1689 wurden beim Wiederaufbau zwei Haustypen bevorzugt, das ältere Giebelhaus, oft mit Fachwerk, und ein Traufen-

haus, beide mit großer Toreinfahrt und vielen Nischen mit Heiligenfiguren.

KATH. PFARRKIRCHE ST. MARTIN Kräftig gegliederter barocker Giebel (1732/33) mit der Figur des hl. Martin und einer mächtigen Wappenkartusche. Aus dem schlichten Saalbau des Langhauses tritt man durch den alten Turmchor (12.–13. Jh.) in den hohen Chor (1459–64) mit schönem Sterngewölbe.

RATHAUS (1737/38) In eine Wand ist eine Erinnerung an die Römerzeit eingelassen: der Neptunstein, den 1480 die Alb anschwemmte. Marktbrunnen von 1494.

SCHLOSS 1728–33, Vierflügelanlage mit runden Ecktürmen am Südflügel und reich stuckiertem Treppenhaus. Die prächtig ausgestattete Schloßkapelle, ursprünglich dreigeschossig, wurde, um ein Geschoß verkürzt, zum Konzertsaal umgestaltet, dem Asamsaal, so genannt nach den virtuosen Wand- und Deckengemälden (1732) des Cosmas Damian Asam. Vor dem Schloß der originelle NARRENBRUNNEN (datiert 1549) mit Porträtmedaillon des Hofnarren „Hansel von Singen". (Albgaumuseum im Schloß.)

Eulschirben b. Gamburg *Reg.-Bez. Stuttgart* 594 ▪ 9
MÜHLE Der sehr malerische Renaissancebau (um 1592–95) mit Treppenturm, Zwerchgiebeln und zwei großen Eckerkern wirkt stattlich wie ein Schlößchen.

Eurasburg *Oberbayern*   610 □ 9
SCHLOSS Auf einem Bergabsatz oberhalb der Loisach wurde an Stelle der alten Burg des 12. Jh. das stattliche Renaissanceschloß 1626–30 erbaut. Ein achteckiger Mittelturm, der die Kapelle in sich schließt, und zwei Ecktürme mit Zwiebelkuppel schmücken die Fassade.

Euskirchen *Reg.-Bez. Köln*   583 □ 3
KIRCHE ST. MARTIN Die auf schweren Pfeilern ruhende romanische Basilika mit gotischem Chor wurde im 15. Jh. umgebaut. Heute wirkt der Innenraum einheitlich durch die helle Ausmalung von 1951. Kraftvoller romanischer Taufstein. Fein gestaltetes Sakramentshäuschen und Chorgestühl vom Ende des 15. Jh. Marmorepitaph des Humanisten Heinrich von Binsfeld (gest. 1576). Im Kirchenschatz eine prächtige Monstranz (um 1500).

Eußerthal *Rheinhessen-Pfalz*   592 □ 5
Von der EHEM. ZISTERZIENSERKLOSTERKIRCHE haben sich die Ostteile aus der Mitte des 13. Jh. erhalten. Das Langhaus bis auf das östlichste Joch ist untergegangen. Die turmlose Basilika wird von dem Dachreiter überragt; der Rechteckchor hat eine herrliche Fenstergruppe; an das Querhaus sind kleine Nebenkapellen angefügt; die Rippengewölbe überspannen quadratische Joche im gebundenen System.

Eutin *Schleswig-Holstein*   556 ■ 7
„Weimar des Nordens" hat man das heute noch nach Residenz aussehende Städtchen genannt, als es in seiner Blütezeit den Goethefreund Graf Stolberg (Stolberghaus), den Homerübersetzer Voss (Vosshaus), den Maler Tischbein beherbergte. Größter Sohn der Stadt wurde Carl Maria v. Weber.
SCHLOSS Von der Burg der Lübecker Bischöfe ist in der langen Bauzeit (13.–19. Jh.) des heute herzoglich oldenburgischen Schlosses wenig geblieben. Im Schloßhof kann man die einzelnen Bauabschnitte an den Portalen studieren. Glanzstücke im Innern sind der Blaue Saal, die umfangreiche Sammlung von Fürstenporträts, die Kapelle von 1694.
STADTKIRCHE (13. Jh.) Eine dreischiffige gewölbte Basilika im Übergangsstil von der Romanik zur Backsteingotik mit gotischem Chor und hohem Turm.

Eversberg *Reg.-Bez. Arnsberg*   577 ■ 8
Das HEIMATMUSEUM ist in einem der hübschen Fachwerkhäuser des 18. Jh. untergebracht.
Die KIRCHE, eine frühgotische Halle (13. Jh.), erhielt im 18. Jh. ihre reiche Barockausstattung und den hohen Turmhelm. Gewölbemalereien 13./14. Jh.

Everswinkel *Reg.-Bez. Münster*   576 □ 2
KATH. PFARRKIRCHE Mit dem Bau der dreijochigen Hallenkirche wurde im 15. Jh. begonnen, romanischer Turm (13. Jh.). Innen Gewölbemalereien und manche Kunstschätze, im Chor Tabernakelturm mit reichem Figurenschmuck, einer der besten in Westfalen.

Externsteine b. Horn *Reg.-Bez. Detmold*   577 ■ 2
Die über 30 m hohen Felsen der Externsteine sind als eine der größten und geheimnisvollsten Merkwürdigkeiten des Lipperlandes anzusprechen. Sie mögen zur religiösen Kultstätte ausersehen worden sein. Das Paderborner Kloster Abdinghof erwarb die Felsen 1093, sie waren als Nachahmung der heiligen Stätten Jerusalems gedacht. Berühmt

KREUZABNAHME, EXTERNSTEINE
Sonne und Mond verhüllen ihr Haupt in dieser frühromanischen, mehr als 5 Meter hohen Szene, die direkt aus der Felswand der Externsteine herausgearbeitet worden ist: Nikodemus hat den Leib Christi abgelöst und übergibt ihn an Joseph von Arimathia.

in der europäischen Kunst ist die in den Fels gehauene Großplastik, das Relief der Kreuzabnahme Christi.

Eyendorf *Reg.-Bez. Lüneburg*   562 □ 4
Ein STEINGRAB nahe der Straße nach Raven wurde 1966 restauriert.

Eyrichshof *Unterfranken*   595 □ 12
SCHLOSS Trotz der Renovierung im 19. Jh. ist die ursprüngliche Anlage des Renaissancebaus in drei Flügeln noch zu erkennen. Im 1690 angelegten Park steht die mit schöner Stuckdecke ausgestattete Orangerie.

F

Falkenhagen *Reg.-Bez. Detmold*   578 □ 10
Die einschiffige spätgotische EHEM. KLOSTERKIRCHE der Kreuzbrüder, mit hohem Dachreiter, hat ein besonders schönes, reichgeschnitztes Chorgestühl und im Chor wertvolle Glasmalereien (um 1500) bewahrt. Das PFARRHAUS, ein Fachwerkbau von 1509, der älteste datierte in Lippe, war Dormitorium.

Falkenstein *Oberpfalz*   604 □ 10
BURG Weithin sichtbar ist der romanische zinnenbekrönte Bergfried. Der im 18. Jh. zum Herrenhaus umgebaute Getreidekasten ist heute Forstamt; Kapelle und Laubengang im Hof stammen aus dem 17. und 18. Jh. Während der Hussitenstürme im 15. Jh. haben sich die Frauen als besonders tapfer hervorgetan. Zur Erinnerung daran heißt die untere Zwingermauer heute noch „Weiberwehr".

Fallersleben *Reg.-Bez. Lüneburg*   571 ■ 8
hat beachtliche Bürgerhäuser, eines ist das Geburtshaus von Hoffmann von Fallersleben (Museum).

EV. KIRCHE Ein klassizistischer Bau von 1804. Der Turm und die hohe Säulenhalle bilden die Mitte der Nordseite, wo man den hellen Raum betritt.
SCHLOSS Von dem braunschweigischen Schloß steht noch der Fachwerkwohnbau von 1551.

Fasanerie b. Fulda *Reg.-Bez. Kassel* 586 ■ 6
SCHLOSS FASANERIE Hessens schönstes Barockschloß, als Jagdschlößchen „Adolphshof" um 1700 durch Joh. Dientzenhofer begonnen, in ausgreifender Neuplanung als „Lustschloß Fasanerie" von Andrea Gallasini 1739–50 erbaut und bald von barocken Parkanlagen umgeben (später verändert). Eindrucksvolle Anfahrt durch Parktor und Auffahrtsallee zum Schloß, das sich in strenger Symmetrie und imposanter Staffelung mit Toren und Pavillons, mit Seitenflügeln und einem beherrschenden Mittelrisalit dem Herannahenden präsentiert. Im Park: chinesisches und japanisches Teehaus. Sehenswert die bedeutende Ausstattung (Treppenhaus und Kleiner Saal mit Rokokostukkaturen, klassizistischer Festsaal) und die umfangreichen Kunstsammlungen (antike Vasen, Porzellan, Gemälde, Möbel).

Faurndau *Reg.-Bez. Stuttgart* 601 ■ 8
EV. PFARRKIRCHE Am schönsten wirkt die spätromanische Basilika, die der Sage nach auf eine Gründung der hl. Bertha um 730 zurückgehen soll, von Osten, wo sie durch die übereinander gestaffelten Giebel von Chor und Schiff und durch die halbrunden Apsiden besonders lebendig gegliedert ist. Den Simsen und Apsisrundungen folgen Friese mit phantastischem Schmuck in den Bogenfeldern. Dieselben Zierformen auch im Innern an den Kapitellen der stämmigen Säulen.

Favorite b. Kuppenheim
Reg.-Bez. Karlsruhe 600 □ 9
PARK Das ganze Areal wurde Ende des 18. Jh. in einen Landschaftspark umgewandelt. Er ist in seiner Anlage noch zu erkennen, die Wiederherstellung ist vorgesehen. Im Park befindet sich die Magdalenenkapelle, ein Kapellenraum, umgeben von winzigen Zimmern.
Das SCHLOSS wurde von der Markgräfin Sibylla Augusta ab 1710 erbaut. Der kleine Bau, rechteckig mit kurzen Flügeln an der Südseite, einer geschwungenen Freitreppe an der Nordseite, steht mitten im Park. Zentrum der Architektur ist ein sechseckiger Mittelraum, der durch alle Stockwerke geht und das Dach mit einem Turm überragt. Schöne Innenräume, große Porzellansammlung.

Feichten *Oberbayern* 611 ■ 11
In der Wallfahrtskirche MARIÄ HIMMELFAHRT, einem spätgotischen, im Innern üppig barock gestalteten Bau, steht ein Gnadenbild, eine ausgezeichnete Muttergottesfigur von etwa 1400.

Feldkirchen bei Ingolstadt *Oberbayern* 603 ■ 9
Der gotische Charakter der Kirche ST. MARIA erhielt sich trotz Veränderungen im 18. Jh. Sehenswert die Sakramentsnische, der steinerne Altartisch und die Muttergottesfigur aus Stein (frühes 14. Jh.) auf dem modernen Altar.

Feldkirchen bei Moosburg *Oberbayern* 603 ■ 5
In der Wallfahrtskirche ST. ANNA (14. Jh.) eine Muttergottes (etwa 1400) und am Turm ein in sechs Ziegeln eingebranntes Relief (etwa 1500).

Felsberg *Reg.-Bez. Kassel* 578 □ 7
BURGEN Im weiten Edertal setzen die benachbarten Burgen von Felsberg und Altenburg, jede auf schroffem Fels, mit ihren schlanken Bergfrieden (beide 1388) markante Zeichen. Reizvoll das Stadtbild zu Füßen der Burg.

Feuchtwangen *Mittelfranken* 602 □ 11
Im Herzen der Stadt liegt der weiträumige Marktplatz mit dem alten Röhrenbrunnen und dem behäbigen Barockrathaus, flankiert von Fachwerkbauten.
Das HEIMATMUSEUM besitzt eine schöne Porzellan- und Fayence-Sammlung. Außerdem werden bäuerliche und bürgerliche Wohnräume gezeigt. Besonders hübsch: die barocke Feuerwehrspritze.
EHEM. STIFTSKIRCHE Ihre ältesten Bauteile, so das Rundbogenportal und zwei Flügel des Kreuzganges stammen aus dem 12. Jh. Den spätgotischen Chor schmückt das Chorgestühl von 1510, eine schwäbische Arbeit. Der Hochaltar mit der anmutigen Madonna ist ein Werk Mich. Wohlgemuths.

ROMANISCHER KREUZGANG,
FEUCHTWANGEN

Klotzige Würfelkapitelle über kurzen Säulen, im Rhythmus mit schweren Pfeilern, tragen niedrige Arkadenbögen: mit einfachsten Mitteln erreichte die Hirsauer Bauschule ein Höchstmaß an Stimmung. Zusammen mit dem Klostergarten und dem Fachwerkbau über dem westlichen Teil, dem einstigen Schlafsaal der Mönche, ergibt sich ein romantisches Bild der Weltabgeschiedenheit.

Fischbachau *Oberbayern* 610 ■ 4
Der ehem. Klosterkirche ST. MARTIN von 1100 wurde Ende des 17. Jh. ein Turm mit Zwiebelhaube vorgebaut. Im Innern überdecken Freskomalerei und Wessobrunner Stuck die schöne romanische Struktur. Das Gemälde des üppigen Hochaltars, 1760–70, stellt die Stifterin Haziga und den hl. Martin dar.

Fischbeck *Reg.-Bez. Hannover* 570 □ 7
EHEM. AUGUSTINERKANONISSENSTIFT Das tausendjährige Kloster, 955 gegründet, ist seit 1559 ev. Damenstift. An der Stiftskirche, einer kreuzförmigen Basilika (12. Jh.) mit wuchtigem Westwerk, ist nur der Chor reicher gegliedert. Im Innern vermittelt die dreischiffige kreuzgratgewölbte Krypta noch ganz die Atmosphäre der Erbauungszeit. Das Säulenpaar im Osten hat sich in je vier, aus einem

Stein gehauene Säulchen aufgelöst. Wertvolle Innenausstattung. Kern des ausgedehnten Stiftskomplexes ist der Kreuzgang mit seinen Doppelarkaden. Unter den hübschen Fachwerkhäusern der Stiftsdamen ragt die stattliche Abtei (18. Jh.) hervor.

Fladungen *Unterfranken* 586 □ 3
Von der Befestigung stehen noch die Stadtmauer mit den Reitertürmchen. Die GANGOLFSKAPELLE (1597) zeichnet sich vor allem durch ihre schöne Lage aus. Im RHÖNMUSEUM Sammlungen zur Stadt- und Heimatgeschichte, vor allem Rhöner Bauernmöbel und Hafnergeschirr.

Flechtdorf *Reg.-Bez. Kassel* 577 ▪ 4
KIRCHE Ehem. Benediktinerklosterkirche. Trotz Veränderungen eindrucksvoller romanischer Bau. Interessante Zusammenfügung von westlichem Querschiff und Doppelturmfront; Langhaus zur Hälfte basilikal (Nordseite 12. Jh.), zur Hälfte als Halle (Südseite 13. Jh.).

Flehingen *Reg.-Bez. Karlsruhe* 600 □ 1
Das EHEM. WASSERSCHLOSS ist eine mehrmals umgebaute viertürmige Renaissanceanlage. Die spätgotische KIRCHE im Ortsteil Sickingen birgt Grabdenkmäler aus dem 14. bis 18. Jh.

Flensburg *Schleswig-Holstein* 555 □ 11
Flensburgs Fülle typischer alter Kaufmanns-, Fischer- und Bürgerhäuser spiegelt das ungestörte Wachstum der Stadt seit 1284 wider. Der Grundriß der Altstadt läßt sich noch heute gut erkennen. Die JOHANNISKIRCHE ist ein romanischer Feldsteinbau (um 1200), der in spätgotischer Zeit eingewölbt und noch später mit einem barocken Turm samt graziöser Laterne geschmückt wurde.
MARIENKIRCHE Eine dreischiffige gotische Hallenkirche in Backstein, mit den drei westlichen Jochen um 1300 begonnen, im 15. Jh. nach Osten erweitert. Ein prächtiger Renaissancealtar (1598) und zahlreiche eindrucksvolle Gemäldeepitaphien und Grabsteine gehören zu der vielfältigen Ausstattung.
NIKOLAIKIRCHE Sie entstand zwischen 1400 und 1500. Besonders schön das Hauptpastorat von 1743.
STÄDTISCHES MUSEUM Die Lage hoch über dem Hafen ist unvergleichlich. Aber auch die Sammlungen sind es: mittelalterliche Holzplastiken, Erinnerungen an die Zünfte, Trachten, ganze Zimmereinrichtungen und schöne Gebrauchsgegenstände: Pesel (die guten Stuben) von den friesischen Inseln, die holländische Bürgerstube aus Friedrichstadt, aber auch das Gelehrtenzimmer mit Globus und Renaissancedrucken sind von höchstem Interesse.

Flörsheim *Reg.-Bez. Darmstadt* 593 □ 11
KATH. PFARRKIRCHE Hübsch ausgestatteter barocker Saalbau von 1766 mit Deckengemälden von Franz Heideloff, Stuckdekorationen und bedeutenden Altären.

Föhren *Reg.-Bez. Trier* 591 ▪ 2
SCHLOSS Die vierflügelig um einen Hof gruppierte Anlage des 17. und 18. Jh. steht an der Stelle der alten Wasserburg. Wertvolle Innenausstattung.

Forbach *Reg.-Bez. Karlsruhe* 600 ▪ 9
Die gedeckte HOLZBRÜCKE über die Murg ist ein Meisterwerk der Zimmermannskunst, schon im 15. Jh. erwähnt.

NORDERTOR, FLENSBURG
Der wuchtige, mit vielstufigem Treppengiebel verzierte Wehrbau vom Ende des 16. Jh., als Flensburg eine Epoche wirtschaftlicher Blüte erlebte, ist das einzige erhaltene Stadttor im Schleswigschen, Rest der einstigen starken Stadtbefestigung, von der beim Südermarkt noch etwas zu sehen ist. Durch das Tor ging der gesamte Verkehr nach Norden, mit dem die Flensburger Kaufleute lange Zeit gewinnbringenden Handel trieben.

Forchheim *Oberfranken* 595 ▪ 3
FESTUNG Die erhaltenen Bollwerke und Wälle lassen heute noch die frühere Wehrhaftigkeit der Stadt erkennen. Prächtig das Nürnberger Tor mit wappengeschmücktem Renaissancegiebel.
Die PFARRKIRCHE ST. MARTIN, deren barocke Kuppelhaube den Markt überschaut, ist in den wesentlichen Bauteilen gotisch. Das wertvollste Stück der Ausstattung, der von der Barockisierung nur die Altäre verblieben sind, ist das 1520 entstandene Holzrelief „Abschied Christi von Maria" im Chor.
PFALZ An den dreigeschossigen, massiven Palas aus dem 14. Jh., dessen Obergeschoß mit gotischen Fresken ausgemalt ist, schließen sich zwei Fachwerkflügel aus dem 16. Jh. an. Wassergraben, Zugbrücke und starke Mauern schützten die Bischofsburg. Heute Pfalzmuseum: Vor- und frühgeschichtliche Funde, einheimische Naturkunde (Petrefakten), Volkskunst aus der Fränkischen Schweiz (Möbel, Trachten), Glocken aus der Forchheimer Gießhütte.
RATHAUS Es ist eines der schönsten Fachwerkrathäuser des Landes (Baubeginn 1491). Der schlichte Giebelbau mit dem schlanken Uhrtürmchen wurde 1535 um den stattlichen, mit Schnitzereien verzierten Magistratsbau erweitert.

Forchtenberg *Reg.-Bez. Stuttgart* 594 □ 7
Fast unversehrt hat sich dieses Kleinstadtidyll erhalten: mit Fachwerkhäusern, Wehrgang, Toren und Türmen und einer efeubewachsenen Burgruine.
EV. PFARRKIRCHE (1934) Prachtvolle farbig gefaßte

MARKTPLATZ IN FORCHHEIM
Von allen romantischen Winkeln der typisch fränkischen Stadt, die im Mittelalter Kaiserpfalz und Schauplatz wichtiger Reichsversammlungen war, ist der Marktplatz am eindrucksvollsten: repräsentativ durch seine Weiträumigkeit und das Stattliche der Bauten, anheimelnd und gemütlich durch die Wärme des Fachwerks.

Steinkanzel mit Alabasterskulpturen (1620). Schöner Taufstein von 1765. Im alten Turm ein eigenartiges romanisches Relief: ein Kopf, dessen Augen wiederum menschliche Gesichter bilden.

Fränkisch-Crumbach *Reg.-Bez. Darmstadt* 593 ▪ 2
EV. PFARRKIRCHE Das spätgotische Kirchlein war Grablege der Ritter von Crumbach-Rodenstein und besitzt unter den zahlreichen Grabmälern Meisterleistungen der Spätgotik und Renaissance.
RUINE RODENSTEIN 13. Jh. Die romantisch-eindrucksvollen Mauern zweier Palasbauten, umgeben von Zwingern mit Türmen, gehören dem 14. bis 15. Jh. an.

Frankenberg *Reg.-Bez. Kassel* 585 □ 1
Das malerische Stadtbild wird von der Berglage und von den beiden parallel angelegten, langgestreckten Marktplätzen bestimmt. Um diese sind die prächtigsten Fachwerkhäuser mit den charakteristischen Backsteinmustern versammelt.
LIEBFRAUENKIRCHE Neben der Burgruine an höchster Stelle der Bergstadt gelegen, mit ihrer im 19. Jh. rekonstruierten Turmspitze weit ins Land weisend. Gotische Hallenkirche (um 1300) nach dem Vorbild der Marburger Elisabethkirche; erweiternder Chorneubau 14. Jh. Schöne Portale, Steinkanzel von 1554. In die Chorfenster sind Reste gotischer Glasmalerei (14. Jh.) eingefügt. An das südliche Querhaus baute Tyle von Frankenberg Ende des 14. Jh. die schlanke Marienkapelle, ein Juwel spätgotischer Zierarchitektur.
RATHAUS Stolzes Bauwerk (1509) mit Fassaden zum Ober- und zum Untermarkt. Die Vorkragungen der Erker an der Stirnseite tragen hervorragend geschnitzte Konsolen.
ST. GEORGENBERG Früher Zisterzienserinnenkloster, heute Landratsamt. Schlichte, größtenteils gotische

HOLLÄNDISCHES ZIMMER AUS FRIEDRICHSTADT
Herzog Friedrich III. von Gottorf bot den in Holland ungern gesehenen Remonstranten 1621 in Friedrichstadt a. d. Eider eine neue Heimat. Der holländische Charakter der Stadt hat sich bis heute erhalten. Typisch für die Inneneinrichtung zu Beginn des 17. Jh. ist dieses reiche, behagliche Bürgerzimmer. Städt. Museum, Flensburg

BEIDERWAND
Abraham opfert seinen Sohn Isaak – die spiegelbildlich dargestellte Szene wiederholt sich unzählige Male auf diesem Alkovenvorhang aus Beiderwand, einem Halbwollgewebe mit Leinenkette und Wollschuß, das nach der Stadt Bidar im Dekkan so genannt wurde und im 18. Jh. im Schleswigschen sehr beliebt war. Städt. Museum, Flensburg

PLASTIK AN DER MARIENKAPELLE,
FRANKENBERG

*Landgraf Moritz mit dem Beinamen der Gelehrte
war von den kirchenreformerischen Ideen seiner
Zeit so ergriffen, daß er den äußeren Figurenschmuck der Marienkapelle und den Marienaltar
zerschlagen ließ. Reste blieben erhalten, so diese
zierliche Steinplastik im Tympanon des Portals,
das strenge, unsagbar andachtsvolle Antlitz eines
Mannes. Vielleicht ist es eine Selbstdarstellung des
Baumeisters und Bildhauers Tyle von Frankenberg.*

RATHAUS, FRANKENBERG

*Von allen althessischen Rathäusern ist dieses eines
der schönsten: neun spitze Türme bilden eine
malerische Silhouette; wirkungsvoll kontrastiert die
Verschieferung der oberen Geschosse mit dem
hübsch gemusterten Zierbackstein am Erdgeschoß.
Die große Kauf- und Festhalle mit kräftiger Balkendecke zeigt noch ihr altes Gesicht.*

Anlage, die ehem. Kapelle noch romanisch, daneben Totenleuchte. In der Zehntscheune das Heimatmuseum mit Skulpturenfragmenten Tyle von
Frankenbergs aus der Marienkapelle, geschnitzten
Balkenköpfen von den im 19. Jh. entfernten Emporen aus der Liebfrauenkirche von Phil. Soldan, 1529.

Frankenthal *Rheinhessen-Pfalz*   593 ■ 8
Die Stadt erlebte seit dem 16. Jh. durch einge-
wanderte Glaubensflüchtlinge eine wirtschaftliche
Blütezeit. Von den niederländischen Calvinisten findet sich im Rathaus noch ein Teppich der Franken-
thaler Weberei des 16. Jh.; der Straßburger Paul
Hannong gründete 1755 die Porzellanmanufaktur,
im Rathaus davon eine Sammlung.
EHEM. AUGUSTINERCHORHERRENSTIFT, 1219 gegründet, das bis zur Reformation bestand. Das Langhaus der Kirche steht noch als Ruine mit einem reichen Portal des 13. Jh. Östlich entstand unter Verwendung des Turmes der Chorherrenkirche die klassizistische ev. Zwölfapostelkirche 1820–23.

Frankfurt am Main *Reg.-Bez. Darmstadt*   593 □ 12
Frankfurt war nie eine Kunststadt vom Rang
Dresdens oder Münchens, es hatte nie weltliche oder
geistliche Fürsten als mächtige Mäzene, alles kam
aus der Bürgerschaft. Sinnbildlich dafür ist eine
Sandsteintafel am Eisernen Steg: „Erbaut von den
Bürgern dieser Stadt." Das Naturmuseum Sencken-
berg und die Städelsche Gemäldesammlung waren
Stiftungen. Das bedeutendste Kunstwerk Frankfurts war die Altstadt, ihre Fachwerkhäuser ver-
brannten wie Zunder in den Bombennächten. Die
700 000-Einwohner-Stadt gilt als die „ameri-
kanischste", hektischste der Bundesrepublik; sie
dankt ihr Florieren der zentralen Lage, ihr Flughafen ist der drittgrößte des Kontinents, sie ist der
wichtigste Bankenplatz. In den zwanziger Jahren,
zu deren künstlerischem Ruhm ein Weltfest der
Musik gehörte, lebte im Rententurm der Dichter
Fritz von Unruh, im Kuhhirtenturm der Komponist
Hindemith, ein Stolz der Stadt war auch der Maler
Max Beckmann. Mit einem ähnlichen Triumvirat
kann die Stadt heute nicht aufwarten, doch wird
mitunter interessantes Theater gespielt, im Steinernen Haus veranstaltet der Kunstverein bemerkenswerte Gemäldeausstellungen, das Städel bleibt
eine der nobelsten Galerien, das Liebighaus ist eine
der bedeutendsten Skulpturensammlungen Europas,
und Karten für die Museumskonzerte sind buch-
stäblich in Erbpacht.
BUNDESPOSTMUSEUM Das hellste, heiterste, far-
bigste Museum der Stadt, mit Dokumenten aus den
Anfangszeiten der Post, gelben Kutschen aus der
Eichendorffzeit, Schildern der Posthaltereien, ersten
Telephonen und natürlich vielen, vielen Brief-
marken.
Der DOM hat Jahrhunderte die Silhouette der Stadt
beherrscht, jetzt rivalisieren mit ihm die Riesen aus
Glas und Stahl, die aus allen Vierteln hervorge-
schossen sind. Dennoch behauptet sich in großer
Noblesse das gotische Bauwerk, das nie schöner ist,
als wenn sein roter Sandstein vor einem kalten
blauen Winterhimmel leuchtet. Seit 1356 wurden
hier die deutschen Kaiser und Könige gewählt
(Wahlkapelle von 1425–28) und seit 1562 auch gekrönt. Madern Gerthener begann 1415–31 mit dem
Bau des Turmes, den man nach dem Dombrand
von 1867 nach alten Entwürfen wieder errichtete.
Als 1878 die zehn neuen Glocken zum erstenmal
läuteten, kam ihr Klang aus einer himmelweisenden
Turmspitze. Zu den Kunstschätzen zählen der

FRANKFURTER FAYENCE
Niederländische Kaufleute brachten im 17. Jh. große Mengen Chinoiserien von ihren Reisen mit und gaben damit den Anstoß zur Fayenceherstellung im nördlichen Europa. Von Delft und auch von Italien aus entstanden 1660 in Frankfurt und Hanau die ersten deutschen Fabriken. In weißblauer Unterglasurmalerei ahmten sie die Motive der Mingzeit (14.–17. Jh.) nach; diese Deckelvase ist dafür ein gutes Beispiel.

Museum für Kunsthandwerk, Frankfurt

KÜCHE DER FRAU RAT IM GOETHEHAUS
Das ureigenste Reich der Mutter Goethes, die nicht nur eine kluge und verständnisvolle Frau, sondern auch eine begabte Hausfrau und eine vorzügliche Gastgeberin war. Das stattliche, nach 1944 wiedererstellte Haus am Hirschgraben und die originale Inneneinrichtung zeugen von einem größeren Wohlstand, als er selbst in begüterten Bürgerfamilien damals üblich war.

RÖMER
Großartig, dem Reichtum und der Bedeutung der Bürgerstadt angemessen ist das frühere Rathaus Frankfurts nicht, doch die Räume erzählen Geschichte: der obere Saal, in dem Bilder aller deutschen Kaiser hängen, von dem feierlichen Krönungsbankett, der Sitzungssaal von den oft langwierigen Verhandlungen vor der Wahl des Königs.

ORLENSTEPPICH

Spruchbänder und Szenen in Wolle und Seide, Anfang des 15. Jh. am Mittelrhein gewirkt, erzählen die Liebesgeschichte von Wilhelm von Orlens und der englischen Königstochter Amelie. – In Brabant war Wilhelm zum Ritter geschlagen worden – unser Ausschnitt zeigt diese Szene.

Museum für Kunsthandwerk, Frankfurt

ROENTGENTISCH

Die Schreinerwerkstatt Roentgen in Neuwied belieferte im 18. Jh. die Fürstenhöfe Europas mit schwungvoll-graziösen Rokokomöbeln. Für den Kurfürsten von Trier arbeitete Abraham Roentgen

um 1765 diesen Intarsientisch aus Rosenholz und Nußbaum, Mahagoni und Olivenholz, mit Ornamenten in Perlmutt und Elfenbein.

Museum für Kunsthandwerk, Frankfurt

OBERRHEINISCHER MEISTER: PARADIESGÄRTLEIN

Das Gemälde vom paradiesischen Leben ist um 1415 zum Preis der Gottesmutter gemalt, von der es in einer altdeutschen Predigt heißt: „Unser König ist gern auf dem Felde, wenn die Blumen und das Kraut da sind. Mit diesem Felde ist bezeichnet unsere Jungfrau Maria ... und auf diesem Felde sind Veilchen, Lilien, Rosen ...“

Städelsches Kunstinstitut, Frankfurt

Maria-Schlaf-Altar aus dem 15. Jh., „Kreuzabnahme" von Anton van Dyck, die Kreuzigungsgruppe von Hans Backoffen, das Chorgestühl aus dem Jahre 1352.

Das GOETHEHAUS ist das erhabenste Haus der Stadt. Hier wurde das Genie geboren: der größte Sohn Frankfurts. Nach dem Feuersturm von 1944 war nichts geblieben als die von Millionen Füßen abgewetzten Stufen. Längst steht das Haus am Großen Hirschgraben, dessen gesamte Inneneinrichtung ausgelagert war, in alter Würde. Mit dem Goethemuseum gehört es zum Freien Deutschen Hochstift, 1859 gegründet. Spezialbibliothek mit 100 000 Bänden, Handschriftensammlung, Malerei, Graphik und Plastik von 1750 bis 1850.

Die HAUPTWACHE, 1729–30, ist das Herz der Stadt. Goethe nannte sie Frankfurts schönstes Bauwerk. Sie war einmal ein Wachlokal und ein Gefängnis, jetzt beherbergt sie ein Kaffeehaus. Man hat sie getreu aufgebaut, Stein für Stein, puppenstubenhaft verloren steht sie zwischen den neuen Hausriesen aus Glas und Stahl.

Die KATHARINENKIRCHE, 1678–81, steht so sehr in einer harmonischen Korrespondenz zur Hauptwache, daß das eine Gebäude ohne das andere kaum zu denken ist. Beide wurden zerstört, beide wieder errichtet. Von der Kirche ist nur die Schale die alte, die Erneuerung des Inneren 1954 ist sehr geglückt. Fenster von Carl Crodel.

Die LIEBFRAUENKIRCHE, von Kapuzinern betreut, ist sieben Jahrhunderte alt und ihr Portal, etwa 1420/25, ein Hauptwerk der Gotik in Frankfurt. Das LIEBIEGHAUS lebt räumlich in einer freundlichen Nachbarschaft zum Städel, hat aufregende Schätze, durch alle Epochen hindurch ist Kostbares gesammelt. Der Kopf des Bärbele von Ottenheim gehört dazu und eine der seltenen Steinmadonnen des Holzschnitzers Riemenschneider, ägyptische Mumienporträts, bedeutende Ostasiatica.

Die PARKS sind das Glück der Stadt, sie ist reich an den grünen Oasen. Ganz oben steht der mehr als hundertjährige Palmengarten, einer der bedeutendsten botanischen Gärten der Welt. Im leider durch Hochbauten dezimierten Park am Reuterweg findet man Kolbes „Ring der Statuen", nicht weit davon in der Taunusanlage des gleichen Bildhauers Beethovendenkmal und sein anmutiges „Frühlingslied" zu Heines Gedenken. Im Günthersburgpark: Fritz Boehles machtvolles Bildwerk „Der Stier" und Constantin Meuniers „Sämann". Die größte aller Grünanlagen ist der Grüneburgpark; in seinem östlichen Teil steht heute das IG-Hochhaus, eine Schöpfung von Hans Poelzig.

Die PAULSKIRCHE, 1789 begonnen, ist ein strenger Sandsteinbau, ehrwürdig durch politische Ereignisse: hier sollte sich 1848 der Traum der Deutschen von einem geeinten Reich erfüllen. – Heute finden dort große Verleihungen statt, der Goethepreis etwa und der Friedenspreis des Deutschen Buchhandels. An ihrer Außenmauer erinnern Tafeln an den Freiherrn vom Stein, den ersten Bundespräsidenten Heuss, an John F. Kennedy und ein Denkmal von 1925 an den ersten Reichspräsidenten Ebert.

Der dreigieblige RÖMER (Rathaus), in Purpurrot, ist das Wahrzeichen der Stadt, bereits 1322 erwähnt. Im Vestibül steht unter Glas das Altstadtmodell, das die Brüder Treuner maßgetreu geschaffen haben.

Die SAALHOFKAPELLE ist das älteste erhaltene Bauwerk der Stadt, ein Teil der ehemaligen stau-

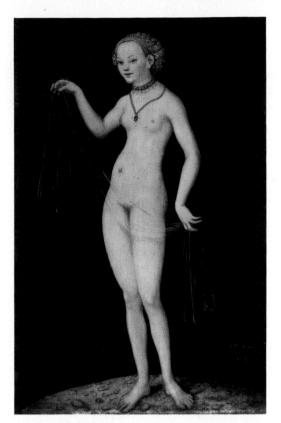

LUCAS CRANACH D. Ä.: VENUS

Die kleine lockende Venus war plötzlich in ganz Deutschland bekannt, als sie 1959 gestohlen wurde. Ein Jahr später lag sie unversehrt in einem Schließfach des Münchner Hauptbahnhofs: Kunstwerke solchen Grades sind unverkäuflich.

Städelsches Kunstinstitut, Frankfurt

MAX BECKMANN: FRANKFURTER HAUPTBAHNHOF

Beckmann war vom Frankfurter Hauptbahnhof von jeher fasziniert. Benno Reifenberg erzählt, daß der Maler oft nachts im Wartesaal I. Klasse anzutreffen war, einsam an einem Tisch, eine Flasche Sekt vor sich, grübelnd. Er malte den Bahnhof im Amsterdamer Exil, aus der Erinnerung.

Historisches Museum, Frankfurt

fischen Reichsburg aus der zweiten Hälfte des 12. Jh. 1717 kam der Bernusbau hinzu, eines der ganz wenigen Barockbauwerke Frankfurts. Die Gebäude werden in den Neubau des Historischen Museums einbezogen. Dort gibt es Kostbarkeiten an Kostümen, Waffen, Instrumenten, Zunftaltertümern. Das Museum enthält unter anderem das getreu aufgebaute Zimmer, in dem der Friedensvertrag Deutschland–Frankreich von 1871 unterzeichnet wurde.

Die ST. LEONHARDSKIRCHE liegt dicht am Main, in grauer Schönheit. Die älteste Pfarrkirche der Stadt ist 1969 750 Jahre alt geworden. In ihrer Geschichte hat sie beiden Glaubensbekenntnissen gedient, heute gehört sie wieder den Katholiken. Im Salvator-Chörlein (um 1515) frei hängendes Rippengewölbe. Das Abendmahlbild ist vom älteren Holbein.

ST. NIKOLAI Die heute protestantische Kirche hat das einzige Glockenspiel der Stadt. Sonst ist sie eine bescheidene spätgotische Schifferkirche.

STADTTÜRME Frankfurt ist eine Stadt der Warten. Sie sind das einzige, was aus der Zeit der befestigten Stadt übriggeblieben ist. Der 1428 von Madern Gerthener vollendete Eschenheimer Turm ist der mächtigste unter ihnen, mit goldener umwitterter Wetterfahne. Dann gibt es noch die Gallus- und die Bockenheimer Warte am Rand industrieller Stadtteile, die Sachsenhäuser Warte am Saum des Stadtwalds und die Friedberger Warte, von der die Chausseen in die Wetterau führen.

Das STÄDELSCHE KUNSTINSTITUT verdankt Frankfurt der Stiftung eines Bürgers, des Joh. Friedr. Städel, der ein steinreicher Bankier war und der 1816, als er mit 88 Jahren starb, seinen gesamten Besitz an Kunstwerken der Stadt vermachte. Darunter waren Gemälde von Frans Hals, Rubens, Murillo, Veronese. Dazu schenkte der Stifter der Stadt über eine Million Gulden zur Errichtung einer Galerie. Der Bogen der Sammlung spannt sich von Schongauer und Baldung Grien über Renoir und Monet bis Picasso.

Frankfurt-Höchst   593 □ 12
BOLONGAROPALAST 1772–75 ließ der Tabakfabrikant Bolongaro den fürstlichen Barockbau mit einer 117 Meter langen Straßenfront errichten.

ST.-JUSTINUS-KIRCHE Teile einer der frühesten deutschen spätkarolingischen Kirchen (9. Jh.) haben sich im vorwiegend spätgotischen Bau erhalten, vor allem die Säulen des Langhauses mit abgewandelten korinthischen Kapitellen. Im hohen Chor spätgotisches Gestühl und ein Barockaltar.

SCHLOSS Mittelalterlich noch die Mauern und der 1681 originell bekrönte Turm. Das reiche Torhaus und der Wohnbau aus der Renaissance.

Frauenalb Reg.-Bez. Karlsruhe   600 ▪ 10
Von den barocken Klosterbauten und der Kirche stehen nur noch Ruinen. Erhalten hat sich jedoch ein reizender Garten mit Rampen, Treppen und Wasserbecken.

Frauenaurach Mittelfranken   595 ▪ 4
Die EV. KIRCHE, bis 1548 Dominikanerinnenklosterkirche, stammt aus dem 13. Jh., nach Zerstörung Wiederaufbau 1586–88. Am Nordportal spätromanischer Schmuck. Im barock ausgestatteten Innern – besonders schön der schwungvolle Kanzeldeckel – ist außer der steinernen Madonna im Chor (wohl um 1300) nichts aus gotischer Zeit erhalten.

Frauenberg Reg.-Bez. Köln   583 □ 3
GEORGSKIRCHE Die später wiederholt umgebaute romanische Basilika birgt beachtliche Kunstschätze. Eine meisterhafte Arbeit ist der mit Aposteldarstellungen geschmückte Annokelch (12. Jh.). Altartriptychon mit Stifterbildnissen von etwa 1500.

Frauenbründl b. Straubing Niederbayern   604 □ 10
KIRCHE Die Pläne für die originelle Dreikonchenzentralkirche (1705) mit doppelter Kuppel und Laterne lieferte wohl Wolfg. Dientzenhofer, die Deckenfresken schuf Hans Georg Asam. Üppiger Hochaltar mit Baldachin und gedrehten Säulen.

Frauenburg b. Frauenberg Reg.-Bez. Kobl.   592 ▪ 9
Gräfin Loretta von Sponheim-Starkenburg erbaute die stattliche, mit Rundtürmen bewehrte Höhenburg 1328–31, ihren späteren Witwensitz. Heute Ruine.

Frauenchiemsee Oberbayern   611 □ 9
BENEDIKTINERINNENABTEI Die zweitgrößte Chiemseeinsel trägt ihren Namen nach den adeligen Klosterfrauen, die vor 1200 Jahren in die Abtei einzogen. Ihre erste Blütezeit erlebte sie im 9. Jh., als die Tochter Ludwigs des Deutschen Äbtissin wurde. Die selige Irmengardis gilt als Patronin des Chiemgaus, ihr Sarkophag ist in den karolingischen Grundmauern der Kirche noch erhalten. Die heutige Kirche, eine dreischiffige Basilika, stammt aus

ABTEIKIRCHE, FRAUENCHIEMSEE
Der Turm des Münsters steht frei, gleich einem italienischen Campanile. Wahrscheinlich gehörte er zu einem karolingischen Kirchenbau. Sein Durchmesser ist 8,8 Meter, und seine Mauern sind ungewöhnlich stark. Vermutlich diente er früher als sicherer Aufenthalt bei Kriegsgefahr. Erst seit dem 13./14. Jahrhundert ist er ein Glockenturm. Den spätgotischen Spitzhelm zerstörten 1572 die Flammen. Danach erhielt er seine heutige Zwiebelkuppe – eine der ältesten in Bayern.

dem 11. Jh. Im 12. Jh. erhielt sie den Chorumgang
– den ältesten im Alpengebiet. Seine Arkaden
sind mit Wandmalereien in streng byzantinischem
Stil geschmückt. Noch bedeutender sind die Reste
eines gewaltigen, etwas älteren Freskenzyklus oberhalb der gotischen Netzgewölbe. Diese und die
schweren Barockaltäre bestimmen heute den Eindruck des Kirchenraumes. Das urtümliche Nordportal mit seinen sich auf Löwenköpfe stemmen-
den Säulen mit Dämonenkapitellen, darüber ein
Tympanon mit Lebensbaum, umschließt eine eisen-
beschlagene Tür, in der ein bronzener romanischer
Löwenkopf den Klopfring hält. Der Stumpf des
achteckigen Turmes wurde zweifellos schon vor
1000 als Wehr- und Fluchtturm errichtet. Den
Oberbau fügte das 13. oder 14. Jh. hinzu. Seinen
charakteristischen Zwiebelhelm erhielt er um 1600.
Das Torhaus ist karolingischer Herkunft und wohl
eines der ältesten Bauwerke Bayerns. Im Obergeschoß ein Sakralraum mit Engelsfresken (11. Jh.).

Frauenroth *Unterfranken*   586 □ 5
Gotische KIRCHE eines ehem. Zisterzienserinnen-
klosters. Bedeutend sind die Grabfiguren der Stifter
Otto und Beatrice von der Bodenlauben (um 1250).

Frauental *Reg.-Bez. Stuttgart*   594 □ 4
EHEM. KLOSTER Die frühgotische Kirche ist ein
typischer Zisterzienserbau: einschiffig, mit Nonnenempore über der westlichen Halle. Die Unterkirche,
klar und streng in der Form, ist heute Pfarrkirche.
RUINE BRAUNECK Von der riesigen Anlage, die in
den Bauernkriegen zerstört wurde, stehen noch
Teile des Bergfrieds, des Palas und der Kapelle.

Frauenzell *Oberpfalz*   604 □ 10
EHEM. KLOSTERKIRCHE Neben der geschwungenen
Barockfassade erhebt sich der Turm des mittelalterlichen Gründungsbaus. Am Neubau des 18. Jh.
waren auch die Brüder Asam mit Entwürfen beteiligt. Das helle, luftige Oval des Innenraumes ist
von festlichem Rokokoglanz erfüllt. Eleganter Stuck
am Ansatz des freskengeschmückten Gewölbes.

Fraurombach *Reg.-Bez. Darmstadt*   586 ■ 10
KIRCHE Im romanischen Schiff Wandmalereien (14.
Jh.): Die Wiedereroberung des Hl. Kreuzes und
Rückführung nach Jerusalem. Chor spätgotisch.

Frauwüllesheim *Reg.-Bez. Köln*   583 ■ 1
KIRCHE VISITATIO MARIÄ Quaderbau der Kölner
Schule um 1300, mit prachtvollen Maßwerkfenstern
hoch über dem Rundbogen der Langhauswände.
Schöne gotische Holzbildwerke.

Freckenhorst *Reg.-Bez. Münster*   576 □ 2
Die ehem. STIFTSKIRCHE ist berühmt wegen ihres
imposanten Westwerks. Von solchen Fassadenquer-
bauten, die frühmittelalterlichen Klosterkirchen von
Rang, vor allem im Gebiet zwischen Elbe und Weser, vorgelegt wurden, haben sich nur wenige erhalten. Der mächtige quadratische Mittelturm, nur in
seinen drei Obergeschossen durch Fenster gegliedert
und von runden Treppentürmen flankiert, bietet
mit seinem rustikalen Bruchsteinmauerwerk eines
der schönsten Beispiele westfälischer Baukunst. Die
dreischiffige romanische Pfeilerbasilika mit Querschiff und Querschifftürmchen, gerade geschlossenem Chor und Krypta enthält einen Taufstein und
eine Tumba mit der Liegefigur der Stiftsgründerin
Geva aus dem 12. Jh.

TAUFSTEIN IN DER STIFTSKIRCHE,
FRECKENHORST
*Sieben Szenen unter flachbogigen Arkaden erzählen
die Geschichte Jesu von der Verkündigung bis zum
Weltgericht. Ehrfurcht und Furcht zeichnet die Gestalten, denen der Meißel eines unbekannten Meisters flächige Konturen gab. Das Inschriftenband
gibt uns Kunde von der Weihe der Kirche, 1129.
Um diese Zeit entstand auch der Taufstein, er ist
der bedeutendste der deutschen Romanik.*

Fredelsloh *Reg.-Bez. Hildesheim*   578 ■ 1
KLOSTERKIRCHE Das Kloster war einige Zeit für
Nonnen und Mönche bestimmt. Die romanische
Pfeilerbasilika (12. Jh.) ist nach einem Brand im
Mittelalter noch nicht wiederhergestellt. Zur Non-
nenempore führt eine Wendeltreppe, die wie eine
Apside der Doppelturmfront vorgesetzt ist.

Freiburg im Breisgau *Baden-Württemberg* 606 ■ 2
Die Stadt Freiburg i. Br. wurde 1120 von Herzog Konrad von Zähringen als planmäßige Anlage
am Handelsweg, der von Schwaben über den
Schwarzwald ins Elsaß bis nach Burgund führte,
gegründet. Der Herzog, der auf dem Schloßberg
eine feste Burg bewohnte, teilte „ansehnlichen Han-
delsleuten" 50 Fuß breite und 100 Fuß lange
Grundstücke zu, auf denen diese Häuser aus Stein
bauen durften. Die in einigen Straßen noch fließenden „Bächle" sind Reste alter Kanalisation aus
dem 13. Jh. Nach dem Aussterben der Zähringer
(1218) wurden die Grafen von Urach Herren von
Freiburg; da es mit den neuen Herren zu immer
schwereren Streitigkeiten kam, kaufte sich die
Stadt im 14. durch 15 000 Mark Silber los und
begab sich unter den Schutz Österreichs. Im Dreißigjährigen Krieg begannen schlimme Zeiten: kaiserliche, spanische, schwedische, französische Truppen eroberten und beherrschten abwechselnd die
Stadt. Bis Vauban, der berühmte Festungsbaumeister des Sonnenkönigs, die Befestigungswerke
baute, die im 18. Jh. vor der Abtretung der Stadt an
Österreich geschleift wurden. Seit 1806 gehört Freiburg zum Lande Baden. Die starken Zerstörungen
aus dem zweiten Weltkrieg sind größtenteils behoben.
Die ADELHAUSER KIRCHE glänzt in aller Farbenpracht des Barock; als Kirche des unter französi-

STADT MIT DEM MÜNSTER

Aus verschiedenen Nuancen und Entwicklungsstufen der Gotik erstand durch Zufall und durch Planung der „schönste Turm der Christenheit": geschickte Übergänge schaffen ein Fließen der Linien, aus edlem Maß erwächst die vollkommene Proportion, und die Steigerung der architektonischen Mittel erreicht ihren Höhepunkt in dem völlig durchlichteten Steinfiligran der Helmpyramide, die kein Dach mehr ist, sondern ein Kunstwerk an sich.

GLASFENSTER AUS DEM MÜNSTER

Thronender Christus – aus der Vierpaßbegrenzung gewinnt das Glasgemälde seine Spannung, die sich im Faltenwurf des Gewandes, in der Geste und dem entrückten Ausdruck des Antlitzes sammelt und zugleich entlädt. Sechs der frühgotischen Fenster, die eine Straßburger Werkstatt um 1240 für den romanischen Teil des Münsters anfertigte, sind uns erhalten. Augustinermuseum, Freiburg

WANDBEHANG AUS DEM KLOSTER ADELHAUSEN

Drachen und Papageien auf rotem Grund, umgeben von weißen, gelben und türkisfarbenen Ranken und Blüten, sind die wechselnden Bilder des Wollteppichs, den um 1280 die klösterlichen Damen wirkten. Er war bestimmt für einzelne Kissenplatten, deren Größe eines der quadratischen Felder entspricht. Augustinermuseum, Freiburg

scher Herrschaft erbauten Neuklosters bewahrt sie mittelalterliche Kunstschätze, die aus durch Vaubans Festungsbau zerstörten Klöstern stammen.

AUGUSTINERMUSEUM Die schönsten und wertvollsten Beispiele für die Kunst am Oberrhein im Mittelalter können in diesem ehemaligen Augustinereremitenkloster, 13. Jh., bewundert werden. Im alten Kreuzgang ahnt man beim Blick durch die Maßwerkfenster in den Innenhof, wie es im 14. Jh. in diesem Kloster aussah.

Die FRANZISKANERKLOSTERKIRCHE aus dem 13. Jh. wurde nach der Zerstörung 1944 im alten Stil wieder aufgebaut.

Wann mit dem Bau des prächtigen KAUFHAUSES begonnen wurde, ist nicht bekannt, jedoch konnte bereits 1527 „die groß stuben" dem Schreinermeister Sebolt für 14 Gulden Lohn zur Ausstattung

ADELHAUSER KREUZ

Um 1340 arbeitete eine Werkstatt am Mittelrhein dieses Altar- und Vortragekreuz. Der Graf von Oettingen gab es in Auftrag zur Erinnerung an seinen Sohn, der auf einer Pilgerfahrt in Venedig gestorben war. Die Goldschmiedearbeit ist mit Perlen, Juwelen und Figuren besetzt. Augustinermuseum, Freiburg

FIGUREN VOM HAUPTPORTAL DES MÜNSTERS

Frankreich, vor allem die Kathedralen von Reims und Straßburg, ist das große Vorbild der gotischen Plastik am Hauptportal des Freiburger Münsters. Am Mittelpfeiler hat die gekrönte stehende Madonna, eine schlanke, lächelnde Jungfrau, den ihr gebührenden beherrschenden Platz. In der ersten Stufe des rechten Gewändes die Synagoge, eine ritterlich-schöne Frauengestalt. Sie findet ihre Entsprechung in der Ecclesia im linken Gewände: sie sind die Personifikationen des Alten und des Neuen Testaments. Der Synagoge zur Seite die erste der Törichten Jungfrauen.

von Decke, Wandtäfelung und Fußboden in Auftrag gegeben werden. Zur Lagerung dienten die unteren Hallen und ein Speicher. Den schönsten Schmuck erhielt die Fassade durch Standbilder der vier Habsburger, die Freiburg besonders gefördert haben. Auf Konsolen stehen dort unter Baldachinen die von Meister Sixt von Staufen 1530–32 gemeißelten Renaissancegestalten von Kaiser Maximilian I., seinem Sohn Philipp dem Schönen von Burgund, Kaiser Karl V. und König Ferdinand I. MÜNSTER Um 1120 beginnt die Baugeschichte des Freiburger Münsters, das Berthold V. von Zähringen zu seiner Grabeskirche erwählte. Am Lorettoberg brach man den roten und gelben Sandstein und baute damit das Querschiff, die Untergeschosse der Osttürme und ab 1280 den viereckigen massigen Unterbau des Westturms. Um 1230 hatte man sich beim Bau des Langhauses der burgundischen Gotik zugewandt. Die Grundsteinlegung für den spätgotischen Chor mit Kapellenkranz fand 1354 statt, zur Vollendung kam er erst im 16. Jh. Tritt der Besucher von Westen her durch den spitzbogigen Eingang im Untergeschoß des im 14. Jh. vollendeten Westturms in die Vorhalle, so blicken auf ihn von den Seitenwänden die Statuen der klugen und törichten Jungfrauen, Heiligen und deren Widersacher herab. Ist er vor dem Portal angelangt, kann er am Mittelpfeiler zu einer mit einer goldenen Krone geschmückten Madonnenstatue aufblicken und im Giebelfeld über dem Portal wie in einer Bilderbibel die ganze Lebensgeschichte Christi lesen. Wirft er nach dem Eintritt ins Halbdunkel des Kirchenraumes einen Blick zurück, so wird er die künstlerisch wertvollste Madonnenstatue des Münsters im Innern des Hauptportals bewundern. Im Langhaus leuchten zwischen den wuchtigen Strebepfeilern mit Apostelfiguren die herrlichen Farben der alten Glasfenster hindurch, mit denen die Seitenschiffe geschmückt sind. Ein weiteres farbiges Wunderwerk bietet sich dem Auge bei Betrachtung des Hochaltars im hochgotischen Chor, an dem Hans Baldung Grien vier Jahre lang, 1512–1516, gearbeitet hat. Genannt seien noch das Böcklinkreuz (um 1200), der Schutzmantelaltar des Sixt von Staufen (1520–24), der Oberriedaltar von Hans Holbein d. J. und das Barockgrabmal für General v. Rodt. Das Erlebnis einer Besichtigung des Freiburger Münsters findet seine Krönung durch die Besteigung des Turms. STADTTORE Wenn im Mittelalter die Reisenden und Kaufleute von Schwaben her über den Schwarzwald nach Freiburg reisten, führte sie der Weg durch das heute noch erhaltene Schwabentor in die Stadt hinein. Durch die Salzstraße kamen sie auf die Große Gaß, die heutige Kaiser-Josef-Straße, auf der Markt gehalten und die durch zwei Stadttore begrenzt und geschützt wurde. Eins davon, das Martinstor, steht noch. Der Aufbau aus dem 19. Jh. UNIVERSITÄT Dem Lehrbetrieb der Alberta-Ludoviciana, der 1457 von Herzog Albrecht VI. von Österreich gegründeten Universität, dienen heute das von Hermann Billing (1906–11) im Jugendstil erbaute Kollegiengebäude I und das nach einem Entwurf Otto Ernst Schweizers in den Jahren 1957–60 entstandene Kollegiengebäude II.

Freienfels *Reg.-Bez. Darmstadt* 585 ▪ 8
BURGRUINE Trutzig ragt die Nassauerburg des 14. Jh. auf waldigem Fels ins Weiltal. Interessant die starke Schildmauer mit eingebautem Wehrgang.

KRYPTA DES DOMS, FREISING
Fünf Jahrhunderte liegen zwischen der barocken Pracht im Innern des Doms und der romanischen Krypta unter dem Chor, in der nur der Stein spricht. An einer der mit figürlichen Reliefs verzierten Säulen findet sich eine Signatur: Livtpreht. Wir wissen nicht, ob es der Name des Meisters ist, der auch die kunstvolle Steinmetzarbeit der ganz Plastik gewordenen Bestiensäule leistete.

Freinsheim *Rheinhessen-Pfalz* 593 □ 8
Der hübsche Weinort hat ein stattliches Rathaus, eindrucksvolle Stadtmauern und Stadttore sowie schöne Wohnbauten des 16.–18. Jh. Die spätgotische ev. Kirche hat sehenswerte Renaissanceportale.

Freising *Oberbayern* 603 □ 6
Die reizvolle Stadt im Isartal ist von Hügeln eingegrenzt. Das verhinderte ihr Wachstum: Sie ist nur wenig über den alten Bereich hinausgewachsen. Aber ihre Tradition als geistliche Stadt – ihr Zentrum ist der Domberg – setzt sie auch heute noch fort, obwohl 1821 der Bischofssitz des Erzbistums München-Freising in die Landeshauptstadt verlegt wurde. – In der unteren Stadt erfreuen die reichgestalteten Häuserfassaden des 17. und 18. Jh., der Mohrenbrunnen (1700), die Mariensäule (1674) und einige kleine Kirchen, spätgotisch und barock, den Besucher. Ein markantes Bauwerk ist das vierflügelige ehem. fürstbischöfliche Lyzeum (1697) am Marienplatz mit Freskenschmuck von Hans Georg Asam (1709).
BENEDIKTUSKAPELLE (Alter Dom) Die dreischiffige Halle von 1340 trägt nun ein schönes barockes Gewand über der gotischen Architektur. Sehr reizvoll das frühgotische Hornbeck-Fenster (1412). Im Nebengebäude die Dombibliothek.
Die BISCHÖFLICHE RESIDENZ ist durch den Fürstengang (1683) mit dem Dom verbunden. Ihr heuti-

ges Gesicht gestaltete das frühe 17. Jh. Renaissance ist der Arkadenhof (1519), barock die reichstukkierte Hofkapelle.

DOM Der alte romanische Dom – deutlich zu sehen an der Chorhauptapsis – steckt noch in dem großartigen Bauwerk, das Gotik und Barock überformten. Der ganze Bezirk gleicht heute einer Domstadt, alle Gebäude erscheinen dem fünfschiffigen Dom zugeordnet. Ein Marmorportal (1681), einziger Schmuck der Fassade, führt in die gewölbte Vorhalle (1314), dann vor das schöne spätromanische Innenportal (um 1200) mit ausdrucksvollen Relieffiguren. Das um einige Stufen tiefer liegende, weite und hohe Schiff präsentiert sich nun in schwelgerischem Barock – hohe Dekorationskunst der Gebrüder Asam – und läuft zu auf den wieder ansteigenden Chor und den Hochaltar mit einem Gemälde der Apokalyptischen Maria von Rubens (Kopie). – Die an das südliche Seitenschiff anschließende stimmungsvolle Johanneskapelle ist eine kleine Kostbarkeit, gestaltet von den Gebrüdern Asam. – Unter dem Chor die vierschiffige romanische Krypta (um 1205).

Die JOHANNESKIRCHE am Domplatz, die alte Taufkirche, ist eine interessante frühgotische dreischiffige Basilika (1319–21).

Westlich des Dombergs die Bauten des Priesterseminars (1959/60) und der Andreasbrunnen (1697).

NEUSTIFT ST. PETER UND PAUL (18. Jh.) Außen blieb manches unvollendet, innen erschließt sich einem ein heiteres Raumbild mit hellen duftigen Fresken und zartem Stuck. Ein Meisterwerk der Hochaltar von Ignaz Günther (1756). Chorgestühl und die östlichen Seitenaltäre ebenfalls von ihm.

Freudenberg   *Reg.-Bez. Arnsberg*   584 □ 2
Fürst Johann Moritz von Nassau-Siegen gab im 17. Jh. den Befehl, die abgebrannte Stadt nach einheitlichem Plan wieder aufzubauen. So entstand das heute noch wohlerhaltene Fachwerkstädtchen.

Freudenberg   *Reg.-Bez. Stuttgart*   594 □ 9
BURGRUINE Hoch über dem Main ragt aus dem Wald der Bergfried (um 1195, Obergeschosse um 1500). Die Schildmauer schließt sich an.
LAURENTIUSKAPELLE auf ummauertem Friedhof östlich der Stadt. Das romanische Kirchlein mit frühgotischem Chor birgt schöne gotische Fresken und Grabsteine. Barocke Altäre.

Freudenburg   *Reg.-Bez. Trier*   591 ■ 6
Auf einem Bergrücken liegt das einst als Stadt umwehrte Dorf. Auf der Bergspitze, hinter einem Halsgraben, die von König Johann von Böhmen gegen Trier erbaute BURG. Sie wurde 1646 zerstört.

Freudenstadt   *Reg.-Bez. Karlsruhe*   600 ■ 7
verdankt seine Entstehung der Laune eines Fürsten, der es sich in den Kopf gesetzt hatte, auf 500 m Höhe und inmitten eines „förchtig wilden Walds" etwas ganz „Modernes" zu schaffen. Modern aber war Ende des 16. Jh. das Regelmaß der italienischen Renaissancestädte. Hier entstand nach Heinr. Schickhardts Entwurf die erste Anlage dieser Art nördlich der Alpen. Um einen riesigen Marktplatz, dessen Mitte ein Schloß einnehmen sollte, laufen die Straßen im Schema des Mühlespiels. Nach kurzer wirtschaftlicher Blüte wurde Freudenstadt bedeutungslos – bis man im 19. Jh. plötzlich die

Heilkraft der Schwarzwaldluft entdeckte. 1945 wurde die Kurstadt zum größten Teil zerstört. Man hat sie nach dem alten Grundriß wieder aufgebaut, den Marktplatz säumen wieder die typischen Traufenhäuser mit Laubengängen.

STADTKIRCHE Auch sie ist 1945 zerstört worden. Sie wurde originalgetreu in den Formen gotisierender Renaissance wiederaufgebaut. Schickhardts Grundrißidee ist ohne Beispiel: Zwei Schiffe mit je einem stattlichen Turm an den Schmalseiten stoßen im rechten Winkel aufeinander. Die kostbaren alten Ausstattungsstücke wurden von Klöstern gestiftet: ein romanischer Taufstein mit phantastischen Tierornamenten und ein ebenfalls romanisches Lesepult.

LESEPULT IN DER STADTKIRCHE, FREUDENSTADT

Hochgereckte Hände tragen die Heilige Schrift – es sind die vier Evangelisten, schlanke Gestalten mit schmalen Gesichtern, nach innen blickend. Strenge Linien zeichnen ihre Gewänder, die keinen Raum haben zu freiem Faltenwurf. Dieses holzgeschnitzte Lesepult (um 1150) stammt wahrscheinlich aus Alpirsbach. Die Öffnung in der Pultfläche war für den Weihrauchbehälter bestimmt.

Freystadt *Oberpfalz* 603 □ 10
WALLFAHRTSKIRCHE Fast befremdet es, inmitten der vertrauten bayerischen Kunstlandschaft diesem südländisch anmutenden Bau zu begegnen. Sein Schöpfer ist der aus München berufene Hofbaumeister Giov. Ant. Viscardi, ein Schweizer, der diese unverkennbar italienische Note ins deutsche Barock brachte. Die über kreuzförmigem Grundriß errichtete Rotunde wird von einer hohen, laterngekrönten Kuppel überwölbt, die vier Türmchen mit Glockendächern umstehen. Das sich machtvoll weitende, prunkende Innere wird von dem lichten Kuppelraum beherrscht. Rundum treten emporengeschmückte Nischen zwischen kannelierten Säulenpaaren zurück. Zartgetönte gelb-rosa Stuckreliefs schmücken die Wände. 1950 wurden die schönen Asamfresken wieder aufgedeckt, die bei der Restaurierung im 19. Jh. übermalt worden waren.

Frickenhausen *Unterfranken* 594 □ 3
Seit tausend Jahren wird in Frickenhausen, das am südlichsten Punkt der dreieckigen Mainschleife zu Füßen leicht ansteigender Hänge liegt, Wein gebaut. Um die kostbaren Weinvorräte zu schützen, wurde das Winzerdorf 1477 mit einer RINGMAUER umgeben, die noch heute die seither kaum gewachsene Siedlung umschließt. Die vier Tore, deren schönstes das Maintor ist, die schmalen Winzerhäuser, das spätgotische Rathaus und die stattlichen Wohnhäuser der Weinhändler – dies alles bestimmt das zauberhafte Ortsbild.

Fridolfing *Oberbayern* 611 ■ 12
Die spätgotische KIRCHE ST. JOHANN zeichnet sich durch ein schönes Netzgewölbe, eine Holzempore mit Maßwerkfries und gute Holzfiguren aus.

Friedberg *Reg.-Bez. Darmstadt* 585 ■ 5
Erst Römerkastell, im 12. Jh. Reichsburg Barbarossas mit rasch aufblühender freier Reichsstadt, deren Wirtschaftskraft bis ins 14. Jh. mit Frankfurt konkurrieren konnte. Vom internationalen Handel kündet noch die marktbreite, lange Kaiserstraße als Messeplatz.
BURG Das langgestreckte Rechteck geht auf das Römerkastell zurück. Die doppelte Ummauerung mit Toren, Türmen und Zwingern des 14.–16. Jh. umschließt wie eine starke Stadtbefestigung den beschaulichen Bezirk mit Resten ehem. Burgmannenhöfe des 16.–18. Jh.
EV. STADTKIRCHE Mit wuchtiger Silhouette erhebt sich über das Dächermeer der Altstadt eine der größten hessischen Hallenkirchen. Von 1250/60 bis um 1370 baute die Bürgerschaft an diesem Monument ihrer wirtschaftlichen Stärke und politischen Selbständigkeit. Zeichen des Niedergangs der Macht ist der Torso der zweitürmig geplanten Westfassade: 1410 brachte ein Befehl des Königs den Bau zum Erliegen. Innen sind Langhaus, Querhaus und Chor zu einem weiten und hohen Raum vereint. In spätgotischer Weise sind die Wände fast völlig von den Glasflächen der Fenster mit ihrem zarten Filigran des Maßwerks durchbrochen. Nur im Chor fällt das Licht noch durch meisterhafte Glasgemälde des 15. Jh. Kostbarkeiten spätgotischer Kleinarchitektur sind Lettner und Sakramentshaus.
JUDENBAD Das etwa 25 Meter tief in der Erde verborgene rituelle Frauenbad von 1260 ist eine kulturgeschichtliche Rarität in Deutschland.

Friedberg *Schwaben* 602 □ 5
Schon im 13. Jh. stand auf der Anhöhe eine BURG. Der jetzige Bau jedoch stammt größtenteils aus der Zeit nach dem Dreißigjährigen Krieg. Herunter zur Lechebene reihen sich Türme und Türmchen und Giebel einer reizvoll altertümlichen Stadt aneinander. Das stattliche barocke Rathaus erinnert an Augsburger Bauten.
WALLFAHRTSKIRCHE UNSERES HERRN RUHE im Osten vor der Stadt. An dem eigenwilligen, massigen Bau aus der Mitte des 18. Jh. fallen die ausladende Chorkuppel, die von dem gedrungen wirkenden Turm nicht viel überragt wird, und die geschwungene Fassade des Mittelschiffs auf. Den weiten, lichten Innenraum schmückt sprießendes Rocaillerankenwerk. Matth. Günther war der Meister der Langhausdeckenbilder, Cos. Dam. Asam schuf das Chorkuppelfresko. Bei einer Renovierung entdeckte man kürzlich das Asamsche Hochaltarfresko (Anbetung der Könige). Üppig stuckierte Orgelempore. Auf den Nebenaltären spätgotisches Gnadenbild und ausgezeichnetes barockes Relief der Beweinung.

Friedewald *Reg.-Bez. Kassel* 586 ■ 1
BURG Malerische Ruine, von Wassergräben umgeben. Im 15. Jh. für die hessischen Landgrafen erbaut: quadratische Vierflügelanlage mit mächtigen runden Ecktürmen. Am Torbau Wappenrelief (1480). Wirtschaftshof mit schönem Brunnen (17. Jh.).
NADELÖHR Ein eigentümliches torförmiges Steinmal (1561) im Wald an der Straße nach Hönebach.

Friedewald *Reg.-Bez. Koblenz* 584 □ 3
SCHLOSS (1580) Die prächtige Renaissancefassade hat zwei Hauptgeschosse, die durch Pilaster in elf Felder geteilt werden. Fenster, Nischen und Skulpturen wechseln in symmetrischer Folge.

Friedland *Reg.-Bez. Hildesheim* 578 ■ 4
1945 trafen hier erste Heimkehrertransporte ein. Heute überragt ein ERINNERUNGSMAL den Ort: graue Steinflügel symbolisieren Tore, die nach allen Himmelsrichtungen hin offenstehen.

Friedrichshafen *Reg.-Bez. Tübingen* 608 ■ 8
Das BODENSEEMUSEUM im Rathaus beherbergt Kunstschätze aus Oberschwaben und dem Bodenseegebiet. Im selben Gebäude ist das ZEPPELINMUSEUM untergebracht.
KIRCHE ZUM GUTEN HIRTEN von Wilfried Beck-Erlang. Zentralbau, dessen Schiff und Turm zwei einander zugeneigte kupfergedeckte Schalen bilden (1963/64).
SCHLOSS Das ehemalige Kloster (zwischen 1654 und 1701 errichtet von Michael Beer und den Brüdern Thumb) ist im 19. Jh. zur Sommerresidenz umgebaut worden. Nach den Zerstörungen von 1945 wurde die dreiflügelige Anlage mit Binnenhof und Park wiederhergestellt.
SCHLOSSKIRCHE 1695–1701 von Chr. Thumb erbaut. Ihr hoch aufstrebendes Turmpaar mit Zwiebelhauben ist das weit über den See hin sichtbare Wahrzeichen der Stadt. Das blendende Weiß der Stukkatur, von dem sich der goldverzierte, farbige Hochaltar leuchtend abhebt, verleiht dem weiten Innenraum vornehme Festlichkeit. In der verschwenderischen Fülle von Blüten, Girlanden, Fruchtkränzen, Weinlaub und Muscheln scheint die Schönheit der Bodenseelandschaft eingefangen. Die

1626. In der ev.-luth. Kirche (1643–57) ein großes Altargemälde von Jürgen Ovens (1675).

Frischborn *Reg.-Bez. Darmstadt* 586 ▪ 9
SCHLOSS EISENBACH liegt prachtvoll inmitten des Naturparks über dem verwunschenen Lautertal. Romanischer Bergfried, spätgotische Wohnbauten mit Renaissancegiebeln. Um die Kernburg gruppieren sich Vorburg mit Torbau, Kapelle (spätgotische Wandmalereien) und Befestigungsanlagen. Zu Füßen des Schlosses die reizende gotische Annenkapelle.

Fritzlar *Reg.-Bez. Kassel* 578 □ 7
Im Grenzland gegen Sachsen war Fritzlar seit Karl d. Gr. eine wichtige Königspfalz. Im 11. Jh. kam es an Mainz und wurde neben Amöneburg dessen bedeutendster Stützpunkt gegen die Landgrafen: Die guterhaltene Befestigung (12.–13. Jh.) mit zwölf Türmen und fünf Landwarten (14. Jh.) im Umkreis der Stadt sind Zeugen einer bewegten Geschichte. Um den Marktplatz mit einem Rolandsbrunnen von 1564 reihen sich die schönsten Fach-

ZEPPELINMUSEUM, FRIEDRICHSHAFEN
Modelle, Apparate und Zeichnungen im Zeppelinmuseum geben einen Überblick über die Entwicklung der Zeppeline, und zahlreiche persönliche Stücke erinnern an Graf Ferdinand von Zeppelin, den Pionier der Luftschiffahrt.

Meister waren die Stukkateure Schmuzer aus Wessobrunn. Prachtvolles Chorgestühl. Die Gemälde der Seitenaltäre von Joh. Mich. Feuchtmayer.

Friedrichsruh *Schleswig-Holstein* 563 □ 9
Ruhesitz Otto von Bismarcks, heute Museum mit Erinnerungsstücken. Im MAUSOLEUM, 1898 in romanisierenden Formen errichtet, die Sarkophage des Fürsten und seiner Frau.

Friedrichstadt *Schleswig-Holstein* 555 □ 9
Die Stadt, eine niederländische Siedlung aus dem 17. Jh., hat sich bis heute ihren Charakter bewahrt. Das wertvollste Bauwerk ist die ALTE MÜNZE von

RÜCKSEITE DES SCHEIBENRELIQUIARS AUS DER DOMSCHATZKAMMER, FRITZLAR
Das berühmteste Stück des Domschatzes ist dieses Reliquiar in Form einer Scheibe, in das man von unten die Reliquien hineinschob. Es ist eine Goldschmiedearbeit aus der Mitte des 12. Jh. Eine iroschottische Arbeit aus dem 7. Jh. ist wahrscheinlich der Rücken des oben aufgelegten liturgischen Kammes (die Zinken fehlen), der dem Bischof vor dem Gottesdienst zum Reinigen seiner Haare diente. Die abgebildete Rückseite des Reliquiars zeigt zwei springende Fabelwesen, umgeben von ornamentalem Rankenwerk.

MARKTPLATZ, FRIEDRICHSTADT
Die Stadt ist benannt nach Herzog Friedrich III., der hier 1621 niederländische Remonstranten ansiedelte, die wegen ihres Glaubens aus ihrer Heimat vertrieben worden waren. Die Anlage der Stadt mit ihren Grachten und hellen Giebelhausfassaden erinnert noch heute an holländische Orte des 17. Jh.

werkhäuser. Ein Rathaus von 1441 und stattliche Kurien am Domhof gehören zum Stadtbild.
DOM Die ehem. Benediktinerstiftskirche ist in verschiedenen Epochen gewachsen und ausgestattet. Ende des 12. Jh. wurde sie um- und neugebaut: eine Basilika mit Doppelturmfassade und Vorhalle (Paradies um 1240), Querhaus, reichgegliederter Apsis (Mittelfenster gotisch). Die romanische Hauptkrypta mit Nebenkrypten entstand schon um 1100. Das zweite südliche Seitenschiff wie der Kreuzgang vom Anfang des 14. Jh., die schlanke Marienkapelle am Nordquerhaus wenig später. Am nördlichen Seitenschiff eine kleine barocke Vorhalle,

der „Rote Hals", einst die Johanneskapelle, die ihren Namen vom abgeschlagenen Haupt ihres Patrons erhielt. Romanische Ausstattung: ein großes Petrusrelief in der nördlichen Krypta, im Chor ein Lesepult, in der Schatzkammer Altarkreuz, Tragaltärchen, ein berühmtes Scheibenreliquiar. Gotisch das Triumphkreuz, Zelebrantenstuhl und Reste des Chorgestühls und vieles andere. Im südlichen Querhaus ein Turm Davids mit Marienkrönung, eines der monumentalsten Wandbilder dieser Epoche (um 1330). Spätgotisch das prachtvolle Sakramentshaus im Mittelschiff, vor 1524, die Chorschranken, die Hankratsche Ablaßtafel im Kreuzgang. Die Hauptteile der Ausstattung sind jedoch barock: Hochaltar, Nebenaltäre und Kanzel sowie die Orgel. Über dem Kreuzgang das Dommuseum mit dem Musikzimmer.

FRAUMÜNSTERKIRCHE Schlichter Saalbau, im Kern frühromanisch, mit bemerkenswerten Wandmalereien (um 1300).

HOCHZEITSHAUS Stattlicher Fachwerkbau der Renaissance, mit Ur- und Frühgeschichtlichem Museum.

PFARRKIRCHE früher Minoritenklosterkirche. Lichte, unsymmetrisch zweischiffige gotische Halle (14. Jh.) mit langem Chor, dort Wandmalerei (14. Jh.).

URSULINENKLOSTER in der Neustadt zu Füßen des Doms. Kirche 14. Jh., Klostergebäude barock.

Fröndenberg *Reg.-Bez. Arnsberg* 576 ▪ 3
EV. PFARRKIRCHE Die Ostfassade des um 1230 errichteten einschiffigen Baus mit Blendrose und steinerner Muttergottesfigur an der Giebelwand zeigt den Übergang von der Spätromanik zur Frühgotik. Im Inneren der ehem. Klosterkirche das Grabmal des Grafen Eberhard von der Mark und seiner Gemahlin Ermgard (14. Jh.). Hochaltargemälde eines Zeitgenossen des Konrad von Soest.

Froschhausen *Oberbayern* 610 □ 9
Sehr reizvoll ist die in bestem, phantasiereichem Rokoko gestaltete WALLFAHRTSKIRCHE ST. LEONHARD.

Füchtorf *Reg.-Bez. Münster* 569 □ 8
Die Wasserburg Haus Harkotten wurde 1334 geteilt. Aus der Doppelburg entstanden zwei Schlösser. SCHLOSS KETTELER wurde ab 1754 erbaut. Schmale Eckrisalite und ein geschwungen übergiebelter Mittelrisalit gliedern die Fassade unter dem barocken Mansardendach. SCHLOSS KORFF von 1806 ist ein klassizistischer Werksteinbau von schön ausgewogenen Maßen. Kapelle von 1665.

Fünfstetten *Schwaben* 602 ▪ 12
besitzt ein einfaches dreiflügeliges Schloß (16. bis 19. Jh.) und eine hübsche Rokokokirche mit mittelalterlichem Turm.

Fürstenau *Reg.-Bez. Osnabrück* 568 ▪ 3
STIFTSBURG Reste von Wall, Graben und Bastionen blieben von der Wasserburg des 14. Jh. An die Residenz des Bischofs von Osnabrück erinnern das Schloß (16. Jh.) und der regelmäßige Stadtgrundriß.

Fürstenberg *Reg.-Bez. Detmold* 577 ▪ 3
Für die Grafen Westphalen errichtete der hessische Barockbaumeister Simon L. Du Ry 1776–83 das elegante SCHLOSS mit seinen Seitenpavillons, unter Einbeziehung eines mittelalterlichen Eckturms.

Fürstenberg/Weser *Reg.-Bez. Hildesheim* 578 ▪ 10
In dem hellen SCHLOSS (größtenteils aus der Renaissance) gründete um 1747 ein Braunschweiger Herzog die nach Meißen älteste deutsche Porzellanmanufaktur. In der Schausammlung die schönsten Stücke der zweihundertjährigen Produktion.

KLOSTERBIBLIOTHEK, FÜRSTENZELL

Farbigkeit, maßvolle Bewegtheit und viele kostbare Details formen einen der schönsten Räume bayerischen Rokokos: Marmorsäulen, die in Atlantenkörpern enden, tragen die Empore. Ihre Brüstung sind kräftige holzgeschnitzte Ornamente, besetzt mit lebhaften Putten. Über den Aufgängen stehen sich Knabenfiguren gegenüber, allegorische Darstellungen des offenen und des hinterhältigen Kampfes, wie er in der Literatur beschrieben ist. Das große Deckenfresko von Matth. Günther und Joh. Jak. Zeiller allerdings ließ das 19. Jh. verschwinden.

Fürstenfeldbruck *Oberbayern* 610 □ 10
EHEM. KLOSTER 1258 hatte es Herzog Ludwig der Strenge als Sühne für die voreilige Hinrichtung seiner zu Unrecht verdächtigten Gemahlin Maria von Brabant gegründet. Giovanni Antonio Viscardi lieferte die Pläne für den großartigen Neubau der Kirche von 1701 (mit Turm 1752 vollendet), der deutsches und italienisches Barock zu verbinden suchte. Es entstand eine schwere, in Höhe und Breite gleichermaßen sich dehnende Wandpfeileranlage mit Seitenkapellen und zwei Emporen an den Längsseiten. Farbigkeit beherrscht den Raum: Die rot-grauen Stuckmarmorsäulen tragen vergoldete Kapitelle, leuchtend grün sind die Brüstungsbehänge und der von Putten hochgehaltene Vorhang über dem Chorbogen, zartrosa und gelb die Stukkaturen in der Höhe. Die leuchtenden, quellenden Gewölbefresken Cos. Dam. Asams, die Szenen aus dem Leben Bernhards von Clairvaux erzählen, finden eine Parallele in den weniger gefüllten, lebendigeren Fresken im Chor und über den Seitenkapellen. Mächtiger Hochaltar mit reichem Ranken- und Figurenschmuck. Die mittleren Seitenaltäre von Egid Quirin Asam. Die drei Geschosse der breiten, pompösen Fassade werden durch dreipaarige Säulen gekennzeichnet. Einer Blendbalustrade mit kupfernen Figuren schließt sich der Volutengiebel an. Die reich stuckierten KLOSTERGEBÄUDE wurden auch nach den Plänen Viscardis erbaut (1682–1704).

Fürstenzell *Niederbayern* 604 □ 4
EHEM. KLOSTERKIRCHE (1739–45) Joh. Mich. Fischer war der Meister, der die von seinem Vorgänger geschaffene rohe architektonische Struktur modellierte. Zu der breiten, in der Mitte vorschwellenden Fassade bilden die beiden schlanken Vierkanttürme mit den stark gegliederten, gekurvten hohen Helmen das vertikale Gegengewicht. Die schweren, breiten Wandpfeiler sind durch Pilaster aufgelockert, Emporen schwingen sich über den Kapellen von Pfeiler zu Pfeiler, die Last des Tonnengewölbes wird aufgefangen durch die spielerische Leichtigkeit des üppigen Stuckwerks, das zu den farbenkräftigen Deckenfresken hinleitet und sie umschließt. Organisch fügt sich der Hochaltar von Joh. Bapt. Straub dem Raumganzen ein. Die Tabernakelengel sind an Grazie und Liebreiz nicht zu übertreffen. – In den KLOSTERGEBÄUDEN die Bibliothek und der Fürstensaal in meisterhaftem Rokoko.

Fürth *Mittelfranken* 595 ■ 5
Am berühmtesten wurde die heute unmittelbar an Nürnberg angrenzende Industriestadt als „Zielbahnhof" der ersten deutschen Eisenbahn, die am 7. 12. 1835 von Nürnberg nach Fürth fuhr. MICHAELSKIRCHE Sie enthält ein spätgotisches Sakramentshäuschen von 1505 und wurde 1959 mit modernen Glasfenstern ausgestattet. Neben ihr das Pfarrhaus, ein schöner Fachwerkbau.

Füssen *Schwaben* 609 ■ 6
Die kleine Stadt im zerklüfteten Lechtal, umgeben von den mächtigen Felsgipfeln der Alpen und bewaldeten Höhen der Vorberge, war einst ein wichtiger Stützpunkt der Handelsstraße von Augsburg nach Oberitalien.
EHEM. BENEDIKTINERKLOSTERKIRCHE Der irische Mönch Magnus wird der Apostel des Allgäus und gründet hier ein kleines Kloster. Von der früh-

romanischen Kirche (10. Jh.) blieb die in ihrer Urwüchsigkeit schöne Magnuskrypta erhalten, Reste eines Freskos um 1000. Der dreischiffige, hallenartige Langhauskomplex mit den eigenartigen dreigeteilten Fenstern verrät in der Aneinanderreihung von Flachkuppeln neben der großartigen hohen Vierungskuppel den venezianischen Einfluß des Baumeisters, der zugleich auch Stukkateur und Freskomaler war und hier so etwas wie ein Gesamtkunstwerk schuf. Die Figuren an Altären und Kanzel, die Marmorreliefs an den Pfeilern vervollständigen den künstlerischen Wohlklang. In der vortrefflich dekorierten Magnuskapelle ruhen jetzt die Reliquien des Kirchenpatrons.
Das SCHLOSS ist ein stattlicher gotischer Komplex, der sich durch manches schöne Detail auszeichnet: zwei hübsche Erker und originale Wandmalerei im Fürstenflügel, einen Treppenturm mit enger Stiege, einen feierlichen Rittersaal mit herrlicher Holzkassettendecke.
SPITALKIRCHE (1748/49) Ihre originelle, vollständig bemalte Fassade ist ein lebendiger Akzent von volkskundlichem Reiz im Bild der Stadt.

Fulda *Reg.-Bez. Kassel* 586 ■ 6
Das barock aus der Tiefe der Karolingerzeit herausgewachsene Fulda liegt zwischen Vogelsberg und Rhön, „eine Residenz des Himmels, mit allem Glanz und aller Großartigkeit einer Residenz, die repräsentieren muß für die Anwesenheit eines Größeren". (Fritz Usinger) Im Jahr 744 gründete der Bonifatiusschüler Sturmius die fuldische Abtei, deren Stiftskirche von den Äbten Ratgar und Eigil gebaut wurde. Aus dem geistlichen Stift Fulda wurde nach der Begegnung Heinrichs II. mit Papst

DOM, FULDA
Daß die beiden Türme der Ostfassade für eine Barockkirche so merkwürdig eng stehen, hat einen Grund: hier sind Reste der Vorgängerkirche verbaut. Unter all den Kuppeln, Türmen, Laternen und Kapellen spürt man sie sonst nicht mehr. Die Ostfront gewinnt optisch an Breite durch die seitlichen kuppelüberdachten Kapellen und die Obelisken nebenan – eine geniale Idee Johann Dientzenhofers.

ROTUNDE DER MICHAELSKIRCHE

Die ehemalige Friedhofskapelle der Abtei ist die älteste erhaltene Nachbildung der Grabeskirche von Jerusalem auf deutschem Boden. Sie ist ein Juwel früher deutscher Architektur. Die ältesten Teile stammen aus der Zeit um 820. Acht Säulen begrenzen einen zweigeschossigen Umgang; die Akanthuskapitelle wurden wahrscheinlich im 10. Jh. geschaffen, die schlichten Kapitelle und die dekorativen Wandmalereien hinterließ das frühe 11. Jh.

Benedikt VIII. am Bonifatiusgrab (1. Mai 1020) eine landeshoheitliche Residenz, deren Fürstäbte und Fürstbischöfe dem Hof des Kaisers nahestanden. Im Kloster Fulda entstand die älteste Fassung des Hildebrandliedes, seine Schreib- und Malschule zählte zu den bedeutendsten des Mittelalters. Auf den Hügeln über der Stadt: St. Peter mit dem Grab der hl. Lioba, St. Andreas zu Neuenberg, St. Johannes und Kloster Frauenberg, tausendjährig wie das Heertor, eines der ältesten Stadttore Deutschlands.

Der DOM, tiefer liegend als die rundum ansteigenden Barockbauten aus der Zeit der Fürstäbte Schleifras, Buseck und Buttlar, erhebt sich als kuppelgekrönter Barockkoloß auf dem weiten Platz der 1704 niedergerissenen romanischen Basilika, die vordem mit Alt-St.-Peter in Rom verglichen wurde. Von hier aus begann Joh. Dientzenhofer die vollkommene Umwandlung der selbstbewußten fuldischen Residenz. Das raumgreifende Lebensgefühl und die wuchtige Prachtliebe des Barock modellierten die himmlisch-irdische Residenz von Grund auf neu. Der Innenraum mit viel weißem Stuck, schönen Stuckfiguren ist reich, ohne üppig zu sein, bewegt, aber ohne Überschwang. Zu rühmen die geschnitzte Kanzel und das Schnitzwerk der bedeutenden Orgel. In der Krypta ein Altar für den Apostel der Deutschen, Bonifatius, dessen Martyrium und Auferstehung ein Relief erzählt.

Die MICHAELSKIRCHE neben dem Bischofspalais steht heute fast in ihrer karolingischen Urgestalt

wieder da. Rabanus Maurus, der Lehrmeister Germaniens, entwarf ihren Grundriß nach dem Vorbild des Hl. Grabes in Jerusalem, Abt Eigil errichtete dieses Juwel früher deutscher Architektur um 820. Aus der Zeit stammt die Krypta mit der tragenden Mittelsäule, die darüber auf acht schweren Säulen ruhende Rotunde ist eines der ehrwürdigsten Baudenkmäler des frühen Mittelalters. Um auch hier die Kreuzesform zu erreichen, baute man um 1000 ein schlichtes, flachgedecktes Langhaus an, durch das man heute die Kirche mit dem festungsartigen Westturm betritt. Zwei kleine Querhausbauten bildeten dann das Kreuz um die Rotunde. Der spitze runde Turm kam erst im 17. Jh. hinzu.

Das STADTSCHLOSS, aus einer mittelalterlichen Abtsburg zu einem Renaissancebau umgestaltet und in seiner heutigen Form unter Joh. Dientzenhofers Leitung entstanden, die schwerelose Orangerie mit ihren Balustradenterrassen, Dientzenhofers Paulustor, die Hauptwache, das barocke Sommerschlößchen der Fasanerie im nahen Wildpark, das Spiel der Freitreppen, Götterfiguren, Brunnen, Portale, Stukkaturen und Saalkleinodien bilden einen

FLORAVASE IM SCHLOSSGARTEN

Von all den Plastiken, die den Schloßgarten schmücken und die Pracht der Orangerie noch unterstreichen, ist die Floravase die schönste. Umrankt von Blütengewinden und umspielt von Putten, entsteigt eine graziös-beschwingte Gestalt dem phantasievollen Blumenkorb: Flora, die Göttin der Pflanzenwelt, in bauschigem Gewand. Der Bamberger Joh. Friedr. Humbach schuf sie 1728. Der Weiße Saal in der Orangerie (1722–30) zeigt, daß hier auch Feste gefeiert und nicht nur empfindliche Pflanzen geschützt wurden.

Reigen von berückender Geschlossenheit. Aus dem rokokozarten und golden schimmernden Spiegelkabinett fällt der Blick auf die Adelspalais des Schloßplatzes und die empordrängenden Türme des Doms.

ASTRONOMISCHE UHR AUS DEM
UHRENMUSEUM, FURTWANGEN

Aus dem Kloster St. Peter, das im 18. Jh. ein Zentrum des Schwarzwälder Uhrenbaus war, gelangte diese astronomische Uhr von 1735 in das Furtwanger Uhrenmuseum. Die beiden Glocken sorgen für den Schlag zu vollen und Viertelstunden, die beiden Zifferblätter links zeigen sie an. Auf den übrigen Blättern die 31 Monatstage, die Tierkreiszeichen und die Planeten, die den Tag beherrschen; das kleinere darüber gibt die jeweilige Mondphase an.

Funnix *Reg.-Bez. Aurich* 560 □ 2
In der PFARRKIRCHE, aus der zweiten Hälfte des 13. Jh., haben sich neben einem geschnitzten spätgotischen Passionsaltar (Ende 15. Jh.) sieben hölzerne Bildwerke aus dem 13.–16. Jh. erhalten.

Furth im Wald *Oberpfalz* 597 □ 6
Im GRENZLAND-HEIMATMUSEUM gibt es eine Oberpfälzer Bauernstube und eine Sammlung von Hinterglasbildern zu sehen. Einige Ausstellungsstücke erinnern an den „Drachenstich", ein uraltes Volksschauspiel, das hier jährlich aufgeführt wird.

Furtwangen *Reg.-Bez. Freiburg i. Br.* 607 □ 10
Furtwangen ist bekannt durch seine Uhrenindustrie. In einem modernen Museumsgebäude befindet sich die weltbekannte UHRENSAMMLUNG: einfachste hölzerne Gestelle bis zur modernen Präzisionsuhr.

Futterkamp *Schleswig-Holstein* 556 ■ 8
Die bis zu 56 Meter langen RIESENBETTEN auf dem Ruser Berg sind meist noch von Steinen eingefaßt, auch sieht man Reste freigelegter Grabkammern. Eines der Riesenbetten ist vollständig erhalten und bisher nicht geöffnet.

G

Gabsheim *Rheinhessen-Pfalz* 593 □ 10
Die KATH. PFARRKIRCHE, um 1500 im befestigten Friedhof erbaut, hat einen romanischen Turm, Taufstein, Kanzel und Sakramentsnische aus dem 16. und Grabsteine aus dem 14.–16. Jh.

Gaesdonk *Reg.-Bez. Düsseldorf* 575 ■ 10
COLLEGIUM AUGUSTINIANUM Die Kirche des ehem. Augustinerchorherrenstiftes wurde als einschiffiger spätgotischer Backsteinbau mit Kreuzrippengewölbe errichtet. Hölzerne Renaissancekanzel. Im allein erhaltenen spätgotischen Südflügel des Kreuzganges Bibliothek mit wertvoller Handschriftensammlung.

Gärtringen *Reg.-Bez. Stuttgart* 600 ■ 4
Die spätgotische DORFKIRCHE ist eine der schönsten und reichsten der Gegend. Alte ornamentale Gewölbemalereien.

Gaggenau *Reg.-Bez. Karlsruhe* 600 ■ 9
EHEM. GLASHÜTTE Von der 1772 angelegten Hütte haben sich an der Murg zwei Reihen von niedrigen Arbeiterhäusern, das zweistöckige Herrenhaus, die Gastwirtschaft und die Gravierhütte erhalten.

Gaibach *Unterfranken* 594 □ 2
SCHLOSS Die ehem. Wasserburg wurde um 1600 zu einem Renaissanceschloß umgebaut, dann nach Plänen Joh. Leonh. Dientzenhofers in ein Barockschloß verwandelt. Anfang des 19. Jh. erhielt es seine heutige Gestalt. Die vier Flügel öffnen sich in Arkaden zum quadratischen Innenhof. Zwei Rundtürme begrenzen die Straßenfront. Im Park die von Leo von Klenze entworfene 32 Meter hohe „Konstitutionssäule" zur Erinnerung an die bayerische Verfassung von 1818.
Die DREIFALTIGKEITSKIRCHE, ein gelungener überkuppelter Bau über kreuzförmigem Grundriß, erstand nach den Plänen Balthasar Neumanns in der ersten Hälfte des 18. Jh.

Gaildorf *Reg.-Bez. Stuttgart* 601 ■ 12
An der alten Kocherbrücke steht das ehem. WASSERSCHLOSS der Schenken von Limpurg (15. Jh.), vierflügelig, mit Galerien im Hof und runden Ecktürmen.

Gaisbeuren *Reg.-Bez. Tübingen* 608 ■ 12
Die DORFKIRCHE stammt aus dem 12. Jh. Der niedrige Turm, fast zu massig für den kleinen Bau, gehörte wahrscheinlich zu einer alten Burg. Wandgemälde aus dem 15. Jh.

Gambach *Reg.-Bez. Darmstadt* 585 ■ 5
EV. PFARRKIRCHE (1703) Einer der vielen interessanten Versuche der Barockzeit, eine dem protestantischen Predigtgottesdienst entsprechende Raumform zu finden. Dreigeschossige Emporen.

Gamburg *Reg.-Bez. Stuttgart* 594 ■ 9
Der alte romanische Bergfried beherrscht die einfachen Wohnbauten (16. Jh.) der von Zwingermauern umgebenen BURG.

Gammelsbach *Reg.-Bez. Darmstadt* 593 □ 4
RUINE FREIENSTEIN Kleine quadratische Kernburg, malerisch am Hang, mit mächtiger Schildmauer des 13.–14. Jh. Zum Tal vorgelagert, Zwinger mit Rundtürmen.

Ganderkesee *Verw.-Bez. Oldenburg* 561 □ 6
PFARRKIRCHE Das Gewölbe des Westturms, des ältesten Teils der Hallenkirche des 15. Jh., ruht auf Ecksäulen, deren Würfelkapitelle um 1100 entstanden sind. Die Orgel (1699) stammt von Arp Schnitger.

Gangelt *Reg.-Bez. Köln* 583 □ 11
KIRCHE ST. NIKOLAUS Ältester Teil der großen Backsteinbasilika ist der Turm aus dem 14. Jh., das Langhaus stammt aus dem 15. Jh. Überlebensgroße Kreuzigungsgruppe (16. Jh.).

Garding *Schleswig-Holstein* 554 ■ 3
EV. KIRCHE Der romanische Bau des 12. Jh. wurde in der Spätgotik zu einer zweischiffigen gewölbten Hallenkirche umgebaut. Der Orgelprospekt ist von 1512 und einer der ältesten Schleswig-Holsteins. Nahe der Kirche das Geburtshaus des Historikers Th. Mommsen (1817–1903), Erinnerungsstätte.

Garmisch-Partenkirchen *Oberbayern* 609 □ 4
Bayerns größtes Dorf am Fuß der Zugspitze lockt mit der Idyllik seiner traulichen Gassen, der malerischen Winkel mit Brunnen und Steinplastiken, der niederen, holzgedeckten, mit Blumenbalkonen, Figuren und Malerei verzierten Häuser. Bauerntheater und Trachtenfeste zeigen, daß hier Volkskunst und Volksglauben noch lebendig sind.
ALTE KIRCHE ST. MARTIN Von dem Bau um 1280 haben sich die rundbogigen Fenster und der Unterbau des Turmes erhalten. Im 15. Jh. wurde er verbreitert, erhielt den spitzen Turmhelm, Netzgewölbe im Schiff und einen neuen Altarraum. Bemerkenswert die gotischen Wandmalereien, besonders die Christophorusfigur (Ende 13. Jh.) an der Nordwand.

FRESKO AM „HUSAREN", GARMISCH

Im Werdenfelser Land kann man viele Häuser ansehen wie Bilderbücher: „Lüftlmaler" haben ihre Außenwände mit Fresken bedeckt. Dem Gasthof zum Husaren in Garmisch ist zwischen zwei Fenstern ein Scheinfenster aufgemalt, aus dem sich, umrahmt von reichen Ornamenten im Empirestil, ein Husar und ein Dragoner herauslehnen.

JAGDHAUS SCHACHEN, nördlich von Garmisch. Unmittelbar vor der großartigen Kulisse des Wettersteingebirges als Refugium von Ludwig II. erbaut Reich ausgestatteter Maurischer Saal.
NEUE PFARRKIRCHE ST. MARTIN (um 1730) Reichstuckierter und ausgemalter saalartiger Innenraum mit Seitenkapellen vor dem kuppelgewölbten Chor. Turm mit achteckigem Aufsatz und spitz auslaufender Zwiebelhaube.
WALLFAHRTSKIRCHE ST. ANTON Der Kernbau, das nördliche, mit stuckiertem Gewölbe überdachte Achteck, wurde um 1739 zu einem Rechteck mit ovaler Kuppel erweitert. Das hervorragende Kuppelfresko malte Joh. Ev. Holzer. Außen an der Südseite verläuft ein Arkadengang, zu dem eine doppelte Treppe hinführt. Darunter eine Grotte mit der letzten Station des Kreuzwegs.

Gars am Inn *Oberbayern* 611 □ 10
Das im 8. Jh. gegründete KLOSTER wurde Anfang des 12. Jh. in ein Chorherrenstift umgewandelt und erhielt barocken Zuschnitt. In der KIRCHE ST. MARIÄ, die nur wenige Reste aus romanischer Bauzeit aufweist, schönes Chorgestühl und aufwendige Altarbilder.

Gartow *Reg.-Bez. Lüneburg* 564 □ 8
ST. GEORGSKIRCHE Ein hoher schlichter Barockbau von 1724. Das SCHLOSS, erbaut von 1710–27 durch den Minister v. Bernstorff, bildet den Endpunkt des Ortes.

Gauersheim *Rheinhessen-Pfalz* 592 □ 3
In der EV. KIRCHE (Chorturm spätgotisch, Schiff 1751) mehrere gute Grabmäler des 16. und 17. Jh.

Gau-Odernheim *Rheinhessen-Pfalz* 593 □ 9
Die PFARRKIRCHE ist heute durch eine Mauer für den simultanen Gebrauch geteilt. Das zweischiffige Langhaus (romanisch bis spätgotisch) hat beachtliche gotische Wandmalereien. Gotischer Chor mit Netzgewölbe und guter Barockausstattung. Schönes Doppelgrabmal von etwa 1520.

Gedern *Reg.-Bez. Darmstadt* 586 □ 8
SCHLOSS In der Mitte des parkartigen Burgquadrats mit Wall und Graben die dreiflügelige unregelmäßige Anlage des 18. Jh. mit älteren Resten.

Gehrden *Reg.-Bez. Detmold* 577 □ 3
KATH. PFARRKIRCHE Romanische Gewölbebasilika über kreuzförmigem Grundriß mit massigem Turm. Im Inneren Wechsel von Säulen und Pfeilern. Üppiger Barockaltar.

Geilenkirchen *Reg.-Bez. Köln* 583 □ 11
BURG der Herren von Heinsberg, Ruine aus dem 14./15. Jh. Im Wohnhaus (1802) Klosterschule der Ursulinen.
PFARRKIRCHE ST. MARIÄ HIMMELFAHRT Einer der im Rheinland seltenen klassizistischen Zentralbauten auf kreuzförmigem Grundriß, 1822–25 von den Brüdern Cremer errichtet.
SCHLOSS TRIPS, ursprünglich Stammsitz der Grafen Berghe von Trips, liegt malerisch auf vier Inseln im Wurmtal. Die Hauptburg mit ihrem steil aus dem Wasser aufsteigenden Herrenhaus mit mächtigem Turm an der Westseite ist weitgehend noch mittelalterlicher Bestand, die innere und äußere Vorburg entstanden als einfache Ziegelbauten im 17. Jh.

BESTECK IM WMF-MUSEUM, GEISLINGEN

Dieses hübsche, mit Bildern und naiven Sinnsprü-chen geschmückte Besteck befindet sich im Werks-museum der Württembergischen Metallwarenfa-brik. Dort gibt es eine vielseitige historische Be-stecksammlung, die von Steinzeitmessern über etruskische und römische Schöpflöffel, über mittel-alterliche Vorlegebestecke sowie Stücke aus der Re-naissance und dem Barock bis zu Produkten der Neuzeit reicht.

Geisenheim *Reg.-Bez. Darmstadt* 592 □ 2
Nächst Eltville das reizvollste Städtchen am hessi-schen Rheinufer mit hübschen Fachwerkhäusern in geschlossenen Zeilen und größeren Adelshöfen. Eines der schönsten der für den Rheingau typi-schen Herrenhäuser ist das Renaissancegebäude des Schönborner Hofes von 1550.
KATH. PFARRKIRCHE Die weit in die Landschaft grüßende Doppelturmfassade ist ebenso wie die Em-poren und das Langhausgewölbe Zutat des 19. Jh. Ende des 15. Jh. entstand nur ein dreischiffiges, quadratisches Hallenlanghaus mit Flachdecken, 1511 ein mit reichem Netzgewölbe überspannter Chor. Im Inneren Grabmäler des Ortsadels.
KLOSTER MARIENTHAL wird von verschiedenen Or-den betreut. Schon seit 1313 wallfahrtet man zu einem Gnadenbild. Die Kirche verfiel und wurde im 19. Jh. gotisch erneuert.

Geislingen a. d. Steige *Reg.-Bez. Stuttgart* 601 ■ 4
Mächtige Fachwerkbauten bezeugen Wohlstand und Bedeutung der Stadt im Mittelalter. Besonders ein-drucksvoll sind der Bauhof, ein ehemaliger Frucht-kasten aus dem 16. Jh. (heute Heimatmuseum) und der Alte Zoll aus dem 15. Jh.
BESTECKMUSEUM in der Württembergischen Me-tallwarenfabrik mit kostbaren Stücken und Garni-turen aus aller Welt.
EV. STADTPFARRKIRCHE (15. Jh.) Im Chor ein spät-gotischer Schnitzaltar, der Daniel Mauch zugeschrie-ben wird (1520). Chorgestühl von Jörg Syrlin d. J. (1512) mit Prophetenbüsten. Kanzel von 1621.

Geislingen b. Balingen *Reg.-Bez. Tübingen* 600 □ 6
WASSERSCHLOSS Große, schlichte, von zwei Grä-ben umzogene Barockanlage. Im Garten ein mit Delfter Fayencekacheln ausgekleideter Pavillon.

Geiß-Nidda *Reg.-Bez. Darmstadt* 585 ■ 4
EV. PFARRKIRCHE Die auf einer Anhöhe gelegene kleine frühgotische Basilika des 13. Jh. hat in ihren etwas schweren Formen ländliches Gepräge.

Gelbersdorf *Oberbayern* 603 ■ 6
In der KIRCHE ST. GEORG (2. Hälfte des 15. Jh.) mehrere Werke gotischer Kunst, vor allem ein be-deutender Flügelaltar der Landshuter Schule (um 1480).

Geldern *Reg.-Bez. Düsseldorf* 575 ■ 9
EV. KIRCHE Hübscher Barockbau von 1736–40. Die KATH. KIRCHE wurde als Klosterkirche, von ihr steht noch der kleine Turm im Westen, im 14. Jh. er-richtet. Gotischer Umbau. 1945 standen nur noch die Umfassungsmauern, Wiederaufbau durch Do-minikus Böhm.

Gelnhausen *Reg.-Bez. Darmstadt* 586 □ 8
Der Ruhm der Stadt geht auf die Staufenkaiser zurück. Friedrich Barbarossa gründete sie 1170. Vom 13./14. Jh. an begann der Niedergang Geln-hausens, obwohl es bis 1803 freie Reichsstadt war. Die Stadtmauer des 14. Jh. umschließt noch heute weite Teile der innersten Siedlung. Zahlreiche histo-rische Häuser schließen sich zu Platzwänden an Ober- und Untermarkt und zu Zeilen in den be-nachbarten Gassen zusammen. Der Kreis des Se-henswerten spannt sich vom Romanischen Haus des 12. Jh. (restauriert 1955) und der Peterskirche des frühen 13. Jh., die erst 1938 ausgebaut wurde, zum Johanniterhof des 14./15. Jh. und zum Arnsbur-ger Klosterhof des Barock.

KAISERPFALZ, GELNHAUSEN

Noch die Ruinen dieser Pfalz Barbarossas gehören zu den bedeutendsten Dokumenten profaner Bau-kunst des deutschen Hochmittelalters. Vom Palas ist allein die Hofwand geblieben, der überdies das zweite Obergeschoß fehlt. Doch die Säulenarkaden mit den reich verzierten Kapitellen genügen, um die ehem. Großartigkeit der Fassade erkennen zu lassen, die ein Denkmal einstiger staufischer Kaiser-herrlichkeit ist.

167

EV. MARIENKIRCHE Mit prachtvoller Silhouette krönt der turmreiche Bau das Stadtbild. Bauherr war das Prämonstratenserkloster Langenselbold. Der Bau ist spätromanisch, doch von der Frühgotik stark beeinflußt. Bemerkenswert der Reichtum architektonischer Formen, dem der bildhauerische Schmuck nicht nachsteht. Drei großartige Portale mit Figuren-Bogenfeldern, Kapitelle, Konsolen und der Lettner tragen zur künstlerischen Einheit bei. Der Chor wird bereichert durch Glasmalereien (stark ergänzt) und Wandmalereien in den Blendarkaden der Wände und im Gewölbe aus der 1. Hälfte des 13. Jh. Auf die Vollendung der Ostteile folgte um 1250 der Umbau des Langhauses. Später wurden um 1446 die Seitenschiffe erhöht, die Sakristei und eine Kapelle angefügt. Das Hauptwerk der Ausstattung ist der Hochaltar. Es gibt nur wenige hessische Kirchen, in denen sich so viel gute spätgotische Kunstwerke der ursprünglichen Ausstattung erhalten haben, darunter allein vier spätgotische Altäre, Chorgestühl und Teppiche.

KAISERPFALZ-RUINE Unterhalb der Stadt ließ Kaiser Friedrich Barbarossa auf einer Kinziginsel nach 1182 auf Eichenpfählen eine Wasserburg bauen. Erhalten und restauriert sind Teile der mittelalterlichen Bauten. Von der umgebenden Vorburg und ihrer Größe zeugt heute noch die dorfartige Häuseransammlung vor der Pfalz.

Gelsenkirchen *Reg.-Bez. Münster* 576 ■ 9
Mitten im „Revier" gelegen, gehören zur Stadt (seit 1875, mit Buer und Horst seit 1924 vereint) außer Landwirtschaft noch einige Adelshöfe: Haus Leithe, Berge und Lüttinghof in Buer, Schloß Horst.
WASSERSCHLOSS HORST Als Musterbau und Anreger hat der prachtvolle vierflügelige Renaissancebau weithin in Westfalen gewirkt, doch von ihm selber blieb nur der Eingangsflügel erhalten. Der Bauherr zog vorzügliche Künstler heran, so den Steinschneider Laurenz von Brachum, der die aktuellen niederländischen und französischen Schmuckformen auf die Wände, Fenster, Tore und die vier weit vorspringenden Ecktürme übertrug; von den roten Backsteinwänden heben sich die gelben Hausteingliederungen kräftig ab. (Heute Gaststätte.)

Gelting *Schleswig-Holstein* 555 □ 1
Der friesische Bauernsohn Ingwersen (gest. 1786) wurde in holländischen Diensten zum Grandseigneur und baute sich die Burg zu einem schmucken, sehr holländischen HERRENHAUS mit Schiebefenstern und feinen Stuckarbeiten um.
KIRCHE In der Saalkirche von 1793 steht eine mächtige barocke Taufe. Die Kanzel von 1639, im Altar (1793) eine sehr gute, spätgotische Schnitzerei.

Gemen *Reg.-Bez. Münster* 575 □ 2
WASSERBURG Wuchtig steigen die Türme aus dem Wasser auf: der Archiv- und der Ballturm mit der hohen Glockenhaube. Dazwischen der Palas von 1411, später um ein Geschoß erhöht und mit einer Balustrade abgeschlossen. Alleen umziehen die Anlage, barocke Treppenlöwen bewachen das Portal.

Gemmingen *Reg.-Bez. Stuttgart* 600 □ 1
Bemerkenswert an dem SCHLOSS mit Treppenturm, Giebeln und großem Erker ist das phantastisch verzierte Renaissanceportal (1592).

WASSERBURG, GEMEN
Heute wirkt sie malerisch, romantisch, dank dem Grün des Efeus und allerlei barockem Schmuck. Im Mittelalter aber war diese Burg im Münsterland kahl, nur auf die Verteidigung hin gebaut. Vier Meter dick sind ihre Mauern im Keller; unterm Dach sind sie immer noch zwei Meter stark. Den Dachboden belegte man mit vierzig Zentimeter dicken Eichenbalken, für den Fall, daß hier einmal Steilgeschosse einhauen sollten.

Gemmrigheim *Reg.-Bez. Stuttgart* 600 □ 2
Der Turm der spätgotischen PFARRKIRCHE enthält noch den Chor des frühgotischen Vorgängerbaus und darüber eine ausgemalte Kapelle (um 1400).

Gemünden *Unterfranken* 594 □ 12
Im Südosten der Stadt die 1954 von Hans Schädel erbaute DREIFALTIGKEITSKIRCHE mit einem Altargemälde von Georg Meistermann.
Auf einer Bergzunge zwischen Main und Saale liegen die Ruinen der SCHERENBURG.
ST. PETRUS UND PAULUS Die spätgotische Kirche mit viergeschossigem Ostturm besitzt einen neugotischen Anbau und neugotische Innenausstattung.

Gemünden a. d. Wohra *Reg.-Bez. Kassel* 585 □ 2
Reizvolle FACHWERKHÄUSER, Herrenhaus (ehem. Burg), Junkernhof (mit Renaissanceportal, 1501), Altes Pfarrhaus. Reste der Stadtbefestigung. In der schlichten, klassizistisch umgebauten PFARRKIRCHE prachtvolle Rokoko-Orgel.

Gengenbach *Reg.-Bez. Freiburg i. Br.* 599 □ 4
Das Benediktinerkloster Gengenbach ist eine Gründung des Missionsbischofs Pirmin aus dem 8. Jh. Vom Kloster wurde die spätere freie Reichsstadt gegründet. Frühklassizistisches Rathaus (1784).
KLOSTERKIRCHE (heute Pfarrkirche) und KLOSTER (heute Seminar) Entscheidender Blickpunkt ist der mächtige barocke Kirchturm, der von einer schwungvollen welschen Haube bekrönt wird. Die Kirche selbst ist in wesentlichen Teilen ein Werk des 12. Jh., eine dreischiffige Basilika mit Querhaus, Nebenchören und fünf Ostapsiden. Nach gotischen und barocken Umbauten wurde der Innenraum um

1900 wieder romanisiert. Durch das Seitenportal tritt man in den Hof der ehem. Abtei, die seit 1693 von Fr. Beer erbaut wurde. Die Hoffenster sind mit gemalten Umrahmungen versehen. Besonders schön das Haupttreppenhaus, dessen geschwungene Treppe und Stuckierung Rokokogeschmack zeigen.

Gensungen *Reg.-Bez. Kassel* 578 □ 7
BURG HEILIGENBERG Ruine einer zwischen Mainz und Hessen heftig umstrittenen Burg. Die Anfahrt von der nahen Autobahn lohnt für einen prachtvollen Rundblick über das weite Edertal.

Gerlachsheim *Reg.-Bez. Stuttgart* 594 ■ 5
EHEM. KLOSTERKIRCHE (1723–30) mit figurenreicher, vorschwingender Fassade und stattlichem Turmpaar. Den weiten, schön stuckierten und ausgemalten Innenraum beherrscht der prächtige Hochaltar, flankiert von Seitenaltären in Stuckmarmor. Virtuos gearbeitete Kanzel.

Germerode *Reg.-Bez. Kassel* 578 □ 5
PFARRKIRCHE Ehem. Prämonstratenserinnenklosterkirche. Romanische Basilika von eindrucksvoller Schlichtheit, 12. Jh. (Seitenschiffe z. T. zerstört). Über einer stimmungsvollen Krypta ragen die drei Apsiden der Choranlage hoch auf. Im Westen Nonnenempore (abgemauert, davor schöne Orgel im Knorpelstil, um 1700) über einer weitläufigen niedrigen Säulenhalle (Nonnenkrypta) mit interessant ornamentierten Würfelkapitellen. Doppelturmfront mit Westportal.

Germersheim *Rheinhessen-Pfalz* 593 □ 7
Die KATH. PFARRKIRCHE, ehemals Servitenklosterkirche, ist eine spätgotische Anlage mit sehr einheitlicher neugotischer Ausstattung. – Von den geschleiften Befestigungen des 19. Jh. stehen noch das Ludwigstor und das Weißenburger Tor, beide 1838.

Gerolzhofen *Unterfranken* 595 □ 10
Von der Ummauerung sind noch drei Türme erhalten. Vorherrschend im Stadtbild sind Fachwerkbauten mit Erkern und barocke Steinhäuser, am Markt das aufragende spätgotische Rathaus. Das ehem. Würzburgische Amtshaus hat einen eigenen Mauerring; ganz in der Nähe das sog. Kalterhaus aus dem Jahre 1238. Die spätgotische PFARRKIRCHE mit den zwei Spitzhelmtürmen erhielt im 18. Jh. eine Barockausstattung.

Gersfeld *Reg.-Bez. Kassel* 586 ■ 4
EV. PFARRKIRCHE Schlichtes Äußeres in kreuzförmiger Anlage (1778 zunächst mit querorientiertem Inneren geplant), überraschend das Innere mit schlichten Emporen, die auf eine überaus prachtvolle, ausschwingende Kanzelwand mit bekrönender Orgel in reichstem Spätrokoko führen.
FRIEDHOFSKAPELLE Barock, mit Intarsienkanzel. An der Empore Brüstungsmalereien aus der alten Pfarrkirche (1593).
Unteres SCHLOSS (1740) mit hervorragend stuckiertem Rokokofestsaal (Schloßmuseum). Im gleichzeitig angelegten Schloßpark zwei schlichte ältere Bauten.

Geseke *Reg.-Bez. Arnsberg* 577 ■ 11
Die STADTKIRCHE wurde an Stelle einer romanischen Pfeilerbasilika des frühen 12. Jh. im 13. Jh. als Hallenkirche erbaut und im 14. und 15. Jh. erweitert. Eine reichgearbeitete Kanzel des frühen

18. Jh. ist das schönste Stück ihres alten Inventars. STIFTSKIRCHE Schon 946 wurde der karolingische Königshof in ein adeliges Damenstift umgewandelt. Von ihm zeugt noch ein Flügel des romanischen Kreuzgangs mit dem ehem. Kapitelsaal. Der hochragende Westturm und der wehrhafte doppeltürmige Ostbau geben der Kirche architektonisches Gewicht, dem auch die Restaurierung des späten 19. Jh. nichts anhaben konnte. Im Innern der gotischen Halle, in der noch Romanisches nachklingt, spätgotisches Sakramentshäuschen im Chor und formen- und farbenreiche Barockaltäre.

Gesmold *Reg.-Bez. Osnabrück* 569 ■ 7
SCHLOSS Der älteste Teil, Bergfried und Wohnhaus zugleich, stammt im Kern aus dem 12. Jh. Er wurde in der ersten Hälfte des 17. Jh., als die Burg zeitweise den Bischöfen von Osnabrück zur Residenz diente, mit Evangelistenstatuen geschmückt. Der im 16. und 17. Jh. angebaute zweiflügelige Wohntrakt und die hohe Mauer mit Wehrgalerie umschließen den Innenhof.

Gettorf *Schleswig-Holstein* 555 ■ 3
Die stattliche, gotisch gewölbte EV. KIRCHE wurde bereits im 13. Jh. begonnen, der Turm 1491 vollendet. Drinnen eine Bronzetaufe von 1424; der spätgotische Schnitzaltar, kurz vor der Reformation entstanden (um 1510), zeigt im Mittelschrein die Madonna. Meisterhafte Renaissancekanzel.

Giebelstadt *Unterfranken* 594 ■ 3
In dem ehem. Stammschloß der Geschlechter Geyer und Zobel wird das Richtschwert aufbewahrt, mit dem Wilhelm v. Grumbach, der Mörder des Bischofs Melchior von Zobel, 1567 geviertelt wurde.

Giekau *Schleswig-Holstein* 556 ■ 9
Vom Aussichtsturm Hessenstein (1839) geht der Blick bis zur Ostsee. Zur anderen Seite sind zwei für die Gegend ungewöhnliche Zwiebelhauben zu sehen. Sie gehören zum oft umgebauten Herrenhaus Neuhaus, dessen ältester Teil der mächtige Rundturm ist.

Giengen a. d. Brenz *Reg.-Bez. Stuttgart* 602 □ 9
EV. STADTKIRCHE Deutlich läßt das hoch gelegene Gotteshaus die Stilmerkmale seiner Bauperioden erkennen: romanisch noch die südliche Langhauswand und der Turm, hochgotisch der Chor, barock das Schiff, das auch eine einheitliche Ausstattung aus dem Ende des 17. Jh. besitzt.

Gießen *Reg.-Bez. Darmstadt* 585 ■ 4
Die Grafen von der nahen Burg Gleiberg gründeten im 12. Jh. eine Burg, von der ein Burgmannenhaus erhalten ist (Leibsches Haus), eines der ältesten gotischen Fachwerkhäuser Deutschlands. Im Schutze der Burg entstand die Stadt, günstig im Lahntal gelegen, umstritten zwischen Hessen und Mainz, Hessen-Darmstadt und Hessen-Kassel. Im frühen 17. Jh. Gründung der Universität. Das Fachwerkstadtbild ging im zweiten Weltkrieg unter. Die Ruine der doppelchörigen AUGUSTINERCHORHERRENSTIFTSKIRCHE in Schiffenberg ist von bedeutendem Eindruck (12. Jh.); flachgedeckt, im Ostchor gotische Gewölbe. In der Nähe die KOMTUREI des Deutschen Ordens. Stattlicher spätgotischer Bau (Wappentafel 1493) mit Fachwerkobergeschoß.
LIEBIG-MUSEUM im Wachthaus der ehem. Kaserne, das Justus v. Liebig 1824–52 als Labor diente.

SCHLOSS GLÜCKSBURG

Die Buchstaben GGGMF an diesem Wasserschloß sind eine Abkürzung für den Wahlspruch „Gott gebe Glück mit Frieden", von dem auch der Name des Ortes abgeleitet wird. Wenn viele Kinder ein Glück sind, so war es dem Geschlecht, das hier seinen Sitz hat, tatsächlich in reichem Maße beschieden. Denn Herzog Johann der Jüngere, der Erbauer des Renaissanceschlosses, wurde der Stammvater nicht nur des herzoglichen Hauses Schleswig-Holstein, sondern überdies auch der Königshäuser von Dänemark, Norwegen und Griechenland.

NEUES SCHLOSS (Staatl. Ingenieurschule) Langgestreckter Fachwerkbau, von 1533–39.

PFARRKIRCHE in Wieseck. Gewölbter frühgotischer Chorturm, das Schiff spätgotisch erweitert. – Ein Torturm (15. Jh.) blieb von der Ortsbefestigung.

ZEUGHAUS (Universitätsinstitute) Stattlicher Renaissancebau (1586–90); verändert erneuert.

Gießen a. d. Argen   *Reg.-Bez. Tübingen*   608 ■ 7
Der Bergfried der ummauerten, mit sechs Rundtürmen bewehrten ehem. WASSERBURG stammt aus dem 14. Jh. Das Giebelhaus daneben ist spätgotisch.

Gifhorn   *Reg.-Bez. Lüneburg*   571 ■ 9
EV. KIRCHE Die Reihe teilweise hübscher Bürgerhäuser wird an der Hauptstraße durch das lange Schiff der barocken Kirche (1734–44) unterbrochen. Altar und Kanzel bilden eine Wand, reiches Schnitzwerk, links die Figur des Moses, zur anderen Seite Johannes der Täufer.

SCHLOSS (Heimatmuseum) Der ehemals befestigte Fürstensitz der Frührenaissance (16. Jh.) war nur dem Erbauer, Herzog Franz, ständig Residenz. Sein Grab in der Kapelle, auf deren hohen Giebel zu sich der Schloßhof zuspitzt. Der Übergang von der Gotik zur Renaissance dokumentiert sich noch klarer am Torhaus.

Gimborn   *Reg.-Bez. Köln*   584 □ 12
SCHLOSS In waldreicher Gegend liegt das stattliche, mit vier Türmen bewehrte Herrenhaus von 1602,

dessen Hauptturm noch aus spätgotischer Zeit stammt. Anbauten und Veränderungen des 18. Jh.

Gingen a. d. Fils   *Reg.-Bez. Stuttgart*   601 ■ 5
Über dem Nordportal der spätgotischen EV. PFARRKIRCHE ist eine Stiftungstafel von 984 eingemauert. Sie ist die älteste kirchliche Bauinschrift Deutschlands.

Gladenbach   *Reg.-Bez. Darmstadt*   585 ■ 12
BLANKENSTEIN Geringe Reste einer mittelalterlichen Burg, auf der 1526 Herzog Ulrich von Württemberg Zuflucht fand.

HEIMATMUSEUM Heimatkundliche Sammlungen des Amtes Blankenstein.

PFARRKIRCHE Romanische Basilika, in der Spätgotik verändert. Reste von Ausmalungen des 16. bis 17. Jh.

Glatt   *Reg.-Bez. Freiburg i. Br.*   600 □ 6
Der Ort besitzt eine spätgotische Kirche, die ein schönes Vesperbild vom Ende des 15. Jh. bewahrt, und ein viertürmiges Renaissancewasserschloß.

Gleisweiler   *Rheinhessen-Pfalz*   592 □ 4
Die KIRCHE ST. STEPHAN von 1762 hat eine schöne spätbarocke Ausstattung. – Das KURHAUS Bad Gleisweiler entwarf 1840 Leo von Klenze.

Glücksburg   *Schleswig-Holstein*   555 □ 12
SCHLOSS Als Nachfolger eines Klosters entstand 1582–87 die herzogliche „Glücksburg" als Wasser-

schloß in einem aufgestauten Teich. Eines der Hauptwerke der Renaissance im Norden, ein Baublock von drei gleichartigen Giebelhäusern mit vier wuchtigen Ecktürmen. Portal, von zwei Treppentürmchen mit wappentragenden Löwen flankiert, an der Nordseite. Im barock umgestalteten Innern sind manche Räume und Säle (bedeutende Gobelinsammlung) und die Kapelle (1717) zu besichtigen.

Glückstadt *Schleswig-Holstein* 562 □ 11
Vom Dänenkönig Christian IV. 1617 als Konkurrenzgründung zu Hamburg angelegt, zeigt die Stadt an der Elbe noch mit Resten des ovalen Festungsrings, dem zentralen Marktplatz einen planmäßigen Grundriß. Beachtenswert das um 1740 erweiterte Brockdorff-Palais und das Palais Wasmer, etwa 1715, mit barockem Treppenhaus und Saal von 1729. Am Fleth und am Hafen zahlreiche Bürgerhäuser des 17. und 18. Jh.
EV. KIRCHE Der Backsteinbau aus dem 17. Jh. mit der pittoresken Turmhaube hat eine farbfreudig festliche Barockausstattung. Ein Chorgitter wie dieses von 1706 gibt es nur noch in wenigen evangelischen Kirchen.
Das RATHAUS von 1873 ist dem von 1643 historisierend in Backstein nachgebildet.

Gmund *Oberbayern* 610 ■ 8
ST. ÄGIDIUS Die Weiträumigkeit und Pracht des Innenraumes verrät den Einfluß des italienischen Barock. Hochaltargemälde von Joh. Georg Asam. Im nördlichen Seitenaltar ein vergoldetes Holzrelief von Ignaz Günther.

Gnadenberg *Oberpfalz* 596 □ 8
Von dem Birgittenkloster, dem ersten in Süddeutschland, so genannt nach der schwedischen Heiligen und Stifterin des Ordens, verblieb nur eine eindrucksvolle Ruine. Bemerkenswert die Reste eines gewölbten und vom Kirchenschiff abgetrennten Wandelganges für die Mönche.

Gnadental *Reg.-Bez. Stuttgart* 601 □ 12
Die frühgotische KIRCHE eines ehem. Zisterzienserinnenklosters, dessen Anlage noch gut zu erkennen ist, birgt unter anderem die Grabdenkmäler der Stifter, 13. Jh.

Goch *Reg.-Bez. Düsseldorf* 575 ■ 11
Die KIRCHE ST. MARIA MAGDALENA, um 1320 begonnen, erwies sich als zu klein: man baute um 1460 ein höheres, breiteres Seitenschiff von 52 Meter Länge, in dem spätgotische Pfeiler das Sterngewölbe tragen. Es dient als Hauptkirchenraum, das frühere Mittel- und das nördliche Seitenschiff blieben aber erhalten.
STEINTOR In dieser niederrheinischen Torburg aus dem 14. Jh. ist heute das Heimatmuseum.

Gochsheim *Reg.-Bez. Karlsruhe* 600 □ 12
SCHLOSS (16. Jh.) Hübsches Außenbild mit geschweiften Giebeln und Ecktürmen. Im Südostturm ein Raum mit farbigem Stuck. Das Westportal schmücken Reliefbilder.

Göbrichen *Reg.-Bez. Karlsruhe* 600 ■ 12
Stimmungsvolle Dorfkirche von 1507.

Gödens *Reg.-Bez. Oldenburg* 561 □ 9
Das barocke WASSERSCHLOSS liegt inmitten eines herrlichen, waldartigen Parkes. Von den Wirt

schaftsgebäuden der Vorburg führt eine Brücke zu dem ganz von Wasser umgebenen Hauptschloß mit reichverziertem Portal. Zwischen dem älteren Südflügel und dem später rechtwinklig dazugefügten Westflügel (1669–71) erhebt sich anmutig ein achteckiger Treppenturm. Kostbar ausgestattete Räume.

Göllheim *Rheinhessen-Pfalz* 592 □ 3
Am südwestlichen Ortsrand steht das sog. KÖNIGSKREUZ an der Stelle, wo 1296 König Adolf von Nassau im Kampf gegen Albrecht von Habsburg fiel. Das Kreuz wurde von der Gemahlin Adolfs errichtet. Überbau von 1836.

Göppingen *Reg.-Bez. Stuttgart* 601 ■ 8
EV. STADTKIRCHE, 1618/19 nach Plänen von Heinr. Schickhardt in schlichter Renaissance erbaut. Eine bemalte Holzdecke trennt das Schiff vom geräumigen Dachstuhl, der als Kornspeicher gedacht war.
Im HEIMATMUSEUM interessante Zeugnisse zur Kultur und Geschichte der Staufer.
OBERHOFENKIRCHE Spätgotischer Bau der Ulmer Schule; Türme und Holzemporen 19. Jh. Schönes Chorgestühl (um 1500), Holzkruzifixus (1510 bis 1520). Im Chor ein Wandgemälde zum Gedenken an die Gefallenen des Schwäbischen Städtebundes.

HAUS ZU DEN FÜNF RINGEN, GOCH
Reizvoll kontrastieren die farbigen Flächen der Fensterläden zu der dreigeschossigen Backsteinfassade aus dem 16. Jh., die von eckigen Türmchen flankiert und von einem zinnenbesetzten Treppengiebel gekrönt ist. Heute enthält das Gebäude eine Brauerei. Doch einst erstreckten sich, wo jetzt technische Einrichtungen installiert sind, weite Rittersäle, in denen die Herzöge von Kleve und Geldern ihre Versammlungen abhielten.

JOHANNISKIRCHE, GÖTTINGEN

Die Doppeltürme der dreischiffigen Pfarrkirche der Universitätsstadt stammen aus dem 14. Jh. Der spitze Helm des Nordturmes überdacht eine Wohnung und einen Umgang für den Türmer, der einst nach Feinden und nach Feuersbrünsten auszuschauen hatte. Noch bis 1921 sagte der Wächter alle Viertelstunden durch ein Hornsignal die Zeit an. Dann endlich protestierten die Göttinger, und seitdem wird die luftige Wohnung an Studenten vermietet.

In der südlichen Eingangshalle das einzige Bild der unzerstörten Burg Hohenstaufen (um 1470).
SCHLOSS Die Rebenstiege in einem der Binnenhoftürme der vierflügeligen Renaissanceanlage ist an ihrer Unterseite reich mit phantastischen Pflanzen- und Tierreliefs überzogen.

Gößweinstein *Oberfranken* 596 □ 9
BURG Noch heute sind ihre gotischen Bauelemente erkennbar. Ende des 19. Jh. wurde sie neugotisch überarbeitet.
KATH. PFARRKIRCHE Die Pläne entwarf Balth. Neumann. Der wuchtigen, klargegliederten Zweiturmfassade mit später hinzugefügter Terrasse entspricht der weite, übersichtliche Innenraum. Feine Stukkaturen aus der Bauzeit (um 1735).

Göttingen *Reg.-Bez. Hildesheim* 578 ■ 3
Göttingen wurde zur Zeit Heinrichs des Löwen gegründet, es entstand aus dem schon 953 erwähnten Dorf Gutingi. Die Blütezeit der Stadt lag im 14. bis 16. Jh., als sie Mitglied der Hanse war. Unter

Kurfürst Georg August von Hannover entstand 1737 die Universität, für die sich besonders Staatsminister v. Münchhausen eingesetzt hatte. Die bunten Fachwerkhäuser zieren zahllose Erinnerungstafeln an berühmt gewordene Professoren und Studenten der Georgia Augusta. Rund um die Innenstadt führt noch immer – fast lückenlos – der von alten Bäumen bestandene Wall.
ALBANIKIRCHE Die älteste Kirche Göttingens soll von Bonifatius gegründet sein. Der jetzige Bau stammt von 1423 und enthält einen schönen Altar Hans v. Geismars (1499). Bei der kürzlichen Restaurierung entdeckte man einen „dreizehnten Apostel" – das fromme Selbstbildnis des Künstlers.
EHEM. AUGUSTINERINNENKLOSTERKIRCHE in Nikolausberg. Im 12. Jh., schon bald nach seiner Gründung, siedelte das Kloster ins Leinetal um. Die romanische, in gotischer Zeit umgebaute Kirche wurde Wallfahrtsort. Romanisches Querschiff.
JAKOBIKIRCHE Der Bau begann um die Mitte des 14. Jh. Der über 70 Meter hohe, schlanke Turm (1427 bis 1433) läßt an die Prager Parlerschule denken. Im Chor der dreischiffigen Hallenkirche ein großer bedeutender Flügelaltar von 1402.
Auf einer romanischen Anlage wurde im zweiten Viertel des 14. Jh. die gotische JOHANNISKIRCHE erbaut, die zwei ungleiche achteckige Türme hat. Die MARIENKIRCHE (14./15. Jh.), für die Ansiedler der Neustadt außerhalb der Stadtmauer erbaut, wurde 1318 dem Deutschritterorden überlassen, der daneben seine Kommende baute. Ein Torturm steht zwischen Kirche und Kommende.
Im MUSEUM, ehemals Stadthaus der Grafen Hardenberg (1592), Porzellan und Fayencen, frühgeschichtliche Funde, Dokumente zur Universitätsgeschichte. Um 1370 entstand das RATHAUS, dessen Ausbau unvollendet blieb, ein trotzdem würdiger Stadtmittelpunkt. Zierliche Rathauslaube 15. Jh. Die Halle wurde ab 1883 festlich ausgeschmückt. Der Gänselieselbrunnen entstand erst um 1900, ist aber Göttingens bekanntestes Denkmal.
Die UNIVERSITÄT ist in vielen Gebäuden über die Stadt verstreut. Ihre Bibliothek fand teilweise in der Paulinerkirche (1331 geweiht) Platz. Die Frauenklinik (heute Kunstgeschichtliches Seminar) von 1784 hat ein schönes Treppenhaus. Die Aula am Wilhelmsplatz wurde von Baumeister Praël 1835 in klassizistischem Stil errichtet. Die neue Universität entsteht am Nordausgang der Stadt bis hinauf zu den Höhen von Nikolausberg.

Gonterskirchen *Reg.-Bez. Darmstadt* 585 □ 3
In einem idyllischen Waldtal die gotische KIRCHENRUINE RUTHARTSHAUSEN, Überrest einer Wüstung.
PFARRKIRCHE Schiff und gewölbter Turmchor frühgotisch; Ausstattung und hölzerne Rippengewölbe im Schiff barock.

Goslar *Verw.-Bez. Braunschweig* 579 □ 10
Im Silberreichtum des Rammelsbergs liegt der Schlüssel zur Bedeutung der Stadt. Die Kaiser ergriffen ihn zuerst: Goslar wurde zur Stätte ihrer Pfalz, ihrer Hof- und Reichstage, großer Kirchenstiftungen und schließlich – 1176 – zum Hauptstück der Auseinandersetzung zwischen Welfen und Staufern. Bald darauf verlor die Stadt ihren Rang als Zentrum des Reiches. Die Bürger machten es wett. Zumal um 1500 künden viele Bauten von einem neuen Höhepunkt ihrer Geltung. Er war überschritten, als der Streit mit dem Herzog von

RATHAUSTREPPE

Kraftvoll stemmt sich das Rathaus aus dem 15. Jh. auf die Pfeiler seiner Spitzbogenlaube. Darüber liegt die große Ratsdiele, auf der die Bürger früher ihre Versammlungen abhielten und auch Feste feierten. Zu dieser Diele hinauf führt an der Südseite – die Freitreppe von 1537.

HULDIGUNGSSAAL IM RATHAUS

Das spätgotische Ratsherrenzimmer, eigentlich nur eine enge, niedrige Stube, wird zur Kostbarkeit durch seine einzigartigen Malereien. An den Wänden reihen sich unter geschnitzten Baldachinen Sibyllen, römische Kaiser und Propheten, zu denen Goslarer Bürger das Vorbild abgegeben haben.

KAISERSTUHL

Vom Goslarer Dom, Teil der alten Kaiserpfalz, ist nur die Vorhalle erhalten geblieben und mit ihr der „Kaiserstuhl", das Mittelstück des einstigen kaiserlichen Hochsitzes. Seine bronzenen Lehnen, Meisterwerke mittelalterlicher Handwerkskunst, stammen wohl aus dem 11. Jh. Beinahe hätte man sie 1813 eingeschmolzen. Aber Prinz Karl von Preußen erwarb sie, und 1871 saß Kaiser Wilhelm I. auf diesem Stuhl, als er den ersten Reichstag des neuen Deutschen Reiches eröffnete.

SIEMENSHAUS

Fachwerk, ein herabgezogenes Schieferdach, eine massive Tür aus Eichenholz und sparsamer Schmuck geben dem 1693 errichteten Stammhaus der Familie Siemens – aus der auch Werner von Siemens, der bekannte Erfinder und Techniker, hervorging – das Gepräge. (Oben links)

HAUS BRUSTTUCH

Hoch, spitz, schief ist das Dach dieses eigenartigen Hauses. Wegen seiner sonderbaren Gestalt und seines Schmuckes ragt das „Brusttuch" unter den vielen schönen alten Häusern in Goslar noch hervor. Das gotische Fachwerk des Obergeschosses ist mit grotesken Schnitzereien überzogen, die Götter und Engel, Hexen, Affen und andere komische Figuren (Butterhanne) darstellen. (Oben rechts)

FRESKENAPSIS DER NEUWERKKIRCHE

Der Chor der spätromanischen Kirche ist mit Wandmalereien aus der Ursprungszeit geschmückt. In der Apsis sitzt Maria mit dem Jesuskind auf dem himmlischen Thron, umgeben von Symbolen. Ein Regenbogen, das Zeichen des Friedens, umgreift sie, und sieben Tauben als die Gaben des Heiligen Geistes schweben über ihr. Die Stufen zum Thron stellen die sieben Stufen der Seligkeit dar; die vierzehn Löwen bedeuten die vierzehn Geschlechter von David bis Jesus.

Braunschweig um den „Bergzehnten" ausbrach; damals wurde die Stadt von ihrer wirtschaftlichen Basis abgeschnitten, soziale Unruhen führten zur Vernichtung der Klöster auf dem Georgen- und Petersberg. Erst die Barockzeit brachte eine künstlerische Nachblüte. Vom zweiten Weltkrieg ist die Harzstadt ganz verschont geblieben.

DOMVORHALLE Dies ist der letzte Überrest der romanischen Stiftskirche St. Simon, Judas und Matthias, die von Kaiser Heinrich III. gegründet und 1050 geweiht worden war; 1819 wurde sie abgerissen. Die Halle lag vor dem nördlichen Seitenschiff. Über der Doppelarkade des Portals in flachen Nischen die Muttergottes, die drei Schutzheiligen und zwei Kaiser. Im Innern Säulen von der Krypta des Doms, Grabplatten und der steinerne Kaiserstuhl mit bronzener Lehne.

GILDE- UND WOHNHÄUSER Die Kaiserworth am Markt war das Haus der Gewandschneider (Tuchhändler). Ihren Namen verdankt sie den barocken hölzernen Kaiserfiguren, von denen Heinrich Heines Lästerzunge sagte, sie sähen „wie gebratene Universitätspedelle" aus. An einer der Konsolen das berühmte drastische Dukatenmännchen. Erhalten ist auch das schlichtere Bäckergildehaus. – Unter den Wohnhäusern sind die berühmtesten das „Brusttuch" mit dem phantastisch spitzen Dach und den grotesken Schnitzereien und das stattliche Siemenshaus mit Kauflädchen, Brauhaus und Speicher.

JAKOBIKIRCHE Aus der alten kreuzförmigen Basilika, einer der ältesten dieses Typs in Niedersachsen, wurde um 1500 eine spätgotische Hallenkirche mit imposanter Vorhalle am südlichen Portal. 1804, als sie der katholischen Gemeinde zugewiesen wurde, nahm sie die barocken Altäre und Gestühle des abgebrochenen Klosters Reichenberg auf. Ein Werk erster Ordnung: das lebensgroße hölzerne Vesperbild des Meisters Hans Witten (um 1520) in der nördlichen Turmkapelle.

KAISERHAUS Heinrich II. errichtete 1005–15 den ersten Pfalzbau, Konrad II. die heute verschwundene Liebfrauenkirche. Unter Heinrich III. wird dem Neubau des Kaiserhauses Platz gemacht, wo 1050 sein Sohn Heinrich IV. geboren wird. Bei einem Hoftag Lothars stürzt der Saalbau 1132 ein. Unter den Staufern verödet er dann, Wilhelm von Holland ist der letzte Kaiser, der hier tagt (1252/1253). Doch was die glänzende Wohnstatt Heinrichs III. einst bedeutet hat, davon gibt der nach 1870 restaurierte Palastbau noch eine Vorstellung – trotz der wilhelminischen Reiterbilder auf dem Rasenhügel und trotz der pathetischen Historiengemälde im Kaisersaal. Es bleibt der Eindruck von den kolossalen Massen dieser größten kaiserlichen Halle – mehr als 7 Meter hoch und beinahe 50 Meter lang –, von der stolzen Reihe der (einst offenen) Arkadenfenster, von der ganzen großartigen Lage abseits von der Stadt, im strengen Gegenüber zu „des Reiches Kapelle", dem Dom.

Die St. Ulrichkapelle zeigt das romanische Bauen noch in seiner ganzen strengen Schwere. Sie nahm die Grabplatte Heinrichs III. aus dem Dom auf, deren (moderner) Sockel das Herz dieses Kaisers umschließt, während seine Gebeine in Speyer ruhen.

Die KIRCHE AUF DEM FRANKENBERG fügt sich mit ihrem Westteil in die Stadtmauer ein; nach Osten breitet sich zu ihren Füßen der alte Frankenberger Plan. Den ersten Eindruck bestimmt das Barock: mit dem breiten Laternenturm und dem bezaubernden hohen Altar Heinrich Lessens im gotischen Chörchen. Gleichwohl ist die romanische Epoche noch vernehmbar: im Tympanon des Südportals, in den Säulen der Nonnenempore und in den erhaltenen Konturen der Wandmalerei.

MARKTKIRCHE Die beiden überhohen Türme mit den verschieden geformten Helmen (1593) und die zentrale Lage hinter dem Rathaus geben der gotisch erweiterten alten Basilika, der ersten Pfarrkirche Goslars, ihren Rang im Stadtbild. Sie war den Heiligen Cosmas und Damian geweiht, die auch in den Fenstern des Chores erscheinen. Taufbecken, Kanzeln und Altarwand aus dem 16. und 17. Jh.

MUSEUM Vielfältiges Material zur Natur-, Kultur- und Bergbaugeschichte des Goslarer Gebiets. Das Wertvollste ist im Domraum konzentriert: der bronzene Krodo-Altar nebst einigen Glasfenstern aus dem abgebrochenen Dom (13. Jh.). Die lebensgroße, brutale Kreuzigungsgruppe ist von 1520.

NEUWERKSKIRCHE In einem Zuge ist die Kirche des Benediktinerinnenkonvents erbaut und ausgestattet worden: von der prachtvollen Chorapsis (1186), dem tiefen Nordportal und den Wandbildern im Inneren, die im Chor (freilich restauriert) noch erhalten sind, bis zu den beiden Westtürmen und dem steinernen Lettner (1230), der jetzt die Orgelempore bildet; seine Reliefs zeigen die Marienkrönung und die Apostel Petrus und Paulus. Höchst merkwürdig die ösenförmigen Ausbiegungen an vier Pfeilern des Mittelschiffs: zwei mit Masken besetzt, zwei mit Ring und Schlange. Hierfür gibt es weder Erklärung noch Vergleich.

RATHAUS Festigkeit und Anmut vereinen sich in dem gotischen Bau: Auf die gotischen offenen Bögen der Gerichtshalle folgen die Maßwerkfenster des ersten Stockwerks, darauf die Ziergalerie vorm Dach, die von sechs kleinen Giebeln durchbrochen wird. Zwei vorzügliche plastische Werke bereichern das Bild: der adlergekrönte Brunnen auf dem Platz und das Marienstandbild in der Nische bei der seitlich angefügten Treppe.

ST. ANNENKAPELLE Ein Altärchen, von Heinrich Lessen gearbeitet und gestiftet (1713), und eine gotische gestickte Altardecke sind die Kostbarkeiten dieser zur Kapelle erweiterten Diele, zu der man von der Galerie des Spitals hinunterblicken kann.

STIFT ZUM GROSSEN HEILIGEN KREUZ Noch heute dient der gotische Spitalbau, 1254 begründet, als Altersheim der Stadt. Unverändert blieb die große Diele mit Balkendecke und Spitzbogenfenstern. Mehrere große Kruzifixe hängen in dem stimmungsvollen Raum. Die seitlichen Kammern und der Laufgang mit Brüstung im Obergeschoß sind Zugaben aus barocker Zeit.

Goslar-Grauhof   *579 □ 11*
Die KATH. KIRCHE wurde 1711 von einem Italiener errichtet. Ihr Äußeres ist schlicht, etwas mehr an barockem Schmuck zeigt der östliche Anbau von 1741. Doch im Innern entfaltet sich die ganze Pracht der Epoche. Der Chor ist erhöht, seine Abschlußwand füllt der Hochaltar von 1717. Grauhof war bis 1803 Stift der Augustinerchorherren, 1946 zogen Franziskaner ein.

Goslar-Riechenberg   *579 □ 10*
EHEM. KLOSTER Ein barockes Tor führt auf den Wirtschaftshof, an dessen Ende die Ruinen des 1818 abgebrochenen Klosters stehen. Die Säulen in der Krypta (1150) haben nicht allein reiche, phantasievoll gestaltete Kapitelle, auch die Schäfte sind verziert. Die Mauern der romanischen Basilika und der gotischen Sakristei sind noch zu sehen.

Gotteszell *Niederbayern*   *604 ■ 12*
Von der EHEM. KLOSTERKIRCHE ST. ANNA, Anfang 13. Jh. erbaut, später oft umgestaltet, sind erwähnenswert die Statue der hl. Anna aus dem 15. Jh., die Pilaster des Hochschiffs von Egid Quirin Asam, das Fresko an der Chorrückwand von Cosmas Damian Asam und das Tabernakel mit den Anbetungsengeln, Mitte 18. Jh.

Gottsbüren *Reg.-Bez. Kassel*   *578 ■ 9*
EV. PFARRKIRCHE Ehem. Wallfahrts- und Klosterkirche. Ein Hostienwunder (1330) zog den Neubau der stattlichen gotischen Kirche nach sich. Der stimmungsvolle Raum wird belebt durch umfangreiche Reste spätgotischer Wandmalereien. Zwei karolingische Kapitelle ähneln denen von Corvey.

Gräfinthal *Saarland*   *592 □ 7*
Der KIRCHE des 1253 gegründeten Wilhelmitenklosters galt eine Wallfahrt. In die Ruine wurde 1809 eine Kapelle mit interessanter Ausstattung gebaut: Hochaltar mit spätgotischer Maria, Kruzifix 14. Jh., Grabmal der Gründerin Gräfin Elisabeth v. Blieskastel (gest. 1273) und Annas v. Polen (gest. 1717).

Grafenrheinfeld *Unterfranken*   *594 □ 2*
KATH. PFARRKIRCHE Von der ehem. Hl. Kreuzkapelle blieb nach dem barocken Neubau durch Joh. Mich. Fischer (um 1760) nur der spätgotische Turm.

Grafing *Oberbayern*   *610 ■ 1*
In der kleinen barocken DREIFALTIGKEITSKIRCHE Stuck und Deckenfresken von Joh. Bapt. Zimmermann und ein Rokokoaltar mit Figuren von Joh. Bapt. Straub.

Grafrath *Oberbayern*   *609 □ 2*
Die WALLFAHRTSKIRCHE wurde Ende des 17. Jh. zu Ehren des hl. Rasso erbaut. Die Gewölbefresken stellen Szenen aus seinem Leben dar. Mitten im Kirchenraum sein Grabmal mit überlebensgroßem Relief aus rotem Marmor. Der ausgezeichnete Hochaltar von Joh. Bapt. Straub.

Gravenhorst *Reg.-Bez. Münster*   568 ▪ 5
Die einfache gotische KIRCHE gehörte zum ehem.
Zisterzienserinnenkloster und besitzt weder Chor
noch Turm. Mit Reliefs geschmückter steinerner
Hochaltar von Heinrich Meierink (17. Jh.).

Grebendorf *Reg.-Bez. Kassel*   578 ☐ 5
Das Ortsbild ist an FACHWERKHÄUSERN reich, viel-
fach mit Flachschnitzereien. Besonders schön die
Sandstraße; dort das Schloß (ehem. v. Keudell-
sches Herrenhaus), 1610.
PFARRKIRCHE Klassizistischer Saalbau (1820).

Grebenstein *Reg.-Bez. Kassel*   578 ▪ 8
Die im 14. Jh. von den hessischen Landgrafen
auf regelmäßigem Grundriß angelegte Stadt hat
ihre Befestigung großenteils bewahrt. Die fünf
Türme mit dem Kirchturm in der Mitte verleihen
ihr eine lebendige Silhouette. Fachwerkhäuser –
so das Rathaus mit massigem gotischem Erdgeschoß
und der spätgotische Bau des Heimatmuseums –
prägen das prächtige Stadtbild.
BURG Nur Reste des Palas (14. Jh.) erhalten.
STADTKIRCHE Gedrungene weiträumige gotische
Hallenkirche (14. Jh.) mit spätgotischen Gewölbemalereien im Chor. Die reiche Ausstattung entstand größtenteils nach dem Brand im Dreißigjährigen Kriege.

Greding *Mittelfranken*   603 ☐ 10
In seinen Bürgerhäusern und der Mauer mit Toren und Türmen hat sich das mittelalterliche Stadtbild bewahrt. Der Markt erhält durch das fürstbischöfliche Schloß, das Rathaus und das Jägerhaus
barockes Gepräge.
KIRCHE ST. MARTIN Veränderungen des 16. Jh. haben den romanischen Gesamtcharakter der Pfeilerbasilika aus dem 12. Jh. kaum beeinträchtigt. Der
abseits stehende fünfgeschossige Turm stammt wahrscheinlich noch aus dem 11. Jh. Wandmalereien aus
dem 12. bis 16. Jh. Neben der Kirche ein zweigeschossiger romanischer Karner.

Greene *Verw.-Bez. Braunschweig*   578 ▪ 1
Die nach 1300 gebaute BURG wurde 1704 verlassen.
Nur ein klobiger Turm ist weithin im Leinetal zu
sehen. In den Ruinen Kriegsgefangenendenkmal.
Die EV. KIRCHE (15. Jh.) wurde im 18. Jh. vergrö-
ßert. Altarschrein um 1480. Barocke Ausstattung.

Greifenberg *Oberbayern*   609 ☐ 2
SCHLOSS Ältester Teil der im 18. Jh. endgültig ge-
stalteten vierflügeligen Anlage um einen kleinen
Hof ist der spätgotische, vorspringende Torbau.

Greifenstein *Oberfranken*   595 ☐ 2
Das BERGSCHLOSS erhielt seine großzügige Prägung
vorwiegend durch den Barockbaumeister Leonh.
Dientzenhofer. Im Schloßgarten in französischem
Stil ein chinesischer Pavillon. Bedeutende Waffen-
sammlung mit Handwaffen vom Mittelalter bis zur
Gegenwart. Wappensaal.

Greifenstein *Reg.-Bez. Darmstadt*   585 ▪ 9
BURGRUINE Die Anlagen auf dem hohen Bergrücken über dem Dilltal beherrschen weithin die
Landschaft. Solmser Grafen bauten vom späten
14. Jh. bis gegen 1500 an der Burg. Die von Rundtürmen flankierte Schildmauer stellt sich noch heute
in alter Höhe der Angriffsseite entgegen. Zwei

WAPPENSAAL, BURG GREIFENSTEIN
*Seinen Namen hat dieser Saal nach den Wappen
an seinen Wänden – den Familienwappen all derjenigen Frauen, die in die Familie von Stauffenberg
eingeheiratet haben. Kostbar sind der fränkische
Renaissanceschrank sowie die Teller auf den Simsen, Fayence aus der Manufaktur Bayreuth. Zum
Wappensaal gelangt man durch einen Gang, dessen
Wände mit Jagdtrophäen geschmückt sind: Hirsch-
geweihen, die man geschnitzten Hirschköpfen aus
Holz aufgesetzt hat.*

Ringmauern umgeben die Kernburg. Im frühen
17. Jh. erforderte neue Befestigungstechnik den
Ausbau mit gewaltigen Batterietürmen.
EV. KIRCHE Die ehem. Schloßkirche ist ein anspruchsloser Bau am Rande der Burg. Das Innere
öffnet sich als reichstuckierter Emporensaal (1683
bis 1691).

Griesstätt b. Altenhohenau *Oberbayern*   610 ☐ 2
In der PFARRKIRCHE Kruzifixus und Mater dolorosa
(1767) von Ignaz Günther und seiner Werkstatt.

Grieth *Reg.-Bez. Düsseldorf*   575 ▪ 12
Die KATH. PFARRKIRCHE ist eine dreischiffige Backsteinbasilika des 15. Jh. mit Westturm des 14. Jh.
und zwei Chören. Im Inneren gotischer, stark er-
gänzter Schnitzaltar, zahlreiche spätgotische Holzskulpturen und ein prächtiger Messingkronleuchter
(15. Jh.).

Griethausen *Reg.-Bez. Düsseldorf*   575 ▪ 11
KIRCHE Im Innern der spätgotischen Backsteinbasilika ein reiches Sakramentshäuschen aus dem frühen 16. Jh., zahlreiche spätgotische Holzbildwerke
und ein Kreuzigungsgemälde (16. Jh.).

Hallig Gröde *Schleswig-Holstein*   554 ▪ 1
Die KIRCHE, 1779, ist mit der Schule unter einem
Dach vereint. In dem kleinen Raum verhältnismä-
ßig reiche Ausstattung des 16.–18. Jh.

Grönenbach *Schwaben*   609 ☐ 9
In der spätgotischen PFARRKIRCHE mit romanischer
Krypta und barockem Turmobergeschoß schöne
Grabsteine des 15.–18. Jh.

Grötzingen *Reg.-Bez. Karlsruhe*   600 ▪ 11
Schmuckes RATHAUS mit reichem Fachwerkobergeschoß aus dem 17. Jh. Ländlich wirkt das markgräfliche SCHLOSS AUGUSTENBURG (Umbau im 16.

bis 17. Jh.) mit seinen vorgebauten Ecktürmen und der doppelläufigen Freitreppe zum wappengeschmückten Portal.

Gronau *Reg.-Bez. Hildesheim* 578 □ 12
Die EV. KIRCHE ST. MATTHÄI (Chor von 1457, neugotisches Langhaus) bewahrt großartige – wenn auch renovierte – Gotik in dem Altar (um 1415) und der Kreuzigungsgruppe (um 1520).
KATH. KIRCHE Die Altäre prägen die üppige, etwas schwere Barockausstattung des Baues von 1715.

Groothusen *Reg.-Bez. Aurich* 560 ■ 9
In der OSTERBURG, einem alten Häuptlingssitz des 14. Jh., zahlreiche geschichtliche Erinnerungsstücke, darunter eine kostbare Ledertapete. Eindrucksvolle Grabsteine der Häuptlingsfamilie befinden sich in der gotischen Pfarrkirche (13./14. Jh.).

Großaitingen *Schwaben* 609 □ 12
Barockkirche ST. NIKOLAUS mit spätgotischem Satteldachturm und meisterhaften Deckenmalereien aus der Mitte des 18. Jh.

Großbottwar *Reg.-Bez. Stuttgart* 601 □ 10
Anheimelnd wirkt das Städtchen mit seinen engen Straßen, alten Fachwerkhäusern (Rathaus, 1556) und der gotischen, später barockisierten Kirche.

Großbundenbach *Rheinhessen-Pfalz* 592 □ 7
EV. PFARRKIRCHE An den Chorturm des 12. Jh. wurde in der ersten Hälfte des 14. Jh. ein dreischiffiges gotisches Langhaus angefügt. Im Chor Malereien aus dieser Zeit.

Großenaspe *Schleswig-Holstein* 555 □ 5
Als das Dorf 1771 daranging, seine Kirche neu zu bauen, war der unmündige Paul von Rußland Herzog des gottorfischen Teils von Holstein, seine Mutter, Katharina die Große, spendete für die KATHARINENKIRCHE. Es entstand ein achteckiger Backsteinbau in sparsam barocken Formen. Ein Mansarddach überkuppelt den etwas nüchternen Innenraum, gen Westen ein spitzer Turm.

Großen-Buseck *Reg.-Bez. Darmstadt* 585 ■ 3
KIRCHE Der wuchtige Westturm enthält über der gewölbten Turmhalle Reste einer romanischen Turmkapelle. Im Chor gotische Sakramentsnische.

Großeneder *Reg.-Bez. Detmold* 578 □ 9
KATH. KIRCHE Der schöne klassizistische Bau, unter Verwendung älterer Bauteile Anfang des 19. Jh. errichtet, liegt auf dem Kirchhof, dessen mit Schießscharten versehene Mauern wohlerhalten sind.

Großen-Linden *Reg.-Bez. Darmstadt* 585 ■ 6
Unter den Fachwerkhäusern ist besonders das Pfarrhaus (um 1500) bemerkenswert.
PFARRKIRCHE Die Verschachtelung der in verschiedenen Epochen zusammengewachsenen Teile des Bauwerks und sein archaisch-monumentaler Charakter, verbunden mit den rätselhaften Reliefs am Westportal, inspirieren immer wieder zu erstaunlichen Deutungen. Immerhin dürfte feststehen, daß die wesentlichen Teile aus dem 13. Jh. stammen, die runden Fassadentürme sogar erst aus dem 15. Jh.

Großenlüder *Reg.-Bez. Kassel* 586 ■ 8
Stattliches ehem. Amtsgericht (17. Jh.). Am Wege zur schlichten Wallfahrtskapelle auf dem Langenberg und in der Umgebung barocke Bildstöcke.
PFARRKIRCHE Kreuzförmige Barockkirche (1735) mit reicher Fassade. Im Inneren Altäre mit Darstellungen des hl. Georg (um 1740), der Geburt Christi und des Gekreuzigten. – Hinter dieser prächtigen Anlage sind ältere Teile verborgen: die im Kern aus dem 9. Jh. stammende Sakristei und der spätromanische Chorturm mit interessanten Detailformen.

Großgartach *Reg.-Bez. Stuttgart* 600 □ 2
Der Ort, dessen jungsteinzeitliche Funde einer ganzen Stilrichtung den Namen gaben, besitzt eine gotische Kirche mit romanischer Turmkapelle. Die Heuchelberger Warte im Süden wurde 1483 von Graf Eberhard im Bart errichtet.

Groß-Gerau *Reg.-Bez. Darmstadt* 593 ■ 11
EV. PFARRKIRCHE Am Westportal der 1955 wieder aufgebauten Kirche eine der seltenen südhessischen Muttergottesfiguren der Spätgotik.
BURGRUINE Ehemals rund angelegte Wasserburg des 12. Jh. Vom gotischen Ausbau blieben Torbauten und Mauern.

KIRCHE, HALLIG GRÖDE

„Die Steine in der Mauren werden schreyen und die Balcken am Gesper (Sparren) werden ihnen antworten." Vielleicht bezieht sich dieser Spruch – ein Ausruf des Propheten Habakuk – an einem Deckenbalken auf eine der Sturmfluten, die das Gotteshaus zerstörten oder schwer beschädigten. Doch die typische Inneneinrichtung wurde stets geborgen: der Altar, der in farbigen Reliefs Szenen aus dem Leben Jesu darstellt, das Taufbecken mit seinen Reliefornamenten, die Kanzel – alles 16. Jh. – sowie das Gestühl mit den bemalten Wangen aus dem 17. Jh.

177

GLASFENSTER IN ST. LORENZ, GROSSGRÜNDLACH

Für den Kreuzgang des Nürnberger Karmeliten-klosters schuf Hans Baldung Grien ab 1504 einen umfangreichen neutestamentarischen Zyklus von Glasfenstern. Einige der Bilder befinden sich heute in Nürnberg-Wöhrd, in Henfenfeld und anderswo; acht von ihnen aber zieren die St.-Lorenz-Kirche in Großgründlach. Die Darstellung der Maria am Webstuhl (unser Bild) gibt eine Vorstellung von der Leuchtkraft und farbigen Schönheit dieser Fenster.

Großgründlach *Mittelfranken* 595 ■ 4
Die PFARRKIRCHE (1681) besitzt im Chor acht wertvolle Glasfenster nach Entwürfen Hans Baldung Griens. – Das barocke SCHLOSS (1685–95) liegt in einem schönen Landschaftspark.

Großkarlbach *Rheinhessen-Pfalz* 593 □ 8
Die EV. KIRCHE von 1610 hat noch einen mittel-alterlichen Chorturm. In der KATH. KIRCHE von 1740 schöne Steinkanzel von 1596.

Großostheim *Unterfranken* 593 □ 2
Von der Befestigung (um 1500) stehen noch der Torturm des „Pflaumheimers" und Teile der Stadt-mauer mit drei kräftigen Türmen. Ein prächtiger altfränkischer Fachwerkbau ist der schon vor 1580 begonnene Nöthig-Hof.
In der Kirche ST. PETER UND PAUL – im Ursprung gotisch, mit barockisiertem Mittelschiff – ein Früh-werk Tilman Riemenschneiders, die holzgeschnitzte Beweinungsgruppe.
In der KREUZKAPELLE große steinerne Kreuzigungs-gruppe (Anfang 16. Jh.).

Großrinderfeld *Reg.-Bez. Stuttgart* 594 ■ 4
PFARRKIRCHE ST. MICHAEL Der Saalbau von 1775/76 mit mittelalterlichem Turm birgt eine prachtvolle Rokokoausstattung.

Groß-Rohrheim *Reg.-Bez. Darmstadt* 593 ■ 9
EV. PFARRKIRCHE Die Holzdecke zeigt eine barocke illusionistische Architekturmalerei, die nicht ohne Reiz die „Große Kunst" ins Ländliche übersetzt.

Groß-Sachsenheim *Reg.-Bez. Stuttgart* 600 □ 2
Eine KIRCHE von 1484, malerisch im hochgemauer-ten Friedhof gelegen, und ein noch von Gräben umzogenes SCHLOSS (1544, heute Rathaus) geben dem Städtchen altertümliches Gepräge.

Groß-Schwülper *Reg.-Bez. Lüneburg* 571 □ 8
KIRCHE 1709–1711, der Turm älter. In die durch gute Barockschnitzereien unterteilte Altarwand wurde die Kanzel eingearbeitet, das gibt mit den Portalen neben dem Altartisch einen eigentümlichen Aufbau. Alabasterepitaph von 1607.

Groß-Thalheim b. Erding *Oberbayern* 603 □ 5
Die WALLFAHRTSKIRCHE ST. MARIA hat eine prunk-volle Innenausstattung, meist in feinstem Rokoko.

Groß-Umstadt *Reg.-Bez. Darmstadt* 593 ■ 2
RATHAUS Zweigeschossiges Steingebäude, in reich-sten Spätrenaissanceformen um 1600 gebaut.
SCHLÖSSER Verwickelte Besitzverhältnisse und zahl-reicher Adel ließen mehrere Höfe entstehen. Am schönsten das Schloß der Freiherren Wambolt von Umstadt in Hufeisenform, ein Flügel in der Art des Rathauses gestaltet.

Grünau *Oberbayern* 602 □ 3
Dieses einsam in der Donauniederung bei Neuburg gelegene JAGDSCHLOSS ließ Pfalzgraf Ottheinrich 1530–55 für seine Gemahlin erbauen. Ältester Teil ein dreigeschossiger Bau mit hohen Stufen-giebeln und viereckigem Turm. In den spätgotisch gewölbten Räumen heitere Renaissancemalereien zum Thema Jagd- und Liebeslust. Daneben das burgartige Neue Haus mit runden Ecktürmen, 1550.

Grünberg *Reg.-Bez. Darmstadt* 585 □ 3
Das malerisch gestaffelte Stadtbild wird bekrönt von der neoromanischen Kirche. Die schönsten Fachwerkhäuser am Marktplatz und in der Als-felder Straße. Rathaus (16. Jh.) mit Renaissance-portal. Von der Befestigung steht noch der halb-runde hohe Diebsturm (um 1200).
EHEM. ANTONITERKLOSTER Von dem am Fuße der Bergstadt im 13. Jh. gegründeten Kloster sind an West- und Nordseite Teile verbaut erhalten. In den stattlichen Fachwerkbau an der Ostseite (um 1500) wurde 1542 die Marburger Universität we-gen einer Seuche vorübergehend verlegt (Univer-sitätsbau); an seiner Ostseite ein großer Backofen. Den Schloßtrakt längs der Rosengasse erbaute Eberdt Baldewein um 1580.

Grünendeich *Reg.-Bez. Stade* 562 ■ 11
Am Rande des alten Friedhofs liegt eine einschiffige Fachwerkkirche aus dem 17. Jh. Holzgeschnitzter und bemalter Taufständer von 1618. Kanzel, Altar und die hübschen Emporen auch aus der Erbauungszeit.

Grünholz *Schleswig-Holstein* 555 ■ 2
HERRENHAUS Freitreppe und Rokokoportal bilden die Mitte dieses unaufdringlichen, doch herrschaft-lichen Backsteinbaus von 1749.

Grüningen *Reg.-Bez. Darmstadt* 585 ■ 4
PFARRKIRCHE Malerisch zusammengewachsene An-lage: ein schmales romanisches Schiff mit Chorturm wurde 1520 um das Doppelte nach Süden erwei-tert, schöner netzgewölbter spätgotischer Chor. Charaktervolle Ausstattung mit originaler Bemalung (17. Jh.).

Grüningen *Reg.-Bez. Tübingen* 608 □ 11
Ein hübsches Bild bietet die barocke KIRCHE zusammen mit dem 1686 zum Teil auf romanischen Buckelquadern neu erbauten SCHLOSS; im Hof prachtvoller Marienbrunnen von 1548.

Grünsberg *Mittelfranken* 596 □ 8
Die BURG des 12. Jh. wurde nach 1717 zu einem barocken Landsitz mit seitlichen Terrassen umgestaltet.

Grünsfeld *Reg.-Bez. Stuttgart* 594 ■ 5
Alte Fachwerkhäuser und die für das Taubertal typischen Bildstöcke beleben das Stadtbild. Die östlich gelegene Burg ist stark verfallen.
KATH. PFARRKIRCHE Gotik, Barock und Moderne fügen sich hier zu einem vielfältigen, festlichen Gesamtbild. Hervorragend unter der üppigen Ausstattung das Tilman Riemenschneider zugeschriebene Sandsteinrelief am Grab der Dorothea von Rieneck (1503).
RATHAUS (1579) mit reichverziertem Fachwerkobergeschoß und seitlich vorspringendem Treppenturm.

Grünsfeldhausen *Reg.-Bez. Stuttgart* 594 ■ 5
Die ACHATIUSKAPELLE mag auf ein Quellheiligtum zurückgehen. Sie wurde 1903–05 ausgegraben und steht nun 3 m unter Straßenniveau. Der achteckige romanische Zentralbau (etwa 1186–1210) fügt sich mit dem ebenfalls achteckigen Chor und dem dazwischen in die Höhe strebenden achteckigen Turm zu einem interessanten architektonischen Dreiklang. Die Innenausstattung ist schlicht und modern, nur im Chorgewölbe finden sich Reste einer ursprünglichen Ausmalung.

Grünwald b. München *Oberbayern* 610 ■ 10
Die Ende des 13. Jh. angelegte BURG mit Erdwall und Graben wurde 1486 umgebaut. Der kantige Bergfried, der mächtige Torbau mit dem Stufengiebel und der Zinnenturm stammen aus der Zeit.

VOTIVTAFEL IN ST. MARIA,
GROSS-THALHEIM

Von einer Choleraepidemie, die 1854 in der Pfarrei Reichenkirchen wütete und innerhalb eines Monats 27 Menschenleben forderte, berichtet die Inschrift auf diesem Votivbild. Die Tafel ist der Jungfrau Maria geweiht, die dem Unglück ein Ende setzen sollte. In naiver, aber ansprechender Malerei stellt das Bild die Prozession dar, in der es von Reichenkirchen nach Thalheim gebracht wurde.

Grünwettersbach *Reg.-Bez. Karlsruhe* 600 ■ 11
EV. PFARRKIRCHE Wesentlich älter als das Langhaus (18. Jh.) ist der schlanke quadratische Turm aus rotem Sandstein, der an Hirsau erinnert. Die Skulpturen deuten auf das 12. Jh.

Grund *Reg.-Bez. Arnsberg* 585 □ 10
Von den hübschen Fachwerkhäusern ist eines das Geburtshaus des Dichters und Augenarztes Heinrich Jung-Stilling (1740–1807), mit dem der junge Goethe befreundet war. Das 1928 abgebrannte Haus, in dem ein kleines MUSEUM Erinnerungen an den Dichter birgt, wurde in der alten Art wiederaufgebaut.
Auf dem Schloßberg die Ruine der aus dem 13. Jh. stammenden BURG GINSBERG, wo Wilhelm von Oranien 1568 die Befreiung der Niederlande plante.

Gudenau *Reg.-Bez. Köln* 584 □ 9
Das mächtige SCHLOSS spiegelt sich mit seinen malerisch gruppierten Türmen und Dächern im Wasser. Hauptburg, zwei Vorburgen, Garten und Wald sind zu einer harmonischen Anlage vereint. Die Bauteile stammen aus dem 13. bis 18. Jh.

Gudensberg *Reg.-Bez. Kassel* 578 □ 7
Eine malerische Baugruppe (meist 17. und 18. Jh.) ist das HOSPITAL. Der massive Bau mit dem Giebeldachreiter stammt jedoch aus dem 14. Jh. Das Innere ist größtenteils in zwei Hospitalgeschosse unterteilt; der Kapellenchor um 1500 angefügt. Die gotische PFARRKIRCHE liegt imposant über dem Alten Markt mit seinen schönen Fachwerkhäusern. Reizvolle spätgotische Sakristeikapelle (1500) am Chor.

Gudow *Schleswig-Holstein* 563 ■ 11
Am See das weiße klassizistische HERRENHAUS, ab 1826 gebaut. Im Dorf erinnern einheitlich niedrige Fachwerkhäuser an Ortschaften im nahen Mecklenburg. Die KIRCHE, ein Feldsteinbau des späten 12. Jh., enthält einen gotischen Schnitzaltar mit Barockrahmen und eine frühgotische Triumphkreuzgruppe.

Güldenstein *Schleswig-Holstein* 556 ■ 6
HERRENHAUS (1726–28) Die vorspringenden weißgestrichenen Eckeinfassungen, Gesimse und Fensterrahmungen heben sich effektvoll von der Backsteinwand ab. Torhaus von 1743.

Güls *Reg.-Bez. Koblenz* 584 ■ 6
ALTE KATH. KIRCHE In der dreischiffigen Emporenbasilika des 13. Jh. wurden dekorative Wandmalereien freigelegt, die einen guten Eindruck von der Farbigkeit spätromanischer Kirchenräume geben. Die NEUE PFARRKIRCHE ist eine interessante Hallenkirche von J. C. v. Lassaulx (1833).

Günzburg *Schwaben* 602 □ 8
Das über der Donauniederung liegende Städtchen war von 1304–1805 österreichisch.
Die FRAUENKIRCHE wurde 1736–41 von Dominikus Zimmermann erbaut. Der weite Raum, dessen runde, fließende Linien das Grundrißrechteck überspielen, hat eine wohlabgewogene, eigenwillige Farbigkeit. Die Wände des Schiffes zeigen die für den Baumeister typischen dreiteiligen Fenster und reiche Pilastergliederung. Feinster Rokokoschmuck überzieht das Gewölbe und umrahmt das Fresko

der Marienkrönung. Der lange Chor erinnert an die Wies; Hochaltar von 1758.

MÜNZE Barockbau aus Maria Theresias Zeiten. Üppige Stuckdecke.

SCHLOSSKAPELLE Von dem hellen Renaissanceraum, hoch und schmal, zweigt ein mit der Pracht des Rokoko ausgestattetes Kapellchen ab. Eigenwillig moderner Altar.

Güstritz *Reg.-Bez. Lüneburg* 571 □ 1
ist ein guterhaltenes wendisches RUNDLINGSDORF.

Gummersbach *Reg.-Bez. Köln* 584 □ 12
KIRCHE In der schlichten Romanik des 12. Jh. haben sich das Mittelschiff, das nördliche Seitenschiff und der Westturm erhalten. Aus dem 15. Jh. stammen das südliche Seitenschiff, das Querschiff und der Chor. Alle Bauteile sind im 19. Jh. restauriert worden. Eine Seltenheit das hölzerne Taufgehäuse, es stammt schon aus evangelischer Zeit (1580).

VOGTEIHAUS Stattlicher barocker Bruchsteinbau mit hohem Walmdach.

Gundelfingen a. d. Donau *Schwaben* 602 □ 8
Das Rathaus mit Giebel und Türmchen (1677), ein kräftiger Torturm aus dem 16. Jh. und eine gotische, im Langhaus barockisierte Kirche verleihen dem Städtchen altertümliches Gepräge.

Gundelsheim *Reg.-Bez. Stuttgart* 593 □ 4
EHEM. DEUTSCHORDENSSCHLOSS HORNECK Das riesige kastenförmige Gebäude mit dem viereckigen Bergfried (16.–18. Jh.), gegen den Fluß noch von Ringmauern mit Rundtürmen abgeschirmt, ist nach Heidelberg das größte aller Neckarschlösser.

Guntersblum *Rheinhessen-Pfalz* 593 ■ 10
EV. PFARRKIRCHE (1840) Der Nordturm stammt aus der Zeit um 1200. Er hat eine interessante Kuppelbekrönung nach Wormser Vorbild.

Gunzenhausen *Mittelfranken* 602 □ 12
zeigt ein vorwiegend barockes Straßenbild. Von der Befestigung hat sich das Blastor erhalten.
EV. PFARRKIRCHE Im 18. Jh. wurde das Mittelschiff der gotischen Basilika gewölbt und die Westwand mit den Maßwerkfenstern erneuert. Die Ausstattung ist bis auf die Kanzel und den Altarkruzifixus barock. Schönes Grabmal (1503) des Paul von Absberg.

Gutach *Reg.-Bez. Freiburg i. Br.* 607 □ 11
Die schlichte EV. KIRCHE mit dem Zwiebeltürmchen birgt im spätgotischen Chor ein schönes Sakramentshaus. Originelle Rokokokanzel.
VOGTSBAUERNHOF Um das 1570 ganz aus Holz erbaute, strohgedeckte Haus gruppiert sich ein Freilichtmuseum mit Schwarzwälder Bauernhöfen.

Gutenzell *Reg.-Bez. Tübingen* 608 ■ 1
EHEM. KLOSTERKIRCHE Die gotische Basilika mit hohem Chor und westlicher Nonnenempore geht auf das 16. Jh. zurück. 1755/56 wurde sie von Dom. Zimmermann, dessen Tochter hier Äbtissin war, barock umgestaltet. Damals erhielt sie auch die farbenfrohen Fresken und die beschwingte Stuckdekoration.

Guttenbach *Reg.-Bez. Karlsruhe* 593 □ 4
Noch die Ruinen der sagenumwobenen MINNEBURG über dem Neckar sind eindrucksvoll. Erhalten blieben der Bergfried mit Schildmauer, die Ringmauer mit Rondellen und Teile des Palas.

Guttenberg *Reg.-Bez. Karlsruhe* 593 □ 4
Die BURG gehört zu den besterhaltenen des burgenreichen Neckartals, denn sie ist nie erobert worden. Noch staufisch sind Bergfried und Schildmauer, die übrigen, stark bewehrten Bauten entstanden im späten Mittelalter. Eine Rarität ist die Holzbibliothek im Schloßmuseum, vermutlich die Arbeit eines Mönchs aus dem 18. Jh.

Guxhagen *Reg.-Bez. Kassel* 578 □ 7
EHEM. BENEDIKTINERKLOSTER BREITENAU (Landesfürsorgeheim). Die Kirche (nur zu den Gottesdiensten zugänglich) war einst eine bedeutende Anlage des 12. Jh. Die späte Gotik veränderte und wölbte Chor und Querhaus. Nach der Reformation wurde viel abgetragen und profaniert. Von der Klosteranlage blieben die Ummauerung und die spätgotische Zehntscheune mit ihrem Staffelgiebel. Trotz aller Verstümmelungen ist der Gesamteindruck großartig geblieben.

Gymnich *Reg.-Bez. Köln* 583 □ 2
KATH. PFARRKIRCHE In den Neubau des 18. Jh. hat man den gotischen Chor mit einbezogen. Barocker Hochaltar und Rokoko-Seitenaltäre. Ein außergewöhnliches Werk die geschnitzte Barockkanzel.
Das WASSERSCHLOSS wurde nach mehrfachen Zerstörungen im 17. und 18. Jh. wiederhergestellt, umgebaut und erweitert. Hauptsaal und Kabinett im Ostflügel des Herrenhauses sind mit schöner Rokokodekoration ausgestattet. Beim Wiederaufbau der Kapelle im Westturm wurden gotische Glasgemälde in die Fenster eingefügt (15. Jh.).

H

Haag *Kr. Mühldorf a. Inn* *Oberbayern* 610 □ 2
Mitten im Ort ragt der wuchtige, 40 m hohe Bergfried auf; er wurde um 1200 erbaut, das oberste Geschoß mit Spitzdach und Ecktürmchen um 1500. Die einst großartige Burganlage verfiel bis auf Reste des Berings mit einem Torturm.

Haardt *Rheinhessen-Pfalz* 593 □ 8
BURGRUINE WINZINGEN Neben dem Palas eine romanische Kapelle (12. Jh.). 1696 wurde die Burg zerstört.

Habach *Oberbayern* 610 □ 9
ST. ULRICH (1660–80) ist weder ein reiner Renaissance- noch ein reiner Barockbau. Sehr schöne Altäre und Schnitzwerke aus dem frühen 17. Jh.

Habsberg *Oberpfalz* 596 □ 7
Die WALLFAHRTSKIRCHE auf dem „Berg in der Himmelssonne", wie er im Volksmund heißt, ist ein schön ausgemalter und stuckierter Saalbau mit einheitlicher Rokokoausstattung (1763–73).

Habsthal *Reg.-Bez. Tübingen* 608 ☐ 10
KLOSTERKIRCHE Schlichter Barockbau, innen hübsch
stuckiert und ausgemalt. Originell der Hochaltar
(1750), dessen Tabernakel sich zu einem Miniatur-
Abendmahlssaal öffnen läßt.

Hachenburg *Reg.-Bez. Koblenz* 584 ▪ 3
KATH. PFARRKIRCHE Die ehem. Franziskanerkirche
(1729–39) mit monumentaler Straßenfront hat
eine schöne barocke Ausstattung. Turm 1906–09.
SCHLOSS In dem repräsentativen Barockbau –
1719–46 von Jul. Ludw. Rothweil errichtet – gingen
Reste einer mittelalterlichen Burg auf. Heimatmuseum im Torhaus.

Hachtel *Reg.-Bez. Stuttgart* 594 ▪ 6
1854 wurde hier Ottmar Mergenthaler, der Erfinder der Setzmaschine, geboren. In dem Neubau an
der Stelle seines Geburtshauses wurde eine Gedenkstätte eingerichtet. Unter anderem ist dort ein Ve-
teranenexemplar einer zu seinen Lebzeiten ge-
bräuchlichen Setzmaschine zu sehen.

Hadamar *Reg.-Bez. Darmstadt* 584 ☐ 3
In der barocken Stadtanlage breitet sich das regelmäßige Straßennetz um zwei Marktplätze aus.
KATH. LIEBFRAUENKIRCHE Der spätgotische Bau
(14.–15. Jh.) zeichnet sich durch Netz- und Sterngewölbe, Maßwerkfenster und prächtige Barockausstattung aus.
SCHLOSS Die gotische Wasserburg wurde im 16. und
17. Jh. als dreiflügeliges Renaissanceschloß mit Vor-
höfen erneuert.

Haddeby *Schleswig-Holstein* 555 ▪ 11
Die Wikingerstadt HAITHABU, die ab 800 im Halb-
kreiswall am Haddebyer Noor eine bedeutsame
Kaufmannsniederlassung war, ist Haddebys Vor-
gängerin und nur etwa 400 m entfernt. Wälle, ein
Runenstein und Gräberfelder aus dem Jahre 1000
zeugen von dem einst blühenden Handelszentrum.
Längeren Bestand hatte die frühmittelalterliche
Grenzbefestigung DANEWERK, von der in der Nähe
Reste erhalten sind.
KIRCHE Ein spätromanischer Feldsteinbau mit einem
feinen spätgotischen Schnitzaltar und spätromani-
scher Kreuzigungsgruppe (13. Jh.).

Haddenhausen *Reg.-Bez. Detmold* 569 ▪ 4
WASSERSCHLOSS Vor dem dekorativen Einfahrtstor
ein besterhaltenes Fachwerkhaus (1761). Zweiflügeliges, 1613–16 neugestaltetes Herrenhaus mit schönem Treppenturm und Volutengiebel.

Hämelschenburg *Reg.-Bez. Hannover* 578 ☐ 11
SCHLOSS Im Wasser der Wehrgräben spiegeln sich
die vielen Giebel dieser prunkvollen, ab 1588 gebauten Dreiflügelanlage. An den inneren Ecken der
Hoffronten steigen Treppentürme mit Glockenhel-
men auf.
DORFKIRCHE Die schlichte ehem. Schloßkapelle
(1563) gegenüber dem Einfahrtsportal zum Schloß
übersieht man fast. Im Altarraum ein in Holz
geschnitztes Renaissance-Epitaph des Schloßer-
bauers mit seiner großen Familie. Spätgotisches Pa-
radiesgärtlein, Schnitzwerk vom ausgehenden 15. Jh.

Hage *Reg.-Bez. Aurich* 560 ▪ 12
Die höchste Holländer-Mühle Ostfrieslands ist die
1870 neu errichtete HAGER MÜHLE.

Die ST. ANSGARKIRCHE (13. Jh.) ist spätromanisch.
Der Chor wurde im 15. Jh. angefügt. Drinnen ein
großer spätgotischer Passionsaltar und ein stattlicher Dreisitz, beide um 1500.

Hagen *Reg.-Bez. Arnsberg* 576 ▪ 6
1902 gründete der Kaufmann K. E. Osthaus das
Museum Folkwang (jetzt in Essen). Das 1900–02
erbaute, heute KARL-ERNST-OSTHAUS-MUSEUM genannte Haus wurde von Henry van de Velde im
Jugendstil ausgestattet; erhalten blieb die eindrucksvolle Eingangshalle zum Treppenhaus. Das Museum
enthält bedeutende Werke des deutschen Expressionismus, auch von Christian Rohlfs, den Osthaus
1901 nach Hagen berief.

Haiger *Reg.-Bez. Darmstadt* 585 ☐ 10
EV. KIRCHE Romanischer Turm, spätgotisches Langhaus. Im Chor hat sich ein vollständiger Bildzyklus
des 15. Jh. mit biblischen Szenen erhalten.

SCHLOSS HÄMELSCHENBURG

*Schon Liselotte von der Pfalz dachte, als sie hier
vorüberritt, an Ritterromane. Den stil- und stimmungsvollen Herrensitz bei Hameln mit seinen
17 reichverzierten Zwerchgiebeln ließ sich Ende
des 16. Jh. Jürgen v. Klencke errichten, in dessen
Familie dieses Glanzstück der Weserrenaissance bis
heute geblieben ist.*

Haigerloch *Reg.-Bez. Tübingen* 600 ☐ 5
Man hat es die „Perle Hohenzollerns" genannt.
Und in welch bezaubernde Landschaft ist sie gefaßt! Zwei Felsen, die im Mittelalter Burgen trugen, bieten kaum genug Platz für das Städtchen,
und drunten windet sich die rasch fließende Eyach
durchs Tal.
RÖMERTURM Der imposante Buckelquaderbau ist
allein von einer Burg des 12. Jh. stehengeblieben.
SCHLOSS UND SCHLOSSKIRCHE sind dank ihrer expo-
nierten Lage trotz einfacher ländlicher Außenformen

SCHLOSSKIRCHE HAIGERLOCH

Hierher sollte man zur Zeit der Fliederblüte kommen, die Haigerloch in einen weiß-lila Frühlingstraum verwandelt. Etwas von diesem lebensfrohen Schimmern, Wogen und Schäumen scheint dann im Innern der Schloßkirche künstlerisch Gestalt gewonnen zu haben, die sich neben dem Schloß Haigerloch auf einem abfallenden Felsen über der Eyach gerade noch behauptet. Hinter dem Filigran des kunstvollen schmiedeeisernen Chorgitters mit der Gottesmutter steigt strahlend in Gold und Weiß das Hauptstück der Kirche auf: der figurenreich prangende Renaissancealtar.

recht wirkungsvoll. Nachklänge der späten Gotik sind noch überall spürbar. Das Innere barockisiert, mit schönem Kuppelgemälde und bewegten Stukkaturen. Pompöser Hochaltar (Anfang 17. Jh.). Die WALLFAHRTSKIRCHE ST. ANNA (1753–55) auf erhöhtem, von Kastanien umstandenem Platz gilt als ein Werk Joh. Mich. Fischers aus München. Das Innere ist eine besonders noble Schöpfung des Rokoko. Aus dem Zusammenklang der farbenfrohen Fresken mit den lebhaften Stukkaturen und den Altären von Joh. Mich. Feuchtmayer ergibt sich ein Raumbild von seltener Harmonie und Fülle.

Haimhausen *Oberbayern* 603 □ 7
Das einfache barocke SCHLOSS erhielt 1747 durch den Umbau und die Stuckornamentik von François Cuvilliés d. Ä. seinen festlich-vornehmen Charakter. Die Kapelle im Südflügel ist eine Kostbarkeit.

Haina *Reg.-Bez. Kassel* 585 □ 1
Das ehem. ZISTERZIENSERKLOSTER wurde 1215 in diese idyllische Waldlandschaft verlegt. Seit der Reformation Geisteskranken-Hospital, ältestes seiner Art in Deutschland. Die Einheitlichkeit des Innenraumes läßt kaum vermuten, daß die Kirche in verschiedenen Bauphasen entstanden ist: die kreuzförmige Anlage und der massige Unterbau des Chores folgen dem zisterziensischen Schema der Romanik. Gotisch ist der Aufbau des Chores, und das als Basilika begonnene Langhaus wurde unter dem Eindruck der Marburger Elisabethkirche zu einem Hallenraum umgeprägt. In der schlichten Raumfügung kommt den drei Maßwerkfenstern besondere Bedeutung zu; an der Westfassade bereits in den eleganteren, spitzeren und geschärften Formen des beginnenden 14. Jh. Schöne steinerne Schranken

scheiden das Schiff in einen Ostteil für die Mönche, denen Bilderverbot auferlegt war, und in einen Westteil für die Laienbrüder. Das feine Wandtabernakel im Chor ist spätgotisch; bemerkenswertes Denkmalrelief für Philipp den Großmütigen (1542).

Haisterkirch *Reg.-Bez. Tübingen* 608 ■ 1
Die barock umgestaltete PFARRKIRCHE, die sich mit dem schloßartigen Pfarrhaus zu einer hübschen Gruppe fügt, besitzt noch ein romanisches Portal.

Halfing *Oberbayern* 611 □ 11
In der KIRCHE ST. MARIA zahlreiche geschnitzte Figuren des 16. und 17. Jh., prächtiger Hochaltar (1697) mit dem Gnadenbild von 1420 und eine silbergetriebene Marienstatuette von 1522.

Hallenberg *Reg.-Bez. Arnsberg* 577 □ 6
Die KATH. KIRCHE geht auf die Zeit um 1250 zurück, wurde jedoch im 16. und 18. Jh. erneuert. Das Innere ist berühmt für seine großartige Renaissanceausmalung von 1558. Ausdrucksvolles Vesperbild (etwa 1420).

Hallgarten *Reg.-Bez. Darmstadt* 592 □ 2
Das inmitten von Weinbergen abseits gelegene Dorf bewahrt in der KATH. KIRCHE eine der lieblichsten Muttergottesfiguren der deutschen Kunst (um 1420).

Hals b. Passau *Niederbayern* 605 □ 9
Die eindrucksvolle RUINE auf einem steilen Felsen in einer Schleife der Ilz läßt die Anlage der mittelalterlichen Burg noch gut erkennen.

Haltern *Reg.-Bez. Münster* 576 ■ 10
Von den zur Zeit des Augustus am Lippe-Übergang angelegten Römerkastellen zeugen die reichen Funde im RÖMISCH-GERMANISCHEN MUSEUM.
Die PFARRKIRCHE (1875) birgt ein eindrucksvolles gotisches Gabelkruzifix aus der Mitte des 14. Jh.

Hambach *Rheinhessen-Pfalz* 593 □ 8
Über dem hübschen Weinbauort liegt die Ruine KÄSTENBURG, heute als Maxburg oder Hambacher Schloß genannt. Sie wurde Anfang des 11. Jh. von den Saliern als Reichsburg errichtet. Drei Ringmauern schützten sie. Erhalten ist vor allem der im 19. Jh. ausgebaute Palas. 1832 fand hier das Hambacher Fest statt.

Hamburg 562 ■ 2
Zwischen Alster und Bille, bevor sie in die Elbe münden, hatte Karl der Große eine Taufkirche, Ludwig der Fromme ein Kastell, die Hammaburg, bauen lassen und ein Erzbistum gegründet. Es gab eine erzbischöfliche, bald eine gräfliche Stadt: das war der Anfang Hamburgs. Ihre charakteristische Geschichte begann angeblich erst am 7. Mai 1189, der alljährlich als Überseetag gefeiert wird: dieses Datum trägt der Freibrief Kaiser Friedrich Barbarossas, Handels-, Zoll- und Schiffahrtsprivilegien betreffend – auch wenn er eine Fälschung aus dem 13. Jh. ist. Hamburg also hatte einen Hafen. Im 14. Jh. knüpft die Stadt Bande zur Hanse, 1510 wird sie Reichsstadt, 1529 setzt der Wittenberger Prediger Bugenhagen die Reformation durch. Gewaltige Befestigungen bewahren sie vor dem Dreißigjährigen Krieg, deren Verwandlung in Grünanlagen wiederum verhilft Napoleon zum Sieg:

Hamburg wird seinem Empire einverleibt (1810 bis 1814). Vom 5.–8. Mai 1842 legt der große Brand ein Viertel der Stadt in Schutt und Asche. Bislang durch die Grundbesitzer kontrolliert, bekommt die Freie und Hansestadt 1860 eine liberale, 1921 eine demokratische Verfassung. Sie hat manche Premiere zu bieten: die erste deutsche Börse (1558), die erste deutsche Handelskammer (1665), das erste deutsche Opernhaus (1678), und die HAPAG war bis 1918 die größte Schiffahrtsgesellschaft der Welt. Hamburg ist eine von jeher liberale Stadt, nicht sehr musisch, nicht sehr gesellig, aber schön. Zu seinen älteren baulichen Sehenswürdigkeiten gehören: das Goertz-Palais von Joh. Nicolaus Kuhn (1710), dessen Barockfassade erhalten ist; die architektonisch wie städtebaulich interessante Anlage des Freihafens mit den eigentümlichen Lagerhäusern (19. Jh.); die Siedlungen von Fritz Schumacher, Hamburgs bedeutendem Stadtplaner, an der Jarrestraße und von Karl Schneider an Poßmoorweg und Habichtplatz. Alte Dorfkirchen sind in den Stadtteilen am Rande erhalten, in Altrahlstedt, Bergstedt, Nienstedten, Steinbek und Eppendorf.

BÖRSE, gegründet 1558. Der heutige Bau wurde der italienischen Renaissance nachempfunden (1841). Das Obergeschoß beherbergt die Handelskammer. CHILEHAUS, neben Sprinkenhof, Klöpperhaus (heute Kaufhof) und anderen Kontorhäusern das mächtigste und bedeutendste Werk Fritz Högers (1924). Der monumentale, durch ornamental angewendete Oldenburger Backsteinklinker reich strukturierte Bau spitzt sich schiffsbugähnlich zu. HAUPTFRIEDHOF OHLSDORF 1877 eröffnet, nach Chicago der zweitgrößte Friedhof der Welt und, wie

man sagt, der drittschönste. Er ist angelegt wie ein Park. Besondere Hinweise verdienen die Architektur des Krematoriums (1932), das Mahnmal für die Opfer des Faschismus über Erde und Asche aus 104 Konzentrationslagern (1949), schließlich das Mahnmal für die Bombenopfer (1950).

MUSEEN Kunsthalle: Hamburger Malerei (von Meister Bertram und Meister Francke bis Liebermann, Slevogt, Corinth), deutsche Malerei des 19. und 20. Jh. (Runge, Friedrich, Menzel, Klee, Beckmann, Kandinsky), Skulpturen (Rauch, Rodin, Barlach, Maillol, Richier), Graphik (50 000 Stück). – Das Museum für Kunst und Gewerbe pflegt besonders die Interieurkunst verschiedener Zeiten, sehr umfangreich die des Jugendstils, kunstgewerbliche Arbeiten, umfangreiche Plakatsammlung, Fayencen und Porzellan aus dem 17. und 18. Jh. mit Figuren der Commedia dell'arte. – Museum für Hamburgische Geschichte: Deutschlands größte Schiffssammlung mit über hundert Modellen. Altonaer Museum: Landwirtschaft, Volkstum, Seefischerei Norddeutschlands, Bodenfunde, besonders reizvoll ist die stattliche Galerie alter Gallionsfiguren.

PARKS Der Stadtpark ist Hamburgs größter Erholungspark mit See, Festwiese, Wasserturm mit Planetarium. – Planten un Blomen, ein Volkspark mit Blumenbeeten, Wasserlichtorgel, Parksee. – Jenischpark, jenseits der Elbchaussee, einer 9 km langen Prachtstraße zwischen Altona und Blankenese mit prächtigen Kaufmanns- und Reeder-Villen aus dem 18. und 19. Jh., gelegen: ein englischer Landschaftspark. Darin das klassizistische Sommerhaus des Senators M. J. Jenisch (1834), nach Entwürfen von Schinkel und Forsmann, heute Museum

BINNENALSTER

Hamburg, eine von jeher liberale Stadt, ist nicht sehr musisch, nicht sehr gesellig, aber schön. Einen besonderen Reiz hat die seit dem 13. Jh. zum See gestaute Alster mit ihren Uferstraßen und Promenaden im Zentrum. Von der Lombards- und der Kennedybrücke aus zeigt die Innenstadt ihr blankes Postkartengesicht: links der Ballindamm und die St.-Petri-Kirche, rechts der Jungfernstieg, mit dem Rathaus und dem Turm der Nikolaikirche dahinter.

MAX BECKMANN: „ODYSSEUS UND KALYPSO"

Zwei elementare Gestalten hat Beckmann 1943 auf diesem Bild in kalten Farben gemalt: den Mann und das Weib, nackt einander nahe. Aber wie entfernt sind die beiden zugleich voneinander. Die zauberische Kalypso, ganz leibliche, sinnliche Gegenwart, sieht Odysseus mit schmeichelnden Augen an; Schlange und Katze, Symbole der Triebhaftigkeit, und der fremde Vogel stehen ihr bei. Doch der harte Blick des behelmten, gegen seine Waffen gelehnten Helden dringt schon an ihr vorbei ins Weite; er ist erneut auf Fahrten und Taten, auf sein wartendes Reich gerichtet.

Hamburger Kunsthalle

PAUL KLEE: „REVOLUTION
DES VIADUKTES"

Paul Klee hat Geige gespielt. Und er hat zunächst eine Weile überlegt, ob er Maler oder Musiker werden solle. Er wurde Maler, aber in sein heiterironisches, traumhaft-phantastisches, magisch-hintergründiges Werk ist ein musikalisches Element eingegangen. So auch in dieses 1937 entstandene rätselhafte Bild, das beherrscht wird vom Rhythmus der senkrechten und waagerechten Linien und vom Akkord roter und gelber Farbklänge. Der Viadukt wird als menschlicher Körper aufgefaßt. Ein Dutzend dieser Zweibeiner marschiert dem Betrachter entgegen.

Hamburger Kunsthalle

PHILIPP OTTO RUNGE: „DIE
HÜLSENBECKSCHEN KINDER"

Was er wirklich wollte, hat der Frühverstorbene nicht vollenden können: sein Lebenswerk, den groß und tief angelegten symbolischen Zyklus der „Tageszeiten". Daneben aber entstand eine Reihe von bedeutsamen Bildnissen, unter ihnen dieses „schönste Kinderbild der deutschen Romantik". Die Hülsenbeckschen Kinder leben in einer heilen, ruhigheiteren Welt. Auf ihren Gesichtern aber liegt jener verinnerlichte Ernst, der auch dem Maler selbst eigen war.

Hamburger Kunsthalle

hanseatischer Wohnkultur. Im selben Park liegt das Ernst-Barlach-Museum (1962). – Hagenbecks Tierpark, 1907 in Stellingen eröffnet, ist Hamburgs Freigehege-Zoo.

Das RATHAUS erhebt sich, Handelsmacht und Kaufmannspracht demonstrierend, auf 4000 Pfählen, ein wilhelminischer Sandsteinbau in Nachahmung deutscher und italienischer Renaissance, 1897. Der linke Flügel gehört der Bürgerschaft, der rechte dem Senat. Prunkvoll ausgestattete Säle (Eichentäfelung, Ledertapeten, Gemälde der Zeit).

ST. JACOBI, obwohl fast völlig rekonstruiert, ist wohl die kraftvollste Kirche der Stadt: eine vierschiffige Hallenkirche, die – wie St. Katharinen – durch spätmittelalterliche Anbauten spielerische Anmut erhält. Der 1961 vollendete neue Turm ist womöglich der schönste, der das Gotteshaus jemals gekrönt hat. Seine Kunstschätze sind drei gotische Altäre, der mit Alabasterreliefs geschmückte Altar (Georg Baumann, 1610) und die Arp-Schnitger-Orgel (1693), eines der wertvollsten Instrumente der Welt. Über der Sakristei der barock ausgemalte Herrensaal.

ST. KATHARINEN 1943 fast völlig zerstört, als spätgotische Basilika wieder aufgebaut samt dem Turm im holländischen Barock. Reizvoll die vielen architektonischen Unregelmäßigkeiten.

ST. MICHAEL, spätbarock, bedeutender protestantischer Kirchenbau Norddeutschlands, entstand 1754 bis 1757 in seiner heutigen Gestalt. Den Vorgängerbau, die erste große Michaeliskirche, zerstörte 1750 ein Blitzschlag. Diese zweite große Michaeliskirche, von Ernst Georg Sonnin, brannte 1906 total aus, 1945 wurde die dritte schwer getroffen. Seit 1952 steht sie wieder in der Form von 1757 da, wenn auch kaum ein Stein aus jener Zeit übrigblieb. Ihr Turm, 30 Jahre später vollendet, wurde als „der Michel" zum bevorzugten Wahrzeichen der Hafenstadt. Schönes Inneres: geschwungene Empo-

ren, weites Muldengewölbe, viel Weiß und Gold. Weiter Hafenblick von der 82 m hohen Säulenhalle des Turms. – Neben der Kirche, im Krayenkamp, stehen in zwei Reihen an einem schmalen Innenhof die alten Krameramtswohnungen, 1670 für die Witwen der Kramerzunft gebaut. Eigenartig sind die gedrehten Backsteinschlote.

Von ST. NIKOLAI, ebenfalls im zweiten Weltkrieg zerstört, blieb nur der feuergeschwärzte neugotische Turm (1874) als Mahnmal für die Opfer des Bombenkrieges erhalten. Er ist, nach Ulm und Köln, der dritthöchste Kirchturm im Lande.

ST. PETRI, älteste Pfarrkirche, ist auf urhamburgischem Grund neben der ehem. Hammaburg errichtet. Sie wurde im 12. Jh. gegründet, beim großen Brand von 1842 zerstört und danach als dreischiffige Hallenkirche neugotisch wieder errichtet. Aus den Helmluken des spitzen, achteckigen, patinagrün leuchtenden Turmes hat man eine weite Aussicht. Meister Bertrams berühmter Petri-Hochaltar aus dem 14. Jh. befindet sich in der Kunsthalle. Bemerkenswert ein alter Türklopfer.

J. J. KÄNDLER: „HANDKUSSGRUPPE"

Die beiden 15 Zentimeter hohen Barockfigürchen – eine hübsche, intime Boudoirgruppe – dienten zur Tafeldekoration. Sie wurden um 1736 von Johann Joachim Kändler geschaffen, der bis 1775 Modellmeister der Meißner Porzellanmanufaktur und darüber hinaus einer der bedeutendsten Porzellanmodelleure seiner Zeit war.

Museum für Kunst und Gewerbe, Hamburg

MEISTER BERTRAM:
„DIE ERSCHAFFUNG DER TIERE"

Der ehemalige Hochaltar der Hamburger Petri-Kirche, zu dem diese bedeutende Tafel aus dem 14. Jh. gehört, war früher ein sogenannter Wandelaltar. Aufgeklappt zeigte er plastisch die Kreuzigung und die Verkündigung nebst vielen biblischen Gestalten und Heiligen. Auf den eingeklappten Flügeln wurden Malereien des Meisters Bertram sichtbar. Den schreibunkundigen Laien der damaligen Zeit brachten sie gleichsam erzählend Szenen der Bibel nahe. Sprechend die Gebärde Gottes, wie er hier vor heilig-reinem Goldgrund das Gewimmel der Tiere ins Dasein ruft.

Hamburger Kunsthalle

ST. NIKOLAI, ALTENGAMME

Wer im Hamburger Vorort Altengamme die dörfliche St.-Nikolai-Kirche betritt, erlebt eine kleine Überraschung. Das Innere prangt in reichem, eigenständigem, buntem Barock. Unter dem sternbesetzten Gewölbe schimmern üppige flämische Kronleuchter. Originell die hübsch eingelegten Gestühlswangen und die hohen, schmiedeeisernen, vielfältig ausgestalteten Hutständer an den Bänken.

Hamburg-Bergedorf und die Vierlande 562 □ 3
Bergedorf hat seit 1217 Stadtrechte. Im Zentrum findet man alte Fachwerkhäuser, darunter den Gasthof Stadt Hamburg aus dem 16. und 17. Jh. Das Schloß aus der gleichen Zeit beherbergt das interessante Museum für Bergedorf und die Vierlande. Sehenswert sind die Vierländer Gärtnerdörfer: Schnitzwerke und Ziegelmuster an den Giebeln der Bauernhäuser, das Freilichtmuseum Rieckhaus (1663) in Curslack und die geradezu fröhlichen Bauernkirchen mit ihren frei stehenden Türmen (Altengamme 13. Jh., Neuengamme 14. Jh., Curslack 1599).

Hameln *Reg.-Bez. Hannover* 570 □ 7
Der zur Weser hin offene Kreis der Altstadt umschließt noch viele Zeugen ihrer Blütezeit: prachtvolle BÜRGERHÄUSER im reichen Stil der Weserrenaissance. Das Rattenfängerhaus wurde 1603 errichtet. Nahebei das Leistsche Haus von 1589; neben ihm ein herrlicher Fachwerkbau: das Stiftsherrenhaus (1558). Am Ende der Straße liegt das Hochzeitshaus (1610–17) mit mehreren Ziergiebeln. Renaissancegiebel schmücken auch andere Häuser, so das Dempterhaus (1607) und den Rattenkrug (1568).
MARKTKIRCHE ST. NIKOLAI Romanische, im 13. Jh. erweiterte Kirche mit steilem Turmhelm (1511). 1945 zerstört und inzwischen wieder aufgebaut.
MÜNSTERKIRCHE ST. BONIFATIUS Romanische Basilika des 11. Jh., zwischen 1231 und 1400 zur gotischen Hallenkirche umgebaut. Der achteckige Vierungsturm (12. Jh.) erhielt erst 1744 seine Haube. Der kräftige Westturm ist spätgotisch. Die Südwand schmücken reiche Maßwerkfenster. 1955 fand man unter der Krypta des 11. Jh. eine ältere Krypta, die wohl zur karolingischen Klosterkirche gehörte. Unter den wenigen alten Ausstattungsstücken ein Relief der Krönung Marias (1415).

Hamm *Reg.-Bez. Arnsberg* 576 □ 3
EV. PAULUSKIRCHE Noch vor 1250 entstanden das spätromanische Querschiff und Chorvorjoch. Langhaus und quadratischer Westturm entstammen der 1. Hälfte des 14. Jh. Gleichmäßig umstehen Strebepfeiler den Außenbau der großen Halle. Bestimmend im 1893–95 durchgreifend erneuerten, dreischiffigen Innern sind die das Langhausgewölbe tragenden massigen Rundpfeiler. Die Schäden des zweiten Weltkrieges sind beseitigt.
EV. PFARRKIRCHE in Hamm-Mark. Langhaus und Westturm bis zur Höhe des Glockengeschosses überdauerten von einer romanischen Anlage des frühen 12. Jh. Querschiff und Chor erhielt der einschiffige, kreuzförmige Bau in der 1. Hälfte des 14. Jh. Die Chorausmalung (um 1330) ist stark erneuert.
STÄDT. GUSTAV-LÜBKE-MUSEUM Sammelgebiete sind Vor- und Frühgeschichte, Kunst des alten Ägypten, Griechenland und Rom und sakrale Kunst. Bedeutendes Münzkabinett.

Hammelburg *Unterfranken* 594 □ 1
BURG SAALECK Der runde Bergfried stammt aus dem 12. Jh., der Wohnbau und die Mauern sind vermutlich im 16. Jh. entstanden.
Die PFARRKIRCHE, eine dreischiffige spätgotische Basilika (14./15. Jh.), wurde 1950 eingewölbt. Der Ölberg aus dem 15. Jh. hat einen hübschen Lichterker.
SCHLOSS Hübsch die Westfront des barocken Vierflügelbaus mit Mittelgiebel und Arkadenaltan.

OSTERSTRASSE, HAMELN

An die bekannte Sage vom Rattenfänger, der 1284 in Hameln erst Ratten und Mäuse in die Weser, dann Kinder in einen Berg führte, erinnert in der Osterstraße eine Inschrift am prächtigen Rattenfängerhaus. In der gleichen Straße liegt (unser Bild, rechts) das Leistsche Haus mit Voluten und Obelisken am Giebel und einem schönen, von einer Lukretiastatue gekrönten Erker, heute ein Heimatmuseum. Daneben das Stiftsherrenhaus mit Fachwerk, Schmuckbändern und zwei Reliefs vor der Tür. Am Ende der Straße erhebt sich das „Hochzeitshaus", ein Festhaus von 1617, das mehrere schöne Fassaden und ein Rattenfänger-Glockenspiel besitzt.

SCHLOSS PHILIPPSRUHE, HANAU

Nach dem vorletzten regierenden Grafen von Hanau, Philipp Reinhard, hat das 1701 begonnene Schloß seinen Namen. Die Anlage orientiert sich am Vorbild von Versailles. Der dazugehörige Park, ursprünglich ebenfalls „französisch", wurde im 19. Jh. englisch umgestaltet. Auch die breite Mittelkuppel des Schlosses mit ihrem Uhrtürmchen stammt, neben anderen Zutaten, aus dieser späteren Zeit.

Hammerstein *Reg.-Bez. Koblenz* 592 ■ 9
Eindrucksvolle Mauerreste zeugen von der im 10. Jh. gegründeten Burg, in der 1105 Heinrich IV. Zuflucht suchte vor seinem Sohn. – Am Fuße des Burgbergs die kleine romanische Kirche St. Georg (Ende 12. Jh.) und der schöne Zehnthof des 16. Jh.

Hanau *Reg.-Bez. Darmstadt* 593 □ 1
Die mittelalterliche Siedlung entwickelte sich um eine Kurmainzer Wasserburg. Die Blütezeit des Ortes setzte ein, als seit dem frühen 15. Jh. die Grafen von Hanau hier residierten. Die Aufnahme vertriebener Wallonen und Niederländer brachte im 17. Jh. eine großzügig und regelmäßig angelegte Erweiterung. Diese barocke Neustadt und die winklige Altstadt wurden 1945 fast völlig vernichtet. Einzelne wiederhergestellte Bauten stehen denkmalhaft in veränderter Umgebung, wie das Altstädter Rathaus (Renaissancefachwerkbau) und das Neustädter Rathaus von 1733.
EV. MARIENKIRCHE Die dreischiffige Basilika (1454) wurde 1492 um den großen Chor erweitert und 1561 zur Hallenkirche umgebaut. Der vereinfachte Wiederaufbau bis 1961 ließ nur im netzgewölbten Chor den mittelalterlichen Eindruck wiedererstehen.
SCHLOSS PHILIPPSRUHE Die Anlage gehört zu den frühesten Bauten des an Frankreich geschulten Barock in Westdeutschland. Änderungen im 19. Jh. haben den Umriß wie auch das Innere umgeprägt. Im Museum heimatgeschichtliche und kulturhistorische Sammlungen und Hanauer Fayencen.
WALLONISCH REFORMIERTE UND NIEDERLÄNDISCHE KIRCHE Für die Neuansiedler 1608 erbaute Doppelkirche, die in ihrer Grundrißkonzeption einmalig ist. Ein größerer zwölfeckiger und ein kleinerer achteckiger Zentralbau greifen ineinander. Nur die Niederländische Kirche wurde wieder aufgebaut.
WILHELMSBAD Der seit 1777 entfaltete Kurbetrieb in der großzügigen Gebäudegruppe und in dem stimmungsvoll durch allerlei Kleinbauten bereicherten Landschaftsgarten dauerte nur eine Generation lang, dann versank die Idylle einer untergehenden höfischen Epoche in den Stürmen der Befreiungs-

kriege. Es blieb, in seiner Abgeschiedenheit getreulich bewahrt, eine Anlage von höchstem Reiz, in der das Bild eines illustren Kurbades aus dem späten 18. Jh. vollständig überliefert ist.

Hannberg b. Höchstadt *Oberfranken* 595 ■ 3
PFARRKIRCHE Im 15. Jh. wurde der Kirchhof befestigt. Seine wuchtige Ringmauer mit fünf Türmen, Schießscharten und Torhaus bot den Dorfbewohnern Zuflucht. Der mächtige, mit vier Wachttürmchen versehene Turm ebenfalls aus dem 15. Jh.

Hannover *Niedersachsen* 570 ■ 5
Die lebendige, kunstbeflissene, halb provinzielle, halb großstädtische Stadt an der Leine wurde ums Jahr 1100 durch ein Mädchen aktenkundig, das sich am Grabe des hl. Bernward von Hildesheim Heilung von seinem Augenleiden erhoffte: Es stammte aus dem vicus Honovere, dem Dorf Hannover. Der Marktort gedieh stetig zum blühenden Gemeinwesen. Backsteinerne Zeugen dieser Zeit sind Marktkirche und altes Rathaus. Hannovers zweite Periode setzte mit dem ihr aufgezwungenen Status einer Residenz der Herzöge von Calenberg 1636 ein, doch auch das Fürstentum avancierte: 1692 hatte Hannover einen Kurfürsten, 1714 wurde er zugleich König von Großbritannien und Irland, 1814 einen eigenen König, und nach der schwer verwundeten Schlacht von Langensalza 1866 war Hannover nur mehr eine preußische Provinz. Der dritte Abschnitt begann nach dem zweiten Weltkrieg: 1946 Hauptstadt des Landes Niedersachsen, 1947 erste Industriemesse (heute die bedeutendste Messe ihrer Art in Europa), 1948 Beginn des Wiederaufbaus der von Bomben sehr stark zerstörten Stadt unter Hannovers zweitem bedeutendem Stadtbaumeister Rudolf Hillebrecht, der sozusagen den in Trümmer gegangenen Plan seines großen Vorgängers Georg Ludwig Friedrich Laves für die Neuzeit revidierte. Die Metropole blieb dabei eine einzigartig durchgrünte Stadt, und sie hielt bei aller Modernität (Stadthalle von Paul Bonatz, 1913, Anzeigerhochhaus von Fritz Höger, 1928, das Altersheim in Hannover-Bemerode von Henry van de Velde, 1931) ihre historischen Reminiszenzen lebendig, wie die Fachwerkhäuser, aus den Überresten der mittelalterlichen Altstadt rekonstruiert und hierher versetzt, beweisen. Sie stehen an Burg- und Kramerstraße in der Nachbarschaft des Beginenturmes, des letzten der 34 Befestigungstürme aus dem 14. Jh. In der Nähe steht der Ballhof, ein als Kammerschauspielhaus benutztes, im 17. Jh. von Herzog Georg Wilhelm für das Federballspiel errichtetes Gebäude von solider Anmut.
ALTES RATHAUS am Markt. Wie die ihm gegenüberliegende Marktkirche beschädigt und wiederhergestellt, südlichster backsteingotischer Profanbau (15. Jh.), wohltuend proportioniert, verziert mit Bandreliefs aus Formziegeln, Staffelgiebeln, Dacherkern, Figuren aus gebranntem Ton. – Das NEUE RATHAUS, vor dem ersten Weltkrieg gebaut, bietet aus seiner Kuppel den schönsten Blick auf die Stadt. Im Innern: Wandgemälde von Ferdinand Hodler.
Die HERRENHÄUSER GÄRTEN erstrecken sich entlang der 2 km langen, 1726 angelegten und damals von 1400 Linden gesäumten Herrenhäuser Allee und haben ihren Gipfel im Großen Garten, einem 186 Morgen großen Rechteck. Der unter holländischer Beratung entstandene, streng geometrische Grund-

GROSSER GARTEN, HERRENHAUSEN

Einundzwanzig Kilometer lang sind die streng gestutzten Hainbuchenhecken, die zahllose Rasen- und Wasserflächen, Statuen, Vasen und farbig unterlegte Buchsbaumornamente dieses Barockgartens – eines der letzten seiner Art – umziehen. Solche mit mathematischer Akkuratesse durchgeformten Anlagen vermittelten einst zwischen dem reinen Menschenwerk des Schlosses und der ursprünglichen Natur. In sommerlichen Theateraufführungen und musikalischen Darbietungen klingt heute noch etwas von den verschwenderischen, erlesenen Festen nach, die hier in den Zeiten fürstlicher Herrschaft wie auf einer Bühne inszeniert wurden.

riß des Gartens ist bis heute unverändert geblieben. Akzente sind gestutzte Hecken von manchmal mächtigen Ausmaßen, sind Wasserspiele vieler Art wie Fontänen, Kaskaden, Springwasserteiche, Springbrunnen, eine Grotte, ein Gartentheater, das mit dem Galeriegebäude bei den Herrenhäuser Tanz- und Musikfestspielen im Sommer auflebt. Architektonischer Ausdruck dieser barocken Lebenskunst ist das Galeriegebäude (1698), von dem Venezianer Tommaso Giusti üppig mit Stukkaturen,

BERGKRISTALLPOKAL

Gegenstände dieser Art aus Bergkristall waren nicht zum Gebrauch, etwa zum Trinken, bestimmt, sondern sie wurden für die Schatzkammern der Fürsten hergestellt. Wegen seines Glanzes und seiner klaren Durchsichtigkeit war der Bergkristall besonders beliebt. Die Schale der Gefäße arbeitete man aus einem gewachsenen Stück heraus; durch Ornamente oder eingeschliffene Figuren wurde die Kostbarkeit gesteigert. Der Pokal im Kestner-Museum (17. Jh.) weist eine Orpheusdarstellung auf. Der griechische Sänger, dessen Lied die wilden Tiere zähmte, war damals ein beliebtes Sinnbild für die Macht der Musik oder die „sanfte Überredung". Kestner-Museum, Hannover

E. L. KIRCHNER: WANDTEPPICH „HIRT"

Alle Maler der Künstlergemeinschaft „Die Brücke", zu der Kirchner gehörte, haben auch Plastiken und kunsthandwerkliche Arbeiten geschaffen. Ihre Kunst sollte die Grenzen des gerahmten Bildes überschreiten und das ganze Leben umfassen. So entstanden Textilien, Stickereien, Webereien, die teilweise von den Künstlern selbst ausgeführt wurden. Unter Kirchners Aufsicht fertigte – in Davos – die Weberin Lise Gujer zehn Wollwirkereien an, von denen eine hier abgebildet ist. (Links außen) Kestner-Museum, Hannover

FAYENCE-LÖWE

Die europäische Keramik ist von der ostasiatischen Kunst stark beeinflußt worden. So entstanden die ersten Delfter Fayencen in Nachahmung des chinesischen Porzellans, und auch das frühe Meißener Porzellan hatte sich, was Form und Dekor betrifft, ganz dem chinesischen und japanischen Porzellan verschrieben. Der Fayence-Löwe im Kestner-Museum – einer von einem Paar – ist im ostasiatischen Geschmack besonders reich bemalt. Vielleicht hat er einmal als Leuchter gedient. Hergestellt wurde er in Nancy. Kestner-Museum, Hannover

Fresken, Plastiken, Kronleuchtern dekoriert. Jenseits der Straße der Berggarten, einst Hof-Küchengarten, später botanischer Garten, mit Gartenmeisterwohnung, und Mausoleum von Laves; der Georgengarten, ein parkähnlicher Landschaftsgarten und in seiner gezügelten Natürlichkeit Gegenstück zum Großen Garten, sehr romantisch, mit Leibnizdenkmal (einem ionischen Säulentempelchen) und Wilhelm-Busch-Museum (früher das Wallmodenschlößchen). Jenseits der Allee liegen noch Prinzen- und Welfengarten.

KIRCHEN: Ägidienkirche (1347), Ruine, nördlichstes Beispiel der Bruchsteinarchitektur. – Kreuzkirche (1333) mit der hübschen barocken Duvekapelle an der Südostecke. – Neustädter Kirche (1666) mit dem Grab von Gottfried Wilhelm Leibniz, der 18 Jahre lang hannoverscher Hofbeamter war; seinen handschriftlichen Nachlaß bewahrt die Landesbibliothek auf. – St. Clemens (um 1700). Ansehnlicher strenger Barockbau auf dem Grundriß des griechischen Kreuzes.

MARKTKIRCHE (erste Hälfte 14. Jh.) Die herbe, bürgerliche Hallenkirche ist das südlichste Beispiel sakraler norddeutscher Backsteingotik. 1943 stark zerstört, 1952 wieder aufgebaut. Bedeutender spätgotischer Schnitzaltar.

LEINESCHLOSS, OPERNHAUS und WANGENHEIMPALAIS sind die Hauptwerke von Hannovers großem Stadtbaumeister Georg Ludwig Friedrich Laves. Auch diese klassizistischen Gebäude blieben vom Kriege nicht verschont. Das Leineschloß aus dem Jahre 1640, von Laves 1842 klassizistisch umgestaltet und mit einem mächtigen Portikus ergänzt, wurde 1962 zum Parlamentsgebäude umgebaut. Das Opernhaus von 1852 wurde 1950 wieder hergerichtet und stilistisch sehr geschickt modernisiert; seine Lage im Zentrum ist einzigartig. Das Wangenheimsche Palais (1832) ziert eine Fassade von klassischer Ausgewogenheit und Eleganz (heute Wirtschaftsministerium). Im selben Jahr errichtete Laves die Waterloosäule.

MUSEEN Hannoversche Spezialitäten sind das Kestner-Museum (Archäologie, Mittelalter, Münzkunde) und das Wilhelm-Busch-Museum (künstlerischer und dokumentarischer Nachlaß des Dichters und Malers). Zwei Institutionen, die sich mit Verve der zeitgenössischen Kunst annehmen, sind: die Kestner-Gesellschaft, international renommiert, und der Kunstverein, längst nicht mehr nur lokal orientiert. Im Landesmuseum eine vielseitige Gemäldegalerie und eine vor- und frühgeschichtliche Sammlung. Das Historische Museum wurde 1962–66 am Hohen Ufer errichtet.

Hann. Münden *Reg.-Bez. Hildesheim* 578 ■ 6
Drei bewaldete Höhenzüge umgeben die hübsche Stadt am Zusammenfluß von Werra und Fulda, die sich hier zur Weser vereinigen. Ihre zahllosen Fachwerkhäuser stammen aus der späten Gotik, der Renaissance, dem Barock und dem 19. Jh.
Das RATHAUS ist unübersehbarer Mittelpunkt der Stadt. Seine Schaufassade mit reichem Säulenportal, Erker und Giebeln entstand Anfang des 17. Jh.
An der ST. AEGIDIENKIRCHE der Grabstein für Dr. Eisenbart, der hier 1727 starb.
ST. BLASIIKIRCHE Die dreischiffige Hallenkirche aus der zweiten Hälfte des 15. Jh. (Chor frühes 14. Jh.) wird von einem Turm mit welscher Haube (1584) überragt. Inmitten des Raumes die Sandsteintumba Herzog Wilhelms von Braunschweig-Lüneburg

(gest. 1503). Das Epitaph für seinen Sohn Erich (gest. 1540) und dessen zwei Frauen, von Loy Hering geschaffen, gilt als wertvollstes Kunstwerk der Kirche. Bronzetaufbecken von 1392.

SCHLOSS Viergeschossiger Bau am Werraufer. Um 1500 wurde eine Burganlage zur Residenz des Herzogtums Calenberg-Göttingen ausgebaut. Nach Brand 1561 Aus- und Neubau im Stil der Weserrenaissance. Innen gute Wandmalereien der Zeit um 1570. Im Heimatmuseum Mündener Fayencen.

Hanselaer *Reg.-Bez. Düsseldorf* 575 ▪ 12
Die DORFKIRCHE ist eine einschiffige gotische Anlage des 14./15. Jh. Im 1440 dekorativ ausgemalten Innern vortreffliche spätgotische Ausstattung.

Harburg *Schwaben* 602 ▪ 10
Das SCHLOSS über der Wörnitz ist ein großangelegter Wehrbau, dessen Anfänge bis ins 12. und 13. Jh. zurückgehen. Um zum Kern der Anlage zu gelangen, muß man zunächst das Untere Tor (16. bis 17. Jh.), die Rote Stallung, das Obere Tor mit schwerem Fallgatter aus Eichenholz und den inneren Bering passieren. Nun sieht man sich rechts der Burgvogtei von 1562, zwei Türmen, dem Saalbau und dem Fürstenbau aus dem 16. Jh., dem ursprünglich mittelalterlichen Palas, gegenüber. Vom 2. Obergeschoß aus erreicht man durch einen gedeckten Gang die vorwiegend barocke stuckverzierte Schloßkirche St. Michael. Aus romanischer Zeit stammt der südliche Querschiffarm, Chor und Krypta aus dem 14. Jh. Im Chor zwei hervorragende gotische Schnitzwerke. Unter den Schätzen der Bibliothek und der Kunstsammlung im Fürstenbau ein elfenbeinernes Kruzifix (12. Jh.) und der Seitenflügel eines Sippenaltars von Tilman Riemenschneider.

Hardegsen *Reg.-Bez. Hildesheim* 578 ▪ 2
Von der BURG blieb das hohe Mos- oder Muthhaus, das ist der 1324 errichtete Repräsentationsbau. Im gotischen Chor der MAURITIUSKIRCHE zwei Fürstengrabmäler von 1391 und 1442. Langhaus aus dem 18. Jh.

Hardenburg *Rheinhessen-Pfalz* 593 □ 8
BURGRUINE Die Grafen v. Leiningen erbauten die Burg im 13. Jh. Der heutige imponierende Eindruck wird bestimmt durch die Befestigungen des 16. Jh.

Hardheim i. Bauland *Reg.-Bez. Karlsruhe* 594 ▪ 8
OBERE BURG (heute Rathaus) Eine dreiflügelige Anlage mit zwei starken Flankentürmen (16. Jh.). SCHÜTTUNGSBAU (ehem. Zehntscheuer) Dreigeschossiger Renaissancebau mit geschweiftem Ziergiebel. Im Erdgeschoß eine riesige zweischiffige Halle.

Hardtburg b. Stotzheim *Reg.-Bez. Köln* 583 □ 3
Rundum von Wasser und Wald umgeben, ist die im 14. Jh. über ovalem Grundriß ausgebaute Burg heute nur noch in Umfassungsmauern, Bergfried und Zugangstor erhalten.

Harthausen a. d. Scheer
Reg.-Bez. Freiburg i. Br. 607 □ 12
Die barock ausgestattete PFARRKIRCHE (1740–42) bewahrt noch zwei gotische Holzreliefs.

Haseldorf *Schleswig-Holstein* 562 ▪ 11
Eine Allee führt zu dem gestreckten klassizistischen HERRENHAUS, 1804 von C. F. Hansen gebaut.
Spätromanische KIRCHE Den Giebel der Ostwand füllt ein sandsteinernes Renaissanceepitaph. Der barocke Altarrahmen umfaßt ein Bild, das auf eine Tür gemalt ist, die bis 1958 vom Chor in die Gruft führte. Bronzetaufe von 1445.

SCHLOSS HARBURG AN DER WÖRNITZ

„Ein Sinnbild ritterlicher Kultur" ist diese Burg genannt worden. Schon der Dichter Spervogel besang im 12. Jh. die Grafen von Oettingen, denen sie seit 1295 gehört. Am inneren Bering hinter der niedrigeren Zwingermauer sieht man links den Gefängnisturm und dabei, jenseits der Mauer, die Burgschenke. Nach vorn zu liegt das Kastenhaus; weiter zurück der Pfisterbau und die Schloßkirche. Rechts an das Kastenhaus schließen sich der Bergfried (Diebsturm) sowie der Obere Saalbau mit Rittersaal an. Links dahinter der Palas, in dem sich heute ein Museum befindet.

Haselünne *Reg.-Bez. Osnabrück* 568 ■ 1
KATH. KIRCHE Die um 1450 in Backstein erbaute große dreischiffige Halle wurde nach einem Brand 1509 wiederhergestellt. Ihr weiträumiges Innere birgt die gewaltigen, reliefgeschmückten Epitaphe (1610 und 1662) zweier Burgmänner.

Haslach im Kinzigtal
Reg.-Bez. Freiburg i. Br. 599 □ 4
Der Westturm der KATH. PFARRKIRCHE mit seinem Durchgang stammt noch aus gotischer Zeit. Das eingemauerte Tympanon ist romanisch. Das barocke Langhaus mit Stukkaturen wurde später verlängert.

Hasselburg *Schleswig-Holstein* 556 ■ 6
Zweigeschossiges HERRENHAUS mit schlichter klassizistischer Fassade, um 1710 erbaut; imposante Barockhalle mit Treppenhaus, Ausgestaltung im Rokokostil. Ungewöhnlich stattliches Torhaus von 1763 in barockem Backsteinbau.

Haßfurt *Unterfranken* 595 □ 11
Eingebettet zwischen die bewaldeten Hügel der Haßberge und des Steigerwaldes, hat das Städtchen mit Resten der Stadtmauer, drei Toren, dem Rathaus von 1521, Fachwerkhäusern und zwei gotischen Kirchen sein mittelalterliches Gesicht bewahrt. Die KATH. PFARRKIRCHE, 1390 begonnen und im 15. Jh. vollendet, besitzt im ersten Stock des Turms eine spätgotische Kapelle mit erkerartig vorgeschobenem Chor. Die Kirche wurde im 17. Jh. barock ausgestattet und im 19. Jh. neugotisch restauriert. Ihr wertvollster Besitz ist eine Figur Johannes des Täufers von Tilman Riemenschneider. RITTERKAPELLE Im 15. Jh. außerhalb der Stadtmauern erbaut, diente sie vermutlich als Pfarrkirche für den Landadel der Umgebung (daher wahrscheinlich die 248 Wappenschilder im Rundbogenfries der Choraußenwand). Der hochstrebende Chor mit den schmalen hohen Fenstern und kräftigen Streben (um 1390) wurde von K. A. Heideloff neugotisch überarbeitet. Das schlichtere Langhaus von 1455/1465 wurde 1603 überholt.

Haßloch *Rheinhessen-Pfalz* 593 □ 8
Das größte Dorf der Pfalz besitzt aus dem 18. Jh. viele Fachwerkhäuser, ein Rathaus und drei Kirchen. An der oberen ev. Kirche die Ulrichskapelle des 14. Jh.

Hattenheim *Reg.-Bez. Darmstadt* 592 □ 2
KATH. PFARRKIRCHE Hübscher, einheitlich errichteter und ausgestatteter barocker Saalbau von 1740; Turm 13. Jh. Am Eingang dramatische Kreuzigungsgruppe aus der Werkstatt H. Backoffens (um 1520).
BURG Ragender spätgotischer Wohnturm (15. Jh.) mit vier Geschossen.

Hattingen *Reg.-Bez. Arnsberg* 576 ■ 8
Hattingen hat seinen altertümlichen Charakter in vielen Fachwerkbauten (16.–19. Jh.) bewahrt, so im Gewirr malerisch vorkragender Geschosse in der Kirchstraße.
ALTES RATHAUS (Heimatmuseum) Stattlicher Renaissancebau von 1576 mit Fachwerkobergeschossen.

Hattstedt *Schleswig-Holstein* 554 □ 3
EV. KIRCHE Das Schiff der spätromanischen Kirche wurde zum Chor, als ein größeres Schiff angebaut werden mußte. Spätgotischer Turm. Altar aus der Spätgotik, Kanzel (1641) im Knorpelbarock.

Hatzfeld *Reg.-Bez. Kassel* 585 □ 12
FRIEDHOFSKAPELLE Von dem spätromanischen Bau blieb nur das Mittelschiff. Originaler Fußbodenbelag aus Kieseln in Fischgrätmuster; Reste der ursprünglichen Ausmalung und gotischer Wandmalereien.
Die hübsche verschieferte KIRCHE (17. Jh.) über der Stadt birgt ein bedeutendes spätgotisches Kruzifix.

Haunsheim *Schwaben* 602 □ 8
Die KIRCHE ist einer der seltenen Renaissancebauten in Bayern mit pilastergegliederter Fassade, schöner geschnitzter Emporenbrüstung und einigen guten Grabsteinen. An der Friedhofsmauer verdienen die Ecktürme und Portale besondere Beachtung.

Hausach *Reg.-Bez. Freiburg i. Br.* 600 □ 8
Die FRIEDHOFSKIRCHE besitzt einen netzgewölbten Chor, den der Meister des Freiburger Münsterchors, Erhart, 1514 errichtete.

Hausbach b. Vilshofen *Niederbayern* 604 □ 3
Die Kirche ST. MAGDALENA ist ein gotischer Rundbau mit spitzem Kegeldach und barockem Türmchen. Im gewölbten Innern Rippen, die von acht eingezogenen Pfeilern dem runden Mittelpfeiler zustreben.

Hausen *Kr. Witzenhausen Reg.-Bez. Kassel* 578 □ 5
Die im Geschachtel des idyllisch gelegenen Dorfes versteckte kleine Kirche enthält in ihrem gotischen Chorturm reiche spätgotische Wandmalereien.

Hausen *Kr. Ziegenhain Reg.-Bez. Kassel* 586 ■ 10
SCHLOSS Imposante, gedrängt aufragende Baugruppe, malerisch, wie eingewachsen in einen verwunschenen Park. Den Kern bildet eine hufeisenförmige mittelalterliche Wasserburg. Ausbau als Schloß im 17. Jh.

Haus Escherde *Reg.-Bez. Hildesheim* 570 □ 6
Das KLOSTER ist jetzt Domäne. Man schreckte 1832 nicht davor zurück, die Barockkirche fortan als Scheune zu nutzen. Die meisten Abteigebäude stammen aus der Zeit um 1700.

Havixbeck *Reg.-Bez. Münster* 576 □ 12
DORFKIRCHE Ältester Teil ist der quadratische Westturm (12. Jh.) mit einem gotischen Abschlußgeschoß, Langhaus Mitte 14. Jh., Chor etwas jünger. Die Rippen des Kreuzgewölbes in der dreischiffigen Halle fassen prächtige, zum Teil figürliche Schlußsteine zusammen. Sakramentsturm von 1450; geschmücktes Epitaph von 1522.
WASSERBURG Der Kernbau der dreiflügeligen Anlage stammt von 1562; die anderen Bauten aus dem 17. und 18. Jh. Im Rittersaal des Herrenhauses (1564) Wappenkamin und einige offene Balkendecke Westfalens.

Hayingen *Reg.-Bez. Tübingen* 601 □ 7
besitzt zwei gotische, im 18. Jh. umgebaute Kirchen: die Friedhofskapelle in derbem ländlichen Barock und die Pfarrkirche mit schönen Plastiken aus dem 15. bis 18. Jh. Außerhalb das Rokokoschloß Ehrenfels.

Hechingen *Reg.-Bez. Tübingen* 600 □ 5
BURG HOHENZOLLERN Weithin in der Landschaft sichtbar ist der dicht bewaldete Burgberg, bekrönt von den bizarren Umrissen einer vieltürmigen An-

PREUSSISCHE KÖNIGSKRONE, BURG HOHENZOLLERN, HECHINGEN

*Kaiser Wilhelm II. ließ 1889 diese Nachbildung der – heute nicht mehr vorhandenen – preußischen Königs-
krone anfertigen, mit der schon Friedrich I. 1701 gekrönt wurde. Die beiden Tabatièren stammen aus dem
Besitz Friedrichs des Großen, der als leidenschaftlicher Schnupfer solche Dosen von hochgestellten Persönlichkeiten in großer Zahl geschenkt bekam. Sieben dieser Dosen gelangten in die Burg Hohenzollern. Sie
wurden 1956 gestohlen und später zerbrochen aufgefunden. Aus den Teilen ließ man vier neue machen.
Drei davon befinden sich heute wieder im Burgmuseum.*

lage. Diese ist ein Werk der Spätromantik, das
Stüler und Prittwitz 1820–67 schufen. Von der
alten Burg stammt nur noch die Michaelskapelle
(15. Jh.) mit drei romanischen Sandsteinreliefs und
gotischen Glasgemälden. In der neugotischen ev.
Kapelle stehen jetzt die Särge Friedrichs d. Gr. und
des Soldatenkönigs. Im Hohenzollernschen Landesmuseum sind neben Schätzen wie der preußischen
Königskrone von 1889 auch viele persönliche Erinnerungsstücke ausgestellt, darunter eine Tabatière
Friedrichs d. Gr. mit jener Flintenkugel, die in der
Schlacht von Kunersdorf daran abgeprallt war.
Zur ehem. KLOSTERKIRCHE ST. LUZEN führt ein lin-
dengesäumter Kreuzweg hinauf. Das Innere ist ein
besonders schönes Beispiel deutscher Spätrenaissance
mit reichen Zierformen im Gebälk und in der
Wandstuckierung, lebensgroßen Figuren in den Nischen und prunkvoller Kanzel.
EHEM. STIFTSKIRCHE (1780–83) Nur ein Franzose
konnte diesen Musterbau des Klassizismus geschaf-
fen haben. Michel d'Ixnard hat ihn entworfen,
eine großräumige Saalkirche von unaufdringlicher
Noblesse, der Innenraum ganz in Weiß und Gold
gehalten. Im Chor Grabmal Eitel Friedrichs von
Zollern von Peter Vischer (1515).
SCHLOSS LINDICH, 1740 erbaut, später klassizistisch
umgestaltet, war bis 1772 Residenz.
VILLA EUGENIA, die letzte Residenz der Hechinger
Fürsten, war 1775 als Lustgartenhaus erbaut worden.

Heggbach *Reg.-Bez. Tübingen* 608 □ 1
EHEM. KLOSTER Von den alten Teilen steht noch
der Kreuzgang mit zierlicher Renaissanceornamen-
tik. In der Kirche schöne Madonna (um 1470).

Hehlen *Reg.-Bez. Hildesheim* 578 □ 11
EV. IMMANUELSKIRCHE Den langgestreckten, achteckigen Zentralbau (1697–99) rahmen zwei turm-

artige Treppenhäuser mit Hauben. Im Innern läuft
die doppelgeschossige Empore allseitig um.
SCHLOSS Trutzig in sich abgeschlossen wirkt der
mächtige schmucklose Vierflügelbau (1579–84) mit
den zwei von Hauben bedeckten Rundtürmen. Barocke Steinfiguren im Park.

Heide *Schleswig-Holstein* 555 □ 8
Einst Regierungssitz des Bauernfreistaates Dith-
marschen. Am riesigen Marktplatz die KIRCHE
ST. JÜRGEN, ein niedriger Saalbau des 15. Jh.,
später verändert (reich gegliederter Holzturm
von 1711). – Das Geburtshaus von Klaus Groth
ist Museum.

Heidelberg *Reg.-Bez. Karlsruhe* 593 ■ 6
Eine verkehrsgünstige Furt im Neckar lockte seit
jeher Siedler an. Keltische Ringwälle auf dem Heiligenberg (5. Jh. v. Chr.) und Funde aus der Römerzeit im Stadtteil Neuenheim (Brücke, Kastelle,
Mithrasaltar) bezeugen eine frühe Blüte, die mit
dem Alemannensturm (um 260 n. Chr.) endete.
Heidelberg wird erstmals 1196 erwähnt. Herzog
Ludwig von Bayern wird 1225 als Pfalzgraf mit der
Burg und dem Marktflecken belehnt. 1235 umgeben
Mauern die Talstadt, eine Gründung des 12. Jh. und
damals schon im Besitz von Markt und Kirche an
der Stelle der heutigen Heiliggeistkirche. Die Stadt
wuchs rasch, als Ruprecht I. die Pfälzer Kurwürde
erhielt (1356) und die Universität gründete (1386).
Nach mehrfachen Besetzungen im Dreißigjährigen
Krieg führte ein weiterer Krieg um Erbansprüche
Ludwigs XIV. aus der Ehe seines Bruders mit Lise-
lotte von der Pfalz 1693 zur völligen Zerstörung
von Schloß und Stadt. 1802 kam Heidelberg an
Baden. Die von Großherzog Karl 1806 neugegrün-
dete Universität und das Wirken der Heidelberger
Romantikerschule (Arnim, Brentano, die Maler

Fohr, Fries, Rottmann) schufen den Ruf des „romantischen" Heidelberg.

ALTE BRÜCKE Von Matthias Maier nach dem Eisgang von 1784 an Stelle einer hölzernen Brücke 1786–88 errichtet. Statuen Karl Theodors (1788) und der Athene (1790) von Linck.

HEILIGENBERG Auf der südlichen Kuppe die Ruinen des Stefansklosters (1096–1550), auf der höheren – umgeben von keltischen Ringwällen – die des stattlichen Michaelsklosters (863–1030), eine Benediktinergründung an der Stätte eines keltischen Heiligtums.

HEILIGGEISTKIRCHE 1398 wurde mit dem Bau des lichten Hallenchors begonnen, der so eindrucksvoll mit dem etwas düsteren Langhaus (1413–41) kontrastiert. Beschädigt durch den Brand von 1693, erhielt der Turm die barocke Haube. Von 1705 bis 1936 war die Kirche durch eine Mauer in einen katholischen Chor und ein evangelisches Langhaus geteilt.

MUSEEN Das Kurpfälzische Museum ging aus der Graimbergschen Sammlung (seit 1810) hervor. Schwerpunkte: Altdeutsche Abteilung mit Riemenschneiders Windsheimer Altar, Heidelberger Romantiker, Stadtgeschichte. – Apothekenmuseum: Geschichtliches, Kurioses seit dem Mittelalter. – Völkerkundesammlung der Portheimstiftung: Kultgegenstände und Waffen aus Afrika, Asien und der Südsee. – Friedrich-Ebert-Gedächtnisstätte in dessen Geburtshaus (Pfaffengasse).

Die PETERSKIRCHE, 1485 an Stelle der ursprünglichen Pfarrkirche errichtet, wurde 1865–70 zur dreischiffigen Hallenkirche erweitert. Einfache steile Kupferbedachung seit 1963.

PROFANBAUTEN Der gotische Marstall (16. Jh.) und der „Ritter" aus der Renaissance (1592) haben als einzige Profanbauten den Brand 1693 überstanden. Die meisten Barockbauten des 18. Jh. liegen an der Hauptstraße: Dort errichtete Breunig das Haus Zum Riesen (1707) und das Palais Moraß (1712), heute Kurpfälzisches Museum. Das Collegium Academicum (1750–53), noch im Barockstil, und das klassizistische Karlstor (1775–81) stehen am Ende dieser Bauepoche.

RATHAUS Der Mittelbau stammt von 1701–03, dem Beginn des Wiederaufbaus der Stadt nach der Zerstörung. Ab 1886 wurden die Flügel angefügt. Anbauten bis in die jüngste Zeit, auf dem Türmchen ein Glockenspiel.

SCHLOSS Von älteren Bauten blieb im wesentlichen nur der Ruprechtsbau erhalten. Neben gotischen und spätgotischen finden sich bereits Bauelemente der Frührenaissance an der südlichen Seite des Komplexes. Der Schloßhof wird dann entscheidend

REISEAPOTHEKE

Zwei vollständige Offizinen aus früheren Jahrhunderten kann man im Deutschen Apotheken-Museum betrachten, das in dämmerigen Gewölben des Heidelberger Schlosses untergebracht ist. Daneben werden Urkunden, Bücher und Gemälde zur Schau gestellt, ferner alles, was man einst zum Betrieb einer alten Apotheke benötigte: Mörser, Mühlen und Messer, Waagen, Gläser und Schröpfköpfe, ferner getrocknete Vögel, Kröten, Schlangen, Käfer und andere Naturalien, aus denen der Kundige für heilsam gehaltene Pulver herstellte. Unser Bild zeigt eine Feld- und Reiseapotheke aus dem 17. Jahrhundert, wohl aus dem Besitz eines Fürsten oder Feldherrn.

Deutsches Apothekenmuseum, Heidelberg

OTTHEINRICHSBAU, HEIDELBERGER SCHLOSS

„Aber schwer in das Tal hing die gigantische, schicksalskundige Burg ..." – so beschrieb Hölderlin das Heidelberger Schloß im Gedicht. Die horizontal gegliederte Fassade des Ottheinrichsbaus (1559) spricht die Sprache der Renaissance. Ihre Formenvielfalt, mit den Atlanten und Karyatiden, den Pilastern, Nischen und Fenstergiebeln, hat einen geradezu musikalischen Rhythmus. Die Figuren veranschaulichen die Weltsicht des 16. Jahrhunderts: kraftvolle Gestalten im Erdgeschoß (Josua, Simson, Herkules, David); im ersten Obergeschoß die christlichen Tugenden Glaube, Liebe, Hoffnung; Allegorien der Planeten im zweiten; zuoberst stehen Jupiter und Sol.

RIEMENSCHNEIDER-ALTAR

Nach 1860 gelangte dieser Altar in den Besitz des Grafen von Graimberg, des Schöpfers der Heidelberger Städtischen Sammlungen. Aber erst als man 1948 die dicke Übermalung entfernte, erkannte man, daß es sich hier um eine Arbeit Tilman Riemenschneiders handelte: um den 1509 geschnitzten Zwölfbotenaltar, der seit dem Brand der Kirche in Windsheim 1730 als verloren gegolten hatte.

Kurpfälzisches Museum, Heidelberg

LIEDERHANDSCHRIFT

Dieses Bild Wolframs von Eschenbach ist eine von 137 Dichterminiaturen in der berühmten Liederhandschrift aus dem frühen 14. Jh., die heute – zusammen mit anderen kostbaren Handschriften, Urkunden und Druckwerken – in der Heidelberger Universitätsbibliothek aufbewahrt wird. Zu Unrecht brachte 1740 der schweizerische Schriftsteller J. J. Bodmer ihre Entstehung mit dem Züricher Sammler Manesse ("Manessische Liederhandschrift") in Verbindung. Ihr Auftraggeber ist ebenso unbekannt wie ihr erster Weg nach Heidelberg.

Universitätsbibliothek, Heidelberg

von Renaissancebauten geprägt: dem Gläsernen Saalbau Friedrichs II. (1546), an den sich hinter dem Apothekerturm gegen Osten rechtwinklig die mit allegorischem Schmuck verzierte Fassade des Ottheinrichsbaues (1556–59), auf der anderen Seite der 1898–1901 völlig wiederhergestellte Friedrichsbau von 1601–07 anschließen. Dem letzten großen Bauherrn des Schlosses, Friedrich V., ist der Englische Bau zu danken. Nach dem Orleansschen Erbfolgekrieg teilweise wieder aufgebaut, wurde das Schloß 1764 durch Blitzschlag bis auf die Außenmauern zerstört. Das „Große Faß" im Faßbau (1583–92) war für die Aufnahme des „Weinzehnten", einer Naturalsteuer, bestimmt.

UNIVERSITÄTSGEBÄUDE Die Alte Universität mit dekorativem Portal wurde 1712–13 nach einem Entwurf Breunigs, die Neue Universität, eine Stiftung des Amerikaners Schurman, 1931 nach Plänen von K. Gruber errichtet. In deren Hof: der Hexenturm (13. Jh.).

Heidelsheim   *Reg.-Bez. Karlsruhe*   600 ☐ 12
Von der Befestigung stehen noch der Diebsturm und der Katzenturm (16. Jh.). Den Übergang von der Altstadt zur Neustadt bezeichnet das Rathaustor von 1774. Es öffnet sich gegen den Marktplatz mit Brunnen (1699) und Kreuzigungsgruppe (1717).

Heidenfeld   *Unterfranken*   594 ☐ 2
EHEM. STIFT 1802 wurde die Kirche abgerissen. Die vierflügelige Klosteranlage (besonders prächtig der Ostflügel), nach dem Entwurf Balth. Neumanns 1723–32 erbaut, blieb jedoch erhalten. Freischwingende Treppe mit schmiedeeisernem Geländer im Stiegenhaus; feinstuckierte Säle.

Heidenheim a. d. Brenz
Reg.-Bez. Stuttgart   601 ☐ 3
SCHLOSS HELLENSTEIN Der natürlich geschützte Felsen zwischen Brenz- und Stubental hat schon im Mittelalter eine Burg getragen, von der nur noch Ruinen stehen. Das heutige Schloß stammt zum Großteil aus dem 17. Jh., eine gewaltige Festung mit Bastionen, Rondellen und Geschütztürmen, deren reizvollen Abschluß ein achteckiger Turm mit geschweifter Haube und Laterne bildet.

Heidenheim   *Mittelfranken*   602 ■ 12
Das EHEM. BENEDIKTINERKLOSTER, 752 gegründet, war eines der ersten Klöster auf fränkischem

LIEDERHANDSCHRIFT

Als im Jahre 1622 katholische Truppen unter dem Feldherrn Tilly in Heidelberg einrückten, floh der pfälzische Kurfürst nach Holland. Mit sich nahm er die wertvolle alte („Manessische") Liederhandschrift, die seit der Mitte des 16. Jh. der hochbedeutenden Bibliotheca Palatiana zugehörte. Später kaufte Ludwig XIV. den Kodex und verleibte ihn seiner königlichen Bibliothek in Paris ein. Erst 1888 gelang es, ihn in die Heidelberger Universitätsbibliothek zurückzuholen. Unser Bild zeigt eine Miniatur aus dieser Handschrift: den Minnesänger Walther von der Vogelweide.

Universitätsbibliothek, Heidelberg

Boden. Heute stehen nur noch der spätgotische Kreuzgang und der „Heidenbrunnen", eine kleine ebenfalls spätgotische Torhalle. In der romanischen Kirche mit spätgotischem Chor das kapellenähnliche Walburg-Grab für die später in Eichstätt beigesetzte Heilige (13. Jh.), Grabrelief von 1484.

Heilbronn *Reg.-Bez. Stuttgart* 601 □ 10
Mit dem Etikett „Käthchenwein" wird jedes Jahr das beste Heilbronner Gewächs prämiert. Freilich besteht zwischen dem engelhaften Wesen der Kleistschen Dichtung und dem geschätzten „Heilbronner" nur der Zusammenhang, daß beide die Stadt weltberühmt gemacht haben. Beim Rathaus steht das „Käthchenhaus", in dem im 18. Jh. jene Lisette Kornacher gelebt haben soll, die Kleist zu seiner Schöpfung angeregt hat. Der Name der Stadt leitet sich von einer heidnischen Kultstätte, dem „Heiligen Brunnen", her. An seiner Stelle entstand später eine christliche Kapelle und eine Königspfalz. Aus ihr hat sich die Stadt entwickelt, deren rascher wirtschaftlicher Aufschwung sich vor allem auf die Nekkarschiffahrt gründete. Vom alten Heilbronn ist nach 1945 wenig übriggeblieben.
FLEISCHHAUS (1598) Heute historisches Museum, mit Erinnerungen an den größten Sohn der Stadt, den Arzt und Physiker J. R. Mayer.
GÖTZENTURM (14. Jh.) Obwohl Sage und Dichtung es anders haben wollen: Nicht hier, sondern im ebenfalls erhaltenen Bollwerksturm wurde Götz v. Berlichingen eine Nacht in Haft gehalten.
KILIANSKIRCHE Aus dem 13. Jh. stammen noch die beiden Chortürme und die Arkaden des Langhauses. Der Chor ist spätgotisch, ebenso das Äußere des dreischiffigen Langhauses. Wahrzeichen der Stadt ist der 1513–29 errichtete Westturm. Bis zur Höhe des Mittelschiffdaches ist er in gotischem Stil aufgeführt, dann folgen, laternenartig sich staffelnd, eine Reihe immer weiter zurückspringender Achtecke, bis zu der stattlichen Höhe von 62 m. Hier hat sich zum erstenmal die Renaissance in der deutschen Baukunst durchgesetzt. Phantastisch-antikische Formen wechseln mit bizarren Spukgestalten, originellen Fratzen, die nichts mehr mit sakraler Würde zu tun haben. „Bis an den Himmel ein Bösewicht", trägt der Turm auch nicht ein Kreuz auf der Spitze, sondern das „Männle", die Statue eines Landsknechtes. Altar: Im nachgeschaffenen Gehäuse porträthaft lebendige Figuren aus hellem Holz, Werke des Hans Seyfer (1498).
RATHAUS Der kräftige Renaissancebau mit der entzückenden Kunstuhr auf dem Zwerchgiebel ist der Schmuck des Marktplatzes.

Heiligenberg *Reg.-Bez. Tübingen* 608 □ 9
Unterhalb des Wirtschaftshofes mit geschmückten Giebeln und frei stehendem Renaissanceglockenturm erreicht man über eine Brücke das SCHLOSS und durch eine Durchfahrt den rechteckigen Hof. Die Reste einer Burg aus dem 13. Jh. sind im Neubau von etwa 1500 und in der großzügigen Anlage aus der Mitte des 17. Jh. enthalten. Im Südflügel der schöne Rittersaal mit Renaissanceschnitzereien und -kaminen. Aus den Fenstern geht der Blick auf den Bodensee.

Heiligenhafen *Schleswig-Holstein* 556 ▪ 3
KIRCHE Wie dominierend die Backsteingotik im Ostseeraum blieb, beweist der Turm, der noch zur Barockzeit sein Obergeschoß mit dem typischen

RATHAUS, HEILBRONN

Stattlich steht es da, mit strengen Mauern und hohem gotischem Walmdach, steingewordenes Selbstbewußtsein der Bürger. Doch der Renaissancegiebel des Rathauses und die umgrünten Arkaden unter dem Altan mit der Maßwerkbrüstung und den Treppen setzen freundliche Akzente. Die Kunstuhr funktioniert heute wie einst: Ein Engel dreht ein Stundenglas, der andere trompetet; zwei Widder stoßen mit den Hörnern zusammen, und alle vier Stunden schlägt ein goldener Hahn krähend mit den Flügeln.

RITTERSAAL, SCHLOSS HEILIGENBERG

Die Atmosphäre des prächtigen Festsaales ist bezwingend. Sie entsteht aus dem Miteinander von repräsentativer Würde und einem dennoch vorhandenen Hauch von Behaglichkeit, aus dem Kontrast von dunklem Holz und dem Licht, das durch die vielen, mit bunten Wappenscheiben versehenen Fenster eindringt. Schwer überdacht diesen Raum die verschwenderisch geschnitzte Kassettendecke aus Lindenholz, einzigartiges Zeugnis der Renaissance, mit ihren Engeln, grotesken Köpfen, Blättern und üppig wucherndem Ziergerank. Die Schmalseiten halten zwei Prachtkamine besetzt.

Treppengiebel erhielt. Frühgotischer Chor. Chorgestühl von 1515, ein Epitaph von 1698.

Heiligenrode *Reg.-Bez. Kassel* 578 ■ 7
GUT WINDHAUSEN Schlichtes Herrenhaus (1769) in romantischem Naturpark mit Einsiedelei, Monumenten und künstlichen Ruinen.

Heiligenthal *Unterfranken* 594 □ 2
Die EHEM. KLOSTERKIRCHE, einschiffig, mit flachem Langhaus, gewölbtem Chor und zweigeschossiger Nonnenempore, wurde um 1250 erbaut.

Hl. Blut am Wasen *Oberbayern* 610 ■ 3
WALLFAHRTSKIRCHE Stattlicher Barockbau mit kräftigem Turm, der eine schwungvolle Zwiebelkuppel trägt. Das Innere festlich ausgemalt und stuckiert.

Heiligkreuztal *Reg.-Bez. Tübingen* 608 □ 11
KLOSTERKIRCHE Die erste Kirche des adeligen Zisterzienserinnenkonvents, 1256 geweiht, wurde bis 1319 zu einer dreischiffigen Basilika umgebaut. Sie erhielt 1312 das farbenprächtige große Glasfenster, eine kostbare Schöpfung hochgotischer Glaskunst. Eine Fülle großartiger Arbeiten der Steinmetzkunst, der Skulptur und Malerei fügen sich diesen Werken an und machen das äußerlich unansehnliche Gotteshaus zu einer Schatzkammer schwäbischer Kunst. Ohne repräsentativen Ehrgeiz, aber von ländlicher Anmut die alten Klostergebäude, eingeschlossen von der Ringmauer mit ihren zwei Toren.

CHRISTUS UND JOHANNES,
HEILIGKREUZTAL

Dieses Motiv wurde im Mittelalter mehrfach gestaltet, wobei selbst die Art der Darstellung sich wiederholte: der blonde Jünger lehnt mit inniger Neigung seinen Kopf an die Brust des dunkelhaarigen Meisters und überläßt ihm seine Hand. Er gibt sich ihm ganz zu eigen, der halb Schlafende, Träumende dem Wachenden – ein Sinnbild unbedingten Vertrauens und liebender Zusammengehörigkeit. Diese Gruppe stammt etwa von 1320. Heiligkreuztal ist das am besten erhaltene mittelalterliche Nonnenkloster Württembergs.

Heilsbronn *Mittelfranken* 595 □ 6
Die EHEM. KLOSTERKIRCHE spiegelt in ihrem künstlerischen Rang die Macht des 1132 gegründeten, seit 1141 mit Zisterziensern besiedelten Klosters. Ernst ist das Raumbild der romanischen Basilika von 1132–39 mit ihren schweren Säulen und Würfelkapitellen. Der Chor wurde in frühgotischen Formen erweitert, das südliche Seitenschiff 1412 bis 1435 zur zweischiffigen Halle umgebaut. Aus dem Ende des 12. Jh. stammt die romanische Grabkapelle der Herren von Heideck mit der vorkragenden reizvollen Erkerapsis. Als Grablege der Burggrafen, der Hohenzollern-Markgrafen und des ihnen nahestehenden Adels beherbergt der Raum eine Reihe qualitätvoller Grabdenkmäler. Hervorgehoben sei der Sarkophag mit der Liegefigur des Markgrafen Georg Friedrich I. In der darunterliegenden Gruft ruhen die Gebeine von 21 Mitgliedern des Hauses Hohenzollern. Kostbar ist der schwarze Marmorsarkophag des Markgrafen Johann Ernst von 1711. Unter dem Hochgrab der Kurfürstin Anna ist der „Heilsbronn", eine Schwabachquelle, gefaßt. Der Hochaltar von 1502–22 enthält im gotischen Schrein mit reichem Schnitzwerk eine Anbetung der Könige von einem Nürnberger Meister, die Malereien sind vom „Meister des Heilsbronner Hochaltars". Neun weitere Schreinaltäre sind erhalten, ferner ein Sakramentshäuschen von 1515 aus der Werkstatt des Adam Kraft und das große Renaissancegrab der brandenburgischen Markgrafen Friedrich (gest. 1536) und Georg (gest. 1543) von Loy Hering.

Heimarshausen *Reg.-Bez. Kassel* 578 □ 8
KIRCHE Klassizistischer achteckiger Zentralbau (1833), bekrönt von einem Laternentürmchen.

Heimbach *Reg.-Bez. Köln* 583 ■ 2
Die BURG, heute Hotel, ist eine Ringburganlage aus dem 11./12. Jh. (Bergfrieduntergeschoß und Palas); sie wurde nach Zerstörungen bis ins 20. Jh. immer wieder aufgebaut.
MARIAWALD Die Klostergebäude von etwa 1500 sind noch sehr gut erhalten. Kirche von 1891.
PFARRKIRCHE ST. KLEMENS Einfacher kreuzrippengewölbter Saalbau von 1725. Die moderne WALLFAHRTSKAPELLE neben der Kirche enthält in einem Antwerpener Passionsaltar des 16. Jh. das Gnadenbild, ein kleines hölzernes Vesperbild ländlichen Ursprungs (15. Jh.).

Heimersheim *Reg.-Bez. Koblenz* 584 ■ 9
KATH. PFARRKIRCHE Die außen durch Rundbogenfriese, Lisenen und frühgotische Maßwerkfenster verzierte dreischiffige Pfeilerbasilika entstammt dem 13. Jh. Das Innere ist architektonisch schön gegliedert und trägt wieder ein farbiges Gewand wie in der Erbauungszeit. Über der Vierung eine Hängekuppel, im Chor ausgezeichnete Glasmalereien (13. Jh.). Der Anbau an der Westfassade (1960 bis 1962) paßt sich gut dem Altbau an.

Heimsheim *Reg.-Bez. Karlsruhe* 600 ■ 3
SCHLEGLERBURG (14. Jh.) In diesem trutzigen turmartigen Bau mit den winzigen Fensterschlitzen hatte sich die Schlegler Rittergesellschaft verschanzt, bis ihr Widerstand von Graf Eberhard von Württemberg gebrochen wurde.

Heiningen *Verw.-Bez. Braunschweig* 571 □ 7
KATH. KIRCHE Sie gehörte zu einem Augustiner-Chorfrauenstift, das 1810 aufgelöst wurde. Die an-

sehnliche Basilika entstand in romanischen Formen am Ende des 12. Jh. Auffallend ist drinnen die Biegung der Längsachse, es fußen wohl einige Mauern auf Fundamenten des Vorgängerbaus. Bemalte Figuren der Stifterinnen (Ende 13. Jh.). Viele gestickte Antependien aus barocker Zeit, aus der auch das Gestühl stammt.

Heiningen *Reg.-Bez. Stuttgart* 601 ▪ 7
In der gotischen PFARRKIRCHE auf dem Friedhof schöne Wandmalereien von etwa 1300.

Heinsberg *Reg.-Bez. Köln* 575 □ 7
EHEM. STIFTSKIRCHE Vom romanischen Vorgängerbau blieb die dreischiffige Krypta von 1130 erhalten. Der jetzige Bau, eine im 15. Jh. in Backstein errichtete dreischiffige Hallenkirche mit sechsgeschossigem Westturm, wurde im 2. Weltkrieg stark beschädigt, aber bis 1955 wiederhergestellt. Im Inneren schmücken drei qualitätvolle Liegefiguren in Lebensgröße das Hochgrab (um 1450) der Herren von Heinsberg. Taufkapelle mit Taufstein und schmiedeeisernen Arbeiten der Zeit um 1500.

Heinsheim *Reg.-Bez. Stuttgart* 593 □ 4
BURG EHRENBERG Von der Hauptburg stehen noch der Bergfried mit Schildmauer, das mittelalterliche Eingangstor und die von Grün überwucherten Ruinen des Palas und der Kemenate. Zierliche spätgotische Kapelle.
BERGKIRCHE Im noch mittelalterlichen Chor spätgotische Wandbemalung. An der Südwand des barockisierten Schiffes figurenreiches Sandsteinepitaph (1584).

Heisterbach *Reg.-Bez. Köln* 584 ▪ 10
RUINE DER ZISTERZIENSERKIRCHE Das Kloster wurde 1189 als Filiale von Clairvaux auf dem Petersberg gegründet, die Mönche zogen aber schon nach wenigen Jahren in das abgeschiedene Heisterbachtal um. Hier entstand 1202–37 die Kirche als turmlose gewölbte Pfeilerbasilika mit östlichem Querschiff, vier Chorkapellen und mächtigem Hauptchor mit Umgang und siebenteiligem Kapellenkranz. Die Kirche wurde nach der Säkularisation, 1803, abgebrochen, erhalten blieb nur die Chorruine. Von den Neubauten des 18. Jh. stehen noch einige Trakte, die Klosterumfassungsmauer und das hübsche Tor von 1750. Heute ist Heisterbach Cellitinnenkloster.

Heitersheim *Reg.-Bez. Freiburg i. Br.* 606 ▪ 12
EHEM. JOHANNITERSCHLOSS Seit 1297 bauten die Johanniter einen ehem. Klosterhof zur Wasserburg aus. Die von hoher Mauer umgebene Anlage besteht aus Bauten des 16.–18. Jh. mit reichen Portalen und vielen Stuckdecken.

Hekese *Reg.-Bez. Osnabrück* 568 □ 3
DOPPELGRABANLAGE aus der Jungsteinzeit (86 mal 6 m).

Heldenbergen *Reg.-Bez. Darmstadt* 585 □ 5
KATH. KIRCHE Burgartig hochragende, 1754 erbaute barocke Saalkirche mit prächtiger Ausstattung.
OBERBURG In einem Park über der Nidder erhebt sich die hufeisenförmige Anlage des 17./18. Jh.

Helmarshausen *Reg.-Bez. Kassel* 578 ▪ 9
Das Stadtbild wird bestimmt von Fachwerkhäusern, die stattlichsten an der Steinstraße.
EHEM. BENEDIKTINER-REICHSABTEI Ende des 10. Jh.

RUINE DER KIRCHE, HEISTERBACH
Von der alten Kirche des Zisterzienserklosters ist nur die Apsis mit dem Chorumgang erhalten geblieben – zufällig. Als man nämlich 1803 das säkularisierte Kloster mitsamt der Kirche abbrach, versagten im Chor die Sprengsätze. Das war fast genau 600 Jahre nach dem Beginn des Kirchenbaus im Jahre 1202. Auf den Gründer des Klosters, Cäsarius, geht die Legende vom Mönch von Heisterbach zurück, der im Grübeln über ein Bibelwort hundert Jahre verschlief.

gegründet, besonders im 12. Jh. ein kulturelles Zentrum von höchster Wirksamkeit, nach der Reformation aufgehoben und verfallen. Von den romanischen Abteigebäuden sind Reste im ev. Gemeindezentrum erhalten.
KRUKENBURG Im 13. Jh. um die ältere Johanneskapelle herum angelegt. Als Ruinen sind Teile von Ringmauer und Wohnturm erhalten. Der Bergfried ist als Aussichtsturm ausgebaut; lohnend der Blick auf die Ruine der Johanneskapelle, eines interessanten frühromanischen Zentralbaus (wohl 11. Jh.).

Helmsheim *Reg.-Bez. Karlsruhe* · 600 □ 12
KATH. PFARRKIRCHE Der Neubau aus dem 18. Jh. birgt Reste spätgotischer Wandmalereien im Chor.

Helmstedt *Verw.-Bez. Braunschweig* 571 ▪ 5
Die kleine Stadt, zwischen den grünen Höhenzügen des Elm und dem Lappwald gelegen, ist nach 1945 als bevorzugter Grenzübergang für den Interzonenverkehr zwischen Hannover und Berlin weltbekannt geworden. Ihre angestammte Prominenz beruht freilich auf kulturellen Qualitäten: auf einem Reichtum an historischen Bauten, die von der bedeutenden Vergangenheit des Ortes Zeugnis ablegen. Mit der 1576 durch den Braunschweiger Herzog Julius errichteten welfischen Landesuniversität wurde die Stadt zu einem Zentrum geistigen Lebens im Gefolge der Reformation. Als gewichtigste evangelische Hochschule des Reiches zog sie Gelehrte von erstem Rang an (1810 aufgehoben). Das Straßenbild wird von Fachwerkhäusern geprägt, die reizvolle Schnitzereien aufweisen: lateinische und deutsche Inschriften, Wappen und Ornamente, Treppen- und Rundbogenfriese, Knaggen und Pilaster. Das CHORFRAUENSTIFT MARIENBERG, 1176 gegründet, ist berühmt wegen seiner mittelalterlichen Bildstickereien, 13.–15. Jh.
Das ehem. BENEDIKTINERKLOSTER ST. LUDGERI stand in enger Verbindung mit der Abtei in Essen-Werden, was sich an vielen baulichen Einzelheiten ablesen läßt, so am Obergeschoß der Doppelkapelle

aus dem 11. Jh. mit seiner Nischengliederung und seinen antikisierenden Kapitellen. Das Untergeschoß war einst Missionskapelle des hl. Ludger. In eine Wand der oberirdisch gelegenen Krypta, um 1050 begonnen, sind Reste des einst bedeutenden Gipsfußbodens mit Darstellungen der sieben Weisen des Altertums, um 1100, eingelassen.
JULEUM Ein angemessenes Aulagebäude für die 1576 von Herzog Julius ins Leben gerufene Universität entstand erst in den Jahren 1592–97. Baumeister ist Paul Francke aus Weimar, der diesem mit Turm, Giebeln und Portalen ausgestatteten selbständigen Werk deutscher Renaissancearchitektur bald darauf einen ebenbürtigen Sakralbau folgen ließ: die Hauptkirche in Wolfenbüttel.

Helsa *Reg.-Bez. Kassel* 578 ▪ 6
Der frei stehende Kirchturm war zugleich Torturm eines ehem. Wehrkirchhofes (13. Jh.), in dessen Mitte die spätgotische PFARRKIRCHE steht.

Helsen *Reg.-Bez. Kassel* 577 □ 4
PFARRKIRCHE 1653–88 als gotisierende Hallenkirche erbaut. Kanzelbaldachin über dem Altar, ein seltsamer Pyramidenaufbau, von vier Palmsäulen getragen.

Hemmelmark *Schleswig-Holstein* 555 ▪ 2
STEINZEITGRÄBER Manche sind noch von Riesenbetten umschlossen. Auf einem dieser Hügel das Mausoleum des Prinzen Heinrich von Preußen, der 1929 im Herrenhaus (1903) starb.

Henneckenrode *Reg.-Bez. Hildesheim* 578 □ 1
Von der östlich gelegenen BURG WOHLDENBERG steht noch das Pforthaus. Ein Flankenturm dient als Glockenturm der 1731 angebauten ST.-HUBERTUSKIRCHE. Ein heller spätbarocker Raum mit vorzüglichem Hochaltar.
Die KATH. KIRCHE wurde in einfachen Renaissanceformen 1597 gebaut. Spätgotischer Altar mit delikaten, feinnervigen Schnitzfiguren. Der Kirche gegenüber das SCHLOSS von 1579 mit Renaissancezierat an Giebeln und Erker (heute Waisenhaus).

Hennef *Reg.-Bez. Köln* 584 ▪ 10
Unter den von alten PARKS umgebenen prächtigen barocken Hofanlagen sind der Lindenhof und das alte Landratsamt sowie das Herrenhaus des Proffenhofs als besonders schön zu nennen.

Hennef-Blankenberg 584 ▪ 11
Der Burgflecken wurde im 12. Jh. gegründet, erhielt 1245 Stadtrechte und war mit nur 250 Einwohnern lange Zeit die kleinste Stadt Deutschlands. Viele hübsche Fachwerkhäuser des 17. und 18. Jh.
Ehem. LANDESBURG Von der spätstaufischen Hauptburg stehen noch Teile der Ringmauer, des Burgtors und des Bergfrieds. Auf der höchsten Bergspitze der Zwinger und ein gewaltiger Bastionsturm (15. Jh.). Von der Vorburg ist die Schildmauer und ein zweiter, frei stehender Bergfried erhalten.
DIE PFARRKIRCHE ST. KATHARINA, 1686 neu errichtet, hat aus der ersten Bauzeit nur den reizvollen frühgotischen Chor erhalten. Spätromanischer Taufstein aus Trachyt und Reste eines Wandmalereizyklus aus dem 13. Jh.

Hennen *Reg.-Bez. Arnsberg* 576 ▪ 4
EV. PFARRKIRCHE Der kleine Saalbau (um 1200) trägt in Gewölbeteilen des Haupt- und Querschiffes

ornamentale Malereien aus dem frühen 13. Jh. Die spätromanische Apsismalerei im 19. Jh. erneuert.

Heppenheim *Reg.-Bez. Darmstadt* 593 ▪ 5
Die seit dem frühesten Mittelalter bedeutende Siedlung entwickelte sich zu einem der Hauptorte der Reichsabtei Lorsch und im 13. Jh. zum Mittelpunkt der Kurmainzer Besitzungen an der Bergstraße. Die malerische Altstadt mit Fachwerkbauten aus dem 15.–19. Jh. schart sich auf einem Bergsporn über der Ebene.
Der AMTSHOF wurde um 1400 als ummauerte kleine Wehranlage errichtet. Im Saal des Obergeschosses des Palas, eines der bedeutendsten Profangebäude dieser Zeit in Hessen, Wandmalereien des 15. bis 16. Jh. Besonders die zarten wappenhaltenden Engel sind hervorragende Werke der Zeit um 1410.
RATHAUS Auf steinernem Erdgeschoß von 1551 erhebt sich ein überaus schmuckreicher Fachwerkoberbau der ersten Jahre des 18. Jh.
RUINE STARKENBURG Weithin in der Rheinebene zu sehen. Gegründet 1065, zur rechteckigen Anlage im 12. und 13. Jh. ausgebaut. Umgeben von gotischen Zwingern, umschließen die Reste einen Hof mit wieder aufgebautem Bergfried und Jugendherberge.

MARKTPLATZ, HEPPENHEIM

Schöne, alte Häuser, teilweise mit Fachwerk, umstehen den Heppenheimer Marktplatz und den Marienbrunnen von 1793. Unser Bild zeigt links das ausdrucksvolle Gesicht der Apotheke. Hier trat 1818 Justus von Liebig als Lehrling ein. Da er aber im Grunde nicht Apotheker, sondern Chemiker werden wollte, stellte er heimlich Versuche mit Knallsilber an. Bis eines unguten Tages die Mischung explodierte und ein Stück vom Dach des Hauses herunterriß – worauf Liebigs pharmazeutische Lehrzeit, nach zehnmonatiger Dauer, ein jähes Ende fand.

Herbolzheim *Reg.-Bez. Freiburg i. Br.* 606 □ 1
Um die Mitte des 18. Jh. wurde die zwiebeltürmige PFARRKIRCHE erbaut. Die Innenausstattung ist eine der reichsten des Rokoko im Breisgau.

Herborn *Reg.-Bez. Darmstadt* 585 ▪ 9
Wirtschaft und Verkehr ließen die Siedlung unter der Nassauerburg vor allem im 13. und 14. Jh.

blühen. Die berühmte theologische Hochschule erhob Herborn 1554–1817 zum geistigen Zentrum der reformierten Nassauer Lande mit Wirkung bis in die Niederlande.

Über der Stadt die EV. KIRCHE. Romanisch sind zwei Osttürme, deren Untergeschosse den Chor des 14. Jh. einschnüren. Das gotisierende Langhaus mit Emporen, die in den Chor ausgreifen, entstand erst um 1600.

SCHLOSS Die bewegte Baugruppe wird von flankierenden Rundtürmen beherrscht. Die Anlage gehört im wesentlichen ins 14. Jh. und wurde im 19. und 20. Jh. durchgreifend wiederhergestellt.

RATHAUS Langgestreckter Renaissancebau von 1591, ein drittes Fachwerkgeschoß von 1629.

HOHE SCHULE Das gotische Rathaus wurde 1591 zur Hochschule umgebaut, im 17. Jh. durch Fachwerk und Erker bereichert.

Herbrechtingen *Reg.-Bez. Stuttgart* 601 □ 3
EHEM. KLOSTER Am Friedhofseingang steht, abseits der Kirche, ein romanischer Glockenturm mit einer Kapelle im ersten Stock.

Herbstein *Reg.-Bez. Darmstadt* 586 ■ 9
In der eindrucksvoll gelegenen Bergstadt zahlreiche schöne Fachwerkhäuser, große Teile der Wehrmauer und außerhalb die Richtstätte mit altem Galgen. Spätgotische PFARRKIRCHE von eigentümlich breiten, gedrungenen Proportionen. Bemerkenswert die spätgotischen Wandmalereien, die Mondsichelmadonna und Jakobusstatue (um 1510–20), der Taufstein von 1580, die reiche Kanzel und überlebensgroße Kreuzigungsgruppe (um 1700).

Herdecke *Reg.-Bez. Arnsberg* 576 ■ 6
Heute noch hat Herdecke dank seiner schönen Fachwerkhäuser in vielem den Charakter eines alten Ruhrstädtchens behalten.

Die STIFTSKIRCHE, im 9. Jh. von einer Tochter Karls d. Gr. gestiftet, gilt trotz mancher Umbauten als eine der ältesten Kirchen Deutschlands.

Herdringen *Reg.-Bez. Arnsberg* 576 □ 3
SCHLOSS Vom Plan eines umfangreichen Neubaus wurde nur die festungsartige dreiflügelige Unterburg 1680–1723 ausgeführt. Das repräsentative vierflügelige Herrenhaus entstand 1848–52 unter Ernst Friedr. Zwirner als bedeutendster neugotischer Schloßbau Westfalens. Barocke Ausstattungsstücke aus verschiedenen Schlössern. Bedeutende Gemäldesammlung und Bibliothek. Silberschatz aus dem ausgehenden 16. Jh. (Altargeräte von Anton Eisenhoit).

Herford *Reg.-Bez. Detmold* 569 □ 6
Ein spätgotisches Treppengiebelhaus, 1538 erbaut (Höckerstr. 4), ist das Geburtshaus des Architekten Matth. Dan. Pöppelmann, der 1711–22 den Dresdner Zwinger erbaute. Die Stadt geht auf ein Damenstift des späten 8. Jh. zurück, das sich unter kaiserlichem Schutz zu einer mächtigen reichs- und papstunmittelbaren Abtei entwickelte.

Die BERGKIRCHE vor der Stadt, eine Marienkirche, die das hier 1011 gegründete Nonnenstift im 14. Jh. errichten ließ, ist ein besonderes Kleinod gotischer Kirchenbaukunst. Im Äußeren wie alle anderen Kirchen Herfords ganz westfälisch, hat sie im Innern das Hallenschema zu einem fast quadratischen lichten und hohen Raumkörper von edler Klarheit und spannungsvoller Harmonie entwickelt.

Die JAKOBIKIRCHE im Stadtteil Radewig, wohlausgestattet mit Täfelung, Kanzel, Gestühl und Taufständer aus dem 17. Jh., war bis zur Reformation 1530 die Kirche der Jakobspilger, die hier auf ihrem Zuge nach Santiago di Compostella in Spanien Station machten.

Die JOHANNISKIRCHE, eine dreischiffige Hallenkirche aus dem 14. Jh., erhielt als Gotteshaus der Handwerker im 17. Jh. zahlreiche geschnitzte und gemalte Zunftemporen. Wertvoller sind die Glasfenster im Chor aus dem 14. und späten 15. Jh.

Die MÜNSTERKIRCHE ist eine um 1250/70 erbaute dreischiffige Hallenkirche mit Querschiff und einer monumentalen, wenn auch unvollendet gebliebenen Doppelturmfassade. Die Quersatteldächer des Langhauses, charakteristisch für alle Herforder Kirchen, machen den Reiz des Außenbaus aus. Im Gegensatz zur spätromanischen Strenge der Nordseite ist die Südseite gotisch gelöst, ein reizvolles Paradies schmückt sie. Über dem Portal das berühmte Doppelfenster mit dem geschlossenen Maßwerkrad aus sieben runden Kupferscheiben (Sieben-Sonnen-Fenster). Das Innere der Kirche atmet Weite und Majestät; im langgestreckten Chor Grabsteine der Äbtissinnen des 15., 16. und 17. Jh.

Hering *Reg.-Bez. Darmstadt* 593 ■ 2
Von frei aufragendem Bergkegel blickt BURG OTZBERG weit in die Odenwaldlandschaft. Der Bergfried stammt noch aus dem 13. Jh. Von der Renaissancefestung des 16. Jh. künden Ringmauern, Wälle, Gräben. Um den Hof teilweise erneuerte Gebäude des 15.–17. Jh.

Herleshausen *Reg.-Bez. Kassel* 586 □ 2
Gotische KIRCHE inmitten eines wehrhaften Mauerringes. Im Turmchor Wandmalereien (14. Jh.).

Hermannsburg *Reg.-Bez. Lüneburg* 570 □ 2
MUSEUM Das Niedersachsenhaus des 18. Jh. enthält Kulturgut aus der Heide und aus fernen Ländern. In dem hübschen Ort gründete nämlich 1849 Pastor Louis Harms die Hermannsburger Mission. Bei der PETER-PAULS-KIRCHE, 1954, wurde an die gotische Tradition des Lüneburger Landes angeknüpft.

Hermannstein *Reg.-Bez. Darmstadt* 585 ■ 8
RUINE Zwinger schützen die für Landgraf Hermann I. von Hessen gebaute Burg. In der Oberburg ein Wohnturm des späten 14. Jh. Die tiefer liegende Unterburg besitzt noch ein Wohngebäude.

Hermersberg *Reg.-Bez. Stuttgart* 594 □ 6
SCHLOSS Ehem. hohenlohisches Jagdhaus mit Eichenfachwerk, Steingiebel und Torturm. Origineller, derb stuckierter Rittersaal.

Herne *Reg.-Bez. Arnsberg* 576 ■ 9
SCHLOSS STRÜNKEDE Das im 16. und 17. Jh. neuerbaute Wasserschloß beherbergt in seinen zwei Flügeln das Emschertal-Museum mit vor- und frühgeschichtlichen Funden.

Heroldsbach *Oberfranken* 595 ■ 3
SCHLOSS THURN Die mittelalterliche Wasserburg wurde im 18. Jh. umgebaut und erweitert, der alte Torturm als Mittelrisalit in den Rokokobau einbezogen und mit zwiebelförmiger Kuppelhaube bekrönt. Bezaubernder Gartenpavillon (1766).

ARBEITSZIMMER LUDWIGS II., HERRENCHIEMSEE

Hinter seinem Arbeitstisch hängt ein Bild Ludwigs XIV., den er verehrte. Mit dem Blick auf ihn suchte Ludwig II. von Bayern, wo er nur konnte, das absolute Königtum zu verherrlichen. Ausdruck dieses Strebens sind die phantastischen, verschwenderisch ausgestatteten Schlösser, die er errichten ließ: Herrenchiemsee, Neuschwanstein, Linderhof. Geistig gestört und abgesetzt ertrank Ludwig 1886 im Starnberger See. Seine Bauten aber, mit ihren geschichtlichen, künstlerischen und psychologischen Bezügen, sind denkwürdige Zeugnisse des 19. Jahrhunderts.

Heroldsberg *Mittelfranken* 595 □ 4
Die KIRCHE besitzt eine fast lebensgroße, holzgeschnitzte Christusfigur, die vielleicht von Tilman Riemenschneider stammt.

Herrenalb *Reg.-Bez. Karlsruhe* 600 ▪ 9
Die ehem. KLOSTERKIRCHE besitzt aus romanischer Bauzeit noch die Ruine der einst sehr stattlichen Paradiesvorhalle und das Westportal mit reizvollen Säulengruppen. Der Giebel über dem Portal, das Maßwerkfenster darüber und der steinerne Dachreiter kamen erst in spätgotischer Zeit hinzu. Im Chor (15. Jh.) üppig dekorierte, figurenreiche Tumba des Markgrafen Bernhard v. Baden (gest. 1431).

Herrenberg *Reg.-Bez. Stuttgart* 600 ▪ 4
STIFTSKIRCHE Der massige, alles beherrschende Westbau wird heute von einer barocken Haube bekrönt. Dahinter die dreischiffige Halle des Langhauses (Anfang 14. Jh.) mit späterem Netzgewölbe und höherem kreuzrippengewölbtem Chor. Ein Meisterwerk ist die reliefgeschmückte Steinkanzel (1503). Schön sind auch der Taufstein (1472) und das reichgeschnitzte Chorgestühl (1517).

Herrenchiemsee *Oberbayern* 611 □ 9
In der malerischen Wiesen- und Parklandschaft, die sich über die größte Insel im Chiemsee, das „bayerische Meer", breitet, liegen die Bruchstücke von zwei großen architektonischen Anlagen. Die eine, uraltehrwürdige, ist nahezu verschollen. Die zweite, vor

knapp hundert Jahren errichtet, wurde zu einer Sehenswürdigkeit ohnegleichen, über deren Anziehungskraft sich der ursprüngliche Ruhm des Ortes verdunkelte.
BENEDIKTINERABTEI auf dem Hochufer, unmittelbar über der Anlegestelle für die Schiffe, ist der Platz des Benediktinerklosters, das schon in der christlichen Frühzeit Bayerns eine bedeutende Rolle spielte. Im 12. Jh. übernahmen es die Augustiner-Chorherren. Von ihren letzten Bauten aus dem 17. und 18. Jh. sind großartige Reste (das Alte Schloß) erhalten: Die prachtvoll ausgemalten Räume von Kaisersaal und Bibliothek und – in traurigem Zustand – das hochgewölbte Mittelschiff der sonst fast gänzlich abgebrochenen Kirche.
NEUES SCHLOSS In zehn Minuten etwa führt der Fußweg zu dem Prunkbau, der 1878–85 als bayerisches Versailles nach den Vorstellungen Ludwigs II. entstand. Von der Dreiflügelanlage wurde nur der Mittelteil mit der großen Gartenfront fertiggestellt. Im Inneren sind vor allem Spiegelgalerie, Schlafzimmer und Beratungssaal eindrucksvolle Zeugnisse der Mentalität des Bauherrn, der im Gedenken an Ludwig XIV. die Idee eines Traumkönigtums verherrlichen wollte. Das mit vergoldetem Stuck, handwerklich teilweise hervorragend gearbeitetem Mobiliar und kostbaren Stoffen ausgestattete Schloß ist wie Neuschwanstein und Linderhof ein in seinen geschichtlichen, künstlerischen und psychologischen Beziehungen denkwürdiges Dokument des späten 19. Jh.

Herrieden *Mittelfranken* 602 □ 11
Die FRAUENKIRCHE ist im späten 14. Jh. entstanden und wurde 1700–14 barock restauriert.
MARTINSKIRCHE Einfacher Barockbau auf einer An-höhe außerhalb der Stadt. Ihr ging die erste Her-riedener Kirche voraus.
Die ehem. STIFTSKIRCHE wurde im 15. Jh. für das aus einem uralten Kloster (gegründet 8. Jh.) her-vorgegangene Chorherrenstift erbaut. Die beiden schlichten, durch eine Brücke verbundenen Türme sind wohl der älteste Teil der spätgotischen Hallen-kirche, deren Äußeres die barocke Umgestaltung un-angetastet ließ, während von der alten Ausstattung nichts erhalten blieb. Dem einheitlichen lichten Ba-rockraum kommt die Helligkeit des hohen goti-schen Chors zugute.

Hersbruck *Mittelfranken* 596 □ 8
Von der Befestigung des 15. Jh. sind noch einige Tortürme erhalten. Die Altstadt ist reich an hüb-schen Fachwerkwinkeln.
Im HIRTENMUSEUM, dem einzigen in Deutschland, sind bunt bestickte Schellenbögen, Glocken, Schnit-zereien und Hirtenkleider zu sehen.
PFARRKIRCHE Während der Chor und das Unter-geschoß des Turms noch aus dem 15. Jh. stammen, ist die Kirche doch vor allem vom Barock geprägt. Ihr Glanzstück ist der spätmittelalterliche Flügel-altar des „Hersbrucker Meisters".
SCHLOSS Die barocke Anlage an der Pegnitz ist aus einer alten Burg entstanden.

Herten *Reg.-Bez. Münster* 576 ■ 9
WASSERSCHLOSS Direkt aus dem Wasser erhebt sich die kastellartige, um 1702 nach einem Brand neu ausgebaute Vierflügelanlage von 1520–30. Stäm-mige Rundtürme an drei Ecken bewehren das noch ganz spätgotisch wirkende Schloß, das leider – wie der Park – verwahrlost ist.

Herzberg *Reg.-Bez. Hildesheim* 579 □ 9
SCHLOSS Bereits 1157 als Besitz Heinrichs des Löwen erwähnt. Seit 1617 Residenz Herzog Georgs, Stammvater des Hauses Hannover. Die Fachwerk-geschosse über steinernem Unterbau bestimmen das Bild. Der schöne Uhrturm und der Nordflügel mit den skurrilen Wasserspeiern entstanden um 1650, der Torbau 1735.

Herzberg *Reg.-Bez. Kassel* 586 ■ 10
Von der Autobahn aus ist BURG HERZBERG ein ein-drucksvoller Anblick. Ein Abstecher zu der impo-santen Anlage, ein Gang um das Geviert der Hoch-burg mit seinen Eckrundtürmen und seinem glatten Quadermauerwerk (1480–94), eine Besichtigung der Ruine der älteren Kernburg (13. Jh.) mit ba-rock ausgestatteter Kapelle vermittelt eine Fülle weiterer Eindrücke.

Herzebrock *Reg.-Bez. Detmold* 577 ■ 11
KATH. PFARRKIRCHE Westturm 12. Jh., das Ober-geschoß jedoch 1705 erneuert. Für Westfalen seltene Netzgewölbe über dem Langhaus von 1474. 1901 zur kreuzförmigen Basilika umge-baut. Nahezu lebensgroße steinerne Muttergottes (Mitte 14. Jh.) außen am Gotteshaus.

Hessenthal *Unterfranken* 594 □ 10
WALLFAHRTSKIRCHE Dicht neben einer gotischen Ka-pelle und einer zweiten, gotischen Wallfahrtskirche hat sie Hans Schädel 1454–55 erbaut. Im Chor eine großartige Kreuzigungsgruppe von Hans Back-

offen. Gegenüber dem Eingang steht eine Bewei-nungsgruppe, ein frühes Werk von Tilman Riemen-schneider.

Hessisch-Lichtenau *Reg.-Bez. Kassel* 578 □ 6
Rein erhaltene ovale Stadtanlage um eine Durch-gangsachse (Gründung um 1289). Von der Befesti-gung stehen noch zwei Türme und große Teile des Mauerringes. Von einstiger Fachwerkpracht zeugt das ehem. Rathaus (1651). Spätgotische Pfarrkirche, mäßig groß und von wohltuenden Proportionen.

Hessisch Oldendorf *Reg.-Bez. Hannover* 570 □ 8
MÜNCHHAUSENHOF Zweiflügelbau (Ende 16. Jh.) mit Treppenturm, verzierten Giebeln und Portalen.
STADTKIRCHE Im Innern der quadratischen Hallen-kirche (15. Jh.) fallen eine prächtige Bronzetaufe (1590), das Abendmahlbild über dem Altar (1590) und weitere schöne Gemälde auf.

Hettingen *Reg.-Bez. Tübingen* 608 □ 10
Das altertümliche Städtchen an der Lauchert besitzt eine guterhaltene spätgotische KIRCHE mit Wand-malereien in der südlichen Kapelle.

Heubach *Reg.-Bez. Stuttgart* 601 ■ 3
Zuerst hatten die Ortsherren eine Burg auf dem Rosenstein, von der heute noch Ruinen stehen. Im 16. Jh. erbauten sie sich ein Wasserschloß im Ort. In der Stadtkirche, einer umgebauten romanischen Basilika, ein Passionszyklus von 1530.

KREUZIGUNGSGRUPPE, HESSENTHAL

Einer der Übeltäter, die mit Jesus gekreuzigt wur-den – so berichtet das Lukas-Evangelium –, lästerte den Herrn. Der andere aber sprach: „Gedenke an mich, wenn du in dein Reich kommst." Dement-sprechend hat Hans Backoffen 1519 seiner ein-drucksvollen Kreuzigungsgruppe zwei bemerkens-werte Einzelheiten hinzugefügt: Die Augen der Lei-densgenossen Christi brechen. Über dem Haupt des einen schwingt sich, klein und engelgleich, seine Seele gen Himmel. Über dem rothaarigen Kopf des anderen aber erblickt man seine nackte Seele, die vom Teufel gepackt wird.

Heuchelheim *Reg.-Bez. Darmstadt* 585 ▪ 5
PFARRKIRCHE Malerisch zusammengewachsene An-
lage mit spätromanischem ehem. Chorturm in der
Mitte, gotischem Chor und spätgotischem Schiff. Im
Chor Quaderbemalung; an der Nordwand schöne
Sakramentsnische (15. Jh.). Im Turmjoch eine spät-
gotische Kreuzigungsdarstellung; großes Christopho-
ruswandbild (um 1500).

Heuchelheim *Rheinhessen-Pfalz* 599 □ 2
Die EV. KIRCHE aus dem Anfang des 16. Jh. enthält
im Chor Fresken: Evangelistensymbole, Engel, Heilige – Rathaus von 1592 mit hübscher Vorhalle.

Heuchlingen *Reg.-Bez. Stuttgart* 594 □ 8
EHEM. DEUTSCHORDENSSCHLOSS (16. Jh.) Mit hohen Giebelhäusern, einem Bergfried mit geschweifter Haube, Basteien und Rundtürmen liegt es über
der Jagst.

Heusenstamm *Reg.-Bez. Darmstadt* 593 □ 1
Die kleine, elegante KATH. KIRCHE mit ihrem schlanken Fassadenturm liegt an einem stillen Platz und
läßt noch etwas von der Stimmung der Miniatur-
residenz der Grafen v. Schönborn spüren. Diese beauftragten 1739 Balth. Neumann mit dem Entwurf.
Der Innenraum wurde durch die Ausstattung von
ersten Künstlern zu einem spätbarocken Juwel.
SCHLOSS SCHÖNBORN Das quadratische Wasserschloß
gedieh bis 1668 nicht über den Vorderflügel hinaus.
Schwere, frühe Barockformen von festungsartigem
Ernst erinnern an Renaissancebauten.
TOR Um 1770 nachträglich zur Ehre des 1764 durch-
reisenden Kaisers Franz I. errichtet. Ein barocker
Triumphbogen mit schon klassizistischen Anklängen.

Heutingsheim *Reg.-Bez. Stuttgart* 600 □ 2
In der ev. Pfarrkirche aus dem 15. Jh. schöner
Kanzelträger von 1490. – Schlichtes, guterhaltenes
Renaissanceschloß mit riesigem, tiefgezogenem
Walmdach.

Hilbringen *Saarland* 591 ▪ 5
Das Schloß, schön gegliedert und reizend gelegen,
wurde 1745 erbaut.

Hilden *Reg.-Bez. Düsseldorf* 575 □ 4
EV. PFARRKIRCHE Auf dem Marktplatz steht eindrucksvoll die dreischiffige, gewölbte Pfeilerbasilika
aus der Mitte des 13. Jh. Neuer Westturm von
1696. In den beiden Seitenschiffen ist ein Emporen-
geschoß eingebaut, das sich zum Langhaus hin in
Doppelarkaden unter kleeblattförmigen Blenden
öffnet.

Hilders *Reg.-Bez. Kassel* 586 ▪ 3
Auf dem Auersberg die Ruine der mittelalterlichen
AUERSBURG, deren Mauern z. T. erneuert sind.
KIRCHE Hochgelegene spätbarocke Saalkirche
(18. Jh.); Ausstattung spätklassizistisch erneuert.

Hildesheim *Niedersachsen* 570 □ 5
Karls des Großen Sohn Ludwig der Fromme verlegte 815 den Bischofssitz von Elze an der Leine an
die Innerste, dorthin, wo der Legende nach ein Ro-
senstrauch rätselhaft rasch Ranken um Ludwigs
Meßgerät geschlungen hatte. Noch heute wird der
„tausendjährige Rosenstock" am Entstehungsplatz
von Bistum und Stadt mit Staunen betrachtet: an
der Apsis des Domes. Die Stätte des Namensgebers
indessen liegt vermutlich nahe dem Hauptbahnhof:

TAUFBECKEN, DOM, HILDESHEIM
*Von Eden ging ein Strom aus, zu wässern den
Garten, so berichtet die Bibel; und er teilte sich
in vier Hauptwasser. Personifizierungen dieser
Weltflüsse tragen das bronzene Taufbecken aus
dem 13. Jh. im Hildesheimer Dom. Die hervorragend schönen Reliefs auf dem Becken zeigen
Jesus, der im Jordan von Johannes getauft wird,
sowie weitere Motive mit Wasser (das als Symbol
der Taufe gilt): Die Kinder Israels ziehen durchs
Rote Meer, und sie durchschreiten den Jordan.
Vom schweren Deckel aus führt eine blanke Stange
ins Gewölbe des Domes. Oben ist, unsichtbar, ein
Gegengewicht angebracht, so daß der Deckel sich
spielend leicht heben läßt.*

dort stand Hildwins Heim, der Bauernhof eines Alt-
sachsen. Hildesheim, zur Bekehrung der Sachsen
gegründet, gehörte zum Bund der Hansestädte, war
freie Reichsstadt, besaß ein selbstbewußtes Bürgertum, das den Klerus früh in die Schranken wies.
1802 wurde das Hochstift säkularisiert, kam an
Preußen, Westfalen, Hannover.
BRÜHL Der südliche Teil der Altstadt, wo heute
noch Fachwerkbürgerhäuser aus Gotik und Renaissance erhalten, restauriert oder im alten Stil wieder
aufgebaut worden sind. Besondere Pracht entfalten
das reichgeschmückte Wernerhaus im Hinteren
Brühl, das Waffenschmiedehaus am Gelben Stern,
der Lappenberg mit dem Kehrwiederturm, einem
der letzten Überbleibsel der Stadtbefestigung.
DOM Die Bischofskirche ist eine dreischiffige romanische Basilika. Sie fällt auf durch ihre gotischen
Anbauten und das gewaltige Westwerk, ein breit
vorgelagertes, gestaffeltes Turmhaus mit drei Satteldächern. Künstlerisches Hauptwerk ist die 1035
eingesetzte Bernwardstür. Im Dom steht auch die
bronzene Bernwardssäule, um die sich ein spiralen-
förmiges Bilderband mit der Geschichte Jesu windet. Sehr schön sind ferner das Taufbecken aus
dem 13. Jh., der Radleuchter Bischof Herzilos aus

dem 11. Jh., die zwei Schreine des 12. Jh. und unter all den Kostbarkeiten des Domschatzes die Krümme des Bernwardstabes und zwei romanische Scheibenkreuze. Im vom doppelgeschossigen Kreuzgang umsäumten Hof steht die St.-Annen-Kapelle (1321). Ihr gegenüber grünt der tausendjährige Rosenstock.

RATHAUS Das gotische, oft – zuletzt nach den Kriegszerstörungen – umgebaute Gebäude markiert den geräumigen Marktplatz, Zeugnis bürgerlichen Selbstbewußtseins. Davor steht der Rolandsbrunnen (von 1540), daneben das Tempelhaus. Blickpunkt dieser Fassade aus dem 14. Jh. ist der Renaissanceerker von 1591.

ROEMER-PELIZAEUS-MUSEUM für Geologie, Völkerkunde, Kultur- und Heimatgeschichte. Es beherbergt eine berühmte Sammlung altägyptischer Kunst aus 3000 Jahren.

ST. ANDREAS Der hohe basilikale Bau, 1389 begonnen, erinnert in seiner Chorlösung an Kathedralen. Die gotische Kirche umschließt ein romanisches Westwerk.

ST. GODEHARDI, von 1133–90 zu Ehren des in Reims heiliggesprochenen Hildesheimer Bischofs Godehard gebaut, repräsentiert damaligen französi-

schen Stil: hoch, schlank, zum Altar hin orientiert, um den Chor verlaufende Seitenschiffe. Schätze sind die Bernwardsleuchter, das Godehardskruzifix, bemerkenswert einfallsreiche Kapitellplastiken.

ST. LAMBERTI (1473–88) Innen ein gemalter Passionsaltar aus der ersten Hälfte des 15. Jh.

ST. MAGDALENA Der Kirche, die in unterschiedlichen Stilepochen entstand, gehört das Bernwardskreuz (um 1000) und der Schrein mit den Gebeinen des hl. Bernward.

ST. MAURITIUS (11. Jh.) Die romanische Kirche wurde innen im 18. Jh. barockisiert. Kreuzgang des 12. Jh., in gotischer und nachgotischer Zeit verändert.

ST. MICHAELIS, vom kunstsinnigen Bischof Bernward 1010 gegründet, nach dem zweiten Weltkrieg mit historischer Akkuratesse rekonstruiert, ist eine der schönsten romanischen Kirchen: ein mächtiges, gedrungenes, kubisch empfundenes Bauwerk. Der Grundriß basiert auf dem Vierungsquadrat, das insgesamt fünfzehnmal erscheint: je dreimal im Mittelschiff (wo es mit Pfeilern und Säulen kenntlich gemacht ist), in den Seiten- und in den Querschiffen. Diese Idee ist auch an den rhythmisch gegliederten Fassaden erkennbar. Alle Einzelheiten haben

ST. MICHAELIS

Inbild einer „Gottesburg" ist die Michaeliskirche in Hildesheim, mit deren Bau auf Geheiß des Bischofs Bernward im Jahre 1007 begonnen wurde. Die dreischiffige Basilika hat zwei Chöre, zwei Querschiffe mit abschließenden Treppentürmen und zwei gedrungene Vierungstürme. In der Krypta unter dem Westchor steht der Sarkophag des Bischofs, eines Mannes aus adeligem sächsischem Geschlecht, der eine Zeitlang auch am Hofe Kaiser Ottos II. als Erzieher Ottos III. wirkte.

NDOMINC MXVB FRDIV MEM HAS VALVASF VSILES

BERNWARDSTÜR

Die Inschrift hält die Zeit und den Urheber fest. „Im Jahre des Herrn 1015", so berichtet sie in abgekürztem Latein, „ließ Bischof Bernward, seligen Angedenkens, diese gegossenen Türflügel an der Fassade des Engelstempels zu seinem Gedächtnis aufhängen." Nach jenem Bischof haben sie ihren Namen: Auf den 4,72 Meter hohen Flügeln der „Bernwardstür" des Hildesheimer Domes, die jeweils als Ganzes im offenen Herdfeuer gegossen wurden, stehen sich Szenen aus dem Alten und dem Neuen Testament gegenüber – links die Geschichte des ersten Menschenpaares (unser Bild: der Sündenfall) und seiner Söhne Kain und Abel; rechts Geburt, Tod und Himmelfahrt Christi.

ihre feste Ordnung, außen wie innen, wo Arkaden, Kapitelle, Reliefbänder (Engelsempore), die rot-weiß gestreiften Bögen das Auge auf sich ziehen. Das farbenprächtige romanische Gemälde an der flachen Holzdecke erzählt den Stammbaum Christi – ein einzigartiges Kunstwerk. Es stammt aus dem 12. Jh. wie auch die Chorschranke mit den Reliefs der Muttergottes und von Heiligen. Bischof Bernward weihte 1015 die Krypta.

Hildrizhausen *Reg.-Bez. Stuttgart* 600 ■ 4
Die ehem. STIFTSKIRCHE im befestigten Friedhof ist romanisch, aber stark verändert, mit mächtigem frühgotischen Turm. Außen steht noch ein romanischer Taufstein.

Hilgartsberg *Niederbayern* 604 ■ 3
Von der BURG (12. Jh.) auf steilem Felsen über dem linken Donauufer blieb eine stattliche Ruine.

Hilpoltstein *Mittelfranken* 602 □ 1
In der teils noch von Mauern umzogenen Stadt stehen zahlreiche Bürgerhäuser aus dem späten Mittelalter. Die nordöstlich an die Stadtmauer angrenzende Burg ist seit dem 18. Jh. Ruine.
PFARRKIRCHE Bis auf den spätgotischen Chor ist sie eine einheitliche Barockschöpfung, mit zartem Stuck und schönen Fresken ausgestattet.

Hiltensweiler *Reg.-Bez. Tübingen* 608 ■ 6
DIONYSIUSKIRCHE Von 1516 mit Turm aus dem 13. Jh. Im Hochaltar ein Gemälde von der Grablegung Christi von Camillo Procaccini.

Hiltrup *Reg.-Bez. Münster* 576 □ 1
ALTE CLEMENSKIRCHE Der kleine Gewölbesaal (Mitte 12. Jh.) aus der Romanik erhielt 1518 seinen

spätgotischen Chor. Sakristei und Chorjoch aus neuerer Zeit.

Hilzingen *Reg.-Bez. Freiburg i. Br.* 607 ■ 4
Die KATH. PFARRKIRCHE errichtete P. Thumb früher als die Birnau (1747–49). Die ausgezeichnete Ausstattung macht sie zur schönsten des Hegaus.

Himmelkron *Mittelfranken* 596 □ 11
EHEM. ZISTERZIENSERKLOSTER Zu den Bauten des 13. und 14. Jh. kam 1699 der stattliche Prinzenbau. Damals hatten die Markgrafen von Bayreuth hier ihren Sommersitz. – Vom spätgotischen Kreuzgang ist nur der Westflügel erhalten, über dessen spiralenförmige Halbsäulen sich ein dichtes Rippennetz wölbt. Von den Deckenfeldern schauen musizierende Stuckengel herunter.
Die Kirche aus dem 14. Jh., ein schlichter, langgestreckter Bau mit barockem Dachreiter, hat von der alten Ausstattung nur die bedeutenden Grabmäler erhalten, deren schönstes 1354 für die Äbtissin Agnes geschaffen wurde, vielleicht vom Wolfskeel-Meister in Würzburg.

Himmerod *Reg.-Bez. Trier* 591 □ 1
ZISTERZIENSERABTEIKIRCHE Das 1138 gegründete Kloster errichtete in der Mitte des 18. Jh. an Stelle der ersten romanischen Kirche eine barocke dreischiffige Halle. Nach der Aufhebung des Klosters 1802 dienten die Gebäude als Steinbruch. Von der Kirche blieben nur wenige Teile übrig, darunter die imposante Westfassade, 1952–60 erstand die Kirche stilgetreu unter Verwendung der erhaltenen Teile in ihrer barocken Form wieder.

Hinnenburg *Reg.-Bez. Detmold* 578 □ 10
Das hoch gelegene SCHLOSS geht auf eine Burganlage des 13. Jh. zurück und verdankt sein heutiges Aussehen den Aus- und Umbauten des 17. und 18. Jh.

Hinte *Reg.-Bez. Aurich* 560 ■ 9
Gutshof, Wasserschloß und Kirche geben als geschlossene Anlage ein gutes Bild vom Sitz einer ostfriesischen Häuptlingsfamilie (Dorfadel) aus dem 16. Jh. Das vierflügelige Schloß (15.–18. Jh.) entstand auf Mauerresten einer spätmittelalterlichen Wehrburg. In der spätgotischen Kirche (Ende 15. Jh.) bedeutsame Grabsteine der Familie Ripperda.

Hirsau *Reg.-Bez. Karlsruhe* 600 ■ 3
Seit dem 8. Jh. hatten sich Mönche hier niedergelassen. Um 830 bestand schon ein kleines Kloster, das im 11. Jh. eine Basilika erhielt. Damals wurden Benediktiner aus Einsiedeln in der Schweiz berufen. Bald darauf bekannten sie sich erneut zu den Idealen der Askese und des unbedingten Gehorsams.
AURELIUSKIRCHE Von der romanischen Basilika – der ältesten des Schwarzwalds – steht nur mehr das Langschiff. Innen wirkt noch dieser Torso mit den gedrungenen Säulen eindrucksvoll. O. H. Hajek schuf den Altar und die monumentalen Reliefs dahinter (1955). Von ihm ist auch der Bronze-Reliquienschrein des hl. Aurelius. Glasfenster von Wilhelm Geyer (1955).
ST. PETER UND PAUL wurde Ende des 11. Jh. erbaut. Heute ist sie Ruine, und zwischen Säulenstümpfen und Grabsteinen wuchert Gestrüpp. Trotzdem ist die außergewöhnliche Großräumigkeit noch gut zu erkennen. Der sog. Eulenturm ist in den unteren drei Geschossen durch Blendrahmen gegliedert, in

den oberen drei durch Doppelfenster mit Zwischensäulchen. Um das zweite Geschoß läuft ein Fries mit rätselhaften astronomischen Bildern. Die spätgotische Marienkapelle birgt ein Museum mit wertvollen Funden. Stimmungsvolle Kreuzgangruinen.

SCHLOSS In den wildreichen Klosterwäldern der „Hirschau" hatte der Herzog das Jagdrecht. Für ihn hat Georg Beer den stattlichen Renaissancebau errichtet, dessen Ruinen jetzt die berühmte, von Uhland besungene Ulme überragt.

Hirschhorn *Reg.-Bez. Darmstadt* 593 ■ 4
ERSHEIMER KAPELLE Bis zur Reformation Pfarrkirche, seither Totenkapelle. Einschiffiger spätgotischer Bau (14.–16. Jh.) mit prächtigem Netzgewölbe, Wandmalereien von 1355.

EHEM. KARMELITERKLOSTER Die gotische Kirche bildet mit dem Wohnhaus eine eindrucksvolle Baugruppe. Drinnen Figuren (1762) vom früheren Altar und eine Kanzel von 1618. Im Kapitelsaal Wandmalereien von 1509.

BURG Ob von Süden, wo sie als Renaissanceschloß erscheint, ob von Norden, wo sie mit einer der trutzigsten Schildmauern des Landes bewehrt ist, immer bietet die Anlage aus dem 13.–16. Jh. ein imposantes Bild.

Hirzenach *Reg.-Bez. Koblenz* 584 □ 6
EHEM. BENEDIKTINERKIRCHE Die flachgedeckte Pfeilerbasilika des frühen 12. Jh. besitzt einen spätromanischen Turm (um 1200) und einen schönen frühgotischen Chor (Mitte des 13. Jh.) mit hohen Fenstern und reich gestalteten Gewölbestützen. Die klaren, straffen Formen lassen an französische Einflüsse denken.

KLOSTER HIRSAU, KREUZGANG UND
EULENTURM
Reizvoll hebt sich das Sandsteinrot der Klosterruinen vom versöhnenden Grün des Nagoldtales und den düsteren Hängen des Schwarzwaldes ab. Hier saßen einst die Benediktinermönche, denen Abt Wilhelm im 11. Jh. nach dem Vorbild des burgundischen Reformklosters Cluny die strenge „Hirsauer Regel" vorschrieb. 1692 legte der französische General Mélac das Kloster in Asche. Von der mächtigen Basilika St. Peter und Paul ist der „Eulenturm" (12. Jh.) erhalten geblieben, der hinter dem alten Kreuzgang (1495, unser Bild) aufragt.

TAUFKESSEL, KIRCHE IN HITTFELD
Die bronzene Taufe von 1438 in der evangelischen Pfarrkirche zu Hittfeld gehört zu den schönsten und kostbarsten kirchlichen Geräten Norddeutschlands. Die Herstellung eines solchen Kessels glich weitgehend dem Guß einer Glocke: Mit Hilfe einer Schablone und einer einfachen Drehvorrichtung wurde aus Talg oder Wachs ein Modell geformt, das man dann mit einem Mantel aus Lehm umgab. Dieser diente, getrocknet und gebrannt, als Gußform. Ornamente und Inschriften ritzte man freihändig in den Lehm. Vor dem Guß wurde der Mantel fest in eine Grube eingestampft, worauf man durch eine Öffnung das flüssige Metall einfüllte. Nach dem Erkalten wurde die Form entfernt.

Hirzenhain *Reg.-Bez. Darmstadt* 585 □ 4
EHEM. AUGUSTINERKLOSTERKIRCHE Chorherren lebten hier von 1435–1534. Sie bauten an eine Kapelle des 14. Jh., die sie als Chor benutzten, das Langhaus. Der schöne gewölbte Raum wird vom prächtigsten spätgotischen Lettner Hessens beherrscht (1440–50). Weitere Skulpturen gehören ebenfalls zum Besten der Zeit.

Hittfeld *Reg.-Bez. Lüneburg* 562 ■ 3
KIRCHE Massiger Feldsteinbau auf einem Hügel im moorigen Talgrund. Vier Figuren tragen den 55 cm hohen bronzenen Taufkessel, den Weinlaub und Rosetten zieren (1438). – Nahe der Autobahn steht eine guterhaltene Holländer-Windmühle.

Hitzkirchen *Reg.-Bez. Darmstadt* 586 □ 8
EV. KIRCHE Eindrucksvolle spätgotische Wehrkirche über steilen Mauern. Fast quadratische, dreischiffige sterngewölbte Halle des späten 15. Jh.

Hochaltingen *Schwaben* 602 ■ 10
MARIÄ HIMMELFAHRT Chor und Turm aus dem 16. Jh. wurden mit einem barocken Langhaus von 1730 verbunden. Im ausgemalten und stuckierten

Inneren ein Altar von 1565, gotisch mit renaissancehaften Zügen, ein Renaissance-Sakramentshäuschen und ein Chorbogenkruzifixus von etwa 1490–1500. In der GRUFTKAPELLE (13. Jh.) ein meisterliches Epitaph aus Sandstein, rotem und weißem Marmor (1526).

Hochburg *Gem. Emmendingen*
Reg.-Bez. Freiburg i. Br. 606 □ 1
Die HOCHBURG oder Hachberg ist die größte Ruine des Breisgaus. Mit Bauteilen aus dem Mittelalter, der Renaissance und der Barockzeit, die die Bastionen anlegte, ein Musterbeispiel für die Entwicklung des Befestigungswesens.

Hochhausen *Reg.-Bez. Karlsruhe* 593 □ 4
EV. PFARRKIRCHE Ihr klobiger Turm stammt aus dem 13. Jh. Langhaus und Chor (14. Jh.) schmücken gotische Wandmalereien. Der neue Hochaltar bewahrt hervorragende Tafelbilder eines gotischen Flügelaltars (um 1500). Im Mittelalter wurde zum Grab der hl. Notburga gewallfahrtet. Es stellt die Heilige dar, wie die Legende sie sah, einarmig und mit einer Schlange.

Hochheim *Reg.-Bez. Darmstadt* 593 □ 11
Die 1732 errichtete KATH. KIRCHE über den Rebenhängen der Mainlandschaft ist von großartiger Fernwirkung. Elegante Ausstattung (etwa 1775).

Hochheim b. Worms *Rheinhessen-Pfalz* 593 ■ 9
Die BERGKIRCHE hat einen eindrucksvollen, mit Lisenen und Rundbogenfriesen gegliederten romanischen Westbau. Über dem Sockel einer dreischiffigen Vorhalle wächst der Turm auf. Die Gewölbe der Krypta (11. Jh.) werden von Säulen mit Würfelkapitellen getragen.
EHEM. DOMINIKANERINNENKLOSTER HIMMELSKRON Gotische Saalkirche mit barocker Ausstattung. Nahebei die malerische Amtsschaffnerei (1728).

Hochsal *Reg.-Bez. Freiburg i. Br.* 606 □ 4
Die gotische, im 18. Jh. barockisierte KIRCHE hat einen stattlichen Chorturm. Das dreischiffige Langhaus ist mit schönem älteren Inventar ausgestattet.

Hochstadt *Reg.-Bez. Darmstadt* 593 □ 1
Das Fachwerkdorf mit geschlossenem historischen Ortskern bewahrt fast völlig seine ovale Ummauerung mit Türmen und Obertor aus dem 14./15. Jh. In diese seltene dörfliche Befestigung wurde auch der Kirchhof mit einbezogen. Ev. Kirche 1470–80.

Höchstadt a. d. Aisch *Oberfranken* 595 ■ 12
PFARRKIRCHE Barock ist die Ausstattung des schönen gotischen Baues, ebenso wie die luftige Turmhaube mit Laterne. Gotisch das Sakramentshaus und einige gute Skulpturen.
Das SCHLOSS, ein stattlicher Baukomplex, ragt dicht am Aischufer auf. Den Ostflügel aus der Renaissance barockisierte 1713 J. W. Dientzenhofer.

Höchstädt a. d. Donau *Schwaben* 602 ■ 8
PFARRKIRCHE in schlichter Spätgotik, nur den Turm krönt eine barocke Zwiebelhaube. Innen beachtlicher Altar (1695), prunkvolle Kanzel (Ende 17. Jh.), Tabernakel (etwa 1760) und Sakramentstürmchen (etwa 1485).
SCHLOSS (1589–93) Von der mittelalterlichen Burg blieben der mächtige runde Bergfried und der spätromanische bis spätgotische Hauptbau mit Kapelle und Rittersaal. Bei Höchstädt wurde das franzö-

sisch-bayerische Heer von Marlborough und Prinz Eugen 1704 entscheidend geschlagen. Das Schloßmuseum erinnert daran.

Höfen *Reg.-Bez. Köln* 583 ■ 9
VENNHÄUSER Im 17. und 18. Jh. erbauten sich die Bauern hier zum Schutz gegen Wind und Wetter Fachwerkhäuser mit tief herunterreichenden Strohdächern und umgaben sie mit hohen Buchenhecken. Die Wetterseite wurde teils sogar mit Erde bedeckt.

Höglwörth *Oberbayern* 611 ■ 2
EHEM. AUGUSTINER-CHORHERRENSTIFT Nahe der österreichischen Grenze blieb ein längst säkularisiertes Klösterchen erhalten. Seine unregelmäßigen Trakte und sein Kirchturm mit der blinkenden

KERAMIK, HÖHR-GRENZHAUSEN
„Kannebäckerland" heißt beziehungsvoll eine Gegend im Westerwald, östlich des Rheines und nördlich der Lahn. Dort werden ansehnliche Tonvorkommen industriell genutzt. Im Zentrum dieses Gebietes, in Höhr-Grenzhausen, gibt es sogar eine Staatliche Ingenieur- und Werkschule für Keramik. Unser Bild zeigt ältere Beispiele für Produkte dieses Gewerbes. Die Krüge überzeugen durch zweckgerechte Form und reiche, stilsichere Verzierung.

Zwiebelhaube spiegeln sich von einer Halbinsel aus in einem waldumkränzten kleinen See. Die Kirche, 1689 geweiht, erhielt um die Mitte des 18. Jh. eine anmutige Ausstattung mit Rocaille-Stuck und farbenfrohen Deckengemälden.

Höhr-Grenzhausen *Reg.-Bez. Koblenz* 584 ■ 5
Im dreieckigen gotischen Bergfried der BURGRUINE GRENZAU befindet sich ein Privatmuseum, das die Entwicklung der Keramik des „Kannebäckerlandes" und des Eisenkunstgusses zeigt.

Höningen *Rheinhessen-Pfalz* 592 □ 4
Vom AUGUSTINER-CHORHERRENSTIFT (1120–1569) sind nur spärliche Reste erhalten. Auf dem Friedhof eine kleine romanische Kirche mit Resten von Wandmalerei.

Höxter *Reg.-Bez. Detmold* 578 ■ 10
verdankt sein Entstehen der Nachbarschaft des bedeutenden Klosters Corvey und seiner Lage an der Kreuzung der Wesertalstraße mit der alten Han-

delsstraße des Hellwegs, die von Köln nach Osten führte. Die ländliche Stadt an der Weser hat sich nur geringfügig über ihren mittelalterlichen Kern ausgedehnt und viele Fachwerkhäuser, oft mit plattdeutschen Inschriften, aus ihrer Glanzzeit zwischen Reformation und Dreißigjährigem Krieg bewahrt. Damals, um 1610, entstand auch das langgestreckte Rathaus.

Die KILIANSKIRCHE wurde wohl 1075 geweiht; um 1200 hat man die romanische dreischiffige Pfeilerbasilika eingewölbt. Hochragend der zweitürmige Westbau. Auf dem Altar eine Kreuzigungsgruppe (Anfang 16. Jh.). Taufstein von 1631.

Hof a. d. Saale *Oberfranken* 588 ■ 6
Der Name deutet auf einen fränkischen Königshof. Im 19. Jh. entwickelte sich Hof zur bedeutenden Industriestadt. – Gedenktafeln erinnern an Jean Paul, der im Albertinum zur Schule ging.
PFARRKIRCHE ST. LORENZ Im 16. Jh. über spätmittelalterlichen Mauerresten erbaut. Spätgotischer Altar.
SPITALKIRCHE Schlichter spätgotischer Bau mit bemalter barocker Kassettendecke.
STÄDT. MUSEUM Volks- und heimatkundliche Sammlungen; umfangreiche zoologische Abteilung.

Hofgeismar *Reg.-Bez. Kassel* 578 ■ 9
Die Befestigung ist fast vollständig erhalten. Das Stadtbild wird von stattlichen Fachwerkgiebelhäusern bestimmt. Im ehem. Gilde- und Hochzeitshaus, mit Spätrenaissance-Untergeschoß und klassizistischem Stufengiebel, das Heimatmuseum. Aus dem 14.–15. Jh. die spätgotische Neustädter Kirche.
EHEM. GESUNDBRUNNEN Von 1701 bis 1866 war Hofgeismar Badeort; davon zeugt noch der runde Brunnentempel (1792), flankiert von barocken Badehäusern. Im Park das Schlößchen Schönburg (Ev. Akademie) (1787–89) ein schlichtes Bauwerk des frühen Klassizismus.
EHEM. STIFTSKIRCHE LIEBFRAUEN (Altstadt-Pfarrkirche) Eine um 1200 erbaute Pfeilerbasilika wurde um 1330 zur Hallenkirche ausgebaut. Neugotischer Chor aus dem 19. Jh. Kernstück der Ausstattung sind die Flügel eines gotischen Passionsaltars: der „Hofgeismarer Altar" (um 1310), ein Hauptwerk der frühen deutschen Tafelmalerei.

Hofheim/Ried *Reg.-Bez. Darmstadt* 593 ■ 9
KATH. PFARRKIRCHE Nach Plänen Balth. Neumanns 1749 vollendet. Köstliche Ausstattung der Bauzeit.

Hofheim im Taunus *Reg.-Bez. Darmstadt* 593 □ 11
KATH. PFARRKIRCHE Aus dem Neubau von 1926 ragt der kraftvolle spätgotische Turm, im Osten der alte Chor des 15. Jh. Gute Barockausstattung.

Hofolding *Oberbayern* 610 ■ 11
Der Ort besitzt eine gut ausgestattete Barockkirche mit schönen Altären.

Hohenaltheim *Schwaben* 602 ■ 9
916 Konzilsort der deutschen Bischöfe. Am Kirchberg eine 200 Jahre alte Gerichtslinde, rundherum die Reste der steinernen Ratssitze.
SCHLOSS Eine hübsche, idyllische Anlage von 1711 mit hohem Hauptbau, den freundliche Zwerchgiebel zieren; französischer Park.

Hohenaschau *Oberbayern* 611 □ 9
BURG Ringmauer und Bergfried der mächtigen Anlage entstammen dem ausgehenden 12. Jh., Vorburg

BURG HOHENASCHAU
Auf einem frei stehenden Bergkegel südlich des Chiemsees thront machtvoll diese weitläufige Wehranlage, eine der imposantesten im Voralpenland. Die malerisch gegeneinandergestellten Gebäudekomplexe kulminieren in einem hoch aufragenden Turm mit Dachreiter. Ein großzügiger Festsaal im Hauptwohnbau enthält zwölf übermannshohe Ahnenstandbilder des Geschlechts der Grafen von Preysing, das von 1610 bis 1853 diese Burg bewohnte.

und Hauptburg prägte wesentlich das 16. Jh. Die Innenräume, zum Teil mit schwerem plastischen Stuck, wurden zumeist im 17. Jh. gestaltet. Sehr hübsch die gut dekorierte, 1639 umgebaute, ehemals mittelalterliche Kapelle mit einem italienischen Barockaltar, zwei Rokokoaltären und zwei Holzstatuetten (1766) von Ignaz Günther.

Hohenberg *Reg.-Bez. Stuttgart* 601 ■ 2
Die nach dem Schema der Klosterkirche in Kleincomburg errichtete PFARRKIRCHE hat noch Teile aus der romanischen Bauzeit bewahrt: Chor, Querschiff und das verzierte Portal am nördlichen Seitenschiff.

Hohenbostel *Reg.-Bez. Hannover* 570 ■ 8
Die EV. KIRCHE besitzt aus beinah allen Stilepochen Bauteile oder originelle Ausstattungsstücke. Im gotischen Chor Ausmalung des 16. Jh. mit plattdeutschen Spruchbändern. Kanzelaltar von 1787.

Hohenburg *Oberpfalz* 596 □ 6
Der Marktflecken im Lauterachtal liegt zu Füßen der gleichnamigen Burgruine. Eine hübsche Fassade in dem guterhaltenen Straßenbild hat das vierge-

schossige Rathaus (1560) mit barockisiertem Volutengiebel.

KULTURGESCHICHTLICHES MUSEUM mit reichhaltigen
Sammlungen von Volks- und Heimatkunst.

Hohenecken *Rheinhessen-Pfalz* 592 ■ 5
Die BURG, zum Schutz der Pfalz Kaiserslautern
Ende des 12. Jh. errichtet, ist noch als Ruine ein-
drucksvoll.

Hohenfurch *Oberbayern* 609 ■ 2
MARIÄ HIMMELFAHRT Buntfarbiger Wessobrunner
Stuck und schöne Fresken schaffen das heiter-gelöste
Raumbild des an einen gotischen Turm angebauten
barocken Langhauses.

Hohengeroldseck *Reg.-Bez. Freiburg i. Br.* 599 □ 5
Auf frei stehendem Felskegel liegen umfangreiche
RUINEN der einst mächtigen Burg. Reste eines Palas
aus der Übergangszeit von der Romanik zur Gotik.

Hohenhameln *Reg.-Bez. Hildesheim* 570 □ 4
EV. KIRCHE Auffallend sind die zwei Turmspitzen
auf spätgotischem Unterbau. Im Langhaus von 1778
vier große Deckengemälde von Jos. Gregor Winck.

Hohenhaslach *Reg.-Bez. Stuttgart* 600 □ 2
Die alte MARTINSKIRCHE aus dem 13. Jh. geht
wahrscheinlich auf eine Gründung des 8. Jh. zurück.
Gotische Wandgemälde.

Hohenhöwen *Reg.-Bez. Freiburg i. Br.* 607 ■ 2
Die RUINE der einst sehr bedeutenden Burg des
12. Jh. liegt auf dem höchsten Hegau-Basaltkegel.

Hohenkammer *Oberbayern* 603 ■ 7
In der PFARRKIRCHE (zumeist 19. Jh.) ein imposanter Hochaltar (1664–65) und zahlreiche gute Holzbildwerke (15.–18. Jh.).
SCHLOSS Die nach 1634 wieder aufgebaute Vierflügelanlage umschließt einen schönen Binnenhof.

Hohenkirchen *Verw.-Bez. Oldenburg* 561 □ 10
EV. PFARRKIRCHE Seit der Erbauungszeit (Anfang
13. Jh.) des Granitquaderbaues ruht der romanische Taufstein noch an gleicher Stelle. Hochaltar
(1620) und Kanzel (1628) zählen zu den Hauptwerken Ludwig Münstermanns.

Hohenlimburg *Reg.-Bez. Arnsberg* 576 ■ 5
SCHLOSS Das 18. Jh. veränderte stark die mittelalterliche Anlage mit Vorburg (Ende 14. Jh.) und
Hauptburg mit altem und neuem Palas und Berg-
friedruine, die eine hohe Ringmauer mit Wehrgang
und Ecktürmen umgibt.

Hohenpeißenberg *Oberbayern* 609 ■ 3
Weithin sichtbar auf dem Bergkegel die 1619 umgebaute ehem. Wallfahrtskirche. Im einschiffigen
stuckverzierten Inneren ein üppiger Hochaltar (um
1620) und zwei schöne Holzreliefs. – Eine kleine
Kostbarkeit des Rokoko ist die anschließende Gnadenkapelle mit feinen Wessobrunner Rocaillen und
guten Deckenfresken von Matth. Günther.

Hohenrechberg *Reg.-Bez. Stuttgart* 601 ■ 3
Über bewaldeten Hängen erhebt sich die großartige
RUINE der 1864 ausgebrannten Stammburg der
Grafen von Rechberg. Burgtor, Wehrgang und
Wehrturm stammen aus dem 15. Jh. Auf das 13. Jh.
weisen die romanischen Fenster und das Mauerwerk

des Hauptgebäudes. Ein Kreuzweg führt zur barocken WALLFAHRTSKIRCHE. Drei Giebel und ein
Turm mit Kuppelhaube zieren den Bau außen, ein
fallsreiche Stukkaturen und Prunkkanzel innen.
Gotisches Gnadenbild.

Hohenschäftlarn b. Schäftlarn *Oberbay.* 610 □ 10
ST. GEORG Die schlichte, gut proportionierte barocke
Landkirche mit wohlausgewogener Ausstattung liegt
auf einer Höhe oberhalb des Klosters.

Hohenschwangau *Schwaben* 609 ■ 6
Die sehr wirkungsvoll im 12. Jh. in die bewaldete
Berglandschaft gesetzte Burg ließ Kronprinz Maxi-
milian von Bayern 1833 in neugotisch-biedermeier-
lichem Stil romantisieren. Im Innern großzügige
Dekorationen an Wänden und Decken, die zum Teil
Moritz von Schwind 1835/36 entwarf.

Hohenstadt *Reg.-Bez. Stuttgart* 601 ■ 2
SCHLOSS der Grafen Adelmann hoch über dem Kocher gelegene Baugruppe 12.–18. Jh. Schloßpark
mit geschnittenen Hecken, 1756.
WALLFAHRTSKIRCHE, 1707/11, mit reichem, rein weißem Stuck. Epitaphien aus dem 16. und 17. Jh.

RUINE HOHENTWIEL

*Solange sie dem Kampf diente, hatte sie Bestand.
So im Bauernkrieg, so vor allem auch im Dreißigjährigen Krieg, wo die Burg mehrfach belagert,
aber niemals eingenommen wurde – ein Bollwerk
der Protestanten in einem sonst katholischen Gebiet. Als aber Napoleons Truppen unter Van-
damme heranrückten und die Besatzung sich ihnen
am 1. Mai 1800 kampflos ergab, war das Schicksal der Festung besiegelt: Bald darauf wurde sie
von den Franzosen geschleift.*

Hohenstaufen *Reg.-Bez. Stuttgart* 601 ■ 3
Von der Stammburg des schwäbischen Kaiserhauses
sind nur Reste der Grundmauern erhalten. 1079
war sie von Friedrich von Büren, dem Großvater
Friedrich Barbarossas, erbaut worden, und seitdem

nannte sich sein Geschlecht nach ihr. 1525 wurde sie von aufständischen Bauern niedergebrannt.

Hohenstein *Reg.-Bez. Darmstadt* 584 □ 4
Hoch über das Aartal reckt sich das wuchtige, dunkle Schiefergemäuer der BURGRUINE. Gegründet im 12., ausgebaut im 13. und 14. Jh. Eine der wenigen mittelalterlichen Burgen ohne späteren Festungsausbau.

Hohentwiel *Reg.-Bez. Freiburg i. Br.* 607 ■ 3
Der HOHENTWIEL ist die bedeutendste Höhenburg im Hegau, größtenteils aus dem 16.–18. Jh. In ihren imposanten Ruinen fanden sich keltische, römische und karolingische Reste. Im 10. Jh. war sie Sitz der Schwabenherzöge, verbunden mit einem Kloster. Jos. Victor v. Scheffels Roman „Ekkehard" spielt hier.

Hohenwart *Oberbayern* 603 □ 8
An dem reizvollen Stadtbild fallen besonders die ehem. Klosterapotheke und das Markttor (15. Jh.) mit gotischem Bogenfries und Treppengiebel auf. – In der Marktkirche ein Relief (Anfang 17. Jh.), ein Rotmarmorepitaph von 1549 und vier Barockgemälde aus dem Augsburger Dom.

Hohkeppel *Reg.-Bez. Köln* 584 □ 11
SCHLOSS GEORGSHAUSEN, ein wasserumwehrter Herrensitz mit Vorburg aus dem frühen 18. Jh., dient heute als Hotel.
ST. LAURENTIUS (1842) Flachgedeckter klassizistischer Saalbau. Sakramentshaus von 1722.

Hollenbach *Reg.-Bez. Stuttgart* 594 ■ 6
Mittelalterliche KIRCHE mit gotischen Wandmalereien und reizvollen Rokokoaltären.

Holtfeld *Reg.-Bez. Detmold* 577 □ 11
Das Herrenhaus der WASSERBURG stammt von 1599. Außer den reichen Volutengiebeln ist das interessante barocke Treppenhaus sehenswert.

Holzburg *Reg.-Bez. Kassel* 586 □ 10
Das SCHWÄLMER DORFMUSEUM in der Scheune des stattlichen Pfarrhofes zeigt Möbel, Geräte und eine umfangreiche Sammlung alter Trachten.

Holzen *Schwaben* 602 ■ 5
Die ehem. KLOSTERKIRCHE ist eine schlichte barocke Wandpfeileranlage mit östlichem Turmpaar. Zu rühmen ist der prächtige, zum Teil schwere Stuck, sehr reizvoll die Fresken, die Apostelfiguren am Gewölbeansatz und die musizierenden Engel an der Orgelempore. Interessant gestaltet ist der Chor mit altarähnlichen Ehrenpforten, dem Rahmenwerk an den Turmtüren und guten Gemälden. Sehr schön die Kanzel von 1730.

Holzhausen *Oberbayern* 610 □ 9
Hier war einst eine Kultstätte der Kelten, deren Anlage noch recht gut zu erkennen ist. – Sehr schön auf einer Anhöhe gelegen und von Linden umstanden die spätgotische ehem. Wallfahrtskirche.

Holzhausen *Reg.-Bez. Detmold* 569 ■ 6
HAUS CROLLAGE Eine barocke Einfahrt führt zum dreiflügeligen Renaissancebau, den das 19. Jh. stark veränderte.

Holzkirchen am Main *Unterfranken* 594 ■ 12
EHEM. BENEDIKTINERKLOSTER Das schon früh, vermutlich um die Mitte des 8. Jh., gegründete Kloster verlor im hohen Mittelalter an Bedeutung. 1802 wurde es säkularisiert. Vom romanischen Bau sind nur noch Reste des Kreuzgangs erhalten. Die Klosterkirche, 1728–30 nach Plänen Balth. Neumanns erbaut, ist ein achteckiger Zentralbau mit gewaltiger, schön ausgeschmückter Kuppel. Der Kirchenraum, ein von Dreiviertelsäulen umgebenes Rund, beherbergt Sandsteinreliefs aus dem 12. Jh.

Holzmaden *Reg.-Bez. Stuttgart* 601 ■ 8
URWELTMUSEUM HAUFF Vor 200 Jahren entdeckte man in den Schieferbrüchen die Versteinerungen von Lebewesen aus dem Jurameer, das einmal das Gebiet der Schwäbischen Alb bedeckte. Fische, Muscheln, Saurierskelette sind unter vielem anderem in dem Museum zu sehen, zu dem nicht nur Geologen aus aller Welt pilgern.

Homberg a. d. Efze *Reg.-Bez. Kassel* 586 □ 11
hat eins der eindrucksvollsten Stadtbilder in Hessen: Am Südhang des Burgberges aufgestaffelt, reihen sich die Fachwerkhäuser. Besonders schön ist das „Gasthaus zur Krone" (1480) am Marktplatz mit seinen drei gotischen Erkern; ein weiterer Erker wurde im 16. Jh. zugefügt. Im Alten Rathaus, Fachwerkgiebelbau von 1582, das Heimatmuseum. Die 1526 abgehaltene „Homberger Synode", der zufolge in Hessen die Reformation eingeführt wurde, macht die STADTKIRCHE zu einem Denkmal des Protestantismus. Bei der letzten Renovierung wurde die gotische Raumschönheit wiederhergestellt: eine weite Halle, ein schmales Seitenschiff und ein breites lichtes, feingliedriges Turmportal von 1374. Sieben spätgotische Stationsreliefs; prachtvolle Régence-Orgel (1732–36).

Homberg a. d. Ohm *Reg.-Bez. Darmstadt* 585 □ 3
PFARRKIRCHE Aus einem romanischen Langhaus, das in der Spätgotik gewölbt und überdacht wurde, einem frühgotischen Turm sowie aus einem gotischen Hochchor ist eine malerische Baugruppe zusammengewachsen. Kreuzigungsgruppe um 1500.
RATHAUS Fachwerkbau (1539) mit vier Eckerkern und barockem Dachreiter.

Homburg *Reg.-Bez. Köln* 584 ■ 12
SCHLOSS 1926 begann der Wiederaufbau der in Resten spätmittelalterlichen, im 17. und 18. Jh. schloßartig ausgebauten Anlage, die bereits weitgehend verfallen war. Im Inneren Museum des oberbergischen Landes.

Homburg am Main *Unterfranken* 594 ■ 11
BURG auf einem Felskegel über dem Main. Der Unterbau des Bergfrieds noch aus dem 12. Jh. Die Fachwerkbauten sind um 1550 entstanden.

Homburg *Saarland* 592 □ 7
HOHENBURG Im 12. Jh. Sitz der Grafen von Homburg, Ende des 17. Jh. von Vauban zur Festung ausgebaut, 1714 geschleift und jetzt Ruine. Den Schloßberg durchläuft noch ein verzweigtes System von Gängen, Hallen und Nischen.

Homburg ob der Wern *Unterfranken* 594 □ 12
BURGRUINE Die um 1030 auf einer Bergzunge über dem Werntal gegründete Burg war im Mittelalter

OFENPLATTE, HALLIG HOOGE

Die Verwendung solcher gußeisernen Platten, die zumeist aus dem Siegerland geliefert wurden, hat an der Nordseeküste eine lange Tradition. Diese, aus dem Jahre 1669, schmückt einen Beilegerofen im Pesel des Königshauses auf der Hallig Hooge. Seinen Namen hat das Haus wahrscheinlich einmal nach dem Besuch eines dänischen Königs erhalten. Pesel, das ist die gute Stube; und ein Beilegerofen ist ein Ofen, der zwar ein Zimmer wärmt, aber von der Küche aus geheizt wird (wo man das Feuerungsmaterial „beilegte").

eine der wehrhaftesten fränkischen Vesten. Teile der Hauptburg stammen aus dem 12. Jh., die Türme und Mauerreste aus späterer Zeit.

Hondingen *Reg.-Bez. Freiburg i. Br.* 607 ▪ 10
Die KATH. PFARRKIRCHE ST. MARTIN gehört zu den ältesten vorromanischen Gründungen auf der Baar. Turm, Eingangsportal und Rundbogenfriese im Inneren romanisch, das Gnadenbild gotisch.

Hallig Hooge *Schleswig-Holstein* 554 ▪ 1
Die Gehöfte bergen unter dem herabgezogenen Reetdach manch alten Hausrat. Die Vorfahren der Halligbewohner waren Seeleute und Walfänger und brachten die Stücke heim. Berühmt ist auf der Hanswarft das KÖNIGSHAUS (1776) mit dem reichen und doch behaglichen Königspesel (Pesel = gute Stube), in dem der dänische Monarch Friedrich VI. nächtigte, als er sich 1825 nach der Sturmflut der Halligen annahm. Die KIRCHE (1637) hat eine Spätrenaissancekanzel, schön auch die Walfischtür; von der Balkendecke hängt ein Votivschiff von 1825 herab.

Horb *Reg.-Bez. Karlsruhe* 600 ▪ 6
Das Auf und Ab der engen Straßenfluchten, die dem Bergrücken über dem Neckar folgen, macht den Reiz des Landstädtchens aus. Besonders hübsch das Rathaus (18. Jh.) und das ehem. Amtshaus mit Eichenfachwerk und Fassadenmalerei (17. Jh.). Der Schurkenturm ist der Rest einer alten Burg. Die Pfarrkirche ist barock, die Spitalkirche spätgotisch, ihr Chor war vermutlich Burgkapelle.

Horn *Reg.-Bez. Detmold* 577 □ 2
Der im 13. Jh. mit Stadtrechten begabte Ort besitzt neben zahlreichen alten Bürgerhäusern und Teilen

der Befestigung eine ursprünglich mittelalterliche, 1656–59 ausgebaute Burg (Heimatmuseum) und die weiträumige spätgotische Stadtkirche.

Horn *Reg.-Bez. Freiburg i. Br.* 607 ▪ 3
wird von der KATH. PFARRKIRCHE ST. JOH. BAPTIST UND VITUS bekrönt, einem ursprünglich romanischen, in der Gotik erweiterten und 1717 stark barockisierten Bau.

Hornbach *Rheinhessen-Pfalz* 599 □ 11
Das BENEDIKTINERKLOSTER gründete 737 Missionsbischof Pirminius (gest. 753). 1953 wurde seine Grabkammer wiederentdeckt und mit einer Kapelle überbaut. Die romanische Kirche ist heute Ruine. Das FABIANSTIFT wurde im 9. Jh. gegründet. Neben der Kirchenruine in den Fels gearbeitete Gräber. Von der romanischen Marienkirche steht nur noch der Chor.

Hornberg b. Neckarzimmern
Reg.-Bez. Karlsruhe 593 □ 4
Eine Zeitlang war diese Feste, im 16. Jh., die Burg Götz von Berlichingens. Heute stehen noch die Vorburg mit dem bewohnten Mantelbau aus dem 14. Jh. sowie im Norden der 33 Meter hohe Bergfried, Teile von Wohngebäuden und die Kapelle. – Unten in Neckarzimmern das Rentamt, ein hübscher Fachwerkbau des 17. Jh.

BURG HORNBERG BEI NECKARZIMMERN

Hier verbrachte Götz von Berlichingen die letzte Zeit seines Lebens (bis 1562) in Gefangenschaft. Und hier schrieb er auch seine Lebenserinnerungen nieder, die Goethe als Vorlage für sein Drama dienten. Nachdem der Ritter mit den aufständischen Bauern unterlegen war, mußte er schwören, die Hornberger Gemarkung nicht mehr zu verlassen. Die Burg erhebt sich auf steiler Bergnase über terrassenförmig vom Fluß ansteigenden Weingärten. 1688 wurde sie von den Franzosen zerstört. Neben dem Bergfried (12. Jh.) stehen noch die Ruinen des Palas mit Staffelgiebel und reizvollem Wendeltreppenturm.

Hornburg *Verw.-Bez. Braunschweig* 579 □ 11
Die Gebiete der Bischöfe von Halberstadt und der
Wolfenbütteler Herzöge stießen hier zusammen.
Grenzposten war die Burg. In ihrem Schutze ent-
stand die Stadt, in der es heute noch ungewöhnlich
viele Fachwerkhäuser aus der Renaissance und dem
Barock zu sehen gibt.
BURG Alte Reste und Bau von B. v. Ebhardt (1921).
EV. PFARRKIRCHE In der Spätrenaissance wurde sie
1614–16 noch nach gotischen Gesetzen gebaut. Die
Turmlaterne jedoch, Kanzel, Altar und Emporen
sind schöne Werke im Stil der Zeit. Barock die
Orgel am Ende des breiten Kirchenschiffs.

Horrem *Reg.-Bez. Köln* 583 □ 1
SCHLOSS FRENS Das wasserumgebene Herrenhaus
wurde im 16. Jh. zu einer Vierflügelanlage um
einen kleinen Hof erweitert, dabei entstand der
nördliche Ziergiebel in niederländischer Renaissance, wie die ganze Schauseite Renaissanceprunk
entfaltet. Vorburg im wesentlichen von etwa 1850.

Horstmar *Reg.-Bez. Münster* 568 □ 6
BURGMANNSHÖFE Am Stadtrand stehen heute noch
vier Herrensitze aus dem 16. Jh. und ein im 18. Jh.
umgebauter Hof, der sich direkt auf der alten
Stadtmauer erhebt.
KATH. KIRCHE Typisch münsterländische Hallenkirche vom Ende des 14. Jh. mit wehrhaftem Turm.

Houbirg *Mittelfranken* 596 □ 8
RINGWALLANLAGEN Funde lassen darauf schließen,
daß der Rücken des Bergmassivs Houbirg schon im
2. Jahrtausend v. Chr. bewohnt war. Die gewaltige
Ringmauer, an ihrer höchsten Stelle 14 m hoch, ist
in ihrer heutigen Form im 1. Jh. v. Chr. entstanden.
In ihrem Schutz erstreckte sich wohl die Hauptstadt des keltischen Siedlungsgebietes in Franken.

Hovestadt *Reg.-Bez. Arnsberg* 577 □ 9
WASSERSCHLOSS Nach dem Vorbild von Schloß
Horst auf zwei Inseln in einem großen Hausteich
angelegt. Die Backsteinfronten des zweiflügeligen
Herrenhauses (1563–72) mit starken Eckpavillons
überzieht origineller Zierat. Joh. Conr. Schlaun gestaltete 1733 das Innere der Hauptburg um und
baute die Vorburg neu auf.

Hude *Verw.-Bez. Oldenburg* 561 □ 6
KLOSTERRUINE Hier befand sich eine der umfangreichsten Klosteranlagen im nordwestdeutschen Kü-
stengebiet. Die Zisterzienserniederlassung wurde
1553 aufgelöst. Aber die stehengebliebene baumum-
rauschte Mittelschiffswand und Reste von Chor
und Querschiff der Kirche sind ein beredtes Zeugnis mittelalterlicher Ordensbaukunst. Die einschiffige ev. Pfarrkirche, die ehem. Torkapelle des
Klosters, liegt westlich der Ruine. Sie besitzt
Wandmalereien aus der Erbauungszeit (um 1300)
und einen Altar mit 24 geschnitzten Feldern (Ende
14. Jh.).

Hückeswagen *Reg.-Bez. Düsseldorf* 576 □ 7
hat ein typisch bergisches Ortsbild mit durch Holz-
schindeln oder Schiefer verkleideten Bürgerhäusern
des 18. Jh. – In der stattlichen Pauluskirche
(1783–1786) klassizistische Ausstattung. Das Schloß
(13.–18. Jh.) ist heute Rathaus und Heimatmuseum.

Hüffe *Gem. Lashorst Reg.-Bez. Detmold* 569 ■ 6
Das WASSERSCHLOSS, eine ungewöhnlich reizvolle
Barockanlage von 1775, liegt am Ende einer Wald-
schneise auf einer rechteckigen Insel. Ein Meisterwerk
des hessischen Hofarchitekten Simon Louis Du Ry.

Hüfingen *Reg.-Bez. Freiburg i. Br.* 607 ■ 10
Die KATH. PFARRKIRCHE stammt vorwiegend aus
dem 16. und 18. Jh., der schöne Turm aus dem
17. Jh.
Im 18. Jh. erbauten die Fürsten zu Fürstenberg an
Stelle der Burg ein großes SCHLOSS (Altersheim).

Hügelheim *Reg.-Bez. Freiburg i. Br.* 606 ■ 12
Die EV. KIRCHE besitzt einen romanischen Westturm und den Rest eines Rundbogenfrieses.

Hülsede *Reg.-Bez. Hannover* 570 ■ 8
Die gotische AEGIDIENKIRCHE hat guterhaltene
Wandbilder des 16. Jh. – Brücke und Tor führen
auf den hufeisenförmig umbauten Hof der WAS-
SERBURG (1529–48).

Hülshoff *Reg.-Bez. Münster* 576 □ 12
1797 wurde in diesem aus dem 16. Jh. stammenden,
im 17., 18. und 19. Jh. ausgebauten Wasserschloß
die Dichterin Annette von Droste-Hülshoff geboren. Sie lebte hier bis zu ihrem 29. Lebensjahr. Im
Museum Familienbildnisse, Erinnerungsstücke und
eine Kameensammlung.

Hünfeld *Reg.-Bez. Kassel* 586 ■ 2
KATH. PFARRKIRCHE Spätgotische Hallenkirche mit
interessant bemalter Holzdecke.

Hürth *Reg.-Bez. Köln* 583 □ 2
RÖMISCHE GRABKAMMER 1899 wurde die quadratisch angelegte tonnengewölbte Grabkammer aus
Tuff und Sandstein entdeckt. Im Innern zwei Sand-
steinsarkophage.

Hüttisheim *Reg.-Bez. Tübingen* 608 □ 1
In der barocken ANTONIUSKAPELLE hübscher Hochaltar und gotische Holzfiguren.

Hüven *Reg.-Bez. Osnabrück* 568 ■ 1
Die HÜVENER MÜHLE (um 1800) ist Wasser- und
Windmühle in einem. Das Fundament aus Findlin-
gen gemauert, darüber Fachwerk in wechselnder
Technik.

Hundheim *Reg.-Bez. Stuttgart* 594 ■ 9
KATH. PFARRKIRCHE Vornehmer frühklassizistischer
Saalbau mit stattlichem Hochaltar. An den Seiten-
altären kostbare barocke Alabasterskulpturen.

Hungen *Reg.-Bez. Darmstadt* 585 ■ 4
PFARRKIRCHE In der Stirnwand des weiträumigen
Spätrenaissanceschiffs öffnet sich überraschend
asymmetrisch ein Bogen zum älteren Turmchor mit
Wandmalereien (um 1400): Marientod, am Gewölbe
stilisierte Wolkenmalereien.
SCHLOSS (Altersheim) Romantisch verschachtelte An-
lage, im Kern auf eine mittelalterliche Burg zu-
rückgehend, wovon der fünftürmige Torturm zeugt.
Ausbau im 17. und 18. Jh. mit Renaissanceerker,
Risaliten und vielfältigen Dachausbauten.

Hunnesrück *Reg.-Bez. Hildesheim* 578 ■ 12
Die Burg wurde 1521 zerstört. Von der Ruine nur
unscheinbare Reste, denn die Steine hat man für die

Festung ERICHSBURG verwendet. Von dieser steht noch das „Neue hohe Gebäude", ein Bau der Spätrenaissance (1604–12) mit schönem Treppenturm. Heute Predigerseminar.

Husum *Schleswig-Holstein*   554 □ 3
Auf der flachen Westküste erhebt sich Theodor Storms Stadt „am grauen Meer". Das herzogliche SCHLOSS, berühmt durch die Krokusblüte zur Osterzeit, ist heute Landratsamt. Torhaus des Schloßparkes von 1612. Die KIRCHE von 1830 ist ein Beispiel klassizistischer Baukunst. Nordfriesische Kultur bewahren das Heimatmuseum im NISSENHAUS und das Freilichtmuseum OSTENFELDER HAUS.

I

Iben *Reg.-Bez. Koblenz*   592 □ 3
Die ursprünglich raugräfliche BURG war im 13. Jh. im Besitz der Templer, die im Burgbereich eine Kapelle bauten, deren Chor noch erhalten ist. Der steinerne Dachreiter gibt einen fröhlichen Akzent. Lebensvolles Laubwerk in herrlicher Steinmetzarbeit ziert die Kapitelle und das Gesims.

Iburg *Reg.-Bez. Osnabrück*   569 □ 8
Die großartige und historisch bedeutsame Anlage – bischöfliches Schloß, Benediktinerkloster und -kirche – ließ Benno II., Bischof von Osnabrück (seit 1068) und Vertrauter König Heinrichs IV., im 11. Jh. an einem strategisch wichtigen Punkt des Landes – auf einem Bergkegel – erbauen. Aus der alten Iburg aus vorchristlicher Zeit erstand um einen Binnenhof die dreiflügelige Bergfeste mit dem im 17. Jh. eingerichteten Rittersaal (erste perspektivische Deckenmalerei in Deutschland). Vorgelagert der mittelalterliche Turnierplatz. In dem Bergfried, Ende des 15. Jh. erhöht, saßen die Münsteraner Wiedertäufer nach ihrer Verurteilung unter den Gerichtslinden vor dem Schloß. In der jetzigen dreischiffigen, gewölbten Klosterkirche (spätes 13. Jh.) der barocke Sarkophag mit dem Gebeinen des Stifters und vorzügliche Grabsteine (12. und 14. Jh.). Baumeister der heutigen Klostergebäude (1751–53) aus Sandstein, deren Hauptfassade überlebensgroße Figuren schmücken, war Joh. Conr. Schlaun.

Idar-Oberstein *Reg.-Bez. Koblenz*   592 ■ 9
Auf der Höhe über dem Nahetal stehen die Ruinen der beiden BURGEN der Herren v. Stein. Vom alten Schloß, im 17. Jh. zerstört, sind nur Reste des Bergfrieds erhalten, das neue Schloß brannte 1865 ab und wird teilweise wieder benutzt. Auf halber Höhe, an den steilen Berg geschmiegt, steht die schlichte spätgotische FELSENKIRCHE, die den kostbaren Passionsaltar eines mittelrheinischen Meisters von 1420 bewahrt. Auf Grund der Achatvorkommen gibt es seit alters im Ort Edelsteinschleiferei. Einige Betriebe arbeiten nach alten Verfahren und sind zu besichtigen. Das HEIMATMUSEUM gibt Überblick über die Edelsteinverarbeitung.

Idensen *Reg.-Bez. Hannover*   570 ■ 8
ALTE KIRCHE Nicht als Dorfkirche, als seine Grabeskirche ließ sie Bischof Sigward v. Minden wahrscheinlich um 1125 bauen: aus schönem Quadermauerwerk, mit Bleidach, und mehreren Altären.

Das Bleidach wurde 1670 verkauft, die Ausstattung ging verloren, sonst erhielt sich aber das Kirchlein, sooft es auch, für das Dorf längst zu klein, abgebrochen oder unsachgemäß vergrößert werden sollte. Der fast 25 Meter lange Bau hat zwei querschiffartig angeordnete Seitenkapellen; Rundbogenfenster auch hier, in den schmalen des massigen Turms Teilungssäulchen. Wohl unter byzantinischem Einfluß entstanden um 1130 die Wand- und Gewölbemalereien des Innenraums. An der Westwand die Legende der hl. Ursula; den 11 000 Jungfrauen, die mit ihr in Köln den Märtyrertod erlitten haben sollen, wurde die Kirche geweiht.

Idstedt *Schleswig-Holstein*   555 ■ 11
Hier wurden die Schleswig-Holsteiner in ihrem Kampf gegen Dänemark am 25. Juli 1850 geschlagen. Schlachtpläne und andere Erinnerungsstücke an die vorausgegangenen Erhebungskämpfe in der GEDÄCHTNISHALLE.
RÄUBERHÖHLE Das sehr gut erhaltene Ganggrab (etwa 2500–2300 v. Chr.) liegt unter einem Hügel. Die Kammer ist 4,40 m lang und 1,50 m hoch.

Idstein *Reg.-Bez. Darmstadt*   585 □ 7
Die Obergasse bewahrt mit ihren Fachwerkfassaden noch ein einheitliches Bild des 17./18. Jh. Eines der am reichsten mit Schnitzwerk gezierten Fachwerkhäuser Hessens ist das Killingerhaus (1615).
BURG Von der mittelalterlichen Anlage auf langgestrecktem Fels sind über der Altstadt ihr runder Bergfried, der Hexenturm und der Torbau von etwa 1500 erhalten und bilden mit späteren Fachwerkgebäuden eine reizvolle Baugruppe.
SCHLOSS Nördlich des ehem. tiefen Halsgrabens der Burg wurde seit 1614 auf einem Felsplateau ein Renaissance-Dreiflügelschloß erbaut.
EV. PFARRKIRCHE Bei dem äußerlich bescheidenen Bau, der 1677 aus einer gotischen Basilika hervorging, überrascht der Innenraum mit seinem bunt wie eine Bilderbibel Wände und Decke überziehenden biblischen Zyklus. In einzelnen Leinwandbildern gestalteten Maler aus der Schule des Peter Paul Rubens in Antwerpen zusammen mit Joh. v. Sandrart das Leben Jesu. Als Grabkirche der Nassauer Grafen birgt das Gotteshaus zahlreiche ansehnliche Denkmäler aus Gotik, Renaissance und Barock. Im Chor das Familiengrabmal des Fürsten Georg August, nach dem Entwurf Maximilian v. Welschs vom Mainzer Hofbildhauer Hiernle 1728–31 geschaffen, ein prächtiges Werk rheinfränkischer Barockkunst.

Igel *Reg.-Bez. Trier*   591 ■ 1
An der alten Römerstraße von Trier nach Reims steht im Ort das 23 Meter hohe Grabmal der Tuchmacherfamilie der Secundier aus der Mitte des 3. Jh. Das architektonisch in Zonen gegliederte Monument zeigt Szenen aus dem Leben der Familie und dem Geschäftsbetrieb, aus der Götterwelt und der Mythologie. Diese berühmte IGELER SÄULE hat immer wieder die Menschen beschäftigt, auch Goethe, der hier am 23. 8. 1792 weilte.

Igersheim *Reg.-Bez. Stuttgart*   594 ■ 5
Im Ort barockes Pfarrhaus sowie Geburtshaus des großen Theologen Joh. Adam Möhler (1795–1838). BURG NEUHAUS über dem Taubertal barg einst Schatzkammer und Rüsthaus des Deutschen Ritterordens. Oft zerstört. Erhalten sind noch das Vorwerk, Rondelle, fünf Türme und der Stumpf des Bergfrieds.

Ilbenstadt *Reg.-Bez. Darmstadt* 585 □ 5
EHEM. PRÄMONSTRATENSERKLOSTER Von 1123 bis
1803 bestand diese neben Arnsburg bedeutendste
klösterliche Niederlassung der Wetterau. Die Blütezeit, die sich in stolzen Bauten dokumentiert, fiel
ins 12./13. und ins frühe 18. Jh. Kraftvoll überragt die Doppelturmfassade die dreischiffige romanische Basilika. Einzelheiten des Kapitellschmuckes,
der zum schönsten der Zeit gehört, weisen auf ober-
italienische Werkleute, die im frühen 12. Jh. an
den rheinischen Kaiserdomen Speyer und Mainz gearbeitet haben. Mit bemerkenswertem Verständnis
wurden im 17. Jh. Nordquerhaus, Nebenapsiden
und Nordseitenschiff erneuert.

Ilgen *Oberbayern* 609 ■ 4
Die schlichte WALLFAHRTSKAPELLE MARIÄ HEIM-
SUCHUNG (1670–76) überrascht durch eine außerordentlich gute barocke Innendekoration: den hervorragenden Stukkaturen, deren Formen vom Voll-
plastisch-Figürlichen bis zum zierlichsten Rokoko
reichen, entsprechen die Statuennischen neben den
Fenstern, diesen wiederum der prächtige Marmorhochaltar in Weiß und Rot.

Illerbeuren *Schwaben* 608 □ 3
Besonderheiten im BAUERNHOFMUSEUM: die Allgäuer Käsküche und die Hausbrauerei.

Illertissen *Schwaben* 608 □ 1
EHEM. SCHLOSS Der stattliche Renaissancebau (um
1550) gleicht einem herrschaftlichen Wohnhaus. Sehr
hübsch die mit Stuck und Fresken verzierte Kapelle.
In der PFARRKIRCHE ST. MARTIN ein ausgezeichneter
Hochaltar von 1604 mit sehr guten Figuren.

Illingen *Saarland* 592 □ 8
Der Chor der gotischen KIRCHE hat sich als Taufkapelle erhalten. Die heutige Saalkirche wurde
1789–91 erbaut. – Von der WASSERBURG KERPEN
(16. Jh.) steht noch ein Torhaus und die Kapelle.

Ilmmünster *Oberbayern* 603 ■ 8
ST. ARSACIUS Die Kirche aus dem frühen 13. Jh. ist
einer der in Oberbayern seltenen, außen und innen
rein spätromanischen basilikalen Bauten. Den Turm
zieren Rundbogenblenden und Stufengiebel. Leicht
gespitzte Arkadenbögen, die Knospenkapitellen ent-
wachsen, trennen die Schiffe, der Chor liegt erhöht.
Am Hochaltar, der aus Teilen eines spätgotischen
Flügelaltars besteht, zwölf Tafelgemälde und vier
Holzreliefs (15. Jh.).

Imbshausen *Reg.-Bez. Hildesheim* 578 □ 2
Die EV. DORFKIRCHE wurde 1725 als Saalbau errichtet, in ihrem Aufbau beispielhaft für Patronats-
kirchen des protestantischen Adels. Der reichverzierte Kanzelaltar liegt an einer Längsseite, ihm gegenüber der Herrschaftsplatz, an den sich die Familiengruft anschließt.

Immenhausen *Reg.-Bez. Kassel* 578 ■ 8
Das an Fachwerkhäusern reiche Stadtbild (mit dem
Rathaus von 1662) wird von der guterhaltenen Stadt-
befestigung eingefaßt.
PFARRKIRCHE Die spätgotische Hallenkirche enthält
eine Fülle von Wandmalereien aus dem 15. Jh., die
Wände und Gewölbe mit Szenenfolgen und Einzel-
darstellungen überziehen.

Immenstaad *Reg.-Bez. Tübingen* 608 □ 8
hat im hohen Turm der spätgotischen Pfarrkirche
St. Jodok sein Wahrzeichen und besitzt ein schönes

Rathaus (früher Mainauer Hof) aus dem 18. Jh.
sowie reiche Fachwerkbauten.

Immenstadt *Schwaben* 609 □ 8
Ein anmutiger kleiner Ort in reizvoller Umgebung.
Bemerkenswert das dreigeschossige ehem. Stadtschloß (1550–1620), das hübsche Rathaus (1640)
und das Oberallgäuer Heimatmuseum.

Immichenhain *Reg.-Bez. Kassel* 586 □ 10
EHEM. AUGUSTINERCHORFRAUENSTIFT In der schlichten frühgotischen Kirche beeindruckt das große
Maßwerkfenster an der Ostseite. Die Wandmalereien stammen aus dem 14. Jh.

Inchenhofen *Oberbayern* 602 □ 4
WALLFAHRTSKIRCHE ST. LEONHARD Eine dreischiffige
Halle mit kurzem flachen Dach und schlankem
hochragendem Turm (1486, das obere Oktogon um
1704). Im Mittelschiff ein riesiges Gewölbefresko
von Ignaz Baldauff. Prächtiger Hochaltar (1755).

Indersdorf *Oberbayern* 603 □ 8
EHEM. AUGUSTINERCHORHERRENSTIFT, im 12. Jh. gestiftet. Die langgestreckte Pfeilerbasilika, die innen
trotz des prächtigen Stuck- und Freskengewandes
(Franz Xaver Feuchtmayer, Matth. Günther,
1754/55) die romanische Struktur gut erkennen
läßt, erhielt im 17./18. Jh. den barocken Chor, in
dem der riesige zweistöckige Hochaltar (1690) mit
reichem guten Figurenschmuck steht.

MATTHÄUS GÜNTHER: SELBSTPORTRÄT,
INDERSDORF
*Der Meister hellfarbiger lichter Fresken war ein
Schüler von Cosmas Damian Asam und einer der
schöpfungsfreudigsten Maler des 18. Jh. Am
Rande des großen Deckenfreskos in der Rosen-
kranzkapelle gab er sich selbst ein Bildnis. In
bäuerlicher Kleidung auf einem Hügel kniend,
blickt er verehrend zu der Rosenkranzkönigin
Maria empor. Der Hemdkragen trägt seine Signatur: M. G. 1758.*

Ingelheim *Rheinhessen-Pfalz* 592 ☐ 2
Die EV. BURGKIRCHE in Oberingelheim gehörte dem
zur Pfalz gehörigen Reichsland, das Karl IV. 1375
an Kurpfalz verpfändete. Die Wehranlage ist in
seltener Schönheit erhalten. Der Turm, mit Rundbogenfriesen und Zinnen geschmückt, stammt aus
dem 12. Jh. Kostbare Steinarbeiten an den Grabsteinen verschiedener Adelsgeschlechter (14.–17. Jh.).
KAISERPFALZ in Niederingelheim. Karl d. Gr. erbaute die berühmte Pfalz, die oft wichtigen Vor-
gängen der mittelalterlichen Reichsgeschichte diente.
1689 brannten die Franzosen sie nieder, in der
Folge wurde sie weitgehend überbaut. Doch die
Grundgestalt des mächtigen Halbrunds ist erhalten, Reste sind durch Ausgrabungen zugänglich, vor
allem die Ruine der Aula Regia ist noch eindrucksvoll. Auch die ev. Pfarrkirche, ein romanischer Umbau der ehem. Palastkirche, enthält noch karolingische Reste.

Ingolstadt *Oberbayern* 603 ☐ 9
In der weiten Donauebene breitet sich die alte Fe-
stungsstadt. Sie entstand Mitte des 6. Jh. 806 ist
sie als villa Ingoldestat zum erstenmal erwähnt.
Seit Beginn des 13. Jh. wittelsbachisch, wird der
aufblühende Ort nach der bayerischen Teilung 1392
Hauptstadt des Herzogtums Bayern-Ingolstadt, 1447
fällt er an Landshut. Herzog Ludwig der Reiche

TÜRKENMONSTRANZ IN STA. MARIA
VICTORIA, INGOLSTADT
*In verwirrender Vielfalt und mit unnachahmlicher
handwerklicher Virtuosität feiert die silbergetriebene Arbeit (1708) Weltgeschehen: die Seeschlacht
bei Lepanto 1571. Die Gestalten und Medaillons
zwischen den Schiffen der Christen und der besiegten Türken tragen Züge der Herrscher und
Befehlshaber: von Don Juan d'Austria, dem Do-
gen von Venedig, Andrea Doria, Papst Pius V.,
König Philipp II. von Spanien und Ali Pascha. Im
Rettungsboot der türkische Sultan Kara Mustafa,
im Siegerkranz der Erzengel Michael und über
allem die thronende Maria vom Sieg.*

KREUZTOR, INGOLSTADT
*Das spitztürmige Tor, wehrhafte Backsteingotik
mit Zinnenkranz und Zierfries, erhielt sich seit
1385 ganz original – es ist eines der reizvollsten
Süddeutschlands, Wahrzeichen der Stadt. Die drei
zierlichen weißen Steinrosen am Torbogen taten
im Mittelalter dem Fremden kund, daß die Stadt,
die er betrat, über Leben und Tod ihrer Einwohner bestimmen konnte. Links ein Turm des Lieb-
frauenmünsters, der als Geschützstand auch zur Befestigung gehörte.*

gründet 1472 eine Universität. 1802 wird die Hohe
Schule nach Landshut, 1826 nach München verlegt.
Seit 1430 ist die Stadt durch drei Mauerringe zur
stärksten Festung Süddeutschlands ausgebaut, die
im Dreißigjährigen Krieg selbst Gustav Adolf wi-
dersteht. Erst 1800 müssen auf Befehl Napoleons
die Mauern geschleift werden. Trotz Zerstörung
und Modernisierung bietet die Stadt in ihrem Kern
auch heute noch das Bild einer wohlgeplanten bayerischen Herzogsstadt aus dem späten Mittelalter.
Ihre Silhouette wird freilich nicht mehr nur durch
mittelalterliche Türme, sondern auch durch die gewaltigen Anlagen dreier Großraffinerien bestimmt.
ALTES SCHLOSS, Herzogskasten genannt. Reizvoller
Bau aus dem 13. Jh., nach Errichtung des Neuen
Schlosses als Getreidespeicher verwendet.
HL. KREUZTOR Letztes erhaltenes Tor der alten Stadtbefestigung von 1385.
LIEBFRAUENMÜNSTER, 1425 begonnen, eine der ein-
drucksvollsten Leistungen der Spätgotik in Bayern.
Ein maßvoll gegliederter Backsteinbau mit steilem
Dach und zwei übereck gestellten Türmen. Im In-
neren eine dreischiffige Halle von ruhigem Eben-
maß. Der Hochaltar, 1572, verbindet meisterhaft
Spätgotik und Renaissance. Zahlreiche gut ausge-

stattete Seitenkapellen, bemerkenswert der Gedenkstein für Herzog Ludwig den Gebarteten.
MINORITENKIRCHE 1275 als flachgedeckte Basilika
begonnen, später eingewölbt. Den Raum beherrscht
der Hochaltar, 1755, bedeutender ist die ungewöhnlich hohe Zahl gut erhaltener Grabdenkmäler,
hauptsächlich aus dem 16. Jh.
MORITZKIRCHE Die älteste Kirche der Stadt geht
bis auf karolingische Zeit zurück, der heutige Bau
stammt aus dem 14. Jh. Die schlanke dreischiffige
Basilika wird von schmucklosen Rundpfeilern getragen. Ausstattung aus der Zeit um 1765. Sehr
schön das Tabernakel im Hochaltar (1753). Eigentümlich der an der Südwestecke stehende Pfeif-
turm, er diente früher als Feuerwachtturm.
NEUES SCHLOSS Nach der Erweiterung der Stadt
um 1430 an der südöstlichen Ecke der neuen Stadtmauer erbaut. Besonders auffällig die übereck
gestellten Osttürme, ein Motiv, das sich beim Liebfrauenmünster wiederfindet. Die Innenräume des
nüchtern-eindrucksvollen Ziegelbaues überraschen
durch kunstvolle spätgotische Ausgestaltung.
STA. MARIA VICTORIA Ursprünglich als Bet- und
Versammlungssaal der Marianischen Studentenkon-
gregation errichtet, hebt dieser Bau den Unterschied zwischen Kirche und Thronsaal auf. Die
Weite des Raumes, die verschwenderische Ausstattung und das grandiose Deckengemälde von Cosmas Damian Asam machen diese Kirche zu einem
Hauptwerk des bayerischen Rokoko (1736).

Inzell *Oberbayern* 611 ■ 9
Blickfang des kleinen Ortes ist die doppelte Kuppelhaube des Vierkantturms von St. Michael, der
1727 gebauten Kirche. Das Innere schmücken lok-
kerer Stuck und mehrere gute Barockfiguren.

Inzigkofen *Reg.-Bez. Tübingen* 608 □ 10
EINSIEDLERKAPELLE Fein stuckierter und ausgemal-
ter Barockbau im Klostergarten.
KATH. PFARRKIRCHE Lichter Saalbau von 1780. Vor
der Nonnenempore reiches Holzgitter. Modernes
Kriegerdenkmal von Josef Henselmann.

Iphofen *Unterfranken* 595 □ 9
Die fast vollständig erhaltene Stadtbefestigung mit
den drei Tortürmen, unter ihnen das bezaubernde,
an den Zwinger angebaute Rödelseer Tor, stammt
aus dem 15. Jh. Das fränkische Weinstädtchen selbst
ist jedoch älter; es wird 741 zum erstenmal „aktenkundig" und erhält 1293 die Stadtrechte.
PFARRKIRCHE Der Anfang des 15. Jh. begonnene
Bau konnte erst im 16. Jh., in der Amtszeit von
Bischof Julius, vollendet werden. Sein spätgotischer
Charakter blieb jedoch trotz der langen Unterbrechung erhalten, wenn auch erweitert um die für
den Juliusstil bezeichnenden Renaissanceelemente.
RATHAUS Zum reichgeschmückten Portal des stattlichen Barockhauses (1716/18) führt eine doppelläufige Freitreppe.

Ippinghausen *Reg.-Bez. Kassel* 577 □ 4
WEIDELSBURG Imposante Gipfelburg, mehrfach zer-
stört und wieder aufgebaut, seit dem 16. Jh. Ruine.
Kernburg mit zwei Wohntürmen, umgeben von
Zwinger und äußerer Ringmauer.

Irmelshausen *Unterfranken* 587 ■ 8
WASSERSCHLOSS Die ältesten Teile der guterhaltenen Anlage, so der schöne Innenhof und die Ka-
minstube mit dem prächtigen Renaissancekamin,
stammen aus dem 15. und 16. Jh.

KANZEL DER KLOSTERKIRCHE, IRSEE
*Schiffskanzeln, in der Barockzeit gar nicht selten,
sind als Symbol gemeint: Die Kirche ist das von
Jesus (oder dem Priester) sicher gesteuerte Schiff
in den Wogen der Welt. Auch eine politische
Idee mag dieser Gestaltung zugrunde liegen: in der
Seeschlacht bei Lepanto (1571) siegte die christliche
Welt über die mohammedanischen Türken. Die
Schiffskanzel in Irsee ist besonders originell: der
Schalldeckel ist zu einem geblähten Segel umge-
formt, und in der Takelage klettern Putten umher.*

Irsee *Schwaben* 609 ■ 10
EHEM. BENEDIKTINERKLOSTERKIRCHE MARIÄ HIM-
MELFAHRT Der Neubau geschah 1699–1702: zwei
Helmtürme (1753/54) spannen den volutenverzier-
ten Giebel der Westfassade ein. Das Langhaus mit
angedeutetem Querschiff und hohem Gewölbe ist
eine Wandpfeileranlage, Emporen teilen die Seitenkapellen ab. Schwerer und zierlicher Wessobrunner
Stuck verkleidet die Wölbungen. Stuckranken umschließen auch die auf Leinwand gemalten Bilder
am Gewölbe und an der Emporenbrüstung. Ausstattung: eine ausgezeichnete, geschnitzte thronende
Muttergottes am Marienaltar (um 1510) und eine
stehende allgäuische Muttergottes (um 1515).

Isen *Oberbayern* 610 □ 1
EHEM. KOLLEGIATS-STIFTSKIRCHE Die um 1200 entstandene spätromanische dreischiffige Pfeilerbasilika
wurde 1699 von quellendem Stuck- und dezente-
rem Freskenschmuck überzogen. Ausstattung: zwei
kleine Stuckaltäre (18. Jh.), Gemälde im Altarraum, spätgotische Fresken in der Vorhalle mit
schönem romanischem Portal, geschnitzter überlebensgroßer Kruzifixus (1530). Sehr schöne Krypta.

Isenhagen *Reg.-Bez. Lüneburg* 571 ■ 11
In dem KLOSTER, seit 1540 ev. Damenstift, das man
durch ein schlichtes Barockportal betritt, kann man
die engen, alten Zellen, Truhen, Fresken, Stickereien besichtigen. Niedrig, aber sammelnd und intim

der Kreuzgang, der mit Fachwerkbauten des 18. Jh. den stillen Hof säumt. Im hohen, hellen Kirchenraum kommen eine Renaissancekanzel, 1610, und ein Flügelaltar, 15. Jh., gut zur Geltung. Liebevoll geschnitzte Szenen des Marienlebens zeigt auch der vorzügliche Altar im erhöhten Damenchor. Dort ein Lesepult aus dem späten 12. Jh. (es gibt nur wenige Möbelstücke aus dieser Zeit).

Iserlohn *Reg.-Bez. Arnsberg* 576 ■ 4
Alte Eisenwerkerstadt im Schutz der Grafen von der Mark, im Mittelalter schon berühmt für ihre Drahtindustrie.
BAUERNKIRCHE ST. PANKRATIUS Kreuzförmige romanische Basilika, gotisch erweitert, mit einem geschnitzten Flügelaltar aus dem 15. Jh.
HAUS DER HEIMAT in einem barocken Patrizierhaus von 1763. Urkunden zur Stadt- und Landesgeschichte, Werke der Eisen- und Messingindustrie: Panzerhemden, Tabaksdosen.
OBERE STADTKIRCHE ST. MARIEN Spätgotische Hallenkirche mit Zweispitzturm. Der geschnitzte Altarschrein (um 1420) zeigt achtzehn Heiligengestalten unter zierlichsten Baldachinen und eine Kreuzigungsgruppe – ein Hauptwerk der Epoche in Westfalen. Die acht späteren feinen Bildtafeln des Marienlebens sind heute an der Rückwand des Chorgestühls.

Isny *Reg.-Bez. Tübingen* 608 ■ 3
Das Allgäu ist der liebliche Rahmen dieser kleinsten schwäbischen Reichsstadt. Im Spätmittelalter kam sie durch die Leinwandweberei zu einem Wohlstand, von dem heute noch die stattlichen Patrizierhäuser künden. Von der Befestigung stehen außer dem Bläserturm (16. Jh.) noch der Wassertor-, der Espanturm und Wehrtürme aus dem 15. Jh.
EV. PFARRKIRCHE Der Turm der gotischen Basilika ist noch romanisch, trägt aber eine barocke Zwiebelhaube. Im Inneren, das von dem blendend hellen Chor bestimmt wird, der sich gegen das dämmrige Langhaus abhebt, fällt die schöne Holzdecke auf. Im Obergeschoß der Sakristei ein ausgemalter Bibliotheksraum.
Die KATH. PFARRKIRCHE, 17. Jh., wurde im 18. Jh. in festlichem Rokoko ausgemalt und stuckiert. Prunkvoller Hochaltar.
KLOSTERBAUTEN, 1657 von Michael Beer. Schön ausgestattete Räume (Marienkapelle, Refektorium).
RATHAUS Putzbau von 1689 mit Arkaden, Erkern und steilem Satteldach. Im Inneren schöne Täfelungen, Stukkaturen. Prachtvoller Kachelofen.
SCHLOSS NEUTRAUCHBURG, ein fürstlicher Landsitz des 18. Jh.

Itlingen *Reg.-Bez. Münster* 576 ■ 2
SCHLOSS 1755 gestaltete Joh. Conr. Schlaun die an den Ecken von zwei Pavillontürmen flankierte, dreiflügelige Anlage des 17. Jh. um. Teile der Innenausstattung gehen auf ihn zurück.

Itzehoe *Schleswig-Holstein* 562 □ 12
Seit dem Brand, der die Stadt 1657 fast völlig zerstörte, besitzt Itzehoe nur wenig Altes. Die KIRCHE ST. LAURENTII von 1718 ist ein mächtiger Backsteinbau mit quadratischem Westturm und reichen Metallsarkophagen von Angehörigen des holsteinischen Adels. Im Norden ein spätgotischer Kreuzgangflügel, der die Kirche mit dem einstigen Zisterzienserinnenkloster verband.

J

Jagsthausen *Reg.-Bez. Stuttgart* 594 □ 7
SCHLOSS Von den drei Schlössern der Herren von Berlichingen beherrscht das älteste mit seinen Türmen und Renaissancegiebeln das bewaldete Hochufer der Jagst. Wahrscheinlich wurde hier 1480 der Bauernführer Götz von Berlichingen geboren. – Museum.

DIE EISERNE HAND DES GÖTZ VON BERLICHINGEN

Im Dienste verschiedener Landesherrn und auch in eigener Sache focht der Reichsritter Götz von Berlichingen zahlreiche Fehden für Beute und Lösegeld, wurde mehrmals vom Kaiser geächtet und verlor im Landshuter Erbfolgekrieg 1504 seine rechte Hand. Nach eigenen Angaben ließ er sich eine eiserne Hand anfertigen – sie ist ein Meisterwerk früher orthopädischer Technik. Zu seiner Zeit war der Ritter populär als gefürchteter Streiter, Goethes Drama idealisiert ihn und machte ihn durch ein allbekanntes Zitat berühmt.
Schloßmuseum, Jagsthausen

Jestetten *Reg.-Bez. Freiburg i. Br.* 607 ■ 7
Reste einer RÖMERBRÜCKE mit mächtigen Pfeilern stehen nahe der Einmündung des Volkenbachs in den Rhein.

Jever *Verw.-Bez. Oldenburg* 560 □ 3
Die Siedlung auf einer ins Marschland vorspringenden Geestzunge war schon in römischer Zeit bedeutsam, dann für die Küstenschiffahrt der Friesen; wechselvoll war ihre Geschichte. Am heutigen Stadtbild erfreuen noch reichgestaltete Hauseingänge der Barockzeit und das Rathaus mit hübschen Vorbauten.
EV. STADTKIRCHE Der Zentralbau entstand 1964. Einziger Rest der zahlreichen Vorgänger ist die Grabkapelle (Mitte 16. Jh.) mit schönem Renaissanceportal und das prächtige Grabmal (1561–64) des Friesenhäuptlings Edo Wiemken d. J.
SCHLOSS Die Ende der 14. Jh. angelegte Burg erhielt in der Folgezeit schloßähnlichen Charakter mit barocken Formen. Im Innern der Audienzsaal mit Holzkassettendecke (1560–64) und farbigen Ledertapeten (Anfang 18. Jh.) – Heimatmuseum.

Johannisberg *Reg.-Bez. Darmstadt* 592 □ 2
KATH. PFARRKIRCHE Ehem. Klosterkirche des frühen 12. Jh., nach Zerstörungen 1950 in Annäherung an die Romanik wieder aufgebaut.
SCHLOSS Auf einem die Flußlandschaft weithin beherrschenden Bergsporn, von Weinbergen umkränzt,

erhebt sich die als Benediktinerkloster im 11. Jh. gegründete, dann zum Schloß der Fürstbischöfe von Fulda und der Fürsten Metternich umgebaute Anlage. Aus der aufgelockerten Hufeisenform spricht noch die Barockanlage von 1718/25, während die Gestalt der Bauten vom klassizistischen Umbau unter Georg Moller bestimmt wird.

Jork *Reg.-Bez. Stade* 562 ■ 12
Das Dorfbild bestimmt eine Vielzahl besonders schöner Bauernhäuser (vor 1800) mit meist weißgestrichenem Fachwerk, das mosaikartig mit weißverfugten Backsteinen ausgefüllt ist, so auch am Portauschen Haus. Die KIRCHE ST. MATTHIAS ist ein reichausgestatteter Barockbau mit neueren Teilen.

DORFSTRASSE IN JORK
Malerisch stehen die vorspringenden, reetgedeckten Giebel zur Straße hin gestaffelt. Viele der weißen Backsteinmuster haben symbolische Bedeutung: Besen treiben den Teufel aus; mit den Windmühlenmotiven verbindet sich der Wunsch nach Fruchtbarkeit. Manche Häuser haben auch noch eine Prunkpforte und die reich ornamentierte Brauttür, die nur beim Einzug der Braut geöffnet wird und dann, wenn sie für immer das Haus verläßt.

Jülich *Reg.-Bez. Köln* 583 □ 12
Der Ort geht auf keltische und römische Siedlungen an der Straße Köln–Maastricht zurück. Seit 1238 Stadt, wurde er im 13. und im 15. Jh. stark befestigt. Nach dem großen Brand von 1547 wurde der Bologneser Festungsbaumeister Alessandro Pasqualini mit dem Neubau von Stadt und Festung beauftragt. 1944/45 fast völlig zerstört.
PFARRKIRCHE ST. MARIÄ HIMMELFAHRT In den Neubau von 1952 ist der romanische Westturm aus dem 12. Jh. einbezogen, der über der tonnengewölbten Eingangshalle die durch zwei Geschosse reichende hochgewölbte Michaelskapelle enthält. Das SCHLOSS – vier Flügel mit Ecktürmen und ein Binnenhof im Stil der italienischen Hochrenaissance – ist auch heute, nach weitgehender Zerstörung, noch als des Pasqualini Meisterleistung zu erkennen. Erhalten ist die aus der Mauerflucht her-

austretende Giebelfassade der Schloßkapelle, die zu den ältesten ev. Kirchenbauten Deutschlands gehört. 1972 wurden die Reste des Schlosses mit modernen Baukörpern verbunden. In dem so entstandenen Gebäude ist heute das Jülicher Gymnasium untergebracht.
STADTBEFESTIGUNG Der eindrucksvollste Rest ist das Roertor, der Hexenturm aus dem 14. Jh.: ein schwerer dreigeschossiger Torbau aus Bruchstein mit Spitzbogentor und zwei massiven Flankentürmen.
ZITADELLE Von der mächtigen Festungsanlage aus dem 16./17. Jh. sind noch Wallmauern, Kasematten und tiefe Gräben erhalten.

Jugenheim *Reg.-Bez. Darmstadt* 593 ■ 12
An Stelle des kleinen EHEM. NONNENKLOSTERS steht heute auf dem Heiligenberg eine künstliche Kirchenruine des 19. Jh. stimmungsvoll in der Landschaft. SCHLOSS HEILIGENBERG, im 19. Jh. erbaut, später zu einer klassizistischen Vierflügelanlage umgestaltet, ist in einem hübschen Park gelegen.

Jugenheim *Rheinhessen-Pfalz* 592 □ 2
EV. PFARRKIRCHE 1769–75 errichtete der Saarbrücker Generalbaumeister Friedr. Joach. Stengel diesen neuen Saalbau. Als Sakristei übernahm er den mittelalterlichen Chorturm mit seinen beachtlichen Fresken, 15. Jh.

K

Kaiserslautern *Rheinhessen-Pfalz* 592 ■ 5
Die BARBAROSSABURG ließ Kaiser Friedrich I. 1152 erbauen. Ihre Reste sind freigelegt. Über der Burg wurde durch Pfalzgraf Johann Kasimir 1570 bis 1580 ein Schloß errichtet, von dem ebenfalls nur weniges erhalten ist (Burgmuseum).
Die KATH. PFARRKIRCHE, eine zweischiffige Anlage des 14. Jh., hat im Langhaus eine flache Stuckdecke des 17. Jh., der Chor ist gewölbt.
Die PFALZGALERIE besitzt Gemälde, Plastiken und Graphiken des 19. und 20. Jh.
STIFTSKIRCHE, ehem. Prämonstratenserkirche. Begonnen wurde Ende des 13. Jh. mit den Ostteilen für die Mönchsgottesdienste. Die Chorpartien mit achteckigem Turm haben noch schwere frühgotische Formen. Das Langhaus, eine hochgotische dreischiffige Halle mit Achteckpfeilern und Runddiensten, folgte Anfang des 14. Jh.

Kaisheim *Schwaben* 602 ■ 1
EHEM. ZISTERZIENSERKIRCHE Pfeilerbasilika von 1352–87, außen durch Strebepfeiler und Fenster spätgotisch gegliedert, innen würdevoll-feierlich. Der kräftige Vierungsturm von 1459 erhielt 1770 bis 1780 einen eigenwilligen, schön geschwungenen Helm. Reicher Figurenschmuck ziert den vielgestaltigen Chor mit doppeltem Umgang, die Vierungspfeiler und das Langhaus, über dessen Arkadenbögen Apostelbildnisse (1711) in plastischen, geschnitzten Barockrahmen hängen. Hochaltar (1673) mit riesigem Gemälde und Triumphbogen. Im Chor zwei ausgezeichnete Muttergottesstatuen aus Stein (14. Jh.). Großartiges Stiftergrabmal (1434). In den Klostergebäuden der wundervoll ausgemalte Kaisersaal (um 1725).

Kalbensteinberg *Mittelfranken*   602 □ 12
In der PFARRKIRCHE eine reiche Sammlung spätgotischer Kirchenkunst. Am bedeutendsten sind
wohl der Hochaltar mit der hölzernen Madonna
(um 1470) und die beiden Seitenaltäre. Rätsel
gibt die zwölfteilige Theodorus-Ikone auf, die im
16. Jh. in Nowgorod entstand und der Kirche im
17. Jh. gestiftet wurde.

Kalchreuth *Mittelfranken*   595 □ 4
PFARRKIRCHE Dem spätgotischen Bau des 15. Jh.
wurden im 17./18. Jh. Emporen eingezogen. Barock ist auch der Zwiebelhaubenturm. Das Langhaus flachgedeckt, der Chor mit Netzrippengewölbe. Eine schöne Nürnberger Arbeit ist der Hochaltar (1498). Reiches Sakramentshaus. Apostelfiguren aus Ton (1380/90), Glasscheiben und zwei
Wandbehänge des 15. Jh. vervollständigen das
hübsche Raumbild.

Kalkar *Reg.-Bez. Düsseldorf*   575 ■ 12
Die Stadt wurde 1230 von Graf Dietrich von Kleve
am Fuß des Monreberges gegründet, im 14./15. Jh.
stark befestigt und spielte bis ins 16. Jh. eine bedeutende Rolle als Handelsplatz. Aus dieser Blütezeit stammen ihre bedeutenden Bauten. Kriege,
Pest und wirtschaftliche Veränderungen ließen
Kalkar vom 16. Jh. an wieder zu einem kleinen
Landstädtchen werden, das sein mittelalterliches
Antlitz weitgehend bewahrt hat. Die schönsten der
gotischen Giebelhäuser aus Backstein sind das
heutige Stadtarchiv von etwa 1400 und das Heimatmuseum, 16. Jh. Von der Stadtbefestigung sind
Teile der Mauer, der nördliche Eckturm und der
westliche Stadtgraben erhalten.
PFARRKIRCHE ST. NIKOLAI Eine dreischiffige gewölbte Hallenkirche des 15. Jh. aus Backstein und Tuff,
die größte ihrer Art am Niederrhein. Berühmt wur-

DETAIL DER PREDELLA VOM SIEBEN-
SCHMERZENALTAR, ST. NIKOLAI, KALKAR

*Der Stammbaum Christi, die Wurzel Jesse, ist ein
nicht allzu häufiges Motiv in der christlichen
Kunst: Aus Jesse, dem Vater Davids, entsteht ein
Geschlecht, das in Maria und Christus gipfelt
(Jesajas 11. 1). Diese Darstellung in der Predella
des 1519 von Heinrich Douvermann geschnitzten
Altars gilt als eine der schönsten spätgotischen auf
deutschem Boden.*

de die überaus reiche Innenausstattung: Holzschnitzereien und Gemälde aus der Zeit um 1500. Erhalten sind sieben Altäre, von denen der majestätische Hochaltar im Hauptchor, ein Schnitzschrein
von 1500, die ganze Passion in 208 kleinen Figuren
darstellt. Die Flügelgemälde mit zwanzig Bildfeldern aus dem Leben Jesu, um 1508, sind Hauptwerke von Jan Joest. Nicht weniger eindrucksvoll
ist der von Heinrich Douvermann 1522 vollendete
Altar der Sieben Schmerzen Mariens im Liebfrauen-
chor. Am südlichen Chorpfeiler der Marienaltar,
nördlich am Choreingang der aus mehreren früheren Altären zusammengesetzte Georgsaltar. Im An-
nenchörchen ist der Schrein des großfigurigen Annenaltars besonders sehenswert, im nördlichen Seitenschiff der Johannesaltar von 1543, im südlichen
der Dreifaltigkeitsaltar (1535). Wertvoll auch die
Kreuzigungsgruppe, der anmutige große Marienleuchter von Heinrich Bernts (1508) und das schöne
Chorgestühl, vom selben Meister 1505 begonnen.
Im Kirchenschatz ein oberitalienisches Kreuzreliquiar aus dem 14. Jh. und eine silberne Turmmonstranz von 1549.
Das RATHAUS (um 1440) beherrscht den weiten
Marktplatz mit der Gerichtslinde. Seine Fassade
wird durch den achteckigen Treppenturm mit Renaissanceportal (1558) geteilt und unter hohem
Walmdach durch einen Zinnenkranz abgeschlossen.

Kallenhardt *Reg.-Bez. Arnsberg*   577 ■ 8
Die KATH. PFARRKIRCHE, errichtet 1722 in gotisierendem Barock, besitzt eine reiche, einheitliche Barockausstattung. Mittelalterlicher Turm.
SCHLOSS KÖRTLINGHAUSEN (1714–43) ist das Musterbeispiel eines gut geplanten, schlichten westfälischen Herrenhauses: auf beiden Längsseiten vorgezogene kurze Flügel und darüber dreiachsige Mit-
telrisalite mit Flachgiebeln.

Kallmünz *Oberpfalz*   603 □ 12
Der winzige Marktflecken am Zusammenfluß von
Naab und Vils ist malerisch in einem ursprünglichen Sinn: Seit er um 1900 als Malerwinkel entdeckt wurde, bot er immer wieder eine Fülle von
Motiven. Die BURG, einst ein wichtiger Stützpunkt
der Wittelsbacher, ist heute Ruine. Ihr nördlicher
Wall wurde aus den Schuttresten einer vorgeschichtlichen Fliehburg errichtet.

Kallmuth *Reg.-Bez. Köln*   583 ■ 3
RÖMISCHE QUELLSTUBE aus dem 2. Jh. Zusammen
mit anderen Quellen versorgte sie über ein Klär-
becken die unterirdische Wasserleitung nach Köln.
1957 rekonstruiert.

Kalterherberg *Reg.-Bez. Köln*   583 ■ 9
VENNGEHÖFTE Charakteristische Fachwerkhäuser aus
dem 17. und 18. Jh. mit tief herabreichendem Stroh-
dach, von hohen Buchenhecken eingeschlossen.

Kampen auf Sylt *Schleswig-Holstein*   554 ■ 8
Mehrere STEINGRÄBER künden von einer dichten Besiedlung in der Jungsteinzeit.

Kamp-Lintfort *Reg.-Bez. Düsseldorf*   575 ■ 3
Die 1122 gegründete Zisterzienserabtei Kamp, die
erste Niederlassung dieses Ordens in Deutschland,
wurde eines der bedeutendsten Kulturzentren am
Niederrhein. 1739 wurde das Kloster, das durch
Schenkungen zu Reichtum gelangt war, reichsun-
mittelbare Abtei. Nach der Säkularisation 1802
wurden die meisten Klostergebäude abgerissen. Seit
1954 Karmeliterniederlassung.

EHEM. ZISTERZIENSERKIRCHE Vom Rheintal aus sieht man von der hoch gelegenen Kirche den gotischen Chor und die beiden mit Barockhelmen gedeckten Türme, die wie das Langhaus aus dem 17. Jh. stammen. Die Sakristei von 1714, ein sechsseitiger kuppelgewölbter Zentralbau mit geschweiftem Dach. Wertvolle Barockausstattung, darunter das Chorgestühl (1699), die Kanzel und die geschnitzte Orgelbühne. Hervorragendes Antependium (14. Jh.), eine der kostbarsten gotischen Stickereien des Rheinlands.

Kapellen *Kr. Geldern Reg.-Bez. Düsseldorf* 575 ▪ 1
SCHLOSS HAAG Erhalten blieb die dreiflügelige Vorburg, eine trutzige, doch großzügige Anlage, größtenteils 1680–88 unter Einbeziehung älterer Bauteile errichtet. Eine Brücke führt auf den ebenfalls dreiflügeligen Wirtschaftshof (17./18. Jh.).

Kapellen-Stolzenfels *Reg.-Bez. Koblenz* 584 ▪ 6
BURG STOLZENFELS Im 13. Jh. erbaut, 1689 zerstört, hat sie König Friedrich Wilhelm IV. ab 1825 nach Plänen Schinkels wieder aufbauen lassen. Die früheren, reich ausgestatteten Wohnräume der Hohenzollern sind zu besichtigen.

Kapfenburg *Reg.-Bez. Stuttgart* 602 ☐ 9
EHEM. DEUTSCHORDENSSCHLOSS Die imposante Anlage umschließt drei Häuser mit reichen Renaissance- und Barockgiebeln und stattlichen Portalen. Üppig stuckierter Rittersaal. Ausgemalte Kapelle.

Kappel *Oberpfalz* 596 ☐ 2
WALLFAHRTSKIRCHE Der Auftrag, dem Geheimnis der göttlichen Dreifaltigkeit sinnbildliche Gestalt zu geben, inspirierte Georg Dientzenhofer zu einer der originellsten Schöpfungen des bayerischen Barock (1685–89). Das Innere ist durch Altarnischen gegliedert, dazwischen drei Säulen. Üppiger Stuck schmückt die Wände. Im Hochaltar prachtvolle Tabernakelgruppe.

Kappeln *Schleswig-Holstein* 555 ▪ 1
KIRCHE Gebaut wurde sie von 1789–93. Verhalten schwungvoll die zwei Giebel, fein gegliedert der Turmhelm, doch schmucklos die Backsteinwände. Auch drinnen begegnen sich Details des Spätbarock und Klassizismus.

Karden *Reg.-Bez. Koblenz* 584 ☐ 7
Das STIFT ST. CASTOR entstand im frühen Mittelalter und wurde Ende des 18. Jh. aufgelöst. Die romanischen Ostpartien der Stiftskirche, die Apsis mit Zwerggalerie, der Chor und das Querhaus mit Nebenapsiden dürften um 1200, das frühgotische dreischiffige Langhaus um 1260 entstanden sein. Der Hochaltar hat wertvolle Tonplastiken des 15. Jh. Der romanische Taufstein und die Seitenaltäre des 17. Jh. sind bedeutend. An den Kreuzgang lagert sich ein romanisches Haus. In der Nähe sind Remter, Propsteihaus und Haus Boosfeld mit seltenen Wandmalereien interessante mittelalterliche Bauten.

Karlshafen a. d. Weser *Reg.-Bez. Kassel* 578 ▪ 9
Landgraf Karl von Hessen (1670–1730) ließ das anmutige Städtchen anlegen, das sich noch weitgehend erhalten hat. Hugenotten wurden angesiedelt, und der Ort wuchs genau nach landesherrlicher Planung. Mittelpunkt ist das Hafenbecken, hier steht das Rathaus von 1715, ursprünglich

DIE KAPPEL
Georg Dientzenhofer, der älteste der sechs Brüder, gab der Heiligsten Dreifaltigkeit nicht nur auf einfache Weise sinnbildliche Gestalt, er variierte das Thema mehrfach: Drei Rundkörper schließen sich in Form einer dreiblättrigen Blume zum Kreis, dazwischen drängen sich drei Zwiebeltürme. Auf dem Zeltdach sitzen drei Dachreiter. Ein gedeckter Prozessionsgang umschließt das geniale Werk, das wie kaum ein zweites in Deutschland zeigt, wie sehr sich der Barock von den zentralisierenden Bauten und den sich bauschenden Kuppeln des Orients inspirieren ließ.

Packhaus. Auch das Invalidenhaus stammt aus landgräflicher Zeit und wurde wie viele schöne Bürgerhäuser (Packhaus, Hotel zum Schwan, Haus Suchier) in schlichtem Barock errichtet.

Karlsruhe *Baden-Württemberg* 600 ▪ 11
Der Vorort Durlach ist über 500 Jahre älter als Karlsruhe, denn erst am 17. Juni 1715 legte Markgraf Karl Wilhelm den Grundstein zur Residenz im Hardtwald und nannte sie Carlos-Ruhe. Der erste Stadtplan zeigt 32 Schneisen, die, wie Radien eines Kreises vom Schloß ausgehend, in den Hardtwald geschlagen wurden. 1717 erhob Karl Wilhelm Karlsruhe zur Landeshauptstadt von Baden-Durlach. 1803 wurde die Stadt zum zweitenmal erweitert (erste Erweiterung 1765). Nun wuchs sie in die Rheinebene und bekam 1901 einen Hafen am Rhein.
Die EV. STADTKIRCHE wurde von Friedr. Weinbrenner 1807 bis 1815 erbaut. Die Fassade – nach Kriegszerstörung weitgehend wiederhergestellt – erinnert an antike Tempel. – Davor die PYRAMIDE, 1807 über der Gruft des Stadtgründers errichtet.
In der KATH. STADTKIRCHE ST. STEPHAN (1814) versuchte Weinbrenner das römische Pantheon in entscheidenden Zügen nachzuahmen. Die Kirche wurde 1944 zerstört und später, im Inneren vereinfacht, wieder aufgebaut.
Das LANDESMUSEUM, eines der modernsten deutschen Museen, ist im Schloß untergebracht und enthält neben Funden aus vorgeschichtlicher Zeit eine

SCHLOSS

Die Gründung von Schloß und Stadt im Jahre 1725 geht einer Anekdote nach darauf zurück, daß Markgraf Karl Wilhelm bei der Suche nach dem Fächer seiner Gemahlin im Hardtwald einschlief und von einer fächerförmigen Stadt träumte. In Wahrheit waren es wohl eher Eifersucht und Sittenstrenge der Markgräfin, die Karl Wilhelm bewogen, sich im Hardtwald ein Refugium zu schaffen. Die Fächerform des Stadtplans ist Ausdruck des absolutistischen Prinzips, das den Herrscher in den Mittelpunkt rückte.

HANS THOMA: IM SONNENSCHEIN

Wer auf den Spuren Thomas wandeln will, darf Karlsruhe und seine Sammlungen nicht auslassen. Dort hat der Maler studiert, dorthin wurde er 1899 als Leiter der Galerie und einer Meisterklasse an der Kunstakademie zurückgerufen. „Im Sonnenschein" gehört zu seinen frühen Werken, die durch liebevollen Realismus so sehr geprägt sind wie durch die lyrisch-zarte Behandlung von Licht und Farbe.   Staatliche Kunsthalle, Karlsruhe

JEAN BAPTISTE CHARDIN:
STILLEBEN MIT ZINNKRUG UND FRÜCHTEN

Zu den Kostbarkeiten der Karlsruher Kunsthalle gehören drei Gemälde von Chardin. Über seine in stundenlanger Arbeit arrangierten Stilleben schrieb der Dichter Marcel Proust: „Der Maler hat die göttliche Gleichheit aller Dinge proklamiert – vor dem Geist, der sie betrachtet, vor dem Licht, das sie verschönt."

Staatl. Kunsthalle, Karlsruhe

berühmte Sammlung plastischer und kunstgewerblicher Werke von der Antike bis zur Gegenwart. Die weltberühmte Türkenbeute des Markgrafen Ludwig Wilhelm von Baden (Türkenlouis) ist hier als Erinnerung an die Türkenkriege aufgebaut.

SCHLOSS Ingenieur und Gardefähnrich Jakob Friedrich v. Batzendorf baute die erste Anlage des Schlosses von 1715–19. Dreißig Jahre später begann der Umbau und dauerte bis 1781, weil die Baumeister immer wieder wechselten. Friedr. v. Keßlau entwarf die endgültigen Pläne für den Umbau und hielt sich dabei hauptsächlich an einen Entwurf Balth. Neumanns. Das Schloß gruppiert sich um einen trapezförmigen Ehrenhof mit ausgreifenden Flügelbauten.

Die STAATLICHE KUNSTHALLE mit Hans-Thoma-Museum ist aus den Kunstsammlungen der Zähringer Fürsten hervorgegangen. Die Galerie enthält eine fast lückenlose Sammlung altdeutscher Malerei aus dem oberrheinisch-schwäbischen Raum, dazu Niederländer des 16., französische und deutsche Maler des 17. und 18. Jh., der Romantik und des späteren 19. Jh. Die Künstler der Brücke, des Blauen Reiters, Cézanne, Gauguin, Kokoschka und andere Moderne sind mit charakteristischen Werken vertreten.

VERKEHRSMUSEUM Schlitten, ein Feuerlöschwagen, Eisenbahnmodelle und viele alte und jüngere blankgeputzte Automobile sind zu sehen.

Karlstadt *Unterfranken* 594 ▪ 12

Der karolingische Ursprung der Ruine Karlburg führte zu der Annahme, Karl d. Gr. habe die Stadt gegründet. Sie ist jedoch später, vermutlich erst um 1200, entstanden. Rathaus von 1422.

PFARRKIRCHE Der spätgotische Hallenbau, 1875 neugotisch restauriert, zeichnet sich vor allem durch den bis auf das oberste Stockwerk frühgotischen wuchtigen Westturm aus. Die Kanzel (1523) mit ausdrucksvollen, an Riemenschneider erinnernden Sandsteinreliefs und die Steinplastik des Christus Salvator (13. Jh.) im Hochaltar sind die schönsten Ausstattungsstücke. In der Kapelle nördlich des Chores bedeutende Epitaphien.

Karthaus b. Dülmen *Reg.-Bez. Münster* 576 □ 12

Der Name des Ortes rührt von dem 1476 gegründeten, ehem. Kartäuserkloster her. Dessen KIRCHE, ein einfacher Bau aus dem 15./16. Jh., in dem der Chor vom Schiff durch ein schönes Rokokogitter (1757) abgeteilt ist. Reiches Chorgestühl (um 1350).

Kassel *Hessen* 578 ▪ 7

Wie dauerhaft die alten Stadtgrundrisse sind! Heute noch sind die Grenzen der Altstadt zu erkennen, die sich mit ihrer Winkelvielfalt an die Burg überm Fuldaufer drängte; eine fränkische „curtis" wurde schon 913 genannt. Freilich, nur der Grundriß blieb. Die Burg ist verschwunden, die Fachwerkgassen vernichtete der Krieg ebenso wie die feinen kühlen Adelshäuser der Hugenottensiedlung Oberneustadt, und manches, was man noch hätte retten können, fiel der Ratlosigkeit der Nachkriegsjahre zum Opfer. Nur noch zu ahnen ist die Genialität der fürstlichen Bauherren, die Vielfalt des Geländes baulich auszunutzen, von den Fulda-Auen bis hoch hinauf zur Wilhelmshöhe und dem Herkules.

BRÜDERKIRCHE Malerisch gelegen neben dem Renthof mit einem Renaissancewandbrunnen. Sie gehörte zu dem 1292 gegründeten Karmeliterkloster,

RIESENSCHLOSS UND KASKADEN, WILHELMSHÖHE, KASSEL

Unter dem Motto eines Gigantenkampfes steht das gewaltige Arrangement, das durch Kunst die Natur übertrumpfen will. Ein Wasserstrahl aus dem Munde des Riesen, den Herkules fällte, ist die Quelle der Kaskaden. Die Romantik hat das phantastische Programm des Parks noch erweitert: mit dem Aquädukt und den Wasserfällen von Karl Steinhöfer, dem „Wassergott von Wilhelmshöhe", mit Plutogrotte, Fontänenteich und der Löwenburg, diesem übergroßen Spielzeug.

das südlich anschloß. Zweischiffige Anlage in Art der Predigtkirchen der Bettelorden. Spätgotisch der Kapitelsaal am Chor und das Relief der Beweinung am Nordportal.

KARLSKIRCHE Der Hugenottenbaumeister Paul du Ry schuf den schlichten gestreckten Achteckbau um 1700 für die französische und deutsche reformierte Gemeinde. Beim Wiederaufbau wurde die Kuppel durch eine moderne Laterne ersetzt.

MUSEUM FRIDERICIANUM Wenigstens das Äußere blieb erhalten von dem klassizistischen Bau, einem der frühesten in Deutschland, den Simon Louis du Ry 1769–76 für die Kunstsammlungen und die Bibliothek Landgraf Friedrichs I. errichtete.

ORANGERIE Begonnen 1702 in bescheidenen Maßen, wuchs das Lustschloß in der Fulda-Aue binnen zehn Jahren zu dem langgestreckten Trakt, der auch als Ruine noch schön ist. Restauriert wurden lediglich der westliche der beiden Eckpavillons, die Statuen über dem Oktogon der Mitte und die beiden frei stehenden Würfel, welche die Anlage zum Hufeisen erweiterten: der Küchenpavillon und das ältere Prunkgehäuse des Marmorbads mit Marmorskulpturen (vollendet 1728). Reich an baulichen und gärtnerischen Überraschungen (Schwaneninsel, Siebenbergen) und größer als Altstadt und Oberneustadt zusammen, dehnte sich von hier südwärts der französische Park, der später zum englischen Garten wurde (Karlsaue).

OTTONEUM Erster fester Theaterbau in Deutschland, 1605 errichtet. Paul du Ry gab der Giebel-

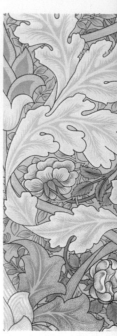

DEUTSCHES TAPETENMUSEUM IN SCHLOSS WILHELMSHÖHE

*Es ist das einzige seiner Art in der Welt. Sein Repertoire reicht von barocken Leder- und „Flocktapeten"
(eine Art Brokatersatz) über die großen Bildtapeten des Empire und Biedermeier bis zu jener „Junggesellen-
tapete", die ein Einbecker Fabrikant um 1860 dicht an dicht mit Mädchenbildern bedruckte, Vorläuferinnen
der „pin-up girls". Und das Repertoire reicht über Jugendstiltapeten weiter bis in unsere Tage.*

REMBRANDT: DER SEGEN JAKOBS

*Jakobs Augen sind dunkel geworden, und er fühlt sein Ende nahen. Er läßt Joseph mit seinen beiden
Söhnen zu sich kommen, um sie zu segnen. – Biblische Themen, vor allem alttestamentliche, fesselten
Rembrandt zeit seines Lebens, doch erst in seiner Spätzeit gewinnen die Gemälde diesen tiefen geistig-
seelischen Ausdrucksgehalt, diese bestrickende Koloristik. Das Gemälde entstand 1656, im gleichen Jahr, als
Rembrandts schönes Haus in Amsterdam mit allen kostbaren Sammlungen einer Zwangsversteigerung mit
geringem Erlös verfiel.* Staatl. Kunstsammlungen, Kassel

fassade später das Balkonportal. Seit 1884 Naturkundemuseum.

ST.-MARTINS-KIRCHE Die Pfarrkirche der 1330 gegründeten Vorstadt Freiheit, einst eine gotische Hallenkirche, erlebte 1367 die Chorweihe, war aber erst 1462 vollendet. Nur der einschiffige Chor dient heute als Gemeindekirche, während das Langhaus seit dem Wiederaufbau größeren geistlichen und musikalischen Feiern vorbehalten bleibt. Altes und Modernes treffen sich hier wie in den – nun erhöhten – Türmen. Erhalten blieben die wertvollen Grabmäler und Sarkophage.

SCHLOSS UND PARK WILHELMSHÖHE Einzigartig die Konzeption des Schlosses: am Hang des Habichtswaldes, über der Stadt, von der die schnurgerade Straßenachse heraufführt, überragt von dem leeren Riesenschloß (oder Oktogon), das vom Berggipfel seine Kaskaden niedersendet. Um das Schloß selbst zu würdigen, muß man seine Teile in der Vorstellung isolieren: die beiden schräg lagernden Seitenflügel von Simon Louis du Ry (1786 begonnen) und den etwas später, knapper und härter errichteten Mittelbau. Erst das 19. Jh. zog die offenen Terrassengänge zwischen den Trakten zur vollen Höhe hoch und machte das Ganze damit plump. – Bis ans Schloß heran sollten nach dem Plan des Italieners Guerniero und seines Bauherrn Landgraf Karl die Kaskaden vom Oktogon herniederfallen. Nur ein Drittel wurde ausgeführt: genug, um die Kühnheit dieses barocken Landschaftstraums zu erweisen, der in Europa kein Beispiel hat. Tollkühnheit, kann man sagen, denn der einheimische Tuffstein, aus dem Guerniero die Grotten und Arkaden des Riesenschlosses formte, ist wenig dauerhaft, und immer neue Reparaturen waren nötig, um den kolossalen, fast zehn Meter hohen Herkules auf seiner Höhe (72 m) zu halten.

STAATLICHE KUNSTSAMMLUNGEN Ihr Kernstück ist die Gemäldegalerie mit der großen Rembrandt-Sammlung Landgraf Wilhelms VIII. (ehemals im Galeriebau an der Schönen Aussicht). Ferner Antikensammlung (Kasseler Apoll), Landes- und Volkskunde, physikalisch-astronomische Geräte.

STÄDTISCHE GALERIE Im hübschen dreigeschossigen Bellevue-Schlößchen an der Schönen Aussicht, nahe dem säulengetragenen Frühstückspavillon von 1805. Sammlung von Bildern Kasseler Künstler vom Barock bis zur Gegenwart.

Kastel-Staadt *Reg.-Bez. Trier* *591 ■ 4*
KLAUSE Hier, an der Stelle einer alten Eremitenkapelle, errichtete im Auftrag Friedrich Wilhelms IV. 1835 Karl Friedr. Schinkel ein Mausoleum für die Gebeine des blinden Königs Johann von Böhmen, der 1346 in der Schlacht bei Crécy gefallen war.
Die EHEM. PFARRKIRCHE außerhalb des Ortes hat einen Turm des 12. Jh.; Schiff und Chor sind aus dem 13. Jh., aber barock gewölbt.

Kaster *Reg.-Bez. Köln* *583 □ 1*
KELLNEREI Eine eigene Wehrmauer machte die 1648 zerstörte Burg und ihre Wirtschaftsgebäude von der Stadt unabhängig. Der runde Eulenturm noch von 1370. Die Kellnerei wurde mehrfach restauriert; das Wohnhaus im Hof aus dem 18. Jh.
SCHLOSS HARFF liegt inmitten eines großen Parks, von einem Wassergraben umgeben, nahe der Erft. An den hohen mittelalterlichen Bergfried lehnt sich der Wohntrakt an, drei parallel nebeneinandergesetzte Flügel mit zwei Ecktürmen – um

1700 entstanden, im 19. Jh. im Stil der Neurenaissance umgebaut.

Kastl *Oberpfalz* *596 ■ 7*
EHEM. KLOSTER Im 12. Jh. wurde es von drei Adeligen gegründet und mit Benediktinern besetzt, die es zum kulturellen Zentrum des Nordgaues machten. Durch seine Lage auf einer Felskuppe und den Mauerring macht es heute noch den Eindruck einer wehrhaften Klosterburg. Die Kirche ist eine dreischiffige romanische Basilika mit östlichen Apsiden, deren mittlere, lichterfüllte schon gotisch ist, mächtigem fünfstöckigen Turm und westlicher Vorhalle. Runde und rechteckige Stützen im Wechsel tragen die Arkadenbögen. Das Tonnengewölbe im Chor ist eines der ältesten in Süddeutschland. Über den Arkaden der Hochschiffwand verläuft ein gemalter Fries mit den Wappen der Stifter und Gönner des Klosters. Außer Resten eines alten Chorgestühls (13. Jh.) stammt die Ausstattung fast durchweg aus dem 18. Jh. Unter den vielen schönen Grabmälern ist auch das des Seyfried Schweppermann (gest. 1337), des tapferen Heerführers Ludwigs des Bayern. An den allein erhaltenen Nordflügel des gotischen Kreuzganges schließt der Kapitelsaal mit dem „Altar“, der Rest einer Trennungswand zur benachbarten Kapelle ist.

Katzenelnbogen *Reg.-Bez. Koblenz* *584 □ 4*
BURG 1095 auf einem breiten Felsplateau erbaut. Erhalten ist ein Burghaus von 1584, später umgebaut, ein gotischer Torturm vor dem Hof der Vorburg und ein barockes Portal vor der Hauptburg.

Katzwang *Mittelfranken* *595 □ 5*
EV. PFARRKIRCHE Im Gesamteindruck ist der kleine, massige Bau trotz späterer Veränderungen (Turmobergeschoß von 1400, nördliche Erweiterung im 16. Jh., barocke Holztonne im Langhaus) frühgotisch (Ende 13. Jh.). Sein Wert liegt in der reichen Ausstattung; spätgotische Flügelaltäre, ein großer Kruzifixus und ein Sakramentshäuschen von 1518.

Kaub *Reg.-Bez. Koblenz* *592 □ 1*
Hier, am engen Rheindurchbruch, war vom 12. bis 19. Jh. Zollstation. Von oben wachte Burg Guten-

BURG GUTENFELS UND
PFALZGRAFENSTEIN, KAUB

Wie ein steinernes Schiff schiebt die einst als Zollburg erbaute Festung Pfalzgrafenstein ihre bugähnliche Bastionsspitze in die Strömung. Über den am Hang gestaffelten Weinbergen erhebt sich die Burg Gutenfels.

fels, eine regelmäßige Anlage des 13. Jh. Ihr Vorwerk war mitten im Strom der PFALZGRAFENSTEIN. Etwa 1325 wurde auf der Insel ein Turm gebaut, den man später mit kompakter Mauer umgab und mit einer barocken Haube versah. Drinnen ein hübscher Hof mit doppelten Wehrgängen.

Kaufbeuren *Schwaben* 609 ▪ 10
Die Mauerbefestigung des 15. Jh. ist mit fünf Wehrtürmen größtenteils erhalten. In der Kaiser-Max-Straße ein Haus mit Resten romanischer Skulpturen.
Im HEIMATMUSEUM zwei Gedenkzimmer für Ludwig Ganghofer, der 1855 hier geboren wurde.
Die ST. BLASIUSKAPELLE wurde offenbar der Befestigung aufgesetzt: Der Wehrgang durchläuft das Langhaus (1484), der nebenstehende runde Turm (1420) war Wehrturm. Der spätgotische Schnitzaltar Jörg Lederers (1518) ist ein Meisterwerk an zierlicher Ornamentik.
ST. MARTIN Die dreischiffige, neugotisch verfremdete Basilika (1438–43) mit hohem Spitzhelmturm birgt romanische Reste. Im Innern gotische Schnitzfiguren und ein romanisches Taufbecken.

Keitum auf Sylt *Schleswig-Holstein* 554 □ 12
Zwei schöne Gehöfte aus dem 18. Jh. sind als Heimatmuseum eingerichtet. Vor dem Dorf die romanische SEVERINKIRCHE, einst auch Seezeichen, Fluchtburg und Gefängnis. Drinnen ein romanischer Taufstein, ein spätgotischer Altar und eine Renaissancekanzel. – Nah dem Watt der Haarhog, eine Steinkammer der Steinzeit.

Kelheim *Niederbayern* 603 ▪ 12
Altmühl und Donau umfließen die alte Herzogstadt am Fuße des Michelsberges. Bemerkenswert ist der wuchtige HERZOGSKASTEN aus dem Mittelalter.
Die BEFREIUNGSHALLE erinnert an den Befreiungskampf gegen Napoleon, 1813–15, war jedoch erst 1863 endgültig fertig. Leo von Klenze baute sie im Auftrag Ludwigs I. Der Rundtempel antik-römischer Prägung steht auf dem Michelsberg außerhalb der Stadt. Im Inneren ein Kranz von 17 Engelpaaren, den Siegesgöttinnen.
EHEM. HERZOGSSCHLOSS auf einer kleinen Donauinsel; im Kern mittelalterlich, oft umgebaut.
MARIÄ HIMMELFAHRT Basilika des 15. Jh. mit spätgotischer Muttergottes (um 1440) über dem südlichen Seitenportal.
SPITALKIRCHE Sie steht als Sühnekapelle dort, wo Herzog Ludwig der Kelheimer 1231 ermordet wurde.

Kellen *Reg.-Bez. Düsseldorf* 575 ▪ 11
SCHLOSS SCHMITTHAUSEN Herrschaftlicher Landsitz in den edlen Maßen und Formen des niederländischen Klassizismus (um 1770). Zwei einstökkige Flügel flankieren den Mittelpavillon.

Kemnade *Reg.-Bez. Hildesheim* 578 □ 11
EV. KIRCHE Die einstige Kirche des alten Nonnenklosters, eine kreuzförmige Pfeilerbasilika (1046 geweiht), deren Westhälfte schon lange abgebrochen ist, wurde im 19. Jh. restauriert. Aus der Grabkapelle der Grafen v. Homburg stammt eine Tumba, auf deren Deckel Graf Siegfried (gest. 1380) mit Frau neben dem Gekreuzigten kniet. Reizend die Steinmadonna vor einer Säule (um 1400). Im Querschiff wurde 1797 der Lügenbaron Münchhausen bestattet.

Kemnath *Oberpfalz* 596 ▪ 12
Die STADTPFARRKIRCHE ist eine dreischiffige spätgotische Halle, die im 17. und 19. Jh. mehrmals umgebaut wurde. Der schön proportionierte Innenraum, der von kräftigen schlanken Rundpfeilern unterteilt wird, hat sich dagegen unversehrt erhalten. Gute Barockaltäre. Der Turm ist zugleich Tor, durch das man die breite Marktstraße betritt.

Kempen *Reg.-Bez. Düsseldorf* 575 ▪ 5
1379 wurde hier Thomas von Kempen geboren, der Mystiker und Verfasser der „Nachfolge Christi". BURG (14. Jh.) Einer der schönsten profanen, von Holland beeinflußten Backsteinbauten am Niederrhein. Den ehem. erzbischöflichen Sitz veränderte das 19. Jh. mehrfach. Heute Kreisverwaltung.
FRANZISKANERKLOSTER Im großen Klostergebäude (18. Jh.) das Konrad-Kramer-Museum mit seiner reichhaltigen Sammlung niederrheinischer Plastiken. Die Kirche aus dem 17./18. Jh. besitzt eine wertvolle Barockausstattung.
ST. MARIEN Drei Bauabschnitte: 13. Jh. Ausbau einer romanischen Basilika, gleichzeitig entstand der beherrschende Turm; im 14. Jh. das südliche Seitenschiff und der Chor; im 15. Jh. nördliches Seitenschiff sowie der Hallenumgang um den Chor. Drei reichgeschnitzte niederländische Altäre (frühes 16. Jh.), Sakramentshaus von 1461, Chorgestühl (1493) mit prachtvollen Reliefs, schmiedeeiserner Marienleuchter von 1508 und ein Kruzifix aus der gleichen Zeit.

Kempten *Schwaben* 609 □ 9
Die Hauptstadt des Allgäus entwickelte sich aus zwei Stadtindividuen: aus der protestantischen freien Reichsstadt, der Altstadt, und aus dem Gebiet des Benediktinerklosters, dem nachmaligen Territorium der Fürstäbte, Neustadt genannt.
EV. KIRCHE ST. MANG Der spätgotische Bau wurde 1767 barockisiert. Hervorragender Stuck.
FÜRSTÄBTLICHE RESIDENZ Großzügig konzipierte Vierflügelanlage von 1651–74. Im Innern reich ausgestattet, vor allem die Räume des Fürstabts Anselm von Meldegg, der hier von 1734–42 residierte.
KATH. KIRCHE ST. LORENZ Im italienisch anmutenden Frühbarock 1652–66 nach Plänen des Vorarlbergers Mich. Beer erbaut. Dem Langhaus, ehemals für die Laien, schließt sich das hohe Oktogon an. Kruzifixus von 1360 am Haupteingang.
Das KORNHAUS, im frühen 18. Jh. errichtet, ist Heimatmuseum. Bedeutende römische Funde.
RATHAUS (1474) Vor seiner turmgekrönten pittoresken Fassade steht ein Renaissancebrunnen.
Das WEBERZUNFTHAUS aus der Mitte des 15. Jh. ist das bedeutendste Bürgerhaus der Altstadt.

Kentheim *Reg.-Bez. Karlsruhe* 600 ▪ 4
KANDIDUSKIRCHE Von ihrem Schutzheiligen hat auch der Ort seinen Namen. Das romanische Langhaus ist später umgebaut worden, auch der Fachwerkaufsatz des Turmes ist neu. Die Innenwände sind mit gotischen Malereien geschmückt.

Kenzingen *Reg.-Bez. Freiburg i. Br.* 606 □ 1
PFARRKIRCHE ST. LAURENTIUS Auf stillem Platz steht die mächtige Kirche mit zwei Türmen in den Winkeln zwischen Chor und Langhaus. Während der Chor und die Unterteile der Türme ihre Gestalt aus der Zeit vor 1300 behielten, wurde das Langhaus mit einer barocken Stuckdecke versehen.

CHORGESTÜHL IN ST. LORENZ, KEMPTEN
Nach Osten zu verdichten sich in St. Lorenz Pracht und Farbigkeit. Wie die Pilaster, so zieren Scagliolaarbeiten die Rückenwände des geschnitzten Chorgestühls. Landschaftsbilder und Innenräume mit starker Perspektive sind die Themen. Diese Art der Freskomalerei, auch stucco lustro genannt, ist eine Erfindung des italienischen Barock (Dom zu Pavia): farbige Pasten werden aufgetragen, geknetet und dann heiß gebügelt, so daß sich eine spiegelblanke Oberfläche ergibt.

Kerpen *Reg.-Bez. Köln* 583 ▪ 2
KATH. PFARRKIRCHE Dreischiffige Basilika (13. bis 16. Jh.) mit mächtigem, weithin sichtbarem Westturm (1496). Der Wiederaufbau der im letzten Krieg schwer getroffenen Kirche orientierte sich am alten Baubestand. Gänzlich neu das Langhaus.
SCHLOSS LÖRSFELD Inmitten eines Parkes der herrschaftliche Backsteinbau (im Kern 16. Jh.), dem sich eine dreiflügelige Vorburg (18. Jh.) vorlagert.

Kettwig *Reg.-Bez. Düsseldorf* 576 □ 8
SCHLOSS HUGENPOET (1647–96) Von der inneren Vorburg führt eine Brücke zum Herrenhaus, einem breiten, sandsteingegliederten Backsteinbau mit wuchtigen Flankentürmen. Im Inneren (heute Hotel) Vorhalle mit Treppenhaus aus schwarzem Marmor. In der äußeren Vorburg ein Barockportal.
SCHLOSS LANDSBERG Das 1904 umgebaute Herrenhaus von 1655 ist heute Kinderheim. Von einer Anlage des 13. Jh. zeugen noch die Ringmauer und der gewaltige Bergfried.

Kevelaer *Reg.-Bez. Düsseldorf* 575 ▪ 10
GNADENKAPELLE Seit dem Dreißigjährigen Krieg weithin berühmter Wallfahrtsort. Für das Gnaden-

bild, einen kleinen Antwerpener Kupferstich (1640) an einem Bildstock, die Muttergottes von Luxemburg, die zu Prozessionszeiten durch ein vergittertes Fenster auch von außen sichtbar ist, ließ 1642 der Hausierer Hendrick Busman auf eigene Kosten ein Heiligenhäuschen errichten. 1654 wurde ein barocker Kuppelbau darüber gestülpt.
Ganz in der Nähe, auf dem gleichen baumbestandenen Platz, die Wallfahrtskirche (1643–45) – die KERZENKAPELLE, so nach einer großen, der Muttergottes geweihten Kerze genannt, mit schönem Silbertabernakel (1682). Die neue Wallfahrtskirche (1858–64) ist eine riesige neugotische Basilika.

Kiedrich *Reg.-Bez. Darmstadt* 592 □ 2
KATH. PFARRKIRCHE Von hohen Mauern umgeben, bildet der Kirchenbezirk mit Michaelskapelle und Pfarrgebäuden in Fachwerk einen stimmungsvollen Platz. Die Kirche, ein Werk aus vier Bauperioden im 14./15. Jh., wirkt mit ihrem reichgegliederten Turm sehr einheitlich. Über dem Westportal ein Marienrelief. Der gotische Bau verdankt vor allem der Valentinswallfahrt im 15. Jh. seine großzügige Ausstattung. Im Innern finden sich zahlreiche alte Bildwerke und Altäre von Rang, so der Hochaltar von 1619, ein herrlich geschnitztes Gestühl (1510) und unter dem feinen Lettner die heitere Kiedricher Madonna (Mitte 15. Jh.).

ERNST BARLACH: DER GEISTKÄMPFER, KIEL
Die steil in die Höhe gerichtete Lanze des Geistkämpfers, der alles Niedere besiegt hat, findet ihre Fortsetzung in dem noch höher strebenden Turmpfeiler der Nikolaikirche. Hier hat nun die Bronzeplastik, das Kieler Ehrenmal, seinen festen Platz. Barlach hatte sie 1928 für die Franziskanerklosterkirche Hl. Geist geschaffen, von der nach 1944 nichts mehr blieb.

Kiel *Schleswig-Holstein* 555 □ 3
Die Hauptstadt des Landes Schleswig-Holstein, zwischen 1233 und 1242 als Tom Kyle angelegt, hat schwer unter dem letzten Krieg zu leiden gehabt. Kiel ist heute ohne eigentlich historisches Gesicht; nicht einmal das Wahrzeichen der Stadt, das Marine-Ehrenmal für die Gefallenen des ersten Weltkriegs, steht in Kiel selbst, sondern in Laboe.
EHEM. FRANZISKANERKLOSTER Noch ist ein Rest des Kreuzgangs und das Refektorium erhalten, jetzt zum Theologischen Studienhaus umgebaut. Dieses Gebäude ist das älteste der Stadt.
Die KUNSTHALLE nördlich des Schloßgartens an der Förde ist die bedeutendste Sammlung der Stadt. Sie umfaßt Werke schleswig-holsteinischer Kunst, Werke des 17. bis 19. Jh. sowie moderne Kunst.
In der NIKOLAIKIRCHE, der Stadtpfarrkirche am Alten Markt, ein großer Hochaltar von 1460 und Bronzetaufe von 1344. Vor der Kirche Ernst Barlachs frei stehende Plastik, der „Geistkämpfer". Das SCHLOSS mit einem erhaltenen barocken Trakt, im übrigen auf alten Grundfesten neu erbaut, ist jetzt Kulturzentrum der Stadt. Im Rantzan-Bau die „Stiftung Pommern", die reichhaltige Gemäldegalerie des ehem. Stettiner Museums.

Kirchberg b. Horb *Reg.-Bez. Freiburg i. Br.* 600 □ 6
Das EHEM. DOMINIKANERINNENKLOSTER genoß im Spätmittelalter als Pflegestätte mystischer Frömmigkeit hohes Ansehen. Die Kirche stammt im Kern noch aus der Gründungszeit (13. Jh.). Innen wurde sie barock erneuert. Neben den barocken Klausurgebäuden mit schmuckem Hoftor stehen noch Reste des gotischen Kreuzganges (13. Jh.). Im Friedhof schöne schmiedeeiserne Grabkreuze.

Kirchberg a. d. Jagst *Reg.-Bez. Stuttgart* 601 □ 1
Eine Wehrmauer mit Türmen, Grabenbrücke und Rokokotor umgibt Renaissanceschloß und Stadt auf der von der Jagst umflossenen Berginsel. Eine alte Steinbrücke führt über den Fluß.
BURG HORNBERG liegt in der Nähe auf einem Bergkamm. Bergfried und Schildmauer sind romanisch. Zu besichtigen: das Sandelsche Museum.

Kircheiselfing *Oberbayern* 610 □ 2
In der romanisch-gotischen Pfarrkirche ST. RUPERTUS ein Frühwerk von Ignaz Günther: das Hochrelief der Beweinung Christi von 1758.

Kirchhain *Reg.-Bez. Kassel* 585 ■ 2
Die im Kern gotische Kirche (im 17. Jh. und um 1930 verändert) bekrönt einen kleinen Basaltkegel; das Fachwerkstädtchen lagert sich darum herum. Stattliches spätgotisches Fachwerkrathaus (16. Jh.).

Kirchhausen *Reg.-Bez. Stuttgart* 600 □ 2
EHEM. DEUTSCHORDENSSCHLOSS Mit seinen hübsch geschweiften Giebeln und runden Ecktürmen ein typischer Bau der deutschen Renaissance.

Kirchheim a. d. Mindel *Schwaben* 609 □ 11
Das SCHLOSS DER FUGGER, in seiner jetzigen Gestalt ein stattlicher vierflügeliger Bau der Augsburger Renaissance mit fast quadratischen Ecktürmen, ließ sich Hans Fugger 1578–85 errichten. Im Innern schöne Portal- und Deckenschnitzereien und Figurenschmuck. Über der würdevollen Eingangshalle auf toskanischen Säulen der Festsaal mit einer prachtvollen Kassettendecke aus Zedernholz.
In der SCHLOSSKIRCHE das herrschaftliche Grabdenkmal (1584–87) für Hans Fugger.

Kirchheim am Ries *Reg.-Bez. Stuttgart* 602 □ 10
Drei alte KIRCHEN besitzt das Dorf: die spätgotische Ev. Kirche (1497) mit romanischem Türbogenfeld, die Friedhofskapelle (13. Jh.) mit Römersteinen und die Kath. Kirche, das Gotteshaus des ehem. Nonnenklosters (1267 bis 14. Jh.), ein hoher, langer Saalbau, zu dessen klaren schlichten Formen der reichgeschnitzte vergoldete Hochaltar (1756) in reizvollem Gegensatz steht. Im Chor bedeutende Grabdenkmäler.
KLOSTER Im ummauerten Bezirk mit Torhaus von 1723 erhielten sich der ausgemalte gotische Kapitelsaal und der barocke Abteiflügel (1682–83).

Kirchheim unter Teck *Reg.-Bez. Stuttgart* 601 ■ 8
Einheitliche Giebelfronten aus dem 17. und 18. Jh. (Freihof, Stiftshaus, Fachwerkrathaus mit Dachreiter) sind für das Straßenbild typisch.
EV. PFARRKIRCHE Stattliche Halle aus dem 14. Jh. mit jüngerem Chor (15. Jh.). Schöne Kanzel mit Schnitzwerk und Stuck (17. Jh.). Ausgezeichnete Grabsteine.
SCHLOSS Mächtige, ringsum bewehrte Renaissanceanlage mit tiefen Gräben und Geschütztürmen.

Kirchheimbolanden *Rheinhessen-Pfalz* 592 □ 3
Im Ort stehen noch schöne Reste der Stadtbefestigung und gute Wohnbauten des 18. Jh.
Vom dreiflügeligen SCHLOSS (1738) ist nur noch der Ostflügel erhalten.
Die EV. SCHLOSSKIRCHE (1739) ist ein eindrucksvoller querrechteckiger Saalbau. Die Wände und die große Fürstenloge sind stuckiert. Auf der Orgel spielte 1777 Mozart.

Kirchhorst *Reg.-Bez. Hannover* 570 ■ 4
EV. KIRCHE Backsteingotisch der Chor und der Treppengiebel der Vorhalle. Drinnen füllt die Ausmalung des frühen 15. Jh. das Gewölbe. Barockaltar, Renaissanceepitaph.

Kirchsahr *Reg.-Bez. Koblenz* 583 □ 3
KATH. PFARRKIRCHE (1730) Der Flügelaltar ist das größte und bedeutendste Werk der frühen Kölner Malerschule (15. Jh.).

Kirchzarten *Reg.-Bez. Freiburg i. Br.* 606 ■ 2
Die PFARRKIRCHE ST. GALLUS geht auf eine Gründung des 9. Jh. zurück. Am heutigen Bau fügen sich Teile des 12.–18. Jh. harmonisch zusammen. Hochaltar in kräftigem Barock von 1683.

Kirrlach *Reg.-Bez. Karlsruhe* 593 □ 6
Die KATH. PFARRKIRCHE sollte man sich wegen des prachtvollen flandrischen Schnitzaltares in der Taufkapelle (um 1525) ansehen. Niederländisch ist auch das Alabasterrelief am rechten Seitenaltar (1737).

Kißlegg *Reg.-Bez. Tübingen* 608 ■ 3
PFARRKIRCHE ST. GALLUS Die mittelalterliche Basilika mit Querschiff wurde 1734–38 zu einer sehr lichten Rokokokirche umgestaltet. Die Flachkuppel der Vierung, das Tonnengewölbe des Langhauses und die Decken der niedrigeren Seitenschiffe schmücken farbenprächtige Fresken.
SCHLOSS DER FÜRSTEN VON WALDBURG-WOLFEGG 1560–70 als blockhafter Bau errichtet, den ein extrem hohes Satteldach mit Treppengiebeln abschließt.
SCHLOSS DER FÜRSTEN VON WALDBURG-ZEIL Außen schlicht gegliederte, dreiflügelige Anlage von 1721

HL. PETRUS, KISSLEGG

Die Sakristei der Pfarrkirche besitzt einen stattlichen Silberschatz: 21 Plastiken und Reliefs, um 1750 von den Augsburger Goldschmieden Mittnacht und Mader angefertigt, werden dort aufbewahrt. Unser Bild zeigt ein Hochrelief, einer ovalen Platte aufgesetzt, das den hl. Petrus darstellt. Schlüssel und Tiara versinnbildlichen das oberste Hirtenamt.

bis 1727. Für die Nischen im Treppenhaus arbeitete der junge Jos. Anton Feuchtmayer seine ersten lebensgroßen Stuckfiguren.

Kitzingen *Unterfranken* 594 □ 3
Die EV. PFARRKIRCHE wurde 1686–99 von Antonio Petrini erbaut. Stattliche Westfassade in italienischem Barock.
Das FASTNACHTSMUSEUM im Falterturm (Falltorturm, 15. Jh.) besitzt historische Masken und Kostüme aus ganz Deutschland.
KATH. PFARRKIRCHE Die spätgotische Halle, von Materno Bossi klassizistisch ausgestattet, später neugotisch überarbeitet, enthält ein Sakramentshäuschen von 1470–80.

Kitzingen-Etwashausen 594 □ 3
KAPELLE HL. KREUZ, ein Spätwerk Balth. Neumanns, an dem vor allem der schlanke, dreifach gestufte Turm auffällt, der aus der leicht gerundeten Südfront herauswächst. Im Inneren dominiert die zentrale, von vier Säulenpaaren getragene Kuppel. Schmucklos, ohne Stuck und Fresken, mit bescheidener Kanzel und schlichtem Altar, wirkt dieser Kirchenraum einzig durch die geniale architektonische Lösung.

Klais *Oberbayern* 610 □ 8
Durch Grabungen Anfang 1969 kam hier das 763 gestiftete KLOSTER SCHARNITZ zutage. Es dürfte die älteste erhaltene Klosteranlage des Abendlandes sein.

Klanxbüll *Schleswig-Holstein* 554 □ 1
KIRCHE Das spätromanische Kirchlein (13. Jh.) ist mit Apsis, Chorquadrat und Schiff ein klar gegliederter, strenger Backsteinbau, turmlos und reetgedeckt.

Klausen *Reg.-Bez. Trier* 591 □ 2
KATH. KIRCHE Die Klause, die der Tagelöhner Eberhard für das gotische Gnadenbild um 1440 errichtet hatte, ist als Anbau erhalten. Die hohe hell gestrichene spätgotische Kirche entstand von 1474 bis 1502, als nach dem Tode Eberhards Augustinerchorherren den Wallfahrtsort betreuten. Ein Altar aus Antwerpen (um 1480) wird von spätgotischem Chorgestühl würdig flankiert. Kanzel und Beichtstühle sind kostbare Rokokowerke.

Klecken *Reg.-Bez. Lüneburg* 562 ■ 4
HÜNENBETT aus der Jungsteinzeit. In 48 Meter Länge und 6 Meter Breite umstehen 76 Steine ein Ganggrab.

Kleinbüllesheim *Reg.-Bez. Köln* 583 □ 3
GROSSE BURG Eine mittelalterliche Wasserburg ersetzte Joh. Conr. Schlaun 1728 durch den schloßartigen Landsitz, einen der schönsten in der Erftlandschaft. Das spätgotische Torgebäude mit Rundturm und die Wasserumwehrung blieben erhalten. ALTE PFARRKIRCHE neben der Burg. Mehrfache Umbauten kennzeichnen die bis ins 11. Jh. zurückreichende dreischiffige Basilika mit Westturm.

Kleinenberg *Reg.-Bez. Detmold* 577 □ 3
WALLFAHRTSKIRCHE ST. MARIÄ (1742). Zur originalen Innenausstattung gehören der reiche Hochaltar, eine Muttergottesfigur von etwa 1400, eine hölzerne Christusfigur in der Grabnische von 1757, die Deckenbemalung von 1768.

Kleinenglis *Reg.-Bez. Kassel* 586 □ 11
KIRCHE Gewölbter spätgotischer Saalbau mit bedeutenden spätgotischen Wandmalereien (um 1500).

Kleinhelfendorf *Oberbayern* 610 ■ 12
MARTERKAPELLE (1752) mit zierlichem Rokokostuck und Kuppelfresko. In der Mitte der Granitblock, auf dem der hl. Emmeram 652 gemartert worden sein soll, mit lebensgroßer, etwas grober Schnitzgruppe.
ST. EMMERAM erhielt ihre jetzige Gestalt 1668/69, doch die Langhausmauern sind noch meist romanisch, der Altarraum gotisch (1466). Am Hochaltar ein spätgotisches Schnitzwerk (um 1520). Reizvoll ist die teils figürliche Stuckierung.

Kleinheubach *Unterfranken* 594 □ 9
SCHLOSS Inmitten eines großen, an den Main angrenzenden englischen Parks gelegen. Der schlichten Dreiflügelanlage (1723–32), hell verputzt und durch rote Sandsteingliederungen aufgelockert, gibt der Mittelpavillon den Hauptakzent: Stuckverzierte Pilaster rahmen die hohen Bogenfenster des dominierenden ersten Obergeschosses und die ovalen Fensterchen des darüberliegenden Halbgeschosses. Den Giebel schmückt ein großes Wappenrelief. Die Innenausstattung ist überwiegend klassizistisch.

Kleinsassen *Reg.-Bez. Kassel* 586 ■ 4
Die hoch gelegene MILSEBURG ist ein altes Wallfahrtsziel, davon zeugt noch eine barocke Kreuzigungsgruppe. Aus weitaus älteren Traditionen stam-

men umfangreiche Reste der bemerkenswertesten vorgeschichtlichen Ringwallanlage Deutschlands.

Kleinschwarzenlohe *Mittelfranken* 595 ■ 4
EV. KIRCHE ALLERHEILIGEN Schlichter Sandsteinbau von 1448, 1513 um den Turm erweitert, mit reicher spätgotischer Innenausstattung, darunter der Katharinenaltar (1418/20), der Kreuzigungsaltar (1480), zwei gemalte Tafelaltäre und der Choraltar (1491) mit holzgeschnitztem Apostelrelief.

Klein-Umstadt *Reg.-Bez. Darmstadt* 593 ■ 2
EV. PFARRKIRCHE In der über dem Dorf gelegenen Wehrkirche des 15. Jh., die teilweise im 18. Jh. erneuert wurde, befindet sich die maßwerkverzierte älteste hessische Steinkanzel (1415).

Kleve *Reg.-Bez. Düsseldorf* 575 ■ 11
Der Name geht auf das Kliff, eine Anhöhe am Rhein, zurück, auf der schon im 10. Jh. eine Burg stand. Die Ortschaft erhielt 1242 Stadtrecht. Im ehem. Kurviertel finden sich guterhaltene klassizistische Wohnhäuser, darunter das Palais des Malers Koekkoek von 1847, heute Heimatmuseum.
Die EHEM. MINORITENKIRCHE, ein turmloser kreuzrippengewölbter Backsteinbau, entstand im 15. Jh. als eine der seltenen asymmetrisch-zweischiffigen Hallenkirchen des Bettelordens. Von der alten Innenausstattung ist neben vorzüglichen Holzskulpturen des 15. Jh. das schöne Chorgestühl von 1474 erhalten, außerdem die reichgeschnitzte Kanzel (1698).
Die PARKS UND GÄRTEN, einst weltberühmte Schöpfungen des Prinzen Johann Moritz von Nassau-Siegen, sind nur noch in Teilen erhalten. Zu ihnen gehört der Alte Park südlich der Stadt. Die Nassauer Allee wurde zum Vorbild der Berliner Linden. Kern des Neuen Tiergartens sind die 1656 angelegten Gartenterrassen des Amphitheaters mit Fontänen und Bildwerken. Am Fuß des Papenberges die Grabstätte des Prinzen (gest. 1679). Die SCHWANENBURG birgt noch romanische Mauerreste. Vom ersten Ausbau des Schlosses im 15. Jh. stammen der mächtige, das Stadtbild beherrschende Schwanenturm und der niedrigere Spiegelturm, vom zweiten Ausbau im 17. Jh. die Schloßtrakte mit den Arkaden um die beiden Binnenhöfe. Im inneren Schloßhof steht der römische Mars-Camulus-Altar aus dem 1. Jh.
EHEM. STIFTSKIRCHE (1341–1428). Baumeister war bis 1380 der gleichzeitig am Xantener Dom tätige Konrad von Kleve. Dreischiffige kreuzrippengewölbte Basilika aus Backstein und Tuff, zweitürmige Westfassade mit Doppelportal, Maßwerkfenster und reich gegliedertem Dreiecksgiebel. Die alte Sakristei am nördlichen Nebenchor mit der anschließenden Michaelskapelle ist seit 1925 Grabkapelle der Herzöge von Kleve. Von der einst reichen Innenausstattung zeugt heute noch der Marienaltar. Der Schrein des Passionsaltars ist eine ausgezeichnete Antwerpener Arbeit von etwa 1540. Der Kirchenschatz bewahrt als besondere Kostbarkeit ein Evangeliar des 15. Jh. mit plastischem silbernem Einbanddeckel.

Klingenmünster *Rheinhessen-Pfalz* 599 □ 2
Das ehem. BENEDIKTINERKLOSTER wurde wohl schon im 7. Jh. gegründet und bestand bis 1491. In der heutigen Kirche ist nur der westliche Unterbau noch von etwa 1100. Über der Turmhalle eine gewölbte Kapelle mit einem romanischen Relief. In

den Weinbergen am Hang des Treidelkopfes liegt die NIKOLAUSKAPELLE (um 1200) des einstigen Magdalenenhofes. Schöne Kapitelle und Reste von Wandmalereien schmücken das Innere.
Der TREIDELKOPF ist seit vorgeschichtlicher Zeit befestigt, auf der Nordseite steht die Fliehburg Heidenschuh, auf östlichem Ausläufer die frühe mittelalterliche Burg Waldschlössel und im Südosten die Reichsburg Landeck.

Klosterlechfeld *Schwaben* 609 □ 12
WALLFAHRTSKIRCHE Auf dem Feld der entscheidenden Schlacht gegen die Ungarn 955 steht heute diese reizvolle Kirche mit ihren stattlichen Zwiebeldächern über Laterne und Kuppel. Der Hauptbau ist eine freie Nachbildung des römischen Pantheon. Baumeister war 1603 Elias Holl. Bedeutsam die geschnitzte Figurengruppe (um 1620) im Altar der Gnadenkapelle und die Kanzel (Anfang 18. Jh.).

Kloster Oesede *Reg.-Bez. Osnabrück* 569 □ 8
KATH. KLOSTERKIRCHE Sie hat sich allein von dem alten Kloster erhalten, das im 12. Jh. von den Ortsherren an der Stelle ihrer Stammburg gegründet worden war: ein einschiffiger romanischer Bau mit Querschiff als Grablege der Stifter. Reliefgeschmückter Grabstein des Ludolf von Oesede aus dem 14. Jh. Das spätgotische Gnadenbild genoß früher hohe Verehrung.

Klosterreichenbach *Reg.-Bez. Karlsruhe* 600 ■ 8
EHEM. KLOSTER Die 1082–85 errichtete Kirche ist die älteste der nach dem Hirsauer Vorbild erbauten. Noch aus der Bauzeit stammt das flachgedeckte Langhaus; der Chor wurde im 13. Jh. gewölbt. Damals kam auch die Vorhalle dazu. Die romanischen Klosterbauten sind teilweise erhalten.

Knechtsteden *Reg.-Bez. Düsseldorf* 575 □ 5
Die Gebäude der 1130 gestifteten PRÄMONSTRATENSERABTEI, 1802–95 in weltlichem Besitz, sind seit ihrem Wiederaufbau 1896 Missionsniederlassung des Ordens vom Hl. Geist. Interessantes Missionsmuseum. – Die bedeutende doppelchörige ehem. Abteikirche ist ganz 12. Jh., abgesehen von der gotischen Ostapsis. Der achteckige Vierungsturm und die schlanken, neben dem Chor aufragenden Türme sind in der Kölner Bucht unübersehbar. Ein reichverziertes Säulenportal läßt am südlichen Seitenschiff in die Kirche ein. Die Kapitelle im Langhaus und am Südportal zeigen die ganze Entwicklung romanischer Schmuckformen im 12. Jh. Die Wandgemälde in der Westapsis von etwa 1160 gehören zu den großartigsten Monumentalmalereien dieser Zeit.

Knittlingen *Reg.-Bez. Karlsruhe* 600 ■ 1
Hier wurde um 1480 Dr. Johannes Faust geboren, der wohl berühmteste Magier und Schwarzkünstler aller Zeiten, von dem man so Ungeheuerliches zu berichten wußte, daß noch zu seinen Lebzeiten die Teufelspaktsage entstand.
FAUST-MUSEUM im Rathaus: mittelalterliche Texte und Holzschnitte des Volksbuches, bibliophile Ausgaben von Marlowe bis Thomas Mann, Radierungen und Filmausschnitte.

Knoop *Schleswig-Holstein* 555 □ 3
Akzente bekommt das elegante weiße HERRENHAUS, eine Meisterleistung des Klassizismus, durch die vier ionischen Säulen am Eingang. Drinnen Stuckdekoration und Wandmalereien (1792–1800).

Kobern *Reg.-Bez. Koblenz* 584 ■ 6
Die DREIKÖNIGSKAPELLE von 1448 auf dem Friedhof hat gotische Wandmalereien.
Über dem Ort liegen zwei Burgen. Auf der Oberburg ist die MATTHIASKAPELLE, ein Sechseckbau mit Umgang und Rundapsis aus dem 13. Jh., erhalten. Der auffallend kleine Innenraum wird von sechs Bündeln zu je fünf freien Säulen mit Knospenkapitellen getragen. Die Wände sind durch säulenartige Kleeblattarkaden gegliedert.

Koblenz *Rheinland-Pfalz* 584 ■ 6
10 n. Chr. wurde hier, wo die Mosel in breitem Tal in den Rhein mündet, ein Kastell des Drusus angelegt. In dem Winkel zwischen Rhein und Mosel breitet sich heute die Stadt aus. Sie läuft aus in einer spitzen Landzunge, die 1897 eine wirkungsvolle Anlage erhielt mit Triumpharkaden und Standbild Kaiser Wilhelms I. (im letzten Krieg zerstört) auf hohem Sockel – dem Deutschen Eck. So wurde sie seit 1216 genannt, als der Deutschritterorden hier sein Komtureigebäude errichtete. Von den drei Gebäuden steht heute wieder der Hohe Bau (13./14. Jh.), davor der liebliche Blumenhof. Gegenüber löst sich die breit gelagerte Festung Ehrenbreitstein aus einem hohen, steilen Felsmassiv, und auf der anderen Seite schwingt sich die im Mittelalter vielbewunderte Moselbrücke

in halbkreisförmigen Bögen von 1343 über den Fluß. In der Alt- und Neustadt überstanden viele schöne Wohnhäuser (Dreikönigshaus, Vier Türme, Haus Castorstraße 2), Zunfthäuser (das der Krämer in der Kornpfortstraße und der Schuhmacher in der Görgenstraße) und einige prächtige Adelshöfe aus gotischer, barocker und klassizistischer Zeit den letzten Krieg.
EHRENBREITSTEIN Um 1000 erstand die Burg, die im Laufe des 16.–18. Jh. durch Wohn- und Festungsbauten ergänzt wurde. Die Festung ist nie militärisch erobert, nur durch Aushungern bezwungen worden. 1801 sprengten die Franzosen die Befestigungsanlagen, 1815–32 bauten die Preußen sie mächtiger denn je wieder auf. Jetzt Staatliche Sammlung für Vorgeschichte und Volkskunde des Mittelrheins und Jugendherberge. Unterhalb des Felsens an der Rheinseite der schloßähnliche Dikasterialbau (1739–48) von Balth. Neumann.
JESUITENKOLLEGIUM Von der 1613–17 erbauten Kirche steht noch die schöne Giebelfassade mit charakteristischer Mischung von Gotik und Renaissance. Am anschließenden ehemaligen Kolleggebäude (um 1585) ein etwas schlichteres Renaissanceportal, am Erweiterungsbau (1694; jetzt Rathaus) Renaissance- und Barockformen. Schöne gewölbte Durchgangshalle, innen stuckiertes Treppenhaus.

ST. KASTOR, KOBLENZ
Der Ostchor mit der prachtvollen Apsis, deren sieben große Rundbogenfenster den Chor erhellen, ist das Ergebnis eines Umbaus in den Jahren 1147–1158. Auch im Inneren der St.-Kastor-Kirche dominiert die reife Romanik: Über den kapitellgeschmückten Halbsäulenpfeilern des sehr breiten Mittelschiffs das Halbrund der Arkadenbögen, und im Obergeschoß, aus dem sich das spätgotische Sterngewölbe loslöst, triforienartige Rundbogenöffnungen.

SCHIFF AUS BLAUEM GLAS

*1953 wurde in dem kleinen Winzerdorf St. Alde-
gund das Grab einer reichen Frau aus dem 4. Jh.
geborgen. Der Sarg war von mächtigen Steinplatten umstellt und abgedeckt. Das Grab enthielt
ein ganzes Service an kostbaren Gläsern. Unter
diesen ragt das blaue Schiff hervor, es diente wohl
als Fruchtschale.
Staatssammlung für Vorgeschichte und Volkskunde*

KANZEL IN DER PFARRKIRCHE, KOBLENZ-MOSELWEISS

*Die spätgotische Steinkanzel, um 1470 entstanden,
gehörte ursprünglich zur Ausstattung der Liebfrauenkirche in Koblenz. Ihr zentrales Thema ist
die Verkündigung des Evangeliums. Das mittlere
Feld zeigt Christus als Lehrer, flankiert von den
vier Evangelisten.*

WANDGRAB IN ST. KASTOR

*Seit Kaiser Heinrich II. 1018 dem Trierer Erzbi-
schof die wichtigsten Hoheitsrechte übertrug, bildete Koblenz den Brückenkopf des Erzbistums am
Rhein und avancierte im späten Mittelalter zur
Residenz des Erzbischofs, der als einer der sieben
Kurfürsten eine große Rolle in der Reichspolitik
des Mittelalters spielte. Die beiden Bischofsgräber
in St. Kastor stammen aus jener Zeit; besonders
eindrucksvoll ist das Wandgrab des Kuno von
Falkenstein (gest. 1388) – eine im Zusammenwirken
von Plastik, Architektur und Malerei aufwendig
gestaltete Tumba für einen einst mächtigen Mann.*

Die EHEM. KURFÜRSTLICHE BURG steht nahe der
mittelalterlichen Moselbrücke und war eingegliedert
in den Mauerring der Stadt. Die unterste Mauer
stammt noch aus römischer Zeit, bis zum Rundbogenfries reicht der romanische Bau (größtenteils
1276–89), 16. und 17. Jh. brachten Umbauten. Im
Obergeschoß des Ostturms eine Kapelle mit schönen gotischen Maßwerkfenstern.

LIEBFRAUENKIRCHE Ein römischer Profanbau (um
370) und eine Kirche der Karolingerzeit gingen der
jetzigen dreischiffigen romanischen Emporenbasilika
(12. Jh.) mit gotischem Chor (um 1400) voraus. Die
zwei sechsgeschossigen schlanken Türme tragen seit
1693/94 schwungvolle barocke Hauben. Im Innern ein wunderschönes gotisches Netzgewölbe über
romanischen Arkadenbögen, hohe Maßwerkfenster.

EHEM. RESIDENZSCHLOSS Der letzte Kurfürst von
Trier, Erzbischof Clemens Wenzeslaus, ließ sich
1772–79 diesen breit gelagerten strengen Bau mit
Säulenportikus errichten. Eines der bedeutendsten
frühklassizistischen Bauwerke Deutschlands.

ST. KASTOR Diese vielfältig und harmonisch gegliederte Basilika nahe der Moselmündung mit Querschiff und vier Türmen ist einer der schönsten romanischen Bauten des Rhein-Mosel-Landes, in dem
noch deutliche Reste des vorherigen Karolinger-
baus stecken (Untergeschosse der Westtürme). Am
reichsten entfaltet sich die Romanik an den Westtürmen und an der halbrunden Apsis, die mit einer
zauberhaften Zwerggalerie abschließt. Bemerkenswert die Ausstattung: prächtige Tumben des
14. und 15. Jh., eine reiche barocke Sandsteinkanzel (1625), Bronzekruzifix (1685), moderne Glasfenster.

ST. LAURENTIUS in Moselweiß. Die Anfang des
12. Jh. in klaren romanischen Formen erbaute Kirche mit schönem Kreuzgratgewölbe enthält eine gotische Steinkanzel (um 1470).

EHEM. STIFTSKIRCHE ST. FLORIN Die stattliche romanische Basilika (um 1200), deren Außenbau
durch den Wechsel vom Hell und Dunkel des
Steins und die zwei wuchtigen fünfgeschossigen Türme wirkungsvoll gegliedert ist, erhielt 1350 einen
neuen gotischen Chor.

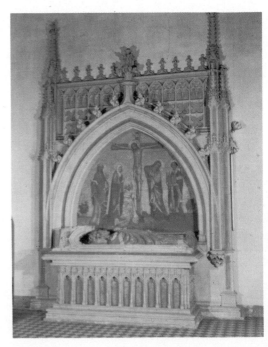

Kocherstetten *Reg.-Bez. Stuttgart* 594 ☐ 6
PFARRKIRCHE von 1510. Im Chor Wandmalereien
aus dem 14. Jh. Schöne Epitaphien.
SCHLOSS STETTEN, mit Bergfried, Palas und Schildmauer aus dem 12. Jh., gotischen Wohngebäuden
und einem Barockpalast in der Vorburg, gehört zu
den besterhaltenen Anlagen Deutschlands.

Köllerbach *Saarland* 591 ☐ 4
Die PFARRKIRCHE aus dem 15./16. Jh. besitzt Fresken mit Jüngstem Gericht und Heiligenlegenden
(um 1475). Beachtlich sind Westportal, Maßwerk-
kanzel und Sakramentsnische.

Köln *Nordrhein-Westfalen* 583 ☐ 2
„Freue dich, Köln ... Freue dich, glückliches Köln!"
In Schriften des Mittelalters kehrt der Anruf immer wieder. Einzig neben Rom und Konstantinopel
darf Köln sich damals heilig nennen. Der Kölner
Erzbischof ist der mächtigste Fürst im Reich und
hat das Vorrecht, den Kaiser zu krönen. Kirchen
und Klöster prangen im Reichtum ihrer Schätze, im
höchsten Ruhm gelehrter Namen: Albertus Magnus,
Thomas von Aquino, Duns Scotus, Meister Eckart
lehren hier. Köln bekommt die erste städtische Universität. Kein Schiff passiert die Stadt, ohne anzu-
legen, weithin reicht der Fernhandel, und das
Mauerhalbrund von 1180 gibt vierzigtausend Menschen Platz zwischen seinen zwölf Toren und mehr
als achtzig Türmen, Severins-, Hahnen- und Eigelsteintorburg sind noch erhalten. Neben ihnen ragen Römertürme auf: schon damals blickt Köln
zurück auf eine Geschichte von 1200 Jahren und
ist sich dessen bewußt.
Ara Ubiorum, Oppidum Ubiorum, war der erste
Name. Durch den Feldherrn Agrippa haben sich
die Ubier von jenseits des Rheins hier ansiedeln lassen (38 v. Chr.). Als Agrippina, in Köln geborene
Tochter des Germanicus und Gemahlin des Kaisers
Claudius, den Ort zur Veteranenkolonie erhebt (50
n. Chr.), bildet sich der zweite Name: Colonia
Claudia Ara Agrippinensis (CCAA). Noch heute
markiert die Hohe Straße die Nordsüdachse dieser
Römerstadt, die bei geringer Ausdehnung doch ein
großstädtisches Leben sammelt – bezeugt durch die
erst kürzlich aufgedeckten Reste von Praetorium
und Regia (Statthalter- und Kaiserpalast) beim
Rathaus und durch Funde einer luxuriösen Wohnkultur. Mit der Einnahme durch die Franken (um
450) beginnt die wechselvolle Geschichte germanischer Eroberungen und „Renaissancen", die das römische Erbgut umformen, ebenso wie den Namen
der Stadt: aus Colonia wird nun Coeln. Eine Zäsur
der Zerstörung: der Normannensturm von 881. Die
folgenden zwei Jahrhunderte, bezeichnet durch die
Namen der Erzbischöfe Bruno (Bruder Ottos I.),
Gero, Heribert, Pilgrim und Anno, schaffen das heilige Köln. Und zugleich die Bürgerstadt. Nach der
Schlacht von Worringen (1288), in der die Bürger
sich von ihren Herren losmachen, residieren die
Erzbischöfe in Bonn oder Brühl und kehren nur
noch als Tote nach Köln zurück. Nicht Residenzen
und Paläste, nur Kirchen und Bürgerbauten nahmen den Überfluß kölnischen Reichtums auf. Er
blieb unangetastet bis zur Franzosenzeit (1794).
Das 19. Jh. – das frühe zumal, unter der Aufklä-
rungsideologie – vernichtet das alte Köln in großen Teilen, verschleudert seine Schätze und schreibt
sich den Entschuldigungszettel durch die Vollendung des Doms (1842–80). Im zweiten Weltkrieg
wird die Innenstadt zu 90 Prozent, werden alle

DOM: HAUPTSCHIFF NACH OSTEN
*1794, als französische Revolutionstruppen nahten,
waren Langhaus und Querschiff Fragmente, seit
Jahrhunderten schon, nur der Chor stand. Die
Ruine diente den Franzosen als Gefangenenlager;
Stacheldraht zog sich von Pfeiler zu Pfeiler. Mehrere
Jahre später gab ein Ereignis den entscheidenden
Anstoß zu neuem Bauen: wie durch Zauberei fand
man die seit dem 14. Jh. verschollenen Dombau-
pläne und bald darauf in Darmstadt und Paris die
Aufrisse der Westfront. Plangetreu vollendeten die
Ingenieure des 19. Jh. Meister Gerhards unmäßigen
Traum von der Gotik, groß und wunderbar.*

Kirchen bis auf drei zerstört oder schwer beschä-
digt. Ein großer Teil ist wieder aufgebaut oder im
Wiederaufbau begriffen. Zum Bild des modernen
Köln gehören Adolf Abels Messebauten in Deutz,
das Universitätshauptgebäude, der Kaufhof von
Wilh. Kreis, Opern- und Schauspielhaus von Wilh.
Riphahn, vor allem aber Kirchenbauten von Dom.
und Gottfr. Böhm und einige bemerkenswert kühn
konstruierte Rheinbrücken.
Das ALTE RATHAUS steht an der Stelle des römischen
Praetoriums, das nach dem Krieg ergraben wurde
mit 90 m langer Palastfront und gewaltigem Unterbau. Der zweigeschossige gotische Bau von 1360 erhielt 1407 den prächtigen breiten Turm, Zeichen
des Sieges der Zünfte über die Patriziergeschlechter,
und um 1570 die schöne Vorhalle; Wilh. Vernukken
baute sie in allem Reichtum der niederländischen
Renaissance. Die hölzernen Prophetenfiguren und
die Steinbilder der Neun Guten Helden von der

EWALD MATARE: DOMTÜR

Von den Portalen des Doms ist nur das Petrus-
portal im Mittelalter fast vollendet worden, aller
anderen hat sich das 19. und 20. Jahrhundert ange-
nommen. Ewald Mataré schuf die drei Bronzetü-
ren an der Südseite, 1948 die hier abgebildete mitt-
lere, nämlich die Papst- und Kardinaltür, mit Flach-
reliefs und Mosaikeinlagen. Der Hahn ist das
Symbol der Wachsamkeit, der Pelikan steht für
den Opfertod Christi.

Schauwand des großen Saales (Hansasaal) warten
noch auf die Vollendung des Wiederaufbaus. Nah
beim Rathaus, das im Judenviertel lag, ist das Ri-
tualbad (Mikwe) aus der Zeit um 1170 ausgegraben
worden.

EHEM. ANTONITERKIRCHE Kleine gewölbte Basilika
des 14. Jh. Im Nordchor ist Ernst Barlachs schwebender Todesengel aufgehängt, zum Gedenken an
die Gefallenen der beiden Weltkriege. Ein Zweitguß von Barlachs Hand, der erste, 1927 für den
Dom von Güstrow, ist unter Hitler eingeschmolzen
worden.

DOM ST. PETER UND MARIA Köln hatte etwas wett-
zumachen, als im Jahre 1248 der Grundstein zu
dem Bau des Doms gelegt wurde. Lange hatte es
sich der Gotik versagt. Nun, in einem einzigen An-
lauf und in einer Konzeption von ungeheurem Ausmaß, sollte das Versäumte eingeholt und über-
boten werden. Unerhört schnell wuchs der lange
Chor, doppelt umfaßt von Umgang und Kapellen-

kranz, empor nach den Plänen Meister Gerhards.
1322 wird er geweiht und in Gebrauch genommen;
gegen Westen schließt man ihn mit einer Mauer ab.
Dann ist der Schwung erschöpft, das Tempo ver-
langsamt sich; schon residieren die Erzbischöfe nicht
mehr in der wachsenden Bürgergroßstadt Köln. Teile vom Querschiff, vom Langhaus, von den Türmen
(um 1400) werden in Angriff genommen, bleiben
unfertig stehen. Immer länger werden die Pausen,
1560 stellt man jegliche Arbeiten ein. Während nahezu 300 Jahren bietet sich das Werk als Turm von
Babel dar, als Ruine einer Vision. Ihr Symbol: der
Baukran auf dem Stumpf des Südturms, den viele
alte Bilder zeigen. Dann, in den Jahren der Romantik – die Gegenwart schien leer, und aller Augen
wandten sich zurück zur Vergangenheit –, erheben
sich die Stimmen, die auf Vollendung drängen; erst
einzeln (Sulpiz Boisserée), bald im Chor. 1842
legt man den ersten Stein. Und in nur 38 Jahren,
unter der Leitung Ernst Friedr. Zwirners,
schließt sich das Fragment zum Ganzen – zu jenem Produkt aus Himmelssehnsucht, Sehnsucht
nach dem deutschen Altertum und moderner Inge-
nieurskunst, das seither „der Kölner Dom" heißt.
Die einzige komplette Kathedrale des Mittelalters
nach ursprünglichem Plan. Damals, 1880, mit 156
Metern Höhe das höchste Bauwerk der Welt. Der
Höhenzug in diesem Bau ist enorm – in allen Teilen, nicht nur in den Türmen. Die Schaufassade im
Westen, rosettenlos, bietet sich als eine einzige Fuge
von Vertikalen dar. Drinnen das Hauptschiff erreicht die Höhe von 43 m. Es ist dreimal so hoch
wie breit. Die Pfeiler sind als Körper gleichsam
nicht vorhanden; sie scheinen nur aus Sehnen, aus
Diensten zu bestehen, die absatzlos zum Gewölbe
streben. Und hinter ihren Fluchten flammt der Chor
mit seinen überschmalen Glasgemälden, die den
Glanz des Himmlischen Jerusalem verkünden sollen – nicht weniger aber auch die Menschenkühn-
heit der Erfindung und den Triumph, daß sie gelang. Das Material des Doms ist Trachyt vom Drachenfels. Viel haben die Konstrukteure von ihm ge-
fordert – aber nicht zu viel. Das zeigte sich im
zweiten Weltkrieg, den der Dom trotz Bomben-
treffern überstand. Leicht übersieht man, geblendet
von dem Höhenstreben, die horizontalen Elemente,
die doch auch den Bau mitbestimmen und für Aus-
gleich sorgen. So am Chor das niedrige Triforium,
das wie ein waagerechter Gürtel die Fenster der
Kapellen von denen des Obergadens trennt. Noch
deutlicher redet der Grundriß, der das Hauptschiff
begleitet zeigt von der Doppelbahn der Neben-
schiffe mit quadratischen Jochen und aufgehalten
von dem breiten Querhaus mit drei Schiffen. Die
Gelehrten weisen nach, daß die Proportionen im
ganzen klassisch sind im Sinn der römischen Antike: sie folgen den Regeln des Vitruv für den
Tempelbau. Gleich groß sind die Länge des Baukörpers insgesamt und seine Höhe. Innere Länge
und Breite verhalten sich wie 2 : 1. „Nicht zufällig
entspricht der berühmte Rundbau des Pantheon in
Rom mit Durchmesser und Höhe (je 150 römische
Fuß) genau den Maßen des Kölner Doms." Gerade
dieses Ebenmaß ist oft getadelt worden – in neueren Zeiten, als die Begeisterung der Romantik ver-
raucht war. Man bemerkte nun, daß hier die Gotik
nicht in ihrer vollen Kraft am Werk gewesen war,
sondern in beginnender Erstarrung; daher das
fast fanatische Streben nach Einheit aller Teile.
Mußte man nicht überhaupt „den schönen Eifer
derer verwünschen, die den Ausbau betrieben? So

erschütternd wie das ungeheure Fragment kann nichts Fertiges wirken", schrieb die Dichterin Ricarda Huch und sagten nun viele mit ihr. Hinzu kommt, daß nicht nur der Ergänzungsbau des 19. Jh. (Langhaus, Westfassade, Türme), sondern auch der Chor in seiner Außenhaut heute bald durchweg erneuert ist; denn die giftigen Dünste der Stadt und der nahen Eisenbahn haben die alten Steine zerfressen. Auch muß man sich den Bau des Mittelalters eng umstellt von Häusern und sogar anderen Kirchen denken; die leere Domfreiheit hat erst das 19. Jh. erzwungen.

Vor dem Inneren des Chores aber schweigen die Bedenken. Vollständig wie kaum je in einer Kathedrale ist hier die Ausstattung des frühen 14. Jh. erhalten – kostbarer Schmuck, und mehr als Schmuck. Sie reicht vom Chorgestühl und seinem überquellenden Figurenreigen, in dem sich Weltwitz und Satire austoben, über die Heiligenbilder der Chorschranken bis hinauf zu den Aposteln an den Pfeilern; und weiter noch hinauf zu den Königen und Propheten der Fensterbilder, die sich um die Madonna mit dem Kinde ordnen, unter den Strahlen von Sonne und Mond. Hinter dem Altar steht der Dreikönigsschrein, das übergroße goldene Reliquiengehäuse. Es stammt noch aus dem alten, dem karolingischen Dom, dessen Fundamente in der Tiefe ausgegraben wurden. 1164 hatte Rainald von Dassel die Reliquien der Hl. Drei Könige in Mailand erworben, ihre drei Kronen sind ein Teil des Kölner Stadtwappens. Von den Reichtümern der Chorkapellen seien genannt das Gerokreuz (um

DOM: DREIKÖNIGSSCHREIN

Entworfen wurde dieser größte Goldsarkophag des Abendlandes, der die Gestalt einer dreischiffigen Basilika hat, von Nikolaus von Verdun, der auch die thronenden Propheten an den zwei Meter langen Längswänden ausgeführt hat (1181 bis 1191). Andere Hände schufen ein Jahrzehnt später die vordere Schauseite mit der Anbetung der Könige. Die Gestalt Kaiser Ottos IV. (im Bilde links) weist hin auf die Schenkungen, die von Kaiser und Fürsten, aber auch von vielen Bürgern der Stadt, den „Dreikönigen" gewidmet wurden. Für die Entwicklung der Stadt war die Überführung der Dreikönigs-Reliquien aus Mailand – 1164 durch Rainald von Dassel – von höchster Bedeutung; sie wurde zum Wallfahrtsort erster Ordnung. Drei Königskronen stehen noch heute im Wappen Kölns.

GERO-KRUZIFIX

Seine Formensprache ist stark byzantinisch, vielleicht brachte Kaiserin Theophanu diesen Einfluß mit aus ihrer Heimat. Etwas Düsteres, Geheimnisvolles umgibt den Gekreuzigten, der eher das Bild eines Besiegten als das eines Kämpfers, Erlösers oder Überwinders bietet. Erzbischof Gero stiftete den riesigen Holzkruzifixus um die Mitte des 10. Jh. dem alten Dom. Mit dem wohl etwas älteren Kreuz in Düsseldorf-Gerresheim, ebenfalls ein Geschenk Geros, steht es am Anfang der monumentalen Kruzifixe in der abendländischen Kunst.

970), das ebenfalls noch aus dem alten Dom stammt; die Mailänder Madonna (um 1320), die mit den Chorpfeilerfiguren verwandt ist; die steinernen Grabmäler des Domgründers Konrad von Hochstaden (gest. 1261) und des Erzbischofs Friedrich von Saarwerden (gest. 1414), und, in der Marienkapelle, Stephan Lochners Dombild (um 1440). Die Schatzkammer endlich mit ihren Schreinen, Evangeliaren, Monstranzen und Reliquienbehältern gehört trotz großer Verluste (zu Anfang des vorigen Jahrhunderts) zu den reichsten Europas.

GROSS ST. MARTIN Vom Rheinufer wirkt der Bau wie eine Festung: als bestünde er nur aus dem einen mächtigen, 84 m hohen Turm, den vier schmale Achtecktürmchen bis hoch hinauf begleiten – während unten die drei halbrunden, zweigeschossigen Apsiden ihn zu verstärken scheinen. Von dieser Dreikonchenanlage ist auch das Innere beherrscht. Die drei Schiffe sind nur kurz, gleichsam nur ein Vorhof vor der kuppelüberwölbten Vierung, die wie ein Zentralbau wirkt. 1172 wurde dieser Ostbau vollendet; dann erst wölbte man das Mittelschiff und fügte die (zerstörte) Westvorhalle an. Folgerichtig hat der Wiederaufbau im Osten angesetzt. – In St. Martin haben wir, ein Jahrhundert nach St. Maria im Kapitol, das Vorbild aller spätromanischen Kirchenbauten in Köln: im Dreiblattchor, der noch spät in St. Kunibert wieder-

RÖMERTURM

Fast zwei Jahrtausende hat der römische Rundturm überdauert, der bald nach dem Jahre 50 n. Chr. aufgerichtet wurde. Die Feinheit des Zierats ist erstaunlich für ein Befestigungswerk. Pompeji und andere feste Städte des Imperium Romanum bieten Beispiele einer ähnlichen Ornamentik mit farbigen Steinen.

kehrt. In dem starken Höhenzug der Konchen, der doch gebändigt wird durch das feste Band der Zwerggalerie (die am Turm wiederkehrt). Endlich in der doppelschaligen Wand, die für einen Umgang Raum läßt – Chöre sangen hier zum Hochamt. Dieses letzte Motiv steht im ausgeprägten Gegensatz zur gotischen Technik. Nicht am Außenbau, in Strebepfeilern, werden die Gewölbestützen sichtbar, sondern die Säulen innen werden mitbeteiligt am Tragen der Last. Daher die Ruhe und Geschlossenheit des Baus, der sein Konstruktionsgeheimnis nicht nach außen kehrt.

GÜRZENICH Größere Maße hatte kein Tanz- und Festsaal des Mittelalters als der Gürzenich – so benannt nach dem zuvor hier ansässigen Rittergeschlecht. 1447 stand der Bau fertig da im Schmuck der breiten Fensterbänder. Drei Kaiser wurden hier empfangen. Der Wiederaufbau verband ihn mit den ausgebrannten Mauern von St. Alban. Unter freiem Himmel ist hier Käthe Kollwitz' „Trauerndes Elternpaar" aufgestellt, das sie 1931 für den Soldatenfriedhof in Dixmuiden schuf (hier in Kopie von Ew. Mataré).

JESUITENKIRCHE Dieser größte Ordensbau im Nordwesten Deutschlands, der in Coesfeld, Paderborn und Bonn Nachfolger fand, wurde (1618–29) von einem Süddeutschen, Christoph Wamser, errichtet. Und ein Süddeutscher, Jeremias Geisselbrunn aus Augsburg, gab ihm die üppige Ausstattung, an deren Rekonstruktion noch gearbeitet wird. Die Kirche zeigt die für die Baukunst der Jesuiten typische Verbindung von romanischen und gotischen Teilen (Türme, Fenster, Netzgewölbe) und Formen der Renaissance (Rundpfeiler, Stukkatur). Das Innere in den Farben Blau, Grau, Rosa, dazu das Weiß und Gold der Apostel an den Pfeilern.

KÖLNISCHES STADTMUSEUM Sammlungen zur Kultur-, Wirtschafts- und Baugeschichte der Stadt, Bilder und Modelle ihrer Kirchen, Stifte und Klöster.

EHEM. MINORITENKIRCHE Begonnen 1245 mit dem hohen siebenfenstrigen Chor, war der schlichte Minderbrüder-Bau erst ein Jahrhundert später vollendet, mit dem mächtigen Fenster über dem Westportal – eine dreischiffige kreuzrippengewölbte Basilika. Der Gelehrte Duns Scotus und der Gesellenvater Kolping sind hier beigesetzt. Ein erhaltener Kreuzgangflügel ist ins Wallraf-Richartz-Museum einbezogen. Merkwürdig: schon 1546 wurden in diesem Kreuzgang Bilder verkauft.

DIE MITTELALTERLICHE STADTBEFESTIGUNG, der seit 1180 bis ins 13. Jh. angelegte Mauergürtel, umschloß die Stadt vom Rhein kommend im Halbkreis auf der Höhe der heutigen Wallstraßen, vom Türmchens- bis zum Severinswall. Reste der Eckbastionen sind der Weckschnapp (14. Jh.) bei St. Kunibert und der Bayenturm (13. Jh.). Drei Torburgen aus Basalt und Tuff stehen noch, so wie sie Anfang des 13. Jh. erbaut wurden, vor uns. Im Norden die Eigelsteintorburg, südlicher am Rudolfplatz die Hahnentorburg: ihr rechteckiger Mittelbau, durch den ein Zugang zur Stadt führt, ist an der Feldseite von halbkreisförmigen Türmchen flankiert. Auf der Severinstorburg im Süden ist auf dem rechteckigen Unterbau mit tonnengewölbter Durchfahrt ein mächtiger viergeschossiger Turm mit Zinnenkranz errichtet, die abgekantete Feldseite ist von zwei Türmchen flankiert.

OVERSTOLZENHAUS Spätromanisch, aus dem frühen 13. Jh. Das früheste unter den wenigen Zeugnissen altkölnischer Wohnkultur, die der Krieg übrigließ. Im Erdgeschoß des sechsstöckigen Hauses (heute Ausstellungslokal der Museen) Reste frühgotischer

RÖMISCHES GLAS

Erst vor wenigen Jahren kam dieses Diatretglas in Köln-Braunsfeld, an der Stelle eines römischen Gutshofes, zutage: als das fünfte und schönste voll erhaltene Stück dieser komplizierten Technik aus der Römerzeit. Lange hat man es nicht glauben wollen, daß wirklich die feinen Netze und Stege aus dem Glaskörper herausgeschnitten und nicht etwa nachträglich aufgesetzt wurden. Viele Monate muß der Künstler an das zauberhafte Werk gewendet haben. Es war eine Grabbeigabe. Datiert wird es auf das frühe 4. Jahrhundert.

Im 1. nachchristlichen Jahrhundert soll Colonia Claudia Ara Agrippinensis die Hauptstadt Großgermaniens werden, sie wird immerhin ein Schaukasten der römischen Welt. Glasindustrie gehört dazu. Die Glasmacherpfeife ist erfunden, und nun stellen die Werkstätten Gefäße in Serien her. Sie sind aus buntem Glas und dickwandig wie diese Vierkantflasche, meistens Behälter für Getränke oder Salböl. Die späteren, kunstvolleren sind fast alle reine Ziergefäße, deren anmutige Ornamentik jedoch niemals die Schönheit der Form überflügelt.

Schlangenfadendekor – das war und ist immer noch ein Zauberwort. Die Technik war zwar von alters her bekannt, aber die römischen Glashütten in Köln führen sie um 300 zu höchster Blüte. Ihr Meisterstück ist dieses Glas, ein Glanzstück der Sammlung. Die roten, blauen und vergoldeten Ornamente sind aus dünnen Fäden vorgeformt und wurden von dem heißen Gefäß aufgenommen. Die weißen Fäden jedoch entstanden aus einem aufgesetzten heißen Tropfen, der mit souveräner Sicherheit und in Windeseile zu den berühmten „Kölner Schnörkeln" ausgezogen wurde.

Römisch-Germanisches Museum

Wandmalerei. – Den Typus des Renaissancehauses mit Volutengiebel vertreten noch das Haus zur Bretzel am Altermarkt, Zum St. Peter am Heumarkt und das schon barock ausladende Haus Balchem (Zum Goldenen Bären) in der Severinstraße.

RAUTENSTRAUCH-JOEST-MUSEUM Kunstwerke außereuropäischer Völker: aus Afrika (Holzskulpturen, Masken, Bronzen, Elfenbeine), Amerika (Keramik der vorkolumbischen Kulturen Perus und Mexikos) und der Südsee (Waffen, Stoffe, Grabbeigaben und Geräte).

RÖMISCHE STADTBEFESTIGUNG Einen Quadratkilometer umfaßte das Geviert der Römerstadt. Noch die modernen Straßen markieren seine Mitte (Hohe Straße) und seine Grenzen. Befestigungsbauten aus der Gründungszeit stehen noch im Westen (St. Apernstraße, Mauritiussteinweg) und Norden (Komödienstraße, Zeughausstraße). Vom Nordtor im späteren Dombezirk, das erst 1826 fiel, ist ein Fragment beim Wallraf-Richartz-Museum aufgestellt. Noch am alten Platz steht dagegen der Römerturm mit seinen gemusterten Mauern aus Grauwacke. Zinnenkranz vom 19. Jh.

RÖMISCH-GERMANISCHES MUSEUM Funde vorzüglich aus kölnischem Boden (für die Vorgeschichte aber aus ganz Mitteleuropa): Statuen, Grab- und Weihereliefs, Inschriften, Kleinkunst. Prachtvolle Gläsersammlung. Schmuckstücke aus den Reichen des frühen Europa zwischen Skandinavien und Südrußland (Krone von Kertsch). Dionysos-Mosaik am Fundort südlich vom Dom.

ST. AMANDUS in Rheinkassel. Ein starker Westturm, sorgsame Gliederung der Außenwände von Schiff und Chor durch Lisenenschmuck, dazu noch zwei Chorflankentürme: hier war mehr gewollt als eine einfache Dorfkirche. Bauherr war das Kölner Stift St. Gereon (1220–40), dem die Kirche bis 1803 zugehörte. Schön ihre Lage auf dem Deich über den flachen weiten Rheinwiesen.

ST. ANDREAS Ein romanisches Langhaus verbindet sich hier, wie in St. Ursula, mit einem gotischen Chor. Das Ostquerschiff mit seinen Dreiachtel-

DIONYSOS-MOSAIK

Es war eine Sensation, als 1941, beim Bau eines Bunkers, nahe beim Dom das große Mosaik gefunden wurde, das zu den schönsten nördlich der Alpen zählt. Besitzer des Hauses, dessen Speisesaal mit diesem kostbaren „Teppich" ausgelegt war (10 Meter lang, 7,5 Meter breit), mag ein Kaufmann aus Süditalien gewesen sein. Amor, Satyrn und Mänaden umtanzen auf den Bildfeldern den im Weinrausch taumelnden Dionysos (oder Bacchus), den Gott des Genusses und der Selbstvergessenheit. Auf den Randbildern Früchte, Tiere und Weingefäße. Eine ganze Reihe von Künstlern war zu Beginn des 3. Jahrhunderts an dem Luxuswerk beteiligt.

ST. APOSTELN: OSTCHOR

*Mit einer Höhle hat man den Innenraum vergli-
chen – einem Geschiebe von Höhlen, das mit der
Menge der Arkaden, Bögen, Nischen, Galerien,
mit Licht und Schatten die Vorstellung eines unend-
lichen Raumes schafft. „Ein Gebäude von mehreren
künstlich verschlungenen Gebäuden" hat schon
Friedrich Schlegel (1806) die Apostelkirche genannt:
„Nicht ein einfacher Tempel, sondern eine stolze
Trophäe mehrerer, einer über den andern sich er-
hebender Tempel."*

schlüssen nimmt das Motiv der Konchen auf und
wandelt es gotisch ab. Und die Vierung überwölbt
der achteckige Turm, dem die heute flacheren Dächer das Machtwort überlassen. Er zeigt Ver-
wandtschaft mit dem Turm des Bonner Münsters,
und auf Beziehungen zu Bonn, zu den Skulpturen
des Samson-Meisters, weist auch der plastische
Schmuck, der in dieser Kirche ungewöhnlich reich
ist: Konsolen, Kapitelle, Rankenfriese, Löwenportal an der Sakristei. Mit diesen romanischen Werken der Erbauungszeit (13. Jh.) wetteifert der gotische Meister des Chorgestühls (um 1420). In der
Krypta steht der römische Steinsarkophag, der die
Gebeine des Albertus Magnus aufgenommen hat, des
großen Denkers und Naturforschers (1193–1280).
Albertus lehrte an der Hochschule der Dominikaner
zu Köln, und Dominikaner betreuen heute seine
Grabeskirche. Sie erhielten einen neuen kleinen Klosterbau, denn die alten Stiftsgebäude samt dem
Kreuzgang wurden schon im 19. Jh. abgebrochen.
Eine Erinnerung an sie bewahrt der Westbau mit
seiner eigentümlichen mehrgliedrigen Vorhalle, die
wohl ursprünglich in den Kreuzgang einbezogen
war. Den Seitenschiffen gab die Gotik noch je eine
Reihe von Kapellen bei. In der nördlichen finden
sich Wandmalereien, in der südlichen ein Triptychon des Meisters von St. Severin (um 1500) mit
einer Schutzmantelmadonna. Die mittelalterliche

Tradition der Schreine wird aufgenommen und
übertrumpft von dem Makkabäerschrein von 1527.
ST. APOSTELN entstand in den gleichen Jahren
(1192–1230) wie die Kathedrale von Chartres,
doch noch im alten, romanischen Stil. Aber „auch
hier ist wie in Chartres ein Hexenmeister am Werk,
der uns glauben macht, daß die schweren Stein-
massen ihr Gewicht und ihre Starrheit verloren
hätten, frei und leicht sich emporhöben, in königlichem Rund sich buchteten und wölbten..." Kleeblattchor und Doppelschalenwand folgen dem Modell von Groß St. Martin. Aber alles, was dort
schmal und festungsartig wirkte, dehnt sich hier zu
weiten Räumen. Man nimmt an, daß das ruhige,
klassische Ebenmaß dieser Ostanlage unmittelbar
auf byzantinische Vorbilder zurückgeht, ebenso wie
die Laterne über dem Achteck des Vierungsturms
(die aber noch nicht wieder hergestellt ist). Der
Westturm ist so stattlich hoch, daß er von dem großen Platz des Heumarkts vor dem Chor sichtbar
ist. In seinem Erdgeschoß, über der Krypta, wurde
eine Taufkapelle eingerichtet und an das südliche
Seitenschiff eine Werktagskirche mit Apostelfen-
stern angefügt (1956). Hier einige der Apostelstatuetten des frühen 14. Jh. – Verwandte der Pfeiler-
figuren im Domchor und Überreste der einst reichen Ausstattung der Kirche, die zumeist im 19. Jh.
verlorengingen, wie auch Kreuzgang und Stiftsgebäude. Der Wiederaufbau verzichtete im Kirchenraum auf die Marmorverkleidungen von 1900, er
läßt nur den Raum sprechen.
ST. COLUMBA Die Turmhalle der völlig zerstörten
Kirche formte Gottfr. Böhm 1950 zu einer kleinen
Notkirche um, vor die sich ein achteckiger Altarraum mit Glasfenstern legt. Die einzig erhaltene
schöne Muttergottesfigur von 1470 an der Ostwand
gab der Kirche den Namen: Madonna in den
Trümmern. Steinfragmente liegen im Vorhof, den
die alten gotischen Kirchenmauern abschließen.
ST. GEORG Ein römischer Tempel und eine merowingische Kirche hatten schon an dem alten Kultplatz
vor dem Südtor gestanden, als Erzbischof Anno das
Chorherrenstift gründete (1059) und ihm die dreischiffige Kirche gab. Eigentümlich ist der Bau als
einzige erhaltene Säulenbasilika des Rheinlands;
erst bei der Einwölbung in staufischer Zeit (1150)
setzte man zwei Pfeiler zwischen die Säulen und
Arkaden des Hauptschiffs. Eigentümlich weiter der
überkuppelte Westchor des 12. Jh. mit seinen fast
fünf Meter dicken Mauern, der nach außen als
wuchtiger Turmstumpf in Erscheinung tritt. Er
diente als Gemeindekirche; Säulchen mit reichen
Kapitellen gliedern die Wände zwischen den je
drei Nischen, und das obere Geschoß hat einen
Umgang. Noch aus der Erbauungszeit stammt die
fünfschiffige Krypta unter dem erhöhten Chor.
– Erneuert wurden nach dem Krieg die Glasfenster (1930) von Jan Thorn-Prikker. Das Triptychon
des Hochaltars ist von dem jüngeren Barthel
Bruyn (16. Jh.), der Gabelkruzifixus im Westchor
ein Werk des 14. Jh.
ST. GEREON Groß ist dieser Bau nicht nur in seinen
Abmessungen – 34 m hoch die Kuppel über dem
Zehneck und 21 m breit –, sondern groß, großzügig wirkt vor allem die Unbefangenheit, womit
ein reicher Bund von Formen hier vereinigt ist,
ohne daß einem der Teile Gewalt angetan wird.
Keimzelle des Werkes war eine spätantike Märty-
rerkirche, ein Zentralbau, der im Sockel des Dekagons (Zehneck) noch ganz, in der zweiten Galerie
noch in Teilen nachzuweisen ist. An dieses Zehneck

fügte Erzbischof Anno, einer der großen Kirchen-
bauer, ostwärts einen Chor an (1069), der ein Jahrhundert später unter Arnold von Wied noch verlängert wurde, mitsamt der Krypta unterm Boden;
seither flankieren ihn die beiden Türme. Wiederum
Jahrzehnte später (1219–27) wurde dann das De-
kagon zu vier Geschossen hochgezogen und mit jener Kuppel überwölbt, die man „die freieste und
kühnste architektonische Tat" genannt hat, welche
in diesem ganzen Jahrhundert am Rhein gelang:
„die bedeutendste Lösung eines Kuppelbaus zwischen der Hagia Sophia in Konstantinopel und
Brunelleschis Domkuppel in Florenz". Angefügt
wurden endlich noch die westliche Vorhalle nach
dem (verschwundenen) Kreuzgang hin, die unsym-
metrische Taufkapelle im Süden des Dekagons und,
zu Beginn des 14. Jh., die Sakristei mit den großen
Maßwerkfenstern. Die Türme verjüngen sich ein
wenig mit jedem Geschoß, und noch kräftiger sind
die beiden obersten Geschosse des Zehnecks eingezogen, so daß sie schlank über breitem Sockel stehen. Im Inneren mit seinen großen Nischen und
vielfältigen Fensterordnungen wird das kaum spürbar. Am Außenbau aber wird es offenkundig, und
hier – wenn auch noch in unbeholfenen Formen –
zeigen sich nun schon offene Strebebögen: in
Deutschland zum ersten Mal. Nicht mehr fern war
die Gotik mit ihrem neuen Stilprinzip, den Appa-
rat der Konstruktion offen darzulegen; sie war
schon da. – „Zu den Goldenen Heiligen", berich-
tete Gregor von Tours um 590, wurde die erste
Kirche an diesem Ort genannt, wegen ihres reichen
Schmucks. Auch das Mittelalter zeichnete die Kirche
aus: mit Mosaiken im Chor (heute in der Krypta),
mit Wandgemälden (die besterhaltenen in der Taufkapelle), mit Glasfenstern in der Sakristei (um
1315), die erhalten sind, während das frühgotische
Chorgestühl und vieles andere im Krieg verlorenging. Die Rekonstruktion des Zehnecks ist noch
nicht abgeschlossen.

ST. HERIBERT in Deutz. Auf dem Boden des römischen Kastells Divitia gründete Erzbischof Heribert 1002 eine Benediktinerabtei. Vier Kirchenbauten folgten einander, deren zweiter (1020 geweiht)
ein Zentralbau war nach dem Vorbild von Aachen
und St. Gereon. Der Wiederaufbau nach dem Krieg
folgte dem gotisierenden vierten Bau von 1663. Für
die Gebeine des heiliggesprochenen Kirchengründers
wurde 1170 der Heribertschrein geschaffen, eines
der großen Werke der Kölner Goldschmiedekunst,
mit reichem figürlichem Bildprogramm in vergoldetem und emailliertem Kupfer. Er steht heute in
der Pfarrkirche Neu St. Heribert, die auch andere
Stücke aus dem Schatz der alten Kirche (Stab, Glok-
kenkasel, Löwenstoff) übernahm.

ST. KUNIBERT In einem Zuge wurde die letzte der
großen romanischen Kirchen Kölns erbaut: begonnen 1215, vollendet 1247, nur ein Jahr darauf legte
man den Grundstein zu dem gotischen Dom. Hier
aber, im Norden der Rheinuferfront, an der Stätte
der alten Clemenskirche, die Bischof Kunibert dem
Patron der Schiffer geweiht hatte, zeigt sich noch
einmal der romanische Stil in seinem gesammelten
Ernst. An Pracht fehlt es ihm nicht. Reich ist der
Arkadenschmuck am zweigeschossigen Halbrund des
Chors, den eine Zwerggalerie abschließt, und er
wird noch variiert und gesteigert in den Blendarkaden der Flankentürme. Ihr Gegenpart, der
schwere Einturm über der Mitte des westlichen
Querschiffs, ist noch nicht wieder aufgebaut. Die
Rundfenster in seiner Höhe harmonierten mit denen

der Seitenschiffe. Von großer Pracht ist auch die
Ausstattung. Hier sind zuerst die Glasbilder an der
Chorapsis zu nennen (Wurzel Jesse) und an den
Häuptern des östlichen Querschiffs, um 1230. Dann
die steinernen Verkündigungsfiguren an den Vierungspfeilern: der Engel und Maria, überlebensgroß auf Maßwerkkonsolen, Zeugnisse eines Realismus (1439), der sich losgesagt hat von der
Schüchternheit des Weichen Stils. Ferner zwei
Votivtafeln mit später zugefügten Seitenflügeln und
im Kirchenschatz das drei Meter lange blaue Altar-
tuch des 9. Jh., das im Schrein der hl. Ewalde zutage kam: farbig bestickt mit Jahres- und Tierkreiszeichen. Eine Schieferplatte im Chorboden
weist auf den Lebensbrunnen (Kunibertspütz) in
der Tiefe, dem eine kleine gewölbte Krypta vorgelegt ist.

ST. MARIA IM KAPITOL Der Name erinnert an den
römischen Staatsstempel der kapitolinischen Trias,
der ehemals hier auf dem Hügel im Süden der
Stadt sich erhob. Und eine Grabplatte, ein strenges
Werk der Zeit um 1150, erinnert an Plektrudis, die
Gattin des fränkischen Hausmeisters Pippin von
Heristal, die hier (689) ein Frauenstift gründete,
Inschrift und Nimbus zeichnen sie als Königin, als
Heilige aus. Königlichen Rang hat der Kirchenbau,
der 1065 geweiht worden ist. Wie in Aachen und
hernach in Essen öffnet sich der Westbau mit einer
säulenbestellten Loge gegen das Schiff und den
Chor. Es ist ein Kleeblattchor, der früheste in Köln,
ein Jahrhundert vor Groß St. Martin, und er ist
umfaßt von einem Umgang, der sich in den Seitenschiffen an allen drei Konchen fortsetzt. Das Ergebnis ist ein Ganzes von vollendeter Harmonie
und Ausgeglichenheit; schon allein der Grundriß ist
herrlich anzusehen. Langbau und Zentralbau – beide
Architekturideen sind ohne Bruch in eine einzige
Gestalt gefaßt. – Schöne ebenmäßige Arkaden lei-

ST. GEREON: KRYPTA

*Als unter dem Erzbischof Arnold von Wied der
Chor des 11. Jahrhunderts verlängert wurde, hat
man auch die Krypta nach Osten hin erweitert.
In staufischer Zeit wurden die Wölbungen höher,
die Säulen schlanker. Die Fußboden-Mosaiken ha-
ben ehemals den Chor geschmückt. Quadratische
Bildfelder, gerahmt von den Zeichen des Tierkrei-
ses, erzählen aus dem Leben Davids und Samsons.
Nächst dem Dom ist St. Gereon die ranghöchste
Kirche Kölns.*

ten von Schiff und Konchen den Blick in die Umgänge hinein. Die Vierung mag eine Kuppel und darüber einen Turm getragen haben. Zwei quadratische schmale Türme wachsen aus den Konchenwinkeln auf, zwei weitere am Westbau neben dem quadratischen Hauptturm, der aber heute nur noch die Höhe des Mittelschiffs erreicht. Eine Veränderung erfuhr der Bau, als in staufischer Zeit, um 1200, die Ostapsis reicher ausgestaltet wurde – jedoch nur außen, so daß im Innern die Einheit des Dreiblatts erhalten blieb. – Der Wiederaufbau der Ruine ging von der allein erhaltenen Südkonche aus. Er erneuerte den Kreuzgang – hier die Statue einer Trauernden von Gerh. Marcks – und bezog auch die Krypta ein, eine große hallenförmige dreischiffige Anlage. Das monumentale Holzportal, mit 26 Szenen aus dem Leben Christi, ist das älteste erhaltene in Deutschland, geschaffen um 1050, die Reliefs sind von lebhaftem, dramatischem Charakter. Aus dem späten 12. Jh. ist die Stehende Madonna, ursprünglich ein Relief, aus dem das 19. Jh. eine vollrunde Skulptur machte. 1304 ist das Gabelkreuz geweiht worden, ein Werk im blutigen Realismus dieser Jahre. Der Lettner, 1523, vom Chor an den Westbau versetzt, ist ein vielfiguriges Renaissancewerk.

SCHIFFERMADONNA IN ST. MARIA LYSKIRCHEN

Mehr als zwei Meter hoch ist die hölzerne Statue der Muttergottes in der einstigen Schifferkirche St. Maria Lyskirchen. Der Typus der Schönen Madonna wird in diesem Werk von 1420 auf kölnischvolkstümliche Art variiert: mit vollem Gesicht und weichen, üppigen, breit ausschwingenden Falten, kräftig und erdverhaftet.

ST. MARIA IN DER KUPFERGASSE (1705–15 errichtet, im Krieg schwer zerstört, heute in den alten, teils barocken Formen wieder aufgebaut) birgt den prachtvollen barocken Makkabäeraltar von Joh. Franz van Helmont, 1717 vollendet.

ST. MARIA LYSKIRCHEN blieb als einzige der Kölner Kirchen vom Krieg leidlich verschont. Mit ihr die Gewölbemalereien des mittleren 13. Jh. (wenn auch restauriert und ergänzt): 24 Bildfelder in den drei Gewölben des Hauptschiffs zeigen Szenen aus der Heilsgeschichte und – durch Ornamentbänder getrennt – ihnen gegenüber die entsprechenden Verheißungen des Alten Testaments. Die beiden Chorkapellen der Seitenschiffe bieten Legenden der Heiligen Nikolaus und Katharina dar. Über dem Hochaltar die sog. Schiffermadonna, eine reizende Muttergottes (14. Jh.) in neuer Mandorla. – Der Bau selbst, an dem Ort einer älteren Schifferkirche, mag um 1210–20 als Emporenkirche erbaut sein. Um 1650 wurde er gotisiert. Nur ein Turm neben der runden Chorapsis – der zweite wurde nie gebaut – bereichert die östliche, rheinwärtige Schauseite.

ST. NIKOLAUS in Dünnwald. Kirche des einstigen Prämonstratenserinnenklosters, von dem ein Flügel neben der Sakristei erhalten blieb. Der Kernbau ist noch romanisch (Begonnen 1118). Ihm entstammen der Turm am Westwerk und die turmartige hochgezogene Apsis am Nordschiff. In barocker Zeit erhielt sie eine geschweifte Haube, während gleichzeitig (um 1640) die Flanke zur Schauseite ausgestaltet wurde: gotisierend, aber mit barocken Portalen. Beachtenswert die Wandmalereien in der gotischen Sakristei (1470), die erst nach dem Kriege freigelegt wurden.

ST. PANTALEON aus der Zeit der Ottonen ist seit dem Wiederaufbau dem ursprünglichen Zustand näher als zuvor. Beseitigt wurde das Netzgewölbe, das ihr das Barock gab. Eine flache Decke schließt wieder den Saal des Mittelschiffs, das bis 1180 das einzige war. Erzbischof Bruno und Kaiserin Theophanu, die byzantinische Prinzessin, waren die Erbauer der Kirche. Beide wurden in der heute wieder freigelegten Krypta beigesetzt. Zumal das Westwerk zeichnet den Bau als Kaiserkirche aus, außen erkennbar als starker Block zwischen schlanken Türmen. Der Kreuzgang der von Erzbischof Bruno gegründeten Benediktinerabtei – erst unlängst wurden Reste gefunden – mag vielleicht der älteste im Abendland gewesen sein. In Resten steht auch noch der gotische Klosterbau. Von der Ausstattung rangiert an erster, sichtbarster Stelle der vielfigurige Lettner aus dem ersten Jahrzehnt des 16. Jh., gekrönt vom barocken Orgelprospekt. Aus den Jahren der gotisierenden Umgestaltung der Kirche durch Chr. Wamser, den Architekten der Jesuitenkirche, stammen auch die Glasgemälde an den Maßwerkfenstern des Chors. Ein Jahrhundert später (1749) erhielt die Kirche den Hochaltar aus Stuckmarmor. – Von höchstem Wert sind die beiden Schreine im Kirchenschatz: der Mauritiusschrein von 1170 und – ein reichliches Jahrzehnt jünger – der Albinusschrein.

ST. SEVERIN Grabungen unter der Kirche – sie sind zugänglich – weisen den Ort aus als die früheste Kirchenstätte Kölns. Hier außerhalb der Römerstadt, an der Ausfallstraße nach Bonn, hat schon im 4. Jh. eine christliche Friedhofskapelle gestanden, der mindestens vier weitere Bauten folgten. – Die ältesten Teile der heutigen Kirche liegen im Osten: der Chor des 11. Jh., der in der späten Stauferzeit (1230) erneuert und erweitert wurde, wobei zum ersten Mal in Köln zwischen dünnen Flankentürmchen eine außen mehreckig gebrochene Apsis erscheint. Und unter ihm die Krypta, deren älterer, westlicher Teil die Gebeine des Kirchenpatrons aufnahm. Romanisch sind auch noch die Doppelarkaden zwischen Vierung und kurzem, niederem Querschiff sowie zu der nördlichen Chorflankenkapelle (Severinskapelle) hin. Des Langhauses dagegen hat die späte Gotik sich bemächtigt. Zwischen den Chor und den Westturm von 1420 spannte sie die drei gewölbten Schiffe, deren Wände sich in großen Maßwerkfenstern öffnen. Vom Kreuzgang nördlich sind zwei Flügel erhalten und rekonstruiert, zwei neue Seiten schließen das Geviert. – Die Sakristei bewahrt die beiden Heiligentafeln des Meisters von St. Severin, und überm Chorgestühl findet man 20 Legendenbilder aus der Werkstatt des Meisters der Ursulalegende. Chor und Krypta und vor allem die Sakristei am südlichen Seitenschiff enthalten Wandmalereien. Von Frankreich inspiriert, oder dort geschaffen, ist die stehende Madonna im Langhaus (um 1290). Und auch hier wie in St. Maria im Kapitol findet sich ein Pestkreuz in Gabelform.

ST. URSULA Waren es elf Jungfrauen, die auf der Rückkehr von Rom in Köln den Märtyrertod starben, oder elftausend? Ältere Urkunden sprechen noch von elf. Hier jedenfalls bei St. Ursula, an der Stätte eines römisch-frühchristlichen Friedhofs, ist der Quellpunkt der Legende, die sich in ganz Europa verbreiten sollte, noch die Jungferninseln in den Kleinen Antillen sind danach benannt. Und auf die Zahl Elf reimt sich vieles in dieser Kirche: von der Zahl der steinernen Reliquienkästen, die man ausgegraben hat, bis zu den elf Fenstern des Chores, dieser gläsernen Kapelle, die allein den Reliquien vorbehalten war, die Stiftsdamen saßen auf der Westempore. Elf kleine Flammen erscheinen noch heute im Wappen der Stadt. Eine Grabkapelle sah

STEPHAN LOCHNER:
DETAIL DES DOMBILDES

Der Meister aus Meersburg am Bodensee ließ sich in den 30er Jahren des 15. Jh. in Köln nieder und blieb dort bis zu seinem Tode 1451. Sein volkstümlichstes Werk ist gewiß die anmutige Madonna im Rosenhag (Wallraf-Richartz-Museum), sein wichtigstes jedoch der „Altar der Stadtpatrone" für die Ratskapelle. Erst 1809 gelangte es in den Dom. Die Mitteltafel ist ein Huldigungsbild: nicht nur die Hl. Drei Könige beten das Kindlein an, sondern auch die Heiligen der Stadt Köln, Gereon und Ursula mit ihrem Gefolge (unser Ausschnitt). „Eine Malkunst, die einer Kathedrale standhält." Die Köstlichkeit der Farben, die sanfte Bewegung, der innige Ausdruck der Figuren sind immer wieder gerühmt worden – so sehr, daß man darüber fast die majestätische Größe des Dreiflügelbildes vergißt: fünf Meter in der Breite, nahezu drei in der Höhe.

ST. PANTALEON: DAS INNERE DES
WESTWERKES

Kaum vollendet war die Kirche, eben geweiht (980), als Theophanu, Gemahlin Ottos II., ihr das großartige Westwerk anfügen ließ. Starke rot-weiße Sandsteinrahmungen an den Arkaden sprechen deutlich von den kaiserlichen Würden des Baus. Mit der Wucht und Geschlossenheit der Westhalle kontrastiert das Filigran des hohen spätgotischen Lettners, der heute im Osten, vor dem Chor, seinen alten Platz zurückgewonnen hat.

NORDWESTDEUTSCHER MEISTER:
DIE MADONNA MIT DER WICKENBLÜTE

Der Künstler, der zwischen 1410–40 in Köln, Westfalen und Niedersachsen tätig war, ist uns unbekannt geblieben. Die liebreizende Madonna, Mittelbild eines Flügelaltärchens, weist auf Stephan Lochners Madonnen voraus. Auch dieses Werk bewahrte Ferdinand Wallraf in den Jahren des Bildersturms nach der Französischen Revolution vor der Zerstörung. Wallraf-Richartz-Museum

schon das 4. Jh. an diesem Ort. Im 12. Jh. begann dann der Bau der heutigen Kirche, der frühesten Kölner Emporenbasilika. Das 13. Jh. gab ihr den starken Rechteckturm im Westen und im Osten den Chor, und das 14. fügte das zweite Seitenschiff im Süden an, das in barocker Zeit noch ergänzt und zu einer langen Flucht durchgezogen wurde: bis zur Goldenen Kammer. Barock ist auch die schöne Turmhaube mit doppelter Laterne, Krone und Kreuz. Höchst eigentümlich ist die Ausstattung der Kirche. Vom Kostbaren und Schönen führt sie bis zum Wunderlichen, ja nach heutigem Begriff Abstrusen. Im Chorhaupt steht der gotische Hochaltar des 13. Jh. mit den elf Jungfrauenfigürchen, die den Originalen nachgebildet sind, die Reihe anmutiger Tafelbilder im Stile Stephan Lochners ist 1456 datiert. Marmor und Alabaster vereinen sich sodann im Geschmack des 17. Jh. im Grabmal der hl. Ursula, das den gotischen Steinsarkophag umschließt. Zum Ereignis von besonderer Art aber wird der Reliquienkult in der Goldenen Kammer. Bis hoch hinauf in die Bogenfelder ist sie gemustert, gleichsam tapeziert mit Knöchelchen und Gebeinen, während aus dem Schnörkelwerk der Wände mehr als hundert Reliquienbüsten hervortreten. Wer sich über das Wunderliche der Inszenierung hinwegsetzen kann, der findet hier herrliche Gebilde, adlige und Idealporträts, fern vom Diesseits und seinem Schauder vor dem Wunderbaren. Das Hauptwerk

dieser Schatzkammer ist der Ätheriusschrein, ein Meisterwerk im Gefolge des Heribertschreins, aber unterschieden von ihm durch die Form des Daches, das hier nicht einen Sattel, sondern eine Tonne bildet. Auch hier wie in (Neu) St. Heribert sind alte Stoffe zu bewundern, so ein sassanidischer Seidenstoff des 6. Jh.

SCHNÜTGEN-MUSEUM Im großen spätromanischen Bau der Cäcilienkirche hat die hervorragende Sammlung mittelalterlicher Kunst seit 1957 ein schönes Domizil. Ihr Begründer war der Domkapitular Alexander Schnütgen (1843–1918), der zahllose alte Kunstwerke in Köln und in seiner westfälischen Heimat vor dem Untergang bewahrte. 1906 schenkte er die Bestände seiner „antiquarischen Rettungsstation" der Stadt (Skulpturen, Glasmalereien, liturgische Geräte, Textilien).

WALLRAF-RICHARTZ-MUSEUM Größte Gemäldesammlung des Rheinlandes, mit Schwerpunkten bei der alten Kölner Malerschule (14.–16. Jh.), den Niederländern des 16. und 17. Jh., den Deutschen und Franzosen des 19. und 20. Jh. Die moderne Abteilung wird durch Skulpturen ergänzt. Die Sammlungen tragen ihren Namen nach dem Kanonikus und Professor Ferd. Wallraf (1748–1824) und dem Kaufmann Richartz, der den ersten (neugotischen) Museumsbau stiftete. Ihn ersetzt seit 1955 der Neubau von Rud. Schwarz.

CASPAR DAVID FRIEDRICH:
EICHE IM SCHNEE

Immer wieder hat der Künstler nach Symbolen der Verlassenheit gesucht; er fand sie in Klosterruinen, einsamen Kreuzen am Meer, eisigen Berggipfeln und in Bäumen wie diesem mit dem „gotischen Maßwerk" der Äste. Beiträge zu einem Heroenkult der Einsamkeit könnte man C. D. Friedrichs Werke nennen. Wallraf-Richartz-Museum

ERNST BARLACH: SINGENDER MANN

Nach seiner russischen Reise 1906 formte sich Bar-
lachs gestalterische Kraft zu dieser Expressivität.
Seine Menschen sind urwüchsig, breit und flächig,
durchdrungen von religiöser Innigkeit, sind Lau-
schende, Wandernde, Lobpreisende. Nach 1933
wurde ein Teil seines Werkes als „entartet" ver-
nichtet. Was uns blieb, ist bedeutungsvoll genug:
diese Werke ergreifen, weil der Künstler ergriffen
ist.   *Wallraf-Richartz-Museum*

Köngen   *Reg.-Bez. Stuttgart*   601 □ 9
EV. PFARRKIRCHE (Anfang 16. Jh.) mit reicher Re-
naissancebemalung an Chorgewölbe und Decke.
NECKARBRÜCKE (1602) von Heinr. Schickhardt mit
Erkern an den Pfeilern, Wasserspeiern und Obelisk.
RÖM. KASTELL Ein Turm wurde wieder aufgebaut
und birgt ein kleines Museum.

Königheim   *Reg.-Bez. Stuttgart*   594 ■ 8
PFARRKIRCHE (18. Jh.) Am Treppenaufgang steht
eine Ölberg-Gruppe (1499) aus der Werkstatt Riemenschneiders. Innen anmutige Stukkaturen und
Deckenmalereien.

Königsbach   *Reg.-Bez. Karlsruhe*   600 ■ 12
PFARRKIRCHE Von der alten ummauerten Wehrkirche über dem Ort ist aus frühgotischer Zeit nur
der Turm erhalten. An der Nordwand ein römisches
Relief der Pferdegöttin Epona.
RATHAUS Die Giebelfront des originellen Fachwerkbaus aus dem 18. Jh. erhebt sich über den Holzsäulen eines Laubenganges im Erdgeschoß.
WASSERSCHLOSS Südlich des Dorfes, inmitten der
Wiesen des Kämpfelbaches. Freundlicher Putzbau,
im wesentlichen barock, mit hohem Walmdach.

Königsberg i. Bay.   *Unterfranken*   595 □ 11
entstand als Siedlung zur Sicherung der alten Straße
von Fulda nach Hallstadt und wurde 1538 zur
Stadt erhoben. Nach häufigem Herrschaftswechsel
gelangt es endlich an Sachsen-Coburg-Gotha, wo
es bis 1920 verbleibt. Das Stadtbild hat sich nahezu
unberührt seit dem 15. Jh. erhalten. Kern ist der
langgestreckte Salzmarkt, von malerischen Fachwerkhäusern umstanden. Hier zeigt man auch das
Geburtshaus des Astronomen Regiomontanus (1436
bis 1476). Besonders reizvoll ist das Haus Marienstraße 11. Fachwerkrathaus von 1659–68.

Königsbronn   *Reg.-Bez. Stuttgart*   601 □ 3
Das EHEM. KLOSTER liegt idyllisch am Ursprung
der Brenz. Von den Konventsgebäuden stehen noch
die barocke Oberamtei und die Prälatur.
RATHAUS Reizvoller Rokokobau von 1775.

Königseggwald   *Reg.-Bez. Tübingen*   608 ■ 10
PFARRKIRCHE Spätgotisch, mit älterem Turm, der
eine originelle barocke Laterne trägt. Wandmalereien des 14. Jh. Glasfenster von W. Geyer (1959).
SCHLOSS Vornehmer klassizistischer Bau von
d'Ixnard mit elegantem Treppenhaus.

Königshofen i. Grabfeld   *Unterfranken*   587 □ 7
Die KATH. STADTPFARRKIRCHE ist eine spätgotische
dreischiffige Halle (15. Jh.) mit überhöhtem Mittelschiff und reich figuriertem Netzgewölbe. Prachtvoll ist die steinerne Westempore mit Maßwerkbrüstung und reichem Rippengewölbe (um 1520).

Königslutter   *Verw.-Bez. Braunschweig*   571 ■ 6
Die ABTEIKIRCHE wird auch Kaiserdom genannt,
denn Kaiser Lothar von Süpplinburg legte 1135
den Grundstein, bedachte das Benediktinerkloster

KREUZGANG, KÖNIGSLUTTER

Steinmetzen und Bildhauer aus Verona und Ferrara
brachten Anfang des 12. Jh. römisches und byzan-
tinisches Formengut in den „Kaiserdom". Kaiser
Lothar von Supplinburg holte sie hierher – viel-
leicht sah er sich als Fortsetzer des Imperium
Romanum. Gefurchte, gedrehte, geflochtene, mit
Rankenwerk verzierte und ganz schlichte korinthi-
sche Säulen tragen Kapitelle in vielerlei Blattwerk,
deren plastische Tiefe im niedersächsischen Raum
und darüber hinaus zwar nachgeahmt, aber nie
wieder erreicht wurde.

241

reich und wurde im Schiff des noch unfertigen Baus beigesetzt. Bald nach ihm sein Schwiegersohn Heinrich der Stolze, Vater Heinrichs des Löwen, und 1142 des Kaisers Gemahlin Richenza. Die Grabmale sind barock, die mittelalterlichen zerbarsten bei einem Deckeneinsturz. Majestätisch steht die romanische Kirche am Rande der kleinen Stadt. Achteckig der Vierungsturm, am Langhaus das Löwenportal. Ein Jagdfries umzieht das Halbrund der Chorapsis. Die Wandmalereien des Innenraums fast ausschließlich von 1894. Die Kapitelle am Chor sind überaus kunstvoll, stehen aber hinter denen des schönen Kreuzgangs zurück.

Königstein i. Taunus *Reg.-Bez. Darmstadt* 585 □ 6
BURGRUINE Wuchtig erhebt sich über der Stadt die 1796 gesprengte Festung, die im 13. Jh. gegründet wurde. Die mittelalterlichen Teile stammen aus dem 14./15. Jh. Mächtige Rondelle und Bastionen des 16./17. Jh. umgeben die Burgfestung.
KATH. PFARRKIRCHE Im wesentlichen barock (1746). Hochaltar und Kanzel sind Spitzenleistungen des Rokoko.

Königswinter *Reg.-Bez. Köln* 584 ■ 9
Hübsche Bürgerhäuser des 17. und 18. Jh., besonders schön das Haus im Rebstock, 1757, und die Adlerapotheke, ein Empirebau von etwa 1800.
Die PFARRKIRCHE ST. REMIGIUS, 1780, ist eine dreischiffige Bruchsteinhalle mit Ostturm. Die Innenausstattung ist überwiegend neubarock, zum Teil unter Verwendung echter barocker Teile aus Kloster Heisterbach.
Das SIEBENGEBIRGSMUSEUM, ein edler Barockbau von 1732, bewahrt Architekturteile von Kloster Heisterbach und ein reich ornamentiertes Missale (13. Jh.), das von der Burg Drachenfels stammt.

Kötzting *Niederbayern* 604 □ 12
Die guterhaltene Kirchenburg (12. Jh.) ist ein typisches Beispiel bäuerlicher Befestigungsanlagen mit niedriger Zwingmauer, innerer Ringmauer, Wehrtürmen, der nun schloßähnlichen Burg (1459) und zwei (barock erneuerten) Kirchen.

Kommern *Reg.-Bez. Köln* 583 ■ 3
Das FREILICHTMUSEUM auf dem Kahlenbusch gibt einen Überblick über die bäuerlich-technische Kultur des Rheinlands. Außerdem Puppenstubensammlung.

Konstanz *Reg.-Bez. Freiburg i. Br.* 608 □ 9
Da, wo sich heute das Münster erhebt, stand ehemals ein römisches Kastell, vermutlich um 300 von Constantius Chlorus, dem Vater Konstantins d. Gr., gebaut. Gegen Ende des 6. Jh. erstand auf dessen Ruinenfeld das Bistum Konstanz. Mit der geistlichen wuchs auch die wirtschaftliche Macht der Stadt: Von 1414–18 Konstanzer Konzil, das erste auf deutschem Boden. Es beseitigt die Kirchenspaltung und verurteilt den böhmischen Reformator Joh. Huß als Ketzer zum Tode auf dem Scheiterhaufen. Leinwandproduktion und internationaler Handel verschaffen der Stadt Weltgeltung. Manch stattliche Domherrenhöfe, Patrizier- und Zunfthäuser zeugen von früherem Reichtum: Im Haus zur Kunkel am Münsterplatz Fresken (um 1300), deren Themen die Leinen- und Seidenweberei sind – früheste Profanmalerei diesseits der Alpen; das Zunfthaus Rosgarten (vor 1324, nördlicher Teil 1454) ist jetzt Museum; das Zunfthaus zur Katz mit reicher Steinfassade; das Haus zum Schafhirten mit einem

HEILIGES GRAB IM KONSTANZER MÜNSTER

Inmitten der Mauritiusrotunde am Schnittpunkt des Münsterkreuzgangs erhebt sich das um 1280 entstandene Heilige Grab, eine frühgotische Nachbildung des Rundbaus, den Kaiser Konstantin im 4. Jh. über der Grabstätte Christi errichten ließ. Die Figuren an der Außenseite stellen Szenen aus der Kindheit Jesu dar; zwischen den Wimperggiebeln stehen die zwölf Apostel. Die krönende Jesajagestalt und die Wappenschilder im Hintergrund stammen aus dem 18. Jh.

Relief (1608) des Bildhauers Hans Morinck, der hier wohnte. Das Neue Rathaus, 1585–94, ein kräftiger Renaissancebau mit seitlichen Treppentürmen, Arkaden und Zwerchgiebeln, war das Zunfthaus zur Salzscheibe. Vom Stadtbering stehen noch das Schnetztor (14. Jh.) und zwei Türme am Rhein. Durch die Gründung der Universität (1966) ist die Stadt wieder zu einem geistigen Zentrum geworden.
AUGUSTINERDREIFALTIGKEITSKIRCHE Das Bedeutendste in der barockisierten Basilika des 13. Jh. ist der berühmte Freskenfries aus der Konzilszeit.
EHEM. DOMINIKANERKLOSTER, 13. Jh., seit 1879 Inselhotel. Erhalten ist der schöne, frühgotische Kreuzgang.
Die EHEM. JESUITENKIRCHE ST. KONRAD (1604) besitzt eine prächtige Rokokoausstattung.
KAUFHAUS am Hafen, ein eindrucksvoller Bau von 1388 mit hohem Walmdach und Kranenerkern. Hier soll 1417 das fünftägige Konklave zur Papstwahl stattgefunden haben. Daher wohl der gebräuchliche, doch falsche Name Konzilsgebäude, das Konzil tagte im Münster.
MÜNSTER U. L. FRAU, 1089 geweiht. Die ehemals rein romanische Basilika mit den hohen Monolithsäulen, die achtseitige Kapitelle tragen, war stilbestimmend für das ganze Bodenseegebiet. Die Zeit des Konzils brachte die gotischen Umbauten, die Wölbungen und Veränderungen am Außenbau. Das Innere wurde dann noch teilweise klassizistisch und barock überformt. Westlicher Turmaufbau jedoch

von 1850. Aus romanischer Zeit Kupferscheiben mit vergoldeten Figuren.

Das reichgeschnitzte Chorgestühl und die Türen des Hauptportals entstammen einer Konstanzer Schnitzwerkstatt (1470). Auf einer figurenreichen Empore die Renaissanceorgel (um 1518).

ST. STEPHAN Die spätgotische, barockisierte Pfarrkirche enthält ein schönes Sakramentshäuschen (1594), Passionsreliefs, Grabdenkmäler (Ende 16. Jh.) und wertvolles Chorgestühl, 15./16. Jh.

Korbach *Reg.-Bez. Kassel* 577 ■ 5
Schon im 10. Jh. erwähnt; seit dem 13. Jh. lebhafter Aufschwung mit eigener Münze, Blüte der Handwerkszünfte und zeitweiliger Zugehörigkeit zur Hanse. Einige gotische Steinhäuser mit Staffelgiebeln sind erhalten: Kirchplatz 2 (Heimatmuseum); Violinenstraße 3; Enser Tor 7 (Spukhaus genannt). Aber das Stadtbild bestimmen weitgehend Fachwerkhäuser. Altstadt und Neustadt waren getrennt ummauert; später wurden sie gemeinsam mit einem äußeren Wehrmauerring umgeben. Es stehen noch ausgedehnte Mauerteile, der Thülenturm, der Herrschaftliche Turm (1505), Halbtürme und das Enser Tor (1414).

KILIANSKIRCHE (Altstadtpfarrkirche) Gedrungene Staffelung von Chor, Schiff und Turm. Bedeutendster Schmuck ist das figurenreiche Südportal (15. Jh.). Gotische Ausstattung.

NIKOLAIKIRCHE (Neustadtpfarrkirche) 1450 wurde die große spätgotische Hallenkirche gebaut: eine

DER „SCHNEGG" IM
KONSTANZER MÜNSTER

Das zierliche Treppentürmchen, 1438 von Meister Antoni nach burgundischen Vorbildern begonnen und nach seinem Tod von einem seiner Schüler vollendet, verdankt seinen Namen der schneckenhausähnlichen Treppenwindung. Der reiche Figurenschmuck im Weichen Stil stellt Szenen des Alten und Neuen Testaments einander gegenüber: links auf unserem Bild Gideon mit dem siegverheißenden Fell, rechts die Verkündigung an Maria.

schlanke, gestreckte Anlage. Steinkanzel (um 1460), über dem Baldachin des Altares von 1518 ein großes Kruzifix. Prunkvolles Wandgrab für Fürst Georg Friedrich von Waldeck (gest. 1692) mit schönem schmiedeeisernen Gitter.

RATHAUS Nach dem Zusammenschluß von Alt- und Neustadt (1377) auf der Grenze erbaut. Stattlicher Steinbau mit durchbrochenem Staffelgiebel. Arkaden und Turm modern (1930). Rolandsfigur (1470).

Kornelimünster *Reg.-Bez. Köln* 583 ■ 10
EHEM. BENEDIKTINERABTEI Umfangreiche barocke Backsteinanlage (heute Bundesarchiv). Die Kirche spiegelt eine tausendjährige Baugeschichte einzigartig wider. Nach zwei zerstörten älteren Bauten entsteht im 14. Jh. die große gotische Kirche; 1470 werden beide südlichen Seitenschiffe und der Kreuzgang im Westen angefügt, ab 1520 das nördliche Seitenschiff verbreitert und ein zweites, kürzeres mit der reizvollen Abtempore gebaut. Von den Holzgalerien des 17. Jh. über den Chören wurden den Gläubigen die Heiligtümer gezeigt. Die karolingisch strenge Vorhalle wurde später gotisch überwölbt. Hinter dem Chor achteckige Barockkapelle. Das Außenbild der turmlosen Kirche wird von Erneuerungen 1865 und 1961 bestimmt. Das Innere verdankt vor allem der spätgotischen Gewölbedekoration seinen malerischen Reiz.

Die NEBENKIRCHE ST. STEPHAN auf dem Berg, neben der Abteikirche und gleich ehrwürdigen Alters wie diese, dient als Glockenträger.

Korschenbroich *Reg.-Bez. Düsseldorf* 575 □ 5
SCHLOSS MYLLENDONK, als Burg schon im 12. Jh. genannt, ist eine große wasserumwehrte zweiteilige Anlage aus dem 14. Jh. Der Nordostflügel mit Treppenturm wurde im 16. Jh. und der hohe Nordostturm 1630 gebaut. Türme mit laternenbekrönten barocken Schweifhauben.

Kranenburg *Reg.-Bez. Düsseldorf* 575 ■ 11
STIFTSKIRCHE Ziel einer längst vergessenen Wallfahrt war ein 1308 aufgefundenes wundertätiges Kreuz, einst in der kleinen Wallfahrtskapelle ausgestellt, die in den dreischiffigen Backsteinbau von 1409 bis 1447 mit Hauptchor und abgeschrägten Nebenchören einbezogen wurde. Netz- und Kreuzrippengewölbe tragen und schmücken die Decke. Der in das Mittelschiff eingebaute Westturm erhielt erst 1904 Obergeschoß und Helm. Im Inneren wertvolle Steinmetzarbeiten und Holzbildwerke.

Im KATHARINENHOF (15. Jh.) das Heimatmuseum.

Kransberg *Reg.-Bez. Darmstadt* 585 ■ 6
1875 wurde die BURG des 14. Jh. ausgebaut. Wehrtechnisch interessant die Schildmauer mit Bergfried. In der neugotischen KATH. PFARRKIRCHE von 1875 die Holzkanzel des Limburger Domes von 1609, berühmt durch ihre phantastische Ornamentik.

Krautheim *Reg.-Bez. Stuttgart* 594 ■ 6
BURGRUINE Von der ehem. Stauferburg, die in den Bauernkriegen zerstört worden ist, stehen noch Ruinen des Bergfrieds und des Palas. Ein Meisterwerk der Steinmetzkunst das frühgotische Palasportal. Ein dreiteiliges Fenster gliedert das Bogenfeld. Die Kapelle gehört zu dem Schönsten der Frühgotik in Deutschland. Das Kreuzrippengewölbe mit fünfblättriger Rose im Schlußstein erinnert an Maulbronn.

Kreenheinstetten *Reg.-Bez. Tübingen* 607 □ 2
Im Fachwerkhaus Traube wurde 1644 Ulrich Megerle geboren. Als Augustinermönch Abraham a Sancta Clara wurde er der berühmteste Kanzelredner und Volksschriftsteller seiner Zeit.

Krefeld *Reg.-Bez. Düsseldorf* 575 ■ 4
In nur 150 Jahren wurde Krefeld seit 1692 siebenmal geplant erweitert. Bis dahin ein kleines Ackerbürger- und Leinenweberstädtchen, gewann es durch die Gewährung voller Religionsfreiheit Mennoniten und Reformierte aus den umliegenden Grafschaften, die tüchtige Kaufleute und Handwerker waren und es bald zum Zentrum der norddeutschen Seidenweberei machten.
BURG LINN war eine kurkölnische Festung und wurde so 1704. ein Opfer des Spanischen Erbfolgekrieges. Die Kölner Kurfürsten ließen sich statt ihrer in der Vorburg ein Jagdschloß erbauen. In dessen Mauern ist heute das Landschaftsmuseum des Niederrheins untergebracht. Kostbarster Besitz: die Grabausstattung eines fränkischen Stammesfürsten.
GEWEBESAMMLUNG Eine einzigartige Schau von Geweben aller Völker und Zeiten, von kirchlichen Gewändern, von Trachten und Kostümen.
HAUS LANGE Ludw. Mies van der Rohe erbaute 1928 die großzügig strenge Villa für einen Kunstsammler. Sie beherbergt eine Galerie moderner Kunst und Bauentwürfe ihres berühmten Architekten.

HELM EINES
FRÄNKISCHEN STAMMESFÜRSTEN

Im Herbst 1962 wurde auf einem Gräberfeld bei Gellep das unversehrte Grab eines fränkischen Edlen entdeckt, vermutlich Anfang des 6. Jh. angelegt und mit reichen Grabbeigaben ausgestattet. Besonders prachtvoll ist der Helm – eine ihrer Kostbarkeit wegen seltene Grabbeigabe, aus Eisen und Bronze gefertigt, mit Gold überzogen, reich verziert und mit Filz und Leder gefüttert.
Landschaftsmuseum des Niederrheins, Krefeld

HAUS NEULEYENTAL Ein weißer, eleganter Dreiflügelbau, zweigeschossig, gekrönt von einer hohen Laterne; um 1800 erbaut.
HERBERZHÄUSER in Uerdingen. Rathaus, Amtsgericht und Apotheke fanden Raum in den Wohnhäusern der Brüder Herberz. Hinter den schlichten Fassaden verbergen sich üppige Treppenhäuser, die zu reichstuckierten und ausgemalten Salons führen. 1832 erbaut.
Das KAISER-WILHELM-MUSEUM zeigt Gemälde und Plastiken vom Mittelalter bis zur Moderne; Möbel aus dem rheinisch-westfälischen Raum, aus Italien und Holland.

Krempe *Schleswig-Holstein* 562 □ 11
Die KIRCHE wurde in spätklassizistischen Formen nach einem Brand 1828–35 neu gebaut. Charakteristisch der Turm: aus Quader, Zylinder und Halbkugel kraftvoll zusammengefügt.
1570 errichtete sich die aufstrebende Stadt ihr stattliches RATHAUS mit schönem Giebel.

Kreuzberg a. d. Ahr *Reg.-Bez. Koblenz* 583 □ 3
Über dem Ort liegt auf einem schroffen Felsen malerisch die BURG, eine geschlossene Anlage mit Bergfried aus dem späten Mittelalter und Wohnbau von 1760. – In der KAPELLE (1780) eine Muttergottes (um 1480) und ein Kruzifixus (um 1500).

Kreuzberg in der Rhön *Unterfranken* 586 ■ 4
Der „Heilige Berg der Rhön" bewahrt das Andenken an den Frankenapostel Kilian, der hier um 638 anstelle eines Opfersteines das Kreuz aufgerichtet haben soll. Die WALLFAHRTSKIRCHE und das FRANZISKANERKLOSTER, aus schwerem, wettergegerbtem Stein gebaut, stehen seit dem Ende des 17. Jh.

Kreuzpullach *Oberbayern* 610 ■ 10
HL. KREUZ, von außen eine einfache Dorfkirche mit kleinem Dachreitertürmchen, zeigt innen reichen Stuck in roten, gelben und blauen Pastelltönen und eine originelle, architektonisch geschlossene Struktur. Die guten, typisch oberbayerischen Schnitzwerke (Anfang 16. Jh.) an der Nordwand des Schiffes stammen von dem ehem. spätgotischen Flügelaltar.

Kröv *Reg.-Bez. Trier* 592 □ 10
Kröv bildete im Hochmittelalter mit sechs Dörfern das Kröver Reich. Von den Adels- und Klosterhöfen sind besonders eindrucksvoll das Dreigiebelhaus (1658) und der Echternacher Hof (1758).

Krofdorf-Gleiberg *Reg.-Bez. Darmstadt* 585 ■ 3
EV. KIRCHE KROFDORF Ältestes Beispiel einer spätgotischen Holzpfeilerkirche.
RUINE GLEIBERG Um den Bergfried scharen sich stattliche Reste von Befestigungen und Bauten des 13./15. Jh. Unterburg (16. Jh.) nach 1879 restauriert.
RUINE VETZBERG Unter dem Bergfried ist noch der Bering mit Zwingern (13./14. Jh.) zu sehen.

Kronach *Oberfranken* 587 □ 4
Zu Füßen der Festung liegt die Altstadt, in deren winkligen Gassen sich spitzgiebelige Fachwerkhäuser drängen; vier alte Türme bekrönen die Stadtmauern, und um die Plätze gruppieren sich stattliche Bürgerhäuser aus Spätmittelalter und Barock. Die PFARRKIRCHE, mit frühgotischem Chor und dreischiffigem Langhaus aus dem 15. Jh., besitzt am

SCHIESS-SCHEIBE AUS DEM KRONACHER
HEIMATMUSEUM

*Die Kronacher Schützenscheibensammlung ist ein-
malig in Deutschland: 115 handgemalte runde und
viereckige Holzscheiben; die älteste stammt aus
dem Jahre 1702. Alte Städteansichten, Handwerks-
bräuche und Szenen des Volkslebens sind die
Motive. Die hier abgebildete zeigt oben die Plassenburg bei Kulmbach und im Vordergrund das
Bahnhofsgebäude mit einem Dampflokomotivzug.*

Westbau ein großartiges Portal (um 1500): Der
weit ausschwingende, krabbenbesetzte Bogen, den
zwei kräftige Fialen seitlich begrenzen, umschließt
ein Sandsteinrelief.
RATHAUS, 1583, mit schönem Renaissancegiebel. Im
Rathaussaal hängen drei Werke von Lukas Cranach d. Ä., der in Kronach geboren wurde (als
sein Geburtshaus gilt das Haus am scharfen Eck).
VESTE ROSENBERG Die gewaltige, guterhaltene und
weithin sichtbare Anlage besteht aus der vierflügeligen Kernburg (15./16. Jh.), dem Zeughaus (Ende
16. Jh.) und den fünf barocken Bastionen, die eine
starke Wallmauer verbindet. Das wuchtige Portal,
1662, trägt das Wappen des Bamberger Bischofs.

Kronberg *Reg.-Bez. Darmstadt* 585 □ 6
Die EV. PFARRKIRCHE (15. Jh.) birgt spätgotische
Plastik höchsten Ranges: den Marientodaltar, ein
Tonbildwerk von etwa 1445, Doppelgrabmäler und
Epitaph Reifenstein von Hans Backoffen (1517).
MITTELBURG (14. Jh.) Winkelbau des 15. Jh., mit
Wehrmauer zum Viereck gefügt. 1892 restauriert.
OBERBURG Im Kern aus dem 13. Jh., spätgotisch
befestigt. Die Ruine wurde 1892 restauriert.
SCHLOSS FRIEDRICHSHOF Witwensitz der Kaiserin
Friedrich, 1893 unter dem Einfluß englischer Spät-
gotik erbaut.

Kronenburg *Reg.-Bez. Köln* 583 ▪ 6
BURGRUINE (seit dem 18. Jh.) Hochburg und Vorburg, im 14. Jh. erneuert, waren einst mit der ört-
lichen Wehranlage verbunden, die auch zu Teilen
erhalten und in welche die spätgotische Kirche einbezogen ist.

Krummesse *Schleswig-Holstein* 563 ▪ 11
KIRCHE Ein durch seine zwei Schiffe und durch die
Höhe, die ihm Kuppelgewölbe und schlanke Mit-
telpfeiler geben, eigenwilliger Dorfkirchenraum der
Backsteingotik. Baubeginn um 1250. Barockaltar,
davor – im Chorbogen – spätgotisches Triumphkreuz.

Kühbach *Oberbayern* 602 □ 4
EHEM. KLOSTERKIRCHE Die heutige weiträumige
Wandpfeileranlage entstand im wesentlichen 1687
bis 1688. Im Innern guter Wessobrunner Stuck und
wertvolle Altäre. Gotisch die hübsche vorgelagerte
Stifterkapelle und ein Rest des Kreuzgangs.

Külsheim *Reg.-Bez. Stuttgart* 594 ▪ 9
In dem schön erhaltenen Städtchen, das für seine
vielen Brunnen bekannt ist, begegnet man noch
dörflicher Idylle. So auf dem Platz hinter der spätgotischen Katharinenkapelle mit dem dreischaligen
Kapellenbrunnen (14. Jh.) und dem Träubelesbild,
einer barocken, von Weinlaub und Trauben umrankten Mariensäule, oder vor dem Fachwerkrathaus (1522) mit Löwenbrunnen (1572). Die Burg
(heute Schule und Heimatmuseum) hat noch den
alten romanischen Bergfried.

Künzelsau *Reg.-Bez. Stuttgart* 594 □ 6
Das Kochertal wird hier von hohen Wänden ein-
geengt, von denen ein alter Wartturm auf das be-
hagliche Städtchen herabschaut.
EV. PFARRKIRCHE Barock, mit mächtigem gotischem
Chorturm, den eine welsche Haube krönt. Schöner
Orgelprospekt.
SCHLOSS Viertürmiger Spätrenaissancebau (1680).

Kürnbach *Reg.-Bez. Karlsruhe* 600 □ 1
Südlich des ehem. Deutschherrenhauses, eines ge-
fälligen Putzbaus aus dem 18. Jh., erhebt sich die
spätgotische PFARRKIRCHE, deren Chorturm teils
noch aus romanischer Zeit stammt. Darin Doppelgrabmal der Sternenfels-Weitershausen, ein Renais-
sance-Monument mit feinem Reliefschmuck (1598).

Küssaburg *Gem. Küßnach*
Reg.-Bez. Freiburg i. Br. 607 □ 8
In ihrer beherrschenden Lage vermittelt noch die
RUINE des riesigen Burgkomplexes einen großarti-
gen Eindruck spätmittelalterlicher Baukunst.

Kulmbach *Oberfranken* 596 □ 11
PLASSENBURG Schon im 12. Jh. eine bedeutende
Burg im Besitz der Meranier, kommt sie später an
die Grafen von Orlamünde und nach deren Aussterben 1340 an die Hohenzollern. Die Sage von
der „Weißen Frau", die den Hohenzollern Unheil
ankündigt, bezieht sich auf diese geschichtlichen
Vorgänge. Die heutige Erscheinung der Burg bestimmen die Umbauten des 16. Jh., die die Feste
der neuzeitlichen Kriegstechnik anpaßten. Sie liegt
auf einem steilen Felsrücken 116 m über der Stadt.
Kernbau ist das vierflügelige Hochschloß mit vier
Ecktürmen, dessen Schönen Hof man durch ein
Renaissanceportal betritt. Der Nordflügel öffnet
sich östlich in einem monumentalen Säulenportikus;
die drei anderen Flügel mit Arkadengängen. Drinnen
ist Weltgeschichte in bunten Bildern zu sehen, nämlich in dem berühmten Zinnfigurenmuseum. – Der
tiefer gelegene Kasernenhof war Vorburg; hier der
Christiansturm mit Prunkportal von 1607.

SCHÖNER HOF DER PLASSENBURG,
KULMBACH

Teppichartig breiten sich die Flachreliefs über alle Flächen der Arkadengeschosse aus, über Pfeiler, Bogen und Brüstungen – sie schmücken einen der schönsten Innenhöfe der Renaissance. Die Medaillons erzählen in Porträts hohenzollerische Familiengeschichte: bis in die Antike reicht die Reihe der Ahnen.

Kyllburg *Reg.-Bez. Trier* 591 □ 12
Das EHEM. KOLLEGIATSTIFT ist gut erhalten. Der erste Baumeister an der Kirche war 1276 ein Zisterziensermönch, im 14. Jh. entstand der Kreuzgang mit reichem Maßwerk. Hinter dem Hochaltar steinerne Muttergottesfigur von etwa 1350.

L

Laasphe *Reg.-Bez. Arnsberg* 585 ∎ 11
EV.-REF.-KIRCHE aus dem 13. Jh. Ein einschiffiger Bau von etwa 1200 ist heute nördliches Seitenschiff. Der Turm im 18. Jh. erneuert. Stuckreliefs (1704) schmücken die Gewölbe des südlichen Schiffes. Grabplatten und Epitaphien der Grafen von Sayn-Wittgenstein (15.–17. Jh.).
SCHLOSS WITTGENSTEIN Auf bewaldeter Höhe liegt die seit dem 12. Jh. nachweisbare Stammburg der Grafen von Wittgenstein. Das heutige barocke Schloß hat einen dreiflügeligen, dreigeschossigen Hauptbau mit Dachreiter.

Ladenburg *Reg.-Bez. Karlsruhe* 593 ∎ 6
Von der Befestigung stehen noch der Hexenturm und das gotische Martinstor mit dem Ladenburger Reiter, einer Sandsteinfigur des hl. Martin. Auffallend die Vielzahl alter Bürgerhäuser und Adelshöfe (Wormser Bischofshof, Neunheilersches Haus, Waisenhaus, Rathaus). In einem Fachwerkhaus von 1378 das Heimatmuseum.

ST.-GALLUS-KIRCHE Die zweitürmige gotische Basilika steht auf romanischen Fundamenten, von denen noch Mauerwerk in der Krypta (11. Jh.) sichtbar ist.
Die SEBASTIANSKIRCHE bewahrt noch frühromanische Bauelemente, so in Turm und nördlichem Anbau (eigenartig die derben Reliefs mit Masken und Tierbildern). Der Chor spätgotisch, das Langhaus im 18. Jh. umgestaltet.

Laer *Reg.-Bez. Münster* 568 □ 6
BARTHOLOMÄUSKIRCHE In die im 15. Jh. erbaute, im 16. Jh. zum Teil erneuerte gotische Hallenkirche wurden romanische Reste mit einbezogen. Im Inneren eine 2,65 Meter hohe Kolossalfigur des Kirchenpatrons (13. Jh.).

Lahnstein *Reg.-Bez. Koblenz* 584 ∎ 6
BURG LAHNECK wirkt auch nach dem neugotischen Umbau noch romantisch. Die Kernbauten mit dem starken Hauptturm, der Schildmauer und der Kapelle aus dem 13. und 14. Jh.
KATH. PFARRKIRCHE in Oberlahnstein. Viele Bauperioden bis ins 19. Jh. haben sie geprägt. Am ältesten sind die zwei spätromanischen Chortürme.
KLOSTER- UND PFARRKIRCHE in Niederlahnstein. Pfeilerbasilika aus dem 12. Jh. mit Emporen über den Seitenschiffen, fast quadratischem, kreuzrippengewölbtem Chor und vorgesetztem Westturm.
MARTINSBURG in Oberlahnstein. Mittelalterliche Bauten sind mit denen des 16. und 18. Jh. zu einer dreiflügeligen, vom hohen sechseckigen Hauptturm überragten Anlage zusammengeschlossen.
RATHAUS Oberlahnstein. Bedeutender spätgotischer Fachwerkbau (1517) mit offener Halle.

Lahr *Reg.-Bez. Freiburg i. Br.* 599 □ 5
Nach der Einäscherung 1677 überwog beim Wiederaufbau die französische Baugesinnung, die über Straßburg ihren Eingang fand, schönstes Beispiel ist das Lotzbecksche Haus (Neues Rathaus).
Die EV. KIRCHE in Burgheim gehört zu den ältesten Gründungen in Südwestdeutschland um 700. Im 12. Jh. wurde der heutige, in späteren Jahren noch erweiterte Bau darübergesetzt. Wandmalereien aus dem 15. Jh. im Langhaus.
Die EHEM. STIFTSKIRCHE stand nach langer Bauzeit (um 1260 begonnen) 1412 fertig: eine dreischiffige Basilika ohne Querhaus. Dank ihren vollendeten Proportionen konnten auch entstellende Restaurationen des 19. Jh. den harmonischen Gesamteindruck nicht mindern. Nur im Chor blieben im Mittelfenster die frühgotischen Formen.
Von der Wasserburg (13. Jh.) überstand der STORCHENTURM die Zerstörungen 1689.

Laichingen *Reg.-Bez. Tübingen* 601 ∎ 6
Das HÖHLENMUSEUM führt in die Urgeschichte der Schwäbischen Alb ein. Neben dem Museum befindet sich eine etwa 100 Meter in die Erde hinabführende Schachthöhle, in der man sein Wissen ganz wörtlich noch „vertiefen" kann.

Laiz *Reg.-Bez. Tübingen* 608 □ 10
KATH. PFARRKIRCHE aus dem 15. Jh., barockisiert. Im Chor (13. Jh.) spätgotische Wandmalereien.
RUINE GEBROCHEN GUTENSTEIN, 4 km donauaufwärts, ist ein hoch gelegenes Felsennest, dessen Eingang nur mit einer Leiter zu erreichen war (14. Jh.).

Lambrecht *Rheinhessen-Pfalz* 592 □ 4
Das KLOSTER, 997 gegründet, war zunächst mit Benediktinern, von 1244–1551 mit Dominikanerinnen besiedelt. Die Kirche, heute ev. Pfarrkirche, ist ein einschiffiger gotischer Bau des 14. Jh., in seinen schönen, klaren Linien typisch für die Architektur des Bettelordens. Er wurde im 18. Jh. im Westen verkürzt. Im Innern sind Fresken freigelegt worden.

Lamspringe *Reg.-Bez. Hildesheim* 578 □ 1
EHEM. ABTEI An der 1787 gefaßten Quelle der Lamme, die dem Ort den Namen gab, soll im 9. Jh. das Kloster gegründet worden sein. Es bestand bis zur Reformation. Nach dem Dreißigjährigen Krieg zogen englische Benediktiner ein, bauten von 1670 bis 1691 die hohe weite Kirche und füllten sie mit kunstvollen Werken des Barock. Fast alle Altarbilder malte ein Laienbruder; er beherrschte auch die Stuckmarmortechnik (Weihwasserbecken). Langgestrecktes Abteigebäude mit eleganter Freitreppe (1731).

Landau a. d. Isar *Niederbayern* 604 ■ 9
Die 1224 von Herzog Ludwig d. Kelheimer gegründete Stadt erhielt nach einem Brand 1743 ein neues Gesicht.
EHEM. HERZOGL. SCHLOSS (13. Jh.). Im 16. Jh. niedergebrannt, im 18. und 19. Jh. wieder aufgebaut.
Die FRIEDHOFSKIRCHE HL. KREUZ, ein spätgotischer Bau (15. Jh.) mit barocker Flachdecke, enthält drei gute spätgotische Altäre.
MARIÄ HIMMELFAHRT 1713 wurde diese Wandpfeilerkirche erbaut. Prächtiger Hochaltar (1725), in zwei Seitenkapellen Rokokoaltäre, spätgotisch sind Chorbogenkruzifixus und drei Schnitzfiguren an den Pfeilern.
Die STEINFELSKIRCHE (um 1700) steht über einer natürlichen Grotte.

Landau in der Pfalz *Rheinhessen-Pfalz* 593 □ 8
Die Stadt wurde im 13. Jh. auf einer Flußinsel am Rande der Haardthöhen gegründet. 1291 wurde sie Reichsstadt. 1679 fiel sie an Frankreich und wurde von Vauban zur Festung ausgebaut. Aus dieser Zeit noch zwei Tore. Im übrigen bestimmen stattliche barocke Bürgerhäuser das Straßenbild.
AUGUSTINERKLOSTERKIRCHE (um 1300). Mittelschiff und Chor der dreischiffigen gotischen Basilika sind unter einem langgestreckten Dach vereinigt, das von einem bescheidenen Dachreiter überragt wird. Hauptschmuck ist die große Rose über dem Westportal. Wandmalereien des 14. Jh. und 15. Jh. in den Seitenschiffen. Erhalten sind der schöne Kreuzgang des 15. Jh. und Klostergebäude des 18. Jh.
Die EHEM. STIFTSKIRCHE wurde 1333 vollendet. Jünger sind nur der Westturm (ab 1349) und das zweite nördliche Seitenschiff (15. Jh.). Die vierschiffige Anlage ohne Querhaus entstand unter dem Einfluß der Bettelordenarchitektur. Im Tympanon des Westportales drei Reliefszenen. In der Sakristei bedeutende Wandmalereien des 14. Jh.

Landsberg am Lech *Oberbayern* 609 ■ 1
Sehr malerisch mit Türmen und Giebeln die Silhouette der Stadt, gleich München eine Gründung Heinrichs des Löwen. Der mit Rundtürmen besetzte Mauerring des 13.–15. Jh. umrahmt eine schöne, vorwiegend barock geprägte Stadt mit hohen, stattlichen Bürgerhäusern und dem prächtigen Rathaus (um 1700). Das Bayertor von 1425 ist vielleicht das schönste gotische Tor Deutschlands.

Die EHEM. JESUITENKLOSTERKIRCHE HL. KREUZ (1752–54) steht weithin sichtbar an einem Talhang. Zwei Haubentürme flankieren die hochgiebelige Fassade. Im Innern großflächige Fresken und lockerer Rokokostuck. Reich stuckierte Sakristei (um 1730) von Dom. Zimmermann und hübsch bemalte Ignatiuskapelle (1756).
EHEM. URSULINERINNENKLOSTERKIRCHE (um 1720) Ein kleiner, nach Entwurf von Dom. Zimmermann harmonisch gestalteter Bau.
JOHANNISKIRCHE, 1741 von Dom. Zimmermann geplant, 1754 geweiht. Bewegte Fassade. Zentralraum mit Säulen und Nischen, origineller Hochaltar aus Rocaillen mit Taufe Christi.
MARIÄ HIMMELFAHRT Der romanische, mit Rundbogenfriesen verzierte Turm (1698) trägt Kuppelhaube und Laterne, das große, hochragende basilikale Langhaus mit reich verziertem Doppelportal entstammt dem 15. Jh.

SCHMALZTURM UND BRUNNEN
AM MARKT, LANDSBERG

An Toren und Türmen fehlt es der Stadt Landsberg nicht. Drei Mauern hat man hier im Laufe der Zeit gebaut. Der ältesten, innersten war der frühgotische Schmalzturm eingefügt. An ihm hielten – daher sein Name – die Bauern ihre Produkte feil. Heute gehört er zum schmucken Markt, den ferner die reichverzierte Rathausfassade von Dominikus Zimmermann (dieser war hier fünf Jahre lang Bürgermeister) und der Brunnen mit dem anmutigen Marienstandbild von 1783 schmücken.

Landshut *Niederbayern* 603 □ 4
Die Luftaufnahme des heutigen Landshut gleicht dem um 1570 geschnitzten Stadtmodell von Jakob Sandtner so unverändert, daß sich ein Landshuter des 16. Jh. auch heute in den breiten Straßenmärkten der Altstadt und der Neustadt zurechtfinden würde. Der von Laubenbögen und spätmittelalterlichen Zinnengiebeln eingefaßte Straßenzug Altstadt, leicht gekrümmt zwischen Meister Stethai-

NARRENTREPPE IN BURG TRAUSNITZ, LANDSHUT

Unter den Reichen Herzögen wurde die Burg zu einem der lebenslustigsten Höfe Europas, ein Tummelplatz von Komödianten und Musikanten, Goldschmieden und Baukünstlern. Der Komponist Orlando di Lasso und der Genuese Massimo Troiano überschütteten das Lustschloß mit ihren Einfällen. Alessandro Scalzi malte die berühmte „Narrentreppe" überraschend plastisch und lebendig mit mannsgroßen Figuren der Commedia dell'arte aus. Im Bild kämpfen Pantalone und sein Diener mit einem ertappten Liebhaber.

HOF DER BURG TRAUSNITZ, LANDSHUT

Wenn auch der Architekt, Friedrich Sustris, ein Niederländer war – der Schloßhof entstand in italienischer Manier. Dementsprechend kamen die ausführenden Handwerker, Künstler ihres Faches, ebenfalls aus Italien. Doppelte Arkadenreihen im Renaissancestil ersetzten damals, gegen Ende des 16. Jh., die mittelalterlichen Holzgalerien. Zudem wurde zwischen Fürstenbau und Dürnitzbau (rechts) eine überdachte Treppe gesetzt.

mers Spitalkirche Hl. Geist und dem Münster St. Martin, ist Süddeutschlands schönste Straße. Durch drei Jahrhunderte war die 1204 von Ludwig dem Kelheimer gegründete Burg und Stadt wittelsbachische Residenz. Unter der Hofhaltung der Reichen Herzöge (1393 bis 1503) entfaltete sie sich im 15. Jh. zu einer der mächtigsten Städte in Deutschland. Im 16. Jh. wurde dieses „Idealbild einer altbayerischen Residenzstadt" nach dem Landshuter Erbfolgekrieg (1504–05) Bayerns zweite Residenz. In diesem Krieg verlor Götz von Berlichingen vor den Toren der Stadt seine rechte Hand. Es war Glück im Unglück, daß ihm die hochangesehenen Landshuter Plattner, die Harnischmacher, mit einer kunstreich gefertigten Prothese aushalfen.

Zwischen 1800 und 1826 wurde die von Ingolstadt wegdirigierte bayerische Landesuniversität in Landshut zum Zentrum der Romantik, das die Brentanos, Achim von Arnim und andere anzog. Die Landshuter Fürstenhochzeit 1475 wird als Höhepunkt einer festesfrohen Vergangenheit noch heute in jedem dritten Jahr wiederbelebt. Die vor 500 Jahren von dem Jubel „Himmel Landshut! Tausend Landshut"! umbrandete Hochzeit, die Ludwig der Reiche seinem Sohn Georg und der polnischen Königstochter Jadwiga ausrichtete, dauerte acht mit Gottesdiensten, Turnieren, Tänzen und Huldigungen überfüllte Tage. Die Landshuter Fürstenhochzeit ist Deutschlands größtes historisches Fest.

ST. MARTIN, die im Stil der späten Backsteingotik erbaute Pfeilerhallenkirche am Ausgang der Altstadt, ist das bedeutendste Werk des Meisters Hans von Burghausen, genannt Stethaimer, der sich an der südlichen Münstermauer prägnant in Stein porträtierte. Der schlanke Martinsturm ist wie die Trausnitz ein Wahrzeichen der Stadt. Dieser „höchste Backsteinturm der Welt" wurde als Weltwunder des Mittelalters bestaunt. St. Martins schmalen Pfeilern steil emporgetragene Hallen ragen in fließendes Licht. Der Landshuter Bildhauer Hans Leinberger schnitzte um 1518 eine überlebensgroße Madonnenstatue, die neben den Chorgestühlschnitzereien als Landshuter Madonna zu den eindrucksvollsten Kunsterlebnissen in St. Martin gehört.

Die TRAUSNITZ, Landshuts ältester Bau, mit romanischem Kern, Wittelsbacherturm, gedecktem Wehrgang und historischen Erinnerungen an die Staufer, war unter Ludwig d. Bayern neben München kaiserliche Residenz. Aus dem „geschloß Landshut", das der Stadt den Namen gab, entwickelte sich in fast vierhundertjähriger Bauzeit der klingende Musenpalast des Herzogs Wilhelm V. Tannhäuser und Neidhardt von Reuenthal gehörten zu den unvergessenen Gästen der frühzeitig lebhaften Veste, in der 1311 den Bürgern in einer Magna Charta das Recht verbrieft wurde, sich gegen landesherrliche Übergriffe notfalls mit Gewalt zur Wehr zu setzen.

Landstuhl *Rheinhessen-Pfalz* 592 ■ 6
BURG NANNSTEIN, seit Ende des 15. Jh. Sitz der Herren von Sickingen, wurde 1689 zerstört.
In der PFARRKIRCHE ST. ANDREAS, die ihre heutige Gestalt 1753 erhielt, steht das überlebensgroße Grabdenkmal für Franz von Sickingen, der 1523 im Kampf um die belagerte Burg fiel.

Langenargen *Reg.-Bez. Tübingen* 608 ■ 7
KATH. PFARRKIRCHE Der stattliche Barockbau ist reich an schönen Gemälden, darunter das Schutzengelbild von Franz Anton Maulbertsch.

SCHLOSS MONTFORT ließ König Wilhelm I. von Württemberg nach 1861 in maurisch-italienischem Stil erbauen (heute Kurhaus).

Langenau *Reg.-Bez. Tübingen* 601 □ 4
EV. PFARRKIRCHE Grabungen haben ergeben, daß hier schon ein römischer Tempel stand (3. Jh.). Das heutige Gotteshaus ist ein Neubau des 14./15. Jh., der später barockisiert wurde. Geblieben ist der spätgotische Taufstein von Matth. Böblinger. Der Turm diente als Wehr- und Beobachtungsturm.

Langenburg *Reg.-Bez. Stuttgart* 594 □ 6
SCHLOSS Die Burg, seit 1232 im Besitz der Hohenlohe, wurde im 15. Jh. befestigt und seit 1576 in ein Renaissanceschloß umgebaut, dessen Zier der Innenhof mit seinen Galerien ist. Der über der Jagst gelegene helle Bau wurde nach dem verheerenden Brand von 1963 wiederhergestellt. In den Räumen reicher figuraler Stuck (Anfang 17. Jh.), im Museum interessante Schätze. Eine weitere Attraktion ist das Automobilmuseum mit Veteranenautos.

Langenhorst *Reg.-Bez. Münster* 568 ■ 7
EHEM. NONNENSTIFT Gräben und Teiche umgeben einfache spätgotische Teile der Stiftsgebäude, die Abtei von 1722 und die Kirche, eine gedrungene, um 1200 im Übergangsstil von der Romanik zur

KAPELLE DER BURG TRAUSNITZ,
LANDSHUT

Unter dem spätgotischen Gewölbe (1518) der Doppelkapelle sitzen, in Stuck gearbeitet, von Miniatursäulen und Bögen umrahmt, Jesus sowie Apostel und Heilige vor der Brüstung der Ostempore. Darüber stehen Maria und Johannes, goldgewandet und – wie auch der zwischen sie herabhängende Christus am Kreuz – aus Holz geschnitzt. Hinter ihnen, unter Baldachinen, die hl. Barbara und Katharina. Alle Figuren stammen aus dem 13. Jahrhundert.

Gotik erbaute Halle mit zwei Chorflankentürmen. Die Säulenkapitelle im Schiff wie an der geräumigen Empore schmücken reiches Blatt- und Rankenwerk und Figuren.

Langenstein *Gem. Eigeltingen*
Reg.-Bez. Freiburg i. Br. 607 ■ 3
SCHLOSS Von der im 12. Jh. erwähnten Burg ist der Bergfried aus mächtigen Felsen erhalten, um den das Schloß im 16. u. 17. Jh. erbaut wurde.

Langenstein *Reg.-Bez. Kassel* 585 □ 2
PFARRKIRCHE Am Eingang zum ehem. Wehrkirchhof steht der Lange Stein, eine vorgeschichtliche Steinsäule. Die in der Spätgotik ausgebaute schlichte Kirche birgt ein bezauberndes doppeltes Netzgewölbe (1522) und die ursprüngliche Ausmalung. Dazu kontrastierende Ausstattung in buntem bäuerlichem Barock.

Langenzenn *Mittelfranken* 595 ■ 6
EV. PFARRKIRCHE Die Burggrafen von Nürnberg sind die Gründer des Augustinerchorherrenstifts (1409, aufgehoben 1533). In seine Bauzeit fällt auch die Errichtung der bestehenden Kirche, die mit der Vierflügelanlage des Klosters um den wohlerhaltenen Kreuzgang einen zusammenhängenden, mächtigen Baukomplex bildet, den der bis ins sechste Geschoß mittelalterliche Turm mit Kuppelhaube beherrscht. Im Innern der Kirche reiche spätgotische Ausstattung mit guten Altären der Nürnberger Schule. Wohl vom ehemaligen Hochaltar stammen zwei Tafelbilder, um 1430, vom Meister des Bamberger Altars. In das völlig restaurierte Sakramentshäuschen ist ein Steinrelief der Verkündigung von Veit Stoß (1513) eingelassen.

Langerwehe *Reg.-Bez. Köln* 583 ■ 12
Das TÖPFEREI-MUSEUM zeigt Langerweher Keramik von spätkarolingischer Zeit bis zur Moderne. Eine ländliche Küche aus der Zeit um 1700, ein Rokokozimmer von 1750 und eine Töpferwerkstätte ergänzen den Bestand.

Laubach *Reg.-Bez. Darmstadt* 585 □ 3
PFARRKIRCHE Von einer spätromanischen Kirche blieben der gedrungene Ostbau aus Chor, Querhaus und Vierungsturm. Im Innern spätgotische Wandmalereien und mehrere Grabdenkmäler. Der Ostbau schließt abrupt an den Neubau von etwa 1700, das großzügig proportionierte, hochbarocke Langhaus, an. Prachtvolle Orgel (um 1750).
SCHLOSS Zusammengewachsene Anlage von großem malerischen Reiz. Die Kernburg bestand aus Kemenatenbau und gegenüberliegendem Westflügel, beide mit Ecktürmen, der Bergfried stand frei dazwischen, Reste der Ringmauer sind noch erhalten. Beim Ausbau zur Residenz der Grafen von Solms-Laubach im 17. Jh. wurden beide Flügel durch einen Quertrakt verbunden, der große Schloßhof an der Südseite vom inneren Schloßhof abgetrennt. Der große Hof wurde im 18. Jh. umgebaut, der innere erhielt im 19. Jh. eine zweigeschossige Galerie. Das Museum enthält Bildnisse, Möbel, Erzeugnisse der Laubacher Glashütte, hessische Keramik. Im Kemenatenbau gewölbte Hofstube mit Wandmalereien (16. Jh.); im Nassauer Bau reiches Rokokotreppengeländer und Großer Saal mit Wandvertäfelungen und Régence-Stukkaturen. – Im romantischen englischen Garten die Untermühle (1588).

Laudenbach *Reg.-Bez. Stuttgart* 594 ■ 4
BERGKIRCHE (Marienwallfahrt) Gotischer Bau von
ausgewogenen Proportionen (das Langhaus barockisiert), mit prächtigen figurenreichen Portalen. Hervorragend das spätgotische Gnadenbild im Hochaltar (um 1410).

Lauenburg *Schleswig-Holstein* 563 ■ 9
Der Schloßturm (um 1470) und Restfiguren des
Herzogsgrabmals (16. Jh.) in der Maria-Magdale-
nen-Kirche erinnern an die Herzöge von Sachsen-
Lauenburg, die hier bis 1616 regierten. Aus der bür-
gerlichen Vergangenheit des Städtchens das der
Elbschiffahrt gewidmete Museum und die 1724 in
Stein gefaßte Palmschleuse des 1398 angelegten
Stecknitzkanals.

Lauenstein *Oberfranken* 588 □ 9
BURG auf frei aufragendem Bergkegel. Der Palas
stammt noch aus dem 14. Jh., während der Thüna-
Flügel der Hauptburg und die Vorburg im 16. Jh.
aufgeführt wurden. Der Torturm wurde barock erneuert. Dennoch blieb der altdeutsche Charakter
der Burg außen wie innen erhalten.

Lauf a. d. Pegnitz *Mittelfranken* 595 □ 4
WENZELSCHLOSS 1360 ließ Kaiser Karl IV. die heutige Anlage errichten: eine stattliche Wasserburg,
deren Bauten sich dicht auf der kleinen Insel drängen. Den Wappensaal, einst Wohnraum Kaiser
Karls V., schmücken über hundert steinerne Wappenreliefs.
Im LEONHARDSPITAL (16. Jh.) das Heimatmuseum.

Laufen a. d. Salzach *Oberbayern* 611 ■ 1
In einer großzügigen Schleife der Salzach liegt die
alte Handelsstadt, schon zur Römerzeit wichtiger
Umschlagplatz für Salz. Patrizierhäuser mit Grabendächern und Laubengängen geben ihr ein süd-
liches Gepräge.

UMGANG DER STIFTSKIRCHE, LAUFEN
*Der Arkadengang, der die Stiftskirche Mariä
Himmelfahrt von Laufen, die älteste gotische Hallenkirche Süddeutschlands, umgibt, wurde zwischen
1400 und 1550 angelegt. Er überdacht und schützt,
zum Teil durch ein spätgotisches, mit Fresken geschmücktes Netzgewölbe, zahlreiche Grabstätten,
deren Marmorplatten den Boden dieses Umgangs
bilden. Der Südwestausgang (unser Bild) führt zur
Michaelskapelle, an der heute der eigentliche Friedhof beginnt.*

Beherrscht wird das Stadtbild durch die PFARRKIR-
CHE ST. MARIÄ HIMMELFAHRT, erbaut ab 1332. Zwei
kraftvolle Säulenreihen trennen drei nahezu gleich
breite Schiffe. Bemerkenswert der Hochaltar von
1658 und ein Gemälde des Laufener Meisters Joh.
Mich. Rottmayr unter der Orgelempore (1690).

WAPPENSAAL IM WENZELSCHLOSS, LAUF
*An der Burg der Reichsdienstmannen von Lauf
führte im 13. Jh. die Handelsstraße von Nürnberg
nach Böhmen vorbei. Man erhob Zoll; der Ort
blühte auf. Kaiser Karl IV. erneuerte im 14. Jh.
den Bau. In seinem Wohnraum – dem heutigen
Wappensaal – ließ er mehr als hundert Wappen
von Adeligen, die seiner böhmischen Hausmacht
zugehörten, in doppelter Reihe in die Wände hauen
und farbig ausmalen.*

Lauffen a. Neckar *Reg.-Bez. Stuttgart* 600 □ 2
Hier wurde 1770 Friedrich Hölderlin geboren. Eine
Gedenktafel im Garten seines – heute abgebrochenen – Geburtshauses erinnert daran. Im Rathaus,
der alten Burg mit noch zinnenbekröntem Bergfried
aus dem 11. Jh., ein Hölderlinmuseum.
REGISWINDISKAPELLE Sehr stimmungsvoll liegt die
ehem. Friedhofskapelle (13. Jh.), die den Steinsarkophag der Heiligen birgt.

Lauingen *Schwaben* 602 ■ 8
Diese alte Donaustadt hat 1193 einen großen Sohn
hervorgebracht: den gelehrten Dominikaner Albertus Magnus. – Wahrzeichen Lauingens ist der
schlanke, schön gegliederte Schimmelturm (1487,
1571), merkwürdig das italienisch anmutende Rathaus (1783–90).
PFARRKIRCHE ST. MARTIN Ein münsterartiges, rein
erhaltenes Bauwerk der deutschen Spätgotik (1518).
Wertvolle Grabdenkmäler des 16. Jh.

Laupheim *Reg.-Bez. Tübingen* 608 □ 1
GOTTESACKERKAPELLE aus dem 15. Jh., innen barockisiert. Sie ist dem hl. Leonhard geweiht, der
auch als Schutzpatron der Gefangenen gilt. Daher
die außen umlaufende Eisenkette.
SCHLOSS GROSSLAUPHEIM An das Alte Schloß aus
dem 16. Jh. schließt sich das barocke Neue Schloß.

Lausheim *Reg.-Bez. Freiburg i. Br.* 607 ■ 9
EHEM. WALLFAHRTSKIRCHE Der äußerlich unscheinbare Bau beherbergt eine kostbare Ausstattung aus
den Jahren 1617/18.

Lautenbach *Reg.-Bez. Freiburg i. Br.* 599 □ 4
WALLFAHRTSKIRCHE MARIÄ HIMMELFAHRT Die Wallfahrt nach Lautenbach setzt im 14. Jh. ein, 1473

beginnt die Ortenauer Ritterschaft den Bau einer Kapelle, die gleichzeitig Grablege sein sollte. Eine eigentliche Wallfahrtskapelle wurde zusätzlich ins Schiff eingebaut. Im vorigen Jahrhundert wurde die Kirche um zwei Joche verlängert und erhielt einen Turm. Der feingliedrige Lettner und der zierliche steinerne Schrein um das Gnadenbild der Kapelle bilden zusammen mit dem Maßwerk der altverglasten Fenster und den reichen Gewölben in Chor und Schiff ein einmalig reiches Ensemble spätgotischer Schmuckarchitektur.

Lauterbach b. Dachau *Oberbayern* 603 □ 7
Im Dachauer Hügelland liegt das wuchtig-abweisende SCHLOSS der Grafen Hundt (16./17. Jh.). In der Schloßkirche gotische Glasmalereien, die zu den besten dieser Art in Oberbayern zählen.

Lauterbach *Reg.-Bez. Darmstadt* 586 ■ 9
STADTKIRCHE Eine der schönsten protestantischen Rokokokirchen Hessens (1763–67), Vorbild für viele Riedeselsche Landkirchen im Vogelsberg. Das Innere ist sparsam mit zarten Stukkaturen besetzt, nur an Kanzelwand und Orgel wird der Schmuck konzentriert. Zahlreiche Riedeselsche Grabdenkmäler aus dem 16. Jh.
STADTPALAIS HOHAUS Wirkungsvolle Dreiflügelanlage um einen Ehrenhof (1769–73). Treppe mit reizvollem holzgeschnitzten Rokokogeländer und Großer Saal mit verspielten Stukkaturen. Im Hohaus-Museum der Lauterbacher Altar, um 1480.

Lauthausen *Reg.-Bez. Köln* 584 ■ 11
Die EHEM. FRANZISKANERKLOSTERKIRCHE in Seligenthal (1256) ist eine turmlose, zweischiffige romanische Basilika mit einem Dachreiter, die Vorhalle ein Neubau von 1894. Das im Wahnbachtal abseits gelegene Kloster war eine der ältesten Minoritenniederlassungen im Rheinland.
Das SCHLOSS in Allner, eine zweiteilige und ganz ummauerte Anlage (17./18. Jh.), liegt hoch über dem Siegtal an der Stelle einer Burg aus dem 14. Jh.
STIFTSKIRCHE MATER DOLOROSA in Bödingen. Die dreischiffige gotische Pfeilerbasilika erstand nach 1400 für das hölzerne Gnadenbild der Schmerzhaften Muttergottes (um 1350).

Lechenich *Reg.-Bez. Köln* 583 □ 2
1279 erhielt der Ort durch den Kölner Erzbischof Stadtrechte und wurde bald stark befestigt.
BURG KONRADSHEIM Das Wohngebäude der auf künstlichem Hügel liegenden Hauptburg (vor 1350 begonnen, 1548 fertiggestellt) ist ein zweigeschossiger Backsteinbau mit runden Ecktürmen, Stufengiebeln und einem hübschen Renaissanceerker.
EHEM. KURKÖLNISCHE LANDESBURG Trotz der Zerstörung (1689) steigt der von breiten Gräben und Teichen umgebene Bau (1306 begonnen) immer noch großartig aus der weiten Ebene empor. Im Palas, einem riesigen Backsteinbau, sind Reste alter Wandmalerei erhalten. In die durch Wassergräben vom Hochschloß getrennte Vorburg führt ein spitzbogiges Haupttor.

Leer *Reg.-Bez. Aurich* 560 ■ 5
Barock, Rokoko und Klassizismus prägen den Häusertyp der Hafenstadt. Den Einfluß des holländischen Barock zeigt das aus Backstein mit Hausteinverzierungen erbaute Haus Samson (1643). Am Ufer der Leda das Gasthaus zur Waage (1714) mit Dachtürmchen. Die mittelalterliche lutherische Kirche wurde im 18. Jh. barock umgebaut. Ein Zentralbau von 1785–87 ist die reformierte Kirche.
Das HEIMATMUSEUM in einem alten Packhaus zeigt Sammlungen zur Volks- und Landeskunde.
Die zweischiffige gewölbte KRYPTA (um 1200) auf dem alten Friedhof ist von einer 1785 abgebrochenen Kirche geblieben. (Heute Gedenkstätte für die Gefallenen.) Außen Grabplatten aus dem 16. Jh.

Legden *Reg.-Bez. Münster* 568 □ 7
KATH. PFARRKIRCHE Um 1230 aus Quaderwerk erbaute Halle mit erhöhtem Mittelschiff. 1906 nach Westen um einen neuromanischen doppeltürmigen Querbau erweitert. Unschätzbar der Kunstwert der Glasmalerei im mittleren Chorfenster (13. Jh.). In Grün, Blau, Rot und Gelb erglüht die Darstellung der Wurzel Jesse in kreisförmigen Ornamenten.

Leinfelden *Reg.-Bez. Stuttgart* 600 □ 3
Im DEUTSCHEN SPIELKARTENMUSEUM Karten aus aller Welt. Siehe auch Bielefeld, Seite 86.

Leitheim *Schwaben* 602 ■ 3
Ein gedeckter Gang verbindet die schön stuckierte einschiffige Kirche mit dem Schloß: beides ließ sich ein Abt um 1690 errichten. Der schlichte Schloßbau enthält eine freundliche Rokokoausstattung.

Lembeck *Reg.-Bez. Münster* 576 □ 10
WASSERSCHLOSS Die großzügige, Vorburg, Herrenhaus und Park umfassende Anlage, von der mächtigen Hauptachse harmonisch mit der Landschaft verbunden, entstand Ende des 17. Jh.; nur Teile des Herrenhauses sind älter. Originell sind die mit Delfter Kacheln belegten Wände der Pferdeställe.

WASSERSCHLOSS LEMBECK
Wuchtige Baumassen, in stillem Wasser widerscheinend, in reizvoller Parklandschaft ruhend: Schloß Lembeck. Blockartige Türme, zum Teil mit barocken Zwiebelhauben, flankieren die verschiedenen Flügel der hufeisenförmigen Vorburg sowie des Herrenhauses (unser Bild) mit seinem rechtwinkligen Grundriß. Eine weitgreifende Straßenachse verbindet die verschiedenen Gebäudekomplexe, sie mit Hilfe von Torwegen durchdringend, harmonisch mit der Umgebung.

Lemgo *Reg.-Bez. Detmold* 577 □ 1
Vom Reichtum der einst mächtigen und dichtbevöl-
kerten Hansestadt im Lipperland – ein Zentrum
des Tuch-, Leinen- und Garnhandels – und von dem
künstlerischen Geist der hier ansässigen Kaufherren
zeugen heute noch viele prächtige Steinbauten und
kunstvoll bemalte und mit üppigem Schnitzwerk
verzierte Fachwerkhäuser der Gotik und Renaissance wie das Planetenhaus (um 1590) und das
Wippermannsche Haus (um 1576).
HEXENBÜRGERMEISTERHAUS (1568–71, jetzt Heimatmuseum) mit großartiger, eigenwillig gestaffelter
Renaissancefassade und prunkvollem, von Erkern
flankiertem Bogenportal. Hier wohnte im 17. Jh.
der berüchtigte Bürgermeister Cothmann, der
90 Menschen als Hexen und Zauberer zum Tode
verurteilte.
Die MARIENKIRCHE, etwa 1280–1330 errichtet, 1964–67
grundlegend restauriert, ein schwerer, typisch westfälischer und doch lichter gotischer Bau mit gut ausgewogenen Proportionen im Innern, enthält eine
Grabplatte mit vorzüglichen Skulpturen (um 1378)
und eine berühmte, wie ein Vogelnest gestaltete
Orgel der Renaissancezeit (um 1590).
NIKOLAIKIRCHE Ein teils spätromanischer, teils gotischer Bau mit ungleichen Türmen – der nördliche

RATHAUS, LEMGO

*Acht Baukörper vereinigen sich in dem bemerkens-
wert schönen Rathaus von Lemgo zu einem ausgewogenen Komplex. Die Marktfront (unser Bild)
wird von einem schweren westfälischen Staffelgiebel
aus spätgotischer Zeit beherrscht. Aber auch die
reichen Fronten der beiden auseinanderliegenden
Erker gehören noch dazu. Links derjenige der Rats-
apotheke von 1612, mit steinernen Reliefporträts
von berühmten Naturforschern und Ärzten, rechts
der Doppelgiebel der Neuen Ratsstube mit Statuen
der Kardinaltugenden. Unter den Arkaden des mittleren Baus fanden – denn Lemgo hatte eine eigene
Blutsgerichtsbarkeit – die berüchtigten Hexenpro-
zesse statt. Ihnen fiel, gegen Ende des 17. Jh., sogar ein Pfarrer der Nikolaikirche zum Opfer, deren
Türme hier über das Rathaus hinwegblicken.*

mit Renaissancehelm (1569) – und prachtvollen
Portalen, vor allem das romanische nördliche
(um 1230). Im Innern ornamentale Malereien aus
romanischer und gotischer Zeit, spätromanische
Steinskulpturen (um 1230; Portal-Tympanon im
südlichen Seitenschiff und Marien-Retabel) und das
hervorragende Renaissance-Steinepitaph des Moritz von Donop (1587).
RATHAUS Es ist eines der schönsten Deutschlands:
eine malerische Gruppe von acht Bauten, größtenteils des 15.–17. Jh., mit mehreren verschiedenartig
gestalteten, schmuckvollen Giebeln, drei prächtigen
Erkern, formenreichem Schnitzwerk und kunstvollen Steinmetzarbeiten. An der südlichen Giebelfront
humoristische Kopfmasken.

Lengfurt *Unterfranken* 594 ■ 11
Die DREIFALTIGKEITSSÄULE, die sich nach oben in
Stuckwolken auflöst, aus denen fröhliche Engels-
gesichter blicken, wurde 1728 gestiftet.
In der PFARRKIRCHE frühklassizistischer Hochaltar
(1799), wertvolles Altarkreuz aus Elfenbein (1720).

Lenggries *Oberbayern* 610 ■ 8
In der gotischen MARIAHILF-KAPELLE auf dem Friedhof ein spätgotisches Gnadenbild, 16. Jh., und zwei
um 1500 gemalte Altarflügel.
Die PFARRKIRCHE ST. JAKOB, ein schlichter Bau von
1721/22, enthält zwei gute Altäre von 1726/27.
Östlich von dem 1712–1718 erbauten SCHLOSS HO-
HENBURG, einem dreiflügeligen Barockbau mit schöner Rokokokapelle, finden sich noch Mauerreste der
mittelalterlichen Burg und der fast vollständig erhaltene Wirtschaftsbau.

Lensian *Reg.-Bez. Lüneburg* 571 □ 1
Der Ortsteil Schreyahn ist ein beinah lückenlos erhaltenes wendisches RUNDLINGSDORF.

Leonberg *Reg.-Bez. Stuttgart* 600 □ 3
Die EV. PFARRKIRCHE ist eine gotische Basilika mit
Anklängen an die Romanik, die sich noch in den
kleinen, schmalen Fenstern äußert. Durchgang unter
dem Chorturm mit barocker Haube. Schöner gotischer Kruzifixus.
RATHAUS Dreigeschossiger Fachwerkbau über einer
Rundbogenhalle (1482). Auf dem Platz davor schöner Renaissancebrunnen.

Leuchtenberg *Oberpfalz* 596 □ 3
BURGRUINE Trotz Verwüstungen durch Kriege und
Brände macht sie noch immer den Eindruck eines
gewaltigen Bollwerks. Die Festung auf steilem Berg-
ausläufer war nicht nur die größte der Oberpfalz,
sondern auch die geschichtlich bedeutsamste. Denn
hier saßen die mächtigen Landgrafen von Leuchtenberg, die später Reichsfürsten wurden. Was heute
noch steht, die Vorburg, die Zwingermauer mit den
Turmbastionen, die Kapelle, Teile des Palas und
der als Aussichtswarte wiederhergestellte Bergfried,
gehört dem 14. Jh. an.

Leutkirch *Reg.-Bez. Tübingen* 608 ■ 3
Solide Bürgerhäuser, meist mit Laubengängen im
Erdgeschoß und darüber vorkragenden Fachwerk-
geschossen, vermitteln heute noch den Eindruck einer
typisch oberschwäbischen Reichsstadt. Außer dem
RATHAUS (18. Jh.) mit dem festlich stuckierten Rats-
saal sollte man sich die ev. (17. Jh.) und die kath.
KIRCHE (16. Jh.) ansehen.

Leutstetten *Oberbayern*   610 □ 10
ST. ALTO Die spätgotische, jedoch im 17. Jh. stark umgebaute Kirche zeichnet sich durch eigenwilligen Stuck – im Altarraum ein Kreuz aus Engelsköpfen –, schöne Holzfiguren (um 1520) am Hochaltar (Anfang 17. Jh.) und ein ausgezeichnetes Holzrelief (um 1480/90) aus.

Leverkusen *Reg.-Bez. Düsseldorf*   584 □ 10
SCHLOSS MORSBROICH war einst im Besitz des Deutschordens und beherbergt seit 1951 das Museum der Stadt, international bekannt durch seine Sammlung zeitgenössischer Kunst. Das ehem. Herrenhaus wurde im 18. Jh. errichtet und im 19. Jh. erweitert.

Lich *Reg.-Bez. Darmstadt*   585 ■ 4
EHEM. STIFTSKIRCHE Turmlose dreischiffige Hallenkirche spätester Gotik (1510–25). Die Holztonne wurde erst im 18. Jh. eingezogen. Über dem Altar geschnitztes spätgotisches Kruzifix; die Rokokoprachtkanzel mit den verzückt bewegten Heiligenfiguren sowie die Orgel mit dem reichen Spätrenaissanceprospekt (einem der ältesten Hessens) aus dem Kloster Arnsburg; im Chorumgang bedeutende Grabdenkmäler. Die Glocken trägt ein Turm der Stadtbefestigung.
SCHLOSS Ursprünglich vierflügelige Wasserburg (14. Jh.), im 17. und 18. Jh. durch Abbruch eines Flügels geöffnet und barockisiert. Anbauten aus dem 19.–20. Jh. Klassizistischer Marstall (Ende 18. Jh.).

Lichtenau *Mittelfranken*   595 □ 6
Die VESTE, von der Reichsstadt Nürnberg 1406 erworben und als Trutzfestung gegen die Ansbacher Markgrafen ausgebaut, wird 1552 von Markgraf Albrecht Alkibiades völlig niedergebrannt. Beim Wiederaufbau, der erst um 1630 vollendet ist, bedient man sich der neuartigen, bastionären Festungsbauweise. Unter Beteiligung Nürnberger Meister entsteht die mächtige fünfeckige Anlage mit zwei Wehrberingen und fünf Basteien. Innen der Kernbau mit zwei flankierenden Rundtürmen in der unverkennbar nürnbergischen Form.

Lichtenberg *Reg.-Bez. Darmstadt*   593 ■ 2
SCHLOSS Der einfach-wuchtige Renaissancebau krönt eine Bergkuppe. Der von Georg, dem ersten Landgrafen von Hessen-Darmstadt, berufene Jakob Kesselhut schuf hier 1570–81 ein für Südhessen beispielhaft gewordenes Werk. Geringe Reste weisen auf eine mittelalterliche Burg.

Lichtenfels *Oberfranken*   595 □ 1
Am Nordhang des Burgbergs liegt das behäbige Schloß Kastenboden (1555). In der Altstadt zwei stattliche Tortürme aus dem 15./16. Jh.
PFARRKIRCHE Ältester Bauteil ist der mit vier Wachttürmchen besetzte, kräftige Turm; Chor und Langhaus 1483–1530, barock ausgestattet. Zwei Renaissance-Epitaphien mit Bronzereliefs, vermutlich von Herm. Vischer.

Lichtenstein ob Honau
Reg.-Bez. Tübingen   601 □ 8
wurde durch Wilhelm Hauffs historischen Roman berühmt. Im 19. Jh. wurde das alte SCHLOSS abgetragen und durch einen Neubau ersetzt, der so romantisch ausfiel, wie man es eben damals haben wollte. Bedeutende Kunstsammlungen. Ganz in der Nähe liegt die Nebelhöhle, in der sich Herzog Ulrich verborgen haben soll.

SCHLOSS LICHTENSTEIN

Die Burg mutet an, als sei sie nach Hauffs Phantasieschilderung entstanden: „Wie das Nest eines Vogels, auf die höchsten Wipfel einer Eiche oder auf die kühnsten Zinnen eines Turmes gebaut, hing das Schlößchen auf dem Felsen. Es konnte oben keinen sehr großen Raum haben, denn außer einem Turm sah man nur eine befestigte Wohnung, aber die vielen Schießscharten im untern Teil des Gebäudes, und mehrere weite Öffnungen, aus denen die Mündungen von schwerem Geschütz hervorragten, zeigten, daß es wohl verwahrt und trotz seines kleinen Raumes eine nicht zu verachtende Veste sei."

Liebenau *Reg.-Bez. Hannover*   569 □ 3
Vielfältig die Ausstattung der spätgotischen EV. KIRCHE: Renaissancekanzel und -altar mit gotischer Kreuzigungsgruppe; Sakramentshaus von 1511.

Liebenau *Reg.-Bez. Kassel*   578 □ 9
PFARRKIRCHE Im mächtigen Chorturm umfangreiche gotische Wandmalereien, darunter überlebensgroße Apostelfiguren. Reich geschnitzte Kanzel (um 1700).

Liebenburg *Verw.-Bez. Braunschweig*   579 □ 11
Oberhalb des schmucken Ortes liegt das spätbarocke SCHLOSS, von Fürstbischof Clemens August 1754 bis 1760 erbaut. Großartiges Deckenfresko in der Kapelle, die den ganzen Westflügel einnimmt. – Von der Burg, deren Geschichte von einer Wehrburg des Jahres 1292 bis zum Hauptquartier Wallensteins reicht, blieb der Wachtmeisterturm (16. Jh.).

Liebenstein *Reg.-Bez. Stuttgart*   601 □ 10
SCHLOSS Die Attraktion dieser großen Renaissanceanlage ist die Kapelle, besonders reizvoll durch das Zusammenspiel der Stilformen: nachklingende Gotik im Maßwerk der spitzbogigen Fenster, schmuckfreudige Renaissance in den repräsentativen Türrahmungen und im reich gebildeten Giebel.

BURG UND DOM, LIMBURG

Jenseits der Lahn bietet sich in Limburg eines der schönsten deutschen Architekturbilder dar. Auf steilem Fels über dem Fluß verkörpert der Dom das Bild der Gottesburg des hohen Mittelalters. Mannigfache Anregungen aus dem Rheinland und aus Frankreich trafen zusammen, und unter den Händen mindestens zweier Baumeister entstand im 13. Jh. ein ungemein reich durchgebildetes Bauwerk, das beispielhaft zeigt, zu welch eigenwilliger Höhe sich die deutsche Romanik unter Aneignung frühgotischer Einzelformen entwickelte. Das 18. Jahrhundert fügte noch den Spitzhelm hinzu. Am Ostrand des Domberges drängt sich die malerische Baugruppe der Burg zusammen, die heute das Diözesanmuseum enthält.

Lieberhausen *Reg.-Bez. Köln* 584 □ 1
Die EV. KIRCHE, 1174 zuerst erwähnt, ist eine kleine dreischiffige Basilika aus spätromanischer Zeit, die Ostteile 15. Jh. Die Kirche ist ebenso wie die Friedhofskirche (12./15. Jh.) im nahen Wiedenest wegen ihrer reichen Wand- und Gewölbemalereien aus dem 15./16. Jh. als eine der „bunten Kerken" des oberbergischen Landes bekannt.

Lienzingen *Reg.-Bez. Karlsruhe* 600 ■ 1
Einer Festung gleicht die ursprünglich romanische, gotisch umgebaute PFARRKIRCHE mit Zufluchtsräumen (Gaden) in der Ummauerung.
In der spätgotischen LIEBFRAUENKIRCHE hübsche Bemalung an Langhausdecke und Chorgewölbe.

Liesborn *Reg.-Bez. Münster* 577 ■ 10
EHEM. BENEDIKTINERKIRCHE Klostergründung bereits im 9. Jh. Romanisch ist noch der klotzige Turm, hochgotisch das übrige der stattlichen Kirche. Hier verbliebener Rest der Maler- und Kunstschule des Klosters (Blütezeit 15. Jh.): die Hälfte einer spätgotischen Doppelmadonna (um 1540).

Limbach *Unterfranken* 595 ■ 11
WALLFAHRTSKIRCHE Am linken Mainufer liegt einsam auf einem Hügel die von Balth. Neumann erbaute Marienkirche. Sie ist sein letztes Werk, ein zartes, kleines Raumgebilde, mit Emporen zwischen Freipfeilern. Von J. P. Wagner die Baldachinaltäre (1761), die mit der übrigen Ausstattung ein Rokoko von leichtester, müheloser Eleganz ergeben.

Limburg a. d. Haardt *Rheinhessen-Pfalz* 593 □ 8
König Konrad II. gründete 1025 auf dem Gelände der Stammburg seines Geschlechtes ein Benediktinerkloster. 1042 wurde die KIRCHE geweiht. Es ist eine dreischiffige Basilika mit Querhaus, Rechteckchor und Krypta. Treppentürmchen flankieren die beiden Westtürme, zwischen denen ein Mittelbau die Vorhalle und eine Westempore enthält. Blendarkaden gliedern den Bau in den Ostpartien, die Säulen im Langhaus und in der Krypta haben Würfelkapitelle. – Von den Klostergebäuden ist wenig erhalten. 1574 wurde das Kloster aufgehoben, seitdem verfiel die Anlage, doch ist die Ruine immer noch ein großartiges Zeugnis herrscherlichen Bauwillens.

Limburg a. d. Lahn *Reg.-Bez. Darmstadt* 584 □ 4
Unter den Herren von Ysenburg-Limburg erlebte die Siedlung im 13. Jh. ihre Blüte. Die Stadt legt sich halbkreisförmig um Burg- und Domberg. Die winkligen Straßen und Plätze mit ihren Fachwerkhäusern bilden ein städtebauliches Kleinod.

BURG UND DIÖZESANMUSEUM Am Ostrand des Domberges drängt sich die malerische Baugruppe des 13.–18. Jh. zusammen. Das Museum bewahrt kirchliche Kunst und besitzt mit der Dernbacher Beweinung, einer Tonplastikgruppe der Zeit um 1410, das ergreifendste Werk dieser mittelrheinischen Kunstgattung.

DOM Von 910–1803 war der Berg Sitz des Stiftes St. Georg und Nikolaus, 1827 wurde die Stiftskirche Kathedrale eines neuen nassauischen Bistums. Vorgängerbauten, vielleicht älter als das 10. Jh., sind durch Grabungen und geringe Reste bezeugt. 1211–50 wuchs neben der Gaugrafenburg der stolze siebentürmige Dom zu einem der letzten und eindrucksvollsten Zeugen deutscher Spätromanik empor. Die Geländeverhältnisse auf dem Bergplateau über der Lahn forderten ein enges Zusammenrücken der kreuzförmigen, dreischiffigen Basilika. Die beiden Joche des Langhauses sind kaum länger als die Ostteile mit Querhaus und rundem Umgangschor. Der Dom vereint alle Wesenszüge der Zeit zwischen Romanik und Gotik. Romanisch ist die vieltürmige Baugruppe, die sich von jeder Seite anders zeigt. Aber schon ist das Blockhafte der Romanik aufgelöst. Die Mauermasse wird durch eine Fülle von Arkaden und Gliederungen aufgelockert. Überall tauchen gotische Formen auf: Spitzbogen, Kleeblattbogen, Knospenkapitelle. Kostbarstes altes Ausstattungsstück ist das Taufbecken (um 1235). LAHNBRÜCKE Mit sechs weiten Rundbogen überspannt die Steinbrücke des 14. Jh. den Fluß. Auf der rechten Seite der Brückenturm und Reste der Stadtbefestigung. Der LIMBURGER DOMSCHATZ im Kloster der kath. Stadtkirche enthält das byzantinische Kreuzreliquiar und die Hülle des Petrusstabes, ein Werk der Goldschmiede-Emailkunst des späten 10. Jh.

Lindau im Bodensee *Schwaben* 608 ■ 6
Die Inselstadt war sicherlich schon früh von Jägern und Fischern bewohnt. Aber das Mittelalter zeigt noch seine prägende Kraft: die Heidenmauer aus dem 9. Jh. und die Stadtbefestigung mit Türmen aus verschiedenen Zeiten. Die Häuser mit Flacherkern und Arkaden, vorwiegend aus dem 16. und 17. Jh., bieten malerische Bilder. Ein stattlicher Barockbau ist das Haus zum Cavazzen mit dem Stadtmuseum. Die charakteristische Hafenanlage mit Löwe und Leuchtturm entstand 1811. Das ALTE RATHAUS, 1422–36, trägt reichen, originellen Schmuck: der Stufengiebel ist bis hinauf zu den beiden Glocken mit zierlichen Voluten dekoriert, zu der bemalten Ratslaube führt ein gedeckter Treppengang. Auf der nördlichen Frontseite ein Erkervorbau. Im Innern schöne Fensterpfeiler, eine gewölbte Holzdecke im großen Ratssaal, Vertäfelungen und gutes Schrankwerk (um 1600) in anderen Räumen. EHEM. DAMENSTIFT Der würdevolle zweiflügelige Bau von 1730–36 enthält noch ein bedeutendes Deckenbild. EHEM. ST.-PETERS-KIRCHE (Kriegergedächtniskapelle) Die einschiffige schlichte Kirche ist sehr alt: Chor und Ostteile 11. Jh., Turm von 1425. Im Innern Wandmalereien vom 13. bis 16. Jh.

Lindenfels *Reg.-Bez. Darmstadt* 593 ■ 3
BURGRUINE Auf einem Bergkegel erhebt sich die markante Ringmauer. Ihre gerundete Anlage geht auf das 12. Jh. zurück. Die umfangreichen Zwinger bilden mit der teilweise erhaltenen Stadtbefestigung ein System.

Lindenhardt *Oberfranken* 596 ■ 10
Der PFARRKIRCHE, die 1684 völlig ausbrannte, stellte die benachbarte Pfarrei Bindlach ihren Marienaltar zur Verfügung, der heute Ziel vieler Kunstfreunde ist: die gemalten Flügel mit den 14 Nothelfern sind 1926 als Frühwerk Matthias Grünewalds bestimmt worden.

Linderhof *Oberbayern* 609 ■ 5
Eine einzigartig gewachsene und eine kunstvoll veränderte Landschaft umgeben das romantisch-verträumte SCHLOSS Ludwigs II., um 1870 im prunkvollen Barock- und zarten Rokokostil erbaut.

Lindheim *Reg.-Bez. Darmstadt* 585 □ 4
Von der im 14. Jh. den ganzen Ort umfassenden viereckigen Wasserburg sind Kirch- und Hexenturm erhalten. Das Barockschloß der Ortsherren wurde 1930 verkleinert. Die dreischiffige gotische ev. Kirche entstand vom späten 13. bis zum 15. Jh.

Lindlar *Reg.-Bez. Köln* 584 □ 12
PFARRKIRCHE ST. LAURENTIUS Obwohl aus weit auseinanderliegenden Epochen (Kern Mitte 12. Jh., im 16. Jh. erweitert, 1826 umgebaut), fügen sich die Teile harmonisch zum Ganzen. Zur Inneneinrichtung gehört ein sechssäuliger Taufstein des 13. Jh.

Lingen *Reg.-Bez. Osnabrück* 568 ■ 10
PALAIS DANCKELMANN Mit Löwen geschmückte Pfeiler stehen an der seitlichen Einfahrt des zweigeschossigen Baus (1646). Prächtiges Gartenportal. RATHAUS Spätgotischer Treppengiebel, barocker Dachreiter. ST.-WALBURGIS-KIRCHE Einschiffiger Saalbau von 1770 mit romanischem Turm und einem Chor von 1629 mit Sterngewölben.

ALTES RATHAUS, LINDAU
Ein Gebäude mit moralischen Grundsätzen. „Lasset ab vom Bösen und lernet Gutes tun", mahnt eine Inschrift am Alten Rathaus von 1436; im Erdgeschoß befand sich nämlich einst das Arrestlokal. Und der Erker vor dem ersten Stock, zu dem eine überdachte Treppe hinaufführt, ist außen mit Bildern zu den Zehn Geboten geschmückt. Der Stufengiebel trägt bis hinauf zu den beiden Glocken zierliche Voluten.

Linnich *Reg.-Bez. Köln* 583 □ 12
Die PFARRKIRCHE ST. MARTIN (15. Jh.), eine dreischiffige sterngewölbte Backsteinhallenkirche mit ungewöhnlich hohem und lichtem Innenraum, besitzt drei schöne Antwerpener Schnitzaltäre (16. Jh.) und einen spätromanischen Taufstein.

Linz *Reg.-Bez. Koblenz* 584 ■ 9
Von der Stadtbefestigung stehen noch zwei große Tortürme, das Rheintor und das Neutor.
PFARRKIRCHE ST. MARTIN Romanische und gotische Bauformen sind in dieser reizvoll-unregelmäßigen Anlage vereint. Im Inneren Wandmalereien aus dem 13. und 16. Jh.
In der PFARRKIRCHE von 1966–67 der wertvolle Flügelaltar des Kölner „Meisters des Marienlebens" von 1463.

Lippborg *Reg.-Bez. Arnsberg* 577 □ 9
HAUS ASSEN An den runden Eckturm aus dem 15. Jh. wurde 1564 nach dem Vorbild von Schloß Horst das Renaissanceherrenhaus in Backstein mit Hausteinverzierungen gebaut.

Lippertskirchen *Oberbayern* 610 ■ 3
Die anmutige DORFKIRCHE, ursprünglich spätgotisch, 1778 barock umgestaltet, mit Wessobrunner Stuck und großflächigen, farbkräftigen Deckenfresken versehen, enthält eine gute spätgotische Ausstattung.

Lippoldsberg *Reg.-Bez. Kassel* 578 ■ 10
EHEM. BENEDIKTINERINNENKLOSTERKIRCHE Gegründet unter Erzbischof Liupold im 11. Jh. Der romanische Bau wurde einheitlich um 1142–51 errichtet. Chor und Langhaus basilikal, von einem Querhaus getrennt. Das Äußere schlicht, aber eindrucksvoll in der kubischen Fügung der Bauteile. Im Westteil des Mittelschiffes Nonnenempore über niedriger dreischiffiger Säulenvorhalle mit ornamentierten Würfelkapitellen. Erhalten ein interessanter Taufstein (um 1200).

Lippstadt *Reg.-Bez. Arnsberg* 577 ■ 10
Die 1168 von Graf Bernhard II. zur Lippe gegründete Stadt Lippe (seit Ende des 17. Jh. Lippstadt) erreichte schon im 13. Jh. den Umfang, den sie bis ins 19. Jh. beibehalten hat. Alte Giebelhäuser erinnern an die zweite Blütezeit der Hansestadt im 17. Jh. unter der Doppelherrschaft Lippe-Brandenburg.
Die GROSSE MARIENKIRCHE ist eine dreischiffige Hallenkirche des 13. Jh. mit wuchtigem, von einem Barockhelm gekrönten Westturm, dessen Westfront ein großes Radfenster schmückt, und zwei Osttürmen am 1487–1506 erweiterten Chor. Im weiträumigen Innern fällt das hoch aufragende, frei stehende Sakramentshäuschen von 1523 auf.
Die STIFTSKIRCHE ST. MARIEN, eine frühgotische Hallenkirche aus dem 13. Jh. mit schön gearbeiteten Portalen, Fenstern und Kapitellen ist auch als Ruine noch eindrucksvoll.

Lissingen *Reg.-Bez. Trier* 583 □ 5
BURG Ein schöner Torbau führt zur Oberburg von etwa 1514, die Ende des 16. Jh. ums Doppelte erweitert wurde. Aus dem 16./17. Jh. die Unterburg.

Lißberg *Reg.-Bez. Darmstadt* 585 □ 4
BURGRUINE Fünfeckige Kernburg des 14. Jh. auf einer Bergkuppe, überragt von einem runden Bergfried und von Zwinger und Vorburg umgeben.

Lobenfeld *Reg.-Bez. Karlsruhe* 593 ■ 5
EHEM. KLOSTERKIRCHE Das eigentliche Gotteshaus besteht aus einem romanischen Chor und Querschiff, dem später ein Giebel mit Dachreiter aufgesetzt wurde. Fein ornamentierte Bogenfriese folgen den Simsen und Rundungen. Im Chor Wandmalereien aus dem 12. bis 14. Jh.

Loccum *Reg.-Bez. Hannover* 570 □ 9
Das EHEM. ZISTERZIENSERKLOSTER, 1163 gestiftet, reformierte sich Ende des 16. Jh. selbst, doch Abt und Mönche blieben. 1815 wurde im ev. Predigerseminar eingerichtet. Derzeitiger Abt von Loccum ist der ev. Landesbischof von Hannover. Dieser Kontinuität verdankt die Klosteranlage ihre gute Erhaltung. Die Kirche (um 1240–80), eine kreuzrippengewölbte Pfeilerbasilika mit Querschiff, zeichnet sich durch zisterziensische Einfachheit aus. Von der mittelalterlichen Ausstattung blieben ein kostbares Triumphkreuz mit gemaltem Kruzifixus (13. Jh.), ein großer hölzerner Reliquienschrein, die rankenverzierten Wangen des Chorgestühls. Südlich schließt sich der Kreuzgang mit den Klostergebäuden an. Hervorzuheben sind der Kapitelsaal, dessen Kreuzgratgewölbe auf vier romanischen Säulen mit Würfelkapitellen ruht, das hohe, lichte spätgotische Mönchsrefektorium (1593–96 ausgebaut) und das Laienrefektorium. Im weiten, von einer Mauer umgebenen Klosterbezirk, in den das Torhaus (um 1260) mit der Frauenkapelle führt, stehen noch das Abtshaus (um 1275), das Pilgerhaus, die Walkmühle und das mächtige Kornhaus Elephant.

Lörrach *Reg.-Bez. Freiburg i. Br.* 606 ■ 6
Zu der jetzigen Stadt, die mit Basel zusammengewachsen ist, gehört das malerische Dorf Rötteln mit seiner ev. Kirche (bedeutendes spätgotisches Grabmal) und die östlich davon liegende Ruine der großen BURG RÖTTELN, 11.–15. Jh., die im 17. Jh. zerstört wurde, aber noch mächtige Mauern der Vorburg, Burgtor und Wachtturm und Teile des Bergfrieds zeigt.
In Lörrach-Stetten die doppeltürmige kath. Kirche St. Fridolin aus dem frühen 19. Jh. und ein Schlößchen aus dem 17. Jh. Ganz oben steht die gotische MICHAELSKAPELLE, die spätgotische Wandmalereien und ein Hl. Grab unterhalb der Sakramentsnische im Chor birgt.

Lövenich-Weiden *Reg.-Bez. Köln* 583 □ 2
RÖMISCHE GRABKAMMER Zwei Korbstühlen nachgeahmte Kalksteinsessel, drei marmorne Bildnisbüsten und der Jahreszeiten-Sarkophag gehören zur Ausstattung dieser besterhaltenen Grabkammer nördlich der Alpen, sie wurde vom 2.–4. Jh. benützt. Große und kleine Nischen in der Wand nahmen die Aschenurnen auf.

Loffenau *Reg.-Bez. Karlsruhe* 600 ■ 9
EV. PFARRKIRCHE (1842) Im Erdgeschoß des alten Chorturms ein nahezu vollständiger Freskenzyklus des 15. Jh.

Loga *Reg.-Bez. Aurich* 560 ■ 5
Die PAULUSKIRCHE (13. Jh.) erhielt 1842/43 einen achteckigen Westturm, der sich stark nach oben verjüngt und an einen Leuchtturm erinnert. Die beiden SCHLÖSSER, die repräsentative Philippsburg (um 1730) und die etwas schlichtere Evenburg (1653), sind später vergrößert und umgestaltet worden.

CHORGESTÜHL DER KATH. PFARRKIRCHE,
LORCH

*Das Ende des 13. Jh. entstandene Chorgestühl,
lebensvoll wie kaum ein zweites aus dieser Zeit,
erinnert im drastischen Ausdruck der Tierfiguren
an sehr frühe Ornamentik. Die rätselhaften, glotz-
äugigen Fabeltiergestalten sind wohl aus der Dä-
monenfurcht des Mittelalters zu verstehen; be-
schwörend in den sakralen Raum gebannt, kann
sich ihre unheilvolle Kraft nicht entfalten.*

Loh b. Plattling *Niederbayern* 604 ▪ 11
WALLFAHRTSKIRCHE HL. KREUZ Die schlichte Wandpfeileranlage, 1690 dem spätgotischen Chor hinzugefügt, erhielt 1768–72 farbenfrohe, bewegte Fresken und zauberhaften Rokokostuck von Franz Xaver Feuchtmayer.

Lohne *Reg.-Bez. Arnsberg* 577 □ 9
EV. PFARRKIRCHE, spätromanische Halle (13. Jh.)
mit älterem Westturm. Am Langhaus spitzbogige
Säulenportale. Im Innern tragen kreuzförmige
Pfeiler die Gewölbe, der vorgebaute Chor hat eine
Hängekuppel.

Lohr a. Main *Unterfranken* 594 ▪ 11
In der PFARRKIRCHE, einem frühgotischen, noch von
romanischer Formgebung beeinflußten Bau aus der
zweiten Hälfte des 13. Jh., beeindrucken steinerne
Epitaphien (15./16. Jh.) der Grafen v. Rieneck.

Lohrbach *Reg.-Bez. Karlsruhe* 593 □ 4
EV. PFARRKIRCHE (1818) Im gotischen Turmchor
Wandmalereien in naiv-bäuerlicher Manier.
WASSERSCHLOSS mit Torturm aus dem 13. Jh. Der
dreiflügelige Fürstenbau aus der Renaissance (1572).

Loquard *Reg.-Bez. Aurich* 560 ▪ 9
Die KIRCHE (um 1280) besitzt einen herrlichen Passionsaltar aus der Spätgotik, mit einer geradezu be-
drängenden Figurenfülle.

Lorch *Reg.-Bez. Darmstadt* 592 □ 1
KATH. PFARRKIRCHE Breit auf einer Terrasse des
Rheins gelegen, beherrscht die gotische Kirche mit
ihrem wuchtigen, noch romanischen Turm das
Landschaftsbild. Der Hochaltar mit vielen herrlichen
Bildwerken (1483) zählt zu den wenigen monumentalen Schnitzaltären der Spätgotik am Mittelrhein. Das Chorgestühl des späten 13. Jh. mit seinem figürlichen und ornamentalen Schmuck gehört
zu den Meisterwerken mittelalterlicher Schnitzkunst.
NOLLIG Jenseits der Wisper auf hohem Berg, einst
durch Mauern mit der Stadtbefestigung verbunden,
ragt der quadratische Wohnturm des 14. Jh. empor.

Lorch *Reg.-Bez. Stuttgart* 601 ▪ 12
Auf den Höhen nördlich der Rems stießen der ober-
germanische und der rätische Limes zusammen.
Wall, Graben und Trümmer von Wachttürmen sind
noch zu sehen. Über dem Tal fällt der Blick auf
den Frauenberg und das ummauerte Kloster, das
1102 der erste staufische Herzog von Schwaben als
Grablege für seine Familie stiftete.
KLOSTERKIRCHE Erhalten blieben ein Teil des Westbaus mit erneuertem Südturm, die schlichte Pfeilerbasilika und der Chor. Vierungspfeiler mit reichem
spätromanischem Ornament. Die Gemälde an den
Säulen (um 1530) stellen staufische Kaiser dar; spätgotische Tumba des Stifters inmitten des Schiffes.
Schönes großes Altarkreuz (um 1500). Unter dem

KREUZGANG DES KLOSTERS, LORCH

*Als die aufständischen Bauern, der „Helle Haufe",
im Frühjahr 1525 für „Liebe und Bruderkeyt" strit-
ten, richtete sich ihr Zorn auch gegen die Klöster,
die sie plünderten und brandschatzten. Auch Kloster
Lorch, erst 1469 spätgotisch erneuert, ging fast
völlig in den Flammen auf. Unser Bild zeigt den
unversehrten, netzgewölbten Nordflügel des Kreuzgangs, in herber Anspruchslosigkeit ein gutes Beispiel für spätmittelalterliche Mönchsbauten.*

257

Chor führte der Kreuzgang durch, von dem sich vor allem der netzgewölbte Nordflügel erhielt. Daran anschließend Klosterbauten des 15./16. Jh.

Lorsch *Reg.-Bez. Darmstadt* 593 ∎ 8
EHEM. BENEDIKTINERKLOSTER Das um 764 gegründete Kloster erlebte unter Karl d. Gr. und seinen Nachfolgern eine hohe Blüte. Es galt lange Zeit als eine der angesehensten und reichsten Abteien des Abendlandes. Der Niedergang setzte im 12. Jh. ein, 1232 kam das Kloster an den Erzbischof von Mainz. Nach 1556 gingen fast alle Gebäude in Flammen auf. Der größte Teil der etwa 900 Meter langen Ringmauer um die kleine Klosterstadt steht noch. Quer durch diesen Bezirk verlief der Triumphweg zum Heiligtum mit den Nazariusreliquien, in deren Schutz König Ludwig der Deutsche und andere Mitglieder des karolingischen Königshauses begraben lagen. Den prächtigen Auftakt des Weges zur Kirche bildet noch heute die Torhalle mit ihrem bunten Steinschmuck. Ein von Säulenhallen eingefaßter Hof leitete zum Gotteshaus, das sich in mehreren Raumabschnitten bis zur königlichen Grabkirche am Rande der Klosterhöhe zog.

TORHALLE, LORSCH
Wahrscheinlich sind in dieser karolingischen Torhalle einmal feierliche Amtshandlungen vorgenommen worden. Außer ihr ist von dem alten Benediktinerkloster, zu dem sie einst gehörte, nur noch ein Rest des Mittelschiffes der Vorkirche (12. Jh.) vorhanden. Das Untergeschoß der Halle geht wohl auf römische Triumphbögen zurück. Die Fassaden karolingischer Bauten waren – nach antikem Vorbild – stärker gegliedert als die späteren romanischen. Die Längswände der Lorscher „Königshalle" unter dem hohen gotischen Dach (aus dem 14. Jh.) sind besonders reich geschmückt: Über korinthischen Halbsäulen zieht sich ein schmaler Fries hin. Auf diesem stehen Pilaster mit ionischen Kapitellen, die eine Reihe von Spitzgiebeln tragen.

Loxstedt *Reg.-Bez. Stade* 561 ∎ 3
PFARRKIRCHE (14. Jh.) Die Gewölbe der einschiffigen Backsteinkirche tragen sehr reiche, dekorative Wandmalereien (15. Jh.).

Lucklum *Verw.-Bez. Braunschweig* 571 ∎ 7
EHEM. KOMMENDE des seit 1260 hier ansässigen Deutschritterordens. Im Saal des schlicht barocken

Herrenhauses Bilder von Ordensrittern und braunschweigischen Herzögen. Am Hof die einschiffige Kapelle, romanisch, mit Zutaten des Barock. Wertvolle Grabsteine.

Ludwigsburg *Reg.-Bez. Stuttgart* 601 □ 9
Eine künstliche Siedlung, gegründet 1709 neben dem heranwachsenden Schloß, als dritte württembergische Residenz nach Stuttgart und Tübingen. Der Entwurf der regelmäßigen Straßenzüge des schwäbischen Potsdam von Frisoni, dem Baumeister Herzog Eberhard Ludwigs. Bauplatz und Baustoff kostenlos, Steuerfreiheit für fünfzehn Jahre: mit solchen Privilegien wurden die Bürger angelockt.
MARKTPLATZ An ihm, nicht am Schloß, sind die Straßen der Stadt orientiert; das zeichnet Ludwigsburg als Bürgerstadt aus gegenüber den früheren und späteren süddeutschen Residenzen (Mannheim, Karlsruhe). Im Zentrum des weiten, arkadengesäumten Rechtecks der Marktbrunnen mit dem Standbild Eberhard Ludwigs. An den Längsseiten einander gegenüber die doppeltürmige Stadtkirche von Frisoni (1718–26) und die kleinere reformierte Kirche, erbaut für hugenottische Flüchtlinge, später von der katholischen Kirche erworben.
SCHLÖSSCHEN FAVORITE, 1718–23 erbaut. An den doppelgeschossigen, mit zwei Türmchen besetzten Pavillon schließen sich beiderseits je drei niedrige quadratische Kabinette.
SCHLOSS Keimzelle dieses größten Barockschlosses auf deutschem Boden war der Alte Fürstenbau im Norden der Anlage, der 1704 an die Stelle eines bescheidenen Jagdhauses trat. Vier Baumeister haben nacheinander den gewaltigen Komplex in Etappen fortgeführt; vollendet war er, mit achtzehn Bauten und mehr als vierhundert Räumen, im Todesjahr des Herzogs, 1733. Zunächst wurde das alte Corps de logis durch den Riesen- und Ordensbau zur Dreiflügelanlage erweitert, dann in Ost und West die beiden Zentralbauten der Hofkirche und der Ordenskapelle hinzugefügt, ebenso die rahmenden Kavaliersbauten; schließlich wurde der Hof um weitläufige Galerien verlängert, zu ihren Seiten Theater- und Festinbau, und gegen Süden durch den breit gelagerten Neuen Fürstenbau geschlossen. – Der Schmuck des Schlosses reicht vom massivsten Barock (Atlantenfiguren im Riesenbau) bis zum eleganten Rokoko vornehmlich der Stukkaturen, die allerdings zum größten Teil später dem Empiregeschmack weichen mußten. Besonders hervorzuheben: der Jagdpavillon im Nordwesten, mit reichverziertem Kleinen Saal, Lack- und Schreinerkabinett; die Spiegelgalerien; Frisonis Hofkapelle. Im Theater – als dem einzigen in Deutschland – noch originale Kulissen und Maschinerie des 18. Jh.
SCHLOSS MONREPOS 1764–67 als Seehaus für Herzog Karl Eugen in den anmutigen Formen des französischen Rokoko erbaut.

Ludwigshafen-Oggersheim *Rheinhess.-Pfalz* 593 ∎ 8
Kurfürstin Elisabeth Augusta ließ 1774 eine PFARR- UND WALLFAHRTSKIRCHE mit einer Nachbildung der Loretokapelle bauen. Das tonnengewölbte Innere des eindrucksvollen klassizistischen Baus gliedern Pilaster und flache Wandnischen. Eine Nische der Loretokapelle birgt zwei elegante Engel von Paul Egell.

Lübbecke *Reg.-Bez. Detmold* 569 ∎ 6
ANDREASKIRCHE Aus einer Anlage des 12. Jh. stammt das romanische Mittelschiff, die gotischen Seitenschiffe kamen im 14. Jh. dazu. Reste von Wandmalereien, Holzbildwerke aus dem 13. Jh.

SÜDLICHES GARTENPARTERRE, SCHLOSS LUDWIGSBURG

Der Schloßpark war in barocker Zeit eine Fortsetzung des Palastes unter freiem Himmel. Kompositionen aus Hecken und Beeten, „Broderien", farbig leuchtende Blumenstickereien neben schattigen Alleen ergänzten die Bauten. An warmen Sommerabenden stand ein Saal aus geschnittenen Hainbuchen für den Schloßherrn bereit; „die grüne Bettlade" hieß er im Volksmund. Das südliche Gartenparterre wurde nach dem letzten Krieg neu bepflanzt und wieder im barocken Stil hergerichtet: „Blühendes Barock".

MARSZIMMER IM SCHLOSS LUDWIGSBURG

Im Marszimmer, so genannt nach dem Deckenfresko „Schlafender Mars" von Joh. J. v. Steinfels, empfing Kurfürst Friedrich am 2. Oktober 1805 den Mann, der in Europa die Rolle des Kriegsgottes spielte wie kein anderer vor ihm: Napoleon, seit dem 2. Dezember 1804 Kaiser der Franzosen. Das erzwungene Bündnis brachte dem Kurfürsten zwar eine Rangerhöhung ein – Württemberg wurde Königreich –, aber um einen zu hohen Preis: Der Rückzug der Großen Armee aus Rußland traf die deutschen Bundesgenossen besonders hart.

Lübeck *Schleswig-Holstein*   563 ☐ 11

Die Altstadt breitet sich über einen Höhenrücken aus, der sich von Nord nach Süd zwischen den Flußarmen der Trave und der Wakenitz hinzieht. Das alte, bis in die Gegenwart erhaltene Straßennetz zeigt eine ideale Geschlossenheit: Über den Stadthügel, dessen höchste Stelle der Markt mit Rathaus und St. Marien einnimmt, ziehen sich zwei parallele Straßen hin. Die zu den Wasserläufen hinunterführenden Querstraßen, die Gruben, sind wiederum noch durch Gänge verbunden. Um die Mitte des 12. Jh. siedelten sich unternehmende Handelsleute aus Westfalen und dem Rheinland auf dem Hügel Buku an. Heinrich der Löwe gilt als Gründer des heutigen, dritten Lübeck, das seinen Namen von einer vorherigen Slawensiedlung an der Schwartau, Liubice, die Liebliche, übernahm. Durch die Förderung ihres Gründers Heinrich und später im Schutze des Kaisers, der der Stadt 1226 Reichsfreiheit verlieh, entwickelte sich Lübeck als erste deutsche Ostseestadt zu einem Mittelpunkt des kultur- und Wirtschaftslebens. Die Geschichte Lübecks und seiner patrizischen Gründerfamilien ist zugleich eine Geschichte der Hanse, deren Einfluß ganz Nordeuropa überspannte, und ihr „Vorort" war Lübeck. Die Stadt stieg zu höchster Machtentfaltung auf und konnte eine Kultur entwickeln, mit der sie als Königin der Hanse viele Jahrhunderte in achtunggebietendem Ansehen stand.

Das BEHNHAUS, um 1780, ein repräsentatives Bürgerhaus mit überlebensgroßen Terrakottaplastiken als Dachschmuck, birgt die Museumsschätze neuerer Kunst, in deren Mittelpunkt die Werke des Lübekker Malers Friedr. Overbeck und seines Kreises stehen, des deutschen Impressionismus bis zur Gegenwart mit Oskar Kokoschkas Stadtansicht von 1958. Zu den wertvollsten Stücken gehören die Gemälde des Norwegers Edvard Munch, der längere Zeit als Gast in Lübeck gelebt hat.

DOM Bald nach der Stadtgründung begann Herzog Heinrich der Löwe 1173 nach dem Vorbild seines Braunschweiger Doms mit dem Bau der dreischiffigen romanischen Pfeilerbasilika. Im Verlaufe der Ausgestaltung gab man der Bischofskirche jedoch den gotischen Charakter einer Hallenkirche und

LÜBECK:
AUF DEN SPUREN THOMAS MANNS

[Unterschrift: Thomas Mann]

DER CHRONIST DER BUDDENBROOKS

Es ist erstaunlich, daß aus einer Familie, die seit Generationen dem Kaufmannsstand angehört, zwei Söhne hervorgehen, die zu hohem literarischen Rang emporsteigen. Nach Thomas Manns eigener Darstellung überwiegt bei ihm das nordisch-protestantische Element, bei seinem Bruder Heinrich das romanisch-katholische. Gemeinsam ist beiden das Verlangen, dem Geschehen in ihren Romanen und Novellen einen starken Wirklichkeitsbezug zu geben; sie haben daher weitgehend biographische und dokumentarische Quellen verwertet. Für Thomas Mann bleiben trotz der Vielzahl seiner Romane (Zauberberg; Joseph und seine Brüder; Doktor Faustus; Die Bekenntnisse des Hochstaplers Felix Krull) und Novellen (Tonio Kröger; Der Tod in Venedig) die „Buddenbrooks" sein Hauptwerk; 1929 – fast drei Jahrzehnte nach ihrer Vollendung – wird er dafür mit dem Nobelpreis ausgezeichnet. Heinrich Mann errang mit seinem Roman „Professor Unrat" (1905), der unter dem Titel „Der blaue Engel" mit Marlene Dietrich und Emil Jannings verfilmt wurde, weltweiten Ruhm. In der bitteren Zeit der Emigration, die ihn auch in die Vereinigten Staaten führte, wurde Thomas Mann zu dem bekanntesten Sprecher der Exildeutschen. Seine letzten Lebensjahre verbrachte er in der Schweiz und starb dort 1955, achtzigjährig und hoch geehrt. Heinrich Mann war schon 1950 in Kalifornien gestorben.

HEINRICH UND THOMAS MANN *bei der Feier der Preuß. Akademie der Künste zu Heinrich Manns 60. Geburtstag. Thomas Mann hat die Frage, wer der größere sei, gern mit Goethe beantwortet: „Da streiten sich die Deutschen, wer größer sei, Schiller oder ich. Froh sollten sie sein, daß sie zwei solche Kerle haben, über die sie streiten können."*

THOMAS-MANN-ZIMMER *im neuen Schabbelhaus in der Mengstraße. Es gehört heute der Kaufmannschaft zu Lübeck, der Nachfolgerin jener mächtigen Kaufherrengeschlechter, zu denen auch die Vorfahren Thomas Manns zählten.*

BUDDENBROOKHAUS *In der oberen Mengstraße steht „das alte Familienhaus", in dem Thomas Mann seine Kindheit verbrachte, der Schauplatz seines berühmten Romans. Nach schweren Bombenschäden restauriert, beherbergt es heute ein Bankinstitut; nur die Fassade blieb original erhalten. In der Eingangshalle ist unter einem Relief des Dichters ein Faksimile der Verleihungsurkunde des Nobelpreises zu sehen. 1953, als der Dichter nach langer Zeit zum erstenmal wieder in Lübeck weilte, suchte er auch diese alte Stätte der Erinnerung auf.*

RUSSISCHE LACKDOSE *Sie erinnert an das „Tula-Etui" des Senators Thomas Buddenbrook, eine Büchse, „in deren Deckel eine von Wölfen überfallene Troika kunstvoll eingelegt war: das Geschenk irgendeines russischen Kunden."* (Schabbelhaus)

ELISABETH HAAG, GEB. MANN, *die Tante des Dichters, war ihm Vorbild für die reizvolle Tony Permaneder seines Romans: „... angesichts ihres starken, aschblonden Haares ... angesichts des weichen Ausdrucks, der ihren graublauen Augen blieb, ihrer* hübschen Oberlippe, des feinen Ovals und der zarten Farben ihres Gesichts hätte man nicht auf dreißig, sondern auf dreiundzwanzig geraten." *Die burleske Permaneder-Episode ist allerdings dichterische Erfindung.* (Schabbelhaus)

DIE ELTERN *(um 1870) Der Vater des Dichters, Thomas Johann Heinrich Mann, war als wohlhabender, hochangesehener Kaufherr Senator der Hansestadt und königlich niederländischer Konsul. Die Mutter, Julia Bruhns-da Silva, war portugiesischer Herkunft. Thomas Mann hat – wieder auf ein Goethewort anspielend – bekannt, von ihr habe er „die Lust zu fabulieren". Im Roman erscheinen beide als Senator Thomas Buddenbrook und Frau Gerda.* (Schabbelhaus)

GLÄSERNER POKAL *zur 100jährigen Jubelfeier der Firma Joh. Siegmund Mann, 1890. Auch dieses Jubiläums, über dem schon eine Ahnung des Endes lag, wurde in den Buddenbrooks gedacht. Der „alte Freund Hermann Fehling" ist Hagenström: „Konsul Hermann Hagenström hat für seinen schweren Körper eine Stütze am Treppengeländer gefunden und plaudert, während seine platt auf der Oberlippe liegende Nase ein wenig mühsam in den rötlichen Bart hineinatmet."* (Schabbelhaus)

HOLSTENTOR UND SALZSPEICHER

Die Worte CONCORDIA DOMI, FORIS PAX (Eintracht im Innern, Friede nach Außen) stehen über der Durchfahrt. Eine lateinische Abkürzung kennzeichnet auch an der anderen Seite den selbstbewußten Stolz der Hanseaten: S. P. Q. L. (Senatus Populusque Lubecensis). Nicht einem Fürsten untertan, sondern in republikanischer Staatsform wurde die Stadt regiert: Senat und Volk von Lübeck. In den Salzspeichern (16./17. Jh.) lagerte das „Weiße Gold" aus Lüneburg. Lange Zeit hatte der Salzumschlag einen erheblichen Anteil an Lübecks Wohlstand. Hinter den Backsteingiebeln der Turm der Petrikirche.

fügte den reichen Chor an. Im Kriege ist der Ostteil fast völlig ausgebrannt, ein Wiederaufbau des Chores erschien fraglich. Doch heute zeigt sich der Dom im erneuerten Schmuck, mit zwei schlanken Turmhelmen und mit dem wertvollen Portal vom ehem. Paradies, mit Dachreiter und mit der gotischen Chorkapelle. Von den noch erhaltenen Werken mittelalterlicher Kunst ist besonders das ornamentale Triumphkreuz Bernt Notkes aus dem Jahre 1477 zu nennen, das zu den bedeutendsten Werken mittelalterlicher Kunst in Lübeck gehört, ferner die Schöne Madonna im südlichen Seitenschiff und Maria mit der Sternenkrone im nördlichen Querschiff. Das HL.-GEIST-HOSPITAL, ein einzigartiges Zeugnis der Bürgerinitiative, stellt eines der ältesten noch bestehenden Altersheime der Welt dar. Es wurde um 1280 gegründet.

HOLSTENTOR UND BURGTOR Von den einstigen Stadttoren, mit denen Lübeck bis 1867 den Eintritt in die Stadt kontrollierte und schützte, haben sich im Norden das Burgtor und im Westen das Holstentor erhalten. Das trutzige Bollwerk des Holstentors und die benachbarten Salzspeicher sind weithin als Wahrzeichen der Hansestadt bekannt. 1477 war die wuchtige Verteidigungsanlage fertiggestellt. Das Innere birgt ein sehenswertes stadtgeschichtliches Museum. – Das Burgtor, Innentor einer ehemaligen Befestigungsanlage, zeigt mit seiner Mauer und den Wehrtürmen noch das ursprüngliche Bild der Wehranlage. Die Innenseite mit den angrenzenden winkligen Treppengiebelhäusern ist ein echtes Stück mittelalterlichen Lübecks. Die Turmhaube freilich stammt erst aus dem 17. Jh.

MARIENKIRCHE UND RATHAUS

Einen Dialog zwischen Kirche und Welt hat man das Nebeneinander der beiden gotischen Bauwerke genannt. Beim Bau des Chors im 13. Jh. wurde in großartiger Weise das französische Kathedralsystem der Hochgotik auf den Backsteinbau übertragen. Zu Beginn des 14. Jh. wuchs die doppeltürmige Fassade heran. Und etwa 1315–30 entstand der jetzige Kirchenraum. 1350 wurden die Turmhelme aufgesetzt. Dem Rathaus sind Renaissanceteile angefügt, wie die Prunktreppe an der Breiten Straße.

KREUZIGUNGSBILD VOM MEMLINGALTAR

Der Domherr Adolf Greverade stiftete 1504 das Altarwerk für den Dom, dem es auch heute noch gehört. Der große Brügger Maler Hans Memling, aus Deutschland gebürtig, hatte es 1491 geschaffen, drei Jahre vor seinem Tod. Die Außentafeln zeigen die Verkündigung, ganz in Grisaillemalerei gehalten. Um so stärker wirkt beim Öffnen des Altares die klare Farbleuchtkraft der Bilder, welche Heilige, die Passion Christi und auf der Mitteltafel als bewegte figurenreiche Szene die Kreuzigung zeigen.
St.-Annen-Museum

REMTER IM ST.-ANNEN-MUSEUM

Das St.-Annen-Kloster, heute eines der schönsten deutschen Museen, wurde zu Beginn des 16. Jh. an der südlichen Stadtmauer in spätgotischem Baustil errichtet. Nur kurz beherbergte es Nonnen, dann war es nach der Reformation Werk- und Zuchthaus. In der Einfachheit seiner zweischiffigen Anlage bietet der Remter ein besonders wirkungsvolles Zeugnis mittelalterlicher Architektur. Bei den Remter-Konzerten, Darbietungen klassischer Musik auf alten Instrumenten, kommt die Atmosphäre des Raumes eindringlich zur Geltung.

Die KATHARINENKIRCHE (um 1350) zeigt sich ohne den sonst üblichen Kirchenhelm. Die Nischen der gotischen Fassade sind mit Skulpturen von Ernst Barlach und Gerhard Marcks ausgestaltet.

MARIENKIRCHE Es ist bewundernswert, daß eine nur wenige Jahrzehnte alte Stadtgemeinde von kaum mehr als 10 000 Einwohnern soviel Opfersinn und Wagemut aufbrachte, um eine städtische Kirche zu errichten. Der Bau der Rats- und Marktkirche war in der Tat eine Art selbstbewußte Konkurrenzhandlung als Gegengewicht zum Dom, der dem Bischof unterstand. Um 1350 war sie vollendet und gilt seitdem als großartigstes Beispiel kirchlicher Backsteingotik. Die reiche Ausstattung im Innern ist fast völlig der Ausbombung zum Opfer gefallen, so der berühmte „Totentanz" von Bernt Notke, dessen Messinggrabplatte des Ehepaars Hutterock allein erhalten blieb; Overbeck-Gemälde, außer dem Beweinungsbild; der Lettner und die Buxtehudeorgel, an der einst der junge Joh. Seb. Bach gespielt hat. Heute steht die Marienkirche in ganzer Größe, im Innern wirkungsvoll wiederhergestellt und im erneuerten Schmuck der alten Bemalung, die – bisher mit Kalkfarbe übertüncht – durch Flammen und Witterungseinflüsse zutage getreten war. Drei neue Orgeln sind eingebaut und ermöglichen wieder die „Lübecker Abendmusiken". Auch die einst vielbestaunte astronomische Uhr ist erneuert. Als Erinnerung an den „Totentanz" erhielt die Kirche ein Doppelfenster mit Glasbildern des Motivs. Von den Flammen verschont blieben manche Kostbarkeiten, so das 10 m hohe Sakramentshäuschen und der Marienaltar von 1518, das bronzene Taufbecken von 1337.

MENGSTRASSE Die einstige Wohnkultur wohlhabender Lübecker offenbart sich noch in einer ansehnlichen Zahl von Bürgerhäusern. Einige Fassaden in der Mengstraße, der einzigen heute noch weitgehend erhaltenen Gründerstraße zwischen Markt und Trave, weisen die kennzeichnend hohen Dielenfenster, den Terrakottafries und den Treppengiebel auf. Diese Giebelgeschosse enthielten einst Speicher-

und Lagerräume des Kaufherrn, während die Diele Arbeits- und Wirtschaftsraum war. Die repräsentativen Häuser in klassizistischem Stil mit weiter Halle, Gesellschaftsräumen und Innenstadtgarten stammen aus der Zeit vor der Besetzung durch die Truppen Napoleons, 1806, die die Stadt in verhängnisvolle wirtschaftliche Bedrängnis brachte.

Die PETRIKIRCHE, im 14. Jh. als dreischiffige Hallenkirche erbaut, im 16. Jh. zur fünfschiffigen erweitert, 1942 ausgebrannt, ist weitgehend wiederhergestellt. Von der 50 m hohen Plattform des Turms aus bietet sich ein prachtvoller Rundblick auf die planvolle Stadtanlage.

RATHAUS Als die Stadt im Jahre 1226 von Kaiser Friedrich II. Reichsfreiheit erlangte, begann der Bau des Rathauses, das – baulich in einzigartigem Zusammenklang mit der Marienkirche – das erste im norddeutschen Kolonisationsbereich war. Deutlich heben sich von der Marktseite her die verschiedenen Perioden des Gesamtbaues, fast ganz aus glasierten Backsteinen, ab: als ältester Teil die frühgotische Südwand mit den zwei großen Windlöchern und der Renaissancelaube davor, das auf wuchtigen Arkaden ruhende Lange Haus, das – auch

Dantzelhus genannt – als Festsaal diente, und das Neue Gemach, das um 1600 von der Breiten Straße her als Zugang eine prachtvolle Renaissancetreppe und einen zierlichen Holzerker erhielt. Im Innern des Rathauses sind vor allem die Eingangshalle und der Audienzsaal, der einstige Ratssaal, sehenswert, dazu die mächtigen Gewölbe des Ratskellers mit dem Admiralszimmer und dem Brautgemach.

ST.-ANNEN-MUSEUM Die Unterbringung der reichen Kunstschätze in der zeitgerechten Umgebung des St.-Annen-Klosters, 1502–15, mit seinem herrlichen Kreuzgang und den idyllischen Innenhöfen, mit dem imposanten Remter und dem Kapitelsaal, schafft einen stimmungsvollen Einklang. Aus der Fülle der Skulpturen und der Flügelaltäre ragt der berühmte Memling-Altar (1491) heraus. Das erste Stockwerk zeigt lübische Wohnkultur.

MAGDALENA VOM TRIUMPHKREUZ
IM DOM

Bernt Notke kam um 1460 aus seiner pommerschen Heimat nach Lübeck. Der junge, temperamentvolle Mann war Maler und Bildschnitzer zugleich, arbeitete wohl auch als Goldschmied und beschäftigte bald eine große Werkstatt. Lübische Kunstwerke waren damals ein wichtiges Handelsprodukt der Hansestadt. Von Bernt Notke kaufte man nicht nur, er wurde nach Stockholm berufen, wo er lange wirkte. Das Triumphkreuz entstand 1477.

ST. JAKOBI Als Oskar Kokoschka 1958 im Auftrage der Stadt ein Lübeck-Motiv malte, wählte er die Ansicht von St. Jakobi, der alten Schifferkirche aus dem 13. und 14. Jh., die im Norden des Stadthügels liegt. Aus der Fülle ihrer wertvollen Innenausstattung seien genannt: die gotischen Orgeln, das reiche Renaissancegestühl, die Treppe zur Empore und der Brömbsealtar.

SIECHENHAUS Lübecks ältestes Wohnhaus, seit 1284 nachweisbar, steht in der Kleinen Burgstraße. Mit seinem Giebel und der Anordnung der Fensterreihen ist es das einzig erhaltene Beispiel frühgotischen Stils.

Lüderbach *Reg.-Bez. Kassel* 586 □ 1
Auf das einst in Lüderbach ansässige Geschlecht der von Capellan geht ein schlichtes Renaissanceschloß sowie ein Pyramidendenkmal zurück.
VIKARIATSKIRCHE Das im Kern mittelalterliche Kirchlein mit seinem originell ausgekragten Man-

sarddach birgt einen kleinen spätgotischen Schnitzaltar.

Lüdinghausen *Reg. Bez. Münster* 576 ■ 12
Das EHEM. AMTSHAUS wurde 1569–73 auf erhöhtem Burgplatz errichtet. Saal mit schönen Renaissancezieraten.
STADTKIRCHE Weiträumige spätgotische Hallenkirche (1507–58) mit schlanken Rundpfeilern, Sterngewölbe im Mittelschiff und Kreuzgewölbe in den Seitenschiffen. Im Chor spätgotisches Sakramentshäuschen mit reichgegliedertem Aufbau bis ins Gewölbe hinauf (16. Jh.). Holzstatue der hl. Felicitas mit ihren sieben Söhnen, 16. Jh. Im Kirchenschatz ein um 1225 geschaffener Kelch.
WASSERBURG VISCHERING Malerisch auf zwei Inseln liegen, durch eine Brücke verbunden, die Oberburg von 1519 und die Unterburg von 1584.

Lüdingworth *Reg.-Bez. Stade* 561 □ 1
KIRCHE Um 1200 aus Feldsteinen erbaut, im 16. Jh. kamen Chor und Turm hinzu, letzterer später barockisiert. Vom Wohlstand der bäuerlichen Gemeinde gibt die reiche Innenausstattung Zeugnis. Beherrschend die schöne Balkendecke, um 1600 bemalt, etwas später entstand die Kanzel. Schwellende barocke Schnitzornamente an der gegenüberliegenden Empore von 1774; zwei Jahre darauf wurde das Evangelienpult gestiftet, es trägt einen Buchadler aus dem 14. Jh. Der Lüderskooper Altar (etwa 1440) hat heute an den Wänden des Schiffs seinen Platz. Barocker Hauptaltar, die barocke Orgel baute 1682 Arp Schnitger um.

Lügde *Reg.-Bez. Detmold* 578 □ 10
Die KILIANSKIRCHE, eine kreuzförmige Basilika des 12. Jh., zeigt im Innern Kapitelle mit stilisiertem Reliefdekor an den vier zwischen starken Pfeilern angeordneten Säulen und romanische Wandmalereien in der Ostapsis, um 1200.

Lüneburg *Niedersachsen* 563 □ 8
„De sülte dat is Lüneborg", das heißt soviel wie: wer Salz sagt, muß auch Lüneburg sagen. Tatsächlich ist vom Salz schon in der ersten Urkunde dieser Stadt die Rede: 956 schenkte Kaiser Otto I. dem Benediktinerkloster den Zoll, den die Salinen einbrachten. Das Salz förderte den Wohlstand, der Wohlstand wiederum die Unabhängigkeit von den welfischen Landesfürsten in Celle. Das Patriziat der einstigen Hansestadt bildeten die Sülfmeister, nur sie durften den Rat der Stadt bilden. Immerhin verbürgten sie eine stabile gesellschaftliche Ordnung bis ins späte 17. Jh. In dieser Zeit entstand die Backsteinstadt. Sie wuchs aus vier Siedlungen, deren jede ihre charakteristische Kirche hatte, zusammen: das Marktviertel mit der Michaeliskirche, das Salzviertel mit der (1861 abgebrochenen) Lambertikirche, das Sandviertel mit der Johanniskirche, einer der ältesten Taufkirchen Niedersachsens, und das Wasserviertel an der Ilmenau mit der Nikolaikirche.
AM SANDE So heißt – weil er auf einer der Sandbänke im ehemals versumpften Flußgebiet entstanden ist – Lüneburgs schönster, gotisch konzipierter Platz: 275 Meter lang bis zur Johanniskirche, 35 bis 40 Meter breit. Er ist leicht geschwungen und wird gesäumt von vielen alten, guterhaltenen Bürgerhäusern. Die anonymen Städtebauer, das spürt man, dachten in Räumen, nicht in Straßenzügen.

KAUFHAUS UND ALTER KRAN

Dieser Platz an der Ilmenau war der merkantile Mittelpunkt Lüneburgs. Hier wurden Güter auf Schiffe oder von diesen auf Frachtwagen verladen. Noch in den dreißiger Jahren des 19. Jh. zählte man am barocken Kaufhaus täglich etwa hundert abgefertigte Wagen. Die guten Tage endeten mit dem Beginn des Schienenverkehrs – nicht ohne Zutun des Alten Kranes, der erste in England gebaute Lokomotiven an Land hob; seit dem 14. Jh. arbeitete dieses „Meisterwerk mittelalterlicher Ingenieurkunst".

AUFGANG ZUM FÜRSTENSAAL IM RATHAUS

Vor dem Besucher steht die Justitia mit Schwert und Waage, jedoch ohne Augenbinde. Auch Albert von Soest hat für die große Ratsstube die Gerechtigkeit so geschnitzt, bei ihm ist sie zudem ein Engel. An der anderen Seite des Aufganges der Frieden. Voller Allegorien ist auch oben das Barockgemälde, bei dem die Tugenden rechts aus sonnenbeschienener Landschaft hervortreten. Links im Düstern die schlechten Eigenschaften, so die doppelgesichtige Lüge, die auf kurzen Beinen und mit Stelzen des Weges kommt.

BACKSTEINGIEBEL EINES HAUSES AM SANDE

Aus dem 15. und 16. Jh. stammen die charakteristischen Treppengiebel. Manche sind gotisch aufstrebend, doch in der Renaissance wird solche Gliederung durch horizontale Putzbänder und runde Medaillons abgelöst. Gegen 1500 wurden auch immer mehr gedrehte Formbacksteine verwendet. Die vom Kriege verschonte Stadt ist neuerdings wieder durch Senkungserscheinungen bedroht, die mit dem Solequell zusammenhängen. Ein altes Übel, das schon 1013 einen Teil der Siedlung zerstörte und auf einer Straße das Wasser so ansteigen ließ, daß sie seitdem „Auf dem Meere" heißt.

GERICHTSLAUBE IM RATHAUS

Im frühen 14. Jh. wurde der Saal gebaut und sogar mit einer Fußbodenheizung versehen. Die Bemalung im weiten Halbrund der Flachbogendecke stammt aus der Renaissance (1529), etwas älter sind links die Schränke, die das Ratssilber verwahrten. Es ist unglückseligerweise verkauft, noch steht aber der Glaskasten mit dem Schinken jenes Wildschweines, das sich weidwund in einer Suhle wälzte. Der Jäger stach das Tier ab und entdeckte weiße glitzernde Borsten. Das war kristallisiertes Salz und jene Suhle die Solequelle, die fortan Lüneburg Wohlstand brachte. So berichtet es die Sage.

BÜRGERHÄUSER Zusammengehalten durch die drei alten Kirchen, prägen sie das Bild der roten Backsteinstadt. Der den meisten Häusern zugrunde liegende Typus hatte sich aus dem niedersächsischen Bauernhaus entwickelt. Sie hatten über der hohen Diele einen Speicher, der vom 16. Jh. an Wohnung wurde, und stehen meist mit der Giebelfront zur Straße. Aus dem ursprünglich einfachen Schräggiebel entwickelte sich der Treppengiebel, der immer weiter verfeinert wurde, und im Barock der Schneckengiebel.

Die JOHANNISKIRCHE ist eine ungeheuer kraftvolle, schon um 1370–80 von drei Schiffen auf fünf erweiterte gotische Backsteinhallenkirche mit einem mächtigen, 106 Meter hohen, monumental einfachen Turm mit langer spitzer Haube. Im Innern ein sehr schöner Orgelprospekt, um 1715, Marienleuchter, 15. Jh.

KLOSTER LÜNE Das 1172 gegründete Frauenkloster liegt bei Lüneburg. Es beherbergt in seiner gotischen Kirche und den stimmungsvollen Bauten viele Kunstwerke, vor allem starkfarbige Bildteppiche (1504) und mittelalterliche Stickereien. Seit 1711 Damenstift.

MICHAELISKIRCHE Um 1400 vollendete Klosterkirche des Benediktinerklosters. Den mächtigen Turmstumpf krönt eine barocke Laterne.

NIKOLAIKIRCHE Ihr Turm in der Gotik des 19. Jh. täuscht: Im Innern ist diese sehr schmale, sehr hohe, äußerst elegant und leicht wirkende gotische Basilika von 1409 unverändert erhalten.

Das RATHAUS besteht aus einem ganzen Komplex vieler verschiedener, stets hinzugebauter Bürgerhäuser. Die Baugeschichte reicht von der Gotik bis ins Barock. Besonders interessant sind: gotischer Kämmereigiebel, Haupthalle, gotische Gerichtslaube, Altes Archiv, Alte Kanzlei, Bürgermeisterkörkammer, Fürstensaal mit Marienkronleuchter, Gitter am Gewandhaus, Tür zur Großen Kommissionsstube.

WASSERVIERTEL Sein Kernstück – Fischmarkt und Kaufhausstraße – liegt am jenseitigen Ufer der Ilmenau. Erhalten sind: das lange barocke Kaufhaus, 1741–45 vom Stadtbaumeister Häseler gebaut und mit einer ganz unlüneburgischen, italienisch inspirierten Fassade geschmückt. Nebenan das Zollhaus, ein um 1574 entstandenes Renaissancegebäude. Gegenüber der 1346 erstmals erwähnte Alte Kran, ein Prachtstück mittelalterlicher Ingenieurbaukunst.

Lütjenburg *Schleswig-Holstein* 556 ■ 8
Die MICHAELISKIRCHE, spätromanisch und einschiffig, stammt bis auf Turmhelm und Dächer aus dem 13. Jh. Aus der Spätrenaissance die Reventlowsche Gruftkapelle (1608), das Grabmal prunkvoll aus Marmor, Sandstein und Alabaster gearbeitet.

Lützel-Wiebelsbach *Reg.-Bez. Darmstadt* 593 □ 3
EV. PFARRKIRCHE Der hübsche Rokokobau von 1774 erfreut durch seine wiederhergestellte Farbigkeit.
LÜTZELBACHER SCHLÖSSCHEN Limeskastell mit teilweise freigelegter Ummauerung.

Lunden *Schleswig-Holstein* 554 □ 3
Auf dem GESCHLECHTERFRIEDHOF bedecken schwere Sandsteinplatten, 16./17. Jh., die Gruftkeller der einst bedeutenden Bauernfamilien Dithmarschens.

M

Maden *Reg.-Bez. Kassel* 578 □ 7
Der WODANSTEIN, ein prähistorischer Menhir, steht vor dem Ort auf dem Steinchenfeld.

Madenburg *Rheinhessen-Pfalz* 599 □ 1
Die im 12. Jh. gegründete langgestreckte Reichsburg ist seit 1689 RUINE. Zwei Treppentürme haben schöne Renaissanceportale.

Maidbronn *Unterfranken* 594 ■ 2
EHEM. KLOSTERKIRCHE Der Hochaltar der schlichten, im 13. Jh. erbauten Kirche enthält eines der letzten Werke Tilman Riemenschneiders, das um 1525 entstandene Sandsteinrelief der Beweinung Christi.

Maihingen *Schwaben* 602 ■ 10
EHEM. MINORITENKLOSTER Hoch, würdevoll und mächtig ist der architektonisch fein rhythmisierte, emporenbesetzte Innenraum der Kirche (Anfang 18. Jh.) mit farbenfrohen Deckenbildern, prächtigem Hochaltar (1719/20), Muttergottesfigur von 1510, zwei meisterhaften klassizistischen Grabdenkmälern aus verschiedenfarbigem Marmor und einem Hl. Grab von 1723. – Einfache, im Geviert angelegte Konventsgebäude (1703–06).

Mainau *Reg.-Bez. Freiburg i. Br.* 608 □ 9
Durch prachtvolle Gartenanlagen, üppigen Baumwuchs und südliche Vegetation gelangt man hinauf zum dreiflügeligen SCHLOSS, das von dem seit dem 13. Jh. dort ansässigen Deutschritterorden 1736 bis 1746 errichtet wurde. Rokokokirche.

Mainberg *Unterfranken* 595 □ 10
SCHLOSS Die stattliche Anlage, bis auf den Bergfried aus dem 13. Jh. wohl im 15. Jh. entstanden, deren drei dicht aneinandergereihte Staffelgiebel das Maintal überschauen, wurde im 19. Jh. sorgfältig renoviert.

Mainbernheim *Unterfranken* 594 □ 3
Noch immer vom mit 18 Türmen besetzten Mauerring umzogen und reich an schönen Bürgerhäusern, gehört es heute zu den besterhaltenen Frankenstädtchen. Im außerhalb der Stadtmauer gelegenen Friedhof steht die originelle Friedhofkanzel (1618) mit übergroßer Kuppelhaube.

Mainz *Rheinhessen-Pfalz* 593 □ 10
„Der Anblick des Rheins und der Gegend umher ist freilich etwas einzig Schönes", schrieb Goethe im Sommer 1814. Und in der Tat, noch heute geht wohl jedem das Herz auf angesichts des grandiosen Panoramas, das ihm die vieltürmige, ehrwürdige, 2000jährige Stadt am Strom bietet, wenn er sich von der Kasteler Seite nähert. Das „Goldene Mainz", so heißt heute wieder die arbeitsame, fröhlich-weinselige Metropole des Mittelrheins, Hochburg des Karnevals (Fassenacht), nachdem die Wunden, die ihr der Luftkrieg schlug, größtenteils vernarbt sind. – Mogontiacum, wie die Römer die Hauptstadt ihrer Provinz Germania superior nannten, war

nicht nur ein strategisches Bollwerk, sondern erlangte auch früh Bedeutung für Schiffahrt, Handel
und Handwerk. Nach den Verheerungen der Völkerwanderung setzte Mitte des 8. Jh. die erste
Blütezeit ein, Bonifatius erkor Mainz zum Sitz seines Bistums. Unter seinen Nachfolgern, die als Lan-
desherren zugleich Kurfürsten waren, erlebte es die
glanzvollsten Zeiten, wurde 1254 Haupt des Rheinischen Städtebundes, 1450 durch seinen großen
Sohn Johann Gutenberg Wiege der Buchdruckerkunst, bekam eine Universität (1477). Durch die
Revolutionstruppen geriet es unter französische
Herrschaft (1792–1814) und fiel danach dem
Großherzogtum Hessen-Darmstadt zu; seit 1950 ist
es Hauptstadt von Rheinland-Pfalz.

Am Rheinufer, in einer Front mit dem Kurfürstlichen Schloß, die feingegliederte Fassade des
Deutschhauses, der Kommende des Deutschherren-
ordens (1730–37), heute Landtagsgebäude. Daneben
das neue Zeughaus (1738–40), heute Europahaus
und Stresemann-Gedächtnishalle. Von den zahlreichen Adelspalästen seien genannt: der Osteiner Hof
(1749), von den Mainzern Das Gouvernement genannt, der Dalberger Hof (1715–18), der Erthaler
Hof (1735), der Schönborner Hof (1668) und der
Bassenheimer Hof (1756). Am Leichhof, am Kirsch-
garten und in der Augustinerstraße stehen noch alte
Bürgerhäuser. Eine besondere Sehenswürdigkeit ist
am Markt der älteste Renaissancebrunnen Deutschlands (1526). Der Eiserne Turm und der Holzturm
(Gefängnis des Räubers Schinderhannes) sind nach
dem Krieg stilgerecht wiederhergestellt worden. Das
Stadttheater ist 1829–33 erbaut, die Jugendstilfas-
sade 1910 vorgesetzt worden.

AUGUSTINERKIRCHE aus der zweiten Hälfte des
18. Jh., weiträumiger Rokokobau mit qualitätvol-
len Figuren an der Fassade, reicher Innenausstattung, großem Deckengemälde und Hochaltar eines
Würzburger Meisters.

DOM Seine Entstehungsgeschichte ist lang, ver-
wickelt und nicht immer gesichert, sie geht zurück
auf Erzbischof Willigis, der als Wagenbauerssohn
den Mainzern das Rad ins Wappen gestiftet haben

GRABMAL DES ERZBISCHOFS VON DAUN IM DOM

*Die Mainzer Erzbischöfe, mächtige Fürsten im
geistlichen und – als Kurfürsten des Reiches –
auch im weltlichen Bereich, wurden von jeher in
ihrem Dom beigesetzt. In der so entstandenen steinernen Herrschergalerie aus Grabdenkmälern ist
wohl am ergreifendsten die Grabplatte für Konrad
III., Rheingraf von Daun, die vielleicht vom berühmten Meister Madern Gerthener stammt. Der
wehmütige und zugleich doch entrückte Ausdruck
des Erzbischofs, der wundervolle, barock anmutende Faltenwurf und die gelöste, fast schwebende
Haltung der Figur zeichnen dieses Grabmal als
eines der wichtigsten Werke des Weichen Stils aus.*

DOM

*Wie ein Steingebirge wächst der doppeltürmige,
doppelchorige Dom St. Martin und St. Stephan,
diese „Gottesburg", aus dem Gewimmel der ihn
umdrängenden Häuser empor. Er ist neben den
Kaiserdomen von Speyer und Worms das reifste
und erhebendste Werk romanischer Baukunst am
Rhein. Niemand wird sich dem überwältigenden
Eindruck seiner Größe, seiner architektonischen
Ausgewogenheit, dem Reichtum seines plastisch
durchgeformten Baukörpers entziehen können.*

MAINZ:
AUF DEN SPUREN JOHANNES GUTENBERGS

DER ALTMEISTER DER SCHWARZEN KUNST

„Mehr als das Gold hat das Blei die Welt verändert und mehr als das Blei in der Flinte das Blei im Setzkasten", behauptete Lichtenberg. Wenig freilich wissen wir vom Erfinder des Buchdrucks mit beweglichen Lettern, dem Ratsherrnsohn Johannes Gensfleisch zum Gutenberg, dessen Tat nicht nur in technischer, sondern auch in sozialer und politischer Hinsicht die Welt revolutionieren sollte. Um 1397 wurde er in Mainz geboren. Sein Geburtshaus, den stattlichen Hof „Zum Gutenberg", zerstörte der letzte Krieg. Als Dreißigjähriger geriet er in die Machtkämpfe zwischen Patriziern und Handwerkern; er wurde ausgewiesen, ließ sich in Straßburg nieder. Seine dortigen Versuche, einzelne Lettern zu schneiden und zu gießen, setzte er 1446 nach seiner Rückkehr in Mainz erfolgreich fort. Im Schöfferhof zu Mainz gelang ihm der Urdruck des „Weltgerichts", dem weitere kleine Drucke folgten. Mit einem Kapital, das er sich bei dem Advokaten Johannes Fust lieh, vermochte er sein großes Meisterwerk, die lateinische Bibel, 1455 zu vollenden. Da er seine Schulden nicht bezahlen konnte, fielen Werkstatt, Schriften, Druckpressen und die fertigen Bibeln an seinen Gläubiger. Arm und fast vergessen von der Mitwelt, ist er 1468 in Mainz gestorben. Erst 1837 hat die Stadt ihrem großen Sohn von Thorvaldsen ein Denkmal errichten lassen. Alljährlich feiern heute die Mainzer am Johannistag ihr Gutenbergfest.

BRONZEBÜSTE GUTENBERGS *vor dem Museum. Den markanten Idealkopf hat 1962 der finnische Bildhauer Wäinö Aaltonen geschaffen. Er sah Gutenberg wieder anders, als man ihn von alten Darstellungen kennt.*

GUTENBERGPRESSE *Eine besondere Attraktion des Museums ist die originalgetreu aufgebaute Werkstatt des Erfinders, in der heute noch gegossen, gesetzt und gedruckt wird wie vor 500 Jahren; sogar der Drucker arbeitet dort im Kostüm der Gutenbergzeit. Mit den beiden Druckerballen färbt er den Satz ein. Frisch gedruckte Bogen sind willkommene Souvenirs.*

HAUS „ZUM RÖMISCHEN KAISER" *Den prächtigen Renaissancebau hatte sich ein kurfürstlicher Beamter als Privatschloß errichten lassen. Ein späterer Besitzer machte ein vornehmes Hotel daraus und ließ zum Wahrzeichen die Barockfigur des Römischen Kaisers über das Portal setzen. Berühmte Männer wie Goethe und Voltaire sind hier abgestiegen. Nach dem letzten Krieg wurde das Haus wieder aufgebaut, auch die üppige Stuckdecke in der Eingangshalle konnte gerettet werden. Heute beherbergt es, zusammen mit den modernen Anbauten von 1962, das „Weltmuseum der Druckkunst", zu dem das Gutenbergmuseum nach und nach ausgebaut werden konnte.*

JOHANNES GUTENBERG *Nicht nur von seinem Leben wissen wir wenig; wir wissen nicht einmal, wie er eigentlich ausgesehen hat, denn es gibt kein einziges zeitgenössisches Bild von ihm. Alle Darstellungen, die wir kennen, sind Idealporträts oder frei erfunden. Als das älteste gedruckte Gutenbergbild gilt dieser Kupferstich aus einem erst 1584 in Paris erschienenen Werk von A. Thevet: „Vrais portraits et vies des hommes illustres", das den Erfinder bestimmt nicht authentisch wiedergibt. Eine farbige Miniatur aus der ersten Hälfte des 16. Jh. zeigt uns Gutenberg vor seiner Presse, die Bibel in den Händen haltend. (Gutenbergmuseum)*

GUTENBERGBIBEL *Herzstück des Museums ist die in einem Tresor verwahrte, für den Betrachter feierlich beleuchtete lateinische Bibel. 1455, nach dreijähriger Arbeit, war dieses Meisterwerk vollendet, das den schönsten alten Handschriften in nichts nachstand. Ungefähr zweihundert dieser kostbaren Exemplare lagen dann verkaufsbereit in den Magazinen, eines so schön und vollkommen wie das andere. Die beiden Foliobände hatten zusammen 1280 Seiten zu je zwei Spalten mit je 42 Zeilen. Für die Initialen war Raum freigelassen, so daß sie von Hand eingemalt werden konnten. (Gutenbergmuseum)*

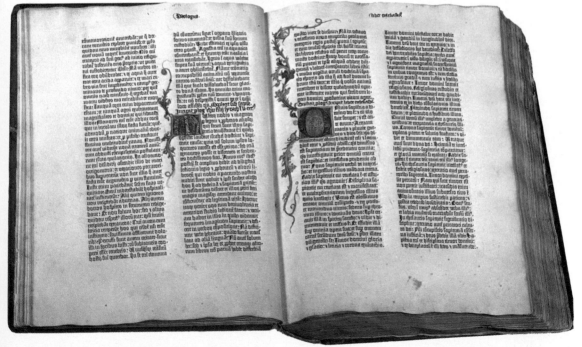

DIESE EINTRAGUNG ÜBER GUTENBERGS TOD *machte Peter Schöffer in einem um 1470 aus seiner Offizin hervorgegangenen Buch: „Anno Domini 1468 uff sant blasius tag starp der ersam meister Henne Ginßfleiß den god gnade." (Henne Ginßfleiß ist natürlich Johann Gensfleisch gen. Gutenberg.) Gutenberg ist als armer Mann gestorben. Die letzten Jahre lebte er von der Gunst seines Landesherrn, des Kurfürsten Adolf von Nassau, der ihn 1465 unter seine Hofleute aufnahm und ihm damit einen Lebensunterhalt sicherte. Sein Grab ist nicht erhalten. Wir wissen nur, daß er in der Mainzer Franziskanerkirche beigesetzt wurde, die schon 1742 abgerissen worden ist. (Gutenbergmuseum)*

ADLERFIBEL

Schon im Altertum galt der Adler als glückver-
heißender Orakelvogel und als Symbol weltlicher
oder göttlicher Macht. Seit der Krönung Karls des
Großen war er auch in Deutschland das Zeichen
kaiserlicher Hoheit (Reichsadler). Gewandfibeln mit
dem stilisierten Bild eines Adlers benutzten schon
westgotische Edle. Das hier abgebildete, besonders
schöne Stück, vergoldet und mit buntem Glasfluß
verziert, gehörte zum Goldschmuck der Kaiserin
Gisela (990–1043).   Mittelrheinmuseum, Mainz

FASSRIEGEL AUS EINEM KÜFERKELLER

Die pausbäckigen, gedrungenen Figuren, zwischen
zwei Querstreben als zusätzlicher Halt eingesetzt,
muten an wie naive Parodien der in der barocken
Baukunst häufig verwendeten Atlanten. Die um
1730 entstandenen Schnitzereien sind Ausdruck der
barocken Freude am Dekor, die sich auch an all-
täglichen Gebrauchsgegenständen verschwendete.

BANKTEPPICH AUS DEM DOMMUSEUM

Vom gotischen Chorgestühl, das nicht mehr erhal-
ten ist und 1767 durch ein kunstvolles barockes
Schnitzgestühl ersetzt wurde, stammen die präch-
tigen Teppiche mit Jagdmotiven. Sie entstanden im
15. Jh. Damals wurde die Rücklehne des Gestühls
mit Wirkteppichen bespannt.

soll; sein Dom wurde 1009 ein Raub der Flammen.
Erzbischof Bardo stellte ihn wieder her und weihte
ihn 1036 in Anwesenheit Kaiser Konrads II. – In
seiner heutigen Gestalt ist er eine dreischiffige gewölbte Pfeilerbasilika des 12./13. Jh. mit Chören
im Westen und im Osten. Die Vierung im Westen
wurde erst 1239 vollendet. Glanzvoll die Anlage
mit ihren phantasiereich gegliederten Giebelfronten,
ihrem mächtigen Vierungsturm, der ebenso wie
die beiden korrespondierenden Flankentürme
1767–73 vom Sohn Balth. Neumanns ausgeschmückt wurde, und den drei Konchen des Klee-
blattchors. Das Schiff imponiert durch seine Länge
und seine strenge Gliederung, der Ostbau ist von
schlichtem Ernst, sein Vierungsturm wurde im
19. Jh. neuromanisch umgestaltet. – An der Nordseite zwischen den barocken Domhäusern das
Marktportal aus dem frühen 13. Jh. mit thronen-
dem Christus im Bogenfeld und bronzenen Tür-
flügeln, um 1000; Portal der Südseite des Ostchores,
säulengewandet und mit Getier in den antikisierenden Kapitellen. Im Innern kann man an der Vielzahl
bedeutender Grabmäler Mainzer Erzbischöfe vom
13.–18. Jh. wie nirgends sonst die Entwicklung
der deutschen Plastik studieren. Bemerkenswert die
lebensgroßen Gestalten einer Grablegungsgruppe
von 1495, das zinnerne Taufbecken mit dem Mar-
tinsreiter, die Memorienpforte mit reizenden Heili-
genfigürchen, Musterbeispiele des Weichen Stils
um 1425. Besuchenswert ist die Krypta, der gotische Kreuzgang und die angebaute zweigeschossige Gothardkapelle, 1137. Im Dommuseum Werke
des Naumburger Meisters.

KARMELITENKIRCHE Von schlichter Wirkung der in
der zweiten Hälfte des 14. Jh. errichtete Bau an der
Stadtmauer, eine Basilika mit langgestrecktem Chor;
liebliche Steinmadonna (um 1400).

KURFÜRSTLICHES SCHLOSS Erstaunlicherweise wurde
mitten im 30jährigen Krieg (1627) längs des Rheins
mit dem Bau des reichdekorierten Ostflügels begonnen. Dieses Beispiel spät noch einmal vorge-
tragener deutscher Renaissance konnte erst 1678
vollendet werden. Bis 1752 kam, oftmals unterbrochen, jedoch stilistisch nur wenig unterschieden,
der Nordflügel hinzu. Opfer des Bombenkrieges,
heute bis auf die wertvollen Innenräume wiederhergestellt für die Sammlung der Römisch-Germanischen Zentralmuseums und Festsäle. Das Museum, gegründet 1852, hat Weltruf; es bietet die
einzigartige Gelegenheit, in Tausenden von Origi-

nalen oder exakten Kopien die Ur- und Frühgeschichte Deutschlands bis zur Gründung des karolingischen Reichs zu studieren.

Das MITTELRHEINISCHE LANDESMUSEUM enthält vor- und frühgeschichtliche Funde aus Mainz und Rheinhessen, Skulpturen der Römerzeit, mittelalterliche Plastiken, Silber- und Goldschmiedearbeiten, Porzellane, Möbel und Volkskundliches.

Die PFARRKIRCHE ST. PETER (1752–56), schönste Barockkirche mit zwei Zwiebeltürmen, prächtiger Front aus rotem Sandstein, verrät außen nichts mehr von den Bombenschäden, nur die Deckengemälde und Stukkaturen im hellen Hallenraum fehlen. Prachtvolle Altäre im späten Rokoko.

ST. CHRISTOPH (14. Jh.) ist seit dem Krieg Ruine; spätromanisch der Turm, frühgotisch das Langhaus; Chor als Kapelle eingerichtet, Gedenkstätte der Opfer des Krieges und Mahnmal der Stadt.

ST. JOHANNIS, die ehem. Stiftskirche enthält Reste eines um 900 entstandenen Dombaus; geschickt und geschmackvoll nach dem Krieg wieder aufgebaut.

ST. QUINTIN, die älteste Pfarrkirche der Stadt, blieb im Bombenhagel fast unversehrt; quadratischer Hallenbau um 1300, wuchtiger Turm. Rokokokanzel, Beichtgestühl, Altargemälde von F. A. Maulbertsch aus der zerstörten St. Emmeranskirche.

ST. STEPHAN Bedeutendste Kirche nach dem Dom und erste gotische Hallenkirche am Mittelrhein: hoch über der Stadt, erbaut in der ersten Hälfte des 14. Jh., nach schweren Kriegsschäden 1961 wiedererstanden. Schönes Maßwerk, beachtliche Grabmäler, stimmungsvoller Kreuzgang; im Kirchenschatz die wertvolle byzantinische Willigis-Kasel (ein Meßgewand).

Malberg *Reg.-Bez. Trier* 591 □ 12
SCHLOSS Dreigeschossiges Herrenhaus aus dem 18. Jh. Seine durch Hausteine gegliederte Fassade geht auf einen Ehrenhof, der von einem Bau des späten 16. Jh. mit Torbau, Uhrturm und Galerie (18. Jh.) umrahmt wird.

Malgarten *Reg.-Bez. Osnabrück* 569 □ 9
KIRCHE Aus dem 13. Jh. stammen noch der Turm und Reste des Kreuzgangs des ehem. Benediktinerinnenklosters. Im Chor schöne Fenstergruppe aus der Erbauungszeit. Barocke Ausstattung, 18. Jh.

Mallersdorf *Niederbayern* 603 □ 3
EHEM. BENEDIKTINERKLOSTERKIRCHE Wie eine Burg beherrscht die mächtige dreistöckige Klosteranlage auf einer Hochterrasse das Tal über der Laaber. Sie wird nur wenig von den wehrartigen Backsteintürmen der Kirche überragt – Reste des Baus aus der Mitte des 13. Jh. Ihre heutige Gestalt als emporenlose Wandpfeileranlage erhielt sie um die Mitte des 18. Jh., dazu die Vorhalle mit eingefügtem romanischen Portal (vor 1265), dessen allegorische Skulpturen sich noch immer einer festen Deutung entziehen. Von Ignaz Günther der geschnitzte Hochaltar; ganz ausgezeichnet in Mimik und Gebärde charakterisiert die Figuren: St. Benedikt und Scholastika und weiter außen der hl. Kaiser Heinrich II. und seine Gemahlin Kunigunde.

Manching *Oberbayern* 603 ■ 9
Seit 1938 wurde östlich der Stadt eine Keltensiedlung ausgegraben, die größte in Deutschland. Bis zu vier Meter hoher, teilweise sehr gut erhaltener Ringwall.

Mandelsloh *Reg.-Bez. Hannover* 570 ■ 10
ST.-OSDACUS-KIRCHE Eine kreuzförmige Backsteinbasilika aus dem 12. Jh., der Turm entstammt gotischer Zeit. Der flachgedeckte Raum wurde im 19. Jh. neu ausgestattet. Reste gotischer Wandmalereien.

Manderscheid *Reg.-Bez. Trier* 591 □ 1
Von der ehemals kurtrierschen OBERBURG aus dem 12./13. Jh. stehen noch Bergfried und Umfassungsmauern, von der NIEDERBURG haben sich auf einem steilen Felsgrat über der Lieser spätgotische Bauteile und der Bergfried (12. Jh.) erhalten.

Mannheim *Reg.-Bez. Karlsruhe* 593 ■ 7
In der 1606 vom Pfälzer Friedrich IV. gegründeten Stadt hat sich die ursprüngliche Anlage der Straßen in Quadraten über alle Zerstörungen erhalten. Der Übersiedlung der Kurfürsten von Heidelberg (1720) verdankte sie höfischen Glanz: die Mannheimer Komponistenschule und ihre Akademie der Wissenschaften (1763) hatten europäischen Ruf. Als die Pfälzer Kurfürsten die bayerische Erbfolge antra-

RITTERSAAL, SCHLOSS, MANNHEIM

Unter den schwer beschädigten, aber sorgfältig wiederhergestellten Innenräumen des Mannheimer Schlosses kommt dem Rittersaal besondere Bedeutung zu. Wenn auch die von Paul Egell für die abgerundeten Ecken geschaffenen Stuckfiguren jetzt fehlen – sie wurden durch Marmorstandbilder von Peter Anton Verschaffelt ersetzt –, so konnte doch das Deckenfresko von Cosmas Damian Asam nach Fotografien rekonstruiert werden.

ten (1778), sorgten Verkehrslage und Industrie für eine weitere, bürgerliche Blüte.

Das ALTE RATHAUS (1700–11) und die Untere Pfarrkirche (1706–23) sind die ältesten erhaltenen Bauten Mannheims.

JESUITENKIRCHE Die bedeutende Barockkirche entstand nach Entwürfen von Galli-Bibiena und wurde von Franz Rabaliatti (1738–60) weitergeführt, die

SCHLOSS, MANNHEIM

Das Mannheimer Schloß (erbaut 1720–60) war Residenz der Pfälzer Kurfürsten, ehe Karl Theodor 1778 die Erbfolge der bayerischen Wittelsbacher antrat. Weitläufige Trakte, durch Eckpavillons miteinander verbunden, vermitteln besonders von der Hofseite her den Eindruck von Großzügigkeit. Nach der Zerstörung im zweiten Weltkrieg wurde die gesamte Anlage bis 1962 wieder aufgebaut.

Fassade und die Ausstattung vollendete Peter Anton v. Verschaffelt. Die gelungene Restaurierung des Inneren läßt das Verlorene fast vergessen.

NATIONALTHEATER Der ursprüngliche Bau, aus einem Schütthaus (Speicher) errichtet, wurde 1943 durch Bomben zerstört. Der moderne Bau am Goetheplatz mit Großem und Kleinem Haus entstand 1957 nach einem Entwurf von Gerh. Weber.

PYRAMIDE Ein Wahrzeichen der Stadt ist das 1743 auf dem Paradeplatz aufgestellte Denkmal des Gabriel de Grupello: Herkules triumphierend über Laster und Schwächen.

Das REIS-MUSEUM, untergebracht im barocken Zeughaus (P. A. v. Verschaffelt, 1777–79), birgt stadtgeschichtliche, völkerkundliche und archäologische Sammlungen.

SCHLOSS Nur von Nymphenburg wird im Barock die Weitläufigkeit dieser Anlage, mit einer Stadtfront von fast 600 Metern, übertroffen. In vierzig Jahren (1720–60) wechselten fünf Baumeister. Im zweiten Weltkrieg brannte das Schloß völlig aus. Außenfassade und einzelne Räume, Treppenhaus, Rittersaal und Bibliothekskabinett der Kurfürstin Elisabeth Augusta sind wiederhergestellt, die Inneneinteilung der Seitentrakte wurde beim 1962 abgeschlossenen Wiederaufbau verändert.

STÄDTISCHE KUNSTHALLE In ihrem 1907 von H. Billing im Jugendstil errichteten Gebäude: Gemälde und Skulpturen des 19. und 20. Jh. Schöne Sammlung moderner Aquarelle und Druckgraphik.

Mansbach *Reg.-Bez. Kassel* 586 ▪ 2
PFARRKIRCHE Älteste unter den barocken Dorfkirchen Osthessens (1628). Alles reich bemalt: am Tonnengewölbe Wolkenhimmel mit musizierenden Engeln. Spätgotischer Chor mit wappenbesetztem Sterngewölbe. Taufstein um 1510.
SCHLOSS Stattlicher Bau von 1577 mit Renaissancegiebel, Treppenturm und Erker.

Marbach a. Neckar *Reg.-Bez. Stuttgart* 601 □ 10
An der Marktstraße und in dem Gewirr kleiner Gassen gute Fachwerkbauten, darunter Schillers Geburtshaus und das Geburtshaus seiner Mutter.

ALEXANDERKIRCHE Aberlin Jörg hat durch die breite Hallenanlage (15. Jh.) mit schlanken Stützen, ein zartes Rippennetz im Gewölbe und den weiten Chorbogen einen lichten Innenraum geschaffen, dessen originale Deckenbemalung und schöne Schlußsteine erhalten sind. (Siehe auch Seite 276/277.)

Marburg a. d. Lahn *Reg.-Bez. Kassel* 585 ▪ 1
Fraglos ist Marburg, urkundlich erstmals zu Anfang des 12. Jh. erwähnt, durch die Giebel seiner heimeligen Fachwerkhäuser, seine berühmten Bauten, seine Türme und Terrassen, seine Gäßchen und abgetretenen Treppen, die hinaufführen zum beherrschenden Landgrafenschloß, eine der reizvollsten Bergstädte Deutschlands. Philipp der Großmütige gründete 1527 die Universität, die stets Weltruf genoß. Studentisches Leben gibt der wohlkonservierten, zunehmend sich erweiternden Stadt ein jugendliches Gepräge.

DEUTSCHORDENSGEBÄUDE Von dem Gebäudekomplex des hier von 1233 bis 1809 ansässigen Deutschritterordens sind nur wenige, später umgebaute Zeugen übriggeblieben: das „Deutsche Haus" (Universitätsinstitut) mit barockem Portal, die anstoßende Komturei mit spätgotischem Erker und der Fruchtspeicher von 1515. Im Grünen steht die romantische Chorruine vom Elisabeth-Hospital (Mitte 13. Jh.).

ELISABETHKIRCHE 1235 von den Ordensrittern erbaut über dem Grab der soeben heiliggesprochenen Landgräfin Elisabeth von Thüringen, deren Witwensitz Marburg war. Weihe 1283. Dem Kleeblattchor schließt sich eine Hallenkirche an mit drei gleich hohen Schiffen. Vollendung der 80 Meter hohen Türme in der ersten Hälfte des 14. Jh. Am Westportal (spätes 13. Jh.) nicht die Kirchenpatronin, sondern die Madonna. Glasmalereien aus der Mitte des 13. Jh. im Chor. Anmutige Figur der hl. Elisabeth (um 1470) im nördlichen Seitenschiff. Qualitätvolle spätgotische Altäre. Baldachinüberwölbtes Elisabeth-Mausoleum, unter dessen Tumba sich vermutlich ihr Grab befunden hat. Die Gebeine sind in der Reformationszeit verschwunden. Kostbarster Schatz ist der Elisabeth-Schrein in der

Sakristei. Grabmäler der Landgrafen von Hessen und ihren Frauen.

KATH. PFARRKIRCHE Die Brüder des gemeinsamen Lebens, nach ihrer Kapuze die Gugel- oder Kugelherren genannt, erbauten am Ende des 15. Jh. die netzgewölbte „Kugelkirche". Bemerkenswertes Sakramentshaus.

LUTHERISCHE PFARRKIRCHE (Marienkirche) Bauzeit 13.–15. Jh., abhängig von der Elisabethkirche; reiches Renaissanceportal am Chor, schiefer Turmhelm. Innen umfangreiche Reste gotischer Wand-

malereien. 1526 wurde hier der erste evangelische Gottesdienst gehalten.

RATHAUS (1512–24) Markante Frontbetonung durch einen Treppenturm mit großer Kunstuhr, deren krähender und flügelschlagender Hahn den Renaissancegiebel (1581/82) bekrönt. Wappen über dem Eingang (Elisabeth mit Kirchenmodell) von 1524.

SCHLOSS Durch ein Tunnelgewölbe gelangt man in den Vorhof. Im Innern besonders sehenswert: die lichte, doppelchörige Kapelle, 1288 geweiht, mit dem gewaltigen Christophorusbild, der gewölbte

ELISABETHSCHREIN

In der Sakristei wird der kostbare, mit Emaillen und Edelsteinen geschmückte Elisabethschrein aufbewahrt, das Meisterwerk eines unbekannten Goldschmieds um die Mitte des 13. Jh. Das ist Schreinkunst in höchster Vollendung. Man betrachte nur das zartgesponnene Laubwerkfiligran der Giebelkämme. An der Hauptseite Christus und die sechs Apostel, auf den Dachschrägen des als Kirche geformten Schreins Reliefszenen aus dem Leben der hl. Elisabeth.

ELISABETHKIRCHE: INNENRAUM

Auch im Innern entfaltet die frühe Gotik Kraft und Zauber: klare Linien der Architektur, leuchtende Farbigkeit der Glasfenster im Chor. Den Lettner zierten einst das Jüngste Gericht mit der Kreuzigungsgruppe und die Zwölf Apostel. Landgraf Moritz ließ die Figuren in der Bilderstürmerzeit zerstören; einzig die Apostel Jakobus und Philippus blieben erhalten, sie stehen heute beiderseits des Südportals. Seit 1931 schmückt ein ergreifender Bronzekruzifixus von Ernst Barlach den Kreuzaltar vor dem Lettner.

ELISABETHKIRCHE

Wahrzeichen Marburgs sind die beiden spitzen Türme der Elisabethkirche. Sie ist neben der Trierer Liebfrauenkirche der erste völlig gotische Kirchenbau auf deutschem Boden. Vorbild sind die großen französischen Kathedralen, das spiegelt sich auch in den Fenstern beider Reihen wider. Sie sind von gleicher Größe und Form und von so geringem Abstand, daß die Wand beinahe schon aufgelöst erscheint. Ihr Maßwerk zeigt höchste Einfachheit, zwei Spitzbogen tragen einen großen Kreis.

LANDGRAFENSCHLOSS

Die Herzogin Sophie von Brabant, eine Tochter der hl. Elisabeth, begann mit dem Bau des Schlosses, das vom 14. bis 17. Jh. bevorzugter Sitz der hessischen Landgrafen war. Die stimmungsvolle vielfältige Baugruppe auf felsigem Bergrücken krönt die wahrhaft zu ihr aufsteigende Stadt. Eine Brücke verbindet den spätgotischen Wilhelmsbau mit dem Hauptgebäude des ausgehenden 15. Jahrhunderts.

Rittersaal mit zwei Renaissancetüren, die Räume im ursprünglich frühgotischen Wohnturm, in denen 1529 Luther und Zwingli disputierten.
ST.-MICHAELS-KAPELLE Auf waldigem Hang liegt das Michelchen, die 1268 erbaute Kapelle, in der Luther gepredigt hat.
UNIVERSITÄTSKIRCHE Imponierend der hochragende, lange gotische Chor der ehemaligen Dominikanerkirche (um 1300) mit etwas kurz geratener Halle.
Das UNIVERSITÄTSMUSEUM (Ernst-von-Hülsen-Haus), 1927 erbaut, birgt kirchliche Kunst des Mittelalters, Volkskunst und Gemälde der Hessenmaler K. Bantzer und F. Frank.

Mardorf *Reg.-Bez. Kassel* 585 ■ 2
Südlich von Mardorf liegt die HUNBURG, ein kleiner Steinwall der Hallstattzeit, sowie der Goldberg, auf dem man keltische Goldmünzen fand.
PFARRKIRCHE Neben dem barocken Neubau (1713 bis 1726) hat sich ein wehrhafter gotischer Chorturm mit bemerkenswerten Wandmalereien (14. Jh.) erhalten.

Maria Birnbaum b. Aichach *Oberbayern* 602 □ 4
Ein wundertätiges Marienbild, das zuerst in einem hohlen Birnbaum aufgestellt worden war, führt zum Bau der WALLFAHRTSKIRCHE (1661–68): Ein slawisch anmutender Zentralbau, um dessen mit Tambour gekrönte zylindrische Rotunde sich kleeblattförmig zylindrische Anbauten gruppieren. Kuppeldächer und Türmchen beherrschen den Blick; sie überragt die welsche Haube mit Laterne und Zwiebel des bis zum Glockengeschoß quadratischen Turms. Das helle Innere ziert feinster Wessobrunner Stuck. Hinter dem Hochaltar, den hervorragende Oratoriengitter aus Holz (1700) flankieren, stand jener Birnbaum.

Maria Gern *Oberbayern* 611 ■ 4
Im Innern der kleinen Wallfahrtskirche wirkungsvoller Stuck und Freskomalerei, schönes schmiede-

eisernes Gitter (1777) und wertvolles barockes Chorgestühl.

Mariäkappel *Reg.-Bez. Stuttgart* 601 □ 2
In der EV. PFARRKIRCHE ein spätgotischer Schnitzaltar mit sehr schön gemalten Flügeln.

Maria Laach *Reg.-Bez. Koblenz* 584 ■ 8
BENEDIKTINER-ABTEIKIRCHE Am Ufer des Laacher Sees inmitten von Bergkuppen liegt die aus hellen Tuffquadern, dunkler Basaltlava, Sand- und Kalkstein erbaute, rein romanische Basilika. Der vom Ende des 11. Jh. bis gegen 1200 errichtete Bau hat im Osten und Westen je ein Querhaus und einen Chor und wird von vier Flanken- und zwei Zentraltürmen überragt. Durch die um 1225 angefügte Vorhalle gelangt der Besucher in den Westchor. Frühgotisches Grab des Pfalzgrafen Heinrich, der 1093 die Abtei gestiftet hat. Mit jugendlichem Gesicht, langen schwarzen Locken, bekleidet mit einem bunten Gewand und rotem Mantel, mit der rechten Hand das Kirchenmodell haltend, hat im 13. Jh. ein Künstler den hochverehrten Stifter dargestellt. Sechs Säulen halten den spätromanischen Baldachin über dem Hochaltar im Ostchor.

Mariazell *Reg.-Bez. Freiburg i. Br.* 607 □ 11
KATH. PFARRKIRCHE Romanisch, Anfang des 17. Jh. gotisiert. Dabei erhielt der Turm einen achteckigen Aufsatz, in dessen Fenstern je ein Maßwerkbuchstabe erscheint. Zusammen ergeben sie ein Ave Maria.

Marienbaum *Reg.-Bez. Düsseldorf* 575 ■ 12
EHEM. KLOSTERKIRCHE An den spätgotischen Chor wurde 1712–14 das tonnengewölbte Langhaus angebaut. Gnadenbild ist eine Muttergottes aus Sandstein, 15. Jh.; guterhaltenes Hungertuch, um 1650.

Marienberg b. Burghausen *Oberbayern* 611 □ 12
WALLFAHRTSKIRCHE (1760–64) Über einer Salzachschleife thront die uralte Gnadenstätte, die beiden Osttürme der lieblichen Uferlandschaft zugewendet. Innen erst zeigt sich überschwenglicher Schmuck: rötlich die locker geordneten Säulenaltäre, golden der Stuck und die Figuren, bunt wie die Wiesenblumen draußen vor der Kirche das Farbenspiel der Marienfresken. Im ganzen Rupertiwinkel die Salzach und den Inn entlang gibt es kein festlicheres Gotteshaus.

Marienberghausen *Reg.-Bez. Köln* 584 ■ 12
Die EV. KIRCHE (1665), mit spätgotischen Wandmalereien im Inneren, Westturm, Querschiff und Chor stammen noch von einem Vorgängerbau.
SCHLOSS HOMBURG, aus dem späten Mittelalter, wurde im 17./18. Jh. zur weitläufigen Anlage ausgebaut. Der innere Schloßhof mit dem hoch gelegenen Herrenhaus, das ein Wassergraben umgibt, wird von einem schweren doppelten Mauerring geschützt.

Marienfeld *Reg.-Bez. Detmold* 577 □ 11
In der ABTEIKIRCHE sind Langhaus, Querhaus und Chor fast in gleichem Zustand erhalten wie zur Zeit ihrer Weihe, 1222. Um die Wende vom 13. zum 14. Jh. kam an der Südseite der gotische Kreuzgang dazu. Der Chorumgang aus dem 14. Jh., ein nördliches Seitenschiff, zwei östliche Kapellen und die Sakristei aus dem 18. Jh. Kuppelgewölbe mit dekorativ unterlegten Rippen (13. Jh.). Das nörd-

liche Querschiffportal schmückt eine Mondsichelmadonna aus dem 16. Jh. Im Seitenschiff zwölf sitzende Apostelfiguren vom ehem. Lettner (um 1540). Großartige Barockorgel von 1747–51.

Mariengarten *Reg.-Bez. Hildesheim*   578 ■ 4
EHEM. ZISTERZIENSERINNENKLOSTER (Anfang 14. Jh.) Erhalten ist die Kirche und der östliche Klausurflügel, der trotz vieler Eingriffe seinen mittelalterlichen Zuschnitt erkennen läßt.

Marienhafe *Reg.-Bez. Aurich*   560 ■ 11
Die MARIENKIRCHE (1250–70) war die bedeutendste und größte Kirche Ostfrieslands, bis 1829 ein großer Teil abgerissen wurde. Originelle Reste der Bauplastik sind im Turm untergebracht: diese Relieffriese zeigen unter anderem Tiersagen. Seit 1396 war Marienhafe dem Seeräuber Störtebeker ein Schlupfwinkel; im Turm die Störtebekerkammer.

Marienheide *Reg.-Bez. Köln*   584 □ 12
Die KATH. PFARRKIRCHE, ein dreischiffiger spätgotischer Hallenbau, hat ein schlichtes Langhaus, das die reiche Barockausstattung des lichterfüllten Chors zu besonderer Wirkung kommen läßt. Vorzügliches Chorgestühl, 16. Jh. An den Kirchenchor sind die Klostergebäude von 1717 mit vier zweigeschossigen Flügeln angebaut.

Marienheide-Müllenbach   584 □ 12
Die EV. KIRCHE ist eine kleine dreischiffige romanische Pfeilerbasilika mit gotischen Ostteilen. Im Innern Reste romanischer und gotischer Wandmalereien und ein Taufstein des 13. Jh.

Marienmünster *Reg.-Bez. Detmold*   578 □ 10
Die KIRCHE des ehem. Benediktinerklosters steht seit dem 17. Jh. als ein Zwitterwesen da: die roma

ATRIUM DER ABTEIKIRCHE, MARIA LAACH
Paradies, so nannte man früher, schon in vorromanischer Zeit, solche Kirchenvorhöfe, ein Symbol des Garten Eden. Die reiche Steinmetzarbeit an Portalen, Säulen und Kapitellen in Maria Laach gehört zum Besten, was die Spätromanik hervorgebracht hat. Den quadratischen Hof begrenzen an drei Seiten nach innen und außen geöffnete Arkadengänge. In der Mitte der „Brunnen des Lebens".

ABTEIKIRCHE, MARIA LAACH
In der „Chronika eines fahrenden Schülers" schreibt der Humanist Johannes Butzbach, der 1516 im Kloster Maria Laach starb, er habe auf seinen Reisen kein Kloster gefunden, das dem Laacher an wundersamer Bauschönheit ähnlich wäre: „ein prächtiges und festeres, reizender und friedlicher gelegenes Kloster gibt es nimmermehr." Seine preisenden Worte sind auch heute noch berechtigt: die Abteikirche erhielt sich ohne Stilveränderungen und Zerstörungen über alle Kriege hinweg.

nische Basilika wurde zu einer Barockkirche umgebaut, deren Ausstattung aus dem frühen 18. Jh. einen malerischen Raumeindruck bietet.

Marienrode *Reg.-Bez. Hildesheim*   570 □ 5
Vom ZISTERZIENSERKLOSTER, gegründet 1125, sind noch Klausurgebäude (18. Jh.) und die Kirche (1412 bis 1462) erhalten. Turmlose kreuzförmige Basilika mit Hochaltar aus dem späten 18. Jh.

Mariensee *Reg.-Bez. Hannover*   570 ■ 9
EHEM. ZISTERZIENSERINNENKLOSTER Die gotische Backsteinkirche (13. Jh.) mit den schlanken Fenstern ist mit den barocken Klostergebäuden (1729) verbunden. Im Innern ein Kruzifix aus dem 13. Jh. und ein unvollständiger Altar (15. Jh.).

Marienstatt *Reg.-Bez. Koblenz*   584 ■ 3
ZISTERZIENSERKLOSTERKIRCHE Eine dreischiffige frühgotische Basilika mit Querschiff (13.–14. Jh.). Offene Strebebogen halten die Gewölbe von Langhaus und Chor. Die schmucklosen Mauern durchbricht über dem Westportal eine reiche Maßwerkrosette. Innen einer der ältesten Flügelaltäre Deutschlands: der Ursula-Altar (erste Hälfte 14. Jh.). In zierlichen Arkaturen stehen unten Reliquienbüsten, darüber Apostel, im Mittelfeld eine

MARBACH:
AUF DEN SPUREN FRIEDRICH SCHILLERS

DER DICHTER DES FREIHEITSPATHOS

Eine Idylle vor dem Sturm und Drang waren Schillers Kindheits-
jahre in Marbach und Lorch. In Marbach wurde Schiller 1759
geboren. Hier verbrachte er seine ersten vier Jahre, bevor sich die
Familie in Lorch niederließ. Hier steht noch sein Geburtshaus,
hier wurde auch ein Schiller-Nationalmuseum geschaffen. Schiller
wuchs in einem pietistisch-frommen Elternhaus auf und wollte
ursprünglich Geistlicher werden. Eine Wende brachte die Übersiedlung aus dem ländlich-abgeschiedenen Lorch nach Ludwigsburg, das damals die glanzvolle herzogliche Hofhaltung prägte.
Hier besuchte Schiller seit 1767 die Lateinschule. Auf Wunsch und
Befehl des Herzogs Karl Eugen von Württemberg trat er 1773 in
die Hohe Karlsschule ein, die er bis 1780 besuchte, zuerst auf
Schloß Solitude, dann in Stuttgart. Die ersten eigenen Werke
entstehen in dieser Zeit. In ihnen ist schon der Grundton seines
ganzen Schaffens angeschlagen, geht es um die tragische Freiheit
des menschlichen Willens. Der revolutionäre Elan seiner Dichtung
entsprach dem persönlichen Aufbegehren gegen die harte Schul-
disziplin. 1782 wurden die „Räuber" mit großem Erfolg in Mannheim uraufgeführt. Schiller war ohne die Erlaubnis des Herzogs
dorthin gefahren, worauf ihm dieser weiteres „Komödienschrei-
ben" untersagte. Mit der abenteuerlichen Flucht nach Mannheim
begann für Schiller ein neuer Abschnitt seines Weges, der ihn
über Leipzig, Dresden und Jena in das Weimar Goethes führt.

SCHILLER ALS KARLSSCHÜLER *Getusch-
ter Schattenriß, erstes bekanntes Bildnis des Dichters. 1773 bezog Schiller
die Militärakademie des Herzogs
Karl Eugen auf Schloß Solitude. Vom
ungeliebten Brotstudium der Juris-
prudenz wechselte er bald zur Medi-
zin über. Die Zöglinge erhielten eine
sehr gute Ausbildung, doch mußten sie
sich einem strengen Reglement unter-
werfen, das dem jungen Schiller oft
unerträglich schien. Mit gleichgesinn-
ten Freunden begeisterte er sich für
die Dichtung, bewunderte Goethe,
Rousseau, Lessing, Wieland, die
Dichter des Sturm und Drang, vor
allem aber Shakespeare. 1780 wurde
der „begabte Eleve" zum Feldarzt
ernannt.* (Schiller-Nationalmuseum)

SCHILLERS REISETINTENFASS UND FEDER.
(Schiller-Nationalmuseum)

SCHILLER-NATIONALMUSEUM, *davor das 1876 enthüllte Denkmal des Dichters von Ernst Rau. Der hoch über dem Neckar gelegene Bau wurde 1903 im Stile der Schlösser Herzog Karl Eugens errichtet. Im Hauptsaal des Museums sind die sorgfältig zusammengetragenen Erinnerungsstücke aus Schillers Leben und Werk ausgestellt, darunter viele Originalmanuskripte. Um diesen Saal gruppieren sich Räume, die einen Überblick über die schwäbische Dichtung geben, die wechselnde Literaturausstellungen ermöglichen und als Arbeitsstätte an den Bibliotheks- und Archivbeständen dienen.*

SCHILLER TRÄGT IM BOPSERWALD DIE „RÄUBER" VOR. *Skizze von Victor Heideloff. Im Hintergrund ist der Turm der Stiftskirche von Stuttgart zu sehen. Der Sohn des Zeichners hat die Begebenheit geschildert. Bei einem Sonntagsspaziergang der Karlsschüler sonderte sich eine Gruppe ab und ging tiefer in den Wald hinein. „Hier lagerten sie sich, ihren Schiller umkreisend, der auf den hervorstehenden Wurzeln eines der stärksten Fichtenbäume Posten gefaßt hatte…"* (Schiller-Nationalmuseum)

SCHILLERS GEBURTSHAUS *In dem Fachwerkhaus rechts, in dem die Familie Schiller nur zwei Zimmer und eine Küche im Erdgeschoß gemietet hatte, wurde der Dichter am 10. November 1759 geboren. Hundert Jahre später wurde es zur Gedenkstätte ausgestaltet.*

ELISABETH DOROTHEA SCHILLER *Gemälde von unbekannter Hand. Schillers Mutter stammte aus einer Marbacher Familie. Ihre Milde hielt der väterlichen Strenge die Waage. „Die Sorge um ihre Kinder kümmerte sie mehr als alles andere", schrieb ihr Sohn.* (Schiller-Nationalmuseum)

JOHANN CASPAR SCHILLER *Gemälde von unbekannter Hand. Schillers Vater wollte sich eigentlich in Marbach als Chirurg niederlassen. Als dies fehlschlug, nahm er als Offizier am Siebenjährigen Krieg teil. Er wird als strenger, pflichtbewußter Mann geschildert.* (Schiller-Nationalmuseum)

BRIEFTASCHE, RINGE, UHR UND TABAKSDOSE *aus Schillers Besitz. Die Tabaksdose schmückt, hinter Glas gemalt, die Silhouette seiner Frau Charlotte. Die gestickte seidene Brieftasche ist ein Geschenk von Minna Stock, der Braut seines Freundes Körner. Im Juni 1784 erhielt Schiller ein Päckchen, in dem sich außer dieser Brieftasche und Porträts der Absender eine Komposition zu den „Räubern" und ein Brief Körners befand, in dem er Schiller als „großen Mann" würdigt. In jener von vielen Sorgen verdüsterten Mannheimer Zeit tat Schiller diese Anerkennung besonders wohl.* (Schiller-Nationalmuseum)

sehr zarte, innige Marienkrönung. Aus der gleichen Zeit das Chorgestühl. Bedeutend das Grabmal des Grafen Gerhard v. Sayn und seiner Frau (1487). Im barocken Klostergebäude ein großartiges Treppenhaus.

Mariental *Verw.-Bez. Braunschweig* 571 ■ 5
EHEM. KLOSTER 1137 kamen Zisterzienser in das Tal am Lappwald, und 1146 war bereits die Weihe der Kirche: ein strenger Bau, rein romanisch. Eigenartige Kapitelle am Portal, das in die flachgedeckte, schmale Basilika führt. Die Gebäude, heute Domäne, blieben bis auf den Kreuzgang erhalten.

Marienthal *Reg.-Bez. Düsseldorf* 575 □ 2
Das Augustiner-Eremitenkloster war 1256 die früheste Niederlassung des Ordens in Deutschland. Die KLOSTERKIRCHE ist ein einschiffiger kreuzrippengewölbter Backsteinbau mit Dachreiter von 1345, innen reich an alten wie an modernen Kunstwerken.

Markdorf *Reg.-Bez. Tübingen* 608 ■ 9
Von der Befestigung haben sich zwei Stadttore, der Hexenturm und Mauern erhalten. Ein mächtiger Turm gehört zum ehem. fürstbischöflichen Schloß. – Die Spitalkirche bietet ein einheitliches Bild aus der Barockzeit. – Die ehem. Stiftskirche ist eine flachgedeckte spätgotische Basilika (15. Jh.).

Markershausen *Reg.-Bez. Kassel* 586 □ 1
BRANDENFELS Reste von Palas und Kapelle stehen noch von der Burg des 14. Jh.

Markgröningen *Reg.-Bez. Stuttgart* 600 □ 2
Das altdeutsche Stadtbild mit winkeligen Gassen und stattlichen Wohnhäusern (Wimpelinhaus, 1630) hat sich ziemlich unversehrt erhalten.
EV. PFARRKIRCHE Das Außenbild bestimmen die wuchtigen Westtürme. Das Langhaus zeigt die straffen Formen der Frühgotik, knappes Fenstermaßwerk und schön gemeißelte Kapitelle. Der reich gewölbte Chor ist spätgotisch, ein Werk Aberlin Jörgs. Wand- und Deckenmalereien des 14., 15. und 16. Jh. In der Taufkapelle steht der Rest eines Chorgestühls mit figurenreichen geschnitzten Wangen – wohl das älteste in Süddeutschland (14. Jh.). Dreizehnseitiger Taufstein mit Brustbildern Christi und der Apostel (1426).
RATHAUS Der imposante dreistöckige Bau mit Walmdach und zierlichem Türmchen (15. u. 17. Jh.), dessen reiches Fachwerk an Einlegearbeit erinnert, beherrscht den Marktplatz.
SPITALKIRCHE mit Chor in eleganter Gotik um 1300.

Marklohe *Reg.-Bez. Hannover* 570 □ 9
An zwei Portalen der um 1200 gebauten EV. KIRCHE finden sich spätromanische Skulpturen. Gotische Wandmalereien, Altar (1420), Sakramentshaus (1521).

Marköbel *Reg.-Bez. Darmstadt* 585 □ 5
RATHAUS Das 1686 erbaute, reichgefügte Gebäude steht inmitten einer großen Anzahl anderer prachtvoller Fachwerkhäuser, die von einer größtenteils erhaltenen Mauer mit Wehrgang geschützt werden.

Marktbreit *Unterfranken* 594 □ 3
Der alte Mauerring des 16. Jh. ist noch gut erhalten, ebenso das die bezaubernde Schustergasse abschließende, mit dem Renaissancerathaus (1579) im rechten Winkel zusammengebaute Maintor. Das

Schloß (um 1580) gibt dem Stadtbild den Hauptakzent.

Marktoberdorf *Schwaben* 609 ■ 9
HL. KREUZ UND ST. MARTIN Der gotische Bau wurde im 18. Jh. grundlegend umgestaltet. Der schmucke Turm (1680) erhielt eine Zwiebelhaube. Zartfarbiger Stuck umrahmt wohlgesetzte, nicht zu üppige Fresken. Beachtlich der großräumige Hochaltar (1747) und vier gute Figuren (um 1735) im Vorchor. – Die Grabkapelle, ein Tempelchen von 1823, ist Ruhestätte von Clemens Wenzeslaus Prinz von Sachsen, dem letzten Kurfürsten von Trier.
Neben der Kirche das JAGDSCHLOSS der Augsburger Bischöfe, 1722–25 erbaut, 1761 vergrößert.

Massenhausen *Oberbayern* 603 □ 7
ST. MARIÄ HEIMSUCHUNG Die außen rein gotisch gebliebene Kirche – am Altarraum Wandgemälde des späten 14. Jh. – enthält guten, vielgestaltigen Stuck (1698) und schöne Bildwerke des 15./16. Jh.

Maulbronn *Reg.-Bez. Karlsruhe* 600 ■ 1
EHEM. KLOSTER Es ist über 400 Jahre her, seit die Zisterzienser das Tal verlassen mußten. Aber ihre weltabgeschiedene kleine Klosterstadt steht heute

RATHAUS MARKGRÖNINGEN
Der Reichsadler rechts neben dem württembergischen Wappen an der Rathausfront erinnert daran, daß Markgröningen im 13. Jh. Reichsstadt war und später Reichslehen wurde. Den feinen Marktbrunnen vor dem Rathaus, 1580 entstanden, bekrönt die Statue Herzog Christophs, der während seiner Regierungszeit 1550–68 für Markgröningen bedeutend war durch den von ihm veranlaßten Erweiterungsbau zur alten, heute abgetragenen Stauferburg.

noch. Sie ist die einzige unversehrt erhaltene in Deutschland. 1147 waren die Mönche hierher gekommen. Die Sage will, daß sie haltmachten, um ihr Maultier an der Quelle im heutigen Klostergarten, dem „Maulbronnen", zu tränken; und das Gewölbefresko in der Brunnenkapelle scheint ihr recht zu geben.

Tritt man durch das wehrhafte Tor in den Hof, so sieht man links und rechts die Wirtschaftsgebäude, die sich in malerischen Fachwerkgruppen drängen, gegenüber Kirche und Klausurbauten. Der niedrigen, langgestreckten romanischen Basilika (1178 geweiht), die streng und schmucklos ist und nur einen Dachreiter besitzt, ist westlich das sog. Paradies (um 1210) vorgebaut, in dem sich bereits der Übergang zur Frühgotik ankündigt. Im Inneren trennt eine massive Steinschranke die Laienkirche vom Herrenchor. Auf dem Laienaltar ein schöner spätgotischer Sandsteinkruzifixus (1473). Um die Sommersonnenwende fällt mittags durch eine rote Fensterscheibe ein Sonnenstrahl auf das Haupt des Gekreuzigten und läßt die Dornenkrone erglühen. Das Querschiff ist durch eingezogene Kapellen zu einem düsteren Schacht verengt. Das bemalte Netzgewölbe und das Prachtfenster im Chor, beide schon gotisch, lockern die Strenge. Prächtig das spätgotische Chorgestühl (um 1450). An der nördlichen Chorwand eine frühgotische Madonna inmitten von Wandmalereien. Am Kreuzgang kann man sehr schön den Wandel der Stile, den der Romanik bis zur vollendeten Hochgotik (Ostflügel), ablesen. Der Kapitelsaal hat das älteste Netzgewölbe Deutschlands. An einer Ecke führt die stimmungsvolle „Höllenstiege" in die Wärmestube. Unweit davon springt die Brunnenkapelle (um 1350) in den Kreuzgarten vor – mit dem Dreischalenbrunnen und dem Renaissance-Fachwerk ein überaus malerisches Motiv. Gegenüber das Herrenrefektorium, eine hohe, festlich gewölbte Halle.

Mayen *Reg.-Bez. Koblenz* 584 ■ 7
KIRCHE ST. CLEMENS Den Westeingang der Halle aus dem 14. Jh. flankieren zwei Türme, der südliche stammt noch von einem romanischen Vorgängerbau.
GENOVEVABURG Mit vier Türmen und mächtigen Basaltmauern bewehrt, der Sage nach von Pfalzgraf Siegfried (gest. 754) und seiner Gemahlin Genoveva erbaut. Heute birgt sie das Eifelmuseum.

Mechtshausen *Reg.-Bez. Braunschweig* 578 □ 2
Im Pfarrhaus verbrachte Wilhelm Busch seine letzten Lebensjahre, ein kleines MUSEUM erinnert an ihn.

Medelsheim *Saarland* 599 □ 11
Im Turmerdgeschoß der KATH. PFARRKIRCHE von 1774 Reste von Fresken um 1380: Paradies, Verkündigung, Himmelfahrt, Jüngstes Gericht. Nahe dem Ort in schöner Berglage steht die barocke Kreuzkapelle.

Medingen *Reg.-Bez. Lüneburg* 563 □ 7
KLOSTER Am Eingang des Klosterbezirkes das schöne fürstliche Wohnhaus, im Renaissancestil 1541 erbaut. Das Kloster ist seit 1559 ev. Damenstift. Die Mitte des Baues aus dem späten 18. Jh. bildet die Kirche, zu deren beiden Seiten die Wohntrakte. Im runden Eingangsraum stehen Grabsteine von Äbtissinnen einander gegenüber und lassen erkennen, wie sehr sich die Gewandung im Jahrhundert der Reformation änderte, weltlicher wurde. Rund ist auch

BRUNNENKAPELLE IM KLOSTER MAULBRONN

Der zauberhafte kleine Raum im Klosterkreuzgang, gegenüber dem Herrenrefektorium, dem Speiseraum der Mönche, diente einst einem ganz prosaischen Zweck: Hier, am dreischaligen Brunnen, mußten die Mönche vor dem Essen die vorgeschriebenen Waschungen vornehmen. Die guterhaltene Klosteranlage beherbergt seit 1557 ein evangelisches Vorbereitungsseminar für das Theologiestudium, zu dessen berühmtesten Schülern Friedrich Hölderlin gehört. Er lebte in den Jahren 1786–88 im klosterähnlichen Internat und litt – wie später Hermann Hesse – unter der strengen Zucht, die er nur seiner Mutter zuliebe ertrug.

der anschließende Kirchenraum, ein wenig kühl, doch festlich in weiß-gold-blauer Farbgebung. Den Damenchor bestimmt der Gobelin mit der Josephsgeschichte (16. Jh.). Ferner gibt es Zinn- und Keramiksammlung und einen Festsaal zu sehen. Nach diesen fast biedermeierlichen Eindrücken wirkt das backsteingotische Brauhaus geradezu trutzig.

Meerholz *Reg.-Bez. Darmstadt* 585 □ 4
SCHLOSS Ein Prämonstratenser-Chorfrauenstift des 12. Jh. wurde 1555–64 zum Renaissanceschloß umgebaut. Die ehem. Klosterkirche (heute ev. Pfarrkirche) zeigt gotische Bauformen.

Meersburg *Reg.-Bez. Tübingen* 608 □ 9
bietet mit seiner Lage am Hang zweifellos das geschlossenste Bild einer alten Stadt am Bodensee. Die Unterstadt besteht aus einer Straße mit teilweise sehr alten Häusern. Über viele Treppenstufen gelangt man an der Schloßmühle vorbei in die Oberstadt, die schöne Fachwerkhäuser besitzt.

ALTES SCHLOSS, MEERSBURG

„Ich steh auf hohem Balkone, am Turm / umstrichen vom schreienden Stare / und laß gleich einer Mänade den Sturm / mir wühlen im flatternden Haare ..." Vielleicht hat Annette von Droste-Hülshoff bei den Anfangszeilen ihres berühmten Gedichtes „Am Turm" an den Turm des Alten Schlosses gedacht. Seit 1841 lebte sie in Meersburg, zunächst bei ihrem Schwager, dem Germanisten Freiherr von Laßberg, der das Alte Schloß kurz zuvor gekauft hatte. Später erwarb sie das nahe gelegene Fürstenhäuschen, das heute ein Drostemuseum beherbergt.

Das ALTE SCHLOSS geht mit seinem viereckigen Dagobertsturm in sagenhafte Zeiten zurück, hat mittelalterliche und barocke Trakte, war lange Zeit Sitz der Konstanzer Bischöfe. – Auf einer etwas höher gelegenen Terrasse entstand im 18. Jh. das imposante NEUE SCHLOSS der Fürstbischöfe unter Mitwirkung von Balth. Neumann, mit weitem Treppenhaus und Saal, beide mit Deckengemälden von Gius. Appiani und Stuck. Gegenüber die spätgotische Schloßapotheke, das Spital, das Rathaus mit Durchfahrt zum malerischen Platz und mächtigem gotischem Obertor.

Meiches *Reg.-Bez. Darmstadt* 586 □ 9
PFARRKIRCHE Älteste unter den für den Vogelsberg charakteristischen Fachwerkkirchen (1627): Kanzel über dem Altar, Emporen mit Brüstungsmalereien. TOTENKIRCHE Schlichter Saalbau von 1501 auf dem sagenumwobenen Totenkippel im alten ummauerten Friedhof mit schönen schmiedeeisernen Kreuzen.

Meinerzhagen *Reg.-Bez. Arnsberg* 576 □ 6
PFARRKIRCHE Die kleine spätromanische Emporenbasilika hat an der Nordseite ein mit Säulen geschmücktes, spitzbogiges Portal. Die Decke des Mittelschiffs ist flach, die Seitenschiffe tragen Kreuzgewölbe.

Meisenheim am Glan *Reg.-Bez. Koblenz* 592 ■ 2
Die Befestigungen mit zwei Stadttoren, das Rathaus von 1517 sowie zahlreiche Adelshöfe und Bürgerbauten haben sich erhalten.
EV. SCHLOSSKIRCHE Dreischiffige Hallenkirche von 1479–1504. Der mit reicher Steinmetzarbeit geschmückte Westturm gehört zu den schönsten spätgotischen Kirchtürmen. Die reichen Rippengewölbe, insbesondere die der Grabkapelle, sind virtuose Steinmetzkunst, die Grabmäler des Hauses Pfalz Zweibrücken wichtige Werke deutscher Renaissance-Bildhauerkunst.

Meißenheim *Reg.-Bez. Freiburg i. Br.* 599 ■ 5
EV. PFARRKIRCHE Eines der seltenen Beispiele einer evangelischen Rokokokirche, 1763–66. An der Außenwand ist der Grabstein von Goethes Sesenheimer Freundin Friederike Brion eingemauert.

Meldorf *Schleswig-Holstein* 554 □ 4
KIRCHE Zwischen 1250–1300 im frühgotischen Stil errichtet, ist der Dom der Dithmarscher die bedeutendste mittelalterliche Kirche an der schleswig-holsteinischen Nordseeküste. Im 19. Jh. wurde sie mit Maschinenziegeln verblendet. Neugotischer Turm. Drinnen ein gedämpftes Farbenspiel der rohen und der glasierten Steine. Gewölbemalerei, im mächtigen Querhaus noch solche aus der Erbauungszeit. Stattliches Chorgitter von 1603: ein vielgliedriger Renaissanceaufbau. Spätgotischer Altar (1520).
Das DITHMARSCHER LANDESMUSEUM zeigt eine reiche und bunte Sammlung zu Geschichte und Kultur dieses Landes. Das Freilichtmuseum ist ein vollständig eingerichtetes Bauernhaus der Geest.

Melle *Reg.-Bez. Osnabrück* 569 ■ 7
MATTHÄUSKIRCHE Aus dem 13. und 14. Jh. stammen die beiden Schiffe der heutigen Hallenkirche. Zu den Kunstschätzen gehört ein Triumphkreuz aus dem 13. Jh.

Melsungen *Reg.-Bez. Kassel* 578 □ 6
Das Bild der schönen Fachwerkstadt wird beherrscht von dem RATHAUS, das 1555–56 auf der Mitte des Marktplatzes erbaut wurde: ein stolzer Bau mit drei Geschossen und vier Türmchen an den Ecken des mächtigen Krüppelwalmdaches. Besonders stattliche FACHWERKHÄUSER reihen sich um den Marktplatz sowie an den Hauptstraßen. Abgerundet wird das Bild durch die teilweise erhaltene STADTMAUER mit dem Eulenturm. Über die Fulda führt die wieder aufgebaute spätmittelalterliche BARTENWETZERBRÜCKE (1595–96).
SCHLOSS Schlichte Baugruppe der Renaissance (1550 bis 1577) mit Hauptgebäude und Wohnhaus (jetzt Landratsamt) sowie Marstall (jetzt Amtsgericht). STADTKIRCHE Gedrungene Rundpfeilerhalle (1415 bis 1425); in der Turmvorhalle ist ein Rundbogenportal des romanischen Vorgängerbaus erhalten.

Memmingen *Schwaben* 609 □ 10
Die alte Reichsstadt gehört seit 1803 zu Bayern, trägt aber durchaus schwäbischen Charakter. Der hergebrachte Reichtum des Handelszentrums dokumentiert sich bis heute in wohlbewahrten Straßenzügen und Plätzen. In sechs Geschossen erhebt sich das Rathaus, mit Eck- und Mittelkern akzentuiert, die Fassade von 1589 mit Stuck des späten Rokoko geschmückt. Links der bogenreiche Laubengang des Steuerhauses. Das vornehmste Patrizierpalais, der Hermansbau, heute Städtisches Museum (Künersberger Fayencen). Nicht weniger stolz staffelt sich das Siebendächerhaus im Gerberviertel. FRAUENKIRCHE Die Pfeilerbasilika des 15. Jh. besitzt mehrere Zyklen von Wandmalerei, die zu den qualitätvollsten schwäbischen Werken im Übergang zur Renaissance gehören.

BILDNISBÜSTE AM CHORGESTÜHL IN
ST. MARTIN, MEMMINGEN

Von 1501–1508 arbeiteten oberschwäbische Schreiner und Schnitzer das Chorgestühl mit Reliefs von Propheten, Sibyllen und Aposteln, mit Bildnissen der zwölf Stifter und denen der beiden Meister Heinrich Stark, der das Stuhlwerk fertigte, und Hans Dapratzhauser, der den figürlichen Schmuck schuf – eine der ganz großen Leistungen deutscher Holzschnitzkunst. Kraftvoll und selbstbewußt, ganz realistisch gesehen, präsentiert sich der Kirchenpfleger Hans Holzschuher, den unser Bild zeigt.

SIEBENDÄCHERHAUS, MEMMINGEN

Es ist ein Unikum der Gerberzunft, dieses Haus von 1601, unter dessen sieben Dächern man früher die Felle zum Trocknen auslegte. 1945 stürzte es in sich zusammen, doch zwei Jahre später stand es wieder da. Das alte Holzwerk hatte man noch verwenden können.

KINDERLEHRKIRCHE, ehem. Kapelle des Antoniterklosters, mit Fresken von Bernh. Strigel. Westlich der malerische spätgotische Arkadenhof.
PFARRKIRCHE ST. MARTIN Ihren Chor signierte 1499 Matth. Böblinger. Unter seinen reichen Sterngewölben wurde 1508 das prachtvolle Gestühl eingebaut. Wände und Pfeiler tragen noch an vielen Stellen figürliche Malereien, ihr Schöpfer ist Bernh. Strigel.

Mengeringhausen *Reg.-Bez. Kassel* 577 □ 4
Die Stadt ist reich an diemelsächsischen Fachwerkhäusern.
PFARRKIRCHE Das Hallenlanghaus wurde 1347 bis 1423 erbaut; der 1552 erneuerte Chor enthält dekorative und szenische Renaissancemalereien. Von der spätgotischen Ausstattung sind ein Kruzifix und Reste des Chorgestühls erhalten; die übrige Ausstattung entstammt der Renaissance (Grabdenkmäler) und dem Barock (Altar und Kanzel).

Meppen *Reg.-Bez. Osnabrück* 568 ▪ 11
GYMNASIALKIRCHE Saalbau von 1743–46, turmlos, mit repräsentativer westlicher Giebelfront. Das Innere ist, ebenso wie die Residenz des anschließenden Jesuitenkollegs, mit prachtvollen Stuckornamenten geschmückt. Seitenaltäre nach Entwürfen von Joh. Conr. Schlaun.
RATHAUS Die Bürger der Hansestadt schmückten ihr im 15. Jh. begonnenes und 1601 vergrößertes Rathaus mit Treppengiebel, Arkaden und Erker.

Merdingen *Reg.-Bez. Freiburg i. Br.* 606 ▪ 12
PFARRKIRCHE, 1741, Kanzel und Altäre von Jos. Ant. Feuchtmayer. Die riesige Türmadonna ist das Werk eines einheimischen Künstlers.

Merlsheim *Reg.-Bez. Detmold* 577 □ 2
WASSERSCHLOSS (1667–68) In das zweiflügelige Wohngebäude im Stil der Weserrenaissance ist das Treppenhaus einer alten Burg eingebaut. Französischer Garten.

Merxhausen *Reg.-Bez. Kassel* 578 □ 8
EHEM. AUGUSTINERINNENKLOSTER (jetzt Landesheilanstalt). Das Schiff der Kirche ist spätromanisch, gestufter Rundbogen an der Nordseite. Im gotischen Chor eine Kreuzigung (Wandmalerei, 14. Jh.).

Merzalben *Rheinhessen-Pfalz* 592 □ 5
Auf bewaldetem Bergkegel ragt die guterhaltene BURGRUINE Gräfenstein empor. Die Oberburg mit sechseckigem Bergfried und Palas ist von der Unterburg (13. Jh.) umgeben.

Merzig *Saarland* 591 ▪ 5
PETERSKIRCHE Das vor 1152 gegründete Chorherrenstift wird schon 1182 Prämonstratenserpriorei der Abtei Wadgassen. Die Ostpartien sind mit allem Reichtum der Spätromanik gegliedert. Kräftiger Westturm. Im Triumphbogen hängt der großartige Kruzifixus (um 1300). Gute Barockskulpturen.
Erzbischof Phil. Chr. v. Soetern baute Mitte des 17. Jh. ein Jagdschlößchen, heute STADTHAUS.

Meschede *Reg.-Bez. Arnsberg* 577 ▪ 8
HÜNENBURG Auf einer Bergnase im Ruhrtal liegt eine uralte, von Wällen, Gräben und Vorburg geschützte Burgruine von beachtlichen Ausmaßen.
PFARRKIRCHE An der 1663–64 erbauten gotisierenden Halle steht heute noch der Westturm von einem Bau aus dem 12. Jh.

Mespelbrunn *Unterfranken* 594 □ 10
SCHLOSS Umgeben von Spessartwäldern, spiegelt sich das bezaubernde kleine Schloß seit Jahrhunderten in dem dunklen Waldsee, der ihm einst natürlichen Schutz bot. Zur Rechten des asymmetrischen Hauptbaus, den ein Staffelgiebel abschließt, erhebt sich ein hoher, kräftiger Rundturm (um 1430), links schließt sich ein ebenfalls runder, aber kurz geratener Turm an, den eine verspielte Haube krönt. Das Schloß wurde 1904 romantisch renoviert.

WASSERSCHLOSS MESPELBRUNN

Seit es das sagenumwobene Wirtshaus im Spessart nicht mehr gibt, ist dieses märchenhafte Wasserschloß der einzige großartige Anziehungspunkt in dieser Gegend. Hermann Echter, der offenbar die Stille der Wälder mehr liebte als die Pracht an den fürstlichen Höfen, ließ es sich Anfang des 15. Jh. erbauen. Um 1840 erhielt es einige Zutaten: den Erker des Südflügels und den Schwibbogen zwischen den beiden Gebäuden. 1545 wurde hier Julius Echter von Mespelbrunn geboren, der spätere so bedeutende Würzburger Fürstbischof.

Meßkirch *Reg.-Bez. Tübingen* 607 □ 2
Hier wurden 1780 der Musiker Konradin Kreutzer geboren (Erinnerungen im Heimatmuseum) und 1889 der Philosoph Martin Heidegger.
Die KATH. PFARRKIRCHE ST. MARTIN ist eine dreischiffige Basilika aus spätgotischer Zeit, die im 18. Jh. in eine einschiffige Kirche umgebaut wurde. In der Nepomukkapelle Stuck und Bilder von den Gebrüdern Asam und eine „Anbetung" des Meisters von Meßkirch (16. Jh.).
Das SCHLOSS mit schönem Park als vierflügelige Anlage mit Ecktürmen im 16. Jh. geplant und bis auf den nördlichen Flügel ausgeführt.

Metelen *Reg.-Bez. Münster* 568 □ 7
DAMENSTIFTSKIRCHE Aus dem 13. Jh. stammt die münsterländische Stufenhalle mit eigentümlicher Westfront: Von den geplanten zwei Türmen wurde nur der südliche hochgeführt, die einheitliche Mauerfläche wird über dem Portal nur durch rundbogige Fenster unterbrochen und findet in der Höhe durch Treppengiebel ihren Abschluß. Im westlichen Mittelschiff dreigeschossige steinerne Nonnenempore. Die hohen, tief herabreichenden Kreuzgewölbe geben dem Raum Weite, Kapitelle mit stilisiertem Blattwerk und Halbfiguren von Engeln und gewappneten Männern tragen zum Schmuck bei. Ro-

manischer Taufstein (13. Jh.); monumentale Apostelfigur aus Sandstein (13. Jh.). Im Schatz ein Reliquiar aus dem 10. Jh.

Metten *Niederbayern* 604 ■ 12
Die BENEDIKTINERKLOSTERKIRCHE ST. MICHAEL soll schon im 8. Jh. bestanden haben. Ihr Aussehen datiert im wesentlichen von 1706–29. Schöne Vorhalle mit reichgeschmücktem Portal. Stuck, Fresken, ein Gemälde von Cosmas Damian Asam (um 1720) am Hochaltar, kostbares Chorgestühl. Im Regularchor der Uttostab aus dem 13. Jh. In den um vier Höfe gruppierten Konventsgebäuden das granitene Hochgrab (14. Jh.) des sel. Utto, der im 8. Jh. das Kloster als Stiftung erhielt, eine prunkvolle Bibliothek und ein prächtiger Festsaal.

Mettlach *Saarland* 591 ■ 5
EHEM. BENEDIKTINERABTEI Im 7. Jh. gründet der spätere Erzbischof Liutwin das Kloster. Aus der Blütezeit hat sich der Alte Turm (994) erhalten. Ab 1728 wurde die große barocke Abtei am Saarufer erbaut, in der sich seit 1809 eine keramische Fabrik befindet. Ein Privatmuseum enthält wertvolle Keramik. Aus dem Besitz der Abtei befindet sich in der Pfarrei das berühmte Kreuzreliquiar (um 1230). Im Park gußeiserner Brunnen von Karl Friedr. Schinkel (1838).
MONTCLAIR In einer Saarschleife liegt die Ruine der Burg. Neubau des 15. Jh., seit dem 16. Verfall.
ST. GANGOLPH In der Kirche des nahe gelegenen Kapuzinerklosters ein schöner Intarsienaltar. Die reizvolle Anlage der Pagodenburg wurde 1745 erbaut.

Metzingen *Reg.-Bez. Tübingen* 601 □ 8
Außer einer hübschen spätgotischen Kirche gibt es im Ort noch den Kelterwasen mit sieben alten Keltern zu sehen.

KLOSTERBIBLIOTHEK, METTEN

Hier zeigt sich die Spannweite des bayerischen Barock: weißer, goldener und grüner Stuck in zierlichen Leisten, Szenen mit verspielten koketten Putten in weißen Flachreliefs. Doch das Wuchtige fällt zunächst ins Auge: die herkulischen Gestalten, die Marmorgesimse und Gewölbe tragen. Die farbenprächtigen Gemälde beziehen sich inhaltlich auf die Bücher in den holzgeschnitzten Regalen.

ALTER TURM, METTLACH

*Der fränkische Fürst Liutwin gründete die Bene-
diktinerabtei schon 695 und trat selbst als Mönch
in das Kloster ein, dem er bald darauf als Abt
vorstand. Er wurde Erzbischof von Trier und nach
seinem Tode heiliggesprochen. Den achteckigen,
im 14. Jh. umgebauten Alten Turm ließ einer
seiner Nachfolger, Abt Lioffin, gegen Ende des
10. Jh. als Grabstätte für den Klostergründer
errichten.*

Michelau *Oberfranken*   595 □ 1
Das DEUTSCHE KORBMUSEUM enthält Korbwaren
aller Art, darunter auch Beispiele für die Fein-
korbmacherei, die hier eine lange Tradition hat.

Michelfeld *Oberpfalz*   596 ■ 9
Die EHEM. KLOSTERKIRCHE im Hof der von hohen
Mauern und Türmen umzogenen Anlage ist ein
Neubau des 17. Jh., der Anfang des 18. Jh. seine
schöne Innenausstattung erhielt. In dieser liegt ihr
künstlerischer Wert, während sie sonst dem traditionellen Schema der barocken Wandpfeileranlage
folgt. Die zarten rosa-hellgrünen Stukkaturen von
Egid Quirin Asam und die Gemälde seines Bruders
Cosmas Damian sind aufeinander und mit der Architektur abgestimmt, besonders schön um den
Hochaltar, dessen Gemälde und Figuren mit dem
Fresko der Chorkuppel zusammenklingen. Hier
deutet sich schon die Idee des Gesamtkunstwerkes
an, die die Brüder Asam in ihren späteren Schöpfungen verwirklichten.

Michelstadt *Reg.-Bez. Darmstadt*   593 □ 3
Das in das Mümlingtal im Odenwald gebettete
Städtchen erfreut durch sein weithin von schönen
Fachwerkhäusern der Spätgotik bis zum 19. Jh. be-
stimmtes Ortsbild.
EV. STADTKIRCHE Von 1461 bis ins frühe 16. Jh.
entstand die dreischiffige spätgotische Hallenkirche.
Reichfigurierte Stern- und Netzgewölbe in Chor
und Seitenschiffen zeichnen den Raum aus. Kostbare Werke der Grabplastik des 15. bis 17. Jh.
besitzt die Kirche als Grablege der Grafen von Erbach, so das Doppelgrabmal für Philipp I. und Georg I. mit Hochreliefsfiguren, wie sie die spätgotische
Kunst kaum treffender hervorgebracht hat.
KELLEREI Die als Lorscher Klosterburg um 960 errichtete Befestigung gibt sich nach mancherlei Ver-

änderungen als höchst malerische Baugruppe des
16. bis 18. Jh.
RATHAUS Das 1484 erbaute spätgotische Fachwerk-
Rathaus ist Hauptanziehungspunkt Michelstadts.

Middels *Reg.-Bez. Aurich*   560 ■ 2
PFARRKIRCHE (12. Jh.) Eine der ersten romanischen
Steinkirchen Ostfrieslands, aus Granitquadern erbaut. Sie beherbergt einen reliefreichen, spätromanischen Taufstein (13. Jh.).

Miesbach *Oberbayern*   610 ■ 3
Die 1783 neu aufgebaute KIRCHE birgt eine Schmer-
zensmutter von 1665, eine gute Kreuzigungsgruppe
(1783) und zwei Grabmäler aus Rotmarmor (17. Jh.).

Millingen *Reg.-Bez. Düsseldorf*   575 ■ 12
Die PFARRKIRCHE ST. QUIRIN (15./16. Jh.) ist eine
gotische kreuzrippengewölbte Basilika mit Rundpfeilern im Langhaus und mächtigem Westturm.

Miltenberg *Unterfranken*   594 □ 9
Die im späten Mittelalter durch die günstige Lage
am schiffbaren Main und durch Handelsprivilegien
reich gewordene Stadt besteht seit Anfang des

MARKTPLATZ IN MICHELSTADT

*Die Hessen waren Meister im Fachwerkbau: das
schmale, leicht und zierlich wirkende Rathaus von
1484 mit den nadelspitzen Seitentürmchen und
dem verwegenen Reiterlein auf hohem Walmdach
ist eines der schönsten Zeugnisse dafür, noch dazu
eines der ältesten in Deutschland. In der offenen
Halle hinter den kräftigen Pfosten wurde Gericht
gehalten. Ganz herrschaftlich dagegen ist das
schwere Steinhaus, der Gasthof zum Löwen (1755)
mit seinem barocken Prunkportal.*

13. Jh. Die Stadtmauer schließt an die Burgbefestigung an; ein Torturm verbindet die Burg mit dem ansteigenden Straßenmarkt. Unter den stattlichen, reichverzierten Fachwerkhäusern, die dicht nebeneinandergesetzt sind, ragt besonders das durch einen Torbogen mit dem Torhüterhäuschen verbundene Haus mit dem zweigeschossigen Erker hervor. Auch der Brunnen (1583) fügt sich schön ins Bild. Der Gasthof zum Riesen, bereits 1504 erwähnt, wird heute noch betrieben.

Die MILDENBURG, hoch über der Stadt aufragend, ist bis auf den Palas-Anbau gut erhalten. Ihr Bergfried stammt aus dem 13. Jh., Zwinger und Palas entstanden im 14. Jh. Der nadelförmige Monolith im Burghof, seiner Inschrift wegen Toutonenstein genannt, stammt vermutlich aus keltischer Zeit.

Mindelheim *Schwaben* 609 ■ 10
Das Obertor (um 1380) und Reste der Stadtmauer sind die Akzente im geschlossenen Bild der Stadt. JESUITENKIRCHE (1625/26) Am renaissancehaft klaren Äußeren klingt Gotisches nach. Das Innere trägt barocken Stuck. In einer Seitenkapelle eine ausgezeichnete Muttergottes (1670).
Die LIEBFRAUENKIRCHE birgt eine große Kostbarkeit: die „Mindelheimer Sippe", ein spätgotisches geschnitztes Relief.
ST. STEPHAN Der nebenstehende alte Glockenturm (15. Jh.) ist barock überformt, der Kirchenneubau von 1712 birgt eine gute spätgotische marmorne Relief-Grabplatte und eine silbergetriebene Verkündigungsgruppe.

Minden *Reg.-Bez. Detmold* 569 ■ 4
Karl d. Gr. errichtete an einer Weserfurt um 800 einen Bischofssitz, der schnell aufblühte und 1230 Stadtrechte erhielt. 1277 wurde hier eine steinerne Brücke über die Weser erbaut. An den Bürgerhäusern der reichen Hansestadt sind zahlreiche alte Details erhalten. Leidlich unverfälscht in ihrer Fassadenpracht die Häuser Hagemeyer im Scharn (1592) und Hill, Bäckerstraße 45. Aus Schinkels Baubüro (um 1830) stammen Militärbauten am Nordrand der Stadt.
Der DOM ST. PETER, in den beiden ersten Jahrhunderten nach der Gründung mehrfach durch Brand zerstört, wurde in der zweiten Hälfte des 11. Jh. neu errichtet, unter Einbeziehung des alten Westwerks aus dem 10. Jh., das im 12. Jh. weiter ausgebaut wurde. Diese machtvolle frühmittelalterliche Architektur hat der Zerstörung des Domes beim Bombenangriff weitgehend getrotzt. Sie wurde mit dem Wiederaufbau des gotischen Langhauses (13. Jh.), von dem drei der großartigen Maßwerkfenster erhalten blieben, verständnisvoll restauriert. So sind im Innern die Arkaden der romanischen Kaiserloge im Westwerk nach dem Schiff zu wieder geöffnet, und es entstand ein Gesamtraum von festlicher Majestät. Der vom gotischen Lettner stammende Apostelfries aus dem 13. Jh. wurde an die Südwand des Querhauses versetzt. Der Domschatz zeigt erlesene Arbeiten mittelalterlichen Kunsthandwerks. Bei der Domerneuerung haben moderne Künstler die Kanzel, den Taufstein, Kapitelle und Wandmalereien geschaffen.
Die MARIENKIRCHE, ursprünglich romanisch, wurde im 14. Jh. durch Seitenschiffe und Chor erweitert. An der gotischen MARTINIKIRCHE mit reichem Fenstermaßwerk ein massiger romanischer Turm. Geschnitztes spätgotisches Chorgestühl; Bronzetaufe von 1583.

BRONZEKRUZIFIXUS IM DOM, MINDEN
Von all den Werken im Dom und in der Schatzkammer ist der Kruzifixus am nordwestlichen Vierungspfeiler das bedeutendste. Sechs in Bronze gegossene Teile fügen sich zu einem klassischstrengen Monument zusammen. Wach und verinnerlicht zugleich sind die herben Gesichtszüge des Gekreuzigten. Das Bildwerk ist wahrscheinlich zu Beginn des 12. Jh. im sächsisch-hildesheimischen Raum geschaffen worden.

DOM, MINDEN
„Minden ist eine feste Burg" – so sah Heinrich Heine die Stadt. Er meinte den Dom, dessen Westwerk sich uns heute als ein eintürmiger gestufter Block mit zierlichen Arkadengalerien und weit vorgestreckter Vorhalle darbietet, einfach und majestätisch. Es wurde mehrfach umgebaut, zuletzt Mitte des 12. Jh., aber die Gewände zeigen noch Spuren des spätkarolingischen Baus.

PETRIKIRCHE Zentralbau von 1740. Turm 19. Jh.
Die spätgotische SIMEONSKIRCHE hat romanische
Giebelreliefs. Daneben die Mauritiuskirche (1474).
Das aus dem späten 13. Jh. stammende RATHAUS
mit seinem spitzbogigen Laubengang hat die Kriegszerstörungen wenigstens im Untergeschoß überstanden.

Misselwarden *Reg.-Bez. Stade* 561 ■ 12
Die KIRCHE (14. Jh.) erhebt sich auf einer Wurt.
Schöne Inneneinrichtung, darunter ein bronzener
Taufkessel (um 1350).

Mittelheim *Reg.-Bez. Darmstadt* 592 □ 2
KATH. PFARRKIRCHE Die romanische Basilika (12.
Jh.) diente bis 1263 einem Augustinerinnen-Kon-
vent als Gotteshaus. In der herben Stimmung des
Raumes ist es der nahen Eberbacher Klosterkirche
verwandt. Der Hochaltar ist einer der ganz selte-
nen romanischen Blockaltäre mit darunterliegendem
Märtyrergrab.

Mittelnkirchen *Reg.-Bez. Stade* 562 ■ 11
Die KIRCHE ST. BARTHOLOMÄUS (13. Jh.) wurde in
der Spätgotik und im Barock mit Backsteinen um-
mantelt. Die Orgel (1750–53) enthält Teile einer
Arp-Schnitger-Orgel.

Mittenwald *Oberbayern* 610 □ 8
Bemalte Fassaden der Wohnhäuser mit flachen, weit
vorragenden Giebeldächern bestimmen das Bild des
reizvollen Ortes, der nach 1680 ein Zentrum des
Geigenbaus war (Museum).
ST. PETER UND PAUL Von dem Wessobrunner Jos.
Schmuzer 1738–40 erbaut. Den Turm und das Innere schmücken Matth. Günthers schwungvolle,
farbenfrohe Fresken. Mittelalterliche Ausstattungsstücke: geschnitzte Muttergottes (um 1500) und Kruzifix (14. Jh.).

Mitterode *Reg.-Bez. Kassel* 578 □ 5
HOFGUT WELLINGERODE Spätmittelalterlicher Wohnturm, um 1600 und um 1800 verändert und erweitert.
PFARRKIRCHE Der im Kern gotische Bau birgt eine
reich mit Bauernmalereien gefaßte barocke Ausstattung.

Mitwitz *Oberfranken* 587 □ 4
Das WASSERSCHLOSS (16. Jh.) ist eine behäbige Vier-
flügelanlage mit schiefergedeckten Ecktürmen, im
Talgrund zwischen hohen Bäumen hübsch gelegen.

Möckmühl *Reg.-Bez. Stuttgart* 594 □ 7
Stadt und Schloß (15.–17. Jh.) waren einst stark
befestigt. Noch heute verläuft zwischen beiden ein
Mauerzug mit Türmen und unterirdischen Gängen.

Mödingen *Schwaben* 602 ■ 9
Die FRANZISKANERINNEN-KLOSTERKIRCHE MARIÄ HIM-
MELFAHRT ist das erste Werk von Dom. Zimmermann (1716–25) – außen schlicht, innen
durch Stuck, Marmorpilaster und tiefe Nonnenempore gegliedert und kunstvoll, aber nicht üppig
dekoriert. Feines, lockeres Stuckmaskenwerk ergänzt die hellen Fresken des Joh. Bapt. Zimmermann, des Baumeisters Bruder. Im Hochaltar eine
spätgotische Muttergottes (um 1475) und unter der
Westempore ein Sandsteinrelief von etwa 1300. Die
Ebnerkapelle gilt dem Gedenken der Mystikerin
Margarethe Ebner, die im 14. Jh. in dem Kloster

lebte. Das Reliefbildnis in dem im Sinne des Rokoko gestalteten Raum stammt noch aus dieser Zeit.

Möggingen *Reg.-Bez. Freiburg i. Br.* 607 ■ 3
Das SCHLOSS (16.–17. Jh.) steht in einer alten Wasserburganlage, von der Mauern, Wälle und Torturm
erhalten sind, und beherbergt eine Vogelwarte.

Möllenbeck *Reg.-Bez. Hannover* 569 □ 4
EHEM. AUGUSTINERKLOSTER 1441 übernahmen
Augustiner das Nonnenkloster und bauten es zwi-
schen 1479 und 1505 neu. Älter sind nur die bei-
den Rundtürme (10. Jh.), ehemals Teile eines otto-
nischen Westwerks. In der lichten spätgotischen
Hallenkirche mit langem Chor sind Reste von
Wandmalereien alles, was sich von der alten
Ausstattung erhalten hat. Nördlich der Kirche ein
quadratischer Hof, in dem sich die Maßwerkfenster
des Kreuzgangs von den kahlen Wänden abheben.
Vertäfelte Decke im Refektorium.

GEIGE VON MATHIAS KLOTZ

*Mathias – er lebte von 1653–1743 – war der be-
rühmteste der Mittenwalder Geigenbauerfamilie
Klotz. Vielleicht lernte er seine hohe Kunst bei
dem noch berühmteren Nicola Amati in Cremona.
Die Gemeinde setzte ihrem Sohn neben dem Turm
von St. Peter und Paul ein Denkmal. – Außer
Mittenwalder Lauten und Geigen zeigt das Geigenbau-Museum verschiedene Musikinstrumente
mehrerer Jahrhunderte, eine Sammlung alter Gei-
genzettel in Faksimile und eine Geigenmacherwerk-
statt.* Geigenbau-Museum, Mittenwald

MITTENWALD

*Bemalte Häuser zu beiden Seiten der Straße – so
ist es überall in dem idyllischen und ein wenig verträumten Dorf am Fuße des Karwendelgebirges.
Die Bilder erzählen Geschichte des Landes südlich
der Donau, sie sind Kulturgeschichte. Selbst der
Kirchturm ist bunt: Matthäus Günthers meisterliche Hand setzt sich mit den Lüftlmalern in Konkurrenz.*

AQUAMANILE IN ST. NIKOLAI, MÖLLN

Im Mittelalter gab man den Gefäßen, aus denen der Priester bei der Messe das Wasser zum Händewaschen nahm, eine höchst kunstvolle Form. Dieser Bronzeguß aus dem 15. Jh. zeigt die Gestalt eines Löwen.

ST. NIKOLAI, MÖLLN

Die Pracht im Innern der Kirche läßt ahnen, wie wohlhabend Mölln einst war, als die Schiffe der Hanse von Lübeck aus durch den damaligen Stecknitzkanal bis hierher fuhren. Viele Ausstattungsstücke stammen jedoch aus dem Kloster Marienwohlde, das 1554 geplündert und niedergebrannt wurde, so der spätgotische Flügelaltar, die Bronzetaufe, der spätgotische Hängeleuchter und der riesige siebenarmige Standleuchter, den man in dem Kanal versenkt hatte. Die Kanzel von 1743 zeigt schönes Rokoko und die, hier nicht sichtbare, Orgel hat ihren barocken Prospekt erhalten.

Mölln *Schleswig-Holstein* 563 ▪ 11

Auf dem Kirchenhügel des malerisch zwischen zwei Seen gelegenen alten Kerns erhebt sich die Kirche ST. NIKOLAI. Sie ist im 13. Jh. als spätromanischer Backsteinbau errichtet und später gotisch erweitert worden, die Ausmalung aus der Erbauungszeit wurde 1896 freigelegt und renoviert. Die Ausstattung ist ganz ungewöhnlich reich und interessant. Außen in die Westwand ist der Grabstein Till Eulenspiegels eingelassen, der 1350 hier gestorben sein soll. Am Südhang Markt mit RATHAUS, 14. Jh., gotischer Backsteinbau mit Treppengiebeln. Sehenswert das ehem. Haus des Stadthauptmanns, Backsteinbau von 1550, heute Schule, und die alten Fachwerkhäuser am Markt (1582, 1632).

Mönchengladbach *Reg.-Bez. Düsseldorf* 575 ▪ 6

Der auf einem Hügel über dem Gladbachtal gelegene Ort wuchs um das 974 gegründete Benediktinerkloster, erhielt um 1350 Stadtrechte, wurde 1414 befestigt und nach dem Brand von 1652 neu wieder aufgebaut.

Das ehem. BENEDIKTINERINNENKLOSTER in Neuwerk ist heute Kloster und Krankenhaus der Salvatorianerinnen. Die Kirche (12. Jh.), eine dreischiffige Basilika, wurde bis ins 20. Jh. immer wieder umgebaut. Von den Gebäuden des 16./17. Jh. stehen noch drei Flügel mit wiederhergestelltem Kreuzgang.

Das ST.-VITUS-MÜNSTER ist eine spätromanische dreischiffige Gewölbebasilika aus dem 13. Jh. mit dreitürmigem Westwerk vom Ende des 12. Jh. und gotischem Chor (1256–1300) in der Nachfolge des Kölner Domchors. Unter dem Chor ist die Hallenkrypta des 12. Jh. erhalten. Im Kriege schwer getroffen, wurde die Kirche 1947–55 nach alten Unterlagen wiederhergestellt. Zur Ausstattung gehören ein viersäuliger Taufstein mit Fabelwesen in Flachrelief aus dem 12. Jh., vor allem aber das Bibelfenster. Im Schatz ein romanischer Tragaltar des

12. Jh. – Dem Münster schließt sich eine schöne, schlichte Vierflügelanlage an: 1664 von den Benediktinern als ihr Abteigebäude errichtet, nach der Aufhebung der Abtei 1802 in Privatbesitz und seit 1835 Rathaus der im 19. Jh. zu einem Zentrum der Textilindustrie heranwachsenden Stadt. Auch dies Rathaus war nach dem Krieg stark zerstört und wurde in den alten Formen wiederaufgebaut.

PFARRKIRCHE ST. MARIÄ HIMMELFAHRT (Marktkirche) Eine dreischiffige kreuzrippengewölbte Tuffsteinbasilika (1469–1533), nach dem zweiten Weltkrieg wieder aufgebaut. Vorzügliche Glasgemälde von 1958.

BIBELFENSTER AUS ST. VITUS, MÖNCHENGLADBACH

Das berühmte zweibahnige Bibelfenster im Chor steht fest in der Tradition französischer Glasmalerei. Leuchtende, lebensvolle Szenen des Alten und Neuen Testaments (hier Moses vor dem brennenden Dornbusch) stehen einander gegenüber, gekrönt von der Darstellung des Weltgerichts. Die Familie Wachtendonk, begüterte Großgrundbesitzer im niederrheinischen Raum, stifteten das Fenster Ende des 13. Jh. der Kirche. Ihr Wappen ziert den Maßwerkkreis.

Mönchsdeggingen *Schwaben* 602 ■ 9
EHEM. BENEDIKTINERKLOSTERKIRCHE Der spätgotische Chor blieb nach einem Brand erhalten, das Langhaus wurde 1693 mit westlicher Vorhalle neu erbaut. Der Turm kam 1721–33 hinzu, 1751/52 erhielt das Innere sein festliches Rokokogewand. Von den Klostergebäuden ist besonders der Kreuzgang von 1716 sehenswert.

Mörlbach *Oberbayern* 610 □ 10
ST. STEPHAN Die kleine spätgotische Kirche ist rühmenswert wegen ihrer Innenausstattung: ein spätgotischer geschnitzter Hochaltar in altbayerischer Art (um 1510), der Verkündigungsaltar (um 1460), Tafelbilder, Glasgemälde, gute barocke Figuren.

Moers *Reg.-Bez. Düsseldorf* 575 ■ 3
Vom SCHLOSS, einer wasserumwehrten Ringmauerburg, stehen noch Fundamente des romanischen Bergfrieds, ein Torturm des 14. Jh. und ein Wohnbau (15. Jh.), der das Heimatmuseum enthält.

Möschenfeld *Oberbayern* 610 ■ 12
Die Wallfahrtskirche ST. OTTILIE (1640) zeigt an der Brüstung der doppelten Westempore acht Szenen aus der Ottilienlegende; diese Tafeln stammen von einem spätgotischen Altar des ausgehenden 15. Jh.

Molfsee *Schleswig-Holstein* 555 □ 4
SCHLESWIG-HOLSTEINISCHES FREILICHTMUSEUM RAMMSEE Die Bauernhausformen waren im Lande zwischen Nord- und Ostsee mannigfaltig. Außer den Höfen mit schönem Inventar gibt es in dem schmucken Museumsdorf auch Mühlen, Katen, eine Schmiede.

Monheim *Reg.-Bez. Düsseldorf* 575 □ 4
HAUS BÜRGEL wurde zwischen einer alten Rheinschleife und dem Rhein auf ein römisches Kastell gebaut, dessen Mauerwerk an der Südseite des Gutshofes noch zu erkennen ist.
ST. GEREON Von der alten Pfarrkirche ist allein der malerisch über dem Rhein gelegene romanische Westturm, 12. Jh., erhalten.
Der SCHELMENTURM, ein Backsteinbau, zeugt als Überbleibsel von der Befestigung des 15. Jh.

Monheim *Schwaben* 602 ■ 1
Wohlerhaltenes mittelalterliches Stadtbild. Zwei Tore – sehr reizvoll das südliche – begrenzen die Hauptstraße. Im Rathaus (18. Jh.) stuckierte Innenräume. Die dreischiffige spätgotische Stadtpfarrkirche wurde im 17./18. Jh. barockisiert.

Monschau *Reg.-Bez. Köln* 583 ■ 9
schmiegt sich mit seinen schiefergedeckten Fachwerkhäusern an die bewaldeten Steilhänge des engen Rurtals.
BURG Hoch über der Stadt der mächtige Sitz der Grafen von Montjois, von denen der Name Monschau herrührt. Von der mittelalterlichen Hochburg stehen noch Bergfried und Palas, heute Jugendherberge, auch Reste der Vor- und Unterburg.
Die EV. KIRCHE von 1789 liegt besonders reizvoll auf einem kleinen Platz dicht an der Rur.
Die HAUPTKIRCHE ST. MARIA von 1726, früher Klosterkirche, ist ein Saalbau in gotisierender Form. Im Kirchenschatz Goldschmiedearbeiten der Barockzeit. Das ehem. Klostergebäude (1717) schließt sich an den Kreuzgang an.
Das ROTE HAUS (1756) ist der schönste der von reichen Tuchfabrikanten aus rot getünchtem Backstein mit Hausteinumrahmungen errichteten Barockbauten. Heute Scheibler-Museum, eine schöne frei schwebende Treppe mit Rokokoschnitzereien aus dem Leben der Tuchmacher im Innern.

Montabaur *Reg.-Bez. Koblenz* 584 ■ 4
ST. PETER (14. Jh.) Stufenhalle mit Emporen, Querhaus und Chor. Am Vierungsbogen über dem Langhaus großes Fresko des Jüngsten Gerichts, 16. Jh.
SCHLOSS (16./18. Jh.) Vier zweigeschossige Flügel gruppieren sich um einen quadratischen Hof, flankiert von vier runden Türmen. Der runde hohe Hauptturm birgt im Kern mittelalterliche Bauteile.

Montfort *Reg.-Bez. Koblenz* 592 ■ 2
Die im 13. Jh. erstmals erwähnte BURG war später im Gemeinbesitz mehrerer Geschlechter. Erkennbar sind noch die sieben Burghäuser dieser Ganerben.

Monzingen *Reg.-Bez. Koblenz* 592 ▪ 1
Mitten in dem hübschen Fachwerkort (besonders
schön das Altsche Haus von 1589) die EV. KIRCHE
(13.–15. Jh.). Der Chor mit Sterngewölbe von 1488
und die Kapelle im Nordseitenschiff sind von Meister Philipp, der in Meisenheim die reichen Gewölbe schuf.

Moosburg *Oberbayern* 603 ▪ 5
Die EHEM. STIFTSKIRCHE ST. KASTULUS, um 1160
entstanden, gehört zu den ältesten Backsteinbauten
in Altbayern. Das berühmte Westportal mit seinen
reich ornamentierten Säulen und Bögen wurde nur
wenig später eingefügt. Sechsfach staffeln sich die
Bögen über dem Tympanon, in dem zu Christus
und Maria der Patron St. Kastulus tritt. Ihm, dem
Märtyrer aus der Zeit Diokletians, ist der Hochaltar von 1514 gewidmet. Das grandiose Schnitzwerk aus den Händen Hans Leinbergers von
Landshut ist in allen seinen Teilen erhalten geblieben, wenn auch nicht mehr in der alten Zusam-
mensetzung. Ebenfalls von ihm die machtvollen
Kruzifixe zu beiden Seiten des Mittelschiffs, das
Pestepitaph und der „Christus in der Rast" im
nördlichen Nebenchor. Aus einer Landshuter Werkstatt kam 1508 das reizvolle Relief des Ursula-
schiffleins. Um die gleiche Zeit wird die dreibogige
Westempore auf Rotmarmorsäulen eingebaut und
das köstliche Schnitzwerk des Chorgestühls.
ST. JOHANNESKIRCHE (14. Jh.) Ihr prächtiger Turm
wetteifert an Höhe und Schmuck mit dem 1207 errichteten der Stiftskirche.

Morsbach *Reg.-Bez. Köln* 584 ▪ 1
Auf einer Bergkuppe über dem Ort liegt malerisch
die PFARRKIRCHE ST. GERTRUD, eine der bedeutendsten spätromanischen Kirchen des oberbergischen
Landes, eine dreischiffige Emporenbasilika (13. Jh.).

Morstein *Reg.-Bez. Stuttgart* 601 ☐ 1
SCHLOSS Neben dem staufischen Bergfried erhebt sich
ein schmucker Renaissancebau mit Stufengiebeln
und rundum führender Laube mit Brüstung.

Mosbach *Reg.-Bez. Karlsruhe* 593 ☐ 4
Hier spürt man noch etwas von der Atmosphäre
der wohlhabenden mittelalterlichen Reichs- und Residenzstadt, die Merian „fein und wohlgebaut" genannt hat. Eine besondere Zierde ist das Palmsche
Haus mit reicher und vielfältiger Fachwerkmuste-
rung (1610).
RATHAUS (16. Jh.) Putzbau mit Staffelgiebel und
barock bekröntem Turm.
STADTKIRCHE Dreischiffige spätgotische Basilika mit
schöner Ausstattung. Im Chor Bronzegrabplatte aus
dem 15. Jh. Reliefgeschmückte Steinkanzel von
1468, gotische Wandmalereien.

Moyland *Reg.-Bez. Düsseldorf* 575 ▪ 12
Auf dem Boden einer mittelalterlichen Burg entstand im 15. Jh. der mit Ecktürmen bewehrte vierflügelige Backsteinbau VON SCHLOSS MOYLAND. 1854
geschickt gotisierend renoviert, 1944/45 und 1956
teilzerstört und seither ruinös.

Müddersheim *Reg.-Bez. Köln* 583 ▪ 2
PFARRKIRCHE ST. AMANDUS, 1777/78, ein interessanter Backstein-Saalbau mit vorgesetztem Westturm. Vom Schloßbesitzer in der Nähe des Schloß-
parks erbaut.

SCHLOSS 1718–20, parkumgebene, wasserumwehrte
Anlage mit dreiflügeligem Wirtschaftshof und frei
stehendem schönem Herrenhaus; mit Freitreppe
zum Hof; Innenausstattung in einfachem Rokoko.

Müden a. d. Aller *Reg.-Bez. Lüneburg* 571 ☐ 9
EV. KIRCHE Spätgotische Kalkmalereien zeigen im
Chor die Passion Christi. Eine reich bekrönte Tür
schließt den Aufgang zur Kanzel (1617) ab. Zahlreiche Grabsteine und Epitaphien aus dem 16. und
17. Jh. Aus unserer Zeit die originell bemalte Decke.

Mühldorf am Inn *Oberbayern* 611 ☐ 11
In breiter Kurve biegt sich der große Markt vom
Nagelschmiedturm zur Pfarrkirche. Beiderseits mit
mächtigen Häuserfronten besetzt, die sich über Laubengängen mit breiten Stirnmauern aneinanderfü-
gen, die Fassaden in heiteren Farben verputzt.
PFARRKIRCHE ST. NIKOLAUS Ihr Turm gehört noch
der Romanik an. Von der spätgotischen Erneuerung blieb der Chor, während das Langhaus nach
einem Einsturz in den etwas kühleren Formen einer
Wandpfeilerkirche 1769 wieder aufgebaut wurde.
Sie empfängt Belebung durch Gewölbefresken und
aufwendige Barockmarmoraltäre. Neben der Kirche
der ehem. Karner (14. Jh.).

Mühlheim a. d. Donau
Reg.-Bez. Freiburg i. Br. 607 ▪ 1
KATH. GALLUSKIRCHE Reizvolles Außenbild durch
Steinschichten verschiedener Farbe. Das Langhaus
ist romanisch, der Chor frühgotisch, mit Wand-
malereien des 15. Jh. An der Veitskapelle Rokoko-
Außenkanzel.

Mühlheim a. d. Eis *Rheinhessen-Pfalz* 593 ☐ 9
Die EV. KIRCHE wurde 1620 in Form des griechischen Kreuzes an den mittelalterlichen Chorturm
gebaut; 1720 erneuert. Im Chor Fresken des 14. Jh.

Mülheim/Möhne *Reg.-Bez. Arnsberg* 577 ▪ 9
KOMTURSGEBÄUDE 1682 wurde das schloßartige
Hauptgebäude mit der dreigeschossigen Fassade
vollendet. Die anderen Flügel aus dem 18. Jh.

Mülheim a. d. Ruhr *Reg.-Bez. Düsseldorf* 575 ☐ 3
SCHLOSS BROICH war schon im 11. Jh. eine der
mächtigsten Burgen am Niederrhein. Die Hochburg
aus dem 12. Jh., Torbau im 17. Jh. durch Flankentürme verstärkt. Der langgestreckte Palas mit Kreuzrippengewölbe im Erdgeschoß aus dem 14. Jh. Die
Burg wurde im 17./18. Jh. gründlich erweitert.

München *Oberbayern* 610 ☐ 11
Die heutige „Weltstadt mit Herz" entstand nach
einem Handstreich Heinrichs des Löwen, der 1158
die Freisinger Bischofsbrücke bei Föhring zerstörte,
an der Stelle der heutigen Ludwigsbrücke einen
neuen Zollübergang für die Salzfuhrwerke von
Reichenhall erzwang und den Föhringer Markt in
das befestigte Munichen verlegte. 1214 wird die
herzogliche Münzstätte München urkundlich als
Stadt erwähnt. Im 14. Jh. umgibt Ludwig der
Bayer sie zwischen Isar-, Neuhauser, Sendlinger und
Schwabinger Tor mit einem zweiten Mauerwall. In
seinem Schutz entwickelte sich der wittelsbachische
Voralpensitz bis zum Ende des 18. Jh. zur ge-
werbetüchtigen Bürgerstadt (Salz-, Getreide- und
Weinhandel). „Es ist hier gut sein und wer nur
eine kleine Zeit zugegen, will hier seine Wohnung

NYMPHENBURGER PORZELLAN:
FIGUR DER ISABELLA

Der 1723 in Locarno im Tessin geborene Franz Anton Bustelli schuf für die „Churfürstliche Porce-lain-Fabrique", die vom Schlößchen Neudeck nach Nymphenburg verlegt worden war, seit 1754 die reifsten Kleinskulpturen der europäischen Porzellankunst: Putten, Chinesen und, wie hier abgebildet, Figurinen der italienischen Commedia dell'arte. Ihnen verdankt die Nymphenburger Manufaktur ihren Weltruhm. Residenzmuseum

SCHLOSS NYMPHENBURG

Mit seinen Fontänen, Parkanlagen, Statuen und versteckten Lustschlößchen ist Nymphenburg eine ausgesprochene Sommerschönheit. Im Hauptschloß befindet sich die Schönheitengalerie König Ludwigs I.

SPIEGELSAAL DER AMALIENBURG, SCHLOSS NYMPHENBURG

Cuvilliés d. Ä. erbaute 1734/39 das Jagdschlöß-chen Amalienburg für die habsburgische Kaisertochter und Kurfürstin Amalie. Es birgt als kostbarsten Diamantsplitter des europäischen Rokoko den Spiegelsaal. Die Meister der beschwingten Dekorationen waren Johann Baptist Zimmermann und Joachim Dietrich. Hier fanden nach den maskierten Schlittenfahrten zum winterlichen Nymphenburg bis ins 19. Jahrhundert die Bälle der Hofgesellschaft statt.

MÜNCHEN:
AUF DEN SPUREN LUDWIGS I.

[Unterschrift Ludwigs]

BAUMEISTER SEINER RESIDENZ

Bei seiner Thronbesteigung 1825 entschließt sich Ludwig, aus München eine Stadt zu machen, „die Teutschland so zur Ehre gereichen soll, daß Keiner Teutschland kennt, wenn er nicht München gesehen hat." Seine Residenz der Baumeister, Bildhauer und Maler sollte zugleich der Mittelpunkt des Glaubens und Wissens werden; italische und hellenische Architektur sollte sie prägen. Leo von Klenze war vor allem dazu ausersehen, ihm diesen Herrschertraum zu verwirklichen. Der König verwandelte ganz München in einen Bauplatz, und es war ihm, der 1848 abdanken mußte, vergönnt, noch die Vollendung aller seiner Pläne zu erleben. Die von ihm in Auftrag gegebenen Bauten – wie die Pinakothek, die Propyläen, die Glyptothek, die Ruhmeshalle, der Königs- und Festsaaltrakt der Residenz und andere – bestimmen noch heute wesentlich das Gesicht der Stadt.

ANTIKENSAMMLUNG *Als der 1784 im Niedersächsischen geborene bayerische Hofarchitekt Leo v. Klenze ein berühmter und gefragter Mann geworden war, haben in München andere seine Anregungen aufgenommen und sein Werk teilweise fortgesetzt. An dem von Klenze entworfenen Königsplatz stellte 1838–48 der Regensburger Georg Friedrich Ziebland der Glyptothek – einem der reifsten Bauten Klenzes (Seite 650) – dies Ausstellungsgebäude gegenüber. Die edle korinthische Säulenvorhalle führt in nach den Kriegszerstörungen neu gestaltete Räume mit der Antikensammlung, die auch von Ludwig I. begonnen wurde.*

BAVARIA MIT RUHMESHALLE *Das riesige Bronzestandbild vor dem 1843 bis 1853 errichteten Bau Klenzes ist eine technische Meisterleistung Ferd. v. Millers (1844–50) nach dem Modell Schwanthalers. Seine Enthüllung 1850 wurde zu einer Huldigung der Münchner für den ehemaligen König.*

LUDWIG I. VON BAYERN *Gemälde von Josef Stieler, 1826. Von allen Malern, die an seinen Hof drängten, gab der König Stieler, einem Schüler von Füger und Gérard, den Vorzug. Ihm erteilte er den originellen Auftrag, ihn in einer solchen Stellung und in einer solchen Haltung zu malen, daß sein Wahlspruch „gerecht und beharrlich" sogleich zu erkennen sei. Stieler war es auch, der für Ludwig den anmutigen Reigen jener Schönen gemalt hat, die das vielverliebte Herz des Königs entflammt hatten. (Alte Pinakothek, München)*

LOLA MONTEZ, *Gemälde von Stieler.* Der Skandal um die schöne Tänzerin trug mit dazu bei, daß der König im Revolutionsjahr 1848 zugunsten seines Sohnes abdanken mußte. (Schloß Nymphenburg)

HELENE SEDLMAYR *In Altmünchner Tracht hat Stieler die Schuhmacherstochter für Ludwigs „Schönheitengalerie" gemalt. Mit Prinzessinnen, Schauspielerinnen, Tänzerinnen teilte sie sich in diese Ehre. (Nymphenburg)*

LUDWIGSTRASSE *mit Römischem Brunnen, Universität und Ludwigskirche. Die großzügige Prachtstraße mit ihren Monumentalbauten hatte Ludwig noch als Kronprinz in Auftrag gegeben; 1850 war sie vollendet.*

Die PROPYLÄEN, *eine Nachbildung des Säulentors an der Akropolis in Athen, wurden 1846–60 von Klenze als westlicher Abschluß des Königsplatzes erbaut. Ludwig v. Schwanthaler schuf die Giebelreliefs, die Szenen aus dem Freiheitskampf der Griechen gegen die türkische Herrschaft darstellen. Auch das bayerische Königshaus nahm damals lebhaften Anteil an der Sache der Hellenen. Der zweite Sohn Ludwigs wurde als Otto I. König von Griechenland.*

SIEGESTOR, *Detail. Wie die Feldherrnhalle im Süden, so schließt das Siegestor im Norden die Ludwigstraße ab. Friedrich v. Gärtner hat es 1844 nach dem Vorbild des Konstantinbogens in Rom entworfen, 1850 wurde es vollendet. Die Siegesgöttinnen auf den Säulen erinnern an die Siege der bayerischen Truppen in den Befreiungskriegen 1813–15.*

Exekias, Töpfer und Vasenmaler in Athen, schuf diese Schale um 540 v. Chr.; er hat sein Werk signiert. Das Gemälde im Innern, etwa 30 cm im Durchmesser, verherrlicht Dionysos, den Gott der Fruchtbarkeit, der Ekstase und des Weines, wie er im Frühjahr als Blütengott in einem Schiffswagen in Athen einzieht, zu den alljährlichen Festen, um die Weinfässer zu öffnen.

Antikensammlung

CUVILLIÉSTHEATER DER RESIDENZ

Der Wallone François Cuvilliés, der als Elfjähriger von Kurfürst Max Emanuel als Hofzwerg engagiert und seiner großen Begabung wegen auf kurfürstliches Geheiß zum höfischen Architekten ausgebildet wurde, schuf gemeinsam mit den besten Bildhauern, Stukkateuren, Schnitzern und Vergoldern der Residenz zwischen 1751 und 1753 das „Neue Opera Haus", das heutige „Cuvilliéstheater". Dieses Rokokojuwel konnte 1957/58 im Herzen der Residenz wiedererrichtet werden, da seine reichen Schnitzereien während des Krieges in Sicherheit gebracht worden waren.

IGNAZ GÜNTHER: DARSTELLUNG DES TODES AUF DEM EPITAPH FÜR GRAF ZECH (ASAMKIRCHE)

Die St. Johann Nepomuk geweihte Kirche ist ein einziges Entzücken des Barock auf seinem religiösen Weg ins Rokoko. In dieser von Muscheln, welligen Girlanden, Engeln und Marmorsäulen überquellenden Grotte spielen Licht und Dämmer, Jubilate und Memento mori ein unaufhörliches Mysterienstück. St. Johann Nepomuk gilt als sakrales Pendant zur Amalienburg.

ORDENSGEHÄNGE
VOM GOLDENEN VLIES

*Diesen prächtigen, brillantenfun-
kelnden Anhänger aus Gold und
Silber fertigte Johann Staff 1765
in München an. Ihn trugen einst
die Ritter des burgundischen Ordens vom Goldenen Vlies. Die
größten Schätze des Ordens befinden sich seit 1797 in Wien.*
Schatzkammer der Residenz

MORISKENTÄNZER

*1475 bürgerte sich der Holz- und Steinbildhauer
Erasmus Grasser in München ein. Die Zunft pro-
testierte gegen die Zulassung des „unfriedlichen,
verworrenen und arglistigen Knechtes" aus der
Oberpfalz. 1477 vollendete er die Schnitzfiguren
der „Moriskentänzer" (maurische Tänzer) für das
Tanzhaus im Rathaus. Sie gehören mit den Figuren
am Chorgestühl der Frauenkirche – Grasser
schnitzte sie um 1494 – zu den Meisterwerken der
spätgotischen Plastik.* *Stadtmuseum*

ST.-GEORG-STATUETTE

*Der Maler, Baumeister und Dekorateur Friedrich
Sustris, Niederländer von Herkunft, in Italien auf-
gewachsen und künstlerisch geprägt, leitete von
1573 bis zu seinem Tode 1599 die Münchner Bau-
und Kunstwerkstätten. Herzog Wilhelm V. hatte
ihn dazu berufen. Für ihn entwarf er um 1590 die
graziöse Statuette des St. Georg, geschnitten aus
Calcit. Die Edelsteine formen die Symbole des
bayerischen Georgsordens nach. Der Goldsockel
mit dem bayerischen Wappen kam später unter
Maximilian I. hinzu.* *Schatzkammer der Residenz*

AUS DEM DEUTSCHEN MUSEUM

In der Halle für Eisenbahnen zeigt das Deutsche Museum neben dem Modell der Dampflok „Rocket" von 1829 das englische Dampfroß ADLER, das 1835 als erste Dampflokomotive einen Eisenbahnzug von Nürnberg nach Fürth beförderte.

So sah es in einer ALCHIMISTENKÜCHE des 16. Jh. aus: ein Probierherd, wie ihn auch die Bergleute in ihren Erzhütten benützten, und viele Retorten. Kohle brauchte nur alle 13 Stunden nachgelegt zu werden; den, der dies tun mußte, nannte man den Faulen Heinz. Mystische Vorstellungen, Zauberei und Magie umgaben die „geheime Kunst" der Alchimie, doch die Experimente führten zu Entdeckungen und Ergebnissen, die der Entwicklung der Chemie von Nutzen waren.

bauen", charakterisiert ein Chronist 1782 das innewohnende Behagen des ländlich-städtischen Fürsten-Elysiums an der Isar. Unter den kunstverständigen und weitblickenden wittelsbachischen Herzögen, Kurfürsten und Königen zwischen Renaissance, Barock, Rokoko, Klassizismus und Jugendstil entfaltet sich München zur weltfrohen Kunststadt und – unter Max III. Joseph – zur Wirkungsstätte der Akademie der Wissenschaften (1759). Die Ausdehnung Münchens zur Großstadt, die nach Jean Paul „überall nur aus Mittelpunkten besteht", beginnt nach Bayerns Erhebung zum Königreich am Neujahrsmorgen 1806. Max I. Joseph, der Gründer der Akademie der Künste (1808), vermählt seine älteste Tochter mit Napoleons Stiefsohn, dem späteren Herzog von Leuchtenberg (Leuchtenbergpalais am Odeonsplatz). Als erste breite Prachtstraße entsteht die Adelspalaisfront der Brienner Straße (nach 1808), unter Ludwig I. die großartige und zukunftweisende Ludwigstraße mit Feldherrnhalle, Ludwigskirche, Siegestor, Universität und Staatsbibliothek, unter Maximilian II., der die „Nordlichter" (Geibel, Heyse, Liebig) zu seinen gelehrten Symposien nach München beruft, die Maximilianstraße mit dem abschließenden Maximilianeum, dem jetzigen Sitz des bayerischen Landtags. Unter dem mit Richard Wagner befreundeten Märchenkönig Ludwig II. wird die Stadt des königlich bayerischen Hofbräuhauses (seit 1589) zur Musik- und Theatermetropole. Heute, halb im Ernst, halb scherzhaft als „Deutschlands heimliche Hauptstadt" bezeichnet, hat München drei Symphonieorchester, 20 Theater, mehrere Kabaretts und zwei Dutzend Museen, unter denen sich so kuriose Sammlungen wie das Valentin-Musäum im Isartor befinden. Auf dem nahen Viktualienmarkt, einem der Altmünchner Mittelpunkte wie Hofbräuhaus und Residenz, stehen die Denkmäler der Komiker und Volkssänger Karl Valentin und Weiß Ferdl. Um die Jahrhundertwende, als das Künstlerviertel Schwabing beflügelnde Geister aus aller Welt anzog, rief Thomas Mann aus: „Die Kunst blüht, die Kunst ist an der Herrschaft ... München leuchtete!" Unter dem künstlerfreundlichen Prinzregenten Luitpold entstand am Englischen Garten die großzügige, von Museen gesäumte Prinzregentenstraße (um 1890). Um diese Zeit lebten allein 7000 Maler und Bildhauer in der Musen-Residenz des Prinzregenten und des Malerfürsten Franz Lenbach. Nach den beiden Weltkriegen wurde das 1957 zur Millionenstadt angewachsene München die Wahlheimat der meisten Buchverlage, der meisten Forschungsstätten und Studenten. Zu den stillen Sehenswürdigkeiten, die längst nicht mehr am Stadtrand liegen, gehört der Landschafts-Tierpark Hellabrunn, das Jagdschlößchen Blutenburg, der Südliche Friedhof mit den Gräbern Spitzwegs, Ferdinand von Millers, Fraunhofers, Senefelders, Maffeis, Friedr. von Gärtners.

ALTE PINAKOTHEK Sie zählt zu den größten Bildergalerien der Welt. Klenze erbaute sie (1826–30) im venezianischen Palaststil. Die kostbare Sammlung von über 900 Bildern, ausgestellt in 13 Sälen und 23 Kabinetten, zeigt Michael Pachers Kirchenväter-Altar, acht Originalwerke von Albrecht Dürer, Tizians Karl V., Rembrandts „Jugendliches Selbstbildnis", El Grecos Entkleidung Christi, Bouchers berühmten Akt „Ruhendes Mädchen", zahlreiche Gemälde von Rubens, van Dyck, Murillo, Raffael, Tintoretto und seit 1969 das für 12 Millionen DM erworbene Bildnis des Willem van Heythoyzen von Frans Hals.

ALTER PETER Der 96 Meter hohe Turm der wiederhergestellten Peterskirche, der sich über Münchens ältester Siedlungsstelle (mit römischen Spuren) erhebt, gehört neben den welschen Turmhauben der Frauenkirche zu den Wahrzeichen der Altstadt. Auf dem Petersberg, zwischen Marienplatz, Viktualien- und Rindermarkt, befand sich die Siedlung zu den Mönchen, von der München seinen Namen erhielt. Im Innern des mehrmals gebauten und vergrößerten Alten Peter glänzt Barock und Rokoko aus den Tagen der Asam, Gunetzrhainer, Zimmermann, Stuber und Günther.

ALTES RATHAUS 1470–74 schuf Jörg Halsbach, gen. Ganghofer, den spätgotischen Bau über dem Torbogen am Marienplatz. Die Schau stehend erhebt sich daneben in flämischer Neugotik das NEUE RATHAUS Georg Jos. Hauberrissers (1867–1908) mit dem vielgeknipsten, 80 Meter hohen Glockenspielturm (Turnier- und Schäfflertanz-Figurenspiel).

ASAMKIRCHE Das um 1733 in die Häuserzeile der Sendlinger Straße eingebaute und dem hl. Johann Nepomuk geweihte Rokokojuwel der Asam erhebt sich über vorspringenden Sockeln aus Donaufels. Die genialen Baumeisterbrüder aus Benediktbeuren bauten die Kirche auf eigene Kosten. Daneben die Rokokofassade ihres Wohnhauses.

Das BAYERISCHE NATIONALMUSEUM enthält neben dem Germanischen Nationalmuseum in Nürnberg die umfangreichsten kulturhistorischen und kunstgewerblichen Sammlungen in Deutschland. Es ist eine Schloßtruhe, angefüllt mit bayerischem Altvätergut, mit Votivbildern, Uhren, Möbeln, Teppich- und Porzellansammlungen, Stuben aus der Zeit der Spätgotik und der Renaissance, mit Kunst und Kunsthandwerk vom frühen Mittelalter bis ins 19. Jh. Zu den Besonderheiten dieses 1855 von Maximilian II. gegründeten Museums für vaterländische Altertümer gehört neben Werken Tilman Riemenschneiders, Ignaz Günthers, Hans Leinbergers und Erasmus Grassers die berühmte Weihnachtskrippensammlung. Im Ostflügel die Prähistorische Staatssammlung von Bodenfunden in Bayern.

DEUTSCHES MUSEUM Zu den Gründern dieses einmaligen, in einem „noch nie dagewesenen Umfang in Eisenbeton aufgeführten" Baukomplexes auf der Isarinsel gehörten, außer dem genialen Initiator Oskar von Miller, Graf Zeppelin, Krupp, Rudolf Diesel, Röntgen und Linde. Das 1906 nach Plänen Gabriel von Seidls begonnene, 1925 eröffnete Museum sollte als lebendiges Haus der Forschung und Technik Meisterwerke der Naturwissenschaften bewahren und vorführen. 1937 wurde an den Sammlungsbau eine Halle für das Kraftfahrwesen angelegt. In die Räume dieses aktiven, für alle technischen Museen vorbildlich gewordenen Komplexes wurden begehbare Erz-, Salz- und Kohlenbergwerke eingebaut; in täglichen Versuchen und Demonstrationen wird gezeigt, wie Motoren funktionieren und technische Prozesse vonstatten gehen. Die titanischen Veteranen und Neuschöpfungen des Maschinenbaus und der Luftfahrtentwicklung, die Geräte der Optiker, Astronomen, Landwirte und Bierbrauer, Blitzvorführungen, ein Planetarium und kurios gewordene Geniewerke wie Fraunhofers Spektralapparate, Diesels erster Motor, Guerickes Luftpumpe, Siemens' erste elektrische Lok, eine mittelalterliche Alchimistenküche oder Otto Hahns Arbeitstisch ziehen Besucher aus allen Ländern in diese (nach der Führungslinie 14 km messenden) Labyrinthe und Großhallen.

HOLBEINSCHALE

Bergkristall ist das Grundmaterial dieser Deckelschale, die sich Heinrich VIII. im 14. Jh. wahrscheinlich in Venedig arbeiten ließ. Um 1540 entwarf Hans Holbein d. J., der damals in London weilte, die prunkvolle, mit Edelsteinen und Emaille besetzte Goldfassung. Mit einer Auktion im Tower begann dann die Reise des kostbaren Stückes, das schließlich über Amsterdam, die Pfalz und Düsseldorf nach München gelangte.

Schatzkammer der Residenz

MEISSNER PORZELLAN

Das Porzellankabinett (1730) des Residenzmuseums verwahrt neben chinesischen, englischen und französischen Kleinodien auch Kostbarkeiten aus pfälzischen und sächsischen Manufakturen. Eines der verspielten Glanzstücke ist dieser um 1740 entstandene Tafelaufsatz aus Meißen.

Residenzmuseum

PIETER BRUEGHEL D. Ä.:
DAS SCHLARAFFENLAND

Der Bauernsohn aus dem Maasgebiet malte die satte Szene aus dem Lügenmärchenland der Schlaraffen im notvollen Jahr 1517, als die spanischen Truppen des Herzogs Alba in die Niederlande einzogen. Genau vierhundert Jahre später, 1917, kam das „Schlaraffenland", das die Schweden 1648 aus der kaiserlichen Gemäldesammlung in Prag nach Stockholm verschleppt hatten, zu Pieter Breughels „Kopf einer alten Bäuerin" in die Alte Pinakothek.
Alte Pinakothek

ADAM ELSHEIMER:
FLUCHT NACH ÄGYPTEN

Elsheimer, der mit Rubens befreundet war und Rembrandt ebenso wie die französischen Landschaftsmaler Claude Lorrain und Nicolas Poussin beeinflußte, lebte größtenteils in Rom und galt außerhalb Deutschlands als einer der bedeutendsten Maler nach Dürer. Sein kleinformatiges, 1609 entstandenes Bild „Die Flucht nach Ägypten" erwarb Kurfürst Maximilian I. 1628 für die Münchner Residenz.
Alte Pinakothek

VERKÜNDIGUNG AN DIE HIRTEN
AUS DEM PERIKOPENBUCH HEINRICHS II.

Der Kaiser stiftete das liturgische Buch dem Bamberger Dom, wahrscheinlich zur Weihe 1012. Die 206 Blätter enthalten zehn ganzseitige Malereien – sie sind Hauptwerke der sogenannten Reichenauer Malschule. Der Vorderdeckel des Einbands ist Elfenbein mit Edelmetallen, Schmelzwerk und Steinen, zusammengefügt zu Szenen aus dem Leben Christi. Aus dem Bamberger Domschatz kam das kostbare Buch nach München.
Bayerische Staatsbibliothek, Handschriftenabteilung

Der ENGLISCHE GARTEN, Graf Rumfords imposantestes Geschenk an die Münchner, entstand 1789, im Jahr der abgetragenen Stadtbefestigung, unter Kurfürst Karl Theodor. Der Gartenarchitekt Ludwig v. Sckell schuf diese weiträumige Auen- und Waldlandschaft, eine der schönsten Parkanlagen Europas, in den Jahrzehnten von 1804–30. Der im englischen Landschaftsstil für das Volk angelegte Naturpark an der Isar sollte „Erinnerungen an Arkadien oder ans Elysium erwecken". 1830 erbaute Klenze auf einem aufgeschütteten Hügel den Monopteros (mit weitem Rundblick auf die Stadtsilhouette) unweit des 1790 errichteten, 1952 neuaufgebauten Chinesischen Turms neben dem frühklassizistischen Rumfordsaal. Östlich vom Haus der Kunst Schwanthalers Rumford-Denkmal, im nördlichen, an Schwabing angrenzenden Englischen Garten der 1799–1812 angelegte Kleinhesseloher See.

FRAUENKIRCHE Jörg Halsbachs zweitürmiger Ziegel-Hallendom mit den weltbekannten, in der Renaissance aufgesetzten Kupferkuppeln entstand zwischen 1468 und 1488. Wie St. Peter ist die 99 Meter hohe Frauenkirche eine Gemeinschaftsleistung der Münchner Bürgerschaft. Nach 1821, als München Erzbistum wurde, erhielt dieses Meisterwerk der späten Backsteingotik Kathedralenwürde.

HAUS DER KUNST (1933–37) und neuzeitliche Sammlungen. Seit 1949 findet im Haus der Kunst alljährlich die Große Kunstausstellung München und jeden Herbst die international beachtete Kunst- und Antiquitätenmesse statt. NEUE PINAKOTHEK und NEUE STAATSGALERIE, hervorgegangen aus der 1853 von Ludwig I. gestifteten Privatsammlung zeitgenössischer deutscher Malerei, sind dort untergebracht. Sie zeigen Gemäldekostbarkeiten des 18.–20. Jh., wesentliche Werke der Dresdener Künstlervereinigung Die Brücke und der 1909 in München von Kandinsky gegründeten Neuen Künstlervereinigung, die 1911 (Franz Marc, Alfred Kubin und Gabriele Münter) als Der Blaue Reiter hervortrat. In diesen entscheidenden Jahren wurde

die Neue Pinakothek um eine der bedeutendsten Impressionisten-Sammlungen der Welt, um Hauptwerke von Manet, Gauguin, van Gogh, Renoir, Cézanne und Toulouse-Lautrec bereichert. – Arbeiten Kandinskys und Gabriele Münters zeigt auch das im römischen Landhausstil erbaute LENBACHPALAIS (1887) in der Luisenstraße, dessen Städtische Galerie einen Überblick über die Münchner Malerei vom 18. Jh. bis heute vermittelt. Die Sammlungen von Gemälden und Plastiken des 19. Jh. werden in der SCHACK-GALERIE (Prinzregentenstraße) durch Einblicke in das Werk Carl Spitzwegs, Feuerbachs, Schwinds, Kobells, Böcklins ergänzt. Bis in die jüngste Gegenwart führt die STAATLICHE GRAPHISCHE SAMMLUNG (Meisterstraße), die zeitlich mit Zeichnungen und Stichen aus dem 15. Jh. beginnt. In Franz von Stucks restaurierter Villa (1897/98) in Bogenhausen das JUGENDSTILMUSEUM.

KÖNIGSPLATZ Der marmorne Griechentempel der Glyptothek mit den acht ionischen Säulen unter dem Dreiecksgiebel wurde von Klenze zwischen 1816 und 1830 für Ludwigs I. Sammlungen antiker Denkmäler und Skulpturen erbaut. Die plastische Giebelgruppe der Ägineten stammt aus dem altgriechischen Tempel der Insel Ägina. Die antiken Sammlungen befinden sich heute in der Glyptothek, die altägyptischen in der Residenz. Am Tag nach seiner Abdankung, am 20. März 1848, beauftragte Ludwig I. seinen Hofbaumeister mit dem hochklassizistischen Torbau der Propyläen, als ein Denkmal der engen Bindung Bayerns an Griechenland. Reliefs von Schwanthaler und Hiltensperger erinnern an die Regierungszeit des glücklosen Griechenkönigs Otto, des zweitgeborenen Sohnes Ludwigs I. – Zieblands ehem. Staatsgalerie mit kannelierten korinthischen Säulen gegenüber der Glyptothek beschließt die klassizistische Dreifalt um das weite Forum des königlichen Platzes.

Das MÜNCHNER STADTMUSEUM am St.-Jakobs-Platz (ehem. Stadtzeughaus, Anfang 16. Jh.) bewahrt Erinnerungsstücke an das bürgerliche Leben der Stadt, an Trachten, Handwerk, Brauchtum, religiöses Leben, Feste. Numismatiker finden außer in der STAATLICHEN MÜNZSAMMLUNG im Stadtmuseum eine ergänzende Kollektion von 15 000 Münzen und Medaillen. Neben wechselnden Ausstellungen in der Abteilung Münchner Wohnkultur von 1700–1900, dem Foto- und Film-Museum, einer Musikinstrumentensammlung und dem Deutschen Brauerei-Museum zeigt diese lebendige Schau in ihrer Puppentheater-Ausstellung (chinesisches und indonesisches Schattenspiel) Figuren aus der Puppenspieltradition des Papa Schmidt und des Kasperlgrafen Pocci. An der nahen Blumenstraße das Gebäude des Marionettentheaters, der ersten städtischen Puppenbühne der Welt.

NYMPHENBURG, das Wochenbettgeschenk Kurfürst Ferdinand Marias für seine savoyardische Gemahlin Adelaide, begann als italienischer Villenpavillon inmitten einer einsamen Schwaige. Barellis Pavillonwürfel lag zwischen dichten Jagdwäldern eine Stunde von der Münchner Residenz entfernt. Auf dem Weg vom Barock ins baufreudige Rokoko wurde die kurfürstliche Sommerresidenz von Zuccali und Viscardi (Schloßkapelle) erweitert und verschönert, Joh. Bapt. und Franz Zimmermann zauberten als Maler und Stukkateure zwischen Hofvergoldern und Grottenmeistern. François de Cuvilliés d. Ä., der die Kaskade und das Vogelhaus entwarf, gestaltete mit Zimmermann den Großen Festsaal um. Im ausgedehnten Barockpark dieses Schlosses mit italienischen, französischen und bayerischen Wesenszügen zwischen Würm und holländischen Kanälen das bezaubernde Jagdschlößchen Amalienburg. Für Max Emanuel ertiftelte der Altbayer Jos. Effner im Nymphenburger Park das zwischen Springfontänen errichtete Badeschlößchen Badenburg, die verspielte Chinoiserie Pagodenburg und die künstliche Ruine der Eremitage Magdalenenklause. 1761 übersiedelte die von Max III. Joseph gegründete Porzellan-Manufaktur, die ihren

Weltruf den zauberhaften Figuren Franz Anton Bustellis verdankt, aus der Au in einen der Rondell-Pavillons vor dem Schloß. Nymphenburger Fayencen schmücken den angrenzenden Botanischen Garten. Im 19. Jh. gestaltete Ludwig v. Sckell den statuenreichen Barockpark zum englischen Landschaftsgarten um. Klenze paßte die Rokokofassade des Schlosses der klassizistischen Bauweise an. In den Gewölben der Pferdehallen (Marstallmuseum) Hochzeits- und Reisekutschen, Prunkschlitten und Geschirre aus dem Marstall der Kurfürsten- und Königszeit.

Der OBELISK auf dem Karolinenplatz wurde unter Ludwig I. als 29 m hohes Denkmal zu Ehren der 30 000 im napoleonischen Jahr 1812 in Rußland gefallenen Bayern aufgerichtet.

An der alten PFARRKIRCHE ST. MARGARETHA (1711) in Sendling das 1831 entstandene Fresko zur Erinnerung an die Sendlinger Mordnacht von 1705.

RESIDENZ München wurde nach 1253 Residenz, und die gotisch angelegte Alte Hofburg wurde als ständiger Herzogssitz bis ins 16. Jh. erweitert. Unter Albrecht V., dem Kunstsammler und Mäzen, entstehen in der Hauptstadt des wittelsbachischen Herzogtums Bayern der arkadenreiche Münzhof (1563 bis 1567) und das Renaissancegewölbe des Antiquariums außerhalb der Neuveste. Die Alte Hofkapelle wird zum Miniaturabbild von St. Michael.

Unter Maximilian I., dem Stifter der Mariensäule und der Patrona Bavariae, wird der Kaiserhof-Block ins Geviert der mächtig erweiterten Residenz mit einbezogen, im 17 Jh. wird der Hofgarten angelegt. Der ausgedehnten Schloßanlage gibt Klenze mit dem Königs- und Festsaalbau die endgültige Gestalt. Im Königsbau die Schatzkammer mit den kostbaren, 1565 begonnenen Wittelsbacher Sammlungen und das Residenzmuseum mit Grottenhof und Perseusbrunnen, Ahnengalerie, Porzellankabinett, Cuvilliés' Reichen Zimmern und den romantischen Nibelungensälen. 1751–53 entsteht „als schönstes Logentheater der Welt" Cuvilliés' Altes Residenztheater.

Der Reiz der kleinen Spätrokokokirche ST. GEORG in Bogenhausen (1768) mit sparsamem Stuck und Gemälden am Muldengewölbe des Langhauses, im Chor und an der Empore, liegt in ihrer vorzüglichen Ausstattung: die Kanzel (1773/74) ist ein Spätwerk Ignaz Günthers, von ihm oder aus seiner Werkstatt stammt auch der bühnenartige Hochaltar, die beiden guten, reich geschmückten Seitenaltäre schuf Joh. Bapt. Straub.

ST. MICHAEL (1590) Größter Renaissancesakralbau nördlich der Alpen. Gruft Ludwigs II. und anderer Wittelsbacher.

ST. SILVESTER in Schwabing. Der gotische Bau (um 1500) erfuhr 1654–61 eine barocke Verwandlung.

MAX BECKMANN: SELBSTBILDNIS

Der 1884 in Leipzig geborene Maler erreichte mit dem Perseus-Triptychon von 1941 und dem maskenhaft schweren „Selbstbildnis" von 1944 den Höhepunkt seines Schaffens. Beckmann, der 1938 nach Amsterdam emigrierte, starb 1950 in New York. Neue Pinakothek

ALBRECHT ALTDORFER:
ALEXANDERSCHLACHT

Der Regensburger Maler schuf seine berühmte „Alexanderschlacht" 1529 für das Rosenlusthaus des Renaissanceherzogs Wilhelm IV. 1800 wurde das gewaltige Gemälde nach Paris entführt. Es wurde eines der Lieblingsgemälde Napoleons.
Alte Pinakothek

ALBRECHT DÜRER:
JOHANNES EVANGELIST UND PETRUS

Die beiden Tafeln mit den vier Aposteln schenkte Dürer dem Rat seiner Vaterstadt Nürnberg. An dem 1526 datierten Meisterwerk hatte er zwei Jahre gearbeitet. 1627 erwarb Kurfürst Maximilian I. beide Tafeln für seine Residenz. Alte Pinakothek

Im Innern zartgetönter plastischer Stuck, reiche Altäre und gutes Gestühl (zweite Hälfte 18. Jh.). Die THEATINERKIRCHE ST. CAJETAN und das Theatinerkloster ließ Kurfürst Ferdinand Maria als Dank für die Geburt eines Erbprinzen von Agostino Barelli erbauen. Der Orden der Theatiner betreute die im kurfürstlichen München anwachsende italienische Künstlerkolonie. 1690 schuf Enrico Zuccali die Türme mit den glockenartigen Kuppeln. Die Theatiner-Hofkirche ist die Krone des südlichen Hochbarock in München. Unter Max III. Joseph entstand 1756 Cuvilliés' vorgemauerte Rokokofassade mit dem charakteristi-

schen ockergelben Verputz. In der Fürstengruft ruhen bayerische Kurfürsten und die königlichen Wittelsbacher Max I. Joseph und Prinzregent Luitpold.
THERESIENWIESE Anläßlich des Pferderennens zur Hochzeitsfeier des Kronprinzen Ludwig und der Prinzessin Theresia von Sachsen-Hildburghausen im Oktober 1810 versammelten sich dort 30 000 Festgäste. „Theresiens Wiese" wurde damals für „ewige Zeiten" zum alljährlichen Schauplatz des Oktoberfestes und – seit 1811 – zum Festgelände der gleichzeitigen Landwirtschafts-Ausstellung bestimmt. Der Walhalla-Schöpfer Klenze schloß die „Wiesn" mit der dorischen Ruhmeshalle ab; Schwanthalers Erzstatue der Bavaria, in deren Kopf 10 Personen Platz finden, erhebt sich beherrschend zwischen Festwiese und Ausstellungsgelände.
WALLFAHRTSKIRCHE MARIÄ HIMMELFAHRT in Thalkirchen. Der um 1400 an Stelle eines älteren errichtete Bau wurde im 17./18. Jh. innen barock umgestaltet – gute Stuck- und Freskendekoration, ein üppiger Hochaltar mit hervorragenden Figuren: thronende Muttergottes und Nebenfiguren von Michael Erhart (um 1482), zwei Büsten zwischen den gedrehten Säulen von Ignaz Günther (1772).

München-Berg am Laim 610 □ 11
EHEM. HOFKIRCHE, seit 1906 Pfarrkirche St. Michael. Das Gebiet östlich der Isar, die Hofmark, gehörte im 17. und 18. Jh. den zweitgeborenen Söhnen aus dem Hause Wittelsbach, die Erzbischöfe und Kurfürsten von Köln waren. Clemens August läßt nun für die hier seit 1693 ansässige Michaelsbruderschaft eine Kirche erbauen, 1738–51, eine der bedeutendsten Leistungen Joh. Mich. Fischers. Zwei fünfgeschossige Türme mit schwungvollem Gesims über dem Uhrenhäuschen und Kuppeltürmchen flankieren die vorgewölbte, säulenbesetzte Fassade. Der übrige Außenbau ist schlicht, innen jedoch entfalten sich alle architektonischen Spielarten des Barock. Die meisterhaften Dekorationen – Stuck, Fresken und mehrere Altargemälde von Joh. Bapt. Zimmermann, Altäre von Joh. Bapt. Straub – sind hier wirklich nur Zier, ihre Wirkung vermag nicht die des Raumerlebnisses zu übertreffen, die eine Vielzahl von Formen, ineinandergreifende Kreise und Ellipsen, schwingende Linien der Wandbuchtungen und Gewölbe, hervorrufen.

München-Blutenburg 610 □ 11
Vier gedrungene Türme umstehen das schlichte EHEM. JAGDSCHLOSS (1681), und ein Barocktürmchen sitzt auf dem wertvollsten Bau der Anlage: der Kapelle von 1488. Unter gotischem Netzgewölbe hat sich die spätmittelalterliche Ausstattung unbeschadet erhalten. Zerbrechliches Gesprenge über den Altären mit Bildern des Jan Pollak. An den Wänden die Reihe der Blutenburger Apostel, die mit den Holzfiguren von Christus und Maria beginnt. Glasfenster von 1497.

München-Forstenried 610 ■ 11
Nicht weit entfernt von dem ehem. kurfürstlichen Jagdschloß (1715–17) am Ende des Forstenrieder Parks die Wallfahrtskirche HL. KREUZ – außen spätgotisch, innen barock verkleidet. Wertvollstes Ausstattungsstück: romanisches Holzkruzifix (frühes 13. Jh.; ursprünglich in Andechs).

München-Harlaching 610 ■ 11
WALLFAHRTSKIRCHE ST. ANNA Der jetzige Bau (1751
bis 1761) ging aus einem spätgotischen hervor. Die
Gemälde am Tonnengewölbe des Mittelschiffs und
an der Flachkuppel im Chor schuf Joh. Bapt. Zimmermann. Von der Ausstattung hervorzuheben sind
die Rahmen der Seitenaltäre in schönstem Rokoko
(Ignaz Günther-Werkstatt), der Hochaltar (2. Hälfte 18. Jh.) mit Anna selbdritt (um 1500) und die
Kanzel (1768) mit reichem Rocailleschmuck.

München-Milbertshofen 610 □ 11
Die alte Pfarrkirche ST. GEORG, 1944 größtenteils
zerstört und nun neu erbaut, enthält eines der bedeutendsten Werke der Münchner Spätgotik, einen
Flügelaltar von 1510, sowie einen Grabstein von
1500 mit Relief eines bäuerlichen Motivs.

München-Oberföhring 610 □ 11
Die Pfarrkirche ST. LAURENTIUS aus dem 8. Jh. wurde
1680 neu erbaut als lichte, mit zartfarbenem Stuck
und prächtigen Altären geschmückte Dorfkirche.

München-Pipping 610 □ 10
Nahe dem Jagdschloß Blutenburg die Pfarrkirche
ST. WOLFGANG, eine einschiffige Landkirche von
außerordentlichem kunsthistorischem Wert: rein
spätgotisch Inneres und Äußeres (1478–80) und die
kostbare Ausstattung – Wandmalereien, Glasfenster, Schnitzaltar und bemalte Kanzel.

München-Ramersdorf 610 ■ 11
Die spätgotische Kirche MARIÄ HIMMELFAHRT (erste
Hälfte 15. Jh.), Ziel der Marienwallfahrt, erfuhr
gegen Ende des 17. Jh. im Innern ihre barocke Umgestaltung mit reichem, der Architektur gut angepaß-
tem, vergoldetem Stuck. Ausstattung: spätgotischer
Schnitzaltar (1483), Muttergottes des Hochaltars
(um 1480) und großes Tafelbild der Schutzmantelmadonna (1503). In der Ölbergkapelle am Chorschluß spätgotische Wandmalereien.

München-Untermenzing 610 □ 11
ST. MARTIN (1499) Ein innen wie außen rein spät-
gotischer Bau mit etwas älterem Satteldachturm;
Sakramentshaus mit beachtlicher Steinmetzarbeit,
Glasgemälde und Reste gotischer Wandmalereien.

Münchhausen *Reg.-Bez. Kassel* 585 □ 1
CHRISTENBERG Auf vor- und frühgeschichtlich be-
deutsamer Stätte (keltische Fliehburg, karolingische
Landesfestung) erhebt sich die Totenkirche: Schiff
und Turm romanisch, der Turmhelm wie der
schlanke Hochchor spätgotisch. An der Südseite
Außenkanzel (13. Jh.).

Münchsteinach *Mittelfranken* 595 ■ 9
Die ehem. BENEDIKTINERKLOSTERKIRCHE, 1180 vollendet, im 13. Jh. teilweise neu errichtet, ist eine
flachgedeckte, dreischiffige Pfeilerbasilika typisch
fränkischer Prägung mit zwei den Chor flankierenden Osttürmen, deren einer erhalten ist. Bemerkenswertes Adlerkapitell an der Sakristei. Barocke
Ausstattung.

Münchweiler *Saarland* 591 ■ 4
Das großzügige SCHLOSS stammt aus dem 18. Jh.
An den siebenachsigen Hauptbau gliedern sich Flü-
gelbauten.

Münnerstadt *Unterfranken* 586 □ 4
In die sanft gewellte Landschaft am Eingang zur
Rhön bettet sich die Stadt, die noch ihr stolzes mittelalterliches Gepräge in dem fast ganz erhaltenen
Mauerring von 1251 und der malerischen Fach-
werkkulisse des Marktplatzes mit dem imposanten
spätgotischen Rathaus bewahrt hat.
AUGUSTINERKIRCHE (1752) Reizvolle Rokokoausstattung.
STADTPFARRKIRCHE Spätromanisch-frühgotisch Westturm und Westwand, spätgotisch Chor und Ostturm, frühbarock Mittel- und nördliches Seitenschiff.
Die Altarnebenfiguren stammen vom spätgotischen
Hochaltar (1492), einem Frühwerk Riemenschneiders. Die Flügelgemälde (1503) sind die einzigen
erhaltenen Malereien von Veit Stoß. Weitere spätgotische Schätze die sieben hohen Glasfenster
(1420–50) im Chor.

Münsingen *Reg.-Bez. Tübingen* 601 ■ 7
Das Fachwerkrathaus (17. Jh.), das Renaissanceschloß (heute Heimatmuseum), der Röhrenbrunnen
auf dem Marktplatz (1600) und die frühgotische
STADTKIRCHE mit ihrem reichgewölbten Chor sind
die Sehenswürdigkeiten dieser ländlichen Stadt.

Münster *Kr. Gießen Reg.-Bez. Darmstadt* 585 ■ 3
PFARRKIRCHE Gedrungene spätgotische Halle mit
wuchtigem Turm. Im südlichen Nebenchor Wandmalereien (15. Jh.).

Münster *Nordrhein-Westfalen* 576 □ 1
Der Name der Stadt nennt ihren Ursprung: das
Kloster (Monasterium), das der hl. Ludger um 800
gründete und dessen erste Kirche, nördlich des
Doms, noch das 14. Jh. gesehen hat. Im Schutz der
Bischöfe oder ihnen opponierend, entwickelt sich
die reiche Handels- und Hansestadt und schafft sich
im Rathaus und im Prinzipalmarkt mit seinen Laubengängen, in Gildehäusern (Krameramtshaus) und
Befestigungen die großartige Szene bürgerlicher
Selbstdarstellung. Der zweite Weltkrieg zerschlug
sie. Heute ist sie großteils Kopie: werkgetreu
oder aber in freier Variierung alter Muster. Erneuert
ist sogar einer der Wiedertäuferkäfige am Turm

DOM: INNENRAUM

Der Meister blieb uns unbekannt. Wir können nur so viel über ihn sagen, daß er die westfälischen Züge seines Werkes – Weite und Gedrungenheit – mit westfranzösischen Motiven verband, wie sie auch spürbar sind in der Apostelreihe am Südportal.

DOM

Der ganze Raumhunger der Gotik lebte sich aus an diesem mächtigen Bauwerk, das einer Kathedrale gleicht. Der Körper des Domes streckt sich bis zu hundert Metern Länge aus, entsendet zwei Querschiffe und bedarf doch nur ganz weniger Pfeiler, um das Zeltwerk der Gewölbe auszuspannen. An

von St. Lamberti, die an die finsterste Zeit der Stadt erinnern, den Sektenwahn des 16. Jh. Er hinterließ damals eine Wüste. Der Wiederaufstieg war verknüpft mit den Namen der Malerfamilie tom Ring im 16., der Bildhauersippe Gröninger im 17. und vollendete sich im 18. Jh. in den Bauten Joh. Conr. Schlauns.

CLEMENSKIRCHE Aus der Not eine Tugend zu machen, das ist Schlaun hier ebenso gelungen wie später beim Erbdrostenhof. Eine schwierige Situation – das spitzwinklige Zusammentreffen der zwei Flügel vom Spital der Barmherzigen Brüder: er ergriff sie als willkommene Chance und vereinigte die Trakte in dem köstlichen kleinen Zentralbau (1744–53), der, dreifach sich verjüngend, aufwächst zu dem straffen Laternentürmchen. Nach dem Krieg, der nur die Mauern übrig ließ, wurde die reiche Rokokodekoration des Inneren mitsamt Kuppel- und Altargemälde als Kopie wiederhergestellt.

DOM ST. PAUL Eine Fülle von Altären, Statuen, Grabmälern, Epitaphien und Merkwürdigkeiten bis hin zur astronomischen Uhr hat er im Laufe der Jahrhunderte sich einverleibt, und doch, sie alle wirken klein vor den gewaltigen Maßen des Bauwerks selbst. Überlang sind die Joche, die die Zwischenstützen verschmähen. Wer war der Meister, der das einzigartige Langhaus entwickelte zwischen dem schon aufrecht stehenden Westwerk und dem bereits begonnenen Chor, den dann erst ein Späterer vollenden sollte? Nur die Namen der

der ehemaligen Ausstattung entzündete sich der Haß der Bildstürmer – sie zerstörten 20 Altäre.

FRIEDENSSAAL IM RATHAUS

Münster hatte eine vornehme Bühne anzubieten für den Staatsakt des Westfälischen Friedens 1648. Sie blieb im Original erhalten, so wie sie 1577 eingerichtet wurde: als Ratssaal mit geschnitzten Bänken und Wandschränken und mit der Menge biblischer und profaner Schmuckfiguren, unter denen die sieben freien Künste ebensowenig fehlen wie die Porträts der Friedensgesandten. Den prachtvollen schmiedeeisernen Kronleuchter zieren eine spätgotische Madonnenfigur und ein Geweih, um 1520.

Bauherren kennen wir: Erpho, der 1090 die erste Basilika weihte, Bischof Dietrich, der 1225 den Erweiterungsbau begann, und Gerhard von der Mark, der ihn 1263 weihte. – Die Halle vor dem Südportal, zweistöckig ausgebaut zum Paradies unter einem Doppelgiebel, gehört zu den vielerlei An- und Umbauten des 16. und 17. Jh. Auch die unteren Maßwerkfenster des Langhauses, das mächtige Südfenster am östlichen Querschiff gehören dazu und die Chorkapellen (gotisch oder gotisierend). Wie in alter Zeit ist die Westwand zwischen den beiden schweren Türmen heute wieder flach geschlossen, durchbrochen nur von dem Kreis der Rundfenster, die das Motiv der riesigen Radfenster am Westquerschiff aufgenommen haben.

ERBDROSTENHOF Das schönste und nun letzte große Beispiel der einst in Münster so zahlreichen Adelshöfe. Wieder, wie zuvor an der Clemenskirche, brillierte Schlaun hier durch geniale Nutzung eines schwierigen Terrains. Gerade den spitzen Winkel an der Straßenecke markiert er kräftig durch das Hofportal und bezieht auf dieses den flachen Bogen des herrschaftlichen Hauses. Mit Wappengiebel, Balustrade und Mansardendach betont er seine Mitte.

Eine Konzeption von starker Dynamik, bei aller Würde und Verhaltenheit der Formen (1754).

FÜRSTBISCHÖFLICHES RESIDENZSCHLOSS Die Zeit der barocken Schloßanlage war schon vorbei, als Schlaun auf den Wunsch des Fürstbischofs Maximilian Friedrich den breiten Backsteinbau errichtete: den letzten Nachzügler dieser Art, der denn auch – nach dem Tod des großen Architekten (1773) – innen im Sinn des Klassizismus vollendet wurde. Im Mittelpavillon, der die Masse des plastischen Schmucks an sich zieht und von einem Türmchen überhöht wird, sammelt sich die Kraft des beinah überlangen Baus. Er dient seit dem Wiederaufbau als Hauptgebäude der Universität.

JESUITENKIRCHE ST. PETRI Phantastische Koppelung der historischen Motive: Tonnendicke Säulen mit ionischen Kapitellen vertragen sich mit Netzgewölben, ein stilgerechter gotischer Chor mit Renaissanceportalen, und die hohen Fenster füllen ihre flachen Bögen doch mit Maßwerk aus. 1590 wurde diese erste Jesuitenkirche der rheinischen Ordensprovinz begonnen. Um ein Jahrhundert nimmt sie das Charakteristikum des barocken Münster, den unverputzten Backsteinbau, vorweg.

VIERUNGSTURM VON ST. LUDGERI

Der achteckige Turm wurde in gotischer Zeit zweimal aufgestockt und mit einer reizvollen durchbrochenen Krone besetzt. Den Helm – wie auch den der Liebfrauenkirche – hatten die Wiedertäufer zerstört, er wurde nie wiederhergestellt. So wurde dieser elegante Turmstumpf zu einem Wahrzeichen Münsters.

WURZEL JESSE, LAMBERTIKIRCHE

Fast wollüstig entwickelte sich der Schmucktrieb der hohen Gotik an der größten Bürgerkirche Münsters. Bedeutend ist das Relief mit dem Stammbaum Christi am südlichen Hauptportal, eine getreue Nachbildung (19. Jh.) nach dem verwitterten Original des 15. Jh. Als groteskes Mahnmal hängen am Turm die Wiedertäuferkäfige von 1536.

TRAUERNDER ENGEL VOM ALTAR DES LIESBORNER MEISTERS

Der hervorragendste Künstler der Liesborner Mal-schule im 15. Jh. ist anonym geblieben. Benannt wurde er nach seinem Hauptwerk, dem großen Flügelaltar für die Klosterkirche in Liesborn. Dort steht er nun schon lange nicht mehr. Teile, Bruch-stücke nur, sind in Münster, andere im National-museum London. In feinsinniger, großflächiger Far-bigkeit fängt der Meister den letzten Schmelz der ausgehenden Gotik ein; um 1480 datiert.

Landesmuseum, Münster

LAMBERTIKIRCHE Dem Prinzipalmarkt wendet sie ihre Schauseite zu, die Südfront mit dem Reichtum ihrer breiten Maßwerkfenster, sie zählen zu den schönsten ihrer Zeit (um 1400). Der durchbrochene Turmhelm ist ein Fremdling in Münster, erst das späte 19. Jh. setzte ihn auf, nach dem Muster von Freiburg im Breisgau. Dagegen hat das Innere nach dem Krieg die authentische Gestalt zurückgewonnen: die förmlich herausfordernde Weite des dünn-häutigen Raums, in den die Pfeiler nur in weitem Abstand, wie Sehnen, eingezogen sind.

LANDESMUSEUM FÜR KUNST- UND KULTURGE-SCHICHTE Schausammlung der westfälischen Malerei von den Anfängen bis zu der Malerfamilie tom Ring. Volkskunst, Möbel, Münzen.

RATHAUS Die prächtige Schauwand hatte unter den Bürgerbauten des 14. Jh. keine Konkurrenz. So ein-fach ihre Grundidee – gleichseitiges Dreieck des Giebels über dem Rechteck von Sockel und erstem Geschoß –, so lebhaft ihre Gliederung: von den derben Säulen der Gerichtslaube über die vier Maß-werkfenster des ersten Stockes bis zum Filigran des Treppengiebels mit den hohen, statuenbesetzten Fia-len. Dies alles ist seit der Kriegszerstörung Kopie.

STIFTSKIRCHE ST. LUDGERI Dies ist die früheste Ver-wirklichung – schon um 1200 – der Hallenkirche, die von Westfalen aus erst im Norden, später auch im Süden Deutschlands die Basilika verdrängte. Noch ist das Mittelschiff etwas überhöht: Stufen-halle. Sie wirkt hier besonders licht, weil man ihr 1383 nach einem Brand die Zwischenstützen nahm

und hernach den hoch und breit ausladenden goti-schen Chor anfügte.

STIFTSKIRCHE ST. MAURITZ Ein starker Westturm mit vorgelegter Grabkapelle, zwei östliche Flanken-türme, die in ihrer Höhe Reliefs aus Sandstein tra-gen: es ist nicht viel geblieben von dem einschiffi-gen romanischen Saal, der am Ende des 11. Jh. für das Kollegiatstift des hl. Mauritius errichtet wurde. Aber das Wenige gehört zum ältesten noch auf-rechten Mauerwerk der Stadt. Der neuromanische Bau, der die Teile verbindet, stammt aus dem 19. Jh. Mit dem Namen des Erbauers, Bischof Erpho, wird das gold- und edelsteinbesetzte Vortrage-kreuz verknüpft, das der Stiftsschatz bewahrt.

ST. SERVATIIKIRCHE Stimmungsvoll schließen die fünf dunkel verglasten Fenster des gotischen Chores die kleine, dörflich wirkende Halle nach Osten ab. Der Kirchenraum selbst, dreischiffig, mit dicken Ge-wölberippen und hängenden Schlußsteinen, stammt aus dem frühen 13. Jh. Eine schlesische Arbeit ist der Marienaltar im nördlichen Seitenschiff.

ÜBERWASSERKIRCHE Kühles Regelmaß beherrscht die querschifflose Halle (1340–76), vor der wuch-tig der quadratische Westturm aufwächst, ohne Helm, schließend nur mit dem Achteck seines fünf-ten, schön gegliederten Geschosses, das vier Seiten-türmlein überragen. Wichtige Werke der Skulptur und Malerei gab die Kirche ans Museum ab: die Figuren vom Westportal, die von den Wiedertäu-fern in Schanzwerke verbaut und erst 1898 wieder aufgefunden wurden, und die Hochaltar-Tafeln von Hermann tom Ring mit der Verkündigung Mariä (1594).

Münstermaifeld *Reg.-Bez. Koblenz* 584 □ 7
STIFTSKIRCHE Wie ein wehrhafter Bergfried über-ragt das Westwerk, ein rechteckiger Mittelbau mit zwei Rundtürmen gleicher Höhe (erste Hälfte 12. Jh.), die Stadt. Der von Osten nach Westen fortschreitende Neubau begann 1225 und war 1332 abgeschlossen; Chor und Querhaus noch mit spät-romanischen Elementen, das Langhaus frühgotisch. Im Chor der kreuzrippengewölbten Basilika ein Antwerpener Altar aus dem 16. Jh.

Münsterschwarzach *Unterfranken* 594 □ 3
ABTEIKIRCHE Über dem rechten Mainufer erhebt sich, die Ebene weithin beherrschend, die Kirche der im 9. Jh. gegründeten Benediktinerabtei mit ihren vier Türmen und dem mächtigen Ostbau. Die ein-drucksvolle, von der Romanik inspirierte Anlage (dreischiffig, flachgedeckt, mit großen Rundbogen-arkaden) wurde 1935–38 errichtet.

Münzenberg *Reg.-Bez. Darmstadt* 585 ■ 4
BURGRUINE Weithin sichtbar auf langgestrecktem Bergrücken ist sie das Wahrzeichen der Wetterau. Die neben der Wartburg bedeutendste hochmittel-alterliche deutsche Burg entstand in der Zeit Kaiser Friedrich Barbarossas um 1170–80, davon blieben ein Teil der inneren Ringmauer mit den mächtigen Buckelquadern, der Rest des Palas mit Arkadenfen-stern und der östliche Bergfried. Andere Teile wur-den im 13. Jh. und um 1500 verändert; aus dieser Zeit stammt die große Zwingeranlage.

EV. PFARRKIRCHE Eine spätromanische dreischiffige Kleinbasilika bildet den Kern der im 13. Jh. erwei-terten Kirche mit ihrem durch Einbauten maleri-schen Innenraum.

Muggensturm *Reg.-Bez. Karlsruhe* 600 □ 10
Die MARGARETHENKAPELLE (13. Jh.) steht inmitten eines ummauerten Friedhofes auf einer Anhöhe. Wertvoll ist der spätgotische Flügelaltar.

Mulsum *Reg.-Bez. Stade* 561 ■ 12
MARIENKIRCHE (Mitte 13. Jh.) Hauptstück der
Ausstattung in dem Feldsteinbau ist ein Flügelaltar
(um 1430), im Mittelfeld die Krönung Marias.

Mundelsheim *Reg.-Bez. Stuttgart* 601 □ 10
EV. FRIEDHOFSKIRCHE Die Wände des romanischen
Chores und des spätgotischen Schiffes bedeckt ein
sehr gut erhaltener Gemäldezyklus aus der zweiten
Hälfte des 15. Jh.

Munderkingen *Reg.-Bez. Tübingen* 608 □ 12
PFARRHOF Schloßartiger Barockbau (1706/07) über
einem Terrassengarten am Donauufer.
STADTKIRCHE Die spätgotische Halle wurde im
18. Jh. erneuert. Dabei hat man die Pfeiler in anti-
kisch-römische Säulen umgewandelt. Stattlicher
Hochaltar und Chorgestühl aus dem 18. Jh. An den
Wänden schöne spätgotische Tafelbilder.

Munkbrarup *Schleswig-Holstein* 555 □ 12
KIRCHE Romanischer Granitquaderbau. Über dem
Südportal ein Relief mit Christus zwischen zwei
Aposteln. Spätgotischer Turm. Im Innern ein
Triumphkreuz vom Ende des 15. Jh. und ein mo-
numentaler romanischer Taufstein (um 1200).

Munzingen *Reg.-Bez. Freiburg i. Br.* 606 ■ 12
Das SCHLOSS (1672) liegt erhöht inmitten des Dorfes, von Mauer und Park umgeben. Dreigeschossiges Rechteck mit hohem Walmdach. Die Fassaden
mit reichen Rokokostukkaturen bedeckt. Unter den
stuckierten und ausgemalten Räumen ein originelles
Gartenzimmer, das eine Laube imitiert.

CHORAPSIS DER WALTERICHSKAPELLE,
MURRHARDT

*Lange Zeit war der Sinn der an die ehem. Kloster-
kirche angebauten Kapelle rätselhaft; denn als
Grabstätte des hl. Walterich kam nur die Walte-
richskirche auf dem Friedhof in Frage, in der 1963
sein Grab auch entdeckt wurde. Bei den Ausgrabungen konnte nachgewiesen werden, daß die
Grablege im frühen 13. Jh. schon einmal geöffnet
worden war; vermutlich, um ihr eine Reliquie zu
entnehmen, für die dann – anläßlich des 400. To-
destages des heiligen Einsiedlers im Jahr 1240 –
die Walterichskapelle errichtet wurde.*

Murnau *Oberbayern* 610 □ 9
ST. NIKOLAUS (1717–1734) ist eine der glücklichsten
Lösungen bayerischen Barocks in seinem Bestreben,
Zentralbau mit gestrecktem Langhaus zu schaffen.
So bildet der außen als einheitliches Rechteck erscheinende Bau innen ein Achteck mit runder, ausgemalter Flachkuppel, dessen Abschrägungen an den
vier Ecken dreieckige Räume abschneiden. Der erhöhte Chor wirkt durch die Flachkuppel ebenfalls
zentralisierend. Sparsamer, akzentuierender Stuck,
schöner Rokokohochaltar, gute Barockskulpturen.

Murrhardt *Reg.-Bez. Stuttgart* 601 ■ 11
Im 9. Jh. lebte hier Walterich, ein frommer Einsiedler, der bald als Heiliger verehrt wurde. Seine
Grabstelle fand sich in der gotischen WALTERICHS-
KIRCHE auf dem Friedhof. Die heutige STADTKIR-
CHE, deren spätgotische Gestalt mit den romanischen Türmen (12. Jh.) kontrastiert, war die Kirche
des von Walterich gegründeten Klosters. Ihm ist
auch das Juwel Murrhardts, die an den Nordturm
angebaute spätromanische WALTERICHSKAPELLE (1220
bis 1230), gewidmet. Der kleine, blockartige Bau,
über dessen vier Dreieckgiebeln sich ein Rautendach
erhebt, ist innen und außen, besonders an der Apsis
und am Portal, überaus reich mit romanischen Reliefornamenten verziert.

N

Nabburg *Oberpfalz* 596 ■ 4
Seit die Karolinger hier eine Burg zum Schutz der
Missionszelle in Perschen errichteten, galt es als
Trutzfeste gegen Böhmen und Ausgangspunkt für
Eroberungsfeldzüge gegen die Slawen. Die heutigen Befestigungen entstanden nach den Hussiten-
stürmen im 15. Jh.
PFARRKIRCHE Dreischiffige gotische Basilika mit
zwei Chören, deren Gliederung durch Strebepfeiler
und Maßwerkfenster das Außenbild ebenso bestimmt wie die gestaffelte Dächergruppe und der
achtgeschossige Turm mit Pyramidenhelm. Im Giebelfeld des Querschiffes prächtige Rose.
Von der heute profanierten ST.-NIKOLAUS-KIRCHE
in der Vorstadt Venedig, einer romanischen Hallenkirche, haben sich die Umfassungsmauern und
einige der Wandpfeiler erhalten.

Nagold *Reg.-Bez. Karlsruhe* 600 ■ 5
EV. FRIEDHOFSKIRCHE Sie ist uralt, älter noch, als
ihre schwerfällig-gedrungene romanische Gestalt
vermuten ließe. Grabungen haben karolingische
und merowingische Teile nachgewiesen, und im
Chorbogengewände sind römische Säulen mit vermauert. Im Langhaus ein Freskenzyklus im sogenannten „Nagolder Stil" (frühes 14. Jh.).
RUINE HOHENNAGOLD Noch stehen Ringmauer,
Reste des Palas und der Bergfried (13. Jh.).

Nassau *Reg.-Bez. Koblenz* 584 ■ 5
BURG An den Ruinen von Hauptturm, Zwinger
und Palas kann heute noch die Mächtigkeit der
1101 erbauten Stammburg der Grafen von Nassau
abgelesen werden.
RATHAUS Aufwendiger Fachwerkbau von 1607.
VON STEINSCHES SCHLOSS Im 17. Jh. errichtet,
mehrmals umgebaut. Hier wurde Freiherr vom
und zum Stein geboren. Er ließ 1814 einen acht-

GRABSTEIN EINES KAPITÄNS, NEBEL AUF AMRUM

Die rund achtzig alten Seemannsgrabsteine des Friedhofs von Nebel sind mit ihren eingemeißelten Lebensgeschichten der Amrumer Walfänger und Handelsschiffer eine getreue Chronik zweier abenteuerlicher Jahrhunderte in der Geschichte der einsamen Frieseninsel.

eckigen Turm mit einer Gedächtnishalle anbauen, in der drei Marmorbüsten von Christian Rauch aufgestellt sind.

Nassenfels *Mittelfranken* 602 □ 3
SCHLOSS Trotz Beschädigungen im 19. Jh. vermittelt die Wasserburg – aus dem 13./14. Jh., Kasten- und Gerichtshaus von 1699 – noch das Bild mittelalterlicher Wehrhaftigkeit.

Naumburg *Reg.-Bez. Kassel* 577 □ 4
Hübscher, im Schutz des Burgberges geborgener Ort, nach einem Brand 1684 vollständig neu erbaut.
PFARRKIRCHE mit barockerneuertem Gewölbe, Dach und Turmhaube. Das spätgotische Raumgefüge der gedrungenen Stufenhalle blieb erhalten; außen mehrere gotische Steinbildwerke.

Neandertal b. Mettmann
Reg.-Bez. Düsseldorf 576 □ 8
Nach dem Kirchenliederdichter Joachim Neander benanntes Tal der Düssel zwischen Düsseldorf und Wuppertal. Hier wurde 1856 das Skelett des während der letzten Eiszeit (vor etwa 50 000 Jahren) lebenden vorgeschichtlichen Menschen „Homo sapiens neanderthalensis" gefunden. Urgeschichtliches Museum.

Nebel auf Amrum *Schleswig-Holstein* 554 ■ 11
Nordwestlich der Vogelkoje ein Riesengrab der Jungsteinzeit. Bronzezeitliche Grabhügel. Am Esenhugh noch 26 Gräber aus der Wikingerzeit.

FRIEDHOF Der älteste der schönen, meist barocken Grabsteine stammt von 1670.
Die WINDMÜHLE wurde 1771 errichtet.

Neckarbischofsheim *Reg.-Bez. Karlsruhe* 593 □ 5
EV. STADTKIRCHE Saalbau mit Chorturm und zwei seitlichen Treppentürmen (15.–17. Jh.). Der reiche Westgiebel und die fein gearbeiteten Portale gehören der Renaissance an, ebenso die prächtige Alabasterkanzel.
STEINERNES HAUS Rest einer mittelalterlichen Wasserburg. Im Park ein Renaissanceportal, das „Schöne Tor".

Neckarelz *Reg.-Bez. Karlsruhe* 593 □ 4
TEMPELHAUS (heute kath. Kirche) Die ehem. Johanniterburg geht auf eine staufische Anlage zurück. Noch heute macht die von Mauer und Graben umzogene Kirche einen wehrhaften Eindruck. Ungewöhnlich schlank und hoch ist das Langhaus. Beim Umbau im 18. Jh. erhielt der gotische Treppenturm seine anmutig geschwungene Zwiebelhaube.

Neckarsteinach *Reg.-Bez. Darmstadt* 593 ■ 5
RUINE HINTERBURG Die fünfeckige Kernburg entstand um 1200. Einer der gewaltigsten Buckelquaderbergfriede der staufischen Zeit ist ihr Wahrzeichen. Zwinger 14.–15. Jh.
MITTELBURG Im 16. und 19. Jh. umgebaut.
Wie ein Schwalbennest hängt RUINE SCHADECK am Fels. Um 1120–50 wurde die Burg erbaut, im 15. Jh. verändert.
VORDERBURG (13. Jh.) Bergfried und Palas sind mit Mauerresten einer einst doppelt so großen Anlage erhalten, die mit der Stadt durch lange Mauern verbunden ist.

Neckarsulm *Reg.-Bez. Stuttgart* 594 □ 7
Das EHEM. SCHLOSS der Deutschordensritter beherbergt das Deutsche Zweiradmuseum. Hier kann man die Weltrekordmaschinen der letzten Jahre

DRAISSCHES LAUFRAD

Karl Friedrich Drais, Freiherr von Sauerbronn, (1785–1851), Forstmeister in Karlsruhe, entwickelte dieses Laufrad aus Holz, das man, sich mit den Füßen abstoßend, in Bewegung setzte. Bei aller Primitivität war die Erfindung damals doch so sensationell, daß das Rad unter dem Namen Dandy Horse 1818 in England und 1819 in den Vereinigten Staaten weite Verbreitung fand.
Deutsches Zweiradmuseum, Neckarsulm

ebenso bestaunen wie ihre primitiven Vorläufer, so den „Wind- und Muskelwagen" der Ägypter, den „Knochenschüttler" des Monsieur Micheaux (1870), Velozipede, Tandeme und das erste, 1885 von Gottl. Daimler konstruierte Motorrad der Welt.

Neckartailfingen *Reg.-Bez. Stuttgart* 601 □ 9
EV. PFARRKIRCHE Die kleine romanische Basilika mit ihrem sorgfältig gefügten Quaderwerk gehört zu den schönsten Denkmälern der Hirsauer Schule. In Chor und Vorhalle Wandmalereien des 14. Jh. Der schiefe Glockenturm ist spätgotisch.

Neersen *Reg.-Bez. Düsseldorf* 575 ■ 5
Das SCHLOSS, jetzt Kinderheim, war im Mittelalter eine Wasserburg. Der heutige dreiflügelige Bau mit vier Ecktürmen entstand um 1670. Von der Vorburg (15. Jh.) stehen noch der Torbau und zwei Wirtschaftstrakte.
Die ehem. WALLFAHRTSKAPELLE KLEIN-JERUSALEM stiftete 1652 der Feldkaplan Vynhoven nach einer Palästinareise. Sie enthält in Nachbildungen die Gnadenorte von Christi Lebensweg; in der tonnengewölbten Oberkirche die Grabeskirche, im Chor der große Kalvarienberg mit teilweise wertvollen Holzfiguren aus dem 16.–19. Jh. Kreuzkapelle vom Ende des 18. Jh. Im Zentrum der Unterkirche die Geburtsgrotte mit der Krippe Jesu in einem kleinen Nebenraum und dem Epitaph des hier bestatteten Kirchenstifters.

Nehlen b. Berwicke *Reg.-Bez. Arnsberg* 577 □ 9
Aus Backstein mit Hausteinecken wurden 1631 Herrenhaus und Turm des WASSERSCHLOSSES erbaut; Portal und Erker tragen plastischen Schmuck.

Neidenstein *Reg.-Bez. Karlsruhe* 593 □ 5
Die gleichnamige BURG liegt auf einem Bergkegel südlich des Dorfes. Der rechteckige Bergfried aus dem 14. Jh. Der Palas besitzt im Rittersaal (1516) und in der darüberliegenden Kapelle dekorative Wandmalereien.

Neipperg *Reg.-Bez. Stuttgart* 600 □ 2
BURG Ehemals im Besitz zweier Familien, daher die zwei mächtigen Bergfriede (12. und 13. Jh.). Im Inneren ein romanischer Kamin.

Nemden *Reg.-Bez. Osnabrück* 569 ■ 7
LEDENBURG (1618–1627) Die erlesene Einrichtung der in der Renaissance wiedererstandenen Wasserburg führt das Leben des Osnabrücker Landadels lebendig vor Augen.

Nemmersdorf *Oberfranken* 596 ■ 11
Hoch über dem Ort die barocke EV. KIRCHE (1753–54) mit zwei Türmen aus dem 14. und 15. Jh. Stukkaturen und Gemälde schmücken die Flachdecke des Langhauses.

Nennig *Saarland* 591 ■ 7
1852 wurden Reste einer 600 m langen römischen Villa des 2. Jh. entdeckt und das größte nördlich der Alpen gefundene Mosaik freigelegt. Vom Schloß BERG ist die Oberburg wieder aufgebaut.

Nenningen *Reg.-Bez. Stuttgart* 601 ■ 3
In der FRIEDHOFSKAPELLE (18. Jh.) steht eine lebensgroße holzgeschnitzte Pietà von 1774, eines der reifsten und schönsten Werke von Ignaz Günther.

RÖMISCHER MOSAIKFUSSBODEN, NENNIG
16 Meter lang und 10 Meter breit ist der Mosaikfußboden, den ein Bauer 1852 im Moseltal beim Dorf Nennig entdeckte. In geometrische Muster sind lauter Bilder eingelassen, die fast nur Szenen aus der Arena zeigen: Tiger mit Wildesel, Pantherbezwinger, Hornbläser und vieles andere. Eine der realistischsten ist die Darstellung der Technik im damaligen Bärenkampf.

Nentershausen *Reg.-Bez. Kassel* 586 □ 1
PFARRKIRCHE Ein gotischer Wartturm, einst zur Burg gehörig, wurde so in den barocken Neubau einbezogen, daß er sehr originell als Kanzelträger in das Schiff eindringt. Die Ausstattung mit bäuerlicher Bemalung entstand um 1700.
BURG TANNENBERG, teilweise Ruine. Kern der stattlichen Anlage ist die „Kemenate" (14. Jh.), ein mächtiger Wohnturm mit zierlich auskragendem Apsiserker der ehem. Burgkapelle. Museum mit heimatkundlicher Sammlung.

Neresheim *Reg.-Bez. Stuttgart* 602 □ 9
Auf einem Hügel über dem Städtchen liegt der barocke Gebäudekomplex des Benediktinerklosters, einst kultureller Mittelpunkt des Härtsfeldes.
KLOSTERKIRCHE Der 1745 begonnene Neubau, das letzte Werk Balth. Neumanns, gehört zu den bedeutendsten Barockbauten Europas. Nach des Meisters Tod (1753) hielt man sich weiter an seinen Plan, vereinfachte aber manches und wagte sich nicht an die steinerne Mittelkuppel, sondern schuf sie aus Holz, aus Holz auch die sie tragenden Säulen. Dadurch wurde die inzwischen abgeschlossene Restaurierung dringend nötig. Sieben Kuppeln überspannen das einschiffige Langhaus und das kurze Querschiff in der Mitte. Mit den Kuppelfresken schuf Martin Knoller etwa 1770–1775 die letzte große Bildreihe des Barock. Das Zusammenwirken der zum Teil ovalen Flachkuppeln, die gestreckten Kurven der Gurtbogen und die knapp den Wänden vorgelagerten Pfeiler, zwischen denen sich Balkone über die Sockelzone spannen, bringen den Raum in eine eigentümliche Schwingung. Die Fassade ist nicht so bedeutend; der Turm von 1618 dagegen stattlich. Sein Aufsatz stammt von 1789.
KONVENTSGEBÄUDE Zahlreiche Stukkaturen schmücken Säle und Gänge in dem schloßartigen älteren Bau (1699–1714). Die Prälatur wurde 1668–82 erbaut.

Nesse *Reg.-Bez. Aurich* 560 ▪ 12
Die KIRCHE, mit dem Schiff aus Tuffstein am Ende des 12. Jh. begonnen und mit dem Chor aus Backstein 1493 vollendet, birgt einen kunstvollen Taufstein (um 1250).

Nesselröden *Reg.-Bez. Kassel* 586 □ 2
SCHLOSS Der schlichte dreigeschossige Bau (1592 bis 1594) gehört zu den schönsten Renaissanceschlössern Hessens.

Netra *Reg.-Bez. Kassel* 586 □ 1
PFARRKIRCHE Der mächtige Chorturm birgt in seinem netzgewölbten Chorraum Reste eines spätgotischen Schnitzaltars. Das Kirchenschiff ist klassizistisch.
SCHLOSS Wuchtiger Renaissancebau (16. Jh.), einst Wasserburg, jetzt unter einem behäbigen Mansarddach zusammengefaßt.

Netze *Reg.-Bez. Kassel* 577 □ 4
EHEM. ZISTERZIENSERINNENKLOSTERKIRCHE Zweischiffige Rundpfeiler-Hallenkirche, teils spätromanisch (Mitte 13. Jh.), teils gotisch (um 1320–30) ausgebaut. Eine besondere Kostbarkeit ist der „Netzer Altar", das Werk eines westfälischen Meisters um 1370–80, in den monumentalen Darstellungen aus Leben und Passion Christi ein Markstein in der Entwicklung der deutschen Malerei. In der südlichen Grabkapelle eine Reihe schöner Grabsteine aus dem 14. Jh. bis 16. Jh.

Neu-Berich *Reg.-Bez. Kassel* 577 □ 4
Die 1912 beim Bau der Edertalsperre versetzte gotische KIRCHE enthält einen spätgotischen Flügelaltar, darüber im Stirnfenster des Chors schöne Glasmalereien (um 1320).

Neubeuern *Oberbayern* 610 □ 3
Das SCHLOSS (größtenteils 16.–18. Jh.) wird überragt von dem massigen romanischen Bergfried.

Schöne Barockkapelle. Von dem Burgfelsen über dem Inntal schweift der Blick bis zu den Hohen Tauern und trifft auf die reich bemalten Häuser um das Dreieck des Marktplatzes und auf den Satteldachturm der gotischen Pfarrkirche.

Neuburg a. d. Donau *Oberbayern* 602 □ 3
Wenn man durch die umtriebige Unterstadt durch eines der Nadelöhre von Toren in die obere Stadt und auf den Karlsplatz kommt, betritt man eine verwunschene Welt. Beschnittene Bäume umstehen einen rauschenden Brunnen, da gibt es kaum Läden, dafür würdige Bürgerhäuser und Palais: dies war einmal eine Residenz. 1247 wurde die Burg wittelsbachisch. Der Kurpfälzer Renaissancefürst Ottheinrich baute das Schloß, sein dritter Nachfolger die Hofkirche. Wenn auch Neuburgs Herren das Leben in Heidelberg, Mannheim und Düsseldorf vorzogen, so haben sie doch ihrer kleinen Renaissancestadt die Ansätze zum Großen, Bleibenden gegeben, die sie so überraschend, fast überwältigend macht.
HOFKIRCHE Der monumentale Bau am Karlsplatz wurde 1607 begonnen und 1617 als Jesuitenkirche beendet.
JESUITENKONVENT Das langgestreckte Gebäude mit dem alten Wasserturm, 1616–20 als Konvent und Gymnasium errichtet, dient heute noch als Mädchenschule.
PROVINZIALBIBLIOTHEK Die ehemalige St. Martinskapelle von 1310 hat schon, jeweils umgebaut, als Schranne und Brothaus, als Stadtapotheke und wieder als Gotteshaus gedient, ehe sie zur heutigen Bibliothek mit herrlichen spätbarocken Büchergestellen aus Kloster Kaisheim eingerichtet wurde.
RATHAUS Das bei Kriegsende ausgebrannte Rathaus hat heute wieder sein eindrucksvolles Äußeres mit der breiten Freitreppe.
SCHLOSS Ottheinrichs riesige Residenz von 1537 beherrscht mit den gewellten Giebeln, überkuppelten Flankentürmen, Arkadengalerien, dem Marstall

KUPPELBILD ÜBER DER KANZEL, NERESHEIM
Der Tiroler Barockmaler Martin Knoller zeigt hier den zwölfjährigen Jesus, wie er im Tempel lehrt. Um ihn herum und zu seinen Füßen die Schriftgelehrten, deren Ausdruck deutlich zeigt, wie wenig sie wissen, was sie von dem Knaben zu halten haben. Nur zwei der Figuren wissen es genau: Maria und Joseph, die ihr Kind suchen und es im Tempel finden. Die leuchtenden Neresheimer Fresken sind das bedeutendste Werk, das Knoller geschaffen hat.

ANTEPENDIUM IN DER HOFKIRCHE,
NEUBURG AN DER DONAU

Zwischen 1720 und 1750 fertigten die Neuburger Ursulinen herrliche Seidenstickereien an, die heute in der Hofkirche zu sehen sind. Es sind Ornate und vor allem Antependien, d. h. Altartischverkleidungen. Der Ausschnitt zeigt die unendlich feine Technik besser, als es die Wiedergabe des ganzen Werkes könnte, das die Ankunft Christi darstellt, dem die klugen Jungfrauen folgen, während den törichten nicht aufgetan wird. Hier eine der klugen Jungfrauen, die Christus die Lampe hält.

und der Schloßkapelle noch heute das Stadtbild über der Donau.
STADTSCHLOSS Von der Altenburg um 1200 steht noch der Bergfried, der Westtrakt stammt aus dem 15. Jh. Die dazugehörige Münze gehört ins 16. Jh., ebenso der Turm, in dem noch als Hexen Angeklagte geschmachtet haben.

Neuburg a. Inn *Niederbayern*   605 □ 8
Die BURG steht auf steilem Felsen über dem Inn. Eine hohe Ringmauer mit vier Türmen umgibt die starke Vorburg – Graben und Zwingermauer die Kernburg um einen ovalen Hof. Am Torbau (1484) ein hölzerner Wehrgang. In den Wohnbauten östlich des Hofes die Kapelle (Anfang 14. Jh.) mit schönem Barockportal. Im Innern ein Altar von 1686 und Reliquiennische von 1654. In dem südlich anschließenden Trakt schöne Renaissanceräume (um 1531).

Neudenau *Reg.-Bez. Stuttgart*   594 □ 8
ST. GANGOLF Östlich des malerischen Fachwerkstädtchens am Hochufer der Jagst liegt eine Kapelle, zu der alljährlich im Mai eine Reiterprozession zum Patron der Pferde zieht. Die Türen des romanischen Turms sind mit Votiv-Hufeisen beschlagen. Im freskengeschmückten Innenraum gute mittelalterliche Plastiken.

Neudingen *Reg.-Bez. Freiburg i. Br.*   607 ■ 11
MARIAHOF Gruftkapelle der Fürsten von Fürstenberg, ein Zentralbau mit Kuppel um 1850 mit

bemerkenswerten Totenschilden und Gedenksteinen bis in die jüngste Zeit.

Neudrossenfeld *Oberfranken*   596 □ 10
Die prächtige EV. KIRCHE (1753–61) schmückt ein aus einem spätgotischen Flügelaltar 1680 umgestalteter Kanzelaltar mit Schnitzwerk von 1510 und Bildern des Hans Süß von Kulmbach.
Über dem Maintal thront das dreiflügelige SCHLOSS mit Terrassengarten – beide größtenteils aus dem 18. Jh.

Neuenbeken *Reg.-Bez. Detmold*   577 ■ 2
KATH. KIRCHE aus der Zeit um 1200. Dem wuchtigen eingebauten Turm nimmt auch das Barockportal nichts von seiner Last. Im Tympanon am Nordquerschiff eine volkskunsthafte, ausdrucksstarke Kreuzigung. Wand- und Gewölbemalereien des 13. Jh.

Neuenbrunslar *Reg.-Bez. Kassel*   578 □ 7
EV. KIRCHE Hochgelegene Wehranlage mit mächtigem Turm und Resten der Ummauerung. Kirchenschiff und Ausstattung klassizistisch.

Neuenbürg *Reg.-Bez. Karlsruhe*   600 ■ 11
SCHLOSS Erhalten sind Teile eines Renaissancegebäudes von 1658. Unweit davon liegen im Wald die Ruinen einer mittelalterlichen Burg.
SCHLOSSKIRCHE Frühgotisch, im 16. Jh. umgebaut. Umfangreicher Freskenzyklus aus dem 14. Jh.

Neuenheerse *Reg.-Bez. Detmold*   577 □ 3
Von der im 12. Jh. erbauten ehem. STIFTSKIRCHE sind beträchtliche Teile, wie der untere Abschnitt des Westwerks und die imposante Säulenreihe der Nordseite, beim Umbau in eine gotische Hallenkirche (14. Jh.) übernommen worden. Portale, Turmhaube und der größte Teil der Ausstattung stammen aus dem 17.–18. Jh.

Neuenstadt a. Kocher *Reg.-Bez. Stuttgart*   594 □ 7
Die EV. PFARRKIRCHE wurde 1595 an einen Stadtturm angebaut. Im gotischen Chor hervorragende Grabdenkmäler. – Die uralte berühmte GERICHTSLINDE wurde 1945 entwurzelt. Sie wurde von 90 steinernen und 80 hölzernen Säulen gestützt.

Neuenstein *Reg.-Bez. Stuttgart*   601 □ 12
SCHLOSS Im 16. Jh. wurde die mittelalterliche Wasserburg zu einer Residenz im französischen Geschmack umgebaut. Am eindrucksvollsten ist das Brückentor mit den von pavillonartigen Aufsätzen gekrönten Flankentürmen. Die zahlreichen Schmuckgiebel kamen erst 1906 dazu. In den Innenräumen, die nur durch Wendeltreppen verbunden sind, reiche Kunstsammlungen und Hohenlohe-Archiv.

Neuerburg *Reg.-Bez. Trier*   591 □ 11
PFARRKIRCHE Neben dem Chor der zweischiffigen gotischen Hallenkirche, die im 16. Jh. vollendet wurde, steht frei der 1818 erneuerte Turm.

Neufahrn *Oberbayern*   603 □ 6
PFARRKIRCHE Ihr spätgotischer Charakter ist trotz der Umgestaltung und der reichen Stuck- und Freskendekoration 1715 noch gut erkennbar. Im Hochaltar (1661) Kruzifixus mit langem Gewand (Anfang 12. Jh.), eine der ältesten geschnitzten Plastiken Bayerns.

Neuffen *Reg.-Bez. Stuttgart* 601 □ 8
EV. PFARRKIRCHE Flachgedeckte gotische Basilika, deren Chorgewölbe Säulen mit schön gemeißelten Kapitellen tragen.
RUINE HOHENNEUFFEN Die imposanten Befestigungsanlagen wurden im 11./12. Jh. aufgeführt und mit dem natürlichen Felsen verbaut. Erweiterungen im 16. und 18. Jh.

Neufra b. Riedlingen *Reg.-Bez. Tübingen* 608 ■ 11
KATH. PFARRKIRCHE Spätgotischer Saal mit Seitenkapellen. In der Krypta die überlebensgroße Schnitzfigur des Stefan v. Gundelfingen (gest. 1507), wahrscheinlich ein Gußmodell.

Neuhausen *Reg.-Bez. Karlsruhe* 600 ■ 2
KATH. PFARRKIRCHE Stattlicher Bau aus dem 16. Jh., im 18. Jh. barockisiert.
Die SEBASTIANSKAPELLE ist fast unversehrt aus der Bauzeit (1475) überkommen. Schöne Schnitzaltäre.

Neukirchen *Kr. Eutin Schleswig-Holstein* 556 ■ 8
KIRCHE Eine sorgfältige Restaurierung gab dem spätromanischen Feldsteinbau das alte Aussehen wieder. Im romanischen Chorbogen ein gotisches Triumphkreuz.

Neukirchen *Kr. Hersfeld-Rotenburg*
Reg.-Bez. Kassel 586 ■ 12
PFARRKIRCHE Die im Kern romanische Anlage mit mächtigem Chorturm enthält unter anderem einen Schnitzaltar (1522) und einen Taufstein von 1588.

Neukirchen *Kr. Oldenburg in Holstein* 556 ■ 4
KIRCHE Eine einheitlich gotische Backsteinkirche. Baubeginn war um 1240, etwa 100 Jahre später entstanden die Wandmalereien im Chor.

Neukirchen *Kr. Ziegenhain Reg.-Bez. Kassel* 586 □ 10
hat noch viele schöne Fachwerkhäuser, unter denen die stattliche „Alte Apotheke" (jetzt Hotel und Café) besondere Beachtung verdient.
STADTKIRCHE Chor und Turm gehen auf einen Bau aus der Mitte des 14. Jh. zurück, der um 1500 zu

SCHLOSS NEUENSTEIN
Wenngleich die Ziergiebel und Aufstockungen neueren Datums sind, so macht doch der ganze Schloßkomplex mit seinem schönen Gartenparterre einen sowohl festen wie pompösen Eindruck: eine rechte Renaissanceresidenz eines der vielen gar nicht so kleinen deutschen Fürstentümer, in diesem Falle Hohenlohe, dessen einer Teil mit Neuenstein Anfang des 19. Jh. an Württemberg kam.

einer spätgotischen Halle erweitert wurde. Im Chor großes Christophoruswandbild (um 1500).

Neukirchen b. Hl. Blut *Niederbayern* 597 □ 6
WALLFAHRTSKIRCHE ZUM HL. BLUT Barockbau mit mächtigem, von Zwiebelkuppeln gekrönten Turm und Dachreiter; architektonisch sehr reizvoll der Innenraum mit großem Baldachinhochaltar.

Neukirchen-Hülchrath *Reg.-Bez. Düsseldorf* 575 ■ 3
SCHLOSS Eine der stärksten Wasserburgen am Niederrhein (1314). Von der Vorburg mit gotischem Spitzbogenturm führt eine Zugbrücke zum Hochschloß, das eine starke Ringmauer mit Wehrgang umgibt. Beim Bau wurden jüdische Grabsteine mit vermauert.

Neuleiningen *Rheinhessen-Pfalz* 593 □ 9
Die Burg von 1258 und der Ort liegen auf einem Berg am Rande der Rheinebene. In der Kapelle der 1690 zerstörten Burg ein netzgewölbter Chor, Holzfiguren der Apostel (um 1470) und eine Muttergottes derselben Zeit.

Neumarkt *Oberpfalz* 596 □ 7
EHEM. SCHLOSS (1539) Heute stehen nur noch zwei der hochgiebeligen, dreigeschossigen Flügel und ein Treppenturm mit aufwendigem, von zwei Löwen flankierten Portal.
Die HOFKIRCHE daneben hat noch den gotischen Chor und Westturm, das Langhaus wurde barock verändert. Im südlichen Seitenschiff die spätgotische rotmarmorne Tumba des Pfalzgrafen Otto II.
PFARRKIRCHE Dreischiffige gotische Halle, bei der Chor und Langhaus ineinander übergehen. Schöne, reichgegliederte Portale.
Die RUINE WOLFSTEIN mit ihrem zum Aussichtsturm umgebauten Bergfried liegt auf bewaldetem Höhenrücken unweit der Stadt.

Neumarkt/St. Veit a. d. Rott *Oberbayern* 604 □ 7
EHEM. BENEDIKTINERKLOSTERKIRCHE ST. VEIT Die große gotische Kirche stammt größtenteils aus dem 15. Jh., die geschwungene Turmhaube (1765) ist von Joh. Mich. Fischer. Im Innern spätgotische Holzfiguren und ein stattlicher Hochaltar aus verschiedenfarbigem Marmor.
Die PFARRKIRCHE ST.-JOHANN-BAPTIST (15. Jh.) enthält ein Holzrelief der Kreuzabnahme (1525) und ein Tonrelief der Beweinung Christi (1507).

Neumorschen *Reg.-Bez. Kassel* 586 □ 12
KIRCHE Vom einstigen Wehrcharakter zeugt noch die alte Ringmauer mit ihren Schießscharten und dem Wehrgang sowie der mächtige spätromanische Chorturm der im übrigen spätgotisch ausgebauten Kirche.

Neumünster *Schleswig-Holstein* 555 □ 5
Die VIZELINKIRCHE von 1828–34, ein Beispiel klassizistischen Sakralbaus, ist Nachfolgerin einer 1127 gegründeten Klosterkirche. Über dem Portal ein B.-Thorvaldsen-Relief „Jesus segnet die Kinder".

Neunkirchen am Brand *Oberfranken* 595 □ 3
Das Bild des stattlichen Marktortes wird von den drei Toren und teilweise noch mittelalterlichen Profanbauten geprägt. Besonders eindrucksvoll der mächtige Klosterspeicher und der Zehntstadel.
Im 14. Jh. wird Neunkirchen Sitz eines Augustinerchorherrenstifts. Die PFARRKIRCHE ST. MICHAEL geht größtenteils in diese Zeit zurück. Außen be-

herrscht der in den unteren vier Geschossen noch romanische Turm das Bild. An der Nordseite die Ölbergkapelle von 1492. Im Innern neben Wandmalereien des 15. und 16. Jh. bedeutende Ausstattung, darunter die Steinfigur der Muttergottes mit den Hl. Drei Königen (1350).

Neunkirchen *Reg.-Bez. Darmstadt*   593 ■ 2
Auf einsamer Bergeshöhe die EV. PFARRKIRCHE. Die frühmittelalterliche Kapelle wurde zu einem barocken Emporensaal ausgebaut. Gotischer Turm.

Neunkirchen Siegkreis *Reg.-Bez. Köln*   584 ■ 11
Die PFARRKIRCHE ST. MARGARETHA ist eine romanische Pfeilerbasilika aus dem 12. Jh. Neugotische Erweiterungen. Im Chor Teile eines romanischen Gemäldezyklus: im Westjoch Kreiskomposition mit Anbetung des Lammes, Bruchstücke eines Weltgerichts in der Südnische.

Neuötting *Oberbayern*   611 □ 11
Tortürme und die prächtige Silhouette der Kirche geben ein stolzes, weithin sichtbares Gesamtbild. Dem entspricht die innere städtebauliche Anlage mit der breiten, noch wohlgefügten Marktstraße, gesäumt von Laubengängen. Schmale Schwibbogengassen zweigen ab und öffnen sich zu malerischen Arkadenhöfen.
ST. NIKOLAUS Den kraftvollen Bau begann 1410 Hans Stethaimer. Sein Plan wurde bis ins 17. Jh. einheitlich weitergeführt. In der hohen, lichten Hallenkirche spätgotische Schnitzwerke und Altarbilder.

SCHLOSS NEUSCHWANSTEIN

„Neuschwanstein ist ein steingewordener Wagnertraum." Ludwig II., Freund und Gönner Richard Wagners, lebte ganz in dessen Vorstellung von deutscher Vergangenheit. Es gehörte dazu, daß ein Theatermaler seine Ideen in Vorstellungen übersetzte, die der Baumeister Ed. Riedel dann von 1868 an Wirklichkeit werden ließ. Glück brachte das Schloß nicht. Gäste wurden nicht empfangen, und die Minister kamen erst, als sie dem einsamen König seine Absetzung mitzuteilen hatten.

Neuschwanstein *Schwaben*   609 ■ 6
Auf einem steilen Felsen in wilder, schöner Berglandschaft ließ Ludwig II. nach dem Vorbild der Wartburg seinen Traum vom Mittelalter verwirklichen – ein hochragendes weißes SCHLOSS in romanischen Formen. Ganz prachtvoll die Dekoration in Sängersaal und Thronsaal.

Neuses .b. Coburg *Oberfranken*   587 □ 5
RÜCKERT-GEDÄCHTNISSTÄTTE Friedrich Rückert lebte hier auf seinem Landsitz von 1848 bis zu seinem Tode 1866.

Neuss *Reg.-Bez. Düsseldorf*   575 □ 5
Vor fast 2000 Jahren befestigten die Römer ihr erstes von insgesamt acht Lagern, von denen aus sie die rechte Rheinseite eroberten. Die mittelalterliche Stadt (1190 erstmals so genannt) wächst schnell und erhält im 15. Jh. alle Rechte einer Hansestadt. Im 19. Jh. wird sie durch den Rhein-Seehafen wieder mit dem Strom verbunden, an dem sie früher unmittelbar gelegen war.
CLEMENS-SELS-MUSEUM mit Funden aus der Römerzeit, sakraler Kunst seit dem 15. Jh. und Gemälden des 19./20. Jh.
DREIKÖNIGENKIRCHE 1909–11 erbaut. Das an sich kunstlose Gebäude gewinnt höchsten Wert durch Jan Thorn-Prikkers farbige Glasgemälde in den Fenstern mit Darstellungen aus dem Leben Christi.
OBERTOR Mächtiger viergeschossiger Mittelturm mit zwei Rundtürmen und einem Treppenturm, um 1250.
ST. PIUS 1965–67 erbaut, in unverputztem Beton, das Hängedach halten Stahlseile.
STIFTSKIRCHE ST. QUIRIN Im 10. Jh. wurden aus Rom die Gebeine des hl. Quirin nach Neuß überführt, große Wallfahrten folgten, aus der Zeit um 1050 ist noch die fünfschiffige Krypta erhalten. Seit 1209 entstand der prächtige spätromanische Bau. Das schlanke Langhaus läßt sich von außen nur erahnen, da an die Seitenschiffsjoche Anbauten gesetzt sind. Im Osten dann ein hoher achteckiger Turm unter einem Kuppeldach, an ihn lehnen sich drei halbrunde Apsiden, in ihren Schnittpunkten vier schlanke Türme. Im Osten fällt das Licht durch die skurrilen Fenster der Kuppel und die hohen rundbogigen der Apsiden ein. Das Mittelschiff gliedern Arkaden, Emporen und große Fächerfenster. Gabelkruzifix über dem Altar, um 1360.

Neustadt a. d. Aisch *Mittelfranken*   595 ■ 8
In malerischen, turmbestandenen Mauerpartien und im Nürnberger Torturm hat sich die spätmittelalterliche Befestigung erhalten. – Die Ev. Stadtpfarrkirche (Anfang 15. Jh.) besitzt ein wertvolles spätgotisches Holzrelief, vom neuen Schrein des Flügelaltars gefaßt.

Neustadt b. Coburg *Oberfranken*   587 ■ 4
TRACHTENPUPPENMUSEUM Reiche Sammlung Neustädter Spielwaren und von Trachtenpuppen aus aller Welt.

Neustadt a. d. Donau *Niederbayern*   603 ■ 10
Die Stadt wurde im 13. Jh. als regelmäßiges Viereck angelegt. Das hochgiebelige Rathaus mit schöner spätgotischer Balkendecke im Innern bildet mit der Pfarrkirche St. Laurentius den Mittelpunkt; beide Ende 15. Jh.

STIFTSKIRCHE ST. QUIRIN, NEUSS

Der Quirinusdom, das Herz auch der modernen Industriestadt, reicht weit in die Geschichte zurück. Ausgrabungen haben erwiesen, daß er auf dem Platz eines römisch-frühchristlichen Gräberfeldes steht, auf einer Totenmemoria des 5. Jh., der wohl schon im 9. Jh. eine karolingische Basilika folgte. Der in langer Baugeschichte immer wieder veränderte spätromanische Bau wurde im zweiten Weltkrieg schwer beschädigt, war aber schon 1950 in den alten Formen wieder aufgebaut.

ARRETINISCHER KELCH, NEUSS

Dieser Kelch mit der Darstellung von Satyrn bei der Weinlese wurde auf Neußer Boden gefunden. Man weiß sogar, wann es woher kam: aus der Werkstatt eines Perennius aus Arezzo (früher Arretium) im 2. Jahrzehnt v. Chr. Es ist eines der wichtigsten Reliefgefäße aus dieser Zeit, die wir besitzen. Die arretinischen Gefäße aus Terra sigillata (ein feinst geschlemmter Ton) wurden schon damals in das Rheinland exportiert.

Clemens-Sels-Museum

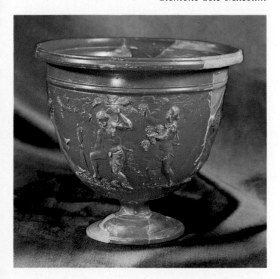

Neustadt *Reg.-Bez. Kassel* 585 □ 2

Mittelpunkt der nahezu kreisförmigen Altstadt ist das ALTE RATHAUS, ein hübscher Fachwerkbau des 16. Jh. mit Erker an der Giebelfront. – Der ehem. BURGMANNENSITZ zeigt an seinem massiven Erdgeschoß reiche Renaissanceformen (1545).

PFARRKIRCHE Spätgotische Hallenkirche, neben deren prachtvoller Barockausstattung sich noch eine turmbekrönte Sakramentsnische sowie geschnitzte Apostelstatuetten an der Emporenbrüstung von etwa 1500 finden.

SCHLOSS Beim Ausbau der ehem. Wasserburg zum Schloß unter Junker Hans v. Dörnberg (15. Jh.) wurde der markante Junker-Hansen-Turm errichtet.

Neustadt am Kulm *Oberpfalz* 596 ■ 12

Als sich im 15. Jh. Karmeliter hier niederließen, mag sie der eigenartig geformte, düster bewaldete Basaltkegel des Rauhen Kulm an den Berg Karmel bei Haifa erinnert haben.

Die ehem. KLOSTERKIRCHE aus dem 15. Jh. ist im 18. Jh. neu gewölbt, stuckiert und ausgemalt worden. Auch die Altäre und die Kanzel kamen damals herein.

TRACHTENPUPPENMUSEUM, NEUSTADT
BEI COBURG

Bayerische Puppenstadt heißt dieses Neustadt auch. Der Ort blickt auf eine lange handwerkliche Tradition in der Spielzeugindustrie zurück. Die Puppenherstellung steht dabei im Vordergrund. Dem entspricht auch das Museum, das auf eine einzigartige Sammlung von Trachtenpuppen aus aller Welt stolz ist. Links ein Paar in Alt-Braunschweiger Gemüsebauerntracht, rechts in Wolfenbütteler Tracht.

Neustadt a. Main *Unterfranken* 594 ■ 11

EHEM. BENEDIKTINERABTEI Ihre erste 793 geweihte und im 19. Jh. bis auf die Vierung abgerissene Kirche, jetzt Peter-Pauls-Kapelle, war eines der frühesten Beispiele karolingischer Kreuzkirchen. Die heutige Klosterkirche, eine dreischiffige Basilika, wurde im wesentlichen im 12. Jh. erbaut. Im Querschiff vorzügliches Doppelgrabmal des späten 14. Jh.

Neustadt i. Odenwald *Reg.-Bez. Darmstadt* 593 □ 2

BURG BREUBERG Am Anfang ihrer wechselvollen Geschichte standen die Mönche der Abtei Fulda, die hier im 12. Jh. ihren Odenwaldbesitz sicherten. Seitdem blickt der mächtige Buckelquaderbergfried weithin in die Landschaft, und noch heute betritt man die Kernburg durch ein reichdekoriertes romanisches Portal. Im 15./16. Jh. wurde der Berg zu einer der größten spätgotischen Festungen des Landes ausgebaut, Anfang des 17. Jh. die Vorburg zu einem Schloß mit repräsentativen Renaissancegebäuden ausgestaltet.

Neustadt a. Rübenberge *Reg.-Bez. Hannover 570* ■ *9*
„LANDESTROST", also: „Zuflucht in Kriegszeiten", nannte Herzog Erich II. v. Calenberg sein ab 1573 gebautes befestigtes Schloß. Es stehen noch zwei Flügel mit drei Renaissanceportalen.
STADTKIRCHE Die gedrungene dreischiffige Basilika aus dem 13. Jh. wurde um 1500 erneuert. Kanzel, Altar und Taufe von 1787.

Neustadt *Schleswig-Holstein* 556 ■ 6
Im Großbrand von 1817 blieb die STADTKIRCHE, eine Backsteinbasilika aus der Mitte des 13. Jh., erhalten. Im Langhaus Bemalung aus dem 14. Jh. Am großartigsten die gotische Blendrose über dem Chorbogen. Ein Backsteinbau aus dem 14. Jh. ist die Hospitalkirche. Rathaus und zahlreiche Bürgerhäuser bestimmen das klassizistische Stadtbild. Heimatmuseum im mittelalterlichen Kremper Tor.

Neustadt b. Waiblingen *Reg.-Bez. Stuttgart* 601 □ 9
PFARRKIRCHE Der ganze Chor und Teile des Langhauses sind mit gotischen Wandmalereien (Leben und Passion Christi, Marienlegenden) geschmückt (um 1380–90).

Neustadt a. d. Waldnaab *Oberpfalz* 596 ■ 3
NEUES SCHLOSS (1689–1720) Die ehem. Residenz der böhmischen Fürsten v. Lobkowitz ist ein prächtiger Spätrenaissancebau, außen gegliedert durch Pilaster, Blendbogen und Fensterbalustraden. In der KATH. PFARRKIRCHE (17. Jh.) schöne Grabdenkmäler, hübscher Rokokostuck.
WALLFAHRTSKIRCHE ST. FELIX mit einheitlicher Rokokoausstattung.

Neustadt a. d. Weinstraße *Rheinhess.-Pfalz* 593 □ 8
Der Ort erhielt 1275 Stadtrechte. Pfalzgraf Johann Casimir gründete 1579 eine Hochschule für die Reformierten, das am Speyerbach liegende CASIMIRIANUM, ein reizvoller Bau mit rundem Treppenturm von der Wende der Gotik zur Renaissance. Am Marktplatz nimmt das ehem. Jesuitenkolleg von 1730, heute RATHAUS, eine Seite ein. In der Stadt zahlreiche interessante Wohnbauten, insbesondere mit schönen Höfen, erhalten (Marktplatz 4 und 11, Hauptstraße 55 und 91, Rathausgasse 4–6, Mittelgasse „Zur Herberge").
EHEM. STIFTSKIRCHE ST. ÄGIDIEN. Mit dem Bau wurde 1368 begonnen. An das dreischiffige Langhaus schließt sich ein tiefer fünfjochiger Chor mit querhausartigem Anbau an. Zwischen den beiden Westtürmen liegt eine Vorhalle. Die Kirche ist heute durch eine Mauer im ersten Chorjoch geteilt.

Neu-Ulm *Schwaben* 601 □ 5
Die FESTUNG wurde 1844–57 angelegt. Noch stehen beträchtliche Reste und das Memminger Tor.
ST.-JOHANN-BAPTIST Quader und Ziegel im Wechsel mit Betonschichten bilden die Fassade der 1923–26 von Dominikus Böhm erbauten Kirche.

Neuweier *Reg.-Bez. Karlsruhe* 600 □ 9
SCHLOSS Tiefe Gräben umgeben noch die Tiefburg des 16. Jh. mit den vier runden Türmen.

Neviges *Reg.-Bez. Düsseldorf* 576 □ 8
Ein Gnadenbild der Immaculata (1661) führt seit alter Zeit unzählige Pilger in die 1956 wiederhergestellte Wallfahrtskirche aus dem 17. 18. Jh. SCHLOSS HARDENBERG (16. Jh.) Eindrucksvoll die Ringinsel, die mit ihren vier niedrigen Türmen und gedeckten Gängen das Herrenhaus beschützte.

Nidda *Reg.-Bez. Darmstadt* 585 □ 4
EV. STADTKIRCHE Die 1618 errichtete geräumige Saalkirche mit Emporen gilt als bedeutendes und in Hessen weiterwirkendes Beispiel protestantischer Kirchenbaukunst.

Nideggen *Reg.-Bez. Köln* 583 ■ 1
Die BURG der Grafen von Jülich, auf den Klippen über der Rur gelegen, ist eine der größten unter den vielen Burgruinen des Rheinlandes. Der viergeschossige Bergfried, der auch die Burgkapelle beherbergt, stammt aus dem 12. Jh. Die Reste der übrigen Anlagen umschließen einen weiten Innenhof und einen niedriger gelegenen kleinen Vorhof. Das mächtige spätromanische Nytstor gehört zum Burgflecken zwischen Burg und Stadt, von deren Befestigung auch zwei Tore erhalten sind.
Die KATH. PFARRKIRCHE hat der zweite Weltkrieg arg mitgenommen. Heute ist die dreischiffige Basilika aus rotem Sandstein (13. Jh.) wiederhergestellt. Restaurierte Fresken in der Apsis, romanisches Triumphkreuz, drei schöne Heiligenfiguren aus dem 14. Jh.

Nieblum auf Föhr *Schleswig-Holstein* 554 ■ 12
„Dom der Friesen" wird die JOHANNISKIRCHE genannt, ein großer Backsteinbau des 13. Jh. Drinnen spätgotischer Flügelaltar.

Niederalfingen b. Hüttlingen
Reg.-Bez. Stuttgart 601 □ 2
Das 1551 erbaute FUGGERSCHLOSS verrät wohl im einzelnen die Schmuckfreude der Renaissance, hat aber die Wehranlage und den Bergfried der mittelalterlichen Vorgängerburg beibehalten.

Niederalteich *Niederbayern* 604 ■ 2
BENEDIKTINERKIRCHE ST. MAURITIUS Das Kloster ist eines der ältesten der Benediktiner in Bayern (731). Das Mauerwerk der gotischen Basilika wurde in den Neubau des 18. Jh. mit einbezogen. Den Chor gestaltete Joh. Mich. Fischer (1724 bis 1726). Die Innenwände überziehen zierlicher und auch italienisch schwerer Stuck, reizvolle Freskenzyklen. Wertvolle Altäre, besonders der Sebastiansaltar mit hervorragenden Schnitzfiguren, ergänzen diese prachtvolle Gestaltung. Unter dem Chor die halbkreisförmige, stuckierte Sakristei mit gutem Schrankwerk (18. Jh.) und prächtigen Einzelstücken alten Kunsthandwerks, etwa der sog. Godehardsstab mit elfenbeinerner Krümme des 13. Jh.

Niederaschau *Oberbayern* 611 □ 9
ST. MARIA Die ursprünglich spätgotische, barockisierte Kirche mit zwei Zwiebeltürmen beherrscht das Tal vor der Kampenwand. Im Innern schwerer, fülliger Stuck und Freskomalerei.
KREUZKAPELLE (1752/53) Originelle Anlage von drei Rundräumen auf kleeblattförmigem Grundriß.

Nieder-Beerbach *Reg.-Bez. Darmstadt* 593 ■ 1
RUINE FRANKENSTEIN Gipfelburg des 13.–16. Jh. Große Teile der starken inneren Ringmauer, Gebäudereste und ein Turm sind von Zwingermauern umgeben.

SCHRANKWERK IN DER SAKRISTEI DER
KLOSTERKIRCHE NIEDERALTEICH

*Das Kloster Niederalteich wurde 1803 aufgelöst,
vieles wurde versteigert, die Bibliothek, in der
viele bedeutende Gelehrte gearbeitet hatten, verschleudert. 1918 wurde es von der Benediktinerabtei Metten aus wieder besiedelt und mit neuer
geistiger Aktivität erfüllt. Das 1727 vollendete
schöne Schrankwerk in der Sakristei enthält auch
heute noch eine kostbare Sammlung alten Kunsthandwerks.*

Niederbrechen   *Reg.-Bez. Darmstadt*   585 □ 8
WALLFAHRTSKIRCHE Die sog. Bergerkirche liegt einsam westlich des Dorfes, ein kleiner, zweischiffiger
romanischer Bau.

Niederehe   *Reg.-Bez. Trier*   583 □ 4
EHEM. AUGUSTINERINNENKLOSTERKIRCHE In dem
kreuzgewölbten Bau des 13. Jh. dominieren noch
die romanischen Formen, vor allem in der schönen
Apsis. Spätgotisches Kruzifix im Langhaus.

Niederkirchen   *Saarland*   592 ■ 8
Die EV. PFARRKIRCHE, eine gewölbte Hallenkirche
um 1500, besitzt phantasievoll gestaltete Maßwerkfenster und eine skurrile Bauskulptur.

Niederkleen   *Reg.-Bez. Darmstadt*   585 ■ 6
EV. PFARRKIRCHE Die bescheidene barocke Dorfkirche von 1728 gefällt durch ihre einheitliche
ländliche Ausstattung.

Niederkrüchten   *Reg.-Bez. Köln*   575 ■ 7
PFARRKIRCHE ST. BARTHOLOMÄUS Aus dem 15. Jh.,
neugotisch erweitert. Westturm 1604. Wertvolle
Barockausstattung.
Die GEORGSKAPELLE in Brempt ist ein Ziegelbau
von 1500 mit barocker Flachdecke. Kleines ro-
manisches Kruzifix, um 1060, vom Typ des Kölner
Gerokreuzes.

Niedermoos   *Reg.-Bez. Darmstadt*   586 ■ 8
PFARRKIRCHE Protestantischer Quersaal des späten
18. Jh. mit Kanzelwand an der östlichen Längsseite.
Schöne Rokokoorgel.

Niedernhall   *Reg.-Bez. Stuttgart*   594 □ 6
Unter den Fachwerkbauten des heute noch ummauerten Städtchens sticht das Rathaus (1477) hervor und das originell bemalte Götzenhaus (1572).
EV. KIRCHE Ursprünglich romanische Basilika, oft
umgebaut. Hübsche Barockorgel.

Nieder-Roden   *Reg.-Bez. Darmstadt*   593 ■ 1
KATH. PFARRKIRCHE In der neugotischen Basilika
ein spätgotischer geschnitzter Muttergottesaltar aus
der Zeit um 1520.

Niederrotweil   *Reg.-Bez. Freiburg i. Br.*   606 ■ 12
ST. MICHAEL Das Kirchlein birgt eine bedeutende
Ausstattung. Neben Malereien aus verschiedenen
Zeiten und einem gotischen Sakramentshäuschen
gehört dazu besonders der Altar des H. L., des
Meisters vom Breisacher Hochaltar.

Niederschlettenbach   *Rheinhessen-Pfalz*   599 □ 1
Die KATH. PFARRKIRCHE ST. LAURENTIUS hat einen
romanischen Altarraum des 13. Jh., in einem Türsturz die Bauinschrift 1068. Neben dem Chor der
gotische Turm. – Außerhalb des Ortes steht in
reizvoller Lage die spätgotische Annenkapelle.

Niederschönenfeld   *Schwaben*   602 ■ 3
EHEM. KLOSTERKIRCHE Die spätromanisch-frühgotische Pfeilerbasilika mit zweigeschossigen Seitenschiffen wurde nach 1648 von sicherer künstlerischer Hand stuckiert. Sehenswert sind auch Altäre
und Kanzel.

Niederschopfheim   *Reg.-Bez. Freiburg i. Br.*   599 ■ 5
Die PFARRKIRCHE auf hochgelegenem baumbestandenen Platz besitzt eine feine Rokokoausstattung aus der Mitte des 18. Jh.

Niederstetten   *Reg.-Bez. Stuttgart*   594 ■ 5
Die Stadt besitzt ein Bergschloß aus dem 16. Jh.,
eine gotische, barockisierte Kirche, deren etwas
abseits stehender Turm zugleich Friedhofstor ist,
und eine stimmungsvolle Friedhofkapelle mit
Wandmalereien aus dem 14. Jh.

Niederurff   *Reg.-Bez. Kassel*   586 □ 10
BURG Aus dem 12. Jh. noch die Grundmauern im
mittelalterlichen Burghof, von dem die Ringmauer
und der „Lange Bau", zum Teil mit Innenausstattung, erhalten sind. Barockes Herrenhaus.
PFARRKIRCHE Eine Wehrmauer mit Schießscharten
und Wehrgangresten schließt den Kirchhof ein. Die
spätgotische, barock veränderte Kirche enthält
einige romanische Bauteile.

Niederviehbach a. d. Isar   *Niederbayern*   604 □ 9
EHEM. KLOSTERKIRCHE Gotisch, im 17./18. Jh. umgestaltet. Steinerne Muttergottes (um 1400) im
Hochaltar und vorzüglicher Kruzifixus (spätes
13. Jh.) an der nördlichen Chorwand. Das dreiflügelige Hauptgebäude des Klosters erbaute Joh.
Mich. Fischer 1731–33.

Niederweidbach   *Reg.-Bez. Darmstadt*   585 ■ 11
EHEM. WALLFAHRTSKIRCHE Der wuchtige Wehrbau
hat einen Chorturm (14. Jh.) und ein zweischiffiges
Hallenlanghaus (1498). Flügelaltar aus dem 16. Jh.,
die Flügelgemälde unter Einfluß Dürers.

Niederweisel   *Reg.-Bez. Darmstadt*   585 ■ 5
JOHANNITERKIRCHE Das im 13. Jh. errichtete zweigeschossige Bauwerk schloß ein Hospital ein (Die
Krankenpflege war ja eine Hauptaufgabe der Johanniter). Nur die lichte Halle des Erdgeschosses
wurde fertig, das Obergeschoß war erst im 16. Jh.
benutzbar.

Niederwerth   *Reg.-Bez. Koblenz*   584 ■ 5
EHEM. AUGUSTINERCHORHERRENSTIFTSKIRCHE (15. Jh.)
Einschiffiger gotischer Bau mit Netzgewölbe.

Schlußsteine und Konsolen tragen sehenswerten bildnerischen Schmuck.

Niederwürzbach *Saarland*   592 □ 7
Drei kleine Landsitze der Grafen von der Leyen: der Annahof auf ovalem Grundriß, Monplaisir (der Rote Bau) und – nur teilweise erhalten – die neugotische Philippsburg, alle 18. Jh.

Niederzeuzheim *Reg.-Bez. Darmstadt*   584 □ 3
Die einem romanischen Turm angefügte kleine KATH. PFARRKIRCHE ist ein Kleinod barocker Ausstattungskunst der Zeit um 1730–40.

Niederzissen *Reg.-Bez. Koblenz*   584 ▪ 8
KATH. KIRCHE Die dreischiffige romanische Basilika mit Gratgewölben wurde im 13. Jh. erbaut und 1967–68 erweitert.

Niefern *Reg.-Bez. Karlsruhe*   600 ▪ 1
EV. KIRCHE (15. Jh.) Chor und Lettner schmückt ein umfangreicher Zyklus gotischer Wandmalereien. NIEFERNBURG (1555) Dreigeschossig, mit Staffelgiebel und achteckigem Treppenturm mit barocker Haube.

Nienburg *Reg.-Bez. Hannover*   570 □ 9
HEIMATMUSEUM Ein schöner klassizistischer Bau. RATHAUS Schmucker Fachwerkbau (16. Jh.), Erker und Portal im Stil der frühen Weserrenaissance. In der spätgotischen ST.-MARTINI-KIRCHE die Grabplatte des Grafen v. Hoya (gest. 1582) und das Renaissanceepitaph eines Söldnerführers aus der Familie v. Münchhausen.

Nienover *Reg.-Bez. Hildesheim*   578 ▪ 10
SCHLOSS Der hochgelegene dreiflügelige Fachwerkbau des 18. Jh. steht auf mittelalterlichen Mauern.

Nievenheim *Reg.-Bez. Düsseldorf*   575 □ 5
WALLFAHRTSKIRCHE ST. SALVATOR Ein kreuzgratgewölbter Hallenbau von 1743. Die drei schönen Altäre entstanden nach Entwürfen von Joh. Conr. Schlaun, der Hochaltar trägt das spätgotische Gnadenbild.

Nimburg *Reg.-Bez. Freiburg i. Br.*   606 ▪ 1
EV. PFARRKIRCHE Weit vom Dorf entfernt, am Berghang gelegen; im Langhaus ein Bilderbogen volkstümlicher Malerei des 18. Jh.

Nördlingen *Schwaben*   602 ▪ 10
Fünf Stadttore öffnen sich in das eirunde Festungsstädtchen im fruchtbaren schwäbisch-bayerischen Ries. 1215 wurde es freie Reichsstadt, rüstete sich mit Wehrmauern, Türmen und Basteien und gedieh im 15. und 16. Jh. zu einer tüchtigen Handwerker- und Messestadt. Noch heute wird das Stadtbild geprägt von den Befestigungen, dem 1444 erbauten Tanz- und Brothaus am Markt, der Kornschranne, den Gerberfachwerkhäusern mit offenen Trockenböden und den Gärten im Stadtgraben.
Die EV. PFARRKIRCHE ST. GEORG ist eine der größten deutschen Hallenkirchen der Spätgotik. Schwer wirkt sie und massig, nur an den sechs Portalen gibt es einigen schönen Schmuck. Innen können der barocke Hochaltar mit der berühmten gotischen Kreuzigungsgruppe, das schöne Chorgestühl, das sandsteinerne Sakramentshäuschen und die weitere, eigentlich reiche Ausstattung nicht verhindern,

STADTMAUER UND LÖPSINGER TOR, NÖRDLINGEN

Die Stadtmauer mit ihren fünf Toren ist eins der ansehnlichsten Werke mittelalterlicher Festungsbaukunst. Wolfgang Wallberger, der auch die berühmte Freitreppe am Rathaus schuf, und sein Vater Kaspar sind die wesentlichsten Baumeister im 16. Jh. Auch das Löpsinger Tor wurde vom Sohn Wolfgang neu errichtet. Die ganze Anlage geht allerdings schon auf den Anfang des 14. Jh. zurück.

daß der ganze Bau auf etwas nüchterne Art beeindruckt.
Am RATHAUS mit Treppengiebeln, Erker und Türmchen entzückt vor allem die herrliche gedeckte Freitreppe von 1618. In der „Stube des schwäbischen Bundes" ein großes Wandgemälde von Hans Schäufelein (1515).
SPITAL ZUM HL. GEIST Eine Gründung des frühen 13. Jh., die mit ihrer erneuerten Kirche, den Höfen, Wirtschaftsgebäuden und der Mühle höchst malerisch ist.

Nörten-Hardenberg *Reg.-Bez. Hildesheim* 578 ▪ 3
BURG HARDENBERG, über dem Flecken Nörten gelegen, wurde 1287 vom Erzbistum Mainz an das Geschlecht v. Hardenberg verpfändet. Zwei Linien der Familie wohnten hier gleichzeitig, und die Anlage der Doppelburg mit sog. Vorder- und Hinterhaus ist noch deutlich erkennbar. Im Dreißigjährigen Krieg verfielen die Burgen. Um 1720 entstand das heutige Schloß, zur anderen Seite des Burgberges ein Turnierplatz.

Nörvenich *Reg.-Bez. Köln*   583 ▪ 2
Die GYMNICHER BURG, im 16. Jh. wasserumwehrt angelegt, wurde 1723 zu einem Barockpalais umgestaltet.

NÖRDLINGEN

1327 war die freie Reichsstadt so sehr gewachsen, daß der heute noch erkennbare „Alte Graben" keinen ausreichenden Schutz mehr bot. Damals entstand die bis jetzt erhaltene Mauer, über die hinaus die Stadt nur mit lockeren Siedlungen gewachsen ist. Vom 90 Meter hohen Daniel, wie der Georgskirchenturm im Volksmund heißt, ruft der Wächter noch heute allabendlich die mittelalterliche Losung „So, Gsell, so!"

Nordeck *Reg.-Bez. Darmstadt* 585 ▪ 3
BURG Bergfried und Mauerteile sind noch romanisch; das den Hang über dem Ort beherrschende Hauptgebäude ist spätgotisch. Ausbau im 17. bis 18. Jh.

Norden *Reg.-Bez. Aurich* 560 ▪ 11
Aus der Mitte des 16. Jh. das Rathaus, von 1576 das Haus Schöningh, eine Schöpfung bürgerlicher Renaissancekunst. Die Mennonitenkirche dokumentiert niederländischen Barock.
Von den erhaltenen mittelalterlichen Kirchen Ostfrieslands ist die LUDGERIKIRCHE die größte und bedeutendste. Der abseits stehende Glockenturm und das schlichte frühgotische Schiff aus dem 13. Jh., Abschluß und Höhepunkt der Baugeschichte bildete 1445–1481 der Chor. Spätgotischer Altar mit Bildern von 1783, zerbrechliche spätgotische Formen auch am Sakramentshaus. Um einen Vierungspfeiler setzte Arp Schnitger 1685–88 sehr gewagt seine Barockorgel.

Nordenbeck *Reg.-Bez. Kassel* 577 ▪ 5
EHEM. WASSERBURG Im dritten Geschoß des spätgotischen Wohnturms, in der Kapelle, haben sich Reste von Wandmalereien erhalten.

Nordenham-Blexen *Verw.-Bez. Oldenburg* 561 ▪ 12
PFARRKIRCHE (13. Jh.) Jahrhunderte hindurch diente die erhöht gelegene Kirche den Seefahrern als Wahrzeichen. Spätgotischer Sakramentsschrein, Kanzel und Altar aus der Werkstatt Ludwig Münstermanns.

Norderbrarup *Schleswig-Holstein* 555 ▪ 1
KIRCHE Von dem um 1200 errichteten romanischen Granitquaderbau blieb nur das Schiff mit schönem Portal erhalten. Schon unter gotischem Einfluß wurde im 13. Jh. der langgestreckte Chor neu gebaut. Abgesondert steht der mittelalterliche Glockenturm, einer der ältesten aus Holz. Drinnen ein spätgotischer Schnitzaltar.

Norderney *Reg.-Bez. Aurich* 560 ▪ 11
Das NORDERNEYER FISCHERHAUSMUSEUM unterrichtet u. a. über die Geschichte des ältesten deutschen Bades an der Nordsee.
STAATLICHES KURHAUS Erbaut seit 1836 als Sommerresidenz der hannoverschen Könige.

Nordhorn *Reg.-Bez. Osnabrück* 568 ▪ 9
KIRCHE Dreischiffige gotische Rundpfeilerhalle mit quadratischem Westturm (1477).

Nordkirchen *Reg.-Bez. Münster* 576 ▪ 1
Das imponierende SCHLOSS, das „westfälische Versailles" genannt, ließ der Fürstbischof Christ. Friedr. v. Plettenberg 1705 erbauen. Wirkungsvoll heben sich von den roten Backsteinwänden die hellen Sandsteingliederungen ab, majestätisch liegt der Barockbau, umgeben von Wassergräben, in einem großen Park. In der Nähe die Oranienburg des Joh. Conr. Schlaun.

Northeim *Reg.-Bez. Hildesheim* 578 ▪ 2
Es lohnt sich, in der lebhaften Kreisstadt den alten Straßenzeilen mit den in Fachwerk errichteten Bür-

315

WASSERSCHLOSS NORDKIRCHEN

Eine wechselvolle Geschichte hat dies prächtigste aller westfälischen Wasserschlösser erlebt, obwohl es nie der Verteidigung, sondern nur der Repräsentation diente. Vom Fürstbischof von Plettenberg ging es an dessen Neffen Ferdinand Adolf, der, vom Kaiser zum Reichsgrafen erhoben, später in Ungnade fiel. Dann kam es an die Esterhazy und schließlich an die Herzöge von Arenberg, in deren Besitz es bis 1959 blieb. In der Nachkriegszeit bis heute dient es dem Land Nordrhein-Westfalen als Landesfinanzschule.

gerhäusern nachzugehen. Besonders schön das ehem. Hl.-Geist-Hospital (1500).
Die ST.-SIXTI-KIRCHE ist das Wahrzeichen Northeims, im 15.–16. Jh. erbaut. Im Innern fällt die originelle Wendeltreppe (1519) auf, die zum Raum über der Sakristei führt. Ein schöner Flügelaltar des frühen 15. Jh. (Marienkrönung mit musizierenden Engeln) steht im Chor, ein kleinerer, aus einer flämischen Werkstatt um 1500 stammend, in der Sakristei. Taufe von 1509–10. Spätgotische Glasmalereien mit Passionsthemen.

Nottuln *Reg.-Bez. Münster* 576 □ 12
EHEM. DAMENSTIFTSKIRCHE Der stattliche Hallenbau (Ende 15. Jh.) erhält durch spitzbogige, dreiteilige Fenster mit Fischblasenmaßwerk Licht; die Strebepfeiler haben verzierte Giebel. Spätgotischer Taufstein, zwei Frührenaissancechorstühle, barocke Bildwerke.

Nürburg *Reg.-Bez. Koblenz* 583 □ 4
BURG Die 1689 zerstörte Anlage geht ins 12. Jh. zurück. Vom Bergfried aus überblickt man die Gemäuer der mächtigen Höhenburg und die von ihr jahrhundertelang beschützte Eifellandschaft.

OBERGESCHOSS DER BURGKAPELLE

Wie viele Hofkapellen ist auch die Nürnberger Burgkapelle (um 1170) zweigeschossig erbaut. Das auf vier stämmigen Säulen ruhende Untergeschoß war für das Gefolge bestimmt. Zwischen den Säulen eine viereckige Öffnung, durch die man in die Oberkapelle mit ihren schlanken Säulen hinaufblickt. Sie war den Herrschern vorbehalten, die eine Westempore direkt vom Palas her betreten konnten.

Nürnberg *Mittelfranken* 595 ■ 4
Melanchthon, dem die Pegnitzstadt ihr Gymnasium verdankt, fand sie durch Gebäude und kunstreiche Meister so ausgezeichnet, daß er sie den hochberühmten Städten der Altertums an die Seite stellte. Nach Nürnbergs Wiederentdeckung durch die Romantiker galt diese gewerbefleißige Stadt der Meistersinger als die besterhaltene Metropole des deutschen Mittelalters. Weder das baulustige Barock noch das 19. Jahrhundert griffen verändernd in das gotische, von der Renaissance verbrämte Gepräge der Patrizierstadt im Trapez ihrer Gräben, Mauern, Wehrgänge, Bastionen und dicken Rundtürme ein. Der große Mäzen Karl IV. bestimmt 1356 in der Goldenen Bulle, daß fortan in der „Hauptstadt des Reiches im Südosten" jeder erste Reichstag abgehalten werden soll. Der erfindungsreiche „Nürnberger Witz" beflügelte Industrie und Fernhandel bis ins späte Mittelalter in einer Weise, daß man die Bürger- und Patrizierwohnungen als „Residenzen von Königen und Fürsten" empfand, deren Erker, Chörlein, Brunnennischen, Fassadenmalereien, Höfe mit Galerien und Treppentürmchen das Herz heimelig machten. Die Museums- und die Fleischbrücke mit dem steinernen Ochsen verbinden die burgwärts ansteigende Sebalder Stadt mit der südlichen, im 12. Jh. entstandenen Lorenzer Stadt. Ihre steil geschindelten Zeltdächer über den schweren Sandsteinhäusern stehen meist breitseitig, nicht mit den Giebeln zur Straße; von den vier Haupttoren führen gelichtete Straßenzüge durch das schluchtartige Gassengewirr Alt-Nürnbergs. Dem großzügigen Neuaufbau nach der Zerstörung der Stadt im zweiten Weltkrieg gab die Meistersingerhalle im Luitpoldhain die traditions- und zukunftsverbindenden Akzent.
ALBRECHT-DÜRER-HAUS siehe Nürnberg und Dürer.
BRUNNEN Nürnberg ist eine Stadt der kunstreichen Brunnen. Weltberühmt der Schöne Brunnen am Hauptmarkt mit 19 Meter hoher gotischer Turmpyramide, umgeben von Propheten, Evangelisten, Kirchenvätern und Kurfürsten. – Der Neptunbrunnen (Marienstraße) ist eine Kopie des barocken Bronzefigurenwerks Georg Schweiggers,

FRAUENKIRCHE UND SCHÖNER BRUNNEN

Jeden Mittag um 12 Uhr versammelt sich eine Menschenmenge auf dem Hauptmarkt, um das bunte Männleinlaufen im Giebel der Frauenkirche zu bewundern – 1509 wurde das kunstvolle Uhrwerk zur Erinnerung an die Beratung der Goldenen Bulle (1356 in Nürnberg) geschaffen. Der Schöne Brunnen aus dem 14. Jh. ist eine weitere Kostbarkeit der Stadt. Wenn auch vieles an ihm erneuert wurde (Originale im Germanischen Nationalmuseum), zählt man ihn doch zu den schönsten mittelalterlichen Brunnen. Eine immerwährende Anziehung hat der drehbare Messingring, der in das Brunnengitter eingeschmiedet ist – man weiß nur nicht, wie.

ENGLISCHER GRUSS IN DER
LORENZKIRCHE

Veit Stoß hat dieses wohl berühmteste Schmuckstück der gotischen Lorenzkirche in den Jahren 1517–18 aus Lindenholz geschnitzt. Der einflußreiche Nürnberger Patrizier Anton Tucher hat es der Kirche gestiftet. In einem medaillonbesetzten Rosenkranz, den Gottvater in den Händen hält, entbietet der Engel Gabriel der Jungfrau Maria seinen „englischen" Gruß, d. h. er verkündet ihr Gottes Ratschluß. Ursprünglich war dieses einzigartig schöne Werk nur Anhängsel eines Marienleuchters und wurde nur an hohen Festtagen enthüllt.
(Unten links)

SAKRAMENTSHAUS IM CHOR DER
LORENZKIRCHE

Adam Krafft hat sich und zwei seiner Gesellen abgebildet, wie sie sich unter ihr Werk stemmen und das hochstrebende steinerne, dabei filigranzarte Sakramentshaus tragen. Ein anderer Nürnberger Patrizier, Hans von Imhoff, hatte es in Auftrag gegeben; es wurde in den Jahren 1493–96 fertig. Von mehr als 90 Figuren zwischen Fialen und Baldachinen umgeben, wurde darin das geweihte Brot aufbewahrt.
(Unten rechts)

NÜRNBERG:
AUF DEN SPUREN ALBRECHT DÜRERS

EIN DEUTSCHER MEISTER AUS ITALIENS SCHULE

In Nürnberg wurden um 1500 einige der wichtigsten Werkzeuge für die Erforschung der Erdkugel gebaut, hier arbeiteten führende Bildhauer wie Adam Krafft und Peter Vischer d. Ä., hier wurde die Schedelsche Weltchronik gedruckt, hier stellte Peter Henlein die ersten tragbaren Uhren her, und die Geschichte war in den hier aufbewahrten „Heiltümern" des Reiches gegenwärtig. Die Stadt konnte einem auf alle Erscheinungen neugierigen und zugleich grüblerischen jungen Maler alles geben, außer einem bedeutenden Lehrer und der Weite des bürgerlichen Lebens. Zögernd kam denn auch Dürer von seinen Reisen nach Italien zurück und klagte vor der Abreise aus Venedig: „O wie wird mich nach der sunnen frieren, hie bin ich ein Herr, daheim ein Schmarotzer." Eine königliche Malerexistenz war nördlich der Alpen undenkbar, auch wenn man es wie Dürer zum ersten unter seinen Kollegen und zum „Konterfetter und Illuminist", also Porträtist und Illustrator, von Kaiser Maximilian brachte. Aber trotz seinem Aufbegehren gegen die heimische Gebundenheit waren Dürers Beziehungen zu Nürnberg eng und tief: Nur hier konnte er seine Liebe zum Charakteristischen, Harten, sogar Häßlichen erwerben. Von seinen Werken, die in und für Nürnberg gemalt sind, ist der Stadt nicht viel geblieben; von seiner Graphik besitzt das Germanische Nationalmuseum eine schöne Sammlung.

SELBSTBILDNIS DÜRERS *Dieses letzte seiner drei großen Selbstbildnisse hat der Neunundzwanzigjährige im Mai 1500 gemalt. Die auffallend strenge Symmetrie wird vom italienischen Formprinzip diktiert. Kein Zufall ist die Ähnlichkeit mit einem Christuskopf: Der Künstler der Renaissance war sich der priesterlichen Würde seiner Sendung bewußt. (Alte Pinakothek, München)*

BLICK AUS DEM DÜRERHAUS *auf die Burg und den Platz vor dem Tiergärtnertor. Schräg gegenüber, mit drei Fachwerkgeschossen, hohem Giebel und Erkertürmchen auf dem First, das „Haus zum geharnischten Mann" mit einem Ritterstandbild.*

DOSENFÖRMIGE UHR, *vermutlich von dem jungen Nürnberger Schlosser Peter Henlein nach 1500 angefertigt. (Germanisches Nationalmuseum)*

BILDNIS DES MICHAEL WOLGEMUT, *Dürers Lehrer aus der ersten Nürnberger Zeit, 1516. (Germanisches Nationalmuseum)*

DÜRERHAUS *Mit achtunddreißig Jahren gehörte der Meister zu den angesehensten Bürgern seiner Vaterstadt, wurde er sogar in den Großen Rat aufgenommen. Die Jahre der Wanderschaft und der Bildungsreisen waren vorüber. Nun kaufte er für sich und seine Frau Agnes ein Haus am Tiergärtnertor, einen Fachwerkbau von fünf Stockwerken. Mit „ziemlich gutem Hausrat, guten Kleidern, Geschirr aus Zinn, guten Werkzeugen und mit mehr als für hundert Gulden rheinisch guten Farben" zog er um. Das Haus ist nach den Kriegszerstörungen wiederhergestellt und zum Dürerjahr 1971 renoviert worden. Das Geburtshaus in der Winklerstraße dagegen steht nicht mehr.*

DER HEILIGE ANTONIUS *Kupferstich, 1519. Die Umwelt des Heiligen ist hier das Vorgelände von Nürnberg, aber dieses hat sich unter der Hand des Malers verwandelt, ist zur „hochgebauten Stadt" geworden, zu* einem zeitgenössischen Jerusalem, aus wehrhaften Türmen zusammengebaut. Teile der Stadtsilhouette erscheinen auch bei „Ritter, Tod und Teufel", „Meerwunder", „Maria an der Mauer". (Staatsgalerie Stuttgart)

BILDNIS KAISER KARLS DES GROSSEN, *1512. Dieses Kaiserbildnis malte Dürer für den Raum, in dem jährlich einmal die „Heiltümer des Reiches", Zepter, Schwert, Apfel und viele Reliquien, ausgestellt wurden. (Germanisches Nationalmuseum)*

WANDERER-ZIMMER IM DÜRERHAUS *Das Anwesen enthält keinen originalen Hausrat mehr, es wechselte nach dem Tod des Malers häufig den Besitzer, bis es 1825 die Stadt kaufte. Seitdem wurden die alten Räume wiederum häufig umgestaltet. Dieses* Zimmer hat seinen Namen nach Friedrich Wanderer, der ab 1875 das Haus einrichtete und einen Eindruck geben wollte von der Behaglichkeit des Wohnens in der Renaissance, die Dürer im „Hieronymus im Gehäus" so liebevoll dargestellt hat.

TAFELAUFSATZ

In Dürers Zeit war Nürnberg das Zentrum der deutschen Goldschmiedekunst. Die Patrizier der Stadt schmückten ihre Tafeln nach Vermögen mit herrlichen Geräten. Die Familie Schlüsselfelder, die auch Beziehungen zu Dürer hatte, gab einem uns unbekannten Goldschmied den Auftrag zu diesem Prunkstück, das im Jahr 1503 fertig wurde. Der Dreimaster diente als Weinbehälter – der Bugspriet ist der Ausguß. Germanisches Nationalmuseum

das Zar Paul I. vor Schloß Peterhof aufstellen ließ. – Schon vor Jakob Wassermanns Roman „Das Gänsemännchen" war der umgitterte Gänsemännchenbrunnen von Pankraz Labenwolf, dessen Püttenbrünnlein im neuen Rathaushof steht, derart beliebt, daß sich Goethe davon einen Abguß anfertigen ließ. – Gegenüber dem Nassauerhaus mit dem restaurierten Chörlein der 1589 gegossene Tugendbrunnen mit sechs wassersprühenden Tugend-Allegorien, überragt von der Figur der Gerechtigkeit.

BURG Ab Mitte des 12. Jh. wurde auf dem westlichen Sandsteinfels die stadtbeherrschende staufische Kaiserburg errichtet. Der gewaltige Bau mit romanischer Burgkapelle, Heidenturm, rundem Sinwellturm, Tiefem Brunnen und dem fünfeckigen Turm, einem Bergfried der salischen Königsburg aus dem 11. Jh., wurde zwischen dem 15. und 16. Jh. ausgebaut und nach Zerstörung im zweiten Weltkrieg wiederinstandgesetzt, ebenso der Luginsland von 1377 und die Kaiserstallung von Hans Behaim d. Ä. In der Kaiserburg die untere und obere Burgkapelle und die Kaiserkammer mit der Adlerdecke aus der Zeit Kaiser Friedrichs III. Die FRAUENKIRCHE am Hauptmarkt – mit gestaffelter fialenreicher Giebelfront und oktogonalem Turmaufsatz – wurde der Stadt 1355 von Kaiser Karl IV. geschenkt. Im Giebel des Michaelschörleins über den Spitzbogen der Vorhalle allmittäglich das bunte „Männlein-Laufen": die von einem Herold angeführten Kurfürsten umkreisen ruckhaft den thronenden Karl IV. Im Innern der figurenbelebten dreischiffigen Halle die gotische Tafelmalerei des Tucher-Altars und Adam Kraffts Pergenstorffer-Epitaph.

Das HEILIGGEISTSPITAL, mit weiten Schwibbögen über die Pegnitz gesetzt, wurde 1331 vom Reichsschultheiß Ludwigs des Bayern, Konrad Groß, gestiftet. Unter den Arkaden des Behaimschen Innenhofes über dem Fluß das Tischgrab des Stifters und Adam Kraffts restaurierte Kreuzigungsgruppe aus dem Stationsweg nach St. Johannis.

JOHANNISFRIEDHOF Wie der uralte Rochusfriedhof ist der im 13. Jh. angelegte Johannisfriedhof einzigartig durch die liegenden Quader mit gegos-

SPIELTEPPICH

Unser Ausschnitt aus dem großen gotischen Spielteppich zeigt Herren und Damen bei der etwas dezenteren französischen Art des „Schinkenklopfens", darunter ein Paar beim „Füßeln". Daß dies in Anwesenheit einer gekrönten Dame geschieht, läßt vermuten, daß man auch bei Hofe derberen Späßen nicht abgeneigt war. Der ganze spätgotische Teppich wurde erst kürzlich als wahrscheinlich elsässische Arbeit um 1385–90 identifiziert. Germanisches Nationalmuseum

GELDTASCHEN

An der Fassade des Nassauer Hauses kann man in einem Wappenfries lesen, daß Kaiser Sigismund hier seine Krone verpfändete, für 1500 Gulden, die er sich beim Hausherrn Ortlieb lieh – die Nürnberger waren berühmte Geldleute, und die mittelalterlichen Kaiser waren ständig verschuldet. Was Wunder, daß das Museum auch eine wichtige Abteilung für das Geldwesen besitzt, aus der die beiden Geldbeutel stammen, links ein lederner aus dem 16., rechts ein gestickter aus dem 18. Jh. Germanisches Nationalmuseum

senen Wappen- oder Inschrifttafeln. Unter den gereihten, meist liegenden Sandsteinen, die teilweise mit Epitaphien ausgestattet sind, ruhen Peter Vischer d. Ä., Veit Stoß, Dürer, Willibald Pirckheimer, der Glasmaler Hirschvogel, der Goldschmied Wenzel Jamnitzer, Hans Behaim, Anselm und Ludwig Feuerbach. Im Chor der gotischen Johanniskirche ein steingemeißeltes Sakramentshäuschen aus dem späten 14. Jh.

LORENZKIRCHE Wie St. Sebald ist die Zwillingsschwester St. Lorenz eine hochgotische Pfarrkathedrale. Diese monumentale Basilika mit den festen Steintürmen ist einmalig durch die monstranzartige Fensterrose über dem reichskulptierten Hauptportal. An der Nordseite die Brauttür von 1520 neben der gemeißelten Ölbergszene. In dem lichten Langhaus mit spätgotischem Hallenchor das 1493–96 ausgeführte, fast 20 Meter hohe Sakramentshäuschen Adam Kraffts, entmaterialisiert gemeißelt und getragen von den knienden Porträtfiguren des Bildhauers und seiner beiden Gesellen. Im Chor das schönste Schnitzwerk von Veit Stoß, der überlebensgroße „Englische Gruß" im ovalen Rosenkranz. Außer diesen Reichtümern birgt St. Lorenz den Deocarus-Altar, die Schreingruppe der Anna selbdritt und das Stammbaum-Christi-Glasgemälde des Straßburger Glasmalers Peter Hemmel.

MUSEEN Germanisches Nationalmuseum: Das von Hans v. Aufseß 1852 gegründete deutsche Zentralmuseum für Geschichte und Kultur (ehem. Kartäuserkirche) ist eine unausschöpfbare Schatzkammer von Skulpturen, Apparaten, Schlosserarbeiten, Taschenuhren, Rechtsaltertümern, Trachten, kulturhistorischen Dokumenten. Unter seinen Kostbarkeiten das Kruzifix des Veit Stoß aus dem Heiliggeistspital, die Marienfigur seines im Krieg zerstörten Wohnhauses, die als „Nürnberger Madonna" bekannt gewordene Trauernde Maria (um 1510–15), der Heiltumsschrein der Reichsreliquien. – Im Stadtmuseum Fembohaus Alt-Nürnberger Wohnkultur. – Verkehrsmuseum: Modelle und Originalfahrzeuge der Post und Bahn, vor allem der ersten deutschen Eisenbahn, die 1835 zwischen Nürnberg und Fürth eröffnet wurde.

STROMERSCHES PUPPENHAUS

Die international beschickte Nürnberger Spielzeugmesse findet bezaubernde Gegenstücke in der Spielzeugsammlung im Germanischen Nationalmuseum und im Spielzeugmuseum, das auf der wohl umfangreichsten privaten Sammlung aufgebaut ist. Eins der köstlichsten Beispiele ist das aus der Nürnberger Familie Stromer stammende vierstöckige Puppenhaus (1639) mit seinen an die tausend blinkenden Einzelstücken. An dem Ganzen kann man gut ablesen, wie ein Patrizierhaus der Zeit in Nürnberg ausgesehen hat. Germanisches Nationalmuseum

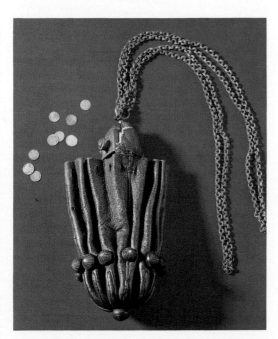

CEMBALO

Die erst vor wenigen Jahren erworbenen herrlichen Sammlungen alter Musikinstrumente von Dr. Ulrich Rück und dem Bamberger Cembalobauer Hanns Neupert verleihen dem Germanischen National-museum auch auf diesem Gebiet internationale Bedeutung. Das Cembalo zeigt im Deckel den Einzug eines Medici in Florenz.

ECHTERNACHER CODEX

Dies Blatt aus einem Echternacher Reliquiar (um 1030) schildert das Gleichnis vom armen Lazarus. Oben sitzt er schwärenbedeckt vor der Tür des Reichen, in der Mitte wird seine Seele in Abrahams Schoß zur Ruhe gelegt, unten wird der Reiche in die lodernde Hölle transportiert. Die anderen Seiten der Handschrift sind mit goldenen Lettern bedeckt und mit weiteren biblischen Themen illustriert. Der kostbare Einband aus Goldrelief, Email und Elfenbeinschnitzerei wurde schon 60 Jahre früher für Kaiser Otto III. geschaffen.

Germanisches Nationalmuseum

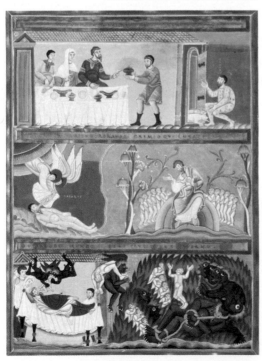

RATHAUS Hans Behaim d. Ä., der die Mauthalle als Kornhaus der Stadt erbaute, erweiterte den gotischen, dem Sebaldchor zugewandten Bau; der Pellerhaus-Architekt Jakob Wolff, von italienischen Renaissanceeindrücken beschwingt, gab ihm die breitschultrige Patriziergestalt mit den drei Prachtportalen. In dem kassettierten Tonnengewölbe des Ratssaales wurde das von Joachim v. Sandrart gemalte Friedensbankett nach dem Dreißigjährigen Krieg abgehalten. Unter dem alten Rathaus die mittelalterlichen Lochgefängnisse, die Folterkammer und der Eingang zu dem 1543 angelegten unterirdischen Gang zur Burg.

SEBALDUSKIRCHE Zu St. Sebald, dem Schutzpatron der Stadt, zogen schon 1070 Pilgerscharen durch den Reichswald. Der imposante Hallenchor wurde 1379 geweiht, die beiden Türme zu Dürers Jugendzeit ausgebaut. Das filigranzierliche Original des polygonen Chörleins am Sebalder Pfarrhof befindet sich im Germanischen Museum. Das Brautportal mit den klugen und törichten Jungfrauen ist von Statuen des hl. Sebald und der Muttergottes flankiert. Im Kirchenschiff das erzgegossene Taufbecken mit den vier Evangelisten, Adam Krafts Kreuztragung, die Kreuzgruppe und die Gefangennahme Christi von Veit Stoß, und im Ostchor das messinggegossene kathedralartige Baldachingehäuse des Sebaldusgrabes von Peter Vischer und seinen Söhnen. Neben der Überfülle des figürlichen Lebens das Selbstbildnis des großen Erzgießers: „ein Anfang durch mich Peter Vischer 1508." 1509 wurde der gotisch begonnene Schrein vollendet.

Nürtingen *Reg.-Bez. Stuttgart* 601 □ 8
Gedenktafeln an der Neckarsteige 7 und der alten Lateinschule erinnern an Friedrich Hölderlin, der 1772–84 hier lebte.
BRUNNEN Schmiedeeiserner Marktbrunnen; rocaillegeschmückter Wilder-Mann-Brunnen, beide 18. Jh.
RATHAUS (16.–18. Jh.) Verputzter Fachwerkbau mit geschlossenen Arkaden im Parterre und mächtigem Halbwalmdach.
STADTKIRCHE In der spätgotischen Hallenkirche zierlicher Lettner und schön geschmiedetes barockes Altargitter.

Nütschau *Schleswig-Holstein* 563 □ 10
HERRENHAUS Drei nebeneinandergesetzte hohe Giebelhäuser bilden einen würfelförmigen Bau (1577).
NÜTSCHAUER SCHANZE Im 9.–10. Jh. entstand zum Schutz eines Traveüberganges ein Ringwall von 80 m Durchmesser mit einer Burg. Teile des Walles südöstlich der Nütschau-Mühle.

Nusplingen *Reg.-Bez. Tübingen* 607 □ 1
FRIEDHOFSKAPELLE Romanisch, gotisch verändert. Im Schiff barock bemalte Holzdecke. Auf dem Friedhof viele schöne geschmiedete Grabkreuze aus dem 18. Jh.

Nußdorf *Rheinhessen-Pfalz* 592 □ 4
Der Chor der EV. KIRCHE hat bemerkenswerte Fresken des 15. Jh. Am Langhaus außen wurde ein römischer Viergötterstein vermauert.

O

Oberalteich *Niederbayern* 604 ■ 10
EHEM. BENEDIKTINERKLOSTERKIRCHE (1622) Der Grundriß bildet ein Rechteck mit ursprünglich insgesamt vier Apsiden an den Wänden. Zwischen den beiden Türmen wölbt sich die Westapsis vor, die Taufkapelle. In zwei ihrer Fenster spätgotische Nischenfiguren. Durch die nördliche Vorhalle mit Kreuzgewölbe, deren Stukkaturen Vögel darstellen, betritt man den großen dreischiffigen Innenraum. Die zu den Emporen führende „hangende Stiege" im Nordosten galt früher als ein technisches Meisterstück. Alles Strenge wird durch die an allen Flächen sich ausbreitende Dekorationsmalerei aufgelöst: Schmuckbänder, Kartuschen, Girlanden und Deckenfresken. Der Hochaltar (um 1693) mit reichem Rokokotabernakel (1758/59) reicht bis zur Wölbung. Das Altarblatt ist versenkbar, dahinter eine Schnitzgruppe (um 1730). An den östlichen Seitenaltären Gemälde von Cosmas Damian Asam.

Oberalting-Seefeld a. Pilsen-See *Oberbay.* 610 □ 10
Das SCHLOSS, auf einem gegen den See gerichtetem Bergsporn gelegen, vermittelt noch den Eindruck einer spätmittelalterlichen Feste, obwohl es mehrfach tiefgreifend verändert wurde; Kapelle von 1774.
ST. PETER 1630 umgestalteter spätgotischer Bau.

Oberammergau *Oberbayern* 609 □ 4
PFARRKIRCHE Jos. Schmuzer schuf 1736–42 den Saal mit flachen Seitennischen und doppelter Westempore, der sich durch die große Innenkuppel dem Eindruck eines Zentralbaus nähert. Den Ruhm der von Schmuzer und seinem Sohn zurückhaltend stuckierten Kirche bilden die Gewölbefresken von Matth. Günther in virtuoser Architekturmalerei. An den goldglänzenden Säulenaltären reiche volkstümliche Figurengruppen und Putten.

Ober-Beerbach *Reg.-Bez. Darmstadt* 593 ■ 1
EV. PFARRKIRCHE Weithin grüßt der frühgotische Chorturm über das Dorf in die Odenwaldlandschaft. Im Innern ist das Erdgeschoß spätgotisch ausgemalt.

Oberbreisig *Reg.-Bez. Koblenz* 584 ■ 8
PFARRKIRCHE ST. VIKTOR Die spätromanische, unregelmäßig gebaute dreischiffige Pfeilerbasilika mit rechteckigem Westturm, dessen Satteldach quergestellt ist, entstand 1225–1250.

Oberdischingen *Reg.-Bez. Tübingen* 601 □ 6
Das KANZLEIGEBÄUDE (1767) war der Amtssitz jenes Grafen Schenk von Castell, der sich durch seine tatkräftige Justiz den Beinamen „Malefizschenk" erworben hat.
KATH. PFARRKIRCHE Überkuppelte Rotunde über dem Grundriß eines griechischen Kreuzes. Das Ideal des antiken Säulentempels stand hinter den Plänen zum klassizistischen Umbau des spätgotischen Gotteshauses.

GNADENBILD VON WESSOBRUNN IM HEIMATMUSEUM, OBERAMMERGAU
Reich geschmückt mit Perlen und Steinen, Blumen und Sternen, so lächelt „Maria, Mutter der Schönen Liebe" innig aus dem breitflächigen, roten Rahmen herab. Eine naive, hingebungsvolle Frömmigkeit und künstlerische Begabung äußert sich in diesem voll ausgemalten Hinterglasbild, das der Volkskunst zugehört. Es stammt aus der Gegend des Staffelsees, vermutlich aus Murnau.

PILATUSHAUS, OBERAMMERGAU
Auch ohne seine Passionsspiele wäre das Dorf im Tal der Ammer berühmt. Außer Mittenwald gibt es sonst keinen Ort, in dem das Straßenbild in solcher Vielfalt von den bemalten Häuserfronten bestimmt wird. Seit dem 18. Jh. schmückt farbenfrohe „Lüftlmalerei" die hellverputzten Fassaden. Heiteres Rankenwerk schlingt sich um Fenster und Erker. Am bedeutendsten sind die perspektivischen Scheinarchitekturen am Pilatushaus.

Oberelchingen *Schwaben* 601 □ 4
EHEM. BENEDIKTINERKLOSTERKIRCHE 1128 Gründung
des Klosters auf dem Elchinger Berg. Die aus der
Mitte des 12. Jh. stammende romanische Pfeiler-
basilika wurde im 18. Jh. entscheidend umgestaltet.
Es entstand ein harmonischer Bau des späten Ro-
koko, der bereits hinübergreift in den Klassizismus.
Napoleon, der die Kirche nach der Schlacht bei
Elchingen 1805 betrat, nannte diesen prunkvollen
Raum zutreffend: „salon du bon Dieu" (Salon des
lieben Gottes). Von der Klosteranlage ist noch
das schöne Torhaus (um 1750) erhalten.

Obergermaringen *Schwaben* 609 ■ 11
Die Harmonie des barocken Raumbildes ist das
Rühmenswerte der WALLFAHRTSKIRCHE St. Wendelin.

Obergladbach *Reg.-Bez. Darmstadt* 592 □ 2
MAPPER SCHANZE 1494 wurde das einzig erhaltene
Tor des „Rheingauer Gebücks" errichtet, das als
etwa 50 Schritt breite Hainbuchenhecke das Land
schützte.

Obergrombach *Reg.-Bez. Karlsruhe* 600 □ 12
Die BURGRUINE wirkt mit ihrer starken, turmbewehrten Ringmauer, zinnenbesetztem Wehrgang
und dem hohen Bergfried noch immer stattlich.
EV. SCHLOSSKAPELLE Spätgotisch, mit Resten dekorativer Ausmalung aus der Bauzeit.

Oberhausen *Schwaben* 602 □ 3
Auf einem bewaldeten Hügel östlich des Ortes das
klassizistische DENKMAL des französischen Heerführers Théophile Malo Corret de Latour d'Au-
vergne, des „ersten Grenadiers Frankreichs", der
hier 1800 fiel.

Oberhundem *Reg.-Bez. Arnsberg* 585 □ 11
SCHLOSS ADOLFSBURG Das 1677 mit quadratischem
Treppenturm und zwei Ecktürmen erbaute zweigeschossige Herrenhaus birgt noch Teile der prächtigen Innenausstattung.

Oberkaufungen *Reg.-Bez. Kassel* 578 ■ 6
EHEM. BENEDIKTINERINNENSTIFT Über dem Ort
thront die mächtige Anlage, gegründet 1017 von
Kaiserin Kunigunde, die hier ihren Witwensitz nahm.
Die ottonische Klosterkirche ist oft umgebaut
worden und von uneinheitlicher Wirkung. Einst
öffnete ein Westportal im Turm den Zugang zur
Kirche durch eine niedrige, jetzt vermauerte Vorhalle. Auf der Empore darüber, hinter schlanken
Arkaden, hatte die Kaiserin ihren Sitz. Der ottonische Charakter des Innenraumes ist noch am besten im Nordarm des Querhauses zu erkennen: mit
den kleinen Rundbogenfenstern und den weitgespannten Bogen der Vierung. Der Chor erhielt in
der Spätgotik ein Sterngewölbe. Wände und Pfeiler
tragen umfangreiche spätgotische Wandmalereien.
Der STIFTSHOF ist eine malerische Gruppe prächtiger Fachwerkbauten des 17.–18. Jh. In der ottonischen ehem. Georgskapelle jetzt ein HEIMATMUSEUM.

Oberkirch *Reg.-Bez. Freiburg i. Br.* 599 □ 4
RUINE SCHAUENBURG Die Burg wurde im 11. Jh.
von den Herzögen von Zähringen zur Kontrolle
des Kniebis-Passes erbaut. 1689 wurde sie zerstört.
Burgvogt und Wirt im unterhalb gelegenen „Gasthof zum Stern" war ab 1656 Hans Jak. Christoffel
v. Grimmelshausen.

Oberlenningen *Reg.-Bez. Stuttgart* 601 ■ 8
Die PFARRKIRCHE ist eine flachgedeckte romanische
Säulenbasilika aus dem 11. Jh. mit Chor und
Turm aus dem 15. Jh. SCHLÖSSCHEN von 1576.
Fachwerkobergeschoß mit Giebeldach. Holzge-
schnitzte Portale.

Obermarchtal *Reg.-Bez. Tübingen* 608 □ 12
Die EHEM. PRÄMONSTRATENSERABTEI liegt malerisch
auf einer steilen Terrasse des südlichen Donau-
ufers. 1686 beginnt Michael Thumb die heutige
Kirche nach dem Vorarlberger Münsterschema:
eine Wandpfeilerkirche mit Emporen und Querschiff; Weihe 1701. Die Würde des Raumes beruht
auf den römisch empfundenen Rundbogen der Arkaden, die das Innere auf drei Seiten umziehen.
Der Frühstufe des Barock entsprechend ist der
Raum strahlend weiß, die Architekturglieder sind
durch Akanthus- und Lorbeerstuck des Wessobrunner Meisters Joh. Schmuzer betont. Farbe gibt nur
das Gold und Braun der Altäre und des dunklen
Kirchengestühls; prächtige Schnitzwerke.
Die Klostergebäude entstanden 1686–1702 im
liebenswürdigen Stil eines ausgedehnten ländlichen
Herrensitzes. Schönster Raum ist der ehem. Kapitelsaal mit einem „wild genialischen" Chorgestühl,
von Figuren strotzend, von schäumendem Akanthus
bekrönt. – Seit der Säkularisation 1803 gehören die
Gebäude den Fürsten Thurn und Taxis.

Obermarsberg *Reg.-Bez. Arnsberg* 577 ■ 4
Über dem Tal der Diemel liegt die kleine Stadt,
von deren bewegter Geschichte außer einer
Rolandsäule von 1737, einem Pranger aus dem
16. Jh. zwei bedeutende Kirchen zeugen: die
STIFTSKIRCHE (13./14. Jh.) mit kleiner Krypta und
beachtlicher Barockausstattung und die besonders
reizvolle frühgotische NIKOLAIKAPELLE, eine kurze
dreischiffige Halle. Von ihren drei Portalen ist das
spätromanische Südportal am bemerkenswertesten.

Obermedlingen *Schwaben* 602 □ 8
EHEM. DOMINIKANERKLOSTERKIRCHE (1719) Prächtige Westfassade mit drei Figurennischen. Die Altäre wie auch Kanzel und Chorgestühl sind
mit Holz-, hellen Metall- und Elfenbeineinlagen
reich verziert.

Oberndorf b. Donauwörth *Schwaben* 602 ■ 4
ST. NIKOLAUS (16.–18. Jh.) mit Rokokostuck und
-fresken; am südlichen Seitenaltar ein Reliefzyklus
(16. Jh.).
SCHLOSS Das ehem. Wasserschloß ließ Anton Fugger
1535–46 errichten, aus dessen Wirtschaftsgebäude
entstand im 17. Jh. die jetzige Zweiflügelanlage.
Kapelle mit Rokokostuckaltar.
WALLFAHRTSKIRCHE HERRGOTTSRUH (1718) Reizvolle
Stuck- und Freskendekoration, schöne Altäre.

Oberndorf a. N. *Reg.-Bez. Freiburg i. Br.* 600 □ 6
EHEM. KLOSTER Die Rokokokirche besitzt schöne,
festliche Stukkaturen und Deckenfresken.
HEIMATMUSEUM mit einer Abteilung zur Entwicklung
der Mauserwaffen.

Oberndorf *Rheinhessen-Pfalz* 592 ■ 3
Spätgotische PFARRKIRCHE mit gewölbtem Chor
(1474) und schiefwinkeligem Langhaus (um 1500).
Hochaltar und Empore stammen aus dem 18. Jh.,
die sehenswerten Grabsteine der Randeck-Löwen-
stein aus dem 15.–17. Jh.

Oberndorf b. Tübingen *Reg.-Bez. Tübingen* 600 ▪ 4
In der KATH. PFARRKIRCHE ein kostbarer Schnitz-altar. Jeder der drei Teile – die gemalten Flügel fehlen – täuscht perspektivisch einen vieleckigen Chorschluß vor (frühes 16. Jh.).

Obernetphen *Reg.-Bez. Arnsberg* 585 □ 10
Ein Barockportal führt zu der im ummauerten Friedhof liegenden frühgotischen EV. KIRCHE (13. Jh.). Der Chor wurde im 17. Jh. durch eine schlichte Barockkapelle verlängert. Im kraftvollen Kirchenraum eine Kanzel des 17. Jh.

Obernkirchen *Reg.-Bez. Hannover* 570 □ 8
STIFTSKIRCHE Als mächtiger Block aus romanischer Zeit ragt das Westwerk mit seinen zwei Pyramidendächern auf. Dahinter erstreckt sich die gotische Hallenkirche (14. Jh.) mit ihren durch Giebel abgeschlossenen fünf Querdächern über jedem Seitenschiff. Der reich vergoldete Altarschrein (1496) zeigt Passionsdarstellungen. Eine Mosesfigur trägt die Kanzel aus dem 17. Jh. Auf der Damenempore steht ein kleiner Schnitzaltar (um 1510–20). Die thronende Madonna aus Holz ist fast 200 Jahre älter und stammt wohl vom früheren Hochaltar. Das prachtvolle Epitaph schuf sich der Bürgermeister Tribbe (gest. 1665) selbst. Einen malerischen Winkel bilden die Klostergebäude mit Kreuzgang, Stift, Abtei und Propstei.

Oberorke *Reg.-Bez. Kassel* 577 □ 5
KIRCHE Fachwerkdorfkirche von 1739 mit einheitlicher Ausstattung, besonders durch die überreiche bäuerliche Ausmalung von großem Reiz.

Oberpleis *Reg.-Bez. Köln* 584 ▪ 10
Die EHEM. BENEDIKTINERPROPSTEIKIRCHE liegt in den Ausläufern des Westerwalds zum Rheintal hin, eine im 12. und 13. Jh. entstandene dreischiffige romanische Pfeilerbasilika. Zur ersten Bauzeit gehört die Krypta, das Langhaus sowie der gewaltige Westturm. Anfang des 13. Jh. wurden Querschiff und Chor neu gebaut. Das nördliche Seitenschiff wurde im 15. Jh. erneuert. Im Innern renovierte romanische und gotische Wand- und Gewölbebemalung. Überaus wertvoll ist der Altaraufsatz, ein dreiteiliges romanisches Tuffsteinrelief aus der Mitte des 12. Jh., „Dreikönigenaltar" genannt. – Von den mittelalterlichen Klostergebäuden steht noch der Westflügel mit dem gratgewölbten Kreuzgang aus dem 12. Jh.

Oberreifenberg *Reg.-Bez. Darmstadt* 585 □ 7
BURGRUINE Eindrucksvoll beherrscht die hochragende Baugruppe des 13.–14. Jh. (Bergfried, Wohnturm und die starke Schildmauer mit Rundtürmen) das Taunusstädtchen.

Ober-Rosbach *Reg.-Bez. Darmstadt* 585 ▪ 6
EV. PFARRKIRCHE Den Chorturm des 13. Jh. krönt ein reichgeformter Barockhelm. Der Emporensaal ist hübsch in ländlichem Rokoko ausgestattet.
KAPERSBURG Ansehnliche Reste eines römischen Limeskastells aus dem 2. Jh. mit einer Badeanlage.

Obersaulheim *Rheinhessen-Pfalz* 593 □ 10
An der Bundesstraße 40 liegt ein vorgeschichtlicher Menhir, der „Lange Stein". Im Mittelalter wurde hier Gericht gehalten.

Oberschaffhausen *Reg.-Bez. Freiburg i. Br.* 606 ▪ 12
PESTKAPELLE ST. ALBAN Die nach dem Pestjahr 1473 erbaute Kapelle besitzt ein Portalrelief „Zwei Engel tragen das Tuch der Veronika". Reiche Wandmalereien.

Oberschönenfeld *Schwaben* 602 □ 6
ZISTERZIENSERINNENKLOSTERKIRCHE 1721–29 gebaute Wandpfeileranlage aus drei quadratischen Räumen mit Flachkuppeln. Im Innern erfreuen Barock- und Rokokostuck und hervorragende Gewölbefresken. Im Nonnenchor ein Grabchristus (14. Jh.).

Oberschüpf *Reg.-Bez. Stuttgart* 594 ▪ 6
Romanisches KIRCHLEIN mit Wandmalereien des 14. Jh.

Obersontheim *Reg.-Bez. Stuttgart* 601 ▪ 1
Hier wurde 1739 Chr. F. D. Schubart geboren.
SCHLOSS Die ehem. Residenz der Schenken von Limpurg ist eine guterhaltene, von zwei Türmen bewehrte Renaissanceanlage.

Oberstadion *Reg.-Bez. Tübingen* 608 □ 12
Die KATH. PFARRKIRCHE (1473; 1776 umgebaut) ist eine wahre Schatzkammer ulmischer Kunst des ausgehenden Mittelalters. Fast alle Altäre sind mit spätgotischen Holzskulpturen oder Tafelgemälden geschmückt. Chorgestühl von Jörg Syrlin d. J. (1486).
SCHLOSS Das freundliche Barockpalais besitzt noch einen wehrhaften Renaissanceturm.

Oberstdorf *Schwaben* 609 □ 8
In der Nähe dieses reizvollen Ortes am Fuße der Allgäuer Alpen drei WALLFAHRTSKAPELLEN. In der schön stuckierten Lorettokapelle ein wertvoller Hochaltar (18. Jh.).

Oberstenfeld *Reg.-Bez. Stuttgart* 601 □ 10
BURG LICHTENBERG Östlich des Dorfes über den Tannenhängen des Bottwartals liegt diese vorzüglich erhaltene mittelalterliche Burg (13.–15. Jh.). Zu seiten der Durchfahrt Mannschaftshalle und Kapelle mit Wandmalereien (um 1280), darüber der Festsaal mit Fensterbänken.
STIFTSKIRCHE ST. JOHANNES BAPT. Die monumentale romanische Basilika (13. Jh.) schließt mit einem mächtigen Turm über dem Chor ab. Der gemalte Flügelaltar (1512) entstand unter dem Einfluß Dürers. Schöne Grabdenkmäler. Die dämmrige kreuzgewölbte Krypta ist ein Teil einer älteren Kirche (11. Jh.).
ST. PETERSKIRCHE Das hohe Alter (Mitte 11. Jh.) sieht man der kleinen Kirche schon von außen an. An der Ostseite des Turmes hat sich eine der Apsiden erhalten. Chorgewölbe und Wandmalereien aus dem 13. Jh.

Oberstoppel *Reg.-Bez. Kassel* 586 ▪ 12
BURG HAUNECK Ruine einer romanischen, in der Spätgotik ausgebauten Anlage mit Doppeltor, Palas und Bergfried. Prachtvolle Aussicht.

Oberstotzingen *Reg.-Bez. Stuttgart* 601 □ 4
Hier gibt es ein malerisches, von Mauern und Gräben umzogenes Renaissanceschloß zu sehen und eine Rokokokirche mit auf die Wand gemaltem Altaraufsatz.

Oberursel *Reg.-Bez. Darmstadt* 585 □ 6
KATH. PFARRKIRCHE Nach einem Brand 1645 wurde die spätgotische zweischiffige Halle bis auf die Gewölbe im Hauptschiff wiederhergestellt und im üppigen Knorpelstil des Frühbarock ausgeschmückt. Erst 1938 wurden Holzgewölbe eingezogen.

Oberwälden *Reg.-Bez. Stuttgart* 601 ■ 9
EV. PFARRKIRCHE Die Stärke der romanischen Turmmauern läßt sich an der darin ausgesparten Treppe ermessen. Die Chorwände schmücken gotische Malereien (um 1300).

Oberwesel *Reg.-Bez. Koblenz* 592 □ 1
PFARRKIRCHE ST. MARTIN Hoch über dem Ort steht die „weiße Kirche", so genannt nach der Farbe der Chor- und Langhauswände. Die Schwere des gotischen Baus aus dem 14./15. Jh. (nördliches Seitenschiff 16. Jh.) wird noch durch den wuchtigen Wehrturm mit Zinnenkranz unterstrichen.
SCHÖNBURG Torturm und Schildmauer geben heute noch von der Großartigkeit der 1689 zerstörten mittelalterlichen Anlage Kunde.
STIFTSKIRCHE Aus rötlich verputztem Schieferbruchstein und rotem Sandstein wurde 1308–31 die querschifflose Basilika erbaut. 72 Meter hoch ist der Westturm, dessen Helm von acht Giebeln umfaßt wird. Der hohe Innenraum besitzt mit Sternmalerei verzierte Gewölbe. Zwischen Chor und Mittelschiff steht der reich mit Maßwerk, Blattornamenten und Evangelistenstatuen geschmückte Lettner. Zu den bedeutendsten Werken der Holz-

NIKOLAUSALTAR, STIFTSKIRCHE,
OBERWESEL
Auf dem Mittelteil des Altars, den ein unbekannter Meister 1506 schuf, erscheint der hl. Nikolaus übergroß und mit gütigem Ausdruck im Zentrum des Bildes, flankiert von den drei unschuldig verurteilten Rittern, die er befreite, und den drei jungen Mädchen, die ihr Vater, rechts stehend, seiner Armut wegen zur Prostitution zwingen wollte. Zu Füßen der Mädchen liegen die drei Beutel Geld, die ihnen der Heilige schenkte, um sie vor diesem Schicksal zu bewahren. Im Vordergrund Andeutungen von Landschaft – Rhein und Rheinufer – und das Schiff, das sich in die Hut des hl. Nikolaus, Patron der Seeleute, begibt.

schnitzkunst gehört der figurenreiche Hochaltar von etwa 1331. Die Grabmäler des Peter Lutern (von Hans Backoffen) und des Ritterpaares Ottenstein aus dem 16. Jh. sind Steinbildwerke von höchster Vollendung.

Oberwittelsbach *Oberbayern* 602 □ 4
Von der ehem. BURG WITTELSBACH (12. Jh.) sind nur noch einige Steine zu sehen. ST. MARIA Spätgotischer Backsteinbau (um 1418) mit zwei wertvollen gotischen Muttergottesfiguren (1430; um 1500).

Oberwittighausen *Reg.-Bez. Stuttgart* 594 ■ 4
SIGISMUNDKAPELLE Vorherrschend ist das Achteck: im Zentralbau, im Chor und im Glockentürmchen, das sich – schon eine Schöpfung der Gotik – gefällig aus dem gedrungenen romanischen Baugefüge erhebt. Schwer zu deuten die rohen Skulpturen am Portal: Menschen, Fabelwesen, rätselhafte Zeichen.

Ochsenfurt *Unterfranken* 594 □ 3
Die Brücke aus dem 17. und 18. Jh. (älteste Teile von 1512) führt über den Main in die noch mit Mauern und Türmen aus dem 14.–16. Jh. bewehrte Stadt. Der Schauseite des zweiflügeligen spätgotischen Rathauses (1488) entwächst ein Uhrtürmchen mit Spielwerk von 1560. Altes Rathaus aus dem späten 15. Jh. An die kleine Spitalkirche (um 1500) mit ihrem nadelspitzen Turm schmiegt sich das 1604 errichtete Spitalgebäude.
Ältester Teil der dreischiffigen KATH. PFARRKIRCHE ST. ANDREAS ist der frühgotische Turm (1288). Drinnen ein Hochaltar (1612) aus der Renaissance und eine Holzfigur des hl. Nikolaus von Riemenschneider.

Ochsenhausen *Reg.-Bez. Tübingen* 608 ■ 1
Die EHEM. BENEDIKTINERABTEI beherrscht mit dem weitausgreifenden Geviert der hellen, vierstöckigen Konventstrakte und dem hohen Glockenturm das Tal der Rottum. Der spätgotischen Kirche (1489 bis 95) wurde 1725 eine Barockfassade vorgeblendet, im Mittelteil durch Portal, Rundbogenloge und Attikafenster geöffnet. Im barockisierten Innenraum nahm der Architekt die übliche Umwandlung von Spitz- in Rundbogen, von Achteck- in Viereckpfeiler vor. Darüber hinaus aber schuf er mit einem breit gewellten Gesims über den Langhausarkaden eine atmende Bewegtheit, die durch den gesamten Raum der steilen gotischen Proportionierung entgegenwirkt. Reiche Ausstattung mit Stuck und Altären. 1740 die Kanzel von Egid Verhelst mit frei in den Raum sprühender asymmetrischer Komposition des Schalldeckels. 1725–30 die hervorragende Orgel von Josef Gabler, der aus Ochsenhausen stammte. Reich ausgestattet auch die Klostergebäude von 1583–1791.

Ochtendung *Reg.-Bez. Koblenz* 584 ■ 7
KIRCHE Durch Beton-Maßwerk fällt Licht in den 1958 von Alfons Leitl aus Schieferbruchstein mit Holzdecke errichteten Neubau, in den der romanische Turm einbezogen wurde.

Ockstadt *Reg.-Bez. Darmstadt* 585 ■ 5
BURG Regelmäßige spätgotische Anlage mit vier Eckbastionen, einem mittleren Rundturm und barock veränderten Gebäuden. Sie ist umgeben von jetzt trockenen Gräben.

RATHAUS, OCHSENFURT

Zwei Gassen führen an den Giebelseiten des Rathauses vorbei zum Ochsenfurter Marktplatz, von dort fällt der Blick frei auf eine der schönsten und interessantesten Rathausfassaden Frankens. An der rechten Ecke steht eine steinerne Madonna von 1498. Eine Freitreppe mit reicher Maßwerkbalustrade führt in das Haus. Doch am bemerkenswertesten ist das achteckige Uhrtürmchen, das sich um den vorgekragten dritten Geschoß hochzieht. Unten verneigt sich alle Stunde eine wappentragende Jungfrau, darüber das Bild des Bürgermeisters, über dem allstündlich der Tod die Sense schwingt, eine astronomische Uhr (1560) folgt und über allem stoßen zwei Böckchen die Köpfe zusammen.

Odenheim *Reg.-Bez. Karlsruhe* 600 □ 12
STIFTERHOF Etwa 2 km nordöstlich vom Dorf stehen die Ruinen eines Klosters: zwei massige, von Grün überwucherte romanische Rundtürme und ein riesiger Speicher (15. Jh.). Wappensteine aus dem 14. und 15. Jh.

Odensachsen *Reg.-Bez. Kassel* 586 ■ 12
KIRCHE An den gotischen Chorturm schließt ein barockes Schiff (1707) unter mächtigem Mansarddach an. Innen zweigeschossige Emporen und Holztonne farbenprächtig bemalt. Kanzel auf Säulen frei stehend hinter dem Altar.

Oederquart *Reg.-Bez. Stade* 562 □ 10
KIRCHE Der heutige Backsteinbau auf einer lindenumstandenen Wurt hat noch einen gotischen Kern. Blickpunkt des Innenraumes bildet die Orgel von Arp Schnitger (1679–82).

Öhningen *Reg.-Bez. Freiburg i. Br.* 607 ■ 4
Auf einer Terrasse oberhalb des Untersees liegt das ehem. AUGUSTINERCHORHERRENSTIFT. Die imposante Gebäudegruppe stammt vorwiegend aus dem Frühbarock. Die Kirche, im Kern gotisch, hat eine wertvolle barocke Ausstattung.

Ölber *Verw.-Bez. Braunschweig* 570 □ 4
Die beinah kreisrunde OBERBURG, seit 1296 im Besitze der v. Cramm, wurde in der Spätrenaissance umgebaut. Der Turm ist eine Zutat des 19. Jh.

Oelinghausen *Reg.-Bez. Arnsberg* 576 □ 3
Auf einem Bergvorsprung wurde 1174 ein Prämonstratenserinnenkloster gegründet, das heute von Mariannhiller Missionaren bewohnt wird. Die KIRCHE ist ein langer einschiffiger Saalbau aus dem 14. Jh. Darunter die noch romanische Gnadenkapelle. Zur sehr schönen Ausstattung gehören zwei Schichten gotischer Wand- und Gewölbemalereien aus dem 14. und 15. Jh., der barocke Hochaltar (1712), der Orgelprospekt (1717), ein Gnadenbild von etwa 1200 und eine kleine gotische Doppelmadonna.

Öhringen *Reg.-Bez. Stuttgart* 601 □ 11
Oberhalb der Ohrn liegt das große Renaissanceschloß (1612) mit späteren Anbauten, jenseits des Flüßchens der Park. 4 km nördlich der Stadt liegt das barocke Lustschloß Friedrichsruh (1712–17). Unter den Fachwerkbauten im Ort fällt das Rathaus (1504) mit dem Justitiabrunnen davor auf. Zur Karlsvorstadt führt das klassizistische Berliner Tor.
STIFTSKIRCHE ST. PETER UND PAUL, eine spätgotische Hallenkirche (1454–1501) mit Rippennetz über dem Tonnengewölbe und Westturm. Am Südostturm weisen romanische Skulpturen auf den Vorgängerbau hin. Vom Hochaltar erhielt sich der Mittelschrein (um 1500) mit fünf meisterhaften Schnitzfiguren. Als Grablege der Hohenlohe ist die Kirche reich an aufwendigen Grabdenkmälern, so im hochgelegenen Chor, zu dem eine breite Treppe hinaufführt, die vier Renaissance-Wandgräber (16. und 17. Jh.). In der Krypta steht der schöne Adelheid-Sarkophag (1241) und das Kindergrab des Grafen von Erbach (1609). Margarethenaltar (15. Jh.) im nördlichen Querschiff, genannt „Hölle". Im Chor Glasmalereien (15. Jh.). – Klein, aber hoch gewölbt der Kreuzgang mit Maßwerkarkaden.

TUMBA ADELHEIDS, STIFTSKIRCHE, ÖHRINGEN

Adelheid, deren Gebeine die schlichte Tumba birgt, war eine bedeutende Frau – bedeutend für Öhringen, dessen Kirche sie stiftete, bedeutend vor allem aber durch ihren Sohn, den ersten salischen Kaiser Konrad II. Seine energische Realpolitik, die er als vitale Persönlichkeit auch durchzusetzen verstand, war außerordentlich erfolgreich. Weil er – gemessen an kaiserlicher Macht – kleinen Verhältnissen entstammte, war es sein Hauptanliegen, den Besitz des Reiches zusammenzuhalten.

Oerlinghausen *Reg.-Bez. Detmold* 577 □ 1
Mittelpunkt der hochgelegenen Bergstadt ist die spätgotische ALEXANDERKIRCHE, 1511–14 auf spätromanischem Grundriß erbaut, romanischer Turm. Barockorgel von 1688.

Oese *Reg.-Bez. Stade* 561 □ 3
KIRCHE Durch die zahlreichen Wappenfenster (16./17. Jh.) und Glasgemälde (1578) fällt buntes Licht in das kleine ländliche Gotteshaus. Prächtige Renaissanceepitaphien.

Oestrich *Reg.-Bez. Darmstadt* 592 □ 2
KATH. PFARRKIRCHE Malerisch hebt sich der romanische Turm von dem spätgotischen Langhaus (1508) ab. 1893 wurden die Sterngewölbe eingezogen. Gotische und barocke Ausstattungsstücke.
REICHARDSHAUSEN Der stattliche dreiflügelige Schloßbau von 1742 liegt inmitten der Weinberge am Rhein (heute Weingut).
RHEINKRAN aus dem 16. Jh., mehrfach erneuert. Von den einst vielen Ladekränen der Rheinorte ist er der einzige aus Holz erhaltene.

Oettingen *Schwaben* 602 ▪ 11
Hübsche Fachwerkhäuser (15.–17. Jh.), darunter das prächtige Rathaus (1431), barocke Giebelfronten (17./18. Jh.) und zwei stattliche Tore geben dem anmutigen Ort, neben Kirchen und Schloß, das Gesicht einer ländlichen Residenzstadt.
Die GRUFTKAPELLE besteht aus einem frühgotischen Chor mit Turm; seit Ende des 18. Jh. Grablege des fürstlichen Geschlechts.
ST. JAKOB Ganz vorzügliche barocke Stukkaturen und Fresken füllen die Gewölbe der größtenteils gotischen Pfarrkirche; die Kreuzigungsgruppe (um 1500) des Hochaltars, Kanzel (1677) und Taufstein (1689) sind ihre wertvollsten Ausstattungsstücke.
SCHLOSS (17./18. Jh.) Repräsentativer Herrensitz mit herrlichen Stuckarbeiten und guten Deckengemälden im Innern. Im Hof der schöne Marienbrunnen (1720), im Hofgarten englischen Stils ein Orangeriegebäude (1726).

Oeversee *Schleswig-Holstein* 555 ▪ 11
KIRCHE Der Turm ist wohl zu Verteidigungszwecken so mächtig an die romanische Feldsteinkirche des 12. Jh. gesetzt worden. Drinnen unter spätgotischem Gewölbe Malereien von 1497 und aus der Frührenaissance.

Offenbach *Reg.-Bez. Darmstadt* 593 □ 1
DEUTSCHES LEDER- UND SCHUHMUSEUM Die Sammlung bietet einen Überblick über die Lederverarbeitung zu allen Zeiten und bei allen Völkern.
KLINGSPOR-MUSEUM Es werden künstlerische Bucheinbände, -illustrationen und Schriften der Neuzeit gezeigt.
Das SCHLOSS ging aus einer spätgotischen Wasserburg hervor. Zum Main hin sind noch starke Ecktürme und reichverzierte Erkerbrüstungen zu sehen. Prunkstück der Renaissance in Hessen ist die Hoffassade mit ihren Laubengängen.

Offenbach a. Glan *Rheinhessen-Pfalz* 592 ▪ 6
Die EHEM. BENEDIKTINERKLOSTERKIRCHE (1220 bis 1230, das Langhaus wurde im 19. Jh. abgebrochen, ein Joch ist wieder aufgebaut) ist eines der schönsten Beispiele deutscher Frühgotik. Der Meister, an burgundischen Bauten des 12. Jh. geschult, schuf eine reiche, kraftvolle Anlage, vielge-

staltig gegliedert durch Langhaus, Querhaus, Vierungsturm und Apsiden.

Offenburg *Reg.-Bez. Freiburg i. Br.* 599 ▪ 4
Das EHEM. AMTSHAUS (Landratsamt), ein schwerer Barockbau mit drei Giebeln, wurde in der ersten Hälfte des 18. Jh. errichtet.
Ehem. FRANZISKANERKIRCHE Barocker Neubau auf gotischen Fundamenten, mit tiefen Seitenkapellen und Emporen, reichem Orgelprospekt, aufwendigen Altären ein Gesamtkunstwerk von großer Geschlossenheit.
RATHAUS (18. Jh.) mit reichen Fenster- und Portalformen.
STADTPFARRKIRCHE HL. KREUZ An den stehengebliebenen gotischen Chor wurde eine barocke dreischiffige Halle mit Emporen angebaut. Die Ausstattung ist barock. An der Außenseite unter vielen schönen Grabsteinen das Epitaph des Jörg v. Bach, ein Meisterwerk der Frührenaissance.

Offenstetten *Niederbayern* 603 ▪ 1
ST. VITUS Bedeutende Ausstattung aus dem 18. Jh.: Stuck von Joh. Bapt. Zimmermann, farbenfrohe Fresken, gute Altäre.
SCHLOSS Von Ecktürmen besetzte Vierflügelanlage aus dem 18. Jh.

Ohrdorf *Reg.-Bez. Lüneburg* 571 ▪ 12
Romanische KIRCHE von 1235. Die Wandmalereien im Chor sind besonders gut erhalten (um 1370). Zu Beginn des 18. Jh. malte man die Kassettendecke und die Emporenbrüstung aus. Schöner gotischer Altar.

Olbrück *Reg.-Bez. Koblenz* 584 ▪ 8
BURG Weit in die Eifel schaut der hohe gotische Bergfried der aus dem 12. Jh. stammenden, durch spätere An- und Ausbauten erweiterten Burg.

Oldenburg in Holstein 556 ▪ 6
1156 wurde mit dem Bau der JOHANNISKIRCHE begonnen; die flachgedeckte Basilika ist somit einer der ältesten erhaltenen Backsteinbauten Nordeuropas. Der Chor gotisch verändert, einen umfassenden Umbau gab es nach dem Brand von 1773, damals bekam der Turm sein barockes Aussehen.

Oldenburg i. Oldenburg *Niedersachsen* 561 ▪ 7
Der Lappan, ein Turm von 1468, und die Gertrudenkapelle mit Wandgemälden des späten 15. Jh. sind Zeugen der mittelalterlichen Stadt, die im 19. Jh. im Sinne des Klassizismus neu gestaltet wurde.
LAMBERTIKIRCHE 1797 wurde in die Umfassungsmauern einer spätgotischen Halle die Rotunde eingebaut, in der zwölf Säulen die Kuppel und zwölf Pfeiler die Empore tragen. Vier Ecktürme und ein Westturm in Neugotik kamen am Ende des 19. Jh. dazu.
SCHLOSS Zu Beginn des 17. Jh. erstand an Stelle der mittelalterlichen Wasserburg ein Renaissanceneubau mit quadratischem Turm und reichem plastischem Schmuck an den Fenstern. Die 1737 bis 1743 umgebaute Marktseite schmücken große Pilaster. 1774–78 kam der Holmersche Flügel dazu, 1817–21 der Bibliotheksflügel, 1894–99 der Theaterbau. Im Innern Landesmuseum für Kunst und Kulturgeschichte mit mittelalterlicher Plastik und einer Gemäldegalerie.

LEUCHTERVASE, LANDESMUSEUM
OLDENBURG

*Rheinische Schnellen – hohe, schlanke, mit Relief-
verzierungen versehene Henkelkrüge – sind ein
Begriff. Sie wurden im 16. und 17. Jh. aus hell-
grauem Steinzeug hergestellt, und zwar meist in
Siegburg, wo es eine besonders befestigte Töpfer-
siedlung gab. Ein Paradestück ist diese Leuchtervase
mit biblischen Szenen, ausdrucksvollen Ornamenten
und dem bergischen Wappen.*

GÜRTELSCHNALLE, LANDESMUSEUM
OLDENBURG

*In der germanischen Gebrauchskunst spielt das
Ornament eine bedeutende Rolle, das geometrische wie auch das Tierornament. Typisch sind zunächst rückwärtsblickende Löwenpaare und – flä-
chenfüllend – Spiraldekor oder Winkelmuster im
Keilschnitt. Die bronzene Gürtelschnalle aus dem
4. Jh. ist nicht nur an den Dornen durch Tiergestalten geschmückt, auch der runde Teil läuft in
zwei stilisierte beißende Tierköpfe aus.*

Oldendorf *Reg.-Bez. Osnabrück* 569 ■ 7
Die einschiffige frühgotische DORFKIRCHE (13. Jh.)
mit älterem Turm (um 1200) birgt einen großen spätgotischen Schnitzaltar. Übrige Ausstattung 17. Jh.

Oldenswort *Schleswig-Holstein* 554 □ 3
HERRENHAUS HOYERSWORT (1591–94) Eingangs-
front mit Treppenturm; Renaissanceportal und
Sprossenfenster.
Die spätromanische KIRCHE (Chor und Turm go-
tisch) birgt gute Arbeiten der Spätrenaissance.

Oppenheim *Rheinhessen-Pfalz* 593 ■ 10
Der Ort, 764 erstmals genannt, wird 1220 freie
Reichsstadt, jedoch 1375 vom Kaiser erblich an
Kurpfalz verpfändet. Im Dreißigjährigen Krieg verwüstet, 1689 niedergebrannt.
Die KATHARINENKIRCHE ist das bedeutendste gotische Bauwerk am Mittelrhein. Vom spätromanischen Bau stammen die beiden Westtürme. Der
Polygonchor mit dem Querhaus entstand ab 1262.
Das dreischiffige Langhaus (etwa ab 1315) hat Seitenkapellen, die bis zur Außenflucht der Strebepfeiler gezogen sind. Im 15. Jh. baut Madern Gerthener für die Stiftsherren einen hohen Westchor
an. So ist die reiche Anlage entstanden, die ihre
bewegte Südseite als große Schaufront mit herrlichem Maßwerk darbietet. Nur steinerne Ausstattung hat den Brand von 1689 überdauert: die
schönen Grabsteine (im nördlichen Nebenchor
Anna v. Dalberg, gest. 1410, und im südlichen Seitenschiff Doppelgrab des Wolf v. Dalberg, gest.
1522, und der Agnes v. Sickingen, gest. 1517).
Nördlich der Kirche die Michaelskapelle (14. Jh.)
mit Beinhaus.
Über der Stadt die Ruine der Reichsburg, in der
1410 König Ruprecht starb. Sie trägt seit dem
17. Jh. den Namen LANDSKRON.

Oppenweiler *Reg.-Bez. Stuttgart* 601 ■ 11
SCHLOSS (18. Jh.) Reizvoll wirkt der eigenartige
achteckige Bau mit Laterne über dem Zeltdach
durch seine Insellage inmitten eines künstlichen
Sees, der zu einem von Ludwig v. Sckell angelegten
Landschaftspark gehört.

Orlen *Reg.-Bez. Darmstadt* 585 □ 7
KASTELL ZUGMANTEL am Limes. Neben dem viereckigen Kastell sind zwei Rundschanzen erkennbar,
unter denen sich vielleicht ein Amphitheater verbirgt.

Ornbau *Mittelfranken* 602 □ 12
Die guterhaltene Befestigung, das barocke Rathaus
(1647), die im 14. und 15. Jh. erweiterte Pfarrkirche St. Jakob und die romanisch-gotische Friedhofskirche blieben vom alten Stadtbild.

Orsoy *Reg.-Bez. Düsseldorf* 575 □ 3
Die Spanier haben 1586 die kleine Stadt völlig
zerstört. Nur Reste der Stadtbefestigung und einige
hübsche Patrizierhäuser sind übriggeblieben. In der
neueren PFARRKIRCHE ST. NIKOLAUS ist ein figurenreicher Brüsseler Schnitzaltar mit gemalten Flügeln,
um 1500, zu bewundern.

Ortenberg *Reg.-Bez. Darmstadt* 585 □ 4
Die Altstadt ist noch von Mauern und Türmen des
13.–14. Jh. umschlossen. Spätgotisches Fachwerkrathaus.

EV. STADTKIRCHE Dreischiffige gotische Hallenkirche (15. Jh.). Spätgotische Rankenmalereien beleben den Innenraum. Der kostbare Altarschrein steht heute im Darmstädter Landesmuseum, hier ist nur eine Kopie.

SCHLOSS Malerische Baugruppe vorwiegend des 18.–19. Jh. Von der mittelalterlichen Burg (12. bis 13. Jh.) sind Reste der Ringmauer, des Bergfrieds und des Torbaus zu sehen.

Ortenberg *Reg.-Bez. Freiburg i. Br.* 599 □ 4
BÜHLWEGKAPELLE Die ehem. Wallfahrtskirche (1497) liegt inmitten eines Friedhofes hoch in den Weinbergen. Im Inneren Wandmalereien.

Das SCHLOSS entstand um 1840 über staufischen Ruinen als romantische Ritterburg mit neugotischen Türmen und Zinnen (Jugendherberge).

Ortenburg *Niederbayern* 604 □ 4
Die PFARRKIRCHE aus dem 14. Jh. enthält prunkvolle Grabdenkmäler der Grafen von Ortenburg aus dem 16.–18. Jh.

SCHLOSS über dem Wolfachtal. Sein heutiges Aussehen ist von der Renaissance geprägt. Die Kapelle birgt eine wunderschöne Holzkassettendecke, vielleicht die schönste und kostbarste Deutschlands, mit plastischen Rosetten und Rollwerk (um 1600). Die des Rittersaales ist einfacher.

Osnabrück *Niedersachsen* 569 □ 8
Über dem gotischen Rathauseingang steht eine Kopie, im Städtischen Museum das Original des mittelalterlichen Standbildes von Karl d. Gr., der 765 hier einen Bischofssitz gründete. Doch nicht nur die geistlichen Herren prägten Osnabrück, es war Warenumschlagplatz, gewerbereiche Hansestadt, Diplomatentreffpunkt nach dem großen Kriege, Ackerbürgerstadt, barocke Residenz und – schon früh – schnell wachsender Industrieort. Daran erinnern Kirchen, Rathaus und Schloß, die alten Wallanlagen, Fachwerkgiebel mit buntestem Schnitzwerk und klassizistische Palais.

DOM ST. PETER An der Gewölbebasilika mit Querhaus und achtseitigem Vierungsturm wurde vom 11. bis 16. Jh. gebaut, sie vereint Romanik und Gotik. Der Nordwestturm und der Turmzwischenbau aus dem 13. Jh. bilden mit dem massigen Südwestturm vom Beginn des 16. Jh. eine Schauseite von strenger Altertümlichkeit; unter der Fensterrose ein gotisches Portal. Im breiten Langhaus stehen an den reich gegliederten, massigen Pfeilern, die das hochsteigende Gewölbe tragen, große Sandsteinfiguren der Apostel aus dem 16. Jh. Das monumentale Triumphkreuz und die Bronzetaufe stammen aus dem 13. Jh.

JOHANNISKIRCHE 1259–89 wurde die Hallenkirche mit Doppelturmfassade, Querhaus und rechteckigem Chor erbaut. Der figurenreiche Schrein des Hauptaltars wurde zu Beginn des 16. Jh. von einem einheimischen Meister geschnitzt, der die Kunst Flanderns gekannt haben muß. An das ehemalige Kollegiatstift erinnern Kreuzgang und das gotische Kapitelhaus.

KATHARINENKIRCHE Der mit 102 Metern höchste Kirchturm der Stadt steht an der kurzen dreischiffigen Hallenkirche aus dem 14. Jh.

MARIENKIRCHE An den älteren Turm wurde im 14. Jh. das Langhaus gebaut, im 15. Jh. kam der Chor dazu. Die Rundpfeiler im Innern sind mit Laubkapitellen geschmückt. Das Triumphkreuz von etwa 1320 hängt über dem Antwerpener Passionsaltar aus dem 16. Jh. Seine goldgefaßten Figuren und die gemalten Flügel haben den Krieg überstanden; der Schrein ist neu.

RATHAUS am dreieckigen städtischen Markt, an dem zwei alte Straßen zusammentreffen. In dem dreigeschossigen, monumentalen Bau von 1487 bis 1512 mit steilem Dach und Ecktürmchen der wieder aufgebaute Friedenssaal. Der dort ausgehandelte Westfälische Friede wurde 1648 von der Rathaustreppe verkündet.

SCHLOSS Der 1667 von italienischen Bauleuten errichtete viergeschossige Palast brannte 1945 aus. Heute wiederhergestellt (Pädagogische Akademie).

Osteel *Reg.-Bez. Aurich* 560 ■ 11
Die PFARRKIRCHE, im 19. Jh. verkleinert, geht auf eine spätromanische Basilika zurück. Von ihrem Turm aus entdeckte David Fabricius 1596 einen neuen Stern und 1611 die Sonnenflecken.

Osterburken *Reg.-Bez. Karlsruhe* 594 ■ 7
RÖMERKASTELL (2. Jh. n. Chr.) Von dem Doppel-
kastell hinter dem Limes ist das jüngere Miliz-
kastell in seinen Umfassungsmauern noch gut erhalten. Der berühmte Mithrasstein ist heute im
Badischen Landesmuseum in Karlsruhe.

Osterhofen-Altenmarkt *Niederbayern* 604 ■ 3
EHEM. PRÄMONSTRATENSERKLOSTERKIRCHE Joh. Mich.
Fischer, 1727 mit dem Neubau beauftragt, grenzte
mit geradlinigen Mauern einen Innenraum ab, in
dem er den asketischen Grundriß einer Wandpfeilerkirche mit einer bis dahin unerhörten Dynamik
erfüllte. Das Langhaus, durch sein einheitliches
Deckengewölbe zentralisiert, wird in die kreisende
Bewegung der seitlichen Ovalkapellen hineinge-
rissen. Über ihnen kurven die Emporenbrüstungen
weit in das Langhaus vor, während die Kapitelle
der Pfeiler bis zum Gewölbeansatz emporwuchern,
die Gesimse sich im Gegenschwung zurückziehen
und mit strömenden Parallelprofilierungen in die
Emporenräume einmünden. Im Chor verebbt der
Bewegungsrausch, um den Hochaltar nicht zu beeinträchtigen. Er ist ein Werk von Egid Quirin
Asam, von dem der gesamte figürliche und ornamentale Stuck stammt. Besonders originell die
Stifterpaare in ihren Logen vor den Chorfenstern.
Das glanzvolle Programm der Fresken und Altargemälde schuf Cosmas Damian Asam.

Osterholz-Scharmbeck *Reg.-Bez. Stade* 561 ■ 4
Der alte Turm aus Findlingssteinen geht zurück
auf eine Kirchengründung des 9. Jh. Die romani-

DOM, OSNABRÜCK

*Ein kräftig gefügtes, selbstsicheres, beeindruckendes
Bauwerk. Immer noch ist, obwohl es im 13. Jh.
entstand, ein romanischer Einschlag unverkennbar
– dem beharrenden Element in norddeutschen Lan-
den entsprechend. Aus dem hochgezogenen Gewölbe hängt vor der Vierung ein großes Triumphkreuz von etwa 1250 herab, an den Enden vergoldete Symbole der Evangelisten.*

KAPITELKREUZ, OSNABRÜCK

*Zu den kostbarsten Stücken des Osnabrücker Dom-
schatzes gehört das um 1050 geschaffene Kapitel-
kreuz. Einen hölzernen Kern umkleidet vergoldetes,
mit dichtem Filigran überzogenes Silberblech. Alle
Teile sind mit Gemmen, Halbedelsteinen, Kameen
und Ringen an Ketten reich besetzt.*

KAISERPOKAL UND URKUNDE, OSNABRÜCK

*Im Jahre 1171 verlieh Kaiser Barbarossa der Stadt
Osnabrück besondere Privilegien: das Befestigungs-
recht, eigene Verwaltung und Gerichtsbarkeit. Die
Urkunde darüber existiert noch heute (unser Bild).
– Der kostbare, zum Ratsschatz gehörende Kaiser-
pokal aus vergoldetem Silber stammt vermutlich
aus dem späten 13. Jh.; doch wurden der im
Renaissancestil gefertigte Schaft und die Kaiserfigur
an der Spitze später hinzugefügt. Der Pokal ist reich
mit Ornamenten und allegorischen Gestalten verziert. Neuaufgenommene Osnabrücker Ratsmitglie-
der mußten, so heißt es, um ihre Fähigkeiten zu
beweisen, den Pokal in einem Zuge leertrinken
– keine Kleinigkeit, denn er faßt eine ganze
Flasche Wein.*

DETAIL AUS DER KLOSTERKIRCHE, OSTERHOFEN

*Was in ihr steckt, läßt die ehemalige Prämonstra-
tenserklosterkirche St. Margaretha von Osterhofen
zunächst kaum ahnen: Der äußerlich schlichte Bau
birgt einen prachtvollen Innenraum, der von den
Brüdern Asam gestaltet wurde. Die Altäre von
Egid Quirin gehören zum Prunkvollsten und Ein-
fallreichsten, was der bayerische Barock hervorgebracht hat. Unser Bild zeigt die Bekrönung eines
um 1740 entstandenen Nebenaltars.*

331

sche Kirche (1186) ist einer der ältesten sakralen Backsteinbauten in Nordwestdeutschland. Ein Steingrab (um 2500 v. Chr.) beweist, daß der Ort schon in der Jungsteinzeit besiedelt war.

Ostermünchen *Oberbayern* 610 ▪ 2
ST. LAURENTIUS UND STEFAN Die 1504 erbaute, 1794 erneuerte Wandpfeilerkirche bietet noch viel Gotisches: den schlanken Spitzhelmturm, das Südportal mit zwei Figuren, sechs Gemälde an der Westempore und zwei Holzfiguren am südlichen Seitenaltar.

Osterode *Reg.-Bez. Hildesheim* 579 □ 9
Die in ihrer Anlage wohlerhaltene, kaum durch moderne Bauten veränderte Stadt am Harzrand besitzt ganze Straßenzüge schöner Bürgerhäuser des 16. Jh. Aus dem 18. Jh. das Rathaus.
Eine Besonderheit ist das KORNHAUS, ein mächtiger Bau von 1720, das der Versorgung der Oberharzer Bevölkerung in Notzeiten diente. Über seiner Tordurchfahrt das hannoversche Wappen und die eingemeißelten Worte „Utilitati Hercyniae": Zum Nutzen des Harzes.
In der MARKTKIRCHE (16. Jh.) und der SCHLOSSKIRCHE (18. Jh.) schöne Epitaphien der Herzöge von Grubenhagen sowie beachtliche Ausstattungen des 17. Jh., vor allem der Altar der Marktkirche.

Ostheim *Reg.-Bez. Darmstadt* 585 ▪ 6
EV. PFARRKIRCHE Der Chorturm des 14. Jh. ist mit biblischen Darstellungen ausgemalt. Angeschlossen ein barocker Emporensaal.

HERMEN, KLOSTERKIRCHE OTTOBEUREN
Ursprünglich war eine Herme – in Griechenland – ein steinerner Pfeiler, der einen Hermeskopf trug. Später wurde aus dem Pfeiler überdies der Oberkörper herausgebildet, und man stellte auch andere Gestalten dar: Aphrodite, Hekate, Herakles, Pan, Helios, Priapos, Satyrn. Im Barock dienten Hermen häufig als Gebälkträger. So auch in der Klosterkirche Ottobeuren, wo sie aus dem Chorgestühl über Voluten gleichsam herauszuwachsen scheinen und die vergoldeten Reliefs einfassen, die Szenen aus der Bibel und der Benediktuslegende zeigen.

KLOSTERKIRCHE, OTTOBEUREN
Ovale Kapellen begleiten das Langhaus dieser mächtigen Abteikirche. Sie besitzt keine Emporen. So steigen die Mittelschiffsarkaden hoch empor und tragen ein in antikischer Strenge profiliertes Gebälk, das zwischen dem Ausstattungszauber der Altarbereiche unten und dem Gewölbe oben eine Zone der Ruhe schafft. Pilaster und Säulen aus rosagrauem Stuckmarmor schieben sich an den Wänden kulissenhaft vor und rahmen den in dunklen Tönungen aufgebauten Hochaltar ein.

Ostheim v. d. Rhön *Unterfranken* 586 ☐ 4
Das kleine Städtchen dicht an der Zonengrenze gehört zu den malerischsten Orten der bayerischen Rhön. Rittersitze des Mittelalters reihen sich an den Straßen um das originelle Fachwerkrathaus. Bucklige Gassen führen aufwärts zur Kirchenburg, der am besten erhaltenen im mitteldeutschen Gebiet. Doppelte Ringmauern und Wehrtürme umfassen 72 noch heute benutzte Gaden für Vorräte und Vieh der Bewohner. Im Zentrum der Befestigung die aufwendige EV. KIRCHE, 1615–19 errichtet. Mit den Deckengemälden des hölzernen Tonnengewölbes blieb fast die gesamte ursprüngliche Ausstattung in ihrer bäuerlichen Buntheit erhalten.

Ostönnen *Reg.-Bez. Arnsberg* 576 ☐ 3
DORFKIRCHE In der aus Grünsandsteinquadern erbauten, wohlerhaltenen Anlage aus dem 12. Jh. mit viereckigem Westturm sind in jüngster Zeit romanische Wandmalereien freigelegt worden.

Otrang b. Fließem *Reg.-Bez. Trier* 591 ☐ 12
RÖMISCHE VILLA Von der Anlage aus dem 1. bis 2. Jh. n. Chr. können heute noch guterhaltene ornamentale Mosaiken bewundert werden.

Otterberg *Rheinhessen-Pfalz* 592 ■ 4
EHEM. KLOSTERKIRCHE 1144 wurde die Otterburg dem Kloster Eberbach geschenkt. Die Mönche verließen sie bald und bauten im Tal ein Kloster. Die Kirche (1190–1249) ist eine riesige dreischiffige Pfeilerbasilika mit Querhaus und – ungewöhnlich für Zisterzienser – Polygonchor. Die turmlose Westfront hat über dem Säulenportal eine große Maßwerkrose. Drinnen prachtvolle Kapitelle. Die Kirche ist für den Simultangebrauch seit 1707 geteilt. Von den ehem. Klostergebäuden ist vor allem der Kapitelsaal (13. Jh.) erhalten.

Otterndorf *Reg.-Bez. Stade* 561 ☐ 2
KIRCHE Die backsteinerne Bauernkirche mit dreischiffigem, gewölbtem Chor ist reich ausgestattet. Ein Taufkessel aus dem 14. Jh. ruht auf drei Trägerfiguren. Aus dem 17. Jh. die Kanzel, die Emporen, ein Lesepult mit Engelsgestalten. KREISMUSEUM im alten Torhaus von 1641.

Ottobeuren *Schwaben* 609 ☐ 9
Die BENEDIKTINERABTEI, 764 gegründet, hat sich mit kurzer Unterbrechung bis heute erhalten. Durch den barocken Neubau entstand der „schwäbische Escorial", der größte und am besten erhaltene sakrale Komplex des 18. Jh. in Deutschland. – 1737 beginnt der Bau der Kirche, 1748 übernimmt Joh. Mich. Fischer die Leitung. An die schon gelegten Fundamente gebunden, verwirklicht er trotzdem eine Schöpfung wie aus einem Guß, eine Verbindung von Langhaus und Zentralraum, mit ihrem Ausmaß von 89 m von kathedraler Größe. Die Fassade schwingt, von Kolossalsäulen gegliedert, kraftvoll aus dem Mauerkörper aus, von 82 m hohen Doppeltürmen majestätisch flankiert. Zentrum ist der runde Kuppelraum der Vierung. Von ihr strahlen das Langhaus mit zwei Querovalen und das mächtige Querschiff aus. Der Innenraum ist bei aller Bewegtheit sehr ausgewogen. Die gesamte Abschlußwand des Chores bis zum Gewölbefresko hin nimmt der pathetische Hochaltar ein. Auf dem schlichten Gnadenaltar davor ein kleiner Kruzifixus des 12. Jh. Prächtig geschnitztes Chorgestühl mit vergoldeten Reliefs. Darüber schießen die Pfeifen der berühmten Orgel empor, die von Hermen gestützt wird. Meister der Reliefs ist Joh. Jos. Christian, dem auch die Stuckplastik der Altäre zu verdanken ist. Feuchtmayer schuf mit leichter Hand und musikalischem Raumverständnis die Stuckierung. In den Gewölbefresken öffnen sich die Decken zu strahlenden Apotheosen der Heiligen. – Großzügig und repräsentativ sind die um drei Höfe geordneten Klostergebäude (1711–25). Die reichste Ausschmückung erfuhr der Kaisersaal. Vor den gewaltigen Säulenpaaren sechzehn vergoldete Figuren der Habsburger Kaiser. Als kostbares Gehäuse der Wissenschaft erweist sich der Bibliothekssaal, als ein Unikum im klösterlichen Raumprogramm der Theatersaal, mit höchst weltlichen Fresken bemalt. Im Museum schöne spätgotische Schnitzwerke.

Ottrau *Reg.-Bez. Kassel* 586 ■ 10
PFARRKIRCHE Verbaute spätromanische Anlage: interessant ein spätgotisches Wandgrab mit eigentümlichem Aufbau als monumental vergrößerte Sakramentsnische. Kanzel mit schönen Flachschnitzereien (1544).

Ottweiler *Saarland* 592 ☐ 8
Friedrich Joachim Stengel erbaute 1760 das Witwenpalais (jetzt Landratsamt) und den Pavillon im Herrengarten (1759). Die im Kern spätgotische ev. Kirche und der Wehrturm bilden eine malerische Gruppe, ebenso die barocken Häuser am Rathausplatz und am Schloßplatz.

Otzenhausen *Saarland* 591 ☐ 3
Der HUNNENRING ist die eindrucksvollste keltische Wehranlage, die sich in Europa erhalten hat. Ihr Steinwall ist bis zu 15 m hoch.

Overhagen *Reg.-Bez. Arnsberg* 577 ■ 10
Die verputzten Fassaden des 1619 errichteten WASSERSCHLOSSES wurden mit geometrischen Backsteinornamenten verziert. Beim Umbau 1735 ersetzte man diesen Schmuck am Mittelrisalit durch neue Dekorationen.

Owen u. Teck *Reg.-Bez. Stuttgart* 601 ■ 8
BURG TECK Auf einem Felsplateau der Alb stehen noch die mittelalterlichen Umfassungsmauern und die Ruinen eines Festungsbaus aus dem 18. Jh.
EV. PFARRKIRCHE ist eine gotische flachgedeckte Halle mit romanischem Turm. Schönes Altartriptychon.

Owingen *Reg.-Bez. Tübingen* 600 ☐ 5
WEILERKIRCHE auf dem Friedhof. Das Langhaus aus schöngefügten romanischen Kalktuffquadern, an der Westfront zweigeschossiges Säulenportal mit Kerbschnittverzierung.

P

Paderborn *Reg.-Bez. Detmold* 577 ■ 2
Grabungen nördlich des Doms haben in Umrissen die Pfalz Karls d. Gr. kenntlich gemacht und auch den Hof mit dem steinernen Podest, wo Karl Papst Leo III. empfing und ihm Unterstützung zusagte gegen seine Gegner in Rom. Das war im

DOM

Nach Süden zu präsentiert der Paderborner Dom seine Schauseite (unser Bild). Der wehrhafte Westturm stammt noch aus dem 11. Jh.; doch wurden ihm die Ecktürmchen und das spitze Dach erst im 19. Jh. hinzugefügt. Das Langhaus mit den breiten Maßwerkfenstern hingegen entstand in gotischer Zeit. Der Vorbau am westlichen Querschiff hütet das reichste westfälische Figurenportal.

BISCHOFSSTAB, DOMSCHATZ

Ursprünglich war der Krummstab, Sinnbild bischöflicher Regierungsgewalt, hölzern und schlicht wie ein Hirtenstab. Im Laufe der Zeit aber wurde er länger, prächtiger und erhielt oben eine spiralförmige Biegung. Dem daran anschließenden Teil des Schaftes gab man in der Gotik die Gestalt einer Laterne, Kapelle oder gar eines vieleckigen kleinen Baukörpers mit Nischen, in denen Statuetten standen. Im Innern der immer reicher ausgestalteten Krümmung fanden ganze Szenen Platz. Der hier gezeigte Stab wurde 1736 in Augsburg gefertigt.

Jahr 799, damals begann die Geschichte des Heiligen Römischen Reiches Deutscher Nation. In ihr behielt Paderborn hohen Rang: als Stätte vieler Reichstage und kaiserlicher Besuche, als Szene mächtiger geistlicher und profaner Bauten. Eine wechselvolle Szene, denn nicht nur Feuersbrünste, auch der Eifer großer geistlicher Bauherren zerstörte manches, um es neu und größer aufzurichten. Unter allen ragt Bischof Meinwerk heraus, der im 11. Jh. mit dem Dom, mit Bartholomäus- und Alexiuskapelle, Abdinghof- und Busdorfkirche Fixpunkte setzte, die bis heute gültig blieben.

ABDINGHOFKIRCHE Gemeinsam mit dem Dom beherrscht der zweitürmige Bau die Höhe über den Paderquellen. Er erscheint als Basilika des 12. Jh., aber es bietet sich eine komplizierte Baugeschichte – von der kleinen Saalkirche des 8. Jh. über eine spätere, schon sehr weiträumige Basilika mit breit ausladendem westlichem Querschiff bis zu dem Westbau und der Krypta Bischof Meinwerks, der ehemals hier begraben lag (heute im Dom). Meinwerk hat das Kloster mit Benediktinern aus Cluny besetzt und es reich mit Kunstwerken beschenkt.

ALEXIUSKAPELLE Die Barockkapelle, die 1730 einen nur wenig älteren Achteckbau in sich aufnahm, steht an der Stelle einer schon von Meinwerk gestifteten Asylstätte, deren Tradition sie erneuerte – wohl um die anderen großen Kirchen von den Pflichten der Asylgewährung zu entlasten. Am Vorhof kräftige barocke Gitter und Portale.

BARTHOLOMÄUSKAPELLE Byzanz kam nach Norden in der gewölbten kleinen Halle mit sehr schlanken Säulen bei dicker Wand, die Meinwerk „durch griechische Werkleute" (wohl aus Unteritalien) errichten ließ (um 1017).

BUSDORFKIRCHE Ein Barockportal führt in die gotische Halle, die am Nordschiff zwei verglaste kleine Erker hat: von hier leuchtete das Totenlicht auf den Friedhof hinaus.

DOM Nicht weniger als fünf Vorgängerbauten liegen unter der langen Halle des 13. Jh., die sich an die Mauermasse des Westturms anschließt. Der früheste war die karolingische Pfalzkapelle – seit 806 Bischofskirche –, die ein wenig nördlich lag. Erst Bischof Meinwerk bestimmte die heutige Situation. Zu seiner Zeit hatte die Turmhalle, als Westchor, einen eigenen Altar. Zugang zum Dom bieten daher nur die Seiten: die südliche mit Para-

EPITAPH IM DOM

Überwältigend steigt im Paderborner Dom das von Heinrich Gröninger geschaffene, sieben Meter hohe Grabmal des 1618 gestorbenen Fürstbischofs Dietrich von Fürstenberg auf. Vorn kniet lebensgroß der geistliche Herr. Dahinter präsentiert das riesenhafte Marmorepitaph in einer weitgesteckten Bilderfolge das, worauf der Bischof stolz war: seine Bauten (Jesuitenkolleg, Schloß Neuhaus, Wewelsburg); und das, worauf er seine Hoffnung setzte: zwei Auferstehungsszenen – zentral eine Vision des Hesekiel, darüber die Auferweckung des Lazarus. Dies alles umgeben von Christus, Maria und Maria Magdalena, von Heiligen, Königen und Allegorien.

HASENFENSTER IM DOM

Im Kreuzgang des Domes, an einem der nördlichen Maßwerkfenster, überraschen drei laufende Hasen, die so zueinandergestellt sind, daß jeder zwei Ohren hat, obwohl insgesamt nur drei vorhanden sind. Die vexierbildartige Arbeit eines unbekannten Steinmetzen aus dem frühen 16. Jh. gilt als ein Wahrzeichen der Stadt Paderborn.

dies und Figurenportal, die nördliche mit den gestaffelten Säulen der romanischen Roten Pforte. Ihnen entsprechen am weit vorspringenden östlichen Querhaus der große Südgiebel mit Fenster und Relieffriesen und gegenüber der Hasenkamp genannte chorartige Nordabschluß. Die Fenster, die Kapitelle im Langhaus zeigen, wie der gotische Stil immer freier und selbstbewußter wurde, nachdem einmal die Entscheidung für den neuen Hallentyp errungen war. Das Barock vollendete das Raumbild durch die Prunkportale der Kapellen und den Hochaltar, der verloren ist. An seine Stelle rückte wieder das einst verdrängte hohe gotische Retabel.

ERZBISCHÖFLICHES DIÖZESANMUSEUM Hauptwerk der Sammlung kirchlicher Kunstwerke ist die Madonna des Bischofs Imad (um 1060), einstmals mit Goldblech überkleidet.

TRAGALTAR, DOMSCHATZ

Rogerus von Helmarshausen, ein kunstreicher Mönch des 11. Jh., kannte sich in der Malerei ebenso gut aus wie in Glas- oder Metallarbeiten. Er verfaßte über diese Gegenstände sogar ein wichtiges Lehrbuch, die „Schedula diversarum artium" (Abriß verschiedener Künste). Der silberne Tragaltar, den er Ende des 11. Jh. schuf, ist heute das wertvollste Stück des Paderborner Domschatzes. Eine der Schmalseiten zeigt Christus zwischen zwei Bischöfen in erhabener Arbeit; an den Längsseiten sind die Bilder der Apostel eingraviert.

RATHAUS

Das eigenartige Gebäude mit den hohen Ziergiebeln, das seine straff symmetrischen „Ausluchten" auf Arkaden mit massigen Säulen stützt, vertritt in Paderborn die Weserrenaissance. Dieser von den Niederlanden her beeinflußte Baustil ist, wie sein Name andeutet, vor allem im Weserraum (zumal in Hameln) verbreitet. Kennzeichnend für ihn sind die unruhigen Ketten von Voluten und anderem Rollwerk an den Giebelkanten, aus denen am Ende der Gesimse kleine Obelisken herausragen, ferner die Zierquadern, die ein wenig aus der Mauerfläche vorstehen und zumeist rasterartig gemustert sind.

335

FRANZISKANERKIRCHE Ein Wasserkump, ein typischer Paderborner Brunnen, wurde einbezogen in die malerische Anlage neben der hochbarocken Fassade, wo der anstoßende Klosterbau, ein wenig zurücktretend, Raum gibt für einen kleinen Platz mit Treppenstufen und geschweifter Balustrade. Kostbarer Kunstbesitz des Klosters: der romanische Tragaltar des Rogerus von Helmarshausen.

GAUKIRCHE Die extrem schmucklose Basilika des späten 12. Jh., wirkungsvoll allein durch die Masse ihrer Mauern und des Achteckturms, bekam 1746 eine barocke Vorhalle und Fassade. Unter den Skulpturen im Innern ein Gabelkruzifixus des 14. Jh.

JESUITENKIRCHE Mit großer Geste lädt die vorgelegte doppelte Terrasse in einen Innenraum, der trotz gotisierender Gewölbe doch dem Barock den Triumph läßt: in hohen toskanischen Säulen, kräftigen Emporenbrüstungen und Stukkatur. Reizvolle Hängemadonna und geschnitzte Kanzel von 1704.

MICHAELSKIRCHE Die bewegte Fassade nach der Straße zu verkleidet die Chorwand (1696). Die Paderborner Künstlerdynastie Gröninger ist im Innenraum vertreten durch Gertrud Gröninger, die wohl einzige Bildhauerin im Deutschland des 18. Jh. (Madonna).

RATHAUS Eine schöne Erfindung: zwei vortretende Giebelhäuser (Ausluchten) auf kräftigen Arkaden werden vom Hauptgiebel zusammengefaßt und überragt. Unter Zierformen der Renaissance (1620) schimmert noch die Idee des Fachwerkbaus, des gotischen Giebels durch. – Vom selben Baumeister Herm. Baumhauer: das etwas ältere, noch reichere Heisingsche Haus.

Paffendorf *Reg.-Bez. Köln* 583 □ 1
PFARRKIRCHE ST. PANKRATIUS Spätgotische Hallenkirche (um 1500), kreuzrippengewölbt und dreischiffig, mit romanischem Westturm (11. Jh.) und Resten spätgotischer Wandmalerei im Chor.
Das SCHLOSS geht auf eine spätgotische zweiteilige Wasserburg zurück. Das Herrenhaus mit Treppengiebeln und Türmen im 19. Jh. umgestaltet. Die Vorburg entstand Mitte des 18. Jh.

Pappenheim *Mittelfranken* 602 ■ 1
Vom Bergfried (12. Jh.) der verfallenen Burg geht der Blick auf die hübsche Stadt an der Altmühlschleife. Aus der Renaissance das Alte Schloß und die originellen Grabmale der Erbmarschälle in der spätgotischen Pfarrkirche; klassizistisch das Neue Schloß am behäbigen Marktplatz, Leo v. Klenze hat es 1819–20 erbaut.

Paring *Niederbayern* 603 ■ 2
Von der ehem. BENEDIKTINERPROPSTEI steht nur noch die Kirche; in ihrer äußeren Gestalt von der strengen Formensprache der Romanik bestimmt, im Innern Spiegelbild des bayerischen Barock der Mitte des 18. Jh. Bemerkenswert sind die Altäre, die Stuckdekoration und eine Muttergottesfigur des 14. Jh.

Parsberg *Oberpfalz* 603 □ 12
Zu einem weithin berühmten Wahrzeichen der Stadt sind die beiden malerischen Zwiebelhaubentürme des aus dem 15. Jh. stammenden SCHLOSSES geworden. – Daneben die Pfarrkirche (15. Jh.) mit Barockturm.

Passau *Niederbayern* 605 □ 9
Der Altstadthügel mit seinen vieltürmigen Barockkirchen beherrscht das Bild der Dreiflüssestadt. Diese natürlich bewehrte Halbinsel, an deren östlicher Spitze sich die hellgrünen Wasser des Inn und die dunkleren der Ilz mit der Donau vereinigen, war schon in keltischer Zeit besiedelt. 739 gründete Bonifatius ein Bistum, und von nun an ist das Schicksal Passaus eng mit der bischöflichen Herrschaft verbunden, die sich bald auch auf das Stadtrecht erstreckt und sich fast das ganze Mittelalter hindurch gegen ein widerstrebendes Bürgertum behauptet. Die hervorragende Gestalt unter den Kirchenfürsten ist wohl Bischof Pilgrim (gest. 991), an dessen Hof vermutlich das Nibelungenlied niedergeschrieben wurde. Allmählich wachsen dem Stadtkern Vorstädte zu: Innstadt, Anger, Ilzstadt (wirtschaftlich bedeutend durch ihre Lage am böhmischen Handelsweg, der „Goldenen Steige"). Die Reformation wird bald von der Gegenreformation abgelöst. 1803 endet mit der Abdankung des letzten Fürstbischofs die glanzvolle Geschichte des Bistums.

ALTE BISCHOFSRESIDENZ Die unregelmäßig um vier Höfe gruppierte Gebäudeanlage, im Kern romanisch, mit Anbauten aus späteren Jahrhunderten, dankt ihr im wesentlichen barockes Erscheinungsbild dem Um- und Neubau im 17. Jh.

DOM ST. STEPHAN Auf dem höchsten Punkt des Inselberges erbaut, überragt er die Altstadt. Der Italiener Carlo Lurago schuf die heutige Barockbasilika, wobei er den Chor des spätgotischen Vorgängerbaus der Gesamtanlage einfügte. Auch die bewegte Stuckornamentik und die Gewölbefresken im Inneren stammen von italienischen

PASSAU

„Jedenfalls ist Passau mit seiner Umgebung seit Jahrhunderten eines der wunderbarsten, merkwürdigsten Stadt- und Landschaftsbilder Deutschlands gewesen und wird es vermutlich immer bleiben. Wer zum ersten Male vom Mariahilfberg oder der Burg Oberhaus über die Stadt hinsieht, wird von der Schönheit und Kühnheit ihrer Lage fast erschrecken", so schrieb 1955 der Dichter Hans Carossa. An der Einmündung des Inn (links hinten) in die Donau ist eine schmale Landzunge entstanden, auf der sich die Altstadt ausbreitet. Uralt ist sie, eine keltische Gründung, lange vor Christi Geburt. Dann kam das Christentum, und es wuchsen in ihr der Dom (hinten) und St. Michael (weiter links), während zwischen Donau und Ilz (vorn) die fürstbischöflichen Festen Oberhaus und Niederhaus (an der Spitze der Landzunge) sowie die Salvatorkirche (rechts am Fluß) errichtet wurden.

DOMORGEL

215 Register, mehr als 16 000 Pfeifen – die Ausmaße dieser Orgel, der größten der Welt, entsprechen denen des riesigen Passauer Domes, den der Orgelprospekt (von 1731) innen nach Westen zu abschließt. Von der einstigen gotischen Gestalt der Kirche ist nach dem großen Brand von 1662 praktisch nichts mehr geblieben. Italiener schufen einen völlig neuen, barocken Bau, mit übersichtlicher Grundstruktur, aber einer Fülle von Stukkaturen und Figuren.

ECKZIMMER, NEUE RESIDENZ

Die Ausstattung dieses schönen, intimen und harmonischen Schreibkabinetts, das 1771 fertiggestellt wurde, entwarf – wie überhaupt die der ganzen Neuen Residenz – der Wiener Melchior Hefele, der später der bedeutendste Baumeister des donauländischen Frühklassizismus wurde. In die Wände sind Schränke und auch die Bilder eingelassen, zwölf an der Zahl, zwei davon von Johann Michael Rottmayr, einem der besten österreichischen Barockmaler. 1809 wohnte Napoleon, als er vier Tage in Passau weilte, in der Neuen Residenz und benutzte diesen Raum als Arbeitszimmer.

Meistern. Der Hochaltar, das Martyrium des hl. Stephanus darstellend, entstand 1945–53. Einige der Seitenaltäre tragen Gemälde von Joh. Mich. Rottmayr. Ein Meisterwerk sakraler Kunst die reichgeschnitzte Kanzel (frühes 18. Jh.). Auf der Westempore die größte Kirchenorgel der Welt.

FESTE NIEDERHAUS Auf dem Ufersporn zwischen Donau und Ilz, durch einen bewehrten Grat mit Oberhaus verbunden. Wehranlage aus dem 14. Jh. mit Wohngebäude und Wachtturm.

FESTE OBERHAUS Wurde auf dem Felskamm zwischen Donau und Ilz als bischöfliche Trutzburg 1219 gegen die rebellierende Bürgerschaft erbaut. Am Eingang des äußeren Hofes erhebt sich ein achteckiger Pulverturm. In der Mitte des Hofes die St.-Georgs-Kapelle mit barocker Ausstattung. Im Museum eine interessante Gemäldegalerie und volkskundliche Sammlungen.

FREUDENHAIN Als fürstbischöfliches Sommerschloß 1785 auf einer Anhöhe westlich von Oberhaus erbaut. Vornehmer frühklassizistischer Bau und englischer Park.

HACKLBERG Fürstbischöfliches Sommerschloß aus dem 17. Jh. Der Rondellsaal mit üppigem Stuckdekor und Wandbemalung ist ein schönes Beispiel barocker Raumausstattung.

KLOSTER NIEDERNBURG Im 8. Jh. gegründet, galt es im frühen Mittelalter als dem Bischofssitz ebenbürtiges geistliches Zentrum. In der Kirche, die, im wesentlichen barock, erhalten ist, befindet sich die spätgotische Parzkapelle mit Grabmälern berühmter Äbtissinnen, auch das von Königin Gisela (gest. um 1060), Gemahlin des Ungarnkönigs Stephan d. Hl.

NEUE BISCHÖFLICHE RESIDENZ Die repräsentative Anlage, die zusammen mit dem Domchor den Residenzplatz beherrscht, entstand in der ersten Hälfte des 18. Jh. und erinnert an das Wiener Barock. Das elegante Stiegenhaus mit Deckenfresko, phantasievollen Stuckornamenten und graziösen Putten an den Treppenläufen ist formvollendetes Rokoko.

RATHAUS Der Kerntrakt spätgotisch mit breitem Portal. Repräsentativer Barocksaal und hübsche Binnenhöfe.

Die wehrhaft wirkende SALVATORKIRCHE steht an der Stelle einer früheren Synagoge. Aufgrund eines angeblichen Hostienfrevels wurde diese zerstört und eine Sühnekirche errichtet (15. Jh.). Heute Konzertsaal. Der enge Raum zwischen Burgfelsen und Fluß bedingt die eigenwillige Architektonik. Über der Krypta, die die Geländeunterschiede ausgleicht, erhebt sich der Chor des breiten Langhauses.

ST. MICHAEL Imposant steht die doppeltürmige Barockfassade der ehem. Jesuitenkirche (17. Jh.) über dem Innufer. Der Innenraum lebt aus der Spannung zwischen der erhabenen Strenge der Gesamtanlage und der reichen Stuckdekoration. Prachtvolle Kanzel und Orgelprospekt aus dem Anfang des 18. Jh.

ST. NIKOLAI Von der ehem. romanischen Augustinerchorherrenstiftskirche ist nur die Krypta erhalten. Der heutige Bau stammt aus dem 14. Jh.

ST. PAUL Eintürmiger, schlichter Bau, 1687 vollendet. Stattlicher Hochaltar (1700).

ST. SEVERIN Das Langhaus ist karolingisch, der Chor spätgotisch. Durch eine Öffnung unter der Westempore kann man die Severinszelle betreten, die in der Anlage, wenn auch nicht im Mauerbestand, auf das 5. Jh. zurückgeht.

WALLFAHRTSKIRCHE MARIAHILF Der Blick zur Innstadt erfaßt als erstes das von eigenartigen Zwiebelhauben gekrönte Turmpaar der Kirche, zu der eine überdachte Stiege hinaufführt. Der schlichte, einschiffige Bau wurde 1624 als Kirche des Franziskanerklosters errichtet. Der baldachinartige Hochaltar (1725) trägt das Gnadenbild, eine Kopie des Innsbrucker Muttergottesbildes von Lukas Cranach.

Peißenberg *Oberbayern* 609 ■ 3
KAPELLE ST. GEORG Romanisch, 1497 erweitert. An der inneren Nordwand ein Freskenfries (1400–1410) zur Georgslegende.

WALLFAHRTSKIRCHE MARIA AICH Jos. Schmuzer baute sie (1732–34) und schuf die Stuckzier, die so wunderbar mit den Fresken Matth. Günthers harmoniert.

Peiting *Oberbayern* 609 ■ 3
Hier, östlich vom Lech, stand einst die Welfenburg (schon vor 1101), von der fast nichts blieb.

FRIEDHOFSKAPELLE (1655–60) mit kunstvollem Holzrelief (Ende 15. Jh.) an der Südwand.
ST. MICHAEL Turm und Krypta romanisch. Beachtlich die beiden Johannesfiguren beiderseits des Hochaltars.

Pellworm *Schleswig-Holstein* 554 ■ 1
ALTE KIRCHE Der 1611 eingestürzte Turm steht als Ruine vor dem weißgekalkten Kirchenschiff. Bronzetaufe und Altar mit spätgotischer Tafelmalerei um 1475. Arp-Schnitger-Orgel von 1711.

BLAUER PESEL, PELLWORM
Die Pellwormer „gute Stube" (Pesel) ist nicht hoch – denn die Häuser an der Küste ducken sich vor den ungehindert heranfegenden Winden –, aber sie strahlt Behaglichkeit aus und hat Stil. Häufig sind die Innenwände der Wohnungen im Westen Schleswig-Holsteins mit bemalten Kacheln ausgekleidet. Ein sachlich begründetes Verfahren, denn Kacheln halten der feuchten Luft stand und sind leicht zu pflegen. Überwiegend benutzte man früher Delfter Erzeugnisse. Zuweilen wurde dabei – wie hier an einigen Stellen der Fläche rings um die Tür – ein Motiv aus mehreren Fliesen zusammengesetzt.

Pelm *Reg.-Bez. Trier* 583 □ 5
An der weithin sichtbaren BURGRUINE KASSELBURG sind romanische wie gotische Bauteile erkennbar.

Perl *Saarland* 591 ■ 7
Barocke Pfarrkirche mit reichen Altären und gotischem Chor. – Die Quirinuskapelle birgt eine vielleicht schon in heidnischer Zeit verehrte Quelle.

Perschen b. Nabburg *Oberpfalz* 596 ■ 4
In einem alten Hof ist das OBERPFÄLZER BAUERNMUSEUM untergebracht.
PFARRKIRCHE Mächtig erhebt sich die spätromanische doppeltürmige Basilika über dem Naabufer. Die für eine Dorfkirche ungewöhnliche Monumentalität erklärt sich daraus, daß es sich um die ehem. Pfarrkirche von Nabburg handelt. Details bezeichnen schon den Einbruch der Gotik. Das spätgotische Chorgewölbe ist bemalt. Im Hochschiff barocke Pilaster und Gewölbe. – Im angebauten romanischen Karner Wandmalereien des 12. Jh.

Pesch *Reg.-Bez. Köln* 583 ■ 3
Im Nöthener Wald wurden 1913 Reste eines RÖMISCHEN TEMPELBEZIRKS aus dem 4. Jh. freigelegt; Mauerreste einer Wandelhalle, einer dreischiffigen Basilika und eines kleinen gallorömischen Tempels.

Petersberg b. Eisenhofen *Oberbayern* 603 □ 8
EHEM. BENEDIKTINERKLOSTERKIRCHE Eine einfache,
aber eindrucksvolle Basilika (1104–07) aus verputztem Bruchstein mit 1906 entdeckten romanischen Wandmalereien.

Petkum *Reg.-Bez. Aurich* 560 ■ 7
Die KATHARINENKIRCHE, zum Teil noch spätromanisch, besitzt dekorative Wandmalereien (spätes
15. Jh.), einen Taufstein aus dem 13. Jh. und einen
romanischen Grabstein in Trapezform.

Pfaffenhofen a. d. Ilm *Oberbayern* 603 ■ 8
ST. JOHANN BAPTIST Die gotische Basilika, mit
Wessobrunner Stuck ausgestattet, besitzt lebensgroße Apostelfiguren (17. Jh.) an den Hochschiff-
wänden, drei Terrakottareliefs und ein Erbärmdebild aus dem 14. Jh. sowie Epitaphien des 16. Jh.

Pfaffen-Schwabenheim *Reg.-Bez. Koblenz* 592 □ 2
Bedeutend ist der Chor der ehem. STIFTSKIRCHE,
strahlend schöne Architektur der Zeit um 1220.
Er hat außen eine Zwerggalerie und flankierende
Rundtürme, innen von Säulenbündeln getragene
Gewölbe und Blendarkaden. Langhaus und Stifts-
gebäude 18. Jh.

Pfaffmünster b. Straubing *Niederbayern* 604 ■ 10
EHEM. STIFTSKIRCHE Das leichte Barockgewand im
Innern nimmt dem romanischen Charakter der
Kirche (spätes 13. Jh.) nur wenig. In der Hauptapsis
Reste der ursprünglichen Bemalung.

Pfahlheim *Reg.-Bez. Stuttgart* 602 □ 10
Der Limes verlief mitten durch den Ort, der daher
seinen Namen hat. Nordöstlich liegen die Ruinen
von Kastell HALHEIM, ein weit in der Landschaft
sichtbares Viereck von heckenbewachsenen Schutt-
wällen.

Pfalzel *Reg.-Bez. Trier* 591 ■ 2
Die kurfürstliche BURG wurde 1132 in das
Palatiolum, eine aus römischer Zeit stehende
Anlage, eingebaut. Trotz Zerstörungen 1552 und

EHEM. BENEDIKTINERKLOSTERKIRCHE,
PETERSBERG
*Drei Schiffe mit abschließenden Apsiden, jedoch
kein Querschiff; Rundbogen über gedrungenen
Säulen; eine Flachdecke – die frühromanische Pfeilerbasilika in nuce, klein, aber stilrein. Die Wandmalereien des Chores wurden erst 1906 entdeckt.*

1674 sind noch erhebliche Reste von Burg und
Ortsbefestigung erkennbar.
Das STIFT wurde um 700 gegründet, die kreuzförmige Kirche in die Ostecke des Palatiolums eingebaut. Nach dem zweiten Weltkrieg wurden die
alten Bauteile herausgearbeitet und ein neues Langhaus angefügt. Von den Stiftsgebäuden (16. Jh.)
ist einiges erhalten.

Pfarrkirchen *Niederbayern* 604 ■ 6
Häuser im Stil der Inntalarchitektur, zum Teil mit
Laubengängen an der Hofseite, der barocke Pfarrhof und das Alte Rathaus (1787) mit kräftiger
Stukkatur und achteckigem Kuppelhelmturm, die
guterhaltene Stadtmauer (16. Jh.) und der schlanke,
schön gegliederte Turm der Stadtpfarrkirche (um
1500) als Blickfang fügen sich zu einem romantischen Ortsbild.
WALLFAHRTSKIRCHE AUF DEM GARTLBERG (1662 bis
69) Schwerer, quellender italienischer Stuck umgibt
die Fresken im Chor, flüssiger, eleganter die des
Langhauses. Ebenfalls italienischer Prägung der
stattliche Hochaltar (1687).

Pfedelbach *Reg.-Bez. Stuttgart* 601 □ 11
SCHLOSS Von Wassergräben umzogene, mit Türmen bewehrte Renaissanceanlage, deren vier Flügel
sich um einen Hof mit Laubengängen gruppieren.
Spätbarocke Kapelle.

FRESKO IN DER FRIEDHOFSKAPELLE,
PERSCHEN
*Zur alten Pfarrkirche von Perschen gehört, noch
älter als sie, eine Friedhofskapelle. Ende des
12. Jh. wurde die Kuppel mit wertvollen Fresken
versehen. Sie zeigen Maria, Engel, Heilige und (unser Bild) Christus in der Mandorla – einer besonderen Form des Heiligenscheins. Zumeist befindet
dieses Zeichen himmlischer Verklärung sich als
„Nimbus" hinter dem Haupt des Dargestellten.
Umgibt es hingegen die ganze Gestalt, so heißt es
Aureole oder, sofern der Schein nicht kreis-, sondern „mandel"förmig ist, Mandorla.*

SCHMUCKMUSEUM, PFORZHEIM

SCHLANGENARMBAND *Das spiralenförmige Armband, im 3. Jh. v. Chr. entstanden, ist eines der wertvollsten Stücke der Pforzheimer Sammlung (linkes Bild). Der kunstvoll geschlungene Knoten aus zwei Schlangen- leibern – gekrönt von einem goldgefaßten Karneol – wird als Heraklesknoten bezeichnet, zur Erinnerung an die erste Heldentat des neugeborenen Herakles: Er erdrosselte die beiden Schlangen, die ihm Hera, eifer- süchtig auf den illegitimen Sohn des Zeus, an die Wiege schickte.*

RIECHKAPSEL *Diese hübsche, durchbrochene Kapsel aus dem 16. Jh. ist ein sogenannter Bisamapfel; sie diente dazu, den auch Bisam genannten, krümeligen Moschus aufzunehmen, der schon damals zu den begehrtesten und kostspieligsten Duftstoffen gehörte. Das originelle Parfümfläschchen ist zugleich ein attraktives Schmuck- stück (mittleres Bild).*

ANHÄNGER VON TOURETTE *Mit der Wiederentdeckung des Jugendstils, eingeleitet durch die Begeisterung für die Plakatkunst der Jahrhundertwende, gewann auch das zuvor verpönte Kunstgewerbe jener Zeit wieder an Bedeutung. Das gilt vor allem für die Arbeiten des Pariser Goldschmieds Tourette, des berühmtesten Schmuckgestalters seiner Zeit. Aus Gold und Email, seinen bevorzugten Werkstoffen, schuf er diesen zarten Anhänger (rechtes Bild).*

Pforzheim *Reg.-Bez. Karlsruhe* 600 ■ 12
Die „Pforte zum nördlichen Schwarzwald" nennt man die Stadt am Zusammenfluß von Würm, Enz und Nagold. Eine römische Siedlung, Portus = Hafen genannt, lag in dem Bereich der heutigen „Alten- stadt". Pforzheim, seit dem 13. Jh. Sitz der badi- schen Markgrafen, wurde besonders häufig von Kriegen heimgesucht. 1945 vernichtete ein Luftan- griff vier Fünftel der Gebäude. Im 15. Jh. gewann es Ansehen durch seine Lateinschule, aus welcher Johannes Reuchlin hervorging. Schon im 16. Jh. war die Kunst seiner Goldschmiede berühmt. Heute haben die Erzeugnisse der „Goldstadt" Weltgel- tung.
ALTENSTÄDTER MARTINSKIRCHE Von einer Basilika des 12. Jh. stammt das westliche Turmportal. Im gotischen Chor ein Zyklus von Wandmalereien (um 1340).
EV. MATTHÄUSKIRCHE 1953 von Egon Eiermann erbaut. Fünf große Betonpfeiler umspannen das Schiff und tragen das flache Satteldach. Wände aus durchbrochenen quadratischen Betonelementen, in die verschiedenfarbiges Gußglas eingesetzt ist.
REUCHLINHAUS 1957–1961 von M. Lehmbruck er- baut. Es beherbergt das Schmuckmuseum mit er- lesenen Kostbarkeiten aus zwei Jahrtausenden.

SCHLOSS- UND STIFTSKIRCHE Das kraftvolle roma- nische Westwerk mit Rundbogenportal und ge- drungener quadratischer Vorhalle und der hohe go- tische Stiftschor prägen die äußere Gestalt.
Eine große Seltenheit sind die schräg abgewinkelten Chöre am Abschluß der Seitenschiffe. Im Chor die Grabdenkmäler der Markgrafen: prunkvolle, üppig dekorierte Renaissancemonumente mit den le- bensgroßen Figuren der Verstorbenen. In der Mitte die aufwendige, wappenverzierte Tumba des Mark- grafen Ernst und seiner zweiten Gemahlin.

Pfreimd *Oberpfalz* 596 □ 4
PFARRKIRCHE Joh. Schmuzer schuf diese Wand- pfeileranlage mit Emporen (1681–88). Festlich wirkt das blendende Weiß der Stukkaturen. Der Aufbau des Hochaltars mit Säulenbaldachin zielt auf den Eindruck räumlicher Tiefe. Die Ausstattung ist größtenteils barock, doch haben sich zwei spät- gotische Figuren und Grabplatten aus rotem Mar- mor erhalten.

Pfullendorf *Reg.-Bez. Tübingen* 608 □ 9
Zur zum Teil mit Fachwerkhäusern überbauten Stadtmauer gehört das um 1500 entstandene Ober- tor (Doppeltor mit wertvoller Kreuzigungsgruppe).

KATH. STADTKIRCHE Spätgotische Pfeilerbasilika, barockisiert und reich ausgestattet.
Die WALLFAHRTSKAPELLE MARIA SCHRAY liegt außerhalb; erfreulich einheitliche barocke Ausstattung.

Pfullingen *Reg.-Bez. Tübingen* 601 □ 8
Die PFULLINGER HALLEN gelten als eine der bahnbrechenden Leistungen der modernen Architektur. 1904/05 hat Theodor Fischer diesen Festsaalbau im Jugendstil geschaffen. Die Wandmalereien stammen von Adolf Hoelzel.

Philippsburg *Reg.-Bez. Karlsruhe* 593 □ 7
PFARRKIRCHE (1710/12) Hinter schlanker, steiler Barockgiebelfassade erhebt sich ein achtseitiger, in das Langhaus eingebauter Turm mit welscher Haube. Mächtiger Rokokohochaltar (1749).

Philippsthal *Reg.-Bez. Kassel* 586 ■ 2
EHEM. BENEDIKTINERKLOSTER KREUZBERG Von dem Gründungsbau der Klosterkirche (12. Jh.), jetzt Pfarrkirche, zeugen Arkaden mit Würfelkapitellen und rundbogige Fenster im Mittelschiff, ein romanisches Säulenportal und die Apsis. Das nördliche Seitenschiff wurde barock erneuert. Die einstige Turmvorhalle wurde 1743 als Fürstengruft ausgebaut, marmornes Prunkportal. – Die Klostergebäude wurden zum Barockschloß umgestaltet; großer Wirtschaftshof mit schönem Torhaus. Im Park eine hübsche Orangerie von 1731.

Pielenhofen *Oberpfalz* 603 □ 1
EHEM. KLOSTERKIRCHE 1719 von Franz Beer erbaut. Prächtig die Giebelfassade mit den zwei von hohen, laternenverzierten Doppelkuppeln gekrönten Türmen. Die Wände sind von schlanken rundbogigen Fenstern durchbrochen. Über die Halle mit emporengeschmückten Seitenschiffen wölben sich bemalte Flachkuppeln. Schöne einheitliche Barockausstattung; feiner Stuckdekor.

Pilgramsreuth *Oberfranken* 588 □ 5
PFARRKIRCHE Herrliche barocke Bildschnitzerkunst offenbart sich im bescheidenen spätgotischen Kirchlein an Kanzel und Hochaltar, zwei bedeutenden Werken des Elias Räntz. Im hohen Altar (1706–11) mit dem vielteiligen Aufsatz klingt italienisches Barock an. Die Kanzel mit dem berühmten Mosesbildnis wurde 1694 in Auftrag gegeben.

Pilsum *Reg.-Bez. Aurich* 560 ■ 9
KIRCHE Der mächtige Vierungsturm des kreuzförmigen Backsteinbaus (um 1260–70) diente lange Zeit als Seezeichen. Die Bronzetaufe von 1463 tragen vier Evangelistenfiguren. Kanzel, Orgel und Ostempore aus dem Barock.

Pirmasens *Rheinhessen-Pfalz* 592 □ 6
Der Ort erlebt ab 1740 unter Landgraf IX. von Hessen eine kurze Blüte. Er wird Residenz, 1769 Stadt und vor allem Garnison. Aus dieser Zeit hat sich das RATHAUS fast als einziges erhalten, ein dreigeschossiger Rokokobau mit drei Risaliten und einem Mansarddach. Dort befindet sich auch das Pfälzische Schuhmuseum.

Plankstetten *Oberpfalz* 603 □ 10
KLOSTERKIRCHE Zwei mächtige romanische Türme schließen westlich eine Vorhalle ein. Man steigt einige Stufen zu ihr hinab und gelangt dann in eine zweite Vorhalle mit dem Kirchenportal, das vermutlich erst nach dem Ausbau dieser komplizierten Vorhallenanlage entstand. Weitere Stufen führen ins Kirchenschiff (13. Jh.) mit bemalter Flachdecke und barocker Stuckierung hinab. Im spätgotischen Chor zierlicher Barockaltar. Ein Rokokokleinod ist die Hl.-Kreuz-Kapelle mit der stuckmarmornen Vespergruppe.

Plattling *Niederbayern* 604 ■ 12
Hier rastete einst, so weiß es das Nibelungenlied, Kriemhild auf ihrem Wege zum Hunnenkönig Etzel.
ST. JAKOB auf dem rechten Isarufer ist eine romanische Pfeilerbasilika mit spätgotischem Chor.

Plesse *Reg.-Bez. Hildesheim* 578 ■ 3
Die BURGRUINE über dem Leinetal erreicht man über einen noch deutlich erkennbaren Burggraben und das Untere Tor. Der Burghof, Mauern mit Schießscharten, die den steil abfallenden Felsen bewachen, und der mächtige Bergfried mit 4 Meter starken Mauern, ursprünglich nur in 10 Meter Höhe zugänglich, sind die beherrschenden Eindrücke.

Plettenberg *Reg.-Bez. Arnsberg* 576 □ 4
Der STADTKIRCHE (13. Jh.) geben der gedrungene Westturm und die eigenwilligen Treppentürme in den Chorwinkeln einen besonderen Akzent. Im Tympanon des romanischen Südportals Christus am Gabelkreuz. Der 1381 erbaute Chor zeichnet sich durch lichte Weite aus.

Plön *Schleswig-Holstein* 556 □ 8
Den Osthang des Schloßberges nimmt das 1633 bis 36 errichtete Schloß, jetzt Internat, mit großzügiger Terrasse, ein. Das PRINZENHAUS von 1747–50 enthält kennzeichnende Beispiele einheimischer Rokokokunst, der ehem. Marstall ist ein Werk des Barock. Kreismuseum, einst Rathaus, in schlichter klassizistischer Backsteinarchitektur.

DAMENSTIEFELETTE, SCHUHMUSEUM, PIRMASENS

Das elegante Stiefelchen, nach innen geschnürt, um die zierliche Form nicht durch herunterhängende Schnürsenkel zu verunstalten, hat entweder an einen sehr schmalen Fuß oder einer besonders eitlen Dame gehört. Die oft als Modetorheit geschmähten spitzen Schuhe sind durch die Jahrhunderte immer wieder in Mode gekommen; dieser Stiefel stammt aus dem Jahr 1830.

Polle a. d. Weser *Reg.-Bez. Hannover* 578 ■ 11
Am Weserbogen erhebt sich die mächtige RUINE der im Dreißigjährigen Krieg zerstörten Burg. Renaissanceportal vom abgebrochenen Amtshaus.

Polling *Oberbayern* 609 □ 3
Die KIRCHE des 1010 als Augustinerchorherrenstift neugegründeten Klosters, 1416–20 erbaut, hat einen wuchtigen, bildhauerisch durchgeformten Renaissanceturm von 1605 (Aufsatz 1822). Die Erweiterung durch je vier Kapellen an den Langhausseiten, die Umgestaltung durch Emporen und die originelle, zartgetönte Stuckdekoration an den Sokkeln und Kapitellen der Stützen, die die noch erhaltenen gotischen Spitzbögen und das reich stukkierte Gewölbe tragen – all dies stellt eine geglückte Lösung der Verbindung zweier Stile dar. Der mächtige Hochaltar enthält im Obergeschoß das sagenumwobene Tassilo-Kreuz, bespannt mit vergoldeter Pferdehaut, darauf mit Wasserfarben gemalt das Gnadenbild (um 1230). Gegenüber der Kanzel die thronende Muttergottes, eine spätgotische Schnitzarbeit mit renaissancehaften Zügen von 1526. Die Achbergkapelle im Rokokostil stuckiert. Von den ehem. KLOSTERGEBÄUDEN ist der dreigeschossige Bibliothekssaal und das Laienrefektorium mit dem Fresko „Parnaß" von Matth. Günther, 1767, erhalten.

Pommersfelden *Oberfranken* 595 ■ 12
SCHLOSS WEISSENSTEIN Südlich von Bamberg liegt vor dem Steigerwald der Landsitz, den sich Fürstbischof Lothar Franz v. Schönborn 1711–18 erbaute. Der nach seinen eigenen Worten vom „Bauwurmb"

SATTELRAUM, SCHLOSS POMMERSFELDEN
Der Marstall dieses Schlosses kann sich wahrlich sehen lassen. Er ist ebenso breit wie das Schloß selbst, und der Sattelraum im Zentrum des Gebäudes – hier wurden einst die Pferdegeschirre aufbewahrt – schwelgt in Bögen, Fresken (natürlich mit Pferdemotiven) und raffinierter Scheinarchitektur. Es ist ein reizvolles Unterfangen zu ergründen, was von der plastischen Gliederung des Raumes bis hinauf zur Decke und von den an der Wand hängenden Requisiten wirklich und was gemalt ist.

TREPPENHAUS, SCHLOSS POMMERSFELDEN
Das Treppenhaus, oft einfach notwendiges Beiwerk im Bauwerk – diesmal ist es das Herz der Anlage. Hier wurde der in Wien mit wahrer Leidenschaft gebaute Typ der „Kaiserstiege" erstmals in Deutschland verwirklicht. Unter luxuriöser Raumverschwendung schwingt die Treppe sich doppelseitig über drei Geschosse empor, von Umgängen flankiert, die durch kannelierte Säulen und Hermenpfeiler gestützt werden. Für das festliche Auf und Ab eines pompösen Zeremoniells entworfen, entspricht sie der Vorliebe des Barock für verschobene Perspektiven und überraschende Durchblicke, für Stuckdekor und farbensprühende Malereien.

besessene Feudalherr schuf damit eines der ersten unter den großen Barockschlössern des 18. Jh. Er konnte hervorragende Architekten gewinnen, die Brüder Hans Leonh. und Joh. Dientzenhofer, den Mainzer Festungsbaumeister Maximil. v. Welsch, den großen Wiener Lukas v. Hildebrand. Die eine Längsseite des großen Hofes nimmt die Residenz ein, ein mächtiger Dreiflügelbau. Am Corps de logis tritt der Mittelrisalit in reicher plastischer Durchbildung mit doppelten Riesensäulen weit vor. Ihm antwortet auf der Gegenseite der zurückweichende Bau des Marstalls, der auf die gesamte Breite des Schlosses gedehnt ist. Das großzügige, reich ausgestaltete Treppenhaus im Mittelbau ist

das gemeinsame Werk des Bauherrn und Hilde-
brands. Die Innenräume, für die die Treppe das
Vorspiel ist, sind repräsentativ, wie der Marmorsaal, oder intim, wie das Spiegelkabinett. Im Erdgeschoß leitet ein kühler Gartensaal, als bizarre
Grottenarchitektur aus Muscheln, Kristallen, Glas
und Kieseln, halb künstlich, halb Naturwerk, in den
Park über. Die Gemäldegalerie enthält bedeutende
Werke aus Renaissance und Barock, u. a. von
Cranach, Dürer und Elsheimer, Bruegel, Rembrandt und Rubens, Caravaggio und Tizian.

Poppenburg *Reg.-Bez. Hildesheim* 570 □ 6
Die BURG an der Leine, erstmals 1227 erwähnt,
besteht heute aus dem mächtigen Palas (14. Jh.)
und einem Flügel teilweise mittelalterlichen Ursprungs. Im Palas kleine spätbarocke Kirche.

Possenhofen *Oberbayern* 610 □ 10
Hier, in dem einfachen, blockartigen SCHLOSS aus
dem 12. Jh., umgeben von reizvoller Park- und
Naturlandschaft, verbrachte Kaiserin Elisabeth von
Österreich ihre Jugend.

Pottenstein *Oberfranken* 596 □ 9
Von einer natürlichen Felsbastion schaut die BURG
auf die Stadt herab. Drei Gebäude von 1056–70
sind noch erhalten.

Preetz *Schleswig-Holstein* 556 □ 8
Die Stadt, deren aus dem Wendischen stammender
Name „am Flusse" bedeutet, ordnet sich um den
von der Schwentine durchflossenen idyllischen
Kirchsee: Backsteinbau der Stadtkirche aus dem
13. Jh., jetzt spätbarocker Saalbau, der Chor spätromanisch (um 1210) aus Feldstein. Das einstige
Benediktinerfrauenkloster aus dem Jahre 1211
ist seit der Reformation Damenstift. Kirche,
1325–40 in Backstein, mit bedeutender Ausstattung.
Im Klosterhof eine Anzahl älterer Bauten. Sehenswerte Bürgerhäuser an Kirchen- und Mühlenstraße.

Prichsenstadt *Unterfranken* 595 □ 9
Das typische Weinbauernstädtchen hat seinen alt-
fränkischen Charakter in besonders pfleglicher
Weise bewahrt. Prächtige Fachwerkhäuser mit
rundbogigen Einfahrtstoren und Sitzkonsolen, mit
Treppengiebeln, Erkern und schmiedeeisernen
Wirtshausschildern schmücken die Gassen. Das
Stadttor mit den runden Türmen gehört zu den
schönsten im Frankenland.

Prien *Oberbayern* 611 □ 9
PFARRKIRCHE Den alten Markt am Westufer des
Chiemsees beherrschen die lustigen Zwiebelhauben
und der hoch aufschießende Spitzhelm der Kirche
Mariä Himmelfahrt, 1735–40. Joh. Bapt. Zimmer-
mann schuf den zartfarbigen Rokokostuck und die
Wandbilder. Das einschiffige Langhaus schmückte
er mit einem gewaltigen Fresko der Seeschlacht von
Lepanto.

Prittriching *Oberbayern* 609 □ 1
Die spätgotische, jedoch barockisierte Frauenkirche
war Mittelpunkt des unteren Dorfes. Teilweise erhaltene spätgotische Friedhofsbefestigung. Ein einfacher, aber wirkungsvoller gotischer Bau (um
1450) ist St. Peter und Paul. Im Innern ein reiches,
anmutsvolles Rokokogewand.

Probsteierhagen *Schleswig-Holstein* 556 □ 9
KIRCHE Prachtvoller barocker Stuck (um 1720)
überzieht das Chorgewölbe, darunter der Altar von
1695, an dem oben in Goldschrift der hebräische
Gottesname aufleuchtet.

Pronstorf *Schleswig-Holstein* 556 □ 7
HERRENHAUS von 1728 mit wirkungsvoller Ein-
gangsfront und durchgehender Pilastergliederung.
(Schöne aus Eichenholz geschnitzte Kapitelle).
KIRCHE Feldsteinbau (um 1200) mit 1680 bemalter
Decke, Barockausstattung und Rokokokanzel.

Prüm *Reg.-Bez. Trier* 583 □ 6
EHEM. BENEDIKTINERABTEI 1721–30 wurde die mäch-
tige, dreischiffige gotisierende Basilika mit Chor
und reicher zweitürmiger Fassade errichtet. Roter
Sandstein gliedert den hell verputzten Bau. Eine
Kanzel aus dem späten 16. Jh., Chorgestühl und
Hochaltar aus dem Barock im weiten Innenraum.
1735 wurde mit dem Neubau der schloßartigen
Klostergebäude begonnen, auch Balth. Neumann
lieferte Pläne. Vollendet wurde der Komplex, des-
sen Hauptschmuck der prächtige Mittelbau des
Nordflügels ist, erst in unserem Jahrhundert.

Prunn *Oberpfalz* 603 ■ 11
Die BURG auf einem zerklüfteten Kalkfelsen über
dem Altmühltal gehört zu den besterhaltenen in
Bayern. Romanisch sind noch der Bergfried und
ein Wohnhaus. 1575 hat man hier eine wertvolle
Handschrift des Nibelungenliedes gefunden, den
sog. Prunner Codex. Burgmuseum.
Zahlreiche WOHNHÖHLEN an den Talhängen bergen noch Zeugnisse einer altsteinzeitlichen Kultur.

Puch *Oberbayern* 609 □ 2
ST. EDIGNA UND SEBASTIAN Die hl. Edigna (gest.
1109) soll in einer Linde gehaust haben. Daran
erinnert auch die Edignalinde vor der Kirche
(15. Jh.), deren Inneres sich durch formenreichen,
zum Teil vollplastischen Stuck auszeichnet. – Nicht
weit entfernt starb 1347 Kaiser Ludwig der Bayer
(Obelisk von 1796–97).

Pürten *Oberbayern* 611 □ 11
MARIÄ HIMMELFAHRT Die ursprüngliche romani-
sche Kapelle findet man im Seitenschiff des Baus
aus dem 15. Jh. wieder. Überreich geschmückter
Altar mit Muttergottesfigur (um 1430) in der
Marienkapelle, prunkvolle Rokokokanzel.

Pullach b. München *Oberbayern* 610 ■ 10
HL. GEIST Das Äußere der Kirche (Anfang 16. Jh.)
ist schlicht, um so überraschender die kostbare
spätgotische Ausstattung. Zwei Gemälde (1489) von
Jan Pollack an der Ostwand des Altarraums.

Q

Quadrath *Reg.-Bez. Köln* 583 □ 1
SCHLOSS SCHLENDERHAN Ein dreiflügeliger Barockbau, um 1780, dazu auf der Parkseite zwei lange
niedrige Wirtschaftstrakte. Hof- und Parkseite sind
durch schöne Schmiedeeisengitter (etwa 1870) abgeschlossen. Sitz des berühmten Rennstalls und Ge-
stüts der Freiherren von Oppenheim.

Quakenbrück *Reg.-Bez. Osnabrück* 568 □ 2
In der um 1300 erbauten STIFTSKIRCHE ST. SYLVESTER, mit Turm und Chorschluß von 1470, ein Triumphkreuz des 14. Jh. und zarte spätgotische Gewölbemalerei (im Chor erneuert). Barockaltar und -kanzel.

Quint *Reg.-Bez. Trier* 591 ▪ 2
Das SCHLOSS wurde um 1760 als Wohn- und Verwaltungsbau der Pidoll von Quintenbach erbaut. Zum Garten hin Mittelrisalit mit Skulpturenschmuck und schöne Freitreppe.

R

Rabenden *Oberbayern* 611 □ 10
PFARRKIRCHE Der Hochaltar ist das meisterliche Werk eines anonymen bayerischen Künstlers der Dürerzeit, des „Meisters von Rabenden". Im Schrein stehen drei ergreifende Apostelfiguren in hervorragender Schnitzarbeit. Die Flügel sind auf beiden Seiten bemalt.

Rabeneck *Oberfranken* 595 □ 3
BURG Hoch über dunklem Wald die Halbruine. Von der nach 1635 neu aufgebauten Hauptburg wird nur der turmartige Vierecksbau bewohnt. Ein schmaler Felssporn trägt die um 1700 erneuerte Burgkapelle (1415).

Rabenstein *Oberfranken* 596 □ 9
Die BURG entstand nach dem Dreißigjährigen Krieg nur teilweise wieder; das Hauptgebäude im 19. Jh. verändert. Die alte Klaussteinkapelle erhielt ihre entzückende Ausstattung in der ersten Hälfte des 18. Jh.

Radolfzell *Reg.-Bez. Freiburg i. Br.* 607 ▪ 3
liegt am westlichen Ende des Zeller- und Gnadensees, wo im 9. Jh. der Bischof Ratold eine Zelle gegründet hatte. Auf der Halbinsel Mettnau draußen das Schlößchen des Dichters Jos. Victor v. Scheffel.
Das LIEBFRAUENMÜNSTER ist eine spätgotische Pfeilerbasilika mit Netzgewölbe, das im Mittelschiff verändert wurde. Qualitätsvolle Epitaphien. Unter der frühgotischen Sakristei die Fridolinskapelle, im südlichen Seitenschiff der Steinsarkophag des sel. Ratold und der Rosenkranzaltar.

Raesfeld *Reg.-Bez. Münster* 575 □ 2
WASSERSCHLOSS Es war der „westfälische Wallenstein", der kaiserliche Generalfeldmarschall Alexander II. von Velen, der gegen Ende des Dreißigjährigen Krieges (1643) das alte Herrenhaus seines Vaters zu einer großen Residenz erweiterte: zum imposantesten Schloßbau des Jahrhunderts in Westfalen. Vornehme Renaissanceformen zeigt die Hoffront an dem einzig erhaltenen der drei Flügelbauten, die der Kapuziner Michael von Gent errichtete. Auch die Kapelle (1658) hat eine wohlgeratene Fassade. Bemerkenswert aber ist vor allem, daß in Raesfeld zum ersten Mal Schloß und Hofbauten großzügig, wenn auch noch nicht symmetrisch, zusammengefaßt und daß Park, Tiergarten und Kanal auf sie hin ausgerichtet wurden: Vorspiel des Barock.

Rätzlingen *Reg.-Bez. Lüneburg* 563 □ 6
Spätklassizistische KIRCHE (1838–40). Im Chor ein gotischer Schnitzaltar (um 1514).

Rain a. Lech *Schwaben* 602 ▪ 4
zeigt noch zahlreiche anheimelnde Giebelfronten des 16. und 17. Jh. Sehr anmutig das RATHAUS (18. Jh.). – Ein DENKMAL (1914) erinnert an General Tilly, der in einer Schlacht vor der Stadt tödlich verwundet wurde (1632). – In der STADTPFARRKIRCHE (14. Jh.) Wandmalereien des 15. und 16. Jh. HEIMATMUSEUM in der Allerseelenkapelle (1471).

Raitenhaslach *Oberbayern* 611 □ 12
EHEM. ZISTERZIENSERKLOSTERKIRCHE Das Kloster entstand im 12. Jh. in den Auwäldern der Salzach. Das romanische Münster blieb mit seinen Umfassungsmauern und dem Rundbogen seiner Apsis auch in dem Umbau enthalten, der 1694–98 die dreischiffige Basilika zu einer barocken Wandpfeilerkirche werden ließ. Über diese würdige, doch etwas schwere Architektur warf das Rokoko 1737–43 eine prunkvolle Gewandung. Den Ruhm

KLOSTERKIRCHE, RAITENHASLACH

Im frühen Mittelalter gebot die Ordensregel den Zisterziensern schmucklose und nicht übermäßig große Kirchen. Von diesem asketischen Bauprinzip ist im weiten und schönen Innern der Raitenhaslacher Kirche fürwahr nichts mehr zu spüren. Doch erzählen die Deckenfresken das Leben des Ordensstifters Bernhard von Clairvaux, in glanzvolle Scheinarchitekturen gefaßt. Gleich hinter der Orgel beginnt der barocke Zyklus mit der Jugend des Zisterzienservaters und endet mit dessen Huldigung durch die Gläubigen.

tragen zuvörderst die Maler: Joh. Zick vor allem für die weitgespannten farbenstrahlenden Fresken des Langhauses. Joh. Mich. Rottmayr für die vier virtuosen Tafelbilder auf den Altären, die, fünf an jeder Seite, den Weg zum Hochaltar als üppige Kulissen begleiten. Dieser scheint gerade erst den Blicken freigegeben, indem Engel den blausilbernen Vorhang zur Seite schlagen, der Gestalten, Bilder, Säulen wie eine Theaterszenerie enthüllt. Nur die abweisend-kühle Fassade der Kirche (1751) bildet einen merkwürdigen Fremdkörper in der von höfischer wie von landeseigener Kunst so liebenswürdig geprägten Gesamterscheinung.

Ramelsloh *Reg.-Bez. Lüneburg* 562 ▪ 4
Die EHEM. STIFTSKIRCHE wurde 1890 erneuert. Im gotischen Chor farbenfreudige Glasgemälde des 15. und Wappenscheiben des 17. Jh.

Ramsau *Oberbayern* 611 ▪ 5
Oberbayerns Ferienphotomotiv Nummer eins: die barock umgebaute PFARRKIRCHE von 1512. Bemerkenswert das zierliche Relief von Christus und den Aposteln an der Emporenbrüstung (um 1425).

Ramsdorf *Reg.-Bez. Münster* 576 □ 10
Die gotische KATH. PFARRKIRCHE (1410) erhielt 1513 den Turm, dessen Obergeschosse reich gegliedert sind, Querschiff und Chor sind neu. Im Innern überlebensgroßer Christophorus von etwa 1520 und phantastische Konsolenfigürchen, im Volksmund Düwelkes (Teufelchen) genannt.

Ramstein *Reg.-Bez. Trier* 591 ▪ 1
BURG Von Trierer Erzbischöfen im 10. Jh. errichtet. Eindrucksvoll ist der viergeschossige Wohnturm des 14. Jh. auch als Ruine.

Randersacker *Unterfranken* 594 ▪ 3
bewahrte in einer Reihe von Häusern aus dem 16.–18. Jh. seinen altfränkischen Charakter. Den Gartenpavillon erbaute Balth. Neumann für sich selbst. Die Pfarrkirche ist im Kern spätromanisch.

Rasdorf *Reg.-Bez. Kassel* 586 ▪ 2
EHEM. KOLLEGIATSTIFTSKIRCHE Anstelle einer Anlage, die auf karolingische Zeit zurückging, wurde um 1300 ein Neubau errichtet. Frühgotische Ansätze im Chor- und Querschiffbau mit Vierungsturm, das Langhaus erscheint aber romanisch, zumal Säulen und Kapitelle sowie die Westempore vom Vorgängerbau übernommen wurden. Barocke Ausstattung.
WEHRKIRCHHOF Hoher Mauerring mit vier Ecktürmen; einst stand in der Mitte eine Kirche.

Rastatt *Reg.-Bez. Karlsruhe* 600 □ 9
Rastatt verdankt seine Stellung der Verlegung der Residenz von Baden-Baden in die Rheinebene kurz vor 1700. Die Stadt wurde gemeinsam mit dem Schloß regelmäßig angelegt. Ein vom Schloß ausgehender Straßendreistrahl, durchkreuzt von der breiten Marktstraße mit Stadtkirche, Rathaus und Monumentalbrunnen, bestimmt noch heute den Grundriß.
RATHAUS Schlichter Barockbau mit Balkonportal als Pendant der Stadtkirche, später erweitert.
SCHLOSS Das Schloß ist der erste große barocke Schloßbau in Deutschland und der einzige unzerstörte am Oberrhein. Der Formenapparat ist oberitalienisch, wenn auch moderne französische Ideen

von Einfluß waren. Starke Betonung der Horizontalen gibt dem Schloß schwere Würde. Zwei kupferbeschlagene Türmchen über den Nebentreppen und ein Altan über dem Mitteltrakt setzen Akzente über dem Dach. Den Altan krönt eine kupfergetriebene, vergoldete Jupiterfigur. Die Gartenfassade des Schlosses ist durch Anbauten auf 230 Meter verlängert. Die Decke über den Treppen ist in ovalen Durchblicken bis zum Obergeschoß geöffnet.
SCHLOSSKIRCHE An die nördlichen Nebenbauten des Schlosses angehängt und ehedem auch von hier aus zugänglich, ist die äußerlich schlichte Schloßkirche Hl. Kreuz. Die Wirkung der architektonisch einfachen Wandpfeilerkirche ist durch den stark erhöhten Hauptaltar mit der darüberliegenden Lichtöffnung mächtig gesteigert. Das Deckengemälde stellt die Auffindung des Kreuzes dar, die hl. Helena trägt die Züge der Markgräfin. Die textilen Verkleidungen der Pilaster sollen von ihrem Hofstaat angefertigt worden sein.

Rastede *Verw.-Bez. Oldenburg* 561 ▪ 8
ST. ULRICH Im Schiff ein spätromanischer Taufstein und die Kanzel von Ludw. Münstermann (1612). Aus der Zeit um 1100 die romanische Krypta. Hier steht das Grabmal des Grafen Moritz von Oldenburg (gest. 1420). Die überlebensgroße Figur läßt künstlerische Beziehungen zum Bremer Roland erkennen.
SCHLOSS Das von Anbauten flankierte, vornehme Landhaus erhielt ab 1782 sein heutiges Aussehen.

Ratekau *Schleswig-Holstein* 563 □ 12
Fast unversehrt geblieben ist der klar und kräftig gegliederte Außenbau der romanischen FELDSTEIN-KIRCHE mit Halbrundapsis, quadratischem Chor und hohem Rundturm.

Ratingen *Reg.-Bez. Düsseldorf* 575 □ 4
Die PFARRKIRCHE ST. PETER UND PAUL wurde vor 1300 als dreischiffige kreuzgewölbte Hallenkirche gebaut, die Ostteile 19. Jh. Zum Kirchenschatz gehört eine vergoldete Turmmonstranz von 1394, lange Zeit Vorbild rheinischer Goldschmiedekunst.

Ratzeburg *Schleswig-Holstein* 563 ▪ 12
Eine Schöpfung Heinrichs des Löwen; mit der Errichtung der Grafschaft Ratzeburg, der Erneuerung des Bistums und dem Bau des Doms sicherte er die Insel für die deutsche Kolonisation. Schon um 1200 hat sich der Marktflecken zwischen Burg und Dom zwei Vorstädte zugelegt: die eine am östlichen Ufer des Sees, die andere auf dem westlichen, bei dem Benediktinerkloster auf dem St. Georgsberg, dessen Kirche – wie der Dom ein Backsteinbau – noch erhalten ist. Der auffallend moderne Grundriß der Stadt datiert vom Wiederaufbau nach einem Brande, um 1700. Er folgte „dem Plane der Stadt Mannheim" und ordnete breite regelmäßige Blöcke um einen rechteckigen Marktplatz.
BARLACH-HAUS Gedenkstätte für den Bildhauer und Dichter Ernst Barlach (1870–1938), der hier Jugendjahre verbrachte und auf dem Friedhof, zu Füßen seines „Klosterschülers", begraben liegt.
DOM Durch den stillen Domhof abgesondert von der Stadt, hat der romanische Backsteindom bis heute seine ursprüngliche Gestalt fast vollkommen bewahrt. Um 1170 begonnen, erhielt die beinah in einem Zuge errichtete Gewölbebasilika etwa 50 Jahre später ihren schönsten Schmuck: die

SÜDFRONT DES DOMES, RATZEBURG

Elegantes Spiel mit den Möglichkeiten der Backsteintechnik zeigt die Vorhalle unter dem gotischen Turm: Kreuzbogenfriese, Bandmotive rahmen das Giebeldreieck, das in seiner Höhe einer großen Rosette Raum gibt. Die Schwere des Portals wird aufgehoben durch glasierte Stäbe, die über dem Kornährenmuster des Giebelfeldes aufwärts streben. Ebenso wie den Lübecker Dom, der zur gleichen Zeit entstand, hat Heinrich der Löwe auch diesen Bau mit jährlichen Dotationen gefördert. Der erste Bischof, Evermod, der aus Magdeburg kam, machte in Ratzeburg die Prämonstratenser heimisch.

Vorhalle mit der herrlichen Giebelfront. Das Kircheninnere – jetzt wieder im alten Backsteinton – hat Kreuzgratgewölbe, aber im Hauptschiff angespitzte Gurtbögen, sie künden die Gotik an. Der Hauptaltar ist aus gotischen Bildwerken und Schnitzereien neu zusammengesetzt. Der bisherige monumentale Hochaltar von 1629 jetzt im südlichen Querschiff. Vom gleichen Meister wohl auch der reiche Lauenburger Chor (1637). Ein Triumphkreuz des 13. Jh., eine Bronzetaufe von 1440, Renaissancekanzel und Barockepitaphien vervollständigen die Ausstattung der alten Bischofskirche. STADTKIRCHE ST. PETRI Doppelstöckige Emporen an drei Seiten des puritanisch nüchternen Raums wenden sich dem hohen, von Logen flankierten Kanzelaltar zu: eine streng-sparsame protestantische Predigtkirche von 1791.

Rauschenberg *Reg.-Bez. Kassel* 585 ■ 2
steigt mit stattlichen Fachwerkhäusern (Rathaus von 1558) am Berg hoch, den einst eine Burg aus dem 13. Jh. krönte (Reste des Wohnturms erhalten).
PFARRKIRCHE An das gotische Schiff lehnt sich ein romanisches nördliches Seitenschiff. Chor und Turm sind spätgotisch. Ein Flügelaltar (um 1420) mit Darstellungen aus dem Leben Christi. Aus der gleichen Zeit stammt die schöne Mondsichelmadonna.

Raven *Reg.-Bez. Lüneburg* 562 □ 4
STEINGRÄBER aus der Jungsteinzeit. Das kürzlich wiederhergestellte Ganggrab von Wetzen liegt auf dem Strietberg. Relativ gut erhalten hat sich eine Grabkammer (5 Meter lang) auf der Pfarrkoppel.

Ravengiersburg *Reg.-Bez. Koblenz* 592 ■ 12
Der Ruhm der ehem. AUGUSTINERCHORHERRENSTIFTSKIRCHE ist durch ihren gewaltigen Westbau vom Ende des 12., Anfang des 13. Jh. begründet. Über einem zweigeschossigen Sockelbau erheben sich zwei kraftvolle Türme. Eine Säulengalerie von spätromanischer Vielgestalt, ein Christus in der Mandorla, ein gekrönter und bekleideter Kruzifixus (ergänzt) schmücken die Fassade. Die Kirche selbst ist ein Saalbau vom Anfang des 18. Jh.

Ravensburg *Reg.-Bez. Tübingen* 608 ■ 9
An der Stelle des heutigen Schlößle stand die alte „Ravenspurc" der Welfen, der Geburtsort Heinrichs des Löwen. Der Marktflecken zu ihren Füßen hatte sich schon im 13. Jh. zur Reichsstadt entwickelt. Sie erlebte ihre Blüte im 15. Jh., als die „Große Ravensburger Handelsgesellschaft" Agenturen in ganz Europa unterhielt. Zu Beginn des 16. Jh. mußte sie der Wirtschaftsmacht der Fugger und Welser weichen.
BERING Türme und Tore bestimmen die Stadtsilhouette, wie Obertor, Frauentor, Unteres Tor, der Grüne Turm oder der stattliche „Mehlsack" (alle 14. Jh.).
BÜRGERBAUTEN Das blockartige gotische Rathaus mit Prunkerker ist oft umgebaut worden. Ihm gegenüber das Waaghaus (1498) und der markante Blaserturm (16. Jh.). Brotlaube, Kornhaus, Lederhaus erinnern an mittelalterliches Zunftwesen.
In der EV. STADTKIRCHE (14. Jh.) schöne Grabmäler in Bronzeguß aus dem 15.–18. Jh.
LIEBFRAUENKIRCHE (14. Jh.) Im Inneren reiches Chorgestühl und wunderschöne Glasfenster aus

BLASERTURM, WAAGHAUS UND RATHAUS, RAVENSBURG

Das Waaghaus am Blaserturm wurde als Kaufhaus mit Lagerhalle gebaut, 1498, als die große Zeit der Ravensburger Gesellschaft bald ihr Ende hatte. Das war eine Genossenschaft von Kaufleuten aus zehn Städten, die gemeinsame, also preiswerte Transporte durchführten und viele Agenturen unterhielten. Dort wurde dreimal jährlich Inventur gemacht und in den Anweisungen für die Gesellen steht: „Lug vor allen Dingen, daß du deine Bücher sauber und lauter hältst, daß, wenn du Rechnung geben sollst, alle Dinge findest."

IKONENMUSEUM, RECKLINGHAUSEN

Ikonen sind mehr als „Bilder": Offenbarungen, ja Stellvertreter des Göttlichen selbst. Sie sind geheiligt dank der treuen Bewahrung überlieferter Formen durch den Maler; darum bedürfen sie keiner besonderen Weihe. Kunst und Gottesdienst trennen sich hier nicht, wie das in der Malerei des Abendlands geschah, sie bleiben ungeteilt beisammen.

CHRISTUS „DAS NICHTSCHLAFENDE AUGE" *(aus Rußland, um 1500) „Siehe, der Hüter Israels schläft noch schlummert nicht", der 121. Psalm ist hier Bild geworden. Neben Christus Maria und der Erzengel Michael.*

GOTTESMUTTER VON VLADIMIR *(aus Rußland, 15. Jh.) Eine der Ikonen, die im Laufe der Jahrhunderte nach der berühmten und wunderkräftigen Moskauer Ikone Vladimirskaja entstand.*

HL. GEORG *(aus Novgorod, 16. Jh.) Der hl. Georg wird in den Kirchen des Ostens und Westens gleichermaßen verehrt. Er war wahrscheinlich ein römischer Soldat des 4. Jh.*

---

dem 15. Jh. Im südlichen Seitenschiff eine Kopie der „Ravensburger Schutzmantelmadonna" 1470; Original in Berlin.

ST. JODOKSKIRCHE (14. Jh.) An der Chorwand wurde das Gemälde eines sog. „Feiertagschristus" (um 1410) freigelegt.

SPITALKAPELLE Gotischer Zentralbau, dessen Gewölbe sich auf eine Mittelsäule stützt. Fresken aus dem 16. Jh.

Rebdorf *Oberbayern* 602 □ 2
EHEM. AUGUSTINERCHORHERRENSTIFT Die 1719 geschaffenen Bauten des Klosters (1156 gegründet) umschließen einen einmalig schönen Arkadenhof. Die Kirche hat trotz des barocken Umbaus von 1732–34 ihr spätromanisches Gefüge erhalten.

Recklinghausen *Reg.-Bez. Münster* 576 ▪ 9
Keimzelle der Siedlung war ein Reichshof Karls d. Gr. Seit dem hohen Mittelalter Besitz des Erzbistums Köln, hat sich die Stadt doch kulturell stets nach dem Niederrhein und dem Münsterland geöffnet. Im 19. Jh. von der nordwärts vordringenden Schwerindustrie erfaßt, machte sie sich neuerdings einen Namen durch die Ruhrfestspiele und das Ikonenmuseum.

IKONENMUSEUM Gegründet 1955, ausgestattet mit einer umfangreichen Spezialbibliothek, ist das Museum in Westeuropa das einzige seiner Art. Neben Kultbildern und -geräten der Ostkirche zeigt es Werke der frühchristlichen und koptischen Kunst.

PROPSTEIKIRCHE ST. PETER Den Grundstein legte derselbe Erzbischof Konrad von Hochstaden, der den Bau des Kölner Doms begann. Die Hallenkirche mit den drei fast gleich breiten Schiffen, 1520 nach Osten erweitert, erhielt nach dem Einsturz eines Pfeilers im Schiff um 1700 ihre dicken Rundpfeiler. Das reiche Südportal stammt noch aus spätromanischer Zeit. Bemerkenswert im Inneren

das Sakramentshäuschen von 1520 und die Altargemälde aus der Rubenswerkstatt.

Reepsholt *Reg.-Bez. Aurich* 560 □ 3
Die Klosteranlage, 983 gegründet und damit ältestes Kloster Ostfrieslands, steht heute nicht mehr. Der Turm der spätromanischen PFARRKIRCHE verlor 1474 Dach und Westwand. Die stehengebliebenen Wände der Ruine weisen auf ihren einstigen Befestigungscharakter hin.

Rees *Reg.-Bez. Düsseldorf* 575 ▪ 1
Die PFARRKIRCHE ST. MARIÄ HIMMELFAHRT, ursprünglich ein gotischer Bau des 13. Jh., wurde 1828 durch einen eindrucksvollen klassizistischen Neubau ersetzt, 1945 zerstört, nach 1956 wieder aufgebaut. Von der gotischen Innenausstattung sind wertvolle Holzskulpturen und Edelmetallarbeiten erhalten.

Regen *Niederbayern* 604 ▪ 1
ST. MICHAEL Der wuchtige Nordturm ist noch romanisch, der Chor gotisch. Die Madonnenfigur und der Chorbogenkruzifixus sind schönste Spätgotik.

Regensburg *Oberpfalz* 603 ▪ 1
Türme und Kreuzgänge, Häuser und Kirchen sind in Regensburg enger zusammengewachsen und spiegeln stetiger als in einer anderen deutschen Stadt fast 2000 Jahre Geschichte. Das Rechteck eines römischen Lagers läßt sich noch aus der Stadtbild ablesen, das Datum der Gründung, 25. August 179, aus der ältesten bei uns erhaltenen Urkunde dieser Art. Die Inschrift ist in Stein gehauen; und Stein, nicht wie in Nachbarstädten Fachwerk, ist das Material, auch bei den Bürgerhäusern, für diese „mit Quadern gefügte, hochtürmige, schwer zu erobernde Stadt". So nannte sie Bischof Arbeo um

DOM, STEINERNE BRÜCKE UND BRÜCKENTOR

„Regensburg liegt gar schön, die Lage mußte eine Stadt herlocken", schrieb Goethe, als er auf der Reise nach Italien hier Station machte. Schön konnte die Lage nicht nur dem Dichter, sondern auch dem Minister Goethe erscheinen, der die Bedeutung des leichten Flußübergangs für Wirtschaft und Verteidigung erkannte. Der frühe Bau der Steinernen Brücke bestätigt diese Bedeutung.

DOM: ENGEL DER VERKÜNDIGUNGSGRUPPE

Durch die Breite des Langhauses getrennt, stehen sich an den beiden westlichen Vierungspfeilern der Engel und die Jungfrau gegenüber. Die Entfernung, die für jede Gruppe eines geringeren Künstlers lähmend wäre, erhöht hier die Spannung. Dem Erzengel ist die hohe Botschaft förmlich abzulesen. Der Bildhauer, nach einem Grabmal in Prüfening der Erminoldmeister genannt, ist unbekannt, zählt aber zu den bedeutendsten und ausgeprägtesten Künstlern des ausgehenden 13. Jh.

DOM: WESTPORTAL

Der zum Hauptportal führenden Treppe entwächst ein Pfeiler, der eine baldachinartige dreieckige Vorhalle trägt, den Triangel. Apostelfiguren umstehen ihn. Zwischen den zwei Türen eine ebenfalls um 1410 im Weichen Stil geschaffene Figur St. Peters mit der Papstkrone. Ihm war schon eine im 8. Jahrhundert genannte Kirche geweiht, die am gleichen Platz stand.

ST. EMMERAM: KREUZGANG

Wahrscheinlich waren es Werkleute aus Nordfrankreich, die im 13. Jh. den Westteil des Kreuzgangs als erstes Werk der Gotik in Altbayern geschaffen haben. Er führte von der Kirche zu den Klostergebäuden, die im 19. Jh. zum Schloß der Fürsten Thurn und Taxis umgebaut wurden. Unter den frühgotischen Bögen haben die Lesungen der Mönche stattgefunden.

770, und für etwa sechs Jahrhunderte blieb sie mächtig und reich wie keine andere in Bayern als westlichster Umschlaghafen zwischen Schwarzem Meer und Donaudurchbruch, als günstiger Flußübergang und strategisch wichtiger nördlichster Punkt der Donau, früh schon Mittelpunkt christlicher Missionstätigkeit, viel umstritten zwischen allen Mächten und der Ort, an dem diese Mächte sich zu Reichstagen versammelten oder zu Kreuzzügen aufbrachen. Als Regensburg seine wirtschaftliche Vormacht an jüngere Konkurrenten verlor, hatte es als Kongreßstadt, wie wir heute sagen würden, schon eine so feste Tradition, daß es nach 1594 die wichtigsten Institutionen beherbergte, die im zerfallenden Reich noch bestanden, vor allem 1663–1806 den Immerwährenden Reichstag, der unserem Bundesrat zu vergleichen ist. Hinzu kam, daß die seit 1542 evangelische Reichsstadt, Sitz eines Bischofs und dreier Reichsabteien, als neutraler Boden gelten konnte. Ab 1748 haben die damals zu Vertretern des Kaisers oder Prinzipalkommissaren auf dem Reichstag ernannten Fürsten von Thurn und Taxis hier ihre Residenz, nach einem Zwischenspiel als geistliches Fürstentum 1803–10 kam die viel begehrte Stadt endgültig an Bayern.

ALLERHEILIGENKAPELLE Was Regensburg einzigartig macht, ist vor allem sein Reichtum an romanischen Bauten. Unter den kirchlichen nimmt die Allerheiligenkapelle, so klein sie ist, einen besonderen Rang ein. Sie wurde um 1150 gebaut, als man ein Astrolabium (heute im Städtischen Museum) anfertigte, das einen hohen Stand mathematischer Kenntnisse und antiker Tradition beweist. Liebe zur Geometrie scheint auch die Kapelle geschaffen zu haben, und zum Glück sind ihre Malereien von rund 1150, gleichzeitig mit denen von Prüfening, erhalten.

Im DOM ST. PETER besitzt Regensburg ein gotisches Baudenkmal von ungewöhnlicher Geschlossenheit. Ein Brand hatte 1273 in einem uralten geistlichen Komplex, den man oft Domstadt nennt, Platz für den heutigen Bau geschaffen. Von der früheren Kirche brauchte man nur den Eselsturm zu übernehmen. Bis 1525 haben verschiedene Baumeisterfamilien hier gearbeitet, ohne daß es, wie in Ulm, zu rigorosen, noch heute sichtbaren Änderungen der Pläne kam. So bilden im Innern Chor und Langhaus, im Äußeren die Westfassade eine Einheit. Die heute das Stadtbild beherrschenden Türme sind allerdings, wie in Ulm und Köln, erst im 19. Jh. vollendet worden. Von dem plastischen

DOM: LANGHAUS UND CHOR

Im Inneren des Gotteshauses ist die Wandfläche in hochgotischer Manier aufs schönste aufgelöst. Durch Obergaden- und Chorfenster fällt ein sanftes Licht. August Graf von Platen nannte es „ein heiliges Helldunkel, durch den Reichtum an Glasgemälden hervorgebracht". Die Glasmalereien des Chors stammen aus dem 14. Jh. Das Bronzedenkmal am Ende des Langhauses stiftete Bayerns bedeutender Herzog Maximilian I., später Führer der katholischen Liga im Dreißigjährigen Krieg. Es ist ein Werk Münchner Gießer (1606–11) und stellt den frühverstorbenen Kardinal Herzog Friedrich Wilhelm, einen Bruder Maximilians I., vor dem Kruzifix kniend dar.

SAAL DES IMMERWÄHRENDEN
REICHSTAGES IM RATHAUS

Die zentral gelegene Stadt gilt seit Karl dem Gro-
ßen als günstiger Versammlungsort. So kam auch
der Reichstag häufig in diesem Saal aus dem 15. Jh.
zusammen, in dem sonst der Rat tagte oder die
Bürger an Festen tanzten. Und als sich 1663 der
Reichstag wegen der Türkengefahr erneut hier
einfand, blieb er ganz dort. Auf dem Sessel saß der
Kaiser oder meist sein Stellvertreter, auf den rot-
bezogenen Bänken, zwei Stufen niedriger, nahmen
die Kurfürsten Platz.

TEPPICH DER TUGENDEN UND LASTER

Früher hing dieser um 1400 gewirkte, beinah
10 Meter lange Teppich im Rathaus. Der Aus-
schnitt zeigt, wie die Stetigkeit der auf einem Esel
heranzottelnden Trägheit aufrecht zum Kampfe
gegenübersteht. Nicht nur der Esel, auch der Affe
verkörpert die Faulheit. Über der blau gekleideten
Stetigkeit, blau ist die Farbe der Treue, steht in
einem Schriftband: „alle dinck fugen ich zum dem
pesten / und pin gedultig mild und feste".
Museum der Stadt Regensburg

Schmuck im Innern ist eine Verkündigungsgruppe an
den Vierungspfeilern der schönste, ein Ziehbrunnen
der überraschendste. Seine Dekoration stammt, wie
ein Sakramentshäuschen, von dem Dombaumeister
Wolfg. Roritzer. Seine Familie hatte 100 Jahre für
Regensburg gearbeitet, trotzdem wurde er eines
der Opfer der Kämpfe zwischen Kaisern und bayerischen Herzögen und wurde 1514 hingerichtet. Ein
Kleinod der Westfassade ist die 1410 der Treppe
aufgesetzte dreieckige Vorhalle, der Triangel. Bemerkenswert die alten Glasfenster und der Reichtum des Domschatzes.

FÜRSTLICHES SCHLOSSMUSEUM In der Residenz der
Fürsten von Thurn und Taxis, die früher zum
Kloster St. Emmeram gehörte, sind Prunkeinrich-
tungen zu besichtigen, die zum Teil aus ihren
früheren Residenzen in Brüssel und Frankfurt am
Main hierhergeholt worden sind. In einer alten
Reithalle das Marstallmuseum mit Kutschen, Sänf-
ten, Schlitten, den Statussymbolen von ehedem.
Im HERZOGSHOF, der im frühen Mittelalter auch
Kaiserpfalz war, hat sich ein romanischer Saal
erhalten, der mit seinen Marmorsäulchen etwa auf
das Jahr 1200 zurückgeht.

KEPLERGEDÄCHTNISHAUS Der Astronom Johann
Kepler hat Regensburg oft besucht und ist 1630
hier gestorben. Sein Wohnhaus ist als Gedenkstätte
eingerichtet, auch ein klassizistisches Tempelchen
von 1808 erinnert an ihn.

MUSEUM DER STADT REGENSBURG Funde aus der
Römerzeit; aus dem frühen Mittelalter ein Astrolabium; aus dem 13. Jh. ein Minneteppich, der
größte seiner Art; von der Donauschule besonders
die Werke von Rueland Frueauf d. J., von Albrecht
Altdorfer ein Altar und Bruchstücke von Fresken
gehören zu den Beständen des Museums, das in der
früheren Minoritenkirche untergebracht ist.
Die NEUPFARRKIRCHE sollte auf der Stelle einer in
plötzlichem Fanatismus 1519 abgerissenen Synagoge
der Mittelpunkt einer neuen Wallfahrt zur Schönen
Maria und ein repräsentativer Renaissancezentral-
bau werden. Sie gedieh aber nur bis zu einer ver-
krüppelten Form mit Westchor des 19. Jh.
PRÜFENING und KARTAUS-PRÜLL Romanische Fresken von hohem Rang befinden sich in Kartaus-
Prüll und, etwas außerhalb, in Prüfening. Beide
Kirchen waren benediktinische Gründungen, Prüfening enthält das Grabmal des ersten Abtes Erminold, nach dem der unbekannte Bildhauer der Verkündigungsgruppe im Dom Erminoldmeister genannt ist. Überraschend trifft man hier hinter einer
Barockfassade eine Basilika, die trotz später gewölbter Decke einen Raum des 12. Jh. sehr rein
erhalten hat. In feierlichen Reihen gruppieren sich
die Figuren und der geometrische Schmuck der
Fresken um eine thronende Gestalt, die als Kirche
(Ecclesia) und jungfräuliche Mutter zugleich gekennzeichnet ist. Durch den Inhalt, der eine ganze
Theologie enthält, und durch die künstlerische
Form sind die Fresken ein Zeugnis der Blüte des
Klosters unter Erminold und seinem Nachfolger. –
In Kartaus-Prüll, das noch vor Prüfening geweiht
und später von den Kartäusern übernommen
wurde, ist von der etwa gleichzeitigen und auch
hier reichen Malerei vor allem eine Verkündigungsgruppe bemerkenswert, auch weil die Geste des
drei Menschenalter späteren Verkündigungsengels
im Dom in der Eindringlichkeit hier vorgebildet
scheint.
RATHAUS Die Regensburger haben ihr Altes Rathaus, den Nachfolger eines noch älteren, um 1360

gebaut, etwa 25 Jahre nachdem im Auerschen Aufstand die Macht der stärksten Patrizierfamilie, der Auer, gebrochen war. Von diesem Abschluß innerer Kämpfe dauerte die Freiheit der Stadt 150 Jahre, bis sie sich 1484 wegen ihres wirtschaftlichen Niedergangs dem bayerischen Herzog unterwarf. Im Reichssaal, im oberen Stock des Rathauses, das unten Kaufhallen enthielt, fanden zwar auch weitere Reichstage statt, Regensburg bekam auch vorübergehend die Reichsfreiheit wieder, aber schon beim Bau des Neuen Rathauses ab 1661 war die Stadt nicht mehr im alten Sinne unabhängig. Reichssaal und andere Räume sind als Reichstagsmuseum zu besichtigen.

ST. EMMERAM ist seiner Legende nach ein fränkischer Missionar im 7. Jh. gewesen, er wurde Bischof in Regensburg und, wie es heißt, aus Eifersucht ermordet. 400 Jahre später baute man in seiner Kirche, von der Teile noch auf seine Zeit zurückgehen können, die Wolfgangskrypta, die Vorhalle und meißelte den thronenden Christus am Hauptportal, das erste bei uns entstandene Werk dieses Typus. Wieder 100 Jahre später entstand ein Kreuzgang mit zierlichen Doppelsäulen; von den schönen Grabsteinen stammt das stille Gesicht der Königin Hemma aus dem 13., das der anmutigen Aurelia und des hl. Emmeram selber aus dem 14. Jh. Er bekam einen ungewöhnlichen Gedenkstein, bei dem eine Steinplatte über ihm schwebend erscheint. Das Innere der Kirche erhielt, 1100 Jahre nach der Gründung, ein strahlendheiteres Gepräge durch die Brüder Asam. Mehr als irgendein Bau in Regensburg scheint St. Emmeram zu bestätigen, was um 1050 der Mönch Otloh schrieb: „Die Stadt ist alt und neu zugleich." Ungewöhnlich, an Italien erinnernd, wie manches im Stadtbild, ist ein frei stehender Glockenturm, der einen älteren romanischen in Renaissanceformen glücklich ersetzt hat.

SCHOTTENKIRCHE ST. JAKOB Wie eng Regensburg schon früh, über den Riegel des Donaudurchbruchs hinweg, mit dem Westen verbunden war, zeigt am besten die Schottenkirche. Die ersten Gründer, die man Schotten nannte, auch wenn sie keine waren, kamen aus irischen Klöstern, in denen während der „dunklen Jahrhunderte" christliche Tradition weitergegeben wurde. Der Patron St. Jakob erinnert daran, daß die Stadt, ebenso wie Augsburg, an der Pilgerstraße zu seinem Wallfahrtsort lag, dem spanischen Compostela. Beim Portal und seinen rätselhaften Reliefs hat man Anklänge an Italien und Frankreich festgestellt, auf Frankreich weist auch ein Teil der Kapitelle im romanischen Langhaus, wie in Italien häufig, steht der Glockenturm frei. Die STEINERNE BRÜCKE über die Donau ist eine der ersten, bei denen die verlorene Kunst der Römer im Überbrücken großer Spannweiten wiederentdeckt wurde. Sie galt, 350 Meter lang und damals mit Toren und Türmen geschmückt, als ein technisches Wunder im Mittelalter und ist heute noch vorbildlich durch die selbstverständliche Schönheit beim Lösen der technischen Aufgabe. Ein sehr trockener Sommer begünstigte 1135 den Beginn des Baus, der 1146 vollendet wurde.

Die STIFTSKIRCHE UNSERER LIEBEN FRAU ZUR ALTEN KAPELLE gehört neben St. Emmeram zu den in üppigsten Barock verwandelten Kirchen. Ihre Vorgängerin, auch schon Alte Kapelle genannt, war angeblich „der Anfang aller Gotteshäuser in Bayern".

WOHNHÄUSER und -TÜRME Das Bild der Stadt wird bestimmt durch die Türme, die den Patriziern als Burgen, Speicher und Wohnungen dienten. Neunstöckig ist der höchste von ihnen, der Goldene Turm, im siebenstöckigen Gasthaus Goldenes Kreuz traf Kaiser Karl V. Barbara Blomberg, die schöne Mutter seines Sohnes Don Juan d'Austria, des Siegers in der Seeschlacht von Lepanto. Eines der schönsten Wohnhäuser des 14. Jh. ist das Haus zur Heuport. Von der früher häufigen Bemalung der Außenwände gibt noch das Goliathhaus eine Vorstellung. Durch einen schönen Hof mit Arkaden und eine geschichtliche Erinnerung ist der Turmbau der Neuen Waag bemerkenswert: hier fand ein Gespräch zwischen Melanchthon und Dr. Eck statt, von dem man sich 1541 vergeblich eine Verständigung zwischen den Konfessionen erhoffte. Unter vielen älteren Straßennamen erinnert die Gesandtenstraße an den Immerwährenden Reichstag und die Bevollmächtigten der deutschen Fürsten.

Reichelsheim *Odenwaldkreis*
Reg.-Bez. Darmstadt 593 ▪ 3
RUINE REICHENBERG Auf hohem Bergkegel über dem Gersprenztal liegt die im 13. Jh. gegründete Burg. Mauer- und Gebäudereste lassen eine ausgedehnte Anlage mit Kernburg, gotischen Zwingern und Vorburg erkennen.

Reichenau *Reg.-Bez. Freiburg i. Br.* 607 □ 3
Auf der Reichen Aue (Augia Dives) gründete 724 der irische Mönch Pirmin das Benediktinerkloster Mittelzell, das sich im Mittelalter zu der kulturell bedeutendsten Reichsabtei diesseits der Alpen entwickelte. Sie war Ausgangspunkt für Kirchen- und

MÜNSTER, MITTELZELL

Als das Kloster 1048 Turm und Westteil seines Münsters weihte, bestand es schon über 300 Jahre und war einer der kulturellen Mittelpunkte des Abendlandes. Bis zu 700 Mönche wirkten in Mittelzell, die Schule zählte 500 Zöglinge. Die vornehmsten Herren des Reiches ließen hier auf der Reichenau ihre Söhne erziehen.

STIFTSKIRCHE ST. PETER UND PAUL, NIEDERZELL

Der Bischof von Verona, Egino, hatte am Ende seines Lebens Heimweh nach der Bodenseeinsel, auf der er Schüler und Mönch gewesen war. Er legte seine Ämter nieder und baute sich hier ab 796 eine Zelle und die Kirche. Sie wurde vergrößert, doch sein Grab ist erhalten. Im Innern kontrastiert die Barockausstattung mit romanischen Kapitellen und Wandmalereien der Apsis. Zwischen die Reihen mit Aposteln und Propheten wurde in der Spätgotik ein größeres Fenster eingefügt.

LANGHAUSFRESKEN DER STIFTSKIRCHE, OBERZELL

In Oberzell auf der Ostspitze der Insel hat sich die frühmittelalterliche Baukunst der Reichenau am reinsten erhalten. Im Innenraum ist sogar noch die Tönung der Säulen und Kapitelle original. Darüber die einzigartige Ausmalung aus ottonischer Zeit, beginnend mit den Medaillonporträts Reichenauer Äbte zwischen den Bögen. Friese mit perspektivischer Wirkung rahmen Bilder aus dem Leben Christi. Rechts führen Stufen zum quadratischen Chor, darunter die Krypta.

Klosterbau, Wand- und Buchmalerei, Goldschmiedekunst, kirchliche Dichtung und alles Gelehrtentum. Heute sind von den vielen Kirchen der Insel die drei ältesten und bedeutendsten erhalten.
MÜNSTER ST. MARIA UND MARKUS in Mittelzell. Von der ältesten Zelle und dem Kloster an der Nordseite haben sich nur Reste in Wohnbauten erhalten, während das barocke an der Südseite noch steht, dreiflügelig, mit reichem Kapitelsaal (heute Schule und Pfarrhaus). Mindestens acht Vorgänger der dreischiffigen, in romanischer Zeit doppelchörigen Basilika sind nachweisbar. Die einfache Holzdecke des mächtigen Westquerbaus tragen rote Pfeiler. Im ersten Geschoß des Turms die sog. Kaiserloge. Zum ältesten Baubestand gehört die Heitosäule im südlichen Seitenschiff. Die acht Glasgemälde aus dem Mittelfenster des Chores (1556 datiert) werden in der Schatzkammer gezeigt, wo sich die wertvollen romanischen und gotischen Schreine unter anderen kirchlichen Geräten aus der Blütezeit des Klosters befinden, auch die einzige auf der Reichenau verbliebene illuminierte Handschrift.
Die STIFTSKIRCHE ST. PETER UND PAUL in Niederzell ist eine im 8. Jh. begonnene, im 11. Jh. vollendete dreischiffige Säulenbasilika mit zwei Osttürmen. Um die Mitte des 18. Jh. wurde sie stark verändert und einheitlich ausgeschmückt. In der Mittelapsis wurde um 1900 romanische Wandmalerei entdeckt. STIFTSKIRCHE ST. GEORG in Oberzell. Charakteristisch ist der gedrungene Vierungsturm, der die dreischiffige Kirche mit hohem Mittelschiff und rechteckigem Chor nur wenig überragt. Vor die halbrunde Westapsis des im 9. und 10. Jh. entstandenen Baus wurde im 11. Jh. die Vorhalle gesetzt — von Westen her ist die Abstufung der Bau-

körper und Dächer des ehrwürdigen Gotteshauses besonders schön anzusehen. Eintretend erlebt man, stärker als bei den anderen Kirchen der Reichenau, den einheitlichen frühromanischen Charakter. Die gewölbte Krypta, mit Altar unter von vier Säulen getragenem Gewölbe mit romanischen Wandmalereiresten, ist besonders urtümlich. Der Wandmalereizyklus im Mittelschiff wurde 1880 freigelegt.

Reichenbach *Reg.-Bez. Kassel* 578 □ 6
BURGRUINE Ein runder Bergfried und Mauerreste sind letzte Zeugen der romanischen Burg.
EHEM. NONNENKLOSTERKIRCHE Vom Bau des 12. Jh. blieb das Langhaus: eine flachgedeckte Basilika, schöne Würfelkapitelle. In der Vorhalle des spätgotischen Turms ein romanisches Portal.

Reichenbach am Regen *Oberpfalz* 603 □ 2
Macht und Bedeutung des 1118 gegründeten ehem. Benediktinerklosters sprechen noch aus der imposanten Anlage. Im 15. Jh. war sie zu einer Klosterburg ausgebaut worden. Durch die Barockisierung ist dieses wehrhafte Aussehen zum Teil verlorengegangen.
KIRCHE Die dreischiffige Basilika ist ein kraftvoller romanischer Quaderbau mit zwei Osttürmen, deren Giebel und Pyramidenhelme jedoch, wie der Chor, gotischer Zeit entstammen. Die Barockisierung, schon von außen an den geschwungenen Langhausfenstern erkennbar, hat das Innere verändert. Phantasievoller, reicher Stuck schmückt Wände und Gewölbe. Er wird noch übertönt von den farbkräftigen Fresken. Imposanter Hochaltar auf doppelten gedrehten Säulen. Gotisch sind noch das Chorgestühl, eine meisterhafte Sandsteinmadonna

am nordwestlichen Arkadenpfeiler und einige Grabdenkmäler.

Reichenbach *Rheinhessen-Pfalz* 592 ■ 6
Im Chor der EV. KIRCHE vom Ende des 13. Jh. wurden Malereien des 14. Jh. aufgedeckt.

Reichenberg *Reg.-Bez. Koblenz* 592 □ 1
BURG 1319 begonnen, im 16. Jh. erweitert, seit dem 17. Jh. Ruine. Einer der beiden die Schildmauer flankierenden Westtürme ist noch 43 Meter hoch; gut erhalten ist auch der dreistöckige Saalbau mit halbrundem Abschluß (14. Jh.).

Reichensachsen *Reg.-Bez. Kassel* 578 □ 5
PFARRKIRCHE mit spätgotischem Spitzhelm über dem älteren Westturm. Das Schiff stammt von 1773.
SCHLOSS Stattlicher Barockbau anstelle einer ehem. Wasserburg.

Reichersbeuern *Oberbayern* 610 ■ 9
SCHLOSS Die weiträumige Anlage mit drei kräftigen Rundtürmen enthält schöne spätgotische Räume mit wertvollen Holzdecken. In der Kapelle ein reizvoller und origineller Renaissance-Altaraufsatz.

Reifferscheid *Kr. Schleiden Reg.-Bez. Köln* 583 ■ 5
Burgruine (Bergfried aus dem 14. Jh., Torbau von 1689), Fachwerkdorf und spätgotische Kirche im gemeinsamen Befestigungsring (Matthiastor, 14. Jh.).

Reinhausen *Reg.-Bez. Hildesheim* 578 ■ 4
Alte Burganlage der Grafen von Reinhausen, seit dem 12. Jh. Kloster und Benediktinerabtei. Türme und Portal romanisch, gotische Wandmalerei.

Reinheim *Saarland* 599 □ 11
Die KATH. PFARRKIRCHE hat einen kraftvollen romanischen Rundturm. Im barocken Saalbau schöne Beichtstühle und eine Kanzel von 1743. – Jenseits der Blies ein keltischer Fürstengrabhügel.

Reinstetten *Reg.-Bez. Tübingen* 608 ■ 1
PFARRKIRCHE Der bewegte Grundriß des Rokokosaales stammt vermutlich von Joh. Mich. Fischer. Im Innern spätgotische Gruppe der Marienkrönung.

Reisach b. Rosenheim *Oberbayern* 610 □ 3
Streng, würdevoll und feierlich wirkt das Innere der 1737–47 erbauten KARMELITENKLOSTERKIRCHE ST. THERESA. Einfach und klar sind die Proportionen. Das rechteckige Langhaus trägt ein durch streifige Flächen gegliedertes Tonnengewölbe; aus den Pfeilern bilden sich die Rundbögen über flachen Fensternischen, in ihnen kapitellgeschmückte, Vasen tragende Säulen. Anschließend die hufeisenförmige Apsis, hinter ihr Sakristei und Mönchschor. Nur wenig Stuck ziert den Raum, an den Altären fehlt alles Prunkhafte. Von Joh. Bapt. Straub stammen die hervorragenden Holzreliefs der vier Nebenaltäre (um 1750) und der Kruzifixus (1755). Ganz in der Nähe liegt SCHLOSS URFARN, eine hufeisenförmige Anlage des 18. Jh. mit schönem Treppenhaus. Die Kapelle wurde von Joh. Bapt. Zimmermann stuckiert.

Reisensburg *Schwaben* 602 □ 8
Aus einer vorgeschichtlichen Siedlung über dem Donauufer östlich Günzburg entwickelte sich die

REISENSBURG, eine weitläufige Anlage mit zinnengekröntem Bergfried (11. Jh.).

Rellingen *Schleswig-Holstein* 562 ■ 1
KIRCHE Zwei Baukörper setzen sich gegeneinander ab: der mittelalterliche, im Barock mit schlanker Spitze gekrönte Turm und die backsteinerne, achteckige Zentralkirche, 1754–56.

Remagen *Reg.-Bez. Koblenz* 584 ■ 9
APOLLINARISKIRCHE Auf einem Hügel steht der neugotische Bau mit Wandmalereien der Nazarener.
PFARRHOFTOR Romanischer Torbogen von drei Meter Höhe und Breite und eine Fußgängerpforte von zwei Meter Höhe und einem Meter Breite sind von Flachreliefs umgeben, die die Hauptlaster und ihre Herrschaft über die Stände darstellen.

Remels *Reg.-Bez. Aurich* 560 □ 4
Die MARTINSKIRCHE (13./14. Jh.), als Granitquaderbau auf einer Kirche des 12. Jh. entstanden. Ausdrucksvolle Wandmalereien spiegeln den Wechsel von drei Bauabschnitten.

Remigiusberg *Rheinhessen-Pfalz* 592 ■ 7
Die PFARRKIRCHE aus dem 12. Jh. ist sorgfältig wiederhergestellt. Vom Langhaus steht nur noch das Mittelschiff, der schöne gotische Lettner ist als Westempore verwendet. – Gegenüber liegt, durch einen Graben getrennt, die RUINE DER MICHAELSBURG (14. Jh.).

Remscheid *Reg.-Bez. Düsseldorf* 576 □ 7
In einem bergischen Patrizierhaus in Hasten ist ein Teil des Städt. Heimatmuseums untergebracht. Der verschieferte Doppelbau von 1779 hat ein Mansarddach, zwei geschwungene Freitreppen und Rokokotüren. – In Lennep, dem Geburtsort Conr. Röntgens, weitere bergische Fachwerkhäuser und das Röntgenmuseum.

Remsfeld *Reg.-Bez. Kassel* 586 □ 11
PFARRKIRCHE In der malerisch über dem Ort gelegenen Wehrkirche (um 1500) ein gotischer Taufstein, eine Steinkanzel (1602) und eine hübsche Barockorgel.

Rendsburg *Schleswig-Holstein* 555 ■ 6
Die Altstadt, auf einer Eiderinsel im Schutze der Burg gegründet, lag an einem wichtigen Heerweg. Die CHRISTKIRCHE am Paradeplatz entstand um 1700 in der Grundrißform eines gleicharmigen Kreuzes mit niedrigem Turm am Westflügel. Unter weiten Tonnengewölben reiche Barockausstattung.
MARIENKIRCHE Auf der Höhe der Insel, auf eng umbauten Platz, eine ansehnliche gotische Backsteinhalle. Einen starken Kontrast zu den weißen Wand- und Pfeilerflächen bildet der Farben- und Formenreichtum der Ausstattung aus dem 16. bis 18. Jh. und der gotischen Rippengewölbe.
RATHAUS aus dem 16. Jh., weitgehend erneuert. Bürgermeisterzimmer mit bemalter Vertäfelung.

Reulbach *Reg.-Bez. Kassel* 586 ■ 4
PFARRKIRCHE Schlichter Bau (1752) mit ausgezeichneter Rokokoausstattung, von der die reiche Kanzel hervorzuheben ist.

Reutberg *Oberbayern* 610 ■ 9
FRANZISKANERINNENKLOSTERKIRCHE (1733–35) Die Fresken und das Gnadenbild am Hochaltar künden

vom Loretokult des Klosters. Sehr schön die musizierenden Putten am Gewölbeansatz, volkskundlich bedeutsam das „Reutberger Christkindl" am südlichen Seitenaltar.

Reutlingen *Reg.-Bez. Tübingen* 601 □ 8
Östlich liegen auf steilem Bergkegel die Ruinen der Burg Achalm (11./12. Jh.), die den Anstoß zur Gründung der Stadt gab. Diese wurde bald reichsunmittelbar, blieb aber von Württemberg bedroht, bis – 1377 – der Schwäbische Städtebund in der Schlacht bei Reutlingen siegte. 1726 brannte sie zum Großteil ab, so daß die Altstadt heute vom 18. Jh. geprägt wird. Älter sind das Tübinger und das Gartentor (13.–16. Jh.), Reste der fünf Klosterhöfe und einige Brunnen. In dem Roman „Schillers Heimatjahre" ließ Hermann Kurz noch einmal das altertümliche Bild seiner Vaterstadt erstehen. Ein Denkmal und ein Archiv im Heimatmuseum erinnern an einen anderen großen Sohn der Stadt, an Friedrich List (geb. 1789).
MARIENKIRCHE Deutlich lassen sich die Bauabschnitte von der Spätromanik bis zur Hochgotik ablesen. Am ältesten (1. Hälfte 13. Jh.) ist der von zwei quadratischen Türmen flankierte, rechteckig geschlossene Chor. Figurentragende Pfeiler gliedern seine Giebelwand. Ein kompliziertes Strebesystem – übrigens das früheste und einzige original erhaltene in Schwaben – stützt das Langhaus. Am jüngsten ist die Westfassade mit drei prächtigen Portalen und Rosette. Den quadratischen Turm

REUTLINGEN MIT MARIENKIRCHE
1247 wurde Reutlingen von Anhängern des Gegenkönigs Heinrich Raspe belagert, denn die Stadt hielt zu ihrem großen Förderer, dem Hohenstaufenkaiser Friedrich II. Die Belagerung konnte abgewehrt werden, und die Bürger sollen als Dank dafür mit dem Bau der Marienkirche begonnen haben. 1343 wurde der Turm vollendet. Um das Gotteshaus stattliche Giebelhäuser, die so charakteristisch für das Bild schwäbischer Orte sind.

krönt eine ganz von Stab- und Maßwerk übersponnene Pyramide. Im weiten, lichten Inneren ist eine Langhauswand mit gotischer Malerei geschmückt. Schöner reliefverzierter Taufstein von 1499. Im Chor steineres Hl. Grab aus dem 16. Jh. ST. PETER UND PAUL (1959) mit Glasfenstern von Wilh. Geyer und Plastiken von Toni Schneider-Manzell.

Reutti *Schwaben* 601 □ 5
Die EV. KIRCHE birgt einen wertvollen spätgotischen Schnitzaltar (um 1500) aus der Werkstatt Jörg Syrlins d. Ä.

Rheda *Reg.-Bez. Detmold* 577 ■ 11
In der Altstadt, in der kleinstädtische Fachwerkarchitektur das Bild bestimmt, die kleine, 1616 noch spätgotisch und auf nahezu quadratischem Grundriß gebaute EV. KIRCHE. Drinnen zwei reiche Epitaphien des 17. Jh.
In der KATH. KIRCHE (1910/14) eine Muttergottes von 1510.
SCHLOSS Die Burg sicherte einen wichtigen Emsübergang. Vom Bau aus dem 13. Jh. ist der quadratische Kapellenturm erhalten geblieben mit interessanter Doppelkapelle für Herrschaft und Gesinde. Anschließend die Torhalle (1719) und die Wohntrakte aus dem 17.–18. Jh., die sich mit einem weiteren Turm zu einer repräsentativen Hofanlage verbinden.

Rheder *Reg.-Bez. Detmold* 578 □ 9
Die ortsbeherrschende PFARRKIRCHE von 1718 ist ein frühes Meisterwerk von Joh. Conr. Schlaun.
Das SCHLOSS, äußerlich schlicht, zeichnet sich durch Räume in vorzüglichem Rokoko aus. Die Vorburg ebenfalls aus dem 18. Jh.

Rheinberg *Reg.-Bez. Düsseldorf* 575 ■ 3
PFARRKIRCHE Turm aus dem 12. Jh. Zu Anfang des 15. Jh. entstand der Hallenchor mit Umgang und Sakristei. Bald darauf basilikaler Ausbau des Langhauses. Der Hochaltar wurde im 19. Jh. aus zwei gotischen Schnitzaltären, der untere um 1440, der obere nach 1500, zusammengesetzt.

Rheine *Reg.-Bez. Münster* 568 ■ 6
Die STADTKIRCHE ST. DIONYSIUS, inmitten der Altstadt beherrschend auf dem linken Emsufer gelegen, ist eine kreuzrippengewölbte spätgotische Stufenhalle aus dem 15. Jh. Erhaltene Bauteile des 11. Jh. geben vor allem dem südlichen Seitenschiff noch sein schweres romanisches Gepräge. Die Innenausstattung der Erbauungszeit ist großenteils noch erhalten.

Rhens *Reg.-Bez. Koblenz* 584 □ 7
Auf dem steinernen KÖNIGSSTUHL, 1843 nach alten Vorlagen wieder aufgebaut, leistete im 14./15. Jh. der zu Frankfurt neugewählte deutsche König vor seiner Krönung in Aachen den Treueeid.

Rheydt *Reg.-Bez. Düsseldorf* 575 □ 6
Von Graben und Wall umzogen das SCHLOSS. Ältere Bauteile wurden 1552–91 zu einem bedeutenden, nicht mehr vollständig erhaltenen Renaissanceschloß umgestaltet. Schöne Arkadenfront zum Hof hin. Heute Städtisches Museum. Die zwei Vorburgen stammen ebenfalls aus dem 16. Jh.

Rhoden *Reg.-Bez. Kassel* 577 □ 3
Bei dem Stadtbrand von 1735 blieben von der
PFARRKIRCHE des 16. Jh. nur Turm und Teile der
Mauern erhalten. Schlichte Barockausstattung, Altar
und Taufstein sind von Gittern eingefaßt, dahinter
eine Kanzel mit reich geschmücktem Schalldeckel.
Das im 17. Jh. begonnene SCHLOSS (jetzt Altersheim) blieb unvollendet. Ausgeführt wurde nur
der stattliche Hauptbau mit Einfahrt und offener Halle, ein langgestreckter Seitenflügel sowie
der Ansatz des gegenüberliegenden Flügels.

Rhodt *Rheinhessen-Pfalz* 592 □ 4
Ein hübsches Fachwerkdorf an der Weinstraße,
EV. KIRCHE von 1720. Über dem Ort die BURGRUINE
Rietburg mit Ober- und Unterburg (um 1200).

Rhynern *Reg.-Bez. Arnsberg* 576 □ 3
Die KATH. PFARRKIRCHE, für den kleinen Ort ungewöhnlich aufwendig, ist eine dreischiffige gewölbte
Basilika von etwa 1160. Die Gewölbeschlußsteine,
wohl aus dem 13. Jh., zeigen verschlungene Drachen. Besondere Kostbarkeiten sind ein flandri-
scher Altar von etwa 1520 und der Schrein von
1457 mit den Gebeinen der Kirchenheiligen Regina.

Ricklingen *Reg.-Bez. Hannover* 570 ■ 8
KIRCHE von 1694, außen schlicht, innen aufwendiger Stuck und reiches Barockschnitzwerk.
KREUZSTEIN Gedenkstein für den 1385 hier tödlich
verwundeten Herzog Albrecht von Sachsen.

Riede *Reg.-Bez. Kassel* 578 □ 8
SCHLOSS Aus dem mittelalterlichen Mauerwerk
wächst der Renaissancebau (1563) mit Erkern und
Giebeln malerisch heraus. Im Wirtschaftshof eine
schlichte ehem. Schloßkapelle (1674). Im englischen Park steht ein Taufstein von 1563.

Riedenburg *Oberpfalz* 603 ■ 11
Drei BURGEN umstehen die Stadt: Die Rosenburg
ist die stattlichste und besterhaltene mit Wohnbauten und Befestigung aus dem 16. Jh., Rest des
Bergfrieds aus dem 13. Jh. Von der Ruine Da-
chenstein stehen noch der Bergfried und Mauerreste aus dem 13. Jh. Ruine Rabenstein ist die
älteste, erhalten sind der Bering und Reste eines
Wohnturms aus dem 12. Jh.

Riedlingen *Reg.-Bez. Tübingen* 608 □ 11
Das Donaustädtchen hat in vielem sein altertümliches Gesicht bewahrt. Besonders romantisch ist die
Partie über dem Wehr, wo noch Teile der Mauer
mit dem Mühltörle stehen. Die Alte Kaserne ist
ein mächtiger Fachwerkbau, das Rathaus ein dreigeschossiger gotischer Giebelbau mit interessanter
Holzständerkonstruktion im Inneren. – Im ehem.
Spital (15.–17. Jh.) ist das Heimatmuseum mit
bäuerlicher Kunst untergebracht. – Die gotische
Pfarrkirche bewahrt gute spätgotische Bildwerke. –
Die Weilerkapelle ist ein schön ausgestatteter Barockbau.

Rieneck *Unterfranken* 594 □ 12
Von der romanischen Anlage (Ende 12. Jh.) der
neugotisch wiederhergestellten BURG stammen die
Kapelle und zwei Türme. Die Stärke der unten
über vier Meter dicken Mauern des Bergfrieds
nimmt im zweiten Geschoß noch zu, bedingt durch
eine aus der Mauermasse ausgesparte kleeblattförmige Kapelle.

Rieseby *Schleswig-Holstein* 555 ■ 2
KIRCHE Spätromanischer Backsteinbau (um 1225)
mit reicher Gliederung. Innen spätgotisches Rippengewölbe, vor dem schmalen Chor Triumphkreuz
(vor 1300). Bemaltes gotisches Antependium.

Riesenbeck *Reg.-Bez. Münster* 568 ■ 5
Die PFARRKIRCHE (1807–15) birgt in der Grabplatte
der Reinhildis ein Meisterwerk westfälischer romanischer Reliefplastik, noch unbeholfen in der
Darstellung, aber ergreifend im Ausdruck.

Rieste *Reg.-Bez. Osnabrück* 569 □ 9
Von der ehem. Johanniterkommende LAGE (gestiftet
1245) stehen noch drei Flügel (17. Jh.). Das wun-
derwirkende Kruzifix (14. Jh.) der Klosterkirche
zieht seit Jahrhunderten Wallfahrer an.

Rietberg *Reg.-Bez. Detmold* 577 ■ 11
Die grabenumgebene Stadt ist ein besonders schönes
Beispiel niederdeutscher Stadtbaukunst.
Die NEPOMUKKAPELLE, 1747/48 in der Art Joh.
Conr. Schlauns in Ziegelhausteinmanier errichtet
und mit der zurückhaltenden Eleganz des münster-
ländischen Spätbarock ausgestattet, ist eine kleine
architektonische Kostbarkeit.

Rimpar *Unterfranken* 594 ■ 2
Die PFARRKIRCHE (1849–50) besitzt bedeutende
Grabdenkmäler. Das des Eberhard v. Grumbach
(1487) gilt als das früheste bekannte Werk Riemenschneiders.
SCHLOSS Mitte des 14. Jh. entstand im spätgotischen Stil die Burganlage. Um 1600 kamen Renaissancebauten und zwei prunkvolle Portale hinzu.

Rinchnach *Niederbayern* 604 ■ 2
EHEM. BENEDIKTINERPROPSTEIKIRCHE Aus einer Einsiedelei des Mönches Gunther entwickelte sich
nach 1010 das Kloster. Die Kirche schuf 1727 Joh.
Mich. Fischer. Er war an alte Umfassungsmauern
gebunden und lockerte das Langhaus innen durch
gerundete Nischen. Ein ovaler Raum mit längli-
chem Chor entstand, dem die einheitliche Barockausstattung Reichtum und Harmonie gibt.

Rinkerode *Reg.-Bez. Münster* 576 ■ 1
Die dunkelroten Backsteinhäuser des Dorfes fügen
sich mit der aus dem gleichen Material 1721 von
Gottfr. Laurenz Pictorius erbauten Pfarrkirche zu
einem harmonischen Ortsbild.
HAUS BORG gilt wegen des glücklichen Zusammen-
klingens der Bauten (15.–20. Jh.) mit der umgebenden Parklandschaft als eine der schönsten Wasserburgen des Münsterlandes.

Rinteln *Reg.-Bez. Hannover* 569 □ 4
In Form eines siebenzackigen Sterns umgeben die
im Westen zum Stadtpark umgestalteten Wallanlagen das Geviert der Altstadt mit ihren Fachwerkhäusern, von denen die prachtvoll geschnitzte Fassade des alten Museums (um 1620) besonders auffällt. Im Stadthof die Münchhausen Archivhäuschen
(1565) mit zierlicher reliefgeschmückter Fassade.
Den Turm der MARKTKIRCHE ST. NIKOLAI (13. bis
14. Jh.) bekrönt seit etwa 1770 ein achtseitiger
hölzerner Aufbau mit barocker Laterne. Außer
dem Altaraufsatz (17. Jh.), der bemalten Westempore (um 1600), einer Bronzetaufe (1582) fallen
zahlreiche Grabdenkmäler auf.

RATHAUS Wie zwei ungleiche Brüder stehen die zwei Giebel mit ihren vorgebauten Erkern nebeneinander. Der rechte, ein Staffelgiebel, trägt die Jahreszahl 1583, der linke, höhere ist etwas jünger.

Rißtissen *Reg.-Bez. Tübingen* 608 □ 12
In der FRIEDHOFSKAPELLE steht ein spätgotischer Schnitzaltar mit schön bemalten Flügeln, deren Meistersignatur ihn als „Ackeraltar" bekannt gemacht hat. Im Fassadensockel der klassizistischen Pfarrkirche sind gemeißelte römische Steine mit vermauert.

Rodalben *Rheinhessen-Pfalz* 592 □ 6
1730–35 wurde das Schiff der mittelalterlichen PFARRKIRCHE durch einen Saalbau ersetzt, Chor (mit Wandmalereien) und Turm blieben erhalten.

Rodenberg *Reg.-Bez. Hannover* 570 ▪ 8
EV. KIRCHE Der romanische Bau, es blieben zwei Portale, wurde spätgotisch erneuert. Der gemalte Flügelaltar, die Madonnenfigur und das Kruzifix stammen aus dem 15. Jh.

Rodenkirchen *Verw.-Bez. Oldenburg* 561 ▪ 7
Die KIRCHE aus dem 13./14. Jh. birgt mit dem Altar (1629) und der Kanzel (1631) zwei der bedeutendsten Werke des Bildhauers Ludwig Münstermann.

Roding *Oberpfalz* 604 □ 11
Die Stadt wird bereits 844 erwähnt. Von der 1959 abgerissenen barocken Stadtpfarrkirche steht noch der Turm, in dem Kirchenneubau ein romanischer Taufstein. Eine Alabasterfigur von Andreas Faistenberger wird im Pfarrhaus aufbewahrt.

Röllshausen-Schönberg *Reg.-Bez. Kassel* 586 □ 10
Romanische KIRCHE, auf einem Bergkegel hoch über dem Schwalmtal gelegen, inmitten eines ehem. Wehranlage. In einer Nische im Chor werden noch Totenkronen aus Blumen und Perlen verwahrt, die man unverheiratet Gestorbenen als Zeichen ihrer Jungfräulichkeit auf den Sarg legte.

Rötsee b. Kißlegg *Reg.-Bez. Tübingen* 608 ▪ 3
Die idyllisch gelegene WALLFAHRTSKIRCHE besteht aus einem romanischen Schiff mit spätgotischem Chor und barockem Querschiff. Das Gnadenbild stammt aus der Werkstatt Hans Multschers.

Röttingen *Reg.-Bez. Stuttgart* 602 □ 9
Die spätgotische DORFKIRCHE bezaubert vor allem durch ihren anmutig durchbrochenen Turm. Rokoko-Innenraum mit großem Deckenfresko.

Roggenburg *Schwaben* 609 □ 10
EHEM. PRÄMONSTRATENSERABTEI Die Klostergebäude, ihr Bau zog sich von 1730–70 hin, bilden ein Geviert, dessen Nordseite die 1752–58 entstandene, doppeltürmige Kirche einnimmt. Ein heiterer, lichter Raum des Rokoko mit schwungvollem Orgelprospekt ganz in Weiß und Gold und vorzüglichen Altären.

Rohr b. Rottenburg *Niederbayern* 603 ▪ 3
KLOSTERKIRCHE MARIÄ HIMMELFAHRT (1719) Graf Adalbert von Rohr bat 1133 den Regensburger Bischof, hier ein Kloster zu gründen, eine Kirche habe er schon gebaut. Nach dem Tode seiner

HOCHALTAR DER KLOSTERKIRCHE, ROHR
Der bühnenartige Hochaltar zeigt die Himmelfahrt Marias, die, von Engeln getragen, aufwärtsschwebt zu dem Chor der Engel über ihr. Zu ihren Füßen der offene Marmorsarkophag, umgeben von Aposteln, die in heftiger Gestik und Mimik Erstaunen und Ergriffenheit zeigen, überlebensgroße vollplastische Figuren. Egid Quirin Asam macht die Kirche zum Theater: das mit massigen Pfeilern und schweren Gesimsen im italienischen Barockstil geformte und mit reichem Stuck an Kapitellen und Gewölbe geschmückte Langhaus ist einem Zuschauerraum vergleichbar, der Chor dem Orchesterraum.

Gemahlin trat der Graf als Laienbruder in das Augustinerchorherrenstift ein. Dieses erlebte lange Epochen geistiger und ökonomischer Aktivität, vor allem vor der schweren Zeit des Dreißigjährigen Krieges. Glanzvoll waltete das 18. Jh., ab 1717 entstand die nur außen schlichte Kirche des Egid Quirin Asam.

Rohrdorf *Kr. Calw Reg.-Bez. Karlsruhe* 600 ▪ 5
Beherrschend im Ortsbild steht der mächtige Gebäudekomplex der ehem. Johannitersiedlung: zwei Schlösser aus dem 15. und 16. Jh. und die gotische, später barockisierte Kirche.

Rohrdorf *Kr. Ravensburg*
Reg.-Bez. Tübingen 608 □ 3
Die spätgotische, barockisierte PFARRKIRCHE steht auf romanischen Fundamenten. Die schöne Schnitzfigur des hl. Augustinus (um 1425) wird Hans Multscher zugeschrieben.

Rommersdorf *Reg.-Bez. Koblenz* 584 ▪ 6
Vom EHEM. KLOSTER, 13. Jh., stehen noch zwei Flügel des Kreuzgangs und der Kapitelsaal, in dem sechs frei stehende Säulen die Kreuzrippengewölbe tragen. Die ursprünglich romanische, gotisch ergänzte Kirche ist Ruine. Gut erhalten die barocken Gebäude, vor allem das Abtshaus (um 1760).

Rommershausen *Reg.-Bez. Kassel* 586 □ 10
SCHLÖSSCHEN Die malerische Baugruppe gewinnt an kunstgeschichtlichem Interesse durch die Renaissancebauplastik von Philipp Soldan am Ostflügel (1549): Portal und Erker zeigen reichen Reliefschmuck.

Romrod *Reg.-Bez. Darmstadt* 586 □ 9
PFARRKIRCHE Ein Barockbau aus dem 17. Jh., der viele gotisierende Elemente enthält: Spitzbogenfenster, Strebepfeiler, Gesimse; ein bezeichnendes Beispiel für das Wiederaufleben gotischer Formen im evangelischen barocken Kirchenbau.
SCHLOSS Die hohe Ringmauer geht auf eine romanische Wasserburg zurück. Der Wohnturm, der älteste Teil, stammt aus der Zeit der Staufer. Herrenbau und Küchenbau wurden in der Renaissance errichtet.

Ronneburg *Reg.-Bez. Darmstadt* 585 □ 4
BURG Abgesehen von geringen Resten der Gründungszeit (frühes 13. Jh.) stellt sich der Kern als malerische Baugruppe der Spätgotik und Renaissance dar. Das obere Plateau wird von einer doppelt so großen unteren Vorburg des 16. Jh. umfaßt. Im Kemenatenbau von 1573 sind biblische und ornamentale Wandmalereien von lebendiger Farbigkeit freigelegt worden.

Ronnenberg *Reg.-Bez. Hannover* 570 ■ 6
Die romanische EV. KIRCHE (mit gotischem Chor) mußte im 19. Jh. fast ganz neu wieder aufgebaut werden. Drei mächtige Würfelkapitelle (spätes 12. Jh.), der gotische Schnitzaltar und der schöne Taufstein des 17. Jh. gehören zur Ausstattung.

Rosenfeld *Reg.-Bez. Tübingen* 600 □ 6
Der EV. PFARRKIRCHE aus dem 13. Jh. ist eine malerische spätgotische Halle vorgebaut, über der ein kleiner Archivraum liegt. – Der FRUCHTKASTEN ist ein mächtiger Bau über sechssäuliger Erdgeschoßhalle (16. Jh.).

Rosenheim *Oberbayern* 610 □ 3
In dieser traditionsreichen Stadt an der ehem. Salzstraße hat sich nur wenig Mittelalterliches erhalten: Einige der hohen, mit Rokokostuck und Erkern verzierten Häuser, deren Laubengänge sich zum Max-Joseph-Platz öffnen und von denen viele hübsche schmiedeeiserne Wirtshausschilder tragen, stammen zum Teil noch aus spätgotischer Zeit, ebenso das Mittertor (heute Heimatmuseum), dahinter das Stockhammer- und das Eizenbergerhaus. Im Duschlhaus ein reizvoller Renaissance-Innenhof. – Im Seitenschiff der stark neugotisch bearbeiteten Kirche ST. NIKOLAUS (1488) eine zweiseitig bemalte Holztafel von 1514.

Roßdorf *Reg.-Bez. Kassel* 585 ■ 2
In einem gotischen Wehrkirchhof steht die barocke KIRCHE (1696), die Stukkaturen von Mainzer Künstlern enthält, u. a. ein Relief der hl. Elisabeth.

Roßtal *Mittelfranken* 595 ■ 5
Eine hoch gelegene Wehrkirchenanlage: der Friedhof bezieht das monumentale Pfarrhaus, eines der bedeutendsten gotischen Häuser in Deutschland, in die Ummauerung ein. Unter der kraftvollen, in mehreren Bauphasen seit der Spätromanik organisch gewachsenen Kirche eine fünfschiffige Hallenkrypta noch aus frühromanischer Zeit.

Rot a. d. Rot *Reg.-Bez. Tübingen* 608 ■ 2
EHEM. PRÄMONSTRATENSERREICHSSTIFT (gegr. 1126). Mit einer Vielzahl lustiger Zwiebeltürme liegt es im lieblichen Wiesental der Rot. Die Konventsgebäude (1682–1702) gliedern sich behäbig der Kirche (1777–86) an. Architekten waren die Mönche selbst, der Abt mitsamt dem Küchen- und dem Kellermeister. Der imposante Bau kennt – schon ganz im Sinne des Klassizismus – keine ausschwingenden Wände mehr. Nur der Altarraum schließt mit abgerundeten Kanten, davor ein querschiffähnlicher Mönchschor. Über den edel kannelierten Pfeilern und ihren von F. X. Feuchtmayer antikisch stuckierten Häuptern blühen die Fresken von Jan. Zick auf. Üppig virtuoses Schnitzwerk am Chorgestühl (1693) und an den Sakristeischränken.

Rotenburg a. d. Fulda *Reg.-Bez. Kassel* 586 □ 12
Hübsches malerisches Fachwerkstädtchen – prächtig das Hofgut Ellingerode, vor 1686 – inmitten lieblicher Bergwälder.
JAKOBIKIRCHE Spätgotischer Bau mit prachtvoller Ausstattung aus Renaissance und Barock: säulengetragener Altartisch aus der ehem. Schloßkapelle (1585).
SCHLOSS Anstelle einer mittelalterlichen Stadtburg wurde 1570–1607 ein bedeutendes Renaissanceschloß erbaut: erhalten ist davon der Südflügel mit fein gegliederten Giebelaufbauten. Die Anlage war

HEILIGENBILD AUS DEM HEIMATMUSEUM, ROSENHEIM

Im Rosenheimer Heimatmuseum gibt es bunte Volkskunst und vielerlei klösterliche Arbeiten zu sehen, auch viele Hinterglasmalereien. Reizend ist dieses Bildchen unbekannter Herkunft, das wohl vom Ende des 18. Jh. stammt. In unendlich feiner Technik ist auf Papier in Stoffapplikation mit Silber und Goldfiligran und breitem Goldband Maria mit dem Kind dargestellt.

ursprünglich vierflügelig geschlossen, mit Treppentürmen in jeder Ecke des Hofes (davon einer am Südflügel erhalten). Der Hof wurde durch Abbruch des Ostflügels zum Schloßpark geöffnet. Die beiden anderen Flügel entsprechen zwar noch der ursprünglichen Anlage, wurden aber wesentlich umgebaut. An der Tordurchfahrt des barockisierten Westflügels hübsche Kandelaber mit Puttengruppen. Im Nordflügel reizvoller Bibliothekssaal.
Dem Schloß vorgelagert ein Hof mit Marstall (1603) und Weißem Haus (um 1780; Museum mit heimatkundlicher Sammlung).

Rotenburg a. d. Wümme   *Reg.-Bez. Stade*   562 □ 7
Das HEIMATMUSEUM ist in einem niedersächsischen Bauernhaus von 1695 und einem Honigspeicher von 1789 untergebracht.

Rotenfels   *Reg.-Bez. Karlsruhe*   600 □ 9
SCHLOSS Der klassizistische Bau mit dem Tempelgiebel auf hohem Sockelgeschoß stammt von Friedr. Weinbrenner, 1808.

Rotenkirchen   *Reg.-Bez. Hildesheim*   578 ■ 1
Ein Rundturm steht noch von Burg Grubenhagen, die verfiel, als im 16. Jh. der Wohnsitz, jetzt Domäne, ins Tal verlegt wurde. Im schönen Park klassizistischer holzverschalter Fachwerkbau (1811).

Roth   *Mittelfranken*   595 □ 5
Das SCHLOSS RATIBOR erbaute Markgraf Georg der Fromme 1535–37 in den kraftvollen Formen der frühen Renaissance. Die Türme kamen erst 1585 hinzu. Im Obergeschoß das Heimatmuseum.

Rothenberg   *Oberfranken*   596 □ 9
BURGRUINE Die nach 1714 erbaute und damit jüngste und modernste Befestigung des Barock in Franken verfiel nach ihrer Aufgabe 1838.

Rothenburg o. d. Tauber   *Mittelfranken*   594 □ 4
Urmodell einer altdeutschen Miniatur- und Märchenstadt, im 19. Jh. von romantischen Malern und Touristen aus abseitigem Dornröschenschlaf wiedererweckt; von einer 700 Jahre alten Stadtmauer heute noch fest umgürtet, überragt von rotgeschindelten Spitzgiebeln und schlanken Türmen, umgeben von Wällen, Gräben, gedrungenen Basteien und Toren. Die klein, stolz und gotisch gebliebene Stadt, die sich in der Renaissance anmutig und brunnenreich belebte, nannten Kunsthistoriker „ein steingewordenes Denkmal des Mittelalters" und „die weitaus altertümlichste, am reinsten mittelalterliche" von allen deutschen Städten. – Rudolf von Habsburg gab den Bürgern der Roten Burg 1274 die Rechte einer freien Reichsstadt. Unter dem Bürgermeister Heinrich Toppler (1373–1408), dem König von Rothenburg, entwickelte sie sich zur mächtigsten unter den fränkischen Reichsstädten. Nach den glücklosen Bauernkriegen (1525) beginnt eine Pechsträhne. 1631 erobert der Kaiserliche Feldherr Tilly die protestantische Stadt; des Altbürgermeisters Nusch legendärer Meistertrunk rettet sie vor totaler Zerstörung. 1803 verliert sie ihre Reichsfreiheit und wird bayerisch. 1945 vernichten Bomben den östlichen Stadtteil; in den Nachkriegsjahren wird das zerstörte Stadtbild in angeglichener Bauweise wiederhergestellt.
Versäumen darf man nicht Rundblick-Spaziergänge unter dem Gebälk der kilometerlangen Wehrmauer; im Taubertal die Doppelbrücke neben der spätgotischen Kobolzeller Kirche, den schmalen Wohnturm des Topplerschlößchens, das tausendjährige Reichsdorf Dettwang (in der Kirche Riemenschneiders Kreuzigungsaltar); das Motiv des Plönleins mit dem Kobolzeller Tor; den Markusturm hinter dem Rödertor; den Klingentorzwinger mit der festen Schäferkapelle – einem Teil der Stadtmauer. Rothenburgs antiquarische Reize reichen vom handgeschmiedeten Wappen bis zu den Stadtgemälden des Engländers Wassen, seine makabren vom Angstloch des Faulturms bis zur Folterkammer. Die pfingstliche Schweden- und Pandurenheerschau um das Festspiel vom Meistertrunk, das Kunstuhrspiel über der Ratstrinkstube und der Originalmeistertrunkhumpen im Museum halten die unselig-selige Katastrophe im Dreißigjährigen Krieg anschaulich fest.

RATHAUS

Vom Turm des gotischen Rathausteiles läßt sich Rothenburg überschauen. Am Markt der Renaissancetrakt. Auf dem Platz knieten die Bürger der stolzen Reichsstadt, baten Tilly, vor Brandschatzung bewahrt zu werden. Der Feldherr gab nach, die Stadt wurde nur geplündert.

HEILIGBLUTALTAR IN ST. JAKOB

Vom 13. Jh. bis zur Reformation war Rothenburg Wallfahrtsort. Für die Reliquie sollte ein neuer Altar geschaffen werden, ein ortsansässiger Schreiner begann 1499 mit dem Gehäuse. 1501 kam aus Würzburg Tilman Riemenschneider, schuf das Abendmahl, das Ölbergrelief, eine Engelsfigur und die Figur der Maria oben im filigranzarten Gesprenge. Darin zwei Engel, sie halten das romanische Kreuz mit der Reliquie, Tropfen vom Blute Christi.

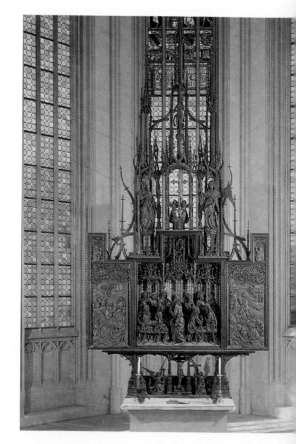

TOPPLERSCHLÖSSCHEN

Eine Herrschernatur war Heinrich Toppler, der ab 1373 die Geschicke seiner Vaterstadt leitete, ihre Güter mehrte und Rothenburg höchstes Ansehen brachte. Er selbst hatte teil an dem Wohlstand, 1388 baute er sich nah der Tauber das Schlößchen, damals war es von Wasser umgeben. Zu dem Unterbau führte eine Zugbrücke, und die Schießscharten halfen mit, unliebsame Besucher fernzuhalten. Was nötig war, denn Toppler hielt in eigensinniger Treue zum abgesetzten König Wenzel, der Rat mißtraute ihm, der mächtige Mann wurde abgesetzt und starb 1408 im Rathausgefängnis.

GERLACHSCHMIEDE UND RÖDERTOR

Hohe gotische Türme und vier Tore unterbrechen die Stadtmauer. Der Turm des Rödertors stammt aus dem 14. Jh., die luftige Fachwerkwohnung des Türmers wurde später aufgesetzt. Malerisch schmiegt sich auf trapezförmigem Grundriß die Gerlachschmiede in die Stadtmauer. Pferde werden dort nicht mehr beschlagen, sie beherrschen nur noch während der Spiele zu Pfingsten das Bild der Straßen.

Das BAUMEISTERHAUS ist ein Renaissancejuwel von 1596. Seine Simse stützen Karyatiden – die sieben Tugenden und die sieben Laster.

EHEM. FRANZISKANERKIRCHE Wie es sich nach den Ordensregeln empfiehlt, hat die in langer Bauzeit gewordene Kirche einen spätgotischen Lettner zwischen Chor und Langhaus und darüber einen Dachreiter, der allerdings prunkvoller ist, als es die Regel eigentlich zuläßt.

EV. STADTPFARRKIRCHE ST. JAKOB An der schmalen und hohen, fast kargen dreischiffigen Basilika, deren Chor zwei nicht eben überwältigende Türme flankieren, rührt der einzige äußere Schmuck, der auf die Ehetür verwendet wurde. Der ungehindert himmelstrebende, gotische Innenraum birgt viele Kostbarkeiten: Riemenschneiders weltberühmter Heiligblutaltar überragt sie alle.

Das FLEISCH- ODER TANZHAUS steht an der Stelle des 1240 abgebrannten ältesten Rathauses. Aber auch die heutige Erdgeschoßhalle mit den wuchtigen Kreuzgewölben dürfte aus dem 13. Jh. stammen.

RATHAUS Über die Spitz- und Staffelgiebel des weiten Marktplatzes ragt das unvergleichliche Rathaus – ein doppelgiebeliger Doppelbau, gotisch der ältere Teil, gleichartig in der Anlage, aber in üppigem Renaissanceschmuck samt Erker der neuere Teil von 1572. Innen ein interessanter Treppenturm und im gotischen Teil der Große Saal mit schönen Gerichtsschranken.

SPITAL Im Hof des noch ummauerten Spitalkomplexes steht das berühmte HEGEREITERHAUS mit seinem laternengekrönten Treppenturm und dem spitzig aufragenden Zeltdach.

Rothenfels *Unterfranken* 594 ▪ 11
In der kleinsten Stadt Bayerns die 1610–11 von Grund auf erneuerte kath. Kirche und das Rathaus von 1599.
Die ausgedehnte BURG erhebt sich auf spitz zulaufendem Höhenrücken über dem Maintal. Romanische Teile aus der Gründungszeit (12. Jh.) stecken noch in der Ringmauer, im Bergfried, im Palas. Wohntrakt 16. Jh.

Rothenkirchen *Reg.-Bez. Kassel* 586 ▪ 12
Auf einer Anhöhe jenseits der Haune, über die alte Totenbrücke zu erreichen, liegt die romanische TOTENKIRCHE, einst eine Wehrkirche, wovon die Schießscharten in dem ursprünglich fensterlosen Bau zeugen.

Rothenkircherhof *Rheinhessen-Pfalz* 592 □ 3
Vom PRÄMONSTRATENSERKLOSTER blieb lediglich das Refektorium aus der Zeit um 1200 erhalten. Der zweischiffige Raum wird von Säulen mit schweren Blattkapitellen getragen.

Rott am Inn *Oberbayern* 610 □ 2
EHEM. KLOSTERKIRCHE Seit 1085 waren Benediktinermönche hier heimisch. Von ihrem Gotteshaus des 12. Jh. blieben das Turmpaar erhalten und die in sie eingeschlossenen Nebenapsiden. In der nördlichen wurde ein spätromanisches Madonnenfresko freigelegt, an der Mauer des Südturms ein ebenso farbenfroher Legendenzyklus, um 1440. Die Vorhalle birgt das rotmarmorne Stiftergrab (1485). 1759–63 entstand das barocke Meisterwerk ebenbürtiger Künstler: Joh. Mich. Fischer als Baumeister, Franz Xav. Feuchtmayer und Jak. Rauch als Stukkateure und Matth. Günther als

Freskomaler. Im eigentümlich scharfkantigen Außenbau zeichnet sich schon der Weg des späten Rokoko zu klassizistischer Beruhigung ab. Auch innen mildert Fischer die Plastizität und Dynamik seiner früheren Schöpfungen. Er betont die Mitte durch einen runden Kuppelraum mit zwei seitlichen und vier Diagonalkapellen, legt ihnen in den Längsrichtungen zwei kleinere überkuppelte Räume vor und schließt nach Osten wie nach Westen durch Rechtecke für Chor und Vorhalle und erreicht so eine Verschmelzung von Langhaus und Zentralbau. Die Arkaden werden nicht mehr von Säulen, sondern von Pfeilern getragen, die Gesimse nicht mehr kurviert, die Emporen schließen mit in die Fläche gebreiteten Balustraden. So wirkt auch auf dem Wege zum Hochaltar, der vom Eingang her zur Eile angelegt scheint, der runde Mittelraum noch als ein Ruhepunkt. In dem gewaltigen Kuppelfresko mit dem Triumph des Benediktinerordens wird durch die aufwärts kreisende Bewegung das bewirkt, was die Architektur nur andeutet, die inbrünstige Verschmelzung des Gläubigen mit dem Jenseits. Die gesamte Ausstattung bleibt erhalten. Über einer völlig weißen unteren Zone – auch die Pfeiler sind nicht getönt – beginnen die Farben in zartesten Nuancen erst im Bereich der Arkaden. Die Entwürfe der Altäre gehören zu den kostbarsten Schöpfungen Ignaz Günthers. Viele ihrer Figuren sind eigenhändig (1760–62), von einzigartiger handwerklicher Vollendung, von unerhörter Vielfalt und Intensität im Ausdruck. Hoch berühmt wurden das Kaiserpaar Heinrich und Kunigunde vom Hochaltar, Petrus Damian, über dem ein Putto mit dem Kardinalshut spielt, die Bauernheiligen Notburga und Isidor, die goldgefaßte Büste des heiligen Anianus. Bester Mitarbeiter an der Plastik war Joseph Götsch.

Rottach-Egern *Oberbayern* 610 ▪ 6
PFARRKIRCHE In den 1466 errichteten Sakralraum zog 1671 das Barock mit Stukkaturen ein. Der originellste Einfall ist die Umkleidung der Wandpfeiler und Dienste mit Halbsäulen, die erst hoch über dem Boden ansetzen. Eine Marienwallfahrt hat zahlreiche Votivbilder hinterlassen.

Rottenbuch *Oberbayern* 609 ▪ 3
EHEM. AUGUSTINERCHORHERRENSTIFTSKIRCHE Das Barock machte 1737–42 aus der gotischen Basilika über romanischen Fundamenten nur mit den Mitteln der Dekoration ein heiter festliches Gehäuse. Den Ruhm teilen sich der Baumeister und Stukkateur Jos. Schmuzer und der Maler Matth. Günther. Das Stuckwerk züngelt über die Arkaden empor und übersprüht die Rippenansätze bis hin zu den Gewölbemalereien von kraftvoller Farbenschönheit. Im Hochaltar ist die Herabkunft des Marienkindes dargestellt. Auf einem Seitenaltar eine Sitzmadonna (1483), meisterliche Arbeit von Erasm. Grasser.

Rottenburg a. Neckar *Reg.-Bez. Tübingen* 600 ▪ 4
Auf dem linken Ufer lag die Hauptstadt des römisch besetzten Neckargebietes. Im 13. Jh. legten die Grafen von Hohenberg eine befestigte Stadt an. Ihre Blütezeit erlebte sie im 15. Jh. als Residenz der Erzherzogin Mechthilde. 1805 kam sie an Württemberg, 16 Jahre später wurde sie Bischofssitz.
Der BRUNNEN auf dem Marktplatz, eine dreistöckige, mit Ranken und Fialen geschmückte gotische Säule mit Heiligen- und Fürstenstatuen, ist eine Kopie. Das Original in der Moritzkirche.
DOM Die alte, oft umgebaute Marktkapelle wird

weder in ihren Maßen noch in ihrer etwas stillosen Gotik der Bedeutung einer Bischofskirche gerecht.

ST. MORITZ Im Innern der schön proportionierten gotischen Basilika alte Malereien an den Rundpfeilern.

WALLFAHRTSKIRCHE im Weggental. Hübscher Barockbau mit reicher Pilastergliederung, geschweiftem Giebel, Wandpfeilern und Emporen.

Rotthalmünster *Niederbayern* 604 □ 5
PFARRKIRCHE MARIÄ HIMMELFAHRT Spätgotische Basilika, barock gestalteter Turm. Prächtiger Hochaltar (um 1700).

Rottweil *Reg.-Bez. Freiburg i. Br.* 607 □ 12
Bei Grabungen ist man auf die Reste zweier Kastelle, einiger Bäder und Villen aus römischer Zeit gestoßen. Die mittelalterliche Stadt, seit dem 14. Jh. reichsunmittelbar, brachte es im 15. Jh. zu

ORPHEUSMOSAIK, ROTTWEIL
Arae Flaviae hieß Rottweil, als es einer der bedeutendsten Plätze der Römer rechts des Rheines war. Der Mosaikfußboden aus einer römischen Villa zeigt im Mittelfeld Orpheus, die Lyra schlagend. Das Werk entstand etwa 180, zur Zeit des Philosophenkaisers Mark Aurel. Man nimmt an, daß der Künstler ein Orientale war, die Steine jedoch stammen aus dem Neckartal und von den angrenzenden Höhen. Heimatmuseum Rottweil

BRAUTRELIEF AM KAPELLENTURM, ROTTWEIL
Dem stattlichen, 70 Meter hohen Kapellenturm schloß sich auch früher nur eine höchstens mittelgroße Kirche an, die nach einem Deckeneinsturz barock erneuert wurde. Am Treppentürmchen – voll Innigkeit und Liebreiz und wunderbar in den Spitzbogen gefaßt – das Brautrelief (erste Hälfte 14. Jh.). Der Ritter hält den Ring, man weiß also nicht, ob das kniende Paar sein Verlöbnis oder seine Hochzeit begeht.

FIGUR DER MAGDALENA, LORENZKAPELLE, ROTTWEIL
Die Figur der hl. Magdalena mit dem Salbgefäß kam aus dem oberschwäbischen Kloster Heiligkreuztal nach Rottweil. Sie ist ein wichtiges Werk des großen Ulmer Meisters Hans Multscher (um 1400–1467). Wahrscheinlich hat ihm eine Patriziertochter der Donaustadt im Kostüm ihrer Zeit Modell gestanden; Magdalena, die große Büßerin, steht in vornehmer Eleganz vor dem Betrachter.

wirtschaftlichem Wohlstand. 1519 schloß sie einen „ewigen Bund" mit der Eidgenossenschaft. Die Ewigkeit hatte nicht Bestand, doch blieb Rottweil bis 1802, als es zu Württemberg kam, der Schweiz eng verbunden.

BÜRGERBAUTEN Die Hauptstraße, die der Schwarze Torturm (13.–16. Jh.) abschließt und die im Fasching, beim „Rottweiler Narrensprung", ein besonders buntes Bild bietet, säumen Patrizierhäuser in Renaissance- und Barockformen, oft mit wappengeschmücktem Erker. Im spätgotischen Rathaus ein Saal mit prachtvoller Holzdecke. Eine gotische Steinsäule, aber renaissancehaft abgewandelt, ist

der Marktbrunnen (Kopie, das Original im Stadtmuseum).

KAPELLENKIRCHE Beherrschend im Stadtbild steht der gotische Turm (1330–40; 1473). Berühmt ist er wegen seines Figurenschmuckes an drei Portalen, den Eleganz und fließende Linien kennzeichnen. An den Turm schließt eine festliche barocke Halle.

LORENZKAPELLE Der spätgotische Bau beherbergt ein Museum mit Sammlungen schwäbischer Kunst. Die PELAGIUSBASILIKA aus dem 12. Jh. wurde 1910 umgebaut. Unter dem Chor liegen die Reste eines Römerbades.

MÜNSTER HL. KREUZ Spätromanisch, mit gotischem Chor; im 15. und 16. Jh. umgebaut. Die kostbaren spätgotischen Ausstattungsstücke – ein Veit Stoß zugeschriebener Kruzifixus, sieben Flügelaltäre und ein Taufstein – kamen erst später herein.

Im STADTMUSEUM vor- und frühgeschichtliche Funde, darunter das berühmte Orpheusmosaik (2. Jh. n. Chr.).

Rückershausen *Reg.-Bez. Kassel*   586 □ 10
Die Chorwände der KIRCHE tragen Wandmalereien (16. Jh.) im Stil früher Holzschnitt-Buchillustrationen.

Rüdesheim *Reg.-Bez. Darmstadt*   592 □ 2
BRÖMSERBURG Eine bau- und wehrgeschichtlich seltsame Anlage. Der schachtartige Hof zeigt die Enge mittelalterlicher Burgen.

BRÖMSERHOF Die verschiedenen Flügel gruppieren sich malerisch um einen weiten Hof und bilden einen der stattlichsten Adelshöfe der Rheinlande, gewachsen von der Spätgotik bis in die Barockzeit.

MÄUSETURM Der 1855 wiederhergestellte Turm hat seinen Namen von Maut, d. h. Zoll, und gehörte zur Zollburg Ehrenfels (jetzt Ruine).

OBERBURG 38 Meter hoch ist der erhaltene abgetreppt gemauerte Bergfried des 12./13. Jh.

Rügland *Mittelfranken*   595 ■ 7
Das 1611 neu errichtete SCHLOSS trägt heute das Gewand eines Umbaues von 1713. Von der mittelalterlichen Burg zeugen noch Wall, Graben und die Ruine eines Eckturmes.

Rüschhaus *Reg.-Bez. Münster*   576 □ 12
Von 1826–46 lebte auf dem vom berühmten Barockbaumeister Joh. Conr. Schlaun erbauten Landsitz die Dichterin Annette von Droste-Hülshoff, die hier ihre Moor- und Heidedichtungen schrieb. Heute Droste-Museum.

Rüsselsheim *Reg.-Bez. Darmstadt*   593 ■ 11
FESTUNG Um die Ringmauer der spätgotischen Wasserburg baut sich mit Graben, Wall, Eckrondellen und teilweise zweigeschossigen Kasematten die Befestigung des 16. Jh.

Rüthen *Reg.-Bez. Arnsberg*   577 ■ 8
Das Bild der malerisch auf einem geschwungenen Bergrücken liegenden Stadt wird noch von vielen Fachwerkhäusern aus dem 17./18. Jh. mit großen Dielentoren in den Giebelwänden bestimmt.

Die NIKOLAIKIRCHE ist eine kreuzgratgewölbte Stufenhalle aus dem 13. Jh. Die barocke Ausstattung belebt den Kirchenraum mit ihren kräftigen Farben.

Ruhpolding *Oberbayern*   611 ■ 9
In der PFARRKIRCHE (1738–57) öffnet sich – der schlichte Außenbau verschweigt es – ein Sakralbau von festlicher Heiterkeit. Wandnischen, geschwungene Balkone, verschliffene Übergänge vom Hauptraum zum Chor und zur zweifachen Orgelempore geben eine zügige Rhythmisierung, der Figuralplastik wie Ornament in schwungvoller Bewegung folgen. Vor dem grauen Gehäuse des Hochaltars drehen sich rötliche Säulen, funkeln in Gold die Heiligen und Engel. Phantasievolle Rokokokanzel; romanische thronende Madonna von etwa 1220.

Rumbeck *Reg.-Bez. Arnsberg*   577 □ 8
Das EHEM. PRÄMONSTRATENSERINNENKLOSTER bestand seit Ende des 12. Jh. Die einfache Kirche ist ein dreischiffiger Hallenbau ohne Chor und Turm mit schmalen Seitenschiffen und wuchtigen Gratgewölben. Sie wurde 1699 farbenfroh barockisiert. Einige Klostergebäude sind noch erhalten.

Rundhof *Schleswig-Holstein*   555 ■ 1
Durch weiße Pilaster gegliedertes HERRENHAUS (1748–54) mit zwei parallelen niedrigen Dachstühlen. Saal mit frühklassizistischem Stuck.

Runkel *Reg.-Bez. Darmstadt*   585 □ 8
BURGRUINE Die einen alten Lahnübergang schützende Anlage besteht aus der Kernburg des 13.–15. Jh. mit Palas und Türmen. Die flußabgewandte Angriffsseite sichern dicke Schildmauern und schmale Zwinger. Davor breiten sich die Vorburg mit drei Querflügeln und zwei malerische Höfe. Hier sind die Bauten des Mittelalters immer wieder erneuert worden. Gute Waffensammlung.

HAUS RÜSCHHAUS

Geboren wurde Annette von Droste-Hülshoff auf dem Wasserschloß Hülshoff, aber nach dem Tod des Vaters übersiedelte sie mit der Schwester Jenny und der Mutter auf deren Witwensitz Rüschhaus. Im Typ ist das eigentlich ein echter altwestfälischer Bauernhof, unter diesen aber ein Edelstein, den der Barockbaumeister Schlaun 1745–48 für sich selbst gebaut hatte. Hier, wo sie später allein zwischen Wäldern, Weiden und Wasser lebte, fand die Dichterin erst ganz zu sich selbst und ihrer Kunst.

RUHPOLDINGER MADONNA

Wie eine geheimnisvolle Tür ins Mittelalter mutet diese romanische Madonna im festlichen Rokoko der Ruhpoldinger Pfarrkirche an. Die Lindenholzstatue wurde erst 1955 wiederentdeckt, entstanden ist sie wahrscheinlich um 1220 in einer Salzburger Werkstatt. Man nimmt an, daß Maria und das Kind – hier als Erwachsener dargestellt – einst Kronreife trugen und daß die Madonna ein Zepter in der rechten Hand hielt.

Ruppertsberg *Rheinhessen-Pfalz* 593 □ 8
PFARRKIRCHE In der niedrigen dreischiffigen Halle der Spätgotik befindet sich eine reiche Kanzel mit herrlichen Reliefs, um 1500.

Rust *Reg.-Bez. Freiburg i. Br.* 606 □ 12
Das SCHLOSS wurde im 16. Jh. aus Ruinen neu erbaut. Der Treppenturm besitzt ein reiches Renaissanceportal. Der barocke Garten setzt sich in einem Landschaftspark fort.

Ruttershausen-Kirchberg
Reg.-Bez. Darmstadt 585 ■ 3
Hoch über der Lahn liegt die spätgotische PFARRKIRCHE. Stimmungsvoll das Innere mit seinen beiden Hallenschiffen und dem netzgewölbten Chor. Sehenswert ein spätgotisches Altarkruzifix und die schöne Rokokoorgel auf der Seitenempore.

S

Saalburg *Reg.-Bez. Darmstadt* 585 □ 6
Das 1898–1907 auf Anregung Kaiser Wilhelms II. wieder aufgebaute große RÖMERKASTELL mit Steinmauern, Toren und Innenbauten vermittelt ein lebendiges Bild römischer Wehrbauten. Es geht auf ausgegrabene Reste eines Limeskastells aus dem 3. Jh. zurück.

Saarbrücken *Saarland* 591 □ 4
In römischer Zeit gab es schon einmal eine Kaufmannssiedlung und eine Brücke über die Saar, beides im Schutz eines Kastells. Im Schutz der etwas weiter flußab stehenden mittelalterlichen Burg entwickelten sich die heute zusammengehörigen Orte Saarbrücken und St. Johann, seit dem 15. Jh. wieder durch eine Brücke verbunden. Mitte des 18. Jh. zieht Fürst Wilhelm-Heinrich von Nassau-Saarbrücken-Usingen den Architekten Friedr. Joach. Stengel an den Hof, der der Stadt ihr barockes Gesicht gab. Von ihm stammen zum Beispiel noch das Erbprinzenpalais, die Friedenskirche, das alte Rathaus, der schmiedeeiserne Brunnen am St. Johanner Markt, manches Bürgerhaus und – besonders eindrucksvoll – die kath. Kirche in St. Johann (1754–58) mit unverändertem Außenbau. Nach den Zerstörungen des zweiten Weltkrieges entstanden zum Teil interessante neue Bauten, wie Bibliothek und Institute der 1947 gegründeten Universität, die Rundfunkbauten und nicht zuletzt die Kongreßhalle am Saarufer, die nach der Rückgliederung des Landes entstand.

Die DEUTSCHHERRENKAPELLE aus der Gründungszeit der Niederlassung (1227) hat ein flachgedecktes Schiff, in dem Krankenbetten gestanden haben: dies war die Hospitalkirche.

Im LANDESMUSEUM FÜR VOR- UND FRÜHGESCHICHTE Bodenfunde, darunter manches aus einem keltischen Fürstengrab.

Die LUDWIGSKIRCHE (1762–75) gab zusammen mit dem Schloß der Stadt den Charakter einer Fürsten-

LUDWIGSKIRCHE, SAARBRÜCKEN

Ein griechisches Kreuz ist ihr Grundriß, ein helmloser Turm ihr Charakteristikum. 28 Statuen von Franciscus Binck krönen die Balustrade; in den Fassadennischen die vier Evangelisten. Hofarchitekt Friedrich Joachim Stengel erbaute die Kirche, eine der bedeutendsten evangelischen Barockkirchen, und gestaltete den eleganten weiträumigen Platz, den Palais und Beamtenhäuser begrenzen.

OTTO MUELLER:
ZIGEUNER MIT SONNENBLUME

Der Maler lebte 1874–1930, zumeist in Schlesien. Er war Lehrer an der Breslauer Akademie und gehörte der Künstlervereinigung „Die Brücke" an. Mit Vorliebe malte er Zigeuner und mädchenhaft sinnliche Zigeunerinnen und verherrlichte ihr ungebundenes Leben: die Mutter des Künstlers war Halbzigeunerin.   Saarland-Museum, Saarbrücken

residenz. Altar, Kanzel und Orgel sind zueinander geordnet, der Altar in die Vierung vorgeschoben, die durch ein von vier Säulen getragenes stuckiertes Gewölbe überhöht wird.
Die MODERNE GALERIE, 1968, ist eine interessante Bleibe für die Sammlung moderner Kunst (Weisgerber, Marc, Beckmann).
Das RÖMISCHE KASTELL ist ausgegraben und zum Teil sichtbar. Auf halber Höhe des Halberges eine Höhle, die eine römische Mithraskultstätte war.
SCHLOSS Stengel schuf 1740–48 eine dreiflügelige Anlage, die nach Brand und Revolution 1810 verändert wieder aufgebaut wurde.
SCHLOSSKIRCHE In der spätgotischen, zweischiffigen Kirche vom Ende des 15. Jh. stehen Epitaphe der Grafen von Saarbrücken aus dem 18. Jh.
STIFTSKIRCHE ST. ARNUAL Die dreischiffige frühgotische Basilika stammt im wesentlichen aus dem 13. Jh. Im Chor die Grabtumba der ersten Verfasserin deutscher Romane, der Gräfin Elisabeth (gest. 1456), im Querhaus das Grabmal Johann III. (gest. 1472) und seiner beiden Frauen – Werke großer, von Burgund beeinflußter Kunst.

Saarburg *Reg.-Bez. Trier*   591 ■ 4
Die KATH. PFARRKIRCHE in Beurig war Wallfahrtskirche, ein reichgewölbter zweischiffiger Bau des 15. und 16. Jh. auf unregelmäßigem Grundriß. Das Gnadenbild, eine Marienfigur, ist im 15. Jh. nach einem älteren Bildwerk geschnitzt worden.
Auf einem Bergrücken über der Saar die Ruine der SAARBURG, die bereits im 10. Jh. genannt wird.

Saarlouis *Saarland*   591 ■ 5
Die Festung wurde 1680–88 unter Ludwig XIV. geschaffen und 1889 geschleift. In der Stadt barocke Häuser der Gründungszeit, so das Postamt. Ihm gegenuber, hinter neugotischer Turmfassade, die moderne kath. Kirche von Dom. Böhm.

Saasen *Reg.-Bez. Darmstadt*   585 ■ 3
BURG NEUENSTEIN wurde im 13. Jh. von den Grafen von Wallenstein erbaut, der Bergfried entstammt noch jener Zeit, der Wohnbau ist barock.

Sababurg *Reg.-Bez. Kassel*   578 ■ 9
Die Burg hatte ihre Glanzzeit als Jagdschloß der hessischen Landgrafen. Damals – im 16. Jh.– wurde der Tiergarten angelegt. Erhalten blieben noch die schönen Türme, ein Treppenturm (14. Jh.) und die Ruine des spätgotischen Palas.

Sachsenhagen *Reg.-Bez. Hannover*   570 □ 9
1671, mitten in der Zeit des Barock, wurde die EV. KIRCHE in fast noch gotischen Formen schlicht errichtet. Ausstattung aus der Erbauungszeit.
SCHLOSS Graf Ernst von Schaumburg baute Ende des 16. Jh. die Burg zu zwei Renaissancehäusern mit schönen Portalen um.

Sachsenhausen *Reg.-Bez. Kassel*   577 □ 4
EV. PFARRKIRCHE Kurzer gedrungener Hallenbau des 13. Jh. Pfeiler und Bögen mit aufgemalten Steinfugen. Der höhere Chor, 14. Jh., enthält neben einem hübschen Barockaltar ein wuchtiges spätgotisches Sakramentshaus.

TORHAUS, SCHLOSS SALEM

Die selbst für einen barocken Klosterbau ungewöhnlich weitläufige und prächtige Anlage spiegelt die Bedeutung der Abtei, bis zur Säkularisation eine der mächtigsten im Reich, seither im Besitz der Markgrafen von Baden. Prinz Max von Baden, 1918 für kurze Zeit Reichskanzler, gründete hier 1920 die berühmte Internatsschule, nach dem Erziehungsideal des mit ihm befreundeten Pädagogen Kurt Martin Hahn. Sie wurde Vorbild vieler ähnlicher Internate in aller Welt.

Säckingen *Reg.-Bez. Freiburg i. Br.* 606 ■ 4
Die Kreisstadt Säckingen zeigt sich am schönsten
vom schweizerischen Rheinufer aus, im Vordergrund die gedeckte BRÜCKE. Über sie, am stattlichen Halwylerhof (um 1600) vorbei, gelangt man
in die winkeligen Straßen der Altstadt. Von der
spätmittelalterlichen Befestigung blieb der Gallus-
turm (1343). Das malerische Stadtbild wird von den
beiden Türmen des MÜNSTERS ST. FRIDOLIN und
seinem hohen Langhaus bekrönt. Bei einem
Brand im ausgehenden 13. Jh. blieb die romanische
Krypta erhalten. In langer Bauzeit entstand eine
gotische Basilika, deren Chor bereits im 14. Jh.
abgeschlossen war. Im 18. Jh. wurden die Westfassade mit der Nische des Kirchenpatrons angefügt,

RHEINBRÜCKE UND
ST.-FRIDOLINS-MÜNSTER, SÄCKINGEN

*Die raffinierte, vielbewunderte Konstruktion der
200 m langen Brücke, bis auf die Steinpfeiler ganz
aus Holz, ist ohne statische Berechnungen nach
dem Gefühl der Zimmerleute entstanden und hält
nun dennoch schon seit vier Jahrhunderten. Hinter
ihr taucht das Fridolinsmünster auf, so genannt
nach dem hl. Fridolin, der im 6. Jh., aus Irland
kommend, hier missionierte und ein Kloster gründete.*

die Türme verändert, Kapellen angebaut und das
Innere in sehr reichem und qualitätvollem Rokoko
ausgeschmückt. Aus dem Rokoko auch der Reliquienschrein des hl. Fridolin.
SCHLOSS SCHÖNAU (Trompeterschlößle), aus dem
Mittelalter, mit drei barocken Türmen, enthält eine
reiche, vorwiegend vorgeschichtliche Heimatsamm-
lung.

Salem *Reg.-Bez. Tübingen* 608 □ 9
Die EHEM. ZISTERZIENSERREICHSABTEI hat sich als
einzigartig geschlossene Anlage erhalten. Das Münster Mariä Himmelfahrt entstand in der Hochgotik
und bekam in der Barockzeit den Chor und die
Orgel und später 27 kühle Alabasteraltäre von
Jos. Anton Feuchtmayer. Die Klostergebäude
wurden nach einem Brand um 1700 großzügig neu
erbaut, seit der Säkularisation markgräfliches badi-
sches Schloß mit wertvollen Sammlungen und Internatsschule. Gegenüber liegen an dem langgestreckten platzartigen Hof, durch die prächtigen barocken
Bauten des Unter- und Obertores erreichbar, die
ehem. Klosterwerkstätten, Kellereien, Torkelge-
bäude aus der Gotik und das barocke, bemalte
Marstallgebäude.

Salmdorf *Oberbayern* 610 □ 12
In der KIRCHE MARIÄ HIMMELFAHRT, 15. Jh., im
17./18. Jh. verändert, beeindruckt ein überlebens-

großes Vesperbild (um 1340), das aus der abgebrochenen Gruftkirche in München stammt.

Salmünster *Reg.-Bez. Darmstadt* 586 □ 7
FRANZISKANERKLOSTER Die Kirche des Fuldaer Hofbaumeisters Andrea Gallasini von 1743 ist außen
durch ihre barocke Schaufassade und innen durch
ihre reiche Ausstattung ein prächtiges Zeugnis der
von Fulda beeinflußten Barockkunst.

Salzburg üb. Neustadt a. d. Saale *Unterfr.* 586 □ 4
Die Bischöfe von Würzburg erbauten die SALZBURG
im 12. Jh. und belehnten Ritterfamilien mit ihr.
Ein zinnengekrönter Mauerring mit mehreren Türmen und einem schönen Torturm umschließt die
sechs teilweise noch erhaltenen Burghäuser und den
inmitten der Burg gelegenen frühgotischen Palas.

Salzgitter *Verw.-Bez. Braunschweig* 571 □ 8
Die großräumige Industriestadt wurde 1942 aus
27 Dörfern und der Stadt Salzgitter gebildet.

Salzgitter-Ringelheim 571 □ 7
EHEM. KLOSTER, im 10. Jh. gegründet. Nur wenige
Jahre vor der Säkularisation von 1803 ließen die
Benediktiner ihre Kirche großzügig im Zopfstil
ausstatten. Barock sind Kanzel, Kommunionbank
und Orgel. Im Chor das um 1000 geschnitzte,
ergreifende Kruzifix aus dem bernwardinischen
Kunstkreis. Auf der Kirche der Dachreiter von
1695. Die Konventsgebäude, auch Schloß genannt,
stammen aus dem 18. Jh. Heute Heilstätte.

Salzgitter-Salder 571 □ 8
SCHLOSS Zu Anfang des 17. Jh. im Spätrenaissance-
stil gebaut, zu Ende des Jahrhunderts verändert.

Salzgitter-Steterburg 571 □ 7
EHEM. DAMENSTIFT Das im Jahr 1007 erwähnte Stift
hatte seine Blütezeit unter Heinrich dem Löwen,
wurde später aber so oft geplündert und zerstört,
daß heute eine barocke Kirche mit geschweiftem
Turmhelm und innen mit umlaufenden Emporen
das Bild bestimmt. Die Wohngebäude stammen
größtenteils von 1691/92.

Salzhausen *Reg.-Bez. Lüneburg* 562 □ 4
KIRCHE 2,50 Meter dick sind die Feldsteinwände
des wehrhaften Rundturms. Im gotischen Innenraum (um 1464) tragen vier Figuren den hohen
Kessel der Bronzetaufe (14. Jh.).

Sambleben *Verw.-Bez. Braunschweig* 571 □ 6
Das im strengen Barock 1701 gebaute SCHLOSS
umschließt einen quadratischen Arkadenhof. Die
1770 an den romanischen Turm gesetzte EV. KIRCHE
schmückt eine einheitliche Rokokoausstattung.

Sandizell *Oberbayern* 602 □ 4
ST. PETER Das Innere des achteckigen Zentralbaus
ist weniger durch Stuck betont als durch die
rokokohaften Zutaten: den großartigen Hochaltar-
aufbau von Egid Quirin Asam, die großen Seitenaltäre, deren reiches, graziöses Rokokoranken- und
Figurenwerk die Fenster umrahmt, die schlichteren
Seitenaltäre und die feine Rokokokanzel.

St. Andreasberg *Reg.-Bez. Hildesheim* 579 ■ 10
HISTORISCHES SILBERERZBERGWERK SAMSON Das Gelände der 1910 geschlossenen Grube ist Bergwerks-
museum.

HOCHALTAR IN DER PFARRKIRCHE, SANDIZELL

Die kleine Kirche birgt einen mächtigen Hochaltar. Er ist ein Alterswerk (1747) von Egid Quirin Asam, der hier noch einmal in den plastischen Figuren seinen Formwillen bekundet. Der Apostelfürst Petrus, sitzend und in großartiger Gebärde, beherrscht die Szene, die durch die Fenster ein eigentümliches Licht erhält.

St. Annen *Reg.-Bez. Osnabrück* 569 □ 6
KATH. KIRCHE An den Innenwänden der gotischen Wallfahrtskirche renovierte Fresken aus der Erbauungszeit (um 1505). Barocke Ausstattung.

St. Barbara *Saarland* 591 ■ 5
Römischer und mittelalterlicher Kupfererzbau. Ein Stollen, Eingang mit römischer Inschrift, ist zugänglich.

St. Bartholomä a. Königssee *Oberbayern* 611 ■ 5
Das Kirchlein mit Kleeblattchor, lustigen Kuppeldächern und Zwiebeltürmen ist um 1700 neu erbaut worden.

St. Blasien *Reg.-Bez. Freiburg i. Br.* 606 □ 3
EHEM. BENEDIKTINERKLOSTERKIRCHE Schon im frühen Mittelalter (9. Jh.) gründeten die Benediktiner im oberen Albtal eine Abtei, die weit über Deutschlands Grenzen Bedeutung hatte. Nach der Säkularisation retteten sie die verbliebenen Schätze nach St. Paul im Lavanttal in Kärnten. Die mächtigen Klosterbauten, die sich um zwei Höfe gruppieren, beherbergen jetzt ein Internat der Jesuiten. Hervorzuheben ist von diesen im 18. Jh. erbauten Gebäuden das schöne Treppenhaus und die Kapelle. Die dazugehörige Kirche wurde bei einer Feuersbrunst 1768 ganz vernichtet. Pierre Michel d'Ixnard errichtete bald darauf den Dom, eine mächtige, dem Pantheon in Rom nachgebildete Kuppel, die 1874 bei einem Brand zusammenstürzte. Zu Beginn dieses Jahrhunderts wurde sie wieder aufgebaut,

der reiche Dekor fehlt, im langen früheren Mönchschor hat sich jedoch die kostbare, warme Marmorierung erhalten.

St. Goar *Reg.-Bez. Koblenz* 592 □ 1
BURGRUINE RHEINFELS Ein gewaltiger Komplex. Im 13. Jh. erbaut, in gotischer Zeit und in der Renaissance zur Festung erweitert, 1796 zerstört. In der zu Ehren des hl. Goar erbauten STIFTSKIRCHE liegt unter dem frühgotischen Chor (13. Jh.) eine schöne romanische Krypta aus dem 11. Jh. 1444 kam ein neues dreischiffiges netzgewölbtes Langhaus mit Westturm dazu. Spätgotische Wandmalereien von 1469–79, aus der gleichen Zeit die Kanzel. Für Landgraf Philipp II. und seine Gemahlin frühbarocke Grabmäler.

St. Goarshausen *Reg.-Bez. Koblenz* 592 □ 1
Grandios über Stadt und Rhein gelegen: BURG KATZENELNBOGEN (die Katz). Sie stammt aus dem 14. Jh. und wurde 1896–98 nach alten Zeichnungen wieder aufgebaut.

St. Ingbert *Saarland* 592 □ 8
STÄDTISCHE ALBERT-WEISGERBER-SAMMLUNG des 1878 hier geborenen Malers. Die KOHL-WEIGAND-SAMMLUNG zeigt Werke Slevogts. – Im nahen Waldtal ist ein römisches Relief, Hänsel und Gretel genannt, in den Fels gemeißelt.

St. Johann *Rheinhessen-Pfalz* 592 □ 2
Die EV. KIRCHE (um 1500) ist eine dreischiffige kreuzrippengewölbte Basilika. Fresken haben sich im Chor (Marienverehrung, Christophorus) und im Nordseitenschiff (Erbärmdebild, Verspottung Christi) erhalten.

St. Johannisberg *Reg.-Bez. Koblenz* 592 ■ 11
Die kleine gotische ehem. STIFTSKIRCHE hat ihre Bedeutung als Grablege der Wild- und Rheingrafen mit Grabmälern des 14.–18. Jh.

St. Leonhard im Forst *Oberbayern* 609 ■ 3
Künstler aus Wessobrunn haben die lichte, zart stuckierte WALLFAHRTSKIRCHE 1724–35 geschaffen. Im Langhaus Fresko von Matth. Günther. Spätgotisches Gnadenbild des hl. Leonhard (um 1500) im Hochaltar.

St. Märgen *Reg.-Bez. Freiburg i. Br.* 606 □ 2
KATH. PFARRKIRCHE Zweitürmiger Barockbau. Die Ausstattung ist im Stil des 18. Jh. erneuert. Das Marienbild aus dem 12. Jh.

St. Margarethen *Oberbayern* 610 ■ 3
Charakteristisch für die weißverputzte KIRCHE ist das hohe, spitze Satteldach des Langhauses, um 1400 erbaut, und der quadratische, flächige Turm aus dem 15. Jh. Eine Gedenktafel an der Südseite weist auf das Geburtshaus dreier der Baumeisterbrüder Dientzenhofer hin: Der BERGBAUERNHOF GUGG oberhalb der Kirche, von 1614–73 im Besitz des Vaters Dientzenhofer, ist eines der ältesten und schönsten oberbayerischen Bauernhäuser.

St. Martin *Rheinhessen-Pfalz* 592 □ 4
wird überragt von der Kropsburg (13. Jh.) und gehört mit dem Renaissanceschloß und der kath. Kirche (schönes Sakramentshäuschen, ein Heiliggrabrelief und ein bedeutendes Doppelgrabmal – alle 16. Jh.) zu den Perlen der Weinstraße.

St. Peter am Madron *Oberbayern* 610 ■ 3
Aus der im 12. Jh. gestifteten Klosterzelle auf dem kleinen Madron über dem Inntal erwuchs eine schlichte KIRCHE mit einschiffigem Langhaus und Satteldachturm, die zu einer bayerisch-tirolischen Wallfahrtsstätte wurde. Bemerkenswert sind die wuchtigen romanischen Portale, besonders die Steinmetzarbeiten am Westportal.

St. Peter *Reg.-Bez. Freiburg i. Br.* 606 □ 2
EHEM. BENEDIKTINERABTEI 1724–27 von Peter Thumb erbaut. Die Kirche bildet eine Seite des rechteckigen, um zwei Höfe gruppierten Klosterkomplexes mit schöner barocker Gliederung. Der Reichtum der Altäre steigert sich zum Chor hin, die Figuren der drei größten stammen wie die an den Pfeilern von Jos. Ant. Feuchtmayer. Prachtvolle Orgel, Taufstein von Chr. Wenzinger.

St. Quirin *Oberpfalz* 596 □ 3
WALLFAHRTSKIRCHE, 1680 In dem schmucklosen Innenraum dominiert die barocke Pracht der Altäre. Im Altar der südlichen Seitenkapelle das Gnadenbild, ein Relief aus dem 15. Jh.

St. Salvator *Niederbayern* 604 □ 4
EHEM. PRÄMONSTRATENSERKLOSTER Aus einer Einsiedelei des 13. Jh. ging ein kleines Kloster hervor, das nach einem Brand 1633 vollkommen neu errichtet wurde. Die Kirche ist mit spätbarocken Gemälden reich ausgestattet, 1751. Der Hochaltar von 1640 mit der Muttergottes, begleitet von Katharina und Barbara, wurde 1782 um die Heiligen Norbert, Augustin und Michael erweitert.

St. Thomas an der Kyll *Reg.-Bez. Trier* 591 □ 1
EHEM. KLOSTERKIRCHE Seit 1222 diente der einschiffige Bau Zisterzienserinnen und Laien als Kirche. In der Halle unter der Nonnenempore tragen vier stämmige Säulen mit derben Blattkapitellen die Gratgewölbe.

St. Trudpert b. Obermünstertal
Reg.-Bez. Freiburg i. Br. 606 ■ 2
Der Zwiebelturm auf romanischem Untergeschoß des großen Gebäudekomplexes der ehem. BENEDIKTI-

BURG KATZ, ST. GOARSHAUSEN
„Neuw Catznelnbogen, vulgo die Katz", die Burg der schon von Walther von der Vogelweide als freigebig gerühmten Grafen von Katzenelnbogen liegt sozusagen sprungbereit nur wenig oberhalb der Burg Maus, die den Trierer Erzbischöfen gehörte, mit denen die Herren der Burg Katz meist zerstritten waren.

NERABTEI beherrscht das obere Münstertal. In barocker Zeit wurde das Langhaus von Peter Thumb als vierachsige Wandpfeilerkirche neu erbaut. Von dem reichen Kirchenschatz ist allein das berühmte Vortragekreuz aus dem 12. Jh. erhalten.

St. Ulrich *Reg.-Bez. Freiburg i. Br.* 606 ■ 2
Die PFARRKIRCHE ST. PETER UND PAUL ist ein Bau Peter Thumbs (1739–41). Heitere Rokokoausstattung im Inneren. Im Hof des Priorats eine große romanische reliefverzierte Taufschale.

St. Wendel *Saarland* 592 □ 8
Die PFARRKIRCHE ist die schönste spätgotische Hallenkirche weithin. Auf dem mächtigen Westbau eine Barockhaube. Hinter dem Hochaltar der Steinsarkophag (etwa 1435) für den hl. Wendelin (gest. 617). Eine zweite Tumba für seine Gebeine steht im Chor. Die schön geschmückte Kanzel (1462) stiftete Nikolaus Cusanus. – Vor der Stadt Wendelinusbrunnen und Wendelinuskapelle, 1755.

BIBLIOTHEKSSAAL, ST. PETER
Die sonst eher nüchterne, schlichte Abtei besitzt im zweistöckigen, weitgewölbten Bibliothekssaal (um 1750) einen zauberhaft schönen, gut ausgestatteten Raum. Allegorische Verkörperungen von Kunst und Wissenschaft schmücken die fein geschwungene Galerie. Das perspektivische Deckenbild von Benedikt Gambs stellt die Heilige Dreifaltigkeit dar, der Kunst und Wissenschaft huldigen.

St. Willibald bei Jesenwang *Oberbayern* 609 □ 2
In der WALLFAHRTSKIRCHE aus dem 15. Jh. bemerkenswerter Hochaltar von 1617 mit der Sitzfigur des Schutzheiligen Willibald (um 1500).

St. Wolfgang *Kr. Erding Oberbayern* 610 □ 1
Die PFARRKIRCHE aus dem frühen 15. Jh. ist einer der besten backsteingotischen Bauten Bayerns. Eindrucksvoller Hochaltar von 1675. Brunnenkapelle im 18. Jh. barock ausgestaltet.

Sanspareil *Oberfranken* 595 □ 2
Der natürliche Felsengarten wurde 1746 durch Einfügung künstlicher Grotten und Pavillons von Markgräfin Wilhelmine von Bayreuth zur Szenerie des Rokoko-Romans Télémaque von Fénelon umgedeutet.

Sargenroth   *Reg.-Bez. Koblenz*   592 ■ 12
Die hochgelegene NUNKIRCHE ist eine der ältesten
Kirchen des Hunsrück. Im romanischen Chorturm
Wandmalereien.

Satemin   *Reg.-Bez. Lüneburg*   571 □ 1
ist das schönste wendische RUNDLINGSDORF im östlichen Niedersachsen. Kapelle aus dem 14. Jh.

Saulgau   *Reg.-Bez. Tübingen*   608 ■ 10
Schon 819 bezeugt, im 13. Jh. zur Stadt erhoben
und bis 1806 eine der fünf Donaustädte in öster-
reichischem Besitz, war der Ort ein wichtiger Platz
an einer der alten Straßen zwischen Bodensee und
Donau.
Die FÄHRE hat durch ihre Ausstellungen oberschwä-
bischer und internationaler Kunst einen bedeutenden Ruf.
PFARRKIRCHE ST. JOHANNES BAPTIST Feingegliederte
Basilika des späten 14. Jh. Im Kirchenschatz
gotische Silberschmiedearbeiten, Prozessionskreuz
und Monstranz.
SCHWEDENKAPELLE Eine unscheinbare, ländlich barockisierte Kapelle birgt eines der kostbarsten
Schnitzwerke des 12. Jh. in Süddeutschland, die
überlebensgroße Gestalt des Gekreuzigten.

Schäftersheim   *Reg.-Bez. Stuttgart*   594 ■ 5
Die romanische PFARRKIRCHE hat im Turmchor
Wandmalereien aus der Bauzeit (um 1206) bewahrt.

Schäftlarn   *Oberbayern*   610 ■ 10
EHEM. PRÄMONSTRATENSERKLOSTER Es liegt im Isartal vor dem Hintergrund bewaldeter Höhen – eine
breitgelagerte symmetrische Anlage. Gegründet
wurde es bereits 762; die jetzigen im Rechteck
stehenden Bauten sind Schöpfungen des 18. Jh. Sie
fassen die Kirche ein, die nur eine, in Weiß und ·

KLOSTERKIRCHE SCHÄFTLARN
*Trotz der anmutigen Pracht hat hier alles Maß und
Ziel, man spürt sogleich die formgebende Hand
hervorragender Künstler. François Cuvilliés d. Ä.,
Schöpfer der zauberhaften Amalienburg und des
Residenztheaters in München, ist 1733 der erste
Architekt, Joh. Bapt. Gunetsrhainer, ebenfalls
Münchner Hofbaumeister, führt 1751 sein Werk
fort; der berühmte Joh. Mich. Fischer unterstützt
ihn dabei. So erhielt der Bau geniale Züge und
eine ausgesprochen höfische Note.*

Grün gehaltene Seite frei dem Beschauer zuwendet.
Von seltenem Wohlklang der Turm mit schön
geschwungenem, in einer Spitze zulaufenden Kup-
ferhelm. Eine eindrucksvolle Folge von Räumen
weitet das Innere. Dekoration von Joh. Bapt. Zimmermann und Ausstattung sind von erlesenem
künstlerischem Geschmack: anmutig auf schlanken
Säulen der Orgelprospekt, zauberhaft leichtflüssig
die zarten, getönten Stukkaturen, lichtvoll und
duftig die Fresken – großartig das Kuppelfresko
des Hauptjochs – und meisterhafte Kostbarkeiten
die Altäre Joh. Bapt. Straubs. Die Klosterbauten
sind klar und einfach in der Gliederung, die Ecken
und Mitten werden durch Risalite betont.

Scharenstetten   *Reg.-Bez. Stuttgart*   601 ■ 5
EV. PFARRKIRCHE Aus dem Ulmer Münster stammt
der spätgotische Hochaltar (um 1540), ein bedeutendes Werk der Multscherwerkstatt, vielleicht sogar des Meisters selbst.

Schaumburg   *Reg.-Bez. Hannover*   570 □ 8
SCHLOSS Von der Stammburg der Grafen v. Schaum-
burg, Anfang 20. Jh. restauriert, hat sich wenig
Altes erhalten, darunter aber ein Renaissancehaus,
der Torturm (um 1390) mit Museum und das
Amtshaus mit verziertem Fachwerk.

Scheer   *Reg.-Bez. Tübingen*   608 □ 10
KATH. PFARRKIRCHE Ihr ursprünglich gotischer Bau-
charakter ist mit der großzügigen Barockisierung,
der wir die ausdrucksvollen Fresken und die bewegten Stukkaturen Jos. Ant. Feuchtmayers verdanken, verlorengegangen.
SCHLOSS Imposante spätgotische Gebäudegruppe mit
Staffelgiebel, Erker und barockem Torhaus.

Scheinfeld   *Mittelfranken*   595 ■ 9
SCHLOSS SCHWARZENBERG Malerisch auf einem sanft
ansteigenden Hügel liegt der vieltürmige Renaissancebau, nach einem Brand 1607 nach Plänen
Elias Holls und Jak. Wolffs (Vater und Sohn) neu
erstanden. Den höchsten, den Schwarzen Turm, erbauten die Grafen von Schwarzenberg anläßlich
ihrer Erhebung in den Reichsfürstenstand (1671).

Schelklingen   *Reg.-Bez. Tübingen*   601 □ 6
KATH. AFRAKAPELLE Im Chor ein großer Zyklus von
Wandmalereien aus der Bauzeit (um 1300).

Schenklengsfeld   *Reg.-Bez. Kassel*   586 ■ 1
GERICHTSLINDE Größte der in den Dörfern Nord-
hessens erhaltenen vielhundertjährigen Gerichtslinden.
PFARRKIRCHE Im Turmchor finden sich Reste spätgotischer Wandmalereien. Das Schiff wurde
1733–38 in der Art osthessischer Landkirchen erbaut.

Scheppach   *Schwaben*   602 □ 7
ST. FELIX Spätgotischer Turm und Chor blieben im
spätbarocken Neubau (1768) erhalten. Herrliche
Freskoausmalung, 1769/70.

Schepsdorf-Lohne   *Reg.-Bez. Osnabrück*   568 ■ 9
HERRENHAUS HERZFORD Die alte Grenzfeste des
Bischofs von Münster erstand 1732–34 als vier-
flügeliges Barockschloß. Torhäuschen von Joh.
Conr. Schlaun.

NEUES SCHLOSS, SCHLEISSHEIM

Im 16. Jh. waren Schlösser und Herrensitze in einsamer Landschaft noch als Ort zu ungestörtem Nachdenken, zu innerer Einkehr gemeint; Herzog Wilhelm V. kaufte gar die Gutshöfe rund um Schleißheim auf und ließ dort Kapellen und Klausen für Einsiedler erbauen. Im 18. Jh. jedoch entfaltet sich in den Eremitagen glanzvollstes höfisches Leben. Kurfürst Max Emanuel, Schwiegersohn des Kaisers und siegreicher Feldherr in den Türkenkriegen, hatte die größte Schloßanlage Deutschlands geplant, die aber nicht vollendet werden konnte.

Scheßlitz *Oberfranken* 595 ▪ 1
BURGRUINE GIECH, 1125 erstmals erwähnt, fiel dem Hussiten- (1430) und Bauernkrieg (1525) zum Opfer, wurde immer wieder aufgebaut und ist erst seit dem 19. Jh. Ruine. Die benachbarte GÜGELKAPELLE wurde im 14. Jh. anstelle der verfallenen Burg Gügel errichtet.
KATH. PFARRKIRCHE Die Ausstattung im etwas schwerfällig wirkenden Innern stammt einheitlich aus dem Barock, eine schöne Bildgrabplatte jedoch von 1350.

Scheyern *Oberbayern* 603 □ 8
BENEDIKTINERKLOSTER seit 1119. Kapelle, Kreuzgang und Kirche stammen aus romanischer Zeit, später vielfach umgebaut. Erst 1923 kamen Fresken in die 1769 im Rokokostil stuckierte Klosterkirche. Spätgotisches Kreuzigungsrelief (1514).

Schieder *Reg.-Bez. Detmold* 578 □ 10
Das ehem. SOMMERSCHLOSS der lippischen Fürsten, ein einfacher Barockbau aus der Zeit um 1700, liegt inmitten eines im späten 18. Jh. angelegten Parks.

Schienen *Reg.-Bez. Freiburg i. Br.* 607 ▪ 4
Die WALLFAHRTSKIRCHE ST. GENESIUS geht bis ins 10. Jh. zurück und hat mit wuchtigen Pfeilern und quadratischem Chor ihren romanischen Charakter gut erhalten. Im 16. Jh. wurde sie umgebaut.

Schiessen *Schwaben* 602 □ 8
WALLFAHRTSKIRCHE (1681) Die reichen Stuckdekorationen (um 1720) des 1779/80 ausgemalten prächtigen Saalbaus stammen von Wessobrunner und italienischen Künstlern.

Schiffdorf *Reg.-Bez. Stade* 561 ▪ 2
MARTINSKIRCHE (1460) Im Mittelfeld des Altars (Anfang 16. Jh.) eine figurenreiche Kreuzigung.

Schillingsfürst *Mittelfranken* 595 □ 8
Das hochgelegene barocke SCHLOSS der Fürsten von Hohenlohe wurde 1723–50 erbaut. Prunkvolle historische Innenräume sind zu besichtigen.

Schleching *Oberbayern* 611 □ 9
Schleching gehört mit seinen farbenfrohen Häusern zu den anmutigsten Siedlungen im Chiemgau.
PFARRKIRCHE Der einfache Saalraum von 1737–39 ist mit hübschem Régence-Stuck und reicher volkstümlicher Barockplastik geschmückt.

Schledehausen *Reg.-Bez. Osnabrück* 569 ▪ 8
SCHELENBURG Die malerische, vierflügelige Renaissancewasserburg hat einen mächtigen Wohnturm des 12. Jh. In der modernen KATH. KIRCHE ein bemerkenswerter Sandsteinaltar (erste Hälfte 15. Jh.).

Schlehdorf *Oberbayern* 610 □ 9
ST. TERTULLIN, spätes 18. Jh. Der strengen Linienführung der flächig gegliederten Fassade mit Dreiecksgiebel und zwei kräftigen rechteckigen Türmen entspricht die nüchterne Klarheit des Innenraums.

Schleiden *Reg.-Bez. Köln* 583 ▪ 4
Die SCHLOSS- UND PFARRKIRCHE (1505–25) ist ein Meisterstück spätgotischer Baukunst. In den Ostfenstern der Seitenschiffe bedeutende Glasgemälde von 1535. Die Doppelorgel mit Rokokoprospekt (1770) gilt als berühmteste alte Orgel des Rheinlands. Auf vorspringender Bergnase die BURG aus dem 13.–16. Jh., im 18. Jh. umgestaltet.

Schleißheim *Oberbayern* 610 □ 11
ALTES SCHLOSS Der einfach und klargegliederte Hauptbau mit betonter Mitte (1616) ging aus dem Herrenhaus von 1597 hervor. Mehrere unauffällige Wirtschaftsgebäude schließen sich an. Der zweite Weltkrieg zerstörte vieles.
NEUES SCHLOSS Die Anlage als Ganzes blieb wegen

BORDESHOLMER ALTAR IM DOM, SCHLESWIG

1521 war der große Schnitzaltar vollendet, den Meister Brüggemann für die Klosterkirche in Bordesholm schuf, 1666 holt Herzog Christian Albrecht ihn nach Schleswig. Letzte Feinheiten der Spätgotik, Zartheit und auch Deftigkeit der Gestalten und Gesichter – es sind 350 Einzelfiguren –, Szenen, in denen jedes Detail durchgeformt ist, geben diesem Werk nuancenreicher Schnitzkunst seinen hohen Rang. Dürers Holzschnittpassion und die Niederländer waren die Vorbilder des niederdeutschen Meisters, über dessen Leben wir kaum etwas wissen.

der geplanten Monumentalität und Ausdehnung unvollkommen. Doch eindrucksvoll noch immer der sehr lange, von Pavillons begrenzte Mittelbau mit vielen baulichen und dekorativen Details, vor allem im Innern, die zum Besten der deutschen Barockkunst zählen: ein geschnitztes Portal, das östliche von Ignaz Günther (1763), eine weiträumige Treppenanlage mit Gewölbefresko von Cos. Dam. Asam, einem von Joh. Bapt. Zimmermann stuckierten und mit guten Fresken geschmückten Festsaal, einer leicht und locker wirkenden Galerie an der Gartenseite und viele kostbar ausgestattete Räume mit wertvollen Gemäldesammlungen. – Eine Verbindung mit LUSTHEIM, dem ebenfalls repräsentativen, nach italienischem Barockvorbild erbauten Schloß mit schwerem, übergiebelten Marmorportal, kam nicht zustande. Auch die seitlichen Pavillons, dessen südlicher die Renatuskapelle in sich schließt, blieben isoliert. Im großen Saal des schön und einheitlich barock ausgestalteten Hauptbaus ein von gemalten Atlanten getragenes Spiegelgewölbe, das ein großes Fresko ziert. Anschließend ein von Kanälen durchzogener Park mit einer Marmorkaskade.

In Lustheim hat die Sammlung Schneider mit frühem Meißner Porzellan ein Domizil gefunden.

Schleswig *Schleswig-Holstein* 555 ■ 11
Als der Fernhandelsplatz Haithabu im 11. Jh. unterging, trat Schleswig sein Erbe an. Das aufstre-

bende Lübeck lief ihm aber bald den Rang ab, und so blieb der Stadt nur die Bedeutung als Bischofssitz und später als Residenz des Herzogs. Marktplatz und Domviertel bilden die eigentliche Altstadt. Im Osten der Holm, eine wohlerhaltene Fischersiedlung mit reinlichen Giebelhäusern.

Der DOM ST. PETRI wurde vom 13. bis zum 15. Jh. unter Einbeziehung älterer Teile zu einer gotischen Halle auf kreuzförmigem Grundriß ausgebaut. Im Hohen Chor steht als größte Sehenswürdigkeit der Bordesholmer Altar des Hans Brüggemann, der auch die über vier Meter hohe Figur des Christophorus schnitzte. Im Seitenschiff kostbare Altäre wie der Dreikönigsaltar (13. Jh.) und der Kielmannsecksche Altar (1664) von Jürgen Ovens, von ihm ebenfalls das großformatige Ölbild der Blauen Madonna. Die Räume zwischen den Strebepfeilern richteten die Herzöge von Gottorf seit 1659 als Grablege für sich, den Adel und Hofbeamte ein. Prächtige Portale verschließen die einzelnen Grabkapellen, eines der schönsten ist das zur Gruft der Familie Schacht von 1670. Aus der übrigen reichen Ausstattung sei das Renaissance-Freigrabmal König Friedrichs I. von Dänemark (1551) genannt. Die mittelalterliche Ausmalung, besonders der Wandfelder in roter Konturenzeichnung, ist leider nur noch schwach erkennbar. Bemerkenswert der an den Dom gebaute Kreuzgang, der sogenannte Schwahl, aus dem Beginn des 14. Jahrhunderts.

Das ST. JOHANNISKLOSTER (ehem. Benediktinerinnenkloster, jetzt Damenstift) liegt auf dem Holm an der Schlei. Die ursprünglich romanische Kirche ist ein vielfach veränderter, gotisch gewölbter Bau. Der

AUS DEM SCHLESWIG-HOLSTEINISCHEN LANDESMUSEUM, SCHLESWIG

Bunte geschnitzte Felder füllen die Tür des Schrankes, der wahrscheinlich von den Halligen oder von der Insel Föhr ins Landesmuseum kam. Er wurde um 1778 gearbeitet und ist ein schönes Beispiel norddeutscher Volkskunst. Unser Ausschnitt zeigt ein bäuerliches Paar, das sich über einer voll aufgeblühten Tulpe die Hand reicht.

Kreuzgang erhalten, ebenso der Remter mit Nonnengestühl aus dem 13. Jh.

SCHLOSS GOTTORF Die Vierflügelanlage geht bis auf die Spätgotik zurück und wurde abschließend geprägt durch die breite Schaufront mit Mittelturm aus der Zeit um 1700. Sehenswert die Säle und die Kapelle mit der vollständigen alten Ausstattung und dem Betstuhl der Herzogin, einem dazugehörigen wohnlichen Renaissanceraum. Das Schloß beherbergt das Landesmuseum mit Sammlungen kirchlicher Kunst, Wohnkultur und Volkskunst; außerdem das Landesmuseum für Vor- und Frühgeschichte mit wichtigen Funden (Nydamboot, Haithabu). – Zur Residenz gehörten Adligen- und Bedienstetenhäuser, sie sind zum Teil erhalten wie das jetzige Amtsgericht, Lollfuß 78.

Das STÄDTISCHE UND HEIMATMUSEUM haben im Scheershof, einem Palais von 1633, Unterkunft gefunden. Ein barockes Pfortenhaus führt über den Vorhof in die Halle mit Barocktreppenhaus.

Schliengen *Reg.-Bez. Freiburg i. Br.* 606 ▪ 8
KATH. PFARRKIRCHE ST. LEODEGAR mit Fassadenturm aus romanischer Zeit. Das Schiff ist um 1750 neu erbaut und birgt ausgezeichnete Werke des Rokoko.

Schliersee *Oberbayern* 610 ▪ 4
Im Innern der 1712–14 barock erneuerten KATH. PFARRKIRCHE (14. Jh.) schlichte Stukkaturen, Fresken und Altäre des 18. Jh.
Die NIKOLAUSKAPELLE (1635) auf dem Friedhof birgt einen prächtigen, oft restaurierten, aber im Aufbau noch spätgotischen Flügelaltar (1541).
In der im 14. Jh. erbauten, 1606 veränderten KAPELLE ST. GEORG bemerkenswerter Hochaltar (1624) und vorzügliche spätgotische Holzfiguren.

Schliestedt *Verw.-Bez. Braunschweig* 571 □ 6
SCHLOSS (1760) Beschwingte Rocaillen sind nicht nur an der Außenfront zu finden, auch die Innenräume haben zierliche Rokokodekorationen.

Schlitz *Reg.-Bez. Darmstadt* 586 ▪ 10
Entlang dem Mauerring stehen mehrere BURGEN. Die Hinterburg ist die älteste. Die beiden Flügel der Vorderburg stoßen in stumpfem Winkel zusammen und tragen je drei Renaissancegiebel. Die Schlachtenburg besteht aus zwei Fachwerkbauten des 17. Jh. Die Ottoburg ist ein langgestreckter Barockbau mit halbrunden Flankentürmen. Die Hallenburg, ein barockes Schloß, befindet sich außerhalb der Stadt.
Die STADTKIRCHE blickt auf eine verwickelte Baugeschichte zurück. Vor dem gewölbten romanischen Chor liegt ein barocker Saal mit Renaissancestuckdecke. Vorbau mit frühgotischem Portal, Taufstein (1467).

Schloß Holte *Reg.-Bez. Detmold* 577 ▪ 12
SCHLOSS Auf einer sechseckigen Insel erhebt sich das 1616–64 errichtete WASSERSCHLOSS, dessen Mittelbau ein achteckiger Treppenturm ziert.

Schloß Neuhaus *Reg.-Bez. Detmold* 577 ▪ 1
Das stattliche WASSERSCHLOSS mit vier Flügeln und runden Ecktürmen, einst Residenz der Paderborner Fürstbischöfe, wurde im 16.–17. Jh. erbaut. Am reichsten der Nordflügel in Weserrenaissanceformen.

Schlüchtern *Reg.-Bez. Darmstadt* 586 ▪ 7
EHEM. BENEDIKTINERKLOSTER Die mittelalterliche Anlage ist seit dem 16. Jh. Gymnasium. Von der frühkarolingischen Kirche des 8. Jh. ist eine kreuzförmige Gangkrypta erhalten, eines der ehrwürdigsten Zeugnisse des frühen Christentums in Hessen. Den gesamten Bezirk umschließt eine weitgehend erhaltene Ringmauer.

Schlüsselau *Oberfranken* 595 ▪ 1
EHEM. ZISTERZIENSERINNENKLOSTER, um 1300 erbaut, 1554 aufgehoben, seit 1949 Karmelitinnenkloster. In der im 14. Jh. vollendeten und später veränderten Kirche ruht der Stifter des Klosters unter einer von vier Säulchen getragenen Grabplatte (1308).

Schnackenburg *Reg.-Bez. Lüneburg* 564 □ 8
Die ST.-NICOLAI-KIRCHE stammt aus dem frühen 13. Jh., Turm von 1750. Die hängende Figur eines Engels hält die Taufschale.

Schnait *Reg.-Bez. Stuttgart* 601 ▪ 9
Das SILCHERMUSEUM, im Geburtshaus des Liederkomponisten Friedrich Silcher, verwahrt unter anderem über 1300 seiner Partituren, Handschriften und ein Tonarchiv.

Schönau bei Heidelberg *Reg.-Bez. Karlsruhe* 593 ▪ 5
Die EV. KIRCHE ist das Refektorium eines ehemaligen Zisterzienserklosters. In der romanischen Vorhalle erkennt man noch einen Teil des im übrigen verschwundenen Kreuzganges. Erhalten sind auch noch das alte Posthaus und das Klostertor.

Schönbrunn b. Dachau *Oberbayern* 603 □ 7
Die KIRCHE HL. KREUZAUFFINDUNG, ein rechteckiger, klotziger Bau mit fast würfelförmiger welscher Haube zeigt im Innenraum elegante spätbarocke Stuckdekorationen.

Schöningen *Verw.-Bez. Braunschweig* 571 □ 5
ANNA-SOPHIANEUM Das pompöse Renaissanceportal (1593) führt nicht mehr in die Hohe Schule, sondern ins Museum.
Trotz spätgotischen Langhauses (um 1490) bestimmt der romanische doppeltürmige Chorteil (Baubeginn wohl nach 1120) das Bild der ST.-LORENZ-KIRCHE. ST.-VINCENZ-KIRCHE 15. Jh. Barocke Ausstattung.

Schönstein *Reg.-Bez. Koblenz* 584 ▪ 2
BURG Auf steilem Felsen umschließen Gebäude des 16. Jh. einen Hof mit Holzgalerien. Im Südflügel Barocktreppe und eine geschnitzte Tür (1606).

Schöntal *Reg.-Bez. Stuttgart* 594 □ 7
EHEM. KLOSTER Wohlerhalten und schön gefügt, durch eine Mauer mit Türmen geschützt, liegt die barocke Prälatenresidenz im Jagsttal. 1157 ist das Kloster gegründet worden. Seit dem 17. Jh. entfaltete es eine rege Bautätigkeit, die 1683–1732 ihren Höhepunkt erreichte. Den Gesamtentwurf für Kirche und Neue Abtei lieferte Leonh. Dientzenhofer. Die mächtige Zweiturmfassade der Kirche beherrscht den Klosterhof. Simse und Pilaster mit figurengeschmückten Nischen dazwischen gliedern die drei Hauptgeschosse, deren oberstes ein Dreiecksgiebel mit ebenfalls figurengeschmückter Balustrade abschließt. Üppiger Stuck betont die architektonisch wirkungsvollen Linien im Inneren. Schöne Alabasteraltäre, Kanzel und Grabsteine. Der Kreuzgang war die Grablege der Berlichingen.

TREPPENHAUS, KLOSTER SCHÖNTAL

„Sustentat et ornat" – er ernährt und ehrt, lautet die Inschrift, die der Adler über dem schmiedeeisernen Portal in den Fängen hält. Der Reichsadler im Zentrum des Treppenhauses ist Ausdruck des Selbstbewußtseins, mit dem das Kloster die 1418 gewonnene Reichsunmittelbarkeit gegen den Hoheitsanspruch der Mainzer Erzbischöfe verteidigte, denen es bis zur Säkularisation nicht gelang, Kloster Schöntal ihrem Grundbesitz einzuverleiben. – Die Konstruktion des auf knappem Raum, doch großzügig angelegten Treppenhauses ist ebenso bewundernswert wie der sehr kunstvolle Schmuck aus Marmor, Stuck und weiß-golden lackierten Eichenholzschnitzereien.

Leicht herauszufinden ist der Grabstein des Götz, der ihn mit seinem Attribut, der eisernen Hand, darstellt. – Anschließend die Neue Abtei mit ihrem Prunkstück, dem Treppenhaus.

Schöppenstedt *Verw.-Bez. Braunschweig* 571 □ 6
Das EULENSPIEGELMUSEUM zeigt, was die Nachwelt über Till Eulenspiegel erforschte, dichtete, malte und komponierte.
Die MARIENKIRCHE in Küblingen, 13. und 14. Jh., war Wallfahrtsstätte. Auf dem barocken Kanzelaltar ein bronzenes romanisches Vortragekreuz (um 1100).
Der wuchtige romanische Turm der STEPHANSKIRCHE überragt die hellen Fachwerkhäuser. Kanzelaltar des 18. Jh.

Schöppingen *Reg.-Bez. Münster* 568 □ 7
In der größtenteils gotischen KATH. PFARRKIRCHE Fresken von etwa 1535 und der berühmte Flügelaltar des Meisters von Schöppingen (um 1455).

Schongau *Oberbayern* 609 ■ 3
Die teilweise noch ummauerte Stadt auf ovalem Bergplateau wird der Länge nach von der weiten Marktstraße durchschnitten. Das Ballenhaus erinnert noch daran, daß Schongau seit dem 14. Jh. wichtiger Stapelplatz an der alten Römerstraße Via Claudia Augusta (Augsburg-Italien) war.
STADTPFARRKIRCHE MARIÄ HIMMELFAHRT 1667 stürzten der gotische Turm und Chor ein, Neubau 1668–74. Dom. Zimmermann stuckierte 1748 den Chor und plante den Umbau des dreischiffigen Langhauses zum Saalraum. Fresken von Matth. Günther in Chor und Langhaus.

Schopfheim *Reg.-Bez. Freiburg i. Br.* 606 ■ 4
EV. KIRCHE ST. MICHAEL Im romanischen Chorturm gotische Fresken, um 1300, im Chor Orgel der Silbermannschule. Heute Konzertraum und Museum.

Schorndorf *Reg.-Bez. Stuttgart* 601 ■ 9
Reiche Fachwerkhäuser des 17.–18. Jh. machen den Marktplatz zu einem der reizendsten des Landes. Die EV. STADTKIRCHE, einst eine Hallenkirche (1477–1501), wurde nach dem Brand (1634) als Saalbau wiederhergestellt. Der spätgotische Chor blieb, mit ihm ein origineller Kapellenanbau, dessen Netzgewölbe als Wurzel Jesse ausgebildet ist.

Schornsheim *Rheinhessen-Pfalz* 593 □ 10
Die KATH. KIRCHE steht auf einem Wehrkirchhof, ihr Turm ist vielleicht zu Teilen karolingisch. Der Chor von 1380 ist reich ausgemalt.

Schortens *Verw.-Bez. Oldenburg* 561 □ 9
Aus Feldstein, Granit, Tuff und Backstein erbaute spätromanische KIRCHE mit spätgotischem Lettner und reichem Flügelaltar (um 1500).

Schotten *Reg.-Bez. Darmstadt* 585 □ 3
Die gotische EV. PFARRKIRCHE verdankt ihre Entstehung der Blüte des Städtchens im 14. Jh. Am Anfang stand eine quadratische Halle mit drei Schiffen. Als die um diese Zeit auflebende Wallfahrt sich verstärkte und 1356 die Siedlung zur Stadt erhoben wurde, vergrößerte man während des Bauens das Langhaus um breitere Seitenschiffe und begann eine Doppelturmfassade zu errichten. 1382 wurde die Stadt zerstört und die Bautätigkeit jäh abgebrochen. Der gemalte Flügelaltar (1370 bis 1380) mit der Passion Christi und dem Marienleben, in der Mitte die geschnitzte Muttergottes, gilt als ein Hauptwerk der Malerei der Gotik in Hessen.

Schramberg *Reg.-Bez. Freiburg i. Br.* 607 □ 11
ist von den Ruinen des Falkenstein, dem letzten Zufluchtsort Herzog Ernsts von Schwaben, der Burg Hohenschramberg (16. Jh.) und der romanischen Burg Schilteck umgeben.

Schrezheim *Reg.-Bez. Stuttgart* 601 □ 2
In der ANTONIUSKAPELLE (1692) steht eine kostbare Rarität: Ein Rokokofayencealtar in leuchtenden Farben aus der einst berühmten Schrezheimer Manufaktur.

Schriesheim *Reg.-Bez. Karlsruhe* 593 ■ 6
STRAHLENBURG Der runde Bruchsteinbergfried (12. Jh.) ist mit einem Wohngebäude des 13. Jh. verbaut.

Schrobenhausen *Oberbayern* 602 □ 4
HEIMATMUSEUM mit reicher Medaillen- und Devotionaliensammlung. Das LENBACHMUSEUM zeigt Gemälde, Skizzen, Zeichnungen des 1836 hier geborenen Malers Franz v. Lenbach, dazu Briefe, Möbel, Erinnerungsstücke.
STADTPFARRKIRCHE ST. JAKOB, 15. Jh., dreischiffige Backsteinbasilika. In der Vorhalle Gedenkrelief (1419) an Herzog Ludwig im Bart, der den heute noch guterhaltenen Stadtbering um 1400 erweitern ließ.

Schröck *Reg.-Bez. Kassel* 585 ■ 2
ELISABETHBRUNNEN Ein uraltes Heiligtum, in der

Nähe der Kreuzung von zwei alten Straßen gelegen. Die Fassung von 1596 zeigt schöne Wappenfriese und lateinische Inschriften.
PFARRKIRCHE Barockbau (1712–20); die schönen Seitenaltäre aus der alten Amöneburger Stiftskirche übernommen.

Schwabach *Mittelfranken* 595 □ 5
Am Marktplatz behäbige Häuser, das Rathaus von 1509 (später umgebaut), ein klassizistischer Pferdebrunnen und der stattliche barocke Schöne Brunnen (1716–17).
Die EV. STADTPFARRKIRCHE von 1469–95 ist glücklicherweise kaum verändert worden, und unter hohem Kreuzgewölbe findet sich eine reiche Ausstattung aus der Zeit um 1500. Die Flügel des spätgotischen Hochaltars malte Mich. Wohlgemut, der Lehrer Dürers, und das Schnitzwerk ist von einem Schüler des Veit Stoß. Von Hans Baldung Grien stammen die kostbaren Tafelbilder der Heiligen Katharina und Barbara. Bedeutend das Sakramentshaus von 1505, das auf das berühmte in St. Lorenz zu Nürnberg zurückgeht.

Schwabenheim *Rheinhessen-Pfalz* 593 □ 10
Die KATH. KIRCHE hat bedeutende und seltene karolingische Architekturfragmente: einen Türsturz mit Tieren und Flechtband in Flachrelief und ein kreuzförmiges Steinfenster.

Schwabsburg *Rheinhessen-Pfalz* 593 ▪ 10
Von der REICHSBURG ragt nur noch der mächtige Bergfried des 12. Jh. mit seinem Buckelquaderwerk über den berühmten Weinbergen auf.

Schwäbisch Gmünd *Reg.-Bez. Stuttgart* 601 ▪ 12
Kommt man von den Waldhöhen im Norden, dann erblickt man vor dem Hintergrund der drei

RELIEFSCHMUCK IN DER JOHANNISKIRCHE, SCHWÄBISCH GMÜND
Im Bogenfeld wachen zwei Löwen, die Wappentiere der staufischen Stadtgründer, über den Eingang (das Westportal der Südseite). Darüber eine Tuchschere, das alte, später durch das Einhorn ersetzte Wappen der Bürgerschaft Gmünds. Die Kreuzigungsgruppe rechts daneben mit den fast puppenhaft starren Gestalten zeigt den leidenden Christus nach byzantinischem Vorbild; darunter Judas, mit Strick und Geldschale. Der regellos, wie zufällig über die Außenwand verstreute Reliefschmuck stammt aus dem 13. Jh.

HEILIGKREUZMÜNSTER, SCHWÄBISCH GMÜND
Ist die Johanniskirche ein Denkmal der Stauferzeit, so entstand das Heiligkreuzmünster als selbstbewußte Leistung der nach dem Untergang der Staufer auf sich selbst gestellten Bürgerschaft. Die wahrscheinlich aus Gmünd stammende Baumeisterfamilie Parler schuf mit dieser Kirche den ersten Hallenbau Süddeutschlands, zugleich das erste Meisterwerk der Parlerschule, Vorbild vieler weiterer Kirchenbauten bis zu den Domen in Prag und Wien.

Kaiserberge drunten im Tale der Rems die von den Staufern im 12. Jh. gegründete Reichsstadt, Geburtsort des Baumeisters Peter Parler und der Maler Hans Baldung Grien und Jörg Ratgeb. Am langgestreckten Markt mittelalterliche Fachwerkbauten wie die Grät und das Amtshaus des Heiliggeistspitals (1495), aber auch barocke Bürgerbauten wie das Rathaus (1760, 1783–84), das Stahlsche Haus und das heutige Postamt. Marktbrunnen mit Doppelmadonna (um 1700). Im Gewirr der Gassen und Plätze das Kornhaus (1507) und die Schmalzgrube (1589–91), einziges Renaissancehaus der Stadt, und vor ihren Toren das hübsche Stahlsche Gartenhaus (1780). Von der Stadtmauer stehen noch sechs Türme, darunter der Königsturm (14. Jh.) und der originelle Knöpflesturm (15. Jh.).
FRANZISKANERKIRCHE Auch hier wurde das spätromanische Schiff und der frühgotische Chor (13. Jh.) im 18. Jh. barock überarbeitet.
HEILIGKREUZMÜNSTER Obwohl ohne Turm, scheint der mächtige Bau, die älteste Hallenkirche Süddeutschlands (um 1310–80), alles zu überragen. Frei schweift der Blick aus der hohen Halle des Schiffs in den noch höheren Chor mit seinen breiten

lichten Fenstern. Hohe schlanke Säulen tragen das besonders im Chor vielteilige Netzgewölbe von 1491–1521. Um die Kirche läuft eine Maßwerkbrüstung, die an der Westfassade den schlichten Dreieckgiebel abtrennt. Die Figurengruppen in den Bogenfeldern der seitlichen Langhausportale führen hin zu dem überreichen plastischen Schmuck der beiden Chorportale. Die Orgelempore (17. Jh.) tragen Atlanten. Am Chorgestühl (1550) Doppelfiguren von Propheten und Aposteln. Von der Ausstattung der Kapellen ist die Gruppe des Hl. Grabes (nach 1351), dahinter die Wandgemälde des 15. Jh., der Sippenaltar (um 1510) und der Sebaldusaltar (um 1510) hervorzuheben.

Als Zeugnis staufischer Zeit steht die romanische JOHANNISKIRCHE (13. Jh.) inmitten der Stadt. Die flachgedeckte Pfeilerbasilika erhielt im 19. Jh. wieder einen romanischen Chor. Den kubischen Baukörper beleben primitive, aber ausdrucksvolle Reliefs: Jagdszenen am Turmfries, sonst eine starre erhabene Madonna, Kreuzigungen und willkürlich verstreut Tiere, Masken und groteske Ungeheuer.

KUNSTGEWERBEMUSEUM Der Weg führt zunächst durch die Altertümersammlung. Die Edelmetallarbeiten, eine Goldschmiedwerkstätte und Wechselausstellungen weisen auf den Rang hin, den Gmünd als Stadt der Gold- und Silberschmiede einnimmt.

ST. KATHARINA Die Kapelle des Feldsiechenhauses (14. Jh.) wurde im Rokoko mit Stuckdecke, Wandgemälden, Altar und Kanzel ausgestattet.

ST. LEONHARDSKAPELLE Die heutige Friedhofskapelle, einst gotisch (14. Jh.), hat seit 1776 einen Innenraum in überschwenglischem Barock.

ST. SALVATOR Einmalig ist das Höhlenheiligtum auf dem Nepperberg, eine aus dem Felsen herausgearbeitete Doppelkapelle mit Kreuzrippengewölbe und Ölberggruppe oben (1616), Fensteröffnungen und Reliefs auf der Felswand und einem schönen Palmesel. Hinauf führt ein Kreuzweg mit realistisch derben Figurengruppen.

Schwäbisch Hall   *Reg.-Bez. Stuttgart*   601 □ 12

Hall heißt Salz, und die Salzquelle verschaffte der alten Reichsstadt Wohlstand und Größe. Als Münzstätte gab sie dem Heller ihren Namen. Aus dem engen Tal streben die Häuser die Hänge beiderseits des Kochers empor. Besonders am Osthang schaffen sie, hintereinander gestaffelt, ein großartiges Stadtbild, bekrönt vom Großen Büchsenhaus (1510–27) und dem Münster, zu dessen Füßen wirkungsvoll der Marktplatz liegt, einer der schönsten Deutschlands. Hier steht der figurenreiche Fischbrunnen (1509), daneben der Pranger mit Schandpfahl und Halseisen. Das Haus dahinter (Nr. 10) prunkt mit von vergoldeten Kaiserbüsten gezierter prächtiger Fassade (1738), eines der vielen schönen Patrizierhäuser, die die gute Stube der Stadt umrahmen. Von der Stadtbefestigung erhielten sich mehrere Tore und Türme. Unter den Wohnbauten viele Fachwerkhäuser und einige Wohntürme des Stadtadels, voran die Keckenburg.

MICHAELSKIRCHE In weitem Schwung steigt die berühmte Freitreppe (1507), Schauplatz sommerlicher Festspiele, zum Westturm des Münsters empor. In der Vorhalle der Erzengel Michael als Drachentöter (um 1300). Die vier ersten Geschosse des Turmes sind alles, was von dem romanischen Bau (um 1150) blieb. Im netzgewölbten Schiff der gotischen Hallenkirche (1427–56) und im hohen Chor (1495–1525) fällt die reiche Ausstattung auf:

RATHAUS, SCHWÄBISCH HALL

Das schmiedeeiserne Wirtshausschild mit dem Reichsadler, das in unser Bild hineinragt, paßt gut zum stattlichen Rathaus, das als eines der schönsten deutschen Rathäuser gilt: Beide verkörpern den Bürgerstolz der Freien Reichsstadt. Auch die Feudalherren, die Schenken von Limpurg, konnten diesen Stolz nicht brechen. Als sie es zu arg trieben, mauerten die Haller einfach die Stadttore in der Limpurger Richtung zu und bekamen von Kaiser Sigismund recht: „Meinetwegen mögen meine lieben Söhne zu Hall alle ihre Tore zumauern und mit Leitern über ihre Mauern steigen".

der reich geschnitzte Hochaltar (um 1470), das Chorgestühl (1534), Schnitzaltäre des 16. Jh. in den Seitenkapellen, Hl. Grab (um 1510). Außen ein Ölberg von 1506.

RATHAUS Der hübsche palaisartige Rokokobau (1732–35) brannte 1945 aus, wurde aber wiederhergestellt.

ST. KATHARINEN Alt sind der spätromanische Turm (um 1240) und der gotische Chor (1343). Unter den Kunstwerken ragen der Schnitzaltar (1460–70) und die Glasgemälde im südlichen Chorfenster (um 1343) hervor.

ST. URBAN Das unscheinbare Kirchlein (um 1230) birgt eine unversehrte reiche Ausstattung.

Schwaigern   *Reg.-Bez. Stuttgart*   600 □ 2

EV. STADTKIRCHE Das romanische Langhaus wurde als Seitenschiff in den spätgotischen Neubau mit dem feinmaschigen, reichverzierten Netzgewölbe einbezogen. Innen schöne gotische Flügelaltäre und Sakramentshäuschen.

Schwalenberg   *Reg.-Bez. Detmold*   578 □ 10

Zu Füßen der im 17. Jh. ausgebauten Burg liegt die Ackerbürgerstadt, die über zahlreiche Fachwerkhäuser, vor allem aber über ein einzigartiges Rathaus verfügt (um 1600).

Schwarmstedt *Reg.-Bez. Lüneburg* 570 ▪ 11
EV. KIRCHE Außen schlicht, drinnen ein dreischiffiger, gewölbter Raum der Gotik (um 1500). Im Altarschrein (frühes 16. Jh.) zerbrechliche Maßwerkschnitzereien über fünf Figuren.

Schwarzach *Reg.-Bez. Karlsruhe* 599 □ 3
PFARRKIRCHE ST. PETER UND PAUL. Die jüngst in ursprünglichem Zustand wiederhergestellte Abteikirche entstand im 13. Jh. Fünf Apsiden und der Vierungsturm bilden die reichgestaltete Ostseite. Harmonisch in den spätromanischen Raum fügen sich barocke Ausstattungsstücke, der ehemalige Hochaltar im Querhaus, das Chorgestühl und die Orgel. Romanische Plastik zeigt das Tympanon des Westportals. Von der ausgedehnten barocken Klosteranlage steht nur noch die Eingangsfront des Vorhofes mit gestaffelten Gebäuden und reichem Portal.

Schwarzenacker *Saarland* 592 □ 7
Reste einer römischen Stadt sind in einem Freigelände, in dem auch eines der Häuser rekonstruiert ist, zugänglich.

Schwarzenraben *Reg.-Bez. Arnsberg* 577 ▪ 10
Dem dreiflügeligen barocken WASSERSCHLOSS (1765–68) ist ein kleiner Ehrenhof vorgelagert. Die bezaubernde Rokokoausstattung erreicht in der Kapelle ihren glanzvollen Höhepunkt.

Schwebda *Reg.-Bez. Kassel* 578 □ 4
hat viele Fachwerkhäuser und viele lebensgroße Figurengruppen vom derzeitigen Dorfmaler, originelle Werke zwischen Volkskunst und Pop-Art.
BURG Im Bereich einer alten Wasserburg erheben sich stattliche spätgotische Bauwerke: Steinernes Haus (1529) und Wohnhaus (1549).

RATHAUS, SCHWALENBERG
„Minsche gedenke wat du betengest" ... (Mensch bedenke, was du bedeutest, denn Geradheit und Recht dauern am längsten, wirst du als Schelm und Schinder unrecht handeln, so mußt du zum Schluß in die Hölle wandern). Plattdeutsche Inschriften und reiche buntbemalte Fassadenschnitzereien – Fächerrosetten, umrankte Wappenschilder, Tierreliefs und Linienornamente – zieren den lieblichen Fachwerkbau. Im Erdgeschoß, hinter der dreibogigen Laube des Hauptbaus, war früher die offene Markthalle.

Schweinfurt *Unterfranken* 594 □ 2
EV. PFARRKIRCHE Ein reiches spätromanisches Portal führt vom Markt in das Querschiff, das – im Übergang von der Romanik zur Gotik um 1235 erbaut – ältester Teil der Kirche ist. Das Langhaus aus der zweiten Hälfte des 13. Jh., der Chor spätgotisch. In seiner ursprünglichen Bemalung erhalten ist der Taufstein (1367). Frühklassizistischer Altar.
RATHAUS Ein schöner zweiflügeliger Renaissancebau (1570–72). Die Schauseite wendet sich dem weiten Markt zu, anmutig steigt ein Turmerker empor.
Das STÄDTISCHE MUSEUM bewahrt das Gedächtnis an Friedr. Rückert (1788 in Schweinfurt geboren).

Schweinsberg *Reg.-Bez. Kassel* 585 □ 2
BURG Den Basaltkegel krönt die Stammburg der Schencken zu Schweinsberg. Vom Gründungsbau des 13. Jh. bestehen nur noch Mauerreste. Die heutige Anlage geht im wesentlichen auf die Spätgotik zurück: die Neue Kemenate mit netzgewölbtem Saal, der Fähnrichsbau neben dem Torbau, die Zwingermauern mit dem Hexenturm, die Vorburg. Den Burgberg hinunter staffeln sich Oberhof, Mittelhof und Unterhof, stattliche Fachwerkbauten des 17./18. Jh.
PFARRKIRCHE Spätgotischer Hallenbau mit Netz- und Sterngewölben.

Schweinsbühl *Reg.-Bez. Kassel* 577 ▪ 5
KIRCHE Winziger, unberührter romanischer Gewölbebau. Altar und Kanzel (17. Jh.) schön geschnitzt.

Schwelm *Reg.-Bez. Arnsberg* 576 ▪ 7
hat vorzügliche Beispiele bergischer Schieferhäuser (18.–19. Jh.). Das Heimatmuseum fand seinen Platz in dem anmutigen Barockschloß Martfeld (17. Jh.).

Schwendi *Reg.-Bez. Tübingen* 608 □ 1
ANNAKAPELLE mit hübsch ausgemaltem spätgotischen Innenraum. Schnitzaltäre der Ulmer Schule.
KATH. PFARRKIRCHE Renaissancebau mit schöner Barockausstattung.

Schwenningen *Reg.-Bez. Freiburg i. Br.* 607 ▪ 11
Im HEIMATMUSEUM hat die Uhrenabteilung mit geschichtlichen Sammlungen und einer Originalwerkstatt den ersten Platz. Das KIENZLE-UHREN-MUSEUM gibt einen Überblick über die Entwicklung, seit der Nürnberger Peter Henlein vor mehr als 400 Jahren die Federuhr erfand.

Schwerte *Reg.-Bez. Arnsberg* 576 ▪ 4
RATHAUS Der Renaissancebau mit den beiden Treppengiebeln ist Sitz des Ruhrlandmuseums, mit vielen Zeugnissen der Erd- und Kulturgeschichte des südlichen Westfalen, der Post- und Münzgeschichte – und der Falschmünzerei.
STADTKIRCHE ST. VICTOR Die gotische Hallenkirche ist im Inneren wertvoll ausgestattet: mit dem großen Antwerpener Schnitzaltar von 1523, Vortrage- und Triumphkreuz des 14. und 15. Jh. und – in einer Nische des Querschiffs – erst unlängst freigelegter Wandmalereien (um 1320), deren zarter Lyrismus auf die kölnische Schule deutet.

Schwetzingen *Reg.-Bez. Karlsruhe* 593 ▪ 6
SCHLOSS Schon von weitem ist der Mittelbau mit den seitlichen Ecktürmen als der älteste Teil der dreiflügeligen Anlage zu erkennen, deren niedrige Flankenbauten einen barocken Ehrenhof einschließen. Die ehem. kurfürstliche Sommerresidenz steht

NÖRDLICHER ZIRKELBAU,
SCHLOSSPARK SCHWETZINGEN

Allen Zauber des Rokoko spiegelt der Schwetzinger Schloßpark: eine Kunstlandschaft mit verspielten Details, in der Natur und Architektur eins geworden sind. Hier, vor dem nördlichen Zirkelbau, stehen im Blumenbeet kunstvolle Vasen von Verschaffelt.

KANZELUHR AUS DEM UHRENMUSEUM,
SCHWENNINGEN

Um nicht während der Predigt jedes Zeitgefühl zu verlieren und die Geduld der Gemeinde über Gebühr zu strapazieren, benutzten evangelische Geistliche, vor allem in Norddeutschland, häufig Sanduhren auf der Kanzel. Dieses besonders hübsche Stück (um 1760 entstanden) aus getriebenem Bronzeblech ist vierteilig; mit einer Flügelschraube in der Mitte des Kreuzes können die Gläser umgedreht werden. Die Laufdauer des Sandes ist viertelstündlich gestaffelt: im ersten Glas beträgt sie eine Viertel-, im letzten eine volle Stunde.

auf dem Boden einer mittelalterlichen Wasserburg. Seine Glanzzeit erlebte das Lustschloß unter Kurfürst Karl Theodor, der den Garten seit 1748 nach französischem Muster umgestalten ließ. Das bedeutet, daß mit Zirkel, Lineal und Baumschere gearbeitet wurde, um das als ideal empfundene Regelmaß zu erreichen. Den auf den Schloßflanken zulaufenden Rundungen des Parterre folgen beiderseits eine Reihe schmaler, niedriger Bauten mit verglasten Arkadenfronten, die den heiter-festlichen Auftakt bilden (1748–1754). Hinter dem nördlichen Trakt das 1752–62 von Nicolas de Pigage in noblen, klassizistischen Formen erbaute Hoftheater, eines der wenigen gut erhaltenen aus jener Zeit, in dem alljährlich im Frühsommer Festspielaufführungen stattfinden. Seit 1778 war Ludwig von Sckell Gartenarchitekt. Er schuf eine englische Gartenlandschaft mit viel naturbelassenem Gelände, anmutigen Baumgruppen, Seen und Bächen und gewundenen Wegen, von denen sich plötzlich Ausblicke auf Skulpturen und Zierbauten auftun.

Schwieberdingen *Reg.-Bez. Stuttgart* 600 □ 2
EV. KIRCHE An das Langhaus aus dem 13. Jh. schließt der spätgotische, reichgewölbte Chor. Auch Turm, Portal und Maßwerkfenster spätgotisch. Schönes Sakramentshäuschen (16. Jh.).

Schwindegg *Oberbayern* 603 □ 5
Das SCHLOSS, ein fast quadratischer, fünftürmiger Backsteinbau mit elegantem Laubenhof, ist eines der schönsten Renaissanceschlösser Bayerns (16./17. Jh.).

Schwindkirchen *Oberbayern* 610 □ 1
ST. MARIÄ HIMMELFAHRT, ein stattlicher Zentralbau des ausgehenden 18. Jh., dessen Turm noch gotisch ist, zeigt im Inneren deutlich den Übergang vom Spätrokoko zum Klassizismus.

Schwöbber *Reg.-Bez. Hannover* 570 □ 7
WASSERSCHLOSS Als Söldnerführer reich geworden, ließ sich Hilmar v. Münchhausen (1512–73) das dreiflügelige Renaissanceschloß ab 1570 erbauen. Jenseits des Grabens entstand um 1750 ein englischer Garten.

Seebach *Rheinhessen-Pfalz* 593 □ 8
Von der KIRCHE des ehem. Benediktinerinnenklosters sind nur Rechteckchor, Vierung und ein Querhausarm in den reichen Formen der Zeit um 1200 mit Lisenen und Rundbogenfriesen erhalten.

Seebüll *Schleswig-Holstein* 554 □ 1
NOLDE-MUSEUM Der Maler Emil Nolde hat sein Wohn- und Atelierhaus ab 1927 nach eigenen Entwürfen bauen lassen. In wechselnden Ausstellungen werden seine Bilder gezeigt.

Seeburg *Kr. Münsingen Reg.-Bez. Tübingen* 601 ■ 7
In der romanischen Apsis der zum größten Teil aus dem 18. Jh. stammenden PFARRKIRCHE wurden Wand- und Gewölbemalereien freigelegt (13./14. Jh.).

Seedorf *Kr. Segeberg Schleswig-Holstein* 556 □ 8
TORHAUS Wie ein Schlößchen reckt sich der backsteinerne Renaissancebau in die Höhe (um 1583).

Seeg *Schwaben* 609 ■ 8
Die PFARRKIRCHE ST. ULRICH wurde 1703–10 erweitert. Heiterfarbige Fresken schmücken die

Decke, gerahmt von schwebend leichter Rocaillestukkatur (um 1765).

Seehof b. Bamberg *Oberfranken*   595 ■ 1
SCHLOSS Inmitten eines ehemals verschwenderisch angelegten Parkes breitet sich das vierflügelige Lustschloß (1686–95) in überwältigender barocker Formenfülle aus. 1733 kommt die Orangerie von Just. Heinr. Dientzenhofer nach Plänen Balthasar Neumanns hinzu. Über den Räumen des Obergeschosses liegt noch der Glanz fürstbischöflicher Repräsentation. Das Fresko im Großen Saal schuf 1752 ein italienischer Künstler. Der reizvolle Altar (1738) in der Kapelle zeigt frühes Rokoko. In anmutigen Arkaden öffnen sich die Fronten zum Hof.

Seekirch a. Federsee *Reg.-Bez. Tübingen* 608 ■ 12
KATH. KIRCHE Schon um 804 wird hier eine Kirche am See genannt, an ihrem Platz steht heute ein freundlicher barocker Saalbau mit hübscher Ausmalung und feiner Stuckierung von Franz. Xav. Schmuzer.

Seeon *Oberbayern*   611 □ 10
EHEM. BENEDIKTINERKLOSTER, um 1000 gegründet. Jede Kunstepoche hat an dem heutigen Bild mitgewirkt. Man betritt die Kirche immer noch durch Westvorhalle und Portal des 12. Jh., und innen gibt sich der Bau trotz aller Veränderungen als dreischiffige romanische Basilika zu erkennen. Der gotische Umbau des frühen 15. Jh. gab ihr die phantasievoll verwobenen Netzgewölbe, die 1579 ihre einzigartige Ausmalung erhielten. Das antikische Gesims, das über die Pfeilervorlagen hinweg das Mittelschiff umspannt, gehört ebenso wie die Form der Stützen einer frühbarocken Überarbeitung um 1620 an. Im 18. Jh. gestaltete Joh. Mich. Feuchtmayer die Prälatenkapelle (Nikolauskapelle) zu einem reizvollen Rokokokabinett um. Kreuzgang und Kapitelsaal sind in ihren gotischen Formen bewahrt geblieben. Das Gotteshaus ist reich an alter Skulptur.

Seligenporten *Oberpfalz*   595 □ 4
Die ZISTERZIENSERINNENKLOSTERKIRCHE, die im 13. Jh. gegründet worden war, ist in ihrer strengen Feierlichkeit bezeichnend für die Bauweise dieses Ordens. Gegen das dämmrige Langhaus mit dem offenen Dachstuhl hebt sich der lichterfüllte gotische Chor mit den hohen Maßwerkfenstern ab.

Seligenstadt *Reg.-Bez. Darmstadt* 593 □ 1
Die EHEM. BENEDIKTINERABTEI ist die größte erhaltene Basilika der Karolingerzeit. Ihr Ahnherr ist Einhard, der ein wichtiger Mann am Hof Karls des Großen war. Er brachte römische Märtyrerreliquien hierher und stiftete zu ihrer Verehrung das Kloster. Die frühmittelalterliche Schlichtheit des karolingischen Langhauses steht im wirkungsvollen Gegensatz zu der spannungsreichen Architektur der Ostteile in malerisch-frühgotischen Formen des 13. Jh. Die Westseite wird von einer neuromanischen Doppelturmfassade von 1868 beherrscht. Das Innere der Kirche wird bereichert von einem prächtigen barocken Hochaltar. Die Klostergebäude des 17. und 18. Jh. vermitteln einen Eindruck von den Lebensgewohnheiten der Benediktinermönche. Um den Kreuzhof schließen sich Mönchshaus im Osten mit Refektorium und Schlafzellen, Krankenbau im Süden und Sommerrefektorium im Westen. Nach Süden wird die Klausur

durch die langgestreckte Alte Abtei verlängert, die Verwaltungszwecken diente. Nach Westen greift der Flügel der Prälatur aus. Als Hofhaltung des Abtes und Quartier für fürstliche Gäste 1699 erbaut, enthält das Gebäude – vor allem mit Kaisersaal und Bibliothek – Räume mit erlesener Ausstattung des 18. Jh.
KAISERPFALZ Um 1235 ließ Kaiser Friedrich II. diese letzte der mittelalterlichen Pfalzen als Jagd- und Lustschloß errichten.

Selters *Reg.-Bez. Darmstadt* 584 ■ 4
EHEM. PRÄMONSTRATENSERKLOSTER KONRADSDORF Von dem im 16. Jh. aufgehobenen Kloster sind im Domänenbezirk romanische Bauten des späten 12. Jh. erhalten: die dreischiffige, jetzt leerstehende Kirche sowie ein zweigeschossiges Wohngebäude in der Art romanischer Palasbauten der Kaiserpfalzen.

KLOSTER SEEON
Die liebliche Wald- und Hügellandschaft unmittelbar nördlich des Chiemsees ist mit unzähligen kleinen Seen durchsetzt. Hier liegt auf einer Insel, die seit 1816 durch einen Damm mit dem Ufer verbunden ist, ein ehemaliges Benediktinerkloster. Unter seinem ersten Abt Adalbert war es ein Mittelpunkt der Buchmalerei, die sogar die Aufmerksamkeit Kaiser Heinrichs II. erregte: er ließ sich dort eine Handschrift anfertigen.

Seßlach *Oberfranken*   587 □ 6
Altfränkischer Kleinstadtzauber liegt auf der kleinen Stadt mit ihren Mauern, Toren, Türmen und dem verträumten Schloß Geiersberg.

Sieben Steinhäuser b. Ostenholz
Reg.-Bez. Lüneburg   570 ■ 1
Fünf der Ganggräber, Erbbegräbnisstätten aus der jüngeren Steinzeit, blieben erhalten. Sie liegen in karger Waldlandschaft mitten im Truppenübungsplatz und sind daher nicht immer zugänglich.

Siegburg *Reg.-Bez. Köln*   584 ■ 10
Erzbischof Anno II. von Köln gründete 1064 anstelle der von ihm eroberten Burg die BENEDIK-

TINERABTEI ST. MICHAEL. Die Kirche von 1649–67 (vom Vorgängerbau noch die romanische Krypta) wurde nach Schäden des zweiten Weltkriegs verändert wiederhergestellt. Kostbarstes Stück ist der um 1180 von Nikolaus von Verdun geschaffene Annoschrein, eine 157 cm lange Holzlade, die Edelsteine, Edelmetalle, Email und Figuren auf das prunkvollste schmücken. Die Klostergebäude sind einfache Barockbauten des 17./18. Jh., die zusammen mit dem laternenbekrönten Kirchturm weithin die Landschaft beherrschen.

STÄDTISCHES HEIMATMUSEUM Sammlung Siegburger Keramik.

Die PFARRKIRCHE ST. SERVATIUS geht auf eine romanische Emporenbasilika des 12. Jh. zurück, die um 1300 und um 1500 gotisch verändert wurde. Zu ihren eindrucksvollsten Teilen gehören der Hauptchor mit schlanken Maßwerkfenstern, der von Nebenchören begleitet wird, sowie der Turm mit wohlbedachter reicher Gliederung in romanischen Formen. Der reiche Kirchenschatz stammt aus der Benediktinerabtei. Besondere Kostbarkeiten: der Schrein der Heiligen Innocentius und Mauritius (um 1190), der Honoratusschrein (12. Jh.), die Tragaltäre des hl. Mauritius (um 1160) und des hl. Gregorius (um 1180), die Annokrümme (11. Jh.) und der Annokamm (12. Jh.).

PRANGER Eine Trachytsäule in Form zweier gefesselter Figuren (14. Jh.).

Siegen *Reg.-Bez. Arnsberg* 584 □ 2
Der flämische Maler Peter Paul Rubens wurde 1577 in der Stadt an der Sieg geboren, wo sein Vater im Dienste der Herzogin von Oranien-Nassau stand. Nassauisch war Siegen seit dem 12. Jh., bis es 1806 an Preußen fiel. Das Obere Schloß, im Kern mittelalterlich, vom 16.–18. Jh. ausgebaut (Museum), und das Untere Schloß von 1698–1714 (Gerichtsgebäude) sind Zeugen der nassauischen Herrschaft.

In der MARTINIKIRCHE, im frühen 16. Jh. neu erbaut, stammen einige Teile noch aus ottonischer und spätromanischer Zeit (Mosaikfußboden).

Die NIKOLAIKIRCHE ist als sechseckiger Zentralbau ein außergewöhnliches Denkmal gotischer Kirchenarchitektur des 13. Jh. Der Turm (15. Jh.) erhielt 1658 seine mit einem Krönchen versehene Barockhaube. Bronzetür von Gerh. Marcks.

Siegertsbrunn *Oberbayern* 610 ■ 12
Die WALLFAHRTSKIRCHE ST. LEONHARD, 15. Jh., verdankt ihr jetziges Aussehen größtenteils einem Umbau des 18. Jh. Deckenfresken in Langhaus und Chor, barocker Hochaltar, klassizistische Seitenaltäre und ein feines Tabernakelgehäuse des ehem. Hochaltars, um 1600, sind von der Innenausstattung erwähnenswert.

Siersdorf *Reg.-Bez. Köln* 583 ■ 11
KATH. PFARRKIRCHE (Anfang 16. Jh.) Seit dem Erweiterungsbau von 1960 dient das alte Langhaus mit seiner schönen spätgotischen Ausstattung (Antwerpener Schnitzaltar von etwa 1520, ein hölzerner Lettnerbogen von etwa 1545) als Chor. – Von der ehem. DEUTSCHORDENSKOMMENDE steht noch das Renaissanceherrenhaus (1578).

Sießen *Reg.-Bez. Tübingen* 608 ■ 10
EHEM. KLOSTER Die barocke Kirche des aufgelösten Dominikanerinnenklosters wurde von Dom. Zimmermann erbaut (1726–1733). Deutlich verraten die dekorativ behandelten, pilastergegliederten Wände und die dreifach geschwungenen Fenster seine Hand. Über das Schiff, das sich vor dem Chor querhausartig erweitert, wölben sich vier bemalte Flachkuppeln. Die Fresken und die dazu fein abgestimmten, zartgetönten Stukkaturen schufen die Brüder des Baumeisters. Die Klosterbauten rund um den Kreuzgarten wurden im 18. Jh. von Franz Beer und Chr. Thumb erbaut.

Sigmaringen *Reg.-Bez. Tübingen* 608 □ 10
KATH. PFARRKIRCHE, um 1760. In der nördlichen Seitenkapelle Reste eines kostbaren Reliquienschreines des hl. Fidelis (gest. 1577).

SCHLOSS Die imposante Anlage auf dem Donaufelsen wirkt überaus malerisch. Aus dem 12. Jh. stammt der kräftige Bergfried, im übrigen dominieren Renaissanceformen, teils original, teils Ende des 19. Jh. gesetzt. Das Fürstlich-Hohenzollernsche Museum beherbergt Sammlungen von Gemälden und Skulpturen, flandrischen Gobelins und eine Waffenhalle.

REISEWAGEN AUS DEM MARSTALLMUSEUM, SCHLOSS SIGMARINGEN

Das originelle Marstallmuseum zeigt Kutschen, Sänften, Schlitten und Galawagen des 17. und 18. Jh. Hier der Reisewagen des Fürsten Anton Aloys von Hohenzollern-Sigmaringen (1785–1831), eine komfortable und vor allem ausgezeichnet gefederte Kutsche. Die Sitzgondel ist mit Ledergurten an den hochgeschwungenen Federn aufgehängt. Unter dem weniger bequemen Kutscherbock ist der Futterkasten angebracht.

Sigmertshausen *Oberbayern* 603 □ 7
KIRCHE ST. VITALIS Die schlichte, barocke Dorfkirche mit ihrem Zwiebelturm schuf 1755 Bayerns berühmter Baumeister Joh. Mich. Fischer.

Sillenstede *Verw.-Bez. Oldenburg* 561 □ 9
Die KIRCHE wurde bis 1233 ganz in Granitquadern erbaut, frei stehender Glockenturm. Rechts und links vom Chor zwei steinerne Baldachine. Vorzüglicher Schnitzaltar aus dem frühen 16. Jh. und ein reliefgeschmückter Taufstein aus dem 13. Jh.

Simmern/Hunsrück *Reg.-Bez. Koblenz* 592 ▪ 12
Die Netzgewölbe der EV. PFARRKIRCHE ST. STEPHAN
(15. Jh.) ruhen auf Achteck- und eigentümlich nach
innen gesetzten Strebepfeilern. Neben dem Chor
die Grabkapelle der Herzöge von Pfalz-Simmern
mit bedeutenden Grabmälern des 16. Jh.
HEIMATMUSEUM Erinnerungen an den Schinderhannes.

Sindelfingen *Reg.-Bez. Stuttgart* 600 ▪ 3
Die EHEM. STIFTSKIRCHE aus dem 11. Jh. verleugnet
nicht die strenge Hirsauer Schule, läßt aber auch
Oberitalienisches spürbar werden. Der abseits stehende Glockenturm (Aufsatz 19. Jh.) und die luftigen Arkaden der dreischiffigen Basilika sind der
deutschen Romanik fremd. An der Westtür schönes
romanisches Beschlagwerk.

Sinsheim *Reg.-Bez. Karlsruhe* 593 □ 5
HEIMATMUSEUM mit reichem Besitz von Ausgra-
bungsfunden.
STIFT ST. MICHAEL Von der – heute profanierten und
modern verbauten – Kirche ist noch das romanische
Mittelschiff mit gotischem Lettner erhalten und der
achteckige Turm mit eigenartiger Steinkuppel
(16.–17. Jh.).

Sinzig *Reg.-Bez. Koblenz* 584 ▪ 9
PFARRKIRCHE ST. PETER Ein bedeutendes Beispiel
spätromanischen Kirchenbaues ist die dreischiffige
Emporenbasilika (um 1225) mit Querhaus, spitz-
helmigem Vierungsturm, reich gegliederten Fronten und fünfseitigem Chor. Rundbogen-, Rund-
und Fächerfenster geben dem weiträumigen Innenraum Licht. In einem Nebenchor Wandmalereien
von um 1270. Außen- und Innenbau erhielten
wieder die leuchtende Farbigkeit des 13. Jh. Flügelaltar aus dem 15. Jh.

Sobernheim *Reg.-Bez. Koblenz* 592 ▪ 1
Dreischiffige EV. PFARRKIRCHE aus dem 15. Jh., der
Nordwestturm (um 1000) blieb vom Vorgängerbau.
Beachtlich im Innern das romanische Christusbild
im Tympanon des Turmportals, gotische Wand-
und Gewölbemalereien, Taufstein (16. Jh.) und
Orgel (18. Jh.).

Söder *Reg.-Bez. Hildesheim* 578 □ 1
SCHLOSS Eine großzügige hufeisenförmige Barockanlage von 1742. Eckpavillons mit Mansarddächern
rahmen die beachtliche Prunkpforte, die auf den
weiten Hof führt.

Sögel *Reg.-Bez. Osnabrück* 568 □ 1
SCHLOSS CLEMENSWERTH Joh. Conr. Schlaun erbaute 1736–50 tief im Wald aus rotem Backstein
mit hellen Sandsteinverzierungen für Kurfürst Clemens August ein Jagdschloß auf kreuzförmigem
Grundriß. Im runden Saal und im prächtigen
Treppenhaus Jagdgemälde und Stukkaturen. Acht
Pavillons und die ebenfalls höfisch barocke Kapelle umgeben das Schlößchen.

Sörup *Schleswig-Holstein* 555 ▪ 12
KIRCHE, 12. Jh. Die aus sorgfältig behauenen Granitsteinen errichteten Fassaden werden nicht nur
durch Fenster, sondern auch durch feine Rundbogenblenden an der Apsis und zwei romanische
Portale unterbrochen, in den Bogenfeldern kraftvoll
naive Reliefdarstellungen.

ST. PETER, SINZIG
*Wer der Baumeister der Kirche war, an der die
Spätromanik alle Variationen ihrer Zierformen
durchspielt, ist uns nicht bekannt. Vieles deutet
hin auf Meister Wolbero, der die glanzvolle Neu-
ßer Stiftskirche schuf. Auch sie ist wie St. Peter in
Sinzig ein Beispiel für das Bemühen, Lastendes und
Schweres aufzulockern und emporzureißen.*

Soest *Reg.-Bez. Arnsberg* 577 □ 9
Auf einer wirtschaftspolitischen Karte des Mittelalters wäre Soest doppelt und dreifach markiert:
als die bedeutendste Stadt Westfalens, eine der
größten in Europa überhaupt; reich durch Gewerbe
und Handel, Fernhandel vor allem nach England
und weit nach Rußland hinein. Die Stadt gehörte
dem Erzbistum Köln. Das Geschichtsbuch berichtet
von der Soester Fehde (1444–49), in der sie sich
losgemacht hat. Doch bald darauf erlosch ihr Stern;
die politischen Umwälzungen, die Seuchen und
Kriege der folgenden Jahrhunderte ließen eine
arme Landstadt zurück. Daher die geknickten Gassen dort, wo Ödplätze und Ruinen zu umgehen
waren, daher auch das Fehlen repräsentativer Bauten aus Renaissance und Barock. Allein das Mittelalter kommt in Soest zu Wort – aber mit welch
stolzer Sprache. Die Wirkung seiner Kirchen wird
gesteigert durch die grüne Farbe des Baumaterials:
Sandstein mit hohem Glaukonitgehalt, der am Fuß
des Haarstrangs – zwischen Lippe und Ruhr – gebrochen wurde.
BURGHOFMUSEUM Stadtgeschichtliche Sammlung und
Werke alter kirchlicher Kunst. Zum Museums-
komplex gehört das Romanische Haus, das älteste
Wohnhaus in Norddeutschland.
HOHNEKIRCHE Hier in der Kirche Maria zur Höhe
wurde der Soester Typ der Hallenkirche am klar-
sten ausgeformt und sozusagen exportfähig gemacht. Der dreischiffige Raum, mehr breit als lang
und mit breitem rechteckigem Chor, vereint die
beiden Hauptzüge westfälischer Baukunst, Gedrungenheit und Weite, zu feierlicher Harmonie.
Reicher als sonst in Soest gewohnt, ist das Äußere,
zumal an Chor und Südfront. Von höchster Bedeutung die Wandmalerei des 13. Jh.: im Altarraum ein Engelreigen mit der thronenden Mutter-

ST. PATROKLUS

Ein vornehm gegliederter Unterbau trägt den „schönsten romanischen Turm in Deutschland". Im ersten Stockwerk war einst die Rüstkammer der Stadt, und auch der Turm selbst gehörte nicht dem Stift, sondern war Besitz der Stadt mitsamt der Sturmglocke, die die Bürger zur Verteidigung rief.

WESTFÄLISCHES ABENDMAHL: GLASFENSTER IN DER WIESENKIRCHE

Von den Glasfensterbildern der Wiesenkirche ist dieses über dem Nordportal das berühmteste, das köstlich derbe Abendmahl an einem westfälischen Gasthaustisch mit Schweinskopf und Altbierkrug. Aus der bräunlich-gelben Szenerie leuchten samten und weich die roten, tiefblauen und violetten Gewänder hervor. Französisch-kölnische Glasmalerei findet hier ihre westfälische Entsprechung – sie ist fast zu einem neuen Stil geworden. Um 1520 wurde das Fenster geschaffen.

gottes, in der Altarapsis des nördlichen Seitenschiffs die Marienkrönung, Heiligenlegenden und Szenen am Hl. Grabe. Apart der Durchblick in die Taufkapelle durch drei übereck gestellte kurze Säulen anstelle eines Pfeilers, der die Sicht behindert hätte. So unbefangen lösten Künstler des 13. Jh. die Probleme eines Erweiterungsbaus.

NIKOLAIKAPELLE Gestiftet von der Kaufmannsbruderschaft der Schleswigfahrer, der Vereinigung der Soester Großkaufleute, und geweiht dem Patron der Kaufleute und der Schiffer. Nur zwei überschlanke hohe Säulen gliedern die beiden Schiffe der kleinen Hallenkirche aus dem späten 12. Jh. Den Altar schmückt das Tafelbild aus der Frühzeit des Meisters Konrad von Soest: ein kostbares Beispiel des feinen, zartfarbigen Weichen Stils um 1400. Die PETRIKIRCHE steht am Platz der ältesten Kirche der Stadt, dem Dom vorgelagert, kontrastierend mit bewegteren Formen zu seiner wuchtigen Masse. Das 13. Jh. hat die gewölbte Basilika des 12. zur Hallenkirche erweitert mit Emporen über den Seitenschiffgewölben, Querschiff und frühgotischem Chor, den im Krieg die Bomben trafen; nach dem alten Muster wurde er ergänzt. Erhalten dagegen blieben die gotischen Wandbilder, ein Echo auf die Kunst des Konrad von Soest, und der reichverzierte Pelikankelch.

RATHAUS Schlichter, breit gelagerter Bau von 1713 mit weiten Erdgeschoßarkaden. Das Stadtarchiv

OSTHOVENTOR

Die Wälle und Gräben des frühen 12. Jh., Befestigungen der einst mächtigen Stadt, sind fast ganz erhalten geblieben, von den zehn Toren und 36 Türmen jedoch nur der gotische Katzenturm und das innere Osthoventor. Porphyrius von Neuenkirchen erbaute es; 1526 war es fertig – so belehrt uns die Jahreszahl in dem reizvollen Maßwerkfries über dem Mittelerker. Die Plastik des Stadtpatrons Patroklus jedoch in der Nische darunter ist neu, Wilhelm Wulff schuf sie 1949.

bewahrt das Nequambuch vom 14. Jh., ein Justiz-buch, das die Namen der Geächteten verzeichnet und in Miniaturen allerlei Delikte vorführt und wie sie zu bestrafen seien.

STIFTSKIRCHE ST. PATROKLUS Ein römischer Märtyrer gab ihr den Namen. Seine Gebeine wurden wenige Jahre nach der Gründung des Stifts durch Erzbischof Bruno von Köln (954) aus Troyes hierher überführt. Mehrfach sich erweiternd, wuchs die herrliche Kirche heran, von der Wilh. Pinder sagte: „Dies Ganze ist auf der Welt nur einmal da." Schon im 12. Jh. wurden die Seitenschiffe, dann das Hauptschiff eingewölbt, wurde der machtvolle Innenraum geschaffen, der so echt westfälisch ist: starke Pfeilermassen, großzügige Weite. Zur Vollkommenheit gedieh das Werk um 1200, mit dem Bau des Westwerks. Seine Mächtigkeit wird vergeistigt durch die edlen Proportionen: von den großen offenen Bogen im Erdgeschoß über die Dreiergruppe der Doppelarkaden im Obergeschoß bis zu dem Turm, dessen Schwere noch bekräftigt ist durch die Maße der Fenster; mit jedem Stockwerk nehmen sie an Breite und Höhe zu: geniale Umkehrung des üblichen Prinzips. – Für die Pracht romanischer Wandgemälde zeugt der Marienchor in der Apsis des nördlichen Querschiffs. Der Wiederaufbau gab dem Dom die alte Krypta wieder, mit teilweise originalen Säulen, die 1817 beseitigt worden war.

WIESENKIRCHE Der letzte große Soester Kirchenbau ist im 14. Jh. in einem Zug errichtet worden bis auf die Türme, die erst das 15. Jh. begann und in halber Höhe stehen ließ. Die beiden durchbrochenen Helme verdanken sie der Gotikbegeisterung der Romantikerzeit. Fernhin sichtbar, wurden sie zum Wahrzeichen der Stadt. Auch die Maße der Halle selbst sind enorm. In 25 Meter Höhe treffen sich die Kreuzbogen, die unmittelbar – ohne Kämpfer und Kapitelle – von den vier schmal aufschießenden Pfeilern entlassen werden. Hochfenstrige Nebenchöre, dicht an den Hauptchor gerückt, steigern noch die Helligkeit des Raums. Die hohe Gotik spricht in ihm das Schlußwort zur Geschichte der Soester Hallenkirchen.

WILHELM-MORGNER-HAUS Seit 1962 werden hier die Städtischen Kunstsammlungen gezeigt. Die Hauptakzente liegen bei Heinr. Aldegrever, dem Kupferstecher der Renaissance, der in Soest gelebt hat und dessen Werke hier in fast voller Zahl beisammen sind, sowie bei den Expressionisten.

Solingen *Reg.-Bez. Düsseldorf* 576 □ 8
Das Klingenmuseum zeigt die Entwicklung der Schwertschmiedekunst. Vom Marktplatz mit verschieferten Fachwerkhäusern aus der Zeit um 1800 führt eine Treppe zum gotischen Turm der prachtvoll barock ausgestatteten kath. Kirche (17. Jh.), die einen bedeutenden Kirchenschatz hat.

Solnhofen *Mittelfranken* 602 ■ 2
EHEM. BENEDIKTINERKLOSTER Vom 1071 geweihten Kirchenbau überdauerten Teile des Mittelschiffes, der in die neue Pfarrkirche (18. Jh.) einbezogene südliche Turm und das nördliche Seitenschiff mit der Tumba des hl. Sola (836), um die das Kloster (im 16. Jh. aufgelöst) entstand.

Sommerhausen *Unterfranken* 594 □ 3
In einem der drei Stadttore des 15. und 16. Jh. wurde 1950 das TORTURMTHEATER Luigi Malipieros eingerichtet, die kleinste Bühne Deutschlands.

Sommersdorf *Mittelfranken* 602 □ 11
SCHLOSS Die Wasserburg mit turmbewehrter Zwingermauer, Bergfried und zweiflügeligem Wohntrakt entstand um 1300.

Sonneborn *Reg.-Bez. Detmold* 578 □ 10
Die einem kurzen romanischen Turm angefügte frühgotische KIRCHE hat bedeutende Reste eines Bilderzyklus aus der Reformationszeit.

Sossau *Niederbayern* 604 □ 10
WALLFAHRTSKIRCHE MARIÄ HIMMELFAHRT Aus dem 12. Jh. das flachgedeckte Langhaus mit Westturm und rippengewölbtem Chor. Deckenfresken von 1777. Das Gnadenbild aus dem 14. Jh. schmückt den prächtigen barocken Hochaltar.

Spalt *Mittelfranken* 602 □ 12
Die schönsten bürgerlichen Bauten sind neben dem Rathaus die dreigeschossige Hopfensignierhalle (um 1490), ein Fachwerkhaus, über dessen vorspringendem oberen Geschoß sich ein mächtiges Satteldach erhebt, und der außerhalb der Stadt liegende Hof Mühlreisig mit fünffach gestaffeltem Dach zum Trocknen von Hopfen.
KATH. PFARRKIRCHE, im 12. Jh. entstanden, später teilweise eingestürzt und um 1700 erneuert im barocken Stil.

Spangenberg *Reg.-Bez. Kassel* 578 □ 6
ist ein wohlerhaltenes Städtchen, von einer Burg überragt. Die Altstadt gruppiert sich um Pfarrkirche (Kern romanisch, im 14./15. Jh. erweitert), Rathaus und den Markt mit stattlichen Fachwerkhäusern. An seiner Südostecke steht eines der ältesten, gotischen, wenn auch nicht von 1300, wie die moderne Inschrift besagt. Die Neustadt reicht bis zum Elisabethhospital mit der zweischiffigen gotischen Kapelle hinab.
BURG Im 13. Jh. gegründet und im Lauf der Jahrhunderte von den hessischen Landgrafen als Residenz und Festung ausgebaut.

Speinshart *Oberpfalz* 596 ■ 12
KLOSTERKIRCHE Nachdem die Prämonstratenser mit der Gegenreformation in ihr altes, nun zur Abtei erhobenes Kloster zurückgekehrt waren, beauftragten sie Wolfg. Dientzenhofer mit dem Neubau, er schuf

CHORGESTÜHL IN DER KLOSTERKIRCHE, SPEINSHART

Das Innere der Kirche bietet ein „Fortissimo quellender Stuckformen" – schwellender Preis des Himmels und freudige Lebensbejahung. Die Üppigkeit des plastischen Schmucks wiederholt sich an den Wangen des Chorgestühls.

eine Wandpfeileranlage mit hochangesetzten Emporen. Betritt man das Schiff, so ist man zuallererst gebannt von der quellenden Fülle der Stuckdekoration. Üppige Frucht- und Blumenkränze umrahmen die Fresken, die ebenso wie die Stukkaturen von einem italienischen Meister stammen. Die barocken Klosterbauten, die sich vierflügelig um den Kreuzgang schließen, fallen durch ihren farbigen Fassadenputz auf.

Speyer *Rheinhessen-Pfalz* 593 □ 7
Die keltische, dann von germanischen Nemetern eingenommene Siedlung wurde nach der Zeitenwende römisch. Schon im 7. Jh. Bischofssitz, 1294 freie Reichsstadt, im 16. und 17. Jh. Sitz des Reichskammergerichts, war die Stadt jahrhundertelang aufs engste mit der deutschen Kaisergeschichte verbunden. In ihren Mauern fanden mehr als 50 Reichstage statt. 1689 wurde das alte Speyer von den Franzosen geplündert und fast restlos zerstört. – Von der Stadtbefestigung ist außer dem Ziegelbau des Heidentürmchens aus dem 13. Jh. östlich vom Dom fast nur noch das Altpörtel, das westliche Haupttor der Stadt, erhalten. Es ist eines der besten Stadttore Deutschlands (13./15. Jh.). Sehenswert ist das aus dem 12. Jh. stammende Judenbad, ferner das Stadthaus, ein vornehmer Barockbau von 1712–26 mit schöner doppelläufiger Treppe.
Der DOM, St. Maria und St. Stephan geweiht, liegt auf dem Hochufer des Rheins. Ein Werk der salischen Kaiser und zugleich ihre Grablege. Als kreuzförmige Basilika mit Flachdach, mit je zwei Türmen im Osten und Westen und mit niedrigeren

DER GOLDENE HUT AUS SCHIFFERSTADT

Daß dieses mit kreisförmigen Ornamenten verzierte, in Gold getriebene Stück als Hut bezeichnet wird, verdankt es seiner Form. Es war wohl ein Kultkegel, der an einen Prunkwagen geheftet und über die Felder gefahren wurde, um Fruchtbarkeit zu beschwören. 1835 wurde er in der Nähe von Schifferstadt gefunden, er stammt etwa aus der Zeit um 1200 v. Chr.
Historisches Museum der Pfalz, Speyer

KRYPTA IM DOM, SPEYER

Die „schönste Unterkirche der Welt" hat man die vierschiffige Krypta genannt. Sie vermittelt noch den ursprünglichsten Eindruck. In der Gruft ruhen vier Kaiser, drei Kaiserinnen, eine Prinzessin, vier Könige und fünf Bischöfe, Kanzler des Reiches. Die Grabplatte mit dem Relief König Rudolfs von Habsburg ist eine um 1300 entstandene mittelrheinische Arbeit.

DOM, SPEYER

Der Schönheit und monumentalen Kraft des Äußeren entspricht die Strenge und Feierlichkeit des gewaltigen, ungewöhnlich hohen Innenraums. Daß der Speyerer Kaiserdom das größte romanische Bauwerk auf deutschem Boden wurde, ist Kaiser Heinrich IV. zu danken: bedrängt von den deutschen Fürsten, verstrickt in den Investiturstreit mit dem Papst, gelobte er, einen mächtigen Dom zu bauen, Gott und Maria zu Ehren.

achteckigen Türmen über der Vierung und der dreischiffigen Vorhalle, wurde der Bau von Kaiser Konrad II. um 1030 begonnen. Im Innern wurden die Mittelschiffswände mit hohen Blendarkaden gegliedert, die Seitenschiffe schon mit Kreuzgratgewölben gedeckt. Die Weihe war 1061 unter Heinrich III. Bereits Ende des 11. Jh. wurden die Ostteile erneuert, die Fenster und der Laufgang des Langhauses aufs reichste gegliedert, die Zwerggalerie hinzugefügt und der ganze Bau als erste große romanische Kirche durchgehend gewölbt. Bei der Zerstörung der Stadt 1689 gingen auch der Westteil des Doms und das Gewölbe des Mittelschiffs bis auf ein Joch durch Feuer zugrunde. Wiederaufbau des Langhauses um 1775 durch Franz Ign. Mich. Neumann, Sohn des berühmten Balthasar Neumann. Nach abermaliger Verwüstung durch die Franzosen wurde der 1804 schon befohlene Abbruch des Doms durch ein Dekret Napoleons glücklicherweise verhindert. Der Wiederaufbau der zerstörten Teile Mitte des 19. Jh. und eine eingreifende Restaurierung 1960–64 ergeben das heutige Bild. – Über dem unveränderten Grundriß Konrads II. ist der Dom trotz mancher störenden späteren Zutaten in seiner majestätischen Größe, seiner reich gegliederten äußeren Geschlossenheit und in den edlen Maßverhältnissen seines Innenraums ein großartiges Symbol deutscher Kaisergröße des Mittelalters. – Vor der Westfront steht der Domnapf, ein großes wappengeschmücktes Sandsteinbecken von 1490, das früher am Tage der Inthronisation eines Bischofs mit Wein für das Volk gefüllt wurde.

Das HISTORISCHE MUSEUM DER PFALZ bewahrt in einem Sonderraum Reste der alten Domausstattung, außerdem römische und mittelalterliche Altertümer, darunter den berühmten Goldenen Hut aus Schifferstadt.

Die 1717 geweihte ev. DREIFALTIGKEITSKIRCHE ist eine der bedeutendsten protestantischen Barockkirchen des Landes. Im Innern hölzerne Doppelemporen und eine holzgewölbte Decke, beide von gemalten Szenen aus dem Alten und Neuen Testament überzogen.

Spiekeroog *Reg.-Bez. Aurich* 560 □ 2
INSELKIRCHE (1696) mit kostbaren Resten der Bordkapelle eines 1588 gestrandeten Schiffes der spanischen Armada.

Spieskappel *Reg.-Bez. Kassel* 586 □ 10
EHEM. PRÄMONSTRATENSERINNENKLOSTERKIRCHE Vom romanischen Bau (um 1200) blieb ein Teil des Langhauses mit kräftiger Plastik an Kapitellen, ein Säulenportal und ein Altarbaldachin mit gedrehten Säulen in der Turmkapelle. Der Turm, spätgotisch erneuert, enthält in Vorhalle und Kapelle schöne Gewölbe. Rokokoorgel (um 1770).

Sponheim *Reg.-Bez. Koblenz* 592 ■ 1
Die Grafen v. Sponheim gründeten 1101 ein Benediktinerkloster (bis 1802). Die KIRCHE wurde im 12. Jh. gebaut und im 13. Jh. gewölbt: ein prachtvoller kreuzförmiger Quaderbau mit drei Apsiden, schöner romanischer Bauskulptur und originaler Farbgebung im Innenraum.

Springiersbach *Reg.-Bez. Trier* 592 □ 10
KLOSTERKIRCHE 1769–72 errichteter, langgestreckter Saalbau. Der eingebaute Westturm trägt eine achtseitige Zwiebelhaube mit Laterne. Das Tonnenge-

wölbe und seine Ausmalung wurden nach dem Kriege wiederhergestellt. – Der Kapitelsaal im Ostflügel der Klostergebäude hat schöne romanische Kapitelle.

Stade *Niedersachsen* 562 ■ 10
Stade hat sich gut den Charakter einer Hansestadt bewahrt. Manche stattliche Bürgerbauten überstanden den großen Brand von 1659. Am Zeug-

BRONZERAD DES HEILIGEN WAGENS
Tacitus schreibt etwa 98 n. Chr. in seiner Germania, daß die Völker des Nordens mit einem von Rössern gezogenen heiligen Wagen, den Priester und Fürsten begleiteten, über das Land fuhren und die Erde mit Wasser besprengten. Auf diese Weise baten sie die Wettergötter um eine gute Ernte. Vermutlich gehörten die vier Bronzeräder aus der Zeit um 700 v. Chr., die das Urgeschichtsmuseum bewahrt, zu einem solchen Kultwagen. Sie wurden in einer Stadener Geestkuppe im Schwingetal gefunden und sind vielleicht an dieser einst geweihten Stelle einer Gottheit als Opfer dargebracht worden.
Urgeschichtsmuseum, Stade

haus (1698) am Pferdemarkt die Initialen des Schwedenkönigs Karl XII. Zwischen Heimat- und Urgeschichtsmuseum auf der Insel im Festungsgraben ein Freilichtmuseum, in dem ein Altländer Haus von 1733 mit Einrichtung wieder aufgebaut ist. Daneben ein Geesthaus.

PFARRKIRCHE ST. WILHADI Ältester Teil der backsteingotischen Hallenkirche aus dem 14. Jh. ist der massige Turm (13. Jh.). Prachtvoll verzierter Orgelprospekt (1731–34).

RATHAUS Der Backsteinbau mit Sandsteinzierat (1667) steht auf den Kellergewölben des gotischen Vorgängerbaus. Durch das von Statuen und schwedischen Wappen gerahmte Portal gelangt man ins sehenswerte Treppenhaus.

STADTKIRCHE ST. COSMAE ET DAMIANI An dem riesigen, grün schimmernden Barockhelm (1682) erkennt man die Backsteinkirche schon von weitem. Er ruht auf dem achtseitigen Vierungsturm, an den sich das einschiffige Langhaus, die Querschiffarme und der Chor herandrängen. Nur die Vierung wurde im 13. Jh. eingewölbt, sonst finden wir Tonnen- und Flachdecken. Gertrudenaltar (Ende 15. Jh.), geschnitzter Barockaltar, rote Marmortaufe mit Alabasterfiguren (1665) und Kanzel (1663) bilden neben drei schönen Kronleuchtern aus dem 16. und 17. Jh. und der Orgel (1669 bis

73), dem Erstlingswerk Arp Schnitgers, den sehenswertesten Teil der reichen Ausstattung. Schmiedeeiserne Portalgitter.

Stadthagen *Reg.-Bez. Hannover* 570 □ 8
MARTINSKIRCHE (14.–15. Jh.) Im Innern fallen die zahlreichen Grabdenkmäler auf, die im Chor den kleinen spätgotischen Schnitzaltar (15. Jh.) in Renaissancefassung fast verschwinden lassen. Renaissanceformen kennzeichnen auch Triumphkreuz, geschnitzte Kanzel und das eherne Taufbecken auf einem Sandsteinsockel (1578).
MAUSOLEUM Der monumentale siebenseitige Kuppelbau mit kupfernem Zeltdach und Laterne, den Fürst Ernst von Schaumburg um 1620 errichten ließ, wirkt wie ein Stück Florenz. Ein dunkler Gang führt von der Kirche in den hohen lichten Raum, den das prachtvolle Mitteldenkmal fast auszufüllen scheint. Um einen Sarkophag auf hohem Sockel sitzen die Bronzegestalten der verschlafenen Wächter, darüber der Auferstandene mit Siegesfahne, zu Füßen vier Engel. Die Bronzefiguren von Adriaen de Vries (um 1620) gehören zu den bedeutendsten Barockskulpturen Deutschlands.
RATHAUS Zwerchhäuser und Erker akzentuieren den langgestreckten Bau (16. Jh.).
SCHLOSS Den schlichten Renaissancebau (ab 1535) beleben im Viereckhof welsche Giebel und der sechseckige Treppenturm im Südwesten (der südöstliche aus dem 17. Jh.). Reichverzierte Kamine im Innern. – Vor dem Tor die sechshundertjährige Gerichtslinde, am Obertor die Amtspforte (1553), ein Fachwerkbau mit schönen Renaissanceornamenten. – Im Schloßgarten ein Fachwerklusthaus (16./18. Jh.) in einem Wasserbassin.

Stadtoldendorf *Reg.-Bez. Hildesheim* 578 ■ 12
Fachwerkhäuser des 17.–19. Jh., darunter der Ratskeller (1629) und die Gebäudegruppe des Kamphofes (ab 1651), bestimmen das Bild des Städtchens, dessen Mauern zum Teil erhalten sind. Auf steilem Gipskegel erhebt sich die Ruine Homburg (12. Jh.) mit erneuertem Bergfried.

Stadtprozelten *Unterfranken* 594 ■ 10
Die HENNEBURG, 12. Jh., beherrschte einst das Maintal bei Wertheim. Von der staufischen Anlage blieben der rotsandsteinerne Bergfried und der östliche Palas mit seinem Torbau. 1320 kaufte der Deutsche Orden die Burg und verstärkte sie um eine neue Ringmauer, einen kleineren Bergfried, um westlichen Palas und Torbau. Seit dem 17. Jh. verfallen.

Staffelstein *Oberfranken* 595 □ 1
Reich geschnitztes Fachwerk, drei Portale an der Hauptfront, ein hohes Satteldach mit Zwerchgiebel und ein zierlicher Dachreiter schmücken das RATHAUS (17. Jh.), eines der schönsten in Franken.

Standorf *Reg.-Bez. Stuttgart* 594 ■ 4
ULRICHSKAPELLE Spätromanischer achteckiger Zentralbau mit ebenfalls achteckigem angesetztem Chörlein und zwei Türmen.

Stapelmoor *Reg.-Bez. Aurich* 560 ■ 6
Die großartige Wirkung der frühgotischen MARTINSKIRCHE (um 1300) erklärt sich aus dem kreuzförmigen Grundriß mit den quadratischen Flügeln des Querhauses und den nur um ⅓ längeren quadratischen Flügeln von Langhaus und Chor.

Starnberg *Oberbayern* 610 □ 10
Eine schöne Silhouette am See bildet die hohe, schwungvolle Kuppel des Turms von ST. JOSEPH, einer schlichten Spätrokokokirche (1764–70), die sich im Innern durch eine wohlausgewogene Raumgestaltung auszeichnet und durch den Hochaltar (1766–69) von Ignaz Günther, von dem wohl auch die herrliche Kanzel stammt.

Staufen *Reg.-Bez. Freiburg i. Br.* 606 ■ 1
Die 1250 gegründete Stadt beherrschte mit ihrer BURG (Ruine seit dem Dreißigjährigen Krieg) den Eingang des Münstertals und die Rheinebene. Der Stadtkern besitzt noch eine Anzahl wertvoller spätmittelalterlicher und barocker Häuser. Der Marktplatz mit Renaissancerathaus und -brunnen ist besonders malerisch. Der Sage nach ist Dr. Faustus hier vom Teufel geholt worden.

Staufenberg *Reg.-Bez. Darmstadt* 585 ■ 3
BURG Malerisch erhebt sich der Burgberg über dem Lahntal, bekrönt von den Ruinen der gotischen Oberburg, an deren Fuße sich die spätgotische Unterburg erhalten hat (Hotel). Darunter schließt sich der Mauerring um die in den Schutz der Burg gedrängte Stadt an.
FRIEDELHAUSEN Romantisches Schloß über der Lahn im Stil der englischen Neugotik (1851).

Staufenberg *Reg.-Bez. Freiburg i. Br.* 599 □ 4
SCHLOSS Im Mittelalter hatten sechs bis zehn Burgmannenfamilien je einen Teil der Burg in Besitz. Heute sind Bauteile der verschiedensten Jahrhunderte zu einem romantischen Ensemble zusammengefügt.

Stausebach *Reg.-Bez. Kassel* 585 ■ 2
Von der Burg Landeck sind nur Mauertrümmer erhalten. – Auf dem Friedhof 263 volkstümliche Grabsteine (17.–19. Jh.). – Die uralte Gerichtslinde gilt als eine der größten in Nordhessen. – Die Kirche (1733–38) ist typisch für osthessische Landkirchen. Im Turmchor Reste spätgotischer Wandmalereien.

Stein bei Pforzheim *Reg.-Bez. Karlsruhe* 600 ■ 12
Unter den vielen Fachwerkbauten zieht das Rathaus (17. Jh.) den Blick auf sich.
PFARRKIRCHE Spätgotisch der Chor mit Sterngewölbe und maßwerkverzierten Fenstern, die Sakristei und Kanzel.

Steinau a. d. Straße *Reg.-Bez. Darmstadt* 586 ■ 7
Stattliche Renaissancebauten und schön gefügte Fachwerkhäuser umgeben die malerische Baugruppe aus Spätgotik und Renaissance von Schloß, Stadtkirche, Amts- und Rathaus.
Die spätgotische EV. STADTKIRCHE wurde 1511 vollendet. Ihre zwei Schiffe sind flachgedeckt, 1834 kamen Emporen hinzu.
SCHLOSS Nur vereinzelt unterbrechen Vorhangbogenfenster und verzierte Erker die Fassaden der schlichten Gebäude des 16. Jh., die sich unregelmäßig um den romanischen Bergfried scharen.

Steinbach *Odenwaldkreis*
Reg.-Bez. Darmstadt 593 □ 3
Die EINHARDSBASILIKA ist eine der bedeutendsten erhaltenen frühmittelalterlichen Kirchen nördlich der Alpen. 827 wurde sie von Einhard vollendet, der sie für die Gebeine der Märtyrer Marcellinus und Petrus, die 828 nach Seligenstadt gebracht wurden,

bauen ließ. Von der ehemals dreischiffigen Kirche sind das Mittelschiff mit teilergänzter Apsis und ein Nebenchor erhalten. Hier und unten in den dunklen Gewölben der Märtyrerkrypta ist die herbe Stimmung karolingischer Kirchenräume so eindringlich wie an keiner anderen Stelle zu erleben, und spätere Zutaten haben auch kaum diesen frühmittelalterlichen Eindruck verwischt.

SCHLOSS FÜRSTENAU zeigt noch Teile des Wehrbaus des 14. Jh., die vier Ecktürme besonders gut erhalten. Im 16. Jh. großartige Umwandlung in ein Renaissanceschloß.

Steinbach b. Memmingen *Schwaben* 608 □ 3
PFARR- UND WALLFAHRTSKIRCHE ST. MARIA 1746 bis 1753 entstand der Bau, bis 1764 war die Dekoration beendet. Der strenge Grundriß einer Wandpfeilerkirche wird durch die kurvierten Führungen von Apsis und Fassade belebt, innen völlig überspielt durch Stuck und Wandbilder, die Schiffe und Wölbungszonen miteinander verschmelzen lassen. Emporen schwingen in den Raum, Altäre, Kanzel, Beichtstühle und der Thron des Gnadenbildes verstärken mit der ausgreifenden Gestik ihrer Figuren und den reich gelockerten Aufbauten den Eindruck kreisender Bewegtheit in dem strahlend hellen Gehäuse. Die hervorragenden Meister der Ausschmückung sind Franz Xaver Feuchtmayer und Joh. Georg Üblherr.

Steinbrück *Reg.-Bez. Hildesheim* 570 □ 4
RUINE der 1367 als Feste gegen Braunschweig vom Hildesheimer Bischof errichteten Burg. Erhebliche Reste: Torhaus, Mauern des Bergfrieds, Palas und Zwinger von 1573, der seit 1956 als Kirche dient.

Steinfeld *Gem. Wahlen Reg.-Bez. Köln* 583 ■ 4
EHEM. PRÄMONSTRATENSERABTEI Die Kirche hat sich so erhalten, wie sie im 12. Jh. errichtet wurde – abgesehen von behutsamen Um- oder Neubauten der Türme, spitzbogiger Erweiterung einiger Fenster, gotisierender Sakristei. Gegen Westen, gleich der Wehrmauer einer Burg, die hohe Bruchsteinwand mit zwei Rundtürmen, nur durch Portal, Rundfenster und wenige kleine Fenster unterbrochen. Auch drinnen strenge romanische Architekturformen, doch überzieht eine reiche spätgotische Malerei (um 1510) die Gewölbe, und die Ausstattung ist vorwiegend barock. Prachtvolle Orgel aus dem frühen 18. Jh. – Umfangreiche, einheitlich erhaltene Klostergebäude (überwiegend 17.–18. Jh.) mit gotischem Kreuzgang. Zur Abtei gehörte seit 1715 die einsame WILDENBURG. Aus dem gotischen Palas mit mächtigem Wohnturm wurde 1717 der Saalbau der Johanniskirche.

Steingaden *Oberbayern* 609 ■ 4
EHEM. PRÄMONSTRATENSERKLOSTER Die dreischiffige, querschifflose Pfeilerbasilika, der eine strenge Doppelturmfront vorgelagert ist, blieb bei den späteren Veränderungen unangetastet. Sie erhielt um 1660–70 eine Chordekoration in kühlem antikischen Barock, im Langhaus um 1740 ein strudelndes Stuckwerk von Franz Xaver Schmuzer. Virtuose Gewölbemalereien fassen je zwei Mittelschiffsjoche zusammen. Eine vielfältig interessante Ausstattung. Teile des Kreuzgangs stammen noch aus dem 13. Jh. In der nahen Johanniskapelle wurde 1766 Dom. Zimmermann begraben.

AUS DEM KUPPELFRESKO DER DORFKIRCHE IN STEINHAUSEN

Am unteren Rand des Freskos entdeckt man die Signatur: „Joh. Zimmermann Pinx. Monac." Der Maler war ein kongenialer Mitarbeiter des Baumeisters, seines berühmten Bruders Dominikus. Mit feinem Gespür für die architektonische Rhythmik komponierte er dichte Figurengruppen an den Rand, lockerte dann, zum Zentrum fortschreitend, die Perspektive. Auf dem Ausschnitt erscheint die Allegorie des Erdteils Europa mit der Kirche. Die Stuckfigur am Gewölbeansatz stellt den Apostel Philipp dar.

Steinhausen *Reg.-Bez. Tübingen* 608 ■ 12
WALLFAHRTSKIRCHE Oft als „schönste Dorfkirche der Welt" gerühmt, ist sie sicherlich die schönste unter den Schöpfungen des 18. Jh. in Deutschland, 1728–33 von Dom. Zimmermann als Wallfahrtskirche zur schmerzhaften Muttergottes auf der Saul – ein schlichtes Vesperbild des 15. Jh. – für die Abtei Schussenried gebaut. Die geradlinigen Außenfronten umschließen einen über Pfeilern gewölbten, lichterfüllten Ovalraum mit schmalem Umgang. Der Baumeister war gleichzeitig Stukkateur, sein Bruder Johann Baptist Stukkateur und Maler. Beiden ist der ebenso reiche wie noble Schmuck der Kirche und die erlesene Farbgebung zu verdanken. Bis zur Kapitellzone gibt es weder Farbe noch Ornament. Dann setzt der Stuck ein, leicht und rieselnd, in sanften blauen und rosa Tönen. Über den Pfeilerarkaden erst werfen sich stuckierte Balustraden empor, von Gold hinterfangen, von Blumengewinden überschäumt. Die Architektur geht auf die natürlichste Weise in das einheitlich den Raum überwölbende Deckenfresko über, in den zum Lobpreis Mariens in allen Farben funkelnden, lichtstrahlenden Wolkenhimmel. Die beiden Zimmermann schöpften immer noch aus dem bodenständigen Wessobrunner Besitz an naiver

Lebensfreude. Heimatliche Blumen, Vögel und Getier blühen und atmen in den Stuckfigurationen der Oberfenster: Margeriten, Nelken und Akelei, Hirschkäfer und Biene, Elster, Schnecke und Eichhörnchen. Eine zweite gemeinsame Arbeit der Brüder Zimmermann wird später die Wieskirche.

Steinheim am Main *Reg.-Bez. Darmstadt* 593 □ 1
BURG Auf der Anhöhe über dem Main erhob sich das gotische Schloß, das nach dem Umbau (um 1800) noch immer eine stattliche Baugruppe bildet, die von einem wuchtigen Bergfried des 15. Jh. überragt wird.
KATH. PFARRKIRCHE ST. JOHANN BAPTIST Der wehrhafte Turm und der schöne netzgewölbte Chor gehören dem 15. und frühen 16. Jh. an, das Schiff wurde später umgebaut. Unter den zahlreichen Kunstwerken des 15. und 16. Jh. ist das lebendig geschnitzte Chorgestühl hervorzuheben.

Steinkallenfels *Reg.-Bez. Koblenz* 592 ■ 11
Die schon im 12. Jh. genannte BURG stand auf drei Felsen. Seit 1686 zerstört, sind die drei Ruinen doch eindrucksvolle Landmarken.

Steinkirchen *Reg.-Bez. Stuttgart* 594 □ 6
Die EV. PFARRKIRCHE aus dem 13. Jh. ist oft umgebaut worden. Am Turm romanischer Rundbogenfries. Wände und Gewölbe des Chores schmücken gotische, die Fensterrahmungen barocke Malereien.

Steinkirchen *Reg.-Bez. Stade* 562 ■ 11
hat stattliche Bauernhäuser mit weißgestrichenem Fachwerk und reichen Ziegelmustern. – Der Innenraum der Kirche wirkt durch seine einheitliche Barockausstattung. Arp-Schnitger-Orgel.

Sterley *Schleswig-Holstein* 563 ■ 12
Die KIRCHE ist ein frühgotischer Feldsteinbau des 13. Jh. mit hölzernem Glockenturm (17. Jh.). Drinnen mittelalterliche Wandmalerei und hohe Kreuzrippengewölbe.

Sterrenberg bei Kamp-Bornhofen
Reg.-Bez. Koblenz 584 □ 6
BURGRUINE Nur 100 m entfernt von der Burg Liebenstein (13. Jh.), dem feindlichen Bruder, stehen Reste von Schildmauern, quadratischem Hauptturm, Palas und Wohnbau der Burg Sterrenberg.

Stetten bei Hechingen *Reg.-Bez. Tübingen* 600 □ 5
EHEM. KLOSTERKIRCHE Teile der hochgotischen flachgedeckten Halle wurden im 18. Jh. umgebaut. Der schmucklose Chor blieb. Spätgotisches Sakramentshäuschen. Älter als die Kirche ist die Johanneskapelle (13. Jh.), heute Sakristei, mit üppigem Renaissancestuck.

Stetten ob Lontal *Reg.-Bez. Stuttgart* 601 □ 4
Die WALLFAHRTSKIRCHE wurde für eine Kopie des Gnadenbildes von Einsiedeln errichtet. Hübsch und einfallsreich ist der Grundriß dieses Barockbaus mit den zierlich geschwungenen Volutengiebeln.

Stetten im Remstal *Reg.-Bez. Stuttgart* 601 □ 9
EV. PFARRKIRCHE Gotischer Chorturm (1471), Schiff 1698 umgebaut, mit prachtvoller Kanzel. SCHLOSS (Heilanstalt) 16. und 18. Jh., Kapelle mit interessanter Grisaillemalerei (1680).

Stettenfels *Reg.-Bez. Stuttgart* 601 □ 10
SCHLOSS Anstelle einer mittelalterlichen Burg seit 1576 von den Fugger errichtet, vielteilige Anlage mit späteren Zubauten in beherrschender Lage.

Stockhausen *Reg.-Bez. Darmstadt* 586 ■ 9
SCHLOSS Schlichter Bau an der Wende des Rokoko zum Klassizismus. Die Tordurchfahrt führt in den Hof, der sich dreiflügelig zu dem Barockpark öffnet. Vor dem Schloß der Wirtschaftshof mit hübschem, von Pavillons flankiertem Tor.

Stockheim *Reg.-Bez. Stuttgart* 600 □ 2
AMTSHAUS von 1604 mit reicher Außenbemalung.
ST. ULRICHSKIRCHE, 1514 von Dion. Böblinger, netzgewölbter Chor und reiche gotische Ausstattung.
SCHLOSS STOCKSBERG, Deutschordensburg, 1574 großenteils erneuert.

Straelen *Reg.-Bez. Düsseldorf* 575 ■ 8
ST. PETER UND PAUL Ihr Westteil mit noch romanischem Turm wurde im 14. Jh. errichtet, der viel höhere Ostteil entstand spätgotisch nach 1498. Romanischer Taufstein, Sakramentshäuschen (um 1500), zwei Antwerpener Altäre von etwa 1525, Renaissanceholzkanzel von 1628, bemalter Reliquienschrein aus dem 15. Jh.

Straßberg *Reg.-Bez. Tübingen* 607 □ 2
AMTSHAUS Stattlicher Bau mit gemalter Architekturgliederung. BURG des 12./13. Jh. gut erhalten.
ST. VERENAKIRCHE in schlichtem Barock.

Straßdorf *Reg.-Bez. Stuttgart* 601 ■ 2
ST. CYRIACUSKIRCHE 1477 gotisch veränderte romanische Chorturmanlage. Am Chorbogen Reste romanischer Ausmalung. Hervorragend das Wandgrab Ulrichs von Rechberg.

Straubing *Niederbayern* 604 ■ 10
Herzog Ludwig I. der Kelheimer gründete 1218 die Stadt, die mancherorts Mittelalterliches bewahrte, so im aufragenden Stadtturm (14. Jh.), der Trinkstube, einem an den Turm gelehnten, veränderten Bau des 15. Jh., und in den hochgiebeligen Häusern am Ludwigsplatz, auch wenn Barock, Rokoko und Klassizismus die Fassaden teilweise neu dekorierten. Vom Befestigungsgürtel blieb das 1628 ummantelte Spitaltor. Barocke Zier geben die Brunnen (17. Jh.) auf der Marktstraße und schließlich die Dreifaltigkeitssäule, 1709 von der Bürgerschaft errichtet.
ELISABETHINERINNENKLOSTER AZLBURG 1787 haben die Ordensfrauen im vom Rokoko zum frühen Klassizismus übergehenden Stil die schlichte Kirche erbauen lassen.
Im HÖLLERHAUS eine Hauskapelle von 1645, ein kleiner Raum mit schwerer kostbarer Barockausstattung.
EHEM. JESUITENKIRCHE Im ausgehenden 17. Jh. wurde eine mittelalterliche Kirche für den Orden umgebaut, wurden Hochaltar und Kanzel geschaffen. Fast hundert Jahre (1367–1464) dauerte der Bau der KARMELITERKIRCHE, die ihren Turm erst bei der Barockisierung 1700–10 erhielt. Bis in die Wölbung reicht der meisterhafte Hochaltar. Dahinter die Rotmarmortumba Herzog Albrechts II. (gest. 1397). In der Kirche weitere hervorragende Grabplatten, meist 15. Jh.
ST. JAKOB Als der Baumeister Hans Stethaimer 1432 starb, war nur der Chor vollendet, dennoch

SYRISCHE MASKE

Den Straubinger Römerschatz fand man 1950 im Westen der Stadt unter einem großen Kupferkessel. Der Fundort gehörte zu dem Gelände, das im 2. Jh. Gutshof eines römischen Generals war. Damals stand hier eine Bogenschützenkohorte. Die Masken wurden bei Paraden getragen.

Gäuboden- und Stadtmuseum, Straubing

MARKTPLATZ

Die Männer der Wache sollten vom mächtigen Stadtturm aus nach allen Seiten eine gute Sicht haben, so stehen um die mittlere Spitze vier Nebentürmchen. Wichtig wird dieser Ausguck auch 1704 bei der Belagerung durch die Österreicher gewesen sein. Damals gelobten die Bürger, eine Dreifaltigkeitssäule zu errichten, wenn Straubing nicht eingenommen würde. Die Truppen zogen ab, und seit 1709 steht auf dem Marktplatz die barocke Säule.

PORTAL VON ST. PETER

Im Tympanonrelief erhebt ein Ritter das Schwert gegen den Drachen, der gerade noch den Kopf eines Menschen aus dem Maul schauen läßt – wahrscheinlich eine symbolische Darstellung des Kampfes mit dem Bösen. Die dreischiffige romanische Kirche baute sich am Ende des 12. Jh. der angesehene Markt Straubing, der wenige Jahrzehnte später, 1218, zur Stadt erhoben wurde.

entstand in langer Bauzeit eine einheitlich spätgotische Kirche, in der Langhaus und Chor eine dreischiffige Halle bilden – hoch, weit und licht. Im neueren Hochaltar Gemälde von Michael Wohlgemut. An einem der schlanken Pfeiler die spätbarocke Kanzel, fast verwirrend in ihrer Überfülle an Schmuckwerk. In der Maria-Hilf-Kapelle Fenster und Wandmalereien des 15. Jh. Daneben Marmoraltar von Egid Quirin Asam. In der Bartholomäuskapelle das realistische Grabmal des Ratsherrn Kastenmayer (15. Jh.).

ST. PETER Ein stimmungsvoller Friedhof umgibt die Kirche und wird seinerseits von einer hohen Mauer umschlossen, an deren Ostseite große Ka-

pellen stehen. Die Bernauerkapelle ließ Herzog Ernst von Bayern errichten, als Sühnestiftung für die auf sein Geheiß 1435 in der Donau ertränkte Agnes Bernauer, die nicht standesgemäße Gemahlin seines Sohnes. Aus rotem Marmor ihr zart gearbeiteter Grabstein (1435). Im Raum ein kunstvoller Renaissancealtar. Aus dem Jahr 1545 stammt die noch spätgotische zweigeschossige Liebfrauenkapelle. An die Langhauswände der Totenkapelle malte Felix Hölzl 1763 den kraftvollen Totentanz. Altersgrau die romanische Kirche (12. Jh.). Ein Portaltympanon zeigt den Drachenkampf. In der im 19. Jh. ausgemalten Kirche ein spätromanisches Altarkruzifix und ein Vesperbild des 14. Jh.

Als es 1353 ein selbständiges Herzogtum Straubing-Holland (bis 1425) gab, wurde das SCHLOSS gebaut, eine große Anlage an der Donau. Kapelle 1373 geweiht. Vor dem Rentamt Barockfassade. Die URSULINENKIRCHE (1733–41) ist das letzte gemeinsame Werk der Brüder Asam. Großartiger Hochaltar.

Streichen b. Schleching *Oberbayern*   611 □ 9
SERVATIUSKAPELLE Eine vorchristliche Kultstätte mag hier schon Pilger angezogen haben, bevor im 8. oder 9. Jh. dem hl. Servatius, von den Bauern als Wetterpatron verehrt, eine Kapelle geweiht wurde. Der heutige Bau besteht aus Teilen des 13. bis 15. Jh. Seine einzigartige Bedeutung liegt in der Ausstattung mit Wandgemälden und Altären; Langhaus und Chorbogenleibung tragen eine einheitliche Bemalung von etwa 1440/50, der Chor einen Freskenzyklus von etwa 1510. Die beiden Flügelaltäre sind 1523/24 datiert. Der kostbarste Besitz der Kapelle ist ein Kastenaltärchen, ein Meisterwerk der lyrisch-höfischen Kunst des Weichen Stils um 1410, die edelste Schöpfung dieser Epoche in Bayern.

Stromberg *Reg.-Bez. Koblenz*   592 ▪ 1
BURGRUINE FUSTENBURG 1689 zerstört, zeigt die Burg doch noch beachtliche Reste von Wohn- und Wehrbauten des 12. Jh. (Palas, Bergfried) und des 15. Jh. (Torturm).

MATTHIAS GRÜNEWALD:
STUPPACHER MADONNA
PFARRKIRCHE, STUPPACH

Das Bild, erst 1908 wieder als Schöpfung Grünewalds erkannt, ist ein in glühenden Farben gemalter Lobpreis Mariens als Mittlerin zwischen Himmel und Erde. Sie sitzt in einem blühenden Garten, neben sich Ölbaum und Lilie, über sich den Regenbogen, und reicht dem Jesusknaben, der auf ihren Knien steht, einen Granatapfel. Im Hintergrund das Straßburger Münster als Sinnbild der Kirche und eine Engelsglorie, die Gottvater aussendet.

Stromberg *Reg.-Bez. Münster*   577 ▪ 10
KREUZKIRCHE, 1344 geweiht. Der Innenraum enthält neben hochgotischen Wandmalereien eine anmutige Steinmadonna des 14. Jh. und, als Ziel der Wallfahrer, einen strengen romanischen Kruzifixus.

Strümpfelbach i. Remstal
Reg.-Bez. Stuttgart   601 □ 9
Viele schöne Fachwerkhäuser aus dem 16. und 17. Jh. haben das alte Weinbaudorf berühmt gemacht. Unter dem Rathaus (1591) mit Holzsäulen fließt der Dorfbach.

Strüth *Reg.-Bez. Koblenz*   592 □ 1
KLOSTER SCHÖNAU Ein spätgotischer Chor schließt das barocke, reich ausgestattete Langhaus der ehem. Benediktinerklosterkirche ab. Gebäude 18. Jh.

Stumpertenrod *Reg.-Bez. Darmstadt*   586 □ 9
PFARRKIRCHE (1696–1712) Eine der schönsten Fachwerkdorfkirchen des Vogelsbergs mit geschnitzten Portalen und reizvollem Dachreiter.

Stuppach *Reg.-Bez. Stuttgart*   594 ▪ 6
PFARRKIRCHE In einem eigens errichteten Kapellenbau steht eines der Hauptwerke von Mathis Gothardt-Neithardt, genannt „Grünewald", die Stuppacher Madonna. Das monumentale Tafelbild gehörte zu einem dreiflügeligen Altarwerk in der Aschaffenburger Stiftskirche und entstand in der Zeit zwischen 1517 und 1519. Schon wenige Jahre später wurde das Triptychon auseinandergenommen. Heute steht in Aschaffenburg nur noch der signierte Rahmen. Das Mittelbild der Madonna gelangte nach Mergentheim. 1812 erwarb es die Pfarrei Stuppach. Die linke Tafel ist verschollen, die rechte mit dem Maria-Schnee-Wunder kam in das Augustinermuseum in Freiburg.

Stuttgart *Baden-Württemberg*   601 □ 9
Ein einschiffiges Kirchlein, das um 1175 dort gestanden hat, wo sich heute die Stiftskirche erhebt, bezeugt, daß hier im 12. Jh. ein Dorf gestanden hat. In einer Urkunde von 1229 aber steht der Name Stutkarten, der auf einen Stutgarten, ein Gestüt, hinweist. Und von diesem Stuthaus erzählt eine Chronik von 1621, als schon das Alte Schloß, der Prinzenbau, der Fruchtkasten und die Alte Kanzlei standen und ein Park mit Wasserspielen sich um das Lusthaus dehnte. Die Innenstadt umschloß ein Wassergraben, die St.-Leonhards-Vorstadt wurde von einer Ringmauer mit Wachttürmen beschützt. Ein Jahrhundert später war die Stuttgarter Oper im Lusthaus die berühmteste in Europa. Das Neue Schloß wurde gebaut, der Schloßplatz war ein sandiger Exerzier- und Paradeplatz.
ALTES SCHLOSS Im 13. Jh. war es eine Wasserburg, von der noch ein Mauerzug am Schillerplatz steht. Der südliche Teil wurde nach 1320 gebaut, während die anderen Teile von Aberlin Tretsch, Blasius und Martin Berwart aus der Zeit nach 1553 stammen. Dem kantigen Massenbau wurden 1572 und 1687 drei runde Ecktürme angefügt.
Das DAIMLER-BENZ-MUSEUM zeigt die Geschichte der weltberühmten Automobil- und Motorenfabrik: erste Motorkutschen und -wagen von 1886. Personenwagen, Rennwagen, Sportwagen von 1921–27, Rennsport- und Weltrekordwagen.
Der FERNSEHTURM, eines der Wahrzeichen Stuttgarts, 1954 von Fritz Leonhard gebaut, ist 211 Meter hoch, sein runder Schaft trägt in 136 Meter Höhe den Korb mit Sende- und Speiseräumen.

SCHLOSS SOLITUDE

Eigentlich sollte sich das Lustschlößchen über den Abhang weit in die Landschaft dehnen, mit Wasserspielen, Kaskaden und terrassenartig angelegten Teichen. Der Plan wurde aber nie ausgeführt. Das zierliche Schlößchen wurde 1763 nach Plänen von Joh. Friedr. Weyhing begonnen und 1767 von Philipp de la Guêpière vollendet. Die dekorativen Deckengemälde sind von Nicolas Guibal.

Die EV. SPITALKIRCHE, ehem. Dominikanerkirche. Bombenangriffe haben nur Turm und Außenmauern der dreischiffigen Hallenkirche übriggelassen.
LAPIDARIUM mit vielerlei Erinnerungsstücken aus Stuttgarts baugeschichtlicher Vergangenheit.
Die LEONHARDSKIRCHE wurde 1470–74 von Aberlin Jörg als dreischiffige Hallenkirche errichtet.
Die LIEDERHALLE, 1955–57 als Konzertsaalbau geschaffen, ist ein Monument selbständiger Baugesinnung. Seine kubischen Gebäudekomplexe sind so aneinandergefügt und durch farbige Mosaikmuster aufgelockert, daß die Weiträumigkeit des Baukörpers von außen nur gemäßigt in Erscheinung tritt.
Das LINDENMUSEUM, Völkerkundemuseum, enthält über 120 000 kunstvolle Waffen, Keramiken, Tanz- und Mumienmasken, Kultgeräte außereuropäischer Kulturen.
Das LUSTSCHLOSS SOLITUDE (1763–67) liegt bei Leonberg auf einer Anhöhe und ist mit dem Ludwigsburger Schloß durch einen schnurgeraden Weg verbunden. Das einstöckige Schlößchen auf hohem Unterbau, der ovale Mittelsaal wird durch eine Kuppel hervorgehoben, ist nach Süden im Bogen von Nebengebäuden umgeben.

ALTES SCHLOSS

Hinter den Buntsandsteinmauern des mächtigen Renaissanceschlosses überrascht der Innenhof mit seiner dreistöckigen Laubengalerie, deren Bögen sich, von kannelierten Säulen getragen, zierlich entfalten. Nach den schlimmen Zerstörungen im zweiten Weltkrieg ist der Bau jetzt in mühsamer Arbeit wiederhergestellt.

DAIMLER-BENZ-MUSEUM

Wer fast alles über die Vergangenheit des Autos wissen will, muß dieses Museum besuchen. Es ist gleichzeitig eine moderne Automobilschau, vor allem der Rennwagen. Die Daimler-Motorkutsche von 1886/1887 erreichte mit ihrem Einzylindermotor eine Höchstgeschwindigkeit von etwa 15 km/h.

CHRISTUS UND JOHANNES

*Seit rund hundert Jahren ist diese berühmte Holz-
plastik – der Lieblingsjünger an der Brust Jesu –
im Besitz des Museums. Sie hat ihresgleichen nur
noch in Berlin und New York. Der Künstler, der
sie zu Beginn des 14. Jh. schuf, ist unbekannt geblieben. Es läßt sich nur sagen, daß er sich stark
von der Kunst des Bodenseegebiets beeinflussen
ließ. Württembergisches Landesmuseum, Stuttgart*

PAUL GAUGUIN:
DIE MUTTER DES KÜNSTLERS

*„Wie schön und anmutig war meine Mutter, wenn
sie ihre Tracht aus Lima anzog. Die Seidenmantille
bedeckte ihr Gesicht halb, so daß man nur ein
Auge sah. Rein und zärtlich war dieses Auge, wie
ein sanfter Befehl", schrieb der Maler über seine
peruanisch-französische Mutter, die schon mit 41
Jahren starb. Dieses Bild hat er um 1893 nach einer
Photographie gemalt. Staatsgalerie, Stuttgart*

Das NATURKUNDEMUSEUM im Schloß Rosenstein,
1824 als Landhaus für König Wilhelm I. erbaut,
wurde 1791 als Naturalienkabinett gegründet. Viele
seltene und ausgestorbene Tiere vermitteln eine
Ahnung von fremden Welten.

Das NEUE SCHLOSS wurde 1744 von Leop. Retti als
Flügelbau mit Corps de logis um einen Ehrenhof
entworfen, dem sich ein weiterer Platz, der heutige
Schloßplatz, anschließt. Nach Rettis Tod (1751)
übernahm Phil. de la Guêpière die Bauleitung
und errichtete den Flügel nach dem Alten Schloß,
die Säulenhalle des Mittelpavillons und die Kuppel.
Der ganze Bau mit vielfältig gegliederten und profilierten Fassaden macht die Kühle und Zartheit
einer verfeinerten Epoche lebendig. Das Schloß
ist im Krieg ausgebrannt und später wieder aufgebaut worden.

Die STAATSGALERIE besitzt eine repräsentative Auswahl von Werken der bildenden Kunst aus jeder
Stilphase vom Mittelalter bis zur Gegenwart. Besonders interessant die altschwäbische Malerei und
der schwäbische Klassizismus mit Gottl. Schick und
Joh. Heinr. v. Dannecker.

Die STIFTSKIRCHE ZUM HL. KREUZ ist die dritte
Kirche auf diesem Platz. Nach dem einschiffigen
Bau von 1175 entstand um 1240 eine spätromanische Basilika, der Chor der gotischen Kirche ist
zwischen 1327 und 1347 aufgeführt worden. Das
Langhaus hat Aberlin Jörg 1436 zu bauen begonnen und die dreischiffige Hallenkirche 1495 vollendet. Die Tumba des Grafen Ulrich mit dem
Daumen und seiner Gemahlin Agnes von Liegnitz
sowie ein prächtiges, von vier knienden Rittern
getragenes Tischgrab des Wolfgang von Hohenlohe
aus dem späten 16. Jh. erinnern an die Regierenden
der Vergangenheit. Die Kirche wurde im Kriege zerstört und 1953–58 wieder aufgebaut.

Ein in Prag reich gewordener Sohn des Neckarvor-
ortes Mühlhausen hat dort 1380 die VEITSKIRCHE
gestiftet. Sie ist ein schönes Beispiel dafür, wie farbig
im Mittelalter die Kirchen waren: Die Ausmalung
aus der Zeit um 1400 ist ziemlich vollständig erhalten. Mittelfigur des Hochaltars (1510) ist der heilige
Veit, Szenen aus dessen Leben zeigen die Seitenflügel und ein Freskenzyklus im Chor. Die Seitenaltäre aus dem frühen 16. Jh.

Die WEISSENHOFSIEDLUNG entstand 1926/27 und
vereinigte unter der Leitung Ludw. Mies van der
Rohes viele berühmte europäische Architekten wie
Le Corbusier, Walter Gropius, Hans Scharoun. Die
Siedlung zeigt die heute weltweit bekannten Ar-
chitekturformen in ursprünglicher Klarheit.

WIRTENBERG 1819 wurde die Stammburg der Grafen von Wirtenberg abgebrochen. Giov. Salucci
baute an ihrer Stelle eine Gruftkapelle in Form
einer griechischen Rotunde für König Wilhelm I.
und seine Frau Katharina.

Das WÜRTT. LANDESMUSEUM bewahrt Zeugnisse der
vorgeschichtlichen und der römischen Kunst im
Alten Schloß und im Stiftsfruchtkasten, einer Korn-
scheuer aus der Renaissance am Schillerplatz.

PALMESEL

*Auf einer Eselin zieht Christus am Sonntag vor
Ostern in Jerusalem ein. Daran erinnern fahrbare
Palmesel, die im 13.–15. Jh. bei den Palmsonntags-
prozessionen mitgeführt wurden. Aus Veringendorf
stammt dieser wohlerhaltene Palmesel (um 1400).
Württ. Landesmuseum, Stuttgart*

PERUANISCHE MUMIENMASKE

Das Stuttgarter Lindenmuseum ist das einzige private völkerkundliche Museum in Deutschland, an Vielzahl und Wert der Schätze mit dem Münchener und Hamburger Völkerkundemuseum vergleichbar, übertroffen nur von dem in Berlin. Ein besonders schönes Stück aus der amerikanischen Sammlung ist diese Maske aus vergoldetem Kupfer. Sie wurde in der Mondpyramide von Moche an der nordperuanischen Küste gefunden und stammt aus der Mitte des 1. nachchristlichen Jahrtausends. Solche Masken wurden den Toten aufs Gesicht gelegt.
Lindenmuseum, Stuttgart

HERRENBERGER ALTAR, AUFERSTEHUNG

Der Maler, der die Passionsgeschichte so schonungslos dargestellt hat, mußte selber Schreckliches erleiden: Als einer der Anführer im Bauernkrieg wurde Jörg Ratgeb 1526 gevierteilt. Der beiderseitig bemalte Doppelflügelaltar, den er um 1518/19 für die Herrenberger Stiftskirche malte, ist 1892 nach Stuttgart ins Museum gekommen.
Staatsgalerie, Stuttgart

CHRISTIAN GOTTLIEB SCHICK: FRAU VON COTTA

1802 hat der Stuttgarter Maler, wie Schiller ein Schüler der Hohen Karlsschule, später ein Schüler des französischen Malers David, dieses Porträt der ersten Frau des großen Verlegers Cotta gemalt. Das Bild läßt die heitere Lebensluft der klassizistischen Zeit in Haltung und Gewand der Frau Ernestine von Cotta lebendig werden; sie ruht auf einer Steinbank im Park, über die eine rote Decke gebreitet ist.
Staatsgalerie, Stuttgart

Süderstapel *Schleswig-Holstein* 555 □ 9
KIRCHE Der Rundturm wurde im 19. Jh. verändert,
sonst stammt der romanische Bau aus der Zeit um
1200. Ansehnliche, meist barocke Ausstattung.

Sünching *Oberpfalz* 604 □ 9
SCHLOSS Die achteckig um einen Innenhof gruppierte Anlage entstand im 17. Jh. Stukkaturen
und Deckenfresken von Franz Xav. Feuchtmayer,
Matth. Günther und Jak. Rauch schmücken den
zweigeschossigen Festsaal und die Kapelle, 1761.

Süpplingenburg *Verw.-Bez. Braunschweig* 571 ■ 6
„Inmitten des Gutshofs ragt die wuchtige Ordens-
kirche der Tempelritter auf, den Heimatboden des
Geschlechts noch immer auszeichnend, das mit
seinem letzten und zugleich mächtigsten Sproß
nach der höchsten Krone griff." Reinhold Schneider schilderte so den Stammsitz Kaiser Lothars III.
(1125–37), zu dessen Lebzeiten die romanische
BASILIKA gebaut wurde.

Süsel *Schleswig-Holstein* 556 □ 7
Aus bunten Feldsteinen wurde nach 1156 die
KIRCHE gebaut, der Turm im 18. Jh. umgestaltet.
Graniten der Taufstein, eindrucksvoll das Altar-
kruzifix (vor 1300).

Sulz *Reg.-Bez. Freiburg i. Br.* 600 □ 6
EV. PFARRKIRCHE Spätgotischer Westturmbau mit
romanischen Bauteilen (1513–15). Chor mit Sterngewölbe und Reliefschlußsteinen. Beachtenswerte
Grabmäler, geschnitzte Sakristeitür (1515) und
schöner gotischer Taufstein.

Sulzbach *Reg.-Bez. Darmstadt* 593 □ 12
EV. PFARRKIRCHE Spätgotische Wandmalereien im
romanischen Chorturm und herrliche frühbarocke
Orgel aus der Frankfurter Karmeliterkirche.

Sulzbach-Rosenberg *Oberpfalz* 596 ■ 7
Die PFARRKIRCHE, bis auf Turm und Empore noch
spätgotisch, folgt nicht ganz dem Hallenschema:
Die Seitenschiffe sind niedriger als das fensterlose
Hochschiff, doch werden alle drei unter einem
Dach zusammengefaßt. Ein Strebepfeiler am Chor
trägt die fast lebensgroße Figur Kaiser Karls IV. Im
Innern stattlicher Barockaltar von Hans Georg Asam.
Reicher spätgotischer Taufstein.
RATHAUS, 14. Jh. Der repräsentative Bau entsprach
der Bedeutung der jungen Stadt, die eben durch
den Bergbau zu Wohlstand gekommen war. Besonders hübsch die Front mit Erker, reichgerahm-
ter Uhr und zierlich durchbrochenem Giebel.
Das SCHLOSS wurde im 16. Jh. errichtet, da Sulzbach Residenz der wittelsbachischen Herzöge geworden war. Die Anlage überragt der mächtige
Renaissanceblock des Saalgebäudes mit Treppenturm und schönem Portal.

Sulzburg *Reg.-Bez. Freiburg i. Br.* 606 ■ 2
EV. KIRCHE ST. CYRIACUS Schlichte dreischiffige Basilika mit Westturm, gegründet schon vor 993. Aus
diesem und dem folgenden Jahrhundert die wesentlichsten Bauteile des Gotteshauses, Turm, Schiff
und Krypta mit Zentralsäule.

Sulzfeld *Reg.-Bez. Karlsruhe* 600 □ 1
An die RAVENSBURG erinnern noch der über
30 Meter hohe Bergfried, ein Torhaus von 1467
und die Ruinen des Renaissancepalas.

Sulzfeld am Main *Unterfranken* 594 □ 3
Drei Tore in der turmbewehrten Ringmauer (14./
15. Jh.) führen in den Ort mit dem Pfarrhaus von
1609 und der im Kern spätgotischen kath. Kirche
(1602).

Syburg bei Weißenburg *Mittelfranken* 602 □ 2
Das SCHLOSS aus dem 16. Jh. wurde 1749–54 im
Stil des Rokoko umgestaltet; Gartensaal und Oran-
gerie kamen neu hinzu.

Syke *Reg.-Bez. Hannover* 569 □ 1
HEIMATHAUS In einem Bauernhaus mit Speicher, beide
18. Jh., eine heimatkundliche Sammlung.

T

Talheim *Reg.-Bez. Stuttgart* 601 □ 10
EV. PFARRKIRCHE Romanische, mehrfach veränderte
Chorturmkirche mit Wandmalereien des 12. bis
15. Jh. Das OBERE SCHLOSS ist für die Erbengemein-
schaft in drei Wohnbezirke unterteilt.

Tamm *Reg.-Bez. Stuttgart* 600 □ 2
EV. PFARRKIRCHE Mächtiger, kreuzgewölbter Chorturm mit flachgedecktem, gotischem Saal, Apostel-
bilder an der Empore von 1666–72.

Tann in der Rhön *Reg.-Bez. Kassel* 586 □ 3
Im Süden malerisches Stadttor von 1557 mit barocker
Dachgruppierung. Bemerkenswerte Fachwerkbauten;
das Elfapostelhaus und das Zum Ochsenbäcker
stammen aus der Zeit um 1600.
SCHLOSS Die ehem. Wasserburg wurde im 16. und
17. Jh. in drei Schlösser aufgeteilt, die sich um den
gemeinsamen Hof mit Brunnen von 1686 gruppieren: Rotes Schloß (1558), Blaues Schloß (1574, barock
umgebaut), Gelbes Schloß (1699–1714).

Tannhausen *Reg.-Bez. Stuttgart* 602 □ 10
ST. LUKASKIRCHE Spätgotisch; zweischiffiges Langhaus mit Netzgewölben (um 1500). Westempore mit
reicher Maßwerkbrüstung. Gotische Holzplastiken.

Tannheim *Reg.-Bez. Tübingen* 608 □ 2
ST. MARTINSKIRCHE Kleiner, bescheiden ausgestatteter
Barockbau, 1702 von Franz Beer.
SCHLOSS (Ochsenhausener Pfleghof) von 1696.

Tatenhausen *Reg.-Bez. Detmold* 569 □ 7
Das WASSERSCHLOSS liegt malerisch inmitten großer
Wasserflächen in der umgebenden Parklandschaft.
1540 über einem älteren Bau errichtet, im
17./18. Jh. teilweise verändert. Die schöne Orangerie erbaute Joh. Conr. Schlaun um 1738.

Tating *Schleswig-Holstein* 554 ■ 4
HAUBARGE (18. Jh.) Zwei dieser weißen Gehöfte
stehen am Nordrand des Ortes nebeneinander.
In der romanischen KIRCHE spätgotischer Altar,
barocke Kanzel und bäuerlich bemalte Empore.

Tauberbischofsheim *Reg.-Bez. Stuttgart* 594 ■ 6
EHEM. KURMAINZISCHES SCHLOSS Die malerische
Fachwerkgruppe (15., 16. Jh.) schließt an einen
Massivbau mit gefälligem Kapellenerker. Ihr Wahr-
zeichen ist der Türmersturm, von den einst

24 Stadttürmen ist er als einziger stehengeblieben.
PFARRKIRCHE ST. MARTIN Der Neubau von 1910–14
bewahrt noch wertvolle alte Ausstattungsstücke:
ein hübsch stilisiertes Sakramentshäuschen (1448),
einen Muttergottesaltar aus dem 16. Jh. mit
Schnitzfiguren aus der Riemenschneiderwerkstatt,
zwei Barockaltäre und ein Alabasterepitaph (1623).
SEBASTIANSKAPELLE (1474), ehem. Friedhofskapelle,
mit reich skulptiertem spätgotischem Portal.

Tecklenburg *Reg.-Bez. Münster*   568 □ 4
Von der BURG, 15. Jh., im 18. abgebrochen, blieb
die Ruine eines Torhauses mit Wappenfries aus
dem 17. Jh. und das überwölbte Erdgeschoß eines
Batterieturms, 16. Jh., erhalten. Der Schloßbezirk
dient heute als Freilichttheater.
EV. STADTKIRCHE Ein dörflicher holzgewölbter Saalbau (1566), vorgesetzter Turm mit welcher Haube,
1707. Gute Grabdenkmäler der Grafen von Tecklenburg (16. Jh.).
Die EHEM. STADTLEGGE war im 17. Jh. Prüfstelle für
Leinen, das im Tecklenburger Land hergestellt
wurde.

Tegernsee *Oberbayern*   610 ■ 7
EHEM. BENEDIKTINERKLOSTERKIRCHE Die liebliche
Voralpenlandschaft am Ostufer des Tegernsees
sah schon im 8. Jh. die Gründung der Abtei, die
im hohen Mittelalter eine der lebensvollsten Stätten
altbayerischer Kunst und Dichtung werden sollte.
Die Doppeltürme der Kirche sind in den Untergeschossen immer noch die der romanischen Basilika
des 11. Jh., das älteste erhaltene Turmpaar Bayerns.
Die dreischiffige Barockkirche entstand von 1680 an
durch den Umbau des spätgotischen Gotteshauses,
von dem unverändert nur die zweigeschossige Sakristei erhalten blieb. Das Innere ist mit Fresken
von Joh. Georg Asam und massiven Stukkaturen
ausgeschmückt. 1746 wurden die Quirinus- und
die Benediktuskapelle mit reizvollem Rokokodekor
errichtet. Sie besitzen das Schönste, was in der
Kirche an figuraler Plastik übrigblieb, nachdem
im 17. Jh. die gotische, in der Säkularisation auch
große Teile der barocken Ausstattung vernichtet
wurden. 1817 ging das Kloster in den Besitz des
bayerischen Königs über. Er ließ durch Leo v.
Klenze die Gebäude, die nicht abgerissen wurden,
zu einem Schloß umbauen und den Außenbau, in
den auch die Kirchenfassade mit niedriger gesetzten
Türmen einbezogen wurde, klassizistisch verändern.

Telgte *Reg.-Bez. Münster*   576 □ 1
WALLFAHRTSKAPELLE, 1654 von dem älteren Pictorius
errichtet, achteckig, im Innern 1959 neu ausgestattet. Pietà von etwa 1370 als Gnadenbild. – In unmittelbarer Nachbarschaft liegt das 1937 von Dom.
Böhm aus der alten Pastoratsscheune umgebaute
HEIMATHAUS MÜNSTERLAND, mit reichen volkskund-
lichen Sammlungen, berühmt das Telgter Hungertuch von 1623.

Tennenbach *Reg.-Bez. Freiburg i. Br.*   606 □ 1
KAPELLE Krankenkapelle eines ehem. Zisterzienserklosters. Edelste Frühgotik in den Einzelformen
zeichnet den kleinen Bau aus.

Tesperhude *Schleswig-Holstein*   563 □ 9
Bei Grünhof liegen GRABHÜGEL der Bronzezeit.
Einer wurde 1932 geöffnet, man fand ein Toten-
haus, in dem um 1000 v. Chr. Leichen verbrannt
wurden. Die Fundamente sind restauriert.

KLOSTERKIRCHE, TEGERNSEE
*Der Innenraum mit dem betont antikischen Gesims
über den Mittelschiffsarkaden und den schweren
Stukkaturen der Früchtegirlanden und Palmen-
zweige ist italienisch geprägt. Entwicklungsgeschicht-
lich bedeutsam sind die noch kleinen frühbarocken
Bildfelder der Gewölbefresken zwischen breiten,
trennenden Gurtbögen. Ihr Urheber ist Johann Georg Asam, der Vater der beiden berühmten Künstler des bayerischen Hochbarock. Die überlegen gestalteten Kompositionen zeigen, welch glänzende
Schulung die Söhne erhielten.*

Tettens *Verw.-Bez. Oldenburg*   560 □ 2
KIRCHE In dem Granitquaderbau ein hohes Sakramentshaus von 1525. Gotisch auch der Flügelaltar,
der das Leben des hl. Thomas Becket erzählt.

Tettnang *Reg.-Bez. Tübingen*   608 ■ 7
GEORGSKAPELLE Kreuzgratgewölbter Saal, 1682, mit
schönem Stuckmarmoraltar und Prozessionsstangen
mit Statuetten der Zunftpatrone, 18. Jh.
NEUES SCHLOSS Seit 1712 am Ort einer mittelalterlichen Burg errichtet, nach Brand (1753) innen
erneuerte Vierflügelanlage mit Erkertürmen. Im
Hof vier in die Winkel eingestellte Treppenhäuser.
Die Schauseite mit mächtiger Pilastergliederung.
Im Inneren reiche Stuckdekorationen, zum Teil
von dem berühmten Jos. Ant. Feuchtmayer.

Thaining *Oberbayern*   609 ■ 2
Die WOLFGANGSKIRCHE (1430) erhielt nach 1664
eine aufwendig barocke Einrichtung voll bäuerlicher Formenfülle und Farbigkeit. Fast alle Darstellungen beziehen sich auf die Passion Christi, selbst
die Engel des Chorgestühls tragen die Leidenswerk-
zeuge. An den Altären auch gotische Figuren.

Thallichtenberg *Rheinhessen-Pfalz*   592 ■ 8
Die BURG LICHTENBERG wurde im 13. Jh. erbaut.
Von der über 400 Meter langen Anlage, der größten im Rheinland, ist die Oberburg noch sehr eindrucksvoll. Im 18. Jh. verfallen.

Thienhausen *Reg.-Bez. Detmold* 577 □ 2
WASSERBURG, 1609, prächtiger Schaugiebel, dessen bekrönender Schornstein in die Dekoration einbezogen ist.

Thierhaupten *Schwaben* 602 ■ 5
EHEM. BENEDIKTINERKLOSTERKIRCHE Die in Backstein errichtete Pfeilerbasilika ist in ihrem romanischen Bestand von 1170 im wesentlichen erhalten geblieben. Vorhalle, Gewölbe, Stukkaturen, Malereien und die übrige Ausstattung aus dem 18. Jh.

Tholey *Saarland* 592 □ 8
BENEDIKTINERKLOSTERKIRCHE Die klösterliche Niederlassung wird schon 634 urkundlich bezeugt. Der dreischiffige, querhauslose Bau ist frühgotisch, aus der Mitte des 13. Jh. Auf der Nordseite ein stark verwittertes Figurenportal, allein die Skulptur des Erzengels Gabriel ist erhalten und steht nun in der Hauptapsis. Barock sind Chorgestühl, Westempore und Orgelprospekt.

Thür *Reg.-Bez. Koblenz* 584 ■ 7
Von den in der Westeifel zahlreichen Wegkreuzen aus Basaltlava ist das GOLOKREUZ von 1472 eines der ältesten.

Thurnau *Oberfranken* 596 □ 10
EV. PFARRKIRCHE Spätgotischer Chor im Turmbau, das Langhaus nach 1700 neu errichtet. In der Westempore doppelgeschossiger, schwarzgoldener Herrenstand, im oberen Geschoß ein kostbarer Baldachinstuhl, 1612.
Das SCHLOSS, im 16.–19. Jh. aus einer Burg des 13. Jh. entstanden, ist von einer dreitürmigen Zwingermauer abgeschlossen, die bergauf bis zum ältesten Teil des dreiflügeligen Unteren Schlosses führt, zu der noch im Kern mittelalterlichen Kemenate (Haus auf dem Stein, 13. Jh.). Das Obere Schloß mit den geschweiften Hauben seiner beiden hohen Vierecktürme und achteckigem Treppenturm ist durch zwei Höfe vom Unteren getrennt.

Tiefenbronn *Reg.-Bez. Karlsruhe* 600 ■ 2
KATH. PFARRKIRCHE Außer einem ungewöhnlich großen Hauptaltar des Ulmers Hans Schüchlin enthält die kleine Kirche einen Magdalenenaltar, der, als Sphinx, die mit 1000 Rätseln winkt, die Kunstgelehrten beschäftigt. Eine berühmte Aufschrift „Schri kunst schri und klag dich ser, din begert iecz niemen mer" ist ebenso wie der Name des Malers Lukas Moser 1968 als späte Erfindung erklärt worden. Das Werk ist wohl älter als angenommen (1431) und französischen Ursprungs.

Tiengen *Reg.-Bez. Freiburg i. Br.* 607 □ 9
Das Städtchen schmiegt sich an den Hügel, auf dem die KATH. PFARRKIRCHE von Peter Thumb mit reicher Innenausstattung der Rokokozeit steht. Nebenan das bescheidene Schloß, 1619 fertiggestellt. Reste der Stadtbefestigung mit dem Storchenturm und einige beachtliche spät- und nachmittelalterliche Wohnbauten sind erhalten.

Tierberg *Reg.-Bez. Stuttgart* 594 □ 6
BURG Guterhaltener staufischer Rittersitz mit Bergfried und einfachem Palas.

Tiergarten *Reg.-Bez. Tübingen* 607 □ 2
GEORGSKAPELLE Dreischiffiger, um 1500 errichteter Bau. Ein Gemälde im Innern erinnert an das 1671

GOLOKREUZ, THÜR
Um 750 lebte, so erzählt eine Sage, auf der Genovevaburg unweit von Thür der Pfalzgraf Siegfried mit seiner Gemahlin Genoveva. Der böse Haushofmeister Golo bezichtigte Genoveva fälschlich des Ehebruchs, worauf der Graf sie verstieß. Nach sechs Jahren holte er sie zurück. Golo aber wurde geviertelt, und zwar, so heißt es, an der Stelle, die das „Golokreuz" von 1472 bezeichnet. Vielleicht hat sich hier auch einfach ein Rastplatz für Wallfahrer befunden, die zur nahen Frauenkirche zogen, wo Siegfried und Genoveva begraben liegen sollen. Auf dem Schaft des Kreuzes ist eine altdeutsche Übersetzung des Gebetes „Salve regina" eingemeißelt.

hier eröffnete fürstenbergische Hammerwerk. Nahebei die beiden Burgen FALKENSTEIN, die untere aus dem 14. Jh.

Tirschenreuth *Oberpfalz* 596 □ 2
PFARRKIRCHE Die dreischiffige Basilika aus dem 17. Jh. hat noch den spätgotischen Turm von einer barocken Haube geziert. Ebenfalls barock ist die südliche Wallfahrtskapelle, in der ein gotischer Flügelaltar aufgestellt ist.

Tittmoning *Oberbayern* 611 ■ 12
Dieser liebenswerte Ort zeigt Fronten in vielen Farben, mit Erkern, Zunftschildern und Heiligenfiguren geschmückt. Rathausfassade von 1751.
PFARRKIRCHE ST. LAURENTIUS Nach zwei großen Bränden im 16. und 19. Jh. findet sich in dem spätgotischen Bau wenig von der alten Ausstattung, darunter eine Kreuzigungsgruppe, um 1520, aus dem Leinberger-Kreis und Altarskulpturen von 1699.
KAPELLE MARIA PONLACH Der kleine quadratische Zentralbau von 1716 ist angefüllt mit volkstümlichen Wallfahrtsbildern und Votivgaben.
SCHLOSS Seit dem frühen Mittelalter bis 1816 im Besitz der Erzbischöfe von Salzburg, die den Felsen über der Salzach befestigten und zeitweise als

Sommersitz aufsuchten. Seine ungefügen Mauern beherbergen jetzt das reich bestückte Heimatmuseum mit prächtigen schmiedeeisernen Arbeiten und der wohl größten deutschen Sammlung von bäuerlichen Schützenscheiben.

Tönning *Schleswig-Holstein* 554 □ 3
hat hübsche, niederländisch anmutende Straßenzüge. Es war von 1644 bis 1714 Festung. Ein Geschoß traf auch den Turm der LAURENTIUSKIRCHE, der daraufhin ab 1703 die schöne hohe Barockhaube aufgesetzt bekam. Barock auch das glanzvoll ausgemalte Tonnengewölbe, der reiche Lettner, das Epitaph mit Bildern Jürgen Ovens'.

Trais-Münzenberg *Reg.-Bez. Darmstadt* 585 ▪ 4
EV. PFARRKIRCHE Der kleine zweischiffige Bau reicht bis ins 11. und 12. Jh. zurück und hat trotz späterer Veränderungen seine mittelalterliche Wuchtigkeit behalten.

Traunstein *Oberbayern* 611 ▪ 10
SALINENKAPELLE ST. RUPERT Traunstein lebte seit früher Zeit vom Salzhandel. Ludwig der Bayer ließ 1346 seine Güldene Salzstraße hier die Traun überqueren. 1614 wird die Soleleitung von Reichenhall zum Südwerk in der Au verlegt, 1630 dort die Kapelle erbaut, ein frühbarocker Zentralbau, mit Fresken im Inneren.

Trausnitz im Tal *Oberpfalz* 596 □ 4
Die BURG auf einem Steilhang über der Pfreimd besteht aus einem viereckigen Bergfried und wehrhaften Wohnbauten, die sich um einen schachtartigen Hof schließen. Viele Sagen knüpfen sich an diesen Ort, wo im 14. Jh. Friedrich der Schöne von Österreich gefangengehalten wurde.

Trautmannshofen *Oberpfalz* 596 □ 7
Die PFARR- UND WALLFAHRTSKIRCHE wurde Ende des 17. Jh. als Wandpfeileranlage mit Emporen neu erbaut. Drei Mitglieder der Baumeisterfamilie Dientzenhofer waren daran beteiligt. Um 1760 erhielt sie ihre freundliche Rokokodekoration. Das Gnadenbild ist eine gotische Muttergottes.

Trebgast *Oberfranken* 596 □ 11
Die EV. PFARRKIRCHE beherbergt einen der besten Kanzelaltäre (1748) des Bayreuther Landes. Steinkanzel (1514) vom Vorgängerbau.

Trebur *Reg.-Bez. Darmstadt* 593 ▪ 11
EV. KIRCHE Große Teile des Mauerwerks gehen auf die Kapelle der Pfalz zurück, die vom 9. bis 12. Jh. eine bedeutende Rolle spielte. Die dreischiffige karolingische Anlage wurde 1752 barock umgebaut.

Trechtingshausen *Reg.-Bez. Koblenz* 592 □ 1
Die im 13. Jh. erstmals genannte BURG RHEINSTEIN wurde 1825 wieder aufgebaut. Sammlung kostbarer Möbel und Waffen.
CLEMENSKIRCHE Dicht am Rhein steht die kleine, flachgedeckte, romanische Pfeilerbasilika (12. Jh.).

Treis *Reg.-Bez. Koblenz* 584 □ 7
Die KATH. PFARRKIRCHE wurde 1824 als neugotische Hallenkirche errichtet. Über dem Ort liegt die Burgruine Treis und die Wildburg mit 1946 ausgebautem Palas.

Treis an der Lumda *Reg.-Bez. Darmstadt* 585 ▪ 3
BURGEN Neben dem barocken Ellhaus steht die neugotisch verbrämte Ruine eines spätgotischen Wohnturms. Jenseits der Lumda Reste einer Ringmauer mit Ecktürmchen von einer zweiten Burg.
PFARRKIRCHE Romanisch sind der gewölbte Rechteckchor und das anschließende Schiff; der seitlich angefügte spätgotische Turm war im Erdgeschoß ursprünglich offen.

Trendelburg *Reg.-Bez. Kassel* 578 ▪ 9
Immer noch erkennt man die mittelalterliche Anlage des Ortes, der sich gitterförmig um die BURG aus dem 15. Jh. gruppiert. Diese, die Trendelburg, liegt über dem Diemeltal und ist völlig erhalten.
PFARRKIRCHE Die dumpfe Wucht des gedrungenen gotischen Hallenraumes wird belebt von spätgotischen Wandmalereien.

Treysa *Reg.-Bez. Kassel* 586 □ 10
Fachwerkhäuser, vor allem aus der Zeit nach dem Dreißigjährigen Krieg, bestimmen das Stadtbild: besonders um den Marktplatz und an der steil ins Schwalmtal abfallenden Steinstraße.
EHEM. DOMINIKANERKLOSTERKIRCHE Langgestreckte Hallenkirche (14. Jh.) im asymmetrisch zweischiffigen Typ der Bettelordens-Predigtkirchen. Prachtvolle Barockorgel. Am Äußeren keramische Stationsbilder aus dem späten 15. Jh.
TOTENKIRCHE Eindrucksvolle Ruine einer Basilika, zu deren spätromanischer Bauform fein ausgeprägte frühgotische Details reizvoll kontrastieren. Vom Kapitellschmuck verdient besonders ein Harpyienkapitell im südlichen Seitenschiff Beachtung. Der Chor wurde gotisch erneuert; an der Sakramentsnische Kreuzigungsrelief (um 1350).

Triberg *Reg.-Bez. Freiburg i. Br.* 607 □ 10
Triberg im Schwarzwald ist durch seine Uhrenindustrie bekannt und besitzt ein reiches HEIMATMUSEUM, das neben Uhren und Trachten das Modell der Schwarzwaldbahn besitzt. Außerhalb am Hang liegt die WALLFAHRTSKAPELLE MARIA IN DER TANNE, 1700–05, mit reicher Innenausstattung.

SCHWARZWALDHAUS BEI TRIBERG
Unter dem mächtigen, strohgedeckten Doppelwalmdach des Schwarzwaldhauses fanden Menschen und Tiere Schutz vor der in den Tälern des Schwarzwalds besonders unbeständigen Witterung. Im Dachgeschoß liegt der Heuboden, auf den die Wagen von der Rückseite her hinauffahren konnten.

Triefenstein *Unterfranken* 594 ▪ 11

EHEM. AUGUSTINERCHORHERRENSTIFT Im Maintal zwischen Lengfurt und Homburg ziehen die zwei aufragenden Türme der Klosterkirche (1687–1715) der 1102 gegründeten Abtei den Blick an. Namhafte Meister ihrer Zeit arbeiteten an der ausgezeichneten, frühklassizistischen Ausstattung (1803). Die übrigen Klostergebäude, dreigeschossige Trakte, fügen sich mit der Kirche zu einer wirkungsvollen Baugruppe zusammen.

Trier *Rheinland-Pfalz* 591 ▪ 2

Um das Jahr 15 v. Chr. gründete Kaiser Augustus die Stadt Augusta Treverorum, das heutige Trier, die älteste Stadt Deutschlands. Als Provinzhauptstadt entwickelte sie sich bald zum Mittelpunkt einer blühenden Landschaft. Um 275 wurde die reiche Stadt zum ersten Male zerstört – von Franken und Alemannen. Doch größerer Ruhm wartete auf sie. Treviris, so hieß sie jetzt, wurde zum zweiten Rom, zur größten Stadt nördlich der Alpen, denn von 286 bis 395 residierten hier die Cäsaren des Westens. Seit etwa 475 ist Trier fränkisch. Ganz büßte es seine Bedeutung nicht ein. Karl d. Gr. machte es zum Erzbistum, dem die Bistümer von Metz, Toul und Verdun unterstanden. Bis zum Einmarsch der französischen Revolutionsheere 1794 war Trier Sitz eines der drei geistlichen Kurfürsten des Reiches. Das Heilige Trier war kleiner als das römische, über dessen schachbrettartiges Straßennetz sich das verschlungene des Mittelalters gelegt hatte. Trotz aller Zerstörungen des Dreißigjährigen Krieges, der Franzosenkriege und des zweiten Weltkrieges birgt keine andere deutsche Stadt so bedeutende Monumente einer zweitausendjährigen Geschichte. – In einem der Patrizierhäuser des 18. Jh. wurde 1818 Karl Marx geboren.

Das AMPHITHEATER faßte einst 30 000 Menschen. Die Gesamtanlage dieses römischen Bauwerks (2. Jh.) ist erhalten, die Aufbauten sind zerstört. BARBARATHERMEN Nur die Grundmauern dieser großen, erst zu einem Teil freigelegten römischen Bäderanlage (2. Jh.) stehen noch.

BASILIKA Um 310 ließ Kaiser Konstantin den gewaltigen Backsteinbau (73 : 28 Meter lang, 33 Meter hoch) errichten. Wahrscheinlich diente er als Thronsaal. Der – nach dem Pantheon in Rom – größte erhaltene römische Innenraum war einst mit Stuck und farbigem Marmor verkleidet. Außen gliedern durch Rundbogen verbundene Strebepfeiler die zweigeschossigen Wände. Beim Schloßbau im 17. Jh. fielen Süd- und Ostwand. Sie erstanden neu, als 1846–56 die Basilika in eine ev. Kirche verwandelt wurde. Alt sind Apsis und Westwand. Das BISCHÖFLICHE MUSEUM enthält christliche Kunst aus dem Bistum Trier, Funde aus den Domgrabungen wie die aus 50 000 Bruchstücken zusammengesetzten Deckengemälde des Konstantinischen Palastes.

DOM Kern dieser ältesten Bischofskirche Deutschlands ist noch heute der römische Zentralbau (367–83) im Ostteil des Schiffes. Diese quadratische Halle ließ Erzbischof Poppo (1016–47) nach Westen zum Rechteck verlängern. So entstand außen die eindrucksvolle, durch vier Türme und das mächtige Halbrund der Apsis gegliederte Westfassade. Zwei Türme flankieren auch den Ostchor aus dem 12. Jh., an den sich seit 1716 die barocke Schatzkammer lehnt. Die Gewölbe der Schiffe stammen aus dem 13. Jh. Nach dem Brand von 1717 sorgte die barocke Umgestaltung dafür, daß mehr

PORTA NIGRA

Dies sei das Tor nicht zu einer Stadt, sondern zu einem Reich, hat man von dem bedeutendsten und größten unter den erhaltenen römischen Stadttoren gesagt. Einst bildete es einen Teil der Befestigung, mit der die Römer ihren wichtigen Etappenort im Lande der Treverer gegen die Germanen sicherten. 1037 ließ Erzbischof Poppo den Bau in eine Kirche verwandeln: St. Simeon. Dazu wurde das Erdgeschoß des Mittelteils zugeschüttet und stadtseitig eine Treppe zum ersten Obergeschoß hinaufgeführt. Die Westseite erhielt einen quadratischen Turm. Auf Anordnung Napoleons wurde die Kirche abgetragen und das antike Bauwerk – das durch die Metamorphose vor der Zerstörung bewahrt geblieben war – wieder hergestellt. Nur der Ostchor von St. Simeon ist bis heute erhalten. (Unten)

RÖMISCHE KAISERTHERMEN

Allein der Warmbadesaal (Caldarium) dieser riesigen Thermen war so groß, daß darin die ganze, 36 Meter breite und 23 Meter tiefe Porta Nigra hätte Platz finden können. Vom Keller her wurde die technisch sehr geschickt eingerichtete, komplexe Bäderanlage so beheizt, daß Fußböden und Wände sich erwärmten. Zudem waren die Räume mit Marmorverkleidungen, Mosaiken, Plastiken und sonstigem Schmuck auf das prächtigste ausgestattet. (Rechte Seite links)

RÖMISCHES GRABRELIEF

Frühgeschichtliche, römische und mittelalterliche Kulturdenkmäler hütet das Rheinische Landesmuseum. Zu den schönsten Stücken gehört das hier abgebildete Grabrelief aus dem 3. Jh., das eine Frisierszene zeigt. Gefunden wurde es Ende des vorigen Jahrhunderts in Neumagen an der Mosel, als man eine spätantike Mauer abriß, in die das Relief, zusammen mit anderen, einfach unsichtbar eingebaut worden war. Hätte man also die Mauer nicht entfernt – niemand könnte heute die reizvolle Genreszene aus einer Trierer Werkstätte der Römerzeit betrachten, die noch so lebendig wirkt wie vor rund 1700 Jahren. (Rechte Seite rechts)

Rheinisches Landesmuseum

RÖMISCHES GRABDENKMAL

Im 3. Jh. flankierte dieses Mosel-schiff, gemeinsam mit einem Pendant, ein Grab – vermutlich das eines Weinhändlers, der sich seine letzte Ruhestätte, nach damaligem Brauch, bereits zu seinen Lebzeiten hatte herrichten lassen. Das Werk ist nicht nur kulturhistorisch interessant, sondern es gibt dem nachforschenden Geist auch ein Rätsel auf. Trotz des friedlichen Transports handelt es sich hier nämlich um ein Kriegsschiff mit Tierköpfen und Rammsporn. Warum? Man weiß es nicht genau.
Rheinisches Landesmuseum

Licht durch hohe Fenster strömt. Die 1037 geweihte vierschiffige Ostkrypta wurde 1906 freigelegt und mit der dreischiffigen Westkrypta (um 1120) verbunden. Zu den wichtigsten Stücken der reichen Innenausstattung gehören die Schranken des Ostchors (um 1210), bedeutende Grabmäler und die typisch trierischen Grabaltäre (14.–17. Jh.). Der Weg in die Schatzkammer führt durch eine Schauwand (1687–99) hinter dem Hochaltar. Kostbarstes Stück des reichen Domschatzes an liturgischem Gerät, Elfenbeinarbeiten und illuminierten Handschriften ist der Andreas-Tragaltar (977–93), auf dessen verziertem Eichenholzkasten ein goldgetriebener Fuß mit juwelengeschmückten Sandalenbändern ruht. In Abständen von einigen Jahrzehnten wird der Heilige Rock, der ungenähte Leibrock Christi, ausgestellt. Der frühgotische Kreuzgang (1245–70) mit Weihbischofskapelle und steinerner Madonna (15. Jh.) südöstlich des Domes verbindet diesen mit der Liebfrauenkirche.

DREIKÖNIGSHAUS Die Straßenfront des romanischen Wohnhauses ist im 13. Jh. entstanden. Die Untergeschosse sind umgestaltet.

FRANKENTURM Schon um 1100 entstand dieser wehrhafte mittelalterliche Wohnturm.

HEILIGKREUZKAPELLE Der im zweiten Weltkrieg fast völlig zerstörte Zentralbau (1050–66) mit Vierungs-

turm über dem Kuppelgewölbe wurde wieder aufgebaut.

JESUITENKOLLEG (jetzt Priesterseminar) Die umfangreiche Anlage (1610–14) umschließt einen fast quadratischen Hof. Wegen ihrer schönen Stuckverzierungen sind der Bibliothekssaal und der Promotionssaal bemerkenswert. – Im Chor der dreischiffigen ehem. Jesuitenkirche (Dreifaltigkeitskirche) (13.–14. Jh.) das schöne Wappenepitaph der Elisabeth von Görlitz (gest. 1451).

KAISERTHERMEN Noch heute ragen die Mauern des Warmbadesaals der gewaltigen spätantiken Anlage (250 : 150 Meter) als eindrucksvolles Denkmal der Römerzeit auf. Den nie vollendeten Bau gestaltete Kaiser Gratian (375–83) zum Kaiserforum um. Im Mittelalter wurde er in die Stadtbefestigung einbezogen, wobei ein Fenster der Apsis als Stadttor diente. Die unterirdischen Gänge und Kanäle der antiken Heizung haben sich erhalten.

LIEBFRAUENKIRCHE Unmittelbar neben dem Dom wurde im 13. Jh. nach der Elisabethkirche in Marburg diese zweite gotische Kirche Deutschlands gebaut, ein kreuzförmiger Zentralbau mit verlängertem Ostarm als Chor. Über der Vierung erhebt sich ein Kuppelturm. Berühmt ist das figurenreiche Westportal, ebenso das Paradiesportal. Im Innern schöne Grabdenkmäler.

Über die Westfront des Trierer Domes mit ihrem Wechsel von runden Formen und geraden Flächen geht ein starker Rhythmus. Die wuchtigen Hauptürme treten hinter die vorstehenden flankierenden Treppentürme zurück. Die Wände sind durch Fenster und Laufgänge, durch Pilaster, Gesimse und Bogenfriese reich gegliedert. Bemerkenswerterweise bringen zwei mächtige Blendbogentore das Westwerk, das aus dem 11. Jh. stammt, formal in die Nachbarschaft römischer Torbauten: Die Porta Nigra ist nahe.

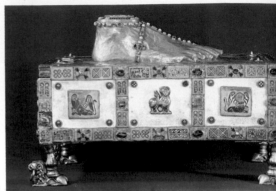

ANDREAS-TRAGALTAR, DOM

Zu den wertvollsten Stücken des Trierer Domschatzes gehört dieser 31 Zentimeter hohe, ottonische Andreas-Tragaltar, der Ende des 10. Jh. im Auftrag des Trierer Erzbischofs Egbert geschaffen wurde und als Reliquiar dient: Er enthält die Sandale des hl. Andreas sowie weitere Reliquien.

INNERES VON ST. PAULIN

Natur und Kunst sind in St. Paulin eine wunderbare Verbindung eingegangen. Überall in den oberen Zonen quellen Blüten, Blätter und Trauben hervor; Blumen hängen von den Kapitellen herab und dringen noch aus den Voluten. Im Chor der Hochaltar, den Balthasar Neumann entwarf und Ferdinand Diez verwirklichte, mit einer überaus anmutigen Madonna.

MARKTKREUZ Erzbischof Heinrich ließ 958 als Marktherr auf eine römische Granitsäule ein Kreuz mit Gotteslamm setzen, das 1724 erneuert wurde. Ein ähnliches Kreuz steht seit 1088 bei St. Paulin.

PALAIS KESSELSTATT Der sehr geschickt in einen Straßenknick gestellte kleine Barockbau (1740 bis 1745) wurde nach Kriegszerstörung im Außenbau unverändert wieder erstellt.

PORTA NIGRA Das monumentale römische Stadttor, dessen schwärzliche verwitterte Mauern ihm den Namen gaben, wurde Ende des 2. Jh. erbaut. Zwischen den auf der Feldseite halbrund vorspringenden viergeschossigen Türmen öffnet sich das Tor in zwei Bogen, über denen zwei weitere Geschosse liegen. Halbsäulen und Gesimse rahmen Torbogen und Fenster.

Das RHEINISCHE LANDESMUSEUM enthält eine der umfassendsten Sammlungen römischer Kunst in Deutschland. Besondere Beachtung verdienen die Marmorkopie einer Amazone des Phidias und die mit interessanten Reliefs geschmückten Grabdenkmäler aus Neumagen (Schul- und Toilettenszenen, Moselschiffe, Zinszahlung).

ST. ANTONIUS An der spätgotischen Basilika (1458 bis 1514) fällt die hervorragende Rokokokanzel (1762) und der St.-Antonius-Grottenaltar (1780) auf.

ST. GANGOLF (1410–60) Zwischen Häusern eingezwängt, überragt der mächtige Turm (16. Jh.) den Hauptmarkt.

ST. IRMINEN (Hospitalkirche) Der einschiffige Barockbau (1768–71) wurde nach schweren Kriegsschäden restauriert. Nördlich davon schließen sich die Klostergebäude (1726–44) mit aufwendiger Westfassade um einen Hof. Gegenüber am Flußufer stehen zwei Moselkräne: Alter und neuer Kran (1413, 1774).

ST. MATTHIAS Das Bild der alten Benediktinerabteikirche ist noch immer von der romanischen kreuzförmigen Basilika (1127–60) bestimmt. Spätgotisch sind der Chor und das schöne Sterngewölbe (1496–1510). Die prächtigen barocken Portalbauten wirken vor der strengen romanischen

Westfassade wie aufgeklebt. Besser paßt sich die barocke Erneuerung des Westturmes (1786) mit ihrer Wiederaufnahme romanischer Formen dem Bau an. Im Chor unter einer Tumba mit spätgotischer Figur das Grab des Apostels Matthias, und in der Krypta unter dem Chor (um 980) stehen die spätrömischen Sarkophage der heiligen Eucharius und Valerius. Hauptstück der Schatzkammer ist ein Kreuzreliquiar (um 1220). – Die Klostergebäude und der Kreuzgang gehören zu den frühesten gotischen Bauten Deutschlands (1237–57). Die Quirinuskapelle (um 1280) auf dem Kirchhof, ein sechseckiger gotischer Zentralbau, krönt eine barocke Schweifhaube (1637). – In der Nähe tonnengewölbte frühchristliche Katakomben.

ST. MAXIMIN 1680–98 entstand auf älteren Fundamenten der heute entstellte Neubau der Abteikirche. Zwei helle vorgeschobene Türme rahmen die Fassade aus rotem Sandstein mit ihrem Schweifgiebel ein. Der unverbaute Chorraum wirkt noch gotisch.

ST. PAULIN Auf antikem Gräberfeld steht das barocke Kleinod unter den Kirchen Triers (1734–54). Die Pläne für den einschiffigen Saalbau lieferte Balthasar Neumann. Im Innern verdecken Wandpfeiler die hohen rundbogigen Fenster. Die weißen Wände enden in kräftigem Gebälk, von dem reiche Stukkaturen zu den Deckengemälden hinführen. Den eingezogenen farbenfrohen Chor, durch ein schmiedeeisernes Gitter (1767) vom Gemeinderaum getrennt, beherrscht der prächtige Hochaltar, in dessen Mitte eine anmutige Madonna auf einer Weltkugel steht. In der Krypta große Märtyrersarkophage und mehrere schöne Altäre.

SCHLOSS Seit 1614 wurde der Vierflügelbau errichtet. Der prächtige Südflügel entstand erst 1757–61. Das Schloß brannte im Kriege aus. Bei der Wiederherstellung konnte auch das Treppenhaus mit originellem Steingeländer des Ferd. Dietz gerettet werden.

SIMEONSTIFT Als die Porta Nigra in die Kirche St. Simeon verwandelt wurde, entstand westlich davon das Kloster, von dem sich Teile des doppelstöckigen Kreuzgangs mit seinen schönen Arkaden erhielten. In einem der Gebäude das Stadtmuseum.

Die STADTBIBLIOTHEK besitzt rund 4000 teils illuminierte Handschriften, darunter Prachtstücke wie das Adaevangeliar (um 800) und den Egbertkodex (um 985), dazu etwa 2500 Wiegendrucke mit einer zweiundvierzigzeiligen Gutenbergbibel und 180 000 weitere Bände.

STEIPE Wie ein breiter Turm überragte in gotischer Zeit diese Festhalle der Bürger (1430–83) alle Gebäude am Hauptmarkt. Das im Krieg zerstörte Gebäude wird wieder aufgebaut.

Trifels *Rheinhessen-Pfalz* 592 □ 5
Über dem Queichtal liegen auf drei Berggipfeln die Ruinen der BURGEN Scharfenberg, Anebos und Trifels. Trifels, im 11. Jh. gegründet, war seit 1081 Reichsburg. Seit 1126 befanden sich hier die Reichskleinodien. 1193/94 war König Richard Löwenherz von England auf der Burg gefangen. Sie ist verfallen, der Hauptturm mit Kapellenerker ist dank seines staufischen Buckelquaderwerkes noch heute eindrucksvoll. Palas im 20. Jh. rekonstruiert.

Trimberg *Unterfranken* 594 □ 1
BURGRUINE, 11. Jh., seit 1803 Ruine. Der mächtige Bergfried und die östliche Ringmauer stammen noch aus dem 13. Jh.

Trochtelfingen *Reg.-Bez. Tübingen* 601 □ 8
EV. FRIEDHOFSKIRCHE Gotisch veränderte romanische Chorturmkirche. Innen Malereien der Zeit um 1300 und 1350.

Trockau *Oberfranken* 596 □ 10
Die Burg des 14. Jh. wurde nach vielen Zerstörungen 1769–79 zu einem barocken SCHLOSS umgebaut. Im Inneren wertvolle, mit riesigen, auf Leinwand gemalten Prospekten ausgestattete Räume des ausgehenden Rokoko.

Tübingen *Baden-Württemberg* 600 □ 4
Die Stadt wird zum ersten Mal 1078 erwähnt und ist im 13. Jh. aus zwei Stadtkernen, einem am Neckar und einem an der Ammer, zusammengewachsen. Graf Eberhard im Bart hat am 9. Oktober 1477 die Universität gegründet. Das evangelisch-theologische Stift, in dem viele berühmte Schwaben (Mörike, Schelling, Hegel) studiert haben, ist in einem Augustinerkloster aus dem 13. Jh. untergebracht. Auf dem Alten Friedhof finden sich die Grabstätten der Dichter Hölderlin, Uhland, Hermann Kurz, des Komponisten Silcher und vieler anderer berühmter Persönlichkeiten.

Der BEBENHÄUSER PFLEGHOF, ein spätgotisches Steinhaus der 1480er Jahre, ist heute Universitätsinstitut.

HÖLDERLINTURM Zur Stadtmauer am Neckar, die Graf Eberhard im Bart um 1480 bauen ließ, gehört auch der Turm, in dem Hölderlin seine von Wahnsinn umdüsterten Jahre (1807–43) bei dem Schreiner Zimmer verbracht hat.

HÖLDERLINTURM, TÜBINGEN
„Sehet ihr am Fensterlein / dort die rote Mütze wieder? / Nicht geheuer muß es sein, / denn er geht schon auf und nieder.“ In diesen unheimlichen Zeilen, mit denen die Ballade „Der Feuerreiter“ beginnt, ist das Bild des geisteskranken, ruhelosen Friedrich Hölderlin lebendig geworden, dessen Zipfelmütze Eduard Mörike oft hinter den Fenstern des Turmes auftauchen sah. Hölderlin, dessen Namen der Turm heute trägt, verbrachte die langen Jahre seiner Umnachtung bis zu seinem Tod hier bei der Familie des Schreinermeisters Zimmer.

GRABLEGE, STIFTSKIRCHE, TÜBINGEN

Im Jahr 1550 wurde der Chor der Stiftskirche als Grablege der württembergischen Herzöge eingerichtet; Graf Eberhard (gest. 1496), als Gründer der Universität mit Tübingen besonders verbunden, wurde nun hier beigesetzt. Ihm, dem 1550 verstorbenen Herzog Ulrich und dessen Gemahlin gelten die drei Grabmäler im Chorschluß. Die insgesamt 13 figürlichen Steintumben sind eine stattliche Ahnengalerie des württembergischen Fürstenhauses bis zu Herzog Ludwig (gest. 1593).

FRIEDRICHSTOR, SCHLOSS, TÜBINGEN

Das prächtige Portal, nach seinem Auftraggeber, Herzog Friedrich von Württemberg genannt, wurde 1604 von Christoph Jelin aus Gmünd geschaffen. Im Mittelpunkt der reichen Rollwerkornamente rundet sich das Herzogswappen zum Medaillon; rechts und links davon bedrohen den ungebetenen Eindringling zwei Wächterfiguren.

Das RATHAUS ist seit 1435 mehrmals umgebaut worden. Der dritte Stock wurde 1543 aufgesetzt, 1598 ist der Ziergiebel errichtet worden. Die astronomische Uhr hat Joh. Stöffler 1511 konstruiert. Der Altan im ersten Stock, „darauf man der Bürgerschaft die Ordnungen und Befehle abliest", wurde um 1600 angefügt.

SCHLOSS HOHENTÜBINGEN ist ein Werk der Renaissance, das Herzog Ulrich auf alten Mauern errichten ließ. Zunächst, seit 1507, wurden die Rundtürme an den vier Ecken angelegt. Ab 1525 wurde das große Wohnviereck gebaut. 1647 wurde das Schloß von den Franzosen verwüstet, 1667 neu aufgeführt, die Wohnflügel über 200 Jahre später erneut abgerissen und im Geschmack des Klassizismus wieder aufgebaut.

STIFTSKIRCHE 1470 hat Peter von Koblenz den Chor gebaut und mit spätgotischen Gewölben und Maßwerk geschmückt. Acht Jahre später führte Hans Augstaindreyer aus Wiesensteig das Langhaus als Halle mit erhöhtem Mittelschiff aus. Der Chor, 1550 als herzogliche Grablege eingerichtet, ist mit Tumben von besten Renaissancebildhauern ausgefüllt. Am schönsten die um 1480 entstandene Figur der Gräfin Mechthild, die 70 Jahre später hierher überführt wurde. Ein wertvoller spätgotischer Lettner trennt Chor und Langhaus. Drei Fenster sind statt mit Maßwerk mit Plastiken geschmückt. In einem Rundfenster ein Wahrzeichen der Stadt: das Steinbild eines aufs Rad geflochtenen Mannes soll an einen Justizirrtum des 15. Jh. erinnern.

Tückelhausen *Unterfranken* 594 ■ 3
EHEM. KARTÄUSERKLOSTER Eine für den Orden charakteristische Anlage hat sich hier großenteils erhalten: am Kreuzgang 14 Kartausen (Zellen), jede hat ein Gärtchen. Die romanische Kirche im 14. und 17. Jh. umgebaut, schlichte Westfassade mit reichem Renaissanceportal (1615). Am Hof barocke Bauten und Brunnen.

Tuntenhausen *Oberbayern* 610 ■ 2
Der imposante Doppelturm (1513–33), die hübsche Vorhalle und der Chor blieben vom spätgotischen Vorgängerbau, als im Dreißigjährigen Krieg die PFARR- UND WALLFAHRTSKIRCHE neu gebaut wurde. Aus den Jahren um 1630 auch die Renaissanceausstattung. Im großartigen Hochaltar das Gnadenbild von etwa 1550.

Twiste *Reg.-Bez. Kassel* 577 □ 4
In der romanischen PFARRKIRCHE übernimmt die Ausmalung (um 1200) die Gliederung der Architektur. Gemalte Säulenarkaden umrahmen die Apsisfenster, am Vierungsgewölbe Lebensbaummotiv.

U

Udenheim *Rheinhessen-Pfalz* 593 □ 10
Die BERGKIRCHE erhält durch den gedrungenen Turm (um 1100), das hohe Schiff (13. Jh.) und den höheren Chor (16. Jh.) ihre eindrucksvolle Silhouette. Im gut restaurierten Innern bemerkenswerte Fresken des 13. Jh. Farbig gefaßtes Chorgestühl von 1520.

Überlingen *Reg.-Bez. Tübingen* 608 □ 9
Die heute rege Kreisstadt mit Kurbetrieb entstand im 8. Jh., war im 13. Jh. staufisch, dann freie Reichsstadt. Im 15. und 16. Jh. hatte sie ihre Blütezeit. Das ansteigende Gelände in weichem Molassestein war für Gräbenbau des doppelten, im 15. Jh. erweiterten Befestigungsrings geeignet. Von ihm sind große Teile der Mauern, mächtige Tore und Türme erhalten. Am Landeplatz liegt die Gret, ein stattlicher, um 1800 veränderter Giebelbau. An seiner Rückfassade leitet die rechteckige Hofstatt zum RATHAUS mit Pfennigturm über, das mit seinen Quaderfassaden im wesentlichen um 1500 entstanden ist. Im Ratssaal hervorragende Schnitzereien von Jak. Ruess, alte Möbel und ein Wendelturm.
Das MÜNSTER ST. NIKOLAUS, das um 1000 gegründet wurde, war im 12. Jh. eine romanische Säulenbasilika und wurde in der Gotik zu einer fünfschiffigen Hallenkirche umgebaut. Der ältere Südturm stammt von 1420, der Nordturm wurde in der Renaissance erhöht. Im Inneren ein kostbares Sakramentshaus (1611) von Jörg Zürn, der auch den reichen Hochaltar schuf. An der Südseite des Münsters steht die Ölbergkapelle mit feinem Maßwerk um 1500. Am Münsterplatz ist der steinerne Renaissancegiebel der Stadtkanzlei hervorzuheben. Vom Münsterplatz führt die Luziengasse mit malerischen Fachwerkhäusern hinauf zum REICHLIN-MELDEGGSCHEN PATRIZIERHAUS, einem dem Rathaus ähnlichen Giebelbau mit reichem Barocksaal. Heute beherbergt das ganze Anwesen mit Terrasse das sehenswerte Städtische Heimatmuseum.

HOCHALTAR IM MÜNSTER, ÜBERLINGEN

Der herrliche Überlinger Renaissancealtar von Jörg Zürn, einem Bürger der Stadt, ist für den Bildschnitzer nicht nur ein künstlerischer, sondern auch ein finanzieller Erfolg gewesen – was selten genug vorkommt. Die Stadt schloß 1613 einen Vertrag mit ihm, in dem ein Honorar von 12 000 Gulden festgesetzt wurde, dazu 310 Gulden für die Schreinerarbeiten. Als das Werk immer größer und prächtiger gedieh, gab man ihm noch 200 Gulden dazu. Am Nikolaustag 1616 wurde der „Weihnachtsaltar" geweiht.

Ueffeln *Reg.-Bez. Osnabrück* 568 □ 3
HÜNENGRÄBER Aus der Jungsteinzeit das etwa elf Meter lange Großsteingrab auf dem Wiemelsberg und Schürmanns Hünengrab nahe der Straße nach Lintern.

Uelzen *Reg.-Bez. Lüneburg* 563 □ 7
An den geschäftigen Straßen einige Fachwerkhäuser, das Rathaus (spätes 18. Jh.) und backsteingotische Giebel (Propstei, Gildehaus und Heiligengeistkapelle mit Marienaltar, um 1520).
ST. MARIENKIRCHE Der spitze, 1954 wieder errichtete Turm und der kraftvoll aufstrebende Chor beherrschen das Bild der Stadt. Beim Hereinkommen links das Goldene Schiff, wohl ein Tafelaufsatz aus frühgotischer Zeit. Das breit lagernde Gewölbe des Langhauses ist ein rechter Gegensatz zum viel höheren gotischen Chor, um 1380. Der Größe der 1355 angebauten Ellerndorffkapelle entspricht der feine St.-Annen-Altar vom Anfang des 16. Jh.

Uetersen *Schleswig-Holstein* 562 ■ 12
Die Herren von Barmstede stifteten hier um 1235 ein KLOSTER für Zisterzienserinnen. Die Barockkirche von 1748 ist ein wuchtiger Backsteinbau mit wertvoller Innenausstattung. Das Kloster wurde später adliges Damenstift, dessen Bauten aus dem 17. und 18. Jh. teilweise erhalten sind.

Ullstadt *Mittelfranken* 595 ■ 9
SCHLOSS Joh. Dientzenhofer errichtete vor 1725 den dreigeschossigen Vierflügelbau. Aber erst 1747–50 erhielt die Anlage fürstliche Ausmaße: zwei barocke, reich stuckierte Flügelbauten säumen einen Ehrenhof.

Ulm *Reg.-Bez. Tübingen* 601 □ 5
Das alte Sprichwort, nach dem Ulmer Geld um die Welt läuft oder sie sogar regiert, versteht man am besten an der Donau, von wo einmal die Ulmer Schachteln nach Wien aufbrachen, einheimischen Barchent und eingehandelte Waren verkauften und, da der Rücktransport zu schwierig gewesen wäre, als Bau- und Brennholz verkauft wurden. Das Ufer zeigt noch heute Befestigungen, manche 500 Jahre alt, mit denen Ulm als erste Station der Donauschiffahrt befestigt war, zuerst wohl schon, ehe es im 9. Jh. Königspfalz war, zuletzt im 19., als Ulm schon kurzerhand zu Württemberg, sein Vorort Neu-Ulm zu Bayern geschlagen war. Seinen Reichtum und seine Macht im Schwäbischen Städtebund im 14. und 15. Jh. verdankte Ulm, wie Augsburg, dem Handel und der Weberei. Keine andere Reichsstadt hatte einen so großen Landbesitz, keine wirkte durch ihr Stadtrecht so als Beispiel in Süddeutschland, und ungewöhnlich demokratisch war die Verfassung, die der Bürgermeister 1397 beschwören mußte. Die Erinnerung daran lebt noch heute im Schwörmontag, die an die Rolle der Fischer- und Schifferzunft im Fischerstechen weiter. – Die wirtschaftliche Blüte fiel mit der künstlerischen, diese wieder ungefähr mit dem Münsterbau zusammen. Er begann 1377 und wurde in der Reformation stillgelegt; damals hatte schon Augsburg Ulm, das einstige Haupt Schwabens, überflügelt. – In der Gegenwart ist Ulm der Geburtsort Albert Einsteins und der Geschwister Scholl gewesen, deren einzige Überlebende, Inge Aicher-Scholl, nach 1945 eine lebendige Volkshochschule und die Hochschule für Gestaltung mit gründete. Durch ihr Theater und ihr Museum hat die Stadt von knapp 100 000 Einwohnern in der Nachkriegszeit eine kulturelle Bedeutung erlangt, die über ihre tatsächliche Größe hinausgeht.
EHEM. BENEDIKTINERABTEI WIBLINGEN Leidenschaftliche Schwünge und kühle Zurückhaltung stoßen in der Kirche der früheren Benediktinerabtei Wib-

MÜNSTER, ALTSTADT UND METZGERTURM

Ulm, von der Donau aus betrachtet, läßt kaum noch ahnen, daß 1944 zwei Drittel der Stadt in Schutt und Asche lagen. Auch das Münster mit dem 161 Meter hohen Turm (Grundsteinlegung 1377) war in Mitleidenschaft gezogen. Vieles ist für immer verloren, manches ist geblieben, manches wiederhergestellt. So die Stadtmauer mit dem teilweise erhaltenen Wehrgang, die Häuser dahinter, der Metzgerturm. Die neu erstandene Stadt bewahrt und geht zugleich mit der Zeit – in manchem ist sie ihr sogar ein wenig voraus.

lingen zusammen, Repräsentation und Glanz im Sinne des Barock bleiben dem älteren Bibliothekssaal überlassen, den Franz Martin Kuen 1744 mit einer Allegorie der heidnischen und der christlichen Wissenschaften ausgemalt hat.

BRUNNEN Der schönste Ulmer Brunnen hat den prosaischen Namen Fischkasten, ist vom älteren Syrlin und gehört noch der Gotik an, der eleganteste ist der Delphinbrunnen vor dem Eingang zum Museum, ein Werk von Wolfg. Neidhard d. Ä., 1585, später verändert, in Erzguß und Kupferschmiedearbeit.

BÜRGERHÄUSER Zweck- und Repräsentationsbauten sind in Ulm oft schwer zu unterscheiden. Stattlich errichtete man die vielen Lagerhäuser wie Neuer Bau, Korn- und Schuhhaus, Salz- und Büchsenstadel; zurückhaltend, trotz Loggia und Erker, war

SCHMERZENSMANN VOM WESTPORTAL DES MÜNSTERS

Ein Schmerzensmann (1429) von Hans Multscher, zwei Jahre vorher seine Kaisergruppe, sind der Anfang der Ulmer Plastik mit den bekannten Namen. Ihre ältere Geschichte ist anonym, hat aber schon typische Ulmer Züge, wenn die Friese am West-, Nordwest- und Südwestportal des Münsters naiv, zum Teil unbeholfen, aber sehr lebendig erzählen, wie Eva nach dem Sündenfall bekleidet und wie Kain ermordet wurde. Selten ist, daß ein Westportal von der Genesis, nicht vom Jüngsten Gericht berichtet.

MÜNSTER

Das Ulmer Münster mit seinen riesigen Dimensionen war von Anfang an als Pfarrkirche geplant. Im 15. Jh. hätten die fünf Schiffe leicht das Doppelte der damaligen Ulmer Bevölkerung aufnehmen können. Auch die Höhe ist gewaltig: das schmale Mittelschiff mit seinen eng stehenden Arkaden ist fast 42 Meter hoch, und der Turm, dessen Bau jahrhundertelang Probleme mit sich brachte, ist mit seinen 161 Metern noch immer der höchste Kirchturm der Erde.

CUMAEISCHE SIBYLLE AM CHORGESTÜHL
DES MÜNSTERS

Jörg Syrlins d. Ä. Chorgestühl im Ulmer Münster sei das schönste in Deutschland, sagt man. Er hat es in den Jahren 1469–71 mit seinen Gehilfen geschaffen, aber die Liste der schmückenden Bildnisse und ihre Rangordnung ist von Gelehrten für ihn ausgeklügelt worden. Da gibt es Männer und Frauen, Apostel und Märtyrer, alttestamentarische Propheten und heidnische Vorläufer, zu denen auch die Sibyllen gehören.

das städtische Schwörhaus. Die meisten dieser Bauten sind schwer beschädigt und nach dem Krieg rekonstruiert worden. Im Schiefen Haus hat sich eines der großen Fachwerkhäuser erhalten. Der Ehingerhof, heute Versorgungsamt, und das Kiechelhaus, heute Museum, sind Beispiele der Patrizierbauten.

DEUTSCHES BROTMUSEUM Das Thema dieser Sammlung klingt banal, ist es aber nicht. Überrascht stellt man fest, wieviel Beziehungen es von dem Brot und Korn zu Magie, Religion, Volksbräuchen und Kunst seit jeher gegeben hat.

MÜNSTER Imposant und zum Himmel strebend, zeigt das Münster vom Marktplatz her seinen Kirchturm von 161 Metern als höchsten der Welt. Breit gelagert, mit Überwiegen der Waagerechten wirkt das Schiff von der Seite, so wie es die Ulmer im Mittelalter sahen: ein Bau, der mit 29 000 Menschen mehr als die ganze damalige Bevölkerung der Stadt faßt, die größte Kirche Schwabens und, nach den ersten Änderungen der Baupläne, so hoch, daß selbst der Straßburger Dom „wie in ein Futteral" hineinging. – Die bekanntesten Baumeisterfamilien, die Ulm nacheinander für diesen ehrgeizigen Bau berief, waren die Parler und die Ensinger. Unter den Parlern, seit 1377, plante man eine Hallenkirche, Ulrich Ensinger machte durch Über-

höhen des Mittelschiffs eine dreischiffige Basilika daraus, deren schwindelnde Höhe als einziges Bauwerk im sonst nüchternen Ulm an die hier entstandenen Schriften des Mystikers Heinrich Seuse erinnert. Aber die Konstruktion war so gewagt, daß die Seitenschiffe geteilt werden mußten und Burkh. Engelberg, den man nach 1494 heranzog, auf seinem Augsburger Grabstein als Retter der Ulmer Pfarrkirche gelobt wird, nicht ganz ohne Schadenfreude der wirtschaftlichen Konkurrentin Augsburg, die nach der in Ulm sehr radikalen Reformation die brotlos gewordenen Künstler an sich zog. Von dem reichen Schmuck des Münsters, den der Bildersturm übrigließ, sind vor allem zu nennen: Multschers Schmerzensmann am Westportal, die älteren, naiv erzählenden Friese hier und an den Nachbarportalen, der Hutzaltar von Martin Schaffner, die Besserer- und die Neithartkapelle und, alles überragend, das Chorgestühl des älteren Syrlin. – Die Türme konnten erst, nach altem Plan, mit den Methoden des 19. Jh. vollendet werden.

Das RATHAUS war zuerst ein Zweckbau und hat erst im 16. Jh. einen reichen Schmuck mit Fresken, Fensterumrahmungen, Giebeln und Arkaden erhalten. Besonders hübsch, fast wie eine Spitzenumrandung, sind die Treppengiebel ausgebildet, eine

KLOSTERBIBLIOTHEK, ULM-WIBLINGEN

Alles wogt in dieser barocken Klosterbibliothek, Farben, Formen und nicht zuletzt die geschwungene Galerie. Die Malerei von Franz Martin Kuen (1744) gipfelt in der Darstellung der himmlischen Weisheiten, während die Plastiken die Wissenschaften, Tugenden und weltlichen Mächte allegorisch darstellen.

GEBÄCKMODEL

Das Deutsche Brotmuseum in Ulm ist einzigartig in der ganzen Welt. Ein Privatmann hat es vor wenigen Jahren gegründet, eine Privatinstitution ist es geblieben. Alles, was mit der Kultur des Brotes und des Backens zu tun hat, hier ist es gesammelt. Als Beispiel ein Gebäckmodel aus Ton mit der Flucht nach Ägypten. Süddeutsch, um 1600.

Kunstuhr zeigt das mathematische, technische und astronomische Wissen der Zeit.

ULMER MUSEUM In den früheren Warengewölben eines Patrizierhauses zeigt der reizende „Französische Knappe Karls d. Gr." von Hans Multscher alles, was die Ulmer Kunst liebenswert macht: Wirklichkeitssinn ohne peniblen Realismus. In der Plastik steht am Ende der großen Ulmer Zeit eine Madonna von Daniel Mauch, verinnerlicht, aber noch durchaus diesseitig. In der Malerei ist der erste wichtige Name Bartholomäus Zeitblom, der letzte Martin Schaffner. Den Ausklang der Stadtgeschichte beleuchten Zunfttafeln und die Tonfigürchen der Familie Rommel mit den Trachten aller Stände. Kuriosa sind eine allegorische Hostienmühle und eine evangelische Votivtafel. – Die Moderne ist mit einer kleinen, aber ausgesuchten Sammlung von Graphik vertreten, sowie mit Aquarellen von Corinth, Kirchner, Klee und Macke.

Ummendorf *Reg.-Bez. Tübingen* 608 ■ 1
KAPELLE ST. JOHANNES BAPTIST, 1737 errichtet. Auf der Flachdecke Fresko und Flachreliefs mit Lebensbildern Johannes des Täufers.
KATH. PFARRKIRCHE ST. JOHANNES. Barockbau (1717–19) mit berühmter Kalksteinmadonna (1450), wohl von Hans Multscher.

Undeloh *Reg.-Bez. Lüneburg* 562 ■ 4
KIRCHE Feldsteinbau aus romanischer Zeit. Fachwerkchor von 1639. Holzkruzifix aus dem 13. Jh.

Unering *Oberbayern* 610 □ 10
ST. MARTIN Auf einer Hügelkuppe der originelle Bau, den Joh. Mich. Fischer 1731 errichtete. Einheitliche Ausstattung aus dem frühen Rokoko.

Ungedanken *Reg.-Bez. Kassel* 578 □ 7
Auf dem BÜRABERG Reste einer fränkischen Festung, in deren Schutz Bonifatius 741 ein Bistum grün-

dete und eine Kirche erbaute. Fundamente und Mauerreste sind in der romanischen Wallfahrts- und Totenkapelle erhalten.

Unkel *Reg.-Bez. Koblenz* 584 ■ 9
An der Uferfront das Freiligrathhaus von 1760, in dem der Dichter 1839–41 lebte. Im Ort besonders viele schöne Fachwerkbauten. Drei parallele Satteldächer und der romanische Turm geben der gotischen KATH. KIRCHE einen besonderen Reiz. Temperabilder an einem hölzernen Reliquienschrein schildern das Leben des hl. Pantaleon. Reiche Ausstattung, barocker Hochaltar.

Unna *Reg.-Bez. Arnsberg* 576 ■ 3
Die gotische PFARRKIRCHE zeigt sich als eine stattliche westfälische Hallenkirche des späten 14. Jh. Im Innern zwei große Sakramentstürme des 15. Jh., Orgelprospekt und Kanzel aus dem mittleren 17. Jh.

Unteraufseß *Gem. Aufseß Oberfranken* 595 □ 2
BURG Älteste Teile der guterhaltenen Anlage sind der Bergfried und das Meingotzsteinhaus (12. Jh.). Die übrigen Bauten entstanden nach dem Dreißigjährigen Krieg, die Kapelle im Schloßhof, heute ev. Pfarrkirche, wurde 1740–42 aufgeführt.

Unterelkofen bei Elkofen *Oberbayern* 610 ■ 1
Im Grund einer waldigen Schlucht steht auf einem Hügelchen die kleine Burg vorwiegend gotischen Gepräges. Ein massiger Bergfried, eine kleine Kapelle und Wehrgang gehören zum romantischen Bild. Im Hof zeigt ein derbes Fresko an, daß im 17. Jh. hier eine fast 600pfündige Wildsau erlegt wurde.

Unteressendorf *Reg.-Bez. Tübingen* 608 ■ 1
KATH. ST. MARTINSKIRCHE Barockbau (1734) mit Resten der dreischiffigen romanischen Basilika.

Zahlreiche Altäre des 18. Jh. Sitzende Muttergottes, 15. Jh., aus der Multscher-Werkstatt.

Unterflockenbach *Reg.-Bez. Darmstadt* 593 ▪ 5
Der ABRAHAMSHOF von 1727 ist das größte Fachwerkbauernhaus im Odenwald. Es zeichnet sich durch lebhafte Hölzerstellung und schöne Schmuckmotive aus.

Untergröningen *Reg.-Bez. Stuttgart* 601 ▪ 2
SCHLOSS Dreiflügelanlage, im 18. Jh. stark verändert. Die Kapelle (um 1600) mit großem Rokokoaltar und Holzstatuen des Barth. Zeitblom (um 1510).

Untergrombach *Reg.-Bez. Karlsruhe* 600 □ 12
KATH. KAPELLE auf dem Michaelsberg, der schon in der Jüngeren Steinzeit eine befestigte Höhensiedlung trug. Eintürmige Barockfassade mit der Figur des hl. Michael in einer Nische. Im Innern erlesene Barockausstattung.

Unterhaun *Reg.-Bez. Kassel* 586 ▪ 12
Im Friedhof auf dem Kreuzberg die Ruine der romanischen KREUZKAPELLE mit ausgegrabenen Fundamenten eines winzigen karolingischen Zentralbaus.

Unterjesingen *Reg.-Bez. Tübingen* 600 ▪ 4
BURG ROSECK Die Pfalzgrafen von Tübingen ließen die Vierflügelanlage im 14./15. Jh. erbauen. Sie umfaßt einen Binnenhof, ist ganz ummauert und noch durch einen Graben geschützt, eine Brücke gewährt Einlaß.
EV. PFARRKIRCHE, (1476–84), mit netzgewölbtem Chor und Schiff unter bemalter Holzdecke.

Unterkochen *Reg.-Bez. Stuttgart* 601 □ 3
KATH. WALLFAHRTSKIRCHE ST. MARIA. Gotisch, 1511, mit älterem Chor. Gnadenbild von 1500. 1765 barock verändert.

HEIDEKIRCHE, UNDELOH
Am Eingang zum Naturschutzgebiet Wilsede, wo man noch auf strohgedeckte Bauernhäuser und Schafställe trifft, steht diese Kirche, zum Teil noch aus romanischer Zeit und aus Feldsteinen gebaut. Der hölzerne schindelgedeckte Turm steht nördlich neben der Kirche.

Unterliezheim *Schwaben* 602 ▪ 9
Eine ansehnliche WALLFAHRTSKIRCHE, dem hl. Leonhard geweiht, mit bedeutenden Fresken, beherrscht seit 1739 das einstige Klosterdorf.

Unterregenbach *Reg.-Bez. Stuttgart* 594 □ 6
EV. PFARRKIRCHE Dreischiffige karolingische Basilika, im 14. Jh. zur Saalkirche umgewandelt. Im Nordchor Wandbild der Maria, um 1250. Osttürme 1581 verkleinert. Die KRYPTA (unter dem Pfarrhaus) über Pfeilern und Säulen mehrschiffig gewölbt, gehört zu einem abgegangenen Kirchenbau des 10./11. Jh.

Unterriexingen *Reg.-Bez. Stuttgart* 600 □ 2
EV. PFARRKIRCHE von 1628, später verändert, spätgotische Kanzel. FRAUENKIRCHE Kreuzrippengewölbter Chor (14. Jh.), beachtliche Grabmäler und romanischer Kruzifixus.
Klassizistisches SCHLOSS (1813). Von der ehem. Wasserburg blieb der Bergfried erhalten.

PFAHLBAUTEN, UNTERUHLDINGEN
Im Freilichtmuseum Deutscher Vorzeit hat man Pfahlbauten der Stein- und Bronzezeit nach Ausgrabungsergebnissen in der näheren und weiteren Umgebung nach bisher umstrittenen Theorien rekonstruiert. Ebenso interessant, wenn auch weniger romantisch, ist das Pfahlbaumuseum mit seinen reichen Sammlungen zur Vor- und Frühgeschichte.

Unterschüpf *Reg.-Bez. Stuttgart* 594 ▪ 6
EV. PFARRKIRCHE Die Anlage ist ungewöhnlich: Zwei Langhäuser (das eine – mit Chorturm – gotisch, das andere von 1617) stoßen im rechten Winkel aneinander, einen Treppenturm einschließend.
SCHLOSS, nach 1610. Vierflügelbau mit Rundtürmen und malerischem Innenhof.

Unteruhldingen *Reg.-Bez. Tübingen* 608 □ 9
Der Ort ist durch sein Museum mit rekonstruierten PFAHLBAUTEN aus vorgeschichtlicher Zeit bekannt.
Die PFARRKIRCHE ST. MARTIN in Seefelden ist eine der Urkirchen im Bodenseegebiet. Spätromanische Merkmale am Turm, gotisches Chorgewölbe.

Unterwachingen *Reg.-Bez. Tübingen* 608 □ 12
KATH. PFARRKIRCHE ST. COSMAS UND DAMIAN Barockbau von 1754. Deckengemälde (1756), reicher, figurengeschmückter Hochaltar von 1755.

Unterzeil *Reg.-Bez. Tübingen* 608 ▪ 3
KATH. ST. MAGNUSKIRCHE Spätgotischer Bau mit Netzgewölben in mauerumwehrtem Kirchhof (1510–14).

Upfingen *Reg.-Bez. Tübingen* 601 □ 8
EV. PFARRKIRCHE VON 1448. Flachgedecktes Schiff
mit Maßwerkfenstern, Chor rippengewölbt, Wandmalereien von etwa 1450.

Upstalsboom *Reg.-Bez. Aurich* 560 ■ 3
GRABHÜGEL aus der Vorgeschichte und als traditions-
reiche Versammlungsstätte Sinnbild der Friesischen
Freiheit. Erinnerungsmal an die 1815 im Kampf
gegen Napoleon gefallenen Ostfriesen.

Urach *Reg.-Bez. Tübingen* 601 ■ 8
Vor dem Hintergrund waldiger Berge steht auf
dem reizenden Marktplatz der schöne Marktbrunnen (um 1500), seit 1905 durch eine Kopie ersetzt. Unter den Gebäuden der Stadt fällt das
spätgotische Haus am Gorisbrunnen (15. Jh.) auf.
Von der Burg Hohenurach, seit 1767 Ruine, blieben
erhebliche Reste.
AMANDUSKIRCHE Die ehem. Stiftskirche hat die zur
Zeit der Hallenkirchen seltene Form einer Basilika
(1479–99). Netzrippen- und Sterngewölbe überspannen Schiffe, Chor und die zwischen die Streben des Schiffes erbauten Kapellen. Unter der Ausstattung ragen der vorzüglich geschnitzte Betstuhl
(1472) des Grafen Eberhard im Bart, der reich
skulptierte Taufstein (1518), die prächtige Kanzel
(16. Jh.) mit Reliefs der Kirchenväter und Schalldeckel von 1632 und der Prachtschrank (1506) in
der Sakristei hervor.
SCHLOSS Im Untergeschoß des unregelmäßigen Baus
(begonnen 1443) liegt die Dürnitz, eine kreuzgewölbte hohe vierschiffige Halle für das Gesinde,
darüber der 1610 umgebaute Goldene Saal, dessen
Balkendecke vier korinthische Säulen tragen. Als
Verzierung taucht oft die Palme auf, das Lieblings-
motiv des Grafen Eberhard.

Urlau *Reg.-Bez. Tübingen* 608 ■ 3
KATH. ST. MARTINSKIRCHE 1667 aus gotischem Bau
entwickelt, reich geschmücktes Glockengeschoß von
1583, Chorstukkaturen von 1743.

KREUZIGUNGSGRUPPE IN DER
KLOSTERKIRCHE, URSBERG

*In der barockisierten Klosterkirche überrascht die
große spätromanische Kreuzigungsgruppe (etwa
1230) eines unbekannten Meisters. Das Strenge,
Sinnbildhafte der drei Plastiken wird noch dadurch
betont, daß die Christusfigur beträchtlich größer
ist als die Figuren von Maria und Johannes. Die
stilisierte Dornenkrone weist schon auf die Gotik,
die Christus nicht mehr als Sieger, sondern als
Schmerzensmann sieht.*

Urphar *Reg.-Bez. Stuttgart* 594 ■ 10
EV. JAKOBSKIRCHE Von Friedhofsmauern umgeben,
liegt der romanische Bau mit massivem Chorturm
auf einer Anhöhe über der Ortschaft. Über der
Apsis eine schöne frühgotische Fensterrose. Im Inneren reiche Wandbemalung (13.–15. Jh.).

Ursberg *Schwaben* 609 □ 11
EHEM. PRÄMONSTRATENSERKLOSTERKIRCHE Von der
Basilika der ältesten deutschen Prämonstratenser-
gründung aus dem 13. Jh. blieb nur die romanische
Anlageform übrig. Barocker Umbau 1666–70. Drinnen bedeutende spätromanische Kreuzigungsgruppe
(um 1230). Hochaltar von 1736.

Urschalling *Oberbayern* 611 □ 9
In der kleinen KIRCHE wurde 1941–42 der am
besten erhaltene Zyklus mittelalterlicher Wandmalereien in Bayern freigelegt. Sie stellen Szenen des
Marienlebens, die Passion, Heilige und Gestalten
des Alten Testaments dar. In der Apsiswölbung
erscheint Christus, unter ihm die Apostel. Mit diesem Motiv schließt sich die Ausmalung des Altarraums eng an die darunterliegenden romanischen
Fresken an, von denen einige Stücke ebenfalls
aufgedeckt wurden. Sie stammen aus der Erbauungszeit der Kirche um 1200.

GOLDENER SAAL, SCHLOSS URACH

*Herzog Eberhard im Bart ließ sich 1474 diesen gol-
denen Saal bauen. Der jetzige Schmuck stammt
zwar aus dem 16. und 17. Jh., doch erinnert das
immer wiederkehrende Palmenmotiv, das Lieblings-
motiv des Herzogs, daran, daß er erst nach einer
Pilgerfahrt ins Heilige Land zu dem weisen Fürsten wurde, der durch Kerners Gedicht „Der reichste Fürst" noch heute in aller Munde ist.*

Ursprung *Reg.-Bez. Tübingen* 601 □ 6
Vom EHEM. KLOSTER, 1127 gestiftet, 1250 zerstört und dann gotisch wieder aufgebaut, ist der Ost-flügel der Klausur (spätes 15. Jh.) erhalten und die in schlichtem Barock (1622–27) unter Verwendung gotischer Teile errichtete Kirche. An dem spätgoti-schen Gastbau schöner Terrakottafries.

Usenborn *Reg.-Bez. Darmstadt* 585 □ 4
EV. KIRCHE Der um 1300 gebaute Chor besitzt eine wertvolle Ausmalung: an den Wänden die zwölf Apostel, eine biblische Szene sowie Christus zwischen Maria und Johannes (14. Jh.), am Gewölbe Evangelistensymbole und Sternmuster (15. Jh.), am Chorbogen Ornamentmalerei (um 1700).

Uslar *Reg.-Bez. Hildesheim* 578 ■ 11
Unmittelbar um das hübsche Rathaus mit spätgo-tischem Gerüst manche Fachwerkhäuser. Das Schloß – um 1550 erbaut, später ausgebrannt – blieb in eindrucksvollen Resten erhalten. STADTPFARRKIRCHE Turm aus dem 13. Jh., der Chor von 1428. Das Langhaus um 1840 durch Laves neu gebaut. Großer figurenreicher Flügelaltar von etwa 1500.

Uttenweiler *Reg.-Bez. Tübingen* 608 □ 12
KATH. PFARRKIRCHE ST. SIMON UND JUDAS Der Chor mit den ihn flankierenden Türmen ist noch eine spätgotische Anlage aus der Zeit um 1450 mit barockem Aufbau. Wahrscheinlich errichtete Franz Beer die Wandpfeilerhalle 1710; sie wurde 1873 nach Westen verlängert. Die Kanzel ist mit guten Plastiken versehen, das Chorgestühl zeigt feine Reliefs aus dem frühen 18. Jh.

FRESKEN IN DER KIRCHE, URSCHALLING
Der Ausschnitt aus den gotischen Fresken des Kirchleins überm Chiemsee erinnert an den Glau-ben, daß Christus vor seiner Auferstehung zur Hölle gefahren ist, über den Teufel gesiegt und dessen Gefangene erlöst hat. Die Hölle ist hier als gewaltiger Rachen dargestellt.

V

Vaake *Reg.-Bez. Kassel* 578 ■ 7
PFARRKIRCHE Spätromanischer Bau. Im gewölbten Chorjoch reiche Wandmalereien (um 1400).

Vallendar *Reg.-Bez. Koblenz* 584 ■ 5
HAUS D'ESTER (MARIENBURG) Vornehmer Bau von 1773 mit reich geschmückter Holztreppe.
Von der Kirche des ehem. KLOSTERS SCHÖNSTATT (13. Jh.) steht noch der nördliche Turm der Fassade mit eigenartiger spätromanischer Gliederung.

Varel *Verw.-Bez. Oldenburg* 561 ■ 9
Die EV. SCHLOSSKIRCHE wurde um 1200 erbaut, spä-ter eingewölbt und am Ende des 13. Jh. durch Querschiff und Chor erweitert. Neben der mittelalter-lichen Architektur verdient die von Ludw. Münster-mann 1613–18 geschaffene Ausstattung aus Altar-retabel, Taufstein und Kanzel besondere Beachtung. Am Stadtrand das WAISENHAUS (1671), ein Back-steinbau in niederländisch-westfälischem Barock.

Varenholz *Reg.-Bez. Detmold* 569 □ 4
SCHLOSS Die gotische Anlage wurde im 16. Jh. zum wuchtigen Renaissancebau umgestaltet. Die wehr-hafte Außenseite läßt den Reichtum des Innenhofes nicht ahnen. Besonders schön die Treppentürme und die hohe schlanke Auslucht.

Varlar b. Osterwick-Höven 576 □ 11
Reg.-Bez. Münster
Die WASSERBURG, 1128–1803 Prämonstratenserklo-ster, baute Ad. v. Vagedes nach der Säkularisation zu einer klassizistischen Residenz um.

Vechta *Verw.-Bez. Oldenburg* 569 ■ 11
ST. GEORG Die 1452 erbaute, um 1600 wesentlich erneuerte Hallenkirche birgt an Kunstschätzen Ge-wölbemalerei (um 1600), einen barocken Altar von 1766 und im Kirchenschatz zwei reich mit Edel-steinen verzierte Armreliquiare aus dem 12. Jh.

Veitshöchheim *Unterfranken* 594 ■ 2
SCHLOSS An das erste nach dem Dreißigjährigen Krieg in Franken entstandene Schloß (1682), eine regelmäßige Anlage mit vier an den Langseiten vortretenden Türmen, baute Balth. Neumann um die Mitte des 18. Jh. die beiden seitlichen Pavillons an. Eine Reihe schöner Repräsentationsräume prägt das Innere des zweigeschossigen Baus, den eine vasen- und figurenreiche Balustrade umgürtet. – Der große PARK ist einer der wenigen erhaltenen französischen Gärten in Deutschland, seit 1763. Verschwenderisch reich verteilen sich rokokohaft anmutige Plastiken, viele von Ferd. Dietz. Im Großen See, dem Herzstück des Parkes, bäumt sich auf einem Felseninselchen ein Pegasus über dem Parnaß, dem allegorischen Sitz der Musen, auf. Zwei chinesische Pavillons (1768), das unten als Grotte, oben als Belvedere gebaute Grottenhaus (1773) sowie zahlreiche Fontänen, Pavillons, Wege und Plätze bereichern das Gartenparadies.

PERSISCHES BRONZESCHLOSS IM DEUTSCHEN SCHLOSS- UND BESCHLÄGE-MUSEUM, VELBERT

In dem interessanten Deutschen Schloß- und Beschlägemuseum gibt es vielerlei Einschlägiges zu bewundern. Alte Urkunden, Stiche und die dazugehörige Literatur ergänzen es. Schlösser in Tierformen gibt es so viele, daß sie einen kleinen Tiergarten bilden. Dieses Schloß, das wohl einen Löwen darstellen soll, stammt aus dem 15./16. Jh. Der lange Schwanz, der zum Maul wieder herausguckt, diente als Vorhangbügel.

Velbert   *Reg.-Bez. Düsseldorf*   576 □ 8
ist ein Zentrum der Schloß- und Beschlägeindustrie, über deren Entwicklung das DEUTSCHE SCHLOSS-UND BESCHLÄGEMUSEUM im Rathaus einen Überblick gibt.

Velen   *Reg.-Bez. Münster*   576 □ 10
Das Bild des großzügigen WASSERSCHLOSSES bestimmen 17.–19. Jh. Für den Nordflügel, die Orangerie und Fasanerie (18. Jh.) lieferte Joh. Conr. Schlaun Entwürfe. Glockenspiel mit 37 Glocken.

KREUZGANG, VERDEN

Mit der Nordseite des Doms bilden Nebengebäude einen viereckigen Hof. In dem Flügel, der den Dom einst mit einer Domschule verband, findet sich, hinter Backsteinstützen halb versteckt, der Teil eines Kreuzganges aus dem 13. Jh. mit zierlichen, schön bemalten Säulen aus dem 12. Jh., die gegen die schweren romanischen Bögen fast zerbrechlich wirken.

Vellberg   *Reg.-Bez. Stuttgart*   601 □ 1
Imposante Befestigungswerke (1463–99) mit Mauern, Toren, Basteien, Kasematten umgeben die wenigen Häuser des Städtchens auf einer Felsnase über der Bühler. Das Obergeschoß des Rathauses (einst Schloß) und die Kapelle (1549) sind reich bemalt. Vellberg gegenüber liegt die STÖCKENBURG mit der Pfarrkirche St. Martin. Im stimmungsvollen spätgotischen Chor (1435) Wandmalereien, Sandsteinkruzifix (1573), Schnitzaltar, Grabdenkmäler.

Verden a. d. Aller   *Reg.-Bez. Stade*   570 □ 11
Bischof Yso ließ im frühen 13. Jh. die ANDREASKIRCHE errichten und einen Chor aus dem 12. Jh. mit einbeziehen. Eine wertvolle Messinggrabplatte (13. Jh.) erinnert an den Erbauer.
DOM Ein mächtiges Kupferdach krönt die dreischiffige Domkirche mit Bauteilen aus dem 12. bis 15. Jh., der Helm des romanischen Turms überragt die Anlage kaum. Hohe gotische Maßwerkfenster geben der weiträumigen Halle Licht, darin ein gotischer, reich geschnitzter Levitenstuhl und aus Marmor und vergoldetem Sandstein das Hochgrab des Bischofs Philipp Sigismund (16. Jh.). Kreuzgang des 13. mit Säulen des 12. Jh. Aus dem 12. Jh. stammend, ist die JOHANNISKIRCHE einer der ersten backsteinernen Gewölbebauten Niedersachsens. Erweiterungen im 15. Jh., aus dieser Zeit Triumphkreuz und Sakramentshäuschen. Italienischer Stuck (1623) am Chorbogen.
Das MUSEUM der Reiterstadt zeigt viele Dinge, die auf das Pferd Bezug haben.

Veringendorf   *Reg.-Bez. Tübingen*   608 □ 10
KATH. PFARRKIRCHE ST. MICHAEL Tonnengewölbter frühromanischer Chor mit Flankentürmen, 1689 verändert, und barocker Langhaussaal (1723). Gotische Decken- und Wandmalerei, um 1330. Gute gotische Figuralplastik.

Veringenstadt   *Reg.-Bez. Tübingen*   608 □ 10
Von der BURG der Grafen v. Veringen gut erhalten die romanische Peterskapelle (12. Jh.) mit gotischen Wandmalereien (1505). KATH. ST.-NIKOLAUS-KIRCHE (1862) mit Turmunterbau des 13. Jh. und schönem Stufenportal. Im RATHAUS (um 1500) getäfelte gotische Räume und Heimatmuseum (Eiszeitfunde).

Veynau   *Reg.-Bez. Köln*   583 ■ 3
BURG Im 14. und 15. Jh. als starke Sperrfestung im Veybachtal errichtete dreiteilige Wasserburganlage, Hochschloß mit zwei Flankiertürmen und zwei weitläufige bastionenbewehrte Vorburgen, diese seit 1708 Ruinen.

Victorbur   *Reg.-Bez. Aurich*   560 ■ 1
Die KIRCHE ST. VICTOR, ein prächtiger und großer Backsteinbau, hat ihre spätromanische Bauweise am besten an der Nordseite bewahrt. Gute Ausstattung des 17./18. Jh.

Vierzehnheiligen   *Oberfranken*   595 □ 1
WALLFAHRTSKIRCHE Zwischen den alten Frankenstädtchen Lichtenfels und Staffelstein liegen auf den nördlichen Ausläufern des Fränkischen Jura die beiden Kirchen von Banz und Vierzehnheiligen. Ihre doppeltürmigen Fronten beherrschen das Maintal, wobei Vierzehnheiligen, in einer langwierigen Entwicklung 1743–72 entstanden, auf die Lage des älteren Baus am nördlichen Flußufer ausgerichtet wurde. An die Stelle der bescheide-

GNADENALTAR DER WALLFAHRTSKIRCHE VIERZEHNHEILIGEN

Einem Schäfer erschienen in den Jahren 1445–46 das Jesuskind und die vierzehn Nothelfer zu mehreren Malen. Dieser frommen Vision setzte Johann Michael Küchel ein ebenso geniales wie üppiges Denkmal in dem vollkommen frei stehenden Gnadenaltar der berühmten Wallfahrtskirche. Die schwingenden, züngelnden Stukkaturen sind ein Meisterwerk, das die Brüder Johann Michael und Franz Xaver Feuchtmayer nach 1764 schufen.

nen Kapellen, die der Wallfahrt zum Erscheinungsort der vierzehn Nothelfer seit 1445/46 genügt hatten, tritt damit die schönste der in Franken erhaltenen Kirchen von Balth. Neumann. Der Außenbau in leuchtend goldfarbenem Sandstein ist von fast klassizistischer Ruhe und läßt mit den abgestuften Dächern auf eine dreischiffige Querhausbasilika schließen. Nur die Fassade stellt sich in reicher Bewegtheit dar. Das Innere ist in einem zarten, tänzerischen Schwebezustand gehalten. Der Grundriß – er läßt sich an den Basen der Träger und in der Gesimszone ablesen – ordnet drei Längsovale an, die mit zwei kleineren Querovalen und den beiden Kreisformen der Kreuzarme verschmelzen. Der Ingenieurarchitekt Balth. Neumann hat seine komplizierten mathematischen Berechnungen in Gebilde von schwereloser Schönheit verwandelt. Die Räume durchdringen einander, scheinen sich ohne Grenzen ins Unendliche zu dehnen und zu öffnen. Die Seitenschiffe sind zu schmalen, gebogenen Umgängen geworden. Sie tragen die kurvierten Emporen, über denen schlanke Brücken die Verbindung von den Außenwänden zu den Innenpfeilern herstellen. Zentrum ist der Gnadenaltar von Joh. Mich. Küchel, ein durchhöhltes, nach allen Seiten aussprühendes Gebilde, grottenähnlich von einem Baldachin überwölbt, auf dessen Podesten und Voluten sich die vierzehn Nothelfer niedergelassen haben. Figuren und Ornament in hervorragend leichtem Stuck arbeiteten Joh. Mich. Feuchtmayer und Joh. Georg Üblherr. Die Abstimmung der Farben mit den

Marmorierungen der Architekturglieder ergibt einen Zusammenklang von erlesener Zartheit und Eleganz.

Vilgertshofen *Oberbayern* 609 ▪ 1
WALLFAHRTSKIRCHE Der Zentralbau wurde seit 1686 nach oberitalienischen Vorbildern aufgeführt. Sein weiträumiges Inneres enthält reiche Stukkaturen von Joh. Schmuzer und Fresken mit alt- und neutestamentlichen Szenen, die in der Chorwölbung von Joh. Bapt. Zimmermann.

Villingen *Reg.-Bez. Freiburg i. Br.* 607 ▪ 11
Das ALTE RATHAUS, mit ursprünglich offener Kaufhalle im Erdgeschoß, mit hohem Staffelgiebel, Treppenturm mit Renaissanceportal gegenüber der Westseite des Münsters, beherbergt das reiche Heimatmuseum. Nebenan liegt das jetzige RATHAUS aus der Barockzeit. Das Pfarrhaus an der Nordseite des Münsterplatzes ist ein spätgotischer barockisierter Bau.
Das MÜNSTER ist eine flachgedeckte Pfeilerbasilika romanischen Ursprungs, von der bei einem Brand das Süd- und Westportal und ein Säulenpaar sowie die Turmuntergeschosse verschont blieben. Sie flankieren in der Breite der Seitenschiffe den gotischen Chor. Im Inneren gute Stuckierung des 18. Jh. Gotische Plastiken.
Der innere Ring der ehemals doppelten STADTMAUER mit Pulver-, Kaiser- und Romäusturm, dazu drei Stadttoren, ist noch gut erhalten.

Vilseck *Oberpfalz* 596 ■ 7
Von der Befestigung sind Teile der Stadtmauer und das reizvolle Obertor (14. Jh.) stehengeblieben. EHEM. SCHLOSS Malerisch gruppieren sich die Bauten des 18. Jh. um den alten Bergfried (14. Jh.). PFARRKIRCHE mit spätgotischem Chor, Turm und barockem Langhaus. In der Sakristei eine Kreuzigungsgruppe aus Nymphenburger Porzellan nach einem Modell von Franz Anton Bustelli (1760).

Vimbuch *Reg.-Bez. Karlsruhe* 599 □ 3
KATH. PFARRKIRCHE Vom Schöpfer der Schreinfiguren des berühmten Isenheimer Altars stammen gotischer Schrein und zwei Figuren eines Altars, 1506.

Vinsebeck *Reg.-Bez. Detmold* 577 □ 2
WASSERSCHLOSS Nach 1720 entstand die vornehme Barockanlage der Grafen von Wolff-Metternich. An den vier Ecken der Insel Rondelle, die auf der Zufahrtsseite zu entzückenden Rundpavillons hochgezogen sind. Im Inneren des Schlosses schöne alte Ausstattung.

Virneburg *Reg.-Bez. Koblenz* 584 □ 8
RUINE einer Burg aus dem 15. Jh. Unterhalb eine Kapelle (1695) mit Barockausstattung.

Virnsberg *Mittelfranken* 595 ■ 7
Die EHEM. DEUTSCHORDENSBURG, an zwei Seiten von Wassergräben umgeben, überragt der mächtige achteckige Bergfried mit welscher Haube. Von der unteren Burg führt eine Auffahrtsrampe zum mittleren Hof, der wie der Torzwinger mit den zwei Spitzbogentoren aus dem 15. Jh. stammt. Zwei Geschütztürme des 16. Jh. sind erhalten.

Visbek *Verw.-Bez. Oldenburg* 569 ■ 11
Zu den größten Grabstätten der Jungsteinzeit in Norddeutschland gehören der VISBEKER BRÄUTIGAM von über 100 und die VISBEKER BRAUT von über 80 Meter Länge.

STEINGRAB BEI VISBEK
Die vielen stein- und bronzezeitlichen Grabstätten der Gegend gehören zu den wichtigsten vorgeschichtlichen Stätten in Deutschland. Hier das Ostende des „Visbeker Bräutigam" genannten, 110 Meter langen Grabes. Die „Visbeker Braut" genannte Begräbnisstätte ist nur 80 Meter lang. Im Gegensatz zu den Dolmen, die Einzelgräber sind, haben wir es hier mit Sippengräbern oder sogar Gräbern für ganze Dorfgemeinschaften zu tun.

SCHLOSS FRIEDRICHSBURG, VOHENSTRAUSS
So wechselvoll wie die lange Geschichte des Ortes, der zahlreiche Herrschaften über sich ergehen lassen mußte, ist die Vergangenheit des Renaissanceschlosses nicht. Pfalzgraf Friedrich III. ließ 1568 mit dem Bau beginnen, und seine Witwe bewohnte den stattlichen Bau mit seinen sechs Rundtürmen noch bis zu ihrem Tode 1608 – von da an gab er den verschiedensten Amtspersonen und Ämtern Unterkunft.

Vohburg *Oberbayern* 603 ■ 9
BURGRUINE Herzog Albrecht III. vermählte sich hier 1432 mit der schönen Augsburger Bürgertochter Agnes Bernauer. Der Zerstörung 1641 durch die Schweden sind nur die weitläufigen Umfassungsmauern (13. Jh.) und der Torbau (13./15. Jh.) entgangen.

Vohenstrauß *Oberpfalz* 596 □ 3
SCHLOSS FRIEDRICHSBURG ist eine stattliche Renaissanceanlage (Ende 16. Jh.) mit hohen geschweiften Giebeln und sechs kräftigen Rundtürmen an Ecken und Langseiten.

Volkach *Unterfranken* 594 □ 2
Rings um das Weinstädtchen an der berühmten Mainschleife der Vogelsburg bewachen hohe Tortürme die Einfahrten. Inmitten der malerische Marktplatz mit Marienbrunnen und erkergeschmücktem Rathaus von 1544, gute Bürgerhäuser des 16.–18. Jh. und eine stattliche Pfarrkirche. Die WALLFAHRTSKIRCHE ST. MARIA IM WEINGARTEN erhebt sich hoch über der Stadt, eine Kapelle, die nach längerer Bauzeit um 1520 beendet wurde. Gnadenbild ist eine ergreifende Pietà, um 1400. Vor dem Chor hängt ein großer holzgeschnitzter Rosenkranz, in dem, von Engeln umgeben, die Madonna schwebt, eines der kostbarsten Werke von Tilman Riemenschneider, 1521–24 entstanden.

Volkmarsen *Reg.-Bez. Kassel* 577 □ 4
ist zum Teil noch befestigt. Neben Fachwerkhäusern gibt es gotische Steinhäuser, Rathaus, 14. Jh. Von der um 1200 gegründeten Kugelsburg stehen noch Ruinen von Wohnturm und Bergfried. Die PFARRKIRCHE ST. MARIA mit schönen Portalen ist eine gotische Anlage in romanischer Ausformung.

Vollmerz *Reg.-Bez. Darmstadt* 586 ■ 6
BURGRUINE STECKELBERG Berühmt als Geburtsstätte
Ulrich von Huttens. Von der großen Erneuerung
des frühen 16. Jh. sind nur geringe Reste mit
einem Geschützturm erhalten.
SCHLOSS RAMHOLZ Neben dem kleinen Renaissance-
schlößchen erhebt sich das große Neurenaissance-
schloß, ein interessantes Zeugnis des aufwendigen
Historismus der Wilhelminischen Epoche.

Vornbach *Niederbayern* 605 □ 8
EHEM. BENEDIKTINERKLOSTERKIRCHE MARIÄ HIMMEL-
FAHRT Der schlichte Bau aus dem 17. Jh. hat Seitenkapellen und eine bewegte, von zwei Türmen
mit Barockhelmen eingerahmte Fassade, die erst
1770 entstand. Das frühe Rokoko überzog 1728 bis
1733 das einschiffige Innere mit heiteren Stukkaturen
und farbenfrohen Fresken. Teilweise bis ins 12. Jh.
geht die reiche Ausstattung in den Seitenkapellen
zurück. Südlich der Kirche erstrecken sich die
zweigeschossigen Trakte des ehemaligen Klosterge-
bäudes (um 1700).

Vossenack-Simonskall *Reg.-Bez. Köln* 583 ■ 12
Wegen ihrer abgeschiedenen Lage wurden die
WOHNHÖFE, 17. Jh., befestigt. Unter den drei noch
erhaltenen ist der Hof der Familie Cremer von
1643, die Burg, am eindrucksvollsten.

Vreden *Reg.-Bez. Münster* 567 □ 4
Im HAMALANDMUSEUM, einem Bau von 1675, interessante Funde von Vorgängerbauten der Kirchen.
Die 1945 zerstörte KATH. PFARRKIRCHE ist so wieder
aufgebaut, daß die alten Plastiken voll zur Geltung
kommen, vor allem der berühmte Antwerpener
Klappaltar (um 1520) mit meisterhaft geschnitzten
Bildern. Im Kryptenraum ausgegrabene Teile von
zwei früheren Kirchen (9.–11. Jh.).
Der Bau der STIFTSKIRCHE begann im 11. Jh. mit
der Krypta, deren Säulen überaus kunstreich im
Stil der Romanik verziert sind. Spätromanisch das
schöne Stufenportal. Von etwa 1700 das Grabmal
der Äbtissin v. Manderscheid.

Vussem *Reg.-Bez. Köln* 583 ■ 3
Die nach Köln führende römische Wasserleitung
überquerte hier als AQUÄDUKT auf 13 Pfeilern das
Tal. Nach der Ausgrabung von zwei Pfeilerresten
1959 wurde die Anlage teilweise rekonstruiert.

W

Waalhaupten *Schwaben* 609 ■ 12
FRIEDHOFSKAPELLE ST. MICHAEL, gotisch, mit schönen
Wandfresken aus der Erbauungszeit. Im Turm eine
alte Einsiedlerklause.

Wäschenbeuren *Reg.-Bez. Stuttgart* 601 ■ 10
WÄSCHERSCHLÖSSCHEN Im Hof des sechseckigen, in
Buckelquaderwerk ausgeführten Berings (13. Jh.)
liegt der hübsche Fachwerkaufbau (1699) des
Wohnhauses (Museum).

Waghäusel *Reg.-Bez. Karlsruhe* 593 □ 7
WALLFAHRTSKIRCHE ST. MARIA Der von Balthasar
Neumann entworfene Gnadenaltar birgt eine stei-
nerne Muttergottesfigur aus dem 15. Jahrhundert.

Wahlscheid *Reg.-Bez. Köln* 584 ■ 11
HAUS AUEL Barockbau von 1763, die stilistisch an-
geglichenen Nebenflügel entstanden im 20. Jh. In
der Kapelle Altar von etwa 1775.

Waiblingen *Reg.-Bez. Stuttgart* 601 □ 9
Teile der zumeist überbauten Stadtmauer mit über-
decktem Wehrgang, Hochwachtturm und Bein-
steiner Torturm (1491) mit dem Wappen des Grafen Eberhard im Bart sind erhalten.
MICHAELSKIRCHE (1480–89) An das mächtige Turm-
quadrat mit hohem achteckigen Aufsatz lehnt sich
das niedrige netzgewölbte Langhaus, ein Hallenbau mit überhöhtem Mittelschiff. Der kreuzgewölbte Chor erscheint älter. Im Innern fallen die
Kanzel (1484) und ein Steinrelief des Erzengels
Michael auf.
NONNENKIRCHLE Das Untergeschoß der Beginen-
kapelle (1496) diente als Beinhaus. In der Oberkirche entzückt das feine Netzgewölbe.

Wain *Reg.-Bez. Tübingen* 608 □ 1
Die EV. PFARRKIRCHE von 1582, umgebaut 1687,
prägnantestes Beispiel Oberschwabens für einen
protestantischen Predigtsaal. Kanzel, Altar, Taufstein sind als liturgische Zentren herausgestellt.

Walberberg b. Sechtem *Reg.-Bez. Köln* 583 □ 2
KITZBURG Das Herrenhaus von 1761 liegt auf einer
ummauerten Insel, hübscher Barockgarten.

Wald *Reg.-Bez. Tübingen* 608 □ 9
EHEM. ZISTERZIENSERINNENKLOSTER (heute Internat).
Im wesentlichen barocke Anlage mit älteren Bauteilen (Jennerbau, 16. Jh.). Besonders sehenswert
die 1696–98 von Franz Beer errichtete Kirche, deren
schmales Langschiff nach 1751 eine ungewöhnlich
reich stuckierte und gemalte Ausstattung erhielt. Im
Kreuzgang Gewölbe mit verzierten Rippen aus gebranntem Ton. Schöne Stukkaturen im Prälaten-
saal des Westflügels der Konventsbauten.

Waldbach *Reg.-Bez. Stuttgart* 601 □ 11
EV. PFARRKIRCHE Der Chor aus gotischen Formen
verändert, gotische Wandmalereien. Das hallenartige Schiff (1616) mit protestantischer Ausmalung. Schöne Kanzel.

Waldburg *Reg.-Bez. Tübingen* 608 ■ 7
SCHLOSS Die am besten erhaltene Ritterburg Oberschwabens thront auf der höchsten Kuppe des
Landes. Vom 776 Meter hohen Altan geht der
Blick südwärts über den Bodensee bis zu den Alpen. Um den malerisch verwinkelten Hof gruppieren sich Palas, Kapelle und Gesindehaus, rundum
von der Ringmauer umschlossen. Der Stammsitz
der Truchsessen von Waldburg, nach den Bauernkriegen 1525 wieder aufgebaut und seitdem nicht
mehr verändert, bewahrt in den niederen, engen
Räumen des Wohnbaues und im repräsentativen
Rittersaal die alten Vertäfelungen, Kassettendecken,
Ahnenbilder, Möbel und Waffen.

Waldeck *Reg.-Bez. Kassel* 577 □ 4
BURG Der Zugang über den Bergsattel von der
Stadt her wird von einer wuchtigen Bastion, dem

Hexenspund, beherrscht. Torturm und Hauptbau wurden im 16. Jh. erbaut.

PFARRKIRCHE Spätgotische, kurze asymmetrisch-zweischiffige Halle. Im Chor ein Flügelaltar (um 1500).

Waldenbuch *Reg.-Bez. Stuttgart* 600 □ 3
EV. STADTKIRCHE Schlichter Rechtecksaal in gotisierender Renaissance (1606) unter bemalter Flachdecke. Das SCHLOSS, eine hufeisenförmige Anlage von 1562, wurde 1717 barock umgebaut und erweitert. Schöne Wendelstiege von 1566.

Waldenburg *Reg.-Bez. Stuttgart* 601 □ 12
EV. STADTPFARRKIRCHE Hallenkirche von 1589–94. Rippen der Chorgewölbe über Maskenkonsolen. Schöner Orgelprospekt von 1717 ins Chorhaupt mit Empore eingeordnet. Beachtliches Grabmal für Phil. Gottfr. v. Hohenlohe (gest. 1679).
SCHLOSS Im Kern staufisch. Die Barockgebäude nach 1945 wiederhergestellt. Die Schloßkirche ist ein Barockbau von 1783.

Walderbach *Oberpfalz* 604 □ 10
Die EHEM. KLOSTERKIRCHE wurde im 12. Jh. erbaut. Die barocken Veränderungen entstammen dem 17. und 18. Jh., so der Chor, der elegante Zwiebelhaubenturm und die breiten Langhausfenster. Betritt man das Innere, fühlt man sich ein halbes Jahrtausend zurückversetzt. Von der Vorhalle führt ein romanisches Portal, dessen Bogenwülste auf je zwei kannelierten Säulen ruhen, ins Langschiff, das rundbogige Arkaden von den schmalen Seitenschiffen trennen. Die schweren Gewölberippen und -gurte sind mit feinen, dekorativen Malereien geschmückt. Altäre, Kanzel und Orgelprospekt des 18. Jh.

KLOSTERKIRCHE, WALDERBACH
Zisterziensern ist der Bau der Klosterkirche zu danken. 1143, etwa 50 Jahre nach der Gründung des Ordens, zogen sie, wahrscheinlich aus Maulbronn kommend, in das frühere Augustinerchorherrenstift ein. 1428 plündern die Hussiten das Kloster, und nach Reformation und Bildersturm wird es von den Mönchen verlassen. Erst 1669, fast ein Jahrhundert später, kehren sie zurück.

FIGUR IN DER STIFTSBIBLIOTHEK, WALDSASSEN
Wenn in der Bibliothek des Zisterzienserinnenklosters St. Johannes die Galerie von geschnitzten Atlanten getragen wird – was tut dann ausgerechnet ein Schweinemetzger unter ihnen (unser Bild)? Nun, diese Figuren sollen die Entstehung eines Buches bezeichnen. Und da ja so mancher Band in Schweinsleder gebunden ist ... Ein herzhafter Humor hat dem gestaltenden Meister – Karl Stilp – bei seiner Arbeit die Hand geführt. Die Geländer der Galerie und die Umrahmungen der Regale sind ebenfalls mit reichem Schnitzwerk versehen; das Gewölbe schmücken Stuckornamente und Fresken. Insgesamt gehört der 1726 fertiggestellte Raum zu den schönsten des deutschen Barock.

Waldkirch *Reg.-Bez. Freiburg i. Br.* 606 □ 2
KASTELLBURG, um 1250 erbaut. Bergfried, ausgedehnte Ruinen des Palas und der Nebengebäude sind erhalten.
EHEM. STIFTSKIRCHE ST. MARGARETHA Die Kirche wurde in den Jahren 1732–34 erbaut. Nur Wandpilaster gliedern den saalartigen Kirchenraum. Das Querhaus tritt kaum hervor, ist aber durch eine Kuppel im flachen Gewölbe betont. Ausstattung im Stil des Rokoko.

Waldmannshofen *Reg.-Bez. Stuttgart* 594 □ 4
Das EHEM. WASSERSCHLOSS (Rathaus), ein unregelmäßiger Renaissancebau (1544, 1640) mit Volutengiebeln, beherbergt ein Feuerwehrmuseum.

Waldsassen *Oberpfalz* 596 □ 2
ZISTERZIENSERINNENKLOSTER, 1131 gegründet. Nach Kriegsverwüstungen und Bildersturm wurde die barocke Neubau nach Entwürfen eines Pragers unter der Leitung Georg und Chr. Dientzenhofers erstellt. Sechs Geschosse ist die Fassade hoch, klein und gedrungen wirken darüber die Turmaufsätze mit Zwiebelhauben und Laternen. Festlich das Innere: Eine lange, breite, von ovalen Kuppeln überwölbte Straße führt auf den Altar aus rotem und schwarzem Marmor zu. Üppiger Stuck von Giov. Batt. Carlone unterstreicht die Wirkung der

Architektur. Barocke Phantasie und Schmuckfreude schuf das Chorgestühl mit Putten, Apostelfiguren und Medaillons. – Eine kostbare Sehenswürdigkeit ist die elegant stuckierte und ausgemalte Bibliothek. Um die drei fensterlosen Seiten läuft eine kunstvoll geschnitzte Galerie, die von zwölf lebensgroßen Holzfiguren gestützt wird.

Waldshut *Reg.-Bez. Freiburg i. Br.* 607 □ 8
Reste der starken Befestigung am Rheinufer mit Turm und oberhalb der Stadt mit Rundturm und dem Luginsland sind erhalten. Das prächtigste Gebäude ist das Rathaus aus dem 18. Jh., weiter westlich liegt die Metzig, ein Renaissancebau, heute Heimatmuseum mit wertvoller vorgeschichtlicher und geschichtlicher Sammlung.

Walkenried *Verw.-Bez. Braunschweig* 579 ■ 9
EHEM. KLOSTER Getreu der Ordensregel wirkten die hier seit dem 12. Jh. ansässigen Zisterzienser als Kolonisatoren, beteiligten sich am Bergbau des nahen Harzes und legten über 300 Fischteiche an. Mit dem Bauernkrieg begann der Verfall, und so geben nur einzeln stehende, gewaltige Ruinenteile einen Eindruck von einstiger Pracht und Größe der Kirche, die 1290 geweiht worden war. Vom Westportal aus übersieht man die Länge der Basilika, die mit 83 Meter für ihre Zeit einmalige Ausmaße hatte. Besser erhalten die übrigen Klostergebäude, vor allem der schöne gotische Kreuzgang mit dem Brunnenhaus von etwa 1350, dem inzwischen Brunnen und Wölbung fehlen. Im älteren zweischiffigen Nordflügel (13. Jh.) Säulenkapitelle mit Pflanzenornamenten. Der Kapitelsaal ist heute ev. Kirche (geschnitzte Kanzel von 1662).

Walldürn *Reg.-Bez. Karlsruhe* 594 □ 9
Die WALLFAHRTSKIRCHE HL. BLUT, eine doppeltürmige Basilika, wurde 1648–1714 errichtet. Im Inneren umfängt den Betrachter eine barocke Farb- und Formenpracht. Der breite, mächtige Hauptraum, über den sich in jedem Gewölbejoch ein illusionistisches Kuppelfresko wölbt, scheint sich nach oben ins Unendliche zu weiten. Zarter, lichter Stuck zieht sich über die Wände. Festlicher Höhepunkt: der lichte Hochaltar im Chor. Prachtvoller Orgelprospekt mit Figurenschmuck. Die Gnadenstätte ist der Heiligblutaltar im nördlichen Querschiffarm, ein vielteiliger Aufbau aus Sandstein und Alabaster, der in einem Silberschrein die Reliquie birgt.

Wallenhorst *Reg.-Bez. Osnabrück* 569 □ 9
Die dreischiffige romanische ALTE DORFKIRCHE (12. Jh.) wurde im 13. Jh. eingewölbt und erweitert. Hübsche bäuerliche Ausstattung, Kanzel aus dem 18. Jh.

Wallerstein *Schwaben* 602 ■ 10
Im Ries, auf unvermittelt aufsteigendem Fels, liegt das Schloß, zu Füßen das gleichnamige Städtchen. Reizvolle Beamtenhäuser (17. und 18. Jh.) geben dem Ort das Gepräge einer ländlichen Residenzstadt. Das alte Schloß, ringförmig gewachsen, wurde 1648 zerstört. Das NEUE SCHLOSS, im frühen 16. Jh. begonnen, ist erst durch den letzten Umbau 1805 aus zahlreichen Einzelbauten zu einer einheitlichen Dreiflügelanlage zusammengewachsen. Hübsche Schloßkapelle St. Anna (15. Jh.), eindrucksvoll die Reitschule (1751). 1810 entstand im Park das heiter-frühbiedermeierliche Moritzschlößchen.

Walleshausen *Oberbayern* 609 □ 1
PFARRKIRCHE MARIÄ HIMMELFAHRT Spätgotisch, um 1732 umgestaltet. Feine Stuckierungen von Franz Xav. Feuchtmayer. Im Hochaltar spätgotische Muttergottes; Rokokoaltar und Kanzel.

Walsrode *Reg.-Bez. Lüneburg* 570 □ 12
In ummauertem Bezirk das KLOSTER (Damenstift) mit freundlichen Häusern des 18. Jh. Backsteinklosterchor mit gotischen Glasfenstern an der Kirche von 1850. Abendmahlsgruppe des 16. Jh. im Altar (1750), Stifterfigur und origineller Reliquienschrein aus dem 14. Jh.

Wanfried *Reg.-Bez. Kassel* 578 □ 4
Die Fachwerkhäuser an der Marktstraße schließen sich zu einem prachtvollen Bild zusammen, mit hohen Giebeln und Dacherkern, steinernen Hofportalen, reich in der Fachwerkgliederung mit geschnitzten Gesimsen, voran das Rathaus (mit Heimatmuseum: Erzeugnisse Wanfrieder Keramik, 17. Jh.).

Wangen *Reg.-Bez. Tübingen* 608 ■ 5
KATH. GOTTESACKERKIRCHE Kleiner Saalbau von 1593 mit Sterngewölbe im Chor. Holzdecke mit Malereien von 1598.

RAVENSBURGER TOR, WANGEN

Das Traditionsbewußtsein der Bürger Wangens drückt sich in den stadtgeschichtlichen Malereien an Toren, Hausmauern und Türmen aus. Das Ravensburger Tor, einst Bestandteil der Stadtmauer und Anfang des 17. Jh. aufgestockt, zeigt links neben der Muttergottes (zu ihren Füßen das Stadtwappen) den Stadtgründer Kaiser Friedrich II., einen Falken auf der Faust, und das staufische Wappen. Rechts Kaiser Ferdinand I., der 1563 die Stadt besuchte, darunter der Doppeladler. Die Malereien sind im 16.–19. Jh. entstanden.

KATH. PFARRKIRCHE Spätgotische Basilika über Rundpfeilern (um 1468) mit netzgewölbtem Chor. Die Ausstattung großenteils Renaissance und Barock. RATHAUS mit reich geschmückter Giebelfassade (1719–21). Einen besonderen Reiz erhält der Baukomplex durch den einbezogenen gotischen Pfaffenturm aus dem 14. Jh.
SPITALKIRCHE Flachdeckensaal (1719–21) mit tonnengewölbtem Chor und guter Ausstattung des 17.–18. Jh., Madonnenstatue von 1622.
Von der EHEM. STADTBEFESTIGUNG hervorragend das Ravensburger Tor mit runden Eckerkern und das Lindauer Tor mit Wasserspeiern, beide spätgotisch.

Wannweil *Reg.-Bez. Tübingen* 600 □ 4
EV. KIRCHE Von der lombardischen Beispielen nachgebildeten einschiffigen Kirche des frühen 12. Jh. nur Teile der Westfront erhalten. Chor spätgotisch, Schiff 1899–1901 umgebaut.

Warburg *Reg.-Bez. Detmold* 578 □ 9
Die sich reizvoll an den Hängen des Diemelufers hinaufziehende Stadt besitzt drei Kirchen von Rang: Die ALTSTÄDTER KIRCHE (Marienkirche), Ende des 13. Jh. errichtet, ein gedrungener frühgotischer Bau mit reich gearbeiteten Portalen und vielseitiger Ausstattung. Besonders schön, vielfältig im Aufbau und reich an Ornament, ist das silberne Altarkreuz, das ein Warburger Bürger um 1580 schuf.
DOMINIKANERKIRCHE – ursprünglich romanisch, um 1300 und 1660 erweitert – hat eine spätgotische Kanzel und einen aufwendigen barocken Hochaltar.
NEUSTÄDTER KIRCHE (Johanniskirche) aus dem 13. Jh., eine kurze niedrige Halle mit hohem spätgotischem Chor, den innen eine Reihe bedeutender Figuren (15. Jh.) ziert.
Das hübsche RATHAUS, mit vierbogiger Laube (einst Durchfahrt), wurde 1568 erbaut, Fachwerkaufbau 1902.

INNFRONT, WASSERBURG
Die Salzstraße führte über diese Brücke, und all die Wagen, die von Reichenhall nach München fuhren, mußten der Stadt Abgaben leisten. Pfennige nur, doch sie summierten sich. Ein weiterer wichtiger Handelsweg war bis zum Aufkommen der Eisenbahn der Inn, stromauf wurden die Schleppzüge von Pferden gezogen. Links die spätgotische Pfarrkirche St. Jakob, hinter dem Brucktor die Heiliggeistspitalkirche (Ende 15. Jh.) und die Frauenkirche.

Warendorf *Reg.-Bez. Münster* 576 □ 2
In der ALTEN PFARRKIRCHE, einer gotischen Hallenkirche des 15. Jh. mit neugotischem Turm, steht auf dem Hochaltar die Mitteltafel des einst größeren Warendorfer Altars, die kostbare Arbeit eines Nachfolgers des Konrad von Soest (um 1420–30). Ursprünglich zeigte der breite Flügelaltar 16 Darstellungen, von den neun Bildern der Seitenflügel sind einige in Museen, andere im Kunsthandel.
Das HAUS HARMONIE birgt einen vornehm gestalteten klassizistischen Festsaal (1811).
MARKTPLATZ Patrizierhäuser mit verschiedenartigen oftmals recht schwungvollen Giebelverzierungen zeugen vom städtebaulichen Sinn der Bürgerschaft im 17. und 19. Jh.

Warstein *Reg.-Bez. Arnsberg* 577 ■ 8
HEIMATMUSEUM Im schloßartigen Haus Kupferhammer (18./19. Jh.) eine wertvolle Sammlung gotischer Steinfiguren.

Wartenberg *Oberbayern* 603 ■ 5
FRIEDHOFSKIRCHE ST. GEORG Der spätgotische Backsteinbau, ehemals Altarraum einer Pfarrkirche, umschließt einen wertvollen spätgotischen Flügelaltar (um 1510).

Warthausen *Reg.-Bez. Tübingen* 608 ■ 12
SCHLOSS Bei Biberach, am Ufer der Riß, steht der wuchtige Kastenbau mit wehrhaften Ecktürmen. Hier, am Musenhof des Grafen Stadion, war der junge Wieland häufig zu Gast. An seinen Aufenthalt erinnern der Wielandturm und ein Wielandzimmer.

Wasseralfingen *Reg.-Bez. Stuttgart* 601 □ 3
Die KATH. ST. STEPHANSKIRCHE von 1353, 1530 spätgotisch erweitert und später verändert, birgt einen schönen Flügelaltar (1530).
SCHLOSS Vielfach abgeänderte Vierflügelanlage an der Stelle einer Wasserburg des 14. Jh. Die schlichten Gebäude umstehen das regelmäßige Viereck des Binnenhofs.

Wasserburg *Oberbayern* 610 □ 2
Der berühmte alte Ort liegt malerisch in einer engen Flußschlinge des Inns. Als Handels- und Umschlagplatz blühte er im späteren Mittelalter auf; seine Bürgerhäuser und Kirchen zeigen es bis heute. Das Brucktor ist in die prächtig geschlossene Häuserzeile am Ufer eingefügt. Die breiten, über den Grabendächern hochgezogenen Fronten zeigen die Inn-Salzach-Architektur. Vielfach öffnen sie sich in Bogenfenstern und Loggien zum Fluß, über ihnen die hohen Stufengiebel der Burg und des Rathauses, die kompakte Baumasse von St. Jakob, der schlanke Turm der Frauenkirche. Die Straßen sind von Laubengängen gesäumt, Erkern, Hauszeichen und Figurenwerk geschmückt. Viele Häuser besitzen Arkadenhöfe.
BURG Seit 1531 beherrschen die Stufengiebel von Palas und Zehntkasten die schmale Landbrücke zur Innschleife. Sie bilden mit der Schloßkapelle St. Ägidien und der Michaelikirche reizvolle Architekturbilder. Im Innern der Burg drei netzgewölbte Gänge übereinander, verbunden durch gradläufige Treppen.
FRAUENKIRCHE Der dreischiffige Bau des 14. Jh. wurde 1735 barock umgestaltet. Im Zentrum des Hochaltars eine schöne Madonna des Weichen Stils, um 1420.

ROLAND, WEDEL
Die Rolandsfigur symbolisierte Marktgerechtigkeit als ein besonderes Privileg. Und das am Nordufer der Elbe gelegene Wedel blühte durch Ochsenmärkte wirtschaftlich auf, im 17. Jh. wurden bis zu 30 000 Stück jährlich aufgetrieben. Damals stand schon die bunte Sandsteinfigur. Daß sie einen Vorgänger hatte, der aus Holz und von den Grafen von Schauenburg gestiftet worden war, ist zu vermuten.

HEIMATMUSEUM Im Herrenhaus, einem spätgotischen Gebäude, befindet sich eine der reichsten Sammlungen bayerischer Bauernmöbel.
RATHAUS Seine Stufengiebel, durch spätgotische Fenster und Blendbögen gegliedert, beherrschen die Nordseite des Marienplatzes. 1457 erbaut, stellt es eines der wenigen Beispiele für die Zusammenfassung der wichtigsten sozialen Funktionen in einer mittelalterlichen Stadt dar: Es war Ratsstube, Kornspeicher, Brothaus und Tanzhaus. Im Brothaus befindet sich noch heute ein gemeinsamer Verkaufsstand aller Bäcker der Stadt. Die Kleine Ratsstube weist eine geschnitzte Balkendecke und Wandmalereien des 16. Jh. auf. Gegenüber, an der Südseite des Platzes, das HAUS KERN. Die glanzvolle, über sechs Arkaden hochsteigende Fassade mit vier Erkern wurde 1740 von Joh. Bapt. Zimmermann stuckiert. Etwas weiter westlich der mit dem Heilig-Geist-Spital malerisch verwinkelte Zugang zum Brucktor.
STADTPFARRKIRCHE ST. JAKOB Die reiche Stadt holt sich den großen Landshuter Stadtbaumeister Hans Stethaimer. 1410 beginnt er das Langhaus, eine schlanke dreischiffige Halle mit Seitenkapellen zwischen den Strebepfeilern. Die Sterngewölbe werden von eleganten Polygonalstützen getragen. Nachfolger am Bau ist Stephan Krumenauer. Er errichtet 1445 den Chor. Die gewundenen Reihungen in den Gewölben, das phantastische Ornamentspiel der Rippen tritt hier zum erstenmal in der spätgotischen Architektur auf. Der Turm ist 1478 vollendet. Hervorragend schön ist die mit gefaßten Lindenholzfiguren geschmückte Eichenholzkanzel (1638) der Brüder Martin und Michael Zürn.

Wedel *Schleswig-Holstein* 562 ■ 12
ROLAND Die buntbemalte Sandsteinfigur (wahrscheinlich 1558) ist durch Reichsapfel, Schwert und Krone als Kaiser gekennzeichnet.

Weener *Reg.-Bez. Aurich* 560 ■ 6
Der Ort zeigt alle Charakteristika einer mit dem Wasser verbundenen ostfriesischen Stadt: am Platz „Am Hafen", an der mit Reet bekleideten Holländermühle und an den Straßenbildern des 18. und 19. Jh.
GEORGSKIRCHE Zu den bemerkenswertesten Arbeiten ihrer Art im 16./17. Jh. zählt die mit Intarsien gezierte Kanzel (um 1600). Klangschöne Arp-Schnitger-Orgel (1709) mit kunstvollem Prospekt. Im REIDERLÄNDER HEIMATMUSEUM Teile eines niederländischen Passionsaltars (um 1520) aus Holtgast. Ferner eine Bauernküche aus dem 18. Jh., Wandschränke, Hausgerät, Trachten aus dem Poldergebiet.

Weeze *Reg.-Bez. Düsseldorf* 575 ■ 11
ST. CYRIAKUS Erhalten blieb nach Kriegszerstörungen nur der Chor von 1448, der dem neuen Backsteinbau als Taufkapelle dient. Ein Kruzifixus und eine Muttergottes des 14. Jh. im neuen Chor sind besonders eindrucksvoll.
SCHLOSS WISSEN Ost- und Südflügel der Vorburg, mit schwerem Turm, 14. Jh., das übrige der großen, dicht bebauten Anlage ist barock und neugotisch.

Wegberg-Tüschenbroich *Reg.-Bez. Köln* 575 □ 6
Von dem im 15. Jh. wehrhaft angelegten WASSERSCHLOSS steht ein Teil des Wohnbaus (17./18. Jh.) mit Eckturm. Barock auch eine hübsche achteckige Gnadenkapelle mit mittelalterlicher Muttergottesfigur.

Wehr *Reg.-Bez. Koblenz* 584 ■ 8
KIRCHE Ältester Teil der ehem. Klosterkirche ist der reichgegliederte romanische Turm. Putten umspielen die prächtigen Altäre des Barockbaus (1702).

Wehrda *Kr. Marburg Reg.-Bez. Kassel* 585 ■ 1
KIRCHE Die erhöht gelegene Kirche mit ihrem mächtigen gotischen Wehrturm und ihrem 1775 neu erbauten Schiff birgt einen geschnitzten Altarschrein (um 1500) mit Kreuzigung und Passionsszenen.

Wehrshausen *Reg.-Bez. Kassel* 585 ■ 1
KIRCHE Stimmungsvolle kleine spätgotische Kapelle, geschmückt mit schönen Fischblasenmaßwerkfenstern und bekrönt von einem spitzen Dachreiter; im Inneren dekorative Gewölbemalereien.

Weiden *Oberpfalz* 596 ■ 3
Renaissance und Barock prägen das Bild der Altstadt. Von der Befestigung stehen noch zwei Tore (16. Jh.). Max Reger, 1873 in Brand geboren, verbrachte hier Kindheit und Jugend. Eine Gedenktafel am Haus Allee 22 und ein Raum im Städtischen Museum erinnern an ihn.
Das ALTE SCHULHAUS von 1566 besteht aus acht siebengeschossigen Häusern mit je einem eigenen Treppenaufgang unter einem Dach.
Die EV. PFARRKIRCHE, eine gotische Halle von etwa 1400, wurde im 18. Jh. barockisiert, wobei sie ihren schmucken Turm erhielt. Schöner Renaissanceorgelprospekt.
RATHAUS Fünfgeschossiger Bau mit steilem Giebeldach und achteckigem Turm. An einer Ecke noch Reste des Prangers. Freitreppe von 1915.

RITTERSAAL, SCHLOSS WEIKERSHEIM

Die Jagdleidenschaft des Grafen Wolfgang, der den ersten großen Umbau der hohenlohischen Residenz veranlaßte, gab der 1600–05 entstandenen Saalausstattung das Thema: Jagdszenen, von Balth. Katzenberger nach niederländischen Stichen, schmücken die Felder der überdimensionalen Kassettendecke, und lebensgroße Tierfiguren aus Stuck schauen von den Wänden. Die überschwengliche Dekoration gibt dem zweigeschossigen Raum trotz der repräsentativen Ausmaße Leben und Heiterkeit.

SCHLOSSPARK, WEIKERSHEIM

Wenn Weikersheim auch die Residenz eines kleinen Fürstenhauses war, so wollten die Grafen von Hohenlohe doch nicht auf einen reich ausgestatteten Schloßpark verzichten, wie er im 18. Jh. Mode wurde. Der Garten, den Graf Karl Ludwig in den Jahren 1710–20 anlegen ließ, ist in seiner Einheitlichkeit und im Reichtum des plastischen Schmucks einer der schönsten Barockgärten Deutschlands.

Weihenlinden *Oberbayern* 610 ■ 3

WALLFAHRTSKIRCHE Die dreischiffige Emporenbasilika mit breiter Doppelturmfassade entstand 1657. Sie schließt im östlichen Mittelschiffsjoch die zehn Jahre ältere Gnadenkapelle ein. Beide Seitenschiffe werden von Umgängen begleitet. Im Hochaltar erscheint oben die Trinität, und vor jeder der Figuren steht ein eigener Altar, so daß – ein wohl einmaliger Fall – dem Hochaltar vier Altäre eingegliedert sind. Stuckdekoration und Fresken entstanden 1736. In der 1761 üppig stuckierten Gnadenkapelle hinter dem Hochaltar steht eine Madonna der Zeit um 1500. Diese Mariendarstellung, über der die Dreifaltigkeit thront, kehrt überall in der Kirche wieder, auch in den Wandmalereien und den Votivbildern, die von 1645 an in einer geschlossenen Abfolge erhalten geblieben sind. Die reichste Fassung des Gnadenbildes, von Wunderszenen umkränzt, befindet sich in der achteckigen Brunnenkapelle. Nicht weniger als die sakralen Schöpfungen des höfischen Rokoko ist diese volkstümliche Gnadenstätte ein Juwel Bayerns.

Weikersheim *Reg.-Bez. Stuttgart* 594 ■ 4

SCHLOSS Bedeutender Renaissancebau mit mittelalterlichen Teilen (Bergfried und Wirtschaftsgebäude) und barocken Zubauten (Marstall und die zum Marktplatz weisende Toranlage, 1679–84). Die beiden rechtwinklig zueinander geordneten Renais-

sanceflügel (1595–1605) mit bemerkenswerten Innenräumen, voran der Große Saal mit seinem überreich stuckierten und gemalten Dekor (Jagdszenen). Die Hauptfront des Saalflügels wird gegen den Garten hin in der Dachzone durch fünf große Zwerchhäuser bereichert. Der seit 1709 angelegte Schloßgarten, dessen baulichen Abschluß die eindrucksvolle Säulenarchitektur der Orangerie (1719) bildet, ist mit Gartenplastiken, Wasserspielen, Sitzplätzen nach französischer Art üppig ausgestaltet.
EV. STADTKIRCHE Spätgotischer, einfacher Hallenbau mit drei Schiffen (1419), Netzgewölbe 1617. Die schlichte Ausstattung von protestantischem Geist.

Weilburg *Reg.-Bez. Darmstadt* 585 □ 8
Seit 906 gab es auf dem von einer weiten Lahnschleife umzogenen Felsen eine Burg, in der sich seit dem 12. Jh. Nassauer Grafen festsetzten. Im 16.–18. Jh. entstand eine reizvolle Kleinresidenz.
EV. SCHLOSS- UND STADTKIRCHE Als Teil der barocken Erweiterung des Schlosses 1707–13 errichtet. Der mächtige quadratische Baukörper schließt das Rathaus mit ein. Das weite, lichte, emporenlose Kircheninnere ist von Andr. Gallasini stuckiert; prächtige Schmuckakzente setzen Kanzelaltar und darüberliegende Orgel. Bedeutendster barocker Kirchenbau des Protestantismus in Hessen.
Die 1505 erbaute HEILIGGRABKAPELLE in Erinnerung an eine Jerusalemwallfahrt nach dem Vorbild der Grabeskirche Christi errichtet.
LAHNTUNNEL Als technisches Baudenkmal einzig in Deutschland. 1847 wurde der Schleusentunnel von 300 Meter Länge als Abkürzung der Flußschleife durch den Berg für die Schiffahrt geführt.
SCHLOSS Den Kern bildet das vierflügelige Renaissanceschloß des 16. Jh. Der Hof bietet eine Vielfalt an Bauformen vom rustikalen Fachwerk bis zur edlen Renaissance des nördlichen Arkadenflügels. Im 18. Jh. vergrößerte Jul. Ludw. Rothweil das Schloß zu einer modernen Barockresidenz. Südlich verbindet eine zum Garten halbmondförmig geschwungene Orangerie von 1705 mit der Kirche, nördlich umfaßt auf tieferer Terrasse der lange Prinzessinnenbau von 1706 einen unteren Wirtschaftshof, dessen andere Seiten von Marstall und Reithalle gebildet werden. Einen heiteren südlichen Ausklang des Schloßbezirkes bringt die langgestreckte untere Orangerie von 1710, davor die bunten Arabesken eines rekonstruierten Barockgartens.

Weil der Stadt *Reg.-Bez. Stuttgart* 600 ■ 3
KATH. STADTPFARRKIRCHE, 1287 erstmals genannt. Die dreischiffige, netzgewölbte Hallenkirche geht im wesentlichen auf den Umbau des Aberlin Jörg (1492) zurück, Chor mit Sterngewölben, 1519. Großer Barockaltar (1680). Sehenswert das Sakramentshäuschen (1611) und ein spätgotischer Kreuzträger (um 1460).
KEPLER-MUSEUM zur Erinnerung an den 1571 hier geborenen Astronomen.

Weiler *Reg.-Bez. Karlsruhe* 600 □ 1
RUINE STEINSBERG Der noch von drei Mauerringen umzogene, 30 Meter hohe Bergfried der in den Bauernkriegen zerstörten Burg aus der Stauferzeit ist weithin in der Landschaft sichtbar.

Weilheim *Oberbayern* 609 □ 3
Vor dem Alten Rathaus (1788) die 1856 ergänzte Mariensäule (1698) und der Stadtbrunnen (1791).

Teile der alten Stadtmauer aus dem 14. Jh. sind erhalten.
PFARRKIRCHE MARIÄ HIMMELFAHRT Frühbarocke Kirche (1631); Turm von 1573 mit romanischem Unterbau. Das reich stuckierte und ausgemalte Kircheninnere vereinigt schöne Kunstwerke des 17. und 18. Jh.
FRIEDHOFSKIRCHE ST. SEBASTIAN Über dem achteckigen, spätgotischen Zentralbau aus dem 15. Jh. mit Netzrippengewölbe erhebt sich der reichverzierte Turm (1584). Im Innern Gewölbefresken (1591) und zwei Altäre mit Gemälden von 1470 und 1611. In der Vorhalle Grabsteine des 16./17. Jh.

Weilheim unter Teck *Reg.-Bez. Stuttgart* 601 ■ 8
EV. STADTPFARRKIRCHE Am Ort einer klösterlichen Niederlassung des 11. Jh. seit 1489 von Peter v. Koblenz als dreischiffige Hallenkirche mit (späteren) Netzgewölben aufgeführt. Ungewöhnlich reiche Ausmalung in Chor und Schiff, vorwiegend spätgotisch. Figural geschmückte, bunt gefaßte Steinkanzel (um 1500). Interessante Emporeneinbauten (16. Jh.) und klassizistischer Orgelprospekt (1795).

SCHLOSSHOF, WEILBURG
Der Uhrturm bekam im 18. Jh. eine neue Haube, doch sonst blieb das äußere Bild der Renaissancegebäude unverändert. In ihnen residierten die Grafen, später Fürsten von Nassau-Weilburg bis 1816. Ein Jahr zuvor war eine Prinzessin als Frau Erzherzog Karls nach Österreich gezogen, sie hatte Heimweh nach der Stadt an der Lahn, ließ sich eine Weilburg bauen, führte den Weihnachtsbaum in Wien ein. Und als in der Kaiserstadt damals eine neue protestantische Kirche entstand, revanchierte man sich in Weilburg: das Zuchthaus wurde in ein Gotteshaus der Katholiken umgewandelt.

Weiltingen *Mittelfranken* 602 ■ 10
PETERSKIRCHE Im Chor (1476) des reich ausgeschmückten Gotteshauses ein von Hans Leonh. Schäufelein bemalter Flügelaltar (1514).

Weingarten *Reg.-Bez. Tübingen* 608 ■ 9
BENEDIKTINERABTEI HL. BLUT Der Ruhm des kleinen Städtchens dicht bei Ravensburg ist seine Benediktinerabtei. Ihre langen Trakte beherrschen mit den Türmen der kuppelgekrönten Kirche von einer Anhöhe aus das weite Schussental im nordöstlichen Vorfeld des Bodensees.

WEIL DER STADT:
AUF DEN SPUREN JOHANNES KEPLERS

KAISERLICHER MATHEMATIKER
UND HOFASTRONOM

Johannes Kepler (1571–1630), Weil der Stadts großer Sohn, berechnete die Bahnen der Erde und Planeten und vollendete damit die Lehre des Nikolaus Kopernikus. Seit 1601 war er kaiserlicher Mathematiker am Prager Hof und seit 1612 in Linz an der Donau, 1617 kehrte er für zwei Monate und 1620 gar für vierzehn nach Württemberg zurück. Seine Mutter lag dort, als Hexe angeklagt, in Ketten, die Folterwerkzeuge wurden ihr gezeigt, ohne sie aber zum Geständnis zu bringen. Ihr damals schon berühmter Sohn konnte sie schließlich nach sechsjährigem Prozeß mit Hilfe von Freunden vor dem Scheiterhaufen retten. – Seine Grabinschrift spiegelt sein Leben:

Hier ruht der hochangesehene,
hochgelehrte und weltberühmte Mann,

Herr Johannes Kepler

30 Jahre hindurch Mathematikus dreier Kaiser, Rudolphs II., Matthias' und Ferdinands II., vorher aber der steirischen Landschaft von 1594 bis 1600, dann auch der österreichischen Stände von 1612 bis zum Jahre 1628, der ganzen Christenheit bekannt durch seine Schriften, von allen Gelehrten den Fürsten der Astronomie zugezählt, der sich diese Grabschrift selbst bestimmt hat:

Habe die Himmel erforscht,
jetzt irdische Schatten erforsch ich;
Himmelsgeschenk war der Geist,
schattenhaft liegt nun der Leib.

Gottergeben starb er in Christo im Jahr des Heils 1630 den 5. November im sechzigsten seines Lebens.

JOHANNES KEPLER, *1619 von einem Unbekannten gemalt. (Kepler-Museum)*

Dies ist das HOROSKOP, *das Kepler dem sterngläubigen Wallenstein für das Jahr 1608 stellte. In die Dienste des Feldherrn trat er 1628. Damit entging er dem Befehl Kaiser Ferdinands II., sich, falls er an den Prager Hof zurückkehren wolle, von der Augsburger Konfession zu lösen. (Kepler-Museum)*

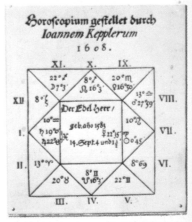

NEUERES MODELL DES WELTGEHEIM-NISSES, *d. h. des Planes, den Gott bei der Erschaffung der Welt zugrunde gelegt hat. Keplers Erstlingswerk, „Vorläufer kosmographischer Abhandlungen, enthaltend das Weltgeheimnis der himmlischen Bahnen", galt der Erforschung der Zahl, Größe und Bewegung der Planetenbahnen. (Kepler-Museum)*

BARBARA MÜLLER VON MÜHLECK *war schon zweimal verwitwet, als sie vierundzwanzigjährig Johannes Kepler heiratete. Er schreibt nach ihrem Tode, 1611: „...es war eine Frau, die im Urteil ihrer Mitmenschen als achtbar, rechtschaffen und sittsam galt. In seltener Weise vereinte sie diese Tugenden mit äußerer Schönheit und einem heiteren Gemüt... nicht zu nennen die inneren Tugenden, ihre Frömmigkeit und ihr milder Sinn den Armen gegenüber. Ich hatte von ihr blühende Kinder."* (Kepler-Museum)

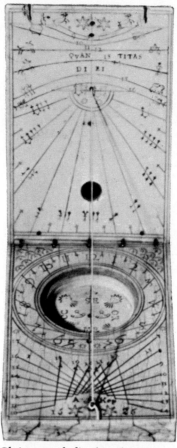

TISCHSONNENUHR *aus Elfenbein. Kepler entwarf sie 1626. (Kepler-Museum)*

IM ULMER MASS-KESSEL *legte Kepler 1627 Längen-, Gewichts- und Hohlmaß für Ulm fest. Die Inschrift bedeutet: Zwei Schuh meine Tiefe, eine Elle meine Quere, ein geeichter Eimer macht mich lehr, dann sind mir vierthalb Zentner blieben, voll Donauwasser wiege ich sieben, doch lieber mich mit Körnern eich, und vierundsechzig mal abstreich, so bist du neunzig Ime reich. (Kepler-Museum)*

RUDOLPHINISCHE TAFELN *Nach dem Tode des dänischen Astronomen Tycho Brahe, der im Auftrag Kaiser Rudolphs II. das Planetensystem beobachtete und den Wechsel der Gestirne aufzeichnete, übernimmt Kepler die Fortführung des Werks und vollendet es nach 26jähriger Arbeit. Als Kepler 1625 beide Teile (die astronomischen Tafeln zur Berechnung des Sonnen- und Mondortes sowie der Planetenörter für jede beliebige Zeit vor und nach*

Christus und die Anweisungen zur Benutzung der Tafeln) fertiggestellt hat, wütet der Dreißigjährige Krieg schon sechs Jahre in Europa und hat die kaiserlichen Kassen geleert, an eine Zahlung seines rückständigen Gehalts ist nicht zu denken. So druckt er das Werk auf eigene Kosten. Auf Wunsch des Kaisers sollten die Tafeln in Linz entstehen, aber dort war die Gegenreformation schon in vollem Gange, und während des Bauernaufstands ging 1626 die Druk-

kerei in Flammen auf. Kepler wendet sich nach Ulm, damals eine freie Reichsstadt. Im September 1627 war der Druck von 1000 Exemplaren vollendet. Kepler schloß sich sogleich Ulmer Kaufleuten an und reiste mit ihnen zur Frankfurter Herbstmesse, die jedoch bei seiner Ankunft schon dem Ende zugeht, so daß Werk und Preis nicht mehr genügend bekanntgemacht werden können. Immerhin reichte es noch, das Buch in den Messekatalog aufzunehmen.

CHORGITTER, ABTEIKIRCHE, WEINGARTEN

Um 1090 stiftete Judith von Flandern, die Gemahlin Herzog Welfs IV., dem als Grablege der Welfen gegründeten Kloster jene berühmte Reliquie des Heiligen Blutes, zu deren Ehren alljährlich am Freitag nach Christi Himmelfahrt eine Reiterprozession, „Blutritt" genannt, stattfindet. Die Reliquie wird im Kreuzaltar unter der Hauptkuppel aufbewahrt. – Das perspektivische Chorgitter ist eine um 1730 entstandene Konstanzer Arbeit; dahinter der monumentale Hochaltar, den Frisoni 1718 entwarf.

Eine machtvolle doppelchörige Basilika wurde 1182 geweiht. Die neue Anlage entstand 1715–24 in den Ausmaßen einer Kathedrale, über 100 Meter lang. Pläne berühmter Baumeister wie Casp. Moosbrugger, Mich. Thumb, Enrico Zuccalli und Franz Beer wurden verarbeitet, ohne daß man ihre Anteile mit voller Sicherheit nennen könnte. Das Langhaus in drei Jochen mit gewaltigen Arkaden zwischen den Pilastern, ein in energischer Kurvierung plastisch nach beiden Seiten aus dem Mauerkörper vorstoßendes, 43 Meter breites Querschiff, durch die Vierungskuppel strahlend erhellt, ein wiederum kurviert geschlossener Chorraum zwischen dem Reliquienaltar und dem majestätischen Hochaltar. Bis zum Ansatz der Arkaden und Gurtbögen wächst der Innenraum marmorhaft weiß und ohne Ornament empor. Dann erst hat Franz Schmuzer aus Wessobrunn seine Stuckierung in flachem Band- und Rankenwerk begonnen, über dem der junge Cosmas Damian Asam zum erstenmal seine meisterliche Beherrschung der illusionistischen Freskenmalerei erweist. Die weitgespannten Gewölbe flammen in einem Rausch der Formen und Farben. Hervorragender Schmuck der Kirche: das temperamentvoll geschnitzte Chorgestühl von Jos. Anton Feuchtmayer, das zartgliedrige Chorgitter und die Kanzel von Fidelis Sporer, die schon dem Rokoko angehört. Hochberühmt in ihrer Klangfülle und architektonischen Schönheit die Orgel von Jos. Gabler.

Von den Klosterbauten sind nur die nördlichen Flügel seit 1727 ausgeführt. Ältere Teile, vor allem der spätgotische Kreuzgang, die Kurie um 1554 und Konventsgebäude, blieben in den südlichen Flügeln erhalten.

Weinheim an der Bergstraße
Reg.-Bez. Karlsruhe   593 ■ 6

Das ALTE RATHAUS (16. Jh.) am Markt hat seinen Zinnengiebel und das romantische Türmchen erst im 19. Jh. erhalten. Von der mittelalterlichen Befestigung stehen noch das Obere Tor, der Rote Turm, Blaue Hut und Hexenturm.

BURGRUINE WINDECK, vor 900 Jahren erbaut, ist mit dem hohen runden Bergfried über der doppelten Ringmauer noch immer eindrucksvoll.

Die EHEM. DEUTSCHORDENSKOMMENDE (18. Jh.) ist heute Heimatmuseum.

WACHENBURG Eine imposante neuromantische Anlage, 1907–13 erbaut.

Das SCHLOSS (heute Rathaus) umfaßt Teile vom alten Pfalzgrafenschloß aus dem 16. Jh., ein Herrschaftshaus aus dem 18. und einen mächtigen neugotischen Bau aus dem 19. Jh. Anschließend Schloßpark und Exotenwald mit einer riesigen, 230 Jahre alten Libanonzeder.

Weinsberg   *Reg.-Bez. Stuttgart*   601 □ 11

BURG WEIBERTREU Als Konrad III. 1140 die Burg einnahm, sollten die Männer über die Klinge springen, den Weibern erlaubte der Kaiser, ihre liebste Habe fortzutragen. Das taten sie – mit ihren Männern auf dem Rücken verließen sie die Burg. Der Kaiser hielt sein Wort. – Aufständische Bauern brannten 1525 die Burg nieder. Noch stehen Ringmauern und dicke Rundtürme für Geschütze.

KERNERHAUS In dem 1822 erbauten Wohnhaus des Arztes und Dichters Justinus Kerner verkehrten einst Uhland, Mörike, Lenau, Tieck und viele andere Romantiker. Heute Museum. Im Garten der Geisterturm, ein Eckturm der Stadtbefestigung.

STADTKIRCHE Groteske Skulpturen schmücken die spätromanische flachgedeckte Basilika (13. Jh.) außen. Über dem schönen Kreuzrippengewölbe des Chors erhebt sich der achteckige Turm.

Weißenau   *Reg.-Bez. Tübingen*   608 ■ 9

EHEM. PRÄMONSTRATENSERABTEI Franz Beer errichtete ab 1708 die geschlossene Vierflügelanlage der Konventsgebäude mit ihren teilweise noch erhaltenen schön stuckierten und ausgemalten Räumen. Die von Beer 1717–24 anstelle einer romanischen Dreischiffbasilika (1163) aufgeführte heutige kath. Pfarrkirche St. Peter und Paul ist ein gutes Beispiel der Vorarlberger Bauschemas, der Halle mit seitlichen, zu Kapellen zwischen Wandpfeilern aufgelösten Schiffen. Franz Schmuzer stuckierte die Decke vorzüglich, die Deckenmalerei ist nicht Fresko, sondern Öl auf Leinwand 1719. Kostbare Innenausstattung.

Weißenburg   *Mittelfranken*   602 ■ 1

Der alte, vieltürmige, geschlossene Befestigungsgürtel aus dem 14. Jh. mit dem Spitaltor, dem Ellinger Tor mit Torturm und schmuckem Vorwerk (1520) ist fast völlig erhalten geblieben. Das Rathaus (1476) weist einen reichen, mit Fialen besetzten Giebel auf. Der schöne Häuserbestand stammt meist aus dem 17.–18. Jh. Heimatmuseum mit Funden aus der Römerzeit.

EV. PFARRKIRCHE ST. ANDREAS Langhaus und alter Turm aus dem 14. Jh. Der Chor (1440) hat in der angebauten doppelgeschossigen Michaelskapelle eine schöne Schauseite. 1465 wurde am Scheitel des Chores ein weiterer Turm errichtet. Im Innern der Kirche eine Reihe schöner spätgotischer Altarwerke (um 1500).

EHEM. KARMELITERKIRCHE aus dem 14. Jh., im 18. Jh. erneuert. An der nördlichen Chorwand wurde 1914 ein guterhaltenes Fresko (um 1390) freigelegt.

Weißenhorn *Schwaben* 601 □ 4
Die beiden spätgotischen Stadttore, eines neben dem 1761 umgebauten Rathaus (1576), bestimmen das Bild des alten Ortes. Wollhaus von 1534.
EHEM. SCHLOSS, 13.–16. Jh. Zwei Trakte mit schönem Treppenturm (Amtsgericht).

Weißenstein *Reg.-Bez. Stuttgart* 601 ■ 3
KATH. PFARRKIRCHE ST. MARIA Gotisch, 1725 gründlich verändert. Sehr guter spätgotischer Kruzifixus im Inneren.
SCHLOSS 13./14. und 17. Jh. mit belebenden Giebeln und Türmen.

Welbergen *Reg.-Bez. Münster* 568 ■ 7
Das reizvolle HAUS WELBERGEN ist von Wassergräben umgeben. Ein Torhaus aus dem 17. Jh. führt in den Barockgarten der Vorburg. Das Herrenhaus ist ein Backsteinbau von etwa 1550. Im Inneren eine schöne Küche mit hölzernem Rauchfang über der Feuerstelle. Auf den eingeebneten Wällen ein englischer Park mit wertvollen Gehölzen.

Welden *Schwaben* 602 ■ 7
PFARRKIRCHE MARIÄ VERKÜNDIGUNG 1406 gotisch errichtet, 1732 barock umgebaut. Im Langhaus ein überdimensionales Gewölbefresko, „Maria als Helferin der Christen".
VOTIVKIRCHE ST. THEKLA, seit 1930 mit einem Karmeliterinnenkloster verbunden. Reizvolle Einheit von Rokokoarchitektur und -ausstattung.

ELLINGER TOR, WEISSENBURG
Die Andreaskirche, die sich hinten dazustellt, akzentuiert das romantische Bild des Ellinger Tores, eines der schönsten Stadttore in Deutschland. Der wuchtige, vierkantige Hauptturm entstand im 14. Jh.; das Vorwerk mit umlaufendem Wehrgang und den übereck gestellten, interessant gestalteten Türmchen wurde 1520 erbaut. Die Brüstung oben ziert spätgotisches Fischblasenmaßwerk. Über der Durchfahrt der Reichsadler unter einem Erbärmdechristus; rechts und links davon zwei Stadtwappen.

HOCHALTAR, KLOSTERKIRCHE, WELTENBURG
Ein eigenartiges Lichtphänomen zieht den Besucher der Benediktinerabteikirche zum Hochaltar (1721). Aus blendender Helle, deren Herkunft und Entfernung sich nicht ermessen läßt, reitet dort St. Georg heran. Von dem Glanz des Hintergrundes heben Roß und Mann sich kräftig ab, ebenso die Begleitfiguren der Plastik: der sich aufbäumende Drache und die entsetzte Jungfrau. Neben gewundenen Marmorsäulen stehen überlebensgroß die Patrone Maurus und Martin. Dessen Attribut, die Gans, ist als ein Tier von köstlicher Vitalität gebildet; mit vorgestrecktem Hals zischt es wütend den geifernden Drachen an.

Wellmich *Reg.-Bez. Koblenz* 584 □ 5
BURG MAUS Hoch über dem Rhein liegt die um 1370 vollendete, 1806 auf Abbruch verkaufte und 1900-06 wieder aufgebaute Burg Peterseck (auch Deuerburg oder Thurnberg) der Erzbischöfe von Trier, von den Grafen von Katzenelnbogen auf Burg Katz spöttisch Maus genannt. Über der mächtigen Schildmauer ragt der runde Bergfried und ein Wohnturm mit Ecktürmchen auf.

Weltenburg *Niederbayern* 603 ■ 12
BENEDIKTINERABTEIKIRCHE Die Schlucht, in der die Donau westlich von Regensburg durch die Jurafelsen bricht, ist der malerische Platz für das kleinste der bayerischen Barockklöster. Es entstand 1714–25 auf dem schmalen Uferrand; 1717–51 folgte die Kirche. Cosmas Damian Asam entwarf die Architektur, schuf die Fresken und einige der Altarbilder, Egid Quirin Asam ist der Meister des Stucks. Unter ihrem schweren, antikischen Giebel bleibt die Fassade würdevoll verhalten. Im Innenraum aber verbindet sich die überschäumende bildnerische Phantasie der Künstler mit der religiösen Inbrunst der Epoche zu einer pathetischen Szenerie. Das Oval des Kirchenschiffs buchtet sich in zwei große Seitenkapellen und vier Ecknischen aus und strömt in die ebenfalls ovalen Bildungen

TEIL DER HAUPTKUPPEL, KLOSTERKIRCHE, WELTENBURG

Vor dem lichtstarken Oberbau dieser Kuppel mit dem Deckengemälde der Himmelsglorie schwebt ein ovaler Kronreif. Zu den Putten, die ihn tragen, gesellt sich auch Cosmas Damian Asam (Mitte rechts), der Architekt der Kirche und Schöpfer der meisten Malereien in ihr. Zu Füßen des heiligen Martin schaut er von dieser Nahtstelle zwischen Himmel und Erde über eine Brüstung wohlgefällig auf sein Werk herab. Der Fensterkranz der Kuppel bleibt unsichtbar; so fällt das Licht wie aus jenseitigen Höhen in den dämmerigen Raum.

von Vorhalle und Chor weiter. In mehrfachen Absätzen schwingt sich die Hauptkuppel mit dem Deckengemälde der Himmelsglorie geschmeidig empor, durch einen zurückgesetzten Tambour indirekt erhellt. Der oberste Teil ist glänzend gemalte Scheinarchitektur auf flachem Plafond. Im Chor das Reiterstandbild des St. Georg, von hinten geheimnisvoll beleuchtet, mit dem Drachen und Heiligen. Hinter ihm ein Fresko von Cosm. Dam. Asam.

FRAUENBERGKAPELLE Der zweigeschossige Bau über der Felsschlucht birgt in der kryptenähnlichen Unterkirche Wandmalereien des 14. Jh. Die Oberkirche wurde 1713 erbaut, 1755 stuckiert. Das spätgotische Gnadenbild im Hochaltar ist Ziel einer Marienwallfahrt.

Welver *Reg.-Bez. Arnsberg* 576 □ 3
Auf dem Komplex des frühen Zisterzienserinnenklosters steht neben der barocken kath. Kirche die ev. Kirche (um 1200) mit großem Flügelaltar von 1615 und Rokokokanzel in Form einer Tulpe, die aus einem Palmenstamm hervorwächst.

Wemding *Schwaben* 602 ■ 12
Eine erstaunlich große Anzahl stattlicher Bürgerhäuser mit Renaissance- und Barockgiebeln scharen sich um das Rathaus von 1550 mit seiner schön geschnitzten Tür.
PFARRKIRCHE ST. EMMERAM Ihr Gesicht wird heute von der 1669 abgeschlossenen Barockisierung und

einer Neuausstattung von 1713 bestimmt. Die beiden Seitenaltäre sind Frühwerke von Dom. Zimmermann, in noch schweren Formen, aber mit reizvollen Einlegearbeiten in farbigem Stuck.
WALLFAHRTSKIRCHE MARIA BRÜNNLEIN Der schlichte Bau auf einer Anhöhe über der Stadt birgt eine anmutige Rokokodekoration von Joh. Bapt. Zimmermann. Die Sachlichkeit der Wandpfeilerkirche wird durch die Eleganz von Stuck und Fresken völlig überspielt. An den Stufen des Chors der Gnadenaltar mit einer Marienfigur der frühen 16. Jh. und dem Gnadenbrunnen, in ein phantastisch nach allen Seiten aussprühendes Rahmenwerk gestellt. Altäre und Kanzel in gelöster Bewegtheit; reich geschnitztes Gestühl. Das marianische Programm der Malereien hat seinen Höhepunkt in Zimmermanns atmosphärisch lichtem Langhausfresko, die Verehrung Mariens durch die vier Erdteile darstellend.

Wenau *Reg.-Bez. Köln* 583 ■ 12
Die spätgotische KIRCHE gehörte zu einem Prämonstratensernonnenkloster. Im Innern spätgotische und barocke Ausmalung, eine romanische Triumphkreuzgruppe (13. Jh.) und eine Turmmonstranz von 1549. Klostergebäude aus dem 15./16. Jh. – Ein beliebtes Ausflugsziel ist die malerisch gelegene LAUFENBURG, deren älteste Teile auf das 14. bis 15. Jh. zurückgehen.

Wenden *Reg.-Bez. Arnsberg* 584 □ 2
In der weiträumigen KIRCHE (1752) mit älterem Turm eine besonders schöne Barockausstattung. An Kanzel und Beichtstühlen feine Rokokoornamentik.

Wendershausen *Reg.-Bez. Kassel* 578 ■ 5
LUDWIGSTEIN Über einer Werraschleife von Landgraf Ludwig I. 1415 angelegt. Wohlerhaltene Dreiflügelanlage, die Westseite durch Torbau und den mächtigen runden Bergfried angeschlossen (Jugendherberge).

Wendlinghausen *Reg.-Bez. Detmold* 577 □ 2
Die breitgelagerte WASSERBURG ist ein einheitlicher Bau im Stil der Weserrenaissance (1613–16).

Wennigsen *Reg.-Bez. Hannover* 570 ■ 7
EHEM. AUGUSTINERNONNENKLOSTER Die spätromanische Basilika ist stark verändert, der Turm und ein Tympanon blieben aus der Erbauungszeit. Im spätgotischen Chor ein Barockaltar. Klostergebäude 18. Jh.

Wenningstedt auf Sylt *Schleswig-Holstein* 554 □ 8
DENGHOOG Eine der größten und am besten erhaltenen Grabkammern der Jungsteinzeit.

Werenwag *Reg.-Bez. Tübingen* 607 □ 2
Besonders eindrucksvoll wirkt die mittelalterliche BURG mit Anbauten aus dem 17. und 18. Jh. durch ihre beherrschende Lage auf einem Felsen über dem Donautal.

Werl *Reg.-Bez. Arnsberg* 576 □ 3
Die gotische PROPSTEIKIRCHE (14. Jh.) hat einen spätromanischen Turm. Im lichten großzügigen Innenraum schöne Altäre: von 1631 der Rosenkranz-, von 1594 der Sälzeraltar und aus dem frühen 15. Jh. der Baldachinaltar, ein beachtliches Werk der Spätgotik.

In der FRANZISKANERWALLFAHRTSKIRCHE (1905) das Gnadenbild, eine sitzende Madonna aus dem 13. Jh.

Werlte *Reg.-Bez. Osnabrück* 568 □ 1
HOGEN STÄINER Jungsteinzeitliche Grabkammer, die längste in Deutschland.

Werne *Reg.-Bez. Münster* 576 ■ 2
Im Innern der gotischen PFARRKIRCHE (1446–1555) ein achteckiger romanischer Taufstein, eine spätgotische Doppelmadonna und ein barocker Christophorus.
RATHAUS (1512–14) mit offener Bogenhalle.

Werneck *Unterfranken* 594 □ 2
SCHLOSS Die erhöht und malerisch gelegene, weitläufige Anlage (1745) ist eine der schönsten Schöpfungen des berühmten Barockbaumeisters Balthasar Neumann. Der dreiflügelige Hauptbau mit zwei Türmen umschließt einen Ehrenhof. Bedachtsam vorgelagert sind zwei vierflügelige Wirtschaftsgebäude. Das kuppelüberwölbte, herrlich stuckierte Innere der Schloßkapelle (1744) atmet noch den Zauber früherer Zeiten. Südlich angrenzend ein großer Park, der im 19. Jh. im englischen Stil gestaltet wurde.

Wertheim *Reg.-Bez. Stuttgart* 594 ■ 8
So stellt man sich eine romantische altfränkische Kleinstadt vor: schöne Fachwerkbauten (auffallend das Haus der vier Gekrönten aus dem 16. Jh. gegenüber dem Rathaus), gepflegte Uferpromenaden und eine malerische Burgruine. An der Mündung der Tauber in den Main steht noch der Spitze Turm von der Befestigung, deren Verlauf auch das Maintor, Grünauer Tor, Faultor und der Weiße Turm erkennen lassen.
BURGRUINE Mehr noch als die Wucht des romanischen Bergfrieds wirkt das warme Rot ihrer Sandsteinfronten. Die stark verfallene Fassade von Palas und Kapelle zeigt Kleeblattbogenfenster. Daneben ein Treppenturm mit Renaissanceportal.
ENGELSBRUNNEN Ziehbrunnen von 1574 mit derben Skulpturen.
STADTPFARRKIRCHE Dreischiffige spätgotische Basilika. Eine zierliche Portalvorhalle zwischen Langhaus und Turm ergibt mit dem aus der oberen Turmkapelle vorspringenden Chörlein ein hübsches Bild. In dem feierlichen hohen Chor die Grabmäler der Grafen von Löwenstein-Wertheim.
STADTSCHLOSS (sog. Rosenbergische Hofhaltung) Zweiflügelbau von 1646 mit prächtigem Barockportal.

Wesel *Reg.-Bez. Düsseldorf* 575 ■ 2
war im Mittelalter Mitglied der Hanse und schon früh befestigter Platz am Niederrhein. Der zweite Weltkrieg zerstörte die Stadt fast völlig. Von den BEFESTIGUNGSANLAGEN des 17./18. Jh. wurde das barocke Zitadellentor, eine großartige Dreiflügelanlage, wieder aufgebaut, desgleichen das heute frei stehende Berliner Tor von 1722 mit Skulpturenschmuck.
SCHILLDENKMAL Schönes klassizistisches Eisengußmonument, 1835 nach einem Entwurf Friedr. Schinkels errichtet.
Die WILLIBRORDIKIRCHE ist ein Meisterwerk mittelalterlicher Kirchenbaukunst, sie wurde 1434–1537 um einen romanischen Bau als fünfschiffige gotische Pfeilerbasilika mit Querschiff und Chorumgang er-

richtet. Am 1477 vollendeten Turm Doppelportal und sechsteiliges Maßwerkfenster. Seitenschiffe und Chorumgang (19. Jh.) tragen reiche Netz- und Sterngewölbe.

Weslarn *Reg.-Bez. Arnsberg* 577 □ 9
KIRCHE, schwerer Turm und Chor (12. Jh.), Langhaus (13. Jh.) mit gotischem Gewölbe, das in der Erbauungszeit prachtvoll ausgemalt wurde.

Wesselburen *Schleswig-Holstein* 554 □ 4
ist der Geburtsort Friedrich Hebbels. In der alten Kirchspielvogtei in der Österstraße zeigt das HEBBELMUSEUM Dokumente seiner Wesselburener Tage und sogar die Einrichtung seines Wohnzimmers in Wien.
KIRCHE Aus Sparsamkeit mußten beim Neubau 1737 die Wände der ausgebrannten gotischen Kirche mit verwendet werden, dennoch entstand ein großartiger Barockbau. Im hohen Raum barocke Ausstattung, aus dem 16. Jh. Figuren am Choraufgang. Romanische Steintaufe, um 1200.

Wessobrunn *Oberbayern* 609 ■ 3
EHEM. BENEDIKTINERABTEI Die Gründung des Klosters erfolgte 753. Um 800 wurde hier das Wessobrunner Gebet aufgezeichnet, eines der ältesten

GANG IM GÄSTE- ODER FÜRSTENBAU, WESSOBRUNN

In der Abtei wurden im ausgehenden 17. und im ganzen 18. Jh. Stukkateure und Baumeister ausgebildet, die weit über Bayerns Grenzen hinaus herrliche Werke schufen. Unter ihnen die Schmuzer, Zimmermann und Feuchtmayer. Es wundert nicht, daß auch in Wessobrunn reicher Stuck entstand, als nach den Verheerungen des Dreißigjährigen Kriegs das Kloster neu aufgebaut wurde.

Zeugnisse deutscher Sprache. (Original in der Bayerischen Staatsbibliothek, München.) 1875 wurde es in dem Findlingsblock unter der Dorflinde eingemeißelt. Bedeutende Künstler entstammen der vom Kloster geförderten, einst in ganz Europa berühmten Stukkatoren- und Baumeisterschule.

Von der mittelalterlichen Anlage blieb nur ein romanischer Wehrturm, der Graue Herzog. Der Vernichtung im Zuge der Säkularisation (1810) widerstand der dreiflügelige Gäste- oder Fürstenbau (nach 1680), dessen schlichtes Äußere die innere Pracht nicht ahnen läßt: ein prunkvoll ornamentiertes Treppenhaus führt zu den Korridoren der Geschosse mit üppigem, plastischem Stuck, Türen unter kunstvollen Giebelkrönungen und stuckgerahmten Fresken. Feinerer Stuck im Tassilosaal.

ST. JOHANNES (1757–59), im Norden des Klosterhofes, enthält eine der wertvollsten spätromanischen Holzplastiken: einen Kruzifixus aus der zweiten Hälfte des 13. Jh.

Westerburg *Reg.-Bez. Koblenz* 584 □ 3
Unterhalb des SCHLOSSES mit Bauteilen des 13.–18. Jh. liegt die EV. PFARRKIRCHE, ein Hallenraum von 1516 mit schönen Grabsteinen.

Westerholte *Reg.-Bez. Osnabrück* 568 □ 3
In hügeligem Gelände sechs recht gut erhaltene RIESENSTEINGRÄBER und Hügelgräber aus der Jungsteinzeit.

Westerkappeln *Reg.-Bez. Münster* 568 □ 4
Der Quaderbau der EV. KIRCHE stammt aus dem 13. Jh. Im Anbau an der Südseite ein schönes frühgotisches Rosenfenster (Maßwerk modern) und ein reiches Spitzbogenportal mit Figuren.
SLOOPSTENE 20 Meter lange Grabkammer aus dem 3. Jh. v. Chr.; besterhaltene Steinkiste Westfalens.

Westerndorf b. Pang *Oberbayern* 610 ■ 3
KIRCHE ST. JOHANN BAPTIST Über einem kreisrunden Mauerkörper erhebt sich eine ungeheure Zwiebelkuppel, deren bizarre Kraftfülle durch einen schlank aufschießenden Westturm noch betont wird. Überraschend anders ist das Innere in der Form eines Kreuzes gebildet. Als Schmuck dienen Engel mit den Werkzeugen der Passion Christi. Bau und Ausstattung entstanden zwischen 1668–91.

Westerstede *Verw.-Bez. Oldenburg* 560 □ 4
Im imposanten Wehrturm der gotischen KIRCHE ST. PETER (13. Jh.) standen bei Kriegsgefahr Wächter in den Ecktürmchen. Daneben backsteinerner Glockenstuhl.

Westerwinkel b. Herbern *Reg.-Bez. Münster* 576 ■ 1
SCHLOSS Die frühbarocke Anlage verteilt sich auf drei Inseln: eine nimmt den Garten ein, Vorburg mit Wall und Eckbastionen eine andere und die dritte das vierflügelige Herrenhaus (1663–68), dessen Hauptschmuck die phantasievollen Hauben der Eckpavillons sind.

Westhofen *Rheinhessen-Pfalz* 593 □ 9
Teile der alten Befestigung sind noch erhalten. Der Marktplatz ist von stattlichen Häusern des 18. Jh. mit behäbigen Tordurchfahrten umstanden. Auf seiner Mitte steht die vielfach umgebaute ev. Kirche. Am Ortsrand die sehr ansprechende Ruine der gotischen Liebfrauenkirche.

Wettenhausen *Schwaben* 602 □ 8
EHEM. AUGUSTINERCHORHERRENSTIFTSKIRCHE MARIÄ HIMMELFAHRT Spätromanischer Kern, Chor spätgotisch, Langhaus barock. Kraftvoller Innenraum mit reichem Stuckwerk, einer geschnitzten Marienkrönung von 1524 und schönem Gestühl. Auf der Orgelempore mit reichem Gitter eine prächtige Barockorgel.

Wetter *Reg.-Bez. Kassel* 585 ■ 1
Malerisches Stadtbild mit alten Fachwerkhäusern (16. Jh.). Reste der Stadtbefestigung mit dem Diebsturm.
EHEM. STIFTSKIRCHE Für ein im 11. Jh. von den Königstöchtern Almudis und Digmudis gegründetes Stift wurde im 13. Jh. eine neue gotische Kirche erbaut, eine dreischiffige Halle mit Chor, Querhaus, schmalen Seitenschiffen und ursprünglicher Ausmalung. Aus der Erbauungszeit das auf sechs Säulen mit Löwensockeln ruhende Taufbecken. Aus dem Vorgängerbau wurde das Stiftergrab (12. Jh.) übernommen. Auch die schöne Sakramentsnische (14. Jh.) trägt die Namen der Stifterinnen.

Wetter (Ruhr) *Reg.-Bez. Arnsberg* 576 ■ 6
BURGRUINE Von der mittelalterlichen Anlage sind ein runder Bergfried, Reste des Palas mit Eckturm und die Bermenmauer am Steilhang zur Ruhr erhalten. In der Freiheit gute Fachwerkhäuser, Fünfgiebelecke, 17./18. Jh.

Wetzhausen *Unterfranken* 587 □ 7
SCHLOSS Der vierflügelige Bau (16. Jh.) umschließt einen stimmungsvollen Innenhof mit Treppenturm, Holzgalerie und Erker.
Die EV. PFARRKIRCHE (1707–08) beherbergt eine Reihe schöner Epitaphe und Totenschilde.

Wetzlar *Reg.-Bez. Darmstadt* 585 ■ 8
Die geschichtlichen Anfänge der Stadt reichen bis ins 9. Jh. zurück. Sie entstand an der Kreuzungsstelle wichtiger Fernstraßen. Um das Marienstift wuchs eine rasch blühende bürgerliche Siedlung empor, die vor 1180 freie Reichsstadt wurde. Wirtschaftlicher Niedergang führte seit dem späten 14. Jh. zur Stagnation der Entwicklung, bis die Reichsstadt von 1693–1806 zum Sitz des Reichskammergerichts wurde. Hier arbeitete 1772 der junge Goethe als Assessor. In der Altstadt, die sich von der Lahn den Berg hinauf zieht und deren Gewirr von Schieferdächern von der mächtigen Silhouette des Doms beherrscht wird, findet man allenthalben geschlossene Straßenbilder des 17./18. Jh. Die drei- und viergeschossigen Fachwerkhäuser sind vielfach verputzt.
BURGRUINE KALSMUNT Die Reichsburg Friedrich Barbarossas aus dem 12. Jh. gehörte zum staufischen Burgsystem der Wetterau. Weithin ist noch der Bergfried zu sehen.
Im LOTTEHAUS (18. Jh.), Teil des ehem. Deutschordenshofes (heute Städt. Museum), wurde 1753 Charlotte Buff geboren.
EHEM. PRÄMONSTRATENSERINNENKLOSTER ALTENBERG Unmittelbar über der Lahn liegt von Wäldern umgeben die kleine Baugruppe um die Kirche. Um 1164–79 gegründet, blühte die Abtei vor allem im 13. Jh. 1802 wurde sie aufgehoben. Die Kirche stammt aus der Blütezeit des Klosters. Nach den Ordensgewohnheiten ist sie schlicht, nur mit einem Dachreiter versehen. Die Fenster zeigen noch die

herben und klaren Maßwerkfiguren der Frühgotik. Das Innere beherrscht die Nonnenempore, auf deren Brüstung eine prächtige Barockorgel thront. Eine Fülle wertvoller Kunstwerke: gotische Wandmalereien, Grabmäler und der den Chor ausfüllende barocke Hochaltar. Seit 1950 ist auch die ursprüngliche farbige Architekturbehandlung restauriert.

EHEM. STIFTS- UND PFARRKIRCHE ST. MARIA „DOM" Von den ältesten Bauten des 9. und 11. Jh. wissen wir nur durch Ausgrabungen. Im 12. Jh. entstand ein stattlicher Neubau, wohl als Zeichen selbstbewußter reichsstädtischer Freiheit. Bereits um 1235–40 wurde ein gotischer, wesentlich größerer Neubau begonnen. Bis zum Anfang des 14. Jh. wuchs eine weite, lichte Hallenkirche empor, deren Westabschluß nie fertig geworden ist. Die gotische Halle umgreift wesentliche Teile der Doppelturmfassade der romanischen Kirche, die zusammen mit einer Notmauer den provisorischen Abschluß des Neubaus bildet. Die neuen Umfassungswände führen im Rohbau zu einer halbfertigen gotischen Westfassade, zwischen ihnen unausgebauter, offener Raum. Um 1374 mußte die Bautätigkeit wegen des Stadtbankrotts abgebrochen werden. Erst über hundert Jahre später wurde der Südturm provisorisch geschlossen, der originelle Helm kam 1561, die Galerie erst 1590 hinzu. Der heutige Eindruck des Doms wird nicht unwesentlich durch die umfassende Wiederherstellung von 1904–15 bestimmt. Schwere Kriegsschäden, vor allem am Chor, wurden nach 1945 beseitigt.

Wewelsburg   Reg.-Bez. Detmold   577 ■ 2
Die BURG liegt auf einem Bergrücken hoch über der Alme, 1123 erbaut, 1604–07 stark verändert, bis 1945 wiederholt zerstört und aufgebaut, zuletzt

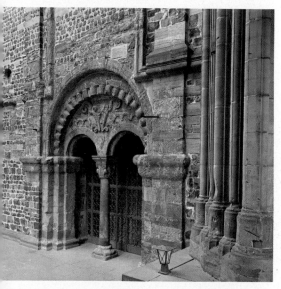

HEIDENPORTAL AN DER STIFTSKIRCHE IN WETZLAR
Dieses Portal an der Front der westlichen Turmhalle stammt noch von einem romanischen Bau aus dem letzten Viertel des 12. Jh. Im unteren Bogenfeld, direkt über der Doppelarkade, ein eigenartiger Reliefschmuck: Wahrscheinlich handelt es sich bei den schlangenförmigen Voluten um die Hörner eines Stierkopfes, der erst nach 1640 abgeschlagen wurde. Er dürfte als Symbol des Evangelisten Lukas zu deuten sein.

LOTTEZIMMER IM EHEM. DEUTSCH-ORDENSHOF IN WETZLAR
Der Raum hat noch etwas von der Atmosphäre eines wohlhabenden Bürgerhauses des 18. Jh. Lottes Vater, der Ordensamtmann Buff, führte ein geselliges Haus, in dem auch ein junger Praktikant am Wetzlarer Reichskammergericht, Joh. Wolfgang Goethe, verkehrte. Seine unglückliche Liebe zu Charlotte Buff, die mit dem Legationsrat Kestner verlobt war, ist in die Weltliteratur eingegangen: „Die Leiden des jungen Werthers" (1774) machten Goethe über Nacht zu „einem der ersten Schriftsteller Deutschlands"; sie wurden in viele Sprachen übersetzt und regten mehrere ähnlich bekenntnishafte Briefromane an.

1952. Dreiseitige Anlage um einen Innenhof, runde Ecktürme, zwei mit Barockhauben, 1654, der Hauptturm (Durchmesser 20 Meter) brannte 1815 aus, von der mittelalterlichen Burg sind das Waldecksche und das Bürensche Haus mit eingebaut. Die KATH. PFARRKIRCHE ST. JODOKUS, die ehem. Burgkapelle – im 14. Jh. erbaut, im 16. und 19. verändert, liegt im Bereich der Vorburg. Im Inneren gute Plastiken des 17. und 18. Jh.

Weyarn   Oberbayern   610 ■ 12
PFARRKIRCHE Die vierjochige Wandpfeilerkirche, die ihren antikischen Rhythmus durch die hohen Arkaden der Seitennischen und die mächtigen Gurtbogen zwischen den Gewölbefeldern erhält, wurde 1693 erbaut. Den Stuck, der die römische Strenge der Architekturglieder in feinem Spiel begleitet, trug Joh. Bapt. Zimmermann 1729 auf. Die gleiche Jahreszahl zeigen seine Fresken, Szenen aus dem Leben der Heiligen Petrus, Paulus und Augustinus. Kostbarster Besitz der Kirche sind die Werke des größten bayerischen Bildhauers der Zeit, Ignaz Günther. Von ihm stammen außer dem Tabernakel des Hochaltars die Engelkränze des Herz-Jesu- und Herz-Mariä-Altars, die in bezaubernder Eleganz aufwachsende „Madonna vom Siege", eine ergreifende „Mater dolorosa" und zwei für Prozessionen bestimmte Tragegruppen, eine „Mariä Verkündigung" und eine „Marienklage".

Weyher   Rheinhessen-Pfalz   592 □ 4
Die spätgotische KATH. PFARRKIRCHE hat im Chor ein bemerkenswertes Sterngewölbe; die reiche Ausstattung ist barock.

IGNAZ GÜNTHER: VERKÜNDIGUNG,
PFARRKIRCHE WEYARN

Die 1765 entstandene Figurengruppe gehört in ihrer psychologischen Zartheit und Kraft des Ausdrucks zu den meisterlichen Schöpfungen der Epoche. Unvergleichlich, wie hier die Verbindung von Beseeltheit und Innigkeit (wie sie sich besonders in der Gebärde Marias ausdrückt) mit formaler Virtuosität geglückt ist.

Wichmannshausen *Reg.-Bez. Kassel* 586 □ 1
BOYNEBURG Von der hochmittelalterlichen Reichsburg sind nur Reste des Bergfrieds und des Torbaus mit Kapelle im Obergeschoß erhalten.
PFARRKIRCHE An einen gotischen Chorturm wurde 1702 ein barockes Schiff angebaut und 1714 farbenfroh ausgemalt.

Wiebelsheim *Mittelfranken* 595 □ 8
Die EV. ST.-NIKOLAUS-KIRCHE beherbergt einen mehrflügeligen, vor 1514 entstandenen Hochaltar, dessen Flügelmalerei von Hans Leonh. Schäufelein und Seb. Daig stammt, während die charaktervollen Schreinfiguren schwäbische Arbeiten sind.

Wiebrechtshausen *Reg.-Bez. Hildesheim* 578 ▪ 2
EHEM. KLOSTERKIRCHE (um 1240). Innen kräftige Säulen mit reichen Kapitellen und mächtige Pfeiler. Hölzernes Altarkruzifix wohl von 1250. In einer gotischen Seitenkapelle das Grabmal Herzog Ottos des Quaden von Braunschweig (gest. 1394). Die liegende Gestalt trägt Schwert und Schild, auf dem Helm ein springendes Pferd, eine frühe Form des Niedersachsenrosses.

Wiedenbrück *Reg.-Bez. Detmold* 577 ▪ 11
Ihr malerisches Aussehen verdankt die Stadt den zahlreichen gut erhaltenen Bürgerhäusern aus dem 16. und 17. Jh. mit vielfach reichverzierten Fachwerkgiebeln und breiten Toreinfahrten.
Den Marktplatz beherrscht die ÄGIDIENKIRCHE (um 1500), eine breit angelegte Hallenkirche. Aus dem 19. Jh. der Turm und der Chor, in dem ein prächtiges Sakramentshäuschen (1504) steht. Nicht minder bemerkenswert ist die Sandsteinkanzel mit bewegtem Dekor (1617), von einer sitzenden Moses-

figur getragen, die zu den bedeutendsten Bildhauerwerken des norddeutschen Frühbarock zählt. Figuren und Reliefs mit Szenen aus dem Alten und Neuen Testament am spätgotischen Taufstein.
Die MARIENKIRCHE (Paterskirche) des Franziskanerklosters, eine mehr breite als lange spätgotische Halle, birgt als vielverehrtes Gnadenbild eine Pietà aus dem 15. Jh.

Wiedensahl *Reg.-Bez. Hannover* 569 □ 3
Hier wurde 1832 Wilhelm Busch geboren. Das bäuerliche Geburtshaus ist als MUSEUM eingerichtet.

Wiehl *Reg.-Bez. Köln* 584 □ 12
Die EV. KIRCHE ist ein klassizistischer Rechtecksaal. Im Innern ein sechssäuliger romanischer Taufstein aus Trachyt, 12. Jh.
Die EV. KIRCHE in Marienhagen ist ein einschiffiger kreuzgratgewölbter frühgotischer Bruchsteinbau mit romanischem Turm. Reste wertvoller Wandmalereien im Chor (um 1310).

Wienhausen *Reg.-Bez. Lüneburg* 570 □ 3
KLOSTER Das gedunkelte Rot des Backsteins bestimmt den ersten Eindruck, von welcher Seite auch der Besucher kommt. An der Hauptfront hat er gleich die zwei schönen Treppengiebel vor sich, rechts der Nonnenchor, an den sich die Gemeinde-

NONNENCHOR, KLOSTER WIENHAUSEN

Herzogin Agnes von Meißen stiftete 1221 in Nienhagen bei Celle ein Kloster. Eine Mückenplage machte dort den Nonnen das Leben unerträglich, da sah die besorgte Herzogin im Traum den Hof eines Ritters neben der Wienhäuser Gemeindekirche als neuen und besseren Platz für ihre Stiftung. Sie zog 1248 in ihrem „Ekel an großen Palästen" selbst in das Kloster. Das waren damals noch schlichte Gebäude, denn die umfangreiche gotische Anlage mit dem ernst-feierlichen Nonnenchor entstand erst um 1300.

TEPPICHE AUS DEM KLOSTER WIENHAUSEN

Im Klosterstich schufen die Nonnen von 1300–1500 die erzählfreudigen Teppiche. Es sind Wollstickereien auf Leinengrund. Wenige, doch kräftige Farben stehen nebeneinander, ihr Zusammenspiel war wichtig, denn Schattierungen sind in dieser Technik nicht möglich. Die TRISTANTEPPICHE *– drei der insgesamt neun Teppiche – schildern das Schicksal des Ritters Tristan. Dies ist der erste (frühes 14. Jh.), und die Geschichte hebt an mit den niederdeutschen Worten:* TRISTRAM + DE BAT DEN KONING + DAT HE MOOTE STRIDEN + VVEDDER MOROLDE *(Tristan, der bat den König, daß er möchte streiten wider Morold). Das letzte Bild zeigt, wie Tristan mit Isolde, die er als Braut seines Königs nach Cornwall führt, aus Versehen den Liebestrank trinkt. Der zweite hier abgebildete Teppich ist der* THOMASTEPPICH, *er stammt von etwa 1380. – Die Teppiche bedürfen besonderen Schutzes und sind nur in der Woche nach Pfingsten zu sehen.*

kirche anschließt. Das alte Backsteinrot dominiert auch in dem Gewinkel idyllischer kleiner Häuser und schließlich in den zwei Höfen, in einem hat man die Nonnen zu Grabe getragen, sie starben meist noch nicht 30 Jahre alt. Den ersten der Höfe umziehen Kreuzgänge: weißgekalkt, niedrig und breit. Im südlichen Teil sind die backsteinernen Rippen hervorgehoben, hier öffnet sich eine Halle, in der die bemalte Muschelkalkfigur der Agnes von Meißen steht. Sie war die Schwiegertochter Heinrichs des Löwen und stiftete 1221 das Kloster. Der baufreudigen Zeit um 1300 folgte um 1450 eine zweite Blütezeit. Hundert Jahre darauf standen die Nonnen in schweren Auseinandersetzungen mit dem Landesherrn, der recht gewalttätig die Reformation einführte. Seit 1562 ev. Damenstift. Im oberen Kreuzgang der einzige Kamin. Zwei Pforten führen in den hohen gotischen Nonnenchor (um 1300). Die Zisterzienserinnen ver-

brachten in dem niedrigen Gestühl viele Stunden des Tages, die Malereien, die Wände und Gewölbe überziehen, vor Augen. Heiligenfiguren und lebendige Darstellungen biblischen Geschehens – auf Adam und Eva regnen die Äpfel hinab – führen hinan zur Decke, die das Leben Christi zeigt. Auf groben Eichenbohlen steht das Hl. Grab, ein spätgotisch bemalter Schrein, in dem die um 1280 entstandene Holzfigur des toten Christus liegt, einst Mittelpunkt eines Osterspiels. An den Ecken Lichtstangen mit feinen Bildern auf Goldgrund (um 1400). Voller Freudigkeit der Marienaltar von 1519. Der Gewölbebogen, der ihn überspannt, trägt Medaillons mit Darstellungen bäuerlicher Arbeiten, denn hier beginnt mit der Empore der Klosterdamen die Gemeindekirche (Barockausstattung). Die berühmten Wienhäuser Teppiche sind so kostbar und empfindlich, daß sie nur während weniger Tage des Jahres aufgehängt werden können. Der sogenannte Klosterstich gibt ihnen lebendige Struktur. Bewundernswert der künstlerische Sinn, mit dem im 14. und 15. Jh. Bildgeschichten dargestellt wurden. Eine Stoffprobe der Teppiche liegt neben allerlei Kuriositäten – selten: mittelalterliche Brillen – in den Vitrinen des Museumsraumes. In der Osterkapelle eine Figur des auferstandenen Christus und gegenüber eine Madonna, beide sieghaft und heiter, um 1290 geschaffen. Dunkel der Kistengang mit den uralten Truhen und Schränken, die Nonnen haben darin ihre Habe mitgebracht. Hier liegen die Zellen. Die Allerheiligenkapelle mit Gewölbemalerei des 13. Jh. beschließt den Rundgang durch das Kloster.

Wies *Oberbayern* 609 ∎ 4

WALLFAHRTSKIRCHE Die Wies liegt inmitten einer weiten Waldwiese, zu ihren Füßen nur wenige Häuser. In der Längsrichtung wiederholt das auf- und abschwellende Dach den Umriß der nahen Trauchberge. Das Innere zeichnet sich von außen genau ab: der schmale Halbkreis der Vorhalle, das hochgestufte, vorschwingende Oval des Mittelraums, wiederum niedriger und mit geraden Wänden der langgezogene Chor. Daran setzt sich der Ostturm und vor ihn, mit bescheiden tief gelegter Firstlinie, ein hufeisenförmiger Bau als Sommersitz des Abtes. Ein schlichtes Portal tut sich auf, und dann steht der Besucher in einem Festsaal, den strahlender Farbenjubel erfüllt, der so von Licht durchglänzt ist, daß er nicht aus fester Substanz aufgebaut erscheint, sondern aus dem Stoff der Wiesenblumen draußen, der Wolken über den Trauchbergen. In diesem kleinen Bau gipfelt die technische Erfahrung und künstlerische Sensibilität der Brüder Dom. und Joh. Bapt. Zimmermann. Die Ovalwände tragen in Dreiergruppen geordnete Fenster, in deren breiteste Zonen in der Mitte sich die beiden Seitenaltäre einschmiegen. Leichte Brücken mit Kartuschen vermitteln von den Wänden zu den Freipfeilern, die als innere Schale den Raum so entscheidend bestimmen, daß hinter ihrem Gefüge, so weitmaschig es auch gesetzt ist, die Wände gar nicht mehr empfunden werden. Die Pfeiler stehen in sechzehn Doppelpaaren. Auf ihren klar gegliederten Gebälken balancieren der sprühende aufschäumenden Rahmen der Kuppel. Arkaden rollen sich in Voluten auf, bevor sie zum Scheitel emporsteigen. Blumengirlanden überspielen das verkröpfte Wellenband, welches das Oval der Wölbung umzieht. Dann gehen Stuck, Malerei und Architektur schon untrennbar ineinander über. In dem weichen Licht-

DIE WIESKIRCHE

Ein Bauernhaus auf einer entlegenen bayerischen Waldwiese wird im Jahre 1738 Schauplatz eines Wunders. Ein Erbärmdebild, ein Heiland an der Martersäule, vergießt plötzlich Tränen. Wallfahrten setzen ein. 1745 legt der Abt von Steingaden den Grundstein zu der Kirche, die als Kleinod des bayerischen Rokoko weltberühmt geworden ist. Sie ist das letzte große Werk von Dominikus Zimmermann. Er baute sich westlich von der Kirche ein Haus, in dem er 1766 starb.

einfall, in den Schrägblicken von den Umgängen her kann niemand mehr feststellen, ob ein Durchbruch in der Decke, ein Schattenwurf, eine Balustrade tatsächlich oder fiktiv ist. Das Kuppelfresko von Joh. Bapt. Zimmermann, das sich in den durchsichtigsten Tönen des Firmaments entfaltet, macht die Entrückung vollständig. Das zweite Fresko des Meisters im Chor gehört zu dem großen, dreifach gestaffelten Programm des Hochaltars. Es verherrlicht das Kreuz Christi, dessen Erbärmdebild über dem Tabernakel thront, auf das in hohem Ernst die Gestalten der Evangelisten hinweisen. Im zweigeschossigen Aufbau des Chors funkelt das Gold, flammt der Purpur. Die schwingende Bewegung des ovalen Mittelraums mündet in eine Triumphstraße zum Altar. Alle Formen der Architektur lodern und schmelzen nun, und der Blick durch die aufgebrochenen Wölbungsschalen zwischen den Säulen verliert sich in unerklärbare Räume. Als Mitarbeiter der beiden Zimmermann, von denen der Baumeister Dominikus auch der Schöpfer der Kanzel war, der Maler Johann Baptist wohl hauptsächlich die Stukkaturen schuf, bewährten sich vor allem Egid Verhelst mit den Skulpturen für den Hochaltar und Anton Sturm, dem die Figuren der Kirchenväter im Mittelraum und die Abtsloge zu verdanken sind.

Wiesbaden *Reg.-Bez. Darmstadt*   593 □ 11
Obwohl die heißen Quellen schon die Entstehung und das Wachstum der römischen Siedlungen am Fuß der Taunusberge begünstigten und das Bade-

leben seit dem 13. Jh. wiederauflebte, blieb die Stadt als nassauische Nebenresidenz ohne größere Bedeutung. Erst das 19. Jh. brachte raschen Aufschwung, nachdem 1816 die Zentralregierung für das vergrößerte Herzogtum Nassau eingerichtet worden war und die Kuranlagen mit ihrer weltberühmten Spielbank einen Anziehungspunkt bildeten. Die Anlage der Innenstadt geht im wesentlichen auf diese Zeit zurück, auch wenn sich nur wenige klassizistische Bauten erhalten haben, so das Erbprinzenpalais von 1813. Das architektonische Gesicht der Stadt wurde von 1840 an durch den Historismus geprägt.

BURGRUINE SONNENBERG Auf einem strategisch günstig gelegenen Felsen im Sonnenberger Tal erbauten um 1200 die Nassauer Grafen eine starke Burg.

EV. PFARRKIRCHE in Bierstadt, die kleine einschiffige Kirche stammt im wesentlichen aus dem 10.–11. Jh. Barocke Zutaten im inneren Ausbau.

EV. PFARRKIRCHE in Schierstein, der einfache Saalbau von 1754 entfaltet im Inneren die Farbenpracht ländlichen Rokokos.

KURHAUS Im Blickpunkt der hufeisenförmigen Baugruppe liegt das Kurhaus von 1906, die klassizistischen Kolonnaden gehörten schon zum Vorgängerbau.

Das SCHLOSS, geschickt in ein enges Grundstück gebaut, wurde 1841 vollendet. Eine Anzahl festlicher Säle hat noch die farbenprächtige dekorative Ausmalung des Spätklassizismus.

SCHLOSS BIEBRICH ist eine der schönsten erhaltenen

428

Lustschloßanlagen der Barockzeit. Max. v. Welsch schuf 1707–18 durch Verbindung zweier Pavillons mit Festräumen den langgestreckten Rheinflügel. Leider ging schon 1719 durch Aufstockung der Galerien der beschwingte Eindruck leichter Gartenarchitektur verloren. Der Ausbau zum Residenzschloß der Fürsten Nassau-Usingen ab 1734 brachte die Parkflügel. Der Park wurde im 19. Jh. zum Landschaftsgarten umgestaltet; an seinem Nordende liegt die Moosburg, eine künstliche romantische Ruine von 1806.

Wiesensteig *Reg.-Bez. Stuttgart* 601 ■ 7
KATH. PFARRKIRCHE ST. CYRIAKUS Vom 1466 errichteten spätgotischen Bau stammen noch der Mauermantel und die beiden Westtürme. Der Chor 1719 innen verändert, das Schiff 1775–85 zur Saalkirche umgebaut. Der Dekor von klassizistischem Zuschnitt. In den Wandaltären schönes Bildwerk, 18. Jh., im nördlichen Seitenaltar eine Muttergottes, um 1500, aus der Nähe Jörg Syrlins d. J.

Wiesenthau *Oberfranken* 595 □ 3
SCHLOSS Kuppel- und Spitzhelme, hohe und steile Satteldächer bestimmen das trutzige Bild der äußerlich seit 400 Jahren nicht veränderten Wohnburg. Der mit zwei kraftvollen Rundtürmen bewehrte, dreiflügelige Renaissancebau (14. und 16. Jh.) umschließt zwei Höfe.

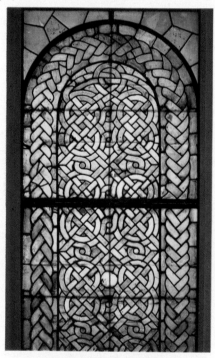

ORNAMENTFENSTER,
LANDESMUSEUM WIESBADEN

Ein günstiges Geschick hat eines der mittelalterlichen Ornamentfenster, die sich einst in der Kirche des Zisterzienserklosters Eberbach befanden, vor der Zerstörung bewahrt. Die asketische Lebenseinstellung der Zisterzienser fand in einem Bau ihren Ausdruck, der nur sehr sparsam mit schmückenden Elementen versehen wurde. Dementsprechend zeigt auch das Fenster keine Figuren, sondern einfach breite, verflochtene Linien in hellen Tönungen, umrahmt von einem grünlichen Zopfmuster. Es suggeriert strenge, beherrschte Bewegung in sich selbst.

Wiesentheid *Unterfranken* 595 □ 9
SCHLOSS Der vierflügelige Bau mit seinem geräumigen Innenhof stammt aus dem frühen 18. Jh., der Fuchsenbau aus dem späten 16. Jh. Die Verwendung der Kreuzkapelle (1687–92) als Gruft drückt sich in der Deckenmalerei aus: der Darstellung eines einstürzenden Mausoleums.
KATH. PFARRKIRCHE ST. MAURITIUS Geschlossener Bau (1732) mit gegliederter Fassade. Im Innern Decken- und Wandmalereien (1728), die die Scheinarchitektur eines barocken überkuppelten römischen Kirchenpalastes aufbauen. Hochaltar (1729) in Stuckmarmor.

Wiesloch 593 □ 6
Am Leimbach stehen noch Teile der Stadtmauer und drei Türme. Ein vierter im Nordwesten der Altstadt mit barocker Glockenstube gehörte zu einer romanischen Burg.
Im etwas östlich gelegenen Alt-Wiesloch stehen die Ruinen der PANKRATIUSKAPELLE mit mittelalterlichen Fresken im erhalten gebliebenen Chor (15. Jh.).
KATH. PFARRKIRCHE mit glanzvollem Innenraum (1750–53).

Wietmarschen *Reg.-Bez. Osnabrück* 568 ■ 9
Die KIRCHE des ehem. Benediktinerinnenklosters ist mit ihrer Muttergottesstatue aus dem 13. Jh. noch heute das Ziel von Wallfahrern.

Wildenburg *Unterfranken* 593 □ 4
BURGRUINE Durch Zwinger und Vorburg befestigte Anlage (13. Jh.). Der halbrunde Chorerker der ehem. Burgkapelle ist ein Meisterwerk spätromanischer Baukunst. Der zweigeschossige Palas gilt als bedeutendster Festsaal aus der Stauferzeit in dieser Gegend.

Wildenstein *Gem. Leibertingen*
Reg.-Bez. Freiburg i. Br. 607 □ 2
Die große, guterhaltene BURG wird erstmals im 13. Jh. erwähnt. Sie ist nur über eine Holzbrücke von der Vorburg aus zu erreichen. Der heutige Bau stammt hauptsächlich aus dem 16. Jh.

Wildeshausen *Verw.-Bez. Oldenburg* 569 □ 12
Neben dem gotischen Rathaus (15. Jh.) steht die wuchtige ALEXANDERKIRCHE, 1224–30 erbaut. Der mächtige Turm inmitten der Westfassade kam im 14. Jh. dazu. Innen spätgotischer Levitenstuhl und Sakramentsschrank aus Sandstein. Fresken mit Szenen aus dem Leben Christi (15. Jh.) und mit einem Falkenjagdmotiv (um 1300) in der Sakristei.

Wilhelmshausen *Reg.-Bez. Kassel* 578 ■ 7
Die EHEM. ZISTERZIENSERINNENKLOSTERKIRCHE, eine flachgedeckte romanische Basilika, wurde im Dreißigjährigen Krieg stark beschädigt, im 19. Jh. rekonstruiert. Taufstein um 1200, Rokokoorgel.

Wilhelmshaven *Verw.-Bez. Oldenburg* 561 □ 9
KÜSTEN- UND SCHIFFAHRTSMUSEUM Von der Vorgeschichte bis zur Neuzeit wird die niedersächsische Küstenbesiedlung und Schiffahrt demonstriert.
RATHAUS Das großartige Backsteinrathaus der 1937 miteinander verbundenen Jadestädte Rüstringen

Die EHRENBÜRG trägt seit 1300 die WALPURGISKAPELLE, jahrhundertelang das Ziel der berühmten Walpurgiswallfahrt. Schräg gegenüber liegt auf steiler Berghöhe die NIKOLAUSKAPELLE mit kraftvollem Ostturm (1788).

und Wilhelmshaven wurde 1929 von Fritz Höger erbaut.

Wilhelmstein *Reg.-Bez. Hannover* 570 □ 9
INSELFESTUNG Auf einer künstlich erweiterten Insel im Steinhuder Meer legte Graf Wilhelm von Schaumburg-Lippe (1765–67) eine sternförmige Zitadelle mit Wohngebäude und Sternwartenturm darüber an.

Wilhelmsthal *Reg.-Bez. Kassel* 578 ■ 8
SCHLOSS Von Schloß Wilhelmshöhe führt eine 9 Kilometer lange Rasenallee zum Schloß Wilhelmsthal, das sich Landgraf Wilhelm VIII. von 1743–54 als Sommersitz erbauen ließ – eine köstliche Schöpfung des vollendeten Rokoko. Es wurde von François Cuvilliés d. Ä. entworfen und von einem Schüler Knobelsdorffs ausgeführt. Auch die Innenausstattung war vom Münchner und Potsdamer Schloß inspiriert und spiegelte so die enge Verbindung des Landgrafen zu jenen Höfen wider. Der Siebenjährige Krieg unterbrach die Vollendung der ganzen Anlage, nach dem Tod Wilhelms VIII. (1760) wurde die Ausstattung in frühem Klassizismus abgeschlossen und der Park zu einem englischen Landschaftsgarten umgestaltet. Im Inneren der Dreiflügelanlage nehmen der große Speisesaal und darüber der Musensaal die Mittelachse ein, das Treppenhaus ist seitlich angeordnet. Auf der anderen Seite im Erdgeschoß die Gemächer des Landgrafen, im Obergeschoß die der Landgräfin. Die Stuckdekorationen im zartesten Rokoko; erlesene Ausstattung mit kostbaren Möbeln, Porzellanen, Gemälden (Schönheitsgalerie von Joh. Heinr. Tischbein d. Ä.).

SCHLOSS WILHELMSTHAL

Die Gartenfront des Schlosses zählt zu den schönsten Werken des deutschen Rokoko: hoch aufgerichtet im Mittelrisalit, stufen sich die Baukörper ab und schwingen ein in den umgebenden Park. Landgräfin Amalie hatte 1643 dies Refugium entdeckt und dem damals noch einfachen Landsitz den Namen Amalienthal gegeben. Später hieß er wieder nach einer fürstlichen Frau: der im nahen Kassel residierende König Jérôme nannte Schloß und Park zu Ehren seiner Gemahlin Katharinenthal.

Willebadessen *Reg.-Bez. Detmold* 577 □ 3
Die EHEM. BENEDIKTINERINNENKLOSTERKIRCHE stammt aus dem 12. Jh. und wurde in barocker Zeit durchgreifend verändert. Nonnenempore von 1723. Größter Schatz ist der vergoldete St. Vitusschrein, ein kleiner Tragaltar von etwa 1200. In Sakristei und Stifterkapelle kunstvoll gearbeitete romanische Mittelsäulen.

Willershausen *Reg.-Bez. Kassel* 586 □ 2
PFARRKIRCHE Spätgotische Hallenkirche, niedrig, aber weit, mit reichen Stern- und Netzgewölben und stabumwundenen Rundpfeilern.

Wilsede *Reg.-Bez. Lüneburg* 562 ■ 5
Mittelpunkt des Heideparkes ist dies malerische Dorf. Das HEIDEMUSEUM zeigt, wie es in einem bäuerlichen Haushalt im 19. Jh. aussah.

Wilster *Schleswig-Holstein* 562 □ 11
Das ALTE RATHAUS in Backstein von 1585 ist jetzt Museum und Bibliothek, Obergeschoß vorspringend in Fachwerk, stattliche Erdgeschoßhalle, Gildezimmer, Gerichtszimmer.
Vom BÜRGERMEISTERHAUS von 1785 wurde die imposante Straßenfront 1938 wiederhergestellt.
Die KIRCHE, 1775–80 im Stil des Spätbarock errichtet, gehört zu den Schöpfungen von Ernst Georg Sonnin, dem Baumeister der Hamburger Michaeliskirche. Spiegelgewölbe, Emporen, Kanzelaltar, Gestühl schaffen einen einheitlichen Barockraum.

Windberg *Niederbayern* 604 ■ 11
PRÄMONSTRATENSERKLOSTERKIRCHE ST. MARIA Das Kloster erwuchs aus der Niederlassung zweier Eremiten im 10. Jh. Die romanische Struktur der mächtigen dreischiffigen Basilika (12. Jh.) aus geschichteten Granitsteinen mit Querschiff und Nebenchören hat sich ziemlich rein erhalten: reich gegliedert und mit Skulpturen (um 1225) verziert das Hauptportal. Von den geplanten vier Türmen steht einer (13. Jh.). Im 18. Jh. erhielt er Obergeschoß und Haube und das Innere der Kirche ein barockes Stuck- und Freskengewand. Neben der hervorragenden barocken Altarausstattung ein schöner romanischer Taufstein mit Reliefskulpturen (um 1235). Die Klostergebäude lassen noch Mittelalterliches spüren: Treppengiebel, Reste des romanischen Kreuzganges, spätgotische Wölbungen und eine Holzstiege mit reich verziertem Geländer (um 1530) in der Abtei. In den Höfen zwei schöne Brunnen des 16. und 17. Jh.

Winkel *Reg.-Bez. Darmstadt* 592 □ 2
GRAUES HAUS Der frühmittelalterliche Burgsitz wurde im 11. Jh. unter Verwendung karolingischer Kapitelle gebaut. Ein Brand von 1964 ermöglichte eine Teilrekonstruktion.
SCHLOSS VOLLRADS In die Weinberge am Taunusrand eingebettet, liegt der ausgedehnteste Adelssitz des Rheingaus. Von hohem malerischem Reiz ist die in einem Teich gelegene Turmburg des 14. Jh.

Winnenden *Reg.-Bez. Stuttgart* 601 ■ 10
Außerhalb des Ortes liegt neben dem schlichten Schloß Winnental (Heilanstalt) die SCHLOSSKIRCHE, eine mehrfach umgebaute romanische Pfeilerbasilika mit frühgotischem Chor (um 1300). Der Schnitzaltar (1520) mit reichem bis zum Gewölbe reichendem Gesprenge fällt vor allem durch seine Größe auf.

Winsen a. d. Luhe *Reg.-Bez. Lüneburg* 562 □ 3
Zwei Türme bestimmen das Bild der Stadt. Einer
gehört zum ehemals landesherrlichen Schloß, einem
massigen Backsteinbau, größtenteils aus dem 16. Jh.
In der Kapelle Malereien von etwa 1600. Spitz und
neugotisch der Turm der backsteingotischen Marienkirche, erbaut im frühen 15. Jh. in der ungewöhnlichen Form einer Hallenkirche mit nur einem
Seitenschiff.

Wipperfürth *Reg.-Bez. Köln* 576 □ 6
ST. NIKOLAUS Romanische Pfeilerbasilika des 12. Jh.
Die Gliederung des Turms, die Chortürme, die
Verlängerung der Seitenschiffe entstanden bei der
Renovierung um 1870. Im Innern – 1951 neu ausge-
malt – bleigegossenes Taufbecken des 13. Jh.,
Holzskulpturen aus dem 14.–18. Jh. und ein silber-
vergoldeter Kelch aus Paris, etwa 1380.

Wissel *Reg.-Bez. Düsseldorf* 575 ■ 12
ST. KLEMENS Die Basilika ist ein bedeutender und
fast unverändert erhaltener Bau der Romanik
(12. Jh.), der Chorschluß spätgotisch. Im Langhaus
Kreuzrippengewölbe. Taufstein aus dem 12. Jh.
Spätgotisches Vesperbild.

Witten *Reg.-Bez. Arnsberg* 576 ■ 7
Das MÄRKISCHE MUSEUM, Malerei und Graphik
des 20. Jh. und Heimatmuseum, ist in einem guterhaltenen Jugendstilbau untergebracht, 1909/10.

Wittenburg *Reg.-Bez. Hildesheim* 570 □ 6
EV. KIRCHE Ab 1328 bestand hier (bis 1543) ein
Augustinerchorherrenstift. Die spätgotische Kirche
(vor 1500) blieb erhalten. Drinnen gotisches Chorgestühl und ein Renaissancetaufstein.

Wittingen *Reg.-Bez. Lüneburg* 571 ■ 11
In der backsteingotischen EV. KIRCHE, einer ursprünglich dreischiffigen Basilika des 13. Jh., ein
Taufstein von 1538, eine Kanzel von 1626, barok-
ker Altar (1709) und Orgelprospekt (1738–40).

Wittlich *Reg.-Bez. Trier* 591 □ 2
Hübsche Wohnhäuser (meist 18. Jh.) umstehen den
Marktplatz. Das Rathaus von 1647 wurde im
20. Jh. umgebaut.
KATH. PFARRKIRCHE 1709–23 wurde die dreischiffige
Pfeilerbasilika errichtet. Durch figurale Glasfenster
aus neuerer Zeit fällt das Licht in das von gotisie-
renden Kreuzrippengewölben gekrönte Innere.

Witzenhausen *Reg.-Bez. Kassel* 578 ■ 5
Ein verheerender Stadtbrand 1809 hat das Stadtbild sehr beeinträchtigt. Von der alten Pracht der
Fachwerkhäuser zeugen noch vor allem die Ermschwerder Straße, die Westseite des Marktplatzes und
die anschließende Straße bis zum Kespermarkt, dem
Kirschmarkt. Die ältesten Häuser entstanden nach
einem Stadtbrand 1479. Aus der Blütezeit des Wit-
zenhäuser Fachwerkbaues der Renaissance stammt
das mit niedersächsischen Fächermustern reich geschmückte Haus Ermschwerder Straße 4 (1579) und
das Steinerne Haus. Von der Stadtbefestigung sind
große Teile der Mauer und drei Türme erhalten.
STADTKIRCHE Turm frühgotisch, Chor 1404, Ostteile
des Langhauses als Emporenanlage begonnen, als
Stufenhalle weitergeführt mit originellen Pfeilern;
notdürftiger Abschluß mit Holzdecken. Das Äußere wird durch das mächtige Mansarddach und
den barocken Turmhelm vereinheitlicht.

Witzwort *Schleswig-Holstein* 554 □ 3
ROTER HAUBARG Der Backstein gab dem stattlichen
Haus (größtenteils aus dem 18. Jh.) seinen Namen,
heute sind Wände und Giebel weiß gestrichen.

Wocklum b. Beckum *Reg.-Bez. Arnsberg* 576 □ 4
Südlich von dem Barockschloß (um 1700) die
LUISENHÜTTE, älteste erhaltene Hochofenanlage
Deutschlands, die hier 1732–1865 in Betrieb war.

Wöhrden *Schleswig-Holstein* 554 □ 4
KIRCHE Der spätbarocke, fast schon klassizistische
Bau aus Ziegelstein (Bauzeit: 1786–1788) steht
leicht erhöht in dem hübschen Dorf. Drinnen
Kanzelaltar und schöner Orgelprospekt.

Wölchingen *Reg.-Bez. Stuttgart* 594 ■ 6
Die EV. PFARRKIRCHE ist eine dreischiffige spätromanische Pfeilerbasilika. Im 19. Jh. erhielt sie den
Vierungsturm. Ungewöhnlich – vielleicht eine An-
spielung auf das Hl. Grab in Jerusalem – ist die
kreisförmige Krypta unter dem Chor, deren Gewölbe von einer stämmigen Mittelsäule getragen
wird. Sehenswerte Grabmäler (um 1200).

Wöltingerode *Gem. Vienenburg*
Verw.-Bez. Braunschweig 579 □ 11
EHEM. KLOSTER Die Kirche blieb nur im romanischen Teil erhalten, die jüngere Hälfte des Schiffes,
einst Empore der Zisterzienserinnen, wurde abgetrennt und dient heute als Lagerraum. Barocker
Turm. Besonders schön ist die Kanzel mit fünf bewegten Figuren, sie stammt – wie auch der Hochaltar – aus dem 18. Jh. Konventsgebäude 17. Jh.

Wörschweiler *Saarland* 592 □ 7
Das KLOSTER, 1131 von Benediktinern gegründet,
wurde 1170 von Zisterziensern übernommen. Diese
bauten im 12. und 13. Jh. die Abtei auf, die seit
1614 Ruine ist.

Wörth a. d. Donau *Oberpfalz* 604 □ 10
SCHLOSS Die ehem. Residenz der Regensburger
Fürstbischöfe liegt auf einem aus der Donauebene
aufragenden, frei stehenden Bergrücken. Der Neubau des 16. Jh. hat von der mittelalterlichen Burg
den sechsstöckigen Bergfried übernommen. Auch
diese Anlage wurde ein mächtiges Bollwerk mit
runden Geschütztürmen an den Ecken und zu
beiden Seiten des Eingangs. Die teils noch sehr
schön ausgestatteten Wohnräume liegen im Fürstenbau, dessen Hofseite eine zweigeschossige Galerie
schmückt.

Wolbeck *Reg.-Bez. Münster* 576 □ 1
DROSTENHOF Torhaus und Wirtschaftstrakt von
1545. Das Herrenhaus, ein rautenförmig gemuster-
ter Backsteinbau (1557) mit schönem Treppenturm,
zeichnet sich durch reiche Renaissancegiebel aus,
die in der Baukunst des Münsterlandes Schule
machten.

Wolf *Reg.-Bez. Trier* 592 □ 10
Auf dem Göckelsberg liegt die RUINE der Liebfrauenkirche, einer Pfarrkirche aus dem 12./13. Jh.

Wolfach *Reg.-Bez. Freiburg i. Br.* 600 □ 8
SCHLOSS Die beiden Schloßteile rechts und links
der Straße, verbunden durch einen Torturm, liegen
jeweils in Hufeisenform um einen Hof. Die

RITTERSAAL, SCHLOSS WOLFEGG

Die Grafen von Waldburg, seit 1214 Reichserbtruchsesse und damit als Vorsteher der Hofhaltung die einflußreichsten Hofbeamten, bauten sich in Wolfegg eine prächtige Residenz. Besonders der riesige Rittersaal gibt eine lebendige Vorstellung vom Selbstbewußtsein der Familie. Die 22 lebensgroßen, derb-realistischen Holzplastiken sind nach Holzschnittvorlagen aus der Truchsessenchronik von Hans Burgkmair entstanden.

Schmuckformen, Portale und Giebel entstammen dem 17. Jh. Die kleine Schloßkapelle ist mit ihren Altären, dem Gestühl und einer feingedrechselten Empore ein frühbarockes Schmuckstück.

WALLFAHRTSKIRCHE ST. JAKOB Über dem Ort im Walde liegt die im 18. Jh. außerordentlich reich ausgestattete Wallfahrtskirche.

Wolfegg *Reg.-Bez. Tübingen* 608 ■ 2
PFARRKIRCHE Hinter dem schlichten Äußeren verbirgt sich ein reich gegliederter, anmutig mit Stuck und Fresken geschmückter Raum, 1733–42 als Schloßkirche gebaut. Sie bildet zusammen mit dem Schloß, den Beamtenhäusern und vielerlei Nebengebäuden das malerisch unregelmäßige Ensemble einer kleinfürstlichen Residenz.

SCHLOSS Fast 700 Meter hoch liegt der 1578 begonnene Renaissancebau vor den Allgäuer Alpen, mit seinen vier von Ecktürmchen betonten Flügeln um den Innenhof ein frühes Beispiel dieses regelmäßigen Typus in Oberschwaben. Die Ausstattung des 17. und 18. Jh. bestimmt den Eindruck der prächtigen Räume. Bilder- und Bankettsaal, der 52 Meter lange Ahnensaal und das reizvolle Stiegenhaus mit der Reitertreppe vermitteln ein reiches Gesamtbild jener Zeit. In den Kunstsammlungen vorzügliche, vor allem schwäbische Arbeiten, unter den Graphiken das berühmte „Hausbuch" eines unbekannten Künstlers des 15. Jh.

Wolfenbüttel *Verw.-Bez. Braunschweig* 571 □ 7
Heute eine Kreisstadt im Harzvorland, war Wolfenbüttel einst die Residenz der Herzöge von Braunschweig und Lüneburg. Ein unverfälschter Gesamteindruck aus alter Zeit blieb bestehen, der

fürstliche Bauten und Bürgerhäuser zu einem geschlossenen anheimelnden Bild vereinigt. Es erinnert vor allem an die Jahre um 1600, als die Stadt sich zu einem politischen und kulturellen Mittelpunkt entwickelt hatte. Damals wurden die großen Renaissancebauten, das Fachwerkrathaus errichtet, aber auch die geradlinigen Straßen und regelmäßigen Plätze angelegt.

Mit der HAUPTKIRCHE entstand ab 1607 der erste bedeutende evangelische Sakralbau. Paul Francke entwarf die dreischiffige Hallenkirche in gotisierender Renaissance. Reicher plastischer Dekor mildert die strenge Architektur. Der geschweifte Helm gibt erst seit 1751 dem unvollendeten Turm seinen Abschluß. Die Ausstattung, genannt sei vor allem der Hochaltar und die Kanzel, größtenteils aus dem 17. Jh.

JOHANNISKIRCHE In dem Fachwerkbau von 1664 eine reiche Renaissanceausstattung.

LESSINGHAUS Zwischen Schloß und Herzog-August-Bibliothek (Neubau von 1881) das gelbgestrichene barocke Wohnhaus Gotth. Ephraim Lessings, der von 1770 bis zu seinem Todesjahr 1781 die berühmte Bibliothek leitete.

Das SCHLOSS geht auf eine Wasserburg des 13. Jh. zurück. Als die Fürsten des Schmalkaldischen Bundes 1542 Wolfenbüttel belagerten, wurden Teile zerstört. Wiederherstellungsarbeiten und Neubauten formten im Verlauf von etwa zwei Jahrhunderten das Bild der Residenz. Paul Francke schuf 1614 den fast fünfzig Meter hohen Hausmannsturm. Die Barockfassade stammt von Hermann Korb, der 1714 begann, die Geschosse mit Galerien zu umgeben. Holz und Fachwerk erzielen durch Pilaster und girlandengeschmückte Giebel den Eindruck eines Bauwerks aus Stein. Nur für das prunkvolle

Portal (1716) und die Skulpturen auf der Brüstung des Burggrabens wurde Sandstein verwendet. Die prächtigen historischen Säle und Kabinette sind als Räume des Heimatmuseums zugänglich.
Am Holzmarkt die farbige Fassade des 1719 geweihten Neubaus der spätbarocken TRINITATIS-KIRCHE. Architekt war Hermann Korb.
ZEUGHAUS Entwerfender Baumeister des hohen, 1613 begonnenen Renaissancebaues am Schloßplatz war Paul Francke. Reiches Westportal mit herzoglichem Wappen.

Wolfhagen *Reg.-Bez. Kassel* 578 □ 8
Die Stadtkirche bildet den oberen Abschluß des Marktplatzes, teilweise verdeckt von der Alten Wache, einem kleinen Fachwerkhaus von 1667 (Heimatmuseum). Gegenüber, am Fuße des Marktplatzes, das stattliche Fachwerkrathaus (1657–59). Die Fachwerkhäuser entstanden seit dem Dreißigjährigen Krieg.
STADTKIRCHE Das Südportal der Hallenkirche (13. Jh.) ist eine verkleinerte Nachbildung des Volkmarser Südportals. Die Schlußsteine im Innern zeigen einen Weltgerichtszyklus. Der Chor wurde spätgotisch erneuert.
SCHLOSS ELMARSHAUSEN Die spätmittelalterliche Wasserburg wurde in Renaissance und Klassizismus ausgebaut und verändert und bietet trotz schlicht quadratischer Anlage mit ihrem Türmchen, Erkern und Giebeln ein malerisches Bild.

Wolframs-Eschenbach *Mittelfranken* 602 □ 12
Die mittelalterliche Kleinstadt nennt sich nach dem Dichter des Parzival, der in der Pfarrkirche begraben ist (gest. 1220). Die wohlerhaltene Befestigung mit Zwinger und Graben und die stimmungsvollen Gassen mit den vorkragenden Giebelhäusern führen in das 14. Jh. zurück. Bedeutende Bauten: Das Deutschordensschloß (1623), die Ordensvogtei (1430) und das malerische Pfründnerhaus.

Wolfratshausen *Oberbayern* 610 □ 9
STADTPFARRKIRCHE ST. ANDREAS Dreischiffiger Hallenbau mit schlankem Turm. Heutiger Bau von

SÜDSEITE DER HAUPTKIRCHE, WOLFENBÜTTEL

Ziergiebel mit detailliertem Blattwerk, Masken und Figuren beleben die Nord- und Südseite der dreischiffigen Hauptkirche. Dieser ausnehmend große, von 1607 bis etwa 1625 errichtete Bau hätte der Anfang einer großen Bauentwicklung sein können, die aber durch den Dreißigjährigen Krieg nicht zur Entfaltung kam.

1619–50. Die reiche Ausstattung des Innenraums stammt aus dem 17. und 18. Jh.
KALVARIENBERG Der Stationsweg beginnt mit der Frauenkapelle (1643–49) auf der Anhöhe über der Stadt und endet bei der Dreifaltigkeitskirche (1715).
ST. NANTWEIN Angeblich soll der Rompilger Conradus Nantovinus 1286 in Wolfratshausen von einem herzoglichen Ritter gemartert worden sein. Dem Heiliggesprochenen, aus dessen silbergefaßter Hirnschale (nun im Münchner Stadtmuseum) Wein gereicht wurde, gilt die Wallfahrt. Die spätgotische 1624 neugestaltete und dann leider neugotisch umformte Kirche bietet einen reizvollen, geschlossenen Gesamteindruck und beachtenswerte Details.

RELIEF VOM ROSENKRANZALTAR, WOLFRAMS-ESCHENBACH

Das sehenswerte, ornamentale Relief am Altar der Kirche von Wolframs-Eschenbach zeigt, umgeben von einem Rosenkranz, den Gekreuzigten zusammen mit Heiligen – unter ihnen auch Moses. In der obersten Reihe Gottvater mit dem Heiligen Geist sowie die Madonna und der Erzengel Michael. Die Arbeit wurde um 1520 angefertigt; ihre älteren Bestandteile stammen aus Köttingwörth in der Oberpfalz. Das Relief deutet auf die Rosenkranz-Bruderschaften hin, die derartige Werke mehrfach in Auftrag gegeben haben. Besonders häufig findet man solche „Rosenkranz-Darstellungen", geschnitzt oder gemalt, in Norddeutschland. Zumeist sind sie in irgendeiner Form mit der Madonna verknüpft.

Wolfsburg *Reg.-Bez. Lüneburg* 571 ▪ 6
Wie kaum ein anderer Ort dokumentiert die planvoll wachsende Stadt das Bauen der letzten Jahrzehnte. Am Mittellandkanal die lange Klinkerfront des Volkswagenwerkes (1938/39). Einige der ersten Kirchen der Nachkriegsjahre (Christophorus-, Christuskirche) wirken schon konventionell gegenüber der Heilig-Geist-Kirche (1961/62) oder der Stephanuskirche, die 1968 in ein Einkaufszentrum mit einbezogen wurde. Beide baute Alvar Aalto. Von ihm auch das Kulturzentrum (1962), das sich dem Rathaus (1958) anschließt. – Doch auch Altes blieb, vor allem das hohe Renaissanceschloß, die WOLFSBURG, die für Ausstellungen, Werkstätten und Ateliers genutzt wird. Der Bergfried noch mittelalterlich, ansonsten im Stil der Weserrenaissance, spätes 16. Jh., Südflügel von 1840. In nächster Nähe die St. Marienkirche von 1683.

DOM, WORMS

Am Nordportal dieser Basilika hat der Dichter des Nibelungenliedes – er lebte in eben jenen Tagen, als das Gotteshaus entstand – sich den Streit zwischen den Königinnen Kriemhild und Brünhild vorgestellt. Tief in der Geschichte ruhen die Fundamente dieses Domes, zu dem eine Saliergruft gehört und an dessen Seite sich einst der königliche Hof befand. Das Bauwerk ist der mächtige Repräsentant der Spätromanik; durch die „Wormser Schule" hat es weitergewirkt in die Zeit.

RELIEF IM DOM, WORMS

Überblickt man die Vielzahl romanischer Plastiken, so erfüllen sie ein ganzes kirchliches Programm, in dem biblische Szenen und katholische Vorstellungen ihren Platz haben. Das Relief „Daniel in der Löwengrube" zeigt unter Rundbögen den alttestamentarischen Propheten, der, durch Neider verklagt, vom Herrscher über Babel zu den Löwen geworfen wurde. Doch die wilden Tiere tun Daniel kein Leid an. Während die Löwen noch streng stilisiert erscheinen, ist die menschliche Gestalt – ihre Gebärde und der Fall des Gewandes – schon spätromanisch gelöst und bewegt.

Wolfstein *Rheinhessen-Pfalz* 592 ■ 5
Über dem Ort lagern die RUINEN Altwolfstein (12. Jh.) mit fünfeckigem Bergfried und Neuwolfstein (1275), deren Befestigung einst mit der Stadt verbunden war.

Wollmesheim *Rheinhessen-Pfalz* 592 □ 5
Die Westteile des einschiffigen Langhauses und der Turm der EV. PFARRKIRCHE stammen von 1040. Die Schallöffnungen haben Säulchen mit Würfelkapitellen.

Worms *Rheinhessen-Pfalz* 593 ■ 9
Worms ist neben Trier die älteste römische Siedlung in Deutschland. Ihr Name ist auf immer mit der Nibelungensage verbunden; in den Straßennamen tauchen Hagen, Siegfried, Kriemhild auf. Hinter dem Dom liegt ein mächtiger weißer Kelterstein, von dem die Legende sagt, dies sei der Stein, mit dem König Gunther Brünhild besiegt habe. Die weiten Wiesen jenseits des Rheins tragen den Namen Rosengarten, auf dem linken Ufer steht im Kettenpanzer Hagen und wirft den Nibelungenschatz in den Strom. Die Stadt war einst hundertürmig, ihre Schönheit wurde im 17. Jh. durch den französischen Feldherrn Mélac ausgelöscht. Sie hat eine große Geschichte: beim Reichstag 1521 und vor Karl V. sprach Martin Luther der Überlieferung nach: „Hier stehe ich, ich kann nicht anders ..." Zum Lutherdenkmal (Ernst Rietschel, seit 1868 von zwei seiner Schüler vollendet) kommen Protestanten aus aller Welt. – In den Wingerten der Liebfrauenkirche wächst einer der kostbarsten Weine der Welt: die Liebfrauenmilch, die nur mit dem Beinamen Kirchenstück echt ist. Die Stadt hat den ältesten Judenfriedhof Europas, er ist älter selbst als der Prager und hat auch das Dritte Reich überdauert.
DOM Ob man vom Ried her kommt, also vom Vorfeld des Odenwaldes, oder von den Weinhügeln Rheinhessens: immer sieht man den tausendjährigen Dom wie eine blasse Krone über der Stadt. Er

ist einer der bedeutendsten romanischen Bauten des Abendlandes. Die Kriegszerstörungen des 17.–20. Jh. haben die einstige enge und reichgestaltete Umbauung vernichtet; er wirkt nun gewaltiger als früher. Bischof Burchard baute den ersten Dom um das Jahr 1000, 1018 wurde die dreischiffige Basilika zum erstenmal geweiht: Kaiser Heinrich II. war der höchste Gast. Die jetzige Anlage geht auf einen Neubau des späten 12. und des frühen 13. Jh. zurück; die Hohenstaufen standen damals auf dem Gipfel ihrer Macht. Der Dom hat viel erlitten; 1689 stand er in Flammen, Sprengungen erschütterten ihn. 1925, zur Neunhundertjahrfeier für Bischof Burchard, wurde der Dom päpstliche Basilika. Das Nordportal haben Fürsten der Welt und der Kirche passiert. Besondere Kostbarkeiten: Balth. Neumanns barocker Hochaltar mit Säulen in Marmor und Gold. Reiches Chorgestühl. An der nördlichen Chorwand romanische Plastiken. In der Sakristei des Ostchors bemerkenswertes romanisches Kruzifix. Schönster Blick: aus dem Ostchor nach Westen mitten in die Gloriole der Rosetten hinein. An den romanischen Dom wurde Ende des 13. Jh. die gotische Nikolauskapelle gebaut. An der Orgelempore ein Modell des Domes mit Umgebung. Vor dem Kreuzaltar liegen die Ahnen des salischen Kaiserhauses begraben, unter ihnen als erster 955 Herzog Konrad der Rote, einer der Sieger auf dem Lechfeld und in dieser Schlacht gefallen. Unter den Saliersarkophagen der eines Unbekannten, wahrscheinlich ein König der Frühgeschichte aus dem Zwielicht von Historie und Sage. Die protestantische DREIFALTIGKEITSKIRCHE wurde 1725 geweiht, 1945 brannte sie total aus. Erneuert mit besonders schönen Fenstern und einem Mosaik: Luther vor dem Reichstag in Worms.

LIEBFRAUENKIRCHE Ganz nah am Rhein und von den legendären Weinbergen umgeben. Die Kirche, festlich-reiche Gotik aus dem 14. und 15. Jh. Ein hölzernes Gnadenbild Unserer Lieben Frau, auch 14. Jh.

MUSEEN Wer in Worms ankommt und den Bahnhof verläßt, sollte sich noch einmal umdrehen: ihm begegnet ein geglücktes Jugendstilbauwerk. Im Kunsthaus Heylshof, einem einst privaten Wohnsitz der Industriellenfamilie, ist heute eine Gemäldesammlung untergebracht (Gemälde von Lenbach, Steinle, Schwind). Das Andreasstift beherbergt das Museum der Stadt Worms. Die Erde der Stadt hat Zeugnisse aus vier Jahrtausenden hergegeben, Werkzeuge und Waffen, Keramik, Glas, Schmuck. Im romanischen Kirchenraum sakrale Kunstwerke. In der spätgotischen PFARRKIRCHE zu Herrnsheim Steinkanzel und Chorgestühl aus dem späten 15. Jh. Zahlreiche Grabdenkmäler der Herren v. Dalberg (15.–19. Jh.).

ST. MARTIN erhebt sich über einem alten römischen Kerker. Die spätottonische Anlage um 1000 wurde in spätstaufischer Zeit (erste Hälfte 13. Jh.) erneuert und umgebaut. Ein feingliedriges Westportal führt in die edelproportionierte, überwölbte Basilika.

ST. PAUL ist die rätselhafteste Kirche. Ihre zwei byzantinischen Rundtürme stehen als ein Stück Morgenland auf rheinhessischer Erde. Es ist ungewiß, ob der Einfluß von Kreuzfahrern diese architektonische Besonderheit bewirkt hat. Chor und Westbau sind noch romanisch; das Schiff barock erneuert.

SCHLOSS HERRNSHEIM Klassizistischer Bau (1811) mit schönem englischen Park und barocken Wirtschaftsgebäuden.

Die romanische SYNAGOGE – die bedeutendste Westeuropas – wurde nach den Verwüstungen des Jahres 1938 von 1958–61 sorgfältig wieder aufgebaut. Kreuzgratgewölbe und Blattkapitelle im Männerbau.

Worpswede *Reg.-Bez. Stade* 561 □ 4
Der Name des Künstlerdorfes wurde Ende des 19. Jh. bekannt, als eine Reihe von Malern hier ansässig wurde: Mackensen, Modersohn, Overbeck, am Ende und Vogeler. Ihr naturnahes Werk wird übertroffen durch die expressiven Bilder Paula Modersohns (gest. 1907). Auch Rilke war eine Zeitlang hier heimisch. Der eigenwillige Baumeister Bernh. Hoetger schuf einige Bauten, so das Café Worpswede (1925) mit Kunstschau, eine Kunsthalle, sein eigenes Wohnhaus und das mächtige Gefallenendenkmal Niedersachsenstein. Im Schluh zwei hierher versetzte Moorbauernhäuser mit Vogeler-Museum und Kunsthandweberei. Seit 1971 gibt es das Roselius-Museum für Frühgeschichte.

Wremen *Reg.-Bez. Stade* 561 ■ 12
WILLEHADKIRCHE (um 1200) Der Erstbau der Kirche geht auf eine Gründung Willehads, des ersten Sachsenbischofs, zurück. Schöne, bemalte Balkendecke (1737).

Wülfinghausen *Reg.-Bez. Hildesheim* 570 □ 6
EHEM. AUGUSTINERNONNENKLOSTER In der Kirche (um 1400) ein Chorgestühl aus dem 15. und eine Empore aus dem 18. Jh. Die Gebäude des Damenstiftes 1735–40.

Wülzburg *Mittelfranken* 602 ■ 1
BURG Fünfeckige Festung aus dem 16. Jh. mit kantigen Bastionen und einem prachtvollen Portal (1600). Innerhalb der mächtigen Mauern ein Schloß (1599). Das Bauwerk ist eine der wenigen noch ganz erhaltenen barocken Höhenfestungen.

Würzberg *Reg.-Bez. Darmstadt* 593 □ 3
RÖMERKASTELL Vom hier verlaufenden Limes wurde das Kastell Hainhäusel mit Graben und Umwallung ausgegraben, ferner eine kleine Badeanlage.

Würzburg *Unterfranken* 594 ■ 2
„Rose im grünen Laub!" sang Gottfried von Viterbo im 12. Jh. unter dem rebengrünen Wirciberg am Main: „Herrlich ist diese Lage, wunderschön erschien sie mir – im Tal eingeschnitten liegt die Stadt da wie ein irdisches Paradies!" Ebenso poetisch sah Heinrich von Kleist die Bischofsstadt: „Oben in der Loge des Himmels stand Gott ... die Häuser in der Tiefe lagen in dunklen Massen da wie das Gehäuse einer Schnecke, in die Nachtluft ragten die Spitzen der Türme wie die Fühlhörner eines Insekts." 1156 feierte Kaiser Barbarossa in diesem Paradies seine Hochzeit mit Beatrice von Burgund. Seit langem schon war es eine blühende Stadt. Um den romanischen Dom scharten sich an die dreißig Kirchen und Klöster. Die geistlichen Regenten besaßen als Herzöge von Franken landesfürstliche Gewalt. Diese wandelte sich in der Gegenreformation unter Würzburgs Renaissancebischof Julius Echter von Mespelbrunn (1573 bis 1617) zu schöpferischer Tatkraft. Der Umfang der würzigen Rebenstadt wird bis ins 19. Jahrhundert

FESTUNG MARIENBERG UND MAINBRÜCKE

In dem Dreiklang von Fluß, Brücke und Festung, symphonisch eingebettet in eine heitere Wald- und Re-benlandschaft, schwingt noch barocke Festlichkeit mit. Von Südosten grüßen die anmutigen Zwiebeltürme des Käppele herüber. Eine Prozession steinerner Heiligenfiguren säumt die Brückenstraße, die in das Zentrum der alten Bischofsstadt führt. Die barocken Sandsteinfiguren aus dem dritten Jahrzehnt des 18. Jh. sind heute durch Kopien ersetzt.

KILIANSEVANGELIAR, UNIVERSITÄTSBIBLIOTHEK WÜRZBURG

Aus dem 11. Jh. stammt diese Elfenbeinplatte, die zum Buchdeckel eines dem hl. Kilian zugeschriebenen Evangeliars gehört. Dargestellt ist das Martyrium des Frankenapostels mit zweien seiner Gefährten und die Himmelfahrt ihrer Seelen, die von Engeln emporgetragen werden. Der ïroschottische Mönch Kilian war im 7. Jh. als Missionar in das Gebiet von Würzburg gekommen. Es gelang ihm, den Herzog zu bekehren, die Herzogin jedoch blieb ihm feindlich gesinnt. 689 ließ sie ihn und zwei andere Priester im Gebet überfallen und enthaupten.

(rechts)

SCHERENBERGTOR IN DER FESTUNG MARIENBERG, 1482

Bischof Rudolf von Scherenberg war es, der die mittelalterliche Veste gegen Ende des 15. Jh. zum Teil umbauen und ihre Verteidigungsanlagen verbessern ließ. Der geistliche Landesherr hatte auch allen Grund zur Vorsorge, denn damals begannen sich schon Anhänger einer Reform zu sammeln, die Schwärmerbewegung des sog. Pfeifers von Niklashausen brachte Unruhe in die Stadt. Der „Kiliansturm" ist um 1600 umgebaut worden.

DAS „HAUS ZUM FALKEN"

In einem seiner Säle ist eine Gedenkstätte für den Dichter Max Dauthendey eingerichtet, der 1867 in Würzburg geboren wurde. Kindheit und Jugend verbrachte er zum Großteil auf dem Gutshof „Neue Welt" auf dem Nikolausberg. Seine Reisen führten ihn um die ganze Welt, doch dieses Zuhause blieb ihm immer eine Zuflucht; hier schrieb er auch viele seiner Werke. 1918 ist er in Malang auf Java gestorben. Er liegt heute auf dem Würzburger Friedhof begraben.

(rechts außen)

MARIENKAPELLE IN DER FESTUNG

Die zu Ehren der „Patrona Franconiae" erbaute Rotunde dieser uralten Pfalzkapelle (begonnen 706) ist die älteste deutsche Rundkirche. Innen sind in der Mauerstärke sechs Nischen ausgespart. Der heutige rechteckige Chor stammt aus der Julius-Echter-Zeit (1603), ebenso das reizvolle achteckige Brunnenhaus (rechts). Der 166 m tiefe Brunnenschacht ist noch mittelalterlich.

WESTFASSADE VOM NEUMÜNSTER

„Johannes Philippus Episcopus" steht über dem Eingang. Gemeint ist Bischof Joh. Philipp von Greiffenclau-Vollrath, der das spätromanische Münster barock umbauen ließ. Die von Joh. Dientzenhofer entworfene Fassade war 1716 vollendet. Nach der Inschrift unter dem Giebel ist die Kirche „dem hl. Märtyrer Kilian und seinen Gefährten, den Schutzheiligen des Vaterlandes" geweiht.

437

WÜRZBURG:
AUF DEN SPUREN BALTHASAR NEUMANNS

Balthasar Neumann

DER RAUMSINFONIKER

Noch während er lebte und den steinernen Jubel des Barock im Frankenland dirigierte, galt Balthasar Neumann als der führende Baukünstler seiner Zeit. Um 1687 war er in Eger geboren worden, 1711 in würzburgische Artilleriedienste gekommen und hatte sich, unterstützt vom Fürstbischof Johann Philipp Franz von Schönborn, in Italien, Frankreich und den Niederlanden zum Architekten ausgebildet. Als er 1753 mit militärischen Ehren zur Grabgruft in der Marienkapelle geleitet wurde, donnerten die Kanonen der Marienfeste den letzten Salut über die trauernde Stadt. 1744 vollendete er die Residenz der Fürstbischöfe. Das blinkende Steinbild des barocken Mittelbaus unter der gegliederten Schieferlandschaft der Dächer ruht in einer Welle heiterer Grandezza. Mozarts Musik, die alljährlich an Juniabenden über die Parkterrassen des Hofgartens hinweht, findet in dieser Schöpfung einen seelenverwandten Resonanzraum. Die Schönborns bürdeten ihm auch noch das Unmaß ihrer Bau- und Inspektionsaufträge auf. Unter den Lasten wächst er über sich selbst hinaus: Die Kirchen von Gößweinstein (1730) und Vierzehnheiligen (1744) zeugen davon.

BILDNIS NEUMANNS *in Tiepolos Dekkenfresko im Stiegenhaus der Residenz. „Seine Züge enthalten die schöpferische Potenz des Barock nicht anders als das Antlitz Bachs und Händels", urteilte Wilhelm Hausenstein. Dieser Vergleich läßt auch an die Musikalität seines Raumempfindens denken, das Rhythmische, Schwingende seiner „Kompositionen".*

KAISERSAAL *der Residenz. Dieser Prachtsaal wirkt ebenso durch die Harmonie der Proportionen wie durch die festliche Dekoration. Tiepolos Fresken schildern besonders glänzende Ereignisse aus der mittelalterlichen Geschichte Würzburgs, hier die Hochzeit der Beatrix von Burgund mit Friedrich Barbarossa, 1156.*

RESIDENZ MIT HOFGARTEN *1744 vollendete Neumann das Palais, das er 1720 mit Maximilian v. Welsch und Joh. Lukas v. Hildebrandt als Unbekannter begonnen hatte. Die Residenz mit ihren drei Blöcken, zwei Innenhöfen, Ehrenhof, Stiegenhaus und 360 Sälen wurde schon von den Zeitgenossen als Weltereignis der Raumkunst empfunden.*

KÄPPELE *Auf dem Nikolausberg, südlich der Marienfeste, stand bereits 1653 eine Kapelle, die für ein kleines Vesperbild errichtet worden war. Etwas vergrößert, bleibt sie als Anbau der neuen Wallfahrtskirche erhalten, die 1747–50 nach Plänen von Neumann entstand. Diese rokokoleichte, glockenschöne Schöpfung des Sechzigjährigen setzt mit ihren hübschen Kugeltürmen einen der schönsten Akzente in die Würzburger Stadtlandschaft. Über doppelläufige Treppen und aufwendige Terrassen, die mit Pavillonkapellen besetzt sind, führt der Kreuzweg hinauf. Die Figuren schuf Peter Wagner. Die Kirche ist ein Zentralbau mit Mittelkuppel, Zweiturmfassade und Kapellen an den Flanken. Die Stukkaturen stammen von Joh. Mich. Feuchtmayr, die Deckenfresken von Matth. Günther.*

AUSSCHNITT AUS DEM DECKENFRESKO *im Stiegenhaus der Residenz. Rings um Apoll und die Olympischen sind die Erdteile gruppiert. Hier bei Europa sieht man Neumann und die beiden Tiepolo, Vater und Sohn. Die Kanone deutet auf Neumanns Ausbildung als Festungsbaumeister. Als solcher hatte er die Aufsicht über die Militärbauten, darüber hinaus aber auch die Leitung des Brücken-, Straßen- und Tiefbauwesens im Bistum.*

HOFKIRCHE: *Kuppelfresko „Die Marter des hl. Kilian und seiner Gefährten". In den westlichen Südflügel der Residenz komponierte Neumann diese strahlende Kirche, die wieder so ganz und gar sein eigenes Werk ist (1733–35).*

STIEGENHAUS DER RESIDENZ *Muß Neumann auch den Ruhm, die Residenz erbaut zu haben, mit anderen teilen, so ist das Stiegenhaus doch seine ureigenste Schöpfung, die andere höchstens in den geplanten Dimensionen beschränkt haben. Nach seinem Tod wurde das Stiegengewölbe und die lichte Kuppel des Kaisersaales von Giov. Batt. Tiepolo ausgemalt (1750–53). Dem genialen Venezianer gelang in der Harmonie des Palastes das Hauptwerk seines Lebens. Noch immer ist das Gewölbe – „wo hatte Tiepolo je solchen Raum und solche Wände gefunden?" – wahrhaft königlich über den gegenläufigen Treppen. Die Stukkaturen und Figuren auf der Brüstung sind frühklassizistisch.*

kaum erweitert, aber die von Julius Echter im Hochstift errichteten Kirchen, Schlösser und Rathäuser sind architektonische Edelsteine und ohne Zahl. Nach dem Ende des Dreißigjährigen Krieges, der Würzburg übel mitspielte, entsteht unter den drei Schönbornbischöfen eine barock ausladende Festungs-, Kirchen- und Prunkstadt, belebt von Kuppeln, triumphalen Fassaden, lächelnden Madonnen, jubelnden Glocken und weihrauchduftenden Festen. Was sie anderen Barockstädten voraus hat, sind die erdigen Weine vom Stein und vom Leisten, die Goethe allen anderen Weinen vorzog. Schon Jahrzehnte vor der Krönung Karls des Großen wird hier ein Weingarten urkundlich aufgeführt. Zu Würzburgs geistlich-weltfrohem Daseinsgefühl gehören die sandsteinernen Heiligenbildstöcke, die Erkerchen und das Fest der Kilianikirchweih, aber auch die Weinstuben, die altüberlieferten Bocksbeutel, die Meefischle und die soliden fränkischen Häckermahlzeiten. In dem nach der Bombenzerstörung (März 1945) neugeborenen Würzburg hat sich in dieser Hinsicht so wenig geändert wie in den Jahren der Säkularisation, denen 1814 der endgültige Anschluß an Bayern folgte. Aus der fürstbischöflichen Residenz, die sich nach 1866 von ihrem Festungsgürtel befreite, wurde die Hauptstadt von Unterfranken.

DEUTSCHHAUSKIRCHE Sie ist die erste gotische Kirche Würzburgs, ein schlanker, straffer und hoher Bau. Innen und außen feinste gotische Steinmetzarbeiten. An den spätromanischen Turm wurde das barocke Komtureigebäude angebaut.

Seit 800 Jahren überragt der 1188 geweihte DOM ST. KILIAN die Stadt. Seine etwas strenge Größe wird belebt durch die oben abwechselnd aus rotem und grünen Sandstein aufgeschichteten Osttürme. Die barocke Schönbornsche Begräbniskapelle glänzt demgegenüber im schönen gelben Mainsandstein und trägt zudem eine kupfergrüne Kuppel. Von der reichen Ausstattung sind in erster Linie die Bischofsgrabmäler sehenswert. Die berühmtesten schuf Tilman Riemenschneider.

HAUS ZUM FALKEN Das heitere, über und über stukkierte Rokokobürgerhaus wurde im Krieg schwer beschädigt, aber wundervoll wiederhergestellt.

HIMMELPFORTEN Die schmucklose Klosterkirche weist eine Absonderlichkeit auf: Ihr Turm durchwächst das Schiff und tritt darüber als Dachreiter zutage. Im Kreuzgang besonders schöne gotische Grabmäler.

HOFGARTEN/HOFKIRCHE siehe Balthasar Neumann und Würzburg.

JULIUSSPITAL Eine Stiftung Julius Echters. Nach 1576 gesellte sich die riesige vierflügelige Anlage des Juliusspitals zum Bürgerspital, dem nachmittelalterlichen Sozialinstitut der vergeblich nach Selbständigkeit strebenden Bürgerschaft. Bürgerspital, Hofspital und Juliusspital sind heute als Weinkeller so bekannt wie vordem als segensreiche Stätten der Nächstenliebe.

KÄPPELE Siehe: Balthasar Neumann und Würzburg.

ALTE MAINBRÜCKE Die häufig mit der Prager Moldaubrücke verglichene Steinbrücke (1473–1543) mit den zwölf Sandsteinheiligen in faltenwehenden Gewändern mußte früher jedem fahrenden Handwerksburschen, der als gebildet gelten wollte, mit sämtlichen Perspektiven und Figuren innerlich gegenwärtig sein.

MARIENBERG Vom 13. bis ins 18. Jh. ist die Zitadelle auf dem Wirce- oder Marienberg, die nach 1648 Reichsveste wird, Sitz der streitbaren Bi-

schöfe. Ihr mittelalterliches Kerngehäuse sind Marienkapelle, Bergfried, Rundturm, Sonnenturm und Ringmauer. Unter Fürstbischof Joh. Philipp Schönborn begann der italienische Festungsbaumeister Petrini das barocke Fortifikationswerk, das von Marienberg aus die Altstadt umspannte. In der Echterbastei und im barocken Zeughaus befindet sich seit 1946 das Mainfränkische Museum. Mit seiner Sammlung unschätzbarer Riemenschneiderplastiken, Steinfiguren (von Ferdinand Dietz) aus dem Park des fürstbischöflichen Lustschlößchens im nahen Veitshöchheim, mit vorgeschichtlichen und weinhistorischen Dokumenten ist es zum Heim für die heimatlosen Kunstwerke Frankens geworden, in das die Vor- und Frühgeschichte des Marienberges nicht wenig einbrachte.

Im NEUMÜNSTER – neben Dom und Schönbornkapelle – Riemenschneiders steinerne Muttergottes mit dem Kind (1493) und seine drei Frankenapostel Kilian, Kolonat und Totnan, über deren Gräbern sich die barocke Kuppelrotunde des im 13. Jh. vollendeten, spätromanischen „neuen Münsters" wölbt, das Stadtbild akzentuierend wie Antonio Petrinis Kuppel und Doppelturmfassade der HAUGER STIFTSKIRCHE. Im LUSAMGÄRTLEIN am Neumünster liegt Walter von der Vogelweide, unweit seiner „Vogeltränke" vor den spätromanischen Kreuzgangbögen.

RATHAUS Der steile, viergeschossige und noch getürmte Graf-Eckards-Bau mit dem Wenzelsaal (zweischiffig, frühes 13. Jh.) ist seit 1316 das Rathaus der Bürgerschaft. Durch den schönen ROTEN BAU im Stil der Spätrenaissance und durch das KARMELITENKLOSTER wurde es konglomerathaft erweitert. Vor dem Rathauskomplex der barocke VIERRÖHRENBRUNNEN, zum Markt hin die spätgotische MARIENKAPELLE der Bürgerschaft mit der Statue der Schönen Madonna und durchbrochenem Turmhelm. Die herrlichen Portalfiguren Adam und Eva und die 14 Strebepfeilerstatuen von Tilman Riemenschneider, der dem Rat 1520–24 vorstand, befinden sich im Mainfränkischen Museum.

RESIDENZ siehe: Balthasar Neumann und Würzburg.

ST. BURKHARD Unter der Marienburg ein uneinheitlicher, aber interessanter Bau: romanisch die Basilika (geweiht 1042), die Krypta, das schmucklose Portal; gotisch das ausladende Querschiff und der stark erhöhte Chor, unter dem eine Straße hindurchführt.

UNIVERSITÄT UND UNIVERSITÄTSKIRCHE Würzburg gehört zu Deutschlands ältesten Universitäten (erste Gründung 1402). Seit Julius Echters Neugründung der im typischen Juliusstil errichteten Universität (1582) ist Würzburg Gelehrten- und Studentenstadt. Drei Flügel umgrenzen einen weiten Hof, der südlich von der Kirche begrenzt wird. Reiche Steinmetzarbeiten, helle Putzflächen neben roten Hausteinrahmungen geben das Gepräge. Die Universitäts- oder Neubaukirche ist eines der interessantesten Gotteshäuser der deutschen Renaissance. Zwischen 1820 und 1880 errang und hielt die medizinische Fakultät, der Rudolf Virchow angehörte, eine führende Stellung. Der Röntgenring erinnert an Konrad Wilhelm Röntgen, der 1895 in Würzburg die Röntgenstrahlen entdeckte.

Wunsiedel *Oberfranken* 596 □ 1

Im FICHTELGEBIRGSMUSEUM befinden sich viele Erinnerungsstücke an den Dichter Jean Paul, dessen Geburtshaus in der Nähe steht.

KIRCHEN Ev. Stadtpfarrkirche, 18. Jh., nach einem

AUS DEM UHRENMUSEUM, WUPPERTAL

GOLDENE EMAILUHR *(links) Über 1000 höchst verschiedenartige Uhren aus vielen Jahrhunderten umfaßt die Sammlung des Wuppertaler Uhrenmuseums. Von besonderem farbigem Reiz ist diese „Montre Chinoise", eine Taschenuhr, die um 1820 in London hergestellt wurde. Unser Bild zeigt die Rückseite: ein Blumenmotiv in Goldemailmalerei, umgeben von einem Perlenkranz. Auch der Bügel und der Rand des Zifferblattes sind mit Perlen besetzt. Ganz sachlich hingegen, mit großer technischer Präzision, wurde das Werk ausgeführt: aus hochglanzpoliertem Stahl und mit zentralem Sekundenzeiger.*

NÜRNBERGER EI *(rechts) Zwar hat dieser Zeitmesser tatsächlich eine „Eiform", doch stammt die Bezeichnung „Nürnberger Ei" für eine frühe Taschenuhr – ebenso wie das Wort „Uhr" – in Wahrheit von dem lateinischen Wort „hora" (Stunde) ab, das sich über „ora" und „Örlein" zu dem Ausdruck „Eierlein" weiterentwickelte. Das hier gezeigte Stück stammt aus dem 16. Jh. und hat nur einen Zeiger – Symbol für die Gemächlichkeit einer Epoche, in der es nicht auf Minuten ankam.*

Brand 1903 wiederhergestellt. Das im Kern spätgotische Spital (1464) errichtete sich 1733 eine neue Spitalkirche. In der 1672 geweihten Gottesackerkirche eine Reihe bemerkenswerter Bildnisse. Von der ehem. Wallfahrtskirche St. Katharina hat nur der Wehrturm die Jahrhunderte überstanden. Der Friedhof ist reich an hervorragend gearbeiteten Grabsteinen aus dem 16.–18. Jh.

Wunstorf *Reg.-Bez. Hannover* 570 ■ 8
STIFTSKIRCHE In den mehr als 700 Jahren seit der Weihe der Basilika gab es erhebliche Änderungen, doch blieb – auch dank der Restaurierung des 19. Jh. – ein geschlossener Bau der Romanik. Am Chor Friese mit verschlungenen Reliefs. Das Gewölbe wurde im 14. Jh. eingezogen, gotisches Sakramentshäuschen im Chor.

Wuppertal *Reg.-Bez. Düsseldorf* 576 ■ 7
Die Stadt wurde 1929 aus mehreren Gemeinden zusammengeschlossen. Berühmt machte sie in aller

Welt ihre Schwebebahn, eine elektrische Schnellbahn, die seit 1901 in 12 Meter Höhe über der Wupper die einzelnen Stadtteile miteinander verbindet. Die EHEM. KREUZBRÜDERKLOSTERKIRCHE in Beyenburg ist ein gotischer kreuzrippengewölbter Sandsteinbau des 15. Jh. Schöne einheitliche Ausstattung aus der Zeit um 1700. Die Stadt ist reich an bedeutenden MUSEEN, in Elberfeld das Historische Uhrenmuseum, das Naturwissenschaftliche und Stadthistorische Museum, das von der Heydt-Museum im alten Rathaus mit einer hervorragenden Sammlung von Gemälden des 19. und 20. Jh. ST. LAURENTIUS Adolf v. Vagedes erbaute 1828–32 die dreischiffige klassizistische Hallenkirche in Elberfeld.

Wurmlingen b. Tübingen
Reg.-Bez. Tübingen 600 ■ 4
BERGKAPELLE ST. REMIGIUS Von der romanischen Kapelle (um 1120) ist nur die Hallenkrypta erhalten. Die von Uhland besungene jetzige Kapelle ist ein schlichter Bau von 1644.

ST. VIKTOR, XANTEN

Wo heute der Dom steht, starb im 3. Jh. – so weiß es die Legende – Viktor, der Führer einer Kohorte der „Thebäischen Legion", mitsamt seinen Waffengefährten den Märtyrertod. An ihn erinnert der Viktor-schrein, einer der ältesten Reliquienschreine des Rheinlandes. Umgeben von versilberten Heiligenbüsten, ist er dem 1549 vollendeten Hochaltar des Domes eingefügt. An den Pfeilern des Langhauses reihen sich die Statuen von Aposteln, Heiligen und Kirchenvätern. Den älteren, östlichen Teil der Kirche zieren Kreuz-rippengewölbe (hinten), den jüngeren, westlichen Teil Sterngewölbe. – Einer der schönsten Altäre am Nieder-rhein ist der Marienaltar (unten) von Henrik Douvermann. Er schnitzte ihn 1535/36 für St. Viktor. Die Mutter-gottes wurde im 19. Jh. erneuert. Die Bilder auf den Flügeln malte 1553 Roleff Loesen van Antwerpen.

X

Xanten *Reg.-Bez. Düsseldorf* 575 ▪ 1

Dies ist geschichtsträchtiger Boden. Hier soll der Held der Siegfried-Sage geboren worden sein. Bevor es Xanten gab, ließ Kaiser Augustus um 15 v. Chr. nahebei ein Heerlager errichten, von dem aus später Varus in die Schlacht am Teutoburger Wald zog. Aus dieser Zeit stammt auch das Amphitheater, dessen Ruine noch heute klar den Grundriß erkennen läßt. 1228 wird Xanten zur Stadt erhoben und steht am Beginn einer leidvollen kriegerischen Geschichte. 1945 wurde die Stadt zu drei Viertel zerstört, einiges Hübsche hat sich aber erhalten, so z. B. das Klever Tor aus dem 14. Jh. – in seiner Wucht eine bescheidene, aber würdige Ergänzung des Domes.

DOM Der hl. Viktor, dem der Dom geweiht ist, wurde der Sage nach in Xanten umgebracht und begraben. Im frühen Mittelalter suchte man nach den heiligen Gebeinen, fand zahlreiche Märtyrergräber und gab damit der Stadt ihren heutigen Namen: ad sanctos – zu den Heiligen – Xanten. 1933 entdeckte man die Gebeine unter dem Chor und errichtete über ihnen eine Krypta, die heute auch eine Gedenkstätte für die Opfer des Dritten

Reiches enthält. 1945 wurde der Dom zerstört. Heute ist er in der alten Form fast wieder erstanden, und man kann kaum glauben, daß dies nicht in allen Teilen die 1180 begonnene, Anfang des 16. Jh. vollendete Kirche sein soll. Wie eh und je ragt die mächtige Westfassade mit dem nun ungleichen Turmpaar aus der Rheinebene empor. Gotische Bögen türmen sich über romanischen und flankieren ein riesiges Spitzbogenfenster im Mittelteil. Dem Plan nach ist die Kirche eine fünfschiffige Basilika, hat aber im fast quadratischen Teil des westlichen Langhauses viel von der Weite einer Hallenkirche. Außen stützt über den Seitenschiffen kunstvolles Strebewerk die Mauern des höheren Hauptschiffes, wie man es nur an wenigen deutschen Kirchen dieser Zeit findet. Aber all der himmelstrebende Schmuck nimmt dem großen Bau nichts von seiner gedrungenen Massigkeit. Ein Teil der erhaltenen Glasfenster aus dem 14.–16. Jh. hat wieder seinen alten Platz gefunden. Hoch an den Pfeilern des Hauptschiffes stehen 28 kraftvolle, herbe Steinfiguren aus dem 14. und 15. Jh. Das geschnitzte Chorgestühl ist das älteste im Rheinland und dürfte schon um 1240 im abgerissenen romanischen Teil der Kirche gestanden haben. Vor dem Hochaltar aus der Renaissance ein großer, bronzener Leuchterbogen von 1501 mit dem Rankenwerk der Wurzel Jesse und der Mutter Maria. 20 weitere Altäre und Altaraufsätze birgt der Dom noch, und jeder einzelne ist sehenswert. Kreuzgang und Stiftsgebäude fügen sich an das Langhaus, spätgotisch schon, aber im Gesamteindruck eher kräftig als überzüchtet. Im Kreuzgang reihenweise Epitaphien aus dem 16. Jh. Der Kapitelsaal ist heute Dommuseum, das neben Kirchenschätzen (Elfenbeinarbeiten aus dem 5. und 10. Jh.) viel Interessantes aus der langen Geschichte der Stadt besitzt. Im Stiftsbereich noch die um das Jahr 1000 errichtete Dionysiuskapelle, die die Zelle des hl. Norbert enthält, darüber die spätgotische Michaelskapelle. Der baumbestandene Platz im Osten der Kirche diente ehemals den Stiftsherren als Festplatz und enthielt sogar eine Kegelbahn.

Z

Zaberfeld *Reg.-Bez. Stuttgart* 600 ∎ 1
EV. PFARRKIRCHE Chorapsis von 1505, Langhaus 1744, das schöne Sakramentshaus von 1476.

Zarpen *Schleswig-Holstein* 563 □ 11
Nach 1221 begonnen, entstand die KIRCHE im Übergang von der Spätromanik zur Frühgotik. Reiche Gewölbemalereien aus spätgotischer Zeit und gotisierende aus dem 17. Jh.

Zeil am Main *Unterfranken* 595 ∎ 11
Nach 1695 erbauten sich die Bischöfe von Bamberg hier ein Jagdschloß, das spätere Rentamtsgebäude. Am Rathaus, einem Fachwerkbau (um 1700), sind noch heute das Halseisen des Stadtprangers und ein eiserner Ellenstab zu sehen. RUINE SCHMACHTENBERG, seit dem 13. Jh. nachweisbar. Bering mit Teilen der Umfassungsmauern und zwei Flankierungstürmen sind erhalten.

Zeil *Reg.-Bez. Tübingen* 608 ∎ 3
Das SCHLOSS, 1598 erbaut, liegt bei einer 1123 erstmals genannten Burg (Teile erhalten). Die regelmäßige Vierflügelanlage ist erst 1888 vollendet, mit Ausnahme der Portale schlicht. Sehenswert die Kassettendecke im Truchsessensaal. Die 1608 geweihte Kapelle mit Rokokoausstattung.

Zell am Harmersbach
Reg.-Bez. Freiburg i. Br. 599 □ 4
Der STORCHENTURM ist von der Umwallung der alten Reichsstadt noch vollständig erhalten. WALLFAHRTSKIRCHE MARIA ZUR KETTEN Die Gründung soll auf die wunderbare Befreiung eines Soldaten aus türkischer Gefangenschaft zurückgehen. Vor der mittelalterlichen Kirche der Gnadenbrunnen von 1790. Deckengemälde und Ausstattung barock.

Zell am Main *Unterfranken* 594 ∎ 2
EHEM. PRÄMONSTRATENSERKLOSTER OBERZELL Die 1128 gegründete Anlage wurde nach ihrer Säkularisation 1817 Fabrik. 1901 erwarb sie eine kath. Schwesternkongregation, sie erhielt den zerstörten Ostbau, Chor und Türme zurück. An der dreischiffigen Kreuzbasilika erfreut die anspruchsvolle barocke Fassade. Vor dem eigentlichen Klosterbezirk ein reich geschmücktes romanisches Hoftor. Die dreigeschossigen Klostergebäude, von Balthasar Neumann 1744–53 errichtet, vollendete sein Sohn bis 1770. Im nicht fertiggestellten Abteiflügel befindet sich ein großartig stuckiertes Treppenhaus (1760). Den Terrassengarten begrenzen zwei Eckpavillons. EHEM. PRÄMONSTRATENSERINNENKLOSTER UNTERZELL 1613 erstand das im Bauernkrieg zerstörte Kloster neu als Dreiflügelbau um einen Innenhof, dessen vierte Seite die 1609 errichtete Klosterkirche begrenzt. Ihr Turm ist teilweise spätromanisch.

Zell/Mosel *Reg.-Bez. Koblenz* 592 □ 11
Das kurfürstliche Schloß von 1542 ist ein zweiflügeliger Bau mit kräftigen Türmen. Im Besitz der kath. Pfarrei befindet sich ein Reliquienkästchen mit Limoges-Emaillearbeit aus dem 12. Jh. und eine Marienfigur von 1470. Am anderen Moselufer, in Kaimt, das Haus der Boos von Waldeck, eines der schönsten Fachwerkhäuser des Landes (1551).

Zell b. Oberstaufen *Schwaben* 608 ∎ 4
KAPELLE ST. STEFAN Der Chor (15. Jh.) der schlichten Kirche (14. Jh.) enthält bedeutende Wandmalereien aus der Erbauungszeit. Den trefflichen Hochaltar (1442) schmücken drei Schreinfiguren und gute Tafelgemälde.

Zell *Reg.-Bez. Tübingen* 608 □ 11
KATH. PFARRKIRCHE ST. GALLUS, 1780/81 erbaut, mit bedeutenden Wand- und Deckenmalereien des Jan. Zick. Gotisches Muttergottesbild von etwa 1430.

Zeven *Reg.-Bez. Stade* 562 □ 8
Die EV. KIRCHE (12. Jh.) ist ein fast unverfälscht erhaltener romanischer Gewölbebau. Der unten quadratische, im Oberteil runde Turm trägt eine Barockhaube. Drinnen einige spätgotische Wandmalereien, reiches Bronzetaufbecken des 15. Jh.

Ziegenhain *Reg.-Bez. Kassel* 586 □ 10
Am GROSSEN PARADEPLATZ stehen das spätgotische Schloß (Zuchthaus), die barocke Pfarrkirche, die hübsche Alte Wache von 1769 und das Steinerne Haus, ein ehem. Burgmannensitz (1660) in ge-

EHEMALIGES SCHLOSS, ZELL

*Einst war es ein kurfürstliches Schloß, im 16. Jh.
aufgeführt und dann vorwiegend als Sitz eines
Amtmannes und Kellerers verwandt. Der Kern der
zweiflügeligen Anlage mit gedrungenem rundem
(unser Bild) und eckigen Türmen ist spätgotisch;
doch enthält der Bau auch Renaissanceelemente.
Heute dient er als Hotel.*

drängter Dreiflügelanlage (Museum der Schwalm).
Am KLEINEN PARADEPLATZ das Fachwerkhaus Zum
Rosengarten mit wuchtigen Eckerkern und schönem
geschnitzten Portal (um 1620). Langgestreckter ehem.
Fruchtspeicher (Strafanstalt) aus dem 16. Jh.

Ziemetshausen *Schwaben*   602 □ 7
ST. PETER UND PAUL In der weiten Hallenkirche
(Ende 17. Jh.) stecken noch romanische Teile. Das
Innere zieren Wessobrunner Stuck, gutgesetzte Fres-
ken und prachtvolle Altäre – vor allem der figuren-
reiche Annaaltar (1697).
WALLFAHRTSKIRCHE AUF DEM VESPERBILD Die Vesper-
gruppe (17. Jh.) des Hochaltars gab der Kirche den
Namen. Hübsche Rocaillen und Fresken schaffen
einen freundlichen Innenraum.

Zierenberg *Reg.-Bez. Kassel*   578 □ 8
RATHAUS Schlichter spätgotischer Fachwerkbau, um
1450 erbaut: ältestes hessisches Fachwerkrathaus.
STADTKIRCHE 1293 stiftete der Landgraf bei der
Stadtgründung die Kirche. Wände und Gewölbe
sind mit Bildern bedeckt, 14./15. Jh.

Zimmern bei Lauda *Reg.-Bez. Stuttgart*   594 ■ 5
KATH. PFARRKIRCHE Der Saalbau mit eingezogenem
Turm und ausschwingender Fassade ist 1768 von
einem Schüler Balth. Neumanns errichtet worden.

Zipplingen *Reg.-Bez. Stuttgart*   602 □ 10
KATH. ST.-MARTINS-KIRCHE Saalbau mit qualitätvoller
Stuckornamentik (1761–65). Hochragender Westturm. Spätgotische Heiligenfigur (um 1530) auf dem
südlichen Seitenaltar.

Zöbingen *Reg.-Bez. Stuttgart*   602 □ 10
WALLFAHRTSKIRCHE ST. MARIEN Barocker Rundbau
(1718–23) unter einer Holzkuppel, 1783 innen
erneuert und mit wertvollen Deckenmalereien versehen.

Zons *Reg.-Bez. Düsseldorf*   575 □ 4
BURG FRIEDESTROM, im 14. Jh. erbaut, lehnt sich im
Südosten an die vollkommen erhaltene Stadtbefestigung. Ihr runder Juddeturm mit vorkragendem Wehrgang und hohem geschweiften Turm
überragt als Wahrzeichen die Stadt.

Zülpich *Reg.-Bez. Köln*   583 ■ 2
BEFESTIGUNG (13./14. Jh.) Die Landesburg ist eine
rechteckige Backsteinanlage mit vortretenden Ecktürmen. Von den vier schweren gotischen Torbauten das Weiertor am besten erhalten.
KATH. PFARRKIRCHE Unter dem Neubau von 1953 bis
1955 die Krypta des 11. Jh. Einige alte Ausstattungsstücke blieben nach der Kriegszerstörung erhalten, so der Antwerpener Altar (um 1500) und
der Taufstein des 12. Jh.

ABTEIKIRCHE, ZWIEFALTEN

*Von blühendem Farben- und Formenzauber ist das
Innere der Abteikirche erfüllt: Doppelsäulen in röt-
lichgrauem Marmorstuck bilden vor den Wandpfeilern eine königliche Straße, zwischen ihnen die
mit funkelnden Altären gefüllten Seitenkapellen,
darüber die geschwungenen und vergoldeten Balustraden der Emporen. Über den Pfeilern schafft
das breite weiße Gesims eine Zone völliger Stille,
bevor die Wölbungszone mit dem Gischt der Rocaillen und den kreisenden Figurengruppen der
farbensprühenden Fresken die Decken zum Blick in
den Himmel aufreißt.*

EHEM. KLOSTERKIRCHE in Hoven. Eindrucksvoller Chor aus dem 13. Jh., romanischer Turm mit barocker Haube. Innen bedeutende Muttergottesfigur des 12. Jh.
Vom Heimatmuseum aus ist die RÖMISCHE BADEANLAGE mit Unterbodenheizung zugänglich.

Züschen *Reg.-Bez. Kassel* 578 □ 8
STEINKAMMERGRAB, Steinkiste, etwa 4000 Jahre alt, östlich von Züschen.

Zweibrücken *Rheinhessen-Pfalz* 592 □ 7
Die ALEXANDERKIRCHE, eine dreischiffige Hallenkirche, wurde 1492–1507 errichtet. Turm und Netzgewölbe wurden schon 1677 zerstört, Neubau des Turmes 1756. Für die in der Kirche beigesetzten Wittelsbacher (an die die Stadt im 14. Jh. durch Kauf gekommen war) wurde 1904 eine Gruft erbaut. Eine Luftmine zerstörte 1945 Gruft und Kirche, etwas veränderter Wiederaufbau mit Flachdecke.
Die unter Karl XII. Anfang des 18. Jh. errichtete KARLSKIRCHE wurde im zweiten Weltkrieg zerstört. Erhalten ist das prachtvolle Portal.
Das SCHLOSS, nördlich der älteren Burganlage, wurde 1720–25 erbaut. Der Außenbau wurde nach Kriegszerstörungen mit 21 Achsen und drei pilastergegliederten Risaliten wiederhergestellt.

Zwesten *Reg.-Bez. Kassel* 586 □ 10
PFARRKIRCHE Auf eine einstige Wehranlage geht der spätgotische Westturm zurück. Das Schiff wurde im 19. Jh. erweitert und mit zweigeschossig umlaufenden Emporen, Kanzelwand und Orgel ausgestattet.

Zwiefalten *Reg.-Bez. Tübingen* 608 □ 11
ABTEIKIRCHE (Münster) An den südlichen Ausläufern der Schwäbischen Alb steht seit 1089 nahe der Donau ein Benediktinerkloster. 1739 erfolgt der Abbruch der romanischen Kirche und wenig später der Auftrag zum Neubau an den Münchner Joh. Mich. Fischer, den Meister des süddeutschen Barock. Über weitläufigen, schlichten Klostergebäuden des 17. Jh. erheben sich die Osttürme der Kirche und die mit mächtigen Doppelsäulen gegliederte geschwungene Fassade. Innen öffnet sich hinter dem kunstvollen schmiedeeisernen Gitter der farbenstrahlende Einheitsraum des Langhauses. Virtuos die asymmetrisch geformte Kanzel, die aus einem Grottenwerk emporwächst. Vor dem zartgliedrigen illusionistischen Chorgitter der Gnadenaltar mit einer im 18. Jh. barockisierten Madonnenfigur von etwa 1430. Hier weitet sich das Querschiff wie ein eigener Kirchenraum unter der hochgewölbten Kuppel. Im Mönchschor beiderseits das prachtvoll geschnitzte Chorgestühl, als Abschluß der riesenhafte Hochaltar. In seinen weiträumigen Säulenordnungen die überlebensgroßen Figuren von Joh. Christian, der die gesamte Großplastik der Kirche schuf. Meister der Ausstattung und Stukkateur war Joh. Mich. Feuchtmayer.

Zwiefaltendorf *Reg.-Bez. Tübingen* 608 □ 11
KATH. ST. MICHAELSKIRCHE Spätgotischer, barockisierter Bau mit einfachem Chorgestühl des Jörg Syrlin (1499).

Zwillbrock *Reg.-Bez. Münster* 567 □ 5
Die PFARRKIRCHE, eine der wenigen Barockkirchen im Münsterland, wurde 1718 zur Zeit der Glaubensnöte der katholischen Holländer geweiht. Der

BURG ZWINGENBERG
Die Wolfsschlucht gleich am Eingang zur Burg inspirierte wahrscheinlich Carl Maria von Weber zu der großartigen Szene im II. Akt des „Freischütz", die man die „größte Intuition der Musikgeschichte" genannt hat. In der Oper entlädt sich um Mitternacht der Furor höllischer Mächte zu einer Orgie, als nämlich die sechs Freikugeln gegossen werden, die der Jägerbursche Max braucht, um beim Probeschuß ein Meisterstück zu zeigen. Um Agathe zu erringen, scheute der brave Max nicht vor einem Bund mit dem dämonischen schwarzen Jäger Samiel zurück.

schlichte Außenbau verrät nichts von der reichen Innenausstattung. Hochaltar und Seitenaltäre, die reiche Orgel und die geschwungene Kanzel (um 1720–50) erstrahlen, dank sorgfältiger Restauration, in alter Schönheit. Wertvolle Plastiken des 15./16. Jh. und zwei Leuchterengel über der kostbaren Kommunionbank.

Zwingenberg *Reg.-Bez. Darmstadt* 593 ■ 12
Am Odenwaldhang an der Bergstraße gelegen, bietet sich der aus Ober- und Unterstadt bestehende Ort malerisch dar. Beherrschend ist die im Kern aus dem 13. Jh. stammende ev. Kirche, die sich auf der Terrasse der Oberstadt auf mächtigen Stützmauern eindrucksvoll über das Gewimmel der Fachwerkhäuser erhebt.

Zwingenberg *Reg.-Bez. Karlsruhe* 593 □ 4
BURG Auf bewaldetem Bergvorsprung erhebt sich die Oberburg mit dem quadratischen, von einem Zeltdach gekrönten Bergfried (12. Jh.) und den Wohnbauten aus dem 15. Jh. mit Treppenturm, Laubengängen und der im Weichen Stil des frühen 15. Jh. ausgemalten Alten Kapelle. Neugotisches Rent- und Forstamt.

BERLIN

Die historische Geburtsstunde der Stadt Berlin ist im Vergleich zu der anderer deutscher Städte spät, obgleich das Gebiet seit der Steinzeit besiedelt war und aus frühmittelalterlicher Zeit slawische und germanische Siedlungen nachweisbar sind. Aber erst 1237 wird Colonia, 1244 Berlin urkundlich erwähnt. Die beiden unbefestigten Marktflecken gehörten zur Nordmark des Deutschen Reiches, als deren ersten Markgrafen Kaiser Lothar den Askanier Albrecht den Bären eingesetzt hatte (1134). Rasch entwickelte sich der günstig gelegene Doppelort an der Spree zu einem Handelszentrum. Als 1319 das Geschlecht der Askanier ausstarb, begann eine unruhige Zeit, in deren Verlauf Berlin zeitweilig gebannt war, Aufstände und Kämpfe erlebte. Endlich wurde fast 100 Jahre später, 1415, Friedrich I. aus dem Hause Hohenzollern vom Kaiser mit dem Kurfürstentum Brandenburg belehnt. Die Städte Kölln und Berlin aber hatten sich inzwischen an eine gewisse Selbständigkeit gewöhnt, die sie zunächst durch Bündnisse mit den Hansestädten zu wahren suchten. Erst sehr allmählich gewannen die Hohenzollern auch Macht über beide Städte. 1442 begann Kurfürst Friedrich II. auf der Köllner Seite der nun seit elf Jahren vereinigten Doppelstadt mit dem Bau einer befestigten Burg.

Zu einer Renaissancestadt wandelt sich das mittelalterliche Berlin unter dem prachtliebenden, modernen Kurfürsten Joachim II. Die erste Hohenzollernburg weicht einem nicht mehr befestigten Schloß mit Ballhaus, Reit- und Stechbahn. Drumherum entstehen bürgerliche Renaissancehäuser. Diesem ersten Kunstliebhaber unter seinen Herren hat Berlin einerseits viel Prunk zu verdanken, doch andrerseits stürzt er es finanziell in den Bankrott.

Der Dreißigjährige Krieg bringt mit Brand, Pest und Verarmung auch für das seit dem 15. Jh. lutherische Berlin einen Rückschlag. Aber der unaufhaltsame Aufstieg beginnt wenig später mit Kurfürst Friedrich Wilhelm, der seit seinem Sieg über die Schweden bei Fehrbellin der Große Kurfürst genannt wird. Er läßt Berlin seit 1658 zur Festung mit Wall und 13 Bastionen ausbauen. Im Wallinnern entstehen neben Berlin und Kölln noch Friedrichswerder und die Dorotheenstadt. Durch des Großen Kurfürsten Gemahlin Luise Henriette von Oranien nimmt der niederländische Frühbarockstil seinen Einzug in Brandenburg; er bestimmt städtebaulich den Charakter der neuangelegten Stadtteile Berlins. Und mit den französischen Réfugiés kommt ein Hauch französischer Kultur in die Stadt des Großen Kurfürsten, der die Hugenotten als seine verfolgten Glaubensbrüder nicht ohne wirtschaftliche Voraussicht ins Land gezogen hatte. Bald nach 1700 hat sich Berlin in eine barocke Residenz gewandelt. Die monumentalen Landmarken dieser Entwicklung sind der Bau des Zeughauses und die entscheidende bauliche Erweiterung des alten Schlosses. Seine zum Schloßplatz gewandte Fassade ist vollendet, als der in Königsberg zum ersten König in Preußen gekrönte bisherige Kurfürst Friedrich III. 1701 unter Salutschüssen und beim Klang der Glocken durch sieben Ehrenpforten in die Stadt einzieht.

Seinem Sohn, dem Soldatenkönig Friedrich Wilhelm I., ist die straffe Organisation der nun zwar schon an prächtigen Bauten reichen, aber etwas planlos auswuchernden Stadt zu verdanken. Der Baudirektor Phil. Gerlach legt ein Neubaugebiet mit Wohn- und Nutzbauten in rechtwinkligem Straßennetz mit markanten Plätzen für das wachsende Heer von Staatsbeamten und Soldaten an. Mit dem Aufstieg Preußens zur Großmacht wandelt sich Berlin zu einer der bedeutendsten Residenzstädte des Rokoko. Der dem Schlosse zu gelegene Teil der Prachtstraße Unter den Linden zeigt noch heute sein friderizianisches Gesicht. Daneben entwickelt sich die Wirtschaft zu bisher nicht dagewesener Höhe. So tritt etwa zu der schon zuvor bedeutenden Wolltuchfabrikation die Baumwoll- und Seidenweberei, die Berlin zum Textilzentrum Deutschlands macht.

In der Bürgerschaft wächst langsam eine gebildete Elite heran. Lessing und sein Verleger Nicolai vertreten die geistige Bewegung der Aufklärung, gegen deren Strenge die nach dem Tode Friedrichs d. Gr. aufkommende Bewegung der Romantik revoltiert. Berlin ist ein, wenn nicht *der* Mittelpunkt des geistigen Deutschland, als sich in den Salons der Dorothea von Kurland, der Henriette Herz und der Rahel Levin Jean Paul, Schleiermacher, E. T. A. Hoffmann, Zelter, Fichte und Hegel, die Humboldts, Schlegels, Arnims und Tiecks treffen.

Die Napoleonischen Kriege, während derer die Königsfamilie nach Ostpreußen fliehen muß, bringen Berlin zwei Jahre lang französische Besatzung. Mit Beginn der Friedenszeit nach den Befreiungskriegen geht die Entwicklung, gefördert durch Männer wie den Freiherrn vom Stein oder Wilhelm von Humboldt, rasch und zielstrebig auf die einer geistig, vor allem aber wirtschaftlich-industriell bedeutenden Großstadt zu. Trotz allen reaktionären Verhaltens des Königs Friedrich Wilhelm IV. ist dann doch 1871 der preußische König als Wilhelm I. zugleich deutscher Kaiser und Berlin Hauptstadt des Deutschen Reiches. Zu dieser Zeit der Reichsgründung hat Berlin über 800 000 Einwohner. 1920 erreicht es nach der Eingemeindung einer Anzahl längst an den Stadtkern herangewachsener Vororte fast vier Millionen.

Die Machtergreifung der Nationalsozialisten im Berliner Reichstag 1933 ist der Anfang vom Untergang der Stadt Berlin. Ab 1943 wird sie ständig bombardiert und ist ein Trümmerfeld, als sie nach der Eroberung durch die sowjetische Armee 1945 zur Viersektorenstadt wird. Die Blockade, der Versuch, die westlichen Besatzer aus der Stadt zu verdrängen, scheitert 1949 zwar, doch besiegelt der Bau der die Stadt durchschneidenden Mauer durch Armee und Polizei der DDR die sinnlose Zweiteilung der Stadt.

AKADEMIE DER KÜNSTE Die Preußische Akademie der Künste wurde als dritte europäische, nach Rom und Paris, 1696 von Kurfürst Friedrich III., dem späteren ersten König in Preußen, und seiner Gemahlin Sophie Charlotte gegründet. 1950 ist sie in Ost-, 1954 in West-Berlin als Akademie der Künste

KAISER-WILHELM-GEDÄCHTNISKIRCHE

Die Kirche verdankt ihr eigenartig magisches Licht den phantastischen Ideen von Pierre Loire, der in seiner Werkstatt in Chartres die ins Moderne abgewandelte Tradition der mittelalterlichen Glasmalerei fortsetzt. Die farbigen quadratischen Glastafeln sind doppelwandig, und bei Tage geben die äußeren ihr Licht an die inneren weiter, so daß der Innenraum in ein gedämpftes Licht verschiedener Blautöne mit roten, gelben und grünen Tupfen getaucht ist; nachts verwandelt das Licht aus Quellen zwischen den Doppelwänden den achteckigen Bau in eine bunte Laterna magica. West-Berlin

neu aufgebaut worden. Den Neubau für die letztere, im Hansaviertel am Tiergarten, schuf Werner Düttmann 1960 mit Ausstellungsbau, Theaterstudio und Gästeateliers.

ALEXANDERPLATZ Der „Alex" – berühmt durch Döblins Roman „Berlin Alexanderplatz" – ist heute Ost-Berlins größter Verkehrsknotenpunkt und neues städtebauliches Zentrum. Die architektonische Gestaltung ist noch nicht abgeschlossen. Bereits vorhanden sind der Flachkuppelbau der Kongreßhalle (Tagungsort der Volkskammer) von 1964 und das Haus des Lehrers.

ALTE BIBLIOTHEK Nach Zeichnungen Georg Christ. Ungers von Joh. Boumann 1775–80 als letzter, die Nordseite des heutigen Bebelplatzes schließender Bau des Forum Fridericianum errichtet. Ein von Fischer von Erlach für den Michaeler Trakt der Wiener Hofburg und in Wien selbst erst Ende des 19. Jh. ausgeführter Plan lag dem Bau zugrunde. Nach Zerstörung im letzten Krieg ist die konkav geschwungene, durch mächtige Säulenordnungen gegliederte Fassade vor dem modernen Baukern wieder aufgeführt worden. (Ost-Berlin)

ALTES MUSEUM Der vielleicht schönste Bau Karl Friedr. Schinkels entstand in Form eines griechischen Tempels mit breiter Säulenvorhalle 1824–28. Zwei Jahre später wurde er als Königliches Museum eröffnet. Der zentrale Raum des Museums ist eine weite Rotunde, von korinthischen Säulen umstanden, mit hoher Kuppel. Er bildete ursprünglich in beiden Geschossen den monumentalen Ausstellungs-

ort für die schönsten antiken Statuen der Sammlung. Nach wechselvollem Schicksal dient das Alte Museum dem in Ost-Berlin verbliebenen Teil der Nationalgalerie für die moderne Abteilung. Seinen heutigen Namen erhielt es 1859, nachdem von Friedr. Aug. Stüler ein zweites, das Neue Museum, errichtet worden war. (Ost-Berlin)

BERLINMUSEUM Die umfassende Sammlung von Berolinensien, vor allem Kunsthandwerk und Graphik, hat ein besonders schönes Domizil im ehemaligen Kammergericht gefunden. Ph. Gerlach errichtete den noblen, einfachen Bau unter der Regierung des Soldatenkönigs für die Gerichts- und Verwaltungsbehörden. Die Giebelfront mit der kleinen Freitreppe ist historisch getreu restauriert, die Innenräume sind den Erfordernissen eines modernen Museums angepaßt. (West-Berlin)

Der BOTANISCHE GARTEN wurde um die Jahrhundertwende neu angelegt und umfaßt heute 18 000 Pflanzenarten, Schauhäuser und das Botanische Museum. Außergewöhnlich ist vor allem seine geographische Abteilung, in der die Flora verschiedenster Landschaften der Erde auf ihrem heimischen Boden zusammengestellt ist. Spaziergänge führen hier von den Pyrenäen zu den Alpen, vom Balkan zum Himalaja. (West-Berlin)

BRANDENBURGER TOR Carl Gotth. Langhans errichtete 1788–91 das Brandenburger Tor an der Stadtgrenze der vom Schloß ausgehenden Prachtstraße Unter den Linden. Es war der erste klassizistische Bau in Berlin; sein Vorbild ist der Eingangsbau der Athe-

BRANDENBURGER TOR

Die Quadriga mit der Siegesgöttin nahmen Soldaten Napoleons 1806 als Kriegsbeute mit nach Paris, 1814 holte Marschall Blücher sie im Triumph zurück. Im letzten Krieg erlitt sie starke Schäden; 1958 wurde nach altem Gips ein neuer Guß angefertigt, der nun das wiederhergestellte Brandenburger Tor ziert. Ost-Berlin

ner Akropolis, die Propyläen. Die Seitenflügel des Brandenburger Tores, die den Wach- und den Zollsoldaten als Unterkünfte dienten, wurden 1868 nach Beseitigung der Stadtmauer in Fußgängerdurchlässe umgestaltet. Die bekrönende Siegesgöttin auf der Quadriga ist ein Werk Gottfr. Schadows (1793). (Ost-Berlin)

BRÜCKEMUSEUM In einem modernen Flachbau wurde 1967 im Grunewald ein Museum für Werke der expressionistischen Künstlergruppe „Die Brücke" eröffnet. (West-Berlin)

BUCHER DORFKIRCHE Die Kirche ließ der preußische Minister O. v. Viereck durch Friedr. Wilh. Diterichs als kreuzförmigen, von einer Kuppel überragten Bau im italienischen Barockstil errichten. Sie galt stets als schönste ländliche Kirche der Mark Brandenburg. Nach schweren Beschädigungen im letzten Krieg ist die Kirche wiederhergestellt, mit Ausnahme des Turmes mit der geschweiften Haube und der nicht wiederherstellbaren Innenausstattung mit Stuck und Fresken. Erhalten ist dagegen im Innenraum das Grabmal Vierecks von einem Schülerschüler. Bei der Kirche das Schlößchen Buch in einem prachtvollen Park an der Panke. (Ost-Berlin)

CHRISTI-AUFERSTEHUNGS-KATHEDRALE Als russisch-orthodoxe Kuppelkirche 1938 gebaut. (West-Berlin)

CORBUSIERHAUS Unité d'habitation, ähnlich denen von Marseille und Nantes, doch dem Berliner Klima angepaßt. Anläßlich der Interbau 1957 von Le Corbusier errichtet, umfaßt der 17stöckige Bau 527 Wohnungen. (West-Berlin)

DEUTSCHE OPER, 1961 unter Verwendung noch bestehender Teile der zerbombten Städtischen Oper neu aufgeführt. Vor der Kieselbetonplatte an der Straßenfront steht eine abstrakte Stahlplastik von Hans Uhlmann. – Die Deutsche Oper Berlin versucht, durch Gastengagements die Tradition der zwanziger und dreißiger Jahre fortzusetzen, als hier Richard Strauß, Bruno Walter, Leo Blech, Wilhelm Furtwängler für den großen Ruf der Oper sorgten. (West-Berlin)

DEUTSCHE STAATSOPER Ein strenges Gebäude Unter den Linden im Stil des englischen Klassizismus. Die erste Knobelsdorffsche Oper brannte 1843 ab, von Langhans wurde sie wieder aufgeführt. Der Wiederaufbau 1952–55 hat den ursprünglichen Bau zum Muster. (Ost-Berlin)

DEUTSCHER UND FRANZÖSISCHER DOM 1780–85 errichtete Karl v. Gontard die beiden als Pendants konzipierten Kirchenvorhallen am ehemaligen Gendarmenmarkt. Es sind kubische, an drei Seiten mit dorischen Portiken verblendete Bauten, aus denen sich säulenumschlossene Rundtürme mit geschweiften Kuppeln erheben. Der Französische Dom ist noch immer die Kirche der Hugenottengemeinde und enthält daneben das Hugenottenmuseum. Im Wiederaufbau. (Ost-Berlin)

DOM Um die Jahrhundertwende ersetzte der Neorenaissancebau den kleineren Dombau Schinkels. Die Gruft unter dem stark von Bomben beschädigten Hauptraum ist eine Grablege der Hohenzollern. Hier liegt der Große Kurfürst begraben, und hier stehen die figurengeschmückten Prunksarkophage nach Entwürfen Andr. Schlüters für König Friedrich I. und die Königin Sophie Charlotte. (Ost-Berlin)

DORFKIRCHEN Mittelalterlich sind noch die Kirchen der ehemalig dörflichen, inzwischen eingemeindeten Orte Britz, Buckow, Gatow, Lankwitz, Marienfelde, Rixdorf, Hohenschönhausen, Stralau; friderizianisch die von Schöneberg und Zehlendorf.

EUROPA-CENTER Vierteiliger Baukomplex in der Westberliner City mit Geschäften, Büros, Restaurants, Kunsteisbahn, Kino, Ausstellungsflächen und kleinem Planetarium (1965).

FRIEDHÖFE Sehenswert sind vor allem der Alte Dorotheenstädtische und Friedrichswerdersche Kirchhof im Osten und die Friedhöfe am Halleschen Tor im Westen der Stadt, wo sich die meisten, teilweise auch künstlerisch interessanten Grabstätten berühmter Berliner befinden: Hegel, Fichte, Brecht, Heinrich Mann, Schinkel, Beuth, Stüler, Schadow, Rauch, E. T. A. Hoffmann, Langhans, Mendelssohn.

FRIEDRICHSWERDERSCHE KIRCHE, 1824–31 von Schinkel in der Gotik nachempfundener Form gebaut.

DEUTSCHE STAATSOPER

Mit seinem Architekten Georg Wenzeslaus v. Knobelsdorff plante Friedrich der Große schon als Kronprinz das Forum Fridericianum, ein Zentrum der Künste und Wissenschaften nahe dem Stadtschloß. Jahrelange verzehrende Kriege nahmen dem König die Freude an diesem Projekt, nur die „Königliche Hofoper" wurde vollendet. Ost-Berlin

FUNKTURM Für die 3. deutsche Funkausstellung 1926 von H. Straumer als schlanke, 138 Meter hohe Stahlgitterpyramide errichtet. (West-Berlin)

GEDENKSTÄTTE PLÖTZENSEE An die Opfer der Hitlerdiktatur erinnern bei der Exekutionsbaracke des ehemaligen Zuchthauses, wo 1933–45 Hunderte von Widerstandskämpfern hingerichtet wurden, ein Gedenkstein und eine Urne mit Erde aus den Konzentrationslagern. (West-Berlin)

GEDENKSTÄTTE FÜR DIE OPFER DES 20. JULI 1944 Im ehemaligen Oberkommando der Wehrmacht steht die Statue eines gefesselten Jünglings von Richard Scheibe, die an die standrechtliche Erschießung der für das Attentat auf Hitler verantwortlichen Offiziere an dieser Stelle gemahnt. (West-Berlin)

GEORG-KOLBE-MUSEUM Im ehemaligen Wohnhaus und Atelier des Bildhauers, das er sich 1928–32 bauen ließ, ist etwa ein Drittel seines Werkes ausgestellt; einige Großbronzen ergänzen die Ausstellung im nahen Kolbehain. (West-Berlin)

HANSAVIERTEL Für die Internationale Bauausstellung 1957 wurde auf einem gänzlich kriegszerstörten Gelände am Tiergarten 1955–57 von 48 Architekten aus aller Welt ein neues Wohnviertel mit den damals modernsten Wohn- und Hochhaustypen errichtet. Alvar Aalto, Walter Gropius, Hans Luckhardt, Oscar Niemeyer, Pierre Vágó sind hier mit Bauten vertreten. (West-Berlin)

HEDWIGSKATHEDRALE Den Wünschen Friedrichs II. entsprechend führte Jean Laurent Legeay die Hedwigskirche nach dem Vorbild des Pantheon in Rom, als Rundbau mit Kuppel und Säulenvorhalle, auf. Die 1773 vollendete Kirche war lange Zeit im protestantischen Berlin das einzige katholische Gotteshaus. Als Berlin 1930 Bistum wurde, erhielt sie die Würde der Kathedrale. Bei der Wiederherstellung nach dem Kriege ist die Kuppel vereinfacht worden. (Ost-Berlin)

HEILIGGEISTKAPELLE Backsteinkirchlein aus dem 14. Jh. mit schönen Maßwerkfenstern. Heute eingebaut in die Wirtschaftswissenschaftliche Fakultät der Humboldt-Universität. (Ost-Berlin)

HEIMATMUSEEN haben die ehemals selbständigen Gemeinden Neukölln, Schöneberg, Spandau.

HUGENOTTENMUSEUM Im Französischen Dom am ehem. Gendarmenmarkt sind Zeugnisse zusammengestellt, die die Geschichte der Réfugiés illustrieren. 1685 hatte der Große Kurfürst den ihres Glaubens wegen verfolgten protestantischen Franzosen Asyl in Preußen geboten; als häufig gut geschulte, geschickte Handwerker leisteten sie einen wichtigen Beitrag zum Aufblühen der Stadt. (Ost-Berlin)

HUMBOLDTSCHLÖSSCHEN Ein altes kleines Jagdhaus baute K. F. Schinkel 1821–23 für Wilhelm v. Humboldt in klassizistischem Stil aus. Zwischen vier Ecktürmen mit antikisierenden Windgöttern von Chr. Dan. Rauch sind in zwei Stockwerken bescheidene kleine Wohnräume eingerichtet, die die Sammlungen Humboldts aufnahmen und ihm und seiner Familie bevorzugtes Domizil waren. Am Ende des Gartens liegt die Grabstätte der großen Familie, überragt von einer auf hoher Granitsäule schwebenden Figur der Hoffnung nach Bertel Thorvaldsen. (West-Berlin)

JAGDSCHLOSS GRUNEWALD Kurfürst Joachim II., der Erbauer des ersten Stadtschlosses in Berlin, ließ sich durch denselben Baumeister, Caspar Theiß, 1542 ein Jagdschlößchen im Grunewald errichten. Von diesem Renaissancebau sind Vorhalle und Treppenturm erhalten, eingefügt in Umbauten aus dem 18. Jh. (West-Berlin)

JAGDSCHLOSS KÖPENICK Auf einer Spreeinsel, auf der schon eine slawische Burg, später ein gotisches Wasserschloß und wiederum ein Wasserschloß Joachims II. ihren Platz gehabt hatten, wurde 1682 ein Schloß für den Kurprinzen Friedrich gebaut. Es erhielt die Formen des niederländischen Barock, der mit dem in Holland aufgewachsenen Großen Kurfürsten und seiner Gemahlin Luise Henriette von Nassau-Oranien in Berlin stilbildend geworden war. Die Innenausstattung in etwas derben, schwerfälligen Formen ist restauriert worden. Das Schloß gibt den in Ost-Berlin verbliebenen Beständen des Kunstgewerbemuseums einen würdigen Rahmen. (Ost-Berlin)

JAGDSCHLOSS GRUNEWALD

Das reizvolle Schlößchen an einem der idyllischen Seen des weitläufigen Grunewalds war Ausgangspunkt der bei vielen brandenburgisch-preußischen Herrschern so beliebten Jagden und Tierhatzen – traditionell die Rote Jagd am Hubertustag –, von denen Trophäen und Gemälde im Innern berichten.
West-Berlin

JÜDISCHE FRIEDHÖFE Der alte Judenfriedhof an der Sophienkirche diente 1672–1824. Hier findet sich noch das Grabmal des Philosophen Moses Mendelssohn. 1827 ist der Judenfriedhof an die Schönhauser Allee verlegt worden, wo man noch die Gräber G. Meyerbeers, Max Liebermanns, Ullsteins besuchen kann. Auf dem neuen großen jüdischen Friedhof in Weißensee sind die Angehörigen der bedeutenden Berliner jüdischen Familien unseres Jahrhunderts beigesetzt. (Ost-Berlin)

KAISER-WILHELM-GEDÄCHTNISKIRCHE Die Ruine des Westturmes der neoromanischen Kirche ist als Kriegs-Mahnmal im Stadtzentrum erhalten worden. Sie wird gerahmt von Egon Eiermanns zweiteiligem Kirchenneubau (1961) aus flachgedecktem, blau verglastem Oktogon und sechseckigem Turm. (West-Berlin)

KLEISTPARK Den Eingang an der Potsdamer Straße flankieren die Kolonnaden von Karl v. Gontard (1780), die bis 1910 die Königsbrücke am Alexanderplatz säumten. Der Kleistpark bildete vom 18. bis zum Anfang des 20. Jh. das Zentrum des Botanischen Gartens, bevor dieser nach Dahlem verlegt wurde. Sein prominentester Direktor war von 1819–38 der Dichter Adelbert von Chamisso. – Im

Park das ehemalige Kammergerichtsgebäude (1913); 1945–48 Sitz des Alliierten Kontrollrates, heute der der einzig übriggebliebenen Alliierten Behörde, der für Luftsicherheit. (West-Berlin)

KLOSTERKIRCHE Das frühgotische backsteinerne Gotteshaus der Franziskaner ist nur als Ruine erhalten. (Ost-Berlin)

KONGRESSHALLE Anläßlich der Interbau 1957 baute Hugh A. Stubbins als Beitrag der USA die Kongreßhalle. Auf 1000 Betonpfählen als Fundament in dem sandigen Boden liegen in zwei Geschossen Tagungsräume. Darüber spannt sich das auffallende, nur an zwei Widerlagern sichtbar verspannte segelartige Dach, an dem der obere Tagungsraum hängt. (West-Berlin)

KRONPRINZENPALAIS Unter den Linden 1663 erbaut, 1733 von Ph. v. Gerlach für den Kronprinzen, den späteren Friedrich II., umgestaltet. Im Kriege zerstört; Wiederaufbau in der 1857 durch Aufstockung und Umbau gewandelten Form. (Ost-Berlin)

KURFÜRSTENDAMM Als eleganter Boulevard Ende des vorigen Jahrhunderts mit repräsentativen Großstadthäusern ausgebaut, ist der Kurfürstendamm seit der Teilung der Stadt die beliebteste Flanierstraße des westlichen Teils geworden. Manche der erhaltenen Fassaden im Stil der Neorenaissance oder des Neobarock sind in letzter Zeit restauriert worden. Hier und in manchen Nebenstraßen – Bleibtreu-, Knesebeckstraße – bekommt man noch den besten Eindruck von der reichen und jungen Reichshauptstadt der Wilhelminischen Zeit. (West-Berlin)

KREUZBERG Ein kleiner natürlicher Berg im Stadtviertel gleichen Namens, wo man 1888–94 mit künstlicher Berglandschaft, Wasserfall und Felsenschlucht den Viktoriapark anlegte, nachdem bis ins 18. Jh. hier Wein angebaut worden war. Den Kreuzberg krönt das Nationaldenkmal für die Befreiungskriege 1813–15. Schinkel entwarf in gotischen Formen das turmartige Monument aus Gußeisen, das keinen Feldherrn oder König heroisiert, sondern dem Heer der namenlosen Kämpfer für die Freiheit gewidmet ist – etwas in jener Zeit Außergewöhnliches und Neues. Die Gestalten, die das Monument umstehen, sind Allegorien der Entscheidungsschlachten. (West-Berlin)

LUFTBRÜCKENDENKMAL An die „Luftbrücke", die durch westlich-alliierte Flugzeuge aufrechterhaltene Versorgung der von den Russen 1948/49 blockierten Stadt, erinnert Berlins erstes abstraktes Denkmal: Vor dem Tempelhofer Flughafen errichtete Eduard Ludwig 1951 den Torso eines ansteigenden, dreiläufigen Brückenbogens. (West-Berlin)

DAS LUFTFAHRTMUSEUM ist in einem Behelfsbau der Lilienthal-Gedenkstätte für den Pionierflieger angegliedert. (West-Berlin)

MÄRKISCHES MUSEUM 1874 gründete die Stadt Berlin ein kulturgeschichtliches Heimatmuseum. Lag ursprünglich die Betonung auf der Vor- und Frühgeschichte der Mark, so seit den 20er Jahren eher beim Kunsthandwerk und heute auf der Berliner Geschichte. In dem Bauensemble sind Anlehnungen an historische Bauten der Mark, vor allem solche der Backsteingotik, in historisierender Weise bewußt angewandt. Zu den ständigen Einrichtungen des Museums gehören heute ein Fontane- und ein Zille-Raum, dazu die Gerhart-Hauptmann-Gedenkstätte. (Ost-Berlin)

MARIA REGINA MARTYRUM Für die im Zuchthaus Plötzensee hingerichteten Widerstandskämpfer gegen den Nationalsozialismus ist inmitten eines weiten Feier-

HENRY MOORE: DER BOGENSCHÜTZE

1964 schuf der englische Bildhauer die Bronzeplastik vor der Neuen Nationalgalerie, einem der letzten Bauwerke des 1969 verstorbenen Ludwig Mies van der Rohe. Diese für ihn so charakteristische gläserne „Vitrine" in sparsamster gradwinkliger Konstruktion birgt Kunstwerke von der Romantik bis zur Gegenwart und hat Platz für Wechselausstellungen. Ein kleiner Skulpturengarten schließt sich an. West-Berlin

hofes ein einfacher kubischer Kirchenbau errichtet. Schmucklosigkeit beherrscht die Anlage auch im Innern, das aus niedriger Unterkirche mit drei Memorialgräbern und dem erhöht liegenden eigentlichen Kirchenraum besteht. Diesen beherrscht das die gesamte Altarwand einnehmende Fresko einer apokalyptischen Vision von Georg Meistermann. Eine Wand des Feierhofes nehmen die bronzenen, stark abstrahierten Kreuzwegstationen von Otto Herb. Hajek ein. (West-Berlin)

MARIENKIRCHE Gotische Backsteinkirche vom Ende des 14. Jh. Den Turm bekrönte C. G. Langhans 1790 mit der klassizistischen Variante eines gotischen Turmhelms. Im Innern der dreischiffigen Halle eine barocke Kanzel von A. Schlüter, das Wandgrab Sparr von Artus Quellinus und weitere bemerkenswerte Ausstattungsstücke. In der Vorhalle das eindrucksvolle Fresko eines figurenreichen Totentanzes (1485): Menschen jeden Standes holt, trotz ihrer Bitten, der Tod unerbittlich in sein Reich. Das Memento mori fand in dem Zyklus der Marienkirche zum erstenmal in Deutschland eine derartige Gestaltung. (Ost-Berlin)

MARX-ENGELS-PLATZ Durch das Schleifen des alten Stadtschlosses ist der ehemalige Schloßplatz überdimensional vergrößert worden. Zusammen mit dem ehemaligen Lustgarten wurde er in Marx-Engels-Platz umbenannt und dient vor allem politischen Paraden und Aufmärschen. (Ost-Berlin)

MAUSOLEUM Im Park von Schloß Charlottenburg ließ König Friedrich Wilhelm III. für seine früh verstorbene Gemahlin, die von ihrem Volke vergötterte Königin Luise, am Ende einer Tannenallee 1810 ein Tempelchen als Mausoleum errichten. 1812/13 schuf Chr. Dan. Rauch die marmorne Statue der Königin auf dem Totenbett, später auch die des Königs. Das Mausoleum wurde 1841 erweitert, um die Grabdenkmäler der Mitglieder der Königsfamilie aufnehmen zu können. (West-Berlin)

Der MOLKENMARKT, 13. Jh., war der erste Marktplatz Berlins. (Ost-Berlin)

Die MOSCHEE, 1924–27 für die Berliner Mohammedaner errichtet, gehört heute der pakistanischen Regierung. (West-Berlin)

Das MUSEUM FÜR DEUTSCHE GESCHICHTE ist aus dem ehemaligen Zeughaus-Museum hervorgegangen. Dokumente zur deutschen Vergangenheit zwischen 1789 und 1871 sind wieder in dem alten Arsenal-Bau Unter den Linden ausgestellt. Das Schwergewicht liegt heute bei der Darstellung revolutionärer Volksbewegungen der Neuzeit. (Ost-Berlin)

MUSEUMSINSEL Auf der Spreeinsel hinter dem Lustgarten fanden in den Jahren 1830–1930 die wichtigen Museen ihre Unterkunft. Auf den ersten Bau, das am Anfang der Insel gelegene Alte Museum von Schinkel, folgten 1859 das Neue Museum von Friedr. Aug. Stüler, 1876 die Nationalgalerie von Joh. Heinr. Strack nach Skizzen Stülers, 1904 das Kaiser-Friedrich-Museum (heute Bode-Museum) von Ernst v. Ihne, 1909–30 das Pergamonmuseum. Die im Kriege alle schwer beschädigten Gebäude sind mit Ausnahme des Neuen Museums wiederhergestellt. (Ost-Berlin)

MUSIKINSTRUMENTEN-SAMMLUNG Das Institut für Musikforschung besitzt eine Sammlung historischer Musikinstrumente aller Völker vom 16. Jh. bis zur Gegenwart. Sie ist ausgestellt in dem 1875–80 von Strack in italienischen Frührenaissanceformen errichteten ehemaligen Joachimsthalschen Gymnasium. (West-Berlin)

NATURKUNDE-MUSEUM Es enthält als selbständige Abteilungen die Institute für Paläontologie, Mineralogie und Zoologie mit ihren Schausammlungen. (Ost-Berlin)

Die NEUE WACHE, sein erstes Bauwerk, hat K. F. Schinkel 1818 erbaut. Dem kleinen Wachhaus zwischen Universität und Zeughaus gab Schinkel eine gewisse Monumentalität durch vier Ecktürme und durch die kubische Geschlossenheit, die nur der dori-

sche Portikus auf vornehme Weise lockert. Am Architrav Viktorien von Gottfr. Schadow. Nachdem die Neue Wache 1931 zur Gedächtnishalle für die Gefallenen von 1914–18 umgestaltet worden war, wird hier heute der Opfer des Faschismus und Militarismus gedacht. (Ost-Berlin)

NICOLAIKIRCHE, Berlins älteste Kirche, mit Teilen aus der Gründungszeit der Stadt, ist seit 1945 Ruine. (Ost-Berlin)

OLYMPIASTADION Werner March errichtete für die Olympiade von 1936 die Bauten und Sportanlagen des Reichssportfeldes, deren Zentrum das 100 000 Zuschauer fassende ovale Olympiastadion ist. (West-Berlin)

PALAIS PRINZ HEINRICH Ab 1748 führt Joh. Boumann nach Ideen Georg Wenz. v. Knobelsdorffs den Stadtpalast für Friedrichs d. Gr. Bruder Prinz Heinrich Unter den Linden aus. Der dreiflügelige Bau mit sechssäuligem Mittelrisalit wurde 1810 Sitz der soeben gegründeten Friedrich-Wilhelm-Universität. 1945 benannte man sie nach ihrem eigentlichen Begründer, Wilhelm von Humboldt, um. Denkmäler der Brüder Wilhelm und Alexander von Humboldt flankieren den Eingang zum Ehrenhof der Universität. (Ost-Berlin)

PAROCHIALKIRCHE Die barocke Kirche im ältesten Stadtviertel Berlins von überaus strengem Äußeren, an der Joh. Arn. Nering, Ph. Gerlach und Jean de Bodt 1695–1714 als Baumeister beteiligt waren, ist seit 1945 teilzerstört. (Ost-Berlin)

PFAUENINSEL Im 17. Jh. besaß auf der Havelinsel mit Namen Kaninchen- oder Pfauwerder der Chemiker Kunckel ein Laboratorium und eine Glashütte, wo er sein berühmtes rotes Rubinglas herstellte. Zu Ende des 18. Jh. wählte König Friedrich Wilhelm II. die baumbestandene Insel für sein romantisches Sommerrefugium. Das Hauptschloß (1797 vollendet), ein Holzbau, hat die Form einer künstlichen

PHILHARMONIE

Nach den Worten des Erbauers Hans Scharoun gleicht der in Terrassen angelegte Konzertsaal Weinbergen, auf die sich die Töne herabsenken können wie Sonne auf die Reben.　　　　　West-Berlin

Burgruine, desgleichen die Meierei mit gotischen Innenräumen. Ein klassizistisches Kavaliershaus erweiterte Schinkel 1826 und fügte ihm die Fassade eines gotischen Hauses aus Danzig an. Neben dem Kuhstall in Form einer mittelalterlichen Kapelle und mehreren Bauten in romantisch umgedeuteten Baustilen ist der Park selbst eine Sehenswürdigkeit. 1822 wurde er von Peter Jos. Lenné, dem Schöpfer des Tiergartens, mit einem großen Vogelhaus und dem Pfauenhof angelegt. (West-Berlin)

PHILHARMONIE Am Rande des Tiergartens entstand als erster Bau eines geplanten Zentrums für Kunst und Wissenschaft 1960–63 von Hans Scharoun der Konzertbau für die Berliner Philharmoniker. Das Orchester, das seit 1882 existiert, steht unter Leitung Herbert v. Karajans, dessen große Vorgänger H. v. Bülow, A. Nikisch und W. Furtwängler waren. Den unregelmäßigen Baukörper überdeckt ein zeltartiges Betondach. Bestimmend für die äußere Gestalt war allein die Funktion der Innenräume. In dem etwa pentagonalen Konzertsaal liegt eine zentrale Bühne, um sie herum sind, amphitheatralisch ansteigend, in kleinen Abteilungen über 2000 Sitze angeordnet. Ganz unkonventionell sind auch die Foyer-Räume durch vielfältige, teilweise frei geführte Zugänge mit dem Auditorium verbunden. (West-Berlin)

PRINZESSINNENPALAIS, 1733 unmittelbar neben dem Kronprinzenpalais errichtet, mit einem Kopfbau 1811 vervollständigt. Nach der Zerstörung im letzten Kriege ist an seiner Stelle in enger Anlehnung an den alten Bau das Operncafé entstanden. (Ost-Berlin)

RATHAUS Der wegen Backsteinfassade Rotes Rathaus genannte Bau ersetzt das mittelalterliche, barock vergrößerte Berliner Rathaus. (Ost-Berlin)

RATHAUS SCHÖNEBERG Residenz des Westberliner Regierenden Bürgermeisters und des Senats. Im Turm des Rathauses hängt die der amerikanischen Liberty-Bell nachgebildete, von Amerikanern für Berlin gestiftete Freiheitsglocke. (West-Berlin)

REICHSTAGSGEBÄUDE Paul Wallot schuf 1884–94 den prunkvollen, schmuckreichen Rechteckbau im Stil der Neorenaissance; vereinfacht restauriert. (West-Berlin)

RIBBECKHAUS Das von vier verzierten Giebeln überragte Stadtpalais der märkischen Familie von Ribbeck – von Fontane besungen – ist Berlins letztes erhaltenes Renaissancehaus, 1624. (Ost-Berlin)

ST.-ANNEN-KIRCHE Dahlemer Dorfkirche. Die einschiffige Feld- und Backsteinkirche des 14. Jh. hat einen polygonalen Chor aus dem 15. Jh. Im Innern Fresken aus der Erbauungszeit. – Nahe bei der idyllisch gelegenen Dorfkirche ist das alte Dahlemer Gutshaus aus dem 17. Jh. mit älteren, ebenfalls noch gotischen Bauteilen erhalten. (West-Berlin)

ST.-NICOLAI-KIRCHE SPANDAU Hallenkirche des 14. Jh., im Stil der norddeutschen Backsteingotik mit Kreuzrippen und Sterngewölben. Zur Ausstattung gehört ein gotischer Taufkessel, eine für das Potsdamer Stadtschloß von König Friedrich Wilhelm I. gestiftete barocke Kanzel und ein steinerner Renaissancealtar. Angeblich ist in Spandau 1539 von Kurfürst Joachim II. die erste evangelische Abendmahlsfeier gehalten worden, woran das Denkmal Joachims II. vor der Kirche erinnert. (West-Berlin)

SCHLOSS BELLEVUE Mich. Phil. Boumann entwarf das Sommerpalais für den jüngsten Bruder Friedrichs d. Gr., Prinz Ferdinand, im Tiergarten (1785–86). C. G. Langhans fügte 1790 einen durch eineinhalb Stockwerke geführten Festsaal ein. Seit 1959 Berliner Residenz des Bundespräsidenten. (West-Berlin)

SCHLOSS CHARLOTTENBURG

Das wuchtig-herrscherliche Standbild des Großen Kurfürsten, das große Reiterdenkmal des Barock von Andreas Schlüter, stand einst auf der Langen Brücke im Ostsektor. Auf dem Wege in den westlichen Teil der Stadt sank es mit dem überlasteten Kahn in den Tegeler See. Ein Jahr später wurde es geborgen und hat seitdem im Ehrenhof des Charlottenburger Schlosses seinen festen Platz.

West-Berlin

SCHLOSS CHARLOTTENBURG ist seit dem Abriß des Stadtschlosses 1949 das schönste und größte Zeugnis der königlichen Bauten in Berlin. 1695 begann Joh. Arn. Nering mit dem Bau eines zunächst bescheiden geplanten Sommerschlößchens für die spätere Königin Sophie Charlotte. Doch schon 1698 wird es zu einer Dreiflügelanlage nach Versailler Vorbild erweitert. Vor 1712 wird auf den Mitteltrakt ein Kuppelbau gesetzt und der Orangerieflügel im Westen angebaut. Friedrich d. Gr. läßt 1740–43 von Knobelsdorff den entsprechenden östlichen Flügel anfügen. 1788 bis 1791 entsteht am westlichen Ende ein Theater von C. G. Langhans. Die meisten Innenräume sind nach Kriegsschäden inzwischen wiederhergestellt; so die reich getäfelten, geschnitzten und stuckierten Wohnräume der Bauherrin oder die Wohnung Friedrich Wilhelms II. im chinesischen oder „pompejanischen" Stil (1788). Höhepunkte sind die Festräume im Knobelsdorff-Flügel, von Joh. Aug. Nahl spielerisch-graziös mit reicher Holztäfelung und vergoldetem Stuck ausgeschmückt. In den ehemaligen Wohnräumen Friedrichs d. Gr. hängen heute eine Reihe der von ihm zusammengetragenen französischen Gemälde des 18. Jh., so, vor allen anderen berühmt, das „Ladenschild des Kunsthändlers Gersaint", das Meisterwerk Watteaus. – Im Schloßpark, von dem Lenné große Teile aus der ursprünglich französischen, streng beschnittenen Form zu der englischen Landschaftspark-Gestalt veränderte, steht eine Reihe kleinerer Bauten. Neben dem Mausoleum das zierliche, phantasievolle Belvedere von Langhans (1788) und der Neue Pavillon in Gestalt einer süditalienischen Villa von Schinkel (1825). Dem Ehrenhof des Schlosses gegenüber flankieren zwei von Rundtürmchen bekrönte Bauten Friedr. Aug. Stülers (1850) den Eingang von der Schloßstraße her. Sie dienten ursprünglich als Kasernen der Gardes du Corps und enthalten heute Antiken- und Ägyptische Abteilung der Museen. (West-Berlin)

SCHLOSS FRIEDRICHSFELDE Der Bau aus dem frühen 18. Jh., in dem zeitweilig der jüngste Bruder Friedrichs d. Gr., Prinz Ferdinand, wohnte, ist heute ziemlich verwahrlost. Der zugehörige Schloßpark, von Lenné aus einem barocken in einen englischen umgestaltet, ist 1955 Tierpark geworden. (Ost-Berlin)

SCHLOSS KLEINGLIENICKE K. F. Schinkel legte hier, an der Straße nach Potsdam, für Prinz Karl von Preußen 1826 eine Sommerresidenz an. In dem weit ausgedehnten Park über der Havel sind eine Reihe klassizistischer Bauten verteilt. Das Hauptschlößchen in einfachsten Formen, nur mit einigen Zinkgußornamenten aufgelockert, geht auf ein älteres Gutshaus zurück. Die vergoldete Löwenfontäne davor, das Greifenportal als Hauptzugang zum Park geben der Anlage einen prunkvolleren Charakter. Auf hoher Terrasse liegt das Kasino (1824), das mit seiner zweiflügeligen Pergola an die klassische italienische Villa erinnert. Ebenfalls mit Blick auf die Havel liegt im Park ein dem antiken Athener Lysikrates-Monument nachempfundener Aussichtspavillon, der den Namen die „Große Neugierde" trägt. In manche Wände sind antike Relieffragmente eingelassen, die Prinz Karl von seinen Reisen in den klassischen Süden mitgebracht hatte. (West-Berlin)

SCHLOSS NIEDERSCHÖNHAUSEN Das mittelalterliche Rittergut erwarb Kurfürst Friedrich III. 1691 und ließ das Gutshaus durch seine Baumeister Nering und Eosander v. Göthe, den Architekten des Charlottenburger Schlosses, umbauen. 1740–90 war es der Wohnsitz der Gemahlin Friedrichs d. Gr. und nach dem Tode Friedrich Wilhelms III. der Sommersitz seiner morganatischen Gemahlin, der Fürstin von Liegnitz. Der schöne Park geht in seiner jetzigen Gestalt auf Lenné zurück. Heute ist das Schloß Sitz des Staatsratsvorsitzenden der DDR. (Ost-Berlin)

DIE SIEGESSÄULE Für preußische Siege von 1864, 1866 und 1870/71 errichtet, ursprünglich auf dem Königsplatz aufgestellt, bildet seit 1939 den Mittelpunkt des Großen Stern im Tiergarten. Der Mosaikfries stellt die Reichsgründung dar. Die in 67 Meter Höhe schwebende, vergoldete Viktoria-Statue ist ein Werk des Berliner Bildhauers Friedr. Drake (West-Berlin)

SINGAKADEMIE Klassizistischer Bau des Schinkelschülers Karl Theod. Ottmer. Heute Maxim-Gorki-Theater. (Ost-Berlin)

SOPHIENKIRCHE 1712 von Königin Sophie Luise, der zweiten Gemahlin Friedrichs I., für die neue Spandauer Vorstadt gestiftet. Ihren besonders schönen barocken Turm erhielt die Kirche erst 20 Jahre später. (Ost-Berlin)

STAATLICHE MUSEEN, PREUSSISCHER KULTURBESITZ Die vor 1945 nach West-Berlin und Westdeutschland ausgelagerten Bestandteile der ehemaligen Staatlichen Museen sind 1959 verfassungsmäßig mit anderen Instituten zu einer Stiftung zusammengefaßt worden.

Sie bilden heute 14 Abteilungen und verteilen sich zur Zeit auf die verschiedensten Gebäude, von Mietunterkünften in der Innenstadt und im Schloß Charlottenburg bis zu modernen Museumsneubauten in Dahlem und am Kemperplatz. (West-Berlin)

STAATLICHE MUSEEN ZU BERLIN Die in Mitteldeutschland und Ost-Berlin verbliebenen Kunstschätze bilden heute 13 Abteilungen, von denen nahezu alle auf der Museumsinsel untergebracht sind.

STAATLICHE PORZELLANMANUFAKTUR 1763 kaufte Friedrich d. Gr. die zwölf Jahre zuvor von W. C. Wegely gegründete und von Gotzkowski fortgeführte Porzellanmanufaktur und machte sie zur Königlichen Anstalt, in der Hoffnung, sie wirtschaftlich ebenso ausbauen zu können wie die Könige von Sachsen die Meißener Manufaktur. Die Fabrik mit dem blauen Zepter als Markenzeichen stellt heute neben modernen Modellen noch immer Porzellane nach den Mustern des Rokoko her. (West-Berlin)

STAATSBIBLIOTHEK In ähnlich kühnen Formen wie seine benachbarte Philharmonie entsteht nach Scharouns Entwürfen ein Neubau der Staatsbibliothek, der die zwei Millionen der nach dem Kriege nach Westdeutschland verlagerten Bände der ehem. Preußischen Staatsbibliothek aufnehmen wird (West-Berlin). Den anderen Teil der alten Bestände bewahrt die Deutsche Staatsbibliothek Unter den Linden. (Ost-Berlin)

STAATSRATSGEBÄUDE Stahlskelettbau von 1964, in seine zum ehemaligen Schloßplatz gelegene Fassade ist das dreigeschossige Portal des abgerissenen Stadtschlosses eingefügt. (Ost-Berlin)

TEMPLERORDENSKIRCHE Anfang des 13. Jh. gründeten die Ritter des Templerordens hier ihre erste Niederlassung in Mittelbrandenburg. Die Wehr- und

HUMBOLDT-UNIVERSITÄT
Ein Denkmal des Gründers Wilhelm von Humboldt schmückt an den Linden den Vorgarten der Universität, deren erster frei gewählter Rektor 1810 Johann Gottlieb Fichte war. Der deutsche Philosoph kämpfte in seinen „Reden an die deutsche Nation" für ein selbstbewußtes Deutschtum. Ost-Berlin

ANDREAS SCHLÜTER:
MASKE EINES STERBENDEN KRIEGERS

*Die 1696 geschaffenen Schlußsteinreliefs im Innen-
hof des Zeughauses mit den ungemein ausdrucksstarken Masken sterbender Krieger sind Höhepunkte des deutschen Hochbarock und im Werk
des Bildhauers.* Ost-Berlin

Wohnbauten sind verschwunden, die kleine Feldsteinkirche mußte nach 1945 nahezu gänzlich wieder
aufgebaut werden. (West-Berlin)

TIERGARTEN Erste Parkanlagen inmitten des natürlichen Waldes ließ bereits Friedrich I. um 1700 anlegen. Lenné schuf Anfang des 19. Jh. den großen
englischen Landschaftspark, den kunstvolle Aus-
sichtspunkte, Denkmäler und Brücken sehenswert
machen. (West-Berlin)

UNIVERSITÄTEN Von Berlins alter Friedrich-Wilhelm-
(seit 1945 Humboldt-)Universität Unter den Linden (Ost-Berlin) spaltete sich im Blockadejahr 1948
die Freie Universität ab, die seither auf ausgedehn-
tem Gelände in Dahlem (West-Berlin) ihre Instituts-
bauten erhielt. Berlins dritte Universität ist die einstige Technische Hochschule. (West-Berlin)

UNTER DEN LINDEN Zwischen Stadtschloß und Tiergarten ließ der Große Kurfürst nach holländischem
Vorbild eine breite Lindenallee anlegen (1647), die
sein Sohn und vor allem der Enkel, Friedrich d. Gr.,
zu einer über einen Kilometer langen Repräsenta-
tionsstraße ausgestalteten. Unter den Linden, nahe
dem Schlosse, plante Friedrich sein Forum Fridericianum für Kunst und Wissenschaften; hier bildeten
die preußisch-klassizistischen Adelspaläste die eleganten Straßenfronten zu seiten der mehrfachen
Lindenreihen. Auf der dem Schloßplatz zu gelegenen
Seite sind die historischen Bauten der Linden weitgehend wieder aufgebaut, der nördliche Teil der
Straße wurde nach dem Kriege neu bebaut. (Ost-
Berlin)

Das ZEUGHAUS stellt den neben dem Charlottenburger Schloß wichtigsten Barockbau Berlins seit dem
Abriß des Schlosses dar. Als Kriegsarsenal unter Kurfürst Friedrich III. 1695 von Joh. Arn. Nering begonnen, zeitweilig von Andr. Schlüter fortgeführt, wurde
es 1706 von Jean de Bodt vollendet. Der ursprünglich von François Blondel gelieferte Entwurf variiert
die Ostfassade des Louvre in Paris. Die strenge, zu-
rückhaltende Gliederung der Fassaden, die nur an der
Schauseite durch die vorspringende, giebelbekrönte
Säulenstellung unterbrochen wird, erhält ihre künstlerische Steigerung durch dekorative Plastiken. Ihre
Höhepunkte sind Schlüters Masken sterbender Krieger im Innenhof; sie gehören zu den großartigsten
Zeugnissen deutscher Barockplastik. (Ost-Berlin)

ZITADELLE SPANDAU 1560 als Festung vor Berlin nach
dem damals neuen italienischen System mit vier spitzen, dem quadratischen Mauerverlauf vorgeschobe-
nen Bastionen. Ein venezianischer Baumeister hat sie
mit Hilfe italienischer Arbeiter errichtet. Von einem
Vorgängerbau stammt der Juliusturm, der Bergfried
aus dem frühen 14. Jh. (West-Berlin)

STAATLICHE MUSEEN

Den Grundstock der Berliner Museen bildet der
Kunstbesitz der Kurfürsten von Brandenburg und
späteren preußischen Könige. 1830 wurden Teile davon zum ersten Mal in dem im Auftrage Friedrich
Wilhelms IV. von K. F. Schinkel erbauten Königlichen Museum der Öffentlichkeit zugänglich gemacht: dem Zeitgeschmack entsprechend waren es
vor allem die Antiken und ausgewählte Gemälde.
Hundert Jahre später waren aus diesem bescheidenen Anfang 17 große Museen in 15 verschiedenen
Gebäuden geworden. Der letzte Weltkrieg brachte
unersetzliche Verluste. Durch die Spaltung der Stadt
nach 1945 sind die Sammlungen zudem auseinander-
gerissen. Sie bilden die 14 Abteilungen der „Staatlichen Museen, Preußischer Kulturbesitz" in West-
Berlin und die 13 Abteilungen der „Staatlichen
Museen zu Berlin" in Ost-Berlin.

ÄGYPTISCHE ABTEILUNG Alexander von Humboldt soll
König Friedrich Wilhelm III. 1823 zur Gründung
eines Ägyptischen Museums angeregt haben. Einzel-

stücke aus königlichem Besitz wurden mit neu ange-
kauften Privatsammlungen zusammen im Schloß
Monbijou ausgestellt. Friedrich Wilhelm IV. sandte
den ersten bedeutenden Direktor der Sammlung,
Richard Lepsius, in den 40er Jahren des vorigen
Jahrhunderts auf mehrjährige Expedition nach
Ägypten: damit begann die Entwicklung einer der
führenden Altägyptensammlungen der Welt. (Ost-
und West-Berlin)

GEMÄLDEGALERIE Bilder aus dem Besitz des Großen
Kurfürsten und vor allem französische Malerei des
18. Jh., die Friedrich d. Gr. gesammelt hatte, bilden
den Kern der Gemäldesammlung. Wilhelm von
Bode, ihr Direktor von 1890–1929, gab ihr durch
den Erwerb hervorragender Stücke aus den wichtigsten Schulen der europäischen Malerei die abgerun-
dete Geschlossenheit einer großen Galerie. (Ost- und
West-Berlin)

INDISCHE KUNSTABTEILUNG Erst 1963 löste man die
Abteilung für Indische Kunst aus dem Völkerkunde-

museum heraus, damit sie sich, ungehindert von der Berücksichtigung völkerkundlicher Gesichtspunkte, ganz dem Sammeln und Graben von Kunstdenkmalen jenes Bereiches widmen könne.

KUNSTGEWERBEMUSEUM Aus bürgerlicher Privatinitiative ging 1867 das Kunstgewerbemuseum hervor, das später zu den Staatlichen Museen kam und zwischen den Weltkriegen als Schloßmuseum bekannt wurde. Mittelalterliche Kirchenschätze geben hier ebenso ein Bild von dem hohen künstlerischen Stand des kirchlichen Gerätes, wie etwa das Lüneburger Ratssilber, der fürstliche Pommersche Kunstschrank, Porzellan, Silber und Glas die kunsthandwerklichen Höchstleistungen der verschiedenen profanen Bereiche illustrieren. (Ost- und West-Berlin)

KUPFERSTICHKABINETT Das Kupferstichkabinett, dessen älteste Bestandteile aus derselben Quelle wie die der Gemäldegalerie herrühren – der Große Kurfürst kaufte von Matthäus Merian d. Ä. Zeichnungen des 16. und 17. Jh. –, hat mehrfach ganze Privatsammlungen aufgenommen. Einzigartig ist heute sein Bestand an altdeutschen und niederländischen Zeichnungen. Unter der Druckgraphik verdient auch die von Künstlern des 20. Jh. Beachtung. (Ost- und West-Berlin)

MÜNZKABINETT Friedrich d. Gr. hatte eine Sammlung antiker Münzen im Antikentempel in Potsdam. Aus der königlichen Kunstkammer kamen vor allem Holz- und Steinmodelle und Renaissancemedaillen. Seit 1830 im Königlichen Museum in zunehmendem Maße systematisch ausgebaut, umfaßt das Münzkabinett heute über eine halbe Million Stücke von der Antike bis zur Neuzeit und dient ebenso der historischen wie der kunsthistorischen Forschung. (Ost-Berlin)

NATIONALGALERIE Eine der zeitgenössischen nationalen Kunst gewidmete Galerie wurde durch private Stiftung 1861 angeregt. Der Dichter Hugo v. Tschudi änderte den Charakter der dann zunächst entstandenen akademisch-offiziellen Nationalgalerie kurz vor der Jahrhundertwende einschneidend, als er den Kauf der deutschen Historienmalerei kraß beschränkte und als erster Direktor eines deutschen Museums französische Impressionisten kaufte. Wegen seiner modernen Ankäufe überwarf er sich mit den offiziellen Stellen und mit Wilhelm II., so daß er 1909 nach München gehen mußte. Sein Nachfolger kümmerte sich verstärkt um deutsche expressionistische Gemälde, von denen nach 1933 eine Anzahl der nationalsozialistischen Säuberungsaktion zum Opfer fiel. (Ost- und West-Berlin)

SKULPTURENABTEILUNG Die Abteilung christlicher Skulptur, zunächst bei der Gesamtplanung der Museen 1830, als man in den Idealen des Klassizismus befangen war, noch kaum bedacht, verdankt seit 1872 ihren systematischen Aufbau Wilhelm von Bode, dem späteren Leiter der Staatlichen Museen. Er brachte hervorragende Beispiele von frühchristlicher Zeit bis zum 18. Jh. für die Abteilung zusammen. Zu seinen heute weltberühmten Erwerbungen gehören frühchristliche und mittelalterliche Elfenbeine ebenso wie die romanische Madonna des Presbyters Martinus, Donatellos Madonna Pazzi, die Leonardo da Vinci nahestehende Flora-Büste und ungezählte weitere Stücke. Etwa zwei Drittel des Bestandes sind heute in West-Berlin, der Rest im Bode-Museum, dem früheren Kaiser-Friedrich-Museum, auf der Ostberliner Museumsinsel.

Das VÖLKERKUNDEMUSEUM ist eines der ersten selbständigen der Berliner Museen gewesen. Süd- und ostasiatische „Kuriositäten" für seine Kunst- und Wunderkammer ließ bereits der Große Kurfürst vor 1700 kaufen. Erwerbungen Alexander von Humboldts und Teile der Sammlung des Kapitäns Cook kamen mit solchen Kunstkammerstücken zusammen früh in das ethnographische Museum. Von den heute etwa 330 000 Objekten aus allen Erdteilen des acht Unterabteilungen umfassenden Völkerkundemuseums kann jeweils kaum ein Prozent gezeigt werden. (West-Berlin)

HOLZSTATUE DES PERHERNOFRET

Die Plastik ist etwa dreiviertel lebensgroß und wurde um 2450 v. Chr. dem Grab des ägyptischen Hofbeamten Perhernofret beigegeben, der sich, wie es damals üblich war, mit seinem Abbild ein ewiges Leben im Jenseits sichern wollte. Das Künstlerische tritt weit hinter den Zweck zurück, dennoch zeigt sich bei diesen Statuen das Stilempfinden der Zeit: eine stärkere Individualisierung in der lebensvollen Durchformung des Kopfes.

Ägyptisches Museum (Bode-Museum), Ost-Berlin

SOSIASSCHALE

Achill verbindet seinem Freund Patroklos die Wunde, die er im Kampf um Troja erhalten hat. Um 500 v. Chr. bemalte der Grieche Sosias das Innere dieser Fußschale. Im Gegensatz zu früheren flächigen Darstellungen bemüht er sich, Räumliches zu erfassen, und sieht den Menschen als fühlendes Wesen. Antikenabteilung, West-Berlin

NOFRETETE

Die Gemahlin Amenophis' IV. galt als Schönheitsideal ihrer Zeit. 1912 entdeckte die Deutsche Orientgesellschaft diese mit kräftigen Farben bemalte Kalksteinbüste, die vermutlich in einer Bildhauerwerkstatt als Vorbild für Statuen der Königin diente. Die stilisierte Klarheit der Linien und die hoheitsvollen edlen Gesichtszüge sind charakteristisch für den Stil der Amarna-Kultur um 1350 v. Chr. Ägyptische Abteilung, West-Berlin

GRIECHISCHE MÜNZEN

Die Silbermünze im Wert eines Dekadrachmons, das ist das Zehnfache einer Drachme, wurde um 480 v. Chr., also in klassischer Zeit, in Syrakus im großgriechischen Sizilien geprägt. Vier Delphine umspielen den straff stilisierten Kopf der Nymphe Arethusa.
Weicher, einem natürlichen Jünglingskopf ähnlicher ist der Apollo auf der silbernen Tetradrachme (vierfacher Wert einer Drachme), die der Künstler Theodotos in Ionien hundert Jahre später prägte. Münzkabinett (Bode-Museum), Ost-Berlin

WELFENKREUZ

Es ist eines der kostbarsten Stücke des Welfen-schatzes, dessen größten Teil das Kunstgewerbe-museum bewahrt. Vermutlich war es ein Mailänder Goldschmied, der im 11. Jh. ein älteres Brustkreuz zusammen mit einer Kreuzesreliquie neu in Gold-filigran, Edelstein und Perlen faßte.

Kunstgewerbemuseum, West-Berlin

GOTTHEIT UND MUSIKANTIN

Seit den Erkundungen Sven Hedins und seit den archäologischen Untersuchungen um 1900 wissen wir von den indo-iranischen Malereien in den buddhistischen Andachtshöhlen in der Turfansenke, die heute zu China gehört. Dieses Fresko entstand Anfang des 7. Jh. in einer Höhle zu Kizyl, Ost-turkestan. Die Farbe ist einer einen Zentimeter dicken Schicht aus Mörtel und Häcksel aufgetragen.

Museum für Völkerkunde, West-Berlin

PRUNKTELLER

Rayy (Raghes), die alte Hauptstadt nahe dem heutigen Teheran, war im 12. Jh. ein Zentrum islamischer Keramikkunst. Die reiche Ornamentik zeigt die Tradition der ägyptischen Fatimiden und den Einfluß Ostasiens. Die effektvolle Lüster-technik in gelben, braunen und rötlichen Farben mit irisierenden Glasuren war ein Geheimnis der mesopotamischen Töpfergilde.

Staatliche Museen, Islamische Abteilung, West-Berlin

FRAUENKOPF MIT KORALLENHAUBE, BRONZE

Wo die Bewohner des damaligen Königreichs Benin in Südnigerien die im 16. Jh. so hoch entwickelte Kunst des Formens und Gießens erlernten, ist noch immer ungewiß. Wir kennen ihre Schöpfungen, die bedeutendsten Afrikas, neben denen der alten Ägypter, seit 1897, als die Engländer dieses Gebiet eroberten. Die afrikanische Abteilung birgt eine einzigartige Sammlung.

Museum für Völkerkunde, West-Berlin

ANTIKENSAMMLUNG Die antike Großplastik nahm im ersten Museumsbau den bedeutendsten Platz ein. Wilhelm von Humboldt verfügte bei der Einrichtung, daß zwar des beschränkten Platzes wegen an Gemälden nur die von hervorragender Qualität gezeigt werden sollten, dagegen aber alle Antiken, die in jedem Falle als „Denkmäler des Altertums merkwürdig und belehrend" seien. – Durch die Grabungen der Berliner Museen in Kleinasien kamen Ende des vorigen Jahrhunderts mit architektonischen und plastischen Funden aus Pergamon, Magnesia, Priene und Milet (Markttor) einzigartige Zeugnisse hellenistischer Kunst nach Berlin. – Die monumentalen Bestände sind heute wieder am alten Platz im Pergamonmuseum. Nach West-Berlin gelangten die Kleinkunst und der Hauptteil der Vasensammlung.

VORDERASIATISCHES MUSEUM Die vielfachen Denkmäler des orientalischen Altertums aus vier Jahrtausenden, von solchen aus Samarra in Mittelmesopotamien (4000 v. Chr.) über die sumerischen und babylonischen zu den assyrischen und hethitischen, sind seit 1899 in einem eigenen Museum zusammengefaßt. (Ost-Berlin)

Die ISLAMISCHE ABTEILUNG wurde von W. v. Bode 1904 gegründet und ist bis heute die einzige ihrer Art in Deutschland. Die Kunst vom Vorderen Orient bis nach Spanien und nach Asien, soweit sie mohammedanisch bestimmt ist, wird hier systematisch gesammelt. Architekturteile sind im Ostberliner Pergamonmuseum, die Kleinkunst in West-Berlin.

ISCHTARTOR IN BABYLON

Das Ischtartor ist einer der monumentalsten Bauten der altvorderasiatischen Kunst: 14 Meter hoch. Es wurde während der deutschen Babylongrabung, 1899–1917, freigelegt und in Berlin wieder aufgebaut, ebenso wie die ursprünglich 300 Meter lange, den wichtigsten Göttern geweihte Prozessionsstraße, die Nebukadnezar II. 604–562 v.Chr. mit göttlichen Symboltieren ausgestalten ließ.
Vorderasiatisches Museum (Pergamonmuseum),
Ost-Berlin

OSTFRIES DES PERGAMONALTARS
(180–160. v. Chr.)

1865 entdeckte der deutsche Ingenieur Carl Humann Teile des Altars, der eine der Terrassen zur Burg von Pergamon besetzte, 1878 begannen die planmäßigen Ausgrabungen, von 1911–1930 dauerte der Aufbau im Berliner Pergamonmuseum. Eine hohe Treppe führt empor zu der triklinenartig angelegten Säulenhalle des großartigen Bauwerks, das Zeus und Athena geweiht war. Eine der erregendsten Szenen des Frieses, der den Sockel dreiseitig um-

zieht und den dramatischen Kampf zwischen Göttern und Giganten schildert, ist diese: Athena, stürmend und dennoch von göttlich-überlegener Ruhe, bezwingt mit Hilfe ihrer Schlange den dämonenflügeligen Alkyoneus, den Lieblingssohn der unten auftauchenden Erdgöttin Gea, und wird von Nike mit dem Siegeskranz gekrönt. Sein Antlitz mit dem klagend geöffneten Mund drückt in ergreifender Weise die verzweifelte Gewißheit vom eigenen Tod und vom Untergang seines Geschlechtes aus.
Antikensammlung (Pergamonmuseum), Ost-Berlin

BETENDER KNABE

Eine der seltenen griechischen Originalbronzen aus der Zeit des Lysipp, der Bildhauer am Hofe Alexanders des Großen war. Die fast lebensgroße Figur wurde in Italien gefunden, Friedrich der Große erwarb sie aus dem Besitz des Prinzen Eugen für die Terrasse in Sanssouci.
Antikensammlung (Pergamonmuseum), Ost-Berlin

MSCHATTA-TOR

Von den etwa 26 Omajjadenschlössern in der Wüste Jordaniens ist Mschatta, das heißt Winterlager, östlich des Toten Meeres, eines der drei bedeutendsten. Mit der prunkvollen, von dichten Tier- und Pflanzenornamenten überzogenen Fassade, die Kaiser Wilhelm II. 1903 vom türkischen Sultan als Geschenk erhielt, beginnt, um 700, eine selbständige islamische Kunst.
Islamisches Museum (Pergamonmuseum), Ost-Berlin

HANS HOLBEIN D. J.:
DER KAUFMANN GEORG GISZE

Der zweite Londonaufenthalt Holbeins, nach 1532, wurde trotz aller Lockungen seiner künstlerischen Heimat Basel ein dauernder; das Gemälde des deutschen, in London lebenden Kaufmanns Gisze ist eines der prachtvollsten Einzelbildnisse dieser Zeit. 1543 erliegt der Künstler, erst sechsundvierzig-jährig, der großen Pestepidemie.

Gemäldegalerie, West-Berlin

ALBRECHT DÜRER:
LAUTESPIELENDER ENGEL

Daß die Graphik einen gleichwertigen Platz neben der Malerei hat, ist ein Verdienst Dürers; begünstigt durch die Buchdruckerkunst tritt sie einen Siegeszug durch Europa an. Der erste männliche Engel läßt schon die bezwingende Kraft spüren, die sich in der Apokalypse von 1498 in ekstatischen Linien entfaltet – er ist ein Vorläufer der Würgeengel.

Kupferstichkabinett, West-Berlin

GOTTFRIED SCHADOW:
DIE PRINZESSINNEN LUISE UND
FRIEDERIKE VON MECKLENBURG

Zwischen 1795–97 schuf Schadow diese Plastik aus weißem Marmor. Wie hier Ruhe und Bewegtheit, klassische Kühle und die Zartheit des Gefühls zusammenklingen, gilt als Vollendung des Klassizismus Berliner Prägung. (Rechts) Nationalgalerie, Ost-Berlin

JACOPO DELLA QUERCIA:
VERKÜNDIGUNGSMARIA

Der Sieneser war einer der überragenden Bildhauer des beginnenden 15. Jh. Seine anmutige Madonna wurde zum Urbild einer Reihe von Verkündigungsmarien der Frührenaissance. (Unten links)
Skulpturenabteilung, West-Berlin

REMBRANDT:
DER MANN MIT DEM GOLDHELM

Das Bild entstand um 1650, als der Künstler einer Intensität der Darstellung zustrebte, die in dem grandiosen Wechselspiel von Licht und Schatten und der psychologischen Durchleuchtung der Gesichter ein Absolutes erreicht. (Unten rechts)
Gemäldegalerie, West-Berlin

CORREGGIO: LEDA UND DER SCHWAN

Das heiter-sinnliche Gemälde vom Göttervater Zeus, der sich in Gestalt eines Schwans Leda, der Königin von Theben, nähert, erwarb 1755 Friedrich der Große vom französischen Hof. Zuvor mußte es jedoch restauriert werden, denn Ludwig XV. hatte das Bild anstößig gefunden und den Kopf der Leda zerstört. (Linke Seite, unten) Gemäldegalerie, West-Berlin

DEUTSCHE DEMOKRATISCHE REPUBLIK

Altenburg *Bez. Leipzig* 588 □ 2

Friedrich Barbarossa machte Altenburg, 976 zuerst erwähnt, 1205 als Stadt genannt, zum Mittelpunkt des Reichsterritoriums Pleißner Land. 1328 fiel es endgültig an die Wettiner und war oft Residenz der Herzöge von Sachsen-Altenburg (1603–72 und 1826–1918). Außer Schloß und Kirchen erinnern noch zahlreiche schöne Bürgerhäuser wie das Kanzleigebäude (1471, 1604 umgebaut), der Pohlhof (1631), das Seckendorffsche Haus (1724) und das Amtshaus (1725) an Altenburgs große Vergangenheit.

MARIENKIRCHE, 1172 geweiht. Die Rote Spitzen genannten Türme sind alles, was sich, außer Resten des in einem Wohnhaus verbauten Langhauses, von der Kirche erhalten hat. Die fünfgeschossigen, durch Bogenfries gegliederten Backsteintürme sind ein Wahrzeichen der Stadt. Nordturm mit geschweifter Haube (1618), Südturm mit spitzem Helm (1570). Im ehem. Langhaus heute ein Museum mittelalterlicher Holzplastik.

NIKOLAITURM Von der im 16. Jh. abgetragenen Kirche blieb nur der Glockenturm: auf romanischem Unterbau erhebt sich ein achteckiger Aufsatz von 1609.

Ihr RATHAUS, eines der schönsten der deutschen Renaissance, ließen die Bürger 1562–64 nach Plänen des kurfürstlichen Landbaumeisters Nickel Gromann erbauen. Den fast quadratischen Bau schließt ein kräftiges Dachgesims ab. Darüber erhebt sich ein mächtiges Pyramidendach, das auf der Schauseite zum Markt ein achteckiger Treppenturm mit welscher Haube weit überragt. Die Strenge des Baues mildern zwei runde Eckerker mit reichem Reliefschmuck, die schön profilierten Renaissanceportale und zwei um 1580 aufgesetzte Zwerchhäuser mit Volutengiebeln.

SCHLOSS Von der mittelalterlichen Burg blieben zwei Rundtürme: der wuchtige Mantelturm im Norden und der später veränderte Hausmannsturm (mit Wendelaufgang) an der höchsten Stelle des Schloßberges, wo sich um 800 ein slawischer Rundwall befand. Die Grundmauern der heutigen Gebäude gehen wohl auf die staufische Kaiserpfalz zurück. Auch haben sich vier der einst acht Türme der Zwingmauer (13. Jh.) erhalten. Wie andere spätere Bauten, so ist auch das Schloß verschwunden, aus dem Kunz von Kaufungen 1455 die Prinzen Ernst und Albrecht, die Stammväter der beiden wettinischen Hauptlinien, entführte. Das heutige Schloß geht vor allem auf den Umbau (seit 1706) zurück, umschließt aber auch ältere Teile, so den Kirchensaalflügel und das Fouriergebäude (beide aus dem 17. Jh.). Der barocke Mitteltrakt (seit 1728) der Ehrenhofanlage enthält im Obergeschoß (Schloßmuseum) Decken- und Wandmalereien und reiche Stukkaturen. Nach dem verheerenden Brand von 1864 wurden Festsaalflügel und Prinzenpalais neu erbaut (1868). Im Schloß befindet sich auch das wieder aufgebaute Spielkartenmuseum. Der 1827 bis 1839 zum englischen Landschaftsgarten umgestaltete Park birgt noch zwei niedrige Gebäude von 1712: die Orangerie und das Teehaus.

Neben dem Schloßeingang erhebt sich die hochgotische SCHLOSSKIRCHE (1413 geweiht, nach 1444 erneuert), mit vorgebautem Altan auf hohen Stützbogen. Der Chor hat ein originelles Sterngewölbe. Im Langhaus reich geschnitzte umlaufende Holzempore (1645–49) mit zweigeschossigem Fürstenstuhl, prachtvoller Orgelprospekt (1738), Schnitzaltar mit Grablegungsrelief (1647) und Kanzel (1595). Die bronzene Grabplatte der Kurfürstin Margareta von Österreich (gest. 1486) gilt als Frühwerk Peter Vischers d. Ä. Das Chorgestühl ist spätgotisch.

STAATLICHES LINDENAUMUSEUM Einzigartige Sammlung frühitalienischer Tafelbilder (Werke von Lorenzetti, Fra Angelico, Botticelli, Signorelli), griechische und etruskische Vasen.

STADTKIRCHE (St. Bartholomäi) Spätgotische Hallenkirche (15. Jh.) mit ungewöhnlichem Chorabschluß: die schmalen Seitenschiffe gleiten abgeschrägt in den vieleckigen Abschluß des Mittelschiffs über. Das Kreuzgratgewölbe der 1843 entdeckten Krypta (12. Jh.) ruht auf einem Säulenbündel mit Blatt- und Kopfkapitellen.

Altenhausen *Bez. Magdeburg* 571 □ 4

Die im Turmmassiv noch romanische KIRCHE wurde kurz vor 1600 ausgebaut. Bei der hölzernen Decke übertrafen die Zimmerleute die Kunst der steinernen Wölbung und ließen die aufgelegten Rippen in tief herabhängenden Zapfen herunterschwingen. Taufstein, Kanzel und Altar (alles 1659) sind kräftige Renaissancewerke. Zwischen reicher Malerei einer der seltenen Geweihleuchter mit einer Doppelmaria, einer beiderseits gleichgebildeten Figur (um 1520).

SCHLOSSKIRCHE IN ALTENBURG

Der reich mit Streben und Fialen gegliederte Chor belebt den Eingang zu dem sonst zweckgemäß schlichten Schloß. Der innere Torturm (neben dem Chor) gibt den Weg in den Schloßhof frei.

Altenkirchen *Bez. Rostock*   *558 ▪ 12*
Die DORFKIRCHE enthält reiche Backsteinornamente
und Malereien um 1200, einen slawischen Grabstein und Ausstattung vom 13.–18. Jh. – Das
HÜNENGRAB beim nahen Nobbin wurde von Romantikern oft gemalt, so von Caspar David Friedrich und Carl Gustav Carus.

Altentreptow *Bez. Neubrandenburg*   *565 ▪ 12*
Die STADTKIRCHE ST. PETER ist eine stattliche Hallenkirche in Backstein mit bemerkenswertem Westturm, Schnitzaltar und Chorgestühl aus der zweiten
Hälfte des 15. Jh.; Reste von Wandmalereien.
Der NEUBRANDENBURGER TORTURM mit Backstein-
schmuck um 1450 dient als Heimatmuseum.

Alt Geringswalde *Bez. Karl-Marx-Stadt*   *581 □ 6*
Der schöne Schnitzaltar (um 1500) in der DORF-
KIRCHE stellt im Mittelschrein den Tempelgang
Mariä, in den Flügeln Katharina und Barbara dar.
Die bemalten Rückseiten zeigen das Jüngste Ge-
richt. Im Gesprenge Maria im Strahlenkranz mit
Heiligen.

Altzella *Bez. Dresden*   *589 □ 1*
ZISTERZIENSERKLOSTER, 1162 gegründet. Von der dreischiffigen Basilika zeugen nur wenige Reste: Zwei
Portale an der Kirche in Nossen, eines mit Säulenordnung, Knospenkapitellen und einem Tympanon
mit Bandmuster; das Konversenhaus mit stämmigen Mittelsäulen und hochgezogenem Gewölbe
(um 1190), eindrucksvoll der Treppengiebel eines
Wirtschaftsbaues (1250). Anstelle des Altarbezirks
steht heute ein Mausoleum von 1680 mit den
Stiftergrabmälern.

Angermünde *Bez. Frankfurt a. d. Oder*   *566 □ 7*
Die Franziskanerkirche (zweischiffig, um 1330) und
die Marienkirche (Hallenkirche 15. Jh.) sind Umbauten älterer Granitquaderbauten in Backstein.
Aus dem 15. Jh. auch die Heilig-Geist-Kapelle.
– Teile der Stadtmauer und der Pulverturm sind
von der mittelalterlichen Befestigung erhalten.

Anklam *Bez. Neubrandenburg*   *565 □ 1*
Die MARIENKIRCHE (13.–15. Jh.) und die NIKOLAI-
KIRCHE (nach 1400 vollendet) sind Hallenkirchen aus
graugelbem Backstein. In der Marienkirche bedeutende Wandmalereien des 14. Jh., im Chor und
der angebauten Marienkapelle Schrein, Madonna
und Chorgestühl des 15. Jh., sehenswerte Grabdenkmäler.
Das STEINTOR mit Staffelgiebel und Blendarkaden
und der WARTTURM mit Zinnenkranz und Mauer-
helm sind von den Befestigungen des 15. Jh. erhalten.

Annaberg-Buchholz *Bez. Karl-Marx-Stadt*   *589 ▪ 6*
Hoch über der Zschopau am Pöhlberge, trat 1492
Silber zutage. Herzog Georg der Bärtige ließ 1497
eine Stadt auf rechtwinkeligem Grundriß mit einer
Kirche am Markt anlegen. Von ihr nahm die Stadt
den Namen St. Annaberg. Handwerk und Kunstwerk standen im frühen 16. Jh. in hoher Blüte. Als
Silber, Blei und Kupfer am Ende des 16. Jh. ver-
siegten, fand man im Kobalt, im 19. Jh. im Uran
neue Quellen. In schweren Zeiten brachte die Gru-
benbesitzerin Barbara Uttmann den Annaberge-
rinnen das in Brabant beheimatete Klöppeln bei
(1561), die bis heute unversiegte Verdienstquelle.
Die damals wie heute prächtigste Erzgebirgskirche,

ANNENKIRCHE, ANNABERG-BUCHHOLZ
Die Schöne Tür von Hans Witten (1512) zeigt die
Vision des hl. Franziskus. Der Heilige (rechts ne-
ben dem Türsturz) blickt auf den Gnadenstuhl mit
den neun begleitenden Engeln. Ihm gegenüber
Maria, in den Türnischen ihre Eltern, Anna und
Joachim. Über ihnen halten Engel die Wappen
des Herzogs Georg von Sachsen und seiner Ge-
mahlin, der Stifter der Tür.
Als sie 1577 von der Franziskaner- zur inzwischen
ev. Annenkirche überführt wurde, sollten die hin-
zugefügten Adam und Eva, Moses und Johannes
der Täufer auf der oberen Kante die katholische
Thematik zurückdrängen.

die ANNENKIRCHE, entstand anstelle der ersten
1499–1519. Äußerlich ist sie ohne jeden Schmuck.
Das Innere gleicht dem Wunder des Silberbergbaus
und der Phantasiefülle der Bergbewohner. Weitge-
stellte schlanke Pfeiler im fast quadratischen, nach
allen Seiten durchschaubaren Raum mit einem
alle drei Schiffe gleichmäßig überspannenden Sterngewölbe. 1521 stellte Hans Hesse auf der Rückseite
des Bergaltars die Arbeit des Bergmanns dar, den
Hauptaltar lieferte der Augsburger Meister der
Renaissance, Hans Daucher, Hans Witten schuf um
1515 einen Taufstein mit Engeln und Kindern. Spät
noch, 1577, baute man aus der Franziskanerkirche
die Schöne Tür von 1512 hier ein.
Das ERZGEBIRGSMUSEUM berichtet von der wechselvollen Geschichte der Stadt.

Arendsee *Bez. Magdeburg*   *572 □ 10*
Die BENEDIKTINERINNENKLOSTERKIRCHE (1184 gegründet) über dem See, ein völlig eingewölbter
romanischer Backsteinbau (1850/51 restauriert)
mit gutem Portal, birgt als besondere Kostbarkeit
einen frühgotischen Kruzifixus (um 1230). Zwischen
See und Kirche die malerischen Ruinen von Kloster
und Kreuzgang.

Arkona *Bez. Rostock*   *558 ▪ 1*
Kap Arkona, auf steilem Kreidefelsen, bildet die
Nordostspitze Rügens. Hier war die Tempelburg

des Gottes Swantewit gelegen, von dessen slawischem Burgwall noch ein 13 Meter hoher Abschnitt erhalten ist. – Der von Schinkel entworfene LEUCHTTURM (1826–29) ist ein bedeutender klassizistischer Zweckbau.

Arnsdorf *Bez. Dresden* 582 □ 6
KIRCHE mit romanischer Apsis um 1230. Reste romanischer und gotischer Malerei im Chor wurden 1947–49 freigelegt.

Arnstadt *Bez. Erfurt* 587 ■ 1
„Thüringen besuchen und Arnstadt nicht sehen, gleicht einer verlorenen Reise", sagt eine alte Chronik. Die lieblich gelegene Stadt, mit ihren großen Traditionen – im Mittelalter Tagungsort für Kaiser und Könige – und historischen Bauten, wird bereits 704 urkundlich erwähnt. Nach der Stadtrechtsverleihung von 1266 seit dem 14. Jh. Residenz der Grafen von Schwarzburg, wichtiger Warenumschlagplatz und Pforte zum Thüringer Wald. Schön geschmückte Häuser aus der Zeit nach 1581 umstehen den Markt. Einer der schönsten Fachwerkbauten ist die Papiermühle von 1633. Charakteristisch sind die Ausspannhöfe am Ried, in denen die Fuhrleute übernachteten. Wehrhaft ragt das hohe Riedtor mit dem benachbarten spitzen Jakobsturm – Rest einer ehem. Pilgerkirche – über das Häusergewirr. Das Neutor an der Hohen Mauer erinnert an die Befestigung. Von der mittelalterlichen Burg und dem folgenden Renaissanceschloß gibt nur der altersgraue Neideckturm noch Kunde. In luftiger Höhe wohnte hier Caspar, der erste Bach, der als Türmer und Hausmann nach Arnstadt kam. Bereits vor Johann Sebastian waren durch vier Generationen Angehörige der Familie Bach in Arnstadt ansässig. Sie alle waren Musiker. Auf dem Alten Friedhof, wo 24 Arnstädter Bachs bestattet liegen, sind in einer Gedenkstätte Erinnerungsstücke ausgestellt.
Die BACHKIRCHE, 1676–83, verdankt ihre Berühmtheit dem Wirken Joh. Seb. Bachs, er wirkte hier von 1703–1707. Vor der Kirche der Hopfenbrunnen, von einem gepanzerten Ritter überragt, 1573.
Die LIEBFRAUENKIRCHE, 1180–1330 erbaut, ist ganz vom Wandel der Romanik zur Gotik geprägt. Zum schmalen romanischen Langhaus mit Emporen gesellen sich gotisch das Querschiff und ein hoher, mit Umgang und Maßwerkfenstern reich geschmückter Chor. Auch die beiden schlanken Westtürme – der Glockenturm im Osten 1965 erneuert – und die Portale zeigen den Übergang der Formen. Im Inneren Reste schöner Glasmalereien, Flügelaltar von 1489, anmutige Schöne Madonna. In der Grabkapelle der Grafen von Schwarzburg Epitaphien und die Tumba Günthers XXV. aus der Parler-Schule, 14. Jh.
OBERKIRCHE Der schmucklose gotische Franziskanerbau bekam seine reichverzierten Einbauten erst nach Aufhebung des Klosters 1538. Im Stil der Spätrenaissance und des Barock sind Hochaltar, Kanzel und Taufstein.
RATHAUS 1583–85 mit drei Stockwerken und zwei reichverzierten Renaissancegiebeln errichtet.
SCHLOSS 1729–35 als Witwensitz erbaut, mit einem repräsentativen Festsaal, beherbergt die vorzüglichen fürstlichen Sammlungen des 17. und 18. Jh.: kostbare Porzellane, Fayencen, Gläser, die Puppenstadt Mon Plaisir, Gemälde. Unter den Brüsseler Bildteppichen sind die Gobelins der vergnügten Affen ein Unikum.

Aschersleben *Bez. Halle* 580 □ 10
Über der mit alten Bauten und Resten der Befestigung wohlerhaltenen Stadt erhebt sich der gotischschlanke Turm der STEPHANSKIRCHE, eine Hallenkirche, die sich besonders durch ihre lichte Weite auf sehr schlanken Pfeilern und reichen Kunstbesitz auszeichnet. Unter den Werken der Malerei sind bemerkenswert der Flügelaltar (um 1500) mit allegorischer Darstellung des reformatorischen Bekenntnisses und ein wohl flämisches Tafelbild (um 1450).

Aue *Bez. Karl-Marx-Stadt* 589 ■ 9
Das AUGUSTINERCHORHERRENSTIFT (Klösterlein-Zelle) gründete Friedrich I. 1173, 1236 wurde es den Zisterziensern übereignet, geblieben ist die schlichte Kirche im Friedhof. An der Stirnwand der Kirche entdeckte man 1881 eine gerahmte Putzritzung, um 1230, mit den Figuren eines Hohenstaufenkaisers, eines Bischofs und Mariens inmitten. Das Werk kam, wiederhergestellt, ins Kreismuseum.

Augustusburg *Bez. Karl-Marx-Stadt* 589 ■ 1
SCHLOSS Auf einer Porphyrkuppe liegt weithin sichtbar der wuchtige, von vier Ecktürmen flankierte, quadratische Renaissancebau, 1567–73 für den Kurfürsten August von Sachsen errichtet. Den festungsartigen Charakter dieses großen Jagdschlosses betonen wuchtige Renaissanceportale. Reste von Wandmalereien erhielten sich im Hasenhaus und im Venussaal. Sehenswert das mächtige Göpelwerk des 170 Meter tiefen Brunnens. Heute sind im Schloß Heimatmuseum und Zweitakt-Motorrad-Museum untergebracht.
SCHLOSSKAPELLE Zwei Reihen großer Rundbogenfenster weisen schon außen auf diese bedeutende Schloßkirche Sachsens hin. Im Innern steigen in zwei Geschossen zwischen tief eingezogenen Streben die Emporen bis zum Tonnengewölbe an. Auf dem Altarbild (1571) von Lucas Cranach d. J. versammeln sich der Kurfürst und seine zahlreiche Familie zu Füßen des Gekreuzigten. Die Bilder an der geschnitzten Kanzelbrüstung sind auch von ihm. Die Orgel wurde um 1758 aufgestellt.

B

Bad Doberan *Bez. Rostock* 557 ■ 7
Kurort und zusammen mit dem 1793 gegründeten Heiligendamm das erste deutsche Seebad. Einheitlich im Stil des frühen Berliner Klassizismus angelegt, edelster Bau das Kurhaus, Mittelpunkt der dreieckige Kamp, ein Platz mit repräsentativen Gebäuden und chinesischen Pavillons.
KARNER Tiefrote Backsteinlagen wechseln mit glasierten Ziegeln. Schmuckfreudiges, zierliches Oktogon als Beinhaus, im Übergang von der Romanik zur Gotik entstanden.
Die KLOSTERKIRCHE, hochgotisch mit romanischen Resten, ist einer der schönsten Backsteinbauten. Als bedeutendste Zisterzienserabtei Mecklenburgs (gegründet 1171) zeigt sie eine imposante Basilika, bemalte mächtige Mittelpfeiler, reichen Schmuck am Bau und im Inneren. Auf den Umkreis Meister Bertrams deutet der frühere Lettneraltar, der Flügelaltar und Triumphkreuz in einmaliger Weise

KLOSTERKIRCHE IN BAD DOBERAN

Die einzigartige Klarheit der Architektur spiegelt sich auch im Inneren wider. Allein die außen so betonten Querschiffarme werden innen von einem zweigeschossigen Arkadengitter getrennt, durch sie fällt der Blick auf einen achteckigen Pfeiler mit farbenprächtiger geometrischer Bemalung, die nach gefundenen Resten aus dem frühen 14. Jh. erneuert wurde.

verbindet. Ein geschnitztes Sakramentshaus ist vielleicht das älteste seiner Art in Deutschland, bemerkenswert aus gotischer Zeit ein Reliquienschrank, das Chorgestühl und das Grabmal der dänischen Königin Margaretha. Von den stattlichen Klostergebäuden des 13. Jh. sind noch Brauhaus, Kornhaus und fast vollständig die über ein Kilometer lange Umfassungsmauer mit Tor erhalten.

Bad Freienwalde *Bez. Frankfurt a. d. Oder* 574 □ 11
In dem eleganten SCHLOSS (von David Gilly, 1797/98) lebte zeitweise Außenminister Walter Rathenau von 1909 bis zu seiner Ermordung 1922. Einige Anlagen des 280 Jahre alten Bades von Karl Friedr. Schinkel und Carl Gotth. Langhans. Sammlungen im Oderlandmuseum.

Bad Klosterlausnitz *Bez. Gera* 588 ■ 12
KIRCHE, 12. Jh., dreischiffige Basilika mit doppeltürmiger Westfront. Nach dem Verfall, der nur die Ostteile fast unberührt ließ, begann 1850 eine der beachtenswertesten Wiederherstellungen. Von hoher Bedeutung ist ein lebensgroßer Kruzifixus, um 1225.

Bad Langensalza *Bez. Erfurt* 587 □ 12
Die Bedeutung der Stadt im Mittelalter wird deutlich aus der Stadtbefestigung von 1220 und 1356, von der Reste erhalten blieben.
Eindrucksvoll ist die STADTKIRCHE, die 1395 wesentliche Form gewann. An einem schmäleren Chor sitzt ein westfälisch breites Langhaus als Halle. Die Gewölbe, um 1500, bilden Netzformen und geschweifte Sternmuster. Der Turm wurde erst 1590–92 vollendet, originell ist sein überdachter Umgang. Das „Jüngste Gericht" im Mittelfeld des Portals von 1360. Die barocke Kanzel – um 1720 – gesellt sich der strengen Gotik des Raumes gegensätzlich und steigernd hinzu.

Bad Lauchstädt *Bez. Halle* 580 ■ 6
Das Bad spielte in der deutschen Klassik eine bedeutende Rolle, als Goethe sein Weimarer Theater vor den Kurgästen spielen ließ. Der 1802 errichtete festliche Bau ist wiederhergestellt und wird genutzt.

Bad Lausick *Bez. Leipzig* 581 □ 7
KILIANSKIRCHE Die romanische Pfeilerbasilika stammt noch aus der Zeit der Ortsgründung um 1100. Das reich ornamentierte Westportal wird rechteckig von Schachbrettband und Bogenfries gerahmt. Ausstattung: spätgotischer Schnitzaltar, romanischer Kelchtaufstein, Orgel von Gottfr. Silbermann und Kanzel aus dem 18. Jh.

Bad Liebenstein *Bez. Suhl* 587 □ 10
Versteckt über dem Ort erhebt sich die BURG, der Alte Liebenstein. Das Geviert der Anlage, die bis 1676 bewohnt war, enthält noch den Torbau und Teile der Ringmauer, 16. Jh.

Bad Muskau *Bez. Cottbus* 598 ■ 12
PARK Der berühmte Park des Fürsten Pückler befindet sich knapp zur Hälfte auf deutscher Seite und steht unter Denkmalschutz, der größere Teil liegt heute in Polen.

Bad Schandau *Bez. Dresden* 590 □ 12
In der STADTKIRCHE ein Hauptwerk der Dresdner Bildhauerschule des 16. Jh., ein zweigeschossiger Sandsteinaltar mit Abendmahlsrelief, ein Kruzifix und allegorische Figuren, 1574–79 für die Dresdner Kreuzkirche geschaffen, 1927 hierhergebracht.

Bad Wilsnack *Bez. Schwerin* 572 □ 12
Die WALLFAHRTSKIRCHE ST. NIKOLAUS wurde auf den ausgebrannten Trümmern, die noch in der Fassade des Mittelschiffs zu sehen sind, ab 1384 gebaut. Dank einem Hostienwunder war Wilsnack 200 Jahre lang Wallfahrtsort. Schnitzaltäre und ein Osterleuchter des 14. Jh., ein bemalter Wunderblutschrank, reiche innere Verzierung der Fenster und ein Renaissancegiebel gehören zu den Zeugen dieser Vergangenheit.

Bärenstein *Bez. Dresden* 590 ■ 10
STADTKIRCHE Der barocken Erneuerung (1738) verdankt die Kirche Emporen, Orgelprospekt, Kanzel, Altar und Taufe. Im gotischen Chor (1495) mit Logeneinbau des 18. Jh. interessante Bildnisgrabsteine.
SCHLOSS Alt ist der südliche Rundturm. Die übrigen Teile des malerisch gelegenen Schlosses stammen aus dem 15. und 16. Jh.

Bärenwalde *Bez. Karl-Marx-Stadt* 589 □ 9
Die DORFKIRCHE, 1732–36 erbaut, zeigt im Inneren eine einheitliche Ausstattung des 18. Jh., reicher figürlicher Schmuck an Kanzelaltar und Taufstein.

Ballenstedt *Bez. Halle* 579 □ 2
Das Städtchen ist bekannt durch Wilh. v. Kügelgens „Jugenderinnerungen eines alten Mannes", die Stadt, Menschen und Hofleben schildern.
Die Stadtkrone, das hochragende SCHLOSS, ein breitgelagerter einfacher Bau, überragt einen Rest des ältesten Baues: die Westfront der ehem. Benediktinerklosterkirche.

465

BORNKINNL IN DER BÄRENWALDER DORFKIRCHE

*Nach altem Brauch wird im Erzgebirge zu Weih-
nachten ein prächtig gekleidetes Bornkinnl, ein
Christkind (Bornkinnl = neugeborenes Kind), auf
den Altar gestellt. In Bärenwalde steht eines der
schönsten, es ist das Werk des kursächsischen Hofbildhauers Joh. Heinr. Böhme d. Ä. aus der Schneeberger Künstlerfamilie. Er schuf es 1673.*

Barth *Bez. Rostock* 558 ■ 9
Das DAMMTOR aus dem 15. Jh. in Backstein ist
der einzige Rest einer breiten Wallanlage, die ehemals mit vier Toren das kreisförmig angelegte
Städtchen schützte.
MARIENKIRCHE Die wuchtige gotische Hallenkirche
aus dem 14. Jh. überragt die Stadt. Von ihrer Ausstattung sind gotische Wandmalereien, eine Bronzetaufe und schöne Kronleuchter (um 1600) erhalten,
in der Kirchenbibliothek die Barther plattdeutsche
Bibel von 1588, Schnitzfiguren und Truhen.

Basedow *Bez. Neubrandenburg* 565 □ 10
Die DORFKIRCHE ist ein Backsteinbau des 15. Jh. mit
älterem Chor, der im 19. Jh. Westturm und Anbauten erhielt. Aus der Renaissance stammen Marmorreliefs am Altar, Orgelempore und einige Grabmäler.
Das SCHLOSS, 1945 teilweise zerstört, hat noch einen
Treppenturm und zwei Flügel aus dem 15. und
16. Jh.

Bauerbach *Bez. Suhl* 587 □ 8
In einem bescheidenen Fachwerkhaus, seit dem
7. Dezember 1782 ein Denkmal deutscher Geistes-
geschichte, vollendete Schiller „Kabale und Liebe"
und begann „Don Carlos".

Bautzen *Bez. Dresden* 598 ■ 8
Die Lage der Stadt hoch über dem engen Spree-
bogen, dazu an einer Furt und an einem uralten
Straßenkreuz sind Anlaß für Bautzens hohe Bedeutung. 1002 erstmals erwähnt. Schweren Nöten
und Zerstörungen war die Stadt zur Hussitenzeit
1430, im Dreißigjährigen, Nordischen, Siebenjährigen und im Befreiungskrieg unterworfen, 1945 wurde
sie schwer getroffen. – Einzigartig ist das Stadtbild:
Über hohem Felssockel die Ortenburg mit ihren

DIE ORTENBURG IN BAUTZEN
*Auf einem Felsplateau über der Spree erhebt sich die von den Markgrafen von Meißen um 1000 gegründete
Burg. Schlichte hohe Gebäude mit mächtigen Dächern und kräftigen Renaissancegiebeln bestimmen heute
die Anlage. Am Steilabfall (rechts) steht die Alte Wasserkunst, sie diente bis ins 20. Jh. noch zur Wasser-
versorgung der oberen Stadt und früher zugleich zu ihrer Verteidigung.*

mächtigen Zwerchgiebeln, die Türme des Petridomes, Rathauses, der Michaeliskirche (15./16. Jh.), der bauchige Riese der Wasserkunst – ein Pumpwerk des 15. Jh., 1558 ausgebaut, dazu Teile der Befestigungen, umgeben von alten Bürgerhäusern. Der PETRIDOM beherrscht die hintere Platzfront des Marktes mit seinen schlanken Strebepfeilern und dem zarten Maßwerk der Fenster. Vom Vorgängerbau (um 1000–1300) stecken Reste im Turmmassiv. Das Innere (1497) ist, mit einem vierten Seitenschiff von 1463, eine weite Halle mit stabdünnen Pfeilern und engmaschigem Netzgewölbe. Seit 1524 dient die Kirche beiden Konfessionen. In dem einen Teil steht ein streng gegliederter protestantischer Altar von 1644, den anderen beherrscht ein wuchtiger Säulenaufbau in klarer Form. Architektur und Figuren sind ein Hauptwerk Joh. Benj. Thomaes (1722/23), das Altarbild zeigt Petri Schlüsselübergabe. Der lebensgroße Kruzifixus daneben ist ein edles, doch schlecht restauriertes Werk von Balth. Permoser (vor 1713).

Das PROVINZIALMUSEUM birgt reiche Schätze der Kunst und Volkskunst, vor allem Permosers überlebensgroße Kirchenväter (1725).

Beckendorf-Neindorf *Bez. Magdeburg* 571 □ 5
Das SCHLOSS wurde unter Karl Friedr. Schinkels Anleitung 1824–27 als einer der ausdrucksvollsten Bauten des Klassizismus errichtet. Die schlichte KIRCHE birgt schöne Epitaphien von 1567–1764, darunter ist das für August von Asseburg eines der repräsentativsten Renaissancewerke norddeutscher Art.

Belgern *Bez. Leipzig* 581 ▪ 4
STADTKIRCHE ST. BARTHOLOMÄUS Im Innern der einschiffigen Backsteinkirche (1509–12) mit Maßwerkfenstern und mächtigem Turm steht ein großer Altar von 1660.
KLOSTERHOF UND DIAKONATSGEBÄUDE (1258, seit 1633 Pfarrhaus) Einer der vier Ecktürme steht noch. Kreuzgratgewölbte Räume im Erdgeschoß.
RATHAUS Der zweigeschossige Bau (1574) wird von drei Volutengiebeln geschmückt. Seit 1610 steht an der Südwestecke ein überlebensgroßer Roland anstelle eines älteren hölzernen.

Bellin *Bez. Schwerin* 564 ▪ 1
Die DORFKIRCHE ist eine typische Feldsteinanlage des 13. Jh., deren Kuppel in Backstein gewölbt wurde. Wand- und Deckengemälde des 14. und 15. Jh. wurden im 19. Jh. erneuert; Schnitzfiguren des 15., Taufstein des 16. und Steinsarkophag des 18. Jh. sind erwähnenswert.

Bergen auf Rügen *Bez. Rostock* 558 ▪ 2
Die MARIENKIRCHE am ehemaligen Burgwall ist 1180 von dem Dänenkönig Waldemar I. gegründet, nach 100 Jahren von den Zisterziensern samt einem Kloster übernommen worden, ab 1380 Pfarrkirche. Einzigartig in der dreischiffigen Basilika ist eine einheitlich romanische Ausmalung von Chor und Querschiff, die Hölle, Fegefeuer und Gefilde der Seligen darstellt, Ende des 19. Jh. restauriert.

Berka/Werra *Bez. Erfurt* 586 □ 2
Der riesige Straßenmarkt mit seinem stämmigen Torhaus am Ende und einem in den Platz hereinschauenden spitzkantigen, mit Eckhelmen besetzten gotischen Turm einer im Barock reich ausgestatteten Kirche zeichnet sich durch malerische Häusergruppen aus. Im Gasthof zum Stern erhielt Luther auf der Rückreise von Worms vom Abt zu Hersfeld am 2. Mai 1521 ein Abschiedsmahl. Der Gasthof blieb als Volksmusikschule mit der Lutherstätte erhalten.

Bernau *Bez. Frankfurt a. d. Oder* 573 □ 2
Das Bild des Orts mit der guterhaltenen Stadtmauer wird beherrscht von dem mächtigen alten Dach der MARIENKIRCHE (1484) mit älterem Nordportal und reicher Innenausstattung; Altar und Kreuzigungsgruppe von 1520. – Aus dem 14. Jh. stammt die spätgotische Spitalkapelle St. Georg, aus dem 15./16. Jh. das Kalandshaus, in dem sich eine mittelalterliche kirchliche Bruderschaft versammelte. – Im HEIMATMUSEUM im Steintor eine Sammlung älterer Waffen.

Bernburg *Bez. Halle* 580 ▪ 11
In der hoch über der Saale gelegenen BURG stammt der Rote Turm aus dem 12. Jh. Um den Turm gruppieren sich im weiten Hof Bauten der alten Residenz, von denen die bedeutendsten die der Renaissance sind. Nach 1680 und 1765 grenzten weitere, schlichte Bauten den Schloßhof ein. Seit 1863 sind Behörden und das Kreismuseum hier untergebracht.
Die MARIENKIRCHE wird seit 1228 erwähnt, kurz nach 1400 begann man einen reichen Neubau. Strebepfeiler mit Fialen, eng dazwischengesetzte, im Maßwerk sehr reiche Fenster geben Zeugnis vom ungewöhnlichen Reichtum der Zeit um 1430. Im Innern herrscht Schlichtheit. Im nahen Waldau erhielt sich in der STEPHANSKIRCHE ein typisches Bild der Landkirche, wie sie zwischen Erzgebirge, Elbe und Oder im 12. Jh. gemeinhin üblich war.

KELCH AUS DER MARIENKIRCHE IN BERGEN

Dieser prächtige Kelch wurde schon Anfang des 13. Jh. in einer Lübecker Werkstatt hergestellt. In vielerlei Ranken, Trauben, Filigran überzieht Gold das Gefäß, Halbedelsteine sind eingestreut.

Beuren *Bez. Erfurt* 579 □ 8
Die PFARRKIRCHE ST. ANDREAS ist einschiffig mit Westturm und geradem Chorschluß. Ihre schöne Quaderfügung, dazu Bogenfries und Schachbrettsims ordnen sie in die Zeit um 1200 ein. Der im Unterteil gleichzeitige Turm ist gotisch weitergeführt und mit barocker Haube gekrönt. Im Innern eine hochbarocke Stuckdecke. Altar von 1718.

Bibra *Bez. Suhl* 587 □ 8

KIRCHE, 1492 errichtet, besitzt ein weites, flachgedecktes Schiff und einen schön gewölbten Chor mit figürlichen Konsolen. Auch der von Maßwerk umsponnene Taufstein, dazu Sakramentshaus und Kanzel sind sehr ausdrucksvoll. Die Herren von Bibra sicherten sich auch Riemenschneiders Mitwirkung: Drei Altäre, der für Leo d. Gr. und die Kirchenväter, der mit der Verkündigung und der Zwölfapostelaltar sind ausdrucksstarke Arbeiten seiner Werkstatt. Die Werke verraten zwar die Mitwirkung von Gehilfen, aber Riemenschneiders Wesen bleibt hier ebenso spürbar wie in dem steinernen Grabmal des Hans von Bibra.

Auch die den von Bibra bis 1945 gehörende WASSERBURG ist erhalten, mit wehrhaftem Mauerwerk und vielerlei Renaissancezutaten, die vom Wiederaufbau nach den Bauernkriegen herrühren.

Bieberstein *Bez. Karl-Marx-Stadt* 589 □ 1

Die DORFKIRCHE (1676) birgt einen zweigeschossigen Altar (1679) mit Skulpturen und Malereien, eine geschnitzte Kanzel (1743), eine Taufe in Kelchform (1580).

SCHLOSS Das schlichte Neue Schloß (Umbau 1662 und 1710–20) lehnt sich an den alten Bergfried an. Auf den Grundmauern des Alten Schlosses steht die kleine Eremitage (1721) mit Fenster- und Türgewänden in der Art barocker Grotten.

Binz *Bez. Rostock* 558 ■ 3

JAGDSCHLOSS GRANITZ Dieses zinnengekrönte Waldschloß (1836–40) verdanken wir der Romantik. Von dem 1844 nach Karl Friedr. Schinkels Entwurf errichteten Turm (38 Meter) schaut man weit über die Insel Rügen bis zur pommerschen Küste.

Blankenburg *Bez. Magdeburg* 579 ■ 1

Von der 1123 genannten BURG sind nur Mauerteile in den äußerlich nüchternen Nachfolgebauten (1705–18) erhalten, die vom Berge aus das Stadtbild beherrschen.

Am Burgberg entstand 1725 ein kleines, von einem Park umgebenes SCHLOSS, das 1777 wesentlich neu errichtet wurde. Jetzt Heimatmuseum. Die STADTKIRCHE ST. BARTHOLOMÄUS enthält Reste von 1203. Mehr als das Langhaus von 1586 überzeugt der prachtvoll geweitete Chor (13. Jh.). Der Altar von 1712 in reichen Barockformen erhöht den festlichen Eindruck.

Blosswitz *Bez. Dresden* 581 ■ 5

Im Park Ragewitz erinnert ein DENKMAL (1520) an Georg von Schleinitz, „dieses Gartens Anfänger und Pflanzer" – frühe Nachricht einer Gartenanlage.

DORFKIRCHE Das geschnitzte Vesperbild (um 1520) ist eine ausdrucksvolle Arbeit aus Großenhainer Werkstatt.

Bobbin *Bez. Rostock* 558 ■ 2

Auf einer Anhöhe liegt die stattliche DORFKIRCHE, ein Feldsteinbau (um 1400) mit Westturm aus Backstein (um 1500). Zu der reichen Ausstattung gehören neben Grabplatten und einer Kalksteintaufe (um 1300) das Schnitzwerk an Säulenaltar (1668) und Kanzel (1622).

Bockwen *Bez. Dresden* 581 □ 4

SCHLOSS SIEBENEICHEN Erst seit 1550 wurde das burgenhaft auf hoher Bergspitze stehende Schloß

errichtet. 1745–58 erhielt es als Vorblendung das barock repräsentative, dreiflügelige Schloß. Heute Volkshochschule. Zur Zeit der Romantik weilten Fichte und Novalis hier.

Boltzenburg *Bez. Neubrandenburg* 565 □ 4

Die malerische KLOSTERRUINE ist der Rest eines 1270 gegründeten Zisterzienserklosters, die PFARRKIRCHE, aus dem gleichen Jahrhundert in Feldstein, enthält einen reichgeschnitzten Altartisch des 18. Jh. und mehrere Grabmäler der Familie Arnim.

Das SCHLOSS, äußerlich stark von Umbauten des 19. Jh. bestimmt, hat ein Jagdzimmer mit virtuoser Stuckzier (um 1640). Von Gottfried Schadow stammt die Figur einer Trauernden, von Carl Gotth. Langhans ein verfallener Gedächtnistempel in dem Park, den Peter Jos. Lenné um 1840 im englischen Stil angelegt hat.

Boldevitz *Bez. Rostock* 558 ■ 1

Das HERRENHAUS, ein Doppelbau des 17. Jh., hat Seitenflügel, zweiläufige Rampe und ein wappengeschmücktes Hauptportal des 18. Jh. Im Festsaal Stuckwerk, Ideallandschaften und Leinentapeten von dem später mit Goethe befreundeten Maler Philipp Hackert.

Borna *Bez. Leipzig* 581 □ 8

KUNIGUNDENKIRCHE Die flachgedeckte Pfeilerbasilika (vor 1200) wurde 1923–33 restauriert. In der Apsis finden sich Reste romanischer und im Schiff spätgotischer Wandmalereien.

STADTKIRCHE ST. KATHARINEN Die spätgotische Hallenkirche (1411–55) schmückt ein großer Schnitzaltar (1511), das Hauptwerk von Hans Witten: im Schrein eine großfigurige Heimsuchung Mariä, auf den Flügeln 14 Reliefs aus dem Marienleben. Der geschlossene Altar zeigt Gemälde mit Szenen aus der Passion.

Borna über Oschatz *Bez. Leipzig* 581 ■ 5

Unter der reichen Ausstattung der DORFKIRCHE (1606, erneuert 1769) ragt neben der reliefgeschmückten Sandsteinkanzel besonders der monumentale Altar (nach 1605) hervor. In der Sakristei steht ein Schmerzensmann, ebenfalls aus Sandstein.

Brandenburg *Bez. Erfurt* 586 □ 2

Zu den schönsten Burgruinen Thüringens gehört die BRANDENBURG. Auf einem über der Werra mäßig ansteigenden, von Wald und Unterholz freigehaltenen Hügel liegen kantige Gebilde zweier in drei Teilen errichteter Burgen, eine östliche – nur noch Bergfried und etwas Mauerwerk erhalten – und vor tiefem Graben die westliche mit Bering, sechskantigem, oben rundem Bergfried und davor einem in sich geschlossenen Gebiet mit Palas, Torhaus und Turm. Die Bauten gehören dem 12., manche Teile vielleicht den spätesten 11. Jh. an. Seit dem Dreißigjährigen Krieg sind die Burgen unbewohnt, dienten als Steinbruch, bis Großherzog Karl Alexander sie 1895 schützen ließ.

Brandenburg *Bez. Potsdam* 573 □ 9

In der von seinem Vater eroberten wendischen Inselfeste Brendanburg hat König Otto d. Gr. 948 das Bistum Brandenburg gegründet. In der ALTSTADT stehen an spätgotischen Bauten noch das Altstädter Rathaus (15. Jh.), das Steinhaus (Ordonnanzhaus

14. Jh.) und die Gotthardtkirche (angelegt um 1200), eine dreischiffige Halle mit mächtigem Westwerk, im Innern Flügelaltar (1561) und Triumphkreuz. Spätromanisch sind die Basilika St. Nikolai aus dem Anfang des 13. Jh., ein Rest des Franziskanerklosters, die beschädigte Pfarrkirche St. Johannis (um 1300).

Auf der DOMINSEL hat der einschiffige Dom St. Peter und Paul, begonnen 1165, einen prächtigen Altarschrein; weitere Altäre im Kreuzgang. Die Kapelle St. Peter, die Burgkapelle, ist 1311–15 in älteren Umfassungsmauern entstanden; spätgotische Zellengewölbe in Backstein und geschnitzte Altäre.

In der NEUSTADT erhebt sich die größte Kirche Brandenburgs, die Katharinenkirche, eine dreischiffige spätgotische Halle mit Backsteingiebeln und Teilen des älteren Westbaus. Reicher Hochaltar von 1474. Von einem Dominikanerinnenkloster ist die beschädigte Pauluskirche mit Kreuzgang und Friedhof erhalten. An die Befestigung des 15. Jh. erinnern die Türme von Stein- und Mühlentor. Vor der Neustadt die schlichte kleine Jakobskapelle (um 1400).

Brandis *Bez. Leipzig* 581 ■ 1
Das bedeutendste Bauwerk der kleinen Stadt ist das stattliche BAROCKSCHLOSS (1727). Ein Dreieckgiebel, elegante Fenster mit plastischer Bekrönung betonen den dreiachsigen Mittelteil. Auch die STADTKIRCHE mit netzgewölbtem Chor (15. Jh.) und Kanzel, Logen- und Orgelprospekt mit reichem Schnitzwerk (alle um 1700) lohnt einen Blick.

Brandshagen *Bez. Rostock* 558 ■ 7
Von der DORFKIRCHE in Backstein stammen Giebel und reiches Südportal, ebenso ein guter Kruzifixus noch aus dem 13. Jh. Etwa 100 Jahre jünger ist das dreischiffige Langhaus. Der Altar hat Schnitzfiguren von 1707, die schöne Kanzel stammt aus dem Empire.

Branitz *Bez. Cottbus* 582 ■ 1
Das SCHLOSS (1722), jetzt Heimatmuseum, wurde 1845–71 von Fürst Pückler bewohnt. Im Schloßpark, seiner letzten Schöpfung, befindet sich seine Grabpyramide.

Breitungen *Bez. Suhl* 587 □ 9
Breitungen wird bereits 933 benannt, die drei Ortskerne gehen auf Burg, Mönchs- und Nonnenkloster zurück.

Die 1112 geweihte KIRCHE in Herrenbreitungen des 1049 genannten Klosters ist eine dreischiffige Basilika. Den im rot-weißen Farbwechsel der Steine festlichen Bau kennzeichnet eine schwere, durch das Einstellen zweier Säulen mit schildartigen Kapitellen bereicherte Bogenfolge.

Wenig blieb vom NONNENKLOSTER in Frauenbreitungen. Es erhielt sich ein ausdrucksvoller Schnitzaltar, um 1518, noch gotisch in der prickelnden Vielfalt, aber schon sehr diesseitsnahe in den schweren Formen künftiger Renaissance.

Die im 11. Jh. vom Kloster übernommene Burg wurde nach dessen Aufhebung 1554 in das erhaltene SCHLOSS HERRENBREITUNGEN gleichsam zurückverwandelt. Der mit romanischen Resten errichtete Dreiflügelbau trägt außen vor den Ecken stämmige Rundtürme.

Bülow *Bez. Schwerin* 564 ■ 10
Im EHEM. SCHLOSS (1746, im 19. Jh. verändert) ist der große Festsaal mit reichem lebendigem Stuckwerk der Erbauungszeit bemerkenswert.

Bützow *Bez. Schwerin* 564 □ 12
Die STADTKIRCHE, ein großer Hallenbau in Backstein (13.–14. Jh.), besitzt ausgezeichnete Schnitzarbeiten am vierflügeligen Altar (1503) und an der auf einer Mosesfigur ruhenden Kanzel von 1617. Unter der Ausstattung ist ein Kelch mit getriebenen Reliefs von 1555 ein Prachtstück.

Burgk *Bez. Gera* 588 ■ 8
Die BURG (12. Jh.) erhielt, dreiseits über steilem Abfall errichtet, im Norden Torhaus und dreifache Grabensicherung. Erhalten blieb die mächtige Kemenate und die Kapelle (nach 1403). Im 16. Jh. entstand das originelle Küchenhaus mit seinem riesigen Kamin. Das 17. und späte 18. Jh. fügten weiteres zu einem vielgestaltigen Bilde hinzu. Im Innern sind die Schloßkapelle mit der Ausstattung von 1624/25 und 1739–43 (mit einer Orgel Gottfr. Silbermanns), die Stuckdecken von 1751 bis 1754 und die reichen, vorwiegend kunsthandwerklichen Schätze bemerkenswert.

Burgscheidungen *Bez. Halle* 580 □ 7
Das 1724–32 errichtete SCHLOSS gehört zu den besten deutschen Bauwerken seiner Zeit, alles ist klar, sachlich geformt. Skultureller Schmuck gibt dem Ganzen Fülle und Reichtum (heute Parteischule).

Burg Schlitz *Bez. Neubrandenburg* 564 □ 2
Vom SCHLOSS, einem dreigliedrigen klassizistischen Bau (1806–24), öffnet sich ein großartiger Blick über den Malchiner See. Im Innern gemalte Tapeten und Porzellanöfen nach Entwürfen Karl Friedr. Schinkels. Den gefühlvollen Zeitgeschmack spiegeln die 36 figürlichen Gedenksteine im Park und ihre Inschriften wider.

Burg Stargard *Bez. Neubrandenburg* 565 ■ 2
Auf einer Anhöhe gegenüber der Stadt erhebt sich die alte, oft veränderte BURG, einst Residenz der Brandenburger Markgrafen. Noch steht der mächtige runde Bergfried von 1250 (Zinnen und Kegelspitze von 1823). Bemerkenswerte Torhäuser. – Zur barocken Ausstattung der STADTKIRCHE (13. Jh., Umbau 1758) gehören der Kanzelaltar (1770) mit Schnitzfiguren, die Emporen, Logen und das Gestühl.

C

Camburg *Bez. Gera* 588 □ 11
An die Frühzeit des Ortes erinnert die Ruine der bereits 1121 bestehenden CYRIAKSKIRCHE. Ein Bau mit Pfeilerarkaden ist noch erkennbar.

Ein kleines HEIMATMUSEUM im Amtshof vermittelt vielerlei von der Ortsgeschichte.

Die STADTKIRCHE wurde 1701 zum emporenumzogenen Saal umgebaut, im Inneren ein Relief mit einer Kreuzigungsdarstellung, um 1525.

Cammin *Bez. Rostock* 557 □ 5
DORFKIRCHE Ein Feldsteinbau (13. Jh.) mit Fenstern und Portalen aus Backstein, woraus auch der ungewöhnlich reichgegliederte Chorgiebel besteht. Im Innern ein Schnitzaltar (um 1500) und eine prächtige Kanzel (1732). Der hölzerne Glockenturm steht neben der Kirche. Spätgotisches Friedhofsportal.

Caputh *Bez. Potsdam* 573 ■ 7
Im SCHLOSS, 1662 vom Großen Kurfürsten errichtet, später umgebaut, gehört ein mit holländischen Fliesen verkleideter Saal zu den ursprünglichen Teilen. – Im Landhaus Waldstraße 7 wohnte der Physiker Albert Einstein 1929–33.

Carlsfeld *Bez. Karl-Marx-Stadt* 589 □ 8
DREIFALTIGKEITSKIRCHE Dieser achteckige barocke Zentralbau (1684–88), der älteste Sachsens, mit flacher, geschweifter Kuppel und kräftig gegliederter Laterne, weist schon auf die Dresdner Frauenkirche hin. Im Innern strebt, flankiert von den dreigeschossigen Seitenemporen, der virtuos geschnitzte Kanzelaltar vom Architekten des Baues, Joh. Heinr. Böhme d. J., bis zur Orgelempore auf.

Chemnitz *siehe* **Karl-Marx-Stadt**

Chorin *Bez. Frankfurt a. d. Oder* 574 □ 11
ZISTERZIENSERKLOSTER In der seenreichen Hügellandschaft der Uckermark liegt eines der vornehmsten Denkmäler märkischer Backsteingotik. 80 Mönche und 400 Laienbrüder rodeten Urwälder, legten Sümpfe trocken, führten eine mustergültige Landwirtschaft und betrieben sogar Weinbau. – Gründung 1272, nach der Reformation (1542) Aufhebung des Klosters. Im Dreißigjährigen Krieg stark zerstört. Erhalten als romanische Pfeilerbasilika mit dem Querhaus und seinen prächtigen Schmuckgiebeln. Das lange Mittelschiff führt auf den herr-

WESTCHOR DER KLOSTERKIRCHE IN CHORIN
Vielfältig gegliedert schwingt sich die Fassade empor, eine der schönsten Schöpfungen der Backsteingotik. Zwischen steil aufragenden Strebepfeilern öffnen sich schmale, mit Maßwerk geschmückte Fenster. In feiner Ausgewogenheit herrscht bis zum gestaffelten Giebel und den kleinen Seitengiebeln der Dreiklang vor. Ornamentbänder und Krabben verleihen dem massiven Aufbau ein zartes Gepräge.

lichen Mönchschor mit steilen Maßwerkfenstern. Am besten ist von den Klostergebäuden der Westflügel erhalten, darin die Küche mit riesigem Kamin. Der Kreuzgang ist noch völlig intakt. Großartiger Figurenschmuck an den Konsolen. Auch am Brauhaus zwei eindrucksvolle Giebel.

Christes *Bez. Suhl* 587 ■ 9
Die WALLFAHRTSKIRCHE enthält in der Sakristei die wohl umfänglichste thüringische Wandmalerei von etwa 1460–75: Über einem gemalten Sockelvorhang stehen weibliche Heilige.

Colditz *Bez. Leipzig* 581 □ 7
Auf einem hohen Felsen erhebt sich am rechten Muldeufer das stattliche SCHLOSS, ein umfangreicher Komplex von Bauten der Spätgotik (1464 und 1506–24) und der Renaissance (1578–91), darunter das Fürstenhaus mit Erker und kreuzgewölbter Allerheiligenkapelle (reichdekoriertes Portal). In der Stadt zu Füßen des Schlosses fällt das RATHAUS (1540) mit kräftigen Volutengiebeln (1650–57) auf.

Cottbus 582 ■ 1
Trotz starker Kriegszerstörungen sind Reste der alten Stadtbefestigung mit Münzturm und Spremberger Torturm erhalten, auch schöne Barockbauten des Lohgerber-, Leineweber- und Tuchmachergewerbes.
Die OBERKIRCHE ist ein reichgewölbter Bau des 15. Jh., die FRANZISKANERKLOSTERKIRCHE (Wendische Kirche) ein frühgotischer Backsteinbau, in dem ein Doppelgrabstein der Herren v. Cottbus (14. Jh.) erhalten ist.

Cranzahl *Bez. Karl-Marx-Stadt* 589 ■ 6
DORFKIRCHE (1910) Der Schnitzaltar (1514) von Peter Breuer in der Vorhalle zeigt im Schrein die hl. Anna mit dem Kind und Maria, auf den Flügeln die Hl. Sippe.

Creuzburg *Bez. Erfurt* 586 □ 2
Von der CREUZBURG blieben romanische Reste in der Bewehrung und im Palas und die bis ins 18. Jh. errichteten Bauten. Die Stadt wurde 1945 weitgehend zerstört. Es blieb die Ruine der bedeutenden Stadtkirche (1215 im Bau). Nach dem Wiederaufbau der alten Werrabrücke von 1225 wurde die Liboriuskapelle, ein zierlich-schlankes Werk der Spätgotik, wiederhergestellt. Es gelang, die die Wände völlig bedeckenden Fresken als einzigartiges Zeugnis der Zeit um 1500 zu erhalten.

Crivitz *Bez. Schwerin* 564 □ 10
Die STADTKIRCHE, ein dreischiffiger Hallenbau aus Backstein (14. Jh.) besitzt beträchtliche Reste von Wandmalereien, so im Chor (um 1380) und im Schiff, das im 19. Jh. stark verändert wurde. Ein guter Schnitzaltar (16. Jh.), eine prächtige Renaissancekanzel (1621) aus Wittenburg mit reichem figürlichen Schmuck und ein eindrucksvoller Triumphkruzifixus (15. Jh.) in der Turmhalle sind die wichtigsten Stücke der Innenausstattung.

Crottendorf *Bez. Karl-Marx-Stadt* 589 ■ 7
DORFKIRCHE Im Bau von 1654 steht ein sehr dekorativer Altar des Freibergers Theodor Meyer (1699) mit zwei großen Engeln in den Seitenteilen; ferner ein Schnitzaltar vom Ende des 15. Jh. Eine Fülle schöner Denkmäler bereichert das Bild der 1945/46 restaurierten Kirche.

D

Dahlen *Bez. Leipzig* 581 ▪ 6
SCHLOSS Der schöne, wenn auch schlichte Bau, den sich 1744–51 Graf Heinrich von Bünau errichten ließ, zählt zu den bedeutendsten Herrensitzen Sachsens, besonders wegen seiner kostbaren Innenausstattung. Die Deckenmalerei in dem mit figürlichem Stuck verzierten Weißen Saal, im Kaisersaal und im Treppenhaus schuf Adam Friedr. Oeser.
STADTKIRCHE Chor nach 1475, Langhaus 16. Jh. Im Altarschrein stehen fünf Schnitzfiguren (um 1520) vom Meister des Döbelner Hochaltars. Spätgotische Sakramentsnische mit schönem Tabernakel (um 1590), dazu bemerkenswerte Grabdenkmäler.

Dambeck *Bez. Magdeburg* 571 ▪ 2
Nur das Äußere der KIRCHE in Dambeck-Amt weist auf den alten Bau des 13. Jh. als Kirche eines Benediktinerinnenklosters hin, während das Innere 1750 umgebaut wurde. Der Altar von 1474 ist der Darstellung der Einhornjagd gewidmet.
Die KIRCHE in Dambeck-Dorf gehört zum selten gewordenen Typ der Zeit um 1200 mit breitem Westbau und Halbrundapsis, die hier – ungewöhnlich – Chorbreite hat. Wertvoller Altarschrein, um 1500.

Dargun *Bez. Neubrandenburg* 565 ☐ 11
Klosterkirche (13. und 15. Jh.) und das aus den Klostergebäuden hervorgegangene SCHLOSS (16. bis 17. Jh.) brannten 1945 aus. Nur die Umfassungsmauern stehen noch und das Kornhaus (13. Jh. und 1585).
Die STADTKIRCHE, ein 1753 in Backstein erneuerter Feldsteinbau (13. Jh.), 1861 erweitert, ist mit einem guten Schnitzaltar (15. Jh.) ausgestattet. – In die große slawische BURG (7.–10. Jh.), nordwestlich der Stadt, mit dreifachem Wall und Graben, wurde im 10.–12. Jh. ein kleiner Rundwall eingebaut, in dem heute der Friedhof liegt.

Delitzsch *Bez. Leipzig* 580 ☐ 3
PFARRKIRCHE ST. MARIEN Der kleine spätgotische Backsteinbau (1518) erhielt 1729 ein aufwendiges barockes Westportal. Den Schnitzaltar (16. Jh.) stiftete die Schusterinnung, deren Schutzheilige in der Predella als Schuster bei der Arbeit dargestellt sind.
SCHLOSS Rechteckbau (16. Jh.): Brückenzugang, Hauptportal von 1692, Treppenturm. Heute Kreisheimatmuseum.
Im Chor der einschiffigen SPITALKIRCHE (1516) finden sich zwei Schnitzaltäre (nach 1500).
STADTKIRCHE ST. PETER UND PAUL Auffällig an dieser Backsteinkirche (1437 geweiht) ist der ältere breite, schräg zur Kirche stehende Westturm, den zwei Pyramidendächer krönen. Der neugotische Altar benutzte Teile eines älteren Schnitzaltars (um 1492). Ferner finden sich im Innern schöne Epitaphe (16., 17. Jh.), außen am Chor eine Ölberggruppe (um 1410) und am Portal der südlichen Seitenkapelle Statuen der Patrone.

Demerthin *Bez. Potsdam* 572 ☐ 1
Das SCHLOSS (1604) ist ein prächtiger, dreigeschossiger Renaissancebau, der später kaum verändert wurde.

Demmin *Bez. Neubrandenburg* 565 ☐ 11
In der 1945 zur Hälfte zerstörten Stadt erhielten sich eine Gruppe von Fachwerkhäusern am Kirchhof, von Backsteinbauten das Luisentor mit Staffelgiebeln (15. Jh.) und die Stadtkirche mit mächtigem Ostgiebel und quadratischem Westturm. Sie stammt aus dem 14. Jh., wurde aber später mehrfach renoviert.

Dermbach *Bez. Suhl* 586 ☐ 3
KATH. PFARRKIRCHE 1732–35. Die giebelgekrönte Front mit Pilastern, übergiebeltem Portal, mit Figuren in Nischen ist ein Vorspiel für die groß angelegte Gliederung des barocken Inneren.

Dessau *Bez. Halle* 580 ▪ 1
1945 verlor die anhaltische Residenz nahezu alles, was ihr Glanz verliehen hatte.
Von 1925–32 brachte das 1919 in Weimar von Walter Gropius gegründete BAUHAUS schöpferische Unruhe nach Dessau. Das Schulgebäude, von Gropius, 1926, ist als kubischer, zweckbestimmter Glasstahlbetonbau in Form und Rhythmik noch heute vorbildlich.
KIRCHEN Die 1526 vollendete Marienkirche ist Ruine. Die 1694–1702 errichtete Johanneskirche ist ein sachlicher Bau; ihr verwandt, aber durch den elliptischen Grundriß gefälliger, ist die Georgenkirche (1717). In der Kirche in Pötnitz fand nach 1945 Lucas Cranachs d. J. Altar (1565) aus der Dessauer Marienkirche Unterkunft.
SCHLOSS Vom umfangreichen Schloßkomplex gibt nur noch der Westbau eine Vorstellung von der herben Residenz der Renaissance. Er ist äußerlich wiederhergestellt und dient als Kulissenhaus. 1774 wurde der Park mit seiner scheinbar frei sich entwickelnden Landschaft geschaffen, darin als Meisterwerk des Architekten Friedr. Wilh. v. Erdmannsdorf das Schlößchen Luisium (1778).
Die STAATL. KUNSTSAMMLUNGEN enthalten reiche Bestände der Plastik, Malerei und des Kunsthandwerks.

Deutsch-Ossig *Bez. Dresden* 598 ▪ 4
DORFKIRCHE Die einheitlich 1715–18 errichtete Kirche „gehört zu den schönsten protestantischen Landkirchen" (Georg Dehio). Außen schlicht, im Innern ein fast quadratischer, emporenumzogener Saal mit Malerei im Deckengewölbe und bunt gefaßtem Inventar. Der Kanzelaltar mit den Schnitzwerken Petri und Pauli ist eines der Monumentalwerke des obersächsischen Hochbarock.

Diekhof *Bez. Schwerin* 564 ☐ 1
Von dem großen SCHLOSS (1736) hat nur ein Nebenflügel und die sehenswerte Schloßkapelle (1768) mit ihrem reichen Stuck in Weiß und Gold den letzten Krieg überdauert.

Dienstädt *Bez. Gera* 588 ☐ 10
In der DORFKIRCHE ein fünfteiliger Schnitzaltar mit sieben tieffarbigen Figuren (1520). Der hohe Wert des Werkes liegt in seinem neuen Realismus.

Diesbar-Seußlitz *Bez. Dresden* 581 ☐ 4
KIRCHE Den rechteckigen Saalbau schuf unter Verwendung älterer Teile der ehem. Klosterkirche 1726

George Bähr. Im Innern großer Kanzelaltar, dahinter Orgel auf geschwungener Empore.

SCHLOSS Auch dieser Barockbau (nach 1726) geht wahrscheinlich auf Bähr zurück. Im 1953 wiederhergestellten großen Park und im Schloßhof stehen Skulpturen der Jahreszeiten.

Diesdorf *Bez. Magdeburg* 571 ▪ 12

Die KIRCHE des ehem. Augustinerstifts, eine gewölbte, dreischiffige Backsteinbasilika, datiert aus der Zeit bis 1250. Das Äußere wirkt wuchtig, das Innere festlich. Das Triumphkreuz ist spätgotische Zutat.

Ein aus dem altmärkischen Winkelstedt stammendes Fachwerkhaus dient seit 1927 als MUSEUM FÜR ALTMÄRKISCHE VOLKSKUNST.

Divitz *Bez. Rostock* 558 □ 9

GUTSHAUS Ein malerisches Gebäude auf rechtwinkligem Grundriß, das ein breiter Graben umgibt. Im älteren Nordflügel zwei Renaissancegiebel (16. Jh.). Über den Portalen des barocken Ostflügels Wappenreliefs von 1729 und 1743.

Dobbertin *Bez. Schwerin* 564 ▪ 12

Am Nordufer des Dobbertiner Sees liegt das alte KLOSTER. Die Klosterkirche ist allerdings, wenn auch im Kern alt, eine neugotische Schöpfung Karl Friedr. Schinkels (1828–37). Doch sind noch Teile der alten Ausstattung vorhanden.

Doberlug-Kirchhain *Bez. Cottbus* 581 □ 3

Die KLOSTERKIRCHE (13. Jh.) ist einer der bedeutendsten romanischen Backsteinbauten der Niederlausitz, eine dreischiffige Basilika. Die Klostergebäude sind bis auf den Speisesaal abgetragen, anstelle des Abtshauses ein Schloß der Herzöge von Sachsen-Merseburg (zweite Hälfte des 17. Jh.).

Döbeln *Bez. Leipzig* 581 □ 6

Die STADTKIRCHE ST. NIKOLAI (ab 1479) birgt einen hohen sechsflügeligen Altar, den um 1520 ein nach ihm benannter Freiberger Meister schnitzte. Reichverzierte Kanzel (1599), Sandsteintaufe mit Reliefs (1603), gotischer Kelch mit Kreuzigungsgruppe (um 1370).

Döben *Bez. Leipzig* 581 ▪ 7

Die DORFKIRCHE vereinigt in Bau und Ausstattung Elemente verschiedener Zeiten: romanisch ist das Chorjoch und der eindrucksvolle Grabstein eines Burggrafen, gotisch der Chor und sein Anbau. Den Renaissancealtar mit Reliefs schuf 1591 Franz Ditterich d. Ä. 1696 wurde die flache Bretterdecke des Schiffs mit Szenen aus dem Leben Christi bemalt. Eine Mosesstatue trägt die Kanzel, 17. Jh.

Döbritz bei Pößneck *Bez. Gera* 588 ▪ 9

Am Tafelberg befinden sich ergiebige FUNDSTÄTTEN der späten Alt- und der Jungsteinzeit: Feuerstein- und Knochenwerkzeuge, Ritzzeichnungen von Wildtieren, Schieferplattenboden.

Dömitz *Bez. Schwerin* 563 □ 4

Auf der FESTUNG (1554–65), einem großen Fünfeck mit Kasematten, Bastionen und einem aufwendigen Renaissancetor, verbüßte 1838–40 Fritz Reuter die letzten beiden Jahre seiner langen Haft. Eine Gedenkhalle erinnert daran.

Dörnthal *Bez. Karl-Marx-Stadt* 589 ▪ 2

Die WEHRKIRCHE des Dorfes liegt auf einer Anhöhe in dem befestigten Friedhof (mit Torhäuschen). Der hölzerne Wehrgang mit Schießscharten und Gießluken verläuft unter dem steilen Schieferdach. Darüber ein barocker Dachreiter. In der Kirche (13. Jh., Chor 1520–39) ein Schnitzaltar (Anfang 16. Jh.), Kanzel, Sandsteintaufe (1610), Kruzifixus und Christusfigur mit Kreuzesfahne (17. Jh.).

Dornburg *Bez. Gera* 588 □ 11

Von den drei SCHLÖSSERN über der Saale ist das Nordschloß das älteste, im 10. Jh. war es Kaiserpfalz. Im Bergfried und im Palas stecken romanische Reste, zu gotischen Dachformen fügen sich Fenster der Renaissance, eine Barockhaube krönt den Turm. Das südliche Schloß ist ein Gutshaus von 1539, genannt Goetheschloß, des Dichters Wohnräume sind im Südbau erhalten. Zwischen beiden Schlössern liegt das Rokokoschloß, das Herzog Ernst August 1736–41 von Gottfr. Heinr. Krohne bauen ließ, ein Kleinod thüringischer Rokokobaukunst.

Dreilützow *Bez. Schwerin* 563 ▪ 3

In der DORFKIRCHE (15. Jh.) eine geschnitzte Kanzel und ein Orgelprospekt aus dem Barock.

Das SCHLOSS ist ein stattlicher Backsteinbau des 18. Jh. in einem ausgedehnten Park.

Dresden 590 □ 11

Wenige Straßenzüge zwischen Mauern um die weite Fläche des Marktes gruppiert – das waren die Anfänge Dresdens. Eine typische Kolonistenstadt, die 1216 zum ersten Mal in Urkunden erscheint. Bedeutung erlangt sie, als sie 1485 Residenz der Wettiner wird. Kunstverständige Herzöge, die bald die Kurwürde erlangen, schmücken und befestigen sie in großem Stil und formen die Renaissancestadt – ein Zentrum der protestantischen Deutschland. Dieser ersten Blütezeit, welcher der Dreißigjährige Krieg ein Ende macht, folgt die zweite ein Jahrhundert später unter August dem Starken. Die Pracht der Stadtpaläste und der Bürgerhäuser, die im Februar 1945 dem größten Bombenangriff des zweiten Weltkriegs zum Opfer fielen, wird nur noch von Bildern bewahrt. Aber der Zwinger, „der Gipfel des Barock in Europa", wurde in zwanzigjähriger Arbeit erneuert und bildet heute wieder das Zentrum der Altstadt.

BRÜHLSCHE TERRASSE Der letzte, elbwärts gelegene Rest der Altstadtbefestigung aus dem 16. Jh. Die Bauten, die Graf Brühl, Minister Augusts III., hier errichten ließ (Brühlsches Palais, Brühlsche Bibliothek und Galerie) wurden im 19. Jh. ersetzt durch Landtagsgebäude, Sekundogenitur und die Kunstakademie.

FRAUENKIRCHE Der bedeutendste protestantische Kirchenbau, zugleich der größte Zentralbau nördlich der Alpen, erbaut 1726–34 von dem Ratszimmermeister George Bähr an Stelle der Pfarrkirche aus dem Mittelalter, wurde 1945 zerstört. Die mächtige glockenförmige Steinkuppel, die während des Baues die ursprünglich vorgesehene Holzkuppel ersetzte, ist verschwunden. Die Ruinen bleiben Mahnmal zum Gedenken an den 14. Februar 1945.

GEMÄLDEGALERIE „Ich trat in dieses Heiligtum, und meine Verwunderung überstieg jeden Begriff, den ich mir gemacht hatte ..." Als Goethe 1768 die Dresdener Bildersammlung sah, waren alle ihre Hauptwerke – die Meister der italienischen, der

DER WALLPAVILLON

Er ist die vollkommenste Schöpfung Pöppelmanns. Bauform und Skulptur verschmelzen hier zu einer einzigen, prachtvoll bewegten Masse. Eine geschwungene Treppe führt zu dem ovalen Festsaal hinauf, über dessen Bogenfenstern Götter und Windgestalten sich niedergelassen haben – überragt von der mächtigen Gestalt des Augustus-Herkules mit der Weltkugel.

NYMPHENBAD

Der hochgelegene Wall gab das Gefälle her für die Wasserkünste dieser Brunnengrotte unter freiem Himmel, hinter der westlichen Zwingergalerie. Die Natur spielt nur leise in den wenigen Baumgruppen des Walles als Hintergrund herein, von dem sich die bewegten Figurengruppen als eine zweite, nicht minder wirkliche Natur abheben: Aus tief gewölbten Nischen blicken steinerne Nymphen auf die Delphine und Tritonen des Springbrunnens hinab. Der Zusammenklang von Architektur, Plastik und Natur macht den Zauber dieser köstlichen Barockschöpfung aus, die freilich ohne die Kenntnis römischer Brunnenanlagen nicht denkbar gewesen wäre. Wie überall im Zwinger sind auch hier die Figuren von Permoser, Thomae und Kirchner heute zumeist durch Kopien ersetzt.

DRESDEN:
AUF DEN SPUREN AUGUSTS DES STARKEN

DER SÄCHSISCHE HERKULES

Er sagte: „Die Fürsten schaffen sich Unsterblichkeit durch ihre Bauten." Und er war nicht nur Auftraggeber, sondern Inspirator, beinahe Mitarbeiter der Künstler. Das zeigen die Pläne, die er korrigierte oder selbst entwarf, das zeigen manche Vermerke: „Nach Seiner Majestät eigenem Dessin inventieret." Sein Geist konnte sich ins Phantastische versteigen. Sein Alexandertraum, unter Polens Krone ein europäisches Zentralreich zu schaffen, das von der Ostsee bis zum Dnjepr reiche, mußte scheitern. Auch von seinen architektonischen Planungen blieb der größere Teil Papier. Dennoch, übergenug ist, was zustande kam. Die Meißner Porzellanmanufaktur machte Sachsen zu einem starken Exportland; die Neuordnung der Museumsschätze machte es zu einer Attraktion für Kenner und Gelehrte aller Länder. Dresden blühte. In dreißig Jahren verdoppelte sich seine Einwohnerschaft. Der Volksmund zählte noch dreihundert außereheliche Kinder des „Roi galant" hinzu.

SILBERNE MEDAILLE *von P. Großkurt mit dem Bildnis Friedrich Augusts II., Königs von Polen und Kurfürsten von Sachsen. Das Dresdener Münzkabinett besitzt viele Regierungsmünzen. Schon Kurfürst August I. hatte berühmte „Bildschnitzer und Kontravetter" an seinen Hof gezogen, und nach ihm haben fast alle sächsischen Kurfürsten Schaumünzen zu ihrer Selbstverherrlichung prägen lassen. (Münzkabinett)*

SILBERNE MEDAILLE *von Christian Wermuth auf das Jahr 1704, das schwerste Jahr des Nordischen Krieges, als August durch den Schwedenkönig Karl XII. vom polnischen Thron vertrieben wurde. (Historisches Museum)*

REITERBILDNIS AUGUSTS DES STARKEN *von Louis de Silvestre. Der französische Maler war 1716 von August nach Dresden berufen worden, wo er bis 1748 Akademiedirektor war. In diesem Gemälde ist ihm besonders schön die Synthese zwischen der Wiedergabe der persönlichen Züge – der hohen Stirn und der auffallend dichten dunklen Brauen – und der Verherrlichung des idealen barokken Herrschertypus gelungen. Die große Ausstrahlung der Persönlichkeit Augusts wird durch das Urteil vieler Zeitgenossen bestätigt. „Sein Verstand und seine Höflichkeit ist so groß als die Schönheit seiner Gestalt, man muß ihn hoch schätzen", schrieb der Baron von Pöllnitz in seinem damals viel gelesenen Buch „Das galante Sachsen" über den Kronprinzen, der an den Höfen Europas eine glänzende Figur machte. (Moritzburg)*

HUTSCHMUCK *(Aigrette) mit brillantenbesetztem Federchen und dem großen A auf der Federhülse. Das kostbare Schmuckstück, in dem über 408 Brillanten verwendet wurden, stammt aus der Werkstatt Dinglingers. Es ist Teil einer vielgliedrigen Jagdgarnitur, zu der neben Knöpfen, Schnallen auch Spazierstock, Jagdpeitsche, Hirschfänger, Rosenkranz, Uhr, Flakons und Tabatieren gehörten. Neben dieser „Karneol-Garnitur" besaß August nach einem Inventar von 1719 acht weitere, in denen Rubine, Smaragde, Saphire oder Achate dominierten. (Grünes Gewölbe)*

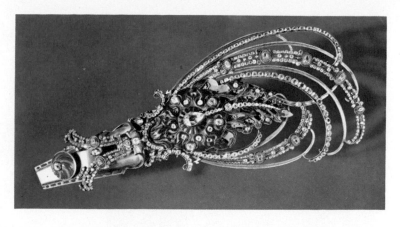

CHRISTINE EBERHARDINE, *Gemahlin Augusts seit 1693, verbrachte ihr Leben fern vom glänzenden Dresdener Hof. Ihre orthodoxe Strenge trug ihr den Spottnamen „die Betsäule Sachsens" ein. Polen hat sie nie betreten.* (Moritzburg)

HUFEISEN, *das August mit eigner Hand in Stücke gebrochen haben soll. Andere Beweise, daß er den Beinamen „der Starke" nicht zu Unrecht trug, waren die silbernen Teller, die er bei einem Berliner Besuch wie Papier zusammenrollte. Bezeugt ist, daß er bei der Jagd einen Bären bei der Zunge packte, um ihn von sich zu schleudern. 1712 wog August 242 Pfund.* (Historisches Museum)

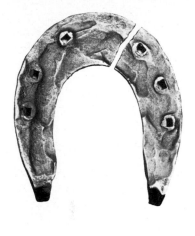

DIE REICHSGRÄFIN COSEL, *geborene Anna Constanze von Brockdorf, war die berühmteste von Augusts Mätressen – gleich bewundert und gehaßt für ihre Schönheit, Kühnheit und ihre Lust am Intrigieren, ihre Verschwendungssucht und ihren Geiz. Nach ihrem Sturz 1714 suchte sie sich von Preußen aus zu rächen, wurde aber ausgeliefert. In anfangs erzwungener, später freiwilliger Verbannung blieb sie auf der Festung Stolpen. Fünfundachtzigjährig starb sie dort – sie hatte August um mehr als drei Jahrzehnte überlebt.* (Moritzburg)

GALAWAGEN AUGUSTS DES STARKEN *Die Wagen und Karossen der Wettiner wurden im letzten Krieg bei der Zerstörung Dresdens zum Großteil vernichtet. Dieser Galawagen mit den geschmiedeten Stützfedern, den kunstvoll gesteppten Ledergurten, dem vergoldeten Schnitzwerk und den feinen Verzierungen ist einer der wenigen, die erhalten geblieben sind. Aufwendige und repräsentative Gefährte gehörten zum Bild eines Hofes, den um 1718 ein Besucher als „den prächtigsten und galantesten der Welt" bezeichnete.* (Moritzburg)

MOHR MIT SMARAGDDRUSE

Permoser, der Schöpfer der Zwingerskulpturen, schnitzte die hölzerne Figur, Dinglinger schmückte sie. Als Geschenk Kaiser Rudolfs II. an einen Vorfahren Augusts des Starken war die Smaragddruse – das einzige noch nachweisbare Stück aus der Mine Chivor in Kolumbien – nach Dresden gekommen.

Residenzschloß – Grünes Gewölbe

DER HOFSTAAT ZU DELHI AM GEBURTSTAG DES GROSSMOGULS

Sieben Jahre lang, zu Beginn des 18. Jh., arbeitete Johann Melchior Dinglinger, unterstützt von seinen beiden Brüdern und vierzehn Gehilfen, an diesem königlichen Spielzeug. Seinen Platz erhielt es im prächtigsten Saal des Grünen Gewölbes, unter einem vergoldeten Baldachin. Reisebeschreibungen und Kupferstiche gaben Anregungen her; aber unter den Händen Dinglingers verwandelten sich die trockenen Daten in ein funkelndes Märchen vom Morgenland. Auf goldenen und silbernen Flächen bewegen sich die unzähligen, kaum fingerlangen Figürchen dieser monumentalen Miniatur. In seinem Hause an der Frauenstraße empfing der Meister aus dem schwäbischen Biberach Könige und Fürsten. Zar Peter der Große hat sogar bei ihm Quartier genommen.

GLOBUSUHR

Der mathematisch-physikalische Salon beherbergt die größte deutsche Globussammlung. Glanzstück der Ausstellung ist diese kostbare vergoldete Globusuhr, die zwei Augsburger Meister gegen Ende des 16. Jh. geschaffen haben. Das Kunstwerk, das noch vorzüglich erhalten ist, kam bereits 1593 nach Dresden. Die etwa 60 cm hohe Uhr besteht aus einem großen Himmelsglobus, der über und über mit Sternen, Sternbildern und anderen astronomischen Darstellungen graviert ist, einem beiderseitig gravierten Meridianring, Kompaß, Erdglobus und einer Bodenplatte mit vier Sonnenuhren.

Grünes Gewölbe

DAS BAD DER DIANA

Eine der „phantastischen Dichtungen in Gold, Silber, Edelstein und Email", welche Dinglinger für den König schuf. Zugleich sein Lieblingswerk, er hält es auf dem Porträt, das Antoine Pesne von ihm malte, in den Händen. Grünes Gewölbe

BERGKRISTALLGEFÄSSE VON GIOVANNI BATTISTA METELLINO

Kristallines Geschirr, aus dem spröden Stein geschliffen, gehörte zu den wertvollsten Objekten, die König August erwarb. In der Renaissance hatte man, zuerst in Italien, den schon im Altertum bekannten Kristallschnitt für Prunkgläser wiederentdeckt. Typisch für die hier gezeigten Gläser aus der Mailänder Werkstatt Metellinos: das vergoldete, mit Lapislazuli eingelegte Filigran am Fuß. Grünes Gewölbe

flämischen und holländischen Schule – schon beisammen. Würdige Unterkunft fanden Dresdens Bilderschätze um die Mitte des 19. Jh. in Gottfr. Sempers Galeriegebäude, das den Zwingerhof gegen Norden abschließt.

HOFKIRCHE Geplant schon von August dem Starken nach seinem Übertritt zum Katholizismus, erbaut aber erst unter seinem Nachfolger von dem Italiener Gaetano Chiaveri. Ungewöhnlich der breite Prozessionsweg im Innern, der den ovalen Raum als fünfschiffige Basilika erscheinen läßt. Raffael Mengs malte das Altarbild; aus der alten Hofkirche im Schloß wurde Balth. Permosers barocke Kanzel übernommen.

ITALIENISCHES DÖRFCHEN Die ehemalige Unterkunft der an der Hofkirche beschäftigten italienischen Steinmetzen hat dem niedrigen Restaurantbau von 1911 den Namen gegeben.

JAPANISCHES PALAIS Auf dem rechten Elbufer in der Neustadt. Begonnen 1715 als Holländisches Palais, dann von August dem Starken erworben und unter Matth. Dan. Pöppelmanns Leitung zu einem Vierflügelbau erweitert, der die Porzellansammlung aufnehmen sollte. Im Hof tragen Chinesenhermen von Joh. Chr. Kirchner eine schmale Galerie. Wird zu Museumszwecken wieder aufgebaut.

KREUZKIRCHE Die älteste Kirche innerhalb der Stadtmauern. Nach der Zerstörung im Siebenjährigen Krieg durch den Bährschüler Joh. Georg Schmidt von Grund auf erneuert. Der Spätbarock nähert sich hier dem Klassizismus, vor allem in der nüchternen Fassade. Die Kirche ist berühmt durch ihren Knabenchor, die Cruzianer.

OPERNHAUS Vollendet 1878 nach den Plänen Sempers. Der erste Opernbau, vierzig Jahre früher errichtet, 1869 abgebrannt, war von Semper konzipiert als westliche Begrenzung des großen Forums zwischen Zwinger und Elbe, das aber nicht verwirklicht wurde; statt dessen Abschluß des Zwingerhofes durch die Gemäldegalerie. Dem Barock der Zwingerbauten antwortete Semper mit den strengen Formen der italienischen Renaissance. Wiederherstellung des Inneren geplant.

RESIDENZSCHLOSS Kernzelle der vielteiligen, um einen rechteckigen Haupthof gruppierten Anlage war die kleine Markgrafenburg des 12. Jh. Fürsten des 16. Jh. (Georg der Bärtige, und Moritz, der erste Kurfürst) schufen bedeutende Erweiterungsbauten: Georgenbau und -tor, Schloßturm und die Schloßkapelle mit dem Schönen Tor von 1555, das später an den Stallhof versetzt wurde. Dieser einst reich ausgestattete Bau mit doppelläufiger Treppe zum Jüdenhof hin diente ein Jahrhundert lang als Gemäldegalerie, heute als Verkehrsmuseum. Ihm schließt sich der Lange Gang an, zum Hofe hin mit Arkaden geöffnet, nach der Augustusstraße hin im späten 19. Jh. mit einem Fürstenzug bemalt. Das Schloß, vor allem das leidlich erhaltene Grüne Gewölbe, ist zum Wiederaufbau vorgesehen. Der Name stammt von dem gewölbten, grün ausgemalten Raum im Erdgeschoß der Residenz, der den Kurfürsten zur „geheimen Verwahrung" ihrer Preziosen diente. Als August der Starke um 1721 die ungeordneten Massen der Sammlungen nach modernen Gesichtspunkten zu gliedern begann, ließ er sieben prunkvolle Räume als Schatzkammer herrichten, denen der Spitzname Grünes Gewölbe blieb. Dort boten sich die Kronjuwelen, die Elfenbein-, Gold- und Silberpokale, die Kleinodien und Kristalle, gemeinsam mit den Spiegeln, Marmorböden und vergoldeten Konsolen dieser Säle als

477

REMBRANDT: GANYMED IN DEN FÄNGEN DES ADLERS

Hier wird der Mythos verspottet. Aus dem schönen Jüngling, der die Leidenschaft des Zeus erweckte, ist ein greinendes Kind geworden, das schwerlich den Göttern als Mundschenk dienen kann. Die Ganymedsage hat vor und nach Rembrandt viele Künstler zur bildhaften Darstellung angeregt. Doch welch ein Unterschied zwischen der idealen Auffassung der meisten und Rembrandts geradezu herausforderndem Einfall! Sein Verhältnis zur Antike war überhaupt ein gespanntes, und mythologische Szenen gerieten ihm gern zur Farce. Doch wenn sein Bild drastisch ist, es ist doch nicht vulgär. Bei allem Übermut behauptet es seinen Platz neben den reifen Schöpfungen Rembrandts in der Dresdener Galerie: der Saskia mit der roten Blume, dem Simson, der an der Hochzeitstafel Rätsel aufgibt, und dem herrlichen „Opfer Manoahs". Es stammt aus seiner frühen Amsterdamer Zeit und ist 1635 datiert. 1751 gelangte es in die Dresdener Galerie.

TIZIAN: DER ZINSGROSCHEN

„Gebt dem Kaiser, was des Kaisers ist, und Gott, was Gottes ist." Die stille Überlegenheit der Antwort Christi an den Herausforderer beherrscht das Bild. Erst auf den zweiten Blick nimmt man die Kontraste wahr: das braune und das lichte Antlitz, das zerklüftete Profil des einen und den ruhevollen Ernst des anderen, das von vorn gesehen ist; die gekrümmte muskulöse Hand des Pharisäers und die souveräne Gebärde des Heilands. Tizian malte das Bild 1524 für den Herzog von Ferrara, der den berühmten Spruch seinen Goldmünzen aufprägen ließ. Nach Dresden kam es um die Mitte des 18. Jh., als es König August III. gelang, für die enorme Summe von hunderttausend Zechinen die Gemäldesammlung des Herzogs von Modena zu erwerben. Diese hundert Gemälde begründeten den Weltruf der Dresdener Galerie.

RAFFAEL: DIE SIXTINISCHE MADONNA

„Platz für den großen Raffael!" soll König August III. gerufen haben, als das Altarbild aus dem Kloster des heiligen Sixtus zu Piacenza nach mehrwöchigem Transport in Dresden angelangt war (1754). Die Sixtinische Madonna ist nicht nur der Inbegriff der Dresdener Galerie – lange war sie für viele Deutsche der Inbegriff italienischer Kunst, ja der Kunst schlechthin. In der Semper-Galerie hatte das Bild lange einen eigenen Raum, fast eine Weihekapelle. Seit der Rückkehr aus Moskau (1956) hängt es in dem Saal der „Frühen Italiener".

SCHLOSS PILLNITZ, BERGPALAIS

Säulen mit Phantasiekapitellen, gemalte Friese mit chinesischen Figürchen wiederholen sich gegenüber am fast gleichgestalteten Wasserpalais. Die Märchenpracht von Dinglingers „Hofstaat" – hier wurde sie in Großformat übertragen. Steinerne Sphinxe empfingen am Gondelhafen die Gäste und leiteten sie über breit geschwungene Treppen zu dem luftigen „indianischen Lusthaus". Die Bauten Pöppelmanns und ihr Schmuck wurden kürzlich bis ins Detail renoviert.

barocke Einheit dar. Bis zum Wiederaufbau des Schlosses werden die Schätze des Grünen Gewölbes im Albertinum an der Brühlschen Terrasse gezeigt. SCHLOSS PILLNITZ (Museum) 1720 ließ sich August der Starke das Wasserschloß als „indianisches Lustschloß" von Matth. Dan. Pöppelmann erbauen. Eingang gewährt von der Elbe aus eine weite Treppe, auf den Brüstungsmauern von zwei Sphinxen (aus der Werkstatt Joh. Chr. Kirchners) flankiert. Exotisch wirken die phantastischen Schornsteine, die auf das Gesims gemalten Chinoiserien, die seit Beginn des 18. Jh. so beliebt sind. 1723 entstand, fast genau wiederholt, das Bergpalais, zwischen beiden ist der französische Park noch erhalten, eine Prunkgondel Augusts steht dort in einem Seitenparterre. Nach dem Brand des alten Schlosses, 1818, wurde an seiner Stelle bis 1826 das Neue Palais errichtet, das die Zufahrtsachse zwischen Wasser- und Bergpalais begrenzt. Die drei Schlösser verbinden Galerien, mit seinen heiter eleganten Formen gehört die Anlage zu den schönsten des Rokoko.
ZEUGHAUS (Albertinum) Erbaut im 16. Jh. mit zweischiffiger Halle im Erdgeschoß. Interimsquartier verschiedener Sammlungen: neuere Abteilung der Gemäldegalerie, Grünes Gewölbe, Antiken- und Skulpturensammlung.
ZWINGER Das kostbarste Bauwerk Dresdens, ein Höhepunkt der europäischen Barockarchitektur. Geschaffen 1711–28 von Matth. Dan. Pöppelmann und dem Bildhauer Balth. Permoser. Bogengalerien, wechselnd mit zweigeschossigen Pavillons, umschließen das Rechteck der Festarena, das sich durch Höfe an den Längsseiten zur Kreuzform erweitert. Den Namen erhielt der Zwinger von der nahen westlichen Stadtbastion. Die großen höfi-

schen Festaufzüge, denen er als Schaubühne dienen sollte, kamen bald aus der Mode, unvollendet lag er da, bis ihn 1854 Sempers Galeriebau abschloß. Verfehlte Renovierungen des späten 19. Jh. haben den Zwinger fast schlimmer mitgenommen als die Bombenschäden des Krieges. Hubert Ermisch, dem Zwingerrestaurator der Jahre 1910–36, ist auch der Wiederaufbau nach 1945 zu danken.

Dresden-Leubnitz 590 □ 11
Die schlichte KIRCHE, 15. Jh., erhält ihre Schönheit durch die Fülle mannigfaltiger, besonders barocker Zutaten. Am gewichtigsten ist das Epitaph für den Oberlandbaumeister Karcher und seine Familie von 1716, das Chr. Kirchner mit den Bildnisbüsten schuf.

Drübeck *Bez. Magdeburg* 579 ■ 12
Die EHEM. BENEDIKTINERINNENKLOSTERKIRCHE ist mit Gernrode der älteste erhaltene Sakralbau des Harzes. 1004 war die Kirche fertig und erhielt um 1180 die heutige zweitürmige Front. Nach der Wiederherstellung – ohne Gewölbe – ist ein großartiger Raum, ein eindrucksvolles Denkmal der frühen Romanik entstanden.

E

Eberswalde *Bez. Frankfurt a. d. Oder* 574 □ 10
Die KIRCHE ST. MARIA MAGDALENA, eine frühgotische dreischiffige Backsteinbasilika mit Turm des 19. Jh. hat eine herrliche Erztaufe (14. Jh.) und einen

Hochaltar von 1606. Die einschiffige Georgskapelle (15. Jh.) wurde 1950 wiederhergestellt.

Ehrenfriedersdorf *Bez. Karl-Marx-Stadt* 589 ▪ 11
In der NIKOLAIKIRCHE (14./15. Jh.) steht einer der prächtigsten Altäre Sachsens, der sechsflügelige Schnitzaltar von Hans Witten (1507 begonnen) mit Gemälden. Die Marienkrönung im Mittelschrein flankieren Katharina und Nikolaus, auf den inneren Flügeln folgen Barbara und Erasmus. Die expressiven Gemälde auf der Rückseite und den übrigen Flügeln zeigen Heilige und Passionsszenen. Auch die Schnitzwerke im Gesprenge gehören zur Passion: Ecce Homo, Kreuzigung, Handwaschung Pilati. In der Predella ein Auferstehungsrelief.

NIKOLAIKIRCHE UND NIKOLAITOR, EISENACH

Durch das spätromanische Nikolaitor gelangt man auf den weiten Platz vor der Nikolaikirche. Diese langgestreckte spätromanische Basilika wurde 1886/87 stark verändert und durch neue Fensterformen und Ornamente wenig vorteilhaft bereichert. Am schönsten hat sich der Turm in der alten Gestalt erhalten. Nur der Helm und der Giebelkranz sind auch hier neu.

Eisenach *Bez. Erfurt* 587 □ 10
Eisenach ist Luthers Schulstadt (1497–1501), Joh. Seb. Bach wurde hier 1685 geboren. 1840 kam der Physiker und Sozialreformer der Zeisswerke, Ernst Abbe, in Eisenach als Arbeiterkind zur Welt. Fritz Reuter verbrachte hier seinen Lebensabend. Das Bachhaus am Frauenplan beherbergt außer Erinnerungen an den großen deutschen Musiker eine reiche Musikinstrumentensammlung. Da das sogenannte Lutherhaus ganz gewiß nicht von Luther je betreten wurde, hat die Ev. Kirche außer einem Luther-Gedächtnisraum das Pfarrhausarchiv dort untergebracht; seit 1922 ist die Stadt Sitz des Bischofs der Ev. Landeskirche. Goethe war in dem äußerlich wiederhergestellten Haus, Karlsstraße 3, vor allem im Bechtoldsheimschen Haus (heute Stadtbücherei) zu Gast. An Fritz Reuter erinnert das Reuter-Museum in seinem Wohnhaus unterhalb der Wartburg. Am Markte stehen die besterhaltenen Fachwerkhäuser des 17. Jh., der Rodensteiner, das Kreuznacher Haus, die Apotheke, das alte Rathaus mit seinem stämmigen Treppenturm (1638) und das Eckhaus an der Goldschmiedegasse. KIRCHEN Wenig aus Eisenachs Mittelalter kam in die Gegenwart. Die schmucklose, gotische Annen-

kirche geht auf ein Spital zurück, welches die hl. Elisabeth der Sage nach gründete. – Die Nikolaikirche, um 1190, ist eine Basilika mit hervorragend schönen Kapitellen im Inneren. Die Georgenkirche erhielt ihre Gestalt 1560, vor allem im 17. Jh. Ein sehr früher kreuzförmiger protestantischer Emporenbau ist die Kreuzkirche von 1692–97.
Das SCHLOSS errichtete Gottfr. Heinr. Krohne 1742–52 am Markt. Der spätbarocke Festsaal dient repräsentativen Zwecken, ein anderer Teil des Schlosses ist dem Thüringer Museum vorbehalten.

Eisenberg *Bez. Gera* 588 □ 12
Im Ostflügel des Residenzschlosses (Baubeginn 1677) die SCHLOSSKAPELLE, 1679–87 erbaut. In dem breiten Gemeinderaum, an drei Seiten von zweigeschossigen Galerien auf Säulenpaaren eingefaßt, stehen im eingeengten Altarraum Altar, Kanzel und Orgel übereinander, die großformige Stukkierung in prachtvollem Hochbarock.
SUPERINTENDANTUR Bau von 1580 mit antikischem Schmuck.

Eisfeld *Bez. Suhl* 587 ▪ 5
STADTKIRCHE Die spätgotische Hallenkirche zeichnet sich durch den weiten Chor aus. Die Portale mit spielerisch gotischem Maßwerk stehen in tiefen Vorhallen. Das Langhaus wurde nach einem Brand 1601 mit einer Kassettendecke geschlossen, die auf wuchtigen Rundpfeilern ruht.
SUPERINTENDANTUR Großangelegter Fachwerkbau des 17. Jh.

Eisleben *Bez. Halle* 580 □ 9
In der teilweise noch altertümlichen Bergstadt ist Martin Luther 1483 als Bergmannssohn geboren und 1546 auf einer Reise gestorben. Geburts- (Lutherstraße 16) und Sterbehaus (Andreaskirchplatz 7) sind zu besichtigen.
Die HAUPTKIRCHE ST. ANDREAS enthält Mauerwerk aus vielen Jahrhunderten. Im malerischen Innern ist die Kanzel, von der Luther viermal predigte, Mittelpunkt. Aus seiner Zeit stammen der Kanzelbehang mit teils plastischer Stickerei, der prächtige Altar, um 1500, die Tumba für Hoyer v. Mansfeld von 1541.
Um den Chor der ANNENKIRCHE (1513) neben dem ehem. Augustinereremitenkloster (1515, heute Pfarre mit mächtigen Fachwerkzwerchhäusern) zieht sich die Eislebener Steinbilderbibel (1585), eine steinerne Brüstung mit Szenen aus der Bibel. Die Mansfeldische Grabkapelle (1588) wird von einem feingliedrigen Gitter abgeschlossen.
Die PETRI-PAULS-KIRCHE (1486–1513) verdient wegen ihrer Stern- und Netzgewölbe und des kurz vor 1500 entstandenen Annenaltars Beachtung.

Elmenhorst *Bez. Rostock* 556 □ 5
Bemerkenswert an der DORFKIRCHE (13. Jh.) sind vor allem ihr Grundriß, ein griechisches Kreuz, und die reichen Wandmalereien des 14. und 16. Jh.

Erfurt 587 □ 1
Als Bonifatius in Erfurt 742 sein Bistum errichtete, schrieb er von einer bereits vorhandenen bäuerlichen Siedlung. Sie lag in fruchtbarem Lande an einer Furt der Gera, im Treffpunkt wichtiger Nord-Süd- und West-Ost-Straßen. Auf der Anhöhe entwickelte sich der kirchliche Mittelpunkt, unten an der Furt wuchs die Handelsmetropole. Handelsgut war bis

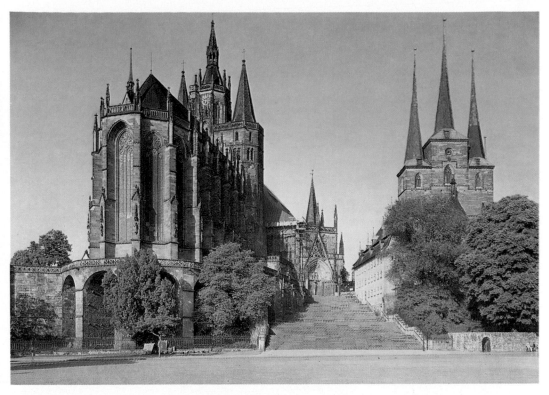

DOM UND SEVERIKIRCHE

Der Domhügel bietet mit seinen gewaltig aufragenden Dreiturmgruppen, der kunstvollen Verschmelzung mit dem natürlichen Hügel, dessen meisterhafter Verlängerung durch einen riesigen Unterbau und der monumentalen Freitreppe ein höchst imposantes Bild. Der Triangelvorbau des Domes, prächtiger Blickfang zwischen den Kirchen, nimmt den Emporschreitenden auf. Harmonisches Miteinander und Kontrast in den Einzelheiten: dem luftigen, vielfach gegliederten und durchbrochenen Domchor antwortet die strenge geschlossene Fläche von St. Severi. Beider Schauseite geht nach Osten, der Stadt und dem Domplatz zu, auf dem schon um 800 Handel mit den Slawen getrieben wurde, denn Erfurt war einer der Grenzhandelsplätze. Inmitten der sonst protestantischen Stadt bildet der Domhügel eine katholische Insel.

DER EVANGELIST MARKUS, GLASFENSTER IM DOMCHOR

Dieses gehört zu den um 1400–10 entstandenen Gemälden, die sich durch Großformigkeit, Ausdruckskraft und sorgfältige Charakterisierung auszeichnen. Andere, kleinteilig, teppichartig und mit gedrängter Personenfülle, sind um 1370–80 entstanden. Beiden gemeinsam ist die glühende Farbigkeit. Etwa 900 Einzelscheiben sind erhalten und füllen zwölf der fünfzehn hohen Fenster.

ins 16. Jh. die Blaufarbenpflanze, der Waid. In der Stadt standen am Ende des 15. Jh. 21 Pfarr-, elf Kloster-, vier Stiftskirchen, sie zählte 20 000 Einwohner. Zum materiellen und künstlerischen Reichtum kam die Wissenschaft. 1392 wurde die städtische Universität gegründet. Sie war modern, 1505/06 lebte Ulrich von Hutten hier und kämpfte gegen die Scholastik des Mittelalters und für den jungen Humanismus (Dunkelmännerbriefe). Damals schon begann der Rückgang, bald wurde der Waid vom englischen Indigo verdrängt. Leipzigs Messeprivilegien überflügelten Erfurts Handel. Von der mittelalterlichen Größe der Stadt zeugt trotz der Kriegsverluste noch die Altstadt mit ihren Bürger- und Patrizierhäusern der Gotik, teils noch mit Kapellenerkern versehen (Roter Stern, 1479), die von Häusern überbaute Krämerbrücke ist ein originelles Werk. Reich geschmückte Renaissancepaläste (Haus zum Breiten Herd, 1584, Haus zum

DER „WOLFRAM" IM ERFURTER DOM

Massiver bronzener Kerzenträger, genannt nach der Stifterinschrift auf den herabhängenden Gürtelenden, fast lebensgroß. Eine der bedeutendsten romanischen Bronzearbeiten (um 1160), herausgewachsen aus dem kleinen Format eines kirchlichen Gebrauchsgegenstandes zu frei stehender Großplastik. Die archaische Strenge wird gemildert durch die weiche Modellierung. Ein gesammelter Ausdruck liegt in den großen, ins Weite blickenden Augen.

Stockfisch, 1607). Aus der Barockzeit der Packhof, (1706–10, heute Angermuseum), die prunkende Kartäuserkirche (1728); die weitgestreckte Front der Statthalterei mit ihrem Portal mit Diadembogen und reicher Skulptur (1713–20).

ANGERMUSEUM Dieses schönste der Städtischen Museen Thüringens verwahrt Schätze des Mittelalters; darunter die Neuwerkmadonna, um 1370, ein Werk reinster Diesseitsfreude, und die vollständigste Sammlung der strahlend farbigen Erfurter Fayencen. All das wird überragt von den Dächern und Türmen der KIRCHEN, vor allem von jener mittelalterlichen „Akropolis" Thüringens, dem über eine Freitreppe erreichbaren Berg mit DOM und ST. SEVERI. Der Dom empfängt den Besucher mit einem paradiesischen Portal, dem Triangel (um 1330), geschmückt mit Aposteln und Heiligen, klugen und törichten Jungfrauen. Der Dom entstand in langen Jahrhunderten als Hallenkirche. Am eindrucksvollsten ist der weit aus dem Hügel herausgeschobene Chor (1349–72), im Inneren von den glühenden Farben der hohen Fenster (1370–1410) durchstrahlt. Der Altar von 1672 fügt sich als Festdekoration des Barock dem Ganzen ein. Unter den Kunstwerken sind der Altaraufsatz von 1160 mit einer feierlichen Marienfigur, dazu der gleichzeitige Wolframleuchter von hohem Rang. Das Grab Lamberts II. von Gleichen steht den Figuren von Naumburg nahe. Von dem Nürnberger Hans Vischer stammt die bronzene Grabplatte für Henning

Göden (gest. 1521) mit einer Darstellung der Marienkrönung.

Die von schweren Pfeilern durchstellte, sehr weiträumige Hallenkirche St. Severi ist 1278–1400 über einer romanischen Kirche errichtet worden. Ihr Signet ist die mächtige Ostturmgruppe mit den nadelscharfen Spitzen. Um 1375 entstand die Portalstatue des Titelheiligen, sein Sarkophag (um 1365) ist eines der überragenden Werke der deutschen Skulptur dieser Zeit. Ein großer Erfurter Meister schuf die kostbare Alabasterskulptur des Erzengels Michael (1467) und den Taufstein mit seinem spätgotischen Überbau von 1467.

Im frühen 14. Jh. entstand die Dominikanerkirche. Geradezu militärisch gestrafft bietet sich die steile Westfront mit ihrem Fensterfiligran dar (um 1370). Die Marienfigur an den Chorschranken gehört zu den Sonderleistungen Erfurter Kunst. Der Hochaltar von 1492 ist eines der besten malerischen Werke Erfurts um 1500. – Die gotische Reglerkirche, 14. Jh., besitzt in ihrem Hochaltar von 1480 ein Werk von expressiver Ausdruckskraft. – Augustinerkirche (13. Jh.) Vor den Stufen des Altars wurde Luther als Mönch aufgenommen. Ergreifend ist der gotische Grabstein des Studenten Theodor Brun (gest. 1462). – Das Ursulinerinnenkloster verwahrt die nach dem Coburger Werk früheste Darstellung der Beweinung Christi, 1320–30.

F

Falkenstein *Bez. Halle*   579 □ 3
Auf einem Bergsporn überm Selketal liegt der vorzüglich erhaltene, 1120 errichtete, 1491 und vor allem 1550–1604 ausgebaute FALKENSTEIN, eine mit malerischer Formenvielfalt zum Renaissanceschloß gewandelte Burg.

Faulenrost *Bez. Neubrandenburg*   565 □ 10
SCHLOSS Ein repräsentatives Rokokoschloß, von zwei Kavaliershäusern flankiert, in großem Park.

Feldberg *Bez. Neubrandenburg*   565 ■ 4
Auf dem Schloßberg sind Reste eines vorgeschichtlichen Walls und einer Burganlage erhalten, in der Nähe stand zwischen dem 7. und 9. Jh. die Stammburg der slawischen Redarier.

Finsterwalde *Bez. Cottbus*   582 □ 9
Die DREIFALTIGKEITSKIRCHE, eine spätgotische Halle, stammt wie Ausstattung und Grabmäler aus dem Ende des 16. Jh. Aus der gleichen Zeit das später stark egalisierte SCHLOSS im Renaissancestil.

Forchheim *Bez. Karl-Marx-Stadt*   589 ■ 2
KIRCHE George Bähr errichtete 1719–26 über dem Grundriß eines griechischen Kreuzes einen von zwei Emporen umzogenen, quadratisch wirkenden Raum, den eine Laterne krönt. Taufe, Altar, Kanzel, Orgel sind in der Mitte übereinander angeordnet. Die Kirche verwahrt noch das Mittelstück eines Schreinaltars (Mitte 15. Jh.), ein Bornkinnl, ein erzgebirgisches Christkind und die signierte Orgel Gottfr. Silbermanns, des bedeutenden Orgelbauers Sachsens (1726).

Frankfurt a. d. Oder 574 ■ 3

Die ehem. Hanse- und Universitätsstadt am Oder-übergang alter Handelsstraßen wurde in ihrem Kern 1945 fast völlig zerstört.

Die FRANZISKANERKIRCHE, ausgezeichnet durch einen hohen Steingiebel, ist 1516–25 zur dreischiffigen Halle umgebaut; vom ersten Bau um 1300 ist der rechteckige Chor erhalten.

An der FRIEDENSKIRCHE (früher Nikolaikirche) sind beim Umbau des 19. Jh. nur Umfassungsmauern und unterer Teil des Westturms aus der ersten Hälfte des 13. Jh. erhalten.

Die MARIENKIRCHE, eine der bedeutendsten der Mark Brandenburg, ist im Innern und Äußeren durch einen Umbau von Karl Friedr. Schinkel bestimmt, im letzten Krieg blieb fast nur der Turm unbeschädigt. Erhalten blieb aber ein Bronzewerk (14. Jh.) mit der Geschichte Christi.

Das KLEISTHAUS, eine Gedenk- und Forschungsstätte, erinnert an den 1777 hier geborenen Dichter Heinrich von Kleist.

Das RATHAUS (13.–14. Jh.) besitzt mächtige gotische Giebelfronten (erste Hälfte 15. Jh.), im Innern Säulenhalle und Gerichtslaube. Am Südgiebel der eiserne Fisch, das alte Hansezeichen.

Franzburg *Bez. Rostock* 558 ■ 8

Von der Kirche (1280–1340) des Zisterzienserklosters hat sich nur ein Querschiff erhalten. In der darin eingebauten heutigen PFARRKIRCHE findet sich eine schöne, geschnitzte Maria (um 1430), ein großer Kruzifixus (um 1720) und ein Sandsteinepitaph (1615).

Frauenmark *Bez. Schwerin* 564 ■ 10

Hier hat sich eine romanische DORFKIRCHE aus Feldstein (13. Jh.) rein erhalten. Auf dem guten Schnitzaltar (Ende 15. Jh.) krönen Engel eine Strahlenkranzmadonna, daneben Heilige.

Freiberg *Bez. Karl-Marx-Stadt* 589 □ 1

Als man 1168 reiche Silberadern fand, strömten Bergleute in hellen Scharen herbei. Handwerker, Krämer, Kaufleute kamen dazu; ein Herrenhof – das spätere Schloß – entstand. Drei ältere Dörfer schmolzen 1218 zu einer Stadt. Rathaus und Kaufhof entstanden. Der Mauerring wurde erweitert. 1765 wurde hier die erste technische Hochschule der Welt, die Bergakademie, errichtet. Alexander v. Humboldt, Novalis und Körner zählten zu ihren Schülern. Die Gassen der wohlerhaltenen Altstadt bieten viel schönes Einzelwerk. Zartgliedrige gotische Fensterprofile tauchen auf, zumeist aber urwüchsige Formen der Renaissance.

DOM Von der Ende des 12. Jh. begonnenen, 1484 im Stadtbrand zerstörten Marienkirche (heute Dom genannt) blieb ein Werk von europäischem Rang: die Goldene Pforte (1220–30). Fast gleichzeitig entstand das Triumphkreuz hoch oben im Raum. Nach dem Brande wurde ein weiter Saal erbaut, in den drei Schiffen gleich breit, nach allen Seiten durchschaubar, mit hohen Fenstern und mit einem schmückenden Rippennetz gleichmäßig überspannt. Rundum wurde eine mit Balkonen versehene Empore gezogen, 1484–1512. Noch gotisch ist Hans Wittens um 1520 gemeißelte Kanzel, dargestellt ist die Legende von Daniel, der dem Bergmann Erz

DIE GOLDENE PFORTE
AM DOM, FREIBERG

Sie allein hat sich von einer noch älteren Kirche erhalten. Das romanische Portal (um 1220 bis 1230) ist das früheste Werk mitteldeutscher staufischer Großskulptur. Neu ist hier die wohl durch französische Vorbilder angeregte Verbindung von Architektur und Plastik. Neu ist, daß der Meister die Figuren nicht aus den Säulen wachsen läßt, sondern sie zwischen die Säulen stellt: Das Wesen der Statue ist erfaßt. Die Gewändefiguren stellen auf der linken Seite Daniel, die Königin von Saba, König Salomo und Johannis den Täufer dar, auf der rechten Seite folgen Nahum, König David, Bathseba und Aaron, im Bogenfeld thront Maria mit dem Kind, den Hl. Drei Königen, Joseph und dem Erzengel Gabriel, im äußersten Bogen eine Darstellung des Jüngsten Gerichts. Auf den äußeren Gewändesäulen kauern zwei Löwen, gleich Wächtern des Gotteshauses.

unterm Schatzbaum zeigt. – Im reichen Kunstschatz des Domes, ragen der Zyklus von 13 Aposteln (1500 bis 1510) und die Bergmannskanzel von 1638 heraus. Die Orgel mit prunkendem Prospekt ist ein Werk Gottfr. Silbermanns. Der Chor des Domes ist der Fürstengruft vorbehalten, seitdem 1563 Kurfürst Moritz hier sein riesiges Freigrab erhielt. Die Figur des knienden Kurfürsten ist auf einen architektonisch gegliederten, von Figuren umstellten Block emporgehoben. 1585–94 wurde der Chor außen und innen im Stil der Renaissance umgeformt und die bronzenen Kniefiguren der Fürsten aufgestellt. 1811 kam noch mit klassizistischer Architektur das Kurfürstinnengrabmal aus Lichtenburg hierher, welches dort 1705 begonnen worden war und in den Figuren Balth. Permosers dessen feinfühligste Werke enthält.

Die JACOBIKIRCHE, 1890–92, enthält einen vielfigurigen, ausdrucksstarken Altar von 1610 und einen schönen Elfenbeinkruzifixus von Joh. Heinr. Böhme d. Ä. (um 1672).

Das KAUFHAUS bewahrte von einem Umbau 1545 sein reiches Portal, in einigen Sälen Balkendecken.

Die aus frühester Zeit stammende NIKOLAIKIRCHE wurde 1484 zur spätgotischen Halle umgebaut und erhielt 1750–52 die kühlen Formen eines emporenumzogenen Saalbaues.

PETRIKIRCHE Der auf romanische Zeit zurückreichende Bau wurde 1728–34 gänzlich umgebaut, Barockausstattung herrscht vor. Bedeutung hat die Orgel Gottfr. Silbermanns.

Das STADT- und BERGBAUMUSEUM hat seinen einmaligen Charakter nicht allein durch sein schönes Haus, den gotischen Domherrenhof von 1484 (riesiger Giebel, graziler Treppenturm, innen gewölbte Räume, schwere Balkendecken), sondern durch den Reichtum an Skulpturen, Malerei, Kunsthandwerk und seltene Altertümer des Bergbaus.

DIE TULPENKANZEL IM FREIBERGER DOM

Sie hat ihren Namen von der unverkennbaren Ähnlichkeit des Kanzelkorbes mit einer Tulpenblüte. Der Kanzelfuß ist als Schaft eines phantastisch-romantischen Gewächses gebildet, in dessen Gezweig sich vier kleine Engel tummeln. Eine von Baumstämmen gestützte Treppe führt frei daran empor. Der Korb ist mit den Büsten der vier Kirchenväter: Hieronymus, Ambrosius, Augustinus, Papst Gregor geschmückt. Hans Witten schuf dieses originelle Werk (um 1508/10), für das es in der bildhauerischen Tradition der Spätgotik keinen Vergleich gibt.

ORGEL IM FREIBERGER DOM

Die große 45stimmige Orgel hat Gottfried Silbermann nach vierjähriger Arbeit 1714 vollendet. Sie begründete seinen Ruhm. Den Prospekt schuf der Bildhauer Georgi. Die zinnernen Orgelpfeifen liegen in den Füllungen zwischen korinthischen Pilastern; die überlebensgroßen Engelsgestalten mit Posaunen, Orgel und Kesselpauke sind Sinnbilder der Musik.

Freyburg-Unstrut *Bez. Halle*   580 □ 7
Das alte Weinbauernstädtchen besaß in seiner BURG eine den thüringischen Landgrafen lebenswichtige Schlüsselstellung. Noch heute sind die Anlagen, die romanischen wie die der Renaissance (1552/57), wohlerhalten. Künstlerisch am be-

deutendsten ist die Doppelkapelle, von deren herrschaftlichem Obergeschoß der Landgraf den Blick zum unteren Altar frei hatte. Der Raum mit vielgebogten Quergurten, Lilienfenstern und Kapitellen ist künstlerisch ersten Ranges.

Die STADTKIRCHE wurde spätestens 1220 gegründet. Nach 1400 errichtete man den hohen, lichten Chor, und 1499 wandelte man das Langhaus zur Halle. Der besondere Schmuck ist ein großer Altar mit Mariendarstellungen, um 1500.

Freyenstein *Bez. Potsdam*   564 ■ 4
Das Alte Schloß, heute Ruine, war einer der stattlichsten Renaissancebauten der Mark Brandenburg, das barocke Neue Schloß, jetzt Sakristei, stammt von 1650. Stadtmauer und Wittstocker Torturm sind von den mittelalterlichen Befestigungen erhalten. In der dreischiffigen Backsteinhallenkirche (Ende 13. Jh.) mit Wehrturm Grabmäler der Grundherrschaft v. Winterfeldt.

Friedland *Bez. Neubrandenburg*   565 ■ 2
Die MARIENKIRCHE, ein langgestreckter Hallenbau aus Backstein mit breitem Westbau in Feldstein, wirkt trotz langer Bauzeit (13.–15. Jh.) einheitlich. Die Ausstattung stammt aus der Zeit nach dem Brand von 1703.
Von der NIKOLAIKIRCHE (13. Jh.) stehen, nach teilweiser Zerstörung der Stadt 1945, nur noch die Umfassungsmauern.
Die STADTMAUER, nach 1304 sechs Meter hoch aus Feldsteinen errichtet, ist zum großen Teil noch gut erhalten, ebenso ihre Ausbauten wie Fangelturm, Fischerburg mit Staffelgiebel, der Anklamer Torturm und der Neubrandenburger Torturm (15. Jh.) mit dem heutigen Heimatmuseum.

Friedrichsmoor *Bez. Schwerin*   564 □ 9
Das JAGDSCHLOSS (1780) ist ein hübscher, ländlicher Fachwerkbau in waldiger Landschaft.

Frohnau *Bez. Karl-Marx-Stadt*   589 ■ 7
Vom alten Bergbau berichtet unmittelbar der erst 1904 stillgelegte FROHNAUER HAMMER, der mit all seinem Kleinwerkzeug heute museal gepflegt wird. Das HAUS DER HAMMERHERREN neben dem Werksbau zeichnet sich durch prachtvolles Fachwerk aus (1697).

Fürstenwalde *Bez. Frankfurt a. d. Oder*   574 ■ 8
Die DOMKIRCHE ST. MARIA des Bistums Lebus, nach den Hussitenkriegen im 15. Jh. als spätgotischer Backsteinbau neu errichtet, im 18. Jh. umgestaltet, besitzt eine Taufe des 15., Sakramentshäuschen und Altar des 16. Jh. und verschiedene Grabdenkmäler dieser Zeit. – Spätgotisch ist das Rathaus, barock ein schlichtes kurfürstliches Jagdschloß.

G

Gadebusch *Bez. Schwerin*   563 ■ 1
Das RATHAUS, ein hübscher Backsteinbau (1618), öffnet sich zum Markt in einer offnen Laube.
Am SCHLOSS (1571), einem Renaissancebau mit vorspringendem Treppenhaus und Giebel, gliedern viele ornamentale und figürliche Terrakotten die drei Geschosse.

Die STADTKIRCHE, einer der ältesten Backsteinbauten Mecklenburgs, wurde 1220 als spätromanische Hallenkirche begonnen, aus dieser Zeit auch die Tier- und Menschenköpfe an den Bündelpfeilern; Chor und Kapellen sind gotisch. Aus dem 13. Jh. stammen noch ein Radfenster aus Bronze und 1955 freigelegte Malereien im Langhaus. Sehenswert ist von der Ausstattung vor allem ein eherner Taufkessel mit Passionsdarstellungen (1450) und eine geschnitzte Kanzel.

Gardelegen *Bez. Magdeburg*   572 □ 9
Hinter niedrig-breiten, teils in Fachwerk errichteten Häusern und dem behäbigen Rathaus ragt die MARIENKIRCHE auf, ein Backsteinbau, an dem das 13.–17. Jh. baute. Einheitlich gotisch der Chor (14. Jh.), in ihm der riesige Altar (um 1420), ein selten guterhaltenes Werk seiner Zeit.
Von der STADTMAUER erhielt sich das Salzwedeler Tor (16. Jh.). Oberteil von 1907.

Geisa *Bez. Suhl*   586 ■ 2
Auf dem Gangolfsberg über der Ulster steht, überdacht von alten Linden, eine regelmäßige Steinsetzung: Zeuge eines mittelalterlichen Zehntgerichts, die einzige in Thüringen erhaltene Anlage dieser Art.

Georgenthal *Bez. Erfurt*   587 ■ 11
Das KLOSTER wurde 1140–60 gegründet. Seit den Bauernkriegen Ruine und Steinbruch, seit 1840 geschützt und erforscht. Erhalten sind noch einige Mauern, die Brunnenanlage, Reste des Abtshauses, das Kornhaus mit einer schönen Rosette und ein mächtiges Kapitell auf einem Säulenschaft. – Fragmente befinden sich im HEIMATMUSEUM im Kornhaus.

Gera   588 ■ 1
995 wird Gera erstmals erwähnt. Bis 1920 gehörte die Stadt zur jüngeren Linie des Hauses Reuß. Die Tuchmacher- und Gerberstadt erhielt 1569 vertriebene protestantische Niederländer, sie brachten die Wollweberei mit, die der Stadt guten Ruf verschaffte. Die heutige Industriestadt wurde 1945 schwer getroffen.
KIRCHEN Im Jahre 1500 errichtete man an der Wallfahrtskapelle eine schlanke, maßwerkumsponnene Außenkanzel, die sich an der 1869 umgebauten Trinitatiskirche erhalten hat. In der Kirche und auf dem Friedhof blieben einige Grabmäler des 18. Jh. erhalten. Die Salvatorkirche entstand nach der letzten Umgestaltung 1782 als emporenumzogener Bau, die Säulenstellung zwischen den Emporen gibt klassizistisches Gepräge.
RATHAUS (1573–76) mit kräftigem, von Lisenen umbundenem Achteckturm und phantastisch geschmücktem Portal.
SCHLOSS OSTERSTEIN Unter Mitwirkung Gottfr. Heinr. Krohnes wurde im 18. Jh. der Mittelbau mit Galerien und Eckpavillons zu einer harmonischen, durch zarte Wandgliederung rhythmisierten Anlage verändert. Heute Museum für Geschichte der Arbeiterbewegung.

Gernrode *Bez. Halle*   579 ■ 2
Die als Kanonissenstift 959 gegründete KIRCHE ST. CYRIACUS ist das erste und einzige voll erhaltene frühottonische Werk Norddeutschlands und enthält alle künftigen Eigenheiten romanischer Sakralbaukunst: kreuzförmige Basilika mit Apsiden,

STIFTSKIRCHE VON GERNRODE
GEGEN OSTEN

Sehr schön läßt sich am Außenbau die klare architektonische Fügung von Querhaus, Chor und Apsis ablesen. Die unverputzten glatten Mauern, die nur durch die Lisenen aufgelockert werden, betonen den Eindruck des Großartigen, in sich Geschlossenen. Die Ostteile sind die ältesten der Kirche; nach 959 wurde mit ihrem Bau begonnen; 965 wurde der Stifter, Markgraf Gero, in der Krypta beigesetzt.

Querhaus, Chor und Vierung über der Ostkrypta, mit Stützenwechsel und Emporen. Außen klar in den Einzelteilen, innen in strenger Ordnung gefügt. Den Skulpturen des Hl. Grabes (um 1100 bis 1120) gebührt der höchste Rang: noch in der Art byzantinischer Elfenbeinkästchen herkommend, schon als frühestes Werk nach architektonischer Bindung strebende Großplastik.

Gnandstein *Bez. Leipzig* 589 □ 10
Die doppelhöfige BURG (um 1150) mit hoher Schildmauer, Zwinger, frei stehendem Bergfried ist hervorragend erhalten. Im Innern noch romanische (Palas um 1180) und gotische Teile. In der schönen Kapelle Zellen- und Sterngewölbe, dazu drei Altäre von Peter Breuer (1502/03).

Gnoien *Bez. Neubrandenburg* 558 □ 8
Im Innern der häufig erneuerten STADTKIRCHE ST. MARIEN erhielten sich Gewölbemalereien im Chor (um 1300) und ein Schnitzaltar (Anfang 16. Jh.) mit Mondsichelmadonna, Laute spielenden Engeln und kleinfigurigen Reliefszenen.

Göllingen *Bez. Halle* 579 ▪ 5
EHEM. BENEDIKTINERKLOSTERKIRCHE Von einem der ältesten thüringischen Klöster hirsauischer Prägung blieb der architektonisch meisterhaft vollendete Westturm. Er erhebt sich über einer quadratischen Unterkirche (um 1200) mit schweren Würfelkapitel-

len und gehört zu den schönsten seiner Art in Thüringen.

Görlitz *Bez. Dresden* 598 ▪ 4
Die Stadt über der Neiße entstand um 1210 um den Untermarkt. 1250 dehnte sie sich nach Westen um den Obermarkt aus und war bald ummauert. Mauerreste, ein Zwinger, das Bollwerk Kaisertrutz (Städt. Kunstsammlungen), auch drei mit schwungvollen Kupferlaternen verzierte stämmige Türme sind noch heute die Zeugen der ehedem geradezu reichsstädtischen Bedeutung der Stadt. Die Altstadt gehört zu den ganz wenigen makellos erhaltenen deutschen Städten. Nach dem Stadtbrand 1525 bauten drei Mitglieder der Familie Roskopf die Stadt in Renaissanceformen wieder auf, teils über gotischem Kern. Es blieb auch der Görlitz so auszeichnende Typ des Arkadenhauses mit Halle und Kapelle.
Am schönsten gelang Wendel Roskopf d. Ä. am künstlerisch auch innen reichen Rathaus die Komposition von Rathaustreppe mit Kanzel und Säule einerseits, dem Schönhof mit seinem Erker andererseits (1526; 1537/38). Zu klassischer Höhe greift Roskopfs Werk im Archivhof (1534), ihm fügt sich der von seinem Sohn erbaute Gerichtserker harmonisch zu. Jonas Roskopf gab dem gotischen Waagehaus einen Mantel aus Dreiviertelsäulen mit hervorragendem Schmuck einer Büstenreihe (um 1600). Die Bauweise des 18. Jh. zeigt sich am vollkommensten am Haus Neißstraße 30, dem Typ des Leipziger Durchgangshauses, hier mit zwei Höfen. Seit 1808 Bibliothek der ehem. Oberlausitzischen Gesellschaft, seit 1950 Museum.
Die FRAUENKIRCHE, eine fast quadratische, netzgewölbte Halle, wird durch eine schöne Westempore mit lebendig schweifender Brüstung charakterisiert (1449–86).
Das HEILIGE GRAB, eine originale Nachbildung des Grabes in Jerusalem, die 1481–1504 der Bürgermeister Emmerich stiftete, ist kulturhistorisch so interessant, wie die Geschichten von Buße und Sühne des Stifters amüsante Görlitzer Sagen sind.
Die NIKOLAIKIRCHE, als Gründung die älteste (1100), im Bau aber die späteste, unvollendete (1520), liegt stimmungsvoll im Nikolaifriedhof mit seinen zahlreichen alten Gräbern.
Die OBERKIRCHE (14.–16. Jh.), ein Bau von mönchischer Einfachheit, verwahrt die Goldene Maria, einen monumentalen Schnitzaltar (1511). Lichtdurchschienen dagegen ist der lockere Altarbau eines Permoserschülers (1713).
PETER- UND PAULSKIRCHE In der Westfront stekken Reste des Baues von 1225–30. Von 1423 an wurde er vergrößert, 1497 wurde das fünfschiffige Langhaus mit Stern- und Netzgewölbe errichtet. Riesiger Altar (1695) mit schönen Alabasterfiguren. Die Orgel (1694), Kanzel, Beichtstühle und Epitaphe vollenden das eindrucksvolle Bild.

Gotha *Bez. Erfurt* 587 ▪ 12
775 sprach Karl d. Gr. dem Kloster Hersfeld den Gothaer Königszehnten zu. Der Ort an der West-Ost-Straße lag so günstig, daß die Landgrafen sich hier festsetzten und die Stadt 1168 neben ihrem alten Kern neu anlegten. Die Kaufherrenstadt schuf sich in der Pfarr- und Stiftsschule (seit 1292) eine wichtige Stätte der Wissenschaft (seit 1612 Gymnasium). Nach schweren Zeiten und wechselnden Herrschaften kam eine zweite Blüte der Stadt, als 1640 Herzog Ernst das selbständige Reichsfürsten-

tum Gotha übernahm und mit beispielhafter Innen-
politik (Pflichtvolksschule) die zukünftige Entwicklung festlegte, so daß das Herzogtum Sachsen-
Gotha-Altenburg (seit 1826 Sachsen-Coburg-Gotha)
kulturell von höchster Bedeutung war. Trotz vieler
Stadtbrände blieb die ursprüngliche` Anlage voll
erhalten. Eine Fülle alter Bürgerhäuser umschließt
den Markt mit seinem Rathaus, dem früheren
Kaufhaus.

Die MARGARETHENKIRCHE, ein spätgotischer, zuletzt
1725 umgeformter Bau, brannte im Kriege aus,
wurde aber mit dem erhaltenen Inventar des
18. Jh. wieder aufgebaut.

SCHLOSS FRIEDENSTEIN (1643–55). Dieses erste unter
den thüringischen Barockschlössern, ein wuchtiger
Dreiflügelbau mit klotzigen Eckwürfeln, ist von
Zelt- und Kuppeldach gekrönt. Im Innern entfaltet
sich pompöser Barock. Gottfr. Heinr. Krohne hat
1751 einige Räume in die beschwingte Dekoration
des grazilen Rokoko umgewandelt. Höchst bemerkenswert ist die Schloßkapelle mit der protestantischen Anordnung von Altar, Kanzel, Orgel
übereinander (1687–95). Das 1682/83 eingerichtete, klassizistisch umgebaute Ekhof-Theater ist das
älteste der thüringischen Schloßtheater, seine Büh-
nentechnik blieb im ursprünglichen Zustand erhalten.
In einem Teil der Räume das Schloßmuseum und
die Landesbibliothek mit einer der bedeutendsten
Handschriftensammlungen der DDR.

HAUSBUCHMEISTER: LIEBESPAAR,
SCHLOSSMUSEUM GOTHA

*Um 1480 hat der süddeutsche Meister des Haus-
buches von Schloß Wolfegg mit seinem berühmten
Verlöbnisbild – vielleicht Philipps II. Graf von
Hanau-Lichtenberg und der Gräfin Anna von
Ysenburg – das schönste aller Doppelbildnisse des
15. Jh. geschaffen. Das Zusammenspiel von festlichen Farben und zeichnerischem Feingefühl wird
gekrönt vom schwingenden Rhythmus des Spruch-
bands, das beider Liebe verrät.*

RATHAUSTREPPE MIT VERKÜNDIGUNGS-
KANZEL UND JUSTITIA, GÖRLITZ

*1537/38 schuf Wendel Roskopf d. Ä. neben dem
alten gotischen Turm die elegant-schwungvolle
Freitreppe, die zu der reliefgeschmückten Ver-
kündigungskanzel und der Rathaushalle dahinter
führt. Die Justitia auf reichornamentierter Säule,
1591 von Andreas Walther, ist heute durch eine
Kopie ersetzt. Über der Pforte ist ein spätgotisches
Relief mit dem Wappen des Königs Matthias
Corvinus eingelassen.*

Graba bei Saalfeld *Bez. Gera* 587 □ 3
STADTKIRCHE Turm und Chor mit Sterngewölben
stammen aus dem 15. Jh. Der Altarschrein (1510)
ist außen bemalt, im Inneren mit sieben Großfigu-
ren besetzt. In das prachtvolle Bild später Gotik
von Chor und Altarwerk greift eine diesseits-
frohe Barockdekoration des 1773 umgestalteten
Langhauses.

Grabow *Bez. Schwerin* 564 □ 8
In das Stadtbild mit zahlreichen Fachwerkhäusern
fügt sich das ebenfalls in Fachwerk errichtete
RATHAUS mit kräftigem Dachreiter und doppelläufiger Freitreppe gut ein. In der Stadtkirche, einer
Backsteinhalle des 14. Jh., die später neu gewölbt
wurde, hat sich eine Kanzel mit Reliefs von 1555
erhalten. Der berühmte Grabower Altar des Meisters Bertram ist heute in Hamburg.

Gräfentonna *Bez. Erfurt* 587 □ 12
KIRCHE Die Grablege der Grafen von Gleichen befindet sich in der schlichten spätgotischen Kirche,
die das umfänglichste thüringische Altarwerk verwahrt. Es entstand in Nürnberg als Werk des
Hans Nußbaum um 1510, 1645 umgebaut.

Gramzow *Bez. Neubrandenburg* 566 ■ 8
Von der KLOSTERKIRCHE der Prämonstratenser
(14. Jh.) steht nur noch die Backsteinruine einer
sechseckigen Kapelle und der Teil eines Giebels.
Die STADTKIRCHE, frühgotisch und in Granitquadern,

wurde im Dreißigjährigen Krieg weitgehend zerstört, 1686 wieder ausgebaut und mit bemalter Balkendecke ausgestattet.

Gransee *Bez. Potsdam* 565 □ 6
Aus dem 15. Jh. stammen Stadtmauer, Pulverturm und Ruppiner Tor, von 1811 Karl Friedr. Schinkels Denkmal der Königin Luise.
Bei der MARIENKIRCHE ist das mächtige, zweitürmige Westwerk Rest einer ersten Kirche um 1240. Der dreischiffige Hallenbau von 1480 enthält einen spätgotischen Schnitzaltar mit guten Tafeln.

Greifswald *Bez. Rostock* 558 ■ 5
Unzerstört überragen die drei gotischen Backsteinkirchen die alte, 1209 als Marktflecken gegründete Hansestadt, die nach der Universitätsgründung 1456 geistiges Zentrum Pommerns wurde. Sie kam 1648 an Schweden, 1815 an Preußen. Aus der Hansezeit sind einige schöne spätgotische Häuser erhalten, aus der Renaissance ein prachtvolles Giebelhaus, Knopfstraße 33, aus dem 18. Jh. der idyllische Hof von St. Spiritus, in dem Konzerte stattfinden.
DOM ST. NIKOLAI Die Krönung des als Hallenkirche begonnenen, dann in eine Basilika verwandelten schlichten Baus ist der 98 Meter hohe markante Turm, der „schlanke Nikolaus". Gotik und Barock verschmelzen in ihm glanzvoll. Unter den Gemälden das Rubenowbild bedeutend, das den Universitätsgründer mit anderen Professoren zeigt.
HEIMATMUSEUM In Teilen des ehem. Franziskanerklosters Gemälde, Zeichnungen und Graphik von Caspar David Friedrich und seinen Zeitgenossen. Erinnerungsstätte für Ernst Moritz Arndt, Funde aus dem Kloster Eldena. Skulpturen, Volkskunst, Stadtgeschichte.
KLOSTERRUINE ELDENA Reste des 1199 gegründeten und bis zum 15. Jh. ausgebauten Zisterzienserklosters erhalten. Vor allem die hohe Westfront ist aus vielen Gemälden Casp. Dav. Friedrichs als romantisches Gleichnis der Vergänglichkeit bekannt.
RATHAUS Langgestreckter mittelalterlicher Backsteinbau, 1724 teilweise barockisiert. Gotische Laubengänge zum Markt wieder freigelegt.
ST. JAKOBI Die kleinste der mittelalterlichen Kirchen ist ein erst zwei-, dann dreischiffiger Hallenbau.
ST. MARIEN Der behäbige dreischiffige Hallenbau aus dem 13.–14. Jh. ist innen, mit schlanken Bündelpfeilern, hell und weiträumig. Er wurde vorbildlich für viele chorlose Hallenkirchen Vorpommerns. Die geschnitzte Kanzel und Grablege und die zierliche Annenkapelle sind hervorzuheben.
UNIVERSITÄT Schloßartiger, langer Bau von Andreas Mayer aus Augsburg 1750.

Greiz *Bez. Gera* 588 ■ 3
Das SOMMERPALAIS (1779–89) ist, schlicht und nobel, in der Mitte durch Giebel und Balkon betont, sonst nur durch Fenster und Putzspiegel gegliedert. Im Inneren erhielt sich vorzüglicher klassizistischer Dekor. Hier wird die beste deutsche Sammlung englischer Schabkunstblätter, dazu eine vorzügliche Bibliothek verwahrt. Der ursprüngliche Barockpark wurde nach 1872 in einen Landschaftspark verwandelt. – Das UNTERE SCHLOSS war die reußische Residenz.

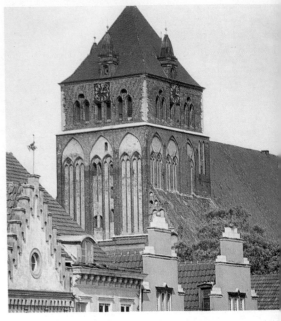

DIE MARIENKIRCHE IN GREIFSWALD
Ihr massiger Backsteinturm überragt die Giebelhäuser am Markt. Nur das hohe Mittelgeschoß mit den spitzbogigen Blendfenstern stammt noch aus der Bauzeit (14. Jh.). Das ursprünglich ähnlich gestaltete Obergeschoß wurde 1675 bei der Belagerung durch brandenburgische Truppen zerstört und durch das heutige mit den gekuppelten Schallarkaden ersetzt. Im Glockenstuhl hängen noch drei schwere alte Glocken. Das Zeltdach mit den vier Fialen ist erst 1780 dazugekommen.

Griebenow *Bez. Rostock* 558 ■ 6
DORFKIRCHE Der bemerkenswerte ländliche Zentralbau (1616) aus Fachwerk mit Maskenköpfen an den 15 hölzernen Ecksäulen verfügt auch über eine gute zeitgenössische Innenausstattung mit reichem Schnitzwerk.
SCHLOSS Durch eine alte Kastanienallee, an den Kavaliershäusern vorbei, erreicht man dieses stattliche Barockschloß (um 1705). Eine zweiarmige Freitreppe mit vier Putten führt zum wappengeschmückten Portal und in die Halle. Dahinter der schöne, dem Stockholmer Rittersaal nachgebildete Festsaal mit geschmackvollem Stuckwerk.

Grimma *Bez. Leipzig* 581 ■ 7
Die Stadt verdankt der Gunst des Hauses Wettin ihren Ausbau nach 1200 und 1550 die Einrichtung der Fürstenschule. Schloß, Rathaus und Museum bieten viel Bemerkenswertes aus der Geschichte der alten Tuchmacherstadt.
FRAUENKIRCHE mit Bauteilen des 13. Jh. Unter den Skulpturen ist die Marienfigur von 1519 eine der schönsten ihrer Zeit.

Grimmen *Bez. Rostock* 558 ■ 7
Schöne Beispiele der Backsteingotik sind hier das RATHAUS (14. Jh.) mit prächtigem Pfeilergiebel und die STADTKIRCHE ST. MARIEN (13. Jh.) mit ihrem wuchtigen Westturm und einem Umgangschor des 15. Jh. In der Moritzkapelle findet sich eine reichgeschnitzte Ausstattung. Von den drei erhaltenen TORTÜRMEN ist das Stralsunder Tor mit Staffelgiebel das schönste, etwas einfacher das Greifswalder und das Mühltor.

Großbeeren *Bez. Potsdam* 573 ■ 4
KIRCHE Ein Zentralbau von Karl Friedr. Schinkel von 1820 mit zahlreichen Türmchen, an der Stelle einer zerstörten Kirche des 13. Jh. Im Innern eine gemalte Pietà, um 1500. – Ebenfalls von Schinkel ist das GEFALLENENDENKMAL, das wie ein anderes Denkmal und ein Museum an die Schlacht von 1813 erinnert.

Großenhain *Bez. Dresden* 581 □ 4
Ausbau der gotischen MARIENKIRCHE 1744–48 durch Joh. Georg Schmidt, einen Schüler George Bährs, zu einem von dreigeschossigen Emporen umgebenen, auf Kleeblattgrundriß errichteten Zentralbau. Altar, Kanzel und Orgel sind prachtvoll zusammengefaßt.

Groß Gievitz *Bez. Neubrandenburg* 565 □ 10
Drei Hängekuppeln wölben Chor und Schiff der frühgotischen FELDSTEINKIRCHE, in der 1964 guterhaltene Wandmalereien (um 1300) aufgedeckt wurden. Aus dem 18. Jh. stammen die bemalte Innenausstattung, die farbigen Glasfenster des Chors und ein Marmorgrabmal.

Großkochberg *Bez. Gera* 588 □ 9
SCHLOSS Die Wasserburg des 15. Jh. mit ihrer riesenhaft hochgetürmten Kemenate geht auf einen mittelalterlichen Bau zurück. Gottfr. Heinr. Krohne verlieh 1753 einigen Räumen den Glanz des Rokoko. Zwischen 1775–88 weilte Goethe als Gast der Charlotte von Stein oft in diesen Räumen (Goethegedenkstätte).
Die KIRCHE, im Kern romanisch, birgt ein Triumphkreuz (um 1500) und einen großen Altar der Saalfelder Schule (um 1490).

„FRIEDENSTUCH" AUS GROSSSCHÖNAU
Dieses Damastleinentischtuch wurde anläßlich der Beendigung des Siebenjährigen Krieges gewebt. Das sächsische Großschönau lag mitten im umkämpften Gebiet; um so mehr begrüßte man hier den Frieden. „Nuntia Pacis" – die Friedensbotin – erscheint über Schloß Hubertusburg, wo man „den Frieden geschlossen, den 15. Februar, gefeiert den 21. Martius Anno 1763". Unter den allegorischen Figuren am Saum erscheint Justitia und die „Germania pacata" – das befriedete Deutschland.

Großrudestedt *Bez. Erfurt* 587 □ 1
Die 1724–34 umgebaute KIRCHE besitzt einen Flügelaltar von 1487. In feierlicher Ordnung paradieren die Heiligen, vier weibliche links, vier männliche rechts. Im Mittelschrein wiederholt sich diese Reihung von je drei Heiligen, diesmal zuseiten der Marienkrönung.

Großrückerswalde *Bez. Karl-Marx-Stadt* 589 ■ 3
Die DORFKIRCHE entstand vor 1470 als Nachfolgerin eines älteren Baues. Im Innern ein erzgebirgisch buntes Bild der dreigeschossigen Emporen, der Kassettendecke und des vor den Emporen errichteten Kanzelaltars von 1649.

Groß Salitz *Bez. Schwerin* 563 ■ 1
Die für eine DORFKIRCHE ungewöhnliche Form einer Basilika wird außen durch ein über die Seitenschiffe herabgezogenes Dach verdeckt. Innen Tonfiguren von Heiligen unter Baldachinen, im Säulenaltar (1736) zwischen Reliefs Kreuzigungsgruppe mit Moses und Aaron. Figürliche Grabdenkmäler.

Großschönau *Bez. Dresden* 598 □ 6
Das langgestreckte Dorf mit lausitzischen Umgebindehäusern erhielt eine kaum mehr vorstellbare Bedeutung durch die Damastweberei, die in der zweiten Hälfte des 17. Jh. über Dresden aus Holland kam. Das OBERLAUSITZER DAMAST- UND HEIMATMUSEUM zeigt Entwicklung, Geräte und Damastgewebe in vollständiger Auswahl.

Groß Trebbow *Bez. Schwerin* 563 □ 2
DORFKIRCHE Die flachgedeckte Backsteinkirche (15. Jh.) hat noch ihr mittelalterliches Ziegeldach. Davor steht ein hölzerner Glockenstuhl. Bemalte Kanzel (1689), drei Gemälde im Altaraufsatz (1691).

Güstrow *Bez. Schwerin* 564 □ 1
Aus einem 1226 gegründeten Kollegiatstift entstand eine kreisförmig angelegte Stadt und zeitweilige herzogliche Residenz. Als Herzog von Mecklenburg hielt auch Wallenstein hier 1628/29 Hof. 1910 ließ sich der Bildhauer Ernst Barlach in Güstrow nieder.
DOM 1226 wurde der Backsteinbau als kreuzförmige dreischiffige Pfeilerbasilika begonnen, im 14. Jh. das nördliche Querschiff erweitert und der Westturm errichtet. Der große Flügelaltar (1500) ist aus dem Kreis des Hinrik Bornemann, die geschnitzten zwölf Apostel an den Langhauspfeilern sind von Claus Berg (1530). Von Ernst Barlach findet man hier den Schwebenden Engel (jetzt als Nachbildung des Kölner Exemplars) und einen Bronzekruzifixus. Ältere Grabdenkmäler und, am Sakristeiportal im Süden als Klopfer ein Wendelring, sogenanntes Totenkreuz aus dem 7.–5. Jh. v. Chr.
BARLACH-GEDENKSTÄTTE, in der Gertrudenkapelle, spätgotischer Bau, Fachwerk mit Backstein verblendet (15. Jh.), stark restauriert. Werke des Bildhauers auch in seinem Atelier am Inselsee.
PFARRKIRCHE ST. MARTIN Der gotische Backsteinbau, ursprünglich Basilika, jetzt dreischiffige Hallenkirche, enthält einen wertvollen Altar (1522) mit Schnitzwerken von Jan Bormann aus Brüssel und Malerei von Bernaert von Orley. Triumphkreuzgruppe und Ratsgestühl aus dem 16. Jh., Orgelprospekt aus dem 18. Jh.

GÜSTROWER EHRENMAL

Ernst Barlachs Bronzeengel – gleichsam die personifizierte, über den Schlachtfeldern schwebende Totenklage – hat heute wieder einen Platz im südlichen Seitenschiff des Domes, aber es ist nicht das Original von 1927, das die Stadt dem Gedenken an die Gefallenen des ersten Weltkrieges gestiftet hatte, sondern die Kopie nach einem Zweitguß aus der Kölner Antoniterkirche. Diesen hatte der Meister geschaffen, nachdem die Güstrower Skulptur 1937 als „entartete Kunst" eingeschmolzen worden war. Barlach gab dem Engel die Züge von Käthe Kollwitz, ins Übermenschliche stilisiert und zum Ausdruck entrückten Ernstes gesteigert.

SCHLOSS Im 16. Jh. anstelle der mittelalterlichen Burg errichtet, erhalten der wertvolle Süd- und Westflügel (1558–66). An der südlichen Hoffront reizvolle dreigeschossige Arkadenhalle. Reste der Stuckierung und der Ausmalung in den Innenräumen; bemerkenswert die stuckierten Jagdidyllen im Jagdsaal (Anfang 17. Jh.). Das Schloß steht in seiner manieristischen Bauweise (italienische, französische und deutsche Elemente) in der deutschen Architektur des 16. Jh. vereinzelt da.

Gustow *Bez. Rostock* 558 ■ 7
Im älteren Chor der sonst spätgotischen DORF-KIRCHE Wandmalereien um 1420. Neben Triumphkreuzgruppe und Schnitzwerken des 14. und 15. Jh. stehen Altar, Kanzel und Taufständer des 18. Jh.

H

Hainewalde *Bez. Dresden* 598 □ 6
Im Ort zahlreiche, teils mit Schnitzerei verzierte Umgebindehäuser.
DORFKIRCHE, 1705–11. Die Emporen liegen zwischen Strebepfeilern, vorzügliche Innenausstattung von 1709.

Die KANITZ-KYAUSCHE GRUFTKAPELLE (um 1715) in reich bewegter Architektur mit expressiven Gestalten ist böhmischen Ursprungs.

Halberstadt *Bez. Magdeburg* 579 ■ 1
Schon seit 827 befand sich auf dem erhöht liegenden Domgelände ein Bischofssitz (1591 säkularisiert), der seit 989 auch die weltliche Herrschaft über die anschließende Marktsiedlung bekam. Das gotische Rathaus und die schönen Fachwerkhäuser der alten Innenstadt fielen den Bomben zum Opfer. Dom, Liebfrauen- und Martinikirche sind wiederhergestellt. Am Domplatz die wiederhergestellte Dompropstei (1611), die Domherrenkurien (Städt. Museum), das Wohnhaus des Dichters Joh. Wilh. Ludw. Gleim. Der Petershof, ehem. bischöflicher Palast von 1502 (Stadtarchiv).
DOM ST. STEPHANUS Dritter Bau an gleicher Stelle. Die Westseite 1240 begonnen (im Übergang der Romanik zur Gotik), der Gesamtbau ab Mitte des 14. Jh. in hochgotischem Stil weitergeführt. Trotz der langen Bauzeit (Weihe 1491) von einheitlicher Wirkung. Reichverziertes Strebewerk umzieht den langen schlanken Bau. Die großen Maßwerkfenster haben im Chorumgang und in der kleinen Marienkapelle davor noch alte Glasmalereien aus dem 14. und 15. Jh. Das vielteilige Aufwärtsstreben der Bündelpfeiler und Arkaden wird durch zahlreiche Statuen – in der Vierung aus dem Umkreis Riemenschneiders –, den steilen Lettner und das aufgipfelnde Triumphkreuz noch unterstrichen. Im Querhaus, dem spätesten Bauab-

CHORSCHRANKENRELIEF IN DER LIEB-
FRAUENKIRCHE, HALBERSTADT

Das Stuckrelief des Apostels Johannes stammt von der nördlichen Chorschranke, deren Figuren den thronenden Christus mit sechs Aposteln darstellen. Anschaulichkeit und Frische der Beobachtung machen sie zu einem Hauptwerk der deutschen spätromanischen Plastik. Ein fast klassisches Körpergefühl – pralle Glieder, harmonische Bewegungen, natürliches Sitzen – verbindet sich mit einer erstaunlichen Lebendigkeit der Gesichter. Das ornamentale Eigenleben der Gewänder und die sprechenden Blicke steigern die Intensität.

DOM VON HALBERSTADT GEGEN OSTEN

Selten scheint das Bestreben der gotischen Architektur, auch die Materie am mystischen Aufschwung teilhaben zu lassen, schöner verwirklicht als hier. Der ungeheure Höhendrang des Raumes kommt vor allem durch die schlanken, hohen Pfeiler zustande. Der Blick folgt den filigranartig zierlichen Formen des Lettners (um 1500) zu der monumentalen Triumphkreuzgruppe mit Maria, Johannes und zwei Cherubim (um 1220). Im Vordergrund ein mächtiger romanischer Taufstein aus grünem Marmor (1195).

schnitt, prunkt die Spätgotik mit wunderschönen Sterngewölben, reichem Fenster- und Fassadenschmuck. Die Westtürme 1896 erneuert. Romanischer Taufstein, schöne Verkündigungsgruppe (um 1360), hervorragende Grabdenkmäler. Um den Kreuzgang, den größten Norddeutschlands, und seinen Garten, in den die Neustädter Kapelle malerisch hineinragt, liegen der romanische Alte Kapitelsaal, der zur spätgotischen Stephanskapelle führt, sowie der spätgotische Kapitelsaal. In diesem und im Remter am Domplatz ist der Domschatz ausgestellt.

Die LIEBFRAUENKIRCHE, 12. Jh., eine viertürmige kreuzförmige Basilika, ist dank ihrem klaren Gefüge der schmucklosen kräftigen Baublöcke eine der reinsten Erscheinungen der hohen Romanik in Deutschland. Im flachgedeckten kargen Inneren mit wohlabgewogenen Proportionen und schlichten Pfeilern die berühmten Chorschranken und ein spätromanisches Triumphkreuz. Romanische Kapitelle in der Taufkapelle, gotische Gewölbemalereien in der Barbarakapelle.

Unter den PFARRKIRCHEN – romanisch, später erneuert St. Moritz, gotisch St. Katharinen und St. Andreas, von letzterer nur der Chor wieder aufgebaut – dominiert die gotische Martinikirche. Mit ihren beiden ungleich hohen, durch einen Gang verbundenen Türmen blickt sie auf den Markt. Sehenswert die Bronzetaufe (um 1300) und der Hochaltar.

ABRAHAMSTEPPICH AUS DEM HALBERSTÄDTER DOMSCHATZ

Er stammt aus dem Anfang des 12. Jh. Großflächig und streng stilisiert, erscheinen auf neun Meter langer Bahn Szenen aus dem Leben Abrahams. Im Mittelpunkt diese großartige Kampfszene: Der Erzengel Michael besiegt den Drachen.

491

Halle 580 ▪ 5

Uralte Salzsiedlung, fränkisches Kastell und Handelsplatz bestimmten Lage und Geschicke von Halla,
805 erwähnt, seit 968 mit Burg Giebichenstein
dem Erzbistum Magdeburg unterstellt. Auf die
bürgerlich-gotische Kunstentfaltung folgte Anfang
des 16. Jh. unter Kardinal Albrecht von Brandenburg die Frührenaissance. Im Barock Gründung der
Universität (1694). Aus dem Barock stammt der
riesige Waisenhauskomplex, dessen Stifter Aug.
Herm. Francke war. Hallorenmuseum auf dem
Gelände der ehem. Saline.

BURG GIEBICHENSTEIN Die malerische Ruine auf
schroffem Felsmassiv über der Saale ist vielfach
umgebaut worden (heute Hochschule für industrielle Formgebung und Architekturmuseum). Bartholomäuskapelle von 1738.

DOM Renaissancegiebel, Portale, Treppenturm,
Kanzel, Chorgestühl und vor allem die großartigen
Apostelfiguren im Kirchenschiff entstammen der
Umgestaltung der frühgotischen Dominikanerkirche
zum Dom des 1520 von Kardinal Albrecht gegründeten Neuen Stiftes, katholischer Gegenpol gegen
das lutherische Wittenberg. Das meiste der prunkvollen Ausstattung nahm Albrecht 1541 bei seinem
Auszug nach Aschaffenburg mit.

Die MARKTKIRCHE wurde auf Veranlassung von
Kardinal Albrecht, der „halb Halle" abreißen und
neu errichten lassen wollte, zwischen die Turm-
paare zweier abgerissener romanischer Kirchen
eingebaut. 1551 setzte Nickel Hoffmann, Halles
bedeutendster Renaissancebaumeister, den Osttürmen kupferne Hauben auf und schuf den malerischen Verbindungssteg. Im Innern dekoratives
Netzrippen- und Sterngewölbe. Der Verzicht auf
den Chor und die in die Mitte des Langhauses ge-

HÄNDELDENKMAL AUF DEM MARKTPLATZ IN HALLE

*Georg Friedrich Händel wurde 1685 in Halle ge-
boren. Hier verbrachte er Kindheit und Jugend und
erhielt seinen ersten musikalischen Unterricht. Sein
weiteres Leben hat ihn freilich mit London, nicht
mit seiner Vaterstadt verbunden. Mit der Aufstellung des Denkmals 1859 anläßlich des 100. To-
destages ehrte Halle seinen großen Sohn ebenso
wie mit der Einrichtung seines Geburtshauses
(Nicolaistraße 5) als Museum und den Händel-
Festspielen.*

rückte Kanzel machen die Zeitennähe der Reformation deutlich. Prächtiges Gestühl.

MORITZBURG Die für wenige Jahre in Halle resi-
dierenden Erzbischöfe ließen sich das mächtige gotische Kastell 1484–1503 über der Saale bauen. Ein
ungleichmäßiges Rechteck mit vier runden Ecktürmen, Schloßkapelle (1514) und Torturm (1517).
Der Bau brannte im Dreißigjährigen Krieg aus und
blieb seitdem Ruine. Der ehem. Küchenbau wurde
1913 Sitz der Staatlichen Galerie Moritzburg: Alte
und moderne Kunst; hervorzuheben die historischen Räume des ehem. Talamtes der Halloren, der
Salzarbeiter.

MORITZKIRCHE Reichster Teil des 1388 begonnenen
Neubaus der Augustinerchorherrenkirche ist der
von Konrad von Einbeck mit Bildhauerarbeiten
überzogene figurengeschmückte, große und lichte
Chor. Das strengere Langhaus, von vielgeteilten
Netzrippen üppig überwölbt, ist ein spätgotischer
Hallenraum vom Ende des 15. Jh. Hochrenaissance-
kanzel 1592. Der schlichte Westbau, in die Stadtmauer verankert, blieb unvollendet. Als Konsolfigur
die Büste Konrads, um 1410, eines der frühesten
Selbstbildnisse der deutschen Kunst.

ROTER TURM „Zur Zierde der hochberühmten Stadt
Halle" erbaut, verkündet stolz die Weiheurkunde,
die im steilen Helm des 1418–1506 erbauten frei
stehenden Glockenturms gefunden wurde. Der
Helm wurde im zweiten Weltkrieg zerstört.

ULRICHSKIRCHE Kleinste der vier gotischen Hallenkirchen, turmlose Predigerkirche des Servitenor-
dens. Am Nordportal Tympanonrelief.

BÜSTE KONRADS VON EINBECK, MORITZKIRCHE, HALLE

*Im Chor der von ihm erbauten und mit Bild-
hauerarbeiten geschmückten Kirche hat sich der
Meister selbst dieses Denkmal gesetzt (um 1410).
Realistisch sind die individuellen Merkmale wie-
dergegeben – der breite Mund, die faltendurch-
furchte Stirn, die Tränensäcke unter den schmalen
Augen. Das Selbstgefühl des Schöpfers und mittelalterliche Unterordnung als Konsolfigur halten sich
die Waage.*

Hamersleben *Bez. Magdeburg* 571 □ 5

KIRCHE Die voll erhaltene kreuzförmige Basilika der
Augustinerchorherren (12. Jh.) ist wegen der Ka-

pitellornamentik mit ihrer unerschöpflichen Fülle phantastischen Tier- und Pflanzenwerks bedeutsam. Eine gegensätzliche Note bringt die Barockausstattung von etwa 1680 in das herbe romanische Werk.

Hartenstein *Bez. Karl-Marx-Stadt* 589 ■ 9
Der riesige Fachwerkbau des Gasthofs Weißes Roß mit Joh. Böhmes Portalschmuck (1625) ist besonderer Beachtung wert.
Das 1945 zur Ruine gewordene SCHLOSS HARTENSTEIN war Nachfolger einer 1170 errichteten Paßsicherungsburg.
SCHLOSS STEIN, die frühere Vorburg, im Tal auf einem ursprünglich wasserumflossenen Fels gelegen, ist eine malerische, von Türmen und Giebeln übergipfelte Burg mit romanischen Resten, spätgotischen und Renaissancebauten. Die schönen Zwerchgiebel sind Werke des frühen 16. Jh. Heute Erholungsheim und Museum.

Havelberg *Bez. Magdeburg* 572 ■ 12
Der eindrucksvolle, romanisch-gotische DOM erhielt 1396–1411 den Lettner, dessen realistische Reliefs zum Eindrucksvollsten an dem Bau gehören. Eine zartgliedrige, elegante Marienfigur dürfte knapp vor 1400 entstanden sein, während die Leuchterfiguren des früheren Lettners noch romanisch schwer sind. Im Stiftsbau ist der Paradiessaal mit den palmenartig sich breitenden Ziegelrippen ein festlich-heiteres, spätgotisches Werk.

Hecklingen *Bez. Magdeburg* 580 □ 10
Die EHEM. BENEDIKTINERINNENKLOSTERKIRCHE, 1175–95, eine dreischiffige, flachgedeckte Basilika, ist ein Musterbeispiel für die alle Teile durchdringende Meißelarbeit. Eine Besonderheit sind die über den Arkadenzwickeln schwebenden Engel mit den Seligpreisungen, um 1230.
Das SCHLOSS in Hecklingen-Gänsefurth mit älterem Turm ist in sehr einfachen, aber wohlproportionierten Formen des Spätbarock errichtet. Heute Altersheim.

Heidenau-Großsedlitz *Bez. Dresden* 590 □ 11
PARK Die terrassierte Anlage architektonisch geordneter Natur mit Wasserspielen, Hecken und Bosquets wurde 1719 begonnen, nach 1723 von August dem Starken ins Gigantische erweitert. Sie ist nie vollendet worden, blieb auch ohne das geplante Schloß. Gleichwohl ist der Park mit seinen hervorragenden Statuen von Benj. Thomae und Chr. Kirchner einer der schönsten Zeugen barocker Lebensfülle.

Heiligendamm *Bez. Rostock* 557 ■ 7
Aus der Anfangszeit dieses ältesten deutschen Seebades (gegründet 1793) stammt das klassizistische KURHAUS (1814–16) mit reliefgeschmückter Säulenvorhalle, wie sie auch die Kaufhalle hat. Manche Villen der Zeit um 1840 und die Neuen Logierhäuser (um 1850) erinnern an die Blütezeit der Weißen Stadt am Meer.

Heiligengrabe *Bez. Potsdam* 564 ■ 4
Das ZISTERZIENSERINNENKLOSTER, 1287 gestiftet, seit 1549 ev. Stift, in einem abgeschiedenen Wiesental, ist das einzige fast vollständig erhaltene Kloster der Mark Brandenburg. Die Kapelle (1500–12) hat einen schönen Staffelgiebel.

Heiligenstadt *Bez. Erfurt* 578 □ 4
Im Gebiet des fränkischen Königshofes entstand im 9. Jh. mit der Siedlung das AUGUSTINERCHORHERRENSTIFT ST. MARTIN. Hier ruhen die Märtyrerreliquien, nach denen der Ort genannt ist. Vom Bau des 13. Jh. blieb die Krypta, ein kräftig gegliederter zweischiffiger Raum. An der jetzigen Kirche (1304, Gewölbe und Westfront 1487), einer dreischiffigen Basilika, lebt reinste Gotik im schlanken Chorhaupt und dem Turm daneben. Das Filigran des Maßwerks wirkt so lebendig wie das stark bewegte Tympanon des Nordportals (um 1350).
EHEM. JESUITENKOLLEG (nach 1739) Das Portal ist mit plastischen bewegten Profilen versehen. Heute Eichsfelder Heimatmuseum.
NEUSTÄDTER ÄGIDIENKIRCHE (1333–70). Hervorragend ist der Grabstein der Märtyrer Aureus und Justin (um 1325).
Neben der Marienkirche steht das OKTOGON, die Friedhofskapelle St. Annen, um 1330, mit steilem Helm und kräftiger Laterne.
Die STADTKIRCHE ST. MARIEN ist, obwohl das Äußere ältere Formen zeigt, jünger. Eindrucksvoll ist der mächtige Riegel des Westbaues, gesteigert durch die Abstand gebietende Freitreppe davor. Wie aus dieser Baumasse die beiden frühgotischen Achteckhelme leicht emporsteigen bis zu den mit Zackenbändern versehenen Spitzen, das gehört zu den Meisterleistungen der jungen Gotik. Im Innern eine lichtdurchströmte Halle: westfälischer Einfluß spricht deutlich mit. Die Marienfigur von 1403 gehört in die Reihe der Schönen Madonnen.

Heldburg *Bez. Suhl* 587 □ 6
Die über unregelmäßigem Grundriß errichtete HELDBURG hat Grundmauern des 13. Jh.; nach 1874 restauriert, heute Kinderheim. Der wertvollste Teil, der Französische Bau (1560–64), hat reichverzierte Fenster und zwei prunkvolle Erker, die vor der glatten Putzfläche stehen. Der plastische Schmuck ist auch im Innern zum Teil erhalten.

Hermsdorf *Bez. Dresden* 582 □ 7
Das SCHLOSS (17. Jh.) entwickelte sich aus einer seit dem mittleren 14. Jh. bestehenden Anlage. 1729 fügte George Bähr weitere Bauteile hinzu. Trotz romantischer Änderungen ist der Barockpark erkennbar geblieben. Ihn beherrscht der lyrische Apoll von Joh. Joachim Kretzschmar (um 1730).

Herpf *Bez. Suhl* 587 □ 9
Das Dorf mit seinen vielen Fachwerkbauten ist noch voll ummauert, die KIRCHE liegt in eigenem Bering. Ein Turm des 13. Jh. ist zum Altarraum ausgebaut, prachtvoll ist die Komposition von Altar, Orgelempore und deren Prospekt (1772).

Herrnhut *Bez. Dresden* 598 ■ 6
1722 wurde der Ort von mährischen Exulanten angelegt. Alle bis zum Ende des 18. Jh. entstandenen Bauten sind barock, aber aller Zierde entkleidet. Der GEMEINSAAL, 1756 erbaut, 1945 zerstört, wurde in seiner ursprünglichen Schlichtheit in reinem Weiß wiederhergestellt.

Hildburghausen *Bez. Suhl* 587 ■ 6
Das RATHAUS entstand aus den Mauern einer Wasserburg des 13. Jh. Renaissancehafte Reliefierung durch waagerechte Geschoßbänder und Giebelschwünge.
STADTKIRCHE Neubau 1779–85. Das Innere öffnet sich unter flacher Kuppel und weiten, auf Pfeilern

ruhenden Bogen zu einem mit Doppelemporen ausgestatteten Zentralraum; an der Ostseite eine schöne Komposition von Altar, Kanzel und Orgel.

Hohenkirchen *Bez. Rostock* 563 □ 1
Die auf einer Höhe liegende DORFKIRCHE, ein stattlicher einschiffiger Backsteinbau des 15. Jh. mit Kapellen zwischen den Strebepfeilern, quadratischem Westturm und fünfseitigem Chorabschluß, birgt eine barocke Einrichtung: Säulenaltar mit Kruzifixus zwischen Jesaja und Moses (1749); Kanzel (1739), deren Pult ein Pelikan trägt. Das Triumphkreuz ist frühgotisch, der Taufstein romanisch.

Hohen Viecheln *Bez. Rostock* 564 □ 10
Die Dorfkirche, eine um 1300 begonnene Backsteinhalle ohne Chor und Turm, fällt durch ihre Größe auf. An den Rundpfeilern rot und grün glasierte Ziegel; figürlicher Schmuck des 14.–17. Jh.

Hohenzieritz *Bez. Neubrandenburg* 565 ■ 9
Nördlich von Neustrelitz liegt das großherzogliche SCHLOSS, ein schlichter Rechteckbau (1746–51 und 1790) mit Dreieckgiebel, Freitreppe und klassizistischer Schloßkapelle. Hier starb 1810 die preußische Königin Luise, der im ausgedehnten Park ein Rundtempel (1815) gewidmet ist. Zu einem weiteren Tempel war 1800 eine kleine Schmiede umgestaltet worden.

Holleben *Bez. Halle* 580 ■ 6
Die DORFKIRCHE verwahrt in ihrem spätgotisch gewölbten Choraltarraum einen hervorragenden Schreinaltar mit einer Kreuzigungsgruppe.

Holzendorf *Bez. Neubrandenburg* 565 □ 3
Die einfache spätgotische DORFKIRCHE, ein Backsteinbau (15. Jh.) mit Fachwerkturm (18. Jh.), wirkt durch ihre barocke Ausstattung und bäuerliche Bemalung von Emporen und Chorgestühl überraschend wohnlich.

Horburg *Bez. Halle* 580 ■ 4
DORFKIRCHE In ihrem Altarblock entdeckte man 1930 die Bruchstücke einer Marienfigur aus der Werkstatt des Naumburger Meisters, des größten deutschen Bildhauers des Mittelalters (um 1250).

Huysburg *Bez. Magdeburg* 579 □ 1
In die 1121 geweihte, ehem. BENEDIKTINERKLOSTERKIRCHE mit strenger Romanik setzte die Zeit des Barock festlich-bewegte Formen dreier Altäre und die Farbenfülle der Deckenmalerei.

I

Ilmenau *Bez. Suhl* 587 ■ 2
Die alte Bergmannsstadt war auch für ihre Glasbläsereien und Porzellanmanufaktur berühmt. Hier griff Goethe, dem die Stadt ihren Ruf verdankt, als ideenreicher Verwaltungsbeamter ein. Auf dem Kickelhahn schrieb Goethe 1780 die Verse: „Über allen Gipfeln ist Ruh …" Daran erinnert das Goethehäuschen. Im Heimatmuseum Goethes Steinsammlung.
STADTKIRCHE Die alten gotischen Umfassungen sind teils erhalten, das Innere mit seinem barocken Kanzelaltar ist Gottfr. Heinr. Krohnes Werk.

Ilsenburg *Bez. Halle* 579 ■ 11
SCHLOSSKIRCHE Die regelgerechte Anlage in der Art der romanischen Harzkirchen ist in Teilen erhalten und im Ostteil barock ausgestattet. Eine Krypta mit prachtvollem Kapitellschmuck, viele Klosterbauten einer Benediktinerabtei stecken im Schloßbezirk, der seit dem mittleren 19. Jh. romantisiert wurde und seit 1950 ev. Stift ist. 1932 fand man Teile eines in Putzritzung ornamentierten Estrichs (um 1180).

Ivenack *Bez. Neubrandenburg* 565 ■ 11
Das SCHLOSS, Ende des 16. Jh. erbaut, wurde 1709 zu einer mächtigen barocken Anlage erweitert. Gegenüber steht die gotische, später mehrfach umgebaute KLOSTERKIRCHE mit geschnitzten Altarschranken und Kanzel aus dem 16. Jh. – Im Park der Ruhm Ivenacks: die mehr als 1000 Jahre alten Eichen.

J

Jena *Bez. Gera* 588 ■ 10
Der an der Markengrenze gelegene Ort hatte bereits um 830 hohe Bedeutung. Die spätere Weinbauernstadt wurde 1558 Universitätsstadt. Europäischen Ruf erlangte sie, als Goethe (Goethehaus) sie betreute, als Schiller (Schillergedenkstätte im Schillergarten), Fichte, Schelling hier lehrten. 1846 entstanden die Zeisswerke, 1884 die Glaswerke Schott. 1945 wurde das Stadtbild empfindlich zerstört, doch blieben in der Altstadt Bürgerbauten des 17. und 18. Jh. erhalten, von der Befestigung das Johannistor, der Rote und der Pulverturm.
ABBEDENKMAL (1901–11) Henry van de Velde errichtete die Halle, darinnen eine Bildnisbüste von Max Klinger und Reliefs von Const. Meunier.
Der FUCHSTURM, der festliche Ort der Jenenser Studenten, ist der Rest von einer der drei auf dieser Anhöhe im Mittelalter errichteten Burgen.
RATHAUS Um 1380 entstanden zwei parallele Hallen mit Bogenöffnungen an den Schmalseiten und einem riesigen Saal darüber.
Die STADTKIRCHE entstand als dreischiffige Halle über Resten des 13. Jh. Aus dieser Zeit stammt der Turm und der Angelus Jenensis von 1225, eine mächtige Engelsgestalt. Bemerkenswert ist die Ausbildung der Südfront mit einem spätgotischen Baldachinportal.
Das STADTMUSEUM enthält hervorragende Skulpturen und Zeugen der Stadtgeschichte.

Jerichow *Bez. Magdeburg* 572 ■ 3
In der frühesten, zugleich bedeutendsten norddeutschen BACKSTEINKIRCHE (knapp vor 1200) ist das Bauprogramm unübertroffen klar. Im flachgedeckten Inneren herrscht die feierliche Strenge durch das tiefe Rot des Backsteins, die untersetzten Säulen mit den abgekanteten Kapitellen und die ruhig

K

KLOSTERKIRCHE VON JERICHOW GEGEN OSTEN

Die alte Ausstattung ist zum größten Teil ver-
lorengegangen, um so schöner kommt die Back-
steinarchitektur in dem 1957–61 vorzüglich restau-
rierten Raum zur Geltung. Mit dem Bau wurde
gegen die Mitte des 12. Jh. begonnen – noch in
Bruchstein, wie Teile der untersten Mauerzone im
Langhaus zeigen. Doch schon wenig über dem
Boden wurde Backstein verwendet, der sich von
nun an in der ostelbischen Romanik durchzusetzen
beginnt. Wie für Prämonstratenserbauten typisch,
ist das Langhaus, von dem man durch zwei Lett-
nerarkaden in die Krypta gelangt, streng vom
überhöhten Querschiff und Chor getrennt.

schreitende Bogenfolge. In der weiträumigen, mit
ihren Doppelsäulenstellungen reichen Krypta erhöhen ornamentierte Kapitelle die Kostbarkeit des
Ganzen.

Jüterbog *Bez. Potsdam* 581 □ 12
FRANZISKANERKIRCHE Ein spätgotischer Ziegelbau
(Ende 15. Jh.) mit Kanzel von 1577.
KIRCHE ST. MARIEN In der dreischiffigen, kreuzför-
migen Basilika sind Mittel- und Querschiff noch
spätromanisch, die Kanzel von 1573, Altaraufsatz
und Orgel aus dem 18. Jh.
Die KIRCHE ST. NIKOLAI, an deren Nordseite sich
Reste des ehem. Zisterzienserklosters (jetzt Hei-
matmuseum) befinden, ist das Wahrzeichen der
Stadt, eine dreischiffige Halle mit einem mächtigen
Turmpaar des 15. Jh. Wertvolle Decken, Wandge-
mälde, Altäre und Kanzel.
Im RATHAUS, das 1506 in Backsteingotik vollendet
wurde, trägt eine gewundene Säule das Zellge-
wölbe des Bürgermeisterzimmers.
Zur STADTMAUER aus Ziegeln, mit umlaufendem
Wehrgang, gehören drei doppelte Toranlagen, das
Damm-, Neumarkter und Zinnaer Tor, die sich un-
verändert erhalten haben.

Kahla *Bez. Gera* 588 ▪ 10
Die LEUCHTENBURG hat noch ihren runden Turm des
12. Jh. und wesentliche Teile des Berings aus dem
späten 15. Jh. bewahrt. Heute Heimatmuseum und
Jugendherberge.
Die STADTKIRCHE besitzt einen gotischen Turm mit
hoher Spitze über vier Ecktürmchen (Turm und
Chor frühes 15. Jh., Langhaus 17. Jh.).

Kalkhorst *Bez. Rostock* 556 □ 5
DORFKIRCHE Im Innern der sehr großen gotischen
Backsteinkirche (14. Jh.) mit schräggestelltem Westturm Wand- und Gewölbemalerei des 15. Jh. und
reiche barocke Ausstattung.

Kamenz *Bez. Dresden* 582 ▪ 6
Eindrucksvoll ist das Stadtbild mit den Kirchtürmen
und dem Turm des 1842 gotisierend errichteten
Rathauses. Die Kirchen sind reich an bedeutsa-
men Werken des Mittelalters und der Renaissance.
Der bedeutendste Sohn der Stadt wurde 1729 im
Pfarrhaus geboren: Gotthold Ephraim Lessing, dem
ein Denkmal und ein Museum gewidmet sind.

Kapellendorf *Bez. Erfurt* 588 □ 10
Von der WASSERBURG des 14. Jh. sind Doppel-
bering, Mauern mit Türmen und eine mächtige
Kemenate erhalten, in der Renaissance schmuck-
voll bereichert. Heute Museum.

Karl-Marx-Stadt (Chemnitz) 589 ▪ 11
Die Stadt wurde um 1165 an der Kreuzung der
Salz- und Frankenstraße an der Chemnitz angelegt.
Bis 1308 war sie Reichsstadt, von da an sächsisch.
Die mittelalterliche Stadt ging an der Industrie zugrunde und, was sich erhielt, wurde 1945 zerstört.
Das alte, oft umgestaltete Rathaus (1496–98) ist
wiederhergestellt worden. Als einziger Barockbau
ist Markt Nr. 20 (1741) bemerkenswert. Von den
bedeutenden Bauten des Jugendstils blieb Henry
van de Veldes Haus Esche (1902) erhalten. Wilh.
Kreis schuf das Kaufhaus Tietz (1912/13), eines der
ersten dieses modernen Bautypus. Weithin bekannt
wurde das 1929/30 von Erich Mendelsohn errichtete Kaufhaus Schocken, ein Bau aus Beton und
Glas.
JAKOBIKIRCHE, um 1165. Die dreischiffige gotische
Halle aus dem 14. und 15. Jh. mit einer Jugend-
stilfassade von 1912 wurde 1945 stark zerstört.
Der helle weite Umgangschor mit schönen Gewölben und einem Maßwerkfries unter den hohen
Fenstern ist wiederhergestellt.
JOHANNISKIRCHE Ein Jugendstilbau von 1913 auf
spätgotischem Vorgänger. Taufstein (1565), schöne
Kreuzigungsgruppe von Peter Breuer (um 1505).
MUSEEN Schloßbergmuseum: Stadt- und Kulturge-
schichte, Skulptur (besonders Spätgotik), Volks-
kunst; im Garten Architekturfragmente. Städt.
Kunstsammlungen: deutsche Malerei und Plastik
des 18.–20. Jh., graphische, Textil- und Kunstge-
werbesammlung. Museum für Naturkunde in der
Burg Rabenstein mit unterirdischen Felsendomen.
In der sehr weiten und lichten SCHLOSSKIRCHE

werden zwei schöne Werke Hans Wittens verwahrt: das gotische Nordportal (1503–25) und auf
dem Altar die Geißelsäule (um 1515). Ferner gehören ein gotisches Sakramentshaus und Gemälde
von Luc. Cranach d. Ä. und Hans von Cöln zur
Ausstattung.

GEISSELSÄULE IN DER SCHLOSSKIRCHE VON KARL-MARX-STADT

*Diese Holzplastik, die Hans Witten 1515 schuf,
war für den sog. Geißelsaal des Klosters bestimmt;
heute steht sie über dem Altar der Kirche. Das
Thema erscheint nirgendwo sonst in der zeitgenössischen Plastik: Christus, an einen Baumstamm gebunden, wird von drei Henkern gepei-
nigt, während ein vierter zu seinen Füßen die
Dornenkrone bindet. Unerhört eindringlich die
Charakterisierung, packend und grell naturalistisch
die Darstellung im ganzen.*

NORDPORTAL DER SCHLOSSKIRCHE VON KARL-MARX-STADT

*Ein Gerüst aus rohen Baumstämmen bildet den
dekorativen Rahmen; in vier Geschossen füllen
Statuen die Wandfelder zwischen den Stämmen.
Im dritten erscheint die von Engeln gekrönte
Maria mit dem Kinde, flankiert von Johannes dem
Täufer und dem Evangelisten Johannes. In den
Außenfeldern der hl. Benedikt und seine Schwe-
ster, die hl. Scholastika. Darüber der Gnadenstuhl
mit musizierenden Engeln. Das Werk wurde ent-
worfen und zum Großteil ausgeführt von Hans
Witten, vollendet von einem Schüler 1525.*

Karlsburg *Bez. Rostock* 558 □ 5
Das SCHLOSS, einer der bedeutendsten Barockbauten
Pommerns (1732 begonnen), blieb unvollendet. Im
Gartensaal schöne Stukkaturen an Decke und
Wär:den, im Jagdzimmer klassizistische Bemalung.
– Sehenswert sind auch ein Rokokogitter und der
barocke Marstall. Der Park ist teils in französi-
schem, teils in englischem Geschmack angelegt.

Kavelstorf *Bez. Rostock* 557 □ 5
Das fast quadratische Schiff der DORFKIRCHE aus
dem 13. Jh. mit etwas späterem breitem Westturm
ist aus Feldstein mit Portal- und Fensterrahmen aus
Backstein gebaut.

Kemberg *Bez. Halle* 581 □ 10
Die spätgotische BACKSTEINKIRCHE verwahrt einen
beachtlichen Fundus: Sakramentshaus in der Art
des Nürnbergers Adam Krafft und geschnitzter
Kruzifixus (um 1500) und der Altar (1565) von
Lucas Cranach d. J.

Kenz *Bez. Rostock* 558 □ 9
DORFKIRCHE Die ehem. Wallfahrtskirche, ein ge-
räumiger einschiffiger Backsteinbau des 15. Jh.,
enthält ein eigenwilliges Grabmal: die geschnitzte
Figur des Toten – Herzog Barnim VI. (gest. 1405)
– ruht in einem Schrein mit aufklappbarem Deckel.

Kirch Baggendorf *Bez. Rostock* 558 ■ 7
Die DORFKIRCHE ist ein Feldsteinbau des 13. Jh.
mit weitem Schiff, großen Dreifenstergruppen und
Bemalungen um 1400.

Kirchdorf (Poel) *Bez. Rostock* 556 □ 4
Schon von weitem sieht man innerhalb der Erd-
wälle des verschwundenen Wasserschlosses die
DORFKIRCHE mit mächtigem Westturm (13. Jh.).

Im Innern zwei Schnitzaltäre, vor und um 1500, mit Mariendarstellungen.

Kirschkau *Bez. Gera* 588 ■ 8
DORFKIRCHE 1753 auf kreisförmigem Grundriß erbaut, erhält ihren Mittelpunkt in dem spätbarocken Kanzelaltar mit schwungvollen, seitlichen Treppenläufen. Sparsamer Rocailleschmuck.

Kittendorf *Bez. Neubrandenburg* 565 ■ 10
In der DORFKIRCHE, einem im 15. Jh. eingewölbten Feldsteinbau (13. Jh.) mit Backsteingiebeln und schwerem Westturm (Glocke von 1288), steht ein derb geschnitzter Altar (1603) mit hohem Aufsatz. Die Herrschaftsempore (17. Jh.) ist bemalt. Auf beherrschender Höhe erhebt sich im Park ein im Tudorstil erbautes SCHLOSS (1860).

Kittlitz *Bez. Dresden* 598 ■ 6
Die KIRCHE, 1749–68 von Andr. Hünigen erbaut, gehört zu den bedeutenden Werken des protestantischen Barock. Im ovalen Innenraum sind die Emporen dreigeschossig zwischen schlanke Pfeiler eingespannt. Altarbau unter einem riesigen Baldachin, davor ein in Rocaille aufgelöster Tauftisch, alles in Weiß mit wenig Apfelgrün und Gold.

Klinga *Bez. Leipzig* 581 □ 8
DORFKIRCHE Wehrhaft steht der hohe Turm vorm Langhaus, dahinter treppt sich der Chor zurück, dem sich schließlich die kleine Rundapsis anschließt: eine klar gefügte spätromanische Bautengruppe des 13. Jh.

Kloster (Hiddensee) *Bez. Rostock* 558 ■ 11
Von dem Zisterzienserkloster hat sich nur eine Kapelle, die heutige DORFKIRCHE, ein einfacher Backsteinbau mit hölzerner Tonnendecke (1781), erhalten. Darin ein Kanzelaltar, Taufständer und schwebender Taufengel (alle 18. Jh.). Auf dem Friedhof ruht Gerhart Hauptmann, dessen Haus zur GERHART-HAUPTMANN-GEDÄCHTNISSTÄTTE umgestaltet wurde.

Kloster Gröningen *Bez. Magdeburg* 579 □ 2
Von dem 936 gegründeten BENEDIKTINERKLOSTER blieben Reste des Abteigebäudes und der um 1100 errichteten Kirche, vor allem der achtkantige, schöne Vierungsturm. Die berühmte Westempore (Stuckreliefs, 1170) befindet sich in Berlin, am Ort ein Abguß.

Kloster Zinna *Bez. Potsdam* 581 □ 12
Von dem ZISTERZIENSERKLOSTER, heute Ev. Damenstift, sind von der Gründung 1170 bis zur Aufhebung in der Reformation zahlreiche kulturelle Anregungen ausgegangen. Bei den Sicherungsarbeiten an den teilweise verfallenen Bauten kamen Fresken des 15. Jh. zum Vorschein. In der Neuen Abtei ein herrlicher Staffelgiebel.

Klütz *Bez. Rostock* 556 □ 5
SCHLOSS BOTHMER Wassergräben umgeben eine großzügige Anlage von 1726; reiche Stukkaturen besonders im Festsaal.
Die STADTKIRCHE (13. Jh.) gehört zum Übergangsstil zwischen Romanik und Gotik. Das Innere wirkt etwas gedrückt, hat aber einen schönen Barockaltar und einige ältere Ausstattungsstücke.

Königstein *Bez. Dresden* 590 □ 12
An der FESTUNG KÖNIGSTEIN, 1248 erwähnt, waren seit dem 15. Jh. fast alle Dresdner Hofarchitekten

an Ausbauten beteiligt. Wuchtig breitet sich Paul Buchners Renaissancewerk (nach 1590), originell ist das riesige reichgeschnitzte Weinfaß, das Matth. Dan. Pöppelmann entwarf. In den Kasematten verwahrte man Staatsgefangene, so zeitweise den Erfinder des Porzellans, Friedr. Böttger.

Königs Wusterhausen *Bez. Potsdam* 573 □ 4
Im JAGDSCHLOSS und im ehem. Tabakshaus versammelten sich oft die Gäste von Friedrich Wilhelms I. Tabakskollegium. Der schlichte Barockbau (1717/1718 wurde nach 1945 wiederhergestellt. – Die Türme des Senders Königs Wusterhausen (243 Meter) haben 1920 die erste deutsche Rundfunksendung ausgestrahlt.

Kohren-Sahlis *Bez. Leipzig* 589 □ 11
Wenn auch das Ortsbild in zwei Rundtürmen auf eine Burg des 12. Jh. hinweist, so ist das Juwel des Ortes doch die ST. GANGOLFSKIRCHE (um 1250) mit ihrer kräftig gegliederten Apsis im Übergangsstil zur Gotik. Der Altarraum blieb mit seinem vorzüglich eingefügten Altar von 1616/17 in der strengen Proportion der Erbauungszeit erhalten. Altarbilder in reicher Beschlagwerkrahmung.
Im TÖPFERMUSEUM ist die alte und moderne Töpferei in guten Beispielen aufgestellt.

Kriebstein *Bez. Karl-Marx-Stadt* 589 □ 12
SCHLOSS KRIEBSTEIN Über die Entstehung ist wenig bekannt, die Kapelle zeigt Baumerkmale von um 1200, früheste Erwähnung aber erst 1382, als ein Neubau (bis 1407) begann. Der Folgezeit gehören

SCHLOSS KRIEBSTEIN
Die Burg – hier von Süden gesehen, im Vordergrund der massige Wohnturm – liegt malerisch über dem Zschopau-Stausee. Sie wurde 1866 gut restauriert und ist heute die besterhaltene spätmittelalterliche Burg in Sachsen.

die Kapellenfresken an. Charakteristisch ist das Werk Arnolds von Westfalen (seit 1471) mit eigentümlich vielteiligen Gewölben und Vorhangbogenfenstern. Bemalte Balkendecken, Skulpturen von der Frühgotik an bereichern das Bild dieser Burg (Kreismuseum).

Krossen *Bez. Gera* 588 □ 12
SCHLOSS 955 erwähnt, 1585 ausgebaut. Festsaal mit gemalter Architektur, die zwischen ihren Säulen und Gebälken Durchblicke in neue Palasträume vorzaubert und im Plafond den Glanz des Olymps mit seinen Göttern in den Saal hereinführt, 1712.

Kühndorf *Bez. Suhl* 587 ■ 9
JOHANNITERBURG (13. Jh.) mit zwei mächtigen Kemenaten, 1539–83 Umbau zum Schloß mit niedrigen, runden Eck- und Treppentürmen.

Kummerow *Bez. Neubrandenburg* 565 □ 11
DORFKIRCHE Der Backsteinbau des 13. Jh. wurde im 18. verändert und einheitlich mit Kanzelaltar, Herrschaftsempore und bemaltem Orgelprospekt ausgestattet.
SCHLOSS Über dem Kummerower See liegt dieser schöne Barockbau (1733), dessen überhöhter Mittelteil von einem wappengeschmückten Rundgiebel abgeschlossen wird. Zarte Deckenstukkatur im Festsaal. Eckpavillons flankieren das Schloß.

Kyffhäuser *Bez. Halle* 579 ■ 4
REICHSBURG KYFFHAUSEN Der mächtige staufische Turm der Oberburg und ihre im Grundriß erhaltene Anlage zeugt am ehesten noch von der Macht der Feste des 11. und 12. Jh. Viele Sagen haben sich bis ins 17. Jh. um Kaiser Friedrich II., später um Friedrich I. Barbarossa gerankt: der Kaiser sitze mit riesigem Barte am steinernen Tisch schlafend im Berge und werde alle tausend Jahre von seinen Raben geweckt, um zu erfahren, ob zu seiner Wiederkehr das Reich nun einig sei.

L

Landsberg *Bez. Halle* 580 ■ 3
Von der ehedem stattlichen Burg auf dem Porphyrfelsen steht nur noch die DOPPELKAPELLE (um 1175). Ihre Palmettenkapitelle sind von hohem Wert.

Landskron *Bez. Neubrandenburg* 565 ■ 1
BURGRUINE Im Sumpfgebiet des Landgrabens erhebt sich die malerische Ruine der alten Feste (1576), ein Haus mit vier Ecktürmen, Rundmauer, Wall, Graben und äußerer Mauer. Auf dem ummauerten großen Vorplatz Kirchenruine und Torhaus.

Lauenstein *Bez. Dresden* 590 ■ 10
STADTKIRCHE Der saalartige, niedrige Kirchenraum mit vielteiligem Netzgewölbe und sterngewölbtem Chor wurde nach einem Brande 1594 wiederhergestellt, die Pfeiler in antikische Säulen verwandelt, die Renaissancewerke harmonisch dem Raumbild eingefügt. Der Altar trägt über schweren Säulen bewegte Figuren und Reliefs. Über Portalen knien die Stifter, die Herren von Bünau. Im Hinter-

grund liegt die von einem Gitter übersponnene Bünaukapelle (1594–1602), Kanzel und Taufe sind reich geschmückt.

Lauterbach *Bez. Karl-Marx-Stadt* 589 ■ 2
Unter dem weit vorkragenden Dach der WEHRKIRCHE, 15. Jh., hängt ein auf Kopfbändern ruhender Wehrgang. Innen der Schnitzaltar eines Freiberger Meisters (um 1510) und eine zartgliedrige Marienfigur (etwa 1502–05) von Peter Breuer.

Lauterbach bei Putbus/Rügen *Bez. Rostock* 558 ■ 3
Das klassizistische BADEHAUS (1817/18) mit einer Säulenkolonnade (1820) hat sich außen gut erhalten. – In der Nähe ,des Ortes liegt der Dolmen, ein mächtiges HÜNENGRAB.

Lehde *Bez. Cottbus* 582 □ 11
Eine Kahnfahrt in das reizvollste der Spreewalddörfer lohnt sich. Hier gibt es ein FREILANDMUSEUM mit Wohn- und Wirtschaftsgebäuden, wie sie seit Jahrhunderten in dieser Gegend üblich sind.

Lehnin *Bez. Potsdam* 573 ■ 8
Das ZISTERZIENSERKLOSTER, das Mutterkloster vieler anderer in der Mark Brandenburg, hat in seiner Kirche, 1180 begonnen, 1262 beendet, eines der ältesten Beispiele norddeutscher Backsteinkunst, mit Altären und Grabsteinen von hohem Rang. Erhalten ist das zweigeschossige Königshaus (Abtshaus) mit hochgiebeliger Südfront (14. Jh.). Das Kloster, noch heute von stillen Wäldern umgeben, ist seit 1909 Diakonissenmutterhaus.

Leipzig 580 □ 4
Westlich vom Hauptbahnhof liegt die uralte Kreuzung der west-östlichen, das Reich durchquerenden Hohen Straße (Via Regia) und der nord-südlichen Reichsstraße (Via Imperii), die Anlaß einer Siedlung auf dem Plateau über der Elster-Pleiße-Aue

DOPPELKAPELLE VON LANDSBERG
Dieses romantische Relikt alter Burgenherrlichkeit zeichnet sich durch seine landschaftliche Lage ebenso aus wie durch den guten Zustand der Erhaltung. Romanisch sind nur die ersten beiden Geschosse, das dritte Geschoß wurde in spätgotischer Zeit als Kaplanwohnung dazugebaut, das Walmdach stammt von 1662. Das untere Geschoß war für die Ritterschaft bestimmt, das obere für die Herrschaft, die von dort aus durch eine Gewölbeöffnung dem Gottesdienst in der unteren Kapelle folgen konnte.

ALTES RATHAUS

Den zu seiner Zeit hochmodernen monumentalen Bürgerbau errichtete ab 1556 Hieron. Lotter. Der mächtige Turm steht nicht in der Mitte. Die Verschiebung aus der Mittelachse ist eine Vorliebe der deutschen Renaissance, die lebhaft rhythmische Gruppierung der symmetrischen Gestaltung vorzieht. Der giebelgeschmückten Schmalseite zur Grimmaischen Straße gegenüber liegt der durch Goethes „Faust" berühmt gewordene „Auerbachs Keller", etwas früher entstanden, mit dem noch heute stark besuchten Weinausschank.

war. Im 1. Jh. n. Chr. germanisch besiedelt, um 900 slawisch besetzt, im 10. Jh. von einer deutschen Burg beherrscht, wuchs die Stadt: 1015 hatte sie städtischen Charakter. Im 12. Jh. festigte sie sich, war Münzstätte, 1216 wurden die Stadtrechte mit Zoll und Handel anerkannt. Mit der Bestätigung der Messeprivilegien 1507 überflügelte sie bald mit internationalem Charakter Erfurt und Frankfurt am Main.

Seit 1212 besteht die Thomasschule mit dem Thomanerchor. Messe und Schule waren der Anlaß, daß die deutschen Studenten aus Prag 1409 hier ihre Universität gründeten. Sie wieder war Ausgangspunkt für Leipzig als Stadt des Buches. Von 1481, dem Datum des ersten Leipziger Buchdrucks, und 1518, dem Jahr der ersten Leipziger Zeitung, führt ein Weg zu den weltberühmten Verlegern und Druckern der Stadt, zum Börsenverein des Deutschen Buchhandels (1825), der Deutschen Bücherei, die bis 1945 alle deutschsprachigen Drucke sammelte. Der wohlerhaltene alte Stadtkern war 1945 weithin zerstört, darunter die spätgotische Matthäikirche, die Johanniskirche, die Theater, Museen, Teile der Universität, deren Kirche von 1525 im Jahre 1968 ein Opfer des Universitätsneubaus wurde.

BÖRSE 1678 ließen die Kaufherren einen deutschen Palazzo, würfelig, mit geradem, figurenbesetztem Balusterabschluß, mit Pilastergliederung und Freitreppe errichten. Das Innere ist zerstört, der Bau gehört zu den besten Werken des Hochbarock.

GOHLISER SCHLÖSSCHEN Von den großartigen Barockanlagen vor Leipzigs Toren blieb nur dieses, das späteste, 1755/56 errichtete Landschloß. Es ist ein Bau mit sanft vorgezogener, von Dach und Türmchen gekrönter Mitte. Im Festsaal die kühle Malerei Adam Friedr. Oesers. (Heute Bacharchiv).

NIKOLAIKIRCHE GEGEN OSTEN

Das heutige Raumbild läßt vergessen, daß es sich um die älteste Pfarrkirche Leipzigs handelt, die 1165 anläßlich der Verleihung der Stadtrechte gegründet wurde. Der gotische Bau wurde 1784–97 von Joh. Friedr. Carl Dauthe und Adam Friedr. Oeser umgestaltet. Der Chorschluß wurde in ein Halbrund verwandelt und mit farbigem Stuckmarmor verkleidet. Altar- und Wandgemälde von Oeser, nach 1785. Altartisch, Kanzel und Taufstein von 1785.

LEIPZIG: AUF DEN SPUREN JOHANN SEBASTIAN BACHS

Joh. Sebast. Bach.

EIN GENIE IN DER VERBORGENHEIT

Siebenundzwanzig Jahre verbrachte Johann Sebastian Bach in Leipzig. Eine unfaßbare Fülle von Werken entstand dort, man denke bloß an die fünf Jahrgänge von Kantaten, die er von Sonntag zu Sonntag schrieb, an die beiden Teile des „Wohltemperierten Klaviers", Präludien und Fugen fürs Klavier, die Johannes- und die Matthäuspassion, die Zyklen „Das musikalische Opfer" und „Die Kunst der Fuge", die Orgelmusik. Dieses goldene Zeitalter barocker Musik ging an den Zeitgenossen ziemlich unerkannt vorüber. Fast widerwillig war Bach nach Leipzig gekommen – nur weil die neue Fürstin in der anhaltischen Residenz Köthen musikfeindlich war, legte er seinen dortigen Posten als Hofkapellmeister nieder –, und ausgesprochen widerwillig verpflichtete der Rat der Stadt Leipzig 1723 Bach als Thomaskantor. Zwei Kandidaten hatten abgesagt, der Bürgermeister nahm mit dem ahnungslosen Ausspruch, da man nun die Besten nicht bekommen könne, müsse man Mittlere nehmen, Bach in Kauf. Dieser „Mittlere" wurde auch künftig nicht anerkannt. Er mußte sich jahrelang mit dem knausrigen Rat, seinem Brotgeber, zanken und beklagte sich über „steten Verdruß, Neid und Verfolgung". Alle Mißhelligkeiten konnten seine Schaffenskraft nicht beeinträchtigen. Dennoch war er, als er 1750 starb, nur als großer Orgelspieler geschätzt, als Komponist fast vergessen.

DER ALTE BACH, *wie ihn 1747 der Leipziger Hof- und Ratsmaler Elias Gottlieb Haußmann sah. Kein Bachbild gleicht dem anderen. Dieses drückt am besten die sinnende, nach innen gewandte Kraft des musikalischen Denkers aus, eine malerische Variante des Beethoven-Wortes: „Nicht Bach, sondern Meer sollte er heißen!" Das Gemälde war für die Bibliothek der Leipziger „Societät der musicalischen Wissenschaften" bestimmt, der Bach 1747 beigetreten war. In der Hand hält der Thomaskantor ein Notenblatt, auf dem ein sechsstimmiger Tripelkanon Zeugnis von seinen erstaunlichen „musicalischen Wissenschaften" gibt. (Museum für Stadtgeschichte, Leipzig)*

THOMASKIRCHE UND THOMASSCHULE *zur Bachzeit. Bach wohnte selber in der Thomasschule. Sie ist mitsamt der berühmten „Componierstube" längst abgerissen. Die spätgotische Thomaskirche wurde 1950 in der alten Form wieder aufgebaut.*

BACHS LETZTES GRAB *in der Thomaskirche ist nicht seine wirkliche, sondern mehr eine symbolische Grabstätte. Bach war seinerzeit auf dem Johannisfriedhof begraben worden. Einen Gedenkstein hatte man nicht gesetzt, und so wurde das Grab vergessen. 1894 wurden die mutmaßlichen Gebeine Bachs zunächst in der Johanniskirche, 1949 dann in der Thomaskirche beigesetzt.*

1. Die St. Thomas Kirche. 2. Die Thomas Schule.
3. Der Steinerne Wasser-Kasten.

BACHDENKMAL *von Carl Seffner auf dem Thomaskirchhof, 1908. Unweit davon steht jenes Bachmonument, das Felix Mendelssohn-Bartholdy 1843 stiftete. Mendelssohn war es auch, der 1829 durch seine Aufführung der Matthäuspassion die allgemeine Aufmerksamkeit wieder auf Bach lenkte, dessen Werk in Vergessenheit geraten war. Erst die 1850 gegründete Bachgesellschaft begann mit der Herausgabe der Werke. Heute bereitet das Leipziger Bacharchiv eine neue Gesamtausgabe vor. Diese Gedenkstätte, die 1950 im Gohliser Schlößchen eingerichtet wurde, vermittelt einen guten Überblick über Bachs Leben und Werk.*

DER STOLZE FAMILIENVATER *spricht aus einem Brief, den Bach 1730 an seinen Jugendfreund Erdmann in Danzig schrieb. Er berichtet darin vom häuslichen Musizieren mit seinen Kindern. Insgesamt seien sie, so schreibt er,* „geborene Musici, und kann versichern, daß (ich) schon ein Concert vocaliter und instrumentaliter mit meiner Frau formieren kann, zumal da meine itzige Frau gar einen saubern Sopran singet, auch meine älteste Tochter nicht schlimm einschläget". *Besonders gern übte Bach mit seinen beiden ältesten Söhnen Friedemann und Philipp Emanuel, die sich später beide zu eigenständigen Künstlern entwickelten. (Bacharchiv, Leipzig)*

DAS LETZTE WERK: *die Schlußseite der Partitur der „Kunst der Fuge". In der abschließenden Quadrupelfuge werden am Ende die Noten des Namens b-a-c-h eingefügt – dann bricht die Komposition ab. Bachs Sohn Philipp Emanuel fügte dem Manuskript handschriftlich bei:* „Über dieser Fuge, wo der Name BACH im Contrasubjekt angebracht worden, ist der Verfasser gestorben." *Dieses polyphone Meisterwerk ist das Fazit seiner künstlerischen Lebensarbeit, ein anschauliches Lehrwerk von der Fuge, das die organische Wandelbarkeit eines musikalischen Themas bis in die letzten Konsequenzen ausschöpft. (Deutsche Staatsbibliothek, Berlin)*

DIE THOMANER *an ihrer heimatlichen Wirkungsstätte auf der Empore der Leipziger Thomaskirche. Das altehrwürdige Internat besteht heute noch, und ganz gewiß singen die jungen Soprane und Alte, die durch Absolventen der Thomasschule im Tenor- und Baßfach ergänzt werden, viel besser als zu Bachs Zeiten. (Von Bach wissen wir, daß er oft Ärger mit seinen „Alumnen" hatte:* „17 zu gebrauchende, 20 noch nicht zu gebrauchende und 17 untüchtige", *lautete sein nüchternes Urteil über den Schülerchor.) Unter dem Thomaskantor Karl Straube (gest. 1950) trugen die Thomaner erheblich mit zur Bachrenaissance des 20. Jh. bei.*

BALTH. PERMOSER: „DIE VERDAMMNIS"

Diese nach 1722 entstandene Plastik ist bezeichnend für Permosers Bemühen um äußerste Intensität des Ausdrucks, an der das Material – graugefleckter Marmor mit rötlicher Äderung – entscheidenden Anteil hat. Barockes Pathos, barocke Dramatik liegt in der schroffen Wendung des Hauptes, in dem zum Schrei aufgerissenen Mund – barocke Auflösung ins Spielerische deutet sich in den zerflatternden Löckchen, den züngelnden Flammen und geblähten Wolken an.

Museum der bildenden Künste, Leipzig

MUSEEN Wo schon im 18. Jh. mit Katalog ausgestattete, öffentlich zugängliche Privatsammlungen bestanden, mußten Bestrebungen zur Museumsgründung seit dem Ende des 18. Jh. zu guten Ergebnissen führen. Davon zeugen noch heute die reichen Bestände im Museum der bildenden Künste und im Museum des Kunsthandwerks (Grassimuseum). Jenes enthält Malerei und Plastik vom 15.–20. Jh., darunter vorzügliche Niederländer und eine bedeutende Sammlung der Romantiker. Dieses besitzt neben den Schätzen der ältesten Leipziger Sammlungen Kunsthandwerk aller Gattungen. Zum Stadtgeschichtlichen Museum gesellen sich das Museum für Völkerkunde, für Musikgeschichte, für Buch und Schrift: Sammlungen, die zum Wesen der Stadt gehören.

NIKOLAIKIRCHE Aus romanischer Zeit bewahrte sie im Westbau wesentliche Teile. Der gotische Raum (1513–26) wurde 1784–87 in einen beachtlichen klassizistischen verwandelt, die Pfeiler wurden zu Säulen, das Gewölbe wurde zur Kassettendecke; Palmwedel greifen von den Säulen zum Gewölbe, dessen Ansätze verdeckend.

RATHAUS Während die nach dem alten Zustand wieder aufgebaute Waage (1502, 1550) noch gotische Form weiterführte, ist das Alte Rathaus der weithin modernste Bau. Er leitet die Baukunst der

Hochrenaissance ein (Hieron. Lotter, seit 1556). Mit der langgestreckten Front, den strengen Giebeln und dem hohen Turm ist der Bau ein Muster sachlichen Stils.

Das SCHILLERHAUS in Gohlis ist restauriert, der Dichter wohnte 1785 vier Sommermonate hier. THOMASKIRCHE Vom romanischen Bau erhielt sich im Chor viel Mauerwerk. Das Langhaus wurde 1482–96 zur Halle ausgebaut. Die kräftigen Emporen schuf Lotter 1570. Die Kirche ist reich an Kunstwerken, vom Wertvollsten seien der Taufstein (1614) und das Epitaph Leicher (1618) genannt. Seit 1950 ruhen die Gebeine Joh. Seb. Bachs unter einem schlichten Block vor dem Chor.

VÖLKERSCHLACHTDENKMAL Der Entscheidung der Befreiungskriege durch den Sieg über Napoleon im Jahre 1813 wurde 1913 mit der Enthüllung eines Denkmals gedacht.

Leisnig *Bez. Leipzig*   581 □ 6

Die MATTHÄIKIRCHE (1484 gewölbt) ist eine einheitliche, prachtvolle Hallenkirche mit Netz- und Sterngewölbe. Der Altar (1663/64) ist ein spätes Werk Valentin Ottes mit ausdrucksstarken Figuren, Reliefs und bewegtem Schlingornament.

SCHLOSS MILDENSTEIN birgt im Rundturm Reste der Burg des 13. Jh. Heute Heimatmuseum.

JOS. ANTON KOCH:
DER SCHMADRIBACH-FALL

Diese erste Fassung schuf der Tiroler Maler zwischen 1805 und 1811 in Rom, wo er, an Nicolas Poussin und Claude Lorrain geschult, seinen Stil der „heroischen Landschaft" entwickelte. Unvermindert lebendig stand noch immer die heimatliche Alpenlandschaft vor seinem Auge. Er war der erste, der das Gigantisch-Erhabene der Gletscherwelt im Bild zum Ausdruck brachte. 1811 schrieb er: „... der ich aus einem solchen Bergland geboren bin und mich selbst als Kind solcher majestätischer Natur schon immer freute und deren Erinnerung mir noch jetzt tief eingeprägt ist."

Museum der bildenden Künste, Leipzig

Lenzen *Bez. Schwerin* 564 □ 8
In der spätgotischen STADTKIRCHE ST. KATHARINEN erhielt sich außer barockem Altar (1652), Kanzel (1759) und Orgelprospekt (1709) ein eherner Taufkessel (1486), den vier auf Löwen stehende Katharinenfiguren tragen. Grabdenkmäler (16.–18. Jh.). Von der BURG steht noch der mächtige runde Bergfried (13. Jh.) und ein zweigeschossiger Wohnbau.

Levin *Bez. Neubrandenburg* 565 □ 11
Das charaktervolle Schiff der spätromanischen DORFKIRCHE wird von Backsteinblenden, der Turm von Dreiecksgiebel und Holzhelm geschmückt. Im Innern alte holzgeschnitzte Wappen.

Lindow *Bez. Potsdam* 573 □ 12
KLOSTERRUINE Malerische Reste des Zisterzienserklosters (um 1240). In einem noch erhaltenen spätgotischen Bau befindet sich seit der Reformation ein ev. Damenstift.

Luckau *Bez. Cottbus* 582 □ 10
NIKOLAIKIRCHE Ihr steiles Satteldach (15. Jh.) bestimmt schon von weitem das Bild der Stadt, das Innere der spätgotischen Hallenkirche mit der Doppelturmfassade (14. Jh.) ist nach verschiedenen Bränden im 17. Jh. barockisiert und durch wertvolle Ausstattung bereichert worden. Das Quaderfundament stammt vom Erstbau um 1281.
Von den erhaltenen Wehranlagen stellt der HAUSMANNSTURM das Wahrzeichen Luckaus dar.

Ludorf *Bez. Neubrandenburg* 565 □ 9
DORFKIRCHE Die ungewöhnliche Form dieses achteckigen gotischen Zentralbaus (1346 geweiht) kommt am besten innen zur Geltung. Außen stören spätere Anbauten.

Ludwigslust *Bez. Schwerin* 564 □ 9
Kleine, planmäßig angelegte, barock-klassizistische Residenzstadt mit repräsentativem Schloßkomplex, Park, Kirche und Wohnsiedlung, von Hofbaumeister Joh. Joachim Busch für Herzog Friedrich von Mecklenburg-Schwerin, der seit 1764 hier Hof hielt, errichtet. Die Stadtanlage nach 1800 weiter ausgebaut.
SCHLOSS Ein Spätling (1772–76) unter den deutschen Barockschlössern. Auf der hohen Attika 40 überlebensgroße Statuen und Vasen, Flußgötter in der großen Kaskade. Sein Park ist der größte Mecklenburgs mit barocken Wasserspielen, englischem Garten, Mausoleen, künstlicher Ruine. Die heutige Gestalt aus der Mitte des 19. Jh. geht auf Peter Jos. Lenné zurück. – Die Schloßkirche wurde 1756–70, jenseits des weiten Platzes dem Schloß gegenüber, erbaut. Breitgelagerte Säulenvorhalle, im tonnengewölbten eigenwilligen Saalraum vor illusionistischem Kolossalgemälde, das die Orgel verdeckt, der bühnenartig erhöhte Altar. Fürstenloge an der Eingangsseite.

Lübben *Bez. Cottbus* 582 □ 11
In der PAUL-GERHARDT-KIRCHE, einem restaurierten spätgotischen Hallenbau, ist die Grabstätte des Kirchenlieddichters Paul Gerhardt (1607–76).
Das STÄNDEHAUS (1717) ist barock, das SCHLOSS hat einen Renaissancegiebel und romanischen Wohnturm, Reste der Befestigung um 1480.

Lübbenau *Bez. Cottbus* 582 □ 11
Das SCHLOSS und der im englischen Stil angelegte Park stammen vom Anfang des 19. Jh. In Kanzlei und Orangerie befindet sich das Spreewaldmuseum.

Lübz *Bez. Schwerin* 564 Mitte
Obwohl die STADTKIRCHE in Backstein erst 1570 entstand, wirkt sie noch ganz gotisch, nur am Turm finden sich Renaissanceornamente. Geschnitzte Kanzel, hölzerne Taufe und Grabdenkmal der Herzogin Sophie mit Tochter und Enkelin aus dem 17. Jh.

Lychen *Bez. Neubrandenburg* 565 ■ 5
Trotz schwerer Kriegsschäden blieb der kleinen uckermärkischen Stadt, die rings von Seen umgeben ist, die St.-Johannis-Kirche, ein Feldsteinbau (13. Jh.), der Stargarder Torturm mit Blenden- und Fachwerkgiebel (14.–15. Jh.) sowie Reste der Stadtmauer.

M

Machern *Bez. Leipzig* 581 □ 8
Bedeutender als die WASSERBURG ist der seit 1760 angelegte Park mit seinen Schlängelwegen, den Baumgruppen, Auen und Wasserläufen. Künstliche Ruinen reden von Vergänglichkeit, klassizistisch streng ist das Mausoleum.

Magdeburg 572 □ 7
Die nach den Verwüstungen des Dreißigjährigen Krieges wieder aufgebaute Stadt wurde 1945 so stark zerstört, daß nur sehr wenige Baudenkmäler gerettet werden konnten.
Der DOM, als erster deutscher in modern französischer mathematischer Ordnung geplant, erhielt sein Gepräge durch die Sonderformen konservativer einheimischer Kräfte. Die kreuzförmige, gewölbte Basilika mit Chorumgang, Chorempore, Kapellenkranz und Westturmpaar (1207–63, Turmabschlüsse und Fassade bis 1520) ist eine der höchsten Leistungen deutscher Baukunst. Zur Harmonie des Raumes gesellt sich die unerschöpfliche Phantasie und meisterliche Bildung der spätromanischen Kapitellkunst im Chor. Zu den Hauptwerken der deutschen Skulptur gehören der Zyklus der klugen und törichten Jungfrauen, die Verkündigungsgruppe, das Fragment des Mauritius (alles 1240–50) und das Chorgestühl (1370). Erhalten blieben auch die wertvollen Grabplatten für Friedrich von Wettin (um 1155/60) und für Wichmann von Seeburg (um 1195) und die vielfigurige Grabtumba für Ernst von Wettin (1495). Am Ende der Reihe der Skulpturen steht Barlachs Ehrenmal für die Gefallenen des ersten Weltkrieges (1929).
Die LIEBFRAUENKIRCHE, die zum 1015 gegründeten Prämonstratenserchorherrenstift gehörte, wurde 1064–78 errichtet und erhielt 1129–50 vor allem die mächtig aufragende Westfront mit ihren Rundtürmen. Der romanische Bau bekam 1240–50 im Inneren die gotische Verblendung der Wände und die ungewöhnliche sechsteilige Wölbung. Bei der Wiederherstellung 1952/53 wurde der hoch gelegene Chor flach gedeckt. Eindrucksvoll ist die weite Krypta.
Die NIKOLAIKIRCHE ist ein Bau im strengen preußischen Klassizismus.

DER DOM VON MAGDEBURG

Steil aufragende Westfront mit mächtigem beherrschendem Turmpaar. Die luftigen Achtecke wurden 1520 auf die klobigen Turmgeschosse aufgesetzt, und damit war die über 300jährige Bauzeit beendet. Die reich gruppierte Ostseite mit zwei halbhohen Türmen reicht dicht an die Elbe. Dazwischen das strenggegliederte Langhaus. 1945 wurde besonders die Westseite stark beschädigt. In jahrelanger Arbeit hat man die zerstörten Teile wieder genau nachgebildet.

Um 1240 entstand in Magdeburg das erste deutsche REITERSTANDBILD in freiem Raum; unter einem Baldachin, geleitet von vier weiblichen Gestalten, ist sicher keine bestimmte Persönlichkeit dargestellt, sondern der Kaiser als Symbol der Reichseinheit. Das Original befindet sich im Kulturhistorischen Museum, am ehem. Standort vor dem Rathaus eine Kopie.

Malchin   *Bez. Neubrandenburg*   565 □ 10
Die STADTKIRCHE ist eine 1397 errichtete Backsteinbasilika, ihr Turm barock gekrönt. In einer chorähnlichen Kapelle eine Triumphbogengruppe um 1400, in der Kirche selber ein Schnitzaltar vom Anfang des 14. Jh., eine Kanzel von 1571 und reiche Epitaphien aus Holz. Unter den TOREN besonders schön das Kalensche Vortor, ähnlich das Vortor des Steintors; auch ein quadratischer Mauerturm mit Renaissancegiebeln ist erhalten.

Malchow   *Bez. Neubrandenburg*   564 □ 3
Das Schönste ist der Blick über das Wasser des Fleesensees auf die KLOSTERKIRCHE und die sie umgebenden, hinter hohen Bäumen versteckten niedri-

DER MAGDEBURGER REITER

Das erste frei stehende deutsche Reiterstandbild des Mittelalters – neben dem Dom das Wahrzeichen von Magdeburg – wurde um 1240 geschaffen. Es ist verwandt mit der Wandfigur des „Bamberger Reiters". Der staufische Ritter, der von zwei Mädchen begleitet wird, die Schild und Fahne tragen, soll keine bestimmte Persönlichkeit darstellen, sondern den Kaiser als Symbol der Reichseinheit.

gen, verputzten Fachwerkhäuser und ein Fachwerkrathaus.

Mansfeld *Bez. Halle* 580 □ 9
Von den Burgen und Schlössern hoch über der heutigen Industriestadt blieb vor allem die SCHLOSSKAPELLE, eine reiche Ansammlung von Kunstwerken im prunkvollen Gehäuse (um 1450). Wertvollstes Inventar: Gitter vorm Altarraum (um 1500), ein Sakramentshaus in skurrilem Astwerk (um 1530), der Altar aus der Werkstatt Lucas Cranachs d. Ä.

Marienberg *Bez. Karl-Marx-Stadt* 589 ■ 2
Strenge Renaissancegesinnung prägt das RATHAUS von 1539.
Die STADTKIRCHE, nach einem Brand (1610) wiederhergestellt und 1669–75 ausgebaut, zeigt, wie nahe der spätgotische Hallenraum der klaren Renaissancegliederung steht. Viele Einzelwerke geben der Kirche Reichtum.

Marienthal bei Ostritz *Bez. Dresden* 598 ■ 5
Kirche und Abtei des ZISTERZIENSERINNENKLOSTERS stammen im wesentlichen aus einem Neubau von 1650–90. Einheitlich spätbarock blieb nur die Kreuzkapelle mit Fresken. Das schönste Werk ist die holzgeschnitzte Figur des Auferstandenen von etwa 1330.

Marisfeld *Bez. Suhl* 587 ■ 8
Das SCHLOSS (Neubau von 1663–65) trägt an den Ecken vier über quadratischem Sockel errichtete Türme mit welschen Hauben. Im Hof erhielt sich ein reich profiliertes Renaissanceportal (heute Kinderheim).

Markersbach *Bez. Karl-Marx-Stadt* 589 ■ 8
Die im 17. Jh. umgebaute KIRCHE gleicht einer reichgeschmückten guten Stube des Dorfes: Farbenfroh und in barocker Formenfülle bietet sich das Innere dar. Hinter dem Altar (17. Jh.) haben sich Betstübchen mit vielteiligen Fenstern und fülligem Schnitzwerk eingenistet, vorm Altar steht Johannes der Täufer mit der Taufschüssel, über dem Triumphbogen schwebt ein Kruzifixus (17. Jh.), die Emporenfelder zeigen figürliche Darstellungen und die Decke großformige Malerei.

Markneukirchen *Bez. Karl-Marx-Stadt* 588 □ 4
Im frühen 17. Jh. kamen um des Glaubens willen Vertriebene in den Ort, unter ihnen auch Geigenbauer. Der „Sächsische Musikwinkel", Herstellungsort aller Arten von Musikinstrumenten, entstand. 1834 gründete man die Musikschule, 1853 das ungewöhnlich reiche MUSIKINSTRUMENTENMUSEUM im 1784 errichteten Paulusschlössel, einem ebenso schlichten wie edlen Bau des späten Barock.

Mecklenburg *Bez. Rostock* 564 □ 10
Das heutige Dorf Mecklenburg (= große Burg) heißt wie das Land nach der südlich davon gelegenen, wendischen Hauptburg (967 zuerst erwähnt), deren RINGWALL (10–12 Meter hoch) noch heute zu sehen ist. – In der schlichten spätgotischen DORFKIRCHE mit früherem Turm (13. Jh.) haben sich an der Kassettendecke Malereien des 17. Jh. erhalten. Aus der gleichen Zeit stammen der Altar (1622) mit Reliefs und reichen Ornamenten, die Kanzel (1618), die Kreuzigungsgruppe (1633), die Emporen und ein Steinrelief (1623) mit auferstandenem Christus.

Meiningen *Bez. Suhl* 587 □ 9
SCHLOSS ELISABETHENBURG 1682–92 errichtete der Herzog von Sachsen-Meiningen den barocken Neubau. Im Inneren großer Saal und Schloßkirche mit pompösen Stukkaturen. Das 19. Jh. brachte vielerlei Umgestaltungen. Heute teilweise Museum. Die Residenz erlebte ihre Glanzzeit unter Herzog Georg II. (1866–1914) im Theater- und Musikleben.
Das SCHLOSS LANDSBERG nördlich über der Stadt ist zwar auf Resten der alten würzburgischen Trutzburg errichtet, aber die romantisierenden Formen des Neubaues von 1836–40 bestimmen das Bild.
Die STADTKIRCHE mag wohl noch einige romanische, auch spätgotische Reste enthalten, der Ausbau (1884–89) ist im imitierenden Stil der Gründerzeit geschaffen.

KALENSCHES VORTOR, MALCHIN
Der mächtige gotische Backsteinbau ist in der zweiten Hälfte des 15. Jh. errichtet worden. Querriegelartig war er dem – heute nicht mehr erhaltenen – Innentor vorgelagert. Dem von außerhalb in die Stadt Kommenden bietet er seine wirkungsvolle Schauseite mit reicher Blendengliederung dar. 1893 war er zum größten Teil abgetragen und neu aufgemauert worden.

Meißen *Bez. Dresden* 581 □ 4
Noch heute ist der Burgberg das weithin sichtbare Kennzeichen der tausendjährigen Stadt Meißen. Hoch über der Elbe, in einer fruchtbaren Landschaft mit Weinanbau gelegen, vereint die eindrucksvolle Baugruppe mit Burg und Dom den Sitz der Markgrafen und der Bischöfe des Mittelalters. Der glanzvollen Zeit ritterlicher Kultur und ihren repräsentativen Bauten folgte in unmittelbarer Nachbarschaft der Baueifer der Bürger. Im Zeitalter der Reformation und Renaissance entstand das Bild der Stadt, wie es trotz vieler Zerstörungen – besonders im Dreißigjährigen Krieg – noch heute zu sehen ist. Als Meißen seine führende Stellung längst an Dresden hatte abgeben müssen, gelangte es als Heimat der berühmten Porzellanmanufaktur zu neuem, bis heute andauerndem Ruhm.

MEISSNER BURGBERG ÜBER DER ELBE

Türme, hohe Dächer und Mauern bilden den vielgliedrigen Komplex der „sächsischen Akropolis" über Elbe, Triebisch und Meisa. Im Verlaufe vieler Jahrhunderte wuchsen die verschiedenen Bauten zu einer historischen und symbolischen Einheit zusammen: der großartige Dom, die berühmte Albrechtsburg und das ehemalige Bischofsschloß mit seinem mächtigen Rundturm. Mit der Stadt Meißen zu Füßen der Burg an der verkehrsreichen Elbe ist hier das Herzland des alten Sachsen entstanden.

TERRINE, STAATLICHE PORZELLANMANU-FAKTUR, MEISSEN

Dieses Stück stammt aus einem Zwiebelmuster-service von etwa 1740. Das Meißner Porzellan mit den gekreuzten blauen Schwertern als Markenzeichen hat den europäischen Porzellanstil geprägt. Es wurde schnell zum bekanntesten und beliebtesten Gebrauchsgeschirr in aller Welt. Das weitverbreitete Zwiebelmuster ist ein Motiv aus der Frühzeit der Manufaktur, als man noch chinesische Vorbilder nachahmte. Die „Zwiebeln" sind chinesische Pfirsiche.

ALBRECHTSBURG Der modernste fürstliche Wohnsitz seiner Zeit. Der stattliche Bau, unmittelbar neben dem Dom, ist das Hauptwerk Arnolds von Westfalen für Herzog Albrecht, 1471 begonnen anstelle einer alten Markgrafenburg; 1485, als Albrecht seine Residenz nach Dresden verlegte, schon fast vollendet. Die klar gegliederte Fassade unter den schlanken Dachgiebeln ist festlich geöffnet, schon Schloß, nicht mehr wehrhafte Burg. Eine Flut von Licht strömt durch die großen hohen Fenster in die zahlreichen Räume. Neu der Vorhangbogen anstelle des Spitzbogens über den Fenstern, eine spätgotische Formerfindung Meister Arnolds. Ein mächtiger Treppenturm, der Große Wendelstein, mit offenen Arkaden, tritt vor die Fassade. Die weiten Säle der beiden Obergeschosse werden umspannt von vielteiligen, kühn geschwungenen spätgotischen Ziergewölben. Hier war von 1710 bis 1863 die Porzellanmanufaktur untergebracht (heute Museum).

Das AUGUSTINERCHORHERRENSTIFT ST. AFRA wurde 1205 auf dem Afraberg gegründet. Die Kirche ist schlicht, im Verlaufe von drei Jahrhunderten mehrmals umgestaltet. In der Taubenheimschen und der Schleinitzkapelle Grabmäler aus mehreren Epochen. Nach der Reformation ließ Kurfürst Moritz 1543 hier die berühmte Fürstenschule einrichten. Gellert und Lessing zählten zu ihren Schülern.

BISCHOFSSCHLOSS, 15. Jh. Nur in dem markanten, Liebenstein genannten Rundturm blieben die alten Gewölbe von Umbauten 1912 verschont. Er war Stützpunkt der Elbverteidigung; die geschwungene Haube mit schlanker Spitze wurde erst 1711 aufgesetzt (heute Kreisgericht).

BURGBERG UND AFRABERG Nach der Stadtseite zu schließen die Kurien der Domherren, im Stil Arnolds dekoriert, den Domplatz ab. Anstelle der ehemaligen Burggrafenburg steht heute die Gaststätte Burgkeller. Daneben die große Schloßbrücke aus dem 13. Jh. führt zum benachbarten Afraberg. Hier saß der weltliche und der geistliche Adel in seinen festen Häusern, die im 15. und 16. Jh. zu weitläufigen schöngeschmückten Ritter- und Domherrenhöfen ausgebaut wurden. Sie waren freie Herren. Noch heute heißt der Bezirk – er steht unter Denkmalschutz – die Afranische Freiheit.

DOM Auf steilem Felsplateau, 1240 begonnen anstelle einer romanischen Basilika. Die berühmteste Bildhauer- und Steinmetzwerkstatt ihrer Zeit, die in Naumburg gearbeitet hatte, schuf um 1260 die überlebensgroßen Stifterfiguren. Von den Naumburgern auch der lebendige Schmuck der Kapitelle und Friese im Chor und am Lettner. Alles Einzelne löst sich in dem strengen hochgotischen Raum in der Vielfalt der himmelanstrebenden Bündelpfeiler und Dienste auf: ein Hallenraum von wohltuendem Gleichklang. Die Fürstenkapelle vor dem Westportal ist Grabstätte der Wettiner. Eine stattliche Anzahl sehr schöner Bronzeplatten aus der Nürnberger Vischer-Werkstatt bedeckt den Boden. Im sonnigen

MEISSNER PORZELLAN: „DIE PRISE" VON J. J. KÄNDLER, UM 1750

Von Anbeginn wurden im europäischen Porzellan vor allem Figuren, Vasen, Tiere, Leuchter, Schalen hergestellt. Die neuen Formen der einheitlich komponierten Geschirre folgten schnell. Joh. Joachim Kändler, 1730 Hofbildhauer, 1731 „Modelirer", wird der Meister der neuen plastischen Porzellanform.

Winkel der Südseite liegt ein kleiner malerischer Kreuzgang mit einer Kapelle. Das oberste Turmpaar der Westfassade wurde erst 1904 auf den spätgotischen Breitturm, eine kunstvolle Schöpfung des Landbaumeisters Arnold von Westfalen, aufgesetzt.

FRAUENKIRCHE Das Wahrzeichen der Bürgerstadt am Markt. Schon um 1200 stand dort eine Kapelle. Der Neubau aus dem 15. Jh.: Typ der städtischen Pfarrkirche mit breitem Predigtraum und Emporen. Am Chor Meister Arnolds Steinmetzzeichen. Der behäbige Turm beherbergt ein Glockenspiel aus Meißner Porzellan, 1929.

PORZELLANMANUFAKTUR Die erste europäische Porzellanmanufaktur. Nach der Erfindung des Porzellans 1708/09 durch Johann Friedrich Böttger wurde sie 1710 in der Albrechtsburg eingerichtet. 1863 bekam sie einen eigenen Bau. In einer Werkstätte wird der Werdegang des Porzellans vorgeführt. Eine Schauhalle mit ausgewählten Kopien gibt einen Überblick über die künstlerische Entwicklung von den Anfängen bis zur Gegenwart.

RATHAUS Ein langgestreckter Bau mit steilem, 18 Meter hohem Satteldach über einer nur 11 Meter hohen Fassade. Einziger Schmuck dieser riesigen Fläche sind die schlanken, feingegliederten Giebel im Stil Arnolds von Westfalen. 1472 erbaut, 1911 restauriert.

Mellenthin *Bez. Rostock* 559 □ 7

Das SCHLOSS ist ein zweigeschossiger einfacher Renaissancebau mit drei vorgezogenen Erkern. In der Halle ein reich stuckierter Kamin. Die spätgotische DORFKIRCHE aus Backstein hat noch einen Chor aus Feldstein, innen einen spätgotischen Kruzifixus, einen Grabstein mit lebensgroßem, bemaltem Relief (1594) und eine reichgeschnitzte, bemalte Empore. In der alten Kirchhofsmauer ein Renaissanceportal.

Merseburg *Bez. Halle* 580 ▪ 6

Aus der befestigten Kaiserpfalz wurde nach Gründung des Bistums (968) ein Bischofssitz, dann Residenz weltlicher Administratoren, im 17. Jh. der Herzöge von Sachsen-Merseburg. – Der malerische

GRABPLATTE RUDOLFS VON SCHWABEN IM MERSEBURGER DOM

Das erste erhaltene Bildnisgrabmal des deutschen Mittelalters (um 1080), künstlerisch und technisch bereits vollkommen. Rudolf von Schwaben war der von der Kirche unterstützte Gegenkönig Heinrichs IV. Er wurde 1080 in der Schlacht beim nahen Hohenmölsen tödlich verwundet und mit königlichen Ehren im Merseburger Dom beigesetzt. Streng und starr, wie schwebend, steht die Gestalt, sie bekommt durch die weiche Bearbeitung und den Bronzeglanz ein geheimnisvolles Leben.

Sixtiturm im Süden, St. Viti im nördlichen Stadtteil Altenburg und die Neumarktskirche St. Thomae auf dem östlichen Saaleufer sind die historischen Dominanten um das Zentrum mit dem schönen Alten Rathaus (1478–1568) und der schlichten spätgotischen Stadtkirche St. Maximi. Der Marktplatz wurde 1944 schwer beschädigt. Aus dem· Barock stammen die Wasserkunst von Joh. Mich. Hoppenhaupt und dessen Wohnhaus, das Versunkene Schlößchen (1744).

Der DOM bewahrt Fundamente, Krypta und Turmunterteile vom Gründungsbau des 11. Jh. Zwischen frühgotische Vorhalle, Chor und Querschiff mit den stattlichen Turmpaaren darüber, schiebt sich nach 1500 der spätgotische Hallenraum, von Strebepfeilern, Staffelgiebeln und schön geschmückten Portalen flankiert. Die 1670 eingerichtete Fürstengruft beherbergt die Särge der herzoglichen Familie. Viele Grabmäler und Epitaphien (Rudolf von Schwaben; Thilo von Trotha von P. Vischer d. Ä.). Romanischer Taufstein, frühgotisches Triumphkreuz, spätgotisch sind Gestühle und Kanzel. Riesiger barocker Orgeleinbau. In der ehem. Sakristei sind Faksimiles der berühmten „Merseburger Zaubersprüche" und anderer alter Handschriften aus der Dombibliothek ausgestellt. Stimmungsvoller Kreuzgang mit Kapelle im Süden.

SCHLOSS MORITZBURG BEI DRESDEN

Von der Residenz Dresden führte eine schnurgerade Chaussee, die in die Kastanienallee und die Auffahrt zum Schloß mündet. Am Eingang zwei der vier Piqueure von Chr. Kirchner, der mit Thomae die Fülle der Figuren und Vasen schuf. Hier fanden einige der Feste statt, bei denen sich die Teilnehmer in antike Götter und Heroen verwandelten, um den Glanz des absoluten Herrschers darzustellen.

Mihla *Bez. Erfurt* 587 □ 11
Die KIRCHE, in Teilen noch romanisch, verwahrt einen Altar einer Erfurter Werkstatt mit dreizehn Reliefs, die teilweise Schongauers Stiche zum Vorbild haben. Um 1490.

Milkel *Bez. Dresden* 598 ■ 9
SCHLOSS Um 1725–30 erhielt der Bau unter dem deutlichen Einfluß von Moritzburg seine meisterhafte Gestalt: zwei wuchtig-niedrige Türme mit gedrungenen welschen Hauben flankieren den zweigeschossigen Bau mit dem plastisch-spielerischen giebelgekrönten Mittelteil. Beiderseits bilden Wirtschaftsbauten einen Vorhof. Das Innere enthält qualitätvolle Stuckdecken (um 1730). Der Park wurde im englischen Landschaftsstil um 1800 umgestaltet. Heute Zentrale Sorbische Sprachschule.

Mirow *Bez. Neubrandenburg* 565 ■ 8
Die stattliche PFARRKIRCHE in Backstein (14. Jh.) mit barockem Turm und großherzoglicher Gruft (1821/22) ist nach einem Brand wiederhergestellt. Eine Kastanienallee führt zum SCHLOSS, einem Rokokobau mit reicher zeitgenössischer Innenausstattung. Aus der gleichen Zeit das Kavaliershaus und das Untere Schloß, das ältere Torhaus ist später verändert worden.

Mittenwalde *Bez. Potsdam* 573 ■ 4
In der KIRCHE ST. MORITZ (13. Jh., im 14./15. Jh. zur Hallenkirche umgebaut) wirkte Paul Gerhardt 1651–57. Hochaltar mit Schnitzereien von 1514. Ebenfalls spätgotisch ist die KAPELLE ST. GEORG mit hübschem Ostgiebel; von der mittelalterlichen BEFESTIGUNG sind Berliner Stadttor und Pulverturm erhalten.

Mittweida *Bez. Karl-Marx-Stadt* 589 □ 12
In der MARIENKIRCHE errichtete sich die Stadt von 1454 an eine eindrucksvolle, große Hallenkirche. Arnold von Westfalen setzte in der vollen Schiffsbreite einen halbrund wirkenden Chor mit Sterngewölbe an. Der Altar (1661) stammt von Valentin Otte, der der alten Form des monstranzartigen Altaraufbaus seine heftig bewegten Figuren einfügte.

Molsdorf *Bez. Erfurt* 587 ■ 1
Das SCHLOSS der Renaissance wurde 1736–44 mit der Großzügigkeit des Barock umgebaut. Gottfr. Heinr. Krohne blendete eine Gartenfront vor, die den Bau mit einem hochragenden Mittelrisalit und übergiebelten Seitenrisaliten, Wandvorlagen, Rocaillewerk und Figuren zum ausdrucksvollsten Schloßbau Thüringens verzauberte. Im Inneren reiches Stuckwerk und Wandmalerei, Gemälde darunter von Antoine Pesne. Heute Café und Museum.

Moritzburg *Bez. Dresden* 582 □ 8
FASANERIESCHLÖSSCHEN Ein quadratisches Miniaturschloß (nur dreizehn Meter breit), 1769–82 erbaut. Geschweiftes Dach, hölzerne Chinesengruppe auf der Laterne. Im Innern winzige Zimmer (heute Museum für Vogelkunde und Vogelschutz).
JAGDSCHLOSS Auf einer granitenen Landzunge zwischen zwei Teichen, inmitten wildreicher Wälder wurde um die Mitte des 16. Jh. für den Kurfürsten Moritz ein Jagdschloß gebaut und nach ihm benannt. Ein einfaches quadratisches Herrenhaus mit Renaissancegiebeln, Wehrmauern umgaben den Hof. Ein reichliches Jahrhundert später fügte man

im Westen die Schloßkapelle an. Dieser bedeutende Bau blieb erhalten, als Pöppelmann das Jagdschloß für August II. erweiterte (1723–36). Er vergrößerte das Mittelschloß, erhöhte es und verband es durch Flügel mit den alten Ecktürmen, die er ebenfalls kräftig erhöhte. Die Innenausstattung, die von größter Pracht war, ist verloren. Erhalten blieben die berühmten bemalten Ledertapeten, die Sammlung der Geweihe des „Monströsensaals" wie auch das „Federzimmer", dessen Wände und Möbel Millionen bunter Vogelfedern bekleiden. Heute dient das Schloß als Barockmuseum des sächsischen Kunsthandwerks, das Erdgeschoß als Gedenkstätte für die Bildhauerin Käthe Kollwitz, die ihre letzten Monate in Moritzburg verbrachte.

Mosigkau *Bez. Halle*   580 ▪ 1
In die freie Natur eingebettet liegt das SCHLOSS aus dem Spätbarock, zweigeschossig, mit säulenbesetztem Eingang, sehr zurückhaltender, nobler Fassade, flankiert von Kavaliershäuschen. Im Inneren überraschen die bequeme Raumaufteilung, das künstlerisch qualitätvolle Dekor und die nach alter Art den Wänden aufgelegte Gemäldesammlung mit niederländischen und deutschen Werken des 17. und 18. Jh. Auch vom alten Inventar ist mancherlei geblieben, so daß das Ganze sowohl als Georg Wenz. v. Knobelsdorffs letztes Werk wertvoll ist wie in der Atmosphäre. Nach 1780 wurde das Schlößchen weltadliges Fräuleinstift, nach 1945 Museum.

Mühlberg *Bez. Erfurt*   587 ▪ 12
Die MÜHLBURG, 704 erwähnt, verfiel seit dem 18. Jh. Erhalten blieb eine prachtvolle mittelalterliche Ruine mit Ringmauer und Turm (der Zinnenkranz ist neu).

Mühlhausen *Bez. Erfurt*   579 ▢ 7
Die MARIENKIRCHE des 12. Jh. wurde 1317–80 neu errichtet. Sie gehört zu den reinen gotischen Bauwerken, die über schlanken Bündelpfeilern einheitlich gewölbt ist. Die Raumwirkung wird erhöht durch eindrucksvolle Glasmalerei von 1390–1420. Am Äußeren beachtenswert ist die Skulptur. Ein Tympanon (1250) vom älteren Bau und die über einem spitzenartig wirkenden Balkon herabschauenden vier Figuren Karls IV., dessen Gemahlin und deren Gefolge. Die Portalfiguren darunter stammen aus dem 19. Jh.
Die königlich gestiftete ST.-BLASIUS-KIRCHE gehörte seit 1227 dem Deutschen Ritterorden. Sie war als romanische Basilika begonnen, wurde seit 1270 gotische Hallenkirche. Reich ist der Bau durch seine rundumlaufende Giebelgalerie, das Querhaus mit einer französisch beeinflußten Rosette. Das Innere zeigt schöne, klare Proportion, der Chor wurde 1295 bei der Bestattung des Bischofs Kristan – sein Grabmal um 1310 – vollendet, bis Mitte des 14. Jh. der ganze Bau. Hier wirkte Joh. Seb. Bach 1707/08.

ST.-BLASIUS-KIRCHE, MÜHLHAUSEN
Der Wandel des Stils läßt sich an dem ungleichen Turmpaar ablesen, das zu den ältesten Teilen der Kirche gehört. Während Aufbau und Fensterformen des nördlichen Turmes noch romanisch sind, ist der südliche, nur wenig jüngere bereits gotisch durchgebildet. 1707/08 wirkte Joh. Seb. Bach hier als Organist. Ein später posthumer Erfolg: 1957/59 wurde bei der Restaurierung die Orgel nach seinen damaligen Vorschlägen erneuert.

CHORFENSTER IN DER MARIENKIRCHE, MÜHLHAUSEN
Diese Glasgemälde im südöstlichen Fenster, die Apostelmartyrien darstellen, gehören zu einem der wenigen gut erhaltenen Zyklen in Thüringen. Großfigurigkeit, Faltenreichtum und gefällige Linienführung weisen sie als seinen jüngsten Teil aus, der um 1420 entstanden sein könnte.

N

Naumburg *Bez. Halle* 580 □ 6

Die Stadt bietet vielerlei an schönen Bürgerbauten. Auch von der Befestigung sind eindrucksvolle Reste erhalten (Marientor 1446, 1511 erweitert).

Der DOM ST. PETER UND PAUL, eine kreuzförmige, doppelchörige Pfeilerbasilika, wurde anstelle eines älteren Baues am Ende des 12. Jh. begonnen. Vom Osten her kann man die Bauentwicklung in immer dichterer Folge gotischer Formen verfolgen. Der Ostlettner ist romanisch, der westliche, 1249 mit seinem Chor begonnene, ist das Hauptbeispiel deutscher Frühgotik. Ostchor und -türme wurden nach 1300 gotisch erneuert. Die gotischen West-türme – der südliche erst 1894 vollendet – gehen auf die Bamberger Türme zurück. Die künstlerische Qualität des Domes kann man am bauplastischen Schmuck ablesen, der zum besten deutschen ge-hört, so an den Lettnerreliefs mit der Kreuzigungs-gruppe und den Stifterfiguren im Westchor (um (1250). Schon die Aufstellung profaner Werke im allein dem Klerus vorbehaltenen Raum war ebenso neu wie unerhört. Der anonyme Naumburger Mei-ster ist der erste, der vom allgemeinen Typ weg

KRYPTA

968 gründete Otto I. das Bistum Zeitz, 1028 wurde es von der befehdeten Ostgrenze nach Naumburg zurückverlegt. Von dem ersten frühromanischen Bau, der 1042 geweiht wurde, hat sich in der Krypta noch das Mauerwerk erhalten. Die Säulen mit dem schö-nen Blattkapitell wurden 1170–80 erneuert.

EKKEHARD UND UTA

Als vor sechs Jahrhunderten die zwölf weltlichen Stifterfiguren im allein dem Klerus vorbehaltenen Domchor aufgestellt wurden, war das revolutionär, doch die Schönheit dieser berühmtesten Werke des Naumburger Meisters ließ diese Unstimmigkeit schnell in Vergessenheit geraten. Ekkehard II. von Meißen und seine Gemahlin Uta von Ballenstedt-Askanien gehören zu den Vorfahren des Bauherrn Bischof Dietrichs II. von Wettin.

EINE SEITE DES LETTNERGIEBELS

Neben den Stifterfiguren und dem Schmuck der Kapitelle und Schlußsteine gehören die Reliefdar-stellungen des Westlettners mit zum Ruhm des Naumburger Meisters. Die Passion Christi steht realistisch, in volkstümlich-erzählender Art vor uns, berührt uns vor allem durch die menschlich gedeute-ten Einzelszenen. Hier, bei der Verleumdung Petri, zeigt eine Magd auf den Jünger und sagt: Dieser war auch mit Jesus von Nazareth.

DER NAUMBURGER DOM

Otto I. hatte 968 das Bistum Zeitz gegründet, doch schon 1028 verlegte Kaiser Konrad II. es von der unsicheren Ostgrenze gegen die Slawen nach Naumburg, wo um 1010 die Markgrafen Ekkehard II. und Hermann von Meißen eine Burgsiedlung gegründet hatten.

zur Darstellung der einmaligen Persönlichkeit, ihrem seelischen Ausdruck in Miene und Gebärde vordrang. Auch die Laubkapitelle des Westchors und die Baldachine sind Werke des Naumburgers, der die Naturform in die Kunstform umsetzte.
Die MARIENKIRCHE ist eine lichte, emporenumzogene Saalkirche mit Kanzelaltar und vorzüglicher Deckenmalerei (1712-28).
Die spätgotische WENZELSKIRCHE ist mit ihrer kühnen Konstruktion, die einen Kreisbogen um den Westteil der Kirche legt, in der so erreichten Raumweite bedeutend. Das Ganze wird noch durch zwei hervorragende Barockdekorationen, Altar und Prospekt der Hildebrandschen Orgel (beide 1743), und zwei schöne Tafeln Lucas Cranachs d. Ä. von 1515 bereichert.

Neschwitz *Bez. Dresden* 598 □ 9
Die 1945 beschädigte KIRCHE besitzt beachtliche Werke der Renaissance von Michael Schwenke. 1723 wurde auf künstlicher Anhöhe das kubische SCHLOSS von monumentaler Wirkung mit seinem riesenhaften, 1800 ausgemalten Festsaal errichtet. Die Skulpturen von Benj. Thomae, teils im Schloß, teils im Parterre des schönen Barockparks, entstanden 1721–23. – Im Schloß Vogelschutzwarte.

Neubrandenburg 565 ■ 1
Die 1248 gegründete, 1945 im Kern fast völlig zerstörte Stadt hat einen kreisförmigen Grundriß

und eine bemerkenswerte mittelalterliche Wehranlage. In die Stadtmauer waren alle 30 Meter Wiekhäuser eingebaut, von den einst über 50 ist etwa die Hälfte mit den Mauern und Toren erhalten. Das frühere Rathaus ist durch Fritz Reuters „Dörchleuchting" bekannt.
BELVEDERE Außerhalb der Stadt über dem Tollensesee ein 1823 für die herzogliche Familie im Stil griechischer Tempel errichteter kleiner Saalbau.
JOHANNISKIRCHE Ehem. Kirche des um 1260 gegründeten Franziskanerklosters. Backsteinbau, asymmetrische Hallenkirche (14. Jh., Nordwand aus der Gründungszeit). Vom Kloster Nordflügel und Kreuzgang erhalten.
Von der MARIENKIRCHE, einem gotischen Backsteinbau, ist außer Umfassungswänden und Turm auch der kunstvolle Ostgiebel mit reichem Maßwerk erhalten.
Von den TOREN sind das Friedländer, das Stargarder und das Treptower Tor durch Anlage und zum Teil reichen Giebelschmuck bemerkenswerte Befestigungen zwischen 1300 und 1400. Das Neue Tor (15. Jh.) hat nicht die gleiche Qualität, aber nach älterem Vorbild acht große Figuren.

Neukloster *Bez. Rostock* 564 □ 11
Von dem 1219 gegründeten ZISTERZIENSERINNENKLOSTER stehen nur noch die frühere Propstei und die Klosterkirche (13. Jh.). Eindrucksvoll sind ihre klaren Raumverhältnisse, der Schmuck aus glasierten Ziegeln, Reste der gemalten Chorfenster; ein Schnitzaltar stammt aus dem 16. Jh. Der etwas entfernt stehende Glockenturm (1586) entstand wohl aus einer älteren Kapelle.

Neuruppin *Bez. Potsdam* 573 □ 11
Die Stadt ist der Geburtsort des Dichters Theodor Fontane und des Architekten Karl Friedrich Schinkel. Bürgerhäuser mit klassizistischen Fassaden

STARGARDER TOR IN NEUBRANDENBURG

Durch den Torbogen des äußeren ist noch das innere Tor zu erkennen, Mauern verbinden beide. Die Satteldächer werden durch hohe Ziergiebel mit reichem Maßwerk verdeckt, sie sind ein Abbild der Maßwerkblendenreihe der nahen Marienkirche.

KLOSTERKIRCHE IN NEUKLOSTER
Eines der schönen, alten Fenster (um 1340) im Chor stellt den hl. Matthäus mit seiner Buchrolle dar, in spätromanischer Ornamentrahmung, inmitten von Flechtband und Ranken.

(norddeutscher Zopfklassizismus vom Ende des 18. Jh.) bestimmen das Bild der Innenstadt.

Die KLOSTERKIRCHE, eine dreischiffige, spätgotische Halle (um 1300) mit älterem Chor ist der einzige Rest eines Dominikanerklosters; sie wurde 1836 bis 1841 nach Plänen von Schinkel restauriert und erhielt 1906 zwei Türme mit herrlichem Ausblick. Im Innern die Statue des ersten Priors Wichmann von Arnstein (Ende 13. Jh.), in der Nähe die Siechenhauskapelle, ein spätgotischer Backsteinbau (1491).

Die MARIENKIRCHE (1801–04), eine klassizistische Saalkirche mit Kuppel und halbrundem Vorbau, ist ein einzigartiges Bauwerk dieser Art in Brandenburg.

Den PRINZEN- oder TEMPELGARTEN hat Georg v. Knobelsdorff 1735 für den späteren König Friedrich d. Gr. angelegt; einige Gebäude des 19. Jh. im maurischen Stil.

Neustadt *Bez. Gera* 588 ■ 10
Der Meister des RATHAUSES (1465) ließ ein reiches Werk aus der Überfülle gotischer Formen in asymmetrischem Aufbau entstehen.

Die STADTKIRCHE wurde nach 1470 errichtet. Im Chor reiche Maßwerkfenster und kräftige Sterngewölbe. Sein Schmuck ist ein hervorragender Altarschrein (1510–12), dessen Malerei und Schnitzwerk aus der Werkstatt Lucas Cranach d. Ä. entstammen. Spätgotische Taufe (1494) mit Reliefs der Evangelisten.

Neustadt-Glewe *Bez. Schwerin* 564 □ 9
ALTES SCHLOSS Von der alten Wehranlage ist ein Bergfried noch gut erhalten; eine zinnenbekrönte Mauer verbindet die Burg auf der einen Seite mit dem Alten Haus, dem früheren Wirtschaftsgebäude, auf der anderen mit dem Neuen Haus, das erst Wohnhaus, dann Marstall war.

Das NEUE SCHLOSS, im Stile holländischer Renaissance gebaut, mit schön stuckiertem Innern, wirkt einheitlich, obwohl sich die Bauzeit von 1619 an über 100 Jahre erstreckte.

Neustrelitz *Bez. Neubrandenburg* 565 ■ 8
Planmäßige Stadtanlage im Anschluß an den Schloßkomplex, in dem seit 1701 die Herzöge und Großherzöge von Mecklenburg-Strelitz residierten. Mittelpunkt des barocken Grundrisses ist ein quadratischer Platz, von dem acht Straßen sternförmig ausstrahlen. Klassizistische Palais und Wohnbauten.

SCHLOSS Von dem 1945 zerstörten Schloß sind an Bauten des 18. Jh. der Pavillon, Nord- und Westflügel des Prinzenpalais oder Weißen Herrenhauses und die Orangerie erhalten, aus dem 19. Jh. Marienpalais und Schloßkirche.

STADTKIRCHE Ein Saalbau von 1768–78 mit verschiedenen Stilelementen, der Turm von Karl Friedr. Schinkel romantisch entworfen.

TIERGARTEN Waldartiger Park, barock angelegt, 1790 im englischen Geschmack umgestaltet. Portal mit Bronzehirschen von Chr. Daniel Rauch.

Neuzelle *Bez. Frankfurt a. d. Oder* 574 □ 4
ZISTERZIENSERKLOSTER Kirche, Refektorium, Kapitelsaal und Kreuzgang des 1268 gegründeten Klosters sind spätgotisch, die Innenausstattung der Hallenkirche unter Mitwirkung Wessobrunner, italienischer und böhmischer Meister gehört zur schönsten ostdeutschen Barockkunst.

Nienburg (Saale) *Bez. Halle* 580 ■ 11
Vom 975 gegründeten, ebenso reichen wie hart umkämpften Benediktinerkloster blieb der dritte Bau (1242 begonnen) als hervorragende frühgotische KIRCHE. Der Rest eines Osterleuchters (um 1300) und die Grabplatte des Stifters, Graf Thietmar mit Sohn (um 1350), sind beachtenswert.

Nischwitz *Bez. Leipzig* 581 ■ 8
Joh. Christoph Knöffel baute für Graf Brühl 1745–50 das SCHLOSS. Ein Walmdach bildet den kräftigen Abschluß. Seitenflügel fassen den Bau energisch ein. Elegantes Treppenhaus, leichte Stukkaturen und Fresken. Vor dem Gartenpavillon die graziösen Skulpturen eines Tänzerpaares (um 1740–50).

Nordhausen *Bez. Erfurt* 579 ■ 6
Die alte Reichsstadt geht auf einen Krongutbezirk Karls d. Gr. (802) zurück, mit Burg, Befestigung, Dom. Der Getreidehandel der Goldenen Aue war Quelle des Wohlstands. Kirchen, Klöster, eine neue Stadtmauer von 1290–1330 bezeugten ihn.

Die BLASIUSKIRCHE hat eine Doppelturmfassade von etwa 1200, zu der von 1490 an ein neuer Chor kam, dem ein breiteres Schiff angefügt wurde. Der Raum wirkt nun westfälisch weit. Von den Kunstwerken der 1949 wiederhergestellten Kirche verdient die 1591/92 gestiftete Renaissancekanzel mit feinnervigen Reliefs Beachtung.

DOM Romanische Reste (seit 1130) sind in den Türmen und einer wuchtigen Krypta erhalten. Zunächst wurde der Chor durch ein frühgotisches Werk mit flachem Dreifensterschluß (1267) ersetzt, im 14. Jh. folgte dann ein breites Langhaus, Einwölbung erst vom 16. Jh. an. Um 1300 wurden gotische Stifterfiguren auf phantasievollen Konsolen vor die Chorwände gestellt.

O

Oelsnitz *Bez. Karl-Marx-Stadt* 589 ■ 10
Die stark bewehrte BURG VOIGTSBERG enthält noch Mauerwerk des 13. Jh. (Bergfried), ebenso die KIRCHE in ihren am Querhaus ansitzenden Türmen. Nach 1519 entstand ein eigenwilliger Hallenbau mit fast quadratischem Schiff, massiven, rundum laufenden Emporen und einem vielgestaltigen Sterngewölbe.

Oppurg *Bez. Gera* 588 ■ 10
Zu Niederoppurg gehört eine SAALKIRCHE von 1694 in der Art der thüringischen Schloßkirchen, im Inneren mit korinthischen Säulen umstellt, Emporen dazwischen und mit kräftiger Stuckornamentik. Den Altarraum schließt ein vorzügliches Schmiedegitter. SCHLOSS 1708 wurde anstelle einer Wasserburg ein ungewöhnlich großer und hoher Bau errichtet, dessen Frontmitten durch einen bogengekrönten Mitteltrakt betont werden, in der Mitte ein von Säulen flankierter, enger Eingang mit figurenbesetztem Balkon, zartes Ornament überzieht die Fassade, Eckpilaster grenzen die nur durch die Fensterreihen gegliederte Fläche ein. Heute Arbeiterwohnheim.

Oranienbaum *Bez. Halle* 580 □ 2
Das SCHLOSS, von 1683 an in noblen Formen errichtet, der Park und die Stadt bilden einen dem Zeremoniell des absoluten Herrschers gehorchenden Organismus. Im Schloß ist der gekachelte Sommerspeisesaal ein echt holländisch blitzsauberes Interieur. Auf der Hauptallee steht eine Vase mit einem geschmiedeten Orangenbaum, wie das Schloß Werk eines holländischen Meisters.

Oranienburg *Bez. Potsdam* 573 ■ 12
Das SCHLOSS ist im Auftrag von Luise Henriette, der Gattin des Großen Kurfürsten, anstelle der mittelalterlichen Wasserburg Bötzow von holländischen Baumeistern nach 1651 begonnen, von Arnold Nering, der als der Schöpfer gilt, erweitert, später durch eine Arkadengalerie vollendet worden.

Orlamünde *Bez. Gera* 588 □ 10
Wo die Orla in die Saale mündet, hatten die Grafen von Orlamünde ihren Stammsitz; geblieben ist der mächtige, sechsstöckige und breitgelagerte Würfel einer KEMENATE aus dem 11. Jh.

Oschatz *Bez. Leipzig* 581 ■ 6
Die FRANZISKANERKIRCHE, zweischiffig mit Sterngewölbe, machte bei aller Einheitlichkeit drei Bauzeiten durch: 1246, 1381–1428 und 1480.
Besonderen Wert haben einige Werke der Renaissance, so das RATHAUS (1537) mit der Treppe, deren Laube sich in Bögen öffnet, ein reichverziertes Werk des Dresdner Bildhauers Christoph Walther I. – Der Brunnen auf dem Neumarkt (1588) gibt dem Platz einen kräftigen Akzent.

Oßmannstedt *Bez. Erfurt* 588 □ 10
1797 erwarb Christoph Martin Wieland das ehem. Rittergut. Im Park liegen die Gräber Wielands, seiner Gemahlin und das der Schwester von Cle-

mens Brentano, Sophie. Im Gutshause befindet sich eine WIELAND-GEDÄCHTNISSTÄTTE.

Ostro *Bez. Dresden* 582 ■ 6
Aus der frühen Eisenzeit stammt die OSTROER SCHANZE, die auf steilem Gelände über dem Kaltwasser liegt. Nach slawischer Besiedlung folgte die frühdeutsche mit einem Erdturm. Die ehem. Wasserburg am Fuße der Anlage ist deren Nachfolger.

Oybin *Bez. Dresden* 598 □ 6
Die BURG wurde 1311–16 errichtet. Ihre Blütezeit erlebte sie, als Karl IV. sie ausbaute und für die Coelestiner aus Avignon 1363–88 ein KLOSTER errichtete. Aller Glanz fand 1577 durch einen Blitzschlag ein Ende. Von den Ruinen sind die guterhaltenen Klosterkirchenmauern das edelste Werk, das in gotischer Streckung, in der Zartheit der Profile die Gesinnung Peter Parlers aus Schwäb. Gmünd zu vollendetem Ausdruck bringt.
Die Maler C. D. Friedrich, Carus, Richter haben die Ruine in ihren Werken dargestellt.

P

Panschwitz-Kuckau *Bez. Dresden* 582 ■ 6
Das ZISTERZIENSERINNENKLOSTER MARIENSTERN wurde 1248 gegründet. Der nach den Ordensregeln gerade geschlossene Bau entstand wesentlich im 14. Jh., die Westfront wurde 1720 vorgeblendet. Bedeutungsvoll ist ein frühes Vesperbild (um 1350). Hervorragend eine Trauernde Maria (1720) und das streng-vornehme, reiche Stifterdenkmal des Dresdners Sebastian Walther (1629).

Parchim *Bez. Schwerin* 564 ■ 9
Das Bild der Stadt, in der Moltke geboren wurde, wird noch immer von Fassaden und Fachwerkgiebeln seiner alten Bürgerhäuser und von zwei mittelalterlichen Backsteinkirchen bestimmt; vom Rathaus (14. Jh.) ist nur noch ein Staffelgiebel erhalten.
ST. GEORGEN Die stattliche dreischiffige Hallenkirche, mit Teilen einer älteren Basilika, stammt aus dem 13., der Turm aus dem 14., der aufwendige Umgangschor aus dem 15. Jh. Ein reicher Altarschrein, gotische Skulpturen, eine Kanzel mit prachtvollem Schalldeckel von 1580, Taufstein, Ratsgestühl, Gemälde und Grabsteine um 1620 schmücken das Innere.
ST. MARIEN Auch an dieser Hallenkirche haben mehrere Jahrhunderte nach etwa 1250 gebaut; ein figurenreicher Schnitzaltar um 1500, Kanzel (1601) und Orgelempore gehören zur Ausstattung. Vermutlich im 14. Jh. wurden jüdische Grabsteine im Mauerwerk verbaut; aus dieser Zeit stammen auch die Reliefs eines ehernen Taufkessels, der von Kapuzenmännern getragen wird.

Paretz *Bez. Potsdam* 573 ■ 9
Die DORFKIRCHE (14. Jh.) ist nach Plänen David Gillys 1797 neugotisch umgebaut worden.
SCHLOSS Für Friedrich Wilhelm III. und Königin Luise baute Gilly das „Schloß Still im Land". Der klassizistische Bau verlor 1945 sein Inventar und wurde später als Bauernhochschule stark verändert.

Parkentin *Bez. Rostock* 557 ■ 6
Der Feldsteinchor der stattlichen DORFKIRCHE
stammt noch aus dem 13. Jh., das Schiff, der friesge-
schmückte Ostgiebel, Wandmalereien und Kreuzigungsgruppe sind gotisch; Renaissancekanzel und
barock erneuerter Altaraufsatz.

Pasewalk *Bez. Neubrandenburg* 566 □ 9
In der 1945 weitgehend zerstörten Stadt sind,
mit geringen Beschädigungen, die beiden Kirchen
erhalten, auch die zinnengekrönten Mauertürme,
Pulverturm und „Kiek in de Mark", das Prenzlauer
Tor und das Mühlentor – alle aus dem 15. Jh. –,
die Hospitäler St. Spiritus (16. Jh.) und St. Georg
(18. Jh.).
MARIENKIRCHE Ein ausgewogener Hallenbau (14. Jh.)
in Backstein mit schönen, teilweise durch glasierte
Ziegel gegliederten Portalen.
NIKOLAIKIRCHE Eine Hallenkirche des 16. Jh. mit
älterem Westturm aus Granitquadern.

Paulinzella *Bez. Gera* 587 ■ 3
Paulina, die Tochter eines wohl schwäbischen Mini-
sterialen, gründete das KLOSTER, starb aber 1107 auf
dem Wege von Hirsau, wo sie einen Abt und
Mönche holen wollte. Im selben Jahre begann der
Bau (1124 Weihe, Vorkirche und Türme bis 1150).
1564 begann die Zerstörung, seit 1811 die Wiederentdeckung und Pflege der Ruine. Sie gehört zum
Kostbarsten romanischer Sakralarchitektur. Die Hirsauer Bauleute errichteten in sorgsamster Meißelarbeit einen Bau voller Ernst und Würde.

KLOSTERRUINE PAULINZELLA
*Sie gehört zu den großartigsten Denkmälern der
Hirsauer Schule. Die Klassiker bewunderten ihre
Monumentalität, die 36 m lange Säulenstraße des
ehemaligen Mittelschiffes erinnerte sie an antike
Tempel. Schiller wurde von ihr zu seinem Ge-
dicht „Im Kloster Paulinzella" angeregt (1788).
Goethe verbrachte 1817 hier seinen Geburtstag.
Die Romantiker begeisterten sich für diesen „Dom"
des deutschen Mittelalters. Aber erst 1876 wurde
das Erhaltene restauriert.*

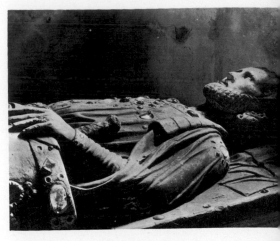

GRABMAL DES GRAFEN WIPRECHT VON
GROITZSCH IN DER STADTKIRCHE, PEGAU
*1092 stiftete Graf Wiprecht ein Kloster. Er stattete
es mit verschiedenen Rechten aus, die er gegen den
Machtanspruch der Wettiner verteidigte. Um 1230/
1240 ließ ein Abt die Tumba des Stifters anfertigen.
Aus diesem zeitlichen Abstand – Wiprecht ist
1124 gestorben – erklärt sich die Idealisierung des
Verstorbenen. Er ist dargestellt mit Vollbart und
Lockenhaar, in edelsteinbesetztem Rock, die Fahne
in der Rechten.*

Pegau *Bez. Leipzig* 580 □ 5
Die Stadt spielte schon zu des Markgrafen Wiprecht von Groitzsch Zeiten (gest. 1124) eine bedeutende Rolle. Von damaligen Bauten erhielten
sich nur geringste Fragmente. Als einziger Stein
blieb das Grabmal Wiprechts, von etwa 1220, ein
Kunstwerk von hohem Rang. Das RATHAUS (Hieron.
Lotter, 1559) ist ein blockhafter Renaissancebau
mit feingliedrigen Portalen am Turm. Die STADT-
KIRCHE verwahrt außerdem Hans Wittens Marienfigur (um 1510) und besitzt beachtliches frühbarockes Inventar. Ein HEIMATMUSEUM enthält Fragmente der verschwundenen Klosterkirche.

Penig *Bez. Karl-Marx-Stadt* 589 □ 11
Von der ursprünglichen Siedlung zeugt die älteste
Kirche, ST. ÄGIDIEN, in deren Schiff noch der Saal
aus der Zeit um 1180 zu erkennen ist.
Das RATHAUS (1545/46) hat noch das alte drei-
geteilte, sehr dekorative Portal.
Das SCHLOSS ist ein kräftiger, nüchterner Bau
(17. Jh.).
Die 1515 geweihte STADTKIRCHE sollte eine große
Hallenkirche werden, blieb aber flachgedeckt und
trägt dafür eine reichbemalte Kassettendecke (1688).
Vor allem steht in ihr Christoph Walthers II.
Renaissancealtar von 1564.

Penkun *Bez. Neubrandenburg* 566 ■ 8
Das stattliche SCHLOSS (1484–86, umgebaut um
1600), eine unregelmäßige Dreiflügelanlage mit Portalen (17. Jh.) und zwei achteckigen Türmen, liegt
auf dem alten Burghügel nordwestlich der Stadt.
Deckenmalerei und Kamine im Innern im Stil der
Spätrenaissance.

Perleberg *Bez. Schwerin* 564 □ 7
JAKOBSKIRCHE Ein gotischer Backsteinbau, 1851
restauriert. An Nord- und Südseite reichgeschmück-

te Portale aus abwechselnd glasierten und unglasierten Steinen.

ROLAND Als Zeichen der Marktfreiheit steht seit 1546 die hohe Figur des Roland in Ritterrüstung, aus Sandstein gehauen, auf dem Marktplatz.

HEIMATMUSEUM Bibliothek und Münzsammlung.

Petschow *Bez. Rostock* 557 □ 5
Die DORFKIRCHE aus Feldstein (13. Jh.) mit Blendengiebeln aus Backstein (wie Fenster und Portale) wird von drei achtteiligen Kuppeln überwölbt, die wie die Schiffswände im 14. Jh. bemalt wurden (im 19. Jh. erneuert und ergänzt). Im Innern geschnitzter Altaraufbau (1707), Kanzel (1610), Schnitzrelief des Gekreuzigten (14. Jh.), Sakramentshaus (14. Jh.), Kreuzigungsgruppe (15. Jh.).

Pirna *Bez. Dresden* 590 □ 11
Im Stadtbild herrscht urwüchsige Renaissance, im würfeligen Rathaus mit seinem vielstufigen Turm von 1718, in den hochüberdachten Häuserreihen vom 16.–18. Jh., den Erkern und Portalen, etwa in der Burgstraße, wo sich die Fülle südlichen Blatt- und Formenwerks in Pilastern, Bogenzwickeln und Simsen entfaltet. Zum Bilde gehören auch die Leben schaffenden Brunnen (1775, 1780). Das Kreismuseum ergänzt die Geschichte im Bilde, die Festung hingegen, weit älter als die Stadt, sagt nach vielerlei Umbauten nicht mehr, als daß sie eine schöne, das Ganze übergipfelnde Stadtkrone ist.

Die DOMINIKANERKIRCHE, wesentlich um 1380 als schlichte Halle ausgebaut, ist ein sehr zartgliedriger Raum mit hohem Gewölbe.

Die MARIENKIRCHE übergipfelt die Häuser mit ihrem zwölfkantig-gotischen Turm (1466–70). Das riesige Dach weist auf den darunter sich breitenden Hallenraum hin. Von 1502–46 baute man an dem Werk des Peter von Pirna, dem weitesten, von dichtem Rippennetz überzogenen flachen Gewölbe, das in reicher Malerei (1546) die Erzählfülle einer ganzen Bilderbibel bietet. Im Altar (1611) steckt noch gotische Bewegung, auch im Hell-Dunkel der vielen kleinen Figuren. Zur reichen Ausstattung gehört das Epitaph des Karras von Maxen (Chr. Walther I., 1531), das musikalisch schwingende Relief des Epitaphs von Sobottendorf (Hans Walther, 1585) und der mit Kinderfiguren lustig belebte Taufstein (1561).

Plau *Bez. Schwerin* 564 ■ 3
Zwei Türme geben der kleinen Stadt am Plauer See das Gepräge, ein Bergfried (14. Jh.) und der quadratische Turm der STADTKIRCHE. Sie ist aus dem 13. Jh., ungünstig restauriert, hat aber eines der hier seltenen Granitportale, ornamentalen Schmuck von glasierten und unglasierten Backsteinen, im Innern gutes Schnitzwerk (Altar um 1500 und Barockkanzel) und eine reichgeschmückte Bronzetaufe von 1570.

Plauen *Bez. Karl-Marx-Stadt* 588 ■ 4
Unter den wenigen alten Bürgerhäusern ist die Gruppe Nobelstraße 11/13 zu nennen, repräsentative Patrizierbauten des 18. Jh. Hier ist das Vogtländische Kreismuseum untergebracht.
Die in romanische Zeit zurückreichende JOHANNISKIRCHE, ein niedrig-weiter, sterngewölbter Hallenraum (1548), wurde 1951 wiederhergestellt und erhielt einen Schnitzaltar aus Neustädtel (um 1510). Die Kanzel stammt aus Görlitz (1710), die Taufe aus Miltitz (1530).

Die LUTHERKIRCHE (Gottesackerkirche) ist ein Zentralbau von 1693–1722. Der hervorragende Schnitzaltar (um 1500) stammt aus Leipzig.

Pößneck *Bez. Gera* 588 ■ 9
RATHAUS (1478–86) mit gotisch steilem Dach, Dachreiter und -erker, dazu beiderseits Treppengiebel. Vor diese Form gotischer Leichtigkeit setzte man 1531/32 eine mit sechs Halbrundblenden überdachte zweiläufige Treppe mit einer Kanzel, gotisches Maßwerk in strenger Renaissancerahmung.

Pomßen *Bez. Leipzig* 581 □ 8
Mittelpunkt des Dorfes ist die überragend schöne Dorfkirche, ein schlichter Gruppenbau aus breitem Westturm, wuchtigem Langhaus, kleinerem Chor und vorgerundeter Apsis, die neben sich eine zweite in Fachwerk hat, im Kern alles frühes 13. Jh. Das Innere ist durch die barockbunte Rankenornamentik bestimmt (1660–68). Den figurenreichen Epitaphaltar meißelte Andr. Lorentz 1573.

Posterstein *Bez. Leipzig* 588 ■ 2
Die BURGANLAGE (jetzt Kreis-Heimatmuseum) entstand in der Hauptsache im 16. Jh., Zufügungen des 19. Jh.
Die schlichte spätgotische DORFKIRCHE erhielt um 1680 ihr reiches Barockdekor. Der in Schneeberg geschulte Meister breitete saftige Blumen- und Früchtemotive über die bewegte Architektur.

KLÖPPELSPITZE AUS PLAUEN

Im 18. Jh. entstanden in Plauen eine Reihe von Baumwollmanufakturen, die feinste, „Schleier" genannte Gewebe herstellten. Die Blüte dieses Wirtschaftszweiges war zu Ende, als nach 1815 maschinell hergestellte englische Erzeugnisse den Markt überschwemmten. Man ging zur Plattstichstickerei über, die im Laufe des 19. Jh. durch die Einführung von Stickmaschinen einen gewaltigen Aufschwung nahm. Plauen wurde zur „Spitzenstadt", die Handelsbeziehungen in aller Welt unterhielt.

Potsdam 573 ■ 7
Seit die Stadt unter dem Großen Kurfürsten Residenz wurde, haben vor allem, bis ins 19. Jh., die preußischen Könige ihr Bild geprägt. Der Kern war das im letzten Kriege zerstörte Stadtschloß, Friedrich Wilhelm I. baute neue Viertel für eine Garnison, Friedrich d. Gr. repräsentative Bürgerhäuser und Palais, das 19. Jh. Schlösser und Villen an der Peripherie. 1920/21 schuf Erich Mendelsohn den Einsteinturm, ein Denkmal der Architektur des 20. Jh.

POTSDAM:
AUF DEN SPUREN FRIEDRICHS DES GROSSEN

FELDHERR UND PHILOSOPH

Friedrich der Große lebt im Bewußtsein der Nachwelt als der kriegerische König, der Preußen zur europäischen Großmacht erhob, und als der für die Wissenschaften und Künste begeisterte Philosoph von Sanssouci. Potsdam zeigt heute trotz der Zerstörungen der Kriegs- und Nachkriegszeit noch diese beiden Gesichter der friderizianischen Ära (1740–1786), das nüchtern-militärische und das phantasievoll-künstlerische. Jenes ist mehr das Erbe des strengen Vaters Friedrichs des Großen, des Soldatenkönigs, dieses ganz die Schöpfung des Sohnes. Die französische Kultur, an der sich seit der Zeit des Sonnenkönigs fast alle übrigen europäischen Höfe nachahmend orientierten, wurde von Friedrich in ihrem Wesen erfaßt und auf das geistige Leben seines Landes zugeschnitten. Der Gedankenaustausch mit hervorragenden Geistern wie Voltaire, Maupertuis oder D'Alembert, die er zum Teil an seinen Hof ziehen konnte, bezeugen dies ebenso wie die reichen Sammlungen französischer Kunst des 18. Jh., die er anlegte. Die Eigenart des friderizianischen Rokoko ist wesentlich durch den persönlichen Einfluß des Königs auf die Künstler bedingt. Es endigt mit dem Tod Friedrichs, 1786.

FRIEDRICH DER GROSSE *Zeichnung nach einem Stich von Daniel Chodowiecki. (Staatsbibliothek Berlin)*

SCHLOSS SANSSOUCI *ist als Bekrönung eines Weinberges 1745–47 von Georg Wenzeslaus von Knobelsdorff nach Entwürfen des Königs gebaut worden. Terrassen führen zu dem in der Mitte von einer Kuppel bekrönten Bau hinauf. Die bewegten Hermen an der Gartenseite, Satyrn und Nymphen aus dem Gefolge des Bacchus, illustrieren die Idee des Baues als eines Tempels für den Weingott. Reiche Innenausstattung.*

DIE HEILIGE FAMILIE MIT DEM KORB *von Peter Paul Rubens. Immer wieder erwarb der König Werke alter Meister. Um einen festlichen Rahmen für ihre Aufstellung zu gewinnen, gab er 1755 einen eigenen Bau dafür in Auftrag. Dieser wurde bis 1764 nach Plänen von J. G. Büring fertiggestellt. Der wertvollste Teil dieser Galerie, die hauptsächlich aus niederländischen und italienischen Werken des Barock bestand, ist 1830 in die Berliner Museen gelangt. Das Rubens-Bild hat Friedrich vor 1764 erworben. (Bildergalerie, Potsdam)*

FRIEDRICH WILHELM I., *der Soldatenkönig, von Antoine Pesne. Mit dem Aufbau eines disziplinierten Heeres und Beamtentums bei größter Sparsamkeit schuf er in seiner Regierungszeit 1713–1740 die Voraussetzungen für den Aufstieg Preußens unter seinem Sohn. (Um 1733, Schloß Charlottenburg, Berlin) (Oben links)*

FRIEDRICH DER GROSSE *Antoine Pesne, ein Pariser Maler, der bereits 1711 von Friedrich I. nach Berlin berufen worden war, begann dieses Bildnis, als Friedrich noch Kronprinz war, und vollendete es nach seiner Regierungsübernahme 1740. (Gemäldegalerie Berlin-Dahlem) (Oben Mitte)*

Das NEUE PALAIS *wurde nach dem Siebenjährigen Krieg 1763–1769 von Joh. Gottfried Büring und Ludwig Manger erbaut. Der König selbst bezeichnete den mit reichem plastischen Schmuck ausgestatteten Riesenbau als „Fanfaronnade".*

VASE (1767) *im Arbeitszimmer Friedrichs des Großen im Neuen Palais. Die königlichen Wohn- und Arbeitsräume waren reich mit Kunstwerken ausgestattet. Friedrich sammelte nicht nur Gemälde und Skulpturen, sondern auch schönes Porzellan. Nach dem Vorbild des „Meißener Porzellanlagers" gründete er in Berlin eine eigene Manufaktur, mit deren Erzeugnissen er gern seine Freunde beschenkte.*

BIBLIOTHEKSZIMMER IN SANSSOUCI *„Ich habe mehr gelesen als alle Benediktiner zusammen", rühmte sich der König, der sich selbst mehr als betrachtenden denn als handelnden Menschen empfand. In seiner Bibliothek gab es kein einziges deutsches Buch, dieser Ehrenplatz war den Werken der über alles geschätzten Franzosen und antiker Autoren vorbehalten. Von jedem Buch besaß er mehrere Exemplare. Diese hellroten Saffianlederbände standen in Sanssouci, Potsdam, Berlin, Breslau — einen fünften pflegte er im Feld mit sich zu führen.*

Häufig war Italien das Vorbild, so ein römischer Triumphbogen für das BRANDENBURGER TOR (1770), die Basilika S. Clemente in Rom für die FRIEDENSKIRCHE (1843–54), ein Bau von Palladio für die Fassade am RATHAUS (1753), eine Renaissancevilla für die ORANGERIE (1850–56) im Park von Sanssouci.

In der KOLONIE ALEXANDROWKA wurden 1826–29 russische Blockhäuser und eine griechisch-orthodoxe Kapelle für russische Militärmusiker errichtet.

Das MARMORPALAIS, am Ufer des Heiligen Sees im Neuen Garten, ist 1786 nach Plänen Karl v. Gontards für Friedrich Wilhelm II. gebaut, später erweitert, heute, ohne seine erlesene Ausstattung, Militärmuseum.

Der MARSTALL, an dem Arnold Nering und Georg v. Knobelsdorff gebaut haben, begrenzt im Norden den früheren Lustgarten, den der Soldatenkönig zum Exerzierplatz bestimmte.

NEUES PALAIS siehe Friedrich d. Gr. und Potsdam.

Die NIKOLAIKIRCHE von Karl Friedr. Schinkel und seinen Schülern (begonnen 1830) ist nach schweren Kriegsschäden wiederhergestellt.

RÖMISCHES BAD UND GÄRTNERHAUS, östlich vom Charlottenhof, sind als italienische Villen nach Plänen von Schinkel und dem späteren König Friedrich Wilhelm IV. 1829–36 errichtet.

SANSSOUCI siehe Friedrich d. Gr. und Potsdam.

SCHLOSS CHARLOTTENHOF Eine anmutige und strenge Anlage Schinkels für Friedrich Wilhelm IV. als Kronprinzen (1826–40).

MARIENKIRCHE VON OSTEN, PRENZLAU

Die Kirche ist seit dem zweiten Weltkrieg Ruine. Gerettet werden konnte aber der prächtige Ostgiebel (1325–40), Schauseite der ehemaligen Hauptpfarrkirche zur Stadt hin. Kräftige Strebepfeiler reichen als Wimperge über die Traufe hinaus. Das Giebelfeld schmückt feinstversponnenes Maß- und Stabwerk, rot und schwarz glasierte Ziegel unterstreichen die Wirkung. Das Prinzip der Straßburger Münsterfassade ist so in die Backsteinarchitektur übertragen worden.

Prenzlau *Bez. Neubrandenburg* 566 □ 9

Rathaus und Marienkirche wurden 1945 wie der größte Teil der Altstadt zerstört oder brannten aus; von der Heiliggeistkapelle (14. Jh.) stehen noch Außenmauern und Westgiebel. Von den vier Toren der teilweise erhaltenen Mauer (13. Jh.) stehen noch drei, das Schwedter, das Blindower und das Mitteltor, quadratische Bauten, teilweise mit Rundtürmen und Kegelhelmen; aus dem 15. Jh. ist der Pulverturm mit Zinnenkranz und Kegelhelm. Das DOMINIKANERKLOSTER, mit bemerkenswertem Kreuzgang, ist wie seine frühere Kirche (jetzt Nikolaikirche) nach 1275 in Backstein gebaut. Ein prachtvolles Schauportal an der Nordseite, im Innern ein dreistöckiger Altaraufsatz (1609) und bedeutende Figuren vom sonst zerstörten Schnitzaltar der Marienkirche, eine Bronzetaufe des 15. Jh. und ein Silberkelch des 13. Jh. sind besonders zu erwähnen.

FRANZISKANERKIRCHE Ein einschiffiger, frühgotischer Feldsteinbau des 13. Jh.

GEORGSKAPELLE Ihr Westgiebel bildet den der Marienkirche reizend in vereinfachten Formen nach. Von der MARIENKIRCHE, einem der bedeutendsten Backsteinbauten Norddeutschlands (14. Jh.), steht außer einem Teil der Mauern vor allem noch der prachtvolle Ostgiebel mit reichem Maßwerk und Glasurziegeln.

NIKOLAITÜRME Von der ältesten Pfarrkirche erhielt sich nur das zweitürmige Westwerk (13. Jh.).

SABINENKIRCHE In dem Feldsteinbau des 13. Jh., der beim Umbau 1816 einen Fachwerkturm erhielt, findet sich ein Kanzelaltar (1597) mit reichen figürlichen Reliefs.

SCHLOSS CHARLOTTENHOF, POTSDAM

Die anregende Kraft der südlichen Architektur blieb in Potsdam auch im 19. Jh. erhalten. Eines der erlesensten Beispiele hierfür ist das nach einer Tochter König Friedrich Wilhelms III. benannte Schloß Charlottenhof im Park von Sanssouci, das 1826–40 nach Plänen Schinkels entstand. Zu der größtenteils noch ursprünglichen Innenausstattung gehören Gemälde von Caspar David Friedrich und Carl Blechen.

Prebberede *Bez. Neubrandenburg* 564 □ 1

Das HERRENHAUS, ein mächtiger Rokokobau, ist außen schlicht und hat innen reiche Stukkaturen und ein asymmetrisches Treppenhaus. Die alte Küche mit großem Rauchfang ist erhalten.

Prießnitz *Bez. Leipzig* 581 □ 7

Die KIRCHE mit ihrem bäuerlichen Doppeltor entstammt – mit älteren Resten – der Spätgotik und der späten Renaissance. Der in Leipzig ansässige Antwerpener Bildschnitzer und Maler Johann de Perre schuf in hellen Farben den riesengroßen Altar um 1615.

Pritzwalk *Bez. Potsdam* 564 ▪ 5

Die NIKOLAIKIRCHE, eine dreischiffige, spätgotische Halle, hat im 15. Jh. eine ältere Feldsteinbasilika ersetzt. Der neugotische Zwiebelturm von 1882.

Pulsnitz *Bez. Dresden* 582 ▪ 7

Die äußerlich spätgotische STADTKIRCHE überrascht durch den hellen Ovalraum mit bandartig zwischen Pfeilern rundum geführten Emporen, eine ebenso geschickte wie künstlerisch bedeutende Leistung von Andr. Hünigen (1742–45).

Putbus auf Rügen *Bez. Rostock* 558 ▪ 3

Der 1810 angelegte Ort zeigt in einheitlicher Bebauung klassizistische Wohnbauten und im großen englischen PARK des zerstörten Schlosses eine Reihe ebenfalls klassizistischer Bauten des frühen 19. Jh., von denen das Theater hervorzuheben ist.

Q

Quedlinburg *Reg.-Bez. Halle* 579 ▪ 2

Ein Schwerpunkt des Reiches war die Quitlingaburg auf steilem Fels zu Anfang unseres Jahrtausends, Sitz höchster Regierungsgewalt, Lieblingsaufenthalt des Herrscherhauses der Ottonen. Später waren es die Äbtissinnen des 936 gegründeten Stiftes, die die Geschicke der Stadt 867 Jahre lang lenkten. Auf dem gesicherten Felsen überragt noch heute die ehrwürdige Stiftskirche die Stadt. Auf der Westseite des Schloßberges erhebt sich auf älteren Unterbauten das Stiftsschloß aus dem 16. und 17. Jh. mit seinen zwölf Giebeln (Schloßmuseum). Im 1000jährigen Westpalas, auch Westkrypta genannt, ist heute die Schloßkellergaststätte eingezogen. Von Torbauten verschiedener Zeiten begleitet, führt der Burgweg zu den winkligen, krummen Gassen der Stadt hinunter. In langen Zeilen umsäumen prächtig und wohlerhalten Fachwerkhäuser aus vier Jahrhunderten die alten Gassen und Plätze. Am Burgberg ist ein schmalbrüstiges Häuschen der sagenumwobene Finkenherd, wo Heinrich I. die Kunde seiner Wahl zum deutschen König erhalten haben soll. Nicht weit davon steht ein reiches Fachwerkhaus, in ihm wurde der Dichter Klopstock 1724 geboren (heute Klopstockmuseum). Von den vier Stadtkirchen sind die ursprünglich romanischen St. Benedikti, Aegidii und Nikolai in gotische Hallenkirchen umgebaut, St. Blasii mit romanischem Turm gehört dem Barock an.

RATHAUS Aus gotischer Zeit blieb nur der schlanke, in Fenster aufgelöste Eckturm, der Bau selber stammt von 1613–15 mit einem repräsentablen Portal und einer Rolandsfigur vor der Ecke.

Die STIFTSKIRCHE, 1129 geweiht, birgt Teile der ottonischen Vorgängerkirchen. Unter ihrem Querhaus und dem gotisch ummantelten Chor liegt die ungewöhnlich geräumige, ebenfalls dreischiffige Krypta mit den Gräbern Heinrichs I. und der Königin Mathilde. In der Fürstengruft, ein Stockwerk tiefer, ruht die schöne Aurora von Königsmarck, Geliebte Augusts des Starken und spätere

STIFTSKIRCHE UND SCHLOSS VON QUEDLINBURG

Auf dem Burgberg regierten im Mittelalter die Äbtissinnen des freien Reichsstifts. Das Verhältnis zwischen den Bürgern und den „Damen vom Schloß" war gespannt. 1477 überfiel Äbtissin Hedwig mit ihren Brüdern die Stadt und unterwarf sie aufs neue. In der Fürstengruft der Kirche liegt Aurora von Königsmarck, die schöne Geliebte Augusts des Starken, begraben, die 1700 hier Pröpstin wurde. Sie war die Mutter des als Marschall in französischen Diensten berühmt gewordenen Moritz Graf von Sachsen, Maréchal de France.

Pröpstin des Stiftes. In der Zither, der Schatzkammer aus dem 12. Jh., sind kostbare Werke der Goldschmiedekunst, Elfenbeinschnitzerei und Buchmalerei ausgestellt. Wertvollstes Stück ist der Knüpfteppich der Äbtissin Agnes, um 1200.
WIPERTIKRYPTA Sehr klein, altertümlich, aus der Frühzeit des christlichen Kirchenbaues. Ursprünglich eine karolingische Missionskapelle, 936 zur Krypta der darüberliegenden Wipertikirche umgestaltet. Seltsam und einmalig ist die in so früher Zeit und bei kleinstem Format geschaffene Vielfalt der Bauformen.

Querfurt *Bez. Halle* 580 ■ 8
In der karolingischen BURG ist vor allem die Burgkapelle (um 1000, Ausbau im 12. Jh.) von Bedeutung, ein äußerlich wohlerhaltener, innen barockisierter Raum. Am Sarkophag des Gebhard von Querfurt (gest. 1383) ist ein Zug rhythmisch bewegter, modisch gekleideter Gestalten eindrucksvoll.

R

Rabenstein *Bez. Potsdam* 573 □ 8
BURG Die 1248 erwähnte Bergfeste, heute Jugendherberge, bietet weite Sicht über den Fläming.

Radeberg *Bez. Dresden* 582 □ 7
Das SCHLOSS erhielt seine robuste Gestalt wesentlich im 16. und 17. Jh. Schön gewölbte Innenräume und ornamentale Skulptur zieren Portale und Gewände (heute Heimatmuseum).
In der oft umgebauten STADTKIRCHE sind Kanzel und Taufstein (1730) voluminöse Werke des konservativen Dresdner Barock.

Radebeul *Bez. Dresden* 582 □ 8
ist bekannt als Stätte von Karl Mays Villa Shatterhand. Was aber ehedem Glanz gab, waren die weinbestandenen Lößnitzberge zwischen Dresden und Meißen. An sie erinnert das Kabinettstück des Dresdner Architekten Joh. Chr. Knöffel Wakkerbarths Ruhe (1727–29) und der von Minckwitzsche Besitz aus dem frühen 18. Jh. In der Oberlößnitz sind es das Bennoschlößchen (um 1600), Haus Sorgenfrei (1786, klassizistisch), vor allem aber die Hoflößnitz der sächsischen Kurfürsten. Außen ländlich klar gegliedertes Fachwerk, im Innern aber mit prachtvoll ausgemalten, schwerfarbigen Räumen (1650). Das Ganze ein ländliches Elysium des Dresdner Hofes. Heute als Museum zu besichtigen.

Rammenau *Bez. Dresden* 582 □ 6
SCHLOSS Hinter dem mit schwungvoller Laterne geschmückten Torriegel ruht im weiten Park der schlichte Dreiflügelbau mit seinem giebelgekrönten Mittelrisalit, Freitreppe und elegantem Mansarddach (1721/35). Im Innern ein weites Treppenhaus, festlicher Saal, stuckierte Räume mit viel klassizistischer, edler Ausstattung. Heute Landschulheim.
In Rammenau wurde Joh. Gottlieb Fichte, der Philosoph des Idealismus, geboren (Fichte-Museum im Schloß).

Rathenow *Bez. Potsdam* 572 ■ 2
Ein DENKMAL (1738) des Großen Kurfürsten auf dem Schleusenplatz erinnert an die Befreiung der Stadt von den Schweden (1675).
KIRCHE ST. MARIA UND ANDREAS Eine spätromanische Basilika wurde zur gotischen Hallenkirche umgebaut (15. und 16. Jh.), die reiche Kanzel ist barock, der Turm neugotisch.

Recknitz *Bez. Schwerin* 564 □ 1
In der DORFKIRCHE (13. Jh.) trägt ein einziger schlanker Pfeiler die vier Kreuzrippengewölbe des 14. Jh. Ein figurenreicher Schnitzaltar (15. Jh.) und Ausstattungsstücke des Barock im Innern.

Rehna *Bez. Schwerin* 563 ■ 1
In der KLOSTERKIRCHE mit hohem gotischem Schiff, Chor und drei Kapellen haben sich gute Reste von Wandmalereien aus dem 14. Jh., von einem Schnitzaltar um 1520 die Figuren erhalten. Sehenswert sind auch Kreuzgang und Kapitelsaal.

Reinhardtsgrimma *Bez. Dresden* 590 ■ 11
Die spätgotische KIRCHE wurde 1742 als Emporensaal in kühle Vornehmheit gewandelt, Inventar, Grabmäler des 17. und 18. Jh. und eine Orgel Gottfr. Silbermanns geben dem Ganzen ein vielgestaltiges Bild.
1767 wurde das spätbarocke SCHLOSS REINHARDTSGRIMMA (jetzt Fachschule für Landwirtschaft) vollendet, ein auf Hufeisengrundriß errichteter Bau mit hohem Mansarddach. In der Gartenfront rundet sich die Mitte mit hohen Bogenfenstern, Giebel und elegantem Türmchen vor. Der Barockpark ist in einen englischen Landschaftspark verwandelt.

Reinsberg *Bez. Karl-Marx-Stadt* 589 □ 1
Zwei mittelalterliche Burgen sind Grundstock des SCHLOSSES derer von Schönberg. Neubauten des 15. und 16. Jh., vor allem nach 1632 gaben der jetzt als Ferienheim genutzten Bautengruppe die letzte Form. Der alte Rundturm trägt ein kräftiges Renaissanceportal, älter ist die kleine netzgewölbte Kapelle.

Renthendorf *Bez. Gera* 588 ■ 12
BREHMGEDENKSTÄTTE für den Naturforscher Alfred Brehm. Für ihn und seinen Vater, den Pfarrer und Ornithologen Chr. Ludw. Brehm, den Vogelpastor, eine Gedenktafel am Pfarrhaus in Unterrenthendorf.

Rerik *Bez. Rostock* 557 □ 8
Die PFARRKIRCHE (13. Jh.), ein beispielhafter frühgotischer Backsteinbau, wirkt innen durch die reiche barocke Ausstattung recht malerisch. Älter sind der spätgotische Schnitzaltar, das Triumphkreuz darüber und der frühgotische Taufstein aus Granit.

Rheinsberg *Bez. Potsdam* 565 □ 7
Die Stadt ist nach einem Brande (1740) einheitlich von Georg v. Knobelsdorff neu angelegt worden.
SCHLOSS Friedrich d. Gr. ließ als Kronprinz nach 1734 das frühere einfache Landschloß ausbauen. Das Innere der Dreiflügelanlage mit Kolonnaden ist der Ursprung des friderizianischen Rokoko, hervorzuheben der Marmorsaal und das Turmzimmer mit Gemälden von Antoine Pesne. Im Schloß und im ebenfalls von Knobelsdorff angelegten Park am Seeufer widmete sich der Kronprinz bis zu seinem Regierungsantritt 1740 den Wissenschaften und Künsten. „Friderico tranquillitatem

colenti MDCCXXXIX" (Gewidmet Friedrich, der die Muße pflegte, 1739) steht über dem Portal. 1744 schenkte der König Rheinsberg seinem Bruder Heinrich, der Schloß und Park veränderte und erweiterte.

Ribbeck *Bez. Potsdam* 573 □ 10
SCHLOSS Das stattliche Herrenhaus (1793) derer v. Ribbeck, die uns durch Fontanes Ballade bekannt sind, wurde nach 1945 restauriert und ist heute Altersheim.

Ribnitz-Damgarten *Bez. Rostock* 557 □ 4
Das mecklenburgische Ribnitz und pommersche Damgarten, links und rechts der Recknitzmündung an einer alten Handels- und Heerstraße gelegen, sind seit 1950 zu einer Stadt vereint.
HEIMATMUSEUM Einzigartige Bernsteinsammlung.
KLOSTERKIRCHE Von einem im 14. Jh. durch Heinrich den Löwen gegründeten Klarissinnenkloster ist die Kirche erhalten, ein Backsteinbau auf Feldsteinsockel mit Ost- und Westturm. In dem schönen, strengen Innenraum, der später neugotische Einbauten erhielt, ein Altar mit Kreuzigungsgruppe, verschiedene andere Schnitzfiguren und Grabmäler.
ROSTOCKER TOR Von den ehemals fünf Tortürmen der Stadtmauer blieb allein das Westtor erhalten, ein quadratischer, zweigeschossiger Backsteinbau des frühen 15. Jh. mit einem Pyramidendach.

Richtenberg *Bez. Rostock* 558 ▪ 8
STADTKIRCHE Am ältesten ist der Chor (vor Mitte des 13. Jh.) mit seinem gut gegliederten Giebel und dem hohen Kuppelgewölbe. Westturm und Langhaus stammen aus dem 15. Jh. Im Innern hat sich dekorative Bemalung erhalten. Die Gemälde an Treppe und Korb der reichgeschnitzten Kanzel (um 1700) stellen die Passion dar.

Rochlitz *Bez. Karl-Marx-Stadt* 589 □ 11
Die KUNIGUNDENKIRCHE (1476) enthält zwar im Westbau noch romanisches Mauerwerk, den Eindruck bestimmt aber die lichte Weite des von nur vier Pfeilern getragenen, saalartig wirkenden Schiffs und des Chores. Stern- und Netzgewölbe überspannen den Raum. In prachtvoller Harmonie mit dem in Fensterflächen aufgelösten Chor und seinen teils noch spätgotischen Glasmalereien steht der spätgotische Schnitzaltar (1513). Zum reichen Bestand an Kunstwerken gehört auch ein Werk der Cranachschule.
Die spätestens seit 1168 bestehende PETRIKIRCHE ist als spätgotische, im Schiff fast quadratische Halle mit lebhaft bewegtem Stern- und Netzgewölbe erhalten (1470–99).
Das SCHLOSS enthält über Teilen des 12. und 13. Jh. die zierlichen Formen der Zeit um 1500 in schlankhohen Dächern und vielgebogten Vorhangbogenfenstern. Das Glanzstück ist der grazile Kapellenausbau mit seinem vielkantigen Chor. Im Innern zahlreiche spätgotische Räume, teils mit schweren Balkendecken, teils mit spätgotischen Gewölben. In der Kapelle wurden zartfarbige Fresken des späten 15. Jh. freigelegt.

Rochsburg *Bez. Karl-Marx-Stadt* 589 □ 11
Die DORFKIRCHE, teils noch romanisch, verwahrt neben einzelnen Denkmälern einen hervorragenden, mit feingliedrigen Medaillons besetzten Kelch (um 1375).
Das SCHLOSS entstand 1470–82, teils unter Arnold von Westfalens Leitung, aus einer spätestens seit 1190

SCHLOSS RHEINSBERG

„Ich bin glücklich, diese Stätte zu besitzen, wo man nur Ruhe kennt, die Blumen des Lebens pflückt und die kurze Zeit genießt, die uns auf Erden geschenkt ist", schrieb Kronprinz Friedrich, der nachmalige große König, aus Rheinsberg. Vier glückliche Jahre verbrachte er hier an seinem kleinen Musenhof. 1740 wurde er König; er verließ Rheinsberg, um in den Schlesischen Krieg zu ziehen, und kehrte auch später nie wieder zurück. Rheinsberg hat Fontane zu seinen „Wanderungen durch die Mark Brandenburg" angeregt.

bestehenden Burg, die noch in Grundmauerteilen und dem Bergfried erhalten ist. Beherrschend sind die spätgotischen Formen und die Zwerchgiebel über den Fronten. Von der Einrichtung ist der Altar (1576) beachtenswert.

Rodewisch *Bez. Karl-Marx-Stadt* 588 □ 3
In Rodewisch-Obergöltzsch wurde das SCHLÖSSCHEN des 16. Jh. wiederhergestellt, ein schlichter, aber in seinen Maßen, den an den Ecken eigenwillig

SCHLOSS ROCHLITZ

Das ehemalige kurfürstliche Schloß ist auf eine Terrasse des Rochlitzer Berges gebaut, die von der Zwickauer Mulde in breitem Bogen umflossen wird. Die Ostseite schließt der blockartige Querbau des Wohnhauses ab, den westlichen Zugang bewachen zwei Türme, sog. Jupen, die im Mittelalter als Gefängnisse dienten. In den Räumen ist heute ein Museum eingerichtet.

vorgekanteten Erkern sehr charaktervoller Bau der werdenden Renaissance.

In der STADTKIRCHE erhielt sich ein Altar von Peter Breuer (1516/17), ein eindrucksvolles stilles Werk; lebensgroßer Kruzifixus von Benj. Böhme (um 1680).

Röbel *Bez. Neubrandenburg* 565 □ 9

In der MARIENKIRCHE weisen romanische Schmuckfriese und gotische Spitzbogenfenster auf den Übergang zwischen den Stilen hin; Triumphkreuz des 15., Schnitzaltar mit Madonna und Heiligen aus dem 16. Jh. – Ein ähnlicher Backsteinbau ist die NIKOLAIKIRCHE, mit Gestühl aus dem früheren Dominikanerkloster.

Römhild *Bez. Suhl* 587 ▪ 8

Die STADTKIRCHE, 1450–70, zeichnet sich durch zwei Chöre und Emporen, vor allem durch reiche Gewölbe aus. Die Formenfülle wird durch die Vielzahl der Grabmäler und Bronzebildwerke erhöht: gotisches Grabmal des Otto von Henneberg von Peter Vischer d. Ä. (1488), Tumba für Graf Hermann VIII. und Elisabeth von Brandenburg von Peter Vischer d. Ä. und seinen Söhnen. Reiche Barockausstattung, kostbare Bibliothek.

Rötha *Bez. Leipzig* 580 □ 4

Nahe der Stadt erinnern Ringwall und Erdturm an das 9./10. und 13. Jh. Von 1597–1945 saßen die von Friesen dort, zunächst in einer Wasserburg, die seit 1668 in ein SCHLOSS verwandelt wurde, ein Werk des obersächsischen frühen Hochbarock, der sich in dem massigen, eng und hoch aufragenden, den Vierflügelbau beherrschenden Eckbauten mit noch sehr flachen Dächern zeigt. Im Innern ein enges Treppenhaus, schön gewölbte Säle, vor allem in der Bibliothek schwerfarbige, großfigurige Deckengemälde.

Die beiden KIRCHEN, von denen St. Georg noch romanische Formen bewahrt hat und die Marienkirche in ihrem spätgotischen Altarraum einen Schnitzaltar von etwa 1520, schon in Renaissancegliederung, besitzt, haben neben vielerlei Einzelkunstwerken Orgeln von Gottfr. Silbermann.

Rohr *Bez. Suhl* 587 ▪ 9

Die DORFKIRCHE ist der Nachfolger einer Pfalzkapelle der sächsischen Könige im 10. Jh. Eine schlichte Krypta auf mächtigen Pfeilern, mit niedrigem, gratigem Gewölbe blieb erhalten. Im Kircheninneren zweigeschossige, mit guter Schnitzerei versehene Emporen. Die Kanzel (1615) wurde in die Architektur des Altars (1668) einbezogen.

Rossau *Bez. Magdeburg* 572 ▪ 10

Die kleine KIRCHE enthält eine Bilderbibel als Wandmalerei, großfigurige Darstellungen des ausgehenden 15. Jh.

Rostock 557 ▪ 6

Der Name Rostock bedeutet Ausbreitung des Stromes; er ist die Hinterlassenschaft der einstigen slawischen Siedlung am Warnowufer. Hier schlossen sich 1265 drei deutsche Kolonistenstädte, die seit dem späten 12. Jh. entstanden waren, mit dem Neuen Markt und der Marienkirche als Zentrum zu einer einzigen Stadt zusammen. Als ein angesehenes Mitglied der Hanse von kunstfreundlichen Ratsherren regiert, schmückt und befestigt sie sich im 14. und 15. Jh. mit mächtigen Kirchen und fest-

KERKHOFHAUS, ROSTOCK

Die prächtige Backsteinfassade aus rot und schwarz glasierten Ziegeln wurde im 16. Jh. erneuert. Das vielfach gestufte Portal, Fensterblenden und der dekorative Treppengiebel genügen nicht mehr als Schmuck. Hinzu kommen nun noch Friese aus farbigen Terrakottareliefs mit typischen Motiven der Frührenaissance: Frauenfiguren im Zeitkostüm, Medaillons mit Kriegerköpfen, Delphine, Blumenranken. In der Giebelspitze eine Kreuzigungsgruppe.

RATHAUSTÜR, ROSTOCK

1968 wurde ein altes Renaissanceportal von etwa 1600 durch diese Kopie ersetzt. „Sub umbra manuum tuarum" – „Unter den Schatten Deiner Hände" steht auf der obersten Schriftleiste.

lichen Stadttoren. Nur Lübeck konnte mit mehr Türmen prunken. Die schönen Giebelhäuser und stolzen Backsteinkirchen überdauerten auch die weniger glanzvollen späteren Zeiten. Vornehme Bürgerhäuser im klassizistischen Geschmack bereicherten seit Ende des 18. Jh. das prächtige Straßenbild, dem der Luftkrieg von 1942 schwere Schäden zufügte. St. Jakobi und manches alte Bürgerhaus sind verschwunden. Unversehrt blieben Marienkirche und Rathaus. Spätgotische Ziergiebel sind am ehem. Spitalpfarrhaus und am Kerkhofhaus (heute Standesamt und Archiv) in zwei besonders schönen und charaktervollen Exemplaren erhalten geblieben. Schmucke Wohnhäuser in der Kröpeliner und der Wasserstraße und die wieder aufgebauten Häuser am Platzgefüge des Neuen Marktes repräsentieren den Giebelhaustyp in den verschiedenen Zeiten. Zu den imponierendsten Resten mittelalterlicher Umwallung gehören die Stadttore. Ihre Entwicklung von Gotik bis Klassizismus läßt sich an Kuhtor, Kröpeliner-, Stein- und Mönchtor ablesen.

EHEM. GROSSHERZOGLICHES PALAIS 1714, als Rostock Residenz der mecklenburgischen Herzöge geworden war, errichtet. Gehört heute als Universitätsbibliothek zur Universität, der 1419 eröffneten ältesten Hochschule Nordeuropas, gerühmt als Leuchte des Nordens; im 16. und 17. Jh. eine Hochburg des Luthertums. Den anschließenden Saalbau – 1966/67 restauriert – mit dem großen festlichen Raum ließ Herzog Christian Ludwig um 1750 aufführen. Es sind die einzigen fürstlichen Bauten in Rostock.

HL. KREUZKIRCHE Unversehrt erhalten ist, als einzige Kirche dieser Art in Mecklenburg, die einstige Klosterkirche der Zisterzienserinnen aus dem 15. Jh. Zwei schöne spätgotische Altäre, das Sakramentshäuschen, eine Triumphkreuzgruppe, das Chorgestühl und die Kanzel von 1616 sind heimische Produktion. Unter den Grabplatten finden sich die seltenen Dreiergrabsteine mit Brustbildern in Medaillons. Klostergebäude und Kreuzgang, südlich der Kirche, sind malerisch um einen baumbestandenen Hof gruppiert.

MARIENKIRCHE Die Hauptkirche der Stadt, im 13. Jh. begonnen mit über 300jähriger Bauzeit. Den Turm (14. und 15. Jh.) schmücken farbig glasierte Ziegel, das Innere bildet, mit etwa gleich langem Langhaus und Querschiff, fast einen Zentralraum, der, mit kräftigen Pfeilern und Sterngewölbe, sehr groß wirkt. Dieser spätgotische Teil fügt sich dem schon bestehenden Chor, wie das Untergeschoß der mächtigen Westfront aus dem 13. Jh., gut an. Ausstattung: Ältestes Kunstwerk das Bronzetaufbecken von 1290. Virtuos geschnitzter Rochusaltar um 1530. Die prunkvoll dekorierte Renaissancekanzel mit barockem Schalldeckel, Blickfang der riesige Orgelaufbau über dem Fürstengestühl. Pendant auf der Ostseite die mächtige barocke Altarwand. Dahinter die berühmte astronomische Uhr, ein Sinnbild des mittelalterlichen Weltalls.

MICHAELISKIRCHE Ehedem Fraterhaus der „Brüder vom gemeinsamen Leben", einer kirchlichen Reformbewegung, erbaut 1480–88. Originelle Vereinigung von Kirche, Wohnkloster und Werkstätten unter einem Dach. Teilweise wiederhergestellt, innen verändert. Chorteil seit 1956 wieder Kirche.

NIKOLAIKIRCHE Aus tiefroten Ziegeln als frühester erhaltener Hallenraum mit Einturmfassade im Ostseeraum gebaut, ein aus Westfalen übernommener Typus. Begonnen im 13. Jh., Chor und Westturm, für den St. Marien in Lübeck und St. Nikolai in Stralsund Vorbild waren, aus dem 15. Jh. Die im zweiten Weltkrieg schwer beschädigte Kirche wurde wiederhergestellt.

RATHAUS Aus mehreren Häusern im 13.–18. Jh. zusammengewachsen, im Ursprung wohl das älteste deutsche Rathaus in Backstein. Besonders schön die vor drei parallele Häuser gesetzte schmuckreiche Hochwand mit sieben Türmchen. Die Sicht auf sie ist etwas behindert durch einen barocken Vorbau. Außer dem Ratsstubenbau und der Brotscharren blieb das Rathaus im zweiten Weltkrieg im wesentlichen unversehrt. Im Innern Fürstensaal mit feinen Stukkaturen (1735), im Keller seit alters her Weinlager und -ausschank.

ST. PETRI Auf dem Hügelrücken der Stadt als dreischiffige Backsteinbasilika im 14. Jh. anstelle einer älteren Kirche gebaut. Der Westturm des 15. Jh. mit 117 Meter hohem Helm des 16. Jh. war auf diesem König der Rostocker Türme das Wahrzeichen der Stadt, die Landmarke der Seefahrer. Der Helm soll wie die schon restaurierte Kirche wiederhergestellt werden.

SCHIFFAHRTSMUSEUM Schiffsmodelle, mittelalterliche Kunst, Malerei der Neuzeit, Ahrenshooper und Schwaaner Künstlerkolonie. Im Graphischen Kabinett Kunst der Ostseeländer. Angeschlossen das Volkskundemuseum der Fischer und Seefahrer in Warnemünde.

Im STÄDTISCHEN ARCHIV farbige Bildrolle des Rostocker Chronisten und Zeichners Vicke Schorler von 1578–86.

Rothenburg *Bez. Dresden*   598 ■ 3
Die Wiederherstellung der KIRCHE hat ein beispielhaftes Werk des Biedermeier (um 1825) zurückgewonnen. Der Kirchensaal ist von zweigeschossigen, dünnstäbigen Emporen umgeben, der Altarraum mit verglasten Türen und vielsprossigen Fenstern im Halbrund umschlossen, alles in mattem Weiß, etwas dünnblütig-durchscheinend, steif und dennoch von anheimelnder Freundlichkeit.

Rudelsburg *Bez. Halle*   580 □ 7
Die RUINE von kastellartig-monumentalem Charakter ist im 19. Jh. unglücklich restauriert worden.

DIE RUDELSBURG

Die ursprünglich markgräflich-meißnische Burg, die hier das Saaletal bewachte, war im Mittelalter viel umkämpft. In der Romantik der Studentenlieder ist sie weithin bekannt geworden. 1822 dichtete hier Franz Kugler sein volkstümlich gewordenes Lied: „An der Saale hellem Strande stehen Burgen stolz und kühn".

DIE HEIDECKSBURG IN RUDOLSTADT

Der Blick geht über den Schloßhof auf den Westbau mit dem Festsaal. Stimmungsvolle Musikfeste bei Kerzenschein vermitteln heute noch etwas von dem Glanz der Epoche, da hier die Fürsten Schwarzenburg residierten. 1806 verbrachte der Preußenprinz Louis Ferdinand die Nacht vor seinem Tod im Schloß. Hier soll ihm die Weiße Frau der Hohenzollern erschienen sein und seinem Hause Unheil verkündet haben. Am nächsten Tag fiel er in einem Gefecht bei Saalfeld, wenige Tage später wurde die preußische Armee bei Jena von Napoleon geschlagen.

Rudolstadt *Bez. Gera* 587 □ 3

Die HEIDECKSBURG steht anstelle eines Renaissanceschlosses von 1573. Der Dreiflügelbau wurde nach dem Brand von 1735 neu errichtet, bis 1743 von Joh. Chr. Knöffel, dann von Gottfr. Heinr. Krohne bis zu dessen Tode 1756, Abschluß nach seinen Plänen 1770. Etwas fränkische, etwas rheinische Heiterkeit gab dem Festsaal das Gepräge, der, wie die Raumfluchten rundum, mit Stukkaturen und Malerei ausgestattet ist. Die Heidecksburg darf als qualitätvollster Spätbarockbau Thüringens bezeichnet werden. Heute sind die Räume museal genutzt.

Rühn *Bez. Schwerin* 564 □ 12

KLOSTERKIRCHE Der langgestreckte, flachgedeckte Backsteinbau (13. Jh.) birgt einen vorzüglich gemalten Flügelaltar eines niederländischen Meisters (1578) mit dem Abendmahl und Bildnissen des Herzogpaars Ulrich I. und Elisabeth, ein großes Prunkgrabmal (1694). Logenprospekt der Spätrenaissance, Gemälde und gute Grabsteine des 16.–18. Jh. – Die mittelalterliche Klosteranlage blieb, trotz vieler Umbauten, im ganzen erhalten.

S

Saaleck *Bez. Halle* 580 □ 7

Der Rudelsburg gegenüber zwei schlanke Türme der seit dem 16. Jh. verfallenen BURG SAALECK, 1140 erstmals erwähnt.

Saalfeld *Bez. Gera* 588 □ 9

Die an bedeutenden Bauwerken reiche Stadt entstand am Saaleübergang einer wichtigen Straße. Im 9. Jh. stand hier an der Grenze fränkischer und slawischer Besiedlung eine königliche Burg.

JOHANNISKIRCHE 1380–1514 erbaut. Das Langhaus mit scharfgratigen Bündelpfeilern nähert sich dem Hallentyp, der reicher durchgebildete Chor schließt sich an. Der Außenbau ist filigranartig mit gotischem Schmuck überdeckt. Von den figürlichen Zutaten blieb vor allem der Giebel des Westportals mit der Darstellung des Jüngsten Gerichts. An der Südwestecke wurde eine zartgliedrige Außenkanzel eingefügt. Gegenüber hat sich das Wahrzeichen der Stadt, das Heringsmännchen, erhalten (Saalfeld zog aus dem Fischfang viel Nutzen). Reste eines Hl. Grabes und Teile einer vielfarbigen Verglasung (um 1514) erhöhen den Reichtum. Wenigstens einige Stücke der Schnitzereien der ehedem so fruchtbaren Saalfelder Werkstatt blieben im Altaraufsatz und einer hervorragend schönen Johannesfigur (um 1500) erhalten.

Das RATHAUS, 1526/27 errichtet, ist gotisch mit vielkantig gebrochenem Treppenturm und steilem Dach. Renaissance im ornamentierten Erker und bogigen Treppengiebel.

SCHLOSS Der barocke Dreiflügelbau wurde ab 1677 errichtet. Reiche Stukkaturen am Bau der zweigeschossigen Schloßkapelle (1704–14) mit umlaufender Empore. Malerei und Stukkatur betonen das Grundelement des Barock in Farbe, Plastizität und Bewegung. Am Markt ist der romanische WOHNTURM des Stadtvogtes von etwa 1175 erhalten geblieben. Die doppeltürmige RUINE HOHER SCHWARM ist ein Wohnturm des 14. Jh.

Sachsenhausen *Bez. Potsdam* 573 ■ 12

Die NATIONALE MAHN- UND GEDENKSTÄTTE am Ort des ehem. Konzentrationslagers (1936–45) erinnert, 40 Meter hoch mit Kolossalgruppe, an die Opfer des Hitlerregimes.

Sagard (Rügen) *Bez. Rostock* 558 ■ 2

DORFKIRCHE Romanischer Backsteinbau mit gotischem Chor. Altar, Beichtstühle, Orgelprospekt sind barock, Kanzel, Taufe, Gestühl, Emporen klassizistisch.

HÜNENGRAB Südöstlich von Sagard liegt der Dubberworth, ein mächtiges Denkmal der Jungsteinzeit.

Sakrow *Bez. Potsdam* 573 ■ 7

HEILANDSKIRCHE Im Park an der Havel die Basilika mit frei stehendem Turm, von Ludw. Persius 1841 bis 1844 erbaut.

Salzwedel *Bez. Magdeburg* 571 □ 1

Die Stadt besitzt noch wertvolle Teile ihrer Befestigung, schöne Fachwerkbauten, so das Ritterhaus mit origineller Schnitzerei von 1596, die Propstei von 1474, jetzt Heimatmuseum, mit Turm von 1754.

KIRCHEN Das 15. Jh. brachte der um 1250 errichteten Neustädter Hauptkirche St. Katharinen die schönen, gotisch hochgetreppten Giebel und der zweischiffigen Franziskanerkirche ihren franziskanisch einfachen Giebel. Ursprünglicher Lettner, reformatorisches Altarbild (1582) von Lucas Cranach d. J. Die mehrfach veränderte Lorenzkirche hat ihre Besonderheit in der reichen ornamentalen Verwendung des Backsteins am Außenbau.

Nachdem die ehemals mächtige Hansestadt ihre PFARRKIRCHE ST. MARIEN im 13. Jh. vergrößerte und den Turm in ein Achteck überführt hatte, wurde 1550–68 der Backsteinbau auf fünf Schiffe erweitert, der Chor vergrößert, der Turm mit einer Spitze geschlossen und mit einem Westschiff umbaut. Die Transparenz des vielgliedrigen, festlichen Raumes wird gesteigert durch bunte Glasfenster und den filigranartigen, kielbogig emporkletternden Triumphbogen. Dahinter glänzt die riesige buntgoldene Altarwand (um 1500) mit Figurengruppen in gotischem Sprengwerk. Eine Fülle erstklassigen Kunstbesitzes, wie das Lesepult um 1220, Teile eines Gestühls mit ausdrucksvollen Figuren, eine reich gegliederte Taufe (Gelbguß, 1520–22) und schönes Gerät kommen zu diesem Reichtum hinzu.

Sangerhausen *Bez. Halle* 579 □ 3
JACOBSKIRCHE 1457–1520, eine dreischiffige Hallenkirche mit einigen hervorragenden Kunstwerken: Altar, um 1430.
In der im 12. Jh. begonnenen ULRICHSKIRCHE wird die majestätisch wirkende Höhe durch die ebenfalls hochgreifenden Apsiden eindrucksvoll verstärkt. Seit der Reformation ist die schöne Basilika Pfarrkirche.

Schaprode *Bez. Rostock* 558 ■ 11
DORFKIRCHE Von einem romanischen Bau hat sich der eingezogene quadratische Chor (13. Jh.) erhalten. Die benagelten Eichenholztüren des Vorhallen- und Nordportals sind noch ursprünglich. Außer einer Triumphkreuzgruppe (um 1500) ist die Einrichtung barock.

Scharfenberg *Bez. Dresden* 581 □ 4
Die hoch über der Elbe gelegene BURG bestand sicher vor 1200. Die vielfach, zuletzt 1654 umgestaltete, heute als Kreismuseum verwendete Burg hat noch ein romanisches Portal (um 1200) und vielerlei gotische Bauformen.
Die KIRCHE in Scharfenberg-Neustadt enthält noch Formen der Spätgotik, dazu die ganze Entwicklung von den strengen Werken der Renaissancebildhauerfamilie Köhler (Kanzel, Taufe, Altar) bis zum Spätbarock im pompösen Epitaph für A. von Militz (gest. 1738) von Joh. Joachim Kändler. Dieser Meister, der in Meißen dem europäischen Porzellan die endgültige Form gab, zeigt sich hier als Monumentalbildhauer.

Schleiz *Bez. Gera* 588 ■ 8
Die 1945 schwer getroffene Stadt bewahrt vor ihren Toren auf der Anhöhe die BERGKIRCHE, die in früher Zeit als Wegkapelle und seit dem mittleren 12. Jh. als romanische Kirche (Westportal) bestand. Sie wurde im 15. Jh. ausgebaut und mit eingezogenen Strebepfeilern versehen, die im 17. Jh. zum Einbau von Emporen dienten. Der Chor stammt aus dem frühen 16. Jh.

Schleusingen *Bez. Suhl* 587 ■ 7
Das SCHLOSS BERTOLDSBURG birgt in seinen Mauern Reste der alten Burg (1268). Es wurde 1500–58 in seine heutige Form gebracht als vieltürmiger Renaissancebau mit Staffelgiebel, gekuppelten Fenstern, kräftigem Fachwerk im Oberteil. Ein Achtkantturm mit welscher Haube krönt das Ganze. Das Museum im Schloß enthält eine bedeutende geologische Sammlung.

STADTKIRCHE Aus spätgotischer Zeit stammen Turm und Chor. Die an den Chor angefügte Ägidienkapelle ist hennebergische Fürstengruft mit elf Grabmälern und Epitaphien von 1444-1583: eine hervorragende Abfolge der Stilentwicklung.

Schmalkalden *Bez. Suhl* 587 □ 9
874 taucht der Name der Stadt auf. Seit dem frühen 15. Jh. gründete sich der Wohlstand auf Bergbau und Eisenstahlverarbeitung. 1531 kam die Stadt in die große Politik, als hier die Evangelischen den Schmalkaldischen Bund gründeten; zehnmal tagte man hier. Luther predigte mehrfach in der Georgenkirche. Mit der Niederlage des Bundes 1547 bei Mühlberg schließt diese Zeit. Der Bürgerhausbau mit schlichtem, aber auch fülligem Fachwerk und steinernem Werk bietet reichen Wechsel. Hervorgehoben seien die Kemenate, 15. Jh., das Steinhaus, die Rosenapotheke, der Gasthof zum Adler, die Todtenwartsche Kemenate (16. Jh.). Am wichtigsten ist der Hessenhof, ein prächtiger Fachwerkbau von 1551–55. Im Keller sind noch drei tonnengewölbte Räume erhalten, mit den frühesten profanen Wandmalereien (um 1250).
SCHLOSS WILHELMSBURG wurde nach dem Aussterben der Henneberger 1583 neu errichtet. Seit 1585 entstand ein Vierflügelbau mit Treppentürmen in den Ecken. Den Sälen gab man viel Wandmalerei und modernen niederländischen Stuckdekor. Der Architekt Wilh. Vernukken gestaltete auch die Kapelle, die Bögen schwingen weich, flache Pilaster treten an die Stelle der kompakten Säulen, und alles ist mit Schmuck überdeckt. Der Altar steht inmitten der Gemeinde.

TÜR ZUM BANKETTSAAL IN SCHLOSS
WILHELMSBURG, SCHMALKALDEN
Die Tür bewachen zwei breitspurige Landsknechte mit Hellebarden. Diese verwegenen Gestalten, sog. „Trabanten", stellen die Leibwache des Landesherrn, Graf Wilhelm, dar. Die Art der Darstellung verweist auf niederländische Vorbilder. Dasselbe gilt für die Ausschmückung des Saales mit Fresken, auf Leinwand gemalten Deckenfeldern und figural bemalten Wandpfeilern, die Karyatiden vortäuschen sollen. Mythologische und biblische Themen herrschen vor.

STADTKIRCHE ST. GEORG Romanische Reste blieben im Südturm beim Neubau der Kirche seit 1437 erhalten. Bis um 1510 entstand die spätgotische Halle mit ihrem fast quadratischen Schiff, dem weiten Chor mit reichen Netz- und Sterngewölben.

Schmiedeberg *Bez. Dresden* 590 □ 10
KIRCHE Vielfach versuchte der Ratszimmermeister George Bähr in seinen Landkirchen das Idealbild des protestantischen Zentralbaues zu finden. In Schmiedeberg nahm er das griechische Kreuz zum Grundriß und krönte den Bau mit einer schlanken Laterne (1713–16). Das Innere umzog er achtseitig mit Emporen, gab als Mittelpunkt übereinander Altar, Kanzel, Orgel. Der Taufstein mit seinen aus dem Ornament herauswachsenden Kindern ist ein frühes Werk von Benj. Thomae.

Schneeberg *Bez. Karl-Marx-Stadt* 589 □ 9
Neben dem Bergbau und der Spitzenklöppelei ist im 1471 gegründeten Schneeberg seit alters die Schnitzkunst weit verbreitet. Riesige „Weihnachtsberge" entstanden in den Häusern mit viel Bewegung, Lichtern und Glockengeklingel. Alljährlich schuf und schafft man neue Gruppen hinzu. 1945 zerstörten Bomben die Stadt. Vom Bürgerhausbau blieb sehr wenig, doch bezeugt das Bortenreutherhaus von 1725 noch den künstlerischen Reichtum. Es enthält ein gut bestelltes Heimatmuseum mit viel heimischer Volkskunst. Das Juwel der Stadt, die WOLFGANGSKIRCHE, brannte aus, aber die Schneeberger haben es erreicht, daß sie mit ihrem Gewölbe wiederersteht. Sie ist der Nachfolgebau einer Kirche von 1477, und 1515–40 wurde dieser späteste, größte aller obersächsischen Hallenbauten mit seinen besonders schlanken, weit stehenden Pfeilern, seiner rundum laufenden Empore und dem drahtig und kühl wirkenden Sterngewölbe geschaffen. Von den Schätzen der Renaissance und des Barock sind nur die Altartafeln von Lucas Cranach d. Ä. (1539) gerettet worden.

Schönberg *Bez. Rostock* 563 □ 12
STADTKIRCHE Der große gotische, im 19. Jh. umfassend restaurierte Backsteinbau enthält eine schöne Bronzetaufe (1357) und einen Altaraufsatz (1616). An der Nordseite ein Sühnekreuz.

Schönfels *Bez. Karl-Marx-Stadt* 588 □ 3
Schon um 1180 war BURG SCHÖNFELS schützender Mittelpunkt der umliegenden Dörfer. Bergfried, Graben und Ringmauern sind hochmittelalterlich, die gedeckten Wehrgänge, Holzgalerien und Einzelbauten spätmittelalterliche Überbauungen. Heute Jugendherberge.
SCHLOSS NEU-SCHÖNFELS, jetzt Gemeindeamt, entstand vor 1550, ein kubischer Bau mit nur wenigen alten Details.

Schönhausen *Bez. Magdeburg* 572 ■ 1
Die 1212 geweihte KIRCHE, eine breit gelagerte Backsteinbasilika mit gestrecktem Chor und hoher Apsis, ist wirkungsvoll mit verschiedenartigen Friesen überzogen. Das Triumphkreuz des Chores dürfte aus der Zeit der Weihe stammen. Das Turmuntergeschoß birgt die Gruft derer von Bismarck. – Im angrenzenden Park stand das sehr schlichte, um 1955 abgerissene Schloß, das Geburtshaus Otto von Bismarcks.

DAS SCHWERINER SCHLOSS

Sein schönster Schmuck ist die Landschaft: Inmitten von Bäumen, Büschen und Seen liegt es auf einer Insel zwischen Schweriner- und Burgsee. Das überaus romantische, vieltürmige, vielgiebelige Bauwerk des 19. Jh. – es geht auf das Vorbild von Schloß Chambord an der Loire zurück – fügt sich mit dem Barockgarten zu einem bezaubernden Gesamtbild. Die Plastiken von Permoser sind allerdings durch Kopien ersetzt worden. Der Schweriner Hof der Mecklenburgischen Herzöge hatte verwandtschaftliche Beziehungen zu fast allen großen Dynastien Europas.

Schulpforte *Bez. Halle* 580 □ 6
Das EHEM. ZISTERZIENSERKLOSTER wurde im 12. Jh. mit der Kirche errichtet. Eingreifende Umbauten seit etwa 1250 ergaben für die Kirche einen sehr hohen Raum im Wettbewerb mit dem Bau in Naumburg. Besonders reich gegliedert ist die turmlose Front. Von den Klostergebäuden ist am wertvollsten die Abtskapelle mit ihren schweren, gebündelten Säulen, der Fünfpaßrosette und schönen Kapitellen. Auf dem Friedhof eine steinerne Leuchte von 1268. 1543 gründete Herzog Moritz von Sachsen in einigen der aufgelassenen Klöster humanistische Gymnasien, die Fürstenschulen. So entstand Schulpforta als Schule von hohem Rang, die Klopstock, Fichte, Ranke, Nietzsche zu ihren Schülern zählt.

Schwedt *Bez. Frankfurt a. d. Oder* 566 □ 6
PFARRKIRCHE ST. KATHARINEN Der kreuzförmige Granitbau, 1887–91 umgestaltet, und die FRANZÖSISCHE KIRCHE (1777–79), ein ovaler Kuppelbau, wurden nach 1945 wiederhergestellt.

Schwerin 564 □ 10
Über der Altstadt der gewaltige Dom, die Schelfvorstadt mit St. Nikolai und auf einer Insel das große romantische Schloß. Die über 800jährige „Stadt der Seen" ist eine mittelalterliche Kolonistensiedlung. Die 1018 genannte slawische Burg wird von Heinrich dem Löwen 1160 neu erbaut, gleichzeitig verleiht er dem Marktflecken das Stadtrecht. Bistum bis zur Reformation, als Sitz

der mecklenburgischen Herzöge typische Residenzstadt. Mehr als die Hälfte der Häuser sind Fachwerkbauten aus dem 17.–19. Jh.

Das ALTE PALAIS wie die anderen Gebäude am Alten Garten gehörten früher zum Schloßbezirk. Die repräsentativen Bauten sind klassizistisch, das Alte Palais schlicht in Fachwerk. Das Theater wie das Kollegiengebäude (1883 abgebrannt) erlebten eine glänzende Zeit unter den Intendanten Friedr. v. Flotow und Karl Aug. v. Wolzogen.

DOM Hochgotische Backsteinbasilika, um 1217 begonnen. Chorumgang, Kapellenkranz, auffallend mächtiges Querschiff; der Verzicht auf Kapitelle betont im Innern die Senkrechte. Freigelegte Wandmalereien, Taufstein, Kreuzaltar, Grabplatten derer von Bülow; Epitaph von Peter Vischer d. Ä. und Grabmal Herzog Christophs (1595). Vom Kreuzgang der Nordflügel, etwa 1400, erhalten.

MUSEUM AM ALTEN GARTEN, ehem. Palais, 1871–82 zur Gemäldegalerie umgestaltet. Wichtigstes Museum der nördlichen DDR.

Im EHEM. JAGDSCHLOSS FRIEDRICHSTHAL, Fachwerkbau von 1790, ist die kostbare, sehr seltene französische Bildtapete mit Jagdszenen (vor 1815 in Paris gedruckt) vollständig erhalten.

EHEM. RESIDENZSCHLOSS, der Stadt gegenüber auf einer Insel. Im 16. Jh. an der Stelle der mittelalterlichen Burg in eine repräsentative Residenz mit Terrakottadekoration verwandelt. Von dem monumentalen Projekt wurde aber wenig ausgeführt, das 19. Jh. baute es zu einem romantisch übertriebenen Märchenschloß um, das ein weitgestreckter, fast unveränderter Barockgarten umgibt; Erweiterungen im 19. Jh. von Peter Jos. Lenné. Die Gartenplastiken aus der Permoser-Werkstatt jetzt durch Kopien ersetzt. Am Entwurf der Schloßkapelle, 1560–63, hat Luther beratend mitgewirkt. Saalbau mit Emporen und Sterngewölben, Renaissanceportal, der Chor eine Zutat des 19. Jh.

ST. NIKOLAI in der Schelfvorstadt. Kreuzförmiger protestantischer Bau. Eine der schönsten Barockkirchen Mecklenburgs, 1708–13 erbaut.

Seehausen *Bez. Magdeburg* 572 □ 11
Aus einer Glanzzeit als Handels- und Hansestadt stammt die PETER-PAULS-KIRCHE, eine schöne, sehr hohe, weite und helle Halle des 15. Jh. in festlichem Weiß mit dem Backsteinrot der tragenden Teile. Von dem romanischen Bau erhielt sich besonders ein nun im Inneren stehendes Portal. Die gotisch emporgeführten Türme erhielten Barockhauben.

Seifersdorf *Bez. Dresden* 582 □ 7
Die kleine KIRCHE enthält eine stattliche Reihe von Epitaphien der Herren von Grünrod, die den antikischen Zug der obersächsischen Kunst erkennen lassen. Den Renaissancewerken folgt das ausdrucksstarke Werk des Hochbarock von Joh. Heinr. Böhme d. Ä. von 1673, welches, nun vollplastisch, den Wolf Dietrich von Grünrod als herrscherliche Gestalt heraushebt.

Das SCHLOSS, 1822 von Karl Friedr. Schinkel aus einer Barockanlage in neugotische Formen umgewandelt, war bereits seit 1781 von einem romantischen Park umgeben, der es mit dem Seifersdorfer Tal verband.

Seiffen *Bez. Karl-Marx-Stadt* 589 □ 3
Im hohen Erzgebirge liegt der sächsische Spielzeugwinkel mit Seiffen, Grünhainichen und Olbernhau. Hier wird das berühmte erzgebirgische Spielzeug gedrechselt. FACHSCHULE UND SPIELZEUGMUSEUM geben über Geschichte und Gegenwart Auskunft.

Semlow *Bez. Rostock* 558 □ 8
In der DORFKIRCHE, einem Feldsteinbau des 13. Jh., zwei aufwendige Doppelgrabmäler aus Sandstein (17. Jh.), eines aus Holz (1706). – Der gute Schnitzaltar (15. Jh.) in der FRIEDHOFSKAPELLE zeigt Marienkrönung und Heilige. – Die schlichte Fassade des klassizistischen SCHLOSSES unterbricht nur der Mitteltrakt mit Giebel.

Sömmerda *Bez. Erfurt* 579 □ 5
wurde im 19. Jh. bekannt, als hier das Zündnadelgewehr von Joh. Nik. v. Dreyse erfunden und hergestellt wurde, das die Schlacht bei Königgrätz entschied.

In der spätgotischen, schlichten STADTKIRCHE bildet der um 1495 entstandene Schreinaltar den Mittelpunkt; er kommt aus der Werkstatt des Erfurter Meisters des Regleraltares.

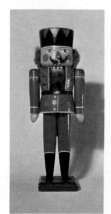

NUSSKNACKER, STRIEZELKINDER, ENGEL- UND BERGMANNSLEUCHTER, SEIFFEN

Der Nußknacker, die Leuchterfiguren gehören neben Engelkindern und Krippenfiguren zu den berühmten Drechselwerken aus dem Erzgebirge. Der Bergmann verrät, daß in Seiffen ehemals der Bergbau heimisch war, vor gut 200 Jahren trat die Spielzeugherstellung an seine Statt. Und der weiße, gekrönte Engel ist das Abbild der sonntäglich gekleideten Mutter mit ihrer bunten Schürze.

SONNEBERGER PUPPEN: ESKIMO, BIEDERMEIERDAME, CHINESEN

Gegen Ende des Mittelalters war das „Sonneberger Reiterlein", ein Spielzeugpferdchen aus Holz, weithin bekannt. Um die Mitte des 18. Jh. ging man daran, Puppen aus einem Teig von Brotmehl, Leim und Wasser zu pressen. Seit dem 19. Jh. verwendete man Papiermaché für die Köpfe. Die modisch gekleidete und frisierte Biedermeierpuppe stammt aus dem ersten Jahrzehnt des 19. Jh., da die Puppenindustrie großen Aufschwung nahm und ihre Erzeugnisse in alle Welt exportiert wurden.

Sondershausen *Bez. Erfurt* 579 ■ 6
Die Anfänge der Stadt gehen weit über das Jahr der ersten Erwähnung 1125 hinaus. Von 1356–1918 Residenz der Schwarzburger. Die Hofkapelle (seit 1801) und das Hoftheater (1825, zerstört 1945) hatten guten Ruf: Wagner und Liszt wurden gefördert, Max Bruch leitete lange das Orchester.
SCHLOSS 1533 begann der Bau mit dem heutigen Turm und dem Ostflügel (bis 1576), weitere Teile bis ins 19. Jh. Der Wert liegt in der Innengestaltung und in den Stukkaturen, so in der Hofapotheke (um 1650) und in den Räumen des 18. Jh., besonders im eingeschossigen Riesensaal. Im Park wurde 1708/09 ein Lusthaus (Karussell) errichtet, dessen Parkett beweglich ist. Der Raum wurde 1957–60 als Konzertsaal ausgebaut. Im Schloß ein Museum.

Sonneberg *Bez. Suhl* 587 □ 4
DEUTSCHES SPIELZEUGMUSEUM Die Spielwarenherstellung seit dem 16. Jh. brachte die Sonneberger Puppen. Den Weltmarkt eroberten bewegliche Puppen (japanische Vorbilder seit 1851) und solche mit Porzellanköpfen (1878). Nach 1900 kamen die Stofftiere hinzu. Seit 1883 besteht eine Spielwarenfachschule.

Spantekow *Bez. Neubrandenburg* 565 □ 1
In der DORFKIRCHE Altaraufsatz mit Kreuzigung (17. Jh.). Reiches Ornament und Evangelistenbilder schmücken die Kanzel (Anfang 17. Jh.).
WASSERSCHLOSS Eine Steintafel über dem Tor mit fast lebensgroßen Hochreliefs des Ulrich von Schwerin und seiner Frau erinnert an den Bauherrn dieser Renaissancefestung (1558–67).

Stavenhagen *Bez. Neubrandenburg* 565 ■ 11
Im früheren Rathaus (1783) das FRITZ-REUTER-LITE-RATURMUSEUM, davor das Denkmal des Dichters.

Steffenshagen *Bez. Rostock* 564 ■ 5
In der DORFKIRCHE, einem stattlichen Hallenbau (14. Jh.), ist die Chorwand eigentümlich mit stilisierten Tieren und naturalistischen Pflanzen in

Formziegeln, das Chorportal mit glasierten und unglasierten Ziegeln und primitiven Figuren geschmückt.

Steinhöfel *Bez. Frankfurt a. d. Oder* 574 ■ 8
Das SCHLOSS, 1797 von David und Friedr. Gilly erbaut, hat eine der stattlichsten Parkanlagen der Mark Brandenburg (1800).

Steinsdorf *Bez. Karl-Marx-Stadt* 588 ■ 3
In der DORFKIRCHE ein früher Altar (1497) des von Riemenschneider beeinflußten Peter Breuer.

FRITZ-REUTER-DENKMAL VOR DEM RATHAUS, STAVENHAGEN

In diesem Haus wurde 1810 der größte Dichter Mecklenburgs geboren. Die Brüstungsreliefs stellen Szenen aus seinem berühmtesten Roman „Ut mine Stromtid" (1864) dar. Stromtid – das war jene Zeit, die er nach Festungshaft und abgebrochenem Studium auf dem väterlichen Hof in Stavenhagen, dann auf Demzin bei Malchin verbrachte. So wurde ihm das kleinbürgerlich-bäuerliche Leben seiner Heimat vertraut, das er im Platt seiner „Ollen Kamellen" beschrieben hat.

Stendal *Bez. Magdeburg* 572 ■ 10

Im mittelstädtischen Stadtbild ist das Uenglinger Tor (1380, erweitert 1430) ein beredter Ausdruck ehemaliger Pracht der Hansestadt.

1188 stiftete Graf Heinrich von Gardelegen der von seinem Großvater Albrecht dem Bären 1151 gegründeten Stadt das CHORHERRENSTIFT ST. NICOLAI, das 1423–50 die weithin einheitlichste und größte Kirche ihrer Art errichtete. Spricht im klar gegliederten Äußeren die Gotik durch die Aufwärtsbewegung aller Formenfülle, so im Innern durch harmonische Einheit. Die weißen Pfeiler werden leicht durch die fadendünnen Dienste, die davor hochziehen. Am schönsten ist der Blick nach Osten zu den leuchtendfarbigen Chorfenstern. Das reichgeschnitzte Chorgestühl (1429) einer Stendaler Werkstatt mit seinen stillen, vergeistigten Figuren gehört zu den hervorragendsten Werken dieser Art. Die Schmuckfreude des Barock fügte Kanzel und Orgel hinzu.

Die JACOBSKIRCHE, ein Hallenbau des 14. Jh. (Chor 1469–77), besitzt eine reiche, gotische Gitterschranke mit einer Vielzahl von Figürchen.

Die MARIENKIRCHE bleibt bei aller gotischen Vertikalität erdhaft schwer gelagert: die Horizontalbänder um den Chor, besonders sein Zinnenfries, betonen die Waagerechte, eine dreischiffige Hallenkirche mit Umgangschor des 15. Jh. Im Inneren überrascht die Fülle der Kunstwerke, allen voran der Lettner, ein gotisch-bewegtes Gittergerüst für Gerank und Figuren. Dahinter die Flügel eines kleinteiligen Altares (1472).

Sternberg *Bez. Schwerin* 564 ■ 11

STADTKIRCHE Die Kleinstadt am Sternberger See überragt die eindrucksvolle frühgotische Hallenkirche aus Backstein (um 1300) mit ihrem kräftigen Westturm (1322, Aufsatz nach dem Brand von 1750). An der Südseite die Kapelle des Hl. Blutes (1496) mit blendengeschmücktem Stufengiebel, in deren Vorhalle Reste der barocken Ausstattung aufbewahrt werden.

Stolberg *Bez. Halle* 579 ■ 3

Lage und Aufbau des Städtchens von etwa 1250 sind malerisch romantisch. Unter den Fachwerkbauten ist von besonderem Wert die Alte Münze (1535).

An der Stelle der BURG stehen weitläufige Schloßbauten der frühen Renaissance (1538–47).

Die KIRCHE im Tale, ein Hallenbau von 1484, besitzt eine Reihe von Kunstwerken um 1500, so Grabplatten und ein Relief. Am wertvollsten ist die elegante Taufe aus verschiedenfarbigem Stein von 1599, eine obersächsische Arbeit.

Stollberg *Bez. Karl-Marx-Stadt* 589 ■ 10

Von den beiden Kirchen verwahrt die in den Formen des 17. Jh. erhaltene zu ST. JACOBI einen lebensgroßen, ausdrucksvollen Kruzifixus von Joh. Heinr. Böhme d. Ä. (1662); die MARIENKIRCHE, eine im wesentlichen spätgotische Halle, hat einen Schnitzaltar (um 1510) zum Mittelpunkt. Das Epitaph Höckner (Böhme d. Ä., 1672) ist ein beispielhaftes Werk des obersächsischen Hochbarock.

Stolpe *Bez. Frankfurt a. d. Oder* 566 □ 7

Die BURG, westlich der Oder, mit 40 Meter hohem Bergfried, wird im Volksmund Grützpott genannt. Das SCHLOSS ist ein bescheidener Renaissancebau auf mittelalterlichen Mauern, im 18. Jh. erweitert, heute Lehrlingswerkstatt.

BLICK IN DEN DOMCHOR, STENDAL

Zwischen den bunten Glasfenstern des Chores ist kaum noch abschließende Wand spürbar; die Licht- und Farbfülle hebt den Raum über die Wirklichkeit hinaus. Nirgendwo sonst in Mitteldeutschland gibt es einen so umfangreichen und guterhaltenen Zyklus. Die 22 Farbglasfenster sind zwischen 1430 und 1460 in verschiedenen Werkstätten entstanden.

Stolpen *Bez. Dresden* 590 □ 12

Aus der weiten Landschaft ragt auf basaltenem Fels die weitläufige sechstürmige Ruine der bereits 1121 erwähnten BURG. Erhalten haben sich neben gotischen Formen sehr kraftvolle Einzelformen der Renaissance und des beginnenden Hochbarock.

Stralsund *Bez. Rostock* 558 ■ 8

Breithin am Wasser gelagert, über dem bunten Gewirr der Dächer die Riesenleiber der drei großen Pfarrkirchen – das ist die Silhouette von Stralsund. Urkunden von 1234 und 1240 berichten von der Gründung der Stadt, die sich schnell zum mächtigsten Mitglied der Hanse neben Lübeck entwickelte, mit prächtigen Backsteinbauten im Umfang der heutigen alten Innenstadt. Die Blüte dauerte bis zum Niedergang der Hanse im 15. Jh. 1648 kam Stralsund an Schweden, 1815 an Preußen. Nach den schweren Zerstörungen im zweiten Weltkrieg steht die Innenstadt heute unter Denkmalschutz. Teile der Stadtmauer mit den Wiekhäusern erhalten. Ebenso das Küter- und das Kniepertor mit reicher gotischer Dekoration. Die lebendige Umrißlinie der Giebel bestimmt noch heute das Bild vieler Straßen. Von der Gotik bis zum Ende des 18. Jh. wendet der nur in Einzelformen veränderte Haustyp, mit der großen Diele im Erdgeschoß, die Schmalseite der Straße zu, und beim großen Giebel wetteifern die Bürger um die schönsten Formen.

Das DOMINIKANERKLOSTER ST. KATHARINEN, um zwei Höfe mit schönen Kreuzgängen gruppiert, gehört zu den größten mittelalterlichen Klosteranlagen von Norddeutschland. Die Schäden von 1944 sind behoben. Beherbergt das einzige Meereskundliche Museum der DDR, das Kulturhistorische Museum, Vor- und Frühgeschichte mit Hiddenseer Goldschmuck, kirchliche Kunst, Gemälde und Graphiken von der norddeutschen Küstenlandschaft und Rügen. Stadtgeschichte, Kunstgewerbe, Volkskunst. Erzeugnisse der ersten deutschen Spielkartenfabrik (gegründet 1765).

FRANZISKANERKLOSTER ST. JOHANNES Umbauten und Zerstörungen haben das 1244 gegründete Franziskanerkloster zwar verändert, seinen romantischen Stimmungszauber jedoch eher vermehrt. Fachwerkhäuschen umgeben malerische Höfe. Kostbare mittelalterliche Wandmalereien wurden neuerdings entdeckt und freigelegt.

HEILIGENGEISTSPITAL Als Obdach für Arme und Kranke im 13. Jh. gestiftet. Später außerhalb der Stadtmauer angelegt. Malerische Gruppe mit Elendenhaus von 1641 und Fachwerkhäuschen aus dem 18. und 19. Jh. Die gotische Hallenkirche (frühes 15. Jh.) dient heute als Pfarramt.

JAKOBIKIRCHE Ursprünglich Hallenkirche, um 1400 in eine dreischiffige Basilika umgebaut. 1944 schwer beschädigt. Wiederherstellung im Gange. Schlichtes Äußeres. Das Innere von eindrucksvoller Lichtstimmung. Spätbarocker Hochaltar mit Gemälden von Joh. Heinr. Tischbein. Schöne Kanzel, 1653.

DAS RATHAUS IN STRALSUND

Zusammen mit den Türmen der Nikolaikirche bildet die reiche Nordfassade die Zierde des Marktplatzes. Der Ort weckt geschichtliche Erinnerungen: Im Innenhof steht noch eine Büste Gustav Adolfs, der Vorpommern mit Schweden vereinigen wollte. 1628 scharten sich hier die Stralsunder um ihren Bürgermeister und bekräftigten den Entschluß, sich Wallenstein nicht zu ergeben. Erfolglos mußte dieser, der Stralsund nehmen wollte, „und wenn es mit Ketten an den Himmel geschmiedet wäre", die Belagerung aufgeben.

RATHAUS Von der Gebäudegruppe stammen zwei lange Flügel noch aus dem 13. Jh., aus dem 15. die prunkvolle Fassade an der Marktseite, einer der schönsten Profanbauten der niederdeutschen Backsteingotik. Im Innenhof ein malerischer Galeriebau, nach 1680, von dessen oberem Geschoß man den besten Blick auf den Prunkgiebel hat. Die Fassade zur Ravensberger Straße aus dem 18. Jh. Im Inneren der Löwensche Saal und eine Renaissancetreppe.

ST. MARIEN Pfarrkirche der Neustadt, 1382–84 begonnen, 1473 vollendet, übertrifft mit ihren enormen Maßen St. Nikolai. Großartige Gruppierung von Langhaus, dreischiffigem Querhaus und Chor mit vereinfachtem Kapellenkranz. Das Innere des heute kahlen, einstmals bemalten Riesenraumes ist lichtdurchflutet, steil und schlicht. Die mittelalterliche Ausstattung stark reduziert. Bemerkenswertes Grabdenkmal. Zahlreiche prunkvolle Schauwände von Erbbegräbnissen in den Seitenkapellen. Im Südwesten die achteckige Apollonienkapelle, zur Sühne für die Verbrennung von drei Geistlichen 1416 erbaut.

ST. NIKOLAI Älteste Pfarrkirche und Kirche des Rats der Stadt, 1270 begonnen, wie die nur wenig ältere Lübecker Marienkirche eine mächtige Backsteinbasilika mit Doppelturmfassade. Das Langhaus ist massig, mit hohen Fenstern. In dem weiten hellen Inneren sollen ungeteilte Wandflächen und kubische Geschlossenheit sprechen. Im Chor steigern sich die Formen durch Kapellenkranz, Bündelpfeiler und Kapitellfriese. Eine bezaubernde kleine spätgotische Taufkapelle schließt sich hier an. Ausstattung: Wandmalereien des 14. Jh. sind erhalten, ungewöhnlich der Reichtum an Kunstschätzen. Lebhafte Erzählfreude charakterisiert die schönen spätgotischen Altäre, eine Fülle von Grabsteinen verteilt sich über die große Kirche, dazu eine Reihe von wertvollen geschnitzten Gestühlen. Die reliefgeschmückte Kanzel vor dem Hauptaltar von 1708 nach Entwurf des Berliner Schloßbaumeisters Andr. Schlüter, das festliche Taufgehäuse, die Schauwände der Erbbegräbnisse in den Seitenschiffen vervollständigen den barocken Prunk.

Strehla *Bez. Dresden*   581 ■ 5
Das heutige SCHLOSS (Kinderheim) ist eine weitläufige Anlage des 15. und 16. Jh. Bemerkenswert ist neben vielem reizvollem Renaissancewerk die zellengewölbte Trinkstube im Südwestturm.
Die STADTKIRCHE des 15./16. Jh. enthält hervorragende Kunstwerke, vor allem den Grabstein für Hans von Beschwitz (gest. 1496) und den Epitaphaltar für Otto von Pflug (1605); in ein Gerüst von antikischen Säulen und Gebälken sind Reliefs mit zahlreichen kleinen, heftig bewegten Figuren eingebettet.

Suhl   587 ■ 9
Das RATHAUS in Suhl-Heinrichs, ein riesenhafter, schwer und breit hingelagerter Bau von 1657, ist mit reichem Zierfachwerk geschmückt.
HEIMAT- UND WAFFENMUSEUM mit der Geschichte des heimischen Waffenhandwerks.

Syhra *Bez. Leipzig*   589 □ 11
Die in ihren Grundmauern romanische KIRCHE erhielt ihren Chor mit dem weiten Vorhangbogenfenster im frühen, Wölbung und Chorempore im späten 16. Jh. Ein 1586 errichteter Altar mit schönen Stifterbildnissen.

Syrau *Bez. Karl-Marx-Stadt* 588 ▪ 4
Die bescheidene Kirche des 17. Jh. verwahrt neben einer spätgotischen Anna selbdritt zwei überragende marmorne Grabsteine (um 1640–45) von Joh. Böhme.

T

Tangermünde *Bez. Magdeburg* 572 ▪ 12
Von der Stadtbefestigung sind Wasser- und Neustädter Tor über ihren Wehrcharakter hinaus prunkvoll mit Backsteinfriesen, Rosetten und Zinnen besetzt (um 1450 und später). Der Bürgerhausbau, in der Hauptsache nach 1617, bietet noch immer viel dekoratives Fachwerk.
Von Kaiser Karls IV. BURG (nach 1373) stehen noch wesentliche Teile: die Türme, die Kanzlei und der Saalbau.

RATHAUS, TANGERMÜNDE
Die östliche Rathauswand ist eine der schönsten deutschen Backsteinfassaden. Kräftige Vertikalen gliedern die aufsteigende Wand, Maßwerk überzieht sie, zartes Filigran füllt die Rosen.

Einen der schönsten norddeutschen Blendgiebel aus Backstein besitzt das RATHAUS. Er wurde von dem Stettiner Hinrich Brunsberg aufgeführt (1430). Die hohe STEPHANSKIRCHE wurde 1376 begonnen, wobei die Umsetzung der Hausteinform in die Backsteintechnik den Meistern der Prager Dombauhütte deutlich Schwierigkeiten bereitete. Erst 1470–1500 vollendete man den Umgangschor und setzte statt des Querhauses Seitenkapellen an. Außen sind die reichen Portale vollendete Werke der Backsteinkunst. Im Innern herrschen großartige Raumverhältnisse. Nach dem Brand 1617 kamen mit der neuen Ausstattung die Orgel und die prachtvolle Kanzel Christoph Dehnes aus Magdeburg hinzu.

Templin *Bez. Neubrandenburg* 565 ▪ 4
Diese uckermärkische Kleinstadt besitzt noch eine vollständig erhaltene STADTMAUER (13. Jh.) aus Feldstein mit Wiekhäusern und einer Mauerkrone aus Backstein. Die drei STADTTORE (um 1325), das Lychener, das Berliner und das Prenzlauer Tor, sind die frühesten Beispiele der repräsentativen Tortürme. Im einzig erhaltenen Vortor, dem des Prenzlauer Tors, befindet sich das UCKERMÄRKISCHE HEIMATMUSEUM. Die meisten Bauten entstanden nach dem großen Brand von 1735, so das klassizistische Rathaus (um 1750) und die barocke Stadtkirche (bis 1749). In der kleinen GEORGENKAPELLE (14. Jh.) ein schlichter Flügelaltar (um 1500) und ein geschnitzter St. Georg mit Drachen (Anfang 16. Jh.).

Tempzin b. Zahrensdorf *Bez. Schwerin* 564 ▪ 10
KLOSTERKIRCHE ST. ANTONIUS Die fast quadratische Hallenkirche aus Backstein (15. Jh.) mit Stern-, Netz- und Kreuzgewölben des 16. Jh. schmückt ein reich verzierter Westgiebel.

Teterow *Bez. Neubrandenburg* 564 □ 2
STADTKIRCHE Die dreischiffige Backsteinkirche (spätes 13. Jh.) mit ihrem gedrungenen blendengeschmückten Turm (15. Jh.) wurde 1877–80 stark erneuert. Im Chor noch mittelalterliche Bemalung (14. Jh.). Der große Schnitzaltar (15. Jh.) ist bemerkenswert wie auch eine Mondsichelmadonna (15. Jh.) und eine überlebensgroße Triumphkreuzgruppe (16. Jh.).
STADTTORE Die Backsteintürme des Rostocker und des Malchiner Tors (beide 15. Jh.) tragen reichen Blendenschmuck über der veränderten Durchfahrt und an den Giebeln.
Nördlich der Stadt, auf einer Insel im Teterower See, sind noch die WÄLLE einer slawischen Burg (9.–12. Jh.) erhalten.

Thalbürgel *Bez. Gera* 588 ▪ 11
BENEDIKTINERKLOSTERKIRCHE 1142–74 erbaut, seit 1526 verfallen. Die Ruine wurde 1863 sorgsam als Kirche ausgebaut, ohne freilich alle Teile der mächtigen Anlage einzubeziehen. Die dreischiffige, kreuzförmige Pfeilerbasilika mit fünf Apsiden, zwei Seitentürmen und Vorhalle mit Stufenportal ist nur im Chor gewölbt.
Im MUSEUM eine Fülle heimatlichen Töpferhandwerks.

Tharandt *Bez. Dresden* 590 □ 10
Die hoch über der Weißeritz und dem Schloitzbach gelegene RUINE geht auf eine Burg zurück, die kurz nach 1200 entstand. Von ihr stammt als Zeuge künstlerisch reifer Spätromanik ein edelgeformtes Portal an der sonst neuzeitlichen Kirche. 1811 Gründung der ersten Forstakademie.

Thelkow *Bez. Rostock* 557 □ 4
DORFKIRCHE Der turmlose frühgotische Feldsteinbau besticht durch seine einfache Form. Für die spitzbogigen Staffelportale und die Fenster wurde Backstein verwendet. Ein Schnitzaltar (15. Jh.) mit figurenreicher Kreuzigung, eine Granittaufe (13. Jh.), der hübsche Logenprospekt (18. Jh.), Glasmalereien des 17. Jh. und geschnitzte Grabdenkmäler (1680 und 1696) sind die übrigen Schätze der Kirche.

Themar *Bez. Suhl* 587 ▪ 8
Die KIRCHE, mit ihrem schweren, in der Renaissance mit Bögen und Spitze geschlossenen Turm, wurde 1488 einschiffig mit einem schlanken Chor errichtet.

In dem Gewölbe feingliedriges Rippennetzwerk mit zartliniger Rankenmalerei. Drei Schreinaltäre zieren die Kirche. Vor allem der Marienaltar ist ein sehr beachtenswertes Werk des Bambergers Hans Nußbaum (1526). Die steinerne Kanzel von 1550 erhielt im frühen 17. Jh. hölzernen Schmuck.

ALTARRAUM, THIERFELD

Aus der Zeit um 1300 stammt die reiche Malerei. Das Lamm Gottes und die Evangelistensymbole sind in das sternübersäte Gewölbe eingefügt, an den Wänden Könige und Königinnen und die zwölf Apostel.

Thierfeld *Bez. Karl-Marx-Stadt* 589 ■ 9
Die kleine, durch ihren mächtigen Turmchor urwüchsig erscheinende DORFKIRCHE birgt in ihrem weit und hoch gewölbten Altarraum eine aus der Zeit um 1300 stammende Ausmalung.

Tiefenau *Bez. Dresden* 581 □ 4
Das Barockschloß wurde 1948 abgetragen, geblieben ist die SCHLOSSKAPELLE mit ihrer reich geschnitzten Inneneinrichtung, einem Werk des Hofbildhauers Benj. Thomae von 1725–30. Die Formen der Emporen, Orgelprospekte, der Herrschaftsstube und des Altars sind groß und schwer, die Farben kräftig. Die weiß gefaßten Figuren fügen sich elegant in den dekorativen Raum.

Tiefurt *Bez. Erfurt* 588 □ 10
Vor den Toren Weimars gelegen, ist das SCHLOSS ganz und gar eine Schöpfung der früh verwitweten Anna Amalia, der Mutter des Herzogs Karl August, die 1781 ihren Sommersitz hierher verlegte. Fast 25 Jahre lang bemühte sie sich, aus dem ehem. herzoglichen Kammergut einen romantischen Landschaftspark im englischen Stil zu gestalten. Überall wird die Natur belebt von Denkmälern, Gartenhäusern, Tempeln, Inschriftentafeln, künstlichen Grotten. In dem schlichten Schlößchen, dem ehem. Pächterhaus, bewirtete die Gastgeberin die berühmtesten Zeitgenossen, hier weilten Goethe, Schiller, Herder, Wieland, Jean Paul, die Brüder Humboldt.

Torgau *Bez. Leipzig* 581 ■ 10
Aus der ersten Hälfte des 16. Jh. stammen zahlreiche Bürgerhäuser: breitschultrig, streng, dabei schmuckfroh in den Fassaden, Portalen, Rechteckerkern und kräftigen Treppengiebeln mit schweren Voluten (Scheffelgasse). Im Innern sind noch gotische Hallen mit Netz- und Sterngewölben erhalten (Leipziger Straße 26).
Die 1119 erwähnte MARIENKIRCHE ist unter den Kirchen die älteste. Im Westen zeigt sie noch romanische Teile (um 1200). Von 1390 bis 16. Jh. entstand eine gewölbte Hallenkirche mit vielen Durchblicken. Zu den besonderen Werken gehört Cranachs d. Ä. Predella mit den vierzehn Nothelfern (1509).
SCHLOSS HARTENFELS Mögen im Schloß Bauteile des frühen und hohen Mittelalters erhalten sein, am gewichtigsten sind die seit 1470 errichteten Werke, die noch Arnold von Westfalens Handschrift tragen. Dann aber herrscht die Renaissance. 1533–36 wurde der weite Hof mit einem langgestreckten Bau geschlossen, in der Mitte ein offener Treppenturm. 1544 treten reichere Formen auf im Schönen Erker und dem Schloßkapellenportal. 1543/44 endlich schuf Nickel Gromann spartanisch, hart und streng die von Luther geweihte Schloßkapelle mit der gemeißelten Kanzel, dem einzigen Werk mit bewegten Schmuckformen.

Treffurt *Bez. Erfurt* 578 □ 4
Die BONIFATIUSKIRCHE wurde 1260–1341 errichtet. Frühgotisch, in Einzelformen noch spätromanisch, wie es etwa das überreiche Nordportal zeigt. Zutaten des 19. Jh.
Die BURG (romantisierend Normannstein genannt) geht auf das 12. Jh. zurück. Im engen Bering ragen Palas und Wohntürme (12.–14. Jh.) empor. Das Rathaus, ein breit aufragender Fachwerkbau mit sehr hohem Zugang, ist charakteristisch für eine Fülle von weiteren FACHWERKBAUTEN, deren hervorragendster ein über hoher Mauer mit vortretendem Erker geradezu noch gotisch aufsteigender Eckbau ist, 1610.

Trent *Bez. Rostock* 558 ■ 12
DORFKIRCHE Wie so oft steht der spätgotische Raum dieser Backsteinkirche (15. Jh.) mit früherem Chor (um 1400) in wirkungsvollem Gegensatz zu seiner barocken Ausstattung. Zahlreiche Grabdenkmäler des 16.–18. Jh. der Familie Platen.

Treuenbrietzen *Bez. Potsdam* 573 □ 7
HEILIGGEISTKAPELLE Der spätgotische Rundbau (15. Jh.) dient als Heimatmuseum.
Die KIRCHE ST. MARIA, die älteste am Ort, ist eine dreischiffige Basilika (13. Jh.) aus Granitquadern und Backstein; Kanzel und Orgel sind barock.
KIRCHE ST. NIKOLAI Eine walmartige quadratische Kuppel über der Vierung ist eine sonst in der Mark Brandenburg nicht bekannte Besonderheit der dreischiffigen Basilika (13. Jh.). Ein entstellender Turmaufbau von 1776.
Reste der STADTMAUER (1296) und ein spätgotischer Rundturm (1450) sind erhalten.

Tribsees *Bez. Rostock* 558 □ 8
STADTKIRCHE ST. THOMAS In der stattlichen Hallenkirche ein prachtvoller Schnitzaltar des 15. Jh. mit der eigenartigen Allegorie, die sog. Sakramentsmühle: Die Evangelisten schütten ihre Schriften in den Trichter, der das Wort in Sakramente verwan-

SCHLOSS HARTENFELS, TORGAU
„Es ist eine recht kaiserliche Burg", sagte Karl V., als er nach der Schlacht bei Mühlberg als Sieger im Schloß eintraf. Kurz zuvor war der Johann-Friedrich-Bau errichtet worden. Hauptakzent und Kontrast zur langgestreckten Fassade ist der Große Wendelstein, das „Wunder von Torgau", eine fast frei sich hochwindende Treppe, eingefaßt von zart geschmückten Pfeilern. Im Schlußstein des Gewölbes das Porträt des Baumeisters Konrad Krebs und das Datum 1536.

delt. Beteiligt an dem Vorgang sind Christus als Weltenrichter, die Kirchenväter, Adam und Eva. STADTTORE Erhalten sind das Stralsunder und das Grimmener Tor mit Staffelgiebeln über der Feldseite.

Tützpatz *Bez. Neubrandenburg* 565 ■ 12
DORFKIRCHE Die verputzte spätgotische Feldsteinkirche birgt einen Kanzelaltar des 18. Jh., zu dem volkstümliche ältere Schnitzwerke gehören. Bemerkenswert sind zwei Grabdenkmäler der Familie Maltzan. Ein Fachwerkturm erhebt sich über dem Westgiebel.
SCHLOSS Schöner eingeschossiger Barockbau (1779). Südöstlich des Ortes liegen HÜNENGRÄBER.

U

Ueckermünde *Bez. Neubrandenburg* 566 □ 11
SCHLOSS Vom Renaissancebau (1546) des Herzogs Philipp I. von Pommern blieb der massige Bergfried und einer der vier Flügel stehen.

STADTKIRCHE Langgestreckter Saalbau von 1766 mit Emporen und aufwendigem Kanzelaltar (1775).

Usedom *Bez. Rostock* 566 □ 11
Die spätgotische Marienkirche, eine Hallenkirche mit geschnitzten Altarschranken, hat die Restaurierung von 1891 erheblich verändert. Sehenswert ist außer dem klassizistischen Rathaus (18. Jh.) der quadratische Anklamer Torturm (um 1450).

V

Vacha *Bez. Suhl* 586 ■ 2
An der Werra erhielten sich Reste der Burg und der Befestigung.
Von der alten KLOSTERKIRCHE blieb der hohe Chor, um 1400, mit Resten von Umrißzeichnungen aus dem 15. Jh.
Ein MARKTBRUNNEN mit dem Georgsritter von 1613.
Das RATHAUS (17. Jh.) ist ein hervorragender Fachwerkbau. Starke Horizontalbalkenlagen, reiches Schmuckfachwerk.
Die STADTKIRCHE birgt in den Türmen noch romanische Teile, im wesentlichen stammt sie aus dem 16. Jh. In der Sakristei stehen die Grabsteine des hessischen Hauptmanns Widemarkter und seiner Gemahlin (1621).

Verchen *Bez. Neubrandenburg* 565 □ 11
KLOSTERKIRCHE 1269 begann der Bau dieser Backsteinkirche, der im 15. Jh. ein Turm und der sternengewölbte Chor hinzugefügt wurden. In drei Chorfenstern haben sich noch die hierzulande seltenen Glasmalereien erhalten (15. Jh.). Im erneuerten Altarschrein eine gute Verkündigungsgruppe (um 1420), reichgeschnitzte späte Renaissancekanzel.

Vessra *Bez. Suhl* 587 ■ 7
KLOSTERKIRCHE 1138 geweiht, Neubau nach einem Brand von 1201, Grablege der Stifter bis 1566. 1573 wurde das Kloster profaniert, diente als Scheune und brannte 1939 aus. Mauern und Turmfront blieben übrig.

Vietlübbe *Bez. Schwerin* 564 ■ 4
Die romanische DORFKIRCHE, einer der ältesten Backsteinbauten Mecklenburgs (frühes 13. Jh.), hat einen eigenartigen Grundriß: ein gleichschenkeliges Kreuz aus fünf von Hängekuppeln gewölbten Quadraten mit niedriger Apsis.

Vilmnitz (Rügen) *Bez. Rostock* 558 ■ 3
Die DORFKIRCHE wird schon 1249 genannt. Aus dieser Zeit stammen Sakristei und Chor. Zahlreiche Grabdenkmäler, darunter solche mit vollplastischen Figuren, zwei Prunksarkophage und die Gruft unter dem Chor mit 27 prächtig verzierten Särgen weisen die Backsteinkirche als Grablege der Herren von Putbus aus. Ausstattung aus dem 17. und 18. Jh.

W

Waase auf Ummanz   *Bez. Rostock*   558 ▪ 11
In der DORFKIRCHE (15.–17. Jh.) Wandmalereien um
1470, ein Schnitzaltar (um 1520) aus Antwerpen,
prunkvolle Kanzel (1572) und Gemälde des 17. Jh.

Wachsenburg   *Bez. Erfurt*   587 ▪ 1
Die WACHSENBURG wurde 932 vielleicht als Sperre
gegen die Ungarn errichtet. Die im 18. Jh. ver-
wahrloste Burg wurde nach 1852 romantisierend
ausgebaut und erhielt 1905 einen neuen Turm.
Heute Museum und Gaststätte.

Walldorf   *Bez. Suhl*   587 □ 9
Die KIRCHENBURG, eine bischöfliche Wegfeste, deren
Turm im 15. Jh. zum Kirchturm wurde, ist mit
festem Mauerring, vier Ecktürmen, Schießscharten,
Wehrgang und Bastionen versehen.

Waltershausen   *Bez. Erfurt*   587 ▪ 11
Die Stadt hat nach vielen Bränden nur wenig
aus älterer Zeit bewahrt. Von der Befestigung blieben der Töpferturm und Reste zweier mittelalterlicher Wohntürme, der Kemenate und des Steinhofs
(1393).

Die BURG TENNEBERG, an die sich die Sage vom
Taufritt nach Tenneberg knüpft (Fresko in der
Wartburg von Moritz v. Schwind 1854), wurde im
16. Jh. zum Vierflügelbau umgebaut. Ostflügel mit
Arkadengang aus dem 17., bescheidene Einbauten
mit Festsaal und Kapelle aus dem 18. Jh.
Die STADTKIRCHE ist ein vielkantiger, geschweifter
Bau mit ovalem Innenraum, in den drei Emporen
übereinander eingezogen sind. In der Decke, mit
Scheinarchitektur bemalt, öffnet sich der Himmel
mit der Dreifaltigkeit (1723).

Waren   *Bez. Neubrandenburg*   565 □ 9
Am größten mecklenburgischen See, dem Müritz-
see, liegt Waren mit zahlreichen Fachwerkhäusern,
wie Löwenapotheke und Altes Rathaus (beide
17. Jh.), und dem Müritz-Museum.
In der mehrfach ausgebrannten GEORGIKIRCHE
(14. Jh.) eine gute Kreuzigungsgruppe.
Die MARIENKIRCHE aus der gleichen Zeit, ebenfalls
stark verändert, hat einen gotischen Turm mit
hohem barockem Helm.

Wartburg b. Eisenach   *Bez. Erfurt*   587 □ 10
1067, als Graf Ludwig den Wartberg besetzte,
leitete er Entstehung und Festigung dessen ein, was
wir unter Thüringen verstehen. Ludwigs Sohn erhielt 1131 die Landgrafenwürde, sie war Anlaß,
der Wartburg auch äußere Zeichen der Herrschaft
zu geben: 1170–80 wurde das Landgrafenhaus errichtet. Seine Arkaden öffnen sich ganz unburgen-
haft frei in prachtvoller, rhythmischer Abfolge zum

DIE WARTBURG VON NORDOSTEN

*Das Torhaus enthält noch weithin ältestes Mauerwerk der Burg. Nach Südwest hin zieht der um 1450 auf-
gesetzte Wehrgang, weiter hinten folgt auf den Mauern des alten Palas die 1853/59 errichtete „Neue
Kemenate", alles überkrönt der Bergfried von 1855/59. Durch das Tor zogen am 18. Oktober 1817 die
Burschenschafter, um anläßlich des 300. Reformationsfestes und des 4. Jahrestages der Schlacht bei Leipzig
das Wartburgfest zu begehen. Im Festsaale des Landgrafenhauses gelobten sie, für die künftige Einheit
Deutschlands zu leben.*

LUTHERSTUBE AUF DER WARTBURG

*Die Vogtei, die noch alt erhalten ist, diente zeit-
weise als Kavaliersgefängnis für hochgestellte Gefangene. 1521/22 wurde der geächtet und gebannt aus Worms zurückgekehrte Luther hier von
seinem Kurfürsten in Schutzhaft gehalten. Die
holzverkleidete Zelle hat sich in der alten Gestalt
erhalten, die Einrichtung ist längst vergangen.
Luther trat als „Junker Jörg" auf, und so stellt ihn
auch der Stich Lukas Cranachs an der Wand dar.
Hier übertrug er das Neue Testament aus dem
Griechischen ins Deutsche.*

STIFTSKIRCHE, WECHSELBURG

*Der schöne romanische Bau wurde nach 1953
restauriert, heute wirkt er innen wie außen durch
das Wechselspiel der hellen Putzflächen und der
roten Strukturteile. Wohlproportionierte Pfeiler,
harmonische Arkadenbögen, dekoratives Netzgewölbe ist eine Zutat der Spätgotik.*

TRIUMPHKREUZGRUPPE

*Der monumentale holzgeschnitzte Christus am
Kreuz zwischen Maria und Johannes, einst Krönung des Lettners, ist eine Schöpfung spätromanischer Kunst auf sächsischem Boden, um 1230. Die
Gruppe besticht durch ihre vollendete Ausgewogenheit in schmuckreichen, bewegten Details, vor
allem in den reichdrapierten Gewändern.*

Hofe hin. Niederrheinische Bauleute schufen Plan
und Schmuck des im Innern nur Festsäle enthalten-
den Palastes. Bei den Kapitellen überrascht die
Fülle der Phantasie in der meisterhaften Bildung
der Adler, Löwen, Fabelwesen, die im knospenden
Blattwerk stecken. Der Glanz des Hofes führte die
Dichter der Zeit um 1200, unter ihnen Wolfram
von Eschenbach und Walther von der Vogelweide,
zum geistigen Wettstreit zusammen (Sage vom
Sängerkrieg). Die Ungarnprinzessin Elisabeth, die
seit 1211 in der Wartburg lebte und sie 1227
verließ, veränderte das Burgleben. Sie schenkte, was
die Vorräte hergaben, den Armen. Luthers Quartier
war 1521/22 in der Nordburg, deren malerisches Bild heute der aus Holz geschnitzte gotische Erker
bestimmt. 1838–91 ließ Großherzog Karl Alexander
die Burg zum Denkmal ausbauen, er rettete dadurch ihren mittelalterlichen Bestand und gab ihr
besonders durch die Fresken Moritz v. Schwinds
den Charakter der späten Romantik.

Wasungen *Bez. Suhl* 587 □ 9
Die an Fachwerkhäusern reiche Stadt hat ihren
altertümlichen Charakter bewahrt. Von den vielerlei Adelshöfen ist das DAMENSTIFT (1596) besonders
hervorzuheben wegen der kräftigen Fachwerkarchitektur und des symmetrisch gesetzten Treppenturms.
Im Innern Stuckdecken.

Wechselburg *Bez. Karl-Marx-Stadt* 589 □ 11
EHEM. STIFTSKIRCHE (Augustinerchorherrenkirche
Zschillen) Die 1160–80 errichtete, 1474 gewölbte
Pfeilerbasilika mit drei Apsiden und einer west-
lichen Turmhalle wirkt in ihrer Festigkeit und der
Steilheit der Baukörper besonders wuchtig. Im
Innern bietet die Abfolge untersetzter Pfeiler, die

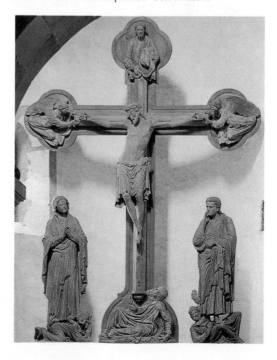

SCHLOSS BELVEDERE BEI WEIMAR

Die Eichleite ist eine bewaldete Höhe bei Weimar. Aus dem Jagdschlößchen, das sich der Herzog 1724 dort bauen lassen wollte, wurde schließlich ein festliches Residenzschloß. Von 1756 bis 1900 verbrachte die herzogliche Familie hier die Sommer. Wenn sich die Herzogwitwe Anna Amalia hier aufhielt, bewohnte der Erbprinz Karl August einen der Seitenpavillons, sein Erzieher Wieland eine Mansarde des Hauptgebäudes. Später waren Goethe und Schiller hier häufig zu Gast.

Enge und Höhe des Schiffs, vor allem die schwingende Bogenfolge das Bild in sich ruhender Geschlossenheit. Der Schmuck (Vorhalle der Nordseite) hat höchste Qualität.

Wedendorf *Bez. Schwerin* 563 ▪ 1
Das schlichte zweigeschossige BAROCKSCHLOSS (1697) wurde 1805 umgebaut: der Mittelbau erhöht und die Fassade stärker gegliedert.

Weesenstein *Bez. Dresden* 590 □ 11
SCHLOSS Stufenweise baut sich die auf eine Burg des 13. Jh. zurückgehende, bis ins 16. Jh. ausgebaute Anlage auf und gipfelt in einem nadeldünnen Turm mit elegantem Barockhelm (Schloßmuseum). Die Schloßkapelle, einen Emporensaal, kennzeichnet die Grazie des Rokoko. Der wuchtige Kanzelaltar dagegen erinnert noch an hochbarockes Pathos.

Weida *Bez. Gera* 588 ▪ 1
OSTERBURG (1163–93) Eigenwillig gestufter Turm, unterer Teil aus der Entstehungszeit, Aufsatz, Zinnen und Spitze gotisch. Die späteren Bauten sind vor allem nach dem Dreißigjährigen Kriege entstanden. Heute Jugendherberge.
WIDENKIRCHE, um 1500, Chor und Teile des Langhauses, 14. Jh. Alles zeichnet sich durch ungewöhnlich schöne Maßverhältnisse aus. Seit 1504 ist der im Dreißigjährigen Kriege noch weiter getroffene Bau Ruine.
In der STADTKIRCHE wird ein Freskenrest des frühen 13. Jh. verwahrt, eine gestenreiche, zartgliedrige Darstellung des Marientodes. Die Kirche, um 1350, ein strenger, franziskanischer Bau, wurde 1644 barockisiert.

Weimar *Bez. Erfurt* 587 □ 2
Will man nur die wichtigsten Etappen der Weimarer Geschichte nennen, so muß man des bedeutenden Geschlechts der Grafen von Weimar ge-

denken, die vom 10. Jh. an hier herrschten; ferner an den Übergang der Stadt an die Wettiner, die sie zur Residenz machten und Handwerk und Handel förderten. Denkwürdig ist die Zeit, da Johann Friedrich der Großmütige nach der Niederlage bei Mühlberg 1547 seinen Kurhut an seinen Vetter Moritz geben mußte und in Weimar 1552 seinen Wohnsitz nahm. Von der reichen fürstlichen Bauzeit des 17. Jh. (Herzog Ernst August I. und sein Architekt Gottfr. Heinr. Krohne) blieben: Schloßturm, Belvedere und Ettersburg. All das aber war Vorspiel für die folgende Zeit. Man nannte es eine Sternstunde für das deutsche Geistesleben, als Wieland 1772 seine Erfurter Stellung mit der des Prin-

LUCAS-CRANACH-HAUS, WEIMAR

Das stattliche Renaissancehaus wurde 1549 für den Schwiegersohn Lukas Cranachs d. Ä. erbaut. Cranach selbst wohnte hier das letzte Jahr vor seinem Tode, 1553. Als Hofmaler Kurfürst Joh. Friedrichs d. Großmütigen war er nach dessen Niederlage und Gefangennahme 1547 nach Weimar gekommen, wo Friedrichs Gemahlin mit ihren Söhnen und dem Hofstaat Zuflucht gefunden hatte.

RESIDENZSCHLOSS, WEIMAR

Links im Vordergrund erhebt sich der Torbau der mittelalterlichen Burg Hornstein, die sog. Bastille. Dahinter anschließend der klassizistische Neubau, an dessen Planung auch Goethe einen entscheidenden Anteil hatte.

zenerziehers an Anna Amaliens Hof in Weimar vertauschte. Durch Wieland kam Goethe nach Weimar. Herder folgte Goethes Ruf 1776. Schillers erster Aufenthalt fällt in das Jahr 1787. Jean Paul war 1798–1800 hier. Weimar wurde Mittelpunkt der deutschen Klassik. Die Zeit Großherzog Karl Alexanders (1818 bis 1901), des Enkels des Goethe-Herzogs Karl August, war der Pflege des Erbes der Klassik gewidmet. 1847–59 wirkte Franz Liszt hier. Als 1919 die Deutsche Nationalversammlung im Nationaltheater tagte, geschah das auch im Bewußtsein der Größe des Ortes.

Der zweite Weltkrieg hat in Weimar viel zerstört, aber die Stätten der Klassik sind wiederhergestellt. Sie ordnen sich in schlichter Einfachheit dem Straßenbilde ein. Das Kirms-Krackow-Haus (17. Jh.), in dem Goethe bei dem Theaterverwalter Kirms verkehrte, wurde späterhin Treffpunkt geistigen Lebens. Es folgen Joh. Gottfr. Herders hochragendes Pfarrhaus, Friedr. Bertuchs klassizistischer Bau, das bescheidene Goethehaus in der Seifengasse, das idyllische Haus der Frau von Stein, Schillers Wohnung im Weißen Schwan und sein späteres Wohnhaus mit seinen Arbeitsräumen und dem Sterbezimmer, schließlich das langgestreckte Goethehaus am Frauenplan und das weltbekannte Gartenhaus im Park. Dem allen fügen sich noch Eckermanns Haus und Franz Liszts Villa an. Aufwendiger sind die großen Gedenkbauten und Forschungsstätten, die im 19. Jh. errichtet wurden, das Staatsarchiv (1885) und das hochgelegene Goethe-Schiller-Archiv (1889) mit seinen Sammlungen und Ausstellungsräumen. Friedhof mit Fürstengruft und Sarkophagen Goethes und Schillers. Henry van de Velde errichtete 1904–06 und 1911 im Jugendstil die heutige Hochschule für Architektur. Walter Gropius schuf 1919 das Bauhaus Weimar. Zum Gedenken an das Konzentrationslager Buchenwald ein Ehrenhain (1958 eingeweiht), zu dem Fritz Cremer eine Figurengruppe schuf.

SCHLOSS Der Bastille fügte Nickel Gromann 1524 das feingliedrige Portal hinzu. Auf den mittelalterlichen Turmstumpf setzte Krohne 1728 den Achteckturm mit Schweifdach, Zwiebel und Laterne. Nach einem Brand 1774 wurden in Treppenhaus, Festsaal und Falkengalerie Räume geschaffen, die zum Schönsten des Klassizismus gehören. 1914 schloß wenig glücklich ein vierter Flügel den Bau ab. Seit 1923 beherbergt das Schloß die reichen Staatlichen Kunstsammlungen.

SCHLOSS BELVEDERE (1724–26) brachte Krohne 1728 in den beschwingten Rhythmus des Rokoko, er verlieh der Dachgliederung Vielfalt und schuf eine vorzügliche Innenausstattung.

SCHLOSS ETTERSBURG wurde Anfang des 18. Jh. gebaut, seit 1728 durch Krohne wesentlich umgestaltet in Formen des Spätbarock. Der weite Landschaftspark ist ein Werk Fürst Pücklers.

Die STADTKIRCHE, nach ihrem bedeutendsten Prediger Herderkirche genannt, 1498–1500 als weite Halle errichtet, konnte ihre gotische Form nur im Chor erhalten, in dessen Mitte der großartige Altar von Cranach d. Ä. und seinem Sohn steht (1555). Zu seiten ragen eine Fülle teils hochgebauter Grabmäler empor, von denen das für Johann Wilhelm (gest. 1573) und für Johann III. (gest. 1603) die wesentlichsten sind. Hier auch Cranachs Grabmal (gest. 1553), sein Grab auf dem Jakobsfriedhof.

STUDIERZIMMER IM SCHILLERHAUS, WEIMAR

1802 bezog Schiller ein eigenes Haus an der Esplanade (heute Schillerhaus), wo er 1805 starb. Schon 1799 war er nach Weimar übersiedelt. Seine Freundschaft mit Goethe hatte ihn dazu bewogen und der Wunsch, dem Weimarer Theater nahe zu sein.

Weisdin *Bez. Neubrandenburg* 565 ■ 9
In der DORFKIRCHE, einem barocken Zentralbau (1749), erhielt sich die einheitliche farbige Ausstattung der Zeit. Im GUTSHAUS der gleichen Epoche eine doppelläufige Treppe und feine Stukkaturen.

Weißenfels *Bez. Halle* 580 □ 6
Die Residenzzeit und ihre Nachwirkung spürt man am Stadtbild. Das Rathaus (1670) zeigt heute die Formen eines großzügig konzipierten Umbaues von 1718–21 mit einem prächtig geschwungenen Mansarddach. Die Bürgerhäuser geben sich im gleichen sachlichen, barock gehöhten Stil.

WEIMAR: AUF DEN SPUREN JOHANN WOLFGANG GOETHES

DICHTERFÜRST UND STAATSDIENER

Jenes Weimar, das Goethe im November 1775 empfing, glich nichts weniger als einer Hauptstadt des deutschen Geistes. Die Residenz eines ärmlichen kleinen Fürstentums, dessen Verwaltung im argen lag, wurde zur Stätte der Bewährung für den 26jährigen Goethe, der es mit seinen genialen Erstlingswerken bereits zu literarischem Ruhm gebracht hatte. Das ausgelassene „Genietreiben", an dem er und der junge Herzog teilnahmen und mit dem sie sich ein väterliches Mahnschreiben Klopstocks zuzogen, dauerte nur kurze Zeit. Nach dreijährigem Aufenthalt konnte der Minister und Geheime Rat an seine Mutter schreiben: „Ich habe alles, was ein Mensch verlangen kann, ein Leben, in dem ich mich täglich übe und täglich wachse..." Er hatte eine Reihe von Ämtern, und seine Verpflichtungen nahmen so überhand, daß es ihm schwerfiel, Zeit für seine dichterischen Arbeiten zu finden. Von manchen Verwaltungsaufgaben zog er sich später zurück, die Leitung der Museen, der Bibliothek und des Theaters behielt er jedoch bei. Jetzt entstanden seine klassischen Werke Egmont, Iphigenie, Tasso; seine Lyrik gewann vollendetes Maß. Die Freundschaft zu Frau von Stein ließ ihn auch innerlich reifen. Seine Interessen waren universal, sie galten jetzt auch der antiken Kunst und den Naturwissenschaften – eine Vielseitigkeit, wie sie dem aufs Praktische gerichteten Humanitätsideal seines Wilhelm Meister entsprach.

JOHANN WOLFGANG GOETHE *König Ludwig I. von Bayern war ein großer Verehrer Goethes, und so schickte er 1828 Joseph Stieler nach Weimar, um den „König der Teutschen Dichter" zu malen. Goethe fand das Gemälde „vorzüglich", und er hatte dazu allen Grund, denn der Pinsel des bayerischen Hofmalers hatte die Spuren des Alters im Gesicht des Neunundsiebzigjährigen verwischt. Er hatte aber auch festgehalten, was die Jahre nicht zerstören konnten: die ausdrucksvollen großen Augen, die Würde, kurzum das ebensooft gefeierte wie geschmähte „Klassische" dieser Persönlichkeit. (Alte Pinakothek, München)*

BÜSTENZIMMER *im Goethehaus. Goethes Privatsammlung (hier: Venus von Arles, Ilioneus, Gipsabdrücke antiker Reliefs) zeugt von seinem großen Interesse an antiker Plastik, das durch seine Italienreisen genährt wurde. Mit Nachdruck vertrat er seine Überzeugung vom absoluten Vorrang des Klassischen vor dem Modernen.*

GOETHE DIKTIERT SEINEM SCHREIBER JOHN, *Gemälde von Joh. Jos. Schmeller, 1831. Goethe war Frühaufsteher und arbeitete oft schon von fünf Uhr morgens an. Dabei pflegte er um den Tisch herum zu wandern, denn „sitzend sei er zu nichts aufgelegt". (Landesbibliothek Weimar)*

FEDER, TINTENFASS *und* SANDSTREUER *in Goethes Arbeitszimmer. Im Gegensatz zu den Repräsentationsräumen war das Arbeitszimmer betont schlicht gehalten. Goethe duldete hier weder Teppiche noch Gardinen noch irgendwelchen Schmuck, der die Gedanken ablenken könnte.*

HAUS AM FRAUENPLAN, *Stich von L. Schütze 1827. „Warum stehen sie davor? Ist nicht Thüre da und Thor? Kämen sie getrost herein, würden wohl empfangen seyn", hat Goethe darunter geschrieben. Das Haus, in dem er von 1782 bis zu seinem Tode wohnte, stand immer offen für Besucher aus aller Welt. Es war ein Geschenk des Herzogs und galt als großzügig für Weimarer Verhältnisse. Kleine Innenräume und ein niedriger Gartentrakt erlaubten es, Wirtschaftsräume, Arbeitsräume und Festräume unterzubringen. Links schließt sich heute das im gleichen Stil erbaute Goethe-Nationalmuseum an. (Goethe-Nationalmuseum)*

KARL AUGUST VON WEIMAR, *Plakette von Leonh. Posch, 1806. Im Herbst 1775 begegnete der 18jährige Herzog dem nur acht Jahre älteren Goethe, der seit dem Erfolg seines Werther als der berühmteste Schriftsteller Deutschlands galt. Spontan lud er ihn ein, nach Weimar zu kommen, und Goethe sagte zu. In den folgenden Jahren wurde Goethe sein engster Berater, Mitarbeiter und Freund und blieb dies bis zu seinem Tode 1828. Er unterstützte ihn in dem Bestreben, Kunst und Wissenschaft zu fördern, und setzte auch die Berufung Herders und Schillers durch, die Weimar zu einem kulturellen Zentrum machte. (Goethe-Museum, Düsseldorf)*

GOETHES GARTENHAUS *in der Ilmaue. Es ist, ebenso wie das Haus am Frauenplan, ein Geschenk des Herzogs. Hier entstanden in den ersten Weimarer Jahren das Gedicht „An den Mond", Teile von Egmont, Iphigenie, Wilhelm Meister. Auch später zog Goethe sich gern hierher zurück, ja noch 1827 nahm er gelegentlich die alte „Studentenwirtschaft" wieder auf.*

CHRISTIANEZIMMER *im Goethehaus. Dieses Zimmer an der Gartenfront wurde 1954 neu gestaltet. 1788 hatte Goethe Christiane Vulpius in sein Haus genommen. 1806 wurde sie seine Frau.*

Residenz einer wettinischen Nebenlinie (1652 bis 1746) war das über der Stadt riesenhaft aufragende SCHLOSS NEUAUGUSTUSBURG, 1660–82. Äußerlich wirkt das Werk des Hochbarock kantig, schwer und kahl, im Innern birgt es ein Kleinod: die Schloßkapelle, die in drei Geschossen Arkaden und darüber eine Kassettendecke trägt. Schwere und pathetische Spannung sind ins Pompöse gehoben durch Stuck und Malerei in Apfelgrün und Weiß. Mittelpunkt ist der Kanzelaltar (Alabaster, 1679/ 80) von Joh. Heinr. Böhme d. Ä. Seit der letzten Restaurierung leider ohne Kanzel.

Die STADTKIRCHE hat einen prachtvoll gewölbten Chor mit vorzüglichem Altar von 1670–84. Zur selben Zeit erhielt auch der Turm seinen Barockabschluß.

Weißensee *Bez. Erfurt* 579 □ 5
LANDGRAFENBURG Jutta von Staufen, Halbschwester Kaiser Friedrichs I. und Gemahlin Landgraf Ludwigs II. ließ 1168 die Runneburg ausbauen. Die auf einem Plateau ehemals durch Sümpfe und Seen geschützte Burg ist in ihrer spätromanischen Substanz unter Veränderungen der Renaissance erhalten.

Werben *Bez. Magdeburg* 572 □ 12
An der riesigen JOHANNISKIRCHE mit rechteckigem Westturm und drei ineinander übergehenden Apsiden ist der Backstein zu prächtigen Schmuckbändern, Friesen, Medaillons verwendet. Innen Leuchter und Taufe (beides Gelbguß, 1487–89) und Kanzel von 1602.

JOHANNISKIRCHE, WERBEN
Das Mittelschiff der sehr breiten Backsteinkapelle ist leicht überhöht, die hell verputzten Gewölbe ruhen auf achteckigen Pfeilern, die Dienste reich schmücken, bandartige Kämpfer schließen sie ab. Im Hauptchor (Hintergrund) sind zwei Flügelaltäre aus dem 15. Jh. übereinandergestellt. Davor ein hoher fünfarmiger Messingleuchter von 1487, wie die Inschrift besagt.

Werder *Bez. Potsdam* 573 ■ 8
Die KIRCHE ist in Neugotik 1857 auf Feldsteinfundamenten (13. Jh.) der Heiliggeistkirche entstanden.

Wermsdorf *Bez. Leipzig* 581 ■ 6
Das JAGDSCHLOSS entstand aus einem Bau von 1575, der nach 1617 zum Dreiflügelbau erweitert wurde. Er trägt schwere, durch kräftige Simse unterteilte Giebelhäuschen und einen Treppenturm: ein energisch gegliederter Komplex, der freilich für das weiträumig empfindende 18. Jh. nicht genügte. August der Starke ließ darum für seinen Sohn abseits „in freier Jagdlandschaft" das SCHLOSS HUBERTUSBURG errichten. 1743–51 wurde die Anlage vergrößert und umgebaut durch Joh. Chr. Knöffel. Das dreigeschossige Schloß mit einem zum Park hin sanft vorgerundeten Mittelteil und leichtem Türmchen gehört zum Elegantesten, Weiträumigsten, was die Dresdner Architektur ersann. Der Prachtbau, in dessen Nebengebäuden der Hubertusburger Frieden (1763) geschlossen wurde, machte 1760 eine beispiellose Plünderung durch, bei der selbst die vergoldeten Simse abgekratzt wurden (heute Heilanstalt).

Wernigerode *Bez. Magdeburg* 579 ■ 12
In dem SCHLOSS, im wesentlichen Neubau 1861–83 (von älteren Teilen blieb die barocke Orangerie im ehem. Lustgarten erhalten), richtete man nach 1945 ein Feudalmuseum ein.
Dafür entschädigt in der Stadt des 16./18. Jh. das formenreiche Straßenbild mit Häusern, die zur Fachwerkkonstruktion die Schnitzerei hinzunahmen, wie beim Krümmelschen Haus (1674), dessen

RATHAUS, WERNIGERODE
1427 schenkten die Grafen von Wernigerode ihr „spelhus" der Stadt, gut hundert Jahre später, nach einem Brand und dem folgenden Wiederaufbau, wurde es als Rathaus benutzt. Es gilt als schönster Fachwerkbau am Harz und in Thüringen.

Erdgeschoß freilich wie mancher andere Bau aus dem 19. Jh. stammt. Die bedeutendste Leistung bleibt das Rathaus (um 1550), 1494–98 als Tanzhaus errichtet.

Wiek (Rügen) *Bez. Rostock* 558 ■ 12
DORFKIRCHE In der turmlosen einschiffigen Hallenkirche (um 1400) eine Kreuzigungsgruppe (um 1300) mit späteren Figuren der Maria und des Johannes, eine Reiterfigur des hl. Georg (15. Jh.), reichgeschnitzter Barockaltar (1747/48) und Taufständer (um 1730) mit Stifterporträt in Alabaster.

Wiepersdorf *Bez. Potsdam* 581 □ 1
Das SCHLOSS (1738), mit Terrasse und reizvoller Rokokoorangerie in großem Park, wurde in der ersten Hälfte des 19. Jh. von dem Dichterpaar Achim und Bettina von Arnim bewohnt; nach 1945 Schriftstellererholungsheim.

Wiesenburg *Bez. Potsdam* 572 □ 4
Das SCHLOSS ist eine der großen Anlagen der Mark Brandenburg, sehr malerisch als Renaissancebau mit Bergfried, fünfeckigem Hof, Ziehbrunnen, Brücke und Portalen auf einem Hügel.

Windischleuba *Bez. Leipzig* 589 □ 10
Die WASSERBURG wurde im Laufe der Jahrhunderte, zuletzt nach 1880, vielfach umgebaut, ohne jedoch ihren wehrhaften Charakter zu verlieren. 1945 starb hier der letzte Burgherr, der Dichter Börries von Münchhausen.

Wismar *Bez. Rostock* 564 □ 10
Hafenstadt, Giebel, enge Gassen, Türme, 1229 wird die planmäßig angelegte Kolonistensiedlung erstmalig erwähnt. 1358 Mitglied der Hanse. Einzigartig die Größe und Wucht der drei einander verwandten gotischen Basiliken vom 13.–15. Jh. Niedergang im Dreißigjährigen Krieg. 1648 an Schweden. 1803 an Mecklenburg. Im zweiten Weltkrieg schwere Schäden. Ältestes Bürgerhaus der Stadt ist der Alte Schwede von 1380 am Markt, heute Restaurant. Das Archidiakonat, schöner Backsteinbau des 15. Jh., eine Nachbildung der 1945 zerstörten Alten Schule, ist neu aufgebaut. Das blendenverzierte Wassertor am Alten Hafen, um 1450, ist das letzte der Stadttore.
HEIMATMUSEUM im Schabbelthaus, 1569–71, in niederländischen Renaissanceformen als Brauhaus errichtet. Ur- und Stadtgeschichte, Volkskunst.
NIKOLAIKIRCHE Riesenhaft gesteigerte Nachbildung von St. Marien. 1381 der Chor unter Heinrich von Bremen im Bau, von Hermann von Münster das etwa 1459 geweihte Langhaus. Aus der Marienkirche übernommen: Bronzetaufe von 1335, geschnitzter gotischer Krämeraltar und Grabplatte der Herzogin Sophie von Mecklenburg (gest. 1504). Aus der Georgenkirche: Skulpturen und Flügelaltar mit Gemälden aus dem Umkreis Meister Franckes.
RATHAUS Breit gelagert am Markt, einem der größten Plätze Norddeutschlands. Ein massiver, klassizistischer Bau, 1817–19.
ST. GEORGEN Jüngste der drei Stadtkirchen. Der erhalten gebliebene Chor, ein Koloß des 15. Jh., von Hermann von Münster und Hans Martens ist Zeugnis des enormen Bauehrgeizes der Stadt. Der geplante Turmbau kam nicht zustande. 1945 schwer beschädigt.
ST. MARIEN Von der ältesten der drei Backsteinbasiliken wurde 1945 nur der 80 Meter hohe Turm,

MARIENKIRCHE, WISMAR
Der heute allein noch erhaltene Turm erhebt sich über frühgotischem Unterbau in drei mächtigen Geschossen des 15. Jh.

NIKOLAIKIRCHE, WISMAR
Die barocke Kanzel, der Hauptaltar und manche anderen barocken Interieurs fügen sich harmonisch in die hohe gotische Halle ein, mit denen des Kölner Doms und des Ulmer Münsters gehört sie zu den größten Deutschlands. Seit 1945 bewahrt die Nikolaikirche auch Kunstwerke von St. Marien und St. Georgen.

SCHLOSS, WÖRLITZ

Dieser Bau mit seiner klaren Fassade war einer der ersten und zugleich geglücktesten klassizistischen in Deutschland, sein Architekt Erdmannsdorf hatte auf vielen Reisen in Italien und vor allem in England Anregungen dazu bekommen, Schloß Claremont in Surrey war für Wörlitz Vorbild.

frühes 15. Jh., Wahrzeichen der Stadt, verschont. WASSERKUNST Das graziöse zwölfseitige Brunnenhaus auf dem Markt, 1580–1602, diente bis 1897 der Trinkwasserversorgung.

Wittenberg *Bez. Halle* 581 □ 10
Wittenberg ist seit 1517 die Stadt der Reformation Martin Luthers. Ihre vorherige Bedeutung als Brückenkopf an der Elbe war nicht gering. Vor 1180 wurde sie von flämischen Siedlern gegründet, kam 1422 an die Wettiner, wurde 1483 Residenz und 1502 Universität. Friedrich der Weise, der sie gründete, hatte in der Schloßkapelle seine Sammlung von fast 17 000 Reliquien aufbauen lassen. Eine neue Elbbrücke verstärkte Handel und Wandel, die Universität beherrschte das Leben der Residenz, hielt die Jahre des Dreißigjährigen, des Siebenjährigen und des Befreiungskrieges durch und wurde nach der Abtretung an Preußen 1815 mit der von Halle zur Vereinigten Friedrichs-Universität Halle-Wittenberg zusammengelegt. In Wittenberg blieb – Erinnerung an Luther – das Universitäts-Prediger-Seminar.
Das AUGUSTINERKLOSTER erhielt Luther vom Kurfürsten 1525 anläßlich seiner Hochzeit. Es enthält Luthers Wohnung und die Vorlesungssäle. Das Portal von 1540 trägt über den Sitznischen das Bildnis Luthers und die Lutherrose. Die Räume bergen die reichen Sammlungen der Reformationsgeschichte.
Das MELANCHTHONHAUS ließ Friedrich der Weise 1536 für den Gelehrten, den Praeceptor Germaniae, in ruhigen Formen der Renaissance errichten. Es ist im ursprünglichen Zustand erhalten.
Das RATHAUS mit seinen mächtigen Zwerchgiebeln wurde 1522–40 errichtet. Davor die Denkmäler für Luther (Gottfr. Schadow, 1820) und Melanchthon (Drake, 1861).
Die SCHLOSSKIRCHE, 1503 auch Universitätskirche, war der Ort, wo Luther seine Thesen als Disputationsaufforderung anschlug (31. Oktober 1517). All der Reichtum der Kirche wurde verstreut oder verbrannt. 1885–92 entstand eine neugotische Kirche. Unberührt blieben die Vischerschen Grabplatten für Friedrich den Weisen und Johann den Beständigen und die schlichten Gräber Luthers

und Melanchthons. Der Turm der Kirche und die Arkadengänge an ihr gehören zum alten Schloß.
Die Türme der STADTKIRCHE herrschen über den weiten Marktplatz, sie wurden mit der Kirche nach 1412 errichtet, die 1516 Emporen erhielt. Vom Ausbau 1811/12, den man 1927–31 korrigierte, blieben Kanzel, Empore und Orgelgehäuse. Dreißig Jahre predigte Luther hier. Seine Gedanken waren Grundlage des den Raum beherrschenden Altars von Luc. Cranach d. J. von 1547 mit Bildnissen Cranachs und der Reformatoren. Von den Epitaphien ist das bedeutendste das für Cranach (1616).

Wittenburg *Bez. Schwerin* 563 ■ 3
STADTKIRCHE ST. BARTHOLOMÄUS Hallenkirche in Backstein (13. Jh.). Ein prunkvolles Westportal ist in einem erst 1909 errichteten Turm versteckt. Schöne Maßwerkrosette in einem spätgotischen Anbau. Die reiche Ausstattung aus dem 14. bis 17. Jh. ist bemerkenswert.

Wittstock a. d. Dosse *Bez. Potsdam* 564 □ 4
Stadtmauer, Gröper Tor und Heideturm sind von den mittelalterlichen Befestigungen, der Amtsturm von der im Dreißigjährigen Krieg zerstörten Bischofsburg erhalten.
KIRCHE ST. MARIEN Der Ziegelbau ist spätgotisch wie der Marienaltar mit seinem imposanten Aufbau.

Wörlitz *Bez. Halle* 580 □ 2
Das GOTISCHE HAUS (1773 erbaut, 1813 vergrößert), teils Nachahmung venezianischer Gotik, teils englischer Tudorgotik, soll in Verbindung mit dem Landschaftsgarten Empfindungen und Stimmungen

DIE SCHLOSSKIRCHE IN WITTENBERG

Inmitten prunkender Neugotik erinnern zwei schlichte Grabsteine den Besucher daran, daß er sich an jener Stätte befindet, von welcher der Anstoß zur Reformation ausgegangen ist. Die beiden Steinwürfel links und rechts im Vordergrund bezeichnen die Gräber Luthers und Melanchthons. Die alte Kirche war eine spätgotische Halle gewesen, die im Siebenjährigen Krieg und in den Befreiungskriegen zerstört worden ist.

erzeugen. Im Inneren Gemäldesammlung des Bauherrn: Luc. Cranach d. Ä., Cranach-Schule, van-Dyck-Schule. Da der Fürst noch mehrere Gartenanlagen um seine Residenz anlegen ließ, nannte man sein Fürstentum das Gartenreich.

SCHLOSS Anregungen für seine Landschaftsgärten erhielt Fürst Leopold Friedrich Franz von Anhalt-Dessau auf seinen Reisen nach England. In Italien dagegen begeisterte er sich für die römisch-griechische Antike. So schuf ihm sein Freund Friedr. Wilh. v. Erdmannsdorf einen großen Teil der Gartenarchitektur und das Schloß (1769–73). Es ist eines der frühesten Bauwerke des deutschen Klassizismus, klar und schlicht gegliedert und ohne Schmuckformen. Es wird Landhaus genannt und steht nicht mehr wie im Barock im Mittelpunkt des Parks. Im Innern reiche Stuckdekoration, Decken- und Wandmalereien gehen auf antike Vorbilder zurück, Gemälde und Abgüsse antiker Skulpturen.

Wolfersdorf *Bez. Gera* 588 ■ 10
Das JAGDSCHLOSS bei Wolfersdorf baute 1547–51 Nickel Gromann für Herzog Johann Friedrich den Großmütigen. 1858–65 verändert. Der alte Bau wurde Fröhliche Wiederkunft genannt, weil Johann Friedrich nach seiner Augsburger Gefangenschaft 1552 hier von den Seinen empfangen wurde.

Wolgast *Bez. Rostock* 558 □ 4
Die Geburtsstadt des Malers Philipp Otto Runge, einst Residenz pommerscher Herzöge, wurde im Dreißigjährigen Krieg mehrfach erobert, 1713 von den Russen eingeäschert. An älteren Bauten hat sich erhalten die Kaffeemühle, ein Fachwerkbau, heute Heimatmuseum, die Begräbniskapelle St. Gertrud (um 1400), die Friedhofskapelle St. Jürgen (15. Jh.). Das Rathaus mit Laternentürmchen und Schweifgiebel stammt vom Anfang des 18. Jh. Die PETRIKIRCHE, eine schlicht wirkende Backsteinbasilika des späten 14. Jh., hat im Innern alte Wandmalereien und einen Totentanz von 1700 nach Hans Holbeins Holzschnitten. Von der früheren Residenz zeugen Epitaph, Stammtafel und Prunksarkophag einiger Herzöge.

Wolkenburg *Bez. Karl-Marx-Stadt* 589 □ 10
Bereits 1241 wird die BURG erwähnt, die oft, zuletzt 1780–90, umgebaut wurde. Damals wurde auch der Park im englischen Stil umgestaltet und an dessen Ende 1794–1804 eine klassizistische Kirche errichtet. Der Schloßherr Graf von Einsiedel besaß das Gußeisenwerk Lauchhammer und ließ auch künstlerisch bedeutende figürliche und ornamentale Werke gießen. Die Wolkenburger Kirche besitzt zwei große Engel dieser Art. Der schönste Guß ist die ovale Grabplatte für den 1793 gefallenen Friedr. v. Einsiedel in der Begräbniskapelle. Der Altar der Kapelle von Joh. Böhme (1657) trägt einen bogengekrönten Säulenbau mit einem in Alabaster auf Schiefer geschnittenen Gethsemanerelief.

Wolkenstein *Bez. Karl-Marx-Stadt* 589 ■ 2
Die große, flachgedeckte STADTKIRCHE enthält das im Maß größte Werk Joh. Böhmes von 1648, den aus farbigem Stein errichteten Altar mit einem Relief des Pfingstwunders und Apostelfiguren an den Seiten und obenauf.

Wurzen *Bez. Leipzig* 581 ■ 8
Die kleine Stadt bewahrt noch viele Reste ihrer Geschichte. Einige Bürgerhäuser aus dem 17. Jh.

sind erhalten. Im Kreisheimatmuseum wertvolle Zeugnisse der Vergangenheit.

DOM Der vielfach umgebaute, zuletzt 1929–32 restaurierte Dom enthält im Schiff noch Reste der Pfeilerbasilika des 12. Jh., einer Erweiterung nach Ost von 1260–80 und nach beiden Seiten Chöre von 1503 und 1508, der westliche als Grabkapelle. Diese beiden Chöre sind die einheitlichsten Schöpfungen voller Helligkeit und Linienfülle in den Sterngewölben. Unter den Einzelwerken fällt der Engel als Wappenhalter von 1518, ein gotisches Werk voller Anmut, auf.

Das grabenumgebene SCHLOSS zeigt den Übergang von der wehrhaft gotischen Burg zum repräsentativen Schloß.

Die WENZELSKIRCHE ist als spätgotische Halle mit sterngewölbtem Chor ausgeglichen schön. Die gotisierende Restaurierung von 1873 hat ihr freilich den Schmelz genommen.

Wustrau *Bez. Potsdam* 573 □ 11
SCHLOSS (um 1750) Das geräumige Barockschloß bewohnte einst der preußische Husarengeneral Hans Joachim von Zieten (gest 1786). Heute Lehrlingsheim.

Z

Zabeltitz *Bez. Dresden* 581 □ 4
Die KIRCHE wurde 1581 gebaut. Eindrucksvoll der Epitaphaltar für Nickel Pflug von 1580/81.
Der GROSSE STALL im Schloßbezirk (1590) ist rhythmisch einfach, mit schweren Eckgiebeln, einem eleganten Treppenturm in der Mitte. Gegenüber errichtete 1728 Chr. Knöffel unter Verwendung eines Renaissancebaues ein Palais mit Eckrisaliten und zurückgesetztem Treppenhaus, nach dem Garten mit vorgesetzter Mitte (heute Landambulatorium und Verkehrsschule). Der von Knöffel angelegte Park ist teils erhalten und mit Statuen des späten 18. Jh. ausgestattet.

Zarrentin *Bez. Schwerin* 563 ■ 1
ZISTERZIENSERINNENKLOSTER Die Nonnen übernahmen eine ältere Dorfkirche aus Feldstein, von der der flachgedeckte Chor und Teile des Turmbaus stammen. Das einschiffige Langhaus wurde um 1460 in Backstein errichtet. Erhalten sind Wandgemälde im Chor (14. Jh.), Schnitzfiguren und Gemälde des großen Altaraufsatzes (1733), Kanzel von 1668 (aus Lübeck). Trotz Ein- und Umbauten sieht man dem großen Klosterhaus, dem erhaltenen Ostflügel des Klosters, noch seine Entstehungszeit Anfang des 14. Jh. an: Kapitelle, Schlußsteine, Medaillonreliefs im Innern und Kreuzgangarkaden, Blenden und Spitzbogenfenster außen.

Zehdenick *Bez. Potsdam* 565 □ 5
Vom ZISTERZIENSERINNENKLOSTER, romantisch gelegen, wurden Gebäude aus dem 13.–14. Jh. seit der Reformation als ev. Damenstift benutzt. Aus dem Klosterschatz stammen Kelch und figürlicher Altarbehang des 13. Jh.

WITTENBERG:
AUF DEN SPUREN MARTIN LUTHERS

[Unterschrift: Martinus Luther]

ERNEUERER IN GLAUBE UND WORT

Martin Luther wurde 1483 in Eisleben geboren. Nach Kinderjahren in Armut und Strenge studierte er in Erfurt die Rechte. Da riß ihn 1505 ein Blitzschlag auf offener Straße aus der vorgezeichneten Bahn: Er gelobte, Mönch zu werden, und ging ins Augustinerkloster zu Erfurt. Nach unerhört raschem Aufstieg kam er 1508 als Professor nach Wittenberg. Hier fand er auf seine ihn von Jugend an quälende Frage nach der Gnade Gottes die Antwort im Römerbrief: „Wir halten dafür, daß der Mensch gerecht werde nicht durch des Gesetzes Werk, sondern alleine durch den Glauben." Von diesem Kernsatz ausgehend, begann er den Kampf gegen die Mißbräuche der Kirche. Erster Höhepunkt war der Anschlag der 95 Thesen an die Schloßkirchentür. Nach geltendem akademischen Brauch wollte er damit zu einer öffentlichen Diskussion auffordern – und lieferte den Zündstoff, an dem die seit langem schwelenden religiös-politischen Konflikte entbrannten. Disputationen, Flugschriften, eine Fülle von Veröffentlichungen folgen. 1521 wird er vor den Reichstag von Worms geladen und zum Widerruf aufgefordert. In seiner Verteidigung sagte er, er könne es nicht, „weil es weder sicher noch geraten ist, wider das Gewissen etwas zu tun." Nach einem Aufenthalt in der Wartburg 1521/22, den Friedrich der Weise seinem gebannten Professor auferlegt hatte, war Luther 1522 wieder in Wittenberg, um gegen die Bilderstürmer zu predigen. Von nun an waren die Wittenberger Kirchen die Verkündungsstätten in Luthers gewaltigen Predigten und das Augustinerkloster Mittelpunkt der Reformation. Hier, im ersten lutherischen Pfarrhaus, fand sein Werk mit der in der Wartburg begonnenen, 1534 vollendeten Bibelübersetzung, der Neuschöpfung des Kirchenliedes, dem Aufbau der kirchlichen Organisation und der Schule seine Vollendung.

MARTIN LUTHER *Gemälde von Lucas Cranach d. Ä. 1525/26. Anläßlich der Vermählung Luthers mit Katharina von Bora hat der Meister das fast miniaturhafte Bildnispaar in mehreren Exemplaren gemalt. Luther ist nun nicht mehr hager, mit brennendem Blick dargestellt, sondern als ein Mann, der sein Werk fest gegründet weiß, der bereits wesentliche Teile der Bibel übersetzt hat. (Wartburg)*

WITTENBERG *im Todesjahr Luthers (Kupferstich von Merian, 1546). Als Luther 1508 an die von Friedrich dem Weisen gegründete Universität berufen wurde, kam er wohl an eine Stätte modern gesinnter Wissenschaft, zugleich aber in eine Kleinstadt, die er gegenüber dem glänzenden Erfurt als „an der Grenze der Zivilisation" stehend bezeichnete. Das „protestantische Rom" sollte sie erst durch ihn selbst werden. (Archiv für Kunst und Geschichte, Berlin)*

Wittenberg an der Elbe die Hauptstatt in Thür Sachsen. 1546

Elb-Fluß.

KATHARINA LUTHER *Gemälde von L. Cranach d. Ä. 1525/26. „Herr Käthe" nannte Luther seine tüchtige Hausfrau. Sein Ehebund gründete zugleich das evangelische Pfarrhaus, das dem deutschen Volk viele bedeutende Männer schenken sollte. (Wartburg)*

HANS LUTHER *Gemälde von L. Cranach d. Ä., 1527. Luthers Vater war Bauernsohn. Nach thüringischem Recht mußte er als der Ältere den Hof verlassen. Er brachte es zu Vermögen und konnte seinen Sohn studieren lassen. (Wartburg)*

MARGARETE LUTHER *Gemälde von L. Cranach d. Ä., 1527. Luthers Mutter hatte acht Kinder. Sie war streng und sparte nicht mit Schlägen. Martin nahm so von seinen Kinderjahren her die Furcht vor dem immer strafenden Gott mit ins Leben. (Wartburg)*

LUTHERKANZEL *aus der Stadtkirche. Luthers Predigten haben noch stärker gewirkt als seine Schriften. Keiner der Zeitgenossen besaß wie er die Gabe, die Zuhörer mitzureißen. (Lutherhaus, Wittenberg)*

Daneben rechts LUTHERS GRAB *in der Schloßkirche von Wittenberg.*

THESENPORTAL *Am 31. Oktober 1517 ließ Luther am Portal der Schloßkirche 95 lateinisch abgefaßte Thesen über den Ablaßhandel anschlagen. Die bronzenen Türflügel mit dem Thesentext wurden 1858 in den alten Rahmen eingefügt. (unten rechts)*

TITELSEITE *der ersten vollständigen Bibelübersetzung ins Deutsche, 1534. Damit hatte Luther jenen Teil seines Lebenswerkes abgeschlossen, der ihm am meisten am Herzen lag. Seine Übersetzung des Neuen Testamentes war 1522 erschienen.*

Zeitz *Bez. Halle* 588 □ 1
Die SCHLOSSKIRCHE, errichtet auf den Mauern des
romanischen Querhauses, ist ein Bau des 15. Jh.,
der seinen barocken Glanz durch die Residenzzeit
(1656–1718) erhielt. Damals ließ sich Herzog Moritz von Sachsen-Zeitz durch Joh. Moritz Richter,
den bedeutenden Architekten Thüringens, und dessen Sohn einen wuchtigen SCHLOSSBAU mit prachtvoll wappengeschmücktem Portal errichten. Ein
Städtisches Museum befindet sich im Westbau des
Schlosses, wo einige Barockräume erhalten sind.

Zittau *Bez. Dresden* 598 □ 5
Trotz Kriegen und Bränden ist die Stadt an Kunstwerken reich. Die bürgerliche Baukunst zeigt vor
allem viel vom 17., mehr noch vom 18. Jh. Bemer-
kenswert ist das Dornspachhaus mit seinen Arka-
den (1553). Besonders gut haben sich viele der
zahlreichen Brunnen erhalten, davon drei auf dem
Platz der Neustadt: Samariterbrunnen von 1679,
Hoppenhaupts Herkulesbrunnen von 1708 und
Schwanenbrunnen von 1710.
Die FRAUENKIRCHE ist trotz eines Brandes und
weiterer Veränderungen ausdrucksvoller frühgotischer Raum (1260).
Von der spätgotischen JOHANNISKIRCHE blieben nur
Mauerreste in einem schönen Neubau von Karl
Friedr. Schinkel (1834).
Die schönsterhaltene Kirche ist die KREUZKIRCHE,
die zu Beginn des 15. Jh. entstand. Zwar verlor
sie das Chorgewölbe, um so eindrucksvoller ist
das quadratische Schiff mit seinem über einer
einzigen Mittelstütze sich breitenden Stern des
hohen Gewölbes. Gotische Wandmalerei, um
1480. – Auf dem kleinen, ummauerten Kreuzkirchen-
friedhof einige hervorragende Grufthäuser.
Während die alte FRANZISKANERKIRCHE PETER UND
PAUL mit Bauteilen des mittleren 13. Jh. 1881
trocken restauriert wurde, sind die zugehörigen
Klosterräume als schönes Stadtmuseum noch in
Einzelteilen alt; Kreuzgang, Refektorium mit
Wandmalereien. Der Bibliothekssaal ist beachtenswert.

Zodel *Bez. Dresden* 598 ■ 3
1949 wurde die KIRCHE erneuert. Beim Abnehmen
der Tünche im Chor standen in blaßlichten Farben
rundum Apostel in engen Gehäusen, lesend, medi-
tierend, predigend. Im Gewölbe Christus in der
Mandorla und die Symbole der Apostel: die Zeit
um 1350 war mit den bedeutendsten mittelalterlichen Fresken der Oberlausitz wiedererstanden.

Zörbig *Bez. Halle* 580 ■ 2
In der spätgotischen STADTKIRCHE hat ein Triumphkreuz von 1230–40 die Monumentalität und feierliche Majestät der etwa gleichzeitigen Werke von
Halberstadt, Wechselburg und Freiberg.

Zschopau *Bez. Karl-Marx-Stadt* 589 ■ 1
BURG WILDECK ist seit Mitte des 12. Jh. ein fester
Ort. Ihr Turm ist mittelalterlich, die wesentlichen
Teile der Anlage stammen von 1545, als Kurfürst
Moritz die Burg ausbauen ließ.

Zwickau *Bez. Karl-Marx-Stadt* 589 □ 9
Zwischen den schlichten Häusern des 17. und
18. Jh. ragt der gotische Blendgiebel des Römer-
Dünnebierhauses (um 1480) heraus. Am Markte
steht das Gewandhaus mit gotischem Schwibbogen-
giebel und Dachreiter (1745), heute ist es Theater.
Wenigstens im Innern des Rathauses blieben die

MARIENKIRCHE, ZWICKAU

*Peter Breuer, der als Geselle mit Tilman Riemen-
schneiders Kunst in Berührung gekommen sein muß,
schuf für das Erzgebirge eine große Zahl von eindrucksvollen Schnitzwerken. Die aus dem Geschehen der Beweinung Christi herausgelöste Gruppe
von Christus und Maria befand sich ursprünglich
in einem Altarschrein. Das tiefempfundene Werk
gehört zum Schönsten, was der Meister hervorgebracht hat.*

Jakobskapelle (1473–76) und ein zugehöriges, reich-
profiliertes, bemaltes Portal (1538) erhalten. Ihres
Sohnes Robert Schumann gedenkt die Stadt in seinem Geburtshaus mit reichhaltigen Sammlungen.
Die KATHARINENKIRCHE (um 1215), wesentlich im
15. Jh. als Hallenkirche entstanden, besitzt einen
eindrucksvollen Altar der Cranachschule. Von Peter Breuer stammt ein zartgliedriger Christus
Triumphans (um 1500), von Joh. Böhmes ehemali-
gem Orgelprospekt (1661) die zahlreichen Engel
und Apostel, von Joh. Heinr. Böhme der stimmungsvolle Kindergrabstein Seebisch (1669).
Die MARIENKIRCHE verwahrt die kostbarsten
Schätze. Von 1206 an bauten viele Generationen
an ihr. Die Hallenkirche mit ihrem engmaschigen
Gewölbe und den balkonbesetzten Emporen entstand 1505–1537. Zuletzt schuf Joachim Marquard die dreifache welsche Haube (1671/72) des
Turmes. Zum reichen Schatz der Kirche gesellt
sich Michael Wolgemuts und Veit Stoß' Schreinaltar (1479), ein schwerblütiges Werk von höchstem Rang. Dahinter das gotische Gehäuse mit
Reliefs, das Hl. Grab (1507), daneben Peter
Breuers dramatisches Vesperbild (1502). Kanzel
und Taufe sind schon Renaissancewerke. Zwei Meisterwerke von Joh. Heinr. Böhme: das Epitaph
Hahn-Decker, ein Hauptwerk des protestantischen
Hochbarock (1674), und das überlebensgroße Stand-
bild des Feldhauptmanns Heldreich (1676).
Das STÄDT. MUSEUM ist reich an mittelalterlicher
Skulptur und Kunsthandwerk. Die Gemäldesamm-
lung führt bis zu Werken des Zwickauers Max
Pechstein.

JENSEITS VON ODER UND NEISSE

Ein Vierteljahrhundert nach Kriegsende lassen sich in der von Frontkämpfen und Bombenangriffen gezeichneten alten ostdeutschen Kulturlandschaft noch immer – oder schon wieder – überraschende Schätze entdecken. Zwischen den Dünen an der pommerschen Ostseeküste und den Bauden am Hang des Riesengebirges, zwischen den Ausläufern des Muskauer Parks an der Görlitzer Neiße und den föhrenumstandenen Seen Masurens scheinen auch in unseren Tagen erstaunlich viel steinerne Sinnbilder versunkener Geschichte auf. Mit anderen Worten, in Pommern und Ostpreußen, in Schlesien und Ostbrandenburg blieben trotz aller Kriegsereignisse zahlreiche Kunstdenkmäler von Rang erhalten. Ein hoher Anteil dieser architektonischen Zeugen vergangener Zeit wurde nach 1945 restauriert.

Der Bürger der Bundesrepublik Deutschland hat – entgegen vielen anderslautenden Meldungen – durchaus die Möglichkeit, diese wiederhergestellten oder bewahrt gebliebenen Kunstschätze zu besuchen, denn es gibt zwei legale Einreisewege nach Polen. Einmal wird die notwendige Einreiseerlaubnis verhältnismäßig leicht für den Besuch der Posener Messe erteilt. Wenn der Reisende jedoch erst einmal im Lande ist, kann er ohne Schwierigkeiten (selbstverständlich bei genauester Beachtung der Visabestimmungen) Abstecher in die Grafschaft Glatz oder nach Masuren, in die Neumark oder die Umgebung der berühmten pommerschen Lonske-Düne unternehmen. Der zweite – offiziell in Warschau gestattete – Einreiseweg nach Polen läßt sich nur mit einer Reise in die Sowjetunion koppeln. Unerläßlich ist, daß vor Antritt der Reise das sowjetische Einreisevisum bereits im Paß vermerkt sein muß. Der Reisende hat dann, mit dem gültigen Transitvisum in der Tasche, die Möglichkeit, 48 Stunden lang polnisches Hoheitsgebiet ohne Vorschrift für eine. spezielle Fahrtroute zu durchqueren. Er kann dabei in einem der vom ADAC empfohlenen Hotels unter anderem in Breslau oder Elbing, in Köslin oder Stettin, in Oppeln oder Stolp Quartier nehmen. Aber auch das Zelten oder die Nächtigung in einem mitgeführten Wohnwagen auf einem offiziell zugelassenen Campingplatz ist grundsätzlich gestattet. Diese Einreise- und Transitmöglichkeiten können auch von Bewohnern West-Berlins wahrgenommen werden. Auskunft über die genauen Visabestimmungen für Westberliner erteilen die Touristikabteilungen des ADAC.

Achtundvierzig Stunden sind eine kurze Spanne. Wenn der Reisende aus dem Schatz der bewahrten Denkmäler viel sehen will, tut er gut daran, sich einen geographisch günstig gelegenen Grenzübergangsort auszuwählen. Da das historische Eingangstor nach Schlesien – Görlitz (Zgorzelec) – mit der Kuppe der Landeskrone im Rücken und dem Blick auf Jakob Böhmes altertümliches Wohnhaus im Ostteil der Stadt für bundesdeutsche Bürger nicht offensteht, reist der Bundesdeutsche am besten über die Tschechoslowakei an. Drei Übergänge stehen dort zur Auswahl: Starý Bohumín (Oderberg)/Calupki (Zabelkow) im äußersten Osten,

Běloves (bei Nachod)/Kudowa am Rand der Grafschaft Glatz und Harrachov (Harrachsdorf)/Jakuszyce (Jakobsthal) am Westhang des Riesengebirges. Wählt der Reisende diese wohl sehenswerteste Route, dann stößt er zunächst auf den romantischen Zipfel Schlesiens.

Ein paar Kilometer hinter der alten böhmischen Grenze liegt *Warmbrunn (Cieplice Śl. Zdrój)* mit dem Schaffgotschen Schloß. 1784 als Neubau auf alten Mauern gegründet, zeigt die weiträumige Anlage die herbschlichten Merkmale des norddeutschen Barock. Sparsam dekoriert, öffnet sich das Schloß in einer dreigeschossigen, durch zwei Pilasterrisalite geteilten Front zur Parkseite und greift mit zwei Flügeln in den Park hinein (heute Jugendheim). Von Warmbrunn führt der Weg durch das malerische *Hirschberg (Jelenia Góra),* vorbei am Ring mit den spätmittelalterlichen Laubenhäusern und der Gnadenkirche zu den altertümlichen Aussichtspunkten auf das Riesengebirge. Die *Ruine Bolzenstein* mit Bautrakten aus dem 12. Jh. – und mehr noch die legendenumwobene *Ruine Kynast* (14. Jh., 1675 zerstört) locken die Besucher an. In Agnetendorf *(Jagniątków),* an den Hang des Gebirges gedrängt, steht Haus Wiesenstein, der frühere Besitz Gerhart Hauptmanns. In diesem Haus schrieb der Dichter den größten Teil seines Werkes. Hier starb er auch. Nur eine kleine Wegestrecke südlich von Agnetendorf erhebt sich dicht bei *Krummhübel (Karpacz)* eines der wunderlichsten Denkmäler Schlesiens: die „Bergkirche unseres Erlösers zu Wang". König Friedrich Wilhelm IV. von Preußen erwarb diese um 1200 erbaute Stabholzkirche in Norwegen und ließ das kleine, durch seine vielfach überbauten Giebel und Dachreiterchen fremdartig ausschauende Gotteshaus im Riesengebirge wiederaufbauen. Ein Stückchen weiter östlich tut sich die barocke Wunderwelt von *Grüssau (Krzeszów)* auf. Aus der Ebene vor dem Gebirge steigen die Türme und Giebel der ganz dem böhmischen Barock verhafteten Klosterkirche (1726–35 erbaut). Die architektonischen Zeichen in den Kapellen der Klosterkirche, im wuchtigen Maß der Doppeltürme und in den Stilelementen der Kreuzwegstationen deuten auf die Nähe der Dientzenhofer. Nur wenige Kilometer neben dieser wegen ihrer steinernen Schönheit zu den berühmtesten Kirchen Schlesiens zählenden Stätte schmiegt sich an die Ausläufer des Rabengebirges das Städtchen *Schömberg (Chełmsko Śl.).* Hier ziehen sich entlang der Straße, eng aneinandergerückt, die Zwölf Apostel hin, Weberhäuser mit hölzernen Giebelhauben, erbaut im frühen 18. Jh. Hinter *Heinrichsau (Henryków)* – dem Kloster und der Kirche mit spätbarocken Zügen, am Hang des Eulengebirges – öffnet sich die Grafschaft Glatz, durchströmt von der Glatzer Neiße, die der Volkskundler Joseph Wittig „eines der fleißigsten Dienstmädchen Gottes" nannte. *Glatz (Kłodzko),* der Hauptort dieser Landschaft, gehört mit der malerischen Altstadt von Bad Reinerz (Duszniki Zdrój) zu den kulturgeschichtlich reichsten Flecken Schlesiens. In Glatz – nah der Heimat des Dichters Hermann Stehr – spannen sich frideri-

BRESLAUER DOM

zianische Erinnerungen um die in den Fels gehauenen Kasematten und bilden einen merkwürdigen Kontrast zum liebenswürdigen Bild der Stadt, die mit altväterlich barocken, bisweilen auch klassizistisch verkleideten Bürgerhäusern, wie in Treppen an den Hochufern der Neiße emporsteigt. Als steinerne Mitte aber wirkt die barocke Brücke, die sich, von Heiligenfiguren gesäumt, über den Mühlgraben schwingt. Hinter der Brücke, mit ockergetönten Wandungen, schimmert die barocke Minoritenkirche, die mit den welschen Hauben auf den Doppeltürmen zu den Wahrzeichen der Stadt gehört. Ganz andere, herbere Eindrücke, drängen sich am Rand des Waldenburger Industrierevieres in *Schweidnitz (Świdnica)* auf. Der Ring, mit barock verkleideten Renaissancehäusern, umschließt den Markt ein wenig streng. Ähnlich herb erscheint auch das Architekturbild der Friedenskirche. Im Fachwerkstil, betont schlicht erbaut, bietet das Innere dieser Kirche einen interessanten Anblick. Zwei Emporen umklammern das große Schiff und gliedern sich, wie bunt bemalten Balkonen, wie Loggien rings um den Altarraum. Diese Kirche wird heute noch von der deutschen Gemeinde benutzt.

RATHAUSGIEBEL IN BRESLAU

Von Schweidnitz aus sind es nur knapp fünfzig Kilometer bis *Breslau (Wrocław)*. Um 900 legte der Böhmenherzog Wratislaw I. (von dem sich auch der Name Breslau-Wortizlawa herleiten dürfte) die erste Burg am rechten Oderufer an. Im Mongolensturm 1241 brannte die Kaufmannssiedlung links der Oder ab. Als steinerner Mittelpunkt bietet sich die Dominsel, die schon lange keine Insel mehr ist, an. Hier liegen die Zeugnisse frühester Vergangenheit nur ein paar Schritte auseinander. Die Sandkirche, auf einer Oderinsel gelegen, geschmückt mit romanischem Tympanon, mit riesigen, bei der Restaurierung freigelegten gotischen Fensterschluchten, daneben die wiederaufgebaute gotische Kreuzkirche und dann auf dem Festland der Dom, vor dessen steinernem Gewand schon die mittelalterlichen Kaiser des Heiligen Römischen Reiches das Knie beugten. Vertraute Bilder leuchten auf. Die Häuser der Kurien- und Domherren und das Erzbischöfliche Palais säumen, ganz in Barock gegossen, die Straße zum Dom. Gotische und auch noch romanische Züge drängen sich um das Portal, plastischer Schmuck, gotische Formen, schimmern unter der steilen Front der Türme, die in zwei mächtigen Armen aufragen. Das Innere des Domes, gotisch schlicht, wird von barocken Kapellen umkränzt, die – wie Hugo Hartung es ausdrückte – in „dem Backsteindom wie angeklebte Schwalbennester" ausschauen. In einem Winkel dunkelt das Epitaph auf den Bischof Johann Roth, eine Arbeit des Nürnberger Erzgießers Peter Vischer. Im Chor wieder ragt ein altes Gestühl auf, das früher in der Breslauer Vinzenzkirche zu Füßen der Tumba Herzog Heinrichs II. stand. Jenseits der Oder – in breiter Front das Ufer des Stromes säumend – ragt die barocke Fassade der Universität auf, hinter deren Mauern sich als schönster Altbreslauer Innenraum die Aula Leopoldina weitet. Im Herzen der Innenstadt schließlich erhebt sich mit mächtigem gotischen Ziergiebel das im 14. Jh. begonnene und kurz vor dem Jahr 1600 vollendete Rathaus. Unter dem gotischen Treppengiebel, von Blenden umfangen, lugt der von einem kleinen Giebel bekrönte große Erker hervor, daneben, mit schmalen Fenstern, ein Nürnberger Chörlein. Hinter der Backsteinfront dehnt sich, von gotischen Gewölben umklammert, der Festsaal des Rathauses, der Remter. Die Straßenfront um das Rathaus trägt den Namen Ring und schließt mit der berühmten, ausgezeichnet restaurierten Sieben-Kurfürsten-Seite, das sind sieben architektonisch miteinander verbundene Bürgerhäuser. Im Hintergrund steigt – von einem Renaissanceportal geschmückt – die spätgotische Elisabethkirche auf. Neben einigen anderen, kunstgeschichtlich weniger bedeutenden Bauwerken wurden das Ägidienkirchlein, die Dorotheenkirche (die jetzt die Orgel der Jahrhunderthalle enthält) und die Schrotholzkirche im Scheitniger Park restauriert. Auf dem jüdischen Friedhof schließlich erhebt sich wieder das nach 1933 abgerissene Grabdenkmal für Ferdinand Lassalle.

Rings um Breslau drängen sich historische Erinnerungsbilder zusammen. Oderaufwärts liegt *Brieg (Brzeg)*, die Stadt des Dichters Friedrich von Logau, mit der berühmten feingegliederten Frührenaissancefassade des alten Piastenschlosses. Vor der Stadt versteckt sich zwischen Oder und Autobahn das Dorf *Mollwitz (Małujowice)* mit der von rustikalen schlesischen Bauernmalereien verzierten Kirche. Nordöstlich von Breslau lehnt sich an den

Rand der Stadt *Oels (Oleśnica)* das mit Renaissanceteilen dekorierte, barock ausgebaute Schloß. Im Norden Schlesiens lassen sich Erinnerungen ganz anderer Art entdecken. In *Bunzlau (Bolesławiec),* der „Stadt des guten Tons" – bekannt wegen des dort gefertigten Steinzeugs – wurde Martin Opitz, der Verfasser des „Buches von der deutschen Poeterey" geboren. In einem Haus am mustergültig restaurierten Bunzlauer Ring, hinter einer unscheinbar behäbigen Bürgerfassade versteckt sich das Sterbezimmer des Feldherrn Kutusow, der nach der Konvention von Tauroggen (1812) die Allianz zwischen Rußland und Preußen vorantrieb. Im äußersten Norden Schlesiens, umfangen von alten Weingärten, liegt *Grünberg (Zielona Góra),* das den Krieg nahezu unversehrt überstand und damit ein geschlossenes schlesisches Stadtbild bewahrt. Im benachbarten *Sagan (Żagań)* drängt sich um den Vierkant des alten Schlosses ein ganzes Kaleidoskop geschichtlicher Erinnerungen zusammen. Erbaut im Stil der böhmisch-italienischen Renaissance, kam dieses Schloß in die Hand Wallensteins, der sich hier unter anderem von Kepler (siehe Seite 418/19) die Zukunft aus dem Lauf der Gestirne deuten ließ. Später ging das Schloß an die böhmischen Fürsten Lobkowicz, dann an den Herzog Biron von Curland, schließlich an die Talleyrands. Nach den Napoleonischen Kriegen wurden in dem Hause die Beschlüsse des Wiener Kongresses ratifiziert. Mitte des 19. Jh. legte Fürst Pückler-Muskau um die Mauern des Schlosses einen weiträumigen Park an. Eine Autostunde südöstlich von Sagan zieht die altdeutsche Silhouette von *Liegnitz (Legnica)* den Blick auf sich – mit dem turmbekrönten Liebfrauenkirche, der Kuppel von St. Johannis und dem schweren Schloßturm. Neben einigen gotischen Partien – wie dem Glogauer Torturm – zählt der Liegnitzer Ring zu den Sehenswürdigkeiten der Stadt mit dem Gabeljürgebrunnen und den historisch getreu restaurierten Laubenhäusern rings um den Markt. Draußen vor der Stadt jedoch, an der Autobahn nach Breslau, liegt auf dem Feld der Mongolenschlacht von 1241 das Dörfchen *Wahlstatt (Legnickie Pole)* mit der unversehrten barocken Klosterkirche. Gar nicht weit ab, dicht vor der Mündung der Katzbach in die Oder, hebt sich über dem Ostufer des Stromes die breite, im Stil des Hochbarock geprägte Fassade von Kloster *Leubus (Lubiąż),* um 1175 wurde die Zisterzienserabtei gegründet. Der barocke Neubau auf alten Mauern, mit Rittersaal, Bibliothek und weiten Raumfluchten, ist mit erhaltenen Gemälden des Mich. Willmann geschmückt. Zwischen den Hängen des Katzengebirges wieder verbirgt sich *Trebnitz (Trzebnica),* einer der Hauptwallfahrtsorte Schlesiens früher und heute. In der im 13. Jh. im romanisch-gotischen Übergangsstil gegründeten, später barock veränderten Klosterkirche steht das Grab der Schutzpatronin Schlesiens, der hl. Hedwig aus dem Hause Andechs-Meran.

Auch in Oberschlesien finden sich zahlreiche bekannte Baudenkmäler. In *Oppeln (Opole)* scharen sich um den Ring Bürgerhäuser mit restaurierten Renaissancegiebeln, überragt von dem Rathaus mit dem Florentiner Vorbildern nachgebauten Renaissanceturm. In *Neisse (Nysa)* gibt es erstaunlich viele wiederhergestellte Kirchen, meist im gotischen Stil, vereinzelt auch mit Elementen der Renaissance dekoriert. Die eigentliche Sehenswürdigkeit Neisses, das Kämmereigebäude, ist mit seinem harmonisch gegliederten Treppengiebel restauriert. Die

Verkleidung der bemalten Schmuckfassade fehlt jedoch noch zum Teil. Auf dem Jerusalemer Friedhof findet sich, von Blumen und immergrünen Pflanzen geschmückt, die Grabstätte Josephs von Eichendorff. Im äußersten Süden Oberschlesiens endlich, an der jungen Oder, *Ratibor (Racibórz).* Auf dem Ring erhebt sich, wie in süddeutschen Städten, die prachtvoll geschmückte, barock üppig überladene Mariensäule. Die Häuser längs des Marktes, mit malerischen Renaissancefassaden verkleidet, zeigen polonisierte Giebel, die ein wenig an alte Krakauer Bürgerhäuser erinnern. In der Pfarrkirche schimmert im Chor, ganz unversehrt, der bekannte, aus schwarzem Marmor gefügte Rosenkranzaltar.

Die bewahrten Kulturdenkmäler und Erinnerungsstätten Ostbrandenburgs wieder erreicht der Besucher aus der Bundesrepublik am günstigsten,

KÄMMEREIGEBÄUDE IN NEISSE

wenn er den Grenzübergang Frankfurt a. d. Oder/Swiecko passiert. Nördlich von Frankfurt findet das Dörfchen *Tamsel (Dąbroszyn)* das meiste Interesse. „Die Küstriner", erzählt Theodor Fontane in seinen Wanderungen durch die Mark Brandenburg, „hängen mit einer Art Begeisterung an Tamsel, und bei bloßer Namensnennung fliegt ein Lächeln über ihre Züge." Tamsel leuchtet in diesem herben Winkel der Mark wie ein heller Vorsommertag. An den Rand des Warthebruchs lehnt sich als frühbarocke Gründung (1680 begonnen) das später im Stil der Schinkelschen Neugotik umgebaute Schloß. In diesem Hause verkehrte Kronprinz Friedrich nach der Kattetragödie als willkommener, aber ein wenig anstrengender Gast der Gutsherrin Luise Eleonore von Wreech. Die übrigen bewahrten ostbrandenburgischen Schlösser verblassen hinter diesem geschichtlichen Glanz von Tamsel. Ein bemerkenswertes Schloß findet sich in *Hanseberg (Krzymów)* bei Königsberg i. d. Neumark (Chojna) und weist, im 18. Jh. erbaut, einen erstaunlichen Stilwandel vom Spätbarock zum Klassizismus auf. 1823 erhielt das Haus eine Fassade im finsteren Schinkel-Stil und wurde auch im Treppenhaus und der ganzen Anlage der Raumfluchten nach den architektonischen Gesichtspunkten dieser Zeit umgebaut. Das steingewordene kulturschichtliche Gesicht Ostbrandenburgs zeigt sich darüber hinaus meist in reinster märkischer Backsteingotik – wie in der Johanniterkirche im neumärkischen *Quartschen (Chwarszczany)*, wie in den Stadtbefestigungen von *Mohrin (Moryń)* und *Bad Schönfließ (Trzcińsko Zdrój)* – in Mauern, Türmen und Toren. In *Soldin (Myślibórz)* in der Stadtbefestigung und im Dom, aber auch in *Lippehne (Lipiany)* dicht an der pommerschen Grenze. Auch im neumärkischen *Friedeberg (Strzelce Krajeńskie)* lassen sich am Driesener Tor (1585 begonnen) gotische Akzente erkennen. In *Landsberg a. d. Warthe (Gorzów Wielkopolski)* finden sich Reste der Stadtmauer mit Wiekhäusern besetzt. Interessant ist in Landsberg neben der gotischen Marienkirche aus dem 15. Jh. die Konkordienkirche, an der längere Zeit Friedrich Schleiermacher als

JAKOBIKIRCHE, STETTIN

Geistlicher wirkte. In der südlichen Neumark, etwas östlich der Maiblumenstadt Drossen (Ośno Lub.) weckt die alte Johanniterkomturei *Lagow (Łagów)* geschichtliche Erinnerungen. 1347 gegründet, bewahrt die Anlage bis heute einen mittelalterlichen Kern, überragt von einem runden Bergfried. Der arkadengesäumte Innenhof wurde um 1700 barock verändert. Seit dem 19. Jh. war der große Park um die Komturei vom Besitzer als „Lust- und Buschort für die Bürger der Gemeinde Lagow" zugänglich. Zwischen den Ufern der Pleiske und dem Oderknie liegt *Ziebingen (Cybinka)* mit dem spätbarocken Schloß der Grafen Finckenstein. Im Park des Schlosses schrieb Ludwig Tieck einige seiner Werke. Südöstlich liegt im Schatten der barock verkleideten Pfarrkirche von *Crossen (Krosno)* das Geburtshaus des Schriftstellers Klabund und im äußersten Südosten der Mark schließlich, geographisch schon zur Lausitz zählend, steht *Schloß Dolzig (Dłużek)*, im

17. Jh. als Barockbau gegründet, später klassizistisch umgebaut. In diesem Hause wurde die letzte deutsche Kaiserin, Auguste Viktoria, geboren.

Wer von der Bundesrepublik aus Pommern besuchen will, hat zwei Zugangswege. Vom südschwedischen Hafen Ystad aus gibt es eine ständige Fährverbindung nach Swinemünde (Świnoujście). Von der Stadt, in der Theodor Fontane einen Teil seiner Jugend verlebte, verkehrt dann ein Dampfer durch die Kaiserfahrt und das Haff zur Hakenterrasse in *Stettin (Szczecin)*. Bequemer ist allerdings die direkte Straßenverbindung – als Transitweg durch die DDR – über das uckermärkische Prenzlau und die Autobahn bis zum Übergang Pomellen/Kolbaskowo (Kolbitzow). In Stettin leuchten eine ganze Reihe altertümlicher Denkmäler auf – angefangen beim Schloß (1346 Baubeginn), dessen mittelalterliche Piastentrakte mit der Fürstengruft restauriert wurden. Die Renaissancepartien des weiträumigen Schlosses sind überwiegend wiederhergestellt. In der Nähe ragt mit seinem mächtigen gotischen Leib des Chores die Jakobikirche auf. An der Orgelbank dieses Gotteshauses saß jahrzehntelang Carl Loewe, der – wie Carl Ludwig Schleich es schmunzelnd überlieferte – allabendlich in der Stettiner Loge eine Ballade zum besten gab, die diese biederen „Herren dann auch recht gut zu befinden geruhten". Mit einem prächtigen gotischen Rosettenportal und einem hohen Staffelgiebel zeigt sich die Peter-Pauls-Kirche und der Loitzenhof wieder – einer der historischen Bürgerpaläste Stettins, baugeschichtlich zwischen Gotik und Renaissance. Barocke Klänge schließlich werden am Berliner Tor wach, das reich dekorierte Bauwerk wurde von König Friedrich Wilhelm I. 1725–40 errichtet. So leuchten in Stettin neben der Gotik noch Renaissance und Barock und weisen damit der pommerschen Hauptstadt eine baugeschichtliche Sonderstellung in dieser Ostseeprovinz zu, deren steinernes Gesicht von der Küste Wollins bis zum „blauen Ländchen" Lauenburg fast ausschließlich hanseatische Züge der Gotik trägt. Das „pommersche Rothenburg", das mittelalterliche *Stargard (Stargard Szcz.)* spiegelt sich in den Wassern der Faulen Ihna, der Gestohlenen Ihna und der Ihna. Tore und Bürgerhäuser tragen das Gewand der Backsteingotik, und im ausgezeichnet restaurierten Rathaus zeigt der spätgotische Giebel mit seinem filigranzarten Maßwerk eines der Hauptwerke der Gotik in Europa. Auch die Marienkirche – die räumlich umfangreichste Kirche Pommerns – ist mit Chor und Turmfront wieder restauriert. Selbst die kleinen gotischen Häuser zu Füßen der Kirche, die Stadtbefestigung mit dem Walltor, dem Mühlen- und Pyritzer Tor leihen der Stadt ein strenges Gesicht hanseatischer Kühle. Auch die Denkmäler der Stargarder Umgebung sind erhalten – wie die aus dem 15. Jh. stammende Stadtbefestigung von *Gollnow (Goleniów)*, die Zisterzienserkirche in *Kolbatz (Kołbacz)* am legendenumwobenen Madüsee sowie der Eulenturm und das Bahner Tor in *Pyritz (Pyrzyce)*. Doch auch in Mittelpommern finden sich vielfache Erinnerungen, wie die als Mechanikerschule genutzte gotische Deutschordensburg in *Schivelbein (Świdwin)* und der in riesiger Ausdehnung sich weitende Kurpark in *Bad Polzin (Połczyn-Zdrój)*.

Viel herber sind die Eindrücke entlang der Küste der Ostsee, von den Polen Morze Bałtyckie genannt. Die alte Bischofsstadt *Cammin (Kamień)* gehört mit Stadtbefestigung und Dom, mit Kanonei und Bergkirche zu den gotischen Schaufenstern Pommerns. Kreuzgang und Gewölbe des Domes entstanden im 13. Jh. An der Küste Ostpommerns, zwischen Dievenow (Dziwnów) und Horst (Niechorze), hängt über dem Abgrund der sturmumtobten Steilküste ein denkwürdiges Stück pommerscher Baukultur, das Kirchlein von *Hoff (Trzęsacz)*. Der spätmittelalterliche Backsteinbau stand zunächst weit im Binnenland, bis das Meer die Küste Stück um Stück abbrach, die Kirchenmauern umspülte und schließlich zum Einsturz brachte, über der Steilküste ragen nun nur noch ein Teil der Südwand und des Chores auf. Im benachbarten *Treptow a. d. Rege (Trzebiatów)* findet sich ein besonders schönes Beispiel norddeutscher Backsteingotik, das im 15. Jh. begonnene Rathaus, geschmückt mit Spitzbogenerkern und dekoriert mit glasierten Ziegeln im Schaugiebel. Viel ernster dagegen zeigt sich das Gesicht der Gotik in *Kolberg (Kołobrzeg)*. Zum Wahrzeichen der Stadt Joachim Nettelbecks, des patriotischen Verteidigers Kolbergs gegen die Franzosen 1807, gehört neben der Fassade des Schlieffenhauses der strenge, gotische Mariendom, der wie „ein steinernes Gebirge" aus der Stadt aufsteigt. Das massige Turmhaus, über einem sehr bescheiden dekorierten Portal aufstrebend, zeigt schlichtstrenge Fronten, kaum mit Blenden geschmückt. Fenster so schmal wie Schießscharten in den höheren Partien. Viel weiter östlich, in *Rügenwalde (Darłowo)* trägt die pommersche Kulturgeschichte eigenwillige Züge – wie die Renaissancesarkophage in der Marienkirche und in der Gertraudenkapelle die Kanzel eines livländischen Meisters. Ein wenig landeinwärts von Rügenwalde, als Forstschule benutzt, verbirgt sich Schloß *Varzin (Warcino)*. Dort verbrachte Otto von Bismarck seinen Sommer. Von Varzin ist es nicht weit bis *Stolp (Słupsk)*. Hier finden sich die mittelalterliche Stadtbefestigung, das ohne Giebel restaurierte Mühlentor, die gotische Schloßmühle aus dem 15. Jh. und auch die Grablege des Herzogs von Croy, der den berühmten Croy-Teppich stiftete, der bis heute als größter historischer Schatz in der Universität Greifswald bewahrt wird. Östlich von Stolp dann *Lauenburg (Lębork)* mit der reichen verzierten gotischen Jakobikirche und in *Bütow (Bytów)* die Deutschordensburg.

Vom östlichen Teil Pommerns kann der Weg des Transitreisenden auch Ostpreußen streifen. In *Marienburg (Malbork)* steigen am Ostufer der Nogat die strengeren Konturen des Hochschlosses auf. Hier residierten Jahrhunderte hindurch die Hochmeister des Deutschen Ordens. Das Hochschloß mit Brücktor und Hochmeisterpalast, mit Annenkapelle und den Remtern, nach 1280 begonnen, geriet nach der Auflösung des Ordens in Verfall. Es sollte sogar, um die Kosten der Unterhaltung zu sparen, im frühen 19. Jh. abgebrochen werden. Der damals neunzehnjährige Königsberger Dichter Max von Schenkendorf schrieb einen flammenden Protest gegen diesen Abrißplan und erreichte, daß das Bauwerk durch Förderung des nachmaligen Königs Friedrich Wilhelm IV. wiederhergestellt wurde. Gegenwärtig dient die teilweise restaurierte Marienburg als Museum. Neben dem in der Kunstgeschichte berühmten Dansker am Ordensschloß in *Marienwerder (Kwidzyn)* und der wiederaufgebauten gotischen, jedoch mit einer barocken Haube geschmückten Nikolaikirche in

DER EHEM. KOLBERGER DOM

Elbing (Elblag) findet sich ein Denkmal von wirklichem Rang erst wieder in *Frauenburg (Frombork)* an der Küste des Frischen Haffs. Turmlos steigt der gotische, mit einem prächtigen Blendengiebel geschmückte Dom auf. Hier wirkte Nikolaus Kopernikus als Domherr und verfolgte von seinem heute als Museum ausgebauten Studierzimmer aus den Lauf der Gestirne. Seine lateinisch beschriftete Grabplatte befindet sich im Dom.

In der geographischen Mitte Ostpreußens in *Heilsberg (Lidzbark Warmiński)* erhebt sich, nach der Marienburg der besterhaltene Profanbau der Ordenszeit. Das schon im Jahr der Mongolenschlacht von 1241 gegründete Schloß mit Remter, Fresken, Türmen und der abweisend herben Front diente nach der Ordenszeit lange Jahre hindurch als Residenz der Bischöfe des katholischen Ermlandes. Heute birgt das weiträumige Schloß ein Museum. Von Heilsberg, im Norden von *Bartenstein (Bartoszyce)* mit dem gotischen Heilsberger Tor und im Süden von *Guttstadt (Dobre Miasto)* mit der Kollegiatskirche und der über zwei Meter hohen Madonnenstatue darin umfangen, öffnet sich die

MARIENBURG

MARIENWERDER

bilder sind bescheiden. Dennoch duckt sich in ihrem Schatten ein Erinnerungswinkel der Geschichte. Vor den Toren Rastenburgs stehen Schilder mit der Aufschrift „Do kwatery Glownej Hitlera" (Zum Hauptquartier Hitlers). Dort also liegt die Wolfsschanze, die Stätte, an der die Tat des 20. Juli 1944 scheiterte. Nur wenige Kilometer weiter nördlich, in *Steinort (Sztynort)*, dem Besitz des Grafen Lehndorff, trafen sich damals die Männer des 20. Juli zu entscheidenden Gesprächen. Steinort, im 17. Jh. gegründet, von prächtigen, dreihundertjährigen Eichenalleen umgeben, schaut in seiner schlichten barocken Bauweise wie ein brandenburgisches Gutshaus aus und lenkt unwillkürlich den Gedanken in die Stadt Kants, dorthin, wo die Könige Preußens einst die Krone empfingen.

Straße nach *Allenstein (Olsztyn)*. In dieser Stadt läßt sich ein seltsam wohlerhaltenes mittelalterliches Bild ablesen. Das Ordensschloß wird als Museum genutzt. Den Markt umkränzen restaurierte Laubenhäuser, und mit wuchtigem Giebel ragt das gotische Hohe Tor in der Stadt auf. Aber auch in Masuren lassen sich Zeugen der untergegangenen Ordensgeschichte entdecken. Die Ordensschlösser in *Neidenburg (Nidzica)*, *Ortelsburg (Szczytno)* und in *Lötzen (Giżycko)* sind erhalten. Am Rande Masurens jedoch erhielt sich ein steinernes Wunderbild: die im 17. Jh. gegründete Wallfahrtskirche *Heiligelinde (Święta Lipka)*. Im blühenden Barock und im spielerischen Rausch der Farben Gold und Weiß geistert jedoch an dieser Stelle schon die heitere Melodie des erwachenden Rokoko. In dieser strengen ostpreußischen Landschaft wirkt die Kirche wie ein Stück Süddeutschland, das versehentlich in das Tannenland Preußen geriet. Doch alles in der Kirche ist bewahrt: das schmiedeeiserne Portal und die Fronten, das Silbertabernakel und selbst die Orgel. Der Königsberger „königliche Hoforgelmacher" Josua Mosengel schrieb 1721 unter die Rechnung seiner Arbeit das Wort: „Gott erhalte das Werk bis zum Jüngsten Tag". Diese Bitte wurde – bis heute wenigstens – erhört. Von Heiligelinde führt eine Landstraße in die Geburtsstadt von Arno Holz, nach *Rastenburg (Kętrzyn)*. Ihre steinernen Sinn-

WALLFAHRTSKIRCHE HEILIGELINDE

Nach *Königsberg (Kaliningrad)* aber führt heute kein Weg, weder von dem an Polen gefallenen Teil Ostpreußens noch von Litauen oder Weißrußland aus. Königsberg besitzt allerdings auch kaum noch steinerne Erinnerungsmale einer verwehten Geschichte. Vor dem Schauspielhaus steht wohl, unversehrt und mit einer Aufschrift in kyrillischen Lettern geschmückt, das alte Schillerdenkmal. Und an die Mauern des Domes gelehnt, ragt noch die helle, erst 1924 erbaute Säulenfront der Kantgruft auf. Dort ist der Mann beigesetzt, der den Begriff des kategorischen Imperativs prägte. In diesem Winkel der Erinnerung – im ältesten Teil der Stadt – drängt sich die ganze jahrhundertweite Geschichte Königsbergs auf ein paar Quadratmetern bewahrten Bodens zusammen: von dem böhmischen König Ottokar, der die Stadt am Pregel gründete, über die Tat Albrechts von Brandenburg, der in dieser Stadt den Mantel des Deutschen Ordens mit der aus polnischen Händen empfangenen Lehnskrone des Herzogtums Preußen vertauschte, bis zu E. T. A. Hoffmann. Auch in Pillau (Baltijsk). in Labiau (Polessk) oder Tilsit (Sowjetsk) finden sich keine nennenswerten steinernen Erinnerungen mehr. Was bleibt, was dennoch bleibt über die Zeit hinweg, ist das Wort Kants, der dort am Pregel seine Ruhestätte fand: „Zwei Dinge erfüllen das Gemüt mit immer neuer und zunehmender Bewunderung und Ehrfurcht, je öfter und anhaltender das Nachdenken damit beschäftigt: der bestirnte Himmel über mir und das moralische Gesetz in mir."

KANTGRUFT IN KÖNIGSBERG

KARTENTEIL
ZUR SCHATZKAM
DEUTSCHLAN

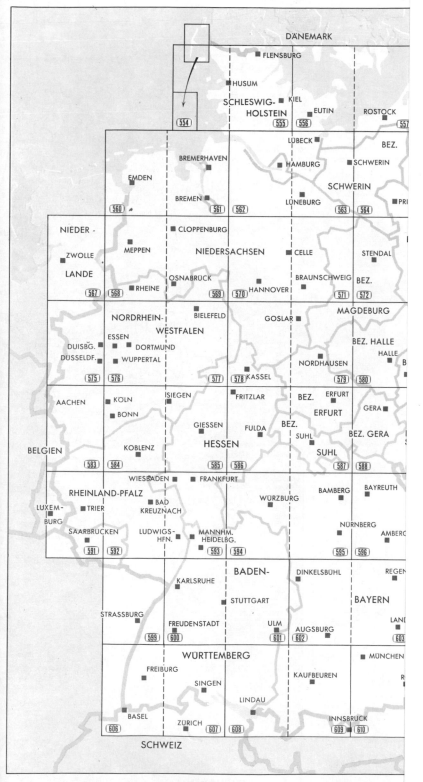

ZEICHENERKLÄRUNG

Sehenswürdigkeiten

Schloß, Burg

Schloß-, Burgruine

Kirche, Kapelle

Kirchenruine

Kloster

Klosterruine

Turm

Museum

Ausgrabungsstätte

Park

Technisches Gebäude

Andere Sehenswürdig-keiten

Verkehrsnetz

Autobahn mit Anschluß-stelle u. Europastr.-Nr. — Stuttgart-West

Autobahn in Bau

Autobahn in Planung

Rasthaus (mit Übernachtung)
Raststätte

Zweibahnige Autostraße

in Bau, in Planung

Fernverkehrsstraße

Bundesstraße mit Nr. — 27

in Bau, in Planung

Hauptverbindungsstraße

in Bau, in Planung

Nebenstraße

Fahrweg

Fernverkehrsbahn mit Tunnel

Übrige Bahnen

Seilschwebebahn

Übrige Bergbahnen

stillgelegte Bahnen

Grenzen u. Verwaltung

Grenzen mit Übergangsstellen

Verwaltungsgrenze

Grenzübergang für den kleinen Grenzverkehr

Regierungspräsidium

Landesregierung

Bundesregierung

Maßstab 1 : 440 000

0   5km   10km   15km

Blatteinteilung der Karten 1:440 00

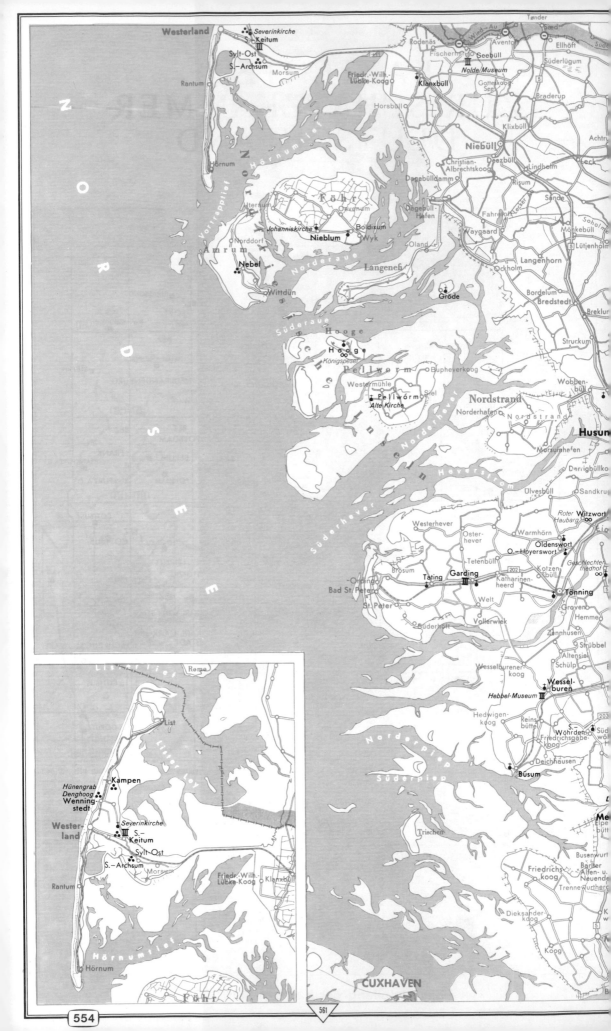

561

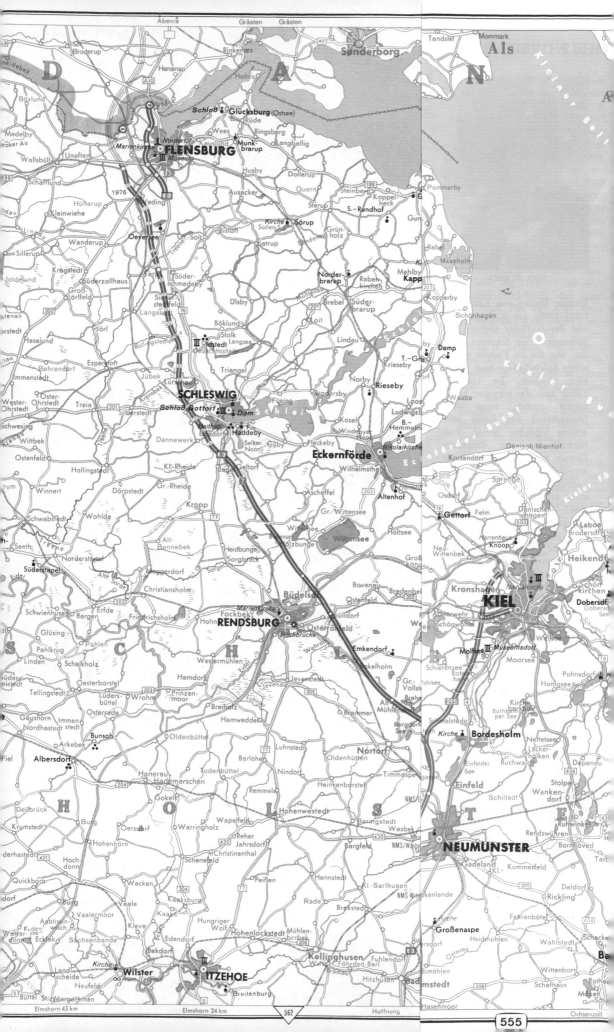

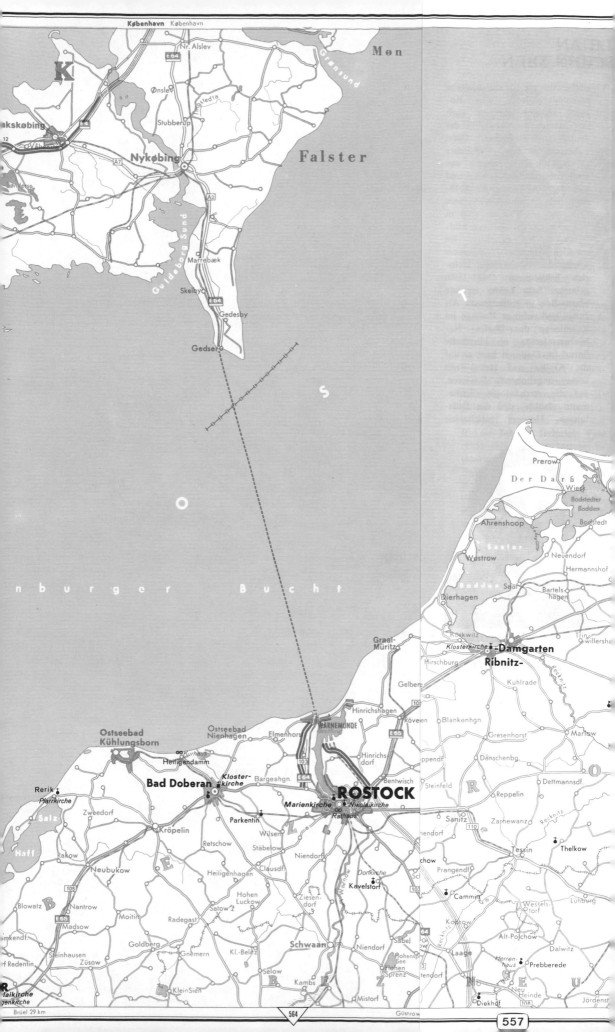

København København
Nr. Alslev
E 64
K
Ønslev
Stubberup
akskøbing
12
A7
Nykøbing
A2
Møn
Grønsund
Falster

Marrebæk
Skelby
E 64
Gedesby
Gedser

Ø

Prerow
D e r   D a r ß   Wieck
Bodstedter
Bodden
Ahrenshoop
Bodstedt
Saaler
Neuendorf
Wustrow
Hermannshof
Bodden
Dierhagen
Seef
Bartels-
hagen

nburger   B u c h t
Körkwitz
Trin-
willershn
Graal-
Müritz
Klosterkirche
Damgarten
Ribnitz-
Hirschburg
Recknitz
Kuhlrade
Gelbensande
Röveen
Blankenhgn.
101
Gresenhorst
Marlow
Hinrichshagen
E 65
Dänschenbg.
WARNEMÜNDE
Ostseebad
Nienhagen
Elmenhorst
Hinrichs-
dorf
ppendf.
Steinfeld
O
Ostseebad
Kühlungsborn
Kurhaus
103
Bentwisch
Reppelin
Dettmannsdf.
R
Heiligendamm
Kloster-
kirche
Bargeshgn.
E 64
Bad Doberan
Rerik
Pfarrkirche
Zweedorf
Marienkirche
Nikolaikirche
ROSTOCK
Rathaus
endorf
Sanitz
110
Zarnewanz
Salz
Parkentin
Z
L
Thelkow
Tessin
Recknitz
Haff
Rakow
Kröpelin
Wilsen
Stäbelow
Niendorf
chow
Prangendf.
103
Cammin
Lühburg
Neubukow
E
Retschow
Clausdf.
Dorfkirche
Wessels-
dorf
Blowatz
105
Nantrow
Heiligenhagen
Kavelstorf
Kössow
B
Hohen
Luckow
Ziesen-
dorf
64
Alt-Pojchow
Dalwitz
E 65
Madsow
Satow
Radegast
Moitin
Hohen-
sprenz
Laage
Herren-
haus
Prebberede
ndf.
Goldberg
Gnemern
Kl.-Beltz
Selow
N
E U
kendf.
Steinhausen
Züsow
R
aikirche
enkirche
KleinSien
B
Z
Kambs
Mistorf
ndorf
Diekhof
Jördenst
108

Brüel 29 km
564
Güstrow

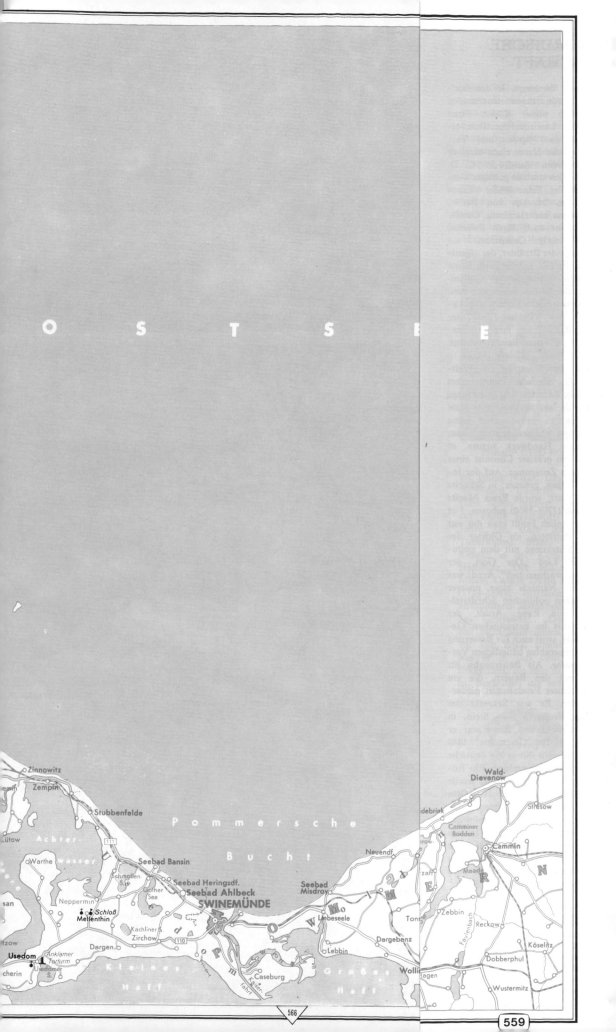

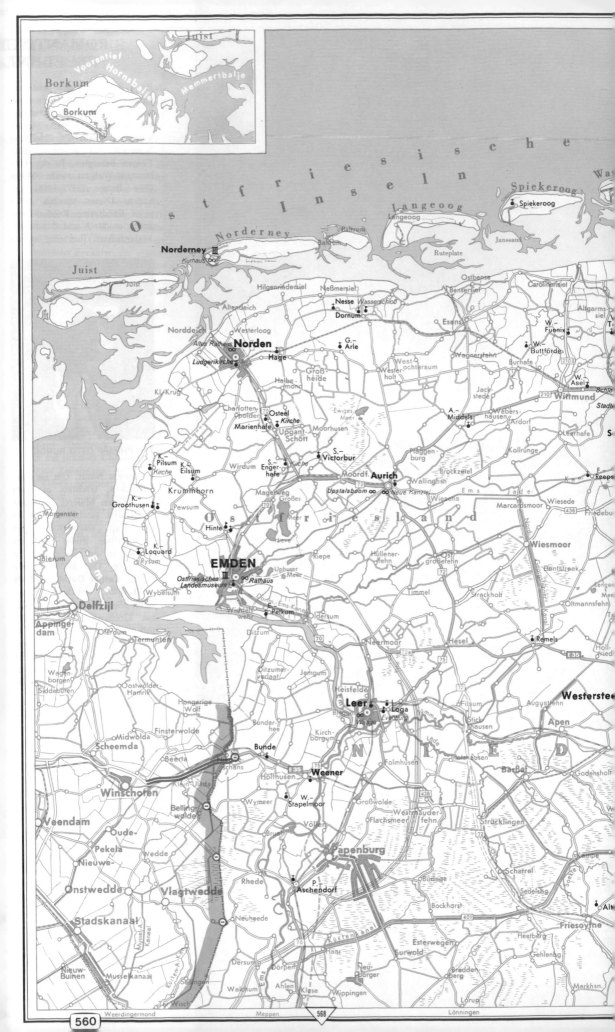

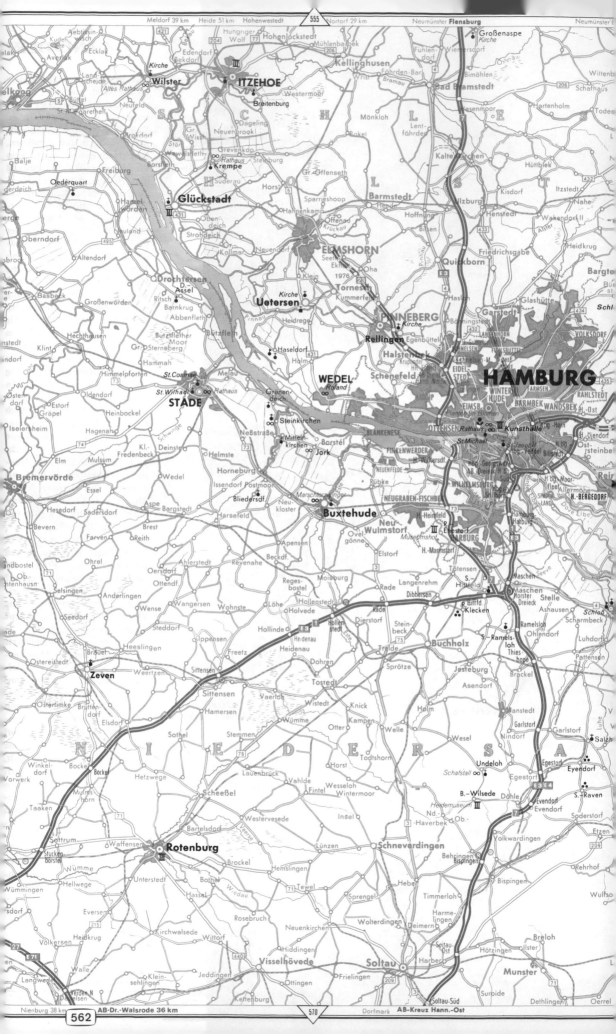

Genthin 73 km

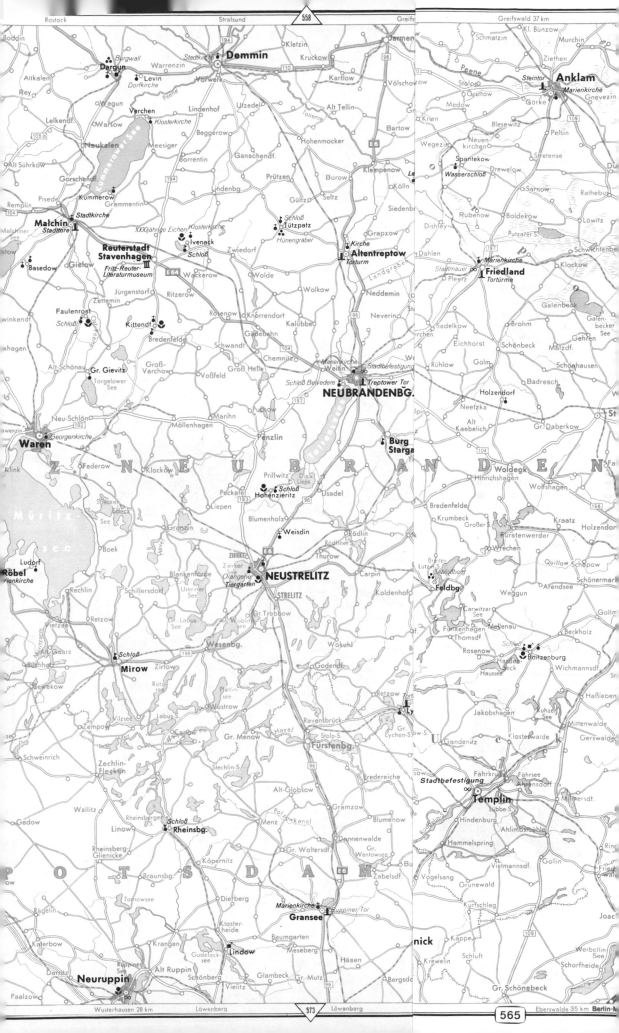

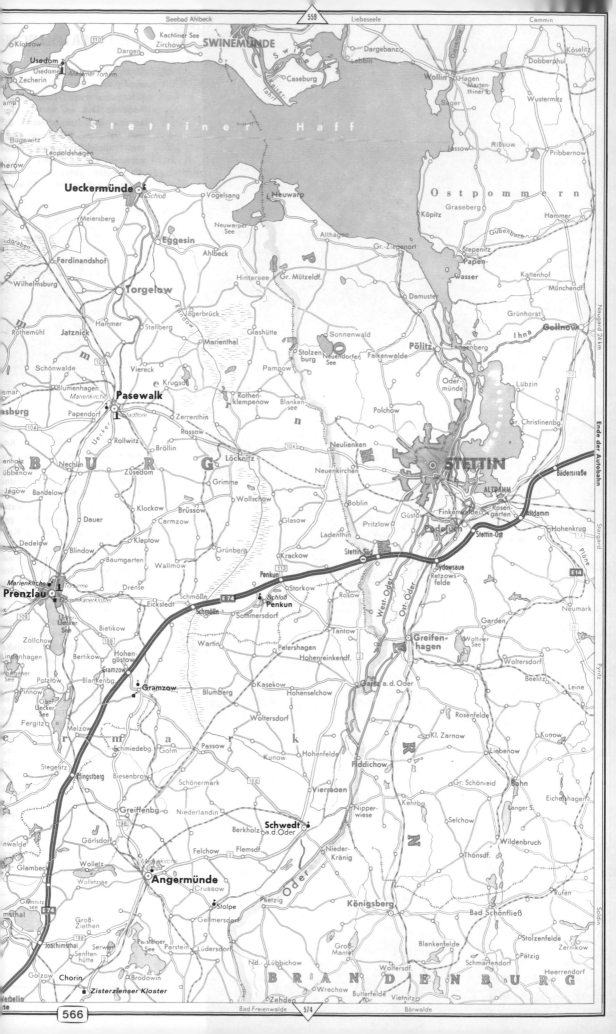

MEISTER, BAUMEISTER UND BAUHERREN

Beim Anblick efeubewachsener Burgruinen, üppig stuckierter Festsäle, eines weihevollen Altars, des Schreibzeugs von Friedrich Schiller, des Turms, in dem die Gräfin Cosel jahrelang Gefangene Augusts des Starken war, wird in uns mehr wach als die Erinnerung an Vergangenes, es scheint, als läge noch der Atem lebendiger Gegenwart über allem Gesehenen. – Und dieser Teil des Buches nennt die Menschen, Bauherren, Meister und Architekten, die jene Stätten geschaffen haben, die zum Rang und zur Besonderheit unserer Kultur beigetragen und Deutschland zu einer Schatzkammer gemacht haben.

ARCHITEKTEN

Aalto, Alvar (geb. 1898)
Berlin Hansaviertel
Bremen Hochhaus in der Großsiedlung Neue Vahr
Wolfsburg Heilig-Geist-Kirche, Stephanskirche, Kulturzentrum
Abel, Adolf (geb. 1882)
Köln Messebauten, Universität
Alberti, Graf Matteo (1690–1716)
Bensberg Neues Schloß
Ambrosius von Oelde (17. Jh.)
Ahaus Schloß
Arnold von Westfalen (gest. 1480)
Kriebstein* Schloß Kriebstein
Meißen* Albrechtsburg, Dom, Frauenkirche, Rathaus
Mittweida* Marienkirche
Rochsburg* Schloß
Torgau* Schloß Hartenfels
Asam, Cosmas Damian (1686–1739)
Aldersbach Ehem. Klosterkirche
Alteglofsheim Schloß
Amberg Wallfahrtskirche
Benediktbeuren Ehem. Benediktinerkloster
Büren Jesuitenkirche
Ensdorf Ehem. Benediktinerklosterkirche St. Jakob
Ettlingen Schloß
Frauenzell Ehem. Klosterkirche
Freising Dom
Friedberg Wallfahrtskirche
Fürstenfeldbruck Ehem. Kloster
Gotteszell Ehem. Klosterkirche
Ingolstadt Sta. Maria Victoria
Landsberg am Lech Mariä Himmelfahrt
Meßkirch Kath. Pfarrkirche St. Martin
Metten Benediktinerklosterkirche St. Michael
Michelfeld Ehem. Klosterkirche
München Alter Peter,. Asamkirche
Oberalteich Ehem. Benediktinerklosterkirche
Osterhofen-Altenmarkt Ehem. Prämonstratenserklosterkirche
Regensburg St. Emmeram
Schleißheim Neues Schloß
Straubing Ursulinenkirche
Weingarten Benediktinerabtei Hl. Blut
Weltenburg Benediktinerabteikirche
Augstaindreyer, Hans (15. Jh.)
Tübingen Stiftskirche
Bähr, George (1666–1738)
Diesbar-Seulitz* Kirche, Schloß
Dresden* Frauenkirche
Forchheim* Kirche
Großenhain* Marienkirche
Hermsdorf* Schloß
Schmiedeberg* Kirche

Bagnato, Johann Kaspar (gest. 1757)
Altshausen Ehem. Deutschordensschloß
Baldewein, Eberdt (16. Jh.)
Grünberg Ehem. Antoniterkloster
Barelli, Agostino (geb. 1627)
München Nymphenburg, Theatinerkirche
Bartning, Otto (1883–1959)
Essen Ev. Auferstehungskirche
Batzendorf, Jakob Friedrich von (17./18. Jh.)
Karlsruhe Schloß
Baumhauer, Hermann (16./17. Jh.)
Paderborn Rathaus
Beck-Erlang, Wilfried (geb. 1924)
Friedrichshafen Kirche zum guten Hirten
Beer, Franz (gest. 1726)
Ehingen a. d. Donau Konviktskirche
Gengenbach Kloster
Pielenhofen b. Regensburg Ehem. Klosterkirche
Sießen Ehem. Kloster
Tannheim St. Martinskirche
Uttenweiler Kath. Pfarrkirche
Wald Ehem. Zisterzienserinnenkloster
Weingarten Benediktinerabtei
Weißenau Ehem. Prämonstratenserabtei
Beer, Georg (gest. 1600)
Hirsau Schloß
Beer, Michael (gest. 1666)
Friedrichshafen Schloß
Isny Kloster
Kempten Kath. Kirche
Behaim, Hans, d. Ä. (gest. 1538)
Nürnberg Burg, Johannisfriedhof, Rathaus
Behrens, Peter (1868–1940)
Düsseldorf Mannesmannhaus
Berwart, Blasius (gest. 1610)
Stuttgart Altes Schloß
Berwart, Martin (16. Jh.)
Stuttgart Altes Schloß
Billing, Hermann (1867–1946)
Freiburg Universität
Mannheim Städt. Kunsthalle
Blondel, François, II. (1683–1748)
Berlin Zeughaus
Bodt, Jean de (1670–1745)
Berlin Parochialkirche, Zeughaus
Böblinger, Dionysius (gest. um 1515)
Stockheim St. Ulrichskirche
Böblinger, Matthäus (15. Jh.)
Langenau Ev. Pfarrkirche
Böhm, Dominikus (1880–1955)
Essen St. Engelbert
Geldern Pfarrkirche

Mit * versehene Orte liegen in der DDR.

Gabrieli, Gabriel (1671–1747)
Ansbach Prinzenschlößchen, Residenz
Bad Windsheim Ev. Pfarrkirche
Bertoldsheim Barockschloß
Eichstätt Bischöfl. Palais, Cobenzl-Schlößchen, Ehem. Kanzlei, Ehem. Sommerresidenz, Frauenbergkapelle, Ostenfriedhof
Galli-Bibiena, Carlo (1728 – um 1778)
Bayreuth Markgräfl. Opernhaus
Galli-Bibiena, Giuseppe (1696–1756)
Bayreuth Markgräfl. Opernhaus
Mannheim Jesuitenkirche
Gärtner, Friedrich v. (1792–1847)
Aschaffenburg Pompejanum
Gedeler, Gottfried v. (gest. um 1710)
Erlangen Altstädter Dreifaltigkeitskirche, Schloß
Gerlach, Philipp (1679–1748)
Berlin Berlinmuseum, Parochialkirche
Gerthener, Madern (um 1365–1430)
Frankfurt a. M. Dom, Stadttürme
Mainz Dom
Oppenheim Katharinenkirche
Gilly, David (1748–1808)
*Bad Freienwalde** Schloß
Braunschweig Dom St. Blasii
*Paretz** Dorfkirche, Schloß
*Steinhöfel** Schloß
Gilly, Friedrich (1772–1800)
*Steinhöfel** Schloß
Girard, Dominique (gest. 1738)
Brühl Schloß Augustusburg
Giusti, Tommaso (um 1644–1729)
Hannover Herrenhäuser Gärten
Göthe, Eosander v. (1669–1728)
Berlin Schloß Niederschönhausen
Gontard, Karl v. (1731–91)
Berlin Deutscher und Französischer Dom, Kleistpark
*Potsdam** Marmorpalais
Greising, Joseph (1664–1721)
Ebrach Ehem. Zisterzienserabtei
Gromann, Nickel (16. Jh.)
*Altenburg** Rathaus
*Torgau** Schloß Hartenfels
*Weimar** Schloß
*Wolfersdorf** Jagdschloß
Gropius, Walter (1883–1969)
Alfeld Fagus-Werk
Berlin Hansaviertel
*Dessau** Bauhaus
Stuttgart Weißenhofsiedlung
*Weimar** Bauhaus
Gruber, Karl (geb. 1885)
Heidelberg Universitätsgebäude
Guêpière, Philippe de la (um 1715–73)
Stuttgart Lustschloß Solitude, Neues Schloß
Gunetzrhainer, Ignatz (1698–1764)
München Alter Peter
Gunetzrhainer, Johann Baptist (1692–1763)
Schäftlarn Klosterkirche
Halsbach, Jörg (gest. 1488)
München Altes Rathaus, Frauenkirche
Hansen, Christian Frederik (1756–1845)
Haseldorf Herrenhaus
Hauberrisser, Georg Joseph v. (1841–1922)
München Neues Rathaus
Hefele, Melchior (18. Jh.)
Passau Neue Residenz
Heideloff, Carl Alexander (1789–1865)
Haßfurt Kath. Pfarrkirche
Schloß Lichtenstein ob Honau
Heinrich von Bremen (14. Jh.)
*Wismar** Nikolaikirche
Herigoyen, Emmanuel Josef d' (1746–1817)
Aschaffenburg Schönbusch
Hermann von Münster (15. Jh.)
*Wismar** Nikolaikirche, St. Georgen

Hildebrandt, Johann Lukas v. (1668–1745)
Pommersfelden Schloß Weißenstein
Würzburg Residenz
Höger, Fritz (1877–1949)
Hamburg Chilehaus
Hannover Anzeigerhochhaus
Wilhelmshaven Rathaus
Hoetger, Bernhard (1874–1949)
Bremen Böttcherstraße
Worpswede Café Worpswede
Hofmann, Nickel (16. Jh.)
*Halle** Marktkirche
Holl, Elias (1573–1646)
Augsburg Perlach, Rotes Tor, St. Ulrich und Afra, Stadtmetzg, Zeughaus
Eichstätt Willibaldsburg
Klosterlechfeld Wallfahrtskirche
Scheinfeld Schloß Schwarzenberg
Hülse, Anton (17. Jh.)
Coesfeld Jesuitenkirche
Hünigen, Andreas (1712–81)
*Kittlitz** Kirche
*Pulsnitz** Stadtkirche
Husmann, Carsten (16. Jh.)
Bremen Schütting
Ihne, Ernst Eberhard v. (1848–1917)
Berlin Museumsinsel
Ixnard, Pierre Michel d' (1723–95)
Bad Buchau Pfarrkirche
Ellingen Schloß
Hechingen Ehem. Stiftskirche
Königseggwald Schloß
St. Blasien Ehem. Benediktinerklosterkirche
Jörg, Aberlin (15. Jh.)
Balingen Stadtkirche
Ennetach Kath. Pfarrkirche
Marbach a. N. Alexanderkirche
Markgröningen Ev. Pfarrkirche
Stuttgart Leonhardskirche, Stiftskirche
Weil der Stadt Kath. Stadtpfarrkirche
Kanka, Maximilian (1674–1766)
Donaueschingen Kath. Pfarrkirche
Kesselhut, Jakob (16. Jh.)
Lichtenberg Schloß
Keßlau, Friedrich v. (18. Jh.)
Karlsruhe Schloß
Klenze, Leo v. (1784–1864)
Donaustauf Walhalla
Gaibach Schloß
Gleisweiler Kurhaus
Kelheim Befreiungshalle
München Alte Pinakothek, Englischer Garten, Königsplatz, Nymphenburg, Residenz, Theresienwiese
Pappenheim Neues Schloß
Tegernsee Ehem. Benediktinerklosterkirche
Knobelsdorff, Georg Wenzeslaus v. (1699–1753)
Berlin Deutsche Staatsoper, Palais Prinz Heinrich, Schloß Charlottenburg
*Mosigkau** Schloß
*Neuruppin** Prinzen- und Tempelgarten
*Potsdam** Marstall
*Rheinsberg** Schloß
Wilhelmsthal Schloß
Knöffel, Johann Christoph (1686–1752)
*Nischwitz** Schloß
*Radebeul** Wackerbarths Ruhe
*Rudolstadt** Heidecksburg
*Wermsdorf** Hubertusburg
*Zabeltitz** Palais
Koblenz, Peter von (15. Jh.)
Blaubeuren Klosterkirche
Tübingen Stiftskirche
Weilheim an der Teck Ev. Stadtpfarrkirche
Konrad von Kleve (14. Jh.)
Kleve Ehem. Stiftskirche
Korb, Hermann (1656–1735)
Wolfenbüttel Schloß, Trinitatiskirche

Krahe, Peter Joseph (1758–1840)
Braunschweig Haus Salve Hospes, Haus Vieweg, Torhäuser
Krebs, Konrad (1492–1540)
Torgau* Schloß Hartenfels
Kreis, Wilhelm (1873–1955)
Düsseldorf Wilhelm-Marx-Haus
Karl-Marx-Stadt* Kaufhaus Tietz
Köln Kaufhof
Krohne, Gottfried Heinrich
(um 1700–1756)
Dornburg* Rokokoschloß
Eisenach* Schloß
Gera* Schloß Osterstein
Gotha* Schloß
Großkochberg* Schloß
Ilmenau* Stadtkirche
Molsdorf* Schloß
Rudolstadt* Heidecksburg
Weimar* Schloß, Schloß Belvedere, Schloß Ettersburg
Krumenauer, Stephan (gest. 1461)
Wasserburg Stadtpfarrkirche St. Jakob
Küchel, Johann Michael (1703–69)
Bamberg Altes Rathaus
Vierzehnheiligen Wallfahrtskirche
Langhans, Carl Gotthard
(1733–1808)
Bad Freienwalde* Schloß
Berlin Brandenburger Tor, Deutsche Staatsoper, Friedhöfe, Marienkirche, Schloß Bellevue, Schloß Charlottenburg
Boitzenburg* Schloß
Lassaulx, Johann Claudius v.
(1781–1845)
Bonn Ramersdorfer Kapelle
Güls Neue Pfarrkirche
Lauterbach, Johann Balthasar
(17. Jh.)
Brüggen Schloß
Laves, Georg Ludwig Friedrich
(1789–1864)
Hannover Herrenhäuser Gärten, Leineschloß, Opernhaus, Wangenheim-Palais
Uslar Stadtpfarrkirche
Le Corbusier (1887–1965)
Berlin Corbusierhaus
Stuttgart Weißenhofsiedlung
Lehmbruck, Manfred (geb. 1913)
Duisburg Wilhelm-Lehmbruck-Museum
Pforzheim Reuchlinhaus
Leitl, Alfons (geb. 1901)
Ochtendung Kirche
Lenné, Peter Josef (1789–1866)
Berlin Pfaueninsel, Schloß Charlottenburg, Schloß Friedrichsfelde, Schloß Nieder-schönhausen, Tiergarten
Boitzenburg* Schloß
Brühl Schloß Augustusburg
Ludwigslust* Schloß
Schwerin* Ehem. Residenzschloß
Leveilly, Michel (gest. 1762)
Bonn Rathaus
Lotter, Hieronymus (1497–1580)
Leipzig* Rathaus, Thomaskirche
Pegau* Rathaus
Luckhardt, Hans (1890–1954)
Berlin Hansaviertel
Luckhardt, Wassili (geb. 1889)
Bremen Haus der Bürgerschaft
Ludwig, Eduard (1906–60)
Berlin Luftbrückendenkmal
Lurago, Carlo (um 1618–1684)
Passau Dom St. Stephan
Maier, Matthias (18. Jh.)
Heidelberg Alte Brücke
March, Werner (geb. 1894)
Berlin Olympiastadion
Marquard, Joachim (17. Jh.)
Zwickau* Marienkirche
Martens, Hans (gest. 1497)
Wismar* St. Georgen
Mayer, Andreas (1716–82)
Greifswald* Universität
Mayr, Franz Alois (gest. 1771)
Baumburg Ehem. Augustiner-Chorherrenstiftskirche

Meister Antoni (15. Jh.)
Konstanz Münster
Meister Gerhard (13. Jh.)
Köln Dom St. Peter und Maria
Meister Philipp (15. Jh.)
Monzingen Ev. Kirche
Mendelsohn, Erich (1887–1953)
Karl-Marx-Stadt* Kaufhaus Schocken
Potsdam* Einsteinturm
Meyer, Adolf (1867–1940)
Alfeld Fagus-Werk
Mies van der Rohe, Ludwig
(1886–1969)
Krefeld Haus Lange
Stuttgart Weißenhofsiedlung
Moller, Georg (1784–1852)
Bad Homburg Schloß
Bensheim Kath. Pfarrkirche
Birkenau Ev. Kirche
Darmstadt Kath. Ludwigskirche
Johannisberg Schloß
Moosbrugger, Caspar (1656–1723)
Weingarten Benediktinerabtei
Nering, Johann Arnold (1659–95)
Berlin Parochialkirche, Schloß Charlottenburg, Schloß Nieder-schönhausen, Zeughaus
Oranienburg* Schloß
Potsdam* Marstall
Neumann, Balthasar (1687–1753)
Bad Kissingen Friedhofskirche
Bad Mergentheim Schloßkirche
Bamberg Dom
Banz Ehem. Benediktinerkloster
Bonn-Poppelsdorf Kreuzbergkirche
Bruchsal Kath. Pfarrkirche, Schloß
Brühl Schloß Augustusburg
Burgwindheim Kath. Kirche
Dirmstein Kirche
Distelhausen Kath. Pfarrkirche
Dittigheim Kath. Pfarrkirche
Ebrach Ehem. Zisterzienserabtei
Ellwangen Ehem. Stiftsrathaus
Gaibach Dreifaltigkeitskirche
Gößweinstein Kath. Pfarrkirche
Heidenfeld Ehem. Stift
Heusenstamm Kath. Kirche
Hofheim/Ried Kath. Pfarrkirche
Holzkirchen am Main Kloster-kirche
Karlsruhe Schloß
Kitzingen Kapelle Hl. Kreuz
Koblenz Ehrenbreitstein
Limbach Wallfahrtskirche
Mainz Dom
Meersburg Neues Schloß
Neresheim Klosterkirche
Prüm Ehem. Benediktinerabtei
Randersacker Gartenpavillon
Seehof b. Bamberg Schloß
Speyer Dom
Trier St. Paulin
Veitshöchheim Schloß
Vierzehnheiligen Wallfahrtskirche
Waghäusel Wallfahrtskirche
Werneck Schloß
Worms Dom
Würzburg Hofgarten, Hofkirche, Käppele, Residenz
Zell am Main Ehem. Prämonstra-tenserkloster Oberzell
Zimmern bei Lauda Kath. Pfarrkirche
Neumann, Franz Ignaz Michael
(1733–85)
Speyer Dom
Niemeyer, Oscar (geb. 1907)
Berlin Hansaviertel
Odo von Metz (um 800)
Aachen Dom
Ottmer, Karl Theodor (1800–43)
Berlin Singakademie
Braunschweig Alter Hauptbahnhof
Palladio, Andrea (1508–80)
Potsdam* Rathaus
Parler, Baumeisterfamilie (14. Jh.)
Schwäbisch Gmünd Heiligkreuz-münster
Ulm Münster
Parler, Peter (1330–99)
Oybin* Kloster

Mit * versehene Orte liegen in der DDR.

KLEINE STILKUNDE

Die folgenden Bilder und Texte zeigen die typischen Stilmerkmale der einzelnen Epochen der Kunstgeschichte.

Rundbogen kennzeichnen zwar die Romanik, aber es gibt noch manche andere Merkmale, die zur Bestimmung einer romanischen Kirche oder Burg nötig sind. Spitzbogen, Maßwerk und Gesprenge sind zwar die wichtigsten Bestandteile von gotischen Bau- und Kunstwerken, aber es gibt noch viele mehr, ohne die diese schmückenden, ins Auge fallenden Formen gar nicht möglich wären.

Jede Stilepoche ergibt sich aus dem Geist ihrer Zeit, aus ihren Vorstellungen, ihrem handwerklichen Können oder technischen Unvermögen, und darum gibt die Kenntnis der Kunststile auch Anhaltspunkte für die Beurteilung der jeweiligen Zeit. An ihren Kunstwerken läßt sich nicht nur ablesen, ob ihr Lebensinhalt religiöse Inbrunst, weltlicher Genuß oder die Pflege eines kühlen Verstandes gewesen ist; ebenso geben die künstlerischen Zeugnisse vergangener Tage auch Aufschluß über Traditionsbewußtsein oder Selbstgefühl – je nachdem, ob eine Zeit ihre Welt mit einer Abwandlung und Kombination der Formen früherer Epochen gestaltet oder ob sie ihren ganz eigenen Stil hervorbringt, ob sie also ihre zeitgemäßen Formen aus einmal für gut befundenen Elementen zusammensetzt wie in Romanik, Renaissance und Klassizismus, oder ob wie in Gotik und Barock etwas Neues als ein unteilbares Ganzes das Ideal der Baumeister und Künstler gewesen ist, ein Ganzes, dem sich jedes Detail unterzuordnen hat. Fast immer jedoch ist das Ornament ein untrügliches Zeichen einer Zeit, da jede Zeit die ihrem Geschmack und Fortschritt entsprechenden eigenen Formen entwickelt, mit denen sie Bauten, Möbel und Geräte schmückt.

Wer alle diese Zeichen beachtet, lernt nicht nur Epochen unterscheiden, sondern lernt auch sehen, und Sehen und Unterscheidenkönnen sind die Voraussetzung allen Kunstgenusses.

ROMANIK

Zwischen den Säulen weltlicher und kirchlicher Macht, Kaisertum und Papsttum, entsteht in einem Zeitraum von 450 Jahren eine kraftvolle Formensprache, die sich vom römischen Einfluß befreit und aus großer Einfachheit sich zu immer reicheren Formen steigert. Die Entwicklung ist zwar durch die Kaisergeschlechter geprägt und wird nach ihnen bezeichnet, doch sind die Zentren kirchlicher Macht die wahren Höhepunkte romanischer Kunst: die Bistümer und Erzbistümer, Hildesheim, Halberstadt, Magdeburg im Osten des Reiches, am Rhein Straßburg, Speyer, Worms, Köln und am Main Würzburg und Bamberg. In den Klöstern spiegeln sich weltliche Macht ebenso wie christliche Demut.

VORROMANIK, KAROLINGISCHE KAISER, 770–900
Karl d. Gr. legt in seinen Pfalzen, in von ihm gegründeten Klöstern und Kirchen den Grundstein zur romanischen Kunst.

FRÜHE ROMANIK, SÄCHSISCHE KAISERZEIT, 919–1024
Die frühe romanische Kunst wird durch die Ottonen geprägt. In Gernrode und Hildesheim findet das Werden des Heiligen Römischen Reiches Deutscher Nation seinen Ausdruck.

HOCHROMANIK, SALISCHE KAISER, 1024–1125
Der Kampf zwischen Kaisertum und Papst endet mit dem Gang nach Canossa, Heinrichs IV. Unterwerfung. In dieser Zeit gewinnt die Romanik ihre klassische Form im Dom zu Speyer und im Kloster Maria Laach.

SPÄTROMANIK, STAUFISCHE KAISERZEIT, 1138–1250
Letzter Höhepunkt mittelalterlicher kaiserlicher Machtfülle ist das Weltreich Friedrichs II. Eine Wende kündigt sich an, die sich an den Domen zu Worms und Limburg ablesen läßt.

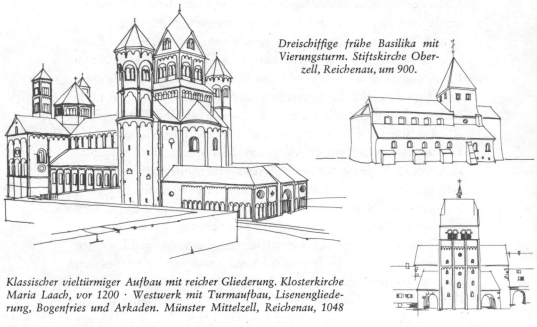

Dreischiffige frühe Basilika mit Vierungsturm. Stiftskirche Oberzell, Reichenau, um 900.

Klassischer vieltürmiger Aufbau mit reicher Gliederung. Klosterkirche Maria Laach, vor 1200 · Westwerk mit Turmaufbau, Lisenengliederung, Bogenfries und Arkaden. Münster Mittelzell, Reichenau, 1048

Flachgedeckte Säulenbasilika. Kloster Alpirsbach, um 1095.

Gewölbte Pfeilerbasilika. Kloster Eberbach, vor 1186.

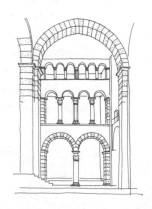

Wandgliederung mit Galerie und Zwerggalerie. St. Michaelis, Hildesheim, um 1030.

Früheste und vollkommenste Form christlichen Zentralbaues. Kaiserpfalz, Aachen, um 800.

Karolingische Kapelle als Oktogon nach der Grabeskirche in Jerusalem. Michaelskirche, Fulda, um 820.

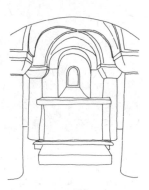

Frühromanische einräumige Krypta. Stiftskirche Oberzell, Reichenau, um 900.

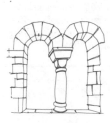

Turmfenster mit gekuppelten Rundbögen und einer Zwergsäule

Fenstergalerie mit Doppelsäulen. Kaiserpfalz, Bad Wimpfen, um 1200.

Radfenster, durch speichenartige Säulen gegliedert. Westchor, Dom, Mainz, 13. Jh.

Schmuckfenster mit Band- und Blattrelief. Walterichskapelle, Murrhardt, 1220–30.

Vielräumige hohe Krypta. Dom, Speyer, vor 1041.

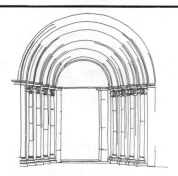

Gestaffeltes Portal mit Tympanon. Kapelle, Belsen, um 1150.

Portal mit eingestellten Säulen. Kloster Paulinzella, um 1110.

Reich ornamentiertes Portal mit figürlichem Schmuck und Tympanon. Dom, Freiberg, 1220–30.

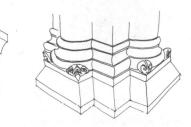

Antikisierendes Kapitell

Würfelkapitelle mit linearer und figürlicher Ornamentik

Säulenbasis mit Platte und Wülsten

639

Radleuchter aus Bronze, Symbol für das zwölftorige Jerusalem. Kaiserpfalz, Aachen, 9. Jh.

Gedrechselte Stollenstühle aus Eichenholz, 13. Jh.

Eichentruhe, um 1300

Porträtähnliche Figuren verkörpern den weltoffenen ritterlichen Geist in spätromanischer Zeit. Stifterfiguren, Dom, Naumburg, nach 1249.

Aquamanile, Gießgefäß in Hundeform, 14. Jh. Germanisches Nationalmuseum, Nürnberg.

Reliquienkasten mit Kupferknöpfen, 12. Jh. Welfenschatz, Kunstgewerbemuseum Berlin.

Hausförmiger Reliquienkasten, 1160–70

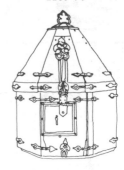

Bronzenes Aquamanile in Form eines Hahnes, 14. Jh. Germanisches Nationalmuseum, Nürnberg.

Prächtiges Kuppelreliquiar, um 1175. Welfenschatz, Kunstgewerbemuseum, Berlin.

Kästchen mit Elfenbeinplatten, 12. Jh. Welfenschatz, Kunstgewerbemuseum, Berlin.

Bronzener Türgriff, Sachsen, 12. Jh.

Initiale romanischer Schreibkunst mit Flechtwerk und Drachenköpfen, 13. Jh.

Kirchenleuchter aus Bronze mit Flechtornament, Herzog-Anton-Ulrich-Museum, Braunschweig

Kirchenleuchter aus Bronze mit reichem plastischem Schmuck.

GOTIK

Fürstenfehden und Fürstenmacht bringen dem Menschen Krieg, Not und Unfreiheit. Neue Freiheit wächst in den Städten, die Schutz und relative Sicherheit bieten. Zünfte und bürgerliche Selbstverwaltung schaffen innere Ordnung, die äußere wächst durch die Bildung von Städtebünden. Der Handel blüht, der Wohlstand wächst, und Kunst und Wissenschaft gedeihen. Der gotische Stil entsteht in den Städten. Er erfüllt alle Lebensformen, Kirchen, Rat- und Bürgerhäuser, Tore, Türme und Befestigungen. Ein einheitlicher Stil läßt sich an allen Dingen erkennen, vom Altar bis zum einfachen Gebrauchsgegenstand.

FRÜHGOTIK, 1220–1300
In der Gliederung des Mauerwerks, den mächtigen Strebepfeilern, den Fenstern mit einfachem Maßwerk macht sich französischer Einfluß bemerkbar. Die Suche nach einem neuen Stil ist daneben deutlich zu spüren.

HOCHGOTIK, 1300–1400
Die bisher noch französischen Formen wandeln sich zu einer speziell deutschen Gotik. Jetzt lösen sich Wände in großen Fensterformen auf, die mehrschiffigen Räume wachsen zu weiten, säulengetragenen Hallen zusammen. Die wohlhabenden, geschäftigen Hansestädte im Norden entwickeln in ihrer Backsteingotik eine eigenwillige Sonderform.

SPÄTGOTIK, 1400–1520
Die Entwicklung schreitet vom Westen zum deutschen Osten fort. In Mitteldeutschland entfalten sich die spielerischen Formen zu schönster Blüte. Eine aufrauschende Bewegung erfüllt Gewölbe, Stützen und Wände.

Eintürmige Fassade, hohe Fenster und achteckiger Turmhelm aus filiertem Maßwerk. Münster, Freiburg i. Br., um 1300.

Zweitürmige Fassade, quadratische Turmgeschosse, achteckige Turmstube und Helm, Fensterrose, Lorenzkirche, Nürnberg, um 1350.

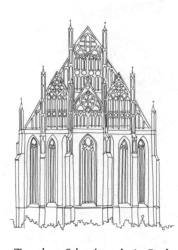

Turmlose Schaufassade in Backstein mit feinstem Maß- und Stabwerk unter Wimpergen. St. Marien, Prenzlau, 1325–40.

Dreischiffiges Langhaus, Mittelschiff mit Triforium, Obergadenfenster, niedere Seitenschiffe. Altenberger Dom, 1255–1379.

Übergang zur Hallenkirche, dreischiffig, Mittelschiff mit Lettner als Abschluß zum Chor. Dominikanerkirche, Erfurt, 14. Jh.

Hallenartige hohe Seitenschiffe einer fünfschiffigen basilikalen Anlage. Münster, Ulm, 15. Jh.

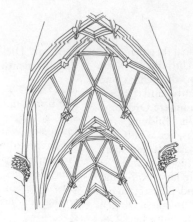

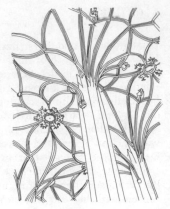

Kleinteiliges Netzgewölbe, Chor des Heiligkreuzmünsters, Schwäbisch Gmünd, seit 1491

Rippengewölbe, Schiff des Heiligkreuzmünsters, Schwäbisch Gmünd, vollendet 1521

Sterngewölbe in gewundener Reihung, Annenkirche, Annaberg-Buchholz, 1519

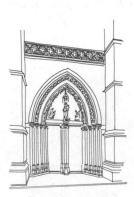

Portal von Säulengewänden gerahmt, Tympanon mit Marienverehrung und Blattwerk. Elisabethkirche, Marburg, zweite Hälfte 13. Jh.

Vorhalle über dreieckigem Grundriß, Eckpfeiler mit Figuren und bekrönendem Fialwerk. Dom St. Peter, Regensburg, 1410.

Vorhalle, Gewände und Ecksäulen mit reichem Figurenschmuck, Rosette im Tympanon. Frauenkirche, Nürnberg, 1353 bis 1361.

Stadttor in Backstein, Staffelgiebel, durchlaufende Pilaster, figürlicher Schmuck in den Bogenfeldern. Neues Tor, Neubrandenburg, 15. Jh.

Fensterwand, aufgelöst in Maßwerk. Katharinenkirche, Oppenheim, ab 1315 · Fenster mit Wimperg, Portal mit Schmuck, Wimperg und Fialen. Stiftskirche, Bad Wimpfen, 1269–74 · Fensterrose (Rosette), Lorenzkirche, Nürnberg, um 1350

Bauplastik, bekrönt durch Baldachin. Stifterfigur, Dom, Naumburg, nach 1249 · Freiplastik, Roland, Stendal, 1525 · Turmartige, vielfältig geschmückte, schlanke Brunnensäule. Marktbrunnen, Urach, um 1500

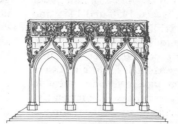

Altar, auf Predella
Schrein mit Doppelflü-
geln, bekrönt durch Ge-
sprenge. Klosterkirche,
Blaubeuren, 1493/94.

Heiliges Grab, verklei-
nerte Nachbildung des
Heiligen Grabes in
Jerusalem. Münster,
Konstanz, Ende 13. Jh.

Lettner, Abschluß des
Chores zum Langhaus.
Stiftskirche, Tübingen,
um 1490.

Chorgestühl, Maßwerk
und Figurenschmuck an
den Wangen

Rathaus, Laubengang,
Spitzbogenfenster mit
Maßwerk, Staffelgiebel,
um 1355, Münster

Kaufhaus, Arkaden an
der Längsseite mit Gie-
belerker, um 1527, Frei-
burg i. Br.

Fachwerkrathaus auf
steinernen Bogenarka-
den, früher Kaufhalle,
1512–16, Alsfeld

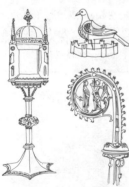

Ciborium, Hostienbehäl-
ter, Aufbau als Turm-
helm · Pyxis, Hostien-
behälter als Taube des
Heiligen Geistes im
Mauerring des heiligen
Jerusalems · Krummstab
(Bischofsstab), im Feld
englischer Gruß · Tauf-
becken, getragen von Fi-
guren, Beckenschale mit
Architekturdetails und
Reliefplastik

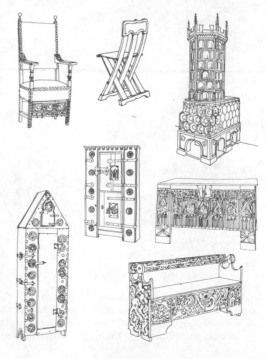

Repräsentativer Kasten-
stuhl und ein auf Rei-
sen benutzter Faltstuhl ·
Kachelofen in Turmform,
Schloß, Füssen, 1514 ·
Kastenschrank (Ende 15.
Jh.) und Giebelschrank
(Norddeutschland, 13.
Jh.) · Truhe (Lüneburg,
14. Jh.) und Truhenbank
(Süddeutschland, 15. Jh.)

RENAISSANCE

Drei Ereignisse verändern die Welt: Die Entdeckung Amerikas (1492), die Erfindung der Buchdruckerkunst zwischen 1450 und 1455 und die Reformation (1517). Der Drang, die Gesetze von Ursache und Wirkung zu erkennen, führt zur Erforschung der Erde, der Welt und der Naturgesetze. Der Mensch streift die Fesseln mittelalterlicher Frömmigkeit ab und taucht in ein glückliches, ganz diesseitiges Erdenleben ein. Eine gleichzeitige Rückkehr zu antiken Vorstellungen gibt neue Freude an der schönen Natur und dem menschlichen Geist.

Um fast 100 Jahre verzögert kommen die Formen der italienischen Renaissance über die Handelswege der Augsburger und Nürnberger Kaufleute nach Süd- und Mitteldeutschland. Die norddeutsche Renaissance nimmt ihren Weg aus den Niederlanden nach Bremen und ins Weserland. Sie beginnt erst um 1550.

Neue Maßstäbe und Proportionen wandeln die gotischen Bauelemente zu Renaissanceformen um. Die Fassaden zeigen nun Säulen oder Pilaster, Fensterreihungen, Gurtgesimse, eine neue Formensprache mit teils antikem Gehalt. Vielfältig gegliederte Giebel mit reichem Schweifwerk und Obelisken krönen die Schmalseiten der Gebäude und zieren als Zwerchgiebel die Längsseiten. Vorspringende Erker betonen Portale, Tore und Gebäudeecken, die oft auch noch durch vielgeschossige, von Kuppelhelmen bekrönte Türme markiert werden. Grazilere, geschlossene oder offene Treppentürme verbinden Geschosse und Galerien miteinander.

Die Freude am Schmücken schafft eine reiche Dekoration an Bau, Möbel und Gerät und verbindet sich mit Malerei und Plastik schließlich zu einer künstlerischen Einheit, die dann in die barocke Formenfülle überleitet.

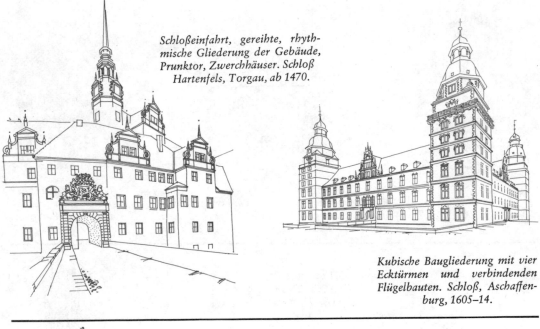

Schloßeinfahrt, gereihte, rhythmische Gliederung der Gebäude, Prunktor, Zwerchhäuser. Schloß Hartenfels, Torgau, ab 1470.

Kubische Baugliederung mit vier Ecktürmen und verbindenden Flügelbauten. Schloß, Aschaffenburg, 1605–14.

Horizontale Gesimsgliederung, senkrechte Pilasterstellung, antikisierende Schmuckformen. Gewandhaus, Braunschweig, 1591.

Giebel mit Pilastern, Obelisken und Schweifwerk, Zwerchhäuser an den Längsseiten. Gymnasium Casimirianum, Coburg, 1601–04.

Schloßhof mit offenem Wendeltreppenturm auf einer zweiseitigen Freitreppe. Schloß Hartenfels, Torgau, 1533–36.

Gewölbte Arkaden umschließen den Hof. Die schweren Pfeiler und Brüstungen sind mit ornamental-flächigem Schmuck überzogen. Schöner Hof der Plassenburg, Kulmbach, 1564–68.

Treppenhaus mit Holzbalkendecke und Leuchterweibchen. Patrizierhaus, Nürnberg.

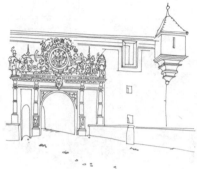

Triumphbogenartiges Schloßtor mit Säulen, Rollwerk und plastischem Schmuck. Schloß, Tübingen, 1604.

Innentür mit Pilasteraufbau, gesprengtem Segmentgiebel mit Rollwerk. Rathaus, Augsburg.

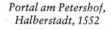

Portal am Petershof, Halberstadt, 1552

Repräsentationsraum mit Kassettendecke, Wandvertäfelung, Tür mit gesprengtem Dreiecksgiebel, Kachelofen. Ehem. Fürstenzimmer (zerstört) im Rathaus, Augsburg, 1615–26.

Geschoßerker, Verbindung von Innenraum mit Straßenraum. Haus Reichstraße 3 (zerstört), Braunschweig, 1630 · Hauserker mit Giebel als städtebaulichem Akzent · Giebelerker, repräsentative Sonderform in Verbindung von Erker, Giebel und Treppenaufgang. Rathaus, Halberstadt

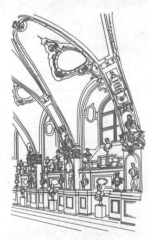

Museum antiker Plastik mit Gewölbe, Nischen mit stufenweisem Aufbau. Antiquarium, Residenz, München, 2. Hälfte 16. Jh.

645

Offener Kamin, Burg
Trausnitz, Landshut

Kachelofen mit Über-
bau, Havelberg

Mauerbrunnen, Nürnberg · Stockbrunnen, Rothenburg
ob der Tauber · Frei stehender Ziehbrunnen, Hanau

Fachwerkknagge,
Hildesheim

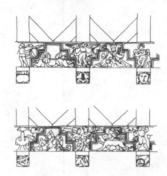

Fachwerkschwellen, Braunschweig

Kapitelle,
Nürnberg

Schmiedeeisernes Brunnengitter

Kronleuchter, Elchschaufel und Leuchterweibchen mit Fischschwänzen, Nürnberg

Antikem Vorbild nachgearbeiteter Faltstuhl mit antikisierendem Schmuck, Sitz-
fläche und Lehne aus Leder. Bayerisches
Nationalmuseum, München · Faltstühle,
16. Jh. · Kastentisch (Eßtisch), 17. Jh.

Leinenschrank aus zwei
aufeinandergesetzten
Teilen, um 1650. Wallraf-
Richartz-Museum, Köln.

Schmiedeeisernes Gitter,
Münster, Konstanz

Türring und Schloß,
Ehingerhof, Ulm

Türklopfer,
Augsburg

Silberpokal mit Muschel und Sil-
berkanne, Nürnberger Arbeiten

BAROCK UND ROKOKO

Der Dreißigjährige Krieg brachte einen erschreckenden Verfall auf allen Gebieten mit sich. Das Land war verwüstet, Handel und Gewerbe lagen danieder. Der Neubeginn war auf Anregungen von außen angewiesen. Italienische Künstler kamen ins Land, und durch ihre Tätigkeit entwickelte sich der Formen- und Farbenrausch des süddeutschen Barock. Der norddeutsche Barock ist durch holländische Künstler und die aus Frankreich vertriebenen Hugenotten geprägt. Seine kargen, kühlen Formen entsprechen dem protestantischen Geist. Aber im ganzen gesehen, ist der Barockstil international. Die Künstler ziehen zu immer neuen Aufgaben an andere Orte und benutzen überall die gleichen Formelemente. Auch die Aufgaben selbst waren überall gleich und zwangen zu gleichen Lösungen: es galt, den vielen geistlichen und weltlichen Fürsten neue,

prunkvolle Schlösser und Wohnsitze zu bauen, für die alle der französische Hof Vorbild und Maßstab war. Darum werden in Frankreich die barocken Stilperioden nach den Königen benannt.
Früher Barock: Ludwig XIII., 1610–1643.
Hoher Barock: Ludwig XIV., 1643–1715.
Rokoko: Ludwig XV., 1715–1774.
Kirchen und Klöster nutzten barocke Formen und Farbenpracht, um die Glaubenslehre in überschäumender Sinnenfreude zu verherrlichen. Das Rokoko verfeinerte und beschwingte den Stil aufs äußerste. Alles, was in seinem Geist geformt und gebaut wurde, ist mit reichen, schweifenden Ornamenten überzogen. In der Zeit politischer Zersplitterung fand das Rokoko in Deutschland eine beispiellose Blüte, weil viele Fürsten ihren Schlössern und Städten das neue graziöse Gesicht geben zu müssen glaubten.

Klar gegliederter Fassadenaufbau. Stiftskirche, Diessen, 1732–39.

Mitteltrakt eines Lustschlößchens. Amalienburg im Schloßpark Nymphenburg, 1734–39.

Schmuckfreude und handwerkliches Können auch in Dörfern. Mariensäulen im Madonnenländchen.

Frei in der Landschaft stehende Prunkfassade. Wallfahrtskirche Vierzehnheiligen, 1743–72.

Kircheneingang als Teil einer Schloßfassade. Schloßkirche, Mannheim, 1720–30.

Reichgeschmücktes Zugangstor. Kronentor des Zwingers, Dresden, seit 1713.

Vornehme Zurückhaltung zeichnet die Fassade dieser Bischofsresidenz aus. Neues Schloß, Meersburg, um 1740.

Lustschloß des Spätbarock. Im Gegenschwung löst sich die Treppe vom Schwung des Baukörpers. Solitude bei Stuttgart, 1763–67.

Das bürgerliche Barock gestaltet auch Fachwerkbauten schmuckreich und phantasievoll. Rhens.

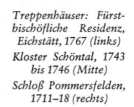

Treppenhäuser: Fürstbischöfliche Residenz, Eichstätt, 1767 (links)

Kloster Schöntal, 1743 bis 1746 (Mitte)

Schloß Pommersfelden, 1711–18 (rechts)

Repräsentative Bibliothek, Abtei Wiblingen bei Ulm, 1744–50

Altarraum mit großen plastischen Szenen, Kloster Weltenburg, 1717–51

Fenster mit reicher Stuckverzierung, Asamhaus, München · Fensterausbildung, Schloß, Trier · Schmiedeeisernes Fenstergitter, Süddeutschland · Zweiflügelige Tür eines Bürgerhauses, Braunschweig · Stark profilierte Haustür, Augsburg · Konkaves Portal, Jesuitenkolleg, Heiligenstadt

Gegossener bronzener Kaminbock, Residenz, München

Waldhornbläser aus Ludwigsburger Porzellan, 1765

Übergang von Relief- zur Vollplastik, Klosterkirche, Osterhofen, um 1730

Plastik, Wallfahrtskirche Vierzehnheiligen, um 1765

Frühbarocke Sessel, Kunstgewerbemuseum, Berlin · Leuchterkrone aus vergoldeter Bronze, Schloß Charlottenburg, Berlin, 1745 · Spiegelrahmen aus Nymphenburger Porzellan · Schrank mit gedrehten Säulen, Nürnberg, um 1670 · Stocksdorfer Aufsatzofen, 1773 · Intarsientruhe aus verschiedenen Hölzern mit Perlmutteinlagen, Vierlande, um 1800

Drollige Plastik, Schloßpark Weikersheim, um 1710–20

Stuckverzierung, Badenburg im Schloßpark Nymphenburg, 1721

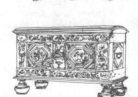

Carousselschlitten, Veste Coburg, 1723

Supraporte mit reicher Stuckverzierung, Neue bischöfliche Residenz, Passau · Wange vom Chorgestühl, Klosterkirche, Ottobeuren, um 1760

Zinnerne Abendmahlskanne (1724) und zinnerne Schraubkanne mit Gravierungen (um 1700), Veste Coburg

KLASSIZISMUS UND BIEDERMEIER

Die Französische Revolution war die Antwort des Bürgers auf die Entartungen ihrer Fürsten: mit dem zügellosen höfischen Leben hatten sie ihre unumschränkte Macht selbst in Frage gestellt. Das unterdrückte, verelendete Volk begehrte auf, die neuen Ideale von Freiheit, Gleichheit und Brüderlichkeit drängten zur Verwirklichung, nach politischer und sozialer Gerechtigkeit. Die verbrauchten Traditionen wurden verworfen, man strebte nach einem weltbürgerlichen, menschlichen Ethos, nach Harmonie von Körper und Geist. Damit war wieder der Weg zur Antike gewiesen. Die vorklassische und klassische Dichtung, Klopstock, Lessing, Schiller und Goethe, die „Gedanken über die Nachahmung der griechischen Werke" von Winckelmann und die Ausgrabungen in Pompeji seit 1748 lenkten vom überschäumenden, sinnlichen Barock zu maßvollen, strengeren Formen. Säulen, Kannelüren, Kapitelle, Pilaster und Architrave werden nun der antiken Kunst entnommen. Im Denkmal, in Toren und Monumenten, die nationale und politische Ideen verherrlichen, findet der Klassizismus eine seiner Hauptaufgaben. Literarische und rein künstlerische Ideale werden in Theater- und Museumsbauten verwirklicht. Im Biedermeier schließlich gelang dem Bürger ein eigener Stil, der seine schöpferischen Kräfte zum Ausdruck brachte. In einer wirtschaftlich und politisch bedrängten Zeit strebte man weniger nach materiellen Dingen als nach geistigen Werten, nach Menschenwürde und hohen Idealen. Alles wendet sich nach innen, und so sind die Innenräume sparsam mit einfachen, edel geformten Möbeln und Geräten ausgestattet.

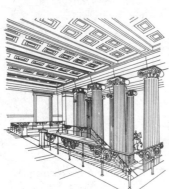

Museumsbau: Hallenfassade mit ionischen Säulen, der Kuppelsaal nach Vorbild des römischen Pantheon und die offene Treppenhalle mit Säulenverdoppelung. Altes Museum, Berlin, 1824–28.

Dorische Säulenordnung, Architrav und Giebelfeld mit Quadriga. Brandenburger Tor, Berlin, 1788 bis 1791.

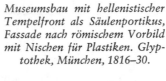

Museumsbau mit hellenistischer Tempelfront als Säulenportikus, Fassade nach römischem Vorbild mit Nischen für Plastiken. Glyptothek, München, 1816–30.

Korinthische Säulenordnung, Architrav und Giebelfeld. Ev. Stadtkirche, Karlsruhe, 1807–15.

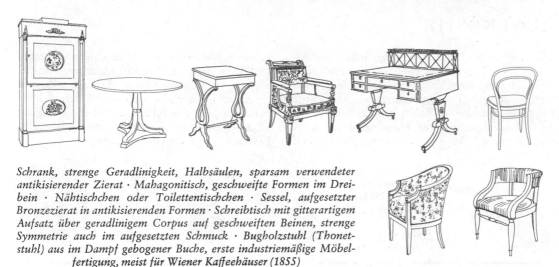

Schrank, strenge Geradlinigkeit, Halbsäulen, sparsam verwendeter antikisierender Zierat · Mahagonitisch, geschweifte Formen im Dreibein · Nähtischchen oder Toilettentischchen · Sessel, aufgesetzter Bronzezierat in antikisierenden Formen · Schreibtisch mit gitterartigem Aufsatz über geradlinigem Corpus auf geschweiften Beinen, strenge Symmetrie auch im aufgesetzten Schmuck · Bugholzstuhl (Thonetstuhl) aus im Dampf gebogener Buche, erste industriemäßige Möbelfertigung, meist für Wiener Kaffeehäuser (1855)

Sessel, geschlossene Rundform, mit Seidendamast bezogen · Sessel mit Ripsbezug auf Roßhaarpolster

HISTORISMUS

Das antike Formen- und Schönheitsideal hat sich nur in Norddeutschland, in Berlin und dazu in München wirklich rein durchgesetzt. Die zeitgenössische Literatur hingegen beschwört Bilder aus der deutschen Vergangenheit und aus der deutschen Sagenwelt herauf. Das reiche mittelalterliche Erbe wird wieder wahrgenommen, gewürdigt und nachgeahmt. Neuromanik, Neugotik, Neurenaissance überziehen mit der Überfülle ihres Schmucks, auch mit Mischungen aller Stilelemente die eben noch so sparsamen Formen von Klassizismus und Biedermeier. Von nun an wechseln und vermischen sich die Stile immer schneller, bis sie zu bloßen Moden entarten.

Frühes Beispiel der Neugotik. Gotisches Haus im Park von Wörlitz, 1773.

Theater im Stil italienischer Renaissance. Opernhaus (zerstört), Dresden, 1871–78.

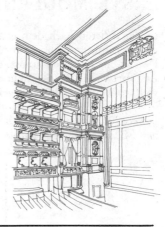

Neugotisches Doppelportal. Friedrichswerdersche Kirche, Berlin, 1824–31.

Portal in Neurenaissancegliederung. Bauakademie (zerstört), Berlin, 1832–36.

Gotische Formen in Eisenguß. Königin-Luise-Denkmal, Gransee, 1811.

Renaissanceelemente in Eisenguß. Straßenbrunnen in Berlin.

JUGENDSTIL

Die Zeitschrift Jugend (1896 gegründet) gab den deutschen Namen für eine Stilbewegung, die, von England ausgehend, sich bald in der ganzen abendländischen Welt verbreitete. Sie räumte radikal mit den endlosen Stilwiederholungen und Nachahmungen auf. Man begann nun nicht mehr mit der äußeren Form von Bauten und Geräten, sondern gestaltete sie von innen heraus und kam dabei mit vielen pflanzlichen Ornamenten zu Kompositionen, die sich selber zu tragen scheinen und oft etwas geradezu Schwebendes haben. Die billige industrielle Fertigung all dieser Dinge hat der an sich so revolutionären Bewegung rasch ein Grab gegraben.

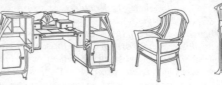

Zweiarmiger Leuchter,
1902
Henkelkrug, 1902

Schreibtisch, Sessel,
Schrank, 1900

Stahlbau mit ornamentalem
Schmuck, Hochbahnviadukt in
Berlin

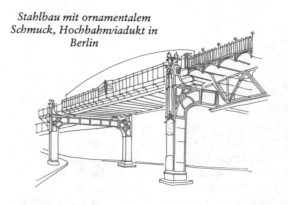

Haus Behrens, 1901, und der
Hochzeitsturm, 1907/08, Künst-
lerkolonie, Darmstadt

ERSTE MODERNE

In den Wirren nach dem ersten Weltkrieg gab das berühmte Bauhaus in Weimar, später in Dessau, neue starke Impulse, die noch in unserer Zeit fortwirken. Die Kombination von einzelnen, vielfach bereits industriell gefertigten Bauteilen und das Material selbst sollen nun auch die äußere Form bestimmen. Schön ist, was funktionell ist, lautet die neue Parole.

Drei Stilprinzipien laufen dabei nebeneinander her: einmal der noch der Tradition verbundene Stil, der nur auf jedes aufgesetzte Ornament verzichtet; dann der ganz individuelle, dem Expressionismus zugehörige Stil, bei dem Baumeister und Künstler sich in erster Linie selbst ausdrücken; schließlich der kubisch-konstruktive Stil, der bis heute lebendig ist.

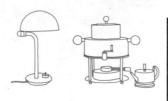

Traditions-
gebunden:
Kunstgebäude,
Stuttgart, 1912

Individuell
expressiv:
Einsteinturm,
Potsdam,
1920/21

Verstellbare Tischlampe
und Samowar aus den Bau-
hauswerkstätten, 1924–29

Kubisch-zweck-
bestimmt: Bauhaus,
Dessau, 1926

Kubisch-konstruktiv:
Turnhalle,
Altstädter Schule,
Celle, 1927/28

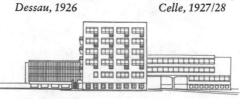

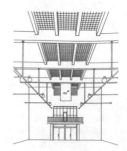

Stahlsessel mit Zeltleinwand
bespannt · Sessel aus ver-
chromtem Stahl, Lederbezüge

KIRCHLICHE SYMBOLIK

Die Kirchen und Kathedralen vergangener Zeiten wurden für fromme, aber kaum gebildete Menschen gebaut. Für sie sollte schon das Bauwerk selbst ein Ort der Verkündigung sein: Der Grundriß in Form eines Kreuzes, Figuren und Symbole, Wandmalereien, Farbfenster und Altargemälde waren für das Auge des Beschauers eine einzige anschauliche Predigt über die biblische Botschaft und die Geschichte der Kirche. Die geistlichen Bauherren gaben die Themen an, und die Handwerker und Künstler, zunächst nur Mönche, später aber auch Adlige und Bürger, verrichteten ihr Werk als eine Art Gottesdienst. Wer seine unvergänglichen Formen versteht, begegnet dem Geist, der sie hervorbrachte, noch heute.

MONOGRAMME

Als eines der ältesten Zeichen für Christus kennen wir sein Monogramm ☧. Für den griechischen Buchstaben Chi gilt das Schrägbalkenkreuz, es ist durchzogen vom griechischen Buchstaben Rho, so daß sich die Anfangsbuchstaben von Christus ergeben (1). Häufiger ist das im 15. Jh. aufgekommene JHS-Monogramm aus den griechischen Anfangsbuchstaben des Namens Jesus. Auf Konstantins d. Gr. Traum bezogen, wird es als „In Hoc Signo vinces" (In diesem Zeichen wirst du siegen) ausgelegt, an Chorstühlen und liturgischem Gerät als „Jesus Hominum Salvator" (Jesus, der Menschen Erlöser) oder „Jesus, Heiland, Seligmacher" (2). Bei keiner Kreuzigungsdarstellung fehlt eine Tafel oder ein Schriftband mit den Buchstaben INRI: „Jesus Nazarenus Rex Judaeorum" (Jesus von Nazareth, König der Juden) (3). Alpha und Omega, der erste und letzte Buchstabe des griechischen Alphabets, bezeichnen Christus als Anfang und Ende (4). Das Monogramm MR für „Maria Regina" (Königin Maria) mit einer Krone darüber erscheint auf Marienbildern und auf Schlußsteinen in Marienkirchen (5).

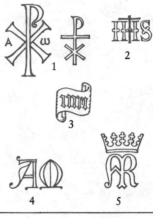

ZAHL UND GÖTTLICHE WELTVORSTELLUNG

Zahlen und geometrische Zeichen haben mystische Bedeutung: Die Drei, Symbol des dreieinigen Gottes, erscheint als Dreipaß im gotischen Maßwerk, Dreifenstergruppen (1) überhöhend, oder als „triceps" mit drei Köpfen an Kapitellen (2). Drei verschlungene Kreise (3) und die „triquetra" genannte verzogene Form (4) sind dekorative Weiterbildungen. Im sog. „Gnadenstuhl" erscheint die Dreifaltigkeit als Gottvater, der den Gekreuzigten zwischen den Knien hält, mit der Taube darüber (5). Oft aber deutet nur ein Lichtstrahlenbündel (6), oder eine von einem Strahlenkreuz umgebene Hand aus den Wolken (7) auf die Anwesenheit Gottes. Die Vierzahl deutet auf die vier Evangelisten, die vier großen Propheten, die vier Kirchenväter, die vier Erzengel. Fünf ist die Zahl der Wunden Christi. Im Sechsstern, dem Davidstern, wird das Sechstagewerk gesehen (8). Die Siebenzahl steht für die Gaben des Hl. Geistes, die Werke der Barmherzigkeit, die Sakramente. Achteckig ist die Form vieler Taufkapellen und -steine (9). Neun Engelgruppen füllen als Vertreter der Engelchöre die Bogenläufe vieler Portale. Zwölf ist die Zahl der Apostel, der kleinen Propheten und der Tierkreisbilder. Sinnbildlich stehen Apostel auf den Schultern von Propheten (Bamberg, Gnadenportal).

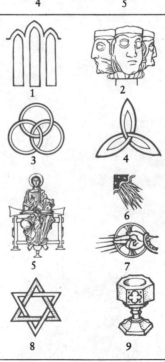

DAS KREUZ

Nur das Kreuz allein als das christliche Zeichen findet sich auf den Bogenfeldern ältester romanischer Kirchenportale. In zahlreichen Abwandlungen bleiben einige Grundformen bestimmend: lateinisches Kreuz mit Längs- und kurzem Querbalken (1); griechisches Kreuz mit gleichlangen Armen (2); T-Kreuz, Attribut des hl. Antonius Eremita (3), gilt wie (4) als Schächerkreuz; Andreaskreuz als Attribut des Apostels Andreas (5); bischöfliches oder Patriarchenkreuz (6); Papstkreuz (7).

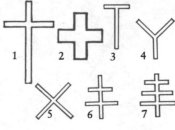

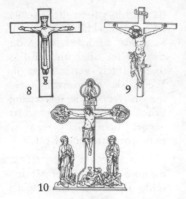

Beim *Kruzifix* tragen die Kreuzbalken die Gestalt Christi. Vom 10.–13. Jh. meist gekrönt, mit Lendenrock, seltener mit langem Gewand, die Arme ausgestreckt, die Beine parallel, jeder Fuß mit einem Nagel durchbohrt, erscheint Christus als königlicher Überwinder des Todes, als Auferstehender (8). Vom 13. Jh. an wandelt sich der Typus zum leidend hängenden Erlöser mit gesenktem Haupt, schmerzlichem Ausdruck, geschlossenen Augen, mit Dornenkrone, die Füße bei übereinandergelegten Beinen nur mit einem Nagel angeheftet. Statt des Lendenrockes tritt das flatternde Lendentuch auf (9). Begleitet von Maria, Johannes und Engeln, hängen oder stehen Kruzifixe unter dem Triumphbogen zwischen Chor und Langhaus (10). Als kostbare Goldschmiedewerke entstehen die Scheibenkreuze für Prozessionen.

LEIDENSWERKZEUGE

Sie kommen einzeln auf Schlußsteinen und an Konsolen vor und werden von Engeln beim Jüngsten Gericht getragen. Es sind meist: Kreuz (1), Kreuztitel (2), Dornenkrone und Nägel (3), Geißel (4), Ysopstengel mit Schwamm und Leiter (5), Hammer und Zange (6). Dazu können kommen die Laterne der Gefangennahme (7), der Beutel mit den Silberlingen des Judas (8), der Hahn der Petrusverleugnung (9), die Geißelsäule mit Strick, das Schweißtuch der Veronika, die fünf Wundmale (10), der ungeteilte Rock mit den Würfeln (11), Kanne, Becken und Tuch des händewaschenden Pilatus, ein Kopf (der Christus bei der Geißelung anspuckt), eine Hand (die Christus ohrfeigte), schließlich auch die zusammengelegten Tücher im Sarg, Grabspaten und Hellebarde der bewachenden Kriegsknechte.

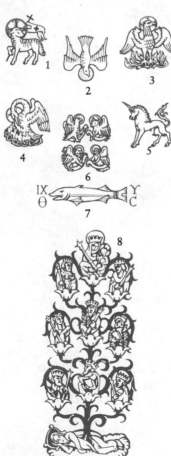

TIER- UND PFLANZENSYMBOLIK

In allen Erscheinungen sah der mittelalterliche Mensch wirkende Kräfte und verband sie mit Evangelienworten, Visionen und sagenhaften Berichten. Das *Lamm* ist das bekannteste Christuszeichen. Als „Osterlamm" erscheint es mit der Siegesfahne des Auferstandenen (1). Die *Taube* als Bild des Hl. Geistes erscheint über allen Darstellungen der Verkündigung, der Taufe, der Verklärung, des Pfingstfestes und der Marienkrönung (2). Der *Löwe*, der seine Neugeborenen anhaucht, um sie zum Leben zu erwecken, gilt als Zeichen der Auferstehung, wie auch der *Adler*, der zur Sonne fliegt. Der Vogel *Phönix*, von dem man hörte, daß er sich selbst verbrenne, um in den Flammen neu zu erstehen, galt als Symbol für Opfertod und Auferstehung Christi (3). Ebenso erscheint der *Pelikan*, von dem geglaubt wurde, daß er sich die Brust aufreiße, um mit seinem Blut seine Jungen zu ernähren, als Symbol für Opfertod und Kommunion (4). Das *Einhorn*, als Zeichen für den eingeborenen Sohn, wird zum Bild für die Verkündigung (5). Das „Viergetier" der Hesekielvision wird zum feststehenden Evangelistensymbol: der *Adler* wird als Symbol der Himmelfahrt dem Johannes, der *Stier* als Zeichen der Opferbereitschaft dem Lukas, der *Löwe* als Symbol der Auferstehungskraft dem Markus und der *Engel* dem Matthäus, der die Menschwerdung schildert, beigegeben (6). Der *Fisch* gilt bei den frühen Christen als geheimes Zeichen der Zugehörigkeit, die Anfangsbuchstaben von griechisch Jesus Christus, Gottes Sohn, Erlöser ergeben das griechische Wort für Fisch (7). Die *Wurzel Jesse* stellt den Stammbaum Christi dar (8).

Die *Lilienblüte* gilt als Bild der Reinheit Mariä. Zur Mariensymbolik gehört auch die *Rose*, mit der auf die Dornenkrone hingewiesen wird. Der *Weinstock* erinnert an die Worte Christi: „Ich bin der Weinstock, ihr seid die Reben."

HEILIGE UND IHRE ATTRIBUTE

Die Heiligen werden meist als fester Typ, bei einer bestimmten Gelegenheit oder mit Gegenständen dargestellt, die sich auf ihre Wunder, auf besondere Tätigkeiten und Ereignisse ihres Lebens oder auf die Art ihres Märtyrertodes beziehen. *Johannes der Täufer:* bärtig, im Fellgewand, trägt das Lamm Gottes auf einem Buch und einen Kreuzstab (1); *Petrus:* Rundschädel und Backenbart, mit Schlüssel oder umgekehrtem Kreuz; *Paulus:* Langschädel und Spitzbart, mit Schwert und Buch; *Stephanus:* Diakon, mit den Steinen seiner Steinigung (2); *Christophorus:* das Christuskind auf der Schulter und durchschreitet, auf einen Baumstamm gestützt, einen Fluß. Er ist Patron aller Reisenden und durfte in keiner Kirche fehlen, um alle Andächtigen vor unvorbereitetem Tod zu schützen (3); *Georg:* Ritter, oft zu Pferd, mit der Lanze einen Drachen tötend (4); *Dionysius:*

Bischof, trägt sein abgeschlagenes Haupt in Händen (5); *Katharina von Alexandrien:* gekrönt, mit stachelbesetztem Rad und Schwert ihrer Enthauptung (6); *Nikolaus von Myra:* Bischof, mit drei Goldkugeln für die armen Mädchen; *Hieronymus:* Kardinal mit einem Löwen (7); *Martin:* Reiter mit Schwert, seinen Mantel teilend (8); *Sebastian:* jugendlich, an einen Baum gefesselt, von Pfeilen durchbohrt (9); *Elisabeth von Thüringen:* mit Krone, Kirchenmodell, Brot der Bettler, später mit Rosenkorb.

Einzelne Attribute: *Kelch mit Schlange* (10): Johannes als Jünger; *Tiara* (11): Krone der Päpste; *Krummstab* (12) (oft reich verziert): Äbte und Äbtissinnen, mit *Mitra* (13): Bischöfe; *Reichsapfel und Zepter* (14): Könige und Kaiser; *Schwert* (15): hl. Ritter und Enthauptete; *Lanze* (16): hl. Soldaten; *Kirchenmodell* (17): Kirchenstifter.

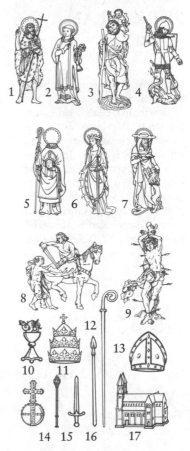

DER ERZENGEL MICHAEL

Er stößt mit der Lanze den Drachen in den Abgrund oder bekämpft ihn mit dem Schwert; oft hält er die Seelenwaage des Jüngsten Gerichts in Händen. Mit ihm werden auch Gabriel, Raphael und Uriel dargestellt. Michaelskirchen stehen meist auf Bergen, die als vorchristliche Kultstätten bezeugt sind. Die neun Engelchöre sind: Seraphim, Cherubim, Throne, Herrschaften, Kräfte, Mächte, Urbeginne, Erzengel, Engel.

FARBENSYMBOLIK

Die Farben der priesterlichen Gewänder, der Wand- und Altarbekleidung haben liturgische Bedeutung. Weiß gilt für Weihnachten, Ostern, Fronleichnam, die Marienfeste, das Fest der Dreifaltigkeit, Allerheiligen und die Feste aller Heiligen, die nicht gemartert wurden; Rot gilt für Passion, Pfingsten, den Hl. Geist, die Märtyrer; Violett für den Advent, die Fastenzeit, für Bußtage und für Totenmessen; Grün für gewöhnliche Sonntage; es ist auch die Farbe der hl. Anna, der Mutter Mariä. Blau ist die Farbe des Mantels der Maria als Himmelsmutter; rot ist ihr Gewand. Als Himmelskönigin, als Morgenröte des Neuen Bundes, kann sie auch in Purpur erscheinen. Gelb zeichnet besonders Judas in der Darstellung des Abendmahls und der Gefangennahme aus, es gilt dann als Farbe des Verrats, der Eifersucht. Schwarz gilt für Karfreitag.

SYMBOLIK DES KIRCHENGEBÄUDES

Der vor dem Ostportal des antiken Tempels nach Sonnenaufgang zu liegende Altar bestimmt auch im christlichen Kirchenbau die Stelle des Altars im Ostchor, auch bei romanisch-zweichörigen Kirchen. Im Osten wird das Paradies erschaut, im Westen wird das Jüngste Gericht erwartet und dargestellt. Der Grundriß ist nach frühchristlichen Bestimmungen das Kreuz und bleibt es bis in die Barockzeit. Formale Abweichungen werden beim Chor als Neigung des Hauptes Christi, bei der Tür im Seitenschiff als Seitenwunde ausgelegt. Wesentlich für die mächtige romanische Mauerführung ist die Vorstellung der Kirche als Burg, als Stadt Gottes; der steil aufstrebende gotische Bau mit seiner Wandauflösung in farbig strahlende Fenster gilt als Bild für das Himmlische Jerusalem. Die Beziehung auf die Dreieinigkeit erfüllt und durchdringt alle Bauteile. Der Weg zum Altar hin wird in den frühchristlichen Basiliken und wieder in den gotischen Kathedralen eindeutig betont.

PORZELLAN-MARKEN

Im Jahre 1708 war es Johann Friedrich Böttger auf der Venusbastei in Dresden gelungen, das erste Porzellan auf europäischem Boden herzustellen. Im darauffolgenden Jahr meldete er seinem König, August dem Starken, er wisse „den guten weißen Porcellain samt der allerfeinsten Glasur und allem zugehörigen Mahlwerk" zu machen. 1710 verkündete

ein königlicher Erlaß die Gründung einer Porzellanmanufaktur in Dresden. Die Manufaktur wird im selben Jahr auf die Albrechtsburg in Meißen verlegt. Doch erst 1713 war die Herstellung des Porzellans so weit vervollkommnet, daß dort die Steinzeugproduktion eingestellt werden konnte. Die noch gelbliche Masse war, wie bisher die Steinzeuggefäße, mit Lack, Gold und trockenen Farben verziert. 1720 setzt die Zeit des miniaturhaften Porzellanmalstils ein. Blaumalerei, in der zwanzig Jahre später

das berühmte Zwiebelmuster entstehen sollte, ist dabei am wichtigsten gewesen.
Anfangs trug das Porzellan keine Fabrikmarke. Die ersten waren dann Nachahmungen chinesischer Zeichen, um 1721. Doch am 7. April 1723 wird in der Leipziger Post-Zeitung bekanntgegeben, daß zum Schutz gegen Pfuscher von nun an Teekannen und Zuckerdosen der Frühstücksservice mit der Schutzmarke KPM (Königliche Porzellan-Manufaktur) in Unterglasurblau versehen würden.

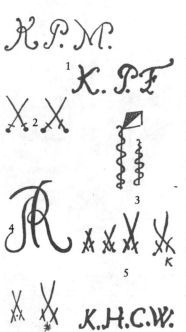

MEISSEN
1710 BIS HEUTE

1723–1724 Königliche Porzellan-Manufaktur.

Königliche Porzellan-Fabrik. Beide Marken werden mit und ohne die Kurschwerter verwendet. Daneben gibt es noch die Bezeichnung MPM (Meißner Porzellan-Manufaktur) (1).

1725–1763 Schwertermarke. KPM-Marke und Kurschwerter werden zusammen verwendet. Ab 1740 die gekreuzten Schwerter allein (2).

1723 Papierdrachen und Merkurstab waren für Exportware bestimmte Marken, da in den mohammedanischen Ländern die Schwertermarke als christliches Symbol galt (3).

1723–1733 AR–Augustus Rex, Besitzermarke Augusts II. und Augusts III.

Gebräuchliche Marken aus der 1. Hälfte des 18. Jh. Die Rapierstangen sind kleiner geworden. Schwertermarke mit unterglasurblauem Buchstaben K des Blaumalers Kühnel (5).

1763–1774 In der Punktzeit kennzeichnet ein Punkt zwischen den Rapierstangen das Meißner Porzellan (6).

1774–1813 Marcolini-Marke, statt des Punktes trägt die Schwertermarke nun einen Stern (7).

Stücke des Hofservices wurden in Purpur auf der Glasur besonders gekennzeichnet: KHCW für Königliche Hof-Conditorei Warschau, KHK für Königliche Hofküche, KHKW für Königliche Hof-Küche Warschau (8).

HÖCHST 1750–1796
1966 BIS HEUTE

Der Mainzer Kurfürst erteilte 1746 Frankfurter Kaufleuten das Privileg, 50 Jahre eine Porzellanfabrik zu unterhalten.

Einfache Porzellanmarke, vier- bis elfspeichig. – 1750–1760 in Muffelfarben und Gold aufgemalt. 1760–1796 Unterglasurblau (1).

1760–1774 Speichenrad mit Kurhut, Unterglasurblau (2).

NYMPHENBURG
1747 BIS HEUTE

Kurfürst Max III. Jospeh war der fürstliche Gründer einer Porzellanfabrik in Neudeck, der späteren Nymphenburger Porzellanmanufaktur.

1755–1811 eingepreßtes Rau-

tenschild. Größe und Form ändern sich, bis 1810 laufen die Rauten von rechts oben nach links unten, danach in Gegenrichtung (1).

1763–1767 Hexagramm-Marke in Unterglasurblau, erscheint fast immer mit eingepreßtem Rautenschild (2).

BERLIN 1751 BIS HEUTE

Nächst Meißen wurde Berlin die führende deutsche Porzellanmanufaktur. Als 1763 ihre privaten Besitzer in finanzielle Schwierigkeiten geraten waren, kaufte sie Friedrich d. Gr.

1751–1757 Unterglasurblaues

W, Zeichen des Gründers Wilhelm Caspar Wegely (1).

1761–1763 Der Kaufmann Wilhelm Ernst Gotzkowsky übernimmt die Vorräte von Wegely und richtet die Manufaktur wieder ein (2).

Seit 1763 unterglasurblaue Zeptermarke (3).

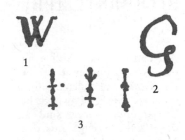

FÜRSTENBERG 1753 BIS HEUTE

Herzog Karl I. gründete die Manufaktur in Fürstenberg, deren Blaumalerei immer dort blieb, während die Buntmalerei

1774 nach Braunschweig verlegt wurde.

Das unterglasurblaue F ist bis heute einziges Firmenzeichen, Form und Größe änderten sich. Das springende Pferdchen findet sich nur auf Büsten.

FRANKENTHAL 1755–1800

Paul Anton Hannong erhielt 1755 von Kurfürst Carl Theodor von der Pfalz ein Privileg zur Porzellanherstellung.

1755–1759 Hannong verwendet ein eingepreßtes PH, einen Löwen oder beides zusammen (1) und

1756 ein Weckenschildchen (2).

1758–1762 Sein Sohn Josef Adam Hannong benützt ein verschlungenes „JAH", allein oder mit dem Löwen (3).

1762–1795 Josef Adam Hannong verkaufte das Unternehmen 1762 an Kurfürst Carl Theodor. Mit dessen Monogramm CT unter der Kurfürstenkrone in Unterglasurblau wurden nun die Erzeugnisse gekennzeichnet (4).

ANSBACH 1758–1860

1762 gründet Markgraf Alexander die Porzellanmanufaktur in Ansbach, 1807 ersteigert eine private Gruppe die Manufaktur, 1860 wird sie nach einigen Besitzerwechseln eingestellt. Während der Zeit ihres Beste-

hens existieren A für Ansbach in Blau unter Glasur und das Stadtwappen, das mit einem Holzstempel farblos eingepreßt wurde, nebeneinander (1).

1762–1785 wurde der brandenburgische Adler in Blau unter Glasur für Geschirr des markgräflichen Haushalts benützt (2).

LUDWIGSBURG 1758–1824 UND 1948 BIS HEUTE

Carl Eugen gründete die Herzoglich-Württembergische Porzellanmanufaktur, da sie ein „notwendiges Attribut des Glanzes und der Würde" darstellt.

1758–1793 Das Zeichen Herzog Carl Eugens wird blau unter der Glasur ausgeführt (1).

1770–1775 die drei Geweihstangen untereinander ebenfalls (2).

1793–1795 Besitzermarke Herzog Ludwigs (3).

1806–1816 FR – Friedrich Rex, in Rot oder Gold über der Glasur (4).

1816–1824 WR – Wilhelm Rex, Besitzermarke König Wilhelms, nur Überglasurmarke in Gold (5).

Seit 1948 besteht eine Vormals Herzogliche Porzellanmanufaktur Ludwigsburg.

Fabrikmarke ist nun ein bekröntes Wappenschild mit drei Hirschstangen und der Name Ludwigsburg darunter (6).

Bei Neuausformungen der früheren Modelle werden Marken verwandt, die den alten weitgehend angeglichen sind.

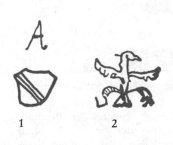

SILBERSTEMPEL

Auf germanischem Boden finden wir schon im 4. Jh. bei den Goten vollendeten Silberschmuck. Silberbergwerke bei Goslar und Freiberg sind für das 10. Jh. bezeugt. Aus dem Mittelalter sind uns kostbare Bucheinbände, Monstranzen und Reliquiare aus höfischen und Klosterwerkstätten erhalten. Berühmt ist der Dreikönigsschrein im Kölner Dom.

Seit der Renaissance entwickelt sich eine kunstvolle weltliche Silberschmiedekunst, die Prunkgefäße, Tafelsilber, Gebrauchsgeräte, ja sogar Möbel schafft. Zünfte, Städte und Fürsten sammeln Silberschätze an, darunter Stücke von mehr als Zentnergewicht. Das 16. bis 18. Jh. wird zur Blütezeit der Silberschmiedekunst, die Namen deutscher Meister wie Wenzel Jamnitzer, Cornelius Link und Johann Melchior Dinglinger sind in ganz Europa berühmt.

Beschauzeichen für Silbergerät sind schon aus dem Altertum überliefert. Sie sind für uns kulturhistorische Zeugnisse ersten Ranges. Die ältesten bekannten Beschauzeichen finden sich auf syrischen Erzeugnissen des 4. Jh. Seit Bildung der Zünfte im Mittelalter waren Meister und Beschaustempel bindende Vorschrift, das älteste Beispiel ist 1363 in Straßburg datiert. Der Meister garantierte mit seinem Zeichen für die geforderte Qualität von Arbeit und Material.

Zeichen waren der Name:

 Joh. Ludw. Imlin d. J., Straßburg, seit 1720

die Initialen:

 Christoph Lencker, Augsburg, seit 1583

das Wappen:

 Jürgen Richels, Hamburg, seit 1664

oder eine Kombination:

 Joh. Robin, Hamburg, seit 1593

Danach prüfte der Beschaumeister der Zunft oder Stadt die Silberarbeit und versah sie gegen Gebühr mit der Stadtmarke als Amtszeichen. Diese

bestand aus dem Wappen:

 Augsburg

oder Anfangsbuchstaben:

 Nürnberg

oder aus beidem:

 Augsburg

Mitunter noch ergänzt durch die Feingehaltsangabe in Lot:

 Straßburg (13 für 13lötiges Silber)

die Jahreszahl:

 Halberstadt, 1697

oder beides:

 Preßburg, 1815, 13lötiges Silber.

Seit Aufhebung der Zünfte im 19. Jh. regelt das Reichsgesetz von 1888 die Silberstempelung. Seitdem besteht sie aus dem Herstellerzeichen

der Krone als Staatssymbol

der Mondsichel für Silber

der Feingehaltsangabe in Tausendstel

800

RÜSTUNG UND WAFFEN

Es gibt kein Land, in dem die Kunst des Waffenschmiedes so verbreitet gewesen ist wie in Deutschland. Schon im frühen Mittelalter genossen die reichverzierten Schwerter Kölns hohes Ansehen, in Passau wurde im 8. Jh. eine regelrechte Waffenindustrie ins Leben gerufen, Solingen und Suhl

erreichten im 12. Jh. den Ruf, den sie bis heute in der Waffen- und Klingenherstellung behalten haben. Nürnbergs Messerzunft kann auf das Jahr 1285 zurückgeführt werden – den Höhepunkt erreichte Nürnberg jedoch ab Ende des 15. Jh., und wir finden Namen, die unsere Kulturgeschichte mit geprägt haben: Grünewald, Martin Behaim, Hans Baldung Grien und Lucas Cranach d. Ä., sie alle schufen Vorlagen. Aber auch Augsburg wurde zur Hochburg des Plattner- und Ge-

schützgußwesens, hier zählte Hans Holbein d. J. dazu. Bei den Feuerwaffen waren es vornehmlich die reich gezierten Radschloßpistolen und -gewehre, die den Ruf der deutschen Büchsenmacher in alle Welt trugen und die heute noch als Prunkstücke in zahlreichen Sammlungen des Kontinents zu sehen sind. Vieles ging durch den Krieg verloren, aber vieles blieb auch erhalten, so daß man auch heute noch fast in jedem Museum Kostbarkeiten finden kann.